AF796958

93472672R00249

Made in the USA
Lexington, KY
14 July 2018

HEBREW-ENGLISH

TORAH

תורה

THE FIVE BOOKS OF MOSES

VARDA BOOKS

skokie, illinois, usa

ISBN 1-59045-934-2

Varda Books
9001 Keating Avenue
Skokie, IL 60076 USA

Hebrew text—Keter Israel 1.1™—is set to match Leningrad Codex, the oldest complete manuscript of Hebrew bible, except for when the evidence of other major text witnesses, halakha, or established Jewish tradition strongly indicates a different reading. The Hebrew text is set next to the classic 1917 English translation prepared by the Jewish Publication Society of America.

תורה

TORAH

THE FIVE BOOKS OF MOSES

GENESIS

בראשית

1 In the beginning God created the heaven and the earth. [2] Now the earth was unformed and void, and darkness was upon the face of the deep; and the spirit of God hovered over the face of the waters. [3] And God said: 'Let there be light.' And there was light. [4] And God saw the light, that it was good; and God divided the light from the darkness. [5] And God called the light Day, and the darkness He called Night. And there was evening and there was morning, one day.

[6] And God said: 'Let there be a firmament in the midst of the waters, and let it divide the waters from the waters.' [7] And God made the firmament, and divided the waters which were under the firmament from the waters which were above the firmament; and it was so. [8] And God called the firmament Heaven. And there was evening and there was morning, a second day.

[9] And God said: 'Let the waters under the heaven be gathered together unto one place, and let the dry land appear.' And it was so. [10] And God called the dry land Earth, and the gathering together of the waters called He Seas; and God saw that it was good. [11] And God said: 'Let the earth put forth grass, herb yielding seed, and fruit-tree bearing fruit after its kind, wherein is the seed thereof, upon the earth.' And it was so. [12] And the earth brought forth grass, herb yielding seed after its kind, and tree bearing fruit, wherein is the seed thereof, after its kind; and God saw that it was good. [13] And there was evening and there was morning, a third day.

[14] And God said: 'Let there be lights in

בְּרֵאשִׁית בָּרָא אֱלֹהִים אֵת הַשָּׁמַיִם
וְאֵת הָאָרֶץ׃ 2 וְהָאָרֶץ הָיְתָה תֹהוּ וָבֹהוּ
וְחֹשֶׁךְ עַל־פְּנֵי תְהוֹם וְרוּחַ אֱלֹהִים
מְרַחֶפֶת עַל־פְּנֵי הַמָּיִם׃ 3 וַיֹּאמֶר אֱלֹהִים
יְהִי אוֹר וַיְהִי־אוֹר׃ 4 וַיַּרְא אֱלֹהִים אֶת־
הָאוֹר כִּי־טוֹב וַיַּבְדֵּל אֱלֹהִים בֵּין הָאוֹר
וּבֵין הַחֹשֶׁךְ׃ 5 וַיִּקְרָא אֱלֹהִים ׀ לָאוֹר יוֹם
וְלַחֹשֶׁךְ קָרָא לָיְלָה וַיְהִי־עֶרֶב וַיְהִי־בֹקֶר
יוֹם אֶחָד׃ פ
6 וַיֹּאמֶר אֱלֹהִים יְהִי רָקִיעַ בְּתוֹךְ הַמָּיִם
וִיהִי מַבְדִּיל בֵּין מַיִם לָמָיִם׃ 7 וַיַּעַשׂ
אֱלֹהִים אֶת־הָרָקִיעַ וַיַּבְדֵּל בֵּין הַמַּיִם
אֲשֶׁר מִתַּחַת לָרָקִיעַ וּבֵין הַמַּיִם אֲשֶׁר
מֵעַל לָרָקִיעַ וַיְהִי־כֵן׃ 8 וַיִּקְרָא אֱלֹהִים
לָרָקִיעַ שָׁמָיִם וַיְהִי־עֶרֶב וַיְהִי־בֹקֶר יוֹם
שֵׁנִי׃ פ
9 וַיֹּאמֶר אֱלֹהִים יִקָּווּ הַמַּיִם מִתַּחַת
הַשָּׁמַיִם אֶל־מָקוֹם אֶחָד וְתֵרָאֶה הַיַּבָּשָׁה
וַיְהִי־כֵן׃ 10 וַיִּקְרָא אֱלֹהִים ׀ לַיַּבָּשָׁה אֶרֶץ
וּלְמִקְוֵה הַמַּיִם קָרָא יַמִּים וַיַּרְא אֱלֹהִים
כִּי־טוֹב׃ 11 וַיֹּאמֶר אֱלֹהִים תַּדְשֵׁא הָאָרֶץ
דֶּשֶׁא עֵשֶׂב מַזְרִיעַ זֶרַע עֵץ פְּרִי עֹשֶׂה פְּרִי
לְמִינוֹ אֲשֶׁר זַרְעוֹ־בוֹ עַל־הָאָרֶץ וַיְהִי־כֵן׃
12 וַתּוֹצֵא הָאָרֶץ דֶּשֶׁא עֵשֶׂב מַזְרִיעַ זֶרַע
לְמִינֵהוּ וְעֵץ עֹשֶׂה פְּרִי אֲשֶׁר זַרְעוֹ־בוֹ
לְמִינֵהוּ וַיַּרְא אֱלֹהִים כִּי־טוֹב׃ 13 וַיְהִי־
עֶרֶב וַיְהִי־בֹקֶר יוֹם שְׁלִישִׁי׃ פ
14 וַיֹּאמֶר אֱלֹהִים יְהִי מְאֹרֹת בִּרְקִיעַ

the firmament of the heaven to divide the day from the night; and let them be for signs, and for seasons, and for days and years; [15] and let them be for lights in the firmament of the heaven to give light upon the earth.' And it was so. [16] And God made the two great lights: the greater light to rule the day, and the lesser light to rule the night; and the stars. [17] And God set them in the firmament of the heaven to give light upon the earth, [18] and to rule over the day and over the night, and to divide the light from the darkness; and God saw that it was good. [19] And there was evening and there was morning, a fourth day.

[20] And God said: 'Let the waters swarm with swarms of living creatures, and let fowl fly above the earth in the open firmament of heaven.' [21] And God created the great sea-monsters, and every living creature that creepeth, wherewith the waters swarmed, after its kind, and every winged fowl after its kind; and God saw that it was good. [22] And God blessed them, saying: 'Be fruitful, and multiply, and fill the waters in the seas, and let fowl multiply in the earth.' [23] And there was evening and there was morning, a fifth day.

[24] And God said: 'Let the earth bring forth the living creature after its kind, cattle, and creeping thing, and beast of the earth after its kind.' And it was so. [25] And God made the beast of the earth after its kind, and the cattle after their kind, and every thing that creepeth upon the ground after its kind; and God saw that it was good. [26] And God said: 'Let us make man in our image, after our likeness; and let them have dominion over the fish of the sea, and over the fowl of the air, and over the cattle, and over all the earth, and over every creeping thing that creepeth upon the earth.' [27] And God created man in His own image, in the image of God created He him; male and female created

הַשָּׁמַיִם לְהַבְדִּיל בֵּין הַיּוֹם וּבֵין הַלָּיְלָה
וְהָיוּ לְאֹתֹת וּלְמוֹעֲדִים וּלְיָמִים וְשָׁנִים׃
15 וְהָיוּ לִמְאוֹרֹת בִּרְקִיעַ הַשָּׁמַיִם לְהָאִיר
עַל־הָאָרֶץ וַיְהִי־כֵן׃ 16 וַיַּעַשׂ אֱלֹהִים אֶת־
שְׁנֵי הַמְּאֹרֹת הַגְּדֹלִים אֶת־הַמָּאוֹר הַגָּדֹל
לְמֶמְשֶׁלֶת הַיּוֹם וְאֶת־הַמָּאוֹר הַקָּטֹן
לְמֶמְשֶׁלֶת הַלַּיְלָה וְאֵת הַכּוֹכָבִים׃ 17 וַיִּתֵּן
אֹתָם אֱלֹהִים בִּרְקִיעַ הַשָּׁמָיִם לְהָאִיר
עַל־הָאָרֶץ׃ 18 וְלִמְשֹׁל בַּיּוֹם וּבַלַּיְלָה
וּֽלֲהַבְדִּיל בֵּין הָאוֹר וּבֵין הַחֹשֶׁךְ וַיַּרְא
אֱלֹהִים כִּי־טוֹב׃ 19 וַיְהִי־עֶרֶב וַיְהִי־בֹקֶר
יוֹם רְבִיעִי׃ פ
20 וַיֹּאמֶר אֱלֹהִים יִשְׁרְצוּ הַמַּיִם שֶׁרֶץ נֶפֶשׁ
חַיָּה וְעוֹף יְעוֹפֵף עַל־הָאָרֶץ עַל־פְּנֵי רְקִיעַ
הַשָּׁמָיִם׃ 21 וַיִּבְרָא אֱלֹהִים אֶת־הַתַּנִּינִם
הַגְּדֹלִים וְאֵת כָּל־נֶפֶשׁ הַחַיָּה ׀ הָרֹמֶשֶׂת
אֲשֶׁר שָׁרְצוּ הַמַּיִם לְמִינֵהֶם וְאֵת כָּל־עוֹף
כָּנָף לְמִינֵהוּ וַיַּרְא אֱלֹהִים כִּי־טוֹב׃
22 וַיְבָרֶךְ אֹתָם אֱלֹהִים לֵאמֹר פְּרוּ וּרְבוּ
וּמִלְאוּ אֶת־הַמַּיִם בַּיַּמִּים וְהָעוֹף יִרֶב
בָּאָרֶץ׃ 23 וַיְהִי־עֶרֶב וַיְהִי־בֹקֶר יוֹם
חֲמִישִׁי׃ פ
24 וַיֹּאמֶר אֱלֹהִים תּוֹצֵא הָאָרֶץ נֶפֶשׁ חַיָּה
לְמִינָהּ בְּהֵמָה וָרֶמֶשׂ וְחַיְתוֹ־אֶרֶץ לְמִינָהּ
וַיְהִי־כֵן׃ 25 וַיַּעַשׂ אֱלֹהִים אֶת־חַיַּת הָאָרֶץ
לְמִינָהּ וְאֶת־הַבְּהֵמָה לְמִינָהּ וְאֵת כָּל־
רֶמֶשׂ הָאֲדָמָה לְמִינֵהוּ וַיַּרְא אֱלֹהִים כִּי־
טוֹב׃ 26 וַיֹּאמֶר אֱלֹהִים נַעֲשֶׂה אָדָם
בְּצַלְמֵנוּ כִּדְמוּתֵנוּ וְיִרְדּוּ בִדְגַת הַיָּם וּבְעוֹף
הַשָּׁמַיִם וּבַבְּהֵמָה וּבְכָל־הָאָרֶץ וּבְכָל־
הָרֶמֶשׂ הָרֹמֵשׂ עַל־הָאָרֶץ׃ 27 וַיִּבְרָא
אֱלֹהִים ׀ אֶת־הָאָדָם בְּצַלְמוֹ בְּצֶלֶם
אֱלֹהִים בָּרָא אֹתוֹ זָכָר וּנְקֵבָה בָּרָא אֹתָם׃

28 וַיְבָרֶךְ אֹתָם אֱלֹהִים וַיֹּאמֶר לָהֶם
אֱלֹהִים פְּרוּ וּרְבוּ וּמִלְאוּ אֶת־הָאָרֶץ
וְכִבְשֻׁהָ וּרְדוּ בִּדְגַת הַיָּם וּבְעוֹף הַשָּׁמַיִם
וּבְכָל־חַיָּה הָרֹמֶשֶׂת עַל־הָאָרֶץ׃ 29 וַיֹּאמֶר
אֱלֹהִים הִנֵּה נָתַתִּי לָכֶם אֶת־כָּל־עֵשֶׂב ׀
זֹרֵעַ זֶרַע אֲשֶׁר עַל־פְּנֵי כָל־הָאָרֶץ וְאֶת־
כָּל־הָעֵץ אֲשֶׁר־בּוֹ פְרִי־עֵץ זֹרֵעַ זָרַע לָכֶם
יִהְיֶה לְאָכְלָה׃ 30 וּלְכָל־חַיַּת הָאָרֶץ וּלְכָל־
עוֹף הַשָּׁמַיִם וּלְכֹל ׀ רוֹמֵשׂ עַל־הָאָרֶץ
אֲשֶׁר־בּוֹ נֶפֶשׁ חַיָּה אֶת־כָּל־יֶרֶק עֵשֶׂב
לְאָכְלָה וַיְהִי־כֵן׃ 31 וַיַּרְא אֱלֹהִים אֶת־כָּל־
אֲשֶׁר עָשָׂה וְהִנֵּה־טוֹב מְאֹד וַיְהִי־עֶרֶב
וַיְהִי־בֹקֶר יוֹם הַשִּׁשִּׁי׃ פ

2 וַיְכֻלּוּ הַשָּׁמַיִם וְהָאָרֶץ וְכָל־צְבָאָם׃
2 וַיְכַל אֱלֹהִים בַּיּוֹם הַשְּׁבִיעִי מְלַאכְתּוֹ
אֲשֶׁר עָשָׂה וַיִּשְׁבֹּת בַּיּוֹם הַשְּׁבִיעִי מִכָּל־
מְלַאכְתּוֹ אֲשֶׁר עָשָׂה׃ 3 וַיְבָרֶךְ אֱלֹהִים
אֶת־יוֹם הַשְּׁבִיעִי וַיְקַדֵּשׁ אֹתוֹ כִּי בוֹ שָׁבַת
מִכָּל־מְלַאכְתּוֹ אֲשֶׁר־בָּרָא אֱלֹהִים
לַעֲשׂוֹת׃ פ

4 אֵלֶּה תוֹלְדוֹת הַשָּׁמַיִם וְהָאָרֶץ בְּהִבָּרְאָם
בְּיוֹם עֲשׂוֹת יְהוָה אֱלֹהִים אֶרֶץ וְשָׁמָיִם׃
5 וְכֹל ׀ שִׂיחַ הַשָּׂדֶה טֶרֶם יִהְיֶה בָאָרֶץ
וְכָל־עֵשֶׂב הַשָּׂדֶה טֶרֶם יִצְמָח כִּי לֹא
הִמְטִיר יְהוָה אֱלֹהִים עַל־הָאָרֶץ וְאָדָם
אַיִן לַעֲבֹד אֶת־הָאֲדָמָה׃ 6 וְאֵד יַעֲלֶה
מִן־הָאָרֶץ וְהִשְׁקָה אֶת־כָּל־פְּנֵי־הָאֲדָמָה׃
7 וַיִּיצֶר יְהוָה אֱלֹהִים אֶת־הָאָדָם עָפָר
מִן־הָאֲדָמָה וַיִּפַּח בְּאַפָּיו נִשְׁמַת חַיִּים
וַיְהִי הָאָדָם לְנֶפֶשׁ חַיָּה׃ 8 וַיִּטַּע יְהוָה
אֱלֹהִים גַּן־בְּעֵדֶן מִקֶּדֶם וַיָּשֶׂם שָׁם אֶת־
הָאָדָם אֲשֶׁר יָצָר׃ 9 וַיַּצְמַח יְהוָה אֱלֹהִים
מִן־הָאֲדָמָה כָּל־עֵץ נֶחְמָד לְמַרְאֶה וְטוֹב

He them. [28] And God blessed them; and God said unto them: 'Be fruitful, and multiply, and replenish the earth, and subdue it; and have dominion over the fish of the sea, and over the fowl of the air, and over every living thing that creepeth upon the earth.' [29] And God said: 'Behold, I have given you every herb yielding seed, which is upon the face of all the earth, and every tree, in which is the fruit of a tree yielding seed—to you it shall be for food; [30] and to every beast of the earth, and to every fowl of the air, and to every thing that creepeth upon the earth, wherein there is a living soul, [I have given] every green herb for food.' And it was so. [31] And God saw every thing that He had made, and, behold, it was very good. And there was evening and there was morning, the sixth day.

2 And the heaven and the earth were finished, and all the host of them. [2] And on the seventh day God finished His work which He had made; and He rested on the seventh day from all His work which He had made. [3] And God blessed the seventh day, and hallowed it; because that in it He rested from all His work which God in creating had made.

[4] These are the generations of the heaven and of the earth when they were created, in the day that the LORD GOD made earth and heaven.

[5] No shrub of the field was yet in the earth, and no herb of the field had yet sprung up; for the LORD GOD had not caused it to rain upon the earth, and there was not a man to till the ground; [6] but there went up a mist from the earth, and watered the whole face of the ground. [7] Then the LORD GOD formed man of the dust of the ground, and breathed into his nostrils the breath of life; and man became a living soul. [8] And the LORD GOD planted a garden eastward, in Eden; and there He put the man whom He had formed. [9] And out of the ground made the LORD GOD to grow every tree that is pleasant to the sight, and good for food; the tree of life

also in the midst of the garden, and the tree of the knowledge of good and evil. [10] And a river went out of Eden to water the garden; and from thence it was parted, and became four heads. [11] The name of the first is Pishon; that is it which compasseth the whole land of Havilah, where there is gold; [12] and the gold of that land is good; there is bdellium and the onyx stone. [13] And the name of the second river is Gihon; the same is it that compasseth the whole land of Cush. [14] And the name of the third river is [a]Tigris; that is it which goeth toward the east of Asshur. And the fourth river is the Euphrates. [15] And the LORD GOD took the man, and put him into the garden of Eden to dress it and to keep it. [16] And the LORD GOD commanded the man, saying: 'Of every tree of the garden thou mayest freely eat; [17] but of the tree of the knowledge of good and evil, thou shalt not eat of it; for in the day that thou eatest thereof thou shalt surely die.'

[18] And the LORD GOD said: 'It is not good that the man should be alone; I will make him a help meet for him.' [19] And out of the ground the LORD GOD formed every beast of the field, and every fowl of the air; and brought them unto the man to see what he would call them; and whatsoever the man would call every living creature, that was to be the name thereof. [20] And the man gave names to all cattle, and to the fowl of the air, and to every beast of the field; but for Adam there was not found a help meet for him. [21] And the LORD GOD caused a deep sleep to fall upon the man, and he slept; and He took one of his ribs, and closed up the place with flesh instead thereof. [22] And the rib, which the LORD GOD had taken from the man, made He a woman, and brought her unto the man. [23] And the man said: 'This is now bone of my bones, and flesh of my flesh; she shall be called [b]Woman, because she was taken out of [c]Man.' [24] Therefore shall a man leave his father and his mother, and shall cleave unto his wife, and they shall be one flesh. [25] And they were

לְמַאֲכָל וְעֵץ הַחַיִּים בְּתוֹךְ הַגָּן וְעֵץ הַדַּעַת
טוֹב וָרָע׃ 10 וְנָהָר יֹצֵא מֵעֵדֶן לְהַשְׁקוֹת
אֶת־הַגָּן וּמִשָּׁם יִפָּרֵד וְהָיָה לְאַרְבָּעָה
רָאשִׁים׃ 11 שֵׁם הָאֶחָד פִּישׁוֹן הוּא הַסֹּבֵב
אֵת כָּל־אֶרֶץ הַחֲוִילָה אֲשֶׁר־שָׁם הַזָּהָב׃
12 וּזֲהַב הָאָרֶץ הַהִוא טוֹב שָׁם הַבְּדֹלַח
וְאֶבֶן הַשֹּׁהַם׃ 13 וְשֵׁם־הַנָּהָר הַשֵּׁנִי גִּיחוֹן
הוּא הַסּוֹבֵב אֵת כָּל־אֶרֶץ כּוּשׁ׃ 14 וְשֵׁם
הַנָּהָר הַשְּׁלִישִׁי חִדֶּקֶל הוּא הַהֹלֵךְ קִדְמַת
אַשּׁוּר וְהַנָּהָר הָרְבִיעִי הוּא פְרָת׃ 15 וַיִּקַּח
יְהוָה אֱלֹהִים אֶת־הָאָדָם וַיַּנִּחֵהוּ בְגַן־עֵדֶן
לְעָבְדָהּ וּלְשָׁמְרָהּ׃ 16 וַיְצַו יְהוָה אֱלֹהִים
עַל־הָאָדָם לֵאמֹר מִכֹּל עֵץ־הַגָּן אָכֹל
תֹּאכֵל׃ 17 וּמֵעֵץ הַדַּעַת טוֹב וָרָע לֹא
תֹאכַל מִמֶּנּוּ כִּי בְּיוֹם אֲכָלְךָ מִמֶּנּוּ מוֹת
תָּמוּת׃ 18 וַיֹּאמֶר יְהוָה אֱלֹהִים לֹא־טוֹב
הֱיוֹת הָאָדָם לְבַדּוֹ אֶעֱשֶׂה־לּוֹ עֵזֶר כְּנֶגְדּוֹ׃
19 וַיִּצֶר יְהוָה אֱלֹהִים מִן־הָאֲדָמָה כָּל־
חַיַּת הַשָּׂדֶה וְאֵת כָּל־עוֹף הַשָּׁמַיִם וַיָּבֵא
אֶל־הָאָדָם לִרְאוֹת מַה־יִּקְרָא־לוֹ וְכֹל
אֲשֶׁר יִקְרָא־לוֹ הָאָדָם נֶפֶשׁ חַיָּה הוּא
שְׁמוֹ׃ 20 וַיִּקְרָא הָאָדָם שֵׁמוֹת לְכָל־
הַבְּהֵמָה וּלְעוֹף הַשָּׁמַיִם וּלְכֹל חַיַּת
הַשָּׂדֶה וּלְאָדָם לֹא־מָצָא עֵזֶר כְּנֶגְדּוֹ׃
21 וַיַּפֵּל יְהוָה אֱלֹהִים ׀ תַּרְדֵּמָה עַל־הָאָדָם
וַיִּישָׁן וַיִּקַּח אַחַת מִצַּלְעֹתָיו וַיִּסְגֹּר בָּשָׂר
תַּחְתֶּנָּה׃ 22 וַיִּבֶן יְהוָה אֱלֹהִים ׀ אֶת־
הַצֵּלָע אֲשֶׁר־לָקַח מִן־הָאָדָם לְאִשָּׁה
וַיְבִאֶהָ אֶל־הָאָדָם׃ 23 וַיֹּאמֶר הָאָדָם זֹאת
הַפַּעַם עֶצֶם מֵעֲצָמַי וּבָשָׂר מִבְּשָׂרִי לְזֹאת
יִקָּרֵא אִשָּׁה כִּי מֵאִישׁ לֻקֳחָה־זֹּאת׃ 24 עַל־
כֵּן יַעֲזָב־אִישׁ אֶת־אָבִיו וְאֶת־אִמּוֹ וְדָבַק
בְּאִשְׁתּוֹ וְהָיוּ לְבָשָׂר אֶחָד׃ 25 וַיִּהְיוּ שְׁנֵיהֶם

a Heb. *Hiddekel.* b Heb. *Isshah.* c Heb. *Ish.*

both naked, the man and his wife, and were not ashamed.

3

Now the serpent was more subtle than any beast of the field which the LORD GOD had made. And he said unto the woman: 'Yea, hath God said: Ye shall not eat of any tree of the garden?' [2] And the woman said unto the serpent: 'Of the fruit of the trees of the garden we may eat; [3] but of the fruit of the tree which is in the midst of the garden, God hath said: Ye shall not eat of it, neither shall ye touch it, lest ye die.' [4] And the serpent said unto the woman: 'Ye shall not surely die; [5] for God doth know that in the day ye eat thereof, then your eyes shall be opened, and ye shall be as God, knowing good and evil.' [6] And when the woman saw that the tree was good for food, and that it was a delight to the eyes, and that the tree was to be desired to make one wise, she took of the fruit thereof, and did eat; and she gave also unto her husband with her, and he did eat. [7] And the eyes of them both were opened, and they knew that they were naked; and they sewed fig-leaves together, and made themselves girdles. [8] And they heard the voice of the LORD GOD walking in the garden toward the cool of the day; and the man and his wife hid themselves from the presence of the LORD GOD amongst the trees of the garden. [9] And the LORD GOD called unto the man, and said unto him: 'Where art thou?' [10] And he said: 'I heard Thy voice in the garden, and I was afraid, because I was naked; and I hid myself.' [11] And He said: 'Who told thee that thou wast naked? Hast thou eaten of the tree, whereof I commanded thee that thou shouldest not eat?' [12] And the man said: 'The woman whom Thou gavest to be with me, she gave me of the tree, and I did eat.' [13] And the LORD GOD said unto the woman: 'What is this thou hast done?' And the woman said: 'The serpent beguiled me, and I did eat.' [14] And the LORD GOD said unto the serpent: 'Because thou hast done this, cursed art thou from among all cattle, and from among all beasts of the field; upon thy belly shalt thou go and dust shalt thou eat all the days of thy life. [15] And I will put enmity between thee and the

עֲרוּמִּ֔ים הָֽאָדָ֖ם וְאִשְׁתּ֑וֹ וְלֹ֖א יִתְבֹּשָֽׁשׁוּ׃
3 וְהַנָּחָשׁ֙ הָיָ֣ה עָר֔וּם מִכֹּל֙ חַיַּ֣ת הַשָּׂדֶ֔ה
אֲשֶׁ֥ר עָשָׂ֖ה יְהֹוָ֣ה אֱלֹהִ֑ים וַיֹּ֙אמֶר֙ אֶל־
הָֽאִשָּׁ֔ה אַ֚ף כִּֽי־אָמַ֣ר אֱלֹהִ֔ים לֹ֣א תֹֽאכְל֔וּ
מִכֹּ֖ל עֵ֥ץ הַגָּֽן׃ 2 וַתֹּ֥אמֶר הָֽאִשָּׁ֖ה אֶל־הַנָּחָ֑שׁ
מִפְּרִ֥י עֵֽץ־הַגָּ֖ן נֹאכֵֽל׃ 3 וּמִפְּרִ֣י הָעֵץ֮ אֲשֶׁ֣ר
בְּתוֹךְ־הַגָּן֒ אָמַ֣ר אֱלֹהִ֗ים לֹ֤א תֹֽאכְלוּ֙ מִמֶּ֔נּוּ
וְלֹ֥א תִגְּע֖וּ בּ֑וֹ פֶּן־תְּמֻתֽוּן׃ 4 וַיֹּ֥אמֶר הַנָּחָ֖שׁ
אֶל־הָֽאִשָּׁ֑ה לֹֽא־מ֖וֹת תְּמֻתֽוּן׃ 5 כִּ֚י יֹדֵ֣עַ
אֱלֹהִ֔ים כִּ֗י בְּיוֹם֙ אֲכָלְכֶ֣ם מִמֶּ֔נּוּ וְנִפְקְח֖וּ
עֵֽינֵיכֶ֑ם וִהְיִיתֶם֙ כֵּֽאלֹהִ֔ים יֹדְעֵ֖י ט֥וֹב וָרָֽע׃
6 וַתֵּ֣רֶא הָֽאִשָּׁ֡ה כִּ֣י טוֹב֩ הָעֵ֨ץ לְמַאֲכָ֜ל וְכִ֧י
תַֽאֲוָה־ה֣וּא לָעֵינַ֗יִם וְנֶחְמָ֤ד הָעֵץ֙ לְהַשְׂכִּ֔יל
וַתִּקַּ֥ח מִפִּרְי֖וֹ וַתֹּאכַ֑ל וַתִּתֵּ֧ן גַּם־לְאִישָׁ֛הּ
עִמָּ֖הּ וַיֹּאכַֽל׃ 7 וַתִּפָּקַ֙חְנָה֙ עֵינֵ֣י שְׁנֵיהֶ֔ם
וַיֵּ֣דְע֔וּ כִּ֥י עֵֽירֻמִּ֖ם הֵ֑ם וַֽיִּתְפְּרוּ֙ עֲלֵ֣ה תְאֵנָ֔ה
וַיַּעֲשׂ֥וּ לָהֶ֖ם חֲגֹרֹֽת׃ 8 וַֽיִּשְׁמְע֞וּ אֶת־ק֨וֹל
יְהֹוָ֧ה אֱלֹהִ֛ים מִתְהַלֵּ֥ךְ בַּגָּ֖ן לְר֣וּחַ הַיּ֑וֹם
וַיִּתְחַבֵּ֨א הָֽאָדָ֜ם וְאִשְׁתּ֗וֹ מִפְּנֵי֙ יְהֹוָ֣ה
אֱלֹהִ֔ים בְּת֖וֹךְ עֵ֥ץ הַגָּֽן׃ 9 וַיִּקְרָ֛א יְהֹוָ֥ה
אֱלֹהִ֖ים אֶל־הָֽאָדָ֑ם וַיֹּ֥אמֶר ל֖וֹ אַיֶּֽכָּה׃
10 וַיֹּ֕אמֶר אֶת־קֹלְךָ֥ שָׁמַ֖עְתִּי בַּגָּ֑ן וָאִירָ֛א
כִּֽי־עֵירֹ֥ם אָנֹ֖כִי וָאֵחָבֵֽא׃ 11 וַיֹּ֕אמֶר מִ֚י הִגִּ֣יד
לְךָ֔ כִּ֥י עֵירֹ֖ם אָ֑תָּה הֲמִן־הָעֵ֗ץ אֲשֶׁ֧ר
צִוִּיתִ֛יךָ לְבִלְתִּ֥י אֲכָל־מִמֶּ֖נּוּ אָכָֽלְתָּ׃
12 וַיֹּ֖אמֶר הָֽאָדָ֑ם הָֽאִשָּׁה֙ אֲשֶׁ֣ר נָתַ֣תָּה
עִמָּדִ֔י הִ֛וא נָֽתְנָה־לִּ֥י מִן־הָעֵ֖ץ וָאֹכֵֽל׃
13 וַיֹּ֨אמֶר יְהֹוָ֧ה אֱלֹהִ֛ים לָאִשָּׁ֖ה מַה־זֹּ֣את
עָשִׂ֑ית וַתֹּ֙אמֶר֙ הָֽאִשָּׁ֔ה הַנָּחָ֥שׁ הִשִּׁיאַ֖נִי
וָאֹכֵֽל׃ 14 וַיֹּאמֶר֩ יְהֹוָ֨ה אֱלֹהִ֥ים ׀ אֶֽל־הַנָּחָשׁ֮
כִּ֣י עָשִׂ֣יתָ זֹּאת֒ אָר֤וּר אַתָּה֙ מִכָּל־הַבְּהֵמָ֔ה
וּמִכֹּ֖ל חַיַּ֣ת הַשָּׂדֶ֑ה עַל־גְּחֹנְךָ֣ תֵלֵ֔ךְ וְעָפָ֥ר
תֹּאכַ֖ל כָּל־יְמֵ֥י חַיֶּֽיךָ׃ 15 וְאֵיבָ֣ה ׀ אָשִׁ֗ית

woman, and between thy seed and her seed; they shall bruise thy head, and thou shalt bruise their heel.'

[16] Unto the woman He said: 'I will greatly multiply thy pain and thy travail; in pain thou shalt bring forth children; and thy desire shall be to thy husband, and he shall rule over thee.'

[17] And unto Adam He said: 'Because thou hast hearkened unto the voice of thy wife, and hast eaten of the tree, of which I commanded thee, saying: Thou shalt not eat of it; cursed is the ground for thy sake; in toil shalt thou eat of it all the days of thy life. [18] Thorns also and thistles shall it bring forth to thee; and thou shalt eat the herb of the field. [19] In the sweat of thy face shalt thou eat bread, till thou return unto the ground; for out of it wast thou taken; for dust thou art, and unto dust shalt thou return.' [20] And the man called his wife's name [a]Eve; because she was the mother of all living. [21] And the LORD GOD made for Adam and for his wife garments of skins, and clothed them.

[22] And the LORD GOD said: 'Behold, the man is become as one of us, to know good and evil; and now, lest he put forth his hand, and take also of the tree of life, and eat, and live for ever.' [23] Therefore the LORD GOD sent him forth from the garden of Eden, to till the ground from whence he was taken. [24] So He drove out the man; and He placed at the east of the garden of Eden the cherubim, and the flaming sword which turned every way, to keep the way to the tree of life.

4 And the man knew Eve his wife; and she conceived and bore Cain, and said: 'I have [b]gotten a man with the help of the LORD.' [2] And again she bore his brother Abel. And Abel was a keeper of sheep, but Cain was a tiller of the ground. [3] And in process of time it came to pass, that Cain brought of the fruit of the ground an offering unto the LORD. [4] And Abel, he also brought of the firstlings of his flock and of the fat thereof. And the LORD had respect unto Abel

בֵּינְךָ וּבֵין הָאִשָּׁה וּבֵין זַרְעֲךָ וּבֵין זַרְעָהּ
הוּא יְשׁוּפְךָ רֹאשׁ וְאַתָּה תְּשׁוּפֶנּוּ
עָקֵב׃ ס 16 אֶל־הָאִשָּׁה אָמַר הַרְבָּה
אַרְבֶּה עִצְּבוֹנֵךְ וְהֵרֹנֵךְ בְּעֶצֶב תֵּלְדִי
בָנִים וְאֶל־אִישֵׁךְ תְּשׁוּקָתֵךְ וְהוּא
יִמְשָׁל־בָּךְ׃ ס 17 וּלְאָדָם אָמַר כִּי־
שָׁמַעְתָּ לְקוֹל אִשְׁתֶּךָ וַתֹּאכַל מִן־הָעֵץ
אֲשֶׁר צִוִּיתִיךָ לֵאמֹר לֹא תֹאכַל מִמֶּנּוּ
אֲרוּרָה הָאֲדָמָה בַּעֲבוּרֶךָ בְּעִצָּבוֹן
תֹּאכֲלֶנָּה כֹּל יְמֵי חַיֶּיךָ׃ 18 וְקוֹץ וְדַרְדַּר
תַּצְמִיחַ לָךְ וְאָכַלְתָּ אֶת־עֵשֶׂב הַשָּׂדֶה׃
19 בְּזֵעַת אַפֶּיךָ תֹּאכַל לֶחֶם עַד שׁוּבְךָ
אֶל־הָאֲדָמָה כִּי מִמֶּנָּה לֻקָּחְתָּ כִּי־עָפָר
אַתָּה וְאֶל־עָפָר תָּשׁוּב׃ 20 וַיִּקְרָא הָאָדָם
שֵׁם אִשְׁתּוֹ חַוָּה כִּי הִוא הָיְתָה אֵם
כָּל־חָי׃ 21 וַיַּעַשׂ יְהוָה אֱלֹהִים לְאָדָם
וּלְאִשְׁתּוֹ כָּתְנוֹת עוֹר וַיַּלְבִּשֵׁם׃ פ
22 וַיֹּאמֶר ׀ יְהוָה אֱלֹהִים הֵן הָאָדָם הָיָה
כְּאַחַד מִמֶּנּוּ לָדַעַת טוֹב וָרָע וְעַתָּה ׀
פֶּן־יִשְׁלַח יָדוֹ וְלָקַח גַּם מֵעֵץ הַחַיִּים וְאָכַל
וָחַי לְעֹלָם׃ 23 וַיְשַׁלְּחֵהוּ יְהוָה אֱלֹהִים
מִגַּן־עֵדֶן לַעֲבֹד אֶת־הָאֲדָמָה אֲשֶׁר לֻקַּח
מִשָּׁם׃ 24 וַיְגָרֶשׁ אֶת־הָאָדָם וַיַּשְׁכֵּן מִקֶּדֶם
לְגַן־עֵדֶן אֶת־הַכְּרֻבִים וְאֵת לַהַט הַחֶרֶב
הַמִּתְהַפֶּכֶת לִשְׁמֹר אֶת־דֶּרֶךְ עֵץ
הַחַיִּים׃ ס 4 וְהָאָדָם יָדַע אֶת־
חַוָּה אִשְׁתּוֹ וַתַּהַר וַתֵּלֶד אֶת־קַיִן וַתֹּאמֶר
קָנִיתִי אִישׁ אֶת־יְהוָה׃ 2 וַתֹּסֶף לָלֶדֶת
אֶת־אָחִיו אֶת־הָבֶל וַיְהִי־הֶבֶל רֹעֵה צֹאן
וְקַיִן הָיָה עֹבֵד אֲדָמָה׃ 3 וַיְהִי מִקֵּץ יָמִים
וַיָּבֵא קַיִן מִפְּרִי הָאֲדָמָה מִנְחָה לַיהוָה׃
4 וְהֶבֶל הֵבִיא גַם־הוּא מִבְּכֹרוֹת צֹאנוֹ
וּמֵחֶלְבֵהֶן וַיִּשַׁע יְהוָה אֶל־הֶבֶל וְאֶל־

a Heb. *Havvah*, that is, *Life*. b Heb. *kanah*, to get.

and to his offering; [5] but unto Cain and to his offering He had not respect. And Cain was very wroth, and his countenance fell. [6] And the LORD said unto Cain: 'Why art thou wroth? and why is thy countenance fallen? [7] If thou doest well, shall it not be lifted up? and if thou doest not well, sin coucheth at the door; and unto thee is its desire, but thou mayest rule over it.' [8] And Cain spoke unto Abel his brother. And it came to pass, when they were in the field, that Cain rose up against Abel his brother, and slew him.

[9] And the LORD said unto Cain: 'Where is Abel thy brother?' And he said: 'I know not; am I my brother's keeper?' [10] And He said: 'What hast thou done? the voice of thy brother's blood crieth unto Me from the ground. [11] And now cursed art thou from the ground, which hath opened her mouth to receive thy brother's blood from thy hand. [12] When thou tillest the ground, it shall not henceforth yield unto thee her strength; a fugitive and a wanderer shalt thou be in the earth.' [13] And Cain said unto the LORD: 'My punishment is greater than I can bear. [14] Behold, Thou hast driven me out this day from the face of the land; and from Thy face shall I be hid; and I shall be a fugitive and a wanderer in the earth; and it will come to pass, that whosoever findeth me will slay me.' [15] And the LORD said unto him: 'Therefore whosoever slayeth Cain, vengeance shall be taken on him sevenfold.' And the LORD set a sign for Cain, lest any finding him should smite him.

[16] And Cain went out from the presence of the LORD, and dwelt in the land of [a]Nod, on the east of Eden. [17] And Cain knew his wife; and she conceived, and bore Enoch; and he builded a city, and called the name of the city after the name of his son Enoch. [18] And unto Enoch was born Irad; and Irad begot Mehujael; and [b]Mehujael begot Methushael; and Methushael begot Lamech. [19] And Lamech took unto him two wives; the name of the one was Adah, and the name of the other Zillah. [20] And Adah bore Jabal; he was the father of such as dwell in tents and have cattle. [21] And his brother's name was Jubal; he was the father of all such as handle the harp and pipe. [22] And Zillah, she also bore Tubal-cain, the forger of every cutting instrument of brass and iron; and the sister of

מִנְחָתוֹ׃ 5 וְאֶל־קַיִן וְאֶל־מִנְחָתוֹ לֹא שָׁעָה
וַיִּחַר לְקַיִן מְאֹד וַיִּפְּלוּ פָּנָיו׃ 6 וַיֹּאמֶר יְהוָה
אֶל־קָיִן לָמָּה חָרָה לָךְ וְלָמָּה נָפְלוּ פָנֶיךָ׃
7 הֲלוֹא אִם־תֵּיטִיב שְׂאֵת וְאִם לֹא תֵיטִיב
לַפֶּתַח חַטָּאת רֹבֵץ וְאֵלֶיךָ תְּשׁוּקָתוֹ וְאַתָּה
תִּמְשָׁל־בּוֹ׃ 8 וַיֹּאמֶר קַיִן אֶל־הֶבֶל אָחִיו
וַיְהִי בִּהְיוֹתָם בַּשָּׂדֶה וַיָּקָם קַיִן אֶל־הֶבֶל
אָחִיו וַיַּהַרְגֵהוּ׃ 9 וַיֹּאמֶר יְהוָה אֶל־קַיִן אֵי
הֶבֶל אָחִיךָ וַיֹּאמֶר לֹא יָדַעְתִּי הֲשֹׁמֵר אָחִי
אָנֹכִי׃ 10 וַיֹּאמֶר מֶה עָשִׂיתָ קוֹל דְּמֵי אָחִיךָ
צֹעֲקִים אֵלַי מִן־הָאֲדָמָה׃ 11 וְעַתָּה אָרוּר
אָתָּה מִן־הָאֲדָמָה אֲשֶׁר פָּצְתָה אֶת־פִּיהָ
לָקַחַת אֶת־דְּמֵי אָחִיךָ מִיָּדֶךָ׃ 12 כִּי תַעֲבֹד
אֶת־הָאֲדָמָה לֹא־תֹסֵף תֵּת־כֹּחָהּ לָךְ נָע
וָנָד תִּהְיֶה בָאָרֶץ׃ 13 וַיֹּאמֶר קַיִן אֶל־יְהוָה
גָּדוֹל עֲוֺנִי מִנְּשֹׂא׃ 14 הֵן גֵּרַשְׁתָּ אֹתִי הַיּוֹם
מֵעַל פְּנֵי הָאֲדָמָה וּמִפָּנֶיךָ אֶסָּתֵר וְהָיִיתִי
נָע וָנָד בָּאָרֶץ וְהָיָה כָל־מֹצְאִי יַהַרְגֵנִי׃
15 וַיֹּאמֶר לוֹ יְהוָה לָכֵן כָּל־הֹרֵג קַיִן
שִׁבְעָתַיִם יֻקָּם וַיָּשֶׂם יְהוָה לְקַיִן אוֹת
לְבִלְתִּי הַכּוֹת־אֹתוֹ כָּל־מֹצְאוֹ׃ 16 וַיֵּצֵא
קַיִן מִלִּפְנֵי יְהוָה וַיֵּשֶׁב בְּאֶרֶץ־נוֹד קִדְמַת־
עֵדֶן׃ 17 וַיֵּדַע קַיִן אֶת־אִשְׁתּוֹ וַתַּהַר וַתֵּלֶד
אֶת־חֲנוֹךְ וַיְהִי בֹּנֶה עִיר וַיִּקְרָא שֵׁם הָעִיר
כְּשֵׁם בְּנוֹ חֲנוֹךְ׃ 18 וַיִּוָּלֵד לַחֲנוֹךְ אֶת־עִירָד
וְעִירָד יָלַד אֶת־מְחוּיָאֵל וּמְחִיָּיאֵל יָלַד
אֶת־מְתוּשָׁאֵל וּמְתוּשָׁאֵל יָלַד אֶת־לָמֶךְ׃
19 וַיִּקַּח־לוֹ לֶמֶךְ שְׁתֵּי נָשִׁים שֵׁם הָאַחַת
עָדָה וְשֵׁם הַשֵּׁנִית צִלָּה׃ 20 וַתֵּלֶד עָדָה
אֶת־יָבָל הוּא הָיָה אֲבִי יֹשֵׁב אֹהֶל וּמִקְנֶה׃
21 וְשֵׁם אָחִיו יוּבָל הוּא הָיָה אֲבִי כָּל־
תֹּפֵשׂ כִּנּוֹר וְעוּגָב׃ 22 וְצִלָּה גַם־הִוא יָלְדָה
אֶת־תּוּבַל קַיִן לֹטֵשׁ כָּל־חֹרֵשׁ נְחֹשֶׁת

a That is, *Wandering.* b Heb. *Mehijael.*

Tubal-cain was Naamah. [23] And Lamech said unto his wives:

Adah and Zillah, hear my voice; / Ye wives of Lamech, hearken unto my speech; / For I have slain a man for wounding me, / And a young man for bruising me; / [24] If Cain shall be avenged sevenfold, / Truly Lamech seventy and sevenfold.

[25] And Adam knew his wife again; and she bore a son, and called his name [a]Seth: 'for God [b]hath appointed me another seed instead of Abel; for Cain slew him.' [26] And to Seth, to him also there was born a son; and he called his name Enosh; then began men to call upon the name of the LORD.

5 This is the book of the generations of Adam. In the day that God created man, in the likeness of God made He him; [2] male and female created He them, and blessed them, and called their name Adam, in the day when they were created. [3] And Adam lived a hundred and thirty years, and begot a son in his own likeness, after his image; and called his name Seth. [4] And the days of Adam after he begot Seth were eight hundred years; and he begot sons and daughters. [5] And all the days that Adam lived were nine hundred and thirty years; and he died.

[6] And Seth lived a hundred and five years, and begot Enosh. [7] And Seth lived after he begot Enosh eight hundred and seven years, and begot sons and daughters. [8] And all the days of Seth were nine hundred and twelve years; and he died.

[9] And Enosh lived ninety years, and begot Kenan. [10] And Enosh lived after he begot Kenan eight hundred and fifteen years, and begot sons and daughters. [11] And all the days of Enosh were nine hundred and five years; and he died.

[12] And Kenan lived seventy years, and begot Mahalalel. [13] And Kenan lived after he

וּבַרְזֶל וַאֲחוֹת תּוּבַל־קַיִן נַעֲמָה׃ 23 וַיֹּאמֶר
לֶמֶךְ לְנָשָׁיו עָדָה וְצִלָּה שְׁמַעַן קוֹלִי נְשֵׁי
לֶמֶךְ הַאְזֵנָּה אִמְרָתִי כִּי אִישׁ הָרַגְתִּי
לְפִצְעִי וְיֶלֶד לְחַבֻּרָתִי׃ 24 כִּי שִׁבְעָתַיִם
יֻקַּם־קָיִן וְלֶמֶךְ שִׁבְעִים וְשִׁבְעָה׃ 25 וַיֵּדַע
אָדָם עוֹד אֶת־אִשְׁתּוֹ וַתֵּלֶד בֵּן וַתִּקְרָא
אֶת־שְׁמוֹ שֵׁת כִּי שָׁת־לִי אֱלֹהִים זֶרַע
אַחֵר תַּחַת הֶבֶל כִּי הֲרָגוֹ קָיִן׃ 26 וּלְשֵׁת
גַּם־הוּא יֻלַּד־בֵּן וַיִּקְרָא אֶת־שְׁמוֹ אֱנוֹשׁ
אָז הוּחַל לִקְרֹא בְּשֵׁם יְהוָה׃ פ
5 זֶה סֵפֶר תּוֹלְדֹת אָדָם בְּיוֹם בְּרֹא
אֱלֹהִים אָדָם בִּדְמוּת אֱלֹהִים עָשָׂה אֹתוֹ׃
2 זָכָר וּנְקֵבָה בְּרָאָם וַיְבָרֶךְ אֹתָם וַיִּקְרָא
אֶת־שְׁמָם אָדָם בְּיוֹם הִבָּרְאָם׃ ס
3 וַיְחִי אָדָם שְׁלֹשִׁים וּמְאַת שָׁנָה וַיּוֹלֶד
בִּדְמוּתוֹ כְּצַלְמוֹ וַיִּקְרָא אֶת־שְׁמוֹ שֵׁת׃
4 וַיִּהְיוּ יְמֵי־אָדָם אַחֲרֵי הוֹלִידוֹ אֶת־שֵׁת
שְׁמֹנֶה מֵאֹת שָׁנָה וַיּוֹלֶד בָּנִים וּבָנוֹת׃
5 וַיִּהְיוּ כָּל־יְמֵי אָדָם אֲשֶׁר־חַי תְּשַׁע מֵאוֹת
שָׁנָה וּשְׁלֹשִׁים שָׁנָה וַיָּמֹת׃ ס 6 וַיְחִי־
שֵׁת חָמֵשׁ שָׁנִים וּמְאַת שָׁנָה וַיּוֹלֶד אֶת־
אֱנוֹשׁ׃ 7 וַיְחִי־שֵׁת אַחֲרֵי הוֹלִידוֹ אֶת־
אֱנוֹשׁ שֶׁבַע שָׁנִים וּשְׁמֹנֶה מֵאוֹת שָׁנָה
וַיּוֹלֶד בָּנִים וּבָנוֹת׃ 8 וַיִּהְיוּ כָּל־יְמֵי־שֵׁת
שְׁתֵּים עֶשְׂרֵה שָׁנָה וּתְשַׁע מֵאוֹת שָׁנָה
וַיָּמֹת׃ ס 9 וַיְחִי אֱנוֹשׁ תִּשְׁעִים שָׁנָה
וַיּוֹלֶד אֶת־קֵינָן׃ 10 וַיְחִי אֱנוֹשׁ אַחֲרֵי
הוֹלִידוֹ אֶת־קֵינָן חֲמֵשׁ עֶשְׂרֵה שָׁנָה
וּשְׁמֹנֶה מֵאוֹת שָׁנָה וַיּוֹלֶד בָּנִים וּבָנוֹת׃
11 וַיִּהְיוּ כָּל־יְמֵי אֱנוֹשׁ חָמֵשׁ שָׁנִים וּתְשַׁע
מֵאוֹת שָׁנָה וַיָּמֹת׃ ס 12 וַיְחִי קֵינָן
שִׁבְעִים שָׁנָה וַיּוֹלֶד אֶת־מַהֲלַלְאֵל׃ 13 וַיְחִי
קֵינָן אַחֲרֵי הוֹלִידוֹ אֶת־מַהֲלַלְאֵל

a Heb. *Sheth.* b Heb. *shath.*

begot Mahalalel eight hundred and forty years, and begot sons and daughters. [14] And all the days of Kenan were nine hundred and ten years; and he died.

[15] And Mahalalel lived sixty and five years, and begot Jared. [16] And Mahalalel lived after he begot Jared eight hundred and thirty years, and begot sons and daughters. [17] And all the days of Mahalalel were eight hundred ninety and five years; and he died.

[18] And Jared lived a hundred sixty and two years, and begot Enoch. [19] And Jared lived after he begot Enoch eight hundred years, and begot sons and daughters. [20] And all the days of Jared were nine hundred sixty and two years; and he died.

[21] And Enoch lived sixty and five years, and begot Methuselah. [22] And Enoch walked with God after he begot Methuselah three hundred years, and begot sons and daughters. [23] And all the days of Enoch were three hundred sixty and five years. [24] And Enoch walked with God, and he was not; for God took him.

[25] And Methuselah lived a hundred eighty and seven years, and begot Lamech. [26] And Methuselah lived after he begot Lamech seven hundred eighty and two years, and begot sons and daughters. [27] And all the days of Methuselah were nine hundred sixty and nine years; and he died.

[28] And Lamech lived a hundred eighty and two years, and begot a son. [29] And he called his name Noah, saying: 'This same shall [a]comfort us in our work and in the toil of our hands, which cometh from the ground which

אַרְבָּעִים שָׁנָה וּשְׁמֹנֶה מֵאוֹת שָׁנָה וַיּוֹלֶד
בָּנִים וּבָנוֹת׃ 14 וַיִּהְיוּ כָּל־יְמֵי קֵינָן עֶשֶׂר
שָׁנִים וּתְשַׁע מֵאוֹת שָׁנָה וַיָּמֹת׃ ס
15 וַיְחִי מַהֲלַלְאֵל חָמֵשׁ שָׁנִים וְשִׁשִּׁים
שָׁנָה וַיּוֹלֶד אֶת־יָרֶד׃ 16 וַיְחִי מַהֲלַלְאֵל
אַחֲרֵי הוֹלִידוֹ אֶת־יֶרֶד שְׁלֹשִׁים שָׁנָה
וּשְׁמֹנֶה מֵאוֹת שָׁנָה וַיּוֹלֶד בָּנִים וּבָנוֹת׃
17 וַיִּהְיוּ כָּל־יְמֵי מַהֲלַלְאֵל חָמֵשׁ וְתִשְׁעִים
שָׁנָה וּשְׁמֹנֶה מֵאוֹת שָׁנָה וַיָּמֹת׃ ס
18 וַיְחִי־יֶרֶד שְׁתַּיִם וְשִׁשִּׁים שָׁנָה וּמְאַת
שָׁנָה וַיּוֹלֶד אֶת־חֲנוֹךְ׃ 19 וַיְחִי־יֶרֶד אַחֲרֵי
הוֹלִידוֹ אֶת־חֲנוֹךְ שְׁמֹנֶה מֵאוֹת שָׁנָה
וַיּוֹלֶד בָּנִים וּבָנוֹת׃ 20 וַיִּהְיוּ כָּל־יְמֵי־יֶרֶד
שְׁתַּיִם וְשִׁשִּׁים שָׁנָה וּתְשַׁע מֵאוֹת שָׁנָה
וַיָּמֹת׃ פ
21 וַיְחִי חֲנוֹךְ חָמֵשׁ וְשִׁשִּׁים שָׁנָה וַיּוֹלֶד
אֶת־מְתוּשָׁלַח׃ 22 וַיִּתְהַלֵּךְ חֲנוֹךְ אֶת־
הָאֱלֹהִים אַחֲרֵי הוֹלִידוֹ אֶת־מְתוּשֶׁלַח
שְׁלֹשׁ מֵאוֹת שָׁנָה וַיּוֹלֶד בָּנִים וּבָנוֹת׃
23 וַיְהִי כָּל־יְמֵי חֲנוֹךְ חָמֵשׁ וְשִׁשִּׁים שָׁנָה
וּשְׁלֹשׁ מֵאוֹת שָׁנָה׃ 24 וַיִּתְהַלֵּךְ חֲנוֹךְ
אֶת־הָאֱלֹהִים וְאֵינֶנּוּ כִּי־לָקַח אֹתוֹ
אֱלֹהִים׃ פ
25 וַיְחִי מְתוּשֶׁלַח שֶׁבַע וּשְׁמֹנִים שָׁנָה
וּמְאַת שָׁנָה וַיּוֹלֶד אֶת־לָמֶךְ׃ 26 וַיְחִי
מְתוּשֶׁלַח אַחֲרֵי הוֹלִידוֹ אֶת־לֶמֶךְ שְׁתַּיִם
וּשְׁמוֹנִים שָׁנָה וּשְׁבַע מֵאוֹת שָׁנָה וַיּוֹלֶד
בָּנִים וּבָנוֹת׃ 27 וַיִּהְיוּ כָּל־יְמֵי מְתוּשֶׁלַח
תֵּשַׁע וְשִׁשִּׁים שָׁנָה וּתְשַׁע מֵאוֹת שָׁנָה
וַיָּמֹת׃ פ
28 וַיְחִי־לֶמֶךְ שְׁתַּיִם וּשְׁמֹנִים שָׁנָה וּמְאַת
שָׁנָה וַיּוֹלֶד בֵּן׃ 29 וַיִּקְרָא אֶת־שְׁמוֹ נֹחַ
לֵאמֹר זֶה יְנַחֲמֵנוּ מִמַּעֲשֵׂנוּ וּמֵעִצְּבוֹן יָדֵינוּ

a Heb. *nahem*, to comfort.

the LORD hath cursed.' [30] And Lamech lived after he begot Noah five hundred ninety and five years, and begot sons and daughters. [31] And all the days of Lamech were seven hundred seventy and seven years; and he died.

[32] And Noah was five hundred years old; and Noah begot Shem, Ham, and Japheth.

6 And it came to pass, when men began to multiply on the face of the earth, and daughters were born unto them, [2] that the sons of God saw the daughters of men that they were fair; and they took them wives, whomsoever they chose. [3] And the LORD said: 'My spirit shall not abide in man for ever, for that he also is flesh; therefore shall his days be a hundred and twenty years.' [4] The Nephilim were in the earth in those days, and also after that, when the sons of God came in unto the daughters of men, and they bore children to them; the same were the mighty men that were of old, the men of renown.

[5] And the LORD saw that the wickedness of man was great in the earth, and that every imagination of the thoughts of his heart was only evil continually. [6] And it repented the LORD that He had made man on the earth, and it grieved Him at His heart. [7] And the LORD said: 'I will blot out man whom I have created from the face of the earth; both man, and beast, and creeping thing, and fowl of the air; for it repenteth Me that I have made them.' [8] But Noah found grace in the eyes of the LORD.

מִן־הָאֲדָמָה אֲשֶׁר אֵרְרָהּ יְהוָה׃ 30 וַיְחִי־
לֶמֶךְ אַחֲרֵי הוֹלִידוֹ אֶת־נֹחַ חָמֵשׁ
וְתִשְׁעִים שָׁנָה וַחֲמֵשׁ מֵאֹת שָׁנָה וַיּוֹלֶד
בָּנִים וּבָנוֹת׃ 31 וַיְהִי כָּל־יְמֵי־לֶמֶךְ שֶׁבַע
וְשִׁבְעִים שָׁנָה וּשְׁבַע מֵאוֹת שָׁנָה
וַיָּמֹת׃ ס 32 וַיְהִי־נֹחַ בֶּן־חֲמֵשׁ מֵאוֹת
שָׁנָה וַיּוֹלֶד נֹחַ אֶת־שֵׁם אֶת־חָם וְאֶת־
יָפֶת׃ 6 וַיְהִי כִּי־הֵחֵל הָאָדָם לָרֹב
עַל־פְּנֵי הָאֲדָמָה וּבָנוֹת יֻלְּדוּ לָהֶם׃
2 וַיִּרְאוּ בְנֵי־הָאֱלֹהִים אֶת־בְּנוֹת הָאָדָם כִּי
טֹבֹת הֵנָּה וַיִּקְחוּ לָהֶם נָשִׁים מִכֹּל אֲשֶׁר
בָּחָרוּ׃ 3 וַיֹּאמֶר יְהוָה לֹא־יָדוֹן רוּחִי
בָאָדָם לְעֹלָם בְּשַׁגַּם הוּא בָשָׂר וְהָיוּ יָמָיו
מֵאָה וְעֶשְׂרִים שָׁנָה׃ 4 הַנְּפִלִים הָיוּ בָאָרֶץ
בַּיָּמִים הָהֵם וְגַם אַחֲרֵי־כֵן אֲשֶׁר יָבֹאוּ בְּנֵי
הָאֱלֹהִים אֶל־בְּנוֹת הָאָדָם וְיָלְדוּ לָהֶם
הֵמָּה הַגִּבֹּרִים אֲשֶׁר מֵעוֹלָם אַנְשֵׁי
הַשֵּׁם׃ פ
5 וַיַּרְא יְהוָה כִּי רַבָּה רָעַת הָאָדָם בָּאָרֶץ
וְכָל־יֵצֶר מַחְשְׁבֹת לִבּוֹ רַק רַע כָּל־הַיּוֹם׃
6 וַיִּנָּחֶם יְהוָה כִּי־עָשָׂה אֶת־הָאָדָם בָּאָרֶץ
וַיִּתְעַצֵּב אֶל־לִבּוֹ׃ 7 וַיֹּאמֶר יְהוָה אֶמְחֶה
אֶת־הָאָדָם אֲשֶׁר־בָּרָאתִי מֵעַל פְּנֵי
הָאֲדָמָה מֵאָדָם עַד־בְּהֵמָה עַד־רֶמֶשׂ וְעַד־
עוֹף הַשָּׁמָיִם כִּי נִחַמְתִּי כִּי עֲשִׂיתִם׃ 8 וְנֹחַ
מָצָא חֵן בְּעֵינֵי יְהוָה׃ פ

NOAH

[9] These are the generations of Noah. Noah was in his generations a man righteous and whole-hearted; Noah walked with God. [10] And Noah begot three sons, Shem, Ham, and Japheth. [11] And the earth was corrupt before God, and the earth was filled with violence. [12] And God

נח

9 אֵלֶּה תּוֹלְדֹת נֹחַ נֹחַ אִישׁ צַדִּיק תָּמִים
הָיָה בְּדֹרֹתָיו אֶת־הָאֱלֹהִים הִתְהַלֶּךְ־נֹחַ׃
10 וַיּוֹלֶד נֹחַ שְׁלֹשָׁה בָנִים אֶת־שֵׁם אֶת־חָם
וְאֶת־יָפֶת׃ 11 וַתִּשָּׁחֵת הָאָרֶץ לִפְנֵי
הָאֱלֹהִים וַתִּמָּלֵא הָאָרֶץ חָמָס׃ 12 וַיַּרְא

אֱלֹהִים אֶת־הָאָרֶץ וְהִנֵּה נִשְׁחָתָה כִּי־
הִשְׁחִית כָּל־בָּשָׂר אֶת־דַּרְכּוֹ עַל־
הָאָרֶץ׃ ס 13 וַיֹּאמֶר אֱלֹהִים לְנֹחַ קֵץ
כָּל־בָּשָׂר בָּא לְפָנַי כִּי־מָלְאָה הָאָרֶץ חָמָס
מִפְּנֵיהֶם וְהִנְנִי מַשְׁחִיתָם אֶת־הָאָרֶץ׃
14 עֲשֵׂה לְךָ תֵּבַת עֲצֵי־גֹפֶר קִנִּים תַּעֲשֶׂה
אֶת־הַתֵּבָה וְכָפַרְתָּ אֹתָהּ מִבַּיִת וּמִחוּץ
בַּכֹּפֶר׃ 15 וְזֶה אֲשֶׁר תַּעֲשֶׂה אֹתָהּ שְׁלֹשׁ
מֵאוֹת אַמָּה אֹרֶךְ הַתֵּבָה חֲמִשִּׁים אַמָּה
רָחְבָּהּ וּשְׁלֹשִׁים אַמָּה קוֹמָתָהּ׃ 16 צֹהַר ׀
תַּעֲשֶׂה לַתֵּבָה וְאֶל־אַמָּה תְּכַלֶּנָּה
מִלְמַעְלָה וּפֶתַח הַתֵּבָה בְּצִדָּהּ תָּשִׂים
תַּחְתִּיִּם שְׁנִיִּם וּשְׁלִשִׁים תַּעֲשֶׂהָ׃ 17 וַאֲנִי
הִנְנִי מֵבִיא אֶת־הַמַּבּוּל מַיִם עַל־הָאָרֶץ
לְשַׁחֵת כָּל־בָּשָׂר אֲשֶׁר־בּוֹ רוּחַ חַיִּים
מִתַּחַת הַשָּׁמָיִם כֹּל אֲשֶׁר־בָּאָרֶץ יִגְוָע׃
18 וַהֲקִמֹתִי אֶת־בְּרִיתִי אִתָּךְ וּבָאתָ אֶל־
הַתֵּבָה אַתָּה וּבָנֶיךָ וְאִשְׁתְּךָ וּנְשֵׁי־בָנֶיךָ
אִתָּךְ׃ 19 וּמִכָּל־הָחַי מִכָּל־בָּשָׂר שְׁנַיִם
מִכֹּל תָּבִיא אֶל־הַתֵּבָה לְהַחֲיֹת אִתָּךְ זָכָר
וּנְקֵבָה יִהְיוּ׃ 20 מֵהָעוֹף לְמִינֵהוּ וּמִן־
הַבְּהֵמָה לְמִינָהּ מִכֹּל רֶמֶשׂ הָאֲדָמָה
לְמִינֵהוּ שְׁנַיִם מִכֹּל יָבֹאוּ אֵלֶיךָ לְהַחֲיוֹת׃
21 וְאַתָּה קַח־לְךָ מִכָּל־מַאֲכָל אֲשֶׁר יֵאָכֵל
וְאָסַפְתָּ אֵלֶיךָ וְהָיָה לְךָ וְלָהֶם לְאָכְלָה׃
22 וַיַּעַשׂ נֹחַ כְּכֹל אֲשֶׁר צִוָּה אֹתוֹ אֱלֹהִים
כֵּן עָשָׂה׃ ס **7** וַיֹּאמֶר יְהוָה לְנֹחַ
בֹּא־אַתָּה וְכָל־בֵּיתְךָ אֶל־הַתֵּבָה כִּי־אֹתְךָ
רָאִיתִי צַדִּיק לְפָנַי בַּדּוֹר הַזֶּה׃ 2 מִכֹּל ׀
הַבְּהֵמָה הַטְּהוֹרָה תִּקַּח־לְךָ שִׁבְעָה
שִׁבְעָה אִישׁ וְאִשְׁתּוֹ וּמִן־הַבְּהֵמָה אֲשֶׁר
לֹא טְהֹרָה הִוא שְׁנַיִם אִישׁ וְאִשְׁתּוֹ׃ 3 גַּם
מֵעוֹף הַשָּׁמַיִם שִׁבְעָה שִׁבְעָה זָכָר וּנְקֵבָה

saw the earth, and, behold, it was corrupt; for all flesh had corrupted their way upon the earth.

[13] And God said unto Noah: 'The end of all flesh is come before Me; for the earth is filled with violence through them; and, behold, I will destroy them with the earth. [14] Make thee an ark of gopher wood; with rooms shalt thou make the ark, and shalt pitch it within and without with pitch. [15] And this is how thou shalt make it: the length of the ark three hundred cubits, the breadth of it fifty cubits, and the height of it thirty cubits. [16] A light shalt thou make to the ark, and to a cubit shalt thou finish it upward; and the door of the ark shalt thou set in the side thereof; with lower, second, and third stories shalt thou make it. [17] And I, behold, I do bring the flood of waters upon the earth, to destroy all flesh, wherein is the breath of life, from under heaven; every thing that is in the earth shall perish. [18] But I will establish My covenant with thee; and thou shalt come into the ark, thou, and thy sons, and thy wife, and thy sons' wives with thee. [19] And of every living thing of all flesh, two of every sort shalt thou bring into the ark, to keep them alive with thee; they shall be male and female. [20] Of the fowl after their kind, and of the cattle after their kind, of every creeping thing of the ground after its kind, two of every sort shall come unto thee, to keep them alive. [21] And take thou unto thee of all food that is eaten, and gather it to thee; and it shall be for food for thee, and for them.' [22] Thus did Noah; according to all that God commanded him, so did he.

7 And the LORD said unto Noah: 'Come thou and all thy house into the ark; for thee have I seen righteous before Me in this generation. [2] Of every clean beast thou shalt take to thee seven and seven, each with his mate; and of the beasts that are not clean two [and two], each with his mate; [3] of the fowl also of the air, seven and seven, male and female; to keep seed alive upon the face of all the earth. [4] For yet seven days, and I will cause it to rain upon the earth forty days and forty nights; and every living substance that I have made will I blot out from off the face of the earth.' [5] And Noah did according unto all that the LORD commanded him.

[6] And Noah was six hundred years old when the flood of waters was upon the earth. [7] And Noah went in, and his sons, and his wife, and his sons' wives with him, into the ark, because of the waters of the flood. [8] Of clean beasts, and of beasts that are not clean, and of fowls, and of every thing that creepeth upon the ground, [9] there went in two and two unto Noah into the ark, male and female, as God commanded Noah. [10] And it came to pass after the seven days, that the waters of the flood were upon the earth. [11] In the six hundredth year of Noah's life, in the second month, on the seventeenth day of the month, on the same day were all the fountains of the great deep broken up, and the windows of heaven were opened. [12] And the rain was upon the earth forty days and forty nights.

[13] In the selfsame day entered Noah, and Shem, and Ham, and Japheth, the sons of Noah, and Noah's wife, and the three wives of his sons with them, into the ark; [14] they, and every beast after its kind, and all the cattle after their kind, and every creeping thing that creepeth upon the earth after its kind, and every fowl after its kind, every bird of every sort. [15] And they went in unto Noah into the ark, two and two of all flesh wherein is the breath of life. [16] And they that went in, went in male and female of all flesh, as God commanded him; and the LORD shut him in. [17] And the flood was forty days upon the earth; and the waters increased, and bore up the ark, and it was lifted up above the earth. [18] And the waters prevailed, and increased greatly upon the earth; and the ark went upon the

לְחַיּ֣וֹת זֶ֔רַע עַל־פְּנֵ֖י כָל־הָאָֽרֶץ׃ 4 כִּי֩
לְיָמִ֨ים ע֜וֹד שִׁבְעָ֗ה אָנֹכִי֙ מַמְטִ֣יר עַל־
הָאָ֔רֶץ אַרְבָּעִ֣ים י֔וֹם וְאַרְבָּעִ֖ים לָ֑יְלָה
וּמָחִ֗יתִי אֶֽת־כָּל־הַיְקוּם֙ אֲשֶׁ֣ר עָשִׂ֔יתִי
מֵעַ֖ל פְּנֵ֥י הָאֲדָמָֽה׃ 5 וַיַּ֖עַשׂ נֹ֑חַ כְּכֹ֥ל אֲשֶׁר־
צִוָּ֖הוּ יְהוָֽה׃ 6 וְנֹ֕חַ בֶּן־שֵׁ֥שׁ מֵא֖וֹת שָׁנָ֑ה
וְהַמַּבּ֣וּל הָיָ֔ה מַ֖יִם עַל־הָאָֽרֶץ׃ 7 וַיָּ֣בֹא נֹ֗חַ
וּ֠בָנָיו וְאִשְׁתּ֧וֹ וּנְשֵֽׁי־בָנָ֛יו אִתּ֖וֹ אֶל־הַתֵּבָ֑ה
מִפְּנֵ֖י מֵ֥י הַמַּבּֽוּל׃ 8 מִן־הַבְּהֵמָה֙ הַטְּהוֹרָ֔ה
וּמִן־הַ֨בְּהֵמָ֔ה אֲשֶׁ֥ר אֵינֶ֖נָּה טְהֹרָ֑ה וּמִ֨ן־
הָע֔וֹף וְכֹ֥ל אֲשֶׁר־רֹמֵ֖שׂ עַל־הָאֲדָמָֽה׃
9 שְׁנַ֨יִם שְׁנַ֜יִם בָּ֧אוּ אֶל־נֹ֛חַ אֶל־הַתֵּבָ֖ה זָכָ֣ר
וּנְקֵבָ֑ה כַּאֲשֶׁ֛ר צִוָּ֥ה אֱלֹהִ֖ים אֶת־נֹֽחַ׃
10 וַיְהִ֖י לְשִׁבְעַ֣ת הַיָּמִ֑ים וּמֵ֣י הַמַּבּ֔וּל הָי֖וּ
עַל־הָאָֽרֶץ׃ 11 בִּשְׁנַ֨ת שֵׁשׁ־מֵא֤וֹת שָׁנָה֙
לְחַיֵּי־נֹ֔חַ בַּחֹ֙דֶשׁ֙ הַשֵּׁנִ֔י בְּשִׁבְעָֽה־עָשָׂ֥ר י֖וֹם
לַחֹ֑דֶשׁ בַּיּ֣וֹם הַזֶּ֗ה נִבְקְעוּ֙ כָּֽל־מַעְיְנֹת֙
תְּה֣וֹם רַבָּ֔ה וַאֲרֻבֹּ֥ת הַשָּׁמַ֖יִם נִפְתָּֽחוּ׃
12 וַיְהִ֥י הַגֶּ֖שֶׁם עַל־הָאָ֑רֶץ אַרְבָּעִ֣ים י֔וֹם
וְאַרְבָּעִ֖ים לָֽיְלָה׃ 13 בְּעֶ֨צֶם הַיּ֤וֹם הַזֶּה֙ בָּ֣א
נֹ֔חַ וְשֵׁם־וְחָ֥ם וָיֶ֖פֶת בְּנֵי־נֹ֑חַ וְאֵ֣שֶׁת נֹ֗חַ
וּשְׁלֹ֧שֶׁת נְשֵֽׁי־בָנָ֛יו אִתָּ֖ם אֶל־הַתֵּבָֽה׃
14 הֵ֜מָּה וְכָל־הַֽחַיָּ֣ה לְמִינָ֗הּ וְכָל־הַבְּהֵמָה֙
לְמִינָ֔הּ וְכָל־הָרֶ֛מֶשׂ הָֽרֹמֵ֥שׂ עַל־הָאָ֖רֶץ
לְמִינֵ֑הוּ וְכָל־הָע֣וֹף לְמִינֵ֔הוּ כֹּ֖ל צִפּ֥וֹר
כָּל־כָּנָֽף׃ 15 וַיָּבֹ֥אוּ אֶל־נֹ֖חַ אֶל־הַתֵּבָ֑ה
שְׁנַ֤יִם שְׁנַ֙יִם֙ מִכָּל־הַבָּשָׂ֔ר אֲשֶׁר־בּ֖וֹ ר֥וּחַ
חַיִּֽים׃ 16 וְהַבָּאִ֗ים זָכָ֨ר וּנְקֵבָ֤ה מִכָּל־בָּשָׂר֙
בָּ֔אוּ כַּאֲשֶׁ֥ר צִוָּ֛ה אֹת֖וֹ אֱלֹהִ֑ים וַיִּסְגֹּ֥ר יְהוָ֖ה
בַּעֲדֽוֹ׃ 17 וַיְהִ֧י הַמַּבּ֛וּל אַרְבָּעִ֥ים י֖וֹם עַל־
הָאָ֑רֶץ וַיִּרְבּ֣וּ הַמַּ֔יִם וַיִּשְׂאוּ֙ אֶת־הַתֵּבָ֔ה
וַתָּ֖רָם מֵעַ֥ל הָאָֽרֶץ׃ 18 וַיִּגְבְּר֥וּ הַמַּ֛יִם וַיִּרְבּ֥וּ
מְאֹ֖ד עַל־הָאָ֑רֶץ וַתֵּ֥לֶךְ הַתֵּבָ֖ה עַל־פְּנֵ֥י

face of the waters. [19] And the waters prevailed exceedingly upon the earth; and all the high mountains that were under the whole heaven were covered. [20] Fifteen cubits upward did the waters prevail; and the mountains were covered. [21] And all flesh perished that moved upon the earth, both fowl, and cattle, and beast, and every swarming thing that swarmeth upon the earth, and every man; [22] all in whose nostrils was the breath of the spirit of life, whatsoever was in the dry land, died. [23] And He blotted out every living substance which was upon the face of the ground, both man, and cattle, and creeping thing, and fowl of the heaven; and they were blotted out from the earth; and Noah only was left, and they that were with him in the ark. [24] And the waters prevailed upon the earth a hundred and fifty days.

8 And God remembered Noah, and every living thing, and all the cattle that were with him in the ark; and God made a wind to pass over the earth, and the waters assuaged; [2] the fountains also of the deep and the windows of heaven were stopped, and the rain from heaven was restrained. [3] And the waters returned from off the earth continually; and after the end of a hundred and fifty days the waters decreased. [4] And the ark rested in the seventh month, on the seventeenth day of the month, upon the mountains of Ararat. [5] And the waters decreased continually until the tenth month; in the tenth month, on the first day of the month, were the tops of the mountains seen.

[6] And it came to pass at the end of forty days, that Noah opened the window of the ark which he had made. [7] And he sent forth a raven, and it went forth to and fro, until the waters were dried up from off the earth. [8] And he sent forth a dove from him, to see if the waters were abated from off the face of the ground. [9] But the dove found no rest for the sole of her foot, and she returned unto him to the ark, for the waters were on the face of the whole earth; and he put forth his hand, and took her, and

הַמָּֽיִם׃ 19 וְהַמַּ֗יִם גָּ֥בְר֛וּ מְאֹ֥ד מְאֹ֖ד עַל־
הָאָ֑רֶץ וַיְכֻסּ֗וּ כׇּל־הֶֽהָרִים֙ הַגְּבֹהִ֔ים אֲשֶׁר־
תַּ֖חַת כׇּל־הַשָּׁמָֽיִם׃ 20 חֲמֵ֨שׁ עֶשְׂרֵ֤ה אַמָּה֙
מִלְמַ֔עְלָה גָּבְר֖וּ הַמָּ֑יִם וַיְכֻסּ֖וּ הֶהָרִֽים׃
21 וַיִּגְוַ֞ע כׇּל־בָּשָׂ֣ר ׀ הָרֹמֵ֣שׂ עַל־הָאָ֗רֶץ
בָּע֤וֹף וּבַבְּהֵמָה֙ וּבַ֣חַיָּ֔ה וּבְכׇל־הַשֶּׁ֖רֶץ
הַשֹּׁרֵ֣ץ עַל־הָאָ֑רֶץ וְכֹ֖ל הָאָדָֽם׃ 22 כֹּ֡ל אֲשֶׁר֩
נִשְׁמַת־ר֨וּחַ חַיִּ֜ים בְּאַפָּ֗יו מִכֹּ֛ל אֲשֶׁ֥ר
בֶּחָרָבָ֖ה מֵֽתוּ׃ 23 וַיִּ֜מַח אֶֽת־כׇּל־הַיְק֣וּם ׀
אֲשֶׁ֣ר ׀ עַל־פְּנֵ֣י הָֽאֲדָמָ֗ה מֵאָדָ֤ם עַד־בְּהֵמָה֙
עַד־רֶ֙מֶשׂ֙ וְעַד־ע֣וֹף הַשָּׁמַ֔יִם וַיִּמָּח֖וּ מִן־
הָאָ֑רֶץ וַיִּשָּׁ֧אֶר אַךְ־נֹ֛חַ וַאֲשֶׁ֥ר אִתּ֖וֹ בַּתֵּבָֽה׃
24 וַיִּגְבְּר֥וּ הַמַּ֖יִם עַל־הָאָ֑רֶץ חֲמִשִּׁ֥ים וּמְאַ֖ת
יֽוֹם׃ **8** וַיִּזְכֹּ֤ר אֱלֹהִים֙ אֶת־נֹ֔חַ וְאֵ֤ת
כׇּל־הַֽחַיָּה֙ וְאֶת־כׇּל־הַבְּהֵמָ֔ה אֲשֶׁ֥ר אִתּ֖וֹ
בַּתֵּבָ֑ה וַיַּעֲבֵ֨ר אֱלֹהִ֥ים ר֙וּחַ֙ עַל־הָאָ֔רֶץ
וַיָּשֹׁ֖כּוּ הַמָּֽיִם׃ 2 וַיִּסָּֽכְרוּ֙ מַעְיְנֹ֣ת תְּה֔וֹם
וַאֲרֻבֹּ֖ת הַשָּׁמָ֑יִם וַיִּכָּלֵ֥א הַגֶּ֖שֶׁם מִן־
הַשָּׁמָֽיִם׃ 3 וַיָּשֻׁ֧בוּ הַמַּ֛יִם מֵעַ֥ל הָאָ֖רֶץ
הָל֣וֹךְ וָשׁ֑וֹב וַיַּחְסְר֣וּ הַמַּ֔יִם מִקְצֵ֕ה חֲמִשִּׁ֖ים
וּמְאַ֥ת יֽוֹם׃ 4 וַתָּ֤נַח הַתֵּבָה֙ בַּחֹ֣דֶשׁ
הַשְּׁבִיעִ֔י בְּשִׁבְעָֽה־עָשָׂ֥ר י֖וֹם לַחֹ֑דֶשׁ עַ֖ל
הָרֵ֥י אֲרָרָֽט׃ 5 וְהַמַּ֗יִם הָיוּ֙ הָל֣וֹךְ וְחָס֔וֹר
עַ֖ד הַחֹ֣דֶשׁ הָעֲשִׂירִ֑י בָּעֲשִׂירִי֙ בְּאֶחָ֣ד
לַחֹ֔דֶשׁ נִרְא֖וּ רָאשֵׁ֥י הֶהָרִֽים׃ 6 וַיְהִ֕י מִקֵּ֖ץ
אַרְבָּעִ֣ים י֑וֹם וַיִּפְתַּ֣ח נֹ֔חַ אֶת־חַלּ֥וֹן הַתֵּבָ֖ה
אֲשֶׁ֥ר עָשָֽׂה׃ 7 וַיְשַׁלַּ֖ח אֶת־הָעֹרֵ֑ב וַיֵּצֵ֤א
יָצוֹא֙ וָשׁ֔וֹב עַד־יְבֹ֥שֶׁת הַמַּ֖יִם מֵעַ֥ל הָאָֽרֶץ׃
8 וַיְשַׁלַּ֥ח אֶת־הַיּוֹנָ֖ה מֵאִתּ֑וֹ לִרְאוֹת֙ הֲקַ֣לּוּ
הַמַּ֔יִם מֵעַ֖ל פְּנֵ֥י הָאֲדָמָֽה׃ 9 וְלֹא־מָצְאָה֩
הַיּוֹנָ֨ה מָנ֜וֹחַ לְכַף־רַגְלָ֗הּ וַתָּ֤שׇׁב אֵלָיו֙ אֶל־
הַתֵּבָ֔ה כִּי־מַ֖יִם עַל־פְּנֵ֣י כׇל־הָאָ֑רֶץ וַיִּשְׁלַ֤ח
יָדוֹ֙ וַיִּקָּחֶ֔הָ וַיָּבֵ֥א אֹתָ֛הּ אֵלָ֖יו אֶל־הַתֵּבָֽה׃

brought her in unto him into the ark. [10] And he stayed yet other seven days; and again he sent forth the dove out of the ark. [11] And the dove came in to him at eventide; and lo in her mouth an olive-leaf freshly plucked; so Noah knew that the waters were abated from off the earth. [12] And he stayed yet other seven days; and sent forth the dove; and she returned not again unto him any more.

[13] And it came to pass in the six hundred and first year, in the first month, the first day of the month, the waters were dried up from off the earth; and Noah removed the covering of the ark, and looked, and, behold, the face of the ground was dried. [14] And in the second month, on the seven and twentieth day of the month, was the earth dry.

[15] And God spoke unto Noah, saying: [16] 'Go forth from the ark, thou, and thy wife, and thy sons, and thy sons' wives with thee. [17] Bring forth with thee every living thing that is with thee of all flesh, both fowl, and cattle, and every creeping thing that creepeth upon the earth; that they may swarm in the earth, and be fruitful, and multiply upon the earth.' [18] And Noah went forth, and his sons, and his wife, and his sons' wives with him; [19] every beast, every creeping thing, and every fowl, whatsoever moveth upon the earth, after their families, went forth out of the ark.

[20] And Noah builded an altar unto the LORD; and took of every clean beast, and of every clean fowl, and offered burnt-offerings on the altar. [21] And the LORD smelled the sweet savour; and the LORD said in His heart: 'I will not again curse the ground any more for man's sake; for the imagination of man's heart is evil from his youth; neither will I again smite any more every thing living, as I have done. [22] While the earth remaineth, seedtime and harvest, and cold and heat, and summer and winter, and day and night shall not cease.'

9 And God blessed Noah and his sons, and said unto them: 'Be fruitful, and multiply, and replenish the earth. [2] And the fear of you and the dread of you shall be upon every beast of the earth, and upon every fowl of the air, and

10 וַיָּחֶל עוֹד שִׁבְעַת יָמִים אֲחֵרִים וַיֹּסֶף
שַׁלַּח אֶת־הַיּוֹנָה מִן־הַתֵּבָה׃ 11 וַתָּבֹא
אֵלָיו הַיּוֹנָה לְעֵת עֶרֶב וְהִנֵּה עֲלֵה־זַיִת
טָרָף בְּפִיהָ וַיֵּדַע נֹחַ כִּי־קַלּוּ הַמַּיִם מֵעַל
הָאָרֶץ׃ 12 וַיִּיָּחֶל עוֹד שִׁבְעַת יָמִים אֲחֵרִים
וַיְשַׁלַּח אֶת־הַיּוֹנָה וְלֹא־יָסְפָה שׁוּב־אֵלָיו
עוֹד׃ 13 וַיְהִי בְּאַחַת וְשֵׁשׁ־מֵאוֹת שָׁנָה
בָּרִאשׁוֹן בְּאֶחָד לַחֹדֶשׁ חָרְבוּ הַמַּיִם מֵעַל
הָאָרֶץ וַיָּסַר נֹחַ אֶת־מִכְסֵה הַתֵּבָה וַיַּרְא
וְהִנֵּה חָרְבוּ פְּנֵי הָאֲדָמָה׃ 14 וּבַחֹדֶשׁ הַשֵּׁנִי
בְּשִׁבְעָה וְעֶשְׂרִים יוֹם לַחֹדֶשׁ יָבְשָׁה
הָאָרֶץ׃ ס 15 וַיְדַבֵּר אֱלֹהִים אֶל־נֹחַ
לֵאמֹר׃ 16 צֵא מִן־הַתֵּבָה אַתָּה וְאִשְׁתְּךָ
וּבָנֶיךָ וּנְשֵׁי־בָנֶיךָ אִתָּךְ׃ 17 כָּל־הַחַיָּה
אֲשֶׁר־אִתְּךָ מִכָּל־בָּשָׂר בָּעוֹף וּבַבְּהֵמָה
וּבְכָל־הָרֶמֶשׂ הָרֹמֵשׂ עַל־הָאָרֶץ הוצא
הַיְצֵא אִתָּךְ וְשָׁרְצוּ בָאָרֶץ וּפָרוּ וְרָבוּ
עַל־הָאָרֶץ׃ 18 וַיֵּצֵא־נֹחַ וּבָנָיו וְאִשְׁתּוֹ
וּנְשֵׁי־בָנָיו אִתּוֹ׃ 19 כָּל־הַחַיָּה כָּל־הָרֶמֶשׂ
וְכָל־הָעוֹף כֹּל רוֹמֵשׂ עַל־הָאָרֶץ
לְמִשְׁפְּחֹתֵיהֶם יָצְאוּ מִן־הַתֵּבָה׃ 20 וַיִּבֶן
נֹחַ מִזְבֵּחַ לַיהוָה וַיִּקַּח מִכֹּל ׀ הַבְּהֵמָה
הַטְּהוֹרָה וּמִכֹּל הָעוֹף הַטָּהֹר וַיַּעַל עֹלֹת
בַּמִּזְבֵּחַ׃ 21 וַיָּרַח יְהוָה אֶת־רֵיחַ הַנִּיחֹחַ
וַיֹּאמֶר יְהוָה אֶל־לִבּוֹ לֹא־אֹסִף לְקַלֵּל עוֹד
אֶת־הָאֲדָמָה בַּעֲבוּר הָאָדָם כִּי יֵצֶר לֵב
הָאָדָם רַע מִנְּעֻרָיו וְלֹא־אֹסִף עוֹד לְהַכּוֹת
אֶת־כָּל־חַי כַּאֲשֶׁר עָשִׂיתִי׃ 22 עֹד כָּל־יְמֵי
הָאָרֶץ זֶרַע וְקָצִיר וְקֹר וָחֹם וְקַיִץ וָחֹרֶף
וְיוֹם וָלַיְלָה לֹא יִשְׁבֹּתוּ׃ 9 וַיְבָרֶךְ
אֱלֹהִים אֶת־נֹחַ וְאֶת־בָּנָיו וַיֹּאמֶר לָהֶם
פְּרוּ וּרְבוּ וּמִלְאוּ אֶת־הָאָרֶץ׃ 2 וּמוֹרַאֲכֶם
וְחִתְּכֶם יִהְיֶה עַל כָּל־חַיַּת הָאָרֶץ וְעַל

upon all wherewith the ground teemeth, and upon all the fishes of the sea: into your hand are they delivered. [3] Every moving thing that liveth shall be for food for you; as the green herb have I given you all. [4] Only flesh with the life thereof, which is the blood thereof, shall ye not eat. [5] And surely your blood of your lives will I require; at the hand of every beast will I require it; and at the hand of man, even at the hand of every man's brother, will I require the life of man. [6] Whoso sheddeth man's blood, by man shall his blood be shed; for in the image of God made He man. [7] And you, be ye fruitful, and multiply; swarm in the earth, and multiply therein.'

[8] And God spoke unto Noah, and to his sons with him, saying: [9] 'As for Me, behold, I establish My covenant with you, and with your seed after you; [10] and with every living creature that is with you, the fowl, the cattle, and every beast of the earth with you; of all that go out of the ark, even every beast of the earth. [11] And I will establish My covenant with you; neither shall all flesh be cut off any more by the waters of the flood; neither shall there any more be a flood to destroy the earth.' [12] And God said: 'This is the token of the covenant which I make between Me and you and every living creature that is with you, for perpetual generations: [13] I have set My bow in the cloud, and it shall be for a token of a covenant between Me and the earth. [14] And it shall come to pass, when I bring clouds over the earth, and the bow is seen in the cloud, [15] that I will remember My covenant, which is between Me and you and every living creature of all flesh; and the waters shall no more become a flood to destroy all flesh. [16] And the bow shall be in the cloud; and I will look upon it, that I may remember the everlasting covenant between God and every living creature of all flesh that is upon the earth.' [17] And God said unto Noah: 'This is the token of the covenant which I have established between Me and all flesh that is upon the earth.'

כָּל־עוֹף הַשָּׁמָיִם בְּכֹל אֲשֶׁר תִּרְמֹשׂ
הָאֲדָמָה וּבְכָל־דְּגֵי הַיָּם בְּיֶדְכֶם נִתָּנוּ׃
3 כָּל־רֶמֶשׂ אֲשֶׁר הוּא־חַי לָכֶם יִהְיֶה
לְאָכְלָה כְּיֶרֶק עֵשֶׂב נָתַתִּי לָכֶם אֶת־כֹּל׃
4 אַךְ־בָּשָׂר בְּנַפְשׁוֹ דָמוֹ לֹא תֹאכֵלוּ׃ 5 וְאַךְ
אֶת־דִּמְכֶם לְנַפְשֹׁתֵיכֶם אֶדְרֹשׁ מִיַּד כָּל־
חַיָּה אֶדְרְשֶׁנּוּ וּמִיַּד הָאָדָם מִיַּד אִישׁ אָחִיו
אֶדְרֹשׁ אֶת־נֶפֶשׁ הָאָדָם׃ 6 שֹׁפֵךְ דַּם
הָאָדָם בָּאָדָם דָּמוֹ יִשָּׁפֵךְ כִּי בְּצֶלֶם
אֱלֹהִים עָשָׂה אֶת־הָאָדָם׃ 7 וְאַתֶּם פְּרוּ
וּרְבוּ שִׁרְצוּ בָאָרֶץ וּרְבוּ־בָהּ׃ ס
8 וַיֹּאמֶר אֱלֹהִים אֶל־נֹחַ וְאֶל־בָּנָיו אִתּוֹ
לֵאמֹר׃ 9 וַאֲנִי הִנְנִי מֵקִים אֶת־בְּרִיתִי
אִתְּכֶם וְאֶת־זַרְעֲכֶם אַחֲרֵיכֶם׃ 10 וְאֵת
כָּל־נֶפֶשׁ הַחַיָּה אֲשֶׁר אִתְּכֶם בָּעוֹף
בַּבְּהֵמָה וּבְכָל־חַיַּת הָאָרֶץ אִתְּכֶם מִכֹּל
יֹצְאֵי הַתֵּבָה לְכֹל חַיַּת הָאָרֶץ׃ 11 וַהֲקִמֹתִי
אֶת־בְּרִיתִי אִתְּכֶם וְלֹא־יִכָּרֵת כָּל־בָּשָׂר
עוֹד מִמֵּי הַמַּבּוּל וְלֹא־יִהְיֶה עוֹד מַבּוּל
לְשַׁחֵת הָאָרֶץ׃ 12 וַיֹּאמֶר אֱלֹהִים זֹאת
אוֹת־הַבְּרִית אֲשֶׁר־אֲנִי נֹתֵן בֵּינִי וּבֵינֵיכֶם
וּבֵין כָּל־נֶפֶשׁ חַיָּה אֲשֶׁר אִתְּכֶם לְדֹרֹת
עוֹלָם׃ 13 אֶת־קַשְׁתִּי נָתַתִּי בֶּעָנָן וְהָיְתָה
לְאוֹת בְּרִית בֵּינִי וּבֵין הָאָרֶץ׃ 14 וְהָיָה
בְּעַנְנִי עָנָן עַל־הָאָרֶץ וְנִרְאֲתָה הַקֶּשֶׁת
בֶּעָנָן׃ 15 וְזָכַרְתִּי אֶת־בְּרִיתִי אֲשֶׁר בֵּינִי
וּבֵינֵיכֶם וּבֵין כָּל־נֶפֶשׁ חַיָּה בְּכָל־בָּשָׂר
וְלֹא־יִהְיֶה עוֹד הַמַּיִם לְמַבּוּל לְשַׁחֵת
כָּל־בָּשָׂר׃ 16 וְהָיְתָה הַקֶּשֶׁת בֶּעָנָן
וּרְאִיתִיהָ לִזְכֹּר בְּרִית עוֹלָם בֵּין אֱלֹהִים
וּבֵין כָּל־נֶפֶשׁ חַיָּה בְּכָל־בָּשָׂר אֲשֶׁר עַל־
הָאָרֶץ׃ 17 וַיֹּאמֶר אֱלֹהִים אֶל־נֹחַ זֹאת
אוֹת־הַבְּרִית אֲשֶׁר הֲקִמֹתִי בֵּינִי וּבֵין
כָּל־בָּשָׂר אֲשֶׁר עַל־הָאָרֶץ׃ פ

[18] And the sons of Noah, that went forth from the ark, were Shem, and Ham, and Japheth; and Ham is the father of Canaan. [19] These three were the sons of Noah, and of these was the whole earth overspread.

[20] And Noah the husbandman began, and planted a vineyard. [21] And he drank of the wine, and was drunken; and he was uncovered within his tent. [22] And Ham, the father of Canaan, saw the nakedness of his father, and told his two brethren without. [23] And Shem and Japheth took a garment, and laid it upon both their shoulders, and went backward, and covered the nakedness of their father; and their faces were backward, and they saw not their father's nakedness. [24] And Noah awoke from his wine, and knew what his youngest son had done unto him. [25] And he said:

Cursed be Canaan; / A servant of servants shall he be unto his brethren.

[26] And he said:

Blessed be the Lord, the God of Shem: / And let Canaan be their servant. / [27] God [a]enlarge Japheth, / And he shall dwell in the tents of Shem; / And let Canaan be their servant.

[28] And Noah lived after the flood three hundred and fifty years. [29] And all the days of Noah were nine hundred and fifty years; and he died.

10 Now these are the generations of the sons of Noah: Shem, Ham, and Japheth; and unto them were sons born after the flood.

[2] The sons of Japheth: Gomer, and Magog, and Madai, and Javan, and Tubal, and Meshech, and Tiras. [3] And the sons of Gomer: Ashkenaz, and Riphath, and Togarmah. [4] And the sons of Javan: Elishah, and Tarshish, Kittim, and Dodanim. [5] Of these were the isles of the nations divided in their lands, every one after his tongue, after their families, in their nations.

[6] And the sons of Ham: Cush, and Mizraim, and Put, and Canaan. [7] And the sons of Cush: Seba, and Havilah, and Sabtah, and Raamah, and Sabteca; and the sons of Raamah: Sheba, and Dedan. [8] And Cush begot Nimrod; he began to be a mighty one in the earth. [9] He was a mighty hunter before the Lord; wherefore it is said: 'Like Nimrod a mighty hunter before

18 וַיִּהְיוּ בְנֵי־נֹחַ הַיֹּצְאִים מִן־הַתֵּבָה שֵׁם
וְחָם וָיָפֶת וְחָם הוּא אֲבִי כְנָעַן׃ 19 שְׁלֹשָׁה
אֵלֶּה בְּנֵי־נֹחַ וּמֵאֵלֶּה נָפְצָה כָל־הָאָרֶץ׃
20 וַיָּחֶל נֹחַ אִישׁ הָאֲדָמָה וַיִּטַּע כָּרֶם׃
21 וַיֵּשְׁתְּ מִן־הַיַּיִן וַיִּשְׁכָּר וַיִּתְגַּל בְּתוֹךְ
אהלה אָהֳלֹו׃ 22 וַיַּרְא חָם אֲבִי כְנַעַן אֵת
עֶרְוַת אָבִיו וַיַּגֵּד לִשְׁנֵי־אֶחָיו בַּחוּץ׃
23 וַיִּקַּח שֵׁם וָיֶפֶת אֶת־הַשִּׂמְלָה וַיָּשִׂימוּ
עַל־שְׁכֶם שְׁנֵיהֶם וַיֵּלְכוּ אֲחֹרַנִּית וַיְכַסּוּ
אֵת עֶרְוַת אֲבִיהֶם וּפְנֵיהֶם אֲחֹרַנִּית
וְעֶרְוַת אֲבִיהֶם לֹא רָאוּ׃ 24 וַיִּיקֶץ נֹחַ מִיֵּינוֹ
וַיֵּדַע אֵת אֲשֶׁר־עָשָׂה־לוֹ בְּנוֹ הַקָּטָן׃
25 וַיֹּאמֶר אָרוּר כְּנָעַן עֶבֶד עֲבָדִים יִהְיֶה
לְאֶחָיו׃ 26 וַיֹּאמֶר בָּרוּךְ יְהוָה אֱלֹהֵי שֵׁם
וִיהִי כְנַעַן עֶבֶד לָמוֹ׃ 27 יַפְתְּ אֱלֹהִים לְיֶפֶת
וְיִשְׁכֹּן בְּאָהֳלֵי־שֵׁם וִיהִי כְנַעַן עֶבֶד לָמוֹ׃
28 וַיְחִי־נֹחַ אַחַר הַמַּבּוּל שְׁלֹשׁ מֵאוֹת שָׁנָה
וַחֲמִשִּׁים שָׁנָה׃ 29 וַיִּהְיוּ כָּל־יְמֵי־נֹחַ תְּשַׁע
מֵאוֹת שָׁנָה וַחֲמִשִּׁים שָׁנָה וַיָּמֹת׃ פ
10 וְאֵלֶּה תּוֹלְדֹת בְּנֵי־נֹחַ שֵׁם חָם
וָיָפֶת וַיִּוָּלְדוּ לָהֶם בָּנִים אַחַר הַמַּבּוּל׃
2 בְּנֵי יֶפֶת גֹּמֶר וּמָגוֹג וּמָדַי וְיָוָן וְתֻבָל
וּמֶשֶׁךְ וְתִירָס׃ 3 וּבְנֵי גֹּמֶר אַשְׁכְּנַז וְרִיפַת
וְתֹגַרְמָה׃ 4 וּבְנֵי יָוָן אֱלִישָׁה וְתַרְשִׁישׁ
כִּתִּים וְדֹדָנִים׃ 5 מֵאֵלֶּה נִפְרְדוּ אִיֵּי הַגּוֹיִם
בְּאַרְצֹתָם אִישׁ לִלְשֹׁנוֹ לְמִשְׁפְּחֹתָם
בְּגוֹיֵהֶם׃ 6 וּבְנֵי חָם כּוּשׁ וּמִצְרַיִם וּפוּט
וּכְנָעַן׃ 7 וּבְנֵי כוּשׁ סְבָא וַחֲוִילָה וְסַבְתָּה
וְרַעְמָה וְסַבְתְּכָא וּבְנֵי רַעְמָה שְׁבָא וּדְדָן׃
8 וְכוּשׁ יָלַד אֶת־נִמְרֹד הוּא הֵחֵל לִהְיוֹת
גִּבֹּר בָּאָרֶץ׃ 9 הוּא־הָיָה גִבֹּר־צַיִד לִפְנֵי
יְהוָה עַל־כֵּן יֵאָמַר כְּנִמְרֹד גִּבּוֹר צַיִד לִפְנֵי

a Heb. *japhth.*

the LORD.' [10] And the beginning of his kingdom was Babel, and Erech, and Accad, and Calneh, in the land of Shinar. [11] Out of that land went forth Asshur, and builded Nineveh, and Rehobothir, and Calah, [12] and Resen between Nineveh and Calah—the same is the great city. [13] And Mizraim begot Ludim, and Anamim, and Lehabim, and Naphtuhim, [14] and Pathrusim, and Casluhim—whence went forth the Philistines—and Caphtorim.

[15] And Canaan begot Zidon his first-born, and Heth; [16] and the Jebusite, and the Amorite, and the Girgashite; [17] and the Hivite, and the Arkite, and the Sinite; [18] and the Arvadite, and the Zemarite, and the Hamathite; and afterward were the families of the Canaanite spread abroad. [19] And the border of the Canaanite was from Zidon, as thou goest toward Gerar, unto Gaza; as thou goest toward Sodom and Gomorrah and Admah and Zeboiim, unto Lasha. [20] These are the sons of Ham, after their families, after their tongues, in their lands, in their nations.

[21] And unto Shem, the father of all the children of Eber, the elder brother of Japheth, to him also were children born. [22] The sons of Shem: Elam, and Asshur, and Arpachshad, and Lud, and Aram. [23] And the sons of Aram: Uz, and Hul, and Gether, and Mash. [24] And Arpachshad begot Shelah; and Shelah begot Eber. [25] And unto Eber were born two sons; the name of the one was [a]Peleg; for in his days was the earth divided; and his brother's name was Joktan. [26] And Joktan begot Almodad, and Sheleph, and Hazarmaveth, and Jerah; [27] and Hadoram, and Uzal, and Diklah; [28] and Obal, and Abimael, and Sheba; [29] and Ophir, and Havilah, and Jobab; all these were the sons of Joktan. [30] And their dwelling was from Mesha, as thou goest toward Sephar, unto the mountain of the east. [31] These are the sons of Shem, after their families, after their tongues, in their lands,

יְהוָה׃ 10 וַתְּהִי רֵאשִׁית מַמְלַכְתּוֹ בָּבֶל
וְאֶרֶךְ וְאַכַּד וְכַלְנֵה בְּאֶרֶץ שִׁנְעָר׃ 11 מִן־
הָאָרֶץ הַהִוא יָצָא אַשּׁוּר וַיִּבֶן אֶת־נִינְוֵה
וְאֶת־רְחֹבֹת עִיר וְאֶת־כָּלַח׃ 12 וְאֶת־רֶסֶן
בֵּין נִינְוֵה וּבֵין כָּלַח הִוא הָעִיר הַגְּדֹלָה׃
13 וּמִצְרַיִם יָלַד אֶת־לוּדִים וְאֶת־עֲנָמִים
וְאֶת־לְהָבִים וְאֶת־נַפְתֻּחִים׃ 14 וְאֶת־
פַּתְרֻסִים וְאֶת־כַּסְלֻחִים אֲשֶׁר יָצְאוּ מִשָּׁם
פְּלִשְׁתִּים וְאֶת־כַּפְתֹּרִים׃ ס 15 וּכְנַעַן
יָלַד אֶת־צִידֹן בְּכֹרוֹ וְאֶת־חֵת׃ 16 וְאֶת־
הַיְבוּסִי וְאֶת־הָאֱמֹרִי וְאֵת הַגִּרְגָּשִׁי׃
17 וְאֶת־הַחִוִּי וְאֶת־הַעַרְקִי וְאֶת־הַסִּינִי׃
18 וְאֶת־הָאַרְוָדִי וְאֶת־הַצְּמָרִי וְאֶת־
הַחֲמָתִי וְאַחַר נָפֹצוּ מִשְׁפְּחוֹת הַכְּנַעֲנִי׃
19 וַיְהִי גְּבוּל הַכְּנַעֲנִי מִצִּידֹן בֹּאֲכָה גְרָרָה
עַד־עַזָּה בֹּאֲכָה סְדֹמָה וַעֲמֹרָה וְאַדְמָה
וּצְבֹיִם עַד־לָשַׁע׃ 20 אֵלֶּה בְנֵי־חָם
לְמִשְׁפְּחֹתָם לִלְשֹׁנֹתָם בְּאַרְצֹתָם
בְּגוֹיֵהֶם׃ ס 21 וּלְשֵׁם יֻלַּד גַּם־הוּא
אֲבִי כָּל־בְּנֵי־עֵבֶר אֲחִי יֶפֶת הַגָּדוֹל׃ 22 בְּנֵי
שֵׁם עֵילָם וְאַשּׁוּר וְאַרְפַּכְשַׁד וְלוּד וַאֲרָם׃
23 וּבְנֵי אֲרָם עוּץ וְחוּל וְגֶתֶר וָמַשׁ׃
24 וְאַרְפַּכְשַׁד יָלַד אֶת־שָׁלַח וְשֶׁלַח יָלַד
אֶת־עֵבֶר׃ 25 וּלְעֵבֶר יֻלַּד שְׁנֵי בָנִים שֵׁם
הָאֶחָד פֶּלֶג כִּי בְיָמָיו נִפְלְגָה הָאָרֶץ וְשֵׁם
אָחִיו יָקְטָן׃ 26 וְיָקְטָן יָלַד אֶת־אַלְמוֹדָד
וְאֶת־שָׁלֶף וְאֶת־חֲצַרְמָוֶת וְאֶת־יָרַח׃
27 וְאֶת־הֲדוֹרָם וְאֶת־אוּזָל וְאֶת־דִּקְלָה׃
28 וְאֶת־עוֹבָל וְאֶת־אֲבִימָאֵל וְאֶת־שְׁבָא׃
29 וְאֶת־אוֹפִר וְאֶת־חֲוִילָה וְאֶת־יוֹבָב כָּל־
אֵלֶּה בְּנֵי יָקְטָן׃ 30 וַיְהִי מוֹשָׁבָם מִמֵּשָׁא
בֹּאֲכָה סְפָרָה הַר הַקֶּדֶם׃ 31 אֵלֶּה בְנֵי־שֵׁם
לְמִשְׁפְּחֹתָם לִלְשֹׁנֹתָם בְּאַרְצֹתָם לְגוֹיֵהֶם׃

a That is, *Division.*

after their nations. [32] These are the families of the sons of Noah, after their generations, in their nations; and of these were the nations divided in the earth after the flood.

11 And the whole earth was of one language and of one speech. [2] And it came to pass, as they journeyed east, that they found a plain in the land of Shinar; and they dwelt there. [3] And they said one to another: 'Come, let us make brick, and burn them thoroughly.' And they had brick for stone, and slime had they for mortar. [4] And they said: 'Come, let us build us a city, and a tower, with its top in heaven, and let us make us a name; lest we be scattered abroad upon the face of the whole earth.' [5] And the LORD came down to see the city and the tower, which the children of men builded. [6] And the LORD said: 'Behold, they are one people, and they have all one language; and this is what they begin to do; and now nothing will be withholden from them, which they purpose to do. [7] Come, let us go down, and there confound their language, that they may not understand one another's speech.' [8] So the LORD scattered them abroad from thence upon the face of all the earth; and they left off to build the city. [9] Therefore was the name of it called Babel; because the LORD did there [a]confound the language of all the earth; and from thence did the LORD scatter them abroad upon the face of all the earth.

[10] These are the generations of Shem. Shem was a hundred years old, and begot Arpachshad two years after the flood. [11] And Shem lived after he begot Arpachshad five hundred years, and begot sons and daughters.

[12] And Arpachshad lived five and thirty years, and begot Shelah. [13] And Arpachshad lived after he begot Shelah four hundred and three years, and begot sons and daughters.

[14] And Shelah lived thirty years, and begot Eber. [15] And Shelah lived after he begot Eber four hundred and three years, and begot sons and daughters.

32 אֵלֶּה מִשְׁפְּחֹת בְּנֵי־נֹחַ לְתוֹלְדֹתָם
בְּגוֹיֵהֶם וּמֵאֵלֶּה נִפְרְדוּ הַגּוֹיִם בָּאָרֶץ אַחַר
הַמַּבּוּל׃ פ
11 וַיְהִי כָל־הָאָרֶץ שָׂפָה אֶחָת
וּדְבָרִים אֲחָדִים׃ 2 וַיְהִי בְּנָסְעָם מִקֶּדֶם
וַיִּמְצְאוּ בִקְעָה בְּאֶרֶץ שִׁנְעָר וַיֵּשְׁבוּ שָׁם׃
3 וַיֹּאמְרוּ אִישׁ אֶל־רֵעֵהוּ הָבָה נִלְבְּנָה
לְבֵנִים וְנִשְׂרְפָה לִשְׂרֵפָה וַתְּהִי לָהֶם
הַלְּבֵנָה לְאָבֶן וְהַחֵמָר הָיָה לָהֶם לַחֹמֶר׃
4 וַיֹּאמְרוּ הָבָה ׀ נִבְנֶה־לָּנוּ עִיר וּמִגְדָּל
וְרֹאשׁוֹ בַשָּׁמַיִם וְנַעֲשֶׂה־לָּנוּ שֵׁם פֶּן־נָפוּץ
עַל־פְּנֵי כָל־הָאָרֶץ׃ 5 וַיֵּרֶד יְהוָה לִרְאֹת
אֶת־הָעִיר וְאֶת־הַמִּגְדָּל אֲשֶׁר בָּנוּ בְּנֵי
הָאָדָם׃ 6 וַיֹּאמֶר יְהוָה הֵן עַם אֶחָד וְשָׂפָה
אַחַת לְכֻלָּם וְזֶה הַחִלָּם לַעֲשׂוֹת וְעַתָּה
לֹא־יִבָּצֵר מֵהֶם כֹּל אֲשֶׁר יָזְמוּ לַעֲשׂוֹת׃
7 הָבָה נֵרְדָה וְנָבְלָה שָׁם שְׂפָתָם אֲשֶׁר לֹא
יִשְׁמְעוּ אִישׁ שְׂפַת רֵעֵהוּ׃ 8 וַיָּפֶץ יְהוָה
אֹתָם מִשָּׁם עַל־פְּנֵי כָל־הָאָרֶץ וַיַּחְדְּלוּ
לִבְנֹת הָעִיר׃ 9 עַל־כֵּן קָרָא שְׁמָהּ בָּבֶל
כִּי־שָׁם בָּלַל יְהוָה שְׂפַת כָּל־הָאָרֶץ וּמִשָּׁם
הֱפִיצָם יְהוָה עַל־פְּנֵי כָּל־הָאָרֶץ׃ פ
10 אֵלֶּה תּוֹלְדֹת שֵׁם שֵׁם בֶּן־מְאַת שָׁנָה
וַיּוֹלֶד אֶת־אַרְפַּכְשָׁד שְׁנָתַיִם אַחַר
הַמַּבּוּל׃ 11 וַיְחִי־שֵׁם אַחֲרֵי הוֹלִידוֹ אֶת־
אַרְפַּכְשָׁד חֲמֵשׁ מֵאוֹת שָׁנָה וַיּוֹלֶד בָּנִים
וּבָנוֹת׃ ס 12 וְאַרְפַּכְשַׁד חַי חָמֵשׁ
וּשְׁלֹשִׁים שָׁנָה וַיּוֹלֶד אֶת־שָׁלַח׃ 13 וַיְחִי
אַרְפַּכְשַׁד אַחֲרֵי הוֹלִידוֹ אֶת־שֶׁלַח שָׁלֹשׁ
שָׁנִים וְאַרְבַּע מֵאוֹת שָׁנָה וַיּוֹלֶד בָּנִים
וּבָנוֹת׃ ס 14 וְשֶׁלַח חַי שְׁלֹשִׁים שָׁנָה
וַיּוֹלֶד אֶת־עֵבֶר׃ 15 וַיְחִי־שֶׁלַח אַחֲרֵי
הוֹלִידוֹ אֶת־עֵבֶר שָׁלֹשׁ שָׁנִים וְאַרְבַּע

a Heb. *balal*, to confound.

[16] And Eber lived four and thirty years, and begot Peleg. [17] And Eber lived after he begot Peleg four hundred and thirty years, and begot sons and daughters.

[18] And Peleg lived thirty years, and begot Reu. [19] And Peleg lived after he begot Reu two hundred and nine years, and begot sons and daughters.

[20] And Reu lived two and thirty years, and begot Serug. [21] And Reu lived after he begot Serug two hundred and seven years, and begot sons and daughters.

[22] And Serug lived thirty years, and begot Nahor. [23] And Serug lived after he begot Nahor two hundred years, and begot sons and daughters.

[24] And Nahor lived nine and twenty years, and begot Terah. [25] And Nahor lived after he begot Terah a hundred and nineteen years, and begot sons and daughters.

[26] And Terah lived seventy years, and begot Abram, Nahor, and Haran.

[27] Now these are the generations of Terah. Terah begot Abram, Nahor, and Haran; and Haran begot Lot. [28] And Haran died in the presence of his father Terah in the land of his nativity, in Ur of the Chaldees. [29] And Abram and Nahor took them wives: the name of Abram's wife was Sarai; and the name of Nahor's wife, Milcah, the daughter of Haran, the father of Milcah, and the father of Iscah. [30] And Sarai was barren; she had no child. [31] And Terah took Abram his son, and Lot the son of Haran, his son's son, and Sarai his daughter-in-law, his son Abram's wife; and they went forth with them from Ur of the Chaldees, to go into the land of Canaan; and they came unto Haran, and dwelt there. [32] And the days of Terah were

מֵאוֹת שָׁנָה וַיּוֹלֶד בָּנִים וּבָנוֹת׃ ס
16 וַיְחִי־עֵבֶר אַרְבַּע וּשְׁלֹשִׁים שָׁנָה
וַיּוֹלֶד אֶת־פָּלֶג׃ 17 וַיְחִי־עֵבֶר אַחֲרֵי
הוֹלִידוֹ אֶת־פֶּלֶג שְׁלֹשִׁים שָׁנָה וְאַרְבַּע
מֵאוֹת שָׁנָה וַיּוֹלֶד בָּנִים וּבָנוֹת׃ ס
18 וַיְחִי־פֶלֶג שְׁלֹשִׁים שָׁנָה וַיּוֹלֶד אֶת־
רְעוּ׃ 19 וַיְחִי־פֶלֶג אַחֲרֵי הוֹלִידוֹ אֶת־רְעוּ
תֵּשַׁע שָׁנִים וּמָאתַיִם שָׁנָה וַיּוֹלֶד בָּנִים
וּבָנוֹת׃ ס 20 וַיְחִי רְעוּ שְׁתַּיִם
וּשְׁלֹשִׁים שָׁנָה וַיּוֹלֶד אֶת־שְׂרוּג׃ 21 וַיְחִי
רְעוּ אַחֲרֵי הוֹלִידוֹ אֶת־שְׂרוּג שֶׁבַע שָׁנִים
וּמָאתַיִם שָׁנָה וַיּוֹלֶד בָּנִים וּבָנוֹת׃ ס
22 וַיְחִי שְׂרוּג שְׁלֹשִׁים שָׁנָה וַיּוֹלֶד אֶת־
נָחוֹר׃ 23 וַיְחִי שְׂרוּג אַחֲרֵי הוֹלִידוֹ אֶת־
נָחוֹר מָאתַיִם שָׁנָה וַיּוֹלֶד בָּנִים
וּבָנוֹת׃ ס 24 וַיְחִי נָחוֹר תֵּשַׁע
וְעֶשְׂרִים שָׁנָה וַיּוֹלֶד אֶת־תָּרַח׃ 25 וַיְחִי
נָחוֹר אַחֲרֵי הוֹלִידוֹ אֶת־תֶּרַח תְּשַׁע־
עֶשְׂרֵה שָׁנָה וּמְאַת שָׁנָה וַיּוֹלֶד בָּנִים
וּבָנוֹת׃ ס 26 וַיְחִי־תֶרַח שִׁבְעִים שָׁנָה
וַיּוֹלֶד אֶת־אַבְרָם אֶת־נָחוֹר וְאֶת־הָרָן׃
27 וְאֵלֶּה תּוֹלְדֹת תֶּרַח תֶּרַח הוֹלִיד אֶת־
אַבְרָם אֶת־נָחוֹר וְאֶת־הָרָן וְהָרָן הוֹלִיד
אֶת־לוֹט׃ 28 וַיָּמָת הָרָן עַל־פְּנֵי תֶּרַח אָבִיו
בְּאֶרֶץ מוֹלַדְתּוֹ בְּאוּר כַּשְׂדִּים׃ 29 וַיִּקַּח
אַבְרָם וְנָחוֹר לָהֶם נָשִׁים שֵׁם אֵשֶׁת־
אַבְרָם שָׂרָי וְשֵׁם אֵשֶׁת־נָחוֹר מִלְכָּה בַּת־
הָרָן אֲבִי־מִלְכָּה וַאֲבִי יִסְכָּה׃ 30 וַתְּהִי שָׂרַי
עֲקָרָה אֵין לָהּ וָלָד׃ 31 וַיִּקַּח תֶּרַח אֶת־
אַבְרָם בְּנוֹ וְאֶת־לוֹט בֶּן־הָרָן בֶּן־בְּנוֹ וְאֵת
שָׂרַי כַּלָּתוֹ אֵשֶׁת אַבְרָם בְּנוֹ וַיֵּצְאוּ אִתָּם
מֵאוּר כַּשְׂדִּים לָלֶכֶת אַרְצָה כְּנַעַן וַיָּבֹאוּ
עַד־חָרָן וַיֵּשְׁבוּ שָׁם׃ 32 וַיִּהְיוּ יְמֵי־תֶרַח

two hundred and five years; and Terah died in Haran.

חָמֵשׁ שָׁנִים וּמָאתַיִם שָׁנָה וַיָּמָת תֶּרַח
בְּחָרָן׃ ס

LEKH LEKHA

12 Now the LORD said unto Abram: 'Get thee out of thy country, and from thy kindred, and from thy father's house, unto the land that I will show thee. [2] And I will make of thee a great nation, and I will bless thee, and make thy name great; and be thou a blessing. [3] And I will bless them that bless thee, and him that curseth thee will I curse; and in thee shall all the families of the earth be blessed.' [4] So Abram went, as the LORD had spoken unto him; and Lot went with him; and Abram was seventy and five years old when he departed out of Haran. [5] And Abram took Sarai his wife, and Lot his brother's son, and all their substance that they had gathered, and the souls that they had gotten in Haran; and they went forth to go into the land of Canaan; and into the land of Canaan they came. [6] And Abram passed through the land unto the place of Shechem, unto the terebinth of Moreh. And the Canaanite was then in the land. [7] And the LORD appeared unto Abram, and said: 'Unto thy seed will I give this land'; and he builded there an altar unto the LORD, who appeared unto him. [8] And he removed from thence unto the mountain on the east of Beth-el, and pitched his tent, having Beth-el on the west, and Ai on the east; and he builded there an altar unto the LORD, and called upon the name of the LORD. [9] And Abram journeyed, going on still toward the South.

[10] And there was a famine in the land; and Abram went down into Egypt to sojourn there; for the famine was sore in the land. [11] And it came to pass, when he was come near to enter into Egypt, that he said unto Sarai his wife: 'Behold now, I know that thou art a fair woman to look upon. [12] And it will come to pass, when the Egyptians shall see thee, that they will say: This is his wife; and they will kill me, but thee they will keep alive. [13] Say, I pray thee, thou art my sister; that it may be well with me for thy sake, and that my soul may live because of

לך לך

12 וַיֹּאמֶר יְהוָה אֶל־אַבְרָם לֶךְ־לְךָ
מֵאַרְצְךָ וּמִמּוֹלַדְתְּךָ וּמִבֵּית אָבִיךָ אֶל־
הָאָרֶץ אֲשֶׁר אַרְאֶךָּ׃ 2 וְאֶעֶשְׂךָ לְגוֹי גָּדוֹל
וַאֲבָרֶכְךָ וַאֲגַדְּלָה שְׁמֶךָ וֶהְיֵה בְּרָכָה׃
3 וַאֲבָרְכָה מְבָרְכֶיךָ וּמְקַלֶּלְךָ אָאֹר וְנִבְרְכוּ
בְךָ כֹּל מִשְׁפְּחֹת הָאֲדָמָה׃ 4 וַיֵּלֶךְ אַבְרָם
כַּאֲשֶׁר דִּבֶּר אֵלָיו יְהוָה וַיֵּלֶךְ אִתּוֹ לוֹט
וְאַבְרָם בֶּן־חָמֵשׁ שָׁנִים וְשִׁבְעִים שָׁנָה
בְּצֵאתוֹ מֵחָרָן׃ 5 וַיִּקַּח אַבְרָם אֶת־שָׂרַי
אִשְׁתּוֹ וְאֶת־לוֹט בֶּן־אָחִיו וְאֶת־כָּל־
רְכוּשָׁם אֲשֶׁר רָכָשׁוּ וְאֶת־הַנֶּפֶשׁ אֲשֶׁר־
עָשׂוּ בְחָרָן וַיֵּצְאוּ לָלֶכֶת אַרְצָה כְּנַעַן
וַיָּבֹאוּ אַרְצָה כְּנָעַן׃ 6 וַיַּעֲבֹר אַבְרָם בָּאָרֶץ
עַד מְקוֹם שְׁכֶם עַד אֵלוֹן מוֹרֶה וְהַכְּנַעֲנִי
אָז בָּאָרֶץ׃ 7 וַיֵּרָא יְהוָה אֶל־אַבְרָם וַיֹּאמֶר
לְזַרְעֲךָ אֶתֵּן אֶת־הָאָרֶץ הַזֹּאת וַיִּבֶן שָׁם
מִזְבֵּחַ לַיהוָה הַנִּרְאֶה אֵלָיו׃ 8 וַיַּעְתֵּק
מִשָּׁם הָהָרָה מִקֶּדֶם לְבֵית־אֵל וַיֵּט אהלה
אָהֳלוֹ בֵּית־אֵל מִיָּם וְהָעַי מִקֶּדֶם וַיִּבֶן־שָׁם
מִזְבֵּחַ לַיהוָה וַיִּקְרָא בְּשֵׁם יְהוָה׃ 9 וַיִּסַּע
אַבְרָם הָלוֹךְ וְנָסוֹעַ הַנֶּגְבָּה׃ פ
10 וַיְהִי רָעָב בָּאָרֶץ וַיֵּרֶד אַבְרָם מִצְרַיְמָה
לָגוּר שָׁם כִּי־כָבֵד הָרָעָב בָּאָרֶץ׃ 11 וַיְהִי
כַּאֲשֶׁר הִקְרִיב לָבוֹא מִצְרָיְמָה וַיֹּאמֶר
אֶל־שָׂרַי אִשְׁתּוֹ הִנֵּה־נָא יָדַעְתִּי כִּי אִשָּׁה
יְפַת־מַרְאֶה אָתְּ׃ 12 וְהָיָה כִּי־יִרְאוּ אֹתָךְ
הַמִּצְרִים וְאָמְרוּ אִשְׁתּוֹ זֹאת וְהָרְגוּ אֹתִי
וְאֹתָךְ יְחַיּוּ׃ 13 אִמְרִי־נָא אֲחֹתִי אָתְּ לְמַעַן
יִיטַב־לִי בַעֲבוּרֵךְ וְחָיְתָה נַפְשִׁי בִּגְלָלֵךְ׃

thee.' [14] And it came to pass, that, when Abram was come into Egypt, the Egyptians beheld the woman that she was very fair. [15] And the princes of Pharaoh saw her, and praised her to Pharaoh; and the woman was taken into Pharaoh's house. [16] And he dealt well with Abram for her sake; and he had sheep, and oxen, and he-asses, and men-servants, and maid-servants, and she-asses, and camels. [17] And the LORD plagued Pharaoh and his house with great plagues because of Sarai Abram's wife. [18] And Pharaoh called Abram, and said: 'What is this that thou hast done unto me? why didst thou not tell me that she was thy wife? [19] Why saidst thou: She is my sister? so that I took her to be my wife; now therefore behold thy wife, take her, and go thy way.' [20] And Pharaoh gave men charge concerning him; and they brought him on the way, and his wife, and all that he had.

13 And Abram went up out of Egypt, he, and his wife, and all that he had, and Lot with him, into the South. [2] And Abram was very rich in cattle, in silver, and in gold. [3] And he went on his journeys from the South even to Beth-el, unto the place where his tent had been at the beginning, between Beth-el and Ai; [4] unto the place of the altar, which he had made there at the first; and Abram called there on the name of the LORD. [5] And Lot also, who went with Abram, had flocks, and herds, and tents. [6] And the land was not able to bear them, that they might dwell together; for their substance was great, so that they could not dwell together. [7] And there was a strife between the herdmen of Abram's cattle and the herdmen of Lot's cattle. And the Canaanite and the Perizzite dwelt then in the land. [8] And Abram said unto Lot: 'Let there be no strife, I pray thee, between me and thee, and between my herdmen and thy herdmen; for we are brethren. [9] Is not the whole land before thee? separate thyself, I pray thee, from me; if thou wilt take the left hand, then I will go to the right; or if thou take the right hand, then I will go to the left.' [10] And Lot lifted up his eyes, and beheld all the plain of the Jordan,

14 וַיְהִי כְּבוֹא אַבְרָם מִצְרָיְמָה וַיִּרְאוּ
הַמִּצְרִים אֶת־הָאִשָּׁה כִּי־יָפָה הִוא מְאֹד׃
15 וַיִּרְאוּ אֹתָהּ שָׂרֵי פַרְעֹה וַיְהַלְלוּ אֹתָהּ
אֶל־פַּרְעֹה וַתֻּקַּח הָאִשָּׁה בֵּית פַּרְעֹה׃
16 וּלְאַבְרָם הֵיטִיב בַּעֲבוּרָהּ וַיְהִי־לוֹ צֹאן־
וּבָקָר וַחֲמֹרִים וַעֲבָדִים וּשְׁפָחֹת וַאֲתֹנֹת
וּגְמַלִּים׃ 17 וַיְנַגַּע יְהוָה ׀ אֶת־פַּרְעֹה נְגָעִים
גְּדֹלִים וְאֶת־בֵּיתוֹ עַל־דְּבַר שָׂרַי אֵשֶׁת
אַבְרָם׃ 18 וַיִּקְרָא פַרְעֹה לְאַבְרָם וַיֹּאמֶר
מַה־זֹּאת עָשִׂיתָ לִּי לָמָּה לֹא־הִגַּדְתָּ לִּי
כִּי אִשְׁתְּךָ הִוא׃ 19 לָמָה אָמַרְתָּ אֲחֹתִי
הִוא וָאֶקַּח אֹתָהּ לִי לְאִשָּׁה וְעַתָּה הִנֵּה
אִשְׁתְּךָ קַח וָלֵךְ׃ 20 וַיְצַו עָלָיו פַּרְעֹה
אֲנָשִׁים וַיְשַׁלְּחוּ אֹתוֹ וְאֶת־אִשְׁתּוֹ וְאֶת־
כָּל־אֲשֶׁר־לוֹ׃ **13** וַיַּעַל אַבְרָם
מִמִּצְרַיִם הוּא וְאִשְׁתּוֹ וְכָל־אֲשֶׁר־לוֹ וְלוֹט
עִמּוֹ הַנֶּגְבָּה׃ 2 וְאַבְרָם כָּבֵד מְאֹד בַּמִּקְנֶה
בַּכֶּסֶף וּבַזָּהָב׃ 3 וַיֵּלֶךְ לְמַסָּעָיו מִנֶּגֶב וְעַד־
בֵּית־אֵל עַד־הַמָּקוֹם אֲשֶׁר־הָיָה שָׁם אהלה
אָהֳלוֹ בַּתְּחִלָּה בֵּין בֵּית־אֵל וּבֵין הָעָי׃
4 אֶל־מְקוֹם הַמִּזְבֵּחַ אֲשֶׁר־עָשָׂה שָׁם
בָּרִאשֹׁנָה וַיִּקְרָא שָׁם אַבְרָם בְּשֵׁם יְהוָה׃
5 וְגַם־לְלוֹט הַהֹלֵךְ אֶת־אַבְרָם הָיָה צֹאן־
וּבָקָר וְאֹהָלִים׃ 6 וְלֹא־נָשָׂא אֹתָם הָאָרֶץ
לָשֶׁבֶת יַחְדָּו כִּי־הָיָה רְכוּשָׁם רָב וְלֹא
יָכְלוּ לָשֶׁבֶת יַחְדָּו׃ 7 וַיְהִי־רִיב בֵּין רֹעֵי
מִקְנֵה־אַבְרָם וּבֵין רֹעֵי מִקְנֵה־לוֹט
וְהַכְּנַעֲנִי וְהַפְּרִזִּי אָז יֹשֵׁב בָּאָרֶץ׃ 8 וַיֹּאמֶר
אַבְרָם אֶל־לוֹט אַל־נָא תְהִי מְרִיבָה בֵּינִי
וּבֵינֶךָ וּבֵין רֹעַי וּבֵין רֹעֶיךָ כִּי־אֲנָשִׁים
אַחִים אֲנָחְנוּ׃ 9 הֲלֹא כָל־הָאָרֶץ לְפָנֶיךָ
הִפָּרֶד נָא מֵעָלָי אִם־הַשְּׂמֹאל וְאֵימִנָה
וְאִם־הַיָּמִין וְאַשְׂמְאִילָה׃ 10 וַיִּשָּׂא־לוֹט

that it was well watered every where, before the LORD destroyed Sodom and Gomorrah, like the garden of the LORD, like the land of Egypt, as thou goest unto Zoar. [11] So Lot chose him all the plain of the Jordan; and Lot journeyed east; and they separated themselves the one from the other. [12] Abram dwelt in the land of Canaan, and Lot dwelt in the cities of the Plain, and moved his tent as far as Sodom. [13] Now the men of Sodom were wicked and sinners against the LORD exceedingly. [14] And the LORD said unto Abram, after that Lot was separated from him: 'Lift up now thine eyes, and look from the place where thou art, northward and southward and eastward and westward; [15] for all the land which thou seest, to thee will I give it, and to thy seed for ever. [16] And I will make thy seed as the dust of the earth; so that if a man can number the dust of the earth, then shall thy seed also be numbered. [17] Arise, walk through the land in the length of it and in the breadth of it, for unto thee will I give it.' [18] And Abram moved his tent, and came and dwelt by the terebinths of Mamre, which are in Hebron, and built there an altar unto the LORD.

14 And it came to pass in the days of Amraphel king of Shinar, Arioch king of Ellasar, Chedorlaomer king of Elam, and Tidal king of Goiim, [2] that they made war with Bera king of Sodom, and with Birsha king of Gomorrah, Shinab king of Admah, and Shemeber king of Zeboiim, and the king of Bela—the same is Zoar. [3] All these came as allies unto the vale of Siddim—the same is the Salt Sea. [4] Twelve years they served Chedorlaomer, and in the thirteenth year they rebelled. [5] And in the fourteenth year came Chedorlaomer and the kings that were with him, and smote the Rephaim in Ashteroth-karnaim, and the Zuzim in Ham, and the Emim in Shaveh-kiriathaim, [6] and the Horites in their mount Seir, unto

אֶת־עֵינָיו וַיַּרְא אֶת־כָּל־כִּכַּר הַיַּרְדֵּן כִּי
כֻלָּהּ מַשְׁקֶה לִפְנֵי ׀ שַׁחֵת יְהוָה אֶת־סְדֹם
וְאֶת־עֲמֹרָה כְּגַן־יְהוָה כְּאֶרֶץ מִצְרַיִם
בֹּאֲכָה צֹעַר׃ 11 וַיִּבְחַר־לוֹ לוֹט אֵת כָּל־
כִּכַּר הַיַּרְדֵּן וַיִּסַּע לוֹט מִקֶּדֶם וַיִּפָּרְדוּ אִישׁ
מֵעַל אָחִיו׃ 12 אַבְרָם יָשַׁב בְּאֶרֶץ־כְּנָעַן
וְלוֹט יָשַׁב בְּעָרֵי הַכִּכָּר וַיֶּאֱהַל עַד־סְדֹם׃
13 וְאַנְשֵׁי סְדֹם רָעִים וְחַטָּאִים לַיהוָה
מְאֹד׃ 14 וַיהוָה אָמַר אֶל־אַבְרָם אַחֲרֵי
הִפָּרֶד־לוֹט מֵעִמּוֹ שָׂא נָא עֵינֶיךָ וּרְאֵה
מִן־הַמָּקוֹם אֲשֶׁר־אַתָּה שָׁם צָפֹנָה וָנֶגְבָּה
וָקֵדְמָה וָיָמָּה׃ 15 כִּי אֶת־כָּל־הָאָרֶץ אֲשֶׁר־
אַתָּה רֹאֶה לְךָ אֶתְּנֶנָּה וּלְזַרְעֲךָ עַד־עוֹלָם׃
16 וְשַׂמְתִּי אֶת־זַרְעֲךָ כַּעֲפַר הָאָרֶץ אֲשֶׁר ׀
אִם־יוּכַל אִישׁ לִמְנוֹת אֶת־עֲפַר הָאָרֶץ
גַּם־זַרְעֲךָ יִמָּנֶה׃ 17 קוּם הִתְהַלֵּךְ בָּאָרֶץ
לְאָרְכָּהּ וּלְרָחְבָּהּ כִּי לְךָ אֶתְּנֶנָּה׃ 18 וַיֶּאֱהַל
אַבְרָם וַיָּבֹא וַיֵּשֶׁב בְּאֵלֹנֵי מַמְרֵא אֲשֶׁר
בְּחֶבְרוֹן וַיִּבֶן־שָׁם מִזְבֵּחַ לַיהוָה׃ פ
14 וַיְהִי בִּימֵי אַמְרָפֶל מֶלֶךְ־שִׁנְעָר
אַרְיוֹךְ מֶלֶךְ אֶלָּסָר כְּדָרְלָעֹמֶר מֶלֶךְ עֵילָם
וְתִדְעָל מֶלֶךְ גּוֹיִם׃ 2 עָשׂוּ מִלְחָמָה אֶת־
בֶּרַע מֶלֶךְ סְדֹם וְאֶת־בִּרְשַׁע מֶלֶךְ עֲמֹרָה
שִׁנְאָב ׀ מֶלֶךְ אַדְמָה וְשֶׁמְאֵבֶר מֶלֶךְ צביים
צְבוֹיִם וּמֶלֶךְ בֶּלַע הִיא־צֹעַר׃ 3 כָּל־אֵלֶּה
חָבְרוּ אֶל־עֵמֶק הַשִּׂדִּים הוּא יָם הַמֶּלַח׃
4 שְׁתֵּים עֶשְׂרֵה שָׁנָה עָבְדוּ אֶת־כְּדָרְלָעֹמֶר
וּשְׁלֹשׁ־עֶשְׂרֵה שָׁנָה מָרָדוּ׃ 5 וּבְאַרְבַּע
עֶשְׂרֵה שָׁנָה בָּא כְדָרְלָעֹמֶר וְהַמְּלָכִים
אֲשֶׁר אִתּוֹ וַיַּכּוּ אֶת־רְפָאִים בְּעַשְׁתְּרֹת
קַרְנַיִם וְאֶת־הַזּוּזִים בְּהָם וְאֵת הָאֵימִים
בְּשָׁוֵה קִרְיָתָיִם׃ 6 וְאֶת־הַחֹרִי בְּהַרְרָם
שֵׂעִיר עַד אֵיל פָּארָן אֲשֶׁר עַל־הַמִּדְבָּר׃

El-paran, which is by the wilderness. [7] And they turned back, and came to En-mishpat—the same is Kadesh—and smote all the country of the Amalekites, and also the Amorites, that dwelt in Hazazon-tamar. [8] And there went out the king of Sodom, and the king of Gomorrah, and the king of Admah, and the king of Zeboiim, and the king of Bela—the same is Zoar; and they set the battle in array against them in the vale of Siddim; [9] against Chedorlaomer king of Elam, and Tidal king of Goiim, and Amraphel king of Shinar, and Arioch king of Ellasar; four kings against the five. [10] Now the vale of Siddim was full of slime pits; and the kings of Sodom and Gomorrah fled, and they fell there, and they that remained fled to the mountain. [11] And they took all the goods of Sodom and Gomorrah, and all their victuals, and went their way. [12] And they took Lot, Abram's brother's son, who dwelt in Sodom, and his goods, and departed. [13] And there came one that had escaped, and told Abram the Hebrew—now he dwelt by the terebinths of Mamre the Amorite, brother of Eshcol, and brother of Aner; and these were confederate with Abram. [14] And when Abram heard that his brother was taken captive, he led forth his trained men, born in his house, three hundred and eighteen, and pursued as far as Dan. [15] And he divided himself against them by night, he and his servants, and smote them, and pursued them unto Hobah, which is on the left hand of Damascus. [16] And he brought back all the goods, and also brought back his brother Lot, and his goods, and the women also, and the people. [17] And the king of Sodom went out to meet him, after his return from the slaughter of Chedorlaomer and the kings that were with him, at the vale of Shaveh—the same is the King's Vale. [18] And Melchizedek king of Salem brought forth bread and wine; and he was priest of God the Most High. [19] And he blessed him, and said: 'Blessed be Abram of God Most High, Maker of heaven and earth; [20] and blessed be God the Most High, who hath delivered thine enemies into thy hand.' And he gave him a tenth of all. [21] And the king of Sodom said unto

7 וַיָּשֻׁבוּ וַיָּבֹאוּ אֶל־עֵין מִשְׁפָּט הִוא קָדֵשׁ
וַיַּכּוּ אֶת־כָּל־שְׂדֵה הָעֲמָלֵקִי וְגַם אֶת־
הָאֱמֹרִי הַיֹּשֵׁב בְּחַצְצֹן תָּמָר׃ 8 וַיֵּצֵא מֶלֶךְ־
סְדֹם וּמֶלֶךְ עֲמֹרָה וּמֶלֶךְ אַדְמָה וּמֶלֶךְ
צביים צְבוֹיִם וּמֶלֶךְ בֶּלַע הִוא־צֹעַר וַיַּעַרְכוּ
אִתָּם מִלְחָמָה בְּעֵמֶק הַשִּׂדִּים׃ 9 אֵת
כְּדָרְלָעֹמֶר מֶלֶךְ עֵילָם וְתִדְעָל מֶלֶךְ גּוֹיִם
וְאַמְרָפֶל מֶלֶךְ שִׁנְעָר וְאַרְיוֹךְ מֶלֶךְ אֶלָּסָר
אַרְבָּעָה מְלָכִים אֶת־הַחֲמִשָּׁה׃ 10 וְעֵמֶק
הַשִּׂדִּים בֶּאֱרֹת בֶּאֱרֹת חֵמָר וַיָּנֻסוּ מֶלֶךְ־
סְדֹם וַעֲמֹרָה וַיִּפְּלוּ־שָׁמָּה וְהַנִּשְׁאָרִים
הֶרָה נָּסוּ׃ 11 וַיִּקְחוּ אֶת־כָּל־רְכֻשׁ סְדֹם
וַעֲמֹרָה וְאֶת־כָּל־אָכְלָם וַיֵּלֵכוּ׃ 12 וַיִּקְחוּ
אֶת־לוֹט וְאֶת־רְכֻשׁוֹ בֶּן־אֲחִי אַבְרָם וַיֵּלֵכוּ
וְהוּא יֹשֵׁב בִּסְדֹם׃ 13 וַיָּבֹא הַפָּלִיט וַיַּגֵּד
לְאַבְרָם הָעִבְרִי וְהוּא שֹׁכֵן בְּאֵלֹנֵי מַמְרֵא
הָאֱמֹרִי אֲחִי אֶשְׁכֹּל וַאֲחִי עָנֵר וְהֵם בַּעֲלֵי
בְרִית־אַבְרָם׃ 14 וַיִּשְׁמַע אַבְרָם כִּי נִשְׁבָּה
אָחִיו וַיָּרֶק אֶת־חֲנִיכָיו יְלִידֵי בֵיתוֹ שְׁמֹנָה
עָשָׂר וּשְׁלֹשׁ מֵאוֹת וַיִּרְדֹּף עַד־דָּן׃
15 וַיֵּחָלֵק עֲלֵיהֶם ׀ לַיְלָה הוּא וַעֲבָדָיו
וַיַּכֵּם וַיִּרְדְּפֵם עַד־חוֹבָה אֲשֶׁר מִשְּׂמֹאל
לְדַמָּשֶׂק׃ 16 וַיָּשֶׁב אֵת כָּל־הָרְכֻשׁ וְגַם
אֶת־לוֹט אָחִיו וּרְכֻשׁוֹ הֵשִׁיב וְגַם אֶת־
הַנָּשִׁים וְאֶת־הָעָם׃ 17 וַיֵּצֵא מֶלֶךְ־סְדֹם
לִקְרָאתוֹ אַחֲרֵי שׁוּבוֹ מֵהַכּוֹת אֶת־כְּדָר־
לָעֹמֶר וְאֶת־הַמְּלָכִים אֲשֶׁר אִתּוֹ אֶל־עֵמֶק
שָׁוֵה הוּא עֵמֶק הַמֶּלֶךְ׃ 18 וּמַלְכִּי־צֶדֶק
מֶלֶךְ שָׁלֵם הוֹצִיא לֶחֶם וָיָיִן וְהוּא כֹהֵן
לְאֵל עֶלְיוֹן׃ 19 וַיְבָרְכֵהוּ וַיֹּאמַר בָּרוּךְ
אַבְרָם לְאֵל עֶלְיוֹן קֹנֵה שָׁמַיִם וָאָרֶץ׃
20 וּבָרוּךְ אֵל עֶלְיוֹן אֲשֶׁר־מִגֵּן צָרֶיךָ בְּיָדֶךָ
וַיִּתֶּן־לוֹ מַעֲשֵׂר מִכֹּל׃ 21 וַיֹּאמֶר מֶלֶךְ־סְדֹם

Abram: 'Give me the persons, and take the goods to thyself.' [22] And Abram said to the king of Sodom: 'I have lifted up my hand unto the LORD, God Most High, Maker of heaven and earth, [23] that I will not take a thread nor a shoe-latchet nor aught that is thine, lest thou shouldest say: I have made Abram rich; [24] save only that which the young men have eaten, and the portion of the men which went with me, Aner, Eshcol, and Mamre, let them take their portion.'

15

After these things the word of the LORD came unto Abram in a vision, saying: 'Fear not, Abram, I am thy shield, thy reward shall be exceeding great.' [2] And Abram said: 'O Lord GOD, what wilt Thou give me, seeing I go hence childless, and he that shall be possessor of my house is Eliezer of Damascus?' [3] And Abram said: 'Behold, to me Thou hast given no seed, and, lo, one born in my house is to be mine heir.' [4] And, behold, the word of the LORD came unto him, saying: 'This man shall not be thine heir; but he that shall come forth out of thine own bowels shall be thine heir.' [5] And He brought him forth abroad, and said: 'Look now toward heaven, and count the stars, if thou be able to count them'; and He said unto him: 'So shall thy seed be.' [6] And he believed in the LORD; and He counted it to him for righteousness. [7] And He said unto him: 'I am the LORD that brought thee out of Ur of the Chaldees, to give thee this land to inherit it.' [8] And he said: 'O Lord GOD, whereby shall I know that I shall inherit it?' [9] And He said unto him: 'Take Me a heifer of three years old, and a she-goat of three years old, and a ram of three years old, and a turtle-dove, and a young pigeon.' [10] And he took him all these, and divided them in the midst, and laid each half over against the other; but the birds divided he not. [11] And the birds of prey came down upon the carcasses, and Abram drove them away. [12] And it came to pass, that, when the sun was going down, a deep sleep fell upon Abram; and, lo, a dread, even a great darkness,

אֶל־אַבְרָם תֶּן־לִי הַנֶּפֶשׁ וְהָרְכֻשׁ קַח־לָךְ׃
22 וַיֹּאמֶר אַבְרָם אֶל־מֶלֶךְ סְדֹם הֲרִימֹתִי
יָדִי אֶל־יְהוָה אֵל עֶלְיוֹן קֹנֵה שָׁמַיִם וָאָרֶץ׃
23 אִם־מִחוּט וְעַד שְׂרוֹךְ־נַעַל וְאִם־אֶקַּח
מִכָּל־אֲשֶׁר־לָךְ וְלֹא תֹאמַר אֲנִי הֶעֱשַׁרְתִּי
אֶת־אַבְרָם׃ 24 בִּלְעָדַי רַק אֲשֶׁר אָכְלוּ
הַנְּעָרִים וְחֵלֶק הָאֲנָשִׁים אֲשֶׁר הָלְכוּ אִתִּי
עָנֵר אֶשְׁכֹּל וּמַמְרֵא הֵם יִקְחוּ חֶלְקָם׃ ס
15 אַחַר ׀ הַדְּבָרִים הָאֵלֶּה הָיָה
דְבַר־יְהוָה אֶל־אַבְרָם בַּמַּחֲזֶה לֵאמֹר אַל־
תִּירָא אַבְרָם אָנֹכִי מָגֵן לָךְ שְׂכָרְךָ הַרְבֵּה
מְאֹד׃ 2 וַיֹּאמֶר אַבְרָם אֲדֹנָי יֱהוִה מַה־
תִּתֶּן־לִי וְאָנֹכִי הוֹלֵךְ עֲרִירִי וּבֶן־מֶשֶׁק
בֵּיתִי הוּא דַּמֶּשֶׂק אֱלִיעֶזֶר׃ 3 וַיֹּאמֶר אַבְרָם
הֵן לִי לֹא נָתַתָּה זָרַע וְהִנֵּה בֶן־בֵּיתִי יוֹרֵשׁ
אֹתִי׃ 4 וְהִנֵּה דְבַר־יְהוָה אֵלָיו לֵאמֹר לֹא
יִירָשְׁךָ זֶה כִּי־אִם אֲשֶׁר יֵצֵא מִמֵּעֶיךָ הוּא
יִירָשֶׁךָ׃ 5 וַיּוֹצֵא אֹתוֹ הַחוּצָה וַיֹּאמֶר
הַבֶּט־נָא הַשָּׁמַיְמָה וּסְפֹר הַכּוֹכָבִים אִם־
תּוּכַל לִסְפֹּר אֹתָם וַיֹּאמֶר לוֹ כֹּה יִהְיֶה
זַרְעֶךָ׃ 6 וְהֶאֱמִן בַּיהוָה וַיַּחְשְׁבֶהָ לּוֹ
צְדָקָה׃ 7 וַיֹּאמֶר אֵלָיו אֲנִי יְהוָה אֲשֶׁר
הוֹצֵאתִיךָ מֵאוּר כַּשְׂדִּים לָתֶת לְךָ אֶת־
הָאָרֶץ הַזֹּאת לְרִשְׁתָּהּ׃ 8 וַיֹּאמַר אֲדֹנָי
יֱהוִה בַּמָּה אֵדַע כִּי אִירָשֶׁנָּה׃ 9 וַיֹּאמֶר
אֵלָיו קְחָה לִי עֶגְלָה מְשֻׁלֶּשֶׁת וְעֵז
מְשֻׁלֶּשֶׁת וְאַיִל מְשֻׁלָּשׁ וְתֹר וְגוֹזָל׃
10 וַיִּקַּח־לוֹ אֶת־כָּל־אֵלֶּה וַיְבַתֵּר אֹתָם
בַּתָּוֶךְ וַיִּתֵּן אִישׁ־בִּתְרוֹ לִקְרַאת רֵעֵהוּ
וְאֶת־הַצִּפֹּר לֹא בָתָר׃ 11 וַיֵּרֶד הָעַיִט עַל־
הַפְּגָרִים וַיַּשֵּׁב אֹתָם אַבְרָם׃ 12 וַיְהִי
הַשֶּׁמֶשׁ לָבוֹא וְתַרְדֵּמָה נָפְלָה עַל־אַבְרָם
וְהִנֵּה אֵימָה חֲשֵׁכָה גְדֹלָה נֹפֶלֶת עָלָיו׃

fell upon him. [13] And He said unto Abram:
'Know of a surety that thy seed shall be a stranger
in a land that is not theirs, and shall serve them;
and they shall afflict them four hundred years;
[14] and also that nation, whom they shall serve,
will I judge; and afterward shall they come out
with great substance. [15] But thou shalt go to thy
fathers in peace; thou shalt be buried in a good
old age. [16] And in the fourth generation they
shall come back hither; for the iniquity of the
Amorite is not yet full.' [17] And it came to pass,
that, when the sun went down, and there was
thick darkness, behold a smoking furnace, and a
flaming torch that passed between these pieces.
[18] In that day the LORD made a covenant with
Abram, saying: 'Unto thy seed have I given this
land, from the river of Egypt unto the great
river, the river Euphrates; [19] the Kenite, and
the Kenizzite, and the Kadmonite, [20] and the
Hittite, and the Perizzite, and the Rephaim,
[21] and the Amorite, and the Canaanite, and the
Girgashite, and the Jebusite.'

16 Now Sarai Abram's wife bore him no
children; and she had a handmaid, an
Egyptian, whose name was Hagar. [2] And Sarai
said unto Abram: 'Behold now, the LORD hath
restrained me from bearing; go in, I pray thee,
unto my handmaid; it may be that I shall be
builded up through her.' And Abram hearkened
to the voice of Sarai. [3] And Sarai Abram's
wife took Hagar the Egyptian, her handmaid,
after Abram had dwelt ten years in the land of
Canaan, and gave her to Abram her husband to
be his wife. [4] And he went in unto Hagar, and
she conceived; and when she saw that she had
conceived, her mistress was despised in her eyes.
[5] And Sarai said unto Abram: 'My wrong be
upon thee: I gave my handmaid into thy bosom;
and when she saw that she had conceived, I was
despised in her eyes: the LORD judge between me
and thee.' [6] But Abram said unto Sarai: 'Behold,
thy maid is in thy hand; do to her that which is
good in thine eyes.' And Sarai dealt harshly with
her, and she fled from her face. [7] And the angel
of the LORD found her by a fountain of water

13 וַיֹּאמֶר לְאַבְרָם יָדֹעַ תֵּדַע כִּי־גֵר ׀ יִהְיֶה
זַרְעֲךָ בְּאֶרֶץ לֹא לָהֶם וַעֲבָדוּם וְעִנּוּ אֹתָם
אַרְבַּע מֵאוֹת שָׁנָה׃ 14 וְגַם אֶת־הַגּוֹי אֲשֶׁר
יַעֲבֹדוּ דָּן אָנֹכִי וְאַחֲרֵי־כֵן יֵצְאוּ בִּרְכֻשׁ
גָּדוֹל׃ 15 וְאַתָּה תָּבוֹא אֶל־אֲבֹתֶיךָ בְּשָׁלוֹם
תִּקָּבֵר בְּשֵׂיבָה טוֹבָה׃ 16 וְדוֹר רְבִיעִי
יָשׁוּבוּ הֵנָּה כִּי לֹא־שָׁלֵם עֲוֺן הָאֱמֹרִי
עַד־הֵנָּה׃ 17 וַיְהִי הַשֶּׁמֶשׁ בָּאָה וַעֲלָטָה
הָיָה וְהִנֵּה תַנּוּר עָשָׁן וְלַפִּיד אֵשׁ אֲשֶׁר
עָבַר בֵּין הַגְּזָרִים הָאֵלֶּה׃ 18 בַּיּוֹם הַהוּא
כָּרַת יְהוָה אֶת־אַבְרָם בְּרִית לֵאמֹר
לְזַרְעֲךָ נָתַתִּי אֶת־הָאָרֶץ הַזֹּאת מִנְּהַר
מִצְרַיִם עַד־הַנָּהָר הַגָּדֹל נְהַר־פְּרָת׃
19 אֶת־הַקֵּינִי וְאֶת־הַקְּנִזִּי וְאֵת הַקַּדְמֹנִי׃
20 וְאֶת־הַחִתִּי וְאֶת־הַפְּרִזִּי וְאֶת־
הָרְפָאִים׃ 21 וְאֶת־הָאֱמֹרִי וְאֶת־הַכְּנַעֲנִי
וְאֶת־הַגִּרְגָּשִׁי וְאֶת־הַיְבוּסִי׃ ס

16 וְשָׂרַי אֵשֶׁת אַבְרָם לֹא יָלְדָה לוֹ
וְלָהּ שִׁפְחָה מִצְרִית וּשְׁמָהּ הָגָר׃ 2 וַתֹּאמֶר
שָׂרַי אֶל־אַבְרָם הִנֵּה־נָא עֲצָרַנִי יְהוָה
מִלֶּדֶת בֹּא־נָא אֶל־שִׁפְחָתִי אוּלַי אִבָּנֶה
מִמֶּנָּה וַיִּשְׁמַע אַבְרָם לְקוֹל שָׂרָי׃ 3 וַתִּקַּח
שָׂרַי אֵשֶׁת־אַבְרָם אֶת־הָגָר הַמִּצְרִית
שִׁפְחָתָהּ מִקֵּץ עֶשֶׂר שָׁנִים לְשֶׁבֶת אַבְרָם
בְּאֶרֶץ כְּנָעַן וַתִּתֵּן אֹתָהּ לְאַבְרָם אִישָׁהּ
לוֹ לְאִשָּׁה׃ 4 וַיָּבֹא אֶל־הָגָר וַתַּהַר וַתֵּרֶא
כִּי הָרָתָה וַתֵּקַל גְּבִרְתָּהּ בְּעֵינֶיהָ׃
5 וַתֹּאמֶר שָׂרַי אֶל־אַבְרָם חֲמָסִי עָלֶיךָ
אָנֹכִי נָתַתִּי שִׁפְחָתִי בְּחֵיקֶךָ וַתֵּרֶא כִּי
הָרָתָה וָאֵקַל בְּעֵינֶיהָ יִשְׁפֹּט יְהוָה בֵּינִי
וּבֵינֶיךָ׃ 6 וַיֹּאמֶר אַבְרָם אֶל־שָׂרַי הִנֵּה
שִׁפְחָתֵךְ בְּיָדֵךְ עֲשִׂי־לָהּ הַטּוֹב בְּעֵינָיִךְ
וַתְּעַנֶּהָ שָׂרַי וַתִּבְרַח מִפָּנֶיהָ׃ 7 וַיִּמְצָאָהּ

in the wilderness, by the fountain in the way to Shur. [8] And he said: 'Hagar, Sarai's handmaid, whence camest thou? and whither goest thou?' And she said: 'I flee from the face of my mistress Sarai.' [9] And the angel of the LORD said unto her: 'Return to thy mistress, and submit thyself under her hands.' [10] And the angel of the LORD said unto her: 'I will greatly multiply thy seed, that it shall not be numbered for multitude.' [11] And the angel of the LORD said unto her: 'Behold, thou art with child, and shalt bear a son; and thou shalt call his name [a]Ishmael, because the LORD hath heard thy affliction. [12] And he shall be a wild ass of a man: his hand shall be against every man, and every man's hand against him; and he shall dwell in the face of all his brethren.' [13] And she called the name of the LORD that spoke unto her Thou art [b]a God of seeing; for she said: 'Have I even here seen Him that seeth me?' [14] Wherefore the well was called [c]Beer-lahai-roi; behold, it is between Kadesh and Bered. [15] And Hagar bore Abram a son; and Abram called the name of his son, whom Hagar bore, Ishmael. [16] And Abram was fourscore and six years old, when Hagar bore Ishmael to Abram.

17 And when Abram was ninety years old and nine, the LORD appeared to Abram, and said unto him: 'I am God Almighty; walk before Me, and be thou whole-hearted. [2] And I will make My covenant between Me and thee, and will multiply thee exceedingly.' [3] And Abram fell on his face; and God talked with him, saying: [4] 'As for Me, behold, My covenant is with thee, and thou shalt be [d]the father of a multitude of nations. [5] Neither shall thy name any more be called Abram, but thy name shall be Abraham; for the father of a multitude of nations have I made thee. [6] And I will make thee exceeding fruitful, and I will make nations of thee, and kings shall come out of thee. [7] And I will establish My covenant between Me and thee and thy seed after thee throughout their generations for an everlasting covenant, to be a God unto thee and to thy seed after thee. [8] And I will give unto thee, and to thy seed after thee, the

מַלְאַךְ יְהוָה עַל־עֵין הַמַּיִם בַּמִּדְבָּר עַל־
הָעַיִן בְּדֶרֶךְ שׁוּר׃ 8 וַיֹּאמַר הָגָר שִׁפְחַת
שָׂרַי אֵי־מִזֶּה בָאת וְאָנָה תֵלֵכִי וַתֹּאמֶר
מִפְּנֵי שָׂרַי גְּבִרְתִּי אָנֹכִי בֹּרַחַת׃ 9 וַיֹּאמֶר
לָהּ מַלְאַךְ יְהוָה שׁוּבִי אֶל־גְּבִרְתֵּךְ וְהִתְעַנִּי
תַּחַת יָדֶיהָ׃ 10 וַיֹּאמֶר לָהּ מַלְאַךְ יְהוָה
הַרְבָּה אַרְבֶּה אֶת־זַרְעֵךְ וְלֹא יִסָּפֵר מֵרֹב׃
11 וַיֹּאמֶר לָהּ מַלְאַךְ יְהוָה הִנָּךְ הָרָה
וְיֹלַדְתְּ בֵּן וְקָרָאת שְׁמוֹ יִשְׁמָעֵאל כִּי־שָׁמַע
יְהוָה אֶל־עָנְיֵךְ׃ 12 וְהוּא יִהְיֶה פֶּרֶא אָדָם
יָדוֹ בַכֹּל וְיַד כֹּל בּוֹ וְעַל־פְּנֵי כָל־אֶחָיו
יִשְׁכֹּן׃ 13 וַתִּקְרָא שֵׁם־יְהוָה הַדֹּבֵר אֵלֶיהָ
אַתָּה אֵל רֳאִי כִּי אָמְרָה הֲגַם הֲלֹם רָאִיתִי
אַחֲרֵי רֹאִי׃ 14 עַל־כֵּן קָרָא לַבְּאֵר בְּאֵר
לַחַי רֹאִי הִנֵּה בֵין־קָדֵשׁ וּבֵין בָּרֶד׃
15 וַתֵּלֶד הָגָר לְאַבְרָם בֵּן וַיִּקְרָא אַבְרָם
שֶׁם־בְּנוֹ אֲשֶׁר־יָלְדָה הָגָר יִשְׁמָעֵאל׃
16 וְאַבְרָם בֶּן־שְׁמֹנִים שָׁנָה וְשֵׁשׁ שָׁנִים
בְּלֶדֶת־הָגָר אֶת־יִשְׁמָעֵאל לְאַבְרָם׃ ס
17 וַיְהִי אַבְרָם בֶּן־תִּשְׁעִים שָׁנָה
וְתֵשַׁע שָׁנִים וַיֵּרָא יְהוָה אֶל־אַבְרָם וַיֹּאמֶר
אֵלָיו אֲנִי־אֵל שַׁדַּי הִתְהַלֵּךְ לְפָנַי וֶהְיֵה
תָמִים׃ 2 וְאֶתְּנָה בְרִיתִי בֵּינִי וּבֵינֶךָ וְאַרְבֶּה
אוֹתְךָ בִּמְאֹד מְאֹד׃ 3 וַיִּפֹּל אַבְרָם עַל־פָּנָיו
וַיְדַבֵּר אִתּוֹ אֱלֹהִים לֵאמֹר׃ 4 אֲנִי הִנֵּה
בְרִיתִי אִתָּךְ וְהָיִיתָ לְאַב הֲמוֹן גּוֹיִם׃
5 וְלֹא־יִקָּרֵא עוֹד אֶת־שִׁמְךָ אַבְרָם וְהָיָה
שִׁמְךָ אַבְרָהָם כִּי אַב־הֲמוֹן גּוֹיִם נְתַתִּיךָ׃
6 וְהִפְרֵתִי אֹתְךָ בִּמְאֹד מְאֹד וּנְתַתִּיךָ
לְגוֹיִם וּמְלָכִים מִמְּךָ יֵצֵאוּ׃ 7 וַהֲקִמֹתִי
אֶת־בְּרִיתִי בֵּינִי וּבֵינֶךָ וּבֵין זַרְעֲךָ אַחֲרֶיךָ
לְדֹרֹתָם לִבְרִית עוֹלָם לִהְיוֹת לְךָ לֵאלֹהִים
וּלְזַרְעֲךָ אַחֲרֶיךָ׃ 8 וְנָתַתִּי לְךָ וּלְזַרְעֲךָ

a That is, *God heareth.* b Heb. *El roi.* c That is, *The well of the Living One who seeth me.* d Heb. *ab hamon.*

land of thy sojournings, all the land of Canaan, for an everlasting possession; and I will be their God.' [9] And God said unto Abraham: 'And as for thee, thou shalt keep My covenant, thou, and thy seed after thee throughout their generations. [10] This is My covenant, which ye shall keep, between Me and you and thy seed after thee: every male among you shall be circumcised. [11] And ye shall be circumcised in the flesh of your foreskin; and it shall be a token of a covenant betwixt Me and you. [12] And he that is eight days old shall be circumcised among you, every male throughout your generations, he that is born in the house, or bought with money of any foreigner, that is not of thy seed. [13] He that is born in thy house, and he that is bought with thy money, must needs be circumcised; and My covenant shall be in your flesh for an everlasting covenant. [14] And the uncircumcised male who is not circumcised in the flesh of his foreskin, that soul shall be cut off from his people; he hath broken My covenant.'

[15] And God said unto Abraham: 'As for Sarai thy wife, thou shalt not call her name Sarai, but [a]Sarah shall her name be. [16] And I will bless her, and moreover I will give thee a son of her; yea, I will bless her, and she shall be a mother of nations; kings of peoples shall be of her.' [17] Then Abraham fell upon his face, and laughed, and said in his heart: 'Shall a child be born unto him that is a hundred years old? and shall Sarah, that is ninety years old, bear?' [18] And Abraham said unto God: 'Oh that Ishmael might live before Thee!' [19] And God said: 'Nay, but Sarah thy wife shall bear thee a son; and thou shalt call his name [b]Isaac; and I will establish My covenant with him for an everlasting covenant for his seed after him. [20] And as for Ishmael, I have heard thee; behold, I have blessed him, and will make him fruitful, and will multiply him exceedingly; twelve princes shall he beget, and I will make him a great nation. [21] But My covenant will I establish with Isaac, whom Sarah shall bear unto

אַחֲרֶיךָ אֵת ׀ אֶרֶץ מְגֻרֶיךָ אֵת כָּל־אֶרֶץ
כְּנַעַן לַאֲחֻזַּת עוֹלָם וְהָיִיתִי לָהֶם
לֵאלֹהִים׃ 9 וַיֹּאמֶר אֱלֹהִים אֶל־אַבְרָהָם
וְאַתָּה אֶת־בְּרִיתִי תִשְׁמֹר אַתָּה וְזַרְעֲךָ
אַחֲרֶיךָ לְדֹרֹתָם׃ 10 זֹאת בְּרִיתִי אֲשֶׁר
תִּשְׁמְרוּ בֵּינִי וּבֵינֵיכֶם וּבֵין זַרְעֲךָ אַחֲרֶיךָ
הִמּוֹל לָכֶם כָּל־זָכָר׃ 11 וּנְמַלְתֶּם אֵת בְּשַׂר
עָרְלַתְכֶם וְהָיָה לְאוֹת בְּרִית בֵּינִי
וּבֵינֵיכֶם׃ 12 וּבֶן־שְׁמֹנַת יָמִים יִמּוֹל לָכֶם
כָּל־זָכָר לְדֹרֹתֵיכֶם יְלִיד בָּיִת וּמִקְנַת־כֶּסֶף
מִכֹּל בֶּן־נֵכָר אֲשֶׁר לֹא מִזַּרְעֲךָ הוּא׃
13 הִמּוֹל ׀ יִמּוֹל יְלִיד בֵּיתְךָ וּמִקְנַת כַּסְפֶּךָ
וְהָיְתָה בְרִיתִי בִּבְשַׂרְכֶם לִבְרִית עוֹלָם׃
14 וְעָרֵל ׀ זָכָר אֲשֶׁר לֹא־יִמּוֹל אֶת־בְּשַׂר
עָרְלָתוֹ וְנִכְרְתָה הַנֶּפֶשׁ הַהִוא מֵעַמֶּיהָ
אֶת־בְּרִיתִי הֵפַר׃ ס 15 וַיֹּאמֶר
אֱלֹהִים אֶל־אַבְרָהָם שָׂרַי אִשְׁתְּךָ לֹא־
תִקְרָא אֶת־שְׁמָהּ שָׂרָי כִּי שָׂרָה שְׁמָהּ׃
16 וּבֵרַכְתִּי אֹתָהּ וְגַם נָתַתִּי מִמֶּנָּה לְךָ בֵּן
וּבֵרַכְתִּיהָ וְהָיְתָה לְגוֹיִם מַלְכֵי עַמִּים
מִמֶּנָּה יִהְיוּ׃ 17 וַיִּפֹּל אַבְרָהָם עַל־פָּנָיו
וַיִּצְחָק וַיֹּאמֶר בְּלִבּוֹ הַלְּבֶן מֵאָה־שָׁנָה
יִוָּלֵד וְאִם־שָׂרָה הֲבַת־תִּשְׁעִים שָׁנָה תֵּלֵד׃
18 וַיֹּאמֶר אַבְרָהָם אֶל־הָאֱלֹהִים לוּ
יִשְׁמָעֵאל יִחְיֶה לְפָנֶיךָ׃ 19 וַיֹּאמֶר אֱלֹהִים
אֲבָל שָׂרָה אִשְׁתְּךָ יֹלֶדֶת לְךָ בֵּן וְקָרָאתָ
אֶת־שְׁמוֹ יִצְחָק וַהֲקִמֹתִי אֶת־בְּרִיתִי אִתּוֹ
לִבְרִית עוֹלָם לְזַרְעוֹ אַחֲרָיו׃
20 וּלְיִשְׁמָעֵאל שְׁמַעְתִּיךָ הִנֵּה ׀ בֵּרַכְתִּי
אֹתוֹ וְהִפְרֵיתִי אֹתוֹ וְהִרְבֵּיתִי אֹתוֹ בִּמְאֹד
מְאֹד שְׁנֵים־עָשָׂר נְשִׂיאִם יוֹלִיד וּנְתַתִּיו
לְגוֹי גָּדוֹל׃ 21 וְאֶת־בְּרִיתִי אָקִים אֶת־
יִצְחָק אֲשֶׁר תֵּלֵד לְךָ שָׂרָה לַמּוֹעֵד הַזֶּה

a That is, *Princess.* b From the Heb. root meaning *to laugh.*

thee at this set time in the next year.' [22] And He left off talking with him, and God went up from Abraham. [23] And Abraham took Ishmael his son, and all that were born in his house, and all that were bought with his money, every male among the men of Abraham's house, and circumcised the flesh of their foreskin in the selfsame day, as God had said unto him. [24] And Abraham was ninety years old and nine, when he was circumcised in the flesh of his foreskin. [25] And Ishmael his son was thirteen years old, when he was circumcised in the flesh of his foreskin. [26] In the selfsame day was Abraham circumcised, and Ishmael his son. [27] And all the men of his house, those born in the house, and those bought with money of a foreigner, were circumcised with him.

בַּשָּׁנָה הָאַחֶרֶת׃ 22 וַיְכַל לְדַבֵּר אִתּוֹ וַיַּעַל
אֱלֹהִים מֵעַל אַבְרָהָם׃ 23 וַיִּקַּח אַבְרָהָם
אֶת־יִשְׁמָעֵאל בְּנוֹ וְאֵת כָּל־יְלִידֵי בֵיתוֹ
וְאֵת כָּל־מִקְנַת כַּסְפּוֹ כָּל־זָכָר בְּאַנְשֵׁי בֵּית
אַבְרָהָם וַיָּמָל אֶת־בְּשַׂר עָרְלָתָם בְּעֶצֶם
הַיּוֹם הַזֶּה כַּאֲשֶׁר דִּבֶּר אִתּוֹ אֱלֹהִים׃
24 וְאַבְרָהָם בֶּן־תִּשְׁעִים וָתֵשַׁע שָׁנָה
בְּהִמֹּלוֹ בְּשַׂר עָרְלָתוֹ׃ 25 וְיִשְׁמָעֵאל בְּנוֹ
בֶּן־שְׁלֹשׁ עֶשְׂרֵה שָׁנָה בְּהִמֹּלוֹ אֵת בְּשַׂר
עָרְלָתוֹ׃ 26 בְּעֶצֶם הַיּוֹם הַזֶּה נִמּוֹל
אַבְרָהָם וְיִשְׁמָעֵאל בְּנוֹ׃ 27 וְכָל־אַנְשֵׁי
בֵיתוֹ יְלִיד בָּיִת וּמִקְנַת־כֶּסֶף מֵאֵת בֶּן־נֵכָר
נִמֹּלוּ אִתּוֹ׃ פ

VA-YERA'

18 And the Lord appeared unto him by the terebinths of Mamre, as he sat in the tent door in the heat of the day; [2] and he lifted up his eyes and looked, and, lo, three men stood over against him; and when he saw them, he ran to meet them from the tent door, and bowed down to the earth, [3] and said: 'My lord, if now I have found favour in thy sight, pass not away, I pray thee, from thy servant. [4] Let now a little water be fetched, and wash your feet, and recline yourselves under the tree. [5] And I will fetch a morsel of bread, and stay ye your heart; after that ye shall pass on; forasmuch as ye are come to your servant.' And they said: 'So do, as thou hast said.' [6] And Abraham hastened into the tent unto Sarah, and said: 'Make ready quickly three measures of fine meal, knead it, and make cakes.' [7] And Abraham ran unto the herd, and fetched a calf tender and good, and gave it unto the servant; and he hastened to dress it. [8] And he took curd, and milk, and the calf which he had dressed, and set it before them; and he stood by them under the tree, and they did eat. [9] And

וירא

18 וַיֵּרָא אֵלָיו יְהוָה בְּאֵלֹנֵי מַמְרֵא
וְהוּא יֹשֵׁב פֶּתַח־הָאֹהֶל כְּחֹם הַיּוֹם׃
2 וַיִּשָּׂא עֵינָיו וַיַּרְא וְהִנֵּה שְׁלֹשָׁה אֲנָשִׁים
נִצָּבִים עָלָיו וַיַּרְא וַיָּרָץ לִקְרָאתָם מִפֶּתַח
הָאֹהֶל וַיִּשְׁתַּחוּ אָרְצָה׃ 3 וַיֹּאמַר אֲדֹנָי
אִם־נָא מָצָאתִי חֵן בְּעֵינֶיךָ אַל־נָא תַעֲבֹר
מֵעַל עַבְדֶּךָ׃ 4 יֻקַּח־נָא מְעַט־מַיִם וְרַחֲצוּ
רַגְלֵיכֶם וְהִשָּׁעֲנוּ תַּחַת הָעֵץ׃ 5 וְאֶקְחָה
פַת־לֶחֶם וְסַעֲדוּ לִבְּכֶם אַחַר תַּעֲבֹרוּ
כִּי־עַל־כֵּן עֲבַרְתֶּם עַל־עַבְדְּכֶם וַיֹּאמְרוּ כֵּן
תַּעֲשֶׂה כַּאֲשֶׁר דִּבַּרְתָּ׃ 6 וַיְמַהֵר אַבְרָהָם
הָאֹהֱלָה אֶל־שָׂרָה וַיֹּאמֶר מַהֲרִי שְׁלֹשׁ
סְאִים קֶמַח סֹלֶת לוּשִׁי וַעֲשִׂי עֻגוֹת׃
7 וְאֶל־הַבָּקָר רָץ אַבְרָהָם וַיִּקַּח בֶּן־בָּקָר
רַךְ וָטוֹב וַיִּתֵּן אֶל־הַנַּעַר וַיְמַהֵר לַעֲשׂוֹת
אֹתוֹ׃ 8 וַיִּקַּח חֶמְאָה וְחָלָב וּבֶן־הַבָּקָר
אֲשֶׁר עָשָׂה וַיִּתֵּן לִפְנֵיהֶם וְהוּא־עֹמֵד
עֲלֵיהֶם תַּחַת הָעֵץ וַיֹּאכֵלוּ׃ 9 וַיֹּאמְרוּ

they said unto him: 'Where is Sarah thy wife?' And he said: 'Behold, in the tent.' [10] And He said: 'I will certainly return unto thee when the season cometh round; and, lo, Sarah thy wife shall have a son.' And Sarah heard in the tent door, which was behind him.—[11] Now Abraham and Sarah were old, and well stricken in age; it had ceased to be with Sarah after the manner of women.—[12] And Sarah laughed within herself, saying: 'After I am waxed old shall I have pleasure, my lord being old also?' [13] And the Lord said unto Abraham: 'Wherefore did Sarah laugh, saying: Shall I of a surety bear a child, who am old? [14] Is any thing too hard for the Lord? At the set time I will return unto thee, when the season cometh round, and Sarah shall have a son.' [15] Then Sarah denied, saying: 'I laughed not'; for she was afraid. And He said: 'Nay; but thou didst laugh.'

[16] And the men rose up from thence, and looked out toward Sodom; and Abraham went with them to bring them on the way. [17] And the Lord said: 'Shall I hide from Abraham that which I am doing; [18] seeing that Abraham shall surely become a great and mighty nation, and all the nations of the earth shall be blessed in him? [19] For I have known him, to the end that he may command his children and his household after him, that they may keep the way of the Lord, to do righteousness and justice; to the end that the Lord may bring upon Abraham that which He hath spoken of him.' [20] And the Lord said: 'Verily, the cry of Sodom and Gomorrah is great, and, verily, their sin is exceeding grievous. [21] I will go down now, and see whether they have done altogether according to the cry of it, which is come unto Me; and if not, I will know.' [22] And the men turned from thence, and went toward Sodom; but Abraham stood yet before the Lord. [23] And Abraham drew near, and said: 'Wilt Thou indeed sweep away the righteous with the wicked? [24] Peradventure there are fifty righteous within the city; wilt Thou indeed sweep away and not forgive the place for the fifty righteous that are therein? [25] That be far from Thee to do after this manner, to slay the

אֵלָיו אַיֵּה שָׂרָה אִשְׁתֶּךָ וַיֹּאמֶר הִנֵּה
בָאֹהֶל׃ 10 וַיֹּאמֶר שׁוֹב אָשׁוּב אֵלֶיךָ כָּעֵת
חַיָּה וְהִנֵּה־בֵן לְשָׂרָה אִשְׁתֶּךָ וְשָׂרָה
שֹׁמַעַת פֶּתַח הָאֹהֶל וְהוּא אַחֲרָיו׃
11 וְאַבְרָהָם וְשָׂרָה זְקֵנִים בָּאִים בַּיָּמִים
חָדַל לִהְיוֹת לְשָׂרָה אֹרַח כַּנָּשִׁים׃
12 וַתִּצְחַק שָׂרָה בְּקִרְבָּהּ לֵאמֹר אַחֲרֵי
בְלֹתִי הָיְתָה־לִּי עֶדְנָה וַאדֹנִי זָקֵן׃
13 וַיֹּאמֶר יְהוָה אֶל־אַבְרָהָם לָמָּה זֶּה
צָחֲקָה שָׂרָה לֵאמֹר הַאַף אֻמְנָם אֵלֵד וַאֲנִי
זָקַנְתִּי׃ 14 הֲיִפָּלֵא מֵיְהוָה דָּבָר לַמּוֹעֵד
אָשׁוּב אֵלֶיךָ כָּעֵת חַיָּה וּלְשָׂרָה בֵן׃
15 וַתְּכַחֵשׁ שָׂרָה ׀ לֵאמֹר לֹא צָחַקְתִּי כִּי ׀
יָרֵאָה וַיֹּאמֶר ׀ לֹא כִּי צָחָקְתְּ׃ 16 וַיָּקֻמוּ
מִשָּׁם הָאֲנָשִׁים וַיַּשְׁקִפוּ עַל־פְּנֵי סְדֹם
וְאַבְרָהָם הֹלֵךְ עִמָּם לְשַׁלְּחָם׃ 17 וַיהוָה
אָמָר הַמְכַסֶּה אֲנִי מֵאַבְרָהָם אֲשֶׁר אֲנִי
עֹשֶׂה׃ 18 וְאַבְרָהָם הָיוֹ יִהְיֶה לְגוֹי גָּדוֹל
וְעָצוּם וְנִבְרְכוּ בוֹ כֹּל גּוֹיֵי הָאָרֶץ׃ 19 כִּי
יְדַעְתִּיו לְמַעַן אֲשֶׁר יְצַוֶּה אֶת־בָּנָיו וְאֶת־
בֵּיתוֹ אַחֲרָיו וְשָׁמְרוּ דֶּרֶךְ יְהוָה לַעֲשׂוֹת
צְדָקָה וּמִשְׁפָּט לְמַעַן הָבִיא יְהוָה עַל־
אַבְרָהָם אֵת אֲשֶׁר־דִּבֶּר עָלָיו׃ 20 וַיֹּאמֶר
יְהוָה זַעֲקַת סְדֹם וַעֲמֹרָה כִּי־רָבָּה
וְחַטָּאתָם כִּי כָבְדָה מְאֹד׃ 21 אֵרְדָה־נָּא
וְאֶרְאֶה הַכְּצַעֲקָתָהּ הַבָּאָה אֵלַי עָשׂוּ ׀
כָּלָה וְאִם־לֹא אֵדָעָה׃ 22 וַיִּפְנוּ מִשָּׁם
הָאֲנָשִׁים וַיֵּלְכוּ סְדֹמָה וְאַבְרָהָם עוֹדֶנּוּ
עֹמֵד לִפְנֵי יְהוָה׃ 23 וַיִּגַּשׁ אַבְרָהָם וַיֹּאמַר
הַאַף תִּסְפֶּה צַדִּיק עִם־רָשָׁע׃ 24 אוּלַי יֵשׁ
חֲמִשִּׁים צַדִּיקִם בְּתוֹךְ הָעִיר הַאַף תִּסְפֶּה
וְלֹא־תִשָּׂא לַמָּקוֹם לְמַעַן חֲמִשִּׁים
הַצַּדִּיקִם אֲשֶׁר בְּקִרְבָּהּ׃ 25 חָלִלָה לְּךָ

righteous with the wicked, that so the righteous should be as the wicked; that be far from Thee; shall not the Judge of all the earth do justly?' [26] And the LORD said: 'If I find in Sodom fifty righteous within the city, then I will forgive all the place for their sake.' [27] And Abraham answered and said: 'Behold now, I have taken upon me to speak unto the Lord, who am but dust and ashes. [28] Peradventure there shall dack five of the fifty righteous; wilt Thou destroy all the city for lack of five?' And He said: 'I will not destroy it, if I find there forty and five.' [29] And he spoke unto Him yet again, and said: 'Peradventure there shall be forty found there.' And He said: 'I will not do it for the forty's sake.' [30] And he said: 'Oh, let not the Lord be angry, and I will speak. Peradventure there shall thirty be found there.' And He said: 'I will not do it, if I find thirty there.' [31] And he said: 'Behold now, I have taken upon me to speak unto the Lord. Peradventure there shall be twenty found there.' And He said: 'I will not destroy it for the twenty's sake.' [32] And he said: 'Oh, let not the Lord be angry, and I will speak yet but this once. Peradventure ten shall be found there.' And He said: 'I will not destroy it for the ten's sake.' [33] And the LORD went His way, as soon as He had left off speaking to Abraham; and Abraham returned unto his place.

19 And the two angels came to Sodom at even; and Lot sat in the gate of Sodom; and Lot saw them, and rose up to meet them; and he fell down on his face to the earth; [2] and he said: 'Behold now, my lords, turn aside, I pray you, into your servant's house, and tarry all night, and wash your feet, and ye shall rise up early, and go on your way.' And they said: 'Nay; but we will abide in the broad place all night.' [3] And he urged them greatly; and they turned in unto him, and entered into his house; and he made them a feast, and did bake unleavened bread, and they did eat. [4] But before they lay down, the men of the city, even the men of Sodom, compassed the house round, both young and old, all the

מֵעֲשֹׂת ׀ כַּדָּבָר הַזֶּה לְהָמִית צַדִּיק עִם־
רָשָׁע וְהָיָה כַצַּדִּיק כָּרָשָׁע חָלִלָה לָּךְ
הֲשֹׁפֵט כָּל־הָאָרֶץ לֹא יַעֲשֶׂה מִשְׁפָּט׃
26 וַיֹּאמֶר יְהוָה אִם־אֶמְצָא בִסְדֹם חֲמִשִּׁים
צַדִּיקִם בְּתוֹךְ הָעִיר וְנָשָׂאתִי לְכָל־הַמָּקוֹם
בַּעֲבוּרָם׃ 27 וַיַּעַן אַבְרָהָם וַיֹּאמַר הִנֵּה־נָא
הוֹאַלְתִּי לְדַבֵּר אֶל־אֲדֹנָי וְאָנֹכִי עָפָר
וָאֵפֶר׃ 28 אוּלַי יַחְסְרוּן חֲמִשִּׁים הַצַּדִּיקִם
חֲמִשָּׁה הֲתַשְׁחִית בַּחֲמִשָּׁה אֶת־כָּל־הָעִיר
וַיֹּאמֶר לֹא אַשְׁחִית אִם־אֶמְצָא שָׁם
אַרְבָּעִים וַחֲמִשָּׁה׃ 29 וַיֹּסֶף עוֹד לְדַבֵּר אֵלָיו
וַיֹּאמַר אוּלַי יִמָּצְאוּן שָׁם אַרְבָּעִים וַיֹּאמֶר
לֹא אֶעֱשֶׂה בַּעֲבוּר הָאַרְבָּעִים׃ 30 וַיֹּאמֶר
אַל־נָא יִחַר לַאדֹנָי וַאֲדַבֵּרָה אוּלַי יִמָּצְאוּן
שָׁם שְׁלֹשִׁים וַיֹּאמֶר לֹא אֶעֱשֶׂה אִם־
אֶמְצָא שָׁם שְׁלֹשִׁים׃ 31 וַיֹּאמֶר הִנֵּה־נָא
הוֹאַלְתִּי לְדַבֵּר אֶל־אֲדֹנָי אוּלַי יִמָּצְאוּן
שָׁם עֶשְׂרִים וַיֹּאמֶר לֹא אַשְׁחִית בַּעֲבוּר
הָעֶשְׂרִים׃ 32 וַיֹּאמֶר אַל־נָא יִחַר לַאדֹנָי
וַאֲדַבְּרָה אַךְ־הַפַּעַם אוּלַי יִמָּצְאוּן שָׁם
עֲשָׂרָה וַיֹּאמֶר לֹא אַשְׁחִית בַּעֲבוּר
הָעֲשָׂרָה׃ 33 וַיֵּלֶךְ יְהוָה כַּאֲשֶׁר כִּלָּה לְדַבֵּר
אֶל־אַבְרָהָם וְאַבְרָהָם שָׁב לִמְקֹמוֹ׃
19 וַיָּבֹאוּ שְׁנֵי הַמַּלְאָכִים סְדֹמָה
בָּעֶרֶב וְלוֹט יֹשֵׁב בְּשַׁעַר־סְדֹם וַיַּרְא־לוֹט
וַיָּקָם לִקְרָאתָם וַיִּשְׁתַּחוּ אַפַּיִם אָרְצָה׃
2 וַיֹּאמֶר הִנֶּה נָּא־אֲדֹנַי סוּרוּ נָא אֶל־בֵּית
עַבְדְּכֶם וְלִינוּ וְרַחֲצוּ רַגְלֵיכֶם וְהִשְׁכַּמְתֶּם
וַהֲלַכְתֶּם לְדַרְכְּכֶם וַיֹּאמְרוּ לֹּא כִּי בָרְחוֹב
נָלִין׃ 3 וַיִּפְצַר־בָּם מְאֹד וַיָּסֻרוּ אֵלָיו וַיָּבֹאוּ
אֶל־בֵּיתוֹ וַיַּעַשׂ לָהֶם מִשְׁתֶּה וּמַצּוֹת אָפָה
וַיֹּאכֵלוּ׃ 4 טֶרֶם יִשְׁכָּבוּ וְאַנְשֵׁי הָעִיר אַנְשֵׁי
סְדֹם נָסַבּוּ עַל־הַבַּיִת מִנַּעַר וְעַד־זָקֵן כָּל־

people from every quarter. [5] And they called unto Lot, and said unto him: 'Where are the men that came in to thee this night? bring them out unto us, that we may know them.' [6] And Lot went out unto them to the door, and shut the door after him. [7] And he said: 'I pray you, my brethren, do not so wickedly. [8] Behold now, I have two daughters that have not known man; let me, I pray you, bring them out unto you, and do ye to them as is good in your eyes; only unto these men do nothing; forasmuch as they are come under the shadow of my roof.' [9] And they said: 'Stand back.' And they said: 'This one fellow came in to sojourn, and he will needs play the judge; now will we deal worse with thee, than with them.' And they pressed sore upon the man, even Lot, and drew near to break the door. [10] But the men put forth their hand, and brought Lot into the house to them, and the door they shut. [11] And they smote the men that were at the door of the house with blindness, both small and great; so that they wearied themselves to find the door. [12] And the men said unto Lot: 'Hast thou here any besides? son-in-law, and thy sons, and thy daughters, and whomsoever thou hast in the city; bring them out of the place; [13] for we will destroy this place, because the cry of them is waxed great before the LORD; and the LORD hath sent us to destroy it.' [14] And Lot went out, and spoke unto his sons-in-law, who married his daughters, and said: 'Up, get you out of this place; for the LORD will destroy the city.' But he seemed unto his sons-in-law as one that jested. [15] And when the morning arose, then the angels hastened Lot, saying: 'Arise, take thy wife, and thy two daughters that are here; lest thou be swept away in the iniquity of the city.' [16] But he lingered; and the men laid hold upon his hand, and upon the hand of his wife, and upon the hand of his two daughters; the LORD being merciful unto him. And they brought him forth, and set him without the city. [17] And it came to pass, when they had brought them forth abroad, that he said: 'Escape for thy life; look not behind thee, neither stay thou in all

הָעָם מִקָּצֶה׃ 5 וַיִּקְרְאוּ אֶל־לוֹט וַיֹּאמְרוּ
לוֹ אַיֵּה הָאֲנָשִׁים אֲשֶׁר־בָּאוּ אֵלֶיךָ הַלָּיְלָה
הוֹצִיאֵם אֵלֵינוּ וְנֵדְעָה אֹתָם׃ 6 וַיֵּצֵא
אֲלֵהֶם לוֹט הַפֶּתְחָה וְהַדֶּלֶת סָגַר אַחֲרָיו׃
7 וַיֹּאמַר אַל־נָא אַחַי תָּרֵעוּ׃ 8 הִנֵּה־נָא לִי
שְׁתֵּי בָנוֹת אֲשֶׁר לֹא־יָדְעוּ אִישׁ אוֹצִיאָה־
נָּא אֶתְהֶן אֲלֵיכֶם וַעֲשׂוּ לָהֶן כַּטּוֹב
בְּעֵינֵיכֶם רַק לָאֲנָשִׁים הָאֵל אַל־תַּעֲשׂוּ
דָבָר כִּי־עַל־כֵּן בָּאוּ בְּצֵל קֹרָתִי׃ 9 וַיֹּאמְרוּ ׀
גֶּשׁ־הָלְאָה וַיֹּאמְרוּ הָאֶחָד בָּא־לָגוּר
וַיִּשְׁפֹּט שָׁפוֹט עַתָּה נָרַע לְךָ מֵהֶם וַיִּפְצְרוּ
בָאִישׁ בְּלוֹט מְאֹד וַיִּגְּשׁוּ לִשְׁבֹּר הַדָּלֶת׃
10 וַיִּשְׁלְחוּ הָאֲנָשִׁים אֶת־יָדָם וַיָּבִיאוּ אֶת־
לוֹט אֲלֵיהֶם הַבָּיְתָה וְאֶת־הַדֶּלֶת סָגָרוּ׃
11 וְאֶת־הָאֲנָשִׁים אֲשֶׁר־פֶּתַח הַבַּיִת הִכּוּ
בַּסַּנְוֵרִים מִקָּטֹן וְעַד־גָּדוֹל וַיִּלְאוּ לִמְצֹא
הַפָּתַח׃ 12 וַיֹּאמְרוּ הָאֲנָשִׁים אֶל־לוֹט עֹד
מִי־לְךָ פֹה חָתָן וּבָנֶיךָ וּבְנֹתֶיךָ וְכֹל אֲשֶׁר־
לְךָ בָּעִיר הוֹצֵא מִן־הַמָּקוֹם׃ 13 כִּי־
מַשְׁחִתִים אֲנַחְנוּ אֶת־הַמָּקוֹם הַזֶּה כִּי־
גָדְלָה צַעֲקָתָם אֶת־פְּנֵי יְהוָה וַיְשַׁלְּחֵנוּ
יְהוָה לְשַׁחֲתָהּ׃ 14 וַיֵּצֵא לוֹט וַיְדַבֵּר ׀
אֶל־חֲתָנָיו ׀ לֹקְחֵי בְנֹתָיו וַיֹּאמֶר קוּמוּ
צְּאוּ מִן־הַמָּקוֹם הַזֶּה כִּי־מַשְׁחִית יְהוָה
אֶת־הָעִיר וַיְהִי כִמְצַחֵק בְּעֵינֵי חֲתָנָיו׃
15 וּכְמוֹ הַשַּׁחַר עָלָה וַיָּאִיצוּ הַמַּלְאָכִים
בְּלוֹט לֵאמֹר קוּם קַח אֶת־אִשְׁתְּךָ וְאֶת־
שְׁתֵּי בְנֹתֶיךָ הַנִּמְצָאֹת פֶּן־תִּסָּפֶה בַּעֲוֺן
הָעִיר׃ 16 וַיִּתְמַהְמָהּ ׀ וַיַּחֲזִקוּ הָאֲנָשִׁים
בְּיָדוֹ וּבְיַד־אִשְׁתּוֹ וּבְיַד שְׁתֵּי בְנֹתָיו
בְּחֶמְלַת יְהוָה עָלָיו וַיֹּצִאֻהוּ וַיַּנִּחֻהוּ מִחוּץ
לָעִיר׃ 17 וַיְהִי כְהוֹצִיאָם אֹתָם הַחוּצָה
וַיֹּאמֶר הִמָּלֵט עַל־נַפְשֶׁךָ אַל־תַּבִּיט

the Plain; escape to the mountain, lest thou be
swept away.’ [18] And Lot said unto them: ‘Oh,
not so, my lord; [19] behold now, thy servant
hath found grace in thy sight, and thou hast
magnified thy mercy, which thou hast shown
unto me in saving my life; and I cannot escape
to the mountain, lest the evil overtake me, and I
die. [20] Behold now, this city is near to flee unto,
and it is a little one; oh, let me escape thither—
is it not a little one?—and my soul shall live.’
[21] And he said unto him: ‘See, I have accepted
thee concerning this thing also, that I will not
overthrow the city of which thou hast spoken.
[22] Hasten thou, escape thither; for I cannot do
any thing till thou be come thither.’—Therefore
the name of the city was called [a]Zoar.—[23] The
sun was risen upon the earth when Lot came
unto Zoar. [24] Then the LORD caused to rain
upon Sodom and upon Gomorrah brimstone
and fire from the LORD out of heaven; [25] and
He overthrew those cities, and all the Plain, and
all the inhabitants of the cities, and that which
grew upon the ground. [26] But his wife looked
back from behind him, and she became a pillar
of salt. [27] And Abraham got up early in the
morning to the place where he had stood before
the LORD. [28] And he looked out toward Sodom
and Gomorrah, and toward all the land of the
Plain, and beheld, and, lo, the smoke of the land
went up as the smoke of a furnace.

[29] And it came to pass, when God
destroyed the cities of the Plain, that God
remembered Abraham, and sent Lot out of the
midst of the overthrow, when He overthrew the
cities in which Lot dwelt.

[30] And Lot went up out of Zoar, and
dwelt in the mountain, and his two daughters
with him; for he feared to dwell in Zoar; and
he dwelt in a cave, he and his two daughters.
[31] And the first-born said unto the younger:
‘Our father is old, and there is not a man in the
earth to come in unto us after the manner of
all the earth. [32] Come, let us make our father

אַחֲרֶיךָ וְאַל־תַּעֲמֹד בְּכָל־הַכִּכָּר הָהָרָה
הִמָּלֵט פֶּן־תִּסָּפֶה׃ 18 וַיֹּאמֶר לוֹט אֲלֵהֶם
אַל־נָא אֲדֹנָי׃ 19 הִנֵּה־נָא מָצָא עַבְדְּךָ חֵן
בְּעֵינֶיךָ וַתַּגְדֵּל חַסְדְּךָ אֲשֶׁר עָשִׂיתָ עִמָּדִי
לְהַחֲיוֹת אֶת־נַפְשִׁי וְאָנֹכִי לֹא אוּכַל
לְהִמָּלֵט הָהָרָה פֶּן־תִּדְבָּקַנִי הָרָעָה וָמַתִּי׃
20 הִנֵּה־נָא הָעִיר הַזֹּאת קְרֹבָה לָנוּס שָׁמָּה
וְהִיא מִצְעָר אִמָּלְטָה נָּא שָׁמָּה הֲלֹא
מִצְעָר הִוא וּתְחִי נַפְשִׁי׃ 21 וַיֹּאמֶר אֵלָיו
הִנֵּה נָשָׂאתִי פָנֶיךָ גַּם לַדָּבָר הַזֶּה לְבִלְתִּי
הָפְכִּי אֶת־הָעִיר אֲשֶׁר דִּבַּרְתָּ׃ 22 מַהֵר
הִמָּלֵט שָׁמָּה כִּי לֹא אוּכַל לַעֲשׂוֹת דָּבָר
עַד־בֹּאֲךָ שָׁמָּה עַל־כֵּן קָרָא שֵׁם־הָעִיר
צוֹעַר׃ 23 הַשֶּׁמֶשׁ יָצָא עַל־הָאָרֶץ וְלוֹט
בָּא צֹעֲרָה׃ 24 וַיהוָה הִמְטִיר עַל־סְדֹם
וְעַל־עֲמֹרָה גָּפְרִית וָאֵשׁ מֵאֵת יְהוָה מִן־
הַשָּׁמָיִם׃ 25 וַיַּהֲפֹךְ אֶת־הֶעָרִים הָאֵל וְאֵת
כָּל־הַכִּכָּר וְאֵת כָּל־יֹשְׁבֵי הֶעָרִים וְצֶמַח
הָאֲדָמָה׃ 26 וַתַּבֵּט אִשְׁתּוֹ מֵאַחֲרָיו וַתְּהִי
נְצִיב מֶלַח׃ 27 וַיַּשְׁכֵּם אַבְרָהָם בַּבֹּקֶר
אֶל־הַמָּקוֹם אֲשֶׁר־עָמַד שָׁם אֶת־פְּנֵי
יְהוָה׃ 28 וַיַּשְׁקֵף עַל־פְּנֵי סְדֹם וַעֲמֹרָה
וְעַל־כָּל־פְּנֵי אֶרֶץ הַכִּכָּר וַיַּרְא וְהִנֵּה עָלָה
קִיטֹר הָאָרֶץ כְּקִיטֹר הַכִּבְשָׁן׃ 29 וַיְהִי
בְּשַׁחֵת אֱלֹהִים אֶת־עָרֵי הַכִּכָּר וַיִּזְכֹּר
אֱלֹהִים אֶת־אַבְרָהָם וַיְשַׁלַּח אֶת־לוֹט
מִתּוֹךְ הַהֲפֵכָה בַּהֲפֹךְ אֶת־הֶעָרִים אֲשֶׁר־
יָשַׁב בָּהֵן לוֹט׃ 30 וַיַּעַל לוֹט מִצּוֹעַר וַיֵּשֶׁב
בָּהָר וּשְׁתֵּי בְנֹתָיו עִמּוֹ כִּי יָרֵא לָשֶׁבֶת
בְּצוֹעַר וַיֵּשֶׁב בַּמְּעָרָה הוּא וּשְׁתֵּי בְנֹתָיו׃
31 וַתֹּאמֶר הַבְּכִירָה אֶל־הַצְּעִירָה אָבִינוּ
זָקֵן וְאִישׁ אֵין בָּאָרֶץ לָבוֹא עָלֵינוּ כְּדֶרֶךְ
כָּל־הָאָרֶץ׃ 32 לְכָה נַשְׁקֶה אֶת־אָבִינוּ יַיִן

a That is, *Little, see* verse 20.

drink wine, and we will lie with him, that we may preserve seed of our father.' [33] And they made their father drink wine that night. And the first-born went in, and lay with her father; and he knew not when she lay down, nor when she arose. [34] And it came to pass on the morrow, that the first-born said unto the younger: 'Behold, I lay yesternight with my father. Let us make him drink wine this night also; and go thou in, and lie with him, that we may preserve seed of our father.' [35] And they made their father drink wine that night also. And the younger arose, and lay with him; and he knew not when she lay down, nor when she arose. [36] Thus were both the daughters of Lot with child by their father. [37] And the first-born bore a son, and called his name Moab—the same is the father of the Moabites unto this day. [38] And the younger, she also bore a son, and called his name Ben-ammi—the same is the father of the children of Ammon unto this day.

20 And Abraham journeyed from thence toward the land of the South, and dwelt between Kadesh and Shur; and he sojourned in Gerar. [2] And Abraham said of Sarah his wife: 'She is my sister.' And Abimelech king of Gerar sent, and took Sarah. [3] But God came to Abimelech in a dream of the night, and said to him: 'Behold, thou shalt die, because of the woman whom thou hast taken; for she is a man's wife.' [4] Now Abimelech had not come near her; and he said: 'Lord, wilt Thou slay even a righteous nation? [5] Said he not himself unto me: She is my sister? and she, even she herself said: He is my brother. In the simplicity of my heart and the innocency of my hands have I done this.' [6] And God said unto him in the dream: 'Yea, I know that in the simplicity of thy heart thou hast done this, and I also withheld thee from sinning against Me. Therefore suffered I thee not to touch her. [7] Now therefore restore the man's wife; for he is a prophet, and he shall pray for thee, and thou shalt live; and if thou restore her not, know thou that thou shalt surely die, thou, and all that are thine.' [8] And Abimelech rose early in the

וְנִשְׁכְּבָה עִמּוֹ וּנְחַיֶּה מֵאָבִינוּ זָרַע׃
33 וַתַּשְׁקֶיןָ אֶת־אֲבִיהֶן יַיִן בַּלַּיְלָה הוּא
וַתָּבֹא הַבְּכִירָה וַתִּשְׁכַּב אֶת־אָבִיהָ וְלֹא־
יָדַע בְּשִׁכְבָהּ וּבְקוּמָהּ׃ 34 וַיְהִי מִמָּחֳרָת
וַתֹּאמֶר הַבְּכִירָה אֶל־הַצְּעִירָה הֵן־
שָׁכַבְתִּי אֶמֶשׁ אֶת־אָבִי נַשְׁקֶנּוּ יַיִן גַּם־
הַלַּיְלָה וּבֹאִי שִׁכְבִי עִמּוֹ וּנְחַיֶּה מֵאָבִינוּ
זָרַע׃ 35 וַתַּשְׁקֶיןָ גַּם בַּלַּיְלָה הַהוּא אֶת־
אֲבִיהֶן יָיִן וַתָּקָם הַצְּעִירָה וַתִּשְׁכַּב עִמּוֹ
וְלֹא־יָדַע בְּשִׁכְבָהּ וּבְקֻמָהּ׃ 36 וַתַּהֲרֶיןָ
שְׁתֵּי בְנוֹת־לוֹט מֵאֲבִיהֶן׃ 37 וַתֵּלֶד
הַבְּכִירָה בֵּן וַתִּקְרָא שְׁמוֹ מוֹאָב הוּא
אֲבִי־מוֹאָב עַד־הַיּוֹם׃ 38 וְהַצְּעִירָה גַם־
הִוא יָלְדָה בֵּן וַתִּקְרָא שְׁמוֹ בֶּן־עַמִּי הוּא
אֲבִי בְנֵי־עַמּוֹן עַד־הַיּוֹם׃ ס
20 וַיִּסַּע מִשָּׁם אַבְרָהָם אַרְצָה
הַנֶּגֶב וַיֵּשֶׁב בֵּין־קָדֵשׁ וּבֵין שׁוּר וַיָּגָר בִּגְרָר׃
2 וַיֹּאמֶר אַבְרָהָם אֶל־שָׂרָה אִשְׁתּוֹ אֲחֹתִי
הִוא וַיִּשְׁלַח אֲבִימֶלֶךְ מֶלֶךְ גְּרָר וַיִּקַּח
אֶת־שָׂרָה׃ 3 וַיָּבֹא אֱלֹהִים אֶל־אֲבִימֶלֶךְ
בַּחֲלוֹם הַלָּיְלָה וַיֹּאמֶר לוֹ הִנְּךָ מֵת עַל־
הָאִשָּׁה אֲשֶׁר־לָקַחְתָּ וְהִוא בְּעֻלַת בָּעַל׃
4 וַאֲבִימֶלֶךְ לֹא קָרַב אֵלֶיהָ וַיֹּאמַר אֲדֹנָי
הֲגוֹי גַּם־צַדִּיק תַּהֲרֹג׃ 5 הֲלֹא הוּא אָמַר־
לִי אֲחֹתִי הִוא וְהִיא־גַם־הִוא אָמְרָה אָחִי
הוּא בְּתָם־לְבָבִי וּבְנִקְיֹן כַּפַּי עָשִׂיתִי זֹאת׃
6 וַיֹּאמֶר אֵלָיו הָאֱלֹהִים בַּחֲלֹם גַּם אָנֹכִי
יָדַעְתִּי כִּי בְתָם־לְבָבְךָ עָשִׂיתָ זֹּאת
וָאֶחְשֹׂךְ גַּם־אָנֹכִי אוֹתְךָ מֵחֲטוֹ־לִי עַל־כֵּן
לֹא־נְתַתִּיךָ לִנְגֹּעַ אֵלֶיהָ׃ 7 וְעַתָּה הָשֵׁב
אֵשֶׁת־הָאִישׁ כִּי־נָבִיא הוּא וְיִתְפַּלֵּל בַּעַדְךָ
וֶחְיֵה וְאִם־אֵינְךָ מֵשִׁיב דַּע כִּי־מוֹת תָּמוּת
אַתָּה וְכָל־אֲשֶׁר־לָךְ׃ 8 וַיַּשְׁכֵּם אֲבִימֶלֶךְ

morning, and called all his servants, and told
all these things in their ears; and the men were
sore afraid. [9] Then Abimelech called Abraham,
and said unto him: 'What hast thou done unto
us? and wherein have I sinned against thee, that
thou hast brought on me and on my kingdom
a great sin? thou hast done deeds unto me that
ought not to be done.' [10] And Abimelech said
unto Abraham: 'What sawest thou, that thou
hast done this thing?' [11] And Abraham said:
'Because I thought: Surely the fear of God is not
in this place; and they will slay me for my wife's
sake. [12] And moreover she is indeed my sister,
the daughter of my father, but not the daughter of
my mother; and so she became my wife. [13] And
it came to pass, when God caused me to wander
from my father's house, that I said unto her: This
is thy kindness which thou shalt show unto me;
at every place whither we shall come, say of me:
He is my brother.' [14] And Abimelech took
sheep and oxen, and men-servants and women-
servants, and gave them unto Abraham, and
restored him Sarah his wife. [15] And Abimelech
said: 'Behold, my land is before thee: dwell where
it pleaseth thee.' [16] And unto Sarah he said:
'Behold, I have given thy brother a thousand
pieces of silver; behold, it is for thee a covering
of the eyes to all that are with thee; and before
all men thou art righted.' [17] And Abraham
prayed unto God; and God healed Abimelech,
and his wife, and his maid-servants; and they
bore children. [18] For the LORD had fast closed
up all the wombs of the house of Abimelech,
because of Sarah Abraham's wife.

21 And the LORD remembered Sarah
as He had said, and the LORD did
unto Sarah as He had spoken. [2] And Sarah
conceived, and bore Abraham a son in his old
age, at the set time of which God had spoken to
him. [3] And Abraham called the name of his
son that was born unto him, whom Sarah bore
to him, Isaac. [4] And Abraham circumcised his

בַּבֹּקֶר וַיִּקְרָא לְכָל־עֲבָדָיו וַיְדַבֵּר אֶת־כָּל־
הַדְּבָרִים הָאֵלֶּה בְּאָזְנֵיהֶם וַיִּירְאוּ
הָאֲנָשִׁים מְאֹד׃ 9 וַיִּקְרָא אֲבִימֶלֶךְ
לְאַבְרָהָם וַיֹּאמֶר לוֹ מֶה־עָשִׂיתָ לָּנוּ וּמֶה־
חָטָאתִי לָךְ כִּי־הֵבֵאתָ עָלַי וְעַל־מַמְלַכְתִּי
חֲטָאָה גְדֹלָה מַעֲשִׂים אֲשֶׁר לֹא־יֵעָשׂוּ
עָשִׂיתָ עִמָּדִי׃ 10 וַיֹּאמֶר אֲבִימֶלֶךְ אֶל־
אַבְרָהָם מָה רָאִיתָ כִּי עָשִׂיתָ אֶת־הַדָּבָר
הַזֶּה׃ 11 וַיֹּאמֶר אַבְרָהָם כִּי אָמַרְתִּי רַק
אֵין־יִרְאַת אֱלֹהִים בַּמָּקוֹם הַזֶּה וַהֲרָגוּנִי
עַל־דְּבַר אִשְׁתִּי׃ 12 וְגַם־אָמְנָה אֲחֹתִי בַת־
אָבִי הִוא אַךְ לֹא בַת־אִמִּי וַתְּהִי־לִי
לְאִשָּׁה׃ 13 וַיְהִי כַּאֲשֶׁר הִתְעוּ אֹתִי אֱלֹהִים
מִבֵּית אָבִי וָאֹמַר לָהּ זֶה חַסְדֵּךְ אֲשֶׁר
תַּעֲשִׂי עִמָּדִי אֶל כָּל־הַמָּקוֹם אֲשֶׁר נָבוֹא
שָׁמָּה אִמְרִי־לִי אָחִי הוּא׃ 14 וַיִּקַּח
אֲבִימֶלֶךְ צֹאן וּבָקָר וַעֲבָדִים וּשְׁפָחֹת וַיִּתֵּן
לְאַבְרָהָם וַיָּשֶׁב לוֹ אֵת שָׂרָה אִשְׁתּוֹ׃
15 וַיֹּאמֶר אֲבִימֶלֶךְ הִנֵּה אַרְצִי לְפָנֶיךָ בַּטּוֹב
בְּעֵינֶיךָ שֵׁב׃ 16 וּלְשָׂרָה אָמַר הִנֵּה נָתַתִּי
אֶלֶף כֶּסֶף לְאָחִיךְ הִנֵּה הוּא־לָךְ כְּסוּת
עֵינַיִם לְכֹל אֲשֶׁר אִתָּךְ וְאֵת כֹּל וְנֹכָחַת׃
17 וַיִּתְפַּלֵּל אַבְרָהָם אֶל־הָאֱלֹהִים וַיִּרְפָּא
אֱלֹהִים אֶת־אֲבִימֶלֶךְ וְאֶת־אִשְׁתּוֹ
וְאַמְהֹתָיו וַיֵּלֵדוּ׃ 18 כִּי־עָצֹר עָצַר יְהוָה
בְּעַד כָּל־רֶחֶם לְבֵית אֲבִימֶלֶךְ עַל־דְּבַר
שָׂרָה אֵשֶׁת אַבְרָהָם׃ ס

21 וַיהוָה פָּקַד אֶת־שָׂרָה כַּאֲשֶׁר
אָמָר וַיַּעַשׂ יְהוָה לְשָׂרָה כַּאֲשֶׁר דִּבֵּר׃
2 וַתַּהַר וַתֵּלֶד שָׂרָה לְאַבְרָהָם בֵּן לִזְקֻנָיו
לַמּוֹעֵד אֲשֶׁר־דִּבֶּר אֹתוֹ אֱלֹהִים׃ 3 וַיִּקְרָא
אַבְרָהָם אֶת־שֶׁם־בְּנוֹ הַנּוֹלַד־לוֹ אֲשֶׁר־
יָלְדָה־לּוֹ שָׂרָה יִצְחָק׃ 4 וַיָּמָל אַבְרָהָם

אֶת־יִצְחָק בְּנוֹ בֶּן־שְׁמֹנַת יָמִים כַּאֲשֶׁר
צִוָּה אֹתוֹ אֱלֹהִים׃ 5 וְאַבְרָהָם בֶּן־מְאַת
שָׁנָה בְּהִוָּלֶד לוֹ אֵת יִצְחָק בְּנוֹ׃ 6 וַתֹּאמֶר
שָׂרָה צְחֹק עָשָׂה לִי אֱלֹהִים כָּל־הַשֹּׁמֵעַ
יִצְחַק־לִי׃ 7 וַתֹּאמֶר מִי מִלֵּל לְאַבְרָהָם
הֵינִיקָה בָנִים שָׂרָה כִּי־יָלַדְתִּי בֵן לִזְקֻנָיו׃
8 וַיִּגְדַּל הַיֶּלֶד וַיִּגָּמַל וַיַּעַשׂ אַבְרָהָם
מִשְׁתֶּה גָדוֹל בְּיוֹם הִגָּמֵל אֶת־יִצְחָק׃
9 וַתֵּרֶא שָׂרָה אֶת־בֶּן־הָגָר הַמִּצְרִית אֲשֶׁר־
יָלְדָה לְאַבְרָהָם מְצַחֵק׃ 10 וַתֹּאמֶר
לְאַבְרָהָם גָּרֵשׁ הָאָמָה הַזֹּאת וְאֶת־בְּנָהּ
כִּי לֹא יִירַשׁ בֶּן־הָאָמָה הַזֹּאת עִם־בְּנִי
עִם־יִצְחָק׃ 11 וַיֵּרַע הַדָּבָר מְאֹד בְּעֵינֵי
אַבְרָהָם עַל אוֹדֹת בְּנוֹ׃ 12 וַיֹּאמֶר אֱלֹהִים
אֶל־אַבְרָהָם אַל־יֵרַע בְּעֵינֶיךָ עַל־הַנַּעַר
וְעַל־אֲמָתֶךָ כֹּל אֲשֶׁר תֹּאמַר אֵלֶיךָ שָׂרָה
שְׁמַע בְּקֹלָהּ כִּי בְיִצְחָק יִקָּרֵא לְךָ זָרַע׃
13 וְגַם אֶת־בֶּן־הָאָמָה לְגוֹי אֲשִׂימֶנּוּ כִּי
זַרְעֲךָ הוּא׃ 14 וַיַּשְׁכֵּם אַבְרָהָם ׀ בַּבֹּקֶר
וַיִּקַּח־לֶחֶם וְחֵמַת מַיִם וַיִּתֵּן אֶל־הָגָר שָׂם
עַל־שִׁכְמָהּ וְאֶת־הַיֶּלֶד וַיְשַׁלְּחֶהָ וַתֵּלֶךְ
וַתֵּתַע בְּמִדְבַּר בְּאֵר שָׁבַע׃ 15 וַיִּכְלוּ הַמַּיִם
מִן־הַחֵמֶת וַתַּשְׁלֵךְ אֶת־הַיֶּלֶד תַּחַת אַחַד
הַשִּׂיחִם׃ 16 וַתֵּלֶךְ וַתֵּשֶׁב לָהּ מִנֶּגֶד הַרְחֵק
כִּמְטַחֲוֵי קֶשֶׁת כִּי אָמְרָה אַל־אֶרְאֶה בְּמוֹת
הַיָּלֶד וַתֵּשֶׁב מִנֶּגֶד וַתִּשָּׂא אֶת־קֹלָהּ וַתֵּבְךְּ׃
17 וַיִּשְׁמַע אֱלֹהִים אֶת־קוֹל הַנַּעַר וַיִּקְרָא
מַלְאַךְ אֱלֹהִים ׀ אֶל־הָגָר מִן־הַשָּׁמַיִם
וַיֹּאמֶר לָהּ מַה־לָּךְ הָגָר אַל־תִּירְאִי כִּי־
שָׁמַע אֱלֹהִים אֶל־קוֹל הַנַּעַר בַּאֲשֶׁר הוּא־
שָׁם׃ 18 קוּמִי שְׂאִי אֶת־הַנַּעַר וְהַחֲזִיקִי
אֶת־יָדֵךְ בּוֹ כִּי־לְגוֹי גָּדוֹל אֲשִׂימֶנּוּ׃
19 וַיִּפְקַח אֱלֹהִים אֶת־עֵינֶיהָ וַתֵּרֶא בְּאֵר

son Isaac when he was eight days old, as God had commanded him. [5] And Abraham was a hundred years old, when his son Isaac was born unto him. [6] And Sarah said: 'God hath made laughter for me; every one that heareth will laugh on account of me.' [7] And she said: 'Who would have said unto Abraham, that Sarah should give children suck? for I have borne him a son in his old age.'

[8] And the child grew, and was weaned. And Abraham made a great feast on the day that Isaac was weaned. [9] And Sarah saw the son of Hagar the Egyptian, whom she had borne unto Abraham, making sport. [10] Wherefore she said unto Abraham: 'Cast out this bondwoman and her son; for the son of this bondwoman shall not be heir with my son, even with Isaac.' [11] And the thing was very grievous in Abraham's sight on account of his son. [12] And God said unto Abraham: 'Let it not be grievous in thy sight because of the lad, and because of thy bondwoman; in all that Sarah saith unto thee, hearken unto her voice; for in Isaac shall seed be called to thee. [13] And also of the son of the bondwoman will I make a nation, because he is thy seed.' [14] And Abraham rose up early in the morning, and took bread and a bottle of water, and gave it unto Hagar, putting it on her shoulder, and the child, and sent her away; and she departed, and strayed in the wilderness of Beer-sheba. [15] And the water in the bottle was spent, and she cast the child under one of the shrubs. [16] And she went, and sat her down over against him a good way off, as it were a bowshot; for she said: 'Let me not look upon the death of the child.' And she sat over against him, and lifted up her voice, and wept. [17] And God heard the voice of the lad; and the angel of God called to Hagar out of heaven, and said unto her: 'What aileth thee, Hagar? fear not; for God hath heard the voice of the lad where he is. [18] Arise, lift up the lad, and hold him fast by thy hand; for I will make him a great nation.' [19] And God opened her eyes, and she saw a well of water; and

she went, and filled the bottle with water, and gave the lad drink. [20] And God was with the lad, and he grew; and he dwelt in the wilderness, and became an archer. [21] And he dwelt in the wilderness of Paran; and his mother took him a wife out of the land of Egypt.

[22] And it came to pass at that time, that Abimelech and Phicol the captain of his host spoke unto Abraham, saying: 'God is with thee in all that thou doest. [23] Now therefore swear unto me here by God that thou wilt not deal falsely with me, nor with my son, nor with my son's son; but according to the kindness that I have done unto thee, thou shalt do unto me, and to the land wherein thou hast sojourned.' [24] And Abraham said: 'I will swear.' [25] And Abraham reproved Abimelech because of the well of water, which Abimeleeh's servants had violently taken away. [26] And Abimelech said: 'I know not who hath done this thing; neither didst thou tell me, neither yet heard I of it, but to-day.' [27] And Abraham took sheep and oxen, and gave them unto Abimelech; and they two made a covenant. [28] And Abraham set seven ewe-lambs of the flock by themselves. [29] And Abimelech said unto Abraham: 'What mean these seven ewe-lambs which thou hast set by themselves?' [30] And he said: 'Verily, these seven ewe-lambs shalt thou take of my hand, that it may be a witness unto me, that I have digged this well.' [31] Wherefore that place was called Beer-sheba; because there they swore both of them. [32] So they made a covenant at Beer-sheba; and Abimelech rose up, and Phicol the captain of his host, and they returned into the land of the Philistines. [33] And Abraham planted a tamarisk-tree in Beer-sheba, and called there on the name of the LORD, the Everlasting God. [34] And Abraham sojourned in the land of the Philistines many days.

22 And it came to pass after these things, that God did prove Abraham, and said unto him: 'Abraham'; and he said: 'Here am I.'

מַיִם וַתֵּלֶךְ וַתְּמַלֵּא אֶת־הַחֵמֶת מַיִם
וַתַּשְׁק אֶת־הַנָּעַר׃ 20 וַיְהִי אֱלֹהִים אֶת־
הַנַּעַר וַיִּגְדָּל וַיֵּשֶׁב בַּמִּדְבָּר וַיְהִי רֹבֶה
קַשָּׁת׃ 21 וַיֵּשֶׁב בְּמִדְבַּר פָּארָן וַתִּקַּח־לוֹ
אִמּוֹ אִשָּׁה מֵאֶרֶץ מִצְרָיִם׃ פ
22 וַיְהִי בָּעֵת הַהִוא וַיֹּאמֶר אֲבִימֶלֶךְ וּפִיכֹל
שַׂר־צְבָאוֹ אֶל־אַבְרָהָם לֵאמֹר אֱלֹהִים
עִמְּךָ בְּכֹל אֲשֶׁר־אַתָּה עֹשֶׂה׃ 23 וְעַתָּה
הִשָּׁבְעָה לִּי בֵאלֹהִים הֵנָּה אִם־תִּשְׁקֹר לִי
וּלְנִינִי וּלְנֶכְדִּי כַּחֶסֶד אֲשֶׁר־עָשִׂיתִי עִמְּךָ
תַּעֲשֶׂה עִמָּדִי וְעִם־הָאָרֶץ אֲשֶׁר־גַּרְתָּה
בָּהּ׃ 24 וַיֹּאמֶר אַבְרָהָם אָנֹכִי אִשָּׁבֵעַ׃
25 וְהוֹכִחַ אַבְרָהָם אֶת־אֲבִימֶלֶךְ עַל־
אֹדוֹת בְּאֵר הַמַּיִם אֲשֶׁר גָּזְלוּ עַבְדֵי
אֲבִימֶלֶךְ׃ 26 וַיֹּאמֶר אֲבִימֶלֶךְ לֹא יָדַעְתִּי
מִי עָשָׂה אֶת־הַדָּבָר הַזֶּה וְגַם־אַתָּה לֹא־
הִגַּדְתָּ לִּי וְגַם אָנֹכִי לֹא שָׁמַעְתִּי בִּלְתִּי
הַיּוֹם׃ 27 וַיִּקַּח אַבְרָהָם צֹאן וּבָקָר וַיִּתֵּן
לַאֲבִימֶלֶךְ וַיִּכְרְתוּ שְׁנֵיהֶם בְּרִית׃ 28 וַיַּצֵּב
אַבְרָהָם אֶת־שֶׁבַע כִּבְשֹׂת הַצֹּאן לְבַדְּהֶן׃
29 וַיֹּאמֶר אֲבִימֶלֶךְ אֶל־אַבְרָהָם מָה הֵנָּה
שֶׁבַע כְּבָשֹׂת הָאֵלֶּה אֲשֶׁר הִצַּבְתָּ לְבַדָּנָה׃
30 וַיֹּאמֶר כִּי אֶת־שֶׁבַע כְּבָשֹׂת תִּקַּח מִיָּדִי
בַּעֲבוּר תִּהְיֶה־לִּי לְעֵדָה כִּי חָפַרְתִּי אֶת־
הַבְּאֵר הַזֹּאת׃ 31 עַל־כֵּן קָרָא לַמָּקוֹם
הַהוּא בְּאֵר שָׁבַע כִּי שָׁם נִשְׁבְּעוּ שְׁנֵיהֶם׃
32 וַיִּכְרְתוּ בְרִית בִּבְאֵר שָׁבַע וַיָּקָם
אֲבִימֶלֶךְ וּפִיכֹל שַׂר־צְבָאוֹ וַיָּשֻׁבוּ אֶל־
אֶרֶץ פְּלִשְׁתִּים׃ 33 וַיִּטַּע אֶשֶׁל בִּבְאֵר שָׁבַע
וַיִּקְרָא־שָׁם בְּשֵׁם יְהוָה אֵל עוֹלָם׃ 34 וַיָּגָר
אַבְרָהָם בְּאֶרֶץ פְּלִשְׁתִּים יָמִים רַבִּים׃ פ
22 וַיְהִי אַחַר הַדְּבָרִים הָאֵלֶּה
וְהָאֱלֹהִים נִסָּה אֶת־אַבְרָהָם וַיֹּאמֶר אֵלָיו

[2] And He said: 'Take now thy son, thine only son, whom thou lovest, even Isaac, and get thee into the land of Moriah; and offer him there for a burnt-offering upon one of the mountains which I will tell thee of.' [3] And Abraham rose early in the morning, and saddled his ass, and took two of his young men with him, and Isaac his son; and he cleaved the wood for the burnt-offering, and rose up, and went unto the place of which God had told him. [4] On the third day Abraham lifted up his eyes, and saw the place afar off. [5] And Abraham said unto his young men: 'Abide ye here with the ass, and I and the lad will go yonder; and we will worship, and come back to you.' [6] And Abraham took the wood of the burnt-offering, and laid it upon Isaac his son; and he took in his hand the fire and the knife; and they went both of them together. [7] And Isaac spoke unto Abraham his father, and said: 'My father.' And he said: 'Here am I, my son.' And he said: 'Behold the fire and the wood; but where is thc lamb for a burnt-offering?' [8] And Abraham said: 'God will [a]provide Himself the lamb for a burnt-offering, my son.' So they went both of them together. [9] And they came to the place which God had told him of; and Abraham built the altar there, and laid the wood in order, and bound Isaac his son, and laid him on the altar, upon the wood. [10] And Abraham stretched forth his son. [11] And the angel of the LORD called unto him out of heaven, and said: 'Abraham, Abraham.' And he said: 'Here am I.' [12] And he said: 'Lay not thy hand upon the lad, neither do thou any thing unto him; for now I know that thou him; for now I know that thou art a God-fearing man, seeing thou hast not withheld thy son, thine only son, from Me.' [13] And Abraham lifted up his eyes, and looked, and behold behind him a ram caught in the thicket by his horns. And Abraham went and took the ram, and offered

אַבְרָהָ֑ם וַיֹּ֖אמֶר הִנֵּֽנִי׃ 2 וַיֹּ֡אמֶר קַח־נָ֠א
אֶת־בִּנְךָ֨ אֶת־יְחִֽידְךָ֤ אֲשֶׁר־אָהַ֙בְתָּ֙ אֶת־
יִצְחָ֔ק וְלֶךְ־לְךָ֔ אֶל־אֶ֖רֶץ הַמֹּרִיָּ֑ה וְהַעֲלֵ֤הוּ
שָׁם֙ לְעֹלָ֔ה עַ֚ל אַחַ֣ד הֶֽהָרִ֔ים אֲשֶׁ֖ר אֹמַ֥ר
אֵלֶֽיךָ׃ 3 וַיַּשְׁכֵּ֨ם אַבְרָהָ֜ם בַּבֹּ֗קֶר וַֽיַּחֲבֹשׁ֙
אֶת־חֲמֹר֔וֹ וַיִּקַּ֞ח אֶת־שְׁנֵ֤י נְעָרָיו֙ אִתּ֔וֹ וְאֵ֖ת
יִצְחָ֣ק בְּנ֑וֹ וַיְבַקַּע֙ עֲצֵ֣י עֹלָ֔ה וַיָּ֣קָם וַיֵּ֔לֶךְ
אֶל־הַמָּק֖וֹם אֲשֶׁר־אָֽמַר־ל֥וֹ הָאֱלֹהִֽים׃
4 בַּיּ֣וֹם הַשְּׁלִישִׁ֗י וַיִּשָּׂ֨א אַבְרָהָ֧ם אֶת־עֵינָ֛יו
וַיַּ֥רְא אֶת־הַמָּק֖וֹם מֵרָחֹֽק׃ 5 וַיֹּ֨אמֶר
אַבְרָהָ֜ם אֶל־נְעָרָ֗יו שְׁבוּ־לָכֶ֥ם פֹּה֙ עִֽם־
הַחֲמ֔וֹר וַאֲנִ֣י וְהַנַּ֔עַר נֵלְכָ֖ה עַד־כֹּ֑ה
וְנִֽשְׁתַּחֲוֶ֖ה וְנָשׁ֥וּבָה אֲלֵיכֶֽם׃ 6 וַיִּקַּ֨ח
אַבְרָהָ֜ם אֶת־עֲצֵ֣י הָעֹלָ֗ה וַיָּ֙שֶׂם֙ עַל־יִצְחָ֣ק
בְּנ֔וֹ וַיִּקַּ֣ח בְּיָד֔וֹ אֶת־הָאֵ֖שׁ וְאֶת־הַֽמַּאֲכֶ֑לֶת
וַיֵּלְכ֥וּ שְׁנֵיהֶ֖ם יַחְדָּֽו׃ 7 וַיֹּ֨אמֶר יִצְחָ֜ק אֶל־
אַבְרָהָ֤ם אָבִיו֙ וַיֹּ֣אמֶר אָבִ֔י וַיֹּ֖אמֶר הִנֶּ֣נִּֽי
בְנִ֑י וַיֹּ֗אמֶר הִנֵּ֤ה הָאֵשׁ֙ וְהָ֣עֵצִ֔ים וְאַיֵּ֥ה
הַשֶּׂ֖ה לְעֹלָֽה׃ 8 וַיֹּ֙אמֶר֙ אַבְרָהָ֔ם אֱלֹהִ֞ים
יִרְאֶה־לּ֥וֹ הַשֶּׂ֛ה לְעֹלָ֖ה בְּנִ֑י וַיֵּלְכ֥וּ שְׁנֵיהֶ֖ם
יַחְדָּֽו׃ 9 וַיָּבֹ֗אוּ אֶֽל־הַמָּקוֹם֮ אֲשֶׁ֣ר אָֽמַר־ל֣וֹ
הָאֱלֹהִים֒ וַיִּ֨בֶן שָׁ֤ם אַבְרָהָם֙ אֶת־הַמִּזְבֵּ֔חַ
וַֽיַּעֲרֹ֖ךְ אֶת־הָעֵצִ֑ים וַֽיַּעֲקֹד֙ אֶת־יִצְחָ֣ק בְּנ֔וֹ
וַיָּ֤שֶׂם אֹתוֹ֙ עַל־הַמִּזְבֵּ֔חַ מִמַּ֖עַל לָעֵצִֽים׃
10 וַיִּשְׁלַ֤ח אַבְרָהָם֙ אֶת־יָד֔וֹ וַיִּקַּ֖ח אֶת־
הַֽמַּאֲכֶ֑לֶת לִשְׁחֹ֖ט אֶת־בְּנֽוֹ׃ 11 וַיִּקְרָ֨א אֵלָ֜יו
מַלְאַ֤ךְ יְהוָה֙ מִן־הַשָּׁמַ֔יִם וַיֹּ֖אמֶר אַבְרָהָ֣ם ׀
אַבְרָהָ֑ם וַיֹּ֖אמֶר הִנֵּֽנִי׃ 12 וַיֹּ֗אמֶר אַל־
תִּשְׁלַ֤ח יָֽדְךָ֙ אֶל־הַנַּ֔עַר וְאַל־תַּ֥עַשׂ ל֖וֹ
מְא֑וּמָה כִּ֣י ׀ עַתָּ֣ה יָדַ֗עְתִּי כִּֽי־יְרֵ֤א אֱלֹהִים֙
אַ֔תָּה וְלֹ֥א חָשַׂ֛כְתָּ אֶת־בִּנְךָ֥ אֶת־יְחִידְךָ֖
מִמֶּֽנִּי׃ 13 וַיִּשָּׂ֨א אַבְרָהָ֜ם אֶת־עֵינָ֗יו וַיַּרְא֙
וְהִנֵּה־אַ֔יִל אַחַ֕ר נֶאֱחַ֥ז בַּסְּבַ֖ךְ בְּקַרְנָ֑יו וַיֵּ֣לֶךְ

a Heb. *jireh; that is, see for Himself.*

him up for a burnt-offering in the stead of his son. [14] And Abraham called the name of that place [a]Adonaijireh; as it is said to this day: 'In the mount where the LORD is seen.' [15] And the angel of the LORD called unto Abraham a second time out of heaven, [16] and said: 'By Myself have I sworn, saith the LORD, because thou hast done this thing, and hast not withheld thy son, thine only son [17] that in blessing I will bless thee, and in multiplying I will multiply thy seed as the stars of the heaven, and as the sand which is upon the seashore; and thy seed shall possess the gate of his enemies; [18] and in thy seed shall all the nations of the earth be blessed; because thou hast hearkened to My voice.' [19] So Abraham returned unto his young men, and they rose up and went together to Beer-sheba; and Abraham dwelt at Beer-sheba.

[20] And it came to pass after these things, that it was told Abraham, saying: 'Behold, Milcah, she also hath borne children unto thy brother Nahor: [21] Uz his first-born, and Buz his brother, and Kemuel the father of Aram; [22] and Chesed, and Hazo. and Pildash, and Jidlaph, and Bethuel.' [23] And Bethuel begot Rebekah; these eight did Milcah bear to Nahor, Abraham's brother. [24] And his concubine, whose name was Reumah, she also bore Tebah, and Gaham, and Tahash, and Maacah.

אַבְרָהָם וַיִּקַּח אֶת־הָאַיִל וַיַּעֲלֵהוּ לְעֹלָה
תַּחַת בְּנוֹ׃ 14 וַיִּקְרָא אַבְרָהָם שֵׁם־הַמָּקוֹם
הַהוּא יְהוָה ׀ יִרְאֶה אֲשֶׁר יֵאָמֵר הַיּוֹם
בְּהַר יְהוָה יֵרָאֶה׃ 15 וַיִּקְרָא מַלְאַךְ יְהוָה
אֶל־אַבְרָהָם שֵׁנִית מִן־הַשָּׁמָיִם׃ 16 וַיֹּאמֶר
בִּי נִשְׁבַּעְתִּי נְאֻם־יְהוָה כִּי יַעַן אֲשֶׁר עָשִׂיתָ
אֶת־הַדָּבָר הַזֶּה וְלֹא חָשַׂכְתָּ אֶת־בִּנְךָ
אֶת־יְחִידֶךָ׃ 17 כִּי־בָרֵךְ אֲבָרֶכְךָ וְהַרְבָּה
אַרְבֶּה אֶת־זַרְעֲךָ כְּכוֹכְבֵי הַשָּׁמַיִם וְכַחוֹל
אֲשֶׁר עַל־שְׂפַת הַיָּם וְיִרַשׁ זַרְעֲךָ אֵת שַׁעַר
אֹיְבָיו׃ 18 וְהִתְבָּרְכוּ בְזַרְעֲךָ כֹּל גּוֹיֵי הָאָרֶץ
עֵקֶב אֲשֶׁר שָׁמַעְתָּ בְּקֹלִי׃ 19 וַיָּשָׁב אַבְרָהָם
אֶל־נְעָרָיו וַיָּקֻמוּ וַיֵּלְכוּ יַחְדָּו אֶל־בְּאֵר
שָׁבַע וַיֵּשֶׁב אַבְרָהָם בִּבְאֵר שָׁבַע׃ פ
20 וַיְהִי אַחֲרֵי הַדְּבָרִים הָאֵלֶּה וַיֻּגַּד
לְאַבְרָהָם לֵאמֹר הִנֵּה יָלְדָה מִלְכָּה גַם־
הִוא בָּנִים לְנָחוֹר אָחִיךָ׃ 21 אֶת־עוּץ בְּכֹרוֹ
וְאֶת־בּוּז אָחִיו וְאֶת־קְמוּאֵל אֲבִי אֲרָם׃
22 וְאֶת־כֶּשֶׂד וְאֶת־חֲזוֹ וְאֶת־פִּלְדָּשׁ וְאֶת־
יִדְלָף וְאֵת בְּתוּאֵל׃ 23 וּבְתוּאֵל יָלַד אֶת־
רִבְקָה שְׁמֹנָה אֵלֶּה יָלְדָה מִלְכָּה לְנָחוֹר
אֲחִי אַבְרָהָם׃ 24 וּפִילַגְשׁוֹ וּשְׁמָהּ רְאוּמָה
וַתֵּלֶד גַּם־הִוא אֶת־טֶבַח וְאֶת־גַּחַם וְאֶת־
תַּחַשׁ וְאֶת־מַעֲכָה׃ ס

HAYYEI SARAH

23 And the life of Sarah was a hundred and seven and twenty years; these were the years of the life of Sarah. [2] And Sarah died in Kiriath-arba—the same is Hebron—in the land of Canaan; and Abraham came to mourn for Sarah, and to weep for her. [3] And Abraham rose up from before his dead, and spoke unto the children of Heth, saying: [4] 'I am a stranger and a sojourner with you; give me a possession of a burying-place with you, that I may bury

חיי שרה

23 וַיִּהְיוּ חַיֵּי שָׂרָה מֵאָה שָׁנָה
וְעֶשְׂרִים שָׁנָה וְשֶׁבַע שָׁנִים שְׁנֵי חַיֵּי שָׂרָה׃
2 וַתָּמָת שָׂרָה בְּקִרְיַת אַרְבַּע הִוא חֶבְרוֹן
בְּאֶרֶץ כְּנָעַן וַיָּבֹא אַבְרָהָם לִסְפֹּד לְשָׂרָה
וְלִבְכֹּתָהּ׃ 3 וַיָּקָם אַבְרָהָם מֵעַל פְּנֵי מֵתוֹ
וַיְדַבֵּר אֶל־בְּנֵי־חֵת לֵאמֹר׃ 4 גֵּר־וְתוֹשָׁב
אָנֹכִי עִמָּכֶם תְּנוּ לִי אֲחֻזַּת־קֶבֶר עִמָּכֶם

a That is, *The LORD seeth.*

my dead out of my sight.' [5] And the children of Heth answered Abraham, saying unto him: [6] Hear us, my lord thou art a mighty prince among us; in the choice of our sepulchres bury thy dead; none of us shall withhold from thee his sepulchre, but that thou mayest bury thy dead.' [7] And Abraham rose up, and bowed down to the people of the land, even to the children of Heth. [8] And he spoke with them, saying: 'If it be your mind that I should bury my dead out of my sight, hear me, and entreat for me to Ephron the son of Zohar, [9] that he may give me the cave of Machpelah, which he hath, which is in the end of his field; for the full price let him give it to me in the midst of you for a possession of a burying-place.' [10] Now Ephron was sitting in the midst of the children of Heth; and Ephron the Hittite answered Abraham in the hearing of the children of Heth, even of all that went in at the gate of his city, saying: [11] 'Nay, my lord, hear me: the field give I thee, and the cave that is therein, I give it thee; in the presence of the sons of my people give I it thee; bury thy dead.' [12] And Abraham bowed down before the people of the land. [13] And he spoke unto Ephron in the hearing of the people of the land, saying: 'But if thou wilt, I pray thee, hear me: I will give the price of the field; take it of me, and I will bury my dead there.' [14] And Ephron answered Abraham, saying unto him: [15] 'My lord, hearken unto me: a piece of land worth four hundred shekels of silver, what is that betwixt me and thee? bury therefore thy dead.' [16] And Abraham hearkened unto Ephron; and Abraham weighed to Ephron the silver, which he had named in the hearing of the children of Heth four hundred shekels of silver, current money with the merchant. [17] So the field of Ephron, which was in Machpelah, which was before Mamre, the field, and the cave which was therein, and all the trees that were in the field, that were in all the border thereof round about, were made sure [18] unto Abraham for a possession in the presence of the children of Heth, before all that went in at the gate of his city. [19] And after this, Abraham buried Sarah his wife in the cave of the

וְאֶקְבְּרָה מֵתִי מִלְּפָנָי׃ 5 וַיַּעֲנוּ בְנֵי־חֵת
אֶת־אַבְרָהָם לֵאמֹר לוֹ׃ 6 שְׁמָעֵנוּ ׀ אֲדֹנִי
נְשִׂיא אֱלֹהִים אַתָּה בְּתוֹכֵנוּ בְּמִבְחַר
קְבָרֵינוּ קְבֹר אֶת־מֵתֶךָ אִישׁ מִמֶּנּוּ אֶת־
קִבְרוֹ לֹא־יִכְלֶה מִמְּךָ מִקְּבֹר מֵתֶךָ׃ 7 וַיָּקָם
אַבְרָהָם וַיִּשְׁתַּחוּ לְעַם־הָאָרֶץ לִבְנֵי־חֵת׃
8 וַיְדַבֵּר אִתָּם לֵאמֹר אִם־יֵשׁ אֶת־נַפְשְׁכֶם
לִקְבֹּר אֶת־מֵתִי מִלְּפָנַי שְׁמָעוּנִי וּפִגְעוּ־לִי
בְּעֶפְרוֹן בֶּן־צֹחַר׃ 9 וְיִתֶּן־לִי אֶת־מְעָרַת
הַמַּכְפֵּלָה אֲשֶׁר־לוֹ אֲשֶׁר בִּקְצֵה שָׂדֵהוּ
בְּכֶסֶף מָלֵא יִתְּנֶנָּה לִּי בְּתוֹכְכֶם לַאֲחֻזַּת־
קָבֶר׃ 10 וְעֶפְרוֹן יֹשֵׁב בְּתוֹךְ בְּנֵי־חֵת וַיַּעַן
עֶפְרוֹן הַחִתִּי אֶת־אַבְרָהָם בְּאָזְנֵי בְנֵי־חֵת
לְכֹל בָּאֵי שַׁעַר־עִירוֹ לֵאמֹר׃ 11 לֹא־אֲדֹנִי
שְׁמָעֵנִי הַשָּׂדֶה נָתַתִּי לָךְ וְהַמְּעָרָה אֲשֶׁר־
בּוֹ לְךָ נְתַתִּיהָ לְעֵינֵי בְנֵי־עַמִּי נְתַתִּיהָ לָּךְ
קְבֹר מֵתֶךָ׃ 12 וַיִּשְׁתַּחוּ אַבְרָהָם לִפְנֵי עַם
הָאָרֶץ׃ 13 וַיְדַבֵּר אֶל־עֶפְרוֹן בְּאָזְנֵי עַם־
הָאָרֶץ לֵאמֹר אַךְ אִם־אַתָּה לוּ שְׁמָעֵנִי
נָתַתִּי כֶּסֶף הַשָּׂדֶה קַח מִמֶּנִּי וְאֶקְבְּרָה
אֶת־מֵתִי שָׁמָּה׃ 14 וַיַּעַן עֶפְרוֹן אֶת־
אַבְרָהָם לֵאמֹר לוֹ׃ 15 אֲדֹנִי שְׁמָעֵנִי אֶרֶץ
אַרְבַּע מֵאֹת שֶׁקֶל־כֶּסֶף בֵּינִי וּבֵינְךָ מַה־
הִוא וְאֶת־מֵתְךָ קְבֹר׃ 16 וַיִּשְׁמַע אַבְרָהָם
אֶל־עֶפְרוֹן וַיִּשְׁקֹל אַבְרָהָם לְעֶפְרֹן אֶת־
הַכֶּסֶף אֲשֶׁר דִּבֶּר בְּאָזְנֵי בְנֵי־חֵת אַרְבַּע
מֵאוֹת שֶׁקֶל כֶּסֶף עֹבֵר לַסֹּחֵר׃ 17 וַיָּקָם ׀
שְׂדֵה עֶפְרוֹן אֲשֶׁר בַּמַּכְפֵּלָה אֲשֶׁר לִפְנֵי
מַמְרֵא הַשָּׂדֶה וְהַמְּעָרָה אֲשֶׁר־בּוֹ וְכָל־
הָעֵץ אֲשֶׁר בַּשָּׂדֶה אֲשֶׁר בְּכָל־גְּבֻלוֹ סָבִיב׃
18 לְאַבְרָהָם לְמִקְנָה לְעֵינֵי בְנֵי־חֵת בְּכֹל
בָּאֵי שַׁעַר־עִירוֹ׃ 19 וְאַחֲרֵי־כֵן קָבַר
אַבְרָהָם אֶת־שָׂרָה אִשְׁתּוֹ אֶל־מְעָרַת שְׂדֵה

field of Machpelah before Mamre—the same is Hebron—in the land of Canaan. [20] And the field, and the cave that is therein, were made sure unto Abraham for a possession of a burying-place by the children of Heth.

24 And Abraham was old, well stricken in age; and the LORD had blessed Abraham in all things. [2] And Abraham said unto his servant, the elder of his house, that ruled over all that he had: 'Put, I pray thee, thy hand under my thigh. [3] And I will make thee swear by the LORD, the God of heaven and the God of the earth, that thou shalt not take a wife for my son of the daughters of the Canaanites, among whom I dwell. [4] But thou shalt go unto my country, and to my kindred, and take a wife for my son, even for Isaac.' [5] And the servant said unto him: 'Peradventure the woman will not be willing to follow me unto this land; must I needs bring thy son back unto the land from whence thou camest?' [6] And Abraham said unto him: 'Beware thou that thou bring not my son back thither. [7] The LORD, the God of heaven, who took me from my father's house, and from the land of my nativity, and who spoke unto me, and who swore unto me, saying: Unto thy seed will I give this land; He will send His angel before thee, and thou shalt take a wife for my son from thence. [8] And if the woman be not willing to follow thee, then thou shalt be clear from this my oath; only thou shalt not bring my son back thither.' [9] And the servant put his hand under the thigh of Abraham his master, and swore to him concerning this matter. [10] And the servant took ten camels, of the camels of his master, and departed; having all goodly things of his master's in his hand; and he arose, and went to [a]Aram-naharaim, unto the city of Nahor. [11] And he made the camels to kneel down without the city by the well of water at the time of evening, the time that women go out to draw water. [12] And he said: 'O LORD, the God of my master Abraham, send me, I pray Thee, good speed this day, and show kindness unto my master Abraham. [13] Behold, I stand by the

הַמַּכְפֵּלָה עַל־פְּנֵי מַמְרֵא הִוא חֶבְרוֹן
בְּאֶרֶץ כְּנָעַן׃ 20 וַיָּקָם הַשָּׂדֶה וְהַמְּעָרָה
אֲשֶׁר־בּוֹ לְאַבְרָהָם לַאֲחֻזַּת־קָבֶר מֵאֵת
בְּנֵי־חֵת׃ ס 24 וְאַבְרָהָם זָקֵן בָּא
בַּיָּמִים וַיהוָה בֵּרַךְ אֶת־אַבְרָהָם בַּכֹּל׃
2 וַיֹּאמֶר אַבְרָהָם אֶל־עַבְדּוֹ זְקַן בֵּיתוֹ
הַמֹּשֵׁל בְּכָל־אֲשֶׁר־לוֹ שִׂים־נָא יָדְךָ תַּחַת
יְרֵכִי׃ 3 וְאַשְׁבִּיעֲךָ בַּיהוָה אֱלֹהֵי הַשָּׁמַיִם
וֵאלֹהֵי הָאָרֶץ אֲשֶׁר לֹא־תִקַּח אִשָּׁה לִבְנִי
מִבְּנוֹת הַכְּנַעֲנִי אֲשֶׁר אָנֹכִי יוֹשֵׁב בְּקִרְבּוֹ׃
4 כִּי אֶל־אַרְצִי וְאֶל־מוֹלַדְתִּי תֵּלֵךְ וְלָקַחְתָּ
אִשָּׁה לִבְנִי לְיִצְחָק׃ 5 וַיֹּאמֶר אֵלָיו הָעֶבֶד
אוּלַי לֹא־תֹאבֶה הָאִשָּׁה לָלֶכֶת אַחֲרַי
אֶל־הָאָרֶץ הַזֹּאת הֶהָשֵׁב אָשִׁיב אֶת־בִּנְךָ
אֶל־הָאָרֶץ אֲשֶׁר־יָצָאתָ מִשָּׁם׃ 6 וַיֹּאמֶר
אֵלָיו אַבְרָהָם הִשָּׁמֶר לְךָ פֶּן־תָּשִׁיב אֶת־
בְּנִי שָׁמָּה׃ 7 יְהוָה ׀ אֱלֹהֵי הַשָּׁמַיִם אֲשֶׁר
לְקָחַנִי מִבֵּית אָבִי וּמֵאֶרֶץ מוֹלַדְתִּי וַאֲשֶׁר
דִּבֶּר־לִי וַאֲשֶׁר נִשְׁבַּע־לִי לֵאמֹר לְזַרְעֲךָ
אֶתֵּן אֶת־הָאָרֶץ הַזֹּאת הוּא יִשְׁלַח
מַלְאָכוֹ לְפָנֶיךָ וְלָקַחְתָּ אִשָּׁה לִבְנִי מִשָּׁם׃
8 וְאִם־לֹא תֹאבֶה הָאִשָּׁה לָלֶכֶת אַחֲרֶיךָ
וְנִקִּיתָ מִשְּׁבֻעָתִי זֹאת רַק אֶת־בְּנִי לֹא
תָשֵׁב שָׁמָּה׃ 9 וַיָּשֶׂם הָעֶבֶד אֶת־יָדוֹ תַּחַת
יֶרֶךְ אַבְרָהָם אֲדֹנָיו וַיִּשָּׁבַע לוֹ עַל־הַדָּבָר
הַזֶּה׃ 10 וַיִּקַּח הָעֶבֶד עֲשָׂרָה גְמַלִּים מִגְּמַלֵּי
אֲדֹנָיו וַיֵּלֶךְ וְכָל־טוּב אֲדֹנָיו בְּיָדוֹ וַיָּקָם
וַיֵּלֶךְ אֶל־אֲרַם נַהֲרַיִם אֶל־עִיר נָחוֹר׃
11 וַיַּבְרֵךְ הַגְּמַלִּים מִחוּץ לָעִיר אֶל־בְּאֵר
הַמָּיִם לְעֵת עֶרֶב לְעֵת צֵאת הַשֹּׁאֲבֹת׃
12 וַיֹּאמַר ׀ יְהוָה אֱלֹהֵי אֲדֹנִי אַבְרָהָם
הַקְרֵה־נָא לְפָנַי הַיּוֹם וַעֲשֵׂה־חֶסֶד עִם
אֲדֹנִי אַבְרָהָם׃ 13 הִנֵּה אָנֹכִי נִצָּב עַל־עֵין

a That is, *Mesopotamia*

fountain of water; and the daughters of the men of the city come out to draw water. [14] So let it come to pass, that the damsel to whom I shall say: Let down thy pitcher, I pray thee, that I may drink; and she shall say: Drink, and I will give thy camels drink also; let the same be she that Thou hast appointed for Thy servant, even for Isaac; and thereby shall I know that Thou hast shown kindness unto my master.' [15] And it came to pass, before he had done speaking, that, behold, Rebekah came out, who was born to Bethuel the son of Milcah, the wife of Nahor, Abraham's brother, with her pitcher upon her shoulder. [16] And the damsel was very fair to look upon, a virgin, neither had any man known her; and she went down to the fountain, and filled her pitcher, and came up. [17] And the servant ran to meet her, and said: 'Give me to drink, I pray thee, a little water of thy pitcher.' [18] And she said: 'Drink, my lord'; and she hastened, and let down her pitcher upon her hand, and gave him drink. [19] And when she had done giving him drink, she said: 'I will draw for thy camels also, until they have done drinking.' [20] And she hastened, and emptied her pitcher into the trough, and ran again unto the well to draw, and drew for all his camels. [21] And the man looked stedfastly on her; holding his peace, to know whether the LORD had made his journey prosperous or not. [22] And it came to pass, as the camels had done drinking, that the man took a golden ring of half a shekel weight, and two bracelets for her hands of ten shekels weight of gold; [23] and said: 'Whose daughter art thou? tell me, I pray thee. Is there room in thy father's house for us to lodge in?' [24] And she said unto him: 'I am the daughter of Bethuel the son of Milcah, whom she bore unto Nahor.' [25] She said moreover unto him: 'We have both straw and provender enough, and room to lodge in.' [26] And the man bowed his head, and prostrated himself before the LORD. [27] And he said: 'Blessed be the LORD, the God of my master Abraham, who hath not forsaken His mercy and His truth toward my master; as for me, the LORD hath led me in the way to the house of my master's brethren.' [28] And the damsel ran, and told her mother's house according to these words. [29] And Rebekah had a brother, and his name was Laban; and

הַמָּ֑יִם וּבְנוֹת֙ אַנְשֵׁ֣י הָעִ֔יר יֹצְאֹ֖ת לִשְׁאֹ֥ב
מָֽיִם׃ 14 וְהָיָ֣ה הנער הַֽנַּעֲרָ֗ה אֲשֶׁ֨ר אֹמַ֤ר
אֵלֶ֙יהָ֙ הַטִּי־נָ֤א כַדֵּךְ֙ וְאֶשְׁתֶּ֔ה וְאָֽמְרָ֣ה שְׁתֵ֔ה
וְגַם־גְּמַלֶּ֖יךָ אַשְׁקֶ֑ה אֹתָ֤הּ הֹכַ֙חְתָּ֙ לְעַבְדְּךָ֣
לְיִצְחָ֔ק וּבָ֣הּ אֵדַ֔ע כִּי־עָשִׂ֥יתָ חֶ֖סֶד עִם־
אֲדֹנִֽי׃ 15 וַֽיְהִי־ה֗וּא טֶ֘רֶם֮ כִּלָּ֣ה לְדַבֵּר֒ וְהִנֵּ֨ה
רִבְקָ֜ה יֹצֵ֗את אֲשֶׁ֤ר יֻלְּדָה֙ לִבְתוּאֵ֣ל בֶּן־
מִלְכָּ֔ה אֵ֥שֶׁת נָח֖וֹר אֲחִ֣י אַבְרָהָ֑ם וְכַדָּ֖הּ
עַל־שִׁכְמָֽהּ׃ 16 והנער וְהַֽנַּעֲרָ֗ה טֹבַ֤ת מַרְאֶה֙
מְאֹ֔ד בְּתוּלָ֕ה וְאִ֖ישׁ לֹ֣א יְדָעָ֑הּ וַתֵּ֣רֶד
הָעַ֔יְנָה וַתְּמַלֵּ֥א כַדָּ֖הּ וַתָּֽעַל׃ 17 וַיָּ֥רָץ הָעֶ֖בֶד
לִקְרָאתָ֑הּ וַיֹּ֕אמֶר הַגְמִיאִ֥ינִי נָ֛א מְעַט־מַ֖יִם
מִכַּדֵּֽךְ׃ 18 וַתֹּ֖אמֶר שְׁתֵ֣ה אֲדֹנִ֑י וַתְּמַהֵ֗ר
וַתֹּ֧רֶד כַּדָּ֛הּ עַל־יָדָ֖הּ וַתַּשְׁקֵֽהוּ׃ 19 וַתְּכַ֖ל
לְהַשְׁקֹת֑וֹ וַתֹּ֗אמֶר גַּ֤ם לִגְמַלֶּ֙יךָ֙ אֶשְׁאָ֔ב עַ֥ד
אִם־כִּלּ֖וּ לִשְׁתֹּֽת׃ 20 וַתְּמַהֵ֗ר וַתְּעַ֤ר כַּדָּהּ֙
אֶל־הַשֹּׁ֔קֶת וַתָּ֥רָץ ע֛וֹד אֶל־הַבְּאֵ֖ר לִשְׁאֹ֑ב
וַתִּשְׁאַ֖ב לְכָל־גְּמַלָּֽיו׃ 21 וְהָאִ֥ישׁ מִשְׁתָּאֵ֖ה
לָ֑הּ מַחֲרִ֕ישׁ לָדַ֗עַת הַֽהִצְלִ֧יחַ יְהוָ֛ה דַּרְכּ֖וֹ
אִם־לֹֽא׃ 22 וַיְהִ֗י כַּאֲשֶׁ֨ר כִּלּ֤וּ הַגְּמַלִּים֙
לִשְׁתּ֔וֹת וַיִּקַּ֤ח הָאִישׁ֙ נֶ֣זֶם זָהָ֔ב בֶּ֖קַע
מִשְׁקָל֑וֹ וּשְׁנֵ֤י צְמִידִים֙ עַל־יָדֶ֔יהָ עֲשָׂרָ֥ה
זָהָ֖ב מִשְׁקָלָֽם׃ 23 וַיֹּ֙אמֶר֙ בַּת־מִ֣י אַ֔תְּ הַגִּ֥ידִי
נָ֖א לִ֑י הֲיֵ֧שׁ בֵּית־אָבִ֛יךְ מָק֥וֹם לָ֖נוּ לָלִֽין׃
24 וַתֹּ֣אמֶר אֵלָ֔יו בַּת־בְּתוּאֵ֖ל אָנֹ֑כִי בֶּן־
מִלְכָּ֕ה אֲשֶׁ֥ר יָלְדָ֖ה לְנָחֽוֹר׃ 25 וַתֹּ֣אמֶר אֵלָ֔יו
גַּם־תֶּ֥בֶן גַּם־מִסְפּ֖וֹא רַ֣ב עִמָּ֑נוּ גַּם־מָק֖וֹם
לָלֽוּן׃ 26 וַיִּקֹּ֣ד הָאִ֔ישׁ וַיִּשְׁתַּ֖חוּ לַֽיהוָֽה׃
27 וַיֹּ֗אמֶר בָּר֤וּךְ יְהוָה֙ אֱלֹהֵי֙ אֲדֹנִ֣י אַבְרָהָ֔ם
אֲשֶׁ֧ר לֹא־עָזַ֛ב חַסְדּ֥וֹ וַאֲמִתּ֖וֹ מֵעִ֣ם אֲדֹנִ֑י
אָנֹכִ֗י בַּדֶּ֙רֶךְ֙ נָחַ֣נִי יְהוָ֔ה בֵּ֖ית אֲחֵ֥י אֲדֹנִֽי׃
28 וַתָּ֙רָץ֙ הנער הַֽנַּעֲרָ֔ה וַתַּגֵּ֖ד לְבֵ֣ית אִמָּ֑הּ
כַּדְּבָרִ֖ים הָאֵֽלֶּה׃ 29 וּלְרִבְקָ֥ה אָ֖ח וּשְׁמ֣וֹ

Laban ran out unto the man, unto the fountain. [30] And it came to pass, when he saw the ring, and the bracelets upon his sister's hands, and when he heard the words of Rebekah his sister, saying: 'Thus spoke the man unto me,' that he came unto the man; and, behold, he stood by the camels at the fountain. [31] And he said: 'Come in, thou blessed of the LORD; wherefore standest thou without? for I have cleared the house, and made room for the camels.' [32] And the man came into the house, and he ungirded the camels; and he gave straw and provender for the camels, and water to wash his feet and the feet of the men that were with him. [33] And there was set food before him to eat; but he said: 'I will not eat, until I have told mine errand.' And he said: 'Speak on.' [34] And he said: 'I am Abraham's servant. [35] And the LORD hath blessed my master greatly; and he is become great; and He hath given him flocks and herds, and silver and gold, and men-servants and maid-servants, and camels and asses. [36] And Sarah my master's wife bore a son to my master when she was old; and unto him hath he given all that he hath. [37] And my master made me swear, saying: Thou shalt not take a wife for my son of the daughters of the Canaanites, in whose land I dwell. [38] But thou shalt go unto my father's house, and to my kindred, and take a wife for my son. [39] And I said unto my master: Peradventure the woman will not follow me. [40] And he said unto me: The LORD, before whom I walk, will send His angel with thee, and prosper thy way; and thou shalt take a wife for my son of my kindred, and of my father's house; [41] then shalt thou be clear from my oath, when thou comest to my kindred; and if they give her not to thee, thou shalt be clear from my oath. [42] And I came this day unto the fountain, and said: O LORD, the God of my master Abraham, if now Thou do prosper my way which I go: [43] behold, I stand by the fountain of water; and let it come to pass, that the maiden that cometh forth to draw, to

לָבָן וַיָּרָץ לָבָן אֶל־הָאִישׁ הַחוּצָה אֶל־
הָעָיִן׃ 30 וַיְהִי | כִּרְאֹת אֶת־הַנֶּזֶם וְאֶת־
הַצְּמִדִים עַל־יְדֵי אֲחֹתוֹ וּכְשָׁמְעוֹ אֶת־
דִּבְרֵי רִבְקָה אֲחֹתוֹ לֵאמֹר כֹּה־דִבֶּר אֵלַי
הָאִישׁ וַיָּבֹא אֶל־הָאִישׁ וְהִנֵּה עֹמֵד עַל־
הַגְּמַלִּים עַל־הָעָיִן׃ 31 וַיֹּאמֶר בּוֹא בְּרוּךְ
יְהוָה לָמָּה תַעֲמֹד בַּחוּץ וְאָנֹכִי פִּנִּיתִי
הַבַּיִת וּמָקוֹם לַגְּמַלִּים׃ 32 וַיָּבֹא הָאִישׁ
הַבַּיְתָה וַיְפַתַּח הַגְּמַלִּים וַיִּתֵּן תֶּבֶן
וּמִסְפּוֹא לַגְּמַלִּים וּמַיִם לִרְחֹץ רַגְלָיו
וְרַגְלֵי הָאֲנָשִׁים אֲשֶׁר אִתּוֹ׃ 33 ויישם וַיּוּשַׂם
לְפָנָיו לֶאֱכֹל וַיֹּאמֶר לֹא אֹכַל עַד אִם־
דִּבַּרְתִּי דְּבָרָי וַיֹּאמֶר דַּבֵּר׃ 34 וַיֹּאמַר עֶבֶד
אַבְרָהָם אָנֹכִי׃ 35 וַיהוָה בֵּרַךְ אֶת־אֲדֹנִי
מְאֹד וַיִּגְדָּל וַיִּתֶּן־לוֹ צֹאן וּבָקָר וְכֶסֶף וְזָהָב
וַעֲבָדִם וּשְׁפָחֹת וּגְמַלִּים וַחֲמֹרִים׃
36 וַתֵּלֶד שָׂרָה אֵשֶׁת אֲדֹנִי בֵן לַאדֹנִי אַחֲרֵי
זִקְנָתָהּ וַיִּתֶּן־לּוֹ אֶת־כָּל־אֲשֶׁר־לוֹ׃
37 וַיַּשְׁבִּעֵנִי אֲדֹנִי לֵאמֹר לֹא־תִקַּח אִשָּׁה
לִבְנִי מִבְּנוֹת הַכְּנַעֲנִי אֲשֶׁר אָנֹכִי יֹשֵׁב
בְּאַרְצוֹ׃ 38 אִם־לֹא אֶל־בֵּית־אָבִי תֵּלֵךְ
וְאֶל־מִשְׁפַּחְתִּי וְלָקַחְתָּ אִשָּׁה לִבְנִי׃
39 וָאֹמַר אֶל־אֲדֹנִי אֻלַי לֹא־תֵלֵךְ הָאִשָּׁה
אַחֲרָי׃ 40 וַיֹּאמֶר אֵלָי יְהוָה אֲשֶׁר־
הִתְהַלַּכְתִּי לְפָנָיו יִשְׁלַח מַלְאָכוֹ אִתָּךְ
וְהִצְלִיחַ דַּרְכֶּךָ וְלָקַחְתָּ אִשָּׁה לִבְנִי
מִמִּשְׁפַּחְתִּי וּמִבֵּית אָבִי׃ 41 אָז תִּנָּקֶה
מֵאָלָתִי כִּי תָבוֹא אֶל־מִשְׁפַּחְתִּי וְאִם־לֹא
יִתְּנוּ לָךְ וְהָיִיתָ נָקִי מֵאָלָתִי׃ 42 וָאָבֹא הַיּוֹם
אֶל־הָעָיִן וָאֹמַר יְהוָה אֱלֹהֵי אֲדֹנִי אַבְרָהָם
אִם־יֶשְׁךָ־נָּא מַצְלִיחַ דַּרְכִּי אֲשֶׁר אָנֹכִי
הֹלֵךְ עָלֶיהָ׃ 43 הִנֵּה אָנֹכִי נִצָּב עַל־עֵין
הַמָּיִם וְהָיָה הָעַלְמָה הַיֹּצֵאת לִשְׁאֹב

whom I shall say: Give me, I pray thee, a little water from thy pitcher to drink; [44] and she shall say to me: Both drink thou, and I will also draw for thy camels; let the same be the woman whom the LORD hath appointed for my master's son. [45] And before I had done speaking to my heart, behold, Rebekah came forth with her pitcher on her shoulder; and she went down unto the fountain, and drew. And I said unto her: Let me drink, I pray thee. [46] And she made haste, and let down her pitcher from her shoulder, and said: Drink, and I will give thy camels drink also. So I drank, and she made the camels drink also. [47] And I asked her, and said: Whose daughter art thou? And she said: The daughter of Bethuel, Nahor's son, whom Milcah bore unto him. And I put the ring upon her nose, and the bracelets upon her hands. [48] And I bowed my head, and prostrated myself before the LORD, and blessed the LORD, the God of my master Abraham, who had led me in the right way to take my master's brother's daughter for his son. [49] And now if ye will deal kindly and truly with my master, tell me; and if not, tell me; that I may turn to the right hand, or to the left.' [50] Then Laban and Bethuel answered and said: 'The thing proceedeth from the LORD; we cannot speak unto thee bad or good. [51] Behold, Rebekah is before thee, take her, and go, and let her be thy master's son's wife, as the LORD hath spoken.' [52] And it came to pass, that, when Abraham's servant heard their words, he bowed himself down to the earth unto the LORD. [53] And the servant brought forth jewels of silver, and jewels of gold, and raiment, and gave them to Rebekah; he gave also to her brother and to her mother precious things. [54] And they did eat and drink, he and the men that were with him, and tarried all night; and they rose up in the morning, and he said: 'Send me away unto my master.' [55] And her brother and her mother said: 'Let the damsel abide with us a few days, at the least ten; after that she shall go.' [56] And he said unto them: 'Delay me not, seeing the LORD hath prospered my way; send me away that I may go to my master.' [57] And they said: 'We will call the damsel,

וְאָמַרְתִּי אֵלֶיהָ הַשְׁקִינִי־נָא מְעַט־מַיִם
מִכַּדֵּךְ׃ 44 וְאָמְרָה אֵלַי גַּם־אַתָּה שְׁתֵה
וְגַם לִגְמַלֶּיךָ אֶשְׁאָב הִוא הָאִשָּׁה אֲשֶׁר־
הֹכִיחַ יְהוָה לְבֶן־אֲדֹנִי׃ 45 אֲנִי טֶרֶם אֲכַלֶּה
לְדַבֵּר אֶל־לִבִּי וְהִנֵּה רִבְקָה יֹצֵאת וְכַדָּהּ
עַל־שִׁכְמָהּ וַתֵּרֶד הָעַיְנָה וַתִּשְׁאָב וָאֹמַר
אֵלֶיהָ הַשְׁקִינִי נָא׃ 46 וַתְּמַהֵר וַתּוֹרֶד כַּדָּהּ
מֵעָלֶיהָ וַתֹּאמֶר שְׁתֵה וְגַם־גְּמַלֶּיךָ אַשְׁקֶה
וָאֵשְׁתְּ וְגַם הַגְּמַלִּים הִשְׁקָתָה׃ 47 וָאֶשְׁאַל
אֹתָהּ וָאֹמַר בַּת־מִי אַתְּ וַתֹּאמֶר בַּת־
בְּתוּאֵל בֶּן־נָחוֹר אֲשֶׁר יָלְדָה־לּוֹ מִלְכָּה
וָאָשִׂם הַנֶּזֶם עַל־אַפָּהּ וְהַצְּמִידִים עַל־
יָדֶיהָ׃ 48 וָאֶקֹּד וָאֶשְׁתַּחֲוֶה לַיהוָה וָאֲבָרֵךְ
אֶת־יְהוָה אֱלֹהֵי אֲדֹנִי אַבְרָהָם אֲשֶׁר
הִנְחַנִי בְּדֶרֶךְ אֱמֶת לָקַחַת אֶת־בַּת־אֲחִי
אֲדֹנִי לִבְנוֹ׃ 49 וְעַתָּה אִם־יֶשְׁכֶם עֹשִׂים
חֶסֶד וֶאֱמֶת אֶת־אֲדֹנִי הַגִּידוּ לִי וְאִם־לֹא
הַגִּידוּ לִי וְאֶפְנֶה עַל־יָמִין אוֹ עַל־שְׂמֹאל׃
50 וַיַּעַן לָבָן וּבְתוּאֵל וַיֹּאמְרוּ מֵיְהוָה יָצָא
הַדָּבָר לֹא נוּכַל דַּבֵּר אֵלֶיךָ רַע אוֹ־טוֹב׃
51 הִנֵּה־רִבְקָה לְפָנֶיךָ קַח וָלֵךְ וּתְהִי אִשָּׁה
לְבֶן־אֲדֹנֶיךָ כַּאֲשֶׁר דִּבֶּר יְהוָה׃ 52 וַיְהִי
כַּאֲשֶׁר שָׁמַע עֶבֶד אַבְרָהָם אֶת־דִּבְרֵיהֶם
וַיִּשְׁתַּחוּ אַרְצָה לַיהוָה׃ 53 וַיּוֹצֵא הָעֶבֶד
כְּלֵי־כֶסֶף וּכְלֵי זָהָב וּבְגָדִים וַיִּתֵּן לְרִבְקָה
וּמִגְדָּנֹת נָתַן לְאָחִיהָ וּלְאִמָּהּ׃ 54 וַיֹּאכְלוּ
וַיִּשְׁתּוּ הוּא וְהָאֲנָשִׁים אֲשֶׁר־עִמּוֹ וַיָּלִינוּ
וַיָּקוּמוּ בַבֹּקֶר וַיֹּאמֶר שַׁלְּחֻנִי לַאדֹנִי׃
55 וַיֹּאמֶר אָחִיהָ וְאִמָּהּ תֵּשֵׁב הנער הַנַּעֲרָה
אִתָּנוּ יָמִים אוֹ עָשׂוֹר אַחַר תֵּלֵךְ׃ 56 וַיֹּאמֶר
אֲלֵהֶם אַל־תְּאַחֲרוּ אֹתִי וַיהוָה הִצְלִיחַ
דַּרְכִּי שַׁלְּחוּנִי וְאֵלְכָה לַאדֹנִי׃ 57 וַיֹּאמְרוּ
נִקְרָא לנער לַנַּעֲרָה וְנִשְׁאֲלָה אֶת־פִּיהָ׃

and inquire at her mouth.' [58] And they called Rebekah, and said unto her: 'Wilt thou go with this man?' And she said: 'I will go.' [59] And they sent away Rebekah their sister, and her nurse, and Abraham's servant, and his men. [60] And they blessed Rebekah, and said unto her: 'Our sister, be thou the mother of thousands of ten thousands, and let thy seed possess the gate of those that hate them.' [61] And Rebekah arose, and her damsels, and they rode upon the camels, and followed the man. And the servant took Rebekah, and went his way. [62] And Isaac came from the way of Beer-lahai-roi; for he dwelt in the land of the South. [63] And Isaac went out to meditate in the field at the eventide; and he lifted up his eyes, and saw, and, behold, there were camels coming. [64] And Rebekah lifted up her eyes, and when she saw Isaac, she alighted from the camel. [65] And she said unto the servant: 'What man is this that walketh in the field to meet us?' And the servant said: 'It is my master.' And she took her veil, and covered herself. [66] And the servant told Isaac all the things that he had done. [67] And Isaac brought her into his mother Sarah's tent, and took Rebekah, and she became his wife; and he loved her. And Isaac was comforted for his mother.

25 And Abraham took another wife, and her name was Keturah. [2] And she bore him Zimran, and Jokshan, and Medan, and Midian, and Ishbak, and Shuah. [3] And Jokshan begot Sheba, and Dedan. And the sons of Dedan were Asshurim, and Letushim, and Leummim. [4] And the sons of Midian: Ephah, and Epher, and Hanoch, and Abida, and Eldaah. All these were the children of Keturah. [5] And Abraham gave all that he had unto Isaac. [6] But unto the sons of the concubines, that Abraham had, Abraham gave gifts; and he sent them away from Isaac his son, while he yet lived, eastward, unto the east country. [7] And these are the days of the years of Abraham's life which he lived, a hundred

58 וַיִּקְרְא֤וּ לְרִבְקָה֙ וַיֹּאמְר֣וּ אֵלֶ֔יהָ הֲתֵלְכִ֖י
עִם־הָאִ֣ישׁ הַזֶּ֑ה וַתֹּ֖אמֶר אֵלֵֽךְ׃ 59 וַיְשַׁלְּח֛וּ
אֶת־רִבְקָ֥ה אֲחֹתָ֖ם וְאֶת־מֵנִקְתָּ֑הּ וְאֶת־
עֶ֥בֶד אַבְרָהָ֖ם וְאֶת־אֲנָשָֽׁיו׃ 60 וַיְבָרְכ֤וּ אֶת־
רִבְקָה֙ וַיֹּ֣אמְרוּ לָ֔הּ אֲחֹתֵ֕נוּ אַ֥תְּ הֲיִ֖י לְאַלְפֵ֣י
רְבָבָ֑ה וְיִירַ֣שׁ זַרְעֵ֔ךְ אֵ֖ת שַׁ֥עַר שֹׂנְאָֽיו׃
61 וַתָּ֨קָם רִבְקָ֜ה וְנַעֲרֹתֶ֗יהָ וַתִּרְכַּ֙בְנָה֙ עַל־
הַגְּמַלִּ֔ים וַתֵּלַ֖כְנָה אַחֲרֵ֣י הָאִ֑ישׁ וַיִּקַּ֥ח
הָעֶ֛בֶד אֶת־רִבְקָ֖ה וַיֵּלַֽךְ׃ 62 וְיִצְחָק֙ בָּ֣א
מִבּ֔וֹא בְּאֵ֖ר לַחַ֣י רֹאִ֑י וְה֥וּא יוֹשֵׁ֖ב בְּאֶ֥רֶץ
הַנֶּֽגֶב׃ 63 וַיֵּצֵ֥א יִצְחָ֛ק לָשׂ֥וּחַ בַּשָּׂדֶ֖ה לִפְנ֣וֹת
עָ֑רֶב וַיִּשָּׂ֤א עֵינָיו֙ וַיַּ֔רְא וְהִנֵּ֥ה גְמַלִּ֖ים
בָּאִֽים׃ 64 וַתִּשָּׂ֤א רִבְקָה֙ אֶת־עֵינֶ֔יהָ וַתֵּ֖רֶא
אֶת־יִצְחָ֑ק וַתִּפֹּ֖ל מֵעַ֥ל הַגָּמָֽל׃ 65 וַתֹּ֣אמֶר
אֶל־הָעֶ֗בֶד מִֽי־הָאִ֤ישׁ הַלָּזֶה֙ הַהֹלֵ֤ךְ בַּשָּׂדֶה֙
לִקְרָאתֵ֔נוּ וַיֹּ֥אמֶר הָעֶ֖בֶד ה֣וּא אֲדֹנִ֑י וַתִּקַּ֥ח
הַצָּעִ֖יף וַתִּתְכָּֽס׃ 66 וַיְסַפֵּ֥ר הָעֶ֖בֶד לְיִצְחָ֑ק
אֵ֥ת כָּל־הַדְּבָרִ֖ים אֲשֶׁ֥ר עָשָֽׂה׃ 67 וַיְבִאֶ֣הָ
יִצְחָ֗ק הָאֹ֙הֱלָה֙ שָׂרָ֣ה אִמּ֔וֹ וַיִּקַּ֧ח אֶת־
רִבְקָ֛ה וַתְּהִי־ל֥וֹ לְאִשָּׁ֖ה וַיֶּאֱהָבֶ֑הָ וַיִּנָּחֵ֥ם
יִצְחָ֖ק אַחֲרֵ֥י אִמּֽוֹ׃ פ

25 וַיֹּ֧סֶף אַבְרָהָ֛ם וַיִּקַּ֥ח אִשָּׁ֖ה וּשְׁמָ֥הּ
קְטוּרָֽה׃ 2 וַתֵּ֣לֶד ל֗וֹ אֶת־זִמְרָן֙ וְאֶת־יָקְשָׁ֔ן
וְאֶת־מְדָ֖ן וְאֶת־מִדְיָ֑ן וְאֶת־יִשְׁבָּ֖ק וְאֶת־
שֽׁוּחַ׃ 3 וְיָקְשָׁ֣ן יָלַ֔ד אֶת־שְׁבָ֖א וְאֶת־דְּדָ֑ן
וּבְנֵ֣י דְדָ֔ן הָי֛וּ אַשּׁוּרִ֥ם וּלְטוּשִׁ֖ם וּלְאֻמִּֽים׃
4 וּבְנֵ֣י מִדְיָ֗ן עֵיפָ֤ה וָעֵ֙פֶר֙ וַחֲנֹ֔ךְ וַאֲבִידָ֖ע
וְאֶלְדָּעָ֑ה כָּל־אֵ֖לֶּה בְּנֵ֥י קְטוּרָֽה׃ 5 וַיִּתֵּ֧ן
אַבְרָהָ֛ם אֶת־כָּל־אֲשֶׁר־ל֖וֹ לְיִצְחָֽק׃ 6 וְלִבְנֵ֤י
הַפִּֽילַגְשִׁים֙ אֲשֶׁ֣ר לְאַבְרָהָ֔ם נָתַ֥ן אַבְרָהָ֖ם
מַתָּנֹ֑ת וַיְשַׁלְּחֵ֞ם מֵעַ֨ל יִצְחָ֤ק בְּנוֹ֙ בְּעוֹדֶ֣נּוּ
חַ֔י קֵ֖דְמָה אֶל־אֶ֥רֶץ קֶֽדֶם׃ 7 וְאֵ֗לֶּה יְמֵ֛י
שְׁנֵֽי־חַיֵּ֥י אַבְרָהָ֖ם אֲשֶׁר־חָ֑י מְאַ֥ת שָׁנָ֛ה

threescore and fifteen years. [8] And Abraham expired, and died in a good old age, an old man, and full of years; and was gathered to his people. [9] And Isaac and Ishmael his sons buried him in the cave of Machpelah, in the field of Ephron the son of Zohar the Hittite, which is before Mamre; [10] the field which Abraham purchased of the children of Heth; there was Abraham buried, and Sarah his wife. [11] And it came to pass after the death of Abraham, that God blessed Isaac his son; and Isaac dwelt by Beer-lahai-roi.

[12] Now these are the generations of Ishmael, Abraham's son, whom Hagar the Egyptian, Sarah's handmaid, bore unto Abraham. [13] And these are the names of the sons of Ishmael, by their names, according to their generations: the first-born of Ishmael, Nebaioth; and Kedar, and Adbeel, and Mibsam, [14] and Mishma, and Du-mah, and Massa; [15] Hadad, and Tema, Jetur, Naphish, and Kedem; [16] these are the sons of Ishmael, and these are their names, by their villages, and by their encampments; twelve princes according to their nations. [17] And these are the years of the life of Ishmael, a hundred and thirty and seven years; and he expired and died; and was gathered unto his people. [18] And they dwelt from Havilah unto Shur that is before Egypt, as thou goest toward Asshur: over against all his brethren he did settle.

וְשִׁבְעִים שָׁנָה וְחָמֵשׁ שָׁנִים׃ 8 וַיִּגְוַע וַיָּמָת
אַבְרָהָם בְּשֵׂיבָה טוֹבָה זָקֵן וְשָׂבֵעַ וַיֵּאָסֶף
אֶל־עַמָּיו׃ 9 וַיִּקְבְּרוּ אֹתוֹ יִצְחָק וְיִשְׁמָעֵאל
בָּנָיו אֶל־מְעָרַת הַמַּכְפֵּלָה אֶל־שְׂדֵה עֶפְרֹן
בֶּן־צֹחַר הַחִתִּי אֲשֶׁר עַל־פְּנֵי מַמְרֵא׃
10 הַשָּׂדֶה אֲשֶׁר־קָנָה אַבְרָהָם מֵאֵת בְּנֵי־
חֵת שָׁמָּה קֻבַּר אַבְרָהָם וְשָׂרָה אִשְׁתּוֹ׃
11 וַיְהִי אַחֲרֵי מוֹת אַבְרָהָם וַיְבָרֶךְ אֱלֹהִים
אֶת־יִצְחָק בְּנוֹ וַיֵּשֶׁב יִצְחָק עִם־בְּאֵר לַחַי
רֹאִי׃ ס 12 וְאֵלֶּה תֹּלְדֹת יִשְׁמָעֵאל
בֶּן־אַבְרָהָם אֲשֶׁר יָלְדָה הָגָר הַמִּצְרִית
שִׁפְחַת שָׂרָה לְאַבְרָהָם׃ 13 וְאֵלֶּה שְׁמוֹת
בְּנֵי יִשְׁמָעֵאל בִּשְׁמֹתָם לְתוֹלְדֹתָם בְּכֹר
יִשְׁמָעֵאל נְבָיֹת וְקֵדָר וְאַדְבְּאֵל וּמִבְשָׂם׃
14 וּמִשְׁמָע וְדוּמָה וּמַשָּׂא׃ 15 חֲדַד וְתֵימָא
יְטוּר נָפִישׁ וָקֵדְמָה׃ 16 אֵלֶּה הֵם בְּנֵי
יִשְׁמָעֵאל וְאֵלֶּה שְׁמֹתָם בְּחַצְרֵיהֶם
וּבְטִירֹתָם שְׁנֵים־עָשָׂר נְשִׂיאִם לְאֻמֹּתָם׃
17 וְאֵלֶּה שְׁנֵי חַיֵּי יִשְׁמָעֵאל מְאַת שָׁנָה
וּשְׁלֹשִׁים שָׁנָה וְשֶׁבַע שָׁנִים וַיִּגְוַע וַיָּמָת
וַיֵּאָסֶף אֶל־עַמָּיו׃ 18 וַיִּשְׁכְּנוּ מֵחֲוִילָה עַד־
שׁוּר אֲשֶׁר עַל־פְּנֵי מִצְרַיִם בֹּאֲכָה אַשּׁוּרָה
עַל־פְּנֵי כָל־אֶחָיו נָפָל׃ פ

TOLEDOT

[19] And these are the generations of Isaac, Abraham's son: Abraham begot Isaac. [20] And Isaac was forty years old when he took Rebekah, the daughter of Bethuel the Aramean, of Paddan-aram, the sister of Laban the Aramean, to be his wife. [21] And Isaac entreated the LORD for his wife, because she was barren; and the LORD let Himself be entreated of him, and Rebekah his wife conceived. [22] And the children struggled together within her; and she said: 'If it be so, wherefore do I live?' And she went to inquire of

תולדות

19 וְאֵלֶּה תּוֹלְדֹת יִצְחָק בֶּן־אַבְרָהָם
אַבְרָהָם הוֹלִיד אֶת־יִצְחָק׃ 20 וַיְהִי יִצְחָק
בֶּן־אַרְבָּעִים שָׁנָה בְּקַחְתּוֹ אֶת־רִבְקָה בַּת־
בְּתוּאֵל הָאֲרַמִּי מִפַּדַּן אֲרָם אֲחוֹת לָבָן
הָאֲרַמִּי לוֹ לְאִשָּׁה׃ 21 וַיֶּעְתַּר יִצְחָק לַיהוָה
לְנֹכַח אִשְׁתּוֹ כִּי עֲקָרָה הִוא וַיֵּעָתֶר לוֹ
יְהוָה וַתַּהַר רִבְקָה אִשְׁתּוֹ׃ 22 וַיִּתְרֹצֲצוּ
הַבָּנִים בְּקִרְבָּהּ וַתֹּאמֶר אִם־כֵּן לָמָּה זֶּה

the Lord. [23] And the Lord said unto her:

Two nations are in thy womb, / And two peoples shall be separated from thy bowels; / And the one people shall be stronger than the other people; / And the elder shall serve the younger:

[24] And when her days to be delivered were fulfilled, behold, there were twins in her womb. [25] And the first came forth ruddy, all over like a hairy mantle; and they called his name Esau. [26] And after that came forth his brother, and his hand had hold on Esau's heel; and his name was called [a]Jacob. And Isaac was threescore years old when she bore them. [27] And the boys grew; and Esau was a cunning hunter, a man of the field; and Jacob was a quiet man, dwelling in tents. [28] Now Isaac loved Esau, because he did eat of his venison; and Rebekah loved Jacob. [29] And Jacob sod pottage; and Esau came in from the field, and he was faint. [30] And Esau said to Jacob: 'Let me swallow, I pray thee, some of this red, red pottage; for I am faint.' Therefore was his name called [b]Edom. [31] And Jacob said: 'Sell me first thy birthright.' [32] And Esau said: 'Behold, I am at the point to die; and what profit shall the birthright do to me?' [33] And Jacob said: 'Swear to me first'; and he swore unto him; and he sold his birthright unto Jacob. [34] And Jacob gave Esau bread and pottage of lentils; and he did eat and drink, and rose up, and went his way. So Esau despised his birthright.

26 And there was a famine in the land, beside the first famine that was in the days of Abraham. And Isaac went unto Abimelech king of the Philistines unto Gerar. [2] And the Lord appeared unto him, and said: 'Go not down into Egypt; dwell in the land which I shall tell thee of. [3] Sojourn in this land, and I will be with thee, and will bless thee; for unto thee, and unto thy seed, I will give all these lands, and I will establish the oath which I swore unto Abraham thy father; [4] and I will multiply thy seed as the stars of heaven, and will give unto thy

אָנֹכִי וַתֵּלֶךְ לִדְרֹשׁ אֶת־יְהוָה׃ 23 וַיֹּאמֶר
יְהוָה לָהּ שְׁנֵי גיים גוֹיִם בְּבִטְנֵךְ וּשְׁנֵי
לְאֻמִּים מִמֵּעַיִךְ יִפָּרֵדוּ וּלְאֹם מִלְאֹם
יֶאֱמָץ וְרַב יַעֲבֹד צָעִיר׃ 24 וַיִּמְלְאוּ יָמֶיהָ
לָלֶדֶת וְהִנֵּה תוֹמִם בְּבִטְנָהּ׃ 25 וַיֵּצֵא
הָרִאשׁוֹן אַדְמוֹנִי כֻּלּוֹ כְּאַדֶּרֶת שֵׂעָר
וַיִּקְרְאוּ שְׁמוֹ עֵשָׂו׃ 26 וְאַחֲרֵי־כֵן יָצָא אָחִיו
וְיָדוֹ אֹחֶזֶת בַּעֲקֵב עֵשָׂו וַיִּקְרָא שְׁמוֹ יַעֲקֹב
וְיִצְחָק בֶּן־שִׁשִּׁים שָׁנָה בְּלֶדֶת אֹתָם׃
27 וַיִּגְדְּלוּ הַנְּעָרִים וַיְהִי עֵשָׂו אִישׁ יֹדֵעַ
צַיִד אִישׁ שָׂדֶה וְיַעֲקֹב אִישׁ תָּם יֹשֵׁב
אֹהָלִים׃ 28 וַיֶּאֱהַב יִצְחָק אֶת־עֵשָׂו כִּי־צַיִד
בְּפִיו וְרִבְקָה אֹהֶבֶת אֶת־יַעֲקֹב׃ 29 וַיָּזֶד
יַעֲקֹב נָזִיד וַיָּבֹא עֵשָׂו מִן־הַשָּׂדֶה וְהוּא
עָיֵף׃ 30 וַיֹּאמֶר עֵשָׂו אֶל־יַעֲקֹב הַלְעִיטֵנִי
נָא מִן־הָאָדֹם הָאָדֹם הַזֶּה כִּי עָיֵף אָנֹכִי
עַל־כֵּן קָרָא־שְׁמוֹ אֱדוֹם׃ 31 וַיֹּאמֶר יַעֲקֹב
מִכְרָה כַיּוֹם אֶת־בְּכֹרָתְךָ לִי׃ 32 וַיֹּאמֶר
עֵשָׂו הִנֵּה אָנֹכִי הוֹלֵךְ לָמוּת וְלָמָּה־זֶּה לִי
בְּכֹרָה׃ 33 וַיֹּאמֶר יַעֲקֹב הִשָּׁבְעָה לִּי כַּיּוֹם
וַיִּשָּׁבַע לוֹ וַיִּמְכֹּר אֶת־בְּכֹרָתוֹ לְיַעֲקֹב׃
34 וְיַעֲקֹב נָתַן לְעֵשָׂו לֶחֶם וּנְזִיד עֲדָשִׁים
וַיֹּאכַל וַיֵּשְׁתְּ וַיָּקָם וַיֵּלַךְ וַיִּבֶז עֵשָׂו
אֶת־הַבְּכֹרָה׃ ס **26** וַיְהִי רָעָב
בָּאָרֶץ מִלְּבַד הָרָעָב הָרִאשׁוֹן אֲשֶׁר הָיָה
בִּימֵי אַבְרָהָם וַיֵּלֶךְ יִצְחָק אֶל־אֲבִימֶלֶךְ
מֶלֶךְ־פְּלִשְׁתִּים גְּרָרָה׃ 2 וַיֵּרָא אֵלָיו יְהוָה
וַיֹּאמֶר אַל־תֵּרֵד מִצְרָיְמָה שְׁכֹן בָּאָרֶץ
אֲשֶׁר אֹמַר אֵלֶיךָ׃ 3 גּוּר בָּאָרֶץ הַזֹּאת
וְאֶהְיֶה עִמְּךָ וַאֲבָרְכֶךָּ כִּי־לְךָ וּלְזַרְעֲךָ אֶתֵּן
אֶת־כָּל־הָאֲרָצֹת הָאֵל וַהֲקִמֹתִי אֶת־
הַשְּׁבֻעָה אֲשֶׁר נִשְׁבַּעְתִּי לְאַבְרָהָם אָבִיךָ׃
4 וְהִרְבֵּיתִי אֶת־זַרְעֲךָ כְּכוֹכְבֵי הַשָּׁמַיִם

a That is, *One that takes by the heel*, or, *supplants*. b That is, *Red*.

וְנָתַתִּ֣י לְזַרְעֲךָ֔ אֵ֖ת כָּל־הָאֲרָצֹ֣ת הָאֵ֑ל
וְהִתְבָּרְכ֣וּ בְזַרְעֲךָ֔ כֹּ֖ל גּוֹיֵ֥י הָאָֽרֶץ׃ 5 עֵ֕קֶב
אֲשֶׁר־שָׁמַ֥ע אַבְרָהָ֖ם בְּקֹלִ֑י וַיִּשְׁמֹר֙
מִשְׁמַרְתִּ֔י מִצְוֺתַ֖י חֻקּוֹתַ֥י וְתוֹרֹתָֽי׃ 6 וַיֵּ֥שֶׁב
יִצְחָ֖ק בִּגְרָֽר׃ 7 וַיִּשְׁאֲל֞וּ אַנְשֵׁ֤י הַמָּקוֹם֙
לְאִשְׁתּ֔וֹ וַיֹּ֖אמֶר אֲחֹ֣תִי הִ֑וא כִּ֤י יָרֵא֙ לֵאמֹ֣ר
אִשְׁתִּ֔י פֶּן־יַהַרְגֻ֜נִי אַנְשֵׁ֤י הַמָּקוֹם֙ עַל־
רִבְקָ֔ה כִּֽי־טוֹבַ֥ת מַרְאֶ֖ה הִֽוא׃ 8 וַיְהִ֗י כִּ֣י
אָֽרְכוּ־ל֥וֹ שָׁם֙ הַיָּמִ֔ים וַיַּשְׁקֵ֗ף אֲבִימֶ֙לֶךְ֙
מֶ֣לֶךְ פְּלִשְׁתִּ֔ים בְּעַ֖ד הַֽחַלּ֑וֹן וַיַּ֗רְא וְהִנֵּ֤ה
יִצְחָק֙ מְצַחֵ֔ק אֵ֖ת רִבְקָ֥ה אִשְׁתּֽוֹ׃ 9 וַיִּקְרָ֨א
אֲבִימֶ֜לֶךְ לְיִצְחָ֗ק וַיֹּ֙אמֶר֙ אַ֣ךְ הִנֵּ֤ה אִשְׁתְּךָ֙
הִ֔וא וְאֵ֥יךְ אָמַ֖רְתָּ אֲחֹ֣תִי הִ֑וא וַיֹּ֤אמֶר אֵלָיו֙
יִצְחָ֔ק כִּ֣י אָמַ֔רְתִּי פֶּן־אָמ֖וּת עָלֶֽיהָ׃
10 וַיֹּ֣אמֶר אֲבִימֶ֔לֶךְ מַה־זֹּ֖את עָשִׂ֣יתָ לָּ֑נוּ
כִּ֠מְעַט שָׁכַ֞ב אַחַ֤ד הָעָם֙ אֶת־אִשְׁתֶּ֔ךָ
וְהֵבֵאתָ֥ עָלֵ֖ינוּ אָשָֽׁם׃ 11 וַיְצַ֣ו אֲבִימֶ֔לֶךְ
אֶת־כָּל־הָעָ֖ם לֵאמֹ֑ר הַנֹּגֵ֜עַ בָּאִ֥ישׁ הַזֶּ֛ה
וּבְאִשְׁתּ֖וֹ מ֥וֹת יוּמָֽת׃ 12 וַיִּזְרַ֤ע יִצְחָק֙ בָּאָ֣רֶץ
הַהִ֔וא וַיִּמְצָ֛א בַּשָּׁנָ֥ה הַהִ֖וא מֵאָ֣ה שְׁעָרִ֑ים
וַֽיְבָרְכֵ֖הוּ יְהוָֽה׃ 13 וַיִּגְדַּ֖ל הָאִ֑ישׁ וַיֵּ֤לֶךְ
הָלוֹךְ֙ וְגָדֵ֔ל עַ֥ד כִּֽי־גָדַ֖ל מְאֹֽד׃ 14 וַֽיְהִי־ל֤וֹ
מִקְנֵה־צֹאן֙ וּמִקְנֵ֣ה בָקָ֔ר וַעֲבֻדָּ֖ה רַבָּ֑ה
וַיְקַנְא֥וּ אֹת֖וֹ פְּלִשְׁתִּֽים׃ 15 וְכָל־הַבְּאֵרֹ֗ת
אֲשֶׁ֤ר חָֽפְרוּ֙ עַבְדֵ֣י אָבִ֔יו בִּימֵ֖י אַבְרָהָ֣ם
אָבִ֑יו סִתְּמ֣וּם פְּלִשְׁתִּ֔ים וַיְמַלְא֖וּם עָפָֽר׃
16 וַיֹּ֥אמֶר אֲבִימֶ֖לֶךְ אֶל־יִצְחָ֑ק לֵ֚ךְ מֵעִמָּ֔נוּ
כִּֽי־עָצַֽמְתָּ־מִמֶּ֖נּוּ מְאֹֽד׃ 17 וַיֵּ֥לֶךְ מִשָּׁ֖ם
יִצְחָ֑ק וַיִּ֥חַן בְּנַֽחַל־גְּרָ֖ר וַיֵּ֥שֶׁב שָֽׁם׃ 18 וַיָּ֨שָׁב
יִצְחָ֜ק וַיַּחְפֹּ֣ר ׀ אֶת־בְּאֵרֹ֣ת הַמַּ֗יִם אֲשֶׁ֤ר
חָֽפְרוּ֙ בִּימֵי֙ אַבְרָהָ֣ם אָבִ֔יו וַיְסַתְּמ֣וּם
פְּלִשְׁתִּ֔ים אַחֲרֵ֖י מ֣וֹת אַבְרָהָ֑ם וַיִּקְרָ֤א לָהֶן֙
שֵׁמ֔וֹת כַּשֵּׁמֹ֕ת אֲשֶׁר־קָרָ֥א לָהֶ֖ן אָבִֽיו׃

seed all these lands; and by thy seed shall all the nations of the earth bless themselves; [5] because that Abraham hearkened to My voice, and kept My charge, My commandments, My statutes, and My laws.' [6] And Isaac dwelt in Gerar. [7] And the men of the place asked him of his wife; and he said: 'She is my sister'; for he feared to say: 'My wife'; 'lest the men of the place should kill me for Rebekah, because she is fair to look upon.' [8] And it came to pass, when he had been there a long time, that Abimelech king of the Philistines looked out at a window, and saw, and, behold, Isaac was sporting with Rebekah his wife. [9] And Abimelech called Isaac, and said: 'Behold, of a surety she is thy wife; and how saidst thou: She is my sister?' And Isaac said unto him: 'Because I said: Lest I die because of her.' [10] And Abimelech said: 'What is this thou hast done unto us? one of the people might easily have lain with thy wife, and thou wouldest have brought guiltiness upon us.' [11] And Abimelech charged all the people, saying: 'He that toucheth this man or his wife shall surely be put to death.' [12] And Isaac sowed in that land, and found in the same year a hundredfold; and the LORD blessed him. [13] And the man waxed great, and grew more and more until he became very great. [14] And he had possessions of flocks, and possessions of herds, and a great household; and the Philistines envied him. [15] Now all the wells which his father's servants had digged in the days of Abraham his father, the Philistines had stopped them, and filled them with earth. [16] And Abimelech said unto Isaac: 'Go from us; for thou art much mightier than we.' [17] And Isaac departed thence, and encamped in the valley of Gerar, and dwelt there. [18] And Isaac digged again the wells of water, which they had digged in the days of Abraham his father; for the Philistines had stopped them after the death of Abraham; and he called their names after the names by which his father had called them.

[19] And Isaac's servants digged in the valley, and found there a well of living water. [20] And the herdmen of Gerar strove with Isaac's herdmen, saying: 'The water is ours.' And he called the name of the well [a]Esek; because they contended with him. [21] And they digged another well, and they strove for that also. And he called the name of it [b]Sitnah. [22] And he removed from thence, and digged another well; and for that they strove not. And he called the name of it [c]Rehoboth; and he said: 'For now the LORD hath made room for us, and we shall be fruitful in the land.' [23] And he went up from thence to Beer-sheba. [24] And the LORD appeared unto him the same night, and said: 'I am the God of Abraham thy father. Fear not, for I am with thee, and will bless thee, and multiply thy seed for My servant Abraham's sake.' [25] And he builded an altar there, and called upon the name of the LORD, and pitched his tent there; and there Isaac's servants digged a well. [26] Then Abimelech went to him from Gerar, and Ahuzzath his friend, and Phicol the captain of his host. [27] And Isaac said unto them: 'Wherefore are ye come unto me, seeing ye hate me, and have sent me away from you?' [28] And they said: 'We saw plainly that the LORD was with thee; and we said: Let there now be an oath betwixt us, even betwixt us and thee, and let us make a covenant with thee; [29] that thou wilt do us no hurt, as we have not touched thee, and as we have done unto thee nothing but good, and have sent thee away in peace; thou art now the blessed of the LORD.' [30] And he made them a feast, and they did eat and drink. [31] And they rose up betimes in the morning, and swore one to another; and Isaac sent them away, and they departed from him in peace. [32] And it came to pass the same day, that Isaac's servants came, and told him concerning the well which they had digged, and said unto him: 'We have found water.' [33] And he called it Shibah. Therefore the name of the city is Beer-sheba unto this day.

[34] And when Esau was forty years old, he took to wife Judith the daughter of Beeri the

19 וַיַּחְפְּרוּ עַבְדֵי־יִצְחָק בַּנָּחַל וַיִּמְצְאוּ־שָׁם
בְּאֵר מַיִם חַיִּים׃ 20 וַיָּרִיבוּ רֹעֵי גְרָר
עִם־רֹעֵי יִצְחָק לֵאמֹר לָנוּ הַמָּיִם וַיִּקְרָא
שֵׁם־הַבְּאֵר עֵשֶׂק כִּי הִתְעַשְּׂקוּ עִמּוֹ׃
21 וַיַּחְפְּרוּ בְּאֵר אַחֶרֶת וַיָּרִיבוּ גַּם־עָלֶיהָ
וַיִּקְרָא שְׁמָהּ שִׂטְנָה׃ 22 וַיַּעְתֵּק מִשָּׁם
וַיַּחְפֹּר בְּאֵר אַחֶרֶת וְלֹא רָבוּ עָלֶיהָ וַיִּקְרָא
שְׁמָהּ רְחֹבוֹת וַיֹּאמֶר כִּי־עַתָּה הִרְחִיב
יְהוָה לָנוּ וּפָרִינוּ בָאָרֶץ׃ 23 וַיַּעַל מִשָּׁם
בְּאֵר שָׁבַע׃ 24 וַיֵּרָא אֵלָיו יְהוָה בַּלַּיְלָה
הַהוּא וַיֹּאמֶר אָנֹכִי אֱלֹהֵי אַבְרָהָם אָבִיךָ
אַל־תִּירָא כִּי־אִתְּךָ אָנֹכִי וּבֵרַכְתִּיךָ
וְהִרְבֵּיתִי אֶת־זַרְעֲךָ בַּעֲבוּר אַבְרָהָם
עַבְדִּי׃ 25 וַיִּבֶן שָׁם מִזְבֵּחַ וַיִּקְרָא בְּשֵׁם
יְהוָה וַיֶּט־שָׁם אָהֳלוֹ וַיִּכְרוּ־שָׁם עַבְדֵי־
יִצְחָק בְּאֵר׃ 26 וַאֲבִימֶלֶךְ הָלַךְ אֵלָיו מִגְּרָר
וַאֲחֻזַּת מֵרֵעֵהוּ וּפִיכֹל שַׂר־צְבָאוֹ׃
27 וַיֹּאמֶר אֲלֵהֶם יִצְחָק מַדּוּעַ בָּאתֶם אֵלָי
וְאַתֶּם שְׂנֵאתֶם אֹתִי וַתְּשַׁלְּחוּנִי מֵאִתְּכֶם׃
28 וַיֹּאמְרוּ רָאוֹ רָאִינוּ כִּי־הָיָה יְהוָה ׀ עִמָּךְ
וַנֹּאמֶר תְּהִי נָא אָלָה בֵּינוֹתֵינוּ בֵּינֵינוּ
וּבֵינֶךָ וְנִכְרְתָה בְרִית עִמָּךְ׃ 29 אִם־תַּעֲשֵׂה
עִמָּנוּ רָעָה כַּאֲשֶׁר לֹא נְגַעֲנוּךָ וְכַאֲשֶׁר
עָשִׂינוּ עִמְּךָ רַק־טוֹב וַנְּשַׁלֵּחֲךָ בְּשָׁלוֹם
אַתָּה עַתָּה בְּרוּךְ יְהוָה׃ 30 וַיַּעַשׂ לָהֶם
מִשְׁתֶּה וַיֹּאכְלוּ וַיִּשְׁתּוּ׃ 31 וַיַּשְׁכִּימוּ בַבֹּקֶר
וַיִּשָּׁבְעוּ אִישׁ לְאָחִיו וַיְשַׁלְּחֵם יִצְחָק וַיֵּלְכוּ
מֵאִתּוֹ בְּשָׁלוֹם׃ 32 וַיְהִי ׀ בַּיּוֹם הַהוּא
וַיָּבֹאוּ עַבְדֵי יִצְחָק וַיַּגִּדוּ לוֹ עַל־אֹדוֹת
הַבְּאֵר אֲשֶׁר חָפָרוּ וַיֹּאמְרוּ לוֹ מָצָאנוּ
מָיִם׃ 33 וַיִּקְרָא אֹתָהּ שִׁבְעָה עַל־כֵּן שֵׁם־
הָעִיר בְּאֵר שֶׁבַע עַד הַיּוֹם הַזֶּה׃ ס
34 וַיְהִי עֵשָׂו בֶּן־אַרְבָּעִים שָׁנָה וַיִּקַּח

a That is, *Contention.* b That is, *Enmity.* c That is, *Room.*

Hittite, and Basemath the daughter of Elon the Hittite. [35] And they were a bitterness of spirit unto Isaac and to Rebekah.

27 And it came to pass, that when Isaac was old, and his eyes were dim, so that he could not see, he called Esau his elder son, and said unto him: 'My son'; and he said unto him: 'Here am I.' [2] And he said: 'Behold now, I am old, I know not the day of my death. [3] Now therefore take, I pray thee, thy weapons, thy quiver and thy bow, and go out to the field, and take me venison; [4] and make me savoury food, such as I love, and bring it to me, that I may eat; that my soul may bless thee before I die.' [5] And Rebekah heard when Isaac spoke to Esau his son. And Esau went to the field to hunt for venison, and o bring it. [6] And Rebekah spoke unto Jacob her son, saying: 'Behold, I heard thy father speak unto Esau thy brother, saying: [7] Bring me venison, and make me savoury food, that I may eat, and bless thee before the LORD before my death. [8] Now therefore, my son, hearken to my voice according to that which I command thee. [9] Go now to the flock, and fetch me from thence two good kids of the goats; and I will make them savoury food for thy father, such as he loveth; [10] and thou shalt bring it to thy father, that he may eat, so that he may bless thee before his death.' [11] And Jacob said to Rebekah his mother: 'Behold, Esau my brother is a hairy man, and I am a smooth man. [12] My father peradventure will feel me, and I shall seem to him as a mocker; and I shall bring a curse upon me, and not a blessing.' [13] And his mother said unto him: 'Upon me be thy curse, my son; only hearken to my voice, and go fetch me them.' [14] And he went, and fetched, and brought them to his mother; and his mother made savoury food, such as his father loved. [15] And Rebekah took the choicest garments of Esau her elder son, which were with her in the house, and put them upon Jacob her younger son. [16] And she put the skins of the kids of the goats upon his hands, and upon the smooth of

אִשָּׁה֙ אֶת־יְהוּדִ֔ית בַּת־בְּאֵרִ֖י הַֽחִתִּ֑י וְאֶת־
בָּ֣שְׂמַ֔ת בַּת־אֵילֹ֖ן הַֽחִתִּֽי׃ 35 וַתִּהְיֶ֖יןָ מֹ֣רַת
ר֑וּחַ לְיִצְחָ֖ק וּלְרִבְקָֽה׃ ס 27 וַיְהִי֙
כִּֽי־זָקֵ֣ן יִצְחָ֔ק וַתִּכְהֶ֥יןָ עֵינָ֖יו מֵרְאֹ֑ת וַיִּקְרָ֞א
אֶת־עֵשָׂ֣ו ׀ בְּנ֣וֹ הַגָּדֹ֗ל וַיֹּ֤אמֶר אֵלָיו֙ בְּנִ֔י
וַיֹּ֥אמֶר אֵלָ֖יו הִנֵּֽנִי׃ 2 וַיֹּ֕אמֶר הִנֵּה־נָ֖א זָקַ֑נְתִּי
לֹ֥א יָדַ֖עְתִּי י֥וֹם מוֹתִֽי׃ 3 וְעַתָּה֙ שָׂא־נָ֣א
כֵלֶ֔יךָ תֶּלְיְךָ֖ וְקַשְׁתֶּ֑ךָ וְצֵא֙ הַשָּׂדֶ֔ה וְצ֥וּדָה
לִּ֖י צידה צָֽיִד׃ 4 וַעֲשֵׂה־לִ֨י מַטְעַמִּ֜ים כַּאֲשֶׁ֧ר
אָהַ֛בְתִּי וְהָבִ֥יאָה לִּ֖י וְאֹכֵ֑לָה בַּעֲב֛וּר
תְּבָרֶכְךָ֥ נַפְשִׁ֖י בְּטֶ֥רֶם אָמֽוּת׃ 5 וְרִבְקָ֣ה
שֹׁמַ֔עַת בְּדַבֵּ֣ר יִצְחָ֔ק אֶל־עֵשָׂ֖ו בְּנ֑וֹ וַיֵּ֤לֶךְ
עֵשָׂו֙ הַשָּׂדֶ֔ה לָצ֥וּד צַ֖יִד לְהָבִֽיא׃ 6 וְרִבְקָה֙
אָֽמְרָ֔ה אֶל־יַעֲקֹ֥ב בְּנָ֖הּ לֵאמֹ֑ר הִנֵּ֤ה שָׁמַ֙עְתִּי֙
אֶת־אָבִ֔יךָ מְדַבֵּ֛ר אֶל־עֵשָׂ֥ו אָחִ֖יךָ לֵאמֹֽר׃
7 הָבִ֨יאָה לִּ֥י צַ֛יִד וַעֲשֵׂה־לִ֥י מַטְעַמִּ֖ים
וְאֹכֵ֑לָה וַאֲבָרֶכְכָ֛ה לִפְנֵ֥י יְהוָ֖ה לִפְנֵ֥י מוֹתִֽי׃
8 וְעַתָּ֥ה בְנִ֖י שְׁמַ֣ע בְּקֹלִ֑י לַאֲשֶׁ֥ר אֲנִ֖י מְצַוָּ֥ה
אֹתָֽךְ׃ 9 לֶךְ־נָא֙ אֶל־הַצֹּ֔אן וְקַח־לִ֣י מִשָּׁ֗ם
שְׁנֵ֛י גְּדָיֵ֥י עִזִּ֖ים טֹבִ֑ים וְאֶעֱשֶׂ֨ה אֹתָ֧ם
מַטְעַמִּ֛ים לְאָבִ֖יךָ כַּאֲשֶׁ֥ר אָהֵֽב׃ 10 וְהֵבֵאתָ֥
לְאָבִ֖יךָ וְאָכָ֑ל בַּעֲבֻ֛ר אֲשֶׁ֥ר יְבָרֶכְךָ֖ לִפְנֵ֥י
מוֹתֽוֹ׃ 11 וַיֹּ֣אמֶר יַעֲקֹ֔ב אֶל־רִבְקָ֖ה אִמּ֑וֹ הֵ֣ן
עֵשָׂ֤ו אָחִי֙ אִ֣ישׁ שָׂעִ֔ר וְאָנֹכִ֖י אִ֥ישׁ חָלָֽק׃
12 אוּלַ֤י יְמֻשֵּׁ֙נִי֙ אָבִ֔י וְהָיִ֥יתִי בְעֵינָ֖יו
כִּמְתַעְתֵּ֑עַ וְהֵבֵאתִ֥י עָלַ֛י קְלָלָ֖ה וְלֹ֥א
בְרָכָֽה׃ 13 וַתֹּ֤אמֶר לוֹ֙ אִמּ֔וֹ עָלַ֥י קִלְלָתְךָ֖
בְּנִ֑י אַ֛ךְ שְׁמַ֥ע בְּקֹלִ֖י וְלֵ֥ךְ קַח־לִֽי׃ 14 וַיֵּ֙לֶךְ֙
וַיִּקַּ֔ח וַיָּבֵ֖א לְאִמּ֑וֹ וַתַּ֤עַשׂ אִמּוֹ֙ מַטְעַמִּ֔ים
כַּאֲשֶׁ֖ר אָהֵ֥ב אָבִֽיו׃ 15 וַתִּקַּ֣ח רִ֠בְקָה אֶת־
בִּגְדֵ֨י עֵשָׂ֜ו בְּנָ֤הּ הַגָּדֹל֙ הַחֲמֻדֹ֔ת אֲשֶׁ֥ר אִתָּ֖הּ
בַּבָּ֑יִת וַתַּלְבֵּ֥שׁ אֶֽת־יַעֲקֹ֖ב בְּנָ֥הּ הַקָּטָֽן׃
16 וְאֵ֗ת עֹרֹת֙ גְּדָיֵ֣י הָֽעִזִּ֔ים הִלְבִּ֖ישָׁה עַל־

his neck. [17] And she gave the savoury food and the bread, which she had prepared, into the hand of her son Jacob. [18] And he came unto his father, and said: 'My father'; and he said: 'Here am I; who art thou, my son?' [19] And Jacob said unto his father: 'I am Esau thy first-born; I have done according as thou badest me. Arise, I pray thee, sit and eat of my venison, that thy soul may bless me.' [20] And Isaac said unto his son: 'How is it that thou hast found it so quickly, my son?' And he said: 'Because the LORD thy God sent me good speed.' [21] And Isaac said unto Jacob: 'Come near, I pray thee, that I may feel thee, my son, whether thou be my very son Esau or not.' [22] And Jacob went near unto Isaac his father; and he felt him, and said: 'The voice is the voice of Jacob, but the hands are the hands of Esau. [23] And he discerned him not, because his hands were hairy, as his brother Esau's hands; so he blessed him. [24] And he said: 'Art thou my very son Esau?' And he said: 'I am.' [25] And he said: 'Bring it near to me, and I will eat of my son's venison, that my soul may bless thee.' And he brought it near to him, and he did eat; and he brought him wine, and he drank. [26] And his father Isaac said unto him: 'Come near now, and kiss me, my son.' [27] And he came near, and kissed him. And he smelled the smell of his raiment, and blessed him, and said:

See, the smell of my son / Is as the smell of a field which the LORD hath blessed. / [28] So God give thee of the dew of heaven, / And of the fat places of the earth, / And plenty of corn and wine. / [29] Let peoples serve thee, / And nations bow down to thee. / Be lord over thy brethren, / And let thy mother's sons bow down to thee. / Cursed be every one that curseth thee, / And blessed be every one that blesseth thee.

[30] And it came to pass, as soon as Isaac had made an end of blessing Jacob, and Jacob was yet scarce gone out from the presence of Isaac his father, that Esau his brother came in from his hunting. [31] And he also made savoury food, and brought it unto his father; and he said unto his father: 'Let my father arise, and eat of his son's venison, that thy soul may bless me.' [32] And Isaac his father said unto him: 'Who art thou?' And he said: 'I am thy son, thy

ידיו ועל חלקת צואריו: 17 ותתן את־
המטעמים ואת־הלחם אשר עשתה ביד
יעקב בנה: 18 ויבא אל־אביו ויאמר אבי
ויאמר הנני מי אתה בני: 19 ויאמר יעקב
אל־אביו אנכי עשו בכרך עשיתי כאשר
דברת אלי קום־נא שבה ואכלה מצידי
בעבור תברכני נפשך: 20 ויאמר יצחק
אל־בנו מה־זה מהרת למצא בני ויאמר
כי הקרה יהוה אלהיך לפני: 21 ויאמר
יצחק אל־יעקב גשה־נא ואמשך בני
האתה זה בני עשו אם־לא: 22 ויגש יעקב
אל־יצחק אביו וימשהו ויאמר הקל קול
יעקב והידים ידי עשו: 23 ולא הכירו
כי־היו ידיו כידי עשו אחיו שערת
ויברכהו: 24 ויאמר אתה זה בני עשו
ויאמר אני: 25 ויאמר הגשה לי ואכלה
מציד בני למען תברכך נפשי ויגש־לו
ויאכל ויבא לו יין וישת: 26 ויאמר אליו
יצחק אביו גשה־נא ושקה־לי בני:
27 ויגש וישק־לו וירח את־ריח בגדיו
ויברכהו ויאמר ראה ריח בני כריח שדה
אשר ברכו יהוה: 28 ויתן־לך האלהים
מטל השמים ומשמני הארץ ורב דגן
ותירש: 29 יעבדוך עמים וישתחו
וישתחוו לך לאמים הוה גביר לאחיך
וישתחוו לך בני אמך אררך ארור
ומברכיך ברוך: 30 ויהי כאשר כלה יצחק
לברך את־יעקב ויהי אך יצא יצא יעקב
מאת פני יצחק אביו ועשו אחיו בא
מצידו: 31 ויעש גם־הוא מטעמים ויבא
לאביו ויאמר לאביו יקם אבי ויאכל
מציד בנו בעבור תברכני נפשך:
32 ויאמר לו יצחק אביו מי־אתה ויאמר

first-born, Esau.' [33] And Isaac trembled very exceedingly, and said: 'Who then is he that hath taken venison, and brought it me, and I have eaten of all before thou camest, and have blessed him? yea, and he shall be blessed.' [34] When Esau heard the words of his father, he cried with an exceeding great and bitter cry, and said unto his father: 'Bless me, even me also, O my father.' [35] And he said: 'Thy brother came with guile, and hath taken away thy blessing.' [36] And he said: 'Is not he rightly named Jacob? for he hath supplanted me these two times: he took away my birthright; and, behold, now he hath taken away my blessing.' And he said: 'Hast thou not reserved a blessing for me?' [37] And Isaac answered and said unto Esau: 'Behold, I have made him thy lord, and all his brethren have I given to him for servants; and with corn and wine have I sustained him; and what then shall I do for thee, my son?' [38] And Esau said unto his father: 'Hast thou but one blessing, my father? bless me, even me also, O my father.' And Esau lifted up his voice, and wept. [39] And Isaac his father answered and said unto him:

Behold, of the fat places of the earth shall be thy dwelling, / And of the dew of heaven from above; / [40] And by thy sword shalt thou live, and thou shalt serve thy brother; / And it shall come to pass when thou shalt break loose, / That thou shalt shake his yoke from off thy neck.

[41] And Esau hated Jacob because of the blessing wherewith his father blessed him. And Esau said in his heart: 'Let the days of mourning for my father be at hand; then will I slay my brother Jacob.' [42] And the words of Esau her elder son were told to Rebekah; and she sent and called Jacob her younger son, and said unto him: 'Behold, thy brother Esau, as touching thee, doth comfort himself, purposing to kill thee. [43] Now therefore, my son, hearken to my voice; and arise, flee thou to Laban my brother to Haran; [44] and tarry with him a few days, until thy brother's fury turn away; [45] until thy brother's anger turn away from thee, and he forget that which thou hast done to him; then I will send, and fetch thee from thence; why should I be bereaved of you both in one day?'

אֲנִי בִּנְךָ בְכֹרְךָ עֵשָׂו׃ 33 וַיֶּחֱרַד יִצְחָק
חֲרָדָה גְּדֹלָה עַד־מְאֹד וַיֹּאמֶר מִי־אֵפוֹא
הוּא הַצָּד־צַיִד וַיָּבֵא לִי וָאֹכַל מִכֹּל בְּטֶרֶם
תָּבוֹא וָאֲבָרְכֵהוּ גַּם־בָּרוּךְ יִהְיֶה׃ 34 כִּשְׁמֹעַ
עֵשָׂו אֶת־דִּבְרֵי אָבִיו וַיִּצְעַק צְעָקָה גְּדֹלָה
וּמָרָה עַד־מְאֹד וַיֹּאמֶר לְאָבִיו בָּרְכֵנִי
גַם־אָנִי אָבִי׃ 35 וַיֹּאמֶר בָּא אָחִיךָ בְּמִרְמָה
וַיִּקַּח בִּרְכָתֶךָ׃ 36 וַיֹּאמֶר הֲכִי קָרָא שְׁמוֹ
יַעֲקֹב וַיַּעְקְבֵנִי זֶה פַעֲמַיִם אֶת־בְּכֹרָתִי
לָקָח וְהִנֵּה עַתָּה לָקַח בִּרְכָתִי וַיֹּאמַר
הֲלֹא־אָצַלְתָּ לִּי בְּרָכָה׃ 37 וַיַּעַן יִצְחָק
וַיֹּאמֶר לְעֵשָׂו הֵן גְּבִיר שַׂמְתִּיו לָךְ וְאֶת־
כָּל־אֶחָיו נָתַתִּי לוֹ לַעֲבָדִים וְדָגָן וְתִירֹשׁ
סְמַכְתִּיו וּלְכָה אֵפוֹא מָה אֶעֱשֶׂה בְּנִי׃
38 וַיֹּאמֶר עֵשָׂו אֶל־אָבִיו הַבְרָכָה אַחַת
הִוא־לְךָ אָבִי בָּרְכֵנִי גַם־אָנִי אָבִי וַיִּשָּׂא
עֵשָׂו קֹלוֹ וַיֵּבְךְּ׃ 39 וַיַּעַן יִצְחָק אָבִיו וַיֹּאמֶר
אֵלָיו הִנֵּה מִשְׁמַנֵּי הָאָרֶץ יִהְיֶה מוֹשָׁבֶךָ
וּמִטַּל הַשָּׁמַיִם מֵעָל׃ 40 וְעַל־חַרְבְּךָ תִחְיֶה
וְאֶת־אָחִיךָ תַּעֲבֹד וְהָיָה כַּאֲשֶׁר תָּרִיד
וּפָרַקְתָּ עֻלּוֹ מֵעַל צַוָּארֶךָ׃ 41 וַיִּשְׂטֹם עֵשָׂו
אֶת־יַעֲקֹב עַל־הַבְּרָכָה אֲשֶׁר בֵּרְכוֹ אָבִיו
וַיֹּאמֶר עֵשָׂו בְּלִבּוֹ יִקְרְבוּ יְמֵי אֵבֶל אָבִי
וְאַהַרְגָה אֶת־יַעֲקֹב אָחִי׃ 42 וַיֻּגַּד לְרִבְקָה
אֶת־דִּבְרֵי עֵשָׂו בְּנָהּ הַגָּדֹל וַתִּשְׁלַח
וַתִּקְרָא לְיַעֲקֹב בְּנָהּ הַקָּטָן וַתֹּאמֶר אֵלָיו
הִנֵּה עֵשָׂו אָחִיךָ מִתְנַחֵם לְךָ לְהָרְגֶךָ׃
43 וְעַתָּה בְנִי שְׁמַע בְּקֹלִי וְקוּם בְּרַח־לְךָ
אֶל־לָבָן אָחִי חָרָנָה׃ 44 וְיָשַׁבְתָּ עִמּוֹ יָמִים
אֲחָדִים עַד אֲשֶׁר־תָּשׁוּב חֲמַת אָחִיךָ׃
45 עַד־שׁוּב אַף־אָחִיךָ מִמְּךָ וְשָׁכַח אֵת
אֲשֶׁר־עָשִׂיתָ לּוֹ וְשָׁלַחְתִּי וּלְקַחְתִּיךָ מִשָּׁם
לָמָה אֶשְׁכַּל גַּם־שְׁנֵיכֶם יוֹם אֶחָד׃

[46] And Rebekah said to Isaac: 'I am weary of my life because of the daughters of Heth. If Jacob take a wife of the daughters of Heth, such as these, of the daughters of the land, what good shall my life do me?'

28 And Isaac called Jacob, and blessed him, and charged him, and said unto him: 'Thou shalt not take a wife of the daughters of Canaan. [2] Arise, go to Paddan-aram, to the house of Bethuel thy mother's father; and take thee a wife from thence of the daughters of Laban thy mother's brother. [3] And God Almighty bless thee, and make thee fruitful, and multiply thee, that thou mayest be a congregation of peoples; [4] and give thee the blessing of Abraham, to thee, and to thy seed with thee; that thou mayest inherit the land of thy sojournings, which God gave unto Abraham.' [5] And Isaac sent away Jacob; and he went to Paddan-aram unto Laban, son of Bethuel the Ara-mean, the brother of Rebekah, Jacob's and Esau's mother. [6] Now Esau saw that Isaac had blessed Jacob and sent him away to Paddan-aram, to take him a wife from thence; and that as he blessed him he gave him a charge, saying: 'Thou shalt not take a wife of the daughters of Canaan'; [7] and that Jacob hearkened to his father and his mother, and was gone to Paddan-aram; [8] and Esau saw that the daughters of Canaan pleased not Isaac his father; [9] so Esau went unto Ishmael, and took unto the wives that he had Mahalath the daughter of Ishmael Abraham's son, the sister of Nebaioth, to be his wife.

46 וַתֹּאמֶר רִבְקָה אֶל־יִצְחָק קַצְתִּי בְחַיַּי
מִפְּנֵי בְּנוֹת חֵת אִם־לֹקֵחַ יַעֲקֹב אִשָּׁה
מִבְּנוֹת־חֵת כָּאֵלֶּה מִבְּנוֹת הָאָרֶץ לָמָּה
לִּי חַיִּים׃ **28** וַיִּקְרָא יִצְחָק אֶל־יַעֲקֹב
וַיְבָרֶךְ אֹתוֹ וַיְצַוֵּהוּ וַיֹּאמֶר לוֹ לֹא־תִקַּח
אִשָּׁה מִבְּנוֹת כְּנָעַן׃ 2 קוּם לֵךְ פַּדֶּנָה אֲרָם
בֵּיתָה בְתוּאֵל אֲבִי אִמֶּךָ וְקַח־לְךָ מִשָּׁם
אִשָּׁה מִבְּנוֹת לָבָן אֲחִי אִמֶּךָ׃ 3 וְאֵל שַׁדַּי
יְבָרֵךְ אֹתְךָ וְיַפְרְךָ וְיַרְבֶּךָ וְהָיִיתָ לִקְהַל
עַמִּים׃ 4 וְיִתֶּן־לְךָ אֶת־בִּרְכַּת אַבְרָהָם לְךָ
וּלְזַרְעֲךָ אִתָּךְ לְרִשְׁתְּךָ אֶת־אֶרֶץ מְגֻרֶיךָ
אֲשֶׁר־נָתַן אֱלֹהִים לְאַבְרָהָם׃ 5 וַיִּשְׁלַח
יִצְחָק אֶת־יַעֲקֹב וַיֵּלֶךְ פַּדֶּנָה אֲרָם אֶל־לָבָן
בֶּן־בְּתוּאֵל הָאֲרַמִּי אֲחִי רִבְקָה אֵם יַעֲקֹב
וְעֵשָׂו׃ 6 וַיַּרְא עֵשָׂו כִּי־בֵרַךְ יִצְחָק אֶת־
יַעֲקֹב וְשִׁלַּח אֹתוֹ פַּדֶּנָה אֲרָם לָקַחַת־לוֹ
מִשָּׁם אִשָּׁה בְּבָרְכוֹ אֹתוֹ וַיְצַו עָלָיו לֵאמֹר
לֹא־תִקַּח אִשָּׁה מִבְּנוֹת כְּנָעַן׃ 7 וַיִּשְׁמַע
יַעֲקֹב אֶל־אָבִיו וְאֶל־אִמּוֹ וַיֵּלֶךְ פַּדֶּנָה
אֲרָם׃ 8 וַיַּרְא עֵשָׂו כִּי רָעוֹת בְּנוֹת כְּנָעַן
בְּעֵינֵי יִצְחָק אָבִיו׃ 9 וַיֵּלֶךְ עֵשָׂו אֶל־
יִשְׁמָעֵאל וַיִּקַּח אֶת־מָחֲלַת ׀ בַּת־יִשְׁמָעֵאל
בֶּן־אַבְרָהָם אֲחוֹת נְבָיוֹת עַל־נָשָׁיו לוֹ
לְאִשָּׁה׃ ס

VA-YETSE'

[10] And Jacob went out from Beer-sheba, and went toward Haran. [11] And he lighted upon the place, and tarried there all night, because the sun was set; and he took one of the stones of the place, and put it under his head, and lay down in that place to sleep. [12] And he dreamed, and behold a ladder set up on the earth, and the top of it reached to heaven; and behold the angels of God ascending and descending on it. [13] And, behold, the LORD stood beside him, and said: 'I

ויצא

10 וַיֵּצֵא יַעֲקֹב מִבְּאֵר שָׁבַע וַיֵּלֶךְ חָרָנָה׃
11 וַיִּפְגַּע בַּמָּקוֹם וַיָּלֶן שָׁם כִּי־בָא הַשֶּׁמֶשׁ
וַיִּקַּח מֵאַבְנֵי הַמָּקוֹם וַיָּשֶׂם מְרַאֲשֹׁתָיו
וַיִּשְׁכַּב בַּמָּקוֹם הַהוּא׃ 12 וַיַּחֲלֹם וְהִנֵּה
סֻלָּם מֻצָּב אַרְצָה וְרֹאשׁוֹ מַגִּיעַ הַשָּׁמָיְמָה
וְהִנֵּה מַלְאֲכֵי אֱלֹהִים עֹלִים וְיֹרְדִים בּוֹ׃
13 וְהִנֵּה יְהוָה נִצָּב עָלָיו וַיֹּאמַר אֲנִי יְהוָה

am the LORD, the God of Abraham thy father, and the God of Isaac. The land whereon thou liest, to thee will I give it, and to thy seed. [14] And thy seed shall be as the dust of the earth, and thou shalt spread abroad to the west, and to the east, and to the north, and to the south. And in thee and in thy seed shall all the families of the earth be blessed. [15] And, behold, I am with thee, and will keep thee whithersoever thou goest, and will bring thee back into this land; for I will not leave thee, until I have done that which I have spoken to thee of.' [16] And Jacob awaked out of his sleep, and he said: 'Surely the LORD is in this place; and I knew it not.' [17] And he was afraid, and said: 'How full of awe is this place! this is none other than the house of God, and this is the gate of heaven.' [18] And Jacob rose up early in the morning, and took the stone that he had put under his head, and set it up for a pillar, and poured oil upon the top of it. [19] And he called the name of that place [a]Beth-el, but the name of the city was Luz at the first. [20] And Jacob vowed a vow, saying: 'If God will be with me, and will keep me in this way that I go, and will give me bread to eat, and raiment to put on, [21] so that I come back to my father's house in peace, then shall the LORD be my God, [22] and this stone, which I have set up for a pillar, shall be God's house; and of all that Thou shalt give me I will surely give the tenth unto Thee.'

29 Then Jacob went on his journey, and came to the land of the children of the east. [2] And he looked, and behold a well in the field, and lo three flocks of sheep lying there by it.—For out of that well they watered the flocks. And the stone upon the well's mouth was great. [3] And thither were all the flocks gathered; and they rolled the stone from the well's mouth, and watered the sheep, and put the stone back upon the well's mouth in its place.—[4] And Jacob said unto them: 'My brethren, whence are ye?' And they said: 'Of Haran are we.' [5] And he said unto

אֱלֹהֵי אַבְרָהָם אָבִיךָ וֵאלֹהֵי יִצְחָק הָאָרֶץ
אֲשֶׁר אַתָּה שֹׁכֵב עָלֶיהָ לְךָ אֶתְּנֶנָּה
וּלְזַרְעֶךָ׃ 14 וְהָיָה זַרְעֲךָ כַּעֲפַר הָאָרֶץ
וּפָרַצְתָּ יָמָּה וָקֵדְמָה וְצָפֹנָה וָנֶגְבָּה וְנִבְרְכוּ
בְךָ כָּל־מִשְׁפְּחֹת הָאֲדָמָה וּבְזַרְעֶךָ׃
15 וְהִנֵּה אָנֹכִי עִמָּךְ וּשְׁמַרְתִּיךָ בְּכֹל אֲשֶׁר־
תֵּלֵךְ וַהֲשִׁבֹתִיךָ אֶל־הָאֲדָמָה הַזֹּאת כִּי
לֹא אֶעֱזָבְךָ עַד אֲשֶׁר אִם־עָשִׂיתִי אֵת
אֲשֶׁר־דִּבַּרְתִּי לָךְ׃ 16 וַיִּיקַץ יַעֲקֹב מִשְּׁנָתוֹ
וַיֹּאמֶר אָכֵן יֵשׁ יְהוָה בַּמָּקוֹם הַזֶּה וְאָנֹכִי
לֹא יָדָעְתִּי׃ 17 וַיִּירָא וַיֹּאמַר מַה־נּוֹרָא
הַמָּקוֹם הַזֶּה אֵין זֶה כִּי אִם־בֵּית אֱלֹהִים
וְזֶה שַׁעַר הַשָּׁמָיִם׃ 18 וַיַּשְׁכֵּם יַעֲקֹב בַּבֹּקֶר
וַיִּקַּח אֶת־הָאֶבֶן אֲשֶׁר־שָׂם מְרַאֲשֹׁתָיו
וַיָּשֶׂם אֹתָהּ מַצֵּבָה וַיִּצֹק שֶׁמֶן עַל־רֹאשָׁהּ׃
19 וַיִּקְרָא אֶת־שֵׁם־הַמָּקוֹם הַהוּא בֵּית־אֵל
וְאוּלָם לוּז שֵׁם־הָעִיר לָרִאשֹׁנָה׃ 20 וַיִּדַּר
יַעֲקֹב נֶדֶר לֵאמֹר אִם־יִהְיֶה אֱלֹהִים עִמָּדִי
וּשְׁמָרַנִי בַּדֶּרֶךְ הַזֶּה אֲשֶׁר אָנֹכִי הוֹלֵךְ
וְנָתַן־לִי לֶחֶם לֶאֱכֹל וּבֶגֶד לִלְבֹּשׁ׃
21 וְשַׁבְתִּי בְשָׁלוֹם אֶל־בֵּית אָבִי וְהָיָה
יְהוָה לִי לֵאלֹהִים׃ 22 וְהָאֶבֶן הַזֹּאת אֲשֶׁר־
שַׂמְתִּי מַצֵּבָה יִהְיֶה בֵּית אֱלֹהִים וְכֹל אֲשֶׁר
תִּתֶּן־לִי עַשֵּׂר אֲעַשְּׂרֶנּוּ לָךְ׃ **29** וַיִּשָּׂא
יַעֲקֹב רַגְלָיו וַיֵּלֶךְ אַרְצָה בְנֵי־קֶדֶם׃ 2 וַיַּרְא
וְהִנֵּה בְאֵר בַּשָּׂדֶה וְהִנֵּה־שָׁם שְׁלֹשָׁה
עֶדְרֵי־צֹאן רֹבְצִים עָלֶיהָ כִּי מִן־הַבְּאֵר
הַהִוא יַשְׁקוּ הָעֲדָרִים וְהָאֶבֶן גְּדֹלָה עַל־פִּי
הַבְּאֵר׃ 3 וְנֶאֶסְפוּ־שָׁמָּה כָל־הָעֲדָרִים
וְגָלֲלוּ אֶת־הָאֶבֶן מֵעַל פִּי הַבְּאֵר וְהִשְׁקוּ
אֶת־הַצֹּאן וְהֵשִׁיבוּ אֶת־הָאֶבֶן עַל־פִּי
הַבְּאֵר לִמְקֹמָהּ׃ 4 וַיֹּאמֶר לָהֶם יַעֲקֹב אַחַי
מֵאַיִן אַתֶּם וַיֹּאמְרוּ מֵחָרָן אֲנָחְנוּ׃ 5 וַיֹּאמֶר

a That is, *The house of God.*

them: 'Know ye Laban the son of Nahor?' And they said: 'We know him.' [6] And he said unto them: 'Is it well with him?' And they said: 'It is well; and, behold, Rachel his daughter cometh with the sheep.' [7] And he said: 'Lo, it is yet high day, neither is it time that the cattle should be gathered together; water ye the sheep, and go and feed them.' [8] And they said: 'We cannot, until all the flocks be gathered together, and they roll the stone from the well's mouth; then we water the sheep.' [9] While he was yet speaking with them, Rachel came with her father's sheep; for she tended them. [10] And it came to pass, when Jacob saw Rachel the daughter of Laban his mother's brother, and the sheep of Laban his mother's brother, that Jacob went near, and rolled the stone from the well's mouth, and watered the flock of Laban his mother's brother. [11] And Jacob kissed Rachel, and lifted up his voice, and wept. [12] And Jacob told Rachel that he was her father's brother, and that he was Rebekah's son; and she ran and told her father. [13] And it came to pass, when Laban heard the tidings of Jacob his sister's son, that he ran to meet him, and embraced him, and kissed him, and brought him to his house. And he told Laban all these things. [14] And Laban said to him: 'Surely thou art my bone and my flesh.' And he abode with him the space of a month. [15] And Laban said unto Jacob: 'Because thou art my brother, shouldest thou therefore serve me for nought? tell me, what shall thy wages be?' [16] Now Laban had two daughters: the name of the elder was Leah, and the name of the younger was Rachel. [17] And Leah's eyes were weak; but Rachel was of beautiful form and fair to look upon. [18] And Jacob loved Rachel; and he said: 'I will serve thee seven years for Rachel thy younger daughter.' [19] And Laban said: 'It is better that I give her to thee, than that I should give her to another man; abide with me.' [20] And Jacob served seven years for Rachel; and they seemed unto him but a few days, for the love he had to her. [21] And Jacob said unto Laban: 'Give me my wife, for my days

לָהֶם הַיְדַעְתֶּם אֶת־לָבָן בֶּן־נָחוֹר וַיֹּאמְרוּ
יָדָעְנוּ׃ 6 וַיֹּאמֶר לָהֶם הֲשָׁלוֹם לוֹ וַיֹּאמְרוּ
שָׁלוֹם וְהִנֵּה רָחֵל בִּתּוֹ בָּאָה עִם־הַצֹּאן׃
7 וַיֹּאמֶר הֵן עוֹד הַיּוֹם גָּדוֹל לֹא־עֵת הֵאָסֵף
הַמִּקְנֶה הַשְׁקוּ הַצֹּאן וּלְכוּ רְעוּ׃ 8 וַיֹּאמְרוּ
לֹא נוּכַל עַד אֲשֶׁר יֵאָסְפוּ כָּל־הָעֲדָרִים
וְגָלְלוּ אֶת־הָאֶבֶן מֵעַל פִּי הַבְּאֵר וְהִשְׁקִינוּ
הַצֹּאן׃ 9 עוֹדֶנּוּ מְדַבֵּר עִמָּם וְרָחֵל ׀ בָּאָה
עִם־הַצֹּאן אֲשֶׁר לְאָבִיהָ כִּי רֹעָה הִוא׃
10 וַיְהִי כַּאֲשֶׁר רָאָה יַעֲקֹב אֶת־רָחֵל בַּת־
לָבָן אֲחִי אִמּוֹ וְאֶת־צֹאן לָבָן אֲחִי אִמּוֹ
וַיִּגַּשׁ יַעֲקֹב וַיָּגֶל אֶת־הָאֶבֶן מֵעַל פִּי הַבְּאֵר
וַיַּשְׁקְ אֶת־צֹאן לָבָן אֲחִי אִמּוֹ׃ 11 וַיִּשַּׁק
יַעֲקֹב לְרָחֵל וַיִּשָּׂא אֶת־קֹלוֹ וַיֵּבְךְּ׃ 12 וַיַּגֵּד
יַעֲקֹב לְרָחֵל כִּי אֲחִי אָבִיהָ הוּא וְכִי
בֶן־רִבְקָה הוּא וַתָּרָץ וַתַּגֵּד לְאָבִיהָ׃
13 וַיְהִי כִשְׁמֹעַ לָבָן אֶת־שֵׁמַע ׀ יַעֲקֹב
בֶּן־אֲחֹתוֹ וַיָּרָץ לִקְרָאתוֹ וַיְחַבֶּק־לוֹ
וַיְנַשֶּׁק־לוֹ וַיְבִיאֵהוּ אֶל־בֵּיתוֹ וַיְסַפֵּר לְלָבָן
אֵת כָּל־הַדְּבָרִים הָאֵלֶּה׃ 14 וַיֹּאמֶר לוֹ לָבָן
אַךְ עַצְמִי וּבְשָׂרִי אָתָּה וַיֵּשֶׁב עִמּוֹ חֹדֶשׁ
יָמִים׃ 15 וַיֹּאמֶר לָבָן לְיַעֲקֹב הֲכִי־אָחִי
אַתָּה וַעֲבַדְתַּנִי חִנָּם הַגִּידָה לִּי מַה־
מַּשְׂכֻּרְתֶּךָ׃ 16 וּלְלָבָן שְׁתֵּי בָנוֹת שֵׁם
הַגְּדֹלָה לֵאָה וְשֵׁם הַקְּטַנָּה רָחֵל׃ 17 וְעֵינֵי
לֵאָה רַכּוֹת וְרָחֵל הָיְתָה יְפַת־תֹּאַר וִיפַת
מַרְאֶה׃ 18 וַיֶּאֱהַב יַעֲקֹב אֶת־רָחֵל וַיֹּאמֶר
אֶעֱבָדְךָ שֶׁבַע שָׁנִים בְּרָחֵל בִּתְּךָ הַקְּטַנָּה׃
19 וַיֹּאמֶר לָבָן טוֹב תִּתִּי אֹתָהּ לָךְ מִתִּתִּי
אֹתָהּ לְאִישׁ אַחֵר שְׁבָה עִמָּדִי׃ 20 וַיַּעֲבֹד
יַעֲקֹב בְּרָחֵל שֶׁבַע שָׁנִים וַיִּהְיוּ בְעֵינָיו
כְּיָמִים אֲחָדִים בְּאַהֲבָתוֹ אֹתָהּ׃ 21 וַיֹּאמֶר
יַעֲקֹב אֶל־לָבָן הָבָה אֶת־אִשְׁתִּי כִּי מָלְאוּ

יָמָ֑י וְאָב֖וֹאָה אֵלֶֽיהָ׃ 22 וַיֶּאֱסֹ֥ף לָבָ֛ן אֶת־
כָּל־אַנְשֵׁ֥י הַמָּק֖וֹם וַיַּ֥עַשׂ מִשְׁתֶּֽה׃ 23 וַיְהִ֣י
בָעֶ֔רֶב וַיִּקַּח֙ אֶת־לֵאָ֣ה בִתּ֔וֹ וַיָּבֵ֥א אֹתָ֖הּ
אֵלָ֑יו וַיָּבֹ֖א אֵלֶֽיהָ׃ 24 וַיִּתֵּ֤ן לָבָן֙ לָ֔הּ אֶת־
זִלְפָּ֖ה שִׁפְחָת֑וֹ לְלֵאָ֥ה בִתּ֖וֹ שִׁפְחָֽה׃ 25 וַיְהִ֣י
בַבֹּ֔קֶר וְהִנֵּה־הִ֖וא לֵאָ֑ה וַיֹּ֣אמֶר אֶל־לָבָ֗ן
מַה־זֹּאת֙ עָשִׂ֣יתָ לִּ֔י הֲלֹ֤א בְרָחֵל֙ עָבַ֣דְתִּי
עִמָּ֔ךְ וְלָ֖מָּה רִמִּיתָֽנִי׃ 26 וַיֹּ֣אמֶר לָבָ֔ן לֹא־
יֵעָשֶׂ֥ה כֵ֖ן בִּמְקוֹמֵ֑נוּ לָתֵ֥ת הַצְּעִירָ֖ה לִפְנֵ֥י
הַבְּכִירָֽה׃ 27 מַלֵּ֖א שְׁבֻ֣עַ זֹ֑את וְנִתְּנָ֨ה לְךָ֜
גַּם־אֶת־זֹ֗את בַּעֲבֹדָה֙ אֲשֶׁ֣ר תַּעֲבֹ֣ד עִמָּדִ֔י
ע֖וֹד שֶֽׁבַע־שָׁנִ֥ים אֲחֵרֽוֹת׃ 28 וַיַּ֤עַשׂ יַעֲקֹב֙
כֵּ֔ן וַיְמַלֵּ֖א שְׁבֻ֣עַ זֹ֑את וַיִּתֶּן־ל֛וֹ אֶת־רָחֵ֥ל
בִּתּ֖וֹ ל֥וֹ לְאִשָּֽׁה׃ 29 וַיִּתֵּ֤ן לָבָן֙ לְרָחֵ֣ל בִּתּ֔וֹ
אֶת־בִּלְהָ֖ה שִׁפְחָת֑וֹ לָ֖הּ לְשִׁפְחָֽה׃ 30 וַיָּבֹא֙
גַּ֣ם אֶל־רָחֵ֔ל וַיֶּאֱהַ֥ב גַּֽם־אֶת־רָחֵ֖ל מִלֵּאָ֑ה
וַיַּעֲבֹ֣ד עִמּ֔וֹ ע֖וֹד שֶֽׁבַע־שָׁנִ֥ים אֲחֵרֽוֹת׃
31 וַיַּ֤רְא יְהוָה֙ כִּֽי־שְׂנוּאָ֣ה לֵאָ֔ה וַיִּפְתַּ֖ח
אֶת־רַחְמָ֑הּ וְרָחֵ֖ל עֲקָרָֽה׃ 32 וַתַּ֤הַר לֵאָה֙
וַתֵּ֣לֶד בֵּ֔ן וַתִּקְרָ֥א שְׁמ֖וֹ רְאוּבֵ֑ן כִּ֣י אָֽמְרָ֗ה
כִּֽי־רָאָ֤ה יְהוָה֙ בְּעָנְיִ֔י כִּ֥י עַתָּ֖ה יֶאֱהָבַ֥נִי
אִישִֽׁי׃ 33 וַתַּ֣הַר עוֹד֮ וַתֵּ֣לֶד בֵּן֒ וַתֹּ֗אמֶר
כִּֽי־שָׁמַ֤ע יְהוָה֙ כִּֽי־שְׂנוּאָ֣ה אָנֹ֔כִי וַיִּתֶּן־לִ֖י
גַּם־אֶת־זֶ֑ה וַתִּקְרָ֥א שְׁמ֖וֹ שִׁמְעֽוֹן׃ 34 וַתַּ֣הַר
עוֹד֮ וַתֵּ֣לֶד בֵּן֒ וַתֹּ֗אמֶר עַתָּ֤ה הַפַּ֨עַם֙ יִלָּוֶ֤ה
אִישִׁי֙ אֵלַ֔י כִּֽי־יָלַ֥דְתִּי ל֖וֹ שְׁלֹשָׁ֣ה בָנִ֑ים
עַל־כֵּ֥ן קָרָֽא־שְׁמ֖וֹ לֵוִֽי׃ 35 וַתַּ֨הַר ע֜וֹד וַתֵּ֣לֶד
בֵּ֗ן וַתֹּ֙אמֶר֙ הַפַּ֨עַם֙ אוֹדֶ֣ה אֶת־יְהוָ֔ה עַל־כֵּ֛ן
קָרְאָ֥ה שְׁמ֖וֹ יְהוּדָ֑ה וַֽתַּעֲמֹ֖ד מִלֶּֽדֶת׃
30 וַתֵּ֣רֶא רָחֵ֗ל כִּ֣י לֹ֤א יָֽלְדָה֙ לְיַעֲקֹ֔ב
וַתְּקַנֵּ֥א רָחֵ֖ל בַּאֲחֹתָ֑הּ וַתֹּ֤אמֶר אֶֽל־יַעֲקֹב֙
הָֽבָה־לִּ֣י בָנִ֔ים וְאִם־אַ֖יִן מֵתָ֥ה אָנֹֽכִי׃
2 וַיִּֽחַר־אַ֥ף יַעֲקֹ֖ב בְּרָחֵ֑ל וַיֹּ֕אמֶר הֲתַ֤חַת

are fulfilled, that I may go in unto her.' [22] And Laban gathered together all the men of the place, and made a feast. [23] And it came to pass in the evening, that he took Leah his daughter, and brought her to him; and he went in unto her. [24] And Laban gave Zilpah his handmaid unto his daughter Leah for a handmaid. [25] And it came to pass in the morning that, behold, it was Leah; and he said to Laban: 'What is this thou hast done unto me? did not I serve with thee for Rachel? wherefore then hast thou beguiled me?' [26] And Laban said: 'It is not so done in our place, to give the younger before the first-born. [27] Fulfil the week of this one, and we will give thee the other also for the service which thou shalt serve with me yet seven other years.' [28] And Jacob did so, and fulfilled her week; and he gave him Rachel his daughter to wife. [29] And Laban gave to Rachel his daughter Bilhah his handmaid to be her handmaid. [30] And he went in also unto Rachel, and he loved Rachel more than Leah, and served with him yet seven other years.

[31] And the LORD saw that Leah was hated, and he opened her womb; but Rachel was barren. [32] And Leah conceived, and bore a son, and she called his name Reuben; for she said: 'Because the LORD [a]hath looked upon my affliction; for now my husband will love me.' [33] And she conceived again, and bore a son; and said: 'Because the LORD [b]hath heard that I am hated, He hath therefore given me this son also.' And she called his name [c]Simeon. [34] And she conceived again, and bore a son; and said: 'Now this time will my husband be [d]djoined unto me, because I have borne him three sons.' Therefore was his name called Levi. [35] And she conceived again, and bore a son; and she said: 'This time will I [e]praise the LORD.' Therefore she called his name [f]Judah; and she left off bearing.

30 And when Rachel saw that she bore Jacob no children, Rachel envied her sister; and she said unto Jacob: 'Give me children, or else I die.' [2] And Jacob's anger was kindled against Rachel; and he said: 'Am I in

a Heb. *raah beonji.* b Heb. *shama.* c Heb. *Shimeon.* d From the Heb. root lavab. e From the Heb. *hodah.* f Heb. *Jehudah.*

God's stead, who hath withheld from thee the fruit of the womb?' [3] And she said: 'Behold my maid Bilhah, go in unto her; that she may bear upon my knees, and I also may be builded up through her.' [4] And she gave him Bilhah her handmaid to wife; and Jacob went in unto her. [5] And Bilhah conceived, and bore Jacob a son. [6] And Rachel said: 'God hath [a]judged me, and hath also heard my voice, and hath given me a son.' Therefore called she his name Dan. [7] And Bilhah Rachel's handmaid conceived again, and bore Jacob a second son. [8] And Rachel said: 'With mighty wrestlings have I [b]wrestled with my sister, and have prevailed.' And she called his name Naphtali. [9] When Leah saw that she had left off bearing, she took Zilpah her handmaid, and gave her to Jacob to wife. [10] And Zilpah Leah's handmaid bore Jacob a son. [11] And Leah said: 'Fortune is come!' And she called his name [c]Gad. [12] And Zilpah Leah's handmaid bore Jacob a second son. [13] And Leah said: 'Happy am I! for the daughters will call me happy.' And she called his name [d]Asher. [14] And Reuben went in the days of wheat harvest, and found mandrakes in the field, and brought them unto his mother Leah. Then Rachel said to Leah: 'Give me, I pray thee, of thy son's mandrakes.' [15] And she said unto her: 'Is it a small matter that thou hast taken away my husband? and wouldest thou take away my son's mandrakes also?' And Rachel said: 'Therefore he shall lie with thee to-night for thy son's mandrakes.' [16] And Jacob came from the field in the evening, and Leah went out to meet him, and said: 'Thou must come in unto me; for I have surely hired thee with my son's mandrakes.' And he lay with her that night. [17] And God hearkened unto Leah, and she conceived, and bore Jacob a fifth son. [18] And Leah said: 'God hath given me my [e]hire, because I gave my handmaid to my husband.' And she called his name Issachar. [19] And Leah conceived again, and bore a sixth son to Jacob. [20] And Leah said: 'God hath endowed me with

אֱלֹהִים אָנֹכִי אֲשֶׁר־מָנַע מִמֵּךְ פְּרִי־בָטֶן׃
3 וַתֹּאמֶר הִנֵּה אֲמָתִי בִלְהָה בֹּא אֵלֶיהָ
וְתֵלֵד עַל־בִּרְכַּי וְאִבָּנֶה גַם־אָנֹכִי מִמֶּנָּה׃
4 וַתִּתֶּן־לוֹ אֶת־בִּלְהָה שִׁפְחָתָהּ לְאִשָּׁה
וַיָּבֹא אֵלֶיהָ יַעֲקֹב׃ 5 וַתַּהַר בִּלְהָה וַתֵּלֶד
לְיַעֲקֹב בֵּן׃ 6 וַתֹּאמֶר רָחֵל דָּנַנִּי אֱלֹהִים
וְגַם שָׁמַע בְּקֹלִי וַיִּתֶּן־לִי בֵּן עַל־כֵּן קָרְאָה
שְׁמוֹ דָּן׃ 7 וַתַּהַר עוֹד וַתֵּלֶד בִּלְהָה שִׁפְחַת
רָחֵל בֵּן שֵׁנִי לְיַעֲקֹב׃ 8 וַתֹּאמֶר רָחֵל
נַפְתּוּלֵי אֱלֹהִים ׀ נִפְתַּלְתִּי עִם־אֲחֹתִי
גַּם־יָכֹלְתִּי וַתִּקְרָא שְׁמוֹ נַפְתָּלִי׃ 9 וַתֵּרֶא
לֵאָה כִּי עָמְדָה מִלֶּדֶת וַתִּקַּח אֶת־זִלְפָּה
שִׁפְחָתָהּ וַתִּתֵּן אֹתָהּ לְיַעֲקֹב לְאִשָּׁה׃
10 וַתֵּלֶד זִלְפָּה שִׁפְחַת לֵאָה לְיַעֲקֹב בֵּן׃
11 וַתֹּאמֶר לֵאָה בגד בָּא גָד וַתִּקְרָא אֶת־
שְׁמוֹ גָּד׃ 12 וַתֵּלֶד זִלְפָּה שִׁפְחַת לֵאָה בֵּן
שֵׁנִי לְיַעֲקֹב׃ 13 וַתֹּאמֶר לֵאָה בְּאָשְׁרִי כִּי
אִשְּׁרוּנִי בָּנוֹת וַתִּקְרָא אֶת־שְׁמוֹ אָשֵׁר׃
14 וַיֵּלֶךְ רְאוּבֵן בִּימֵי קְצִיר־חִטִּים וַיִּמְצָא
דוּדָאִים בַּשָּׂדֶה וַיָּבֵא אֹתָם אֶל־לֵאָה אִמּוֹ
וַתֹּאמֶר רָחֵל אֶל־לֵאָה תְּנִי־נָא לִי מִדּוּדָאֵי
בְּנֵךְ׃ 15 וַתֹּאמֶר לָהּ הַמְעַט קַחְתֵּךְ אֶת־
אִישִׁי וְלָקַחַת גַּם אֶת־דּוּדָאֵי בְּנִי וַתֹּאמֶר
רָחֵל לָכֵן יִשְׁכַּב עִמָּךְ הַלַּיְלָה תַּחַת דּוּדָאֵי
בְנֵךְ׃ 16 וַיָּבֹא יַעֲקֹב מִן־הַשָּׂדֶה בָּעֶרֶב
וַתֵּצֵא לֵאָה לִקְרָאתוֹ וַתֹּאמֶר אֵלַי תָּבוֹא
כִּי שָׂכֹר שְׂכַרְתִּיךָ בְּדוּדָאֵי בְּנִי וַיִּשְׁכַּב
עִמָּהּ בַּלַּיְלָה הוּא׃ 17 וַיִּשְׁמַע אֱלֹהִים
אֶל־לֵאָה וַתַּהַר וַתֵּלֶד לְיַעֲקֹב בֵּן חֲמִישִׁי׃
18 וַתֹּאמֶר לֵאָה נָתַן אֱלֹהִים שְׂכָרִי אֲשֶׁר־
נָתַתִּי שִׁפְחָתִי לְאִישִׁי וַתִּקְרָא שְׁמוֹ
יִשָּׂשכָר׃ 19 וַתַּהַר עוֹד לֵאָה וַתֵּלֶד בֵּן־
שִׁשִּׁי לְיַעֲקֹב׃ 20 וַתֹּאמֶר לֵאָה זְבָדַנִי

a Heb. *dan*, he judged. b Heb. *niphtal*, he wrestled. c That is, *Fortune*. d That is, *Happy*. e Heb. *sachar*.

אֱלֹהִ֥ים ׀ אֹתִי֮ זֵ֣בֶד טוֹב֒ הַפַּ֨עַם֙ יִזְבְּלֵ֣נִי
אִישִׁ֔י כִּֽי־יָלַ֥דְתִּי ל֖וֹ שִׁשָּׁ֣ה בָנִ֑ים וַתִּקְרָ֥א
אֶת־שְׁמ֖וֹ זְבֻלֽוּן׃ 21 וְאַחַ֖ר יָ֣לְדָה בַּ֑ת
וַתִּקְרָ֥א אֶת־שְׁמָ֖הּ דִּינָֽה׃ 22 וַיִּזְכֹּ֥ר אֱלֹהִ֖ים
אֶת־רָחֵ֑ל וַיִּשְׁמַ֤ע אֵלֶ֨יהָ֙ אֱלֹהִ֔ים וַיִּפְתַּ֖ח
אֶת־רַחְמָֽהּ׃ 23 וַתַּ֖הַר וַתֵּ֣לֶד בֵּ֑ן וַתֹּ֕אמֶר
אָסַ֥ף אֱלֹהִ֖ים אֶת־חֶרְפָּתִֽי׃ 24 וַתִּקְרָ֧א אֶת־
שְׁמ֛וֹ יוֹסֵ֖ף לֵאמֹ֑ר יֹסֵ֧ף יְהוָ֛ה לִ֖י בֵּ֥ן אַחֵֽר׃
25 וַיְהִ֕י כַּאֲשֶׁ֛ר יָלְדָ֥ה רָחֵ֖ל אֶת־יוֹסֵ֑ף וַיֹּ֤אמֶר
יַעֲקֹב֙ אֶל־לָבָ֔ן שַׁלְּחֵ֨נִי֙ וְאֵ֣לְכָ֔ה אֶל־מְקוֹמִ֖י
וּלְאַרְצִֽי׃ 26 תְּנָ֞ה אֶת־נָשַׁ֣י וְאֶת־יְלָדַ֗י אֲשֶׁ֨ר
עָבַ֧דְתִּי אֹתְךָ֛ בָּהֵ֖ן וְאֵלֵ֑כָה כִּ֚י אַתָּ֣ה יָדַ֔עְתָּ
אֶת־עֲבֹדָתִ֖י אֲשֶׁ֥ר עֲבַדְתִּֽיךָ׃ 27 וַיֹּ֤אמֶר
אֵלָיו֙ לָבָ֔ן אִם־נָ֛א מָצָ֥אתִי חֵ֖ן בְּעֵינֶ֑יךָ
נִחַ֕שְׁתִּי וַיְבָרְכֵ֥נִי יְהוָ֖ה בִּגְלָלֶֽךָ׃ 28 וַיֹּאמַ֑ר
נָקְבָ֧ה שְׂכָרְךָ֛ עָלַ֖י וְאֶתֵּֽנָה׃ 29 וַיֹּ֣אמֶר אֵלָ֔יו
אַתָּ֣ה יָדַ֔עְתָּ אֵ֖ת אֲשֶׁ֣ר עֲבַדְתִּ֑יךָ וְאֵ֛ת
אֲשֶׁר־הָיָ֥ה מִקְנְךָ֖ אִתִּֽי׃ 30 כִּ֡י מְעַט֩ אֲשֶׁר־
הָיָ֨ה לְךָ֤ לְפָנַי֙ וַיִּפְרֹ֣ץ לָרֹ֔ב וַיְבָ֧רֶךְ יְהוָ֛ה
אֹתְךָ֖ לְרַגְלִ֑י וְעַתָּ֗ה מָתַ֛י אֶעֱשֶׂ֥ה גַם־אָנֹכִ֖י
לְבֵיתִֽי׃ 31 וַיֹּ֖אמֶר מָ֣ה אֶתֶּן־לָ֑ךְ וַיֹּ֤אמֶר
יַעֲקֹב֙ לֹא־תִתֶּן־לִ֣י מְא֔וּמָה אִם־תַּֽעֲשֶׂה־
לִּי֙ הַדָּבָ֣ר הַזֶּ֔ה אָשׁ֛וּבָה אֶרְעֶ֥ה צֹאנְךָ֖
אֶשְׁמֹֽר׃ 32 אֶעֱבֹ֨ר בְּכָל־צֹאנְךָ֜ הַיּ֗וֹם הָסֵ֨ר
מִשָּׁ֜ם כָּל־שֶׂ֣ה ׀ נָקֹ֣ד וְטָל֗וּא וְכָל־שֶׂה־חוּם֙
בַּכְּשָׂבִ֔ים וְטָל֥וּא וְנָקֹ֖ד בָּעִזִּ֑ים וְהָיָ֖ה שְׂכָרִֽי׃
33 וְעָֽנְתָה־בִּ֤י צִדְקָתִי֙ בְּי֣וֹם מָחָ֔ר כִּֽי־תָב֥וֹא
עַל־שְׂכָרִ֖י לְפָנֶ֑יךָ כֹּ֣ל אֲשֶׁר־אֵינֶ֩נּוּ֩ נָקֹ֨ד
וְטָל֜וּא בָּֽעִזִּ֗ים וְחוּם֙ בַּכְּשָׂבִ֔ים גָּנ֥וּב ה֖וּא
אִתִּֽי׃ 34 וַיֹּ֥אמֶר לָבָ֖ן הֵ֑ן ל֖וּ יְהִ֥י כִדְבָרֶֽךָ׃
35 וַיָּ֣סַר בַּיּוֹם֩ הַה֨וּא אֶת־הַתְּיָשִׁ֜ים
הָֽעֲקֻדִּ֣ים וְהַטְּלֻאִ֗ים וְאֵ֤ת כָּל־הָֽעִזִּים֙
הַנְּקֻדּ֣וֹת וְהַטְּלֻאֹ֔ת כֹּ֤ל אֲשֶׁר־לָבָן֙ בּ֔וֹ וְכָל־

a good dowry; now will my husband [a]dwell with me, because I have borne him six sons.' And she called his name Zebulun.
[21] And afterwards she bore a daughter, and called her name Dinah.
[22] And God remembered Rachel, and God hearkened to her, and opened her womb.
[23] And she conceived, and bore a son, and said: 'God [b]hath taken away my reproach.'
[24] And she called his name Joseph, saying; 'The lord [c]add to me another son.'

[25] And it came to pass, when Rachel had borne Joseph, that Jacob said unto Laban: 'Send me away, that I may go unto mine own place, and to my country.
[26] Give me my wives and my children for whom I have served thee, and let me go; for thou knowest my service wherewith I have served thee.'
[27] And Laban said unto him: 'If now I have found favour in thine eyes—I have observed the signs, and the Lord hath blessed me for thy sake.
[28] And he said: 'Appoint me thy wages, and I will give it.'
[29] And he said unto him: 'Thou knowest how I have served thee, and how thy cattle have fared with me.
[30] For it was little which thou hadst before I came, and it hath increased abundantly; and the Lord hath blessed thee whithersoever I turned. And now when shall I provide for mine own house also?'
[31] And he said: 'What shall I give thee?' And Jacob said: 'Thou shalt not give me aught; if thou wilt do this thing for me, I will again feed thy flock and keep it.
[32] I will pass through all thy flock to-day, removing from thence every speckled and spotted one, and every dark one among the sheep, and the spotted and speckled among the goats; and of such shall be my hire.
[33] So shall my righteousness witness against me hereafter, when thou shalt come to look over my hire that is before thee: every one that is not speckled and spotted among the goats, and dark among the sheep, that if found with me shall be counted stolen.'
[34] And Laban said 'Behold, would it might be according to thy word.'
[35] And he removed that day the he-goats that were streaked and spotted, and all the she-goats that were speckled and spotted, every one that had white in it, and all the dark ones among the sheep, and

a Heb. *zabal, he dwelt.* b Heb. *asaph.* c Heb. *Joseph.*

gave them into the hand of his sons. [36] And he
set three days’ journey betwixt himself and Jacob.
And Jacob fed the rest of Laban’s flocks. [37] And
Jacob took him rods of fresh poplar, and of the
almond and of the plane-tree; and peeled white
streaks in them, making the white appear which
was in the rods. [38] And he set the rods which he
had peeled over against the flocks in the gutters
in the watering-troughs where the flocks came
to drink; and they conceived when they came
to drink. [39] And the flocks conceived at the
sight of the rods, and the flocks brought forth
streaked, speckled, and spotted. [40] And Jacob
separated the lambs—he also set the faces of the
flocks toward the streaked and all the dark in the
flock of Laban—and put his own droves apart,
and put them not unto Laban’s flock. [41] And
it came to pass, whensoever the stronger of the
flock did conceive, that Jacob laid the rods before
the eyes of the flock in the gutters, that they might
conceive among the rods; [42] but when the flock
were feeble, he put them not in; so the feebler
were Laban’s, and the stronger Jacob’s. [43] And
the man increased exceedingly, and had large
flocks, and maid-servants and men-servants,
and camels and asses.

31 And he heard the words of Laban’s
sons, saying: ‘Jacob hath taken away all
that was our father’s; and of that which was our
father’s hath he gotten all this wealth.’ [2] And
Jacob beheld the countenance of Laban, and,
behold, it was not toward him as beforetime.
[3] And the LORD said unto Jacob: ‘Return unto
the land of thy fathers, and to thy kindred; and I
will be with thee.’ [4] And Jacob sent and called
Rachel and Leah to the field unto his flock, [5] and
said unto them: ‘I see your father’s countenance,
that it is not toward me as beforetime; but the
God of my father hath been with me. [6] And
ye know that with all my power I have served
your father. [7] And your father hath mocked
me, and changed my wages ten times; but God

חוּם בַּכְּשָׂבִים וַיִּתֵּן בְּיַד־בָּנָיו׃ 36 וַיָּשֶׂם
דֶּרֶךְ שְׁלֹשֶׁת יָמִים בֵּינוֹ וּבֵין יַעֲקֹב וְיַעֲקֹב
רֹעֶה אֶת־צֹאן לָבָן הַנּוֹתָרֹת׃ 37 וַיִּקַּח־לוֹ
יַעֲקֹב מַקַּל לִבְנֶה לַח וְלוּז וְעַרְמוֹן וַיְפַצֵּל
בָּהֵן פְּצָלוֹת לְבָנוֹת מַחְשֹׂף הַלָּבָן אֲשֶׁר
עַל־הַמַּקְלוֹת׃ 38 וַיַּצֵּג אֶת־הַמַּקְלוֹת אֲשֶׁר
פִּצֵּל בָּרְהָטִים בְּשִׁקְתוֹת הַמָּיִם אֲשֶׁר
תָּבֹאןָ הַצֹּאן לִשְׁתּוֹת לְנֹכַח הַצֹּאן
וַיֵּחַמְנָה בְּבֹאָן לִשְׁתּוֹת׃ 39 וַיֶּחֱמוּ הַצֹּאן
אֶל־הַמַּקְלוֹת וַתֵּלַדְןָ הַצֹּאן עֲקֻדִּים נְקֻדִּים
וּטְלֻאִים׃ 40 וְהַכְּשָׂבִים הִפְרִיד יַעֲקֹב וַיִּתֵּן
פְּנֵי הַצֹּאן אֶל־עָקֹד וְכָל־חוּם בְּצֹאן לָבָן
וַיָּשֶׁת־לוֹ עֲדָרִים לְבַדּוֹ וְלֹא שָׁתָם עַל־צֹאן
לָבָן׃ 41 וְהָיָה בְּכָל־יַחֵם הַצֹּאן הַמְקֻשָּׁרוֹת
וְשָׂם יַעֲקֹב אֶת־הַמַּקְלוֹת לְעֵינֵי הַצֹּאן
בָּרְהָטִים לְיַחְמֵנָּה בַּמַּקְלוֹת׃ 42 וּבְהַעֲטִיף
הַצֹּאן לֹא יָשִׂים וְהָיָה הָעֲטֻפִים לְלָבָן
וְהַקְּשֻׁרִים לְיַעֲקֹב׃ 43 וַיִּפְרֹץ הָאִישׁ מְאֹד
מְאֹד וַיְהִי־לוֹ צֹאן רַבּוֹת וּשְׁפָחוֹת וַעֲבָדִים
וּגְמַלִּים וַחֲמֹרִים׃ **31** וַיִּשְׁמַע אֶת־
דִּבְרֵי בְנֵי־לָבָן לֵאמֹר לָקַח יַעֲקֹב אֵת
כָּל־אֲשֶׁר לְאָבִינוּ וּמֵאֲשֶׁר לְאָבִינוּ עָשָׂה
אֵת כָּל־הַכָּבֹד הַזֶּה׃ 2 וַיַּרְא יַעֲקֹב אֶת־פְּנֵי
לָבָן וְהִנֵּה אֵינֶנּוּ עִמּוֹ כִּתְמוֹל שִׁלְשׁוֹם׃
3 וַיֹּאמֶר יְהוָה אֶל־יַעֲקֹב שׁוּב אֶל־אֶרֶץ
אֲבוֹתֶיךָ וּלְמוֹלַדְתֶּךָ וְאֶהְיֶה עִמָּךְ׃
4 וַיִּשְׁלַח יַעֲקֹב וַיִּקְרָא לְרָחֵל וּלְלֵאָה
הַשָּׂדֶה אֶל־צֹאנוֹ׃ 5 וַיֹּאמֶר לָהֶן רֹאֶה אָנֹכִי
אֶת־פְּנֵי אֲבִיכֶן כִּי־אֵינֶנּוּ אֵלַי כִּתְמֹל
שִׁלְשֹׁם וֵאלֹהֵי אָבִי הָיָה עִמָּדִי׃ 6 וְאַתֵּנָה
יְדַעְתֶּן כִּי בְּכָל־כֹּחִי עָבַדְתִּי אֶת־אֲבִיכֶן׃
7 וַאֲבִיכֶן הֵתֶל בִּי וְהֶחֱלִף אֶת־מַשְׂכֻּרְתִּי
עֲשֶׂרֶת מֹנִים וְלֹא־נְתָנוֹ אֱלֹהִים לְהָרַע

suffered him not to hurt me. [8] If he said thus: The speckled shall be thy wages; then all the flock bore speckled; and if he said thus: The streaked shall be thy wages; then bore all the flock streaked. [9] Thus God hath taken away the cattle of your father, and given them to me. [10] And it came to pass at the time that the flock conceived, that I lifted up mine eyes, and saw in a dream, and, behold, the he-goats which leaped upon the flock were streaked, speckled, and grizzled. [11] And the angel of God said unto me in the dream: Jacob; and I said: Here am I. [12] And he said: Lift up now thine eyes, and see, all the he-goats which leap upon the flock are streaked, speckled, and grizzled; for I have seen all that Laban doeth unto thee. [13] I am the God of Beth-el, where thou didst anoint a pillar, where thou didst vow a vow unto Me. Now arise, get thee out from this land, and return unto the land of thy nativity.' [14] And Rachel and Leah answered and said unto him: 'Is there yet any portion or inheritance for us in our father's house? [15] Are we not accounted by him strangers? for he hath sold us, and hath also quite devoured our price. [16] For all the riches which God hath taken away from our father, that is ours and our children's. Now then, whatsoever God hath said unto thee, do.' [17] Then Jacob rose up, and set his sons and his wives upon the camels; [18] and he carried away all his cattle, and all his substance which he had gathered, the cattle of his getting, which he had gathered in Paddan-aram, to go to Isaac his father unto the land of Canaan. [19] Now Laban was gone to shear his sheep. And Rachel stole the teraphim that were her father's. [20] And Jacob outwitted Laban the Aramean, in that he told him not that he fled. [21] So he fled with all that he had; and he rose up, and passed over [a]the River, and set his face toward the mountain of Gilead.

[22] And it was told Laban on the third day that Jacob was fled. [23] And he took his brethren with him, and pursued after him seven days'

עִמָּדִי׃ 8 אִם־כֹּה יֹאמַר נְקֻדִּים יִהְיֶה שְׂכָרֶךָ
וְיָלְדוּ כָל־הַצֹּאן נְקֻדִּים וְאִם־כֹּה יֹאמַר
עֲקֻדִּים יִהְיֶה שְׂכָרֶךָ וְיָלְדוּ כָל־הַצֹּאן
עֲקֻדִּים׃ 9 וַיַּצֵּל אֱלֹהִים אֶת־מִקְנֵה אֲבִיכֶם
וַיִּתֶּן־לִי׃ 10 וַיְהִי בְּעֵת יַחֵם הַצֹּאן וָאֶשָּׂא
עֵינַי וָאֵרֶא בַּחֲלוֹם וְהִנֵּה הָעַתֻּדִים הָעֹלִים
עַל־הַצֹּאן עֲקֻדִּים נְקֻדִּים וּבְרֻדִּים׃
11 וַיֹּאמֶר אֵלַי מַלְאַךְ הָאֱלֹהִים בַּחֲלוֹם
יַעֲקֹב וָאֹמַר הִנֵּנִי׃ 12 וַיֹּאמֶר שָׂא־נָא עֵינֶיךָ
וּרְאֵה כָּל־הָעַתֻּדִים הָעֹלִים עַל־הַצֹּאן
עֲקֻדִּים נְקֻדִּים וּבְרֻדִּים כִּי רָאִיתִי אֵת
כָּל־אֲשֶׁר לָבָן עֹשֶׂה לָּךְ׃ 13 אָנֹכִי הָאֵל
בֵּית־אֵל אֲשֶׁר מָשַׁחְתָּ שָּׁם מַצֵּבָה אֲשֶׁר
נָדַרְתָּ לִּי שָׁם נֶדֶר עַתָּה קוּם צֵא מִן־הָאָרֶץ
הַזֹּאת וְשׁוּב אֶל־אֶרֶץ מוֹלַדְתֶּךָ׃ 14 וַתַּעַן
רָחֵל וְלֵאָה וַתֹּאמַרְנָה לוֹ הַעוֹד לָנוּ חֵלֶק
וְנַחֲלָה בְּבֵית אָבִינוּ׃ 15 הֲלוֹא נָכְרִיּוֹת
נֶחְשַׁבְנוּ לוֹ כִּי מְכָרָנוּ וַיֹּאכַל גַּם־אָכוֹל
אֶת־כַּסְפֵּנוּ׃ 16 כִּי כָל־הָעֹשֶׁר אֲשֶׁר הִצִּיל
אֱלֹהִים מֵאָבִינוּ לָנוּ הוּא וּלְבָנֵינוּ וְעַתָּה
כֹּל אֲשֶׁר אָמַר אֱלֹהִים אֵלֶיךָ עֲשֵׂה׃
17 וַיָּקָם יַעֲקֹב וַיִּשָּׂא אֶת־בָּנָיו וְאֶת־נָשָׁיו
עַל־הַגְּמַלִּים׃ 18 וַיִּנְהַג אֶת־כָּל־מִקְנֵהוּ
וְאֶת־כָּל־רְכֻשׁוֹ אֲשֶׁר רָכָשׁ מִקְנֵה קִנְיָנוֹ
אֲשֶׁר רָכַשׁ בְּפַדַּן אֲרָם לָבוֹא אֶל־יִצְחָק
אָבִיו אַרְצָה כְּנָעַן׃ 19 וְלָבָן הָלַךְ לִגְזֹז
אֶת־צֹאנוֹ וַתִּגְנֹב רָחֵל אֶת־הַתְּרָפִים אֲשֶׁר
לְאָבִיהָ׃ 20 וַיִּגְנֹב יַעֲקֹב אֶת־לֵב לָבָן
הָאֲרַמִּי עַל־בְּלִי הִגִּיד לוֹ כִּי בֹרֵחַ הוּא׃
21 וַיִּבְרַח הוּא וְכָל־אֲשֶׁר־לוֹ וַיָּקָם וַיַּעֲבֹר
אֶת־הַנָּהָר וַיָּשֶׂם אֶת־פָּנָיו הַר הַגִּלְעָד׃
22 וַיֻּגַּד לְלָבָן בַּיּוֹם הַשְּׁלִישִׁי כִּי בָרַח
יַעֲקֹב׃ 23 וַיִּקַּח אֶת־אֶחָיו עִמּוֹ וַיִּרְדֹּף

a That is, the Euphrates.

journey; and he overtook him in the mountain of Gilead. [24] And God came to Laban the Aramean in a dream of the night, and said unto him: 'Take heed to thyself that thou speak not to Jacob either good or bad.' [25] And Laban came up with Jacob. Now Jacob had pitched his tent in the mountain; and Laban with his brethren pitched in the mountain of Gilead. [26] And Laban said to Jacob: 'What hast thou done, that thou hast outwitted me, and carried away my daughters as though captives of the sword? [27] Wherefore didst thou flee secretly, and outwit me; and didst not tell me, that I might have sent thee away with mirth and with songs, with tabret and with harp; [28] and didst not suffer me to kiss my sons and my daughters? now hast thou done foolishly. [29] It is in the power of my hand to do you hurt; but the God of your father spoke unto me yesternight, saying: Take heed to thyself that thou speak not to Jacob either good or bad. [30] And now that thou art surely gone, because thou sore longest after thy father's house, wherefore hast thou stolen my gods?' [31] And Jacob answered and said to Laban: 'Because I was afraid; for I said: Lest thou shouldest take thy daughters from me by force. [32] With whomsoever thou findest thy gods, he shall not live; before our brethren discern thou what is thine with me, and take it to thee.'—For Jacob knew not that Rachel had stolen them.— [33] And Laban went into Jacob's tent, and into Leah's tent, and into the tent of the two maid-servants; but he found them not. And he went out of Leah's tent, and entered into Rachel's tent. [34] Now Rachel had taken the teraphim, and put them in the saddle of the camel, and sat upon them. And Laban felt about all the tent, but found them not. [35] And she said to her father: 'Let not my lord be angry that I cannot rise up before thee; for the manner of women is upon me.' And he searched, but found not the teraphim. [36] And Jacob was wroth, and strove with Laban. And Jacob answered and said to Laban: 'What is my trespass? what is my sin, that thou hast hotly pursued after me? [37] Whereas thou hast felt about all my stuff, what hast thou

אַחֲרָיו דֶּרֶךְ שִׁבְעַת יָמִים וַיַּדְבֵּק אֹתוֹ בְּהַר
הַגִּלְעָד׃ 24 וַיָּבֹא אֱלֹהִים אֶל־לָבָן הָאֲרַמִּי
בַּחֲלֹם הַלָּיְלָה וַיֹּאמֶר לוֹ הִשָּׁמֶר לְךָ
פֶּן־תְּדַבֵּר עִם־יַעֲקֹב מִטּוֹב עַד־רָע׃
25 וַיַּשֵּׂג לָבָן אֶת־יַעֲקֹב וְיַעֲקֹב תָּקַע אֶת־
אָהֳלוֹ בָּהָר וְלָבָן תָּקַע אֶת־אֶחָיו בְּהַר
הַגִּלְעָד׃ 26 וַיֹּאמֶר לָבָן לְיַעֲקֹב מֶה עָשִׂיתָ
וַתִּגְנֹב אֶת־לְבָבִי וַתְּנַהֵג אֶת־בְּנֹתַי
כִּשְׁבֻיוֹת חָרֶב׃ 27 לָמָּה נַחְבֵּאתָ לִבְרֹחַ
וַתִּגְנֹב אֹתִי וְלֹא־הִגַּדְתָּ לִּי וָאֲשַׁלֵּחֲךָ
בְּשִׂמְחָה וּבְשִׁרִים בְּתֹף וּבְכִנּוֹר׃ 28 וְלֹא
נְטַשְׁתַּנִי לְנַשֵּׁק לְבָנַי וְלִבְנֹתָי עַתָּה
הִסְכַּלְתָּ עֲשׂוֹ׃ 29 יֶשׁ־לְאֵל יָדִי לַעֲשׂוֹת
עִמָּכֶם רָע וֵאלֹהֵי אֲבִיכֶם אֶמֶשׁ ׀ אָמַר
אֵלַי לֵאמֹר הִשָּׁמֶר לְךָ מִדַּבֵּר עִם־יַעֲקֹב
מִטּוֹב עַד־רָע׃ 30 וְעַתָּה הָלֹךְ הָלַכְתָּ כִּי־
נִכְסֹף נִכְסַפְתָּה לְבֵית אָבִיךָ לָמָּה גָנַבְתָּ
אֶת־אֱלֹהָי׃ 31 וַיַּעַן יַעֲקֹב וַיֹּאמֶר לְלָבָן כִּי
יָרֵאתִי כִּי אָמַרְתִּי פֶּן־תִּגְזֹל אֶת־בְּנוֹתֶיךָ
מֵעִמִּי׃ 32 עִם אֲשֶׁר תִּמְצָא אֶת־אֱלֹהֶיךָ
לֹא יִחְיֶה נֶגֶד אַחֵינוּ הַכֶּר־לְךָ מָה עִמָּדִי
וְקַח־לָךְ וְלֹא־יָדַע יַעֲקֹב כִּי רָחֵל גְּנָבָתַם׃
33 וַיָּבֹא לָבָן בְּאֹהֶל יַעֲקֹב ׀ וּבְאֹהֶל לֵאָה
וּבְאֹהֶל שְׁתֵּי הָאֲמָהֹת וְלֹא מָצָא וַיֵּצֵא
מֵאֹהֶל לֵאָה וַיָּבֹא בְּאֹהֶל רָחֵל׃ 34 וְרָחֵל
לָקְחָה אֶת־הַתְּרָפִים וַתְּשִׂמֵם בְּכַר הַגָּמָל
וַתֵּשֶׁב עֲלֵיהֶם וַיְמַשֵּׁשׁ לָבָן אֶת־כָּל־
הָאֹהֶל וְלֹא מָצָא׃ 35 וַתֹּאמֶר אֶל־אָבִיהָ
אַל־יִחַר בְּעֵינֵי אֲדֹנִי כִּי לוֹא אוּכַל לָקוּם
מִפָּנֶיךָ כִּי־דֶרֶךְ נָשִׁים לִי וַיְחַפֵּשׂ וְלֹא מָצָא
אֶת־הַתְּרָפִים׃ 36 וַיִּחַר לְיַעֲקֹב וַיָּרֶב בְּלָבָן
וַיַּעַן יַעֲקֹב וַיֹּאמֶר לְלָבָן מַה־פִּשְׁעִי מַה
חַטָּאתִי כִּי דָלַקְתָּ אַחֲרָי׃ 37 כִּי־מִשַּׁשְׁתָּ

אֶת־כׇּל־כֵּלַי מַה־מָּצָאתָ מִכֹּל כְּלֵי־בֵיתֶךָ
שִׂים כֹּה נֶגֶד אַחַי וְאַחֶיךָ וְיוֹכִיחוּ בֵּין
שְׁנֵינוּ׃ 38 זֶה עֶשְׂרִים שָׁנָה אָנֹכִי עִמָּךְ
רְחֵלֶיךָ וְעִזֶּיךָ לֹא שִׁכֵּלוּ וְאֵילֵי צֹאנְךָ לֹא
אָכָלְתִּי׃ 39 טְרֵפָה לֹא־הֵבֵאתִי אֵלֶיךָ אָנֹכִי
אֲחַטֶּנָּה מִיָּדִי תְּבַקְשֶׁנָּה גְּנֻבְתִי יוֹם וּגְנֻבְתִי
לָיְלָה׃ 40 הָיִיתִי בַיּוֹם אֲכָלַנִי חֹרֶב וְקֶרַח
בַּלָּיְלָה וַתִּדַּד שְׁנָתִי מֵעֵינָי׃ 41 זֶה־לִּי
עֶשְׂרִים שָׁנָה בְּבֵיתֶךָ עֲבַדְתִּיךָ אַרְבַּע־
עֶשְׂרֵה שָׁנָה בִּשְׁתֵּי בְנֹתֶיךָ וְשֵׁשׁ שָׁנִים
בְּצֹאנֶךָ וַתַּחֲלֵף אֶת־מַשְׂכֻּרְתִּי עֲשֶׂרֶת
מֹנִים׃ 42 לוּלֵי אֱלֹהֵי אָבִי אֱלֹהֵי אַבְרָהָם
וּפַחַד יִצְחָק הָיָה לִי כִּי עַתָּה רֵיקָם
שִׁלַּחְתָּנִי אֶת־עָנְיִי וְאֶת־יְגִיעַ כַּפַּי רָאָה
אֱלֹהִים וַיּוֹכַח אָמֶשׁ׃ 43 וַיַּעַן לָבָן וַיֹּאמֶר
אֶל־יַעֲקֹב הַבָּנוֹת בְּנֹתַי וְהַבָּנִים בָּנַי
וְהַצֹּאן צֹאנִי וְכֹל אֲשֶׁר־אַתָּה רֹאֶה לִי־
הוּא וְלִבְנֹתַי מָה־אֶעֱשֶׂה לָאֵלֶּה הַיּוֹם אוֹ
לִבְנֵיהֶן אֲשֶׁר יָלָדוּ׃ 44 וְעַתָּה לְכָה נִכְרְתָה
בְרִית אֲנִי וָאָתָּה וְהָיָה לְעֵד בֵּינִי וּבֵינֶךָ׃
45 וַיִּקַּח יַעֲקֹב אָבֶן וַיְרִימֶהָ מַצֵּבָה׃
46 וַיֹּאמֶר יַעֲקֹב לְאֶחָיו לִקְטוּ אֲבָנִים וַיִּקְחוּ
אֲבָנִים וַיַּעֲשׂוּ־גָל וַיֹּאכְלוּ שָׁם עַל־הַגָּל׃
47 וַיִּקְרָא־לוֹ לָבָן יְגַר שָׂהֲדוּתָא וְיַעֲקֹב
קָרָא לוֹ גַּלְעֵד׃ 48 וַיֹּאמֶר לָבָן הַגַּל הַזֶּה
עֵד בֵּינִי וּבֵינְךָ הַיּוֹם עַל־כֵּן קָרָא־שְׁמוֹ
גַּלְעֵד׃ 49 וְהַמִּצְפָּה אֲשֶׁר אָמַר יִצֶף יְהוָה
בֵּינִי וּבֵינֶךָ כִּי נִסָּתֵר אִישׁ מֵרֵעֵהוּ׃ 50 אִם־
תְּעַנֶּה אֶת־בְּנֹתַי וְאִם־תִּקַּח נָשִׁים עַל־
בְּנֹתַי אֵין אִישׁ עִמָּנוּ רְאֵה אֱלֹהִים עֵד
בֵּינִי וּבֵינֶךָ׃ 51 וַיֹּאמֶר לָבָן לְיַעֲקֹב הִנֵּה ׀
הַגַּל הַזֶּה וְהִנֵּה הַמַּצֵּבָה אֲשֶׁר יָרִיתִי בֵּינִי
וּבֵינֶךָ׃ 52 עֵד הַגַּל הַזֶּה וְעֵדָה הַמַּצֵּבָה

found of all thy household stuff? Set it here before my brethren and thy brethren, that they may judge betwixt us two. [38] These twenty years have I been with thee; thy ewes and thy she-goats have not cast their young, and the rams of thy flocks have I not eaten. [39] That which was torn of beasts I brought not unto thee; I bore the loss of it; of my hand didst thou require it, whether stolen by day or stolen by night. [40] Thus I was: in the day the drought consumed me, and the frost by night; and my sleep fled from mine eyes. [41] These twenty years have I been in thy house: I served thee fourteen years for thy two daughters, and six years for thy flock; and thou hast changed my wages ten times. [42] Except the God of my father, the God of Abraham, and the Fear of Isaac, had been on my side, surely now hadst thou sent me away empty. God hath seen mine affliction and the labour of my hands, and gave judgment yesternight.' [43] And Laban answered and said unto Jacob: 'The daughters are my daughters, and the children are my children, and the flocks are my flocks, and all that thou seest is mine; and what can I do this day for these my daughters, or for their children whom they have borne? [44] And now come, let us make a covenant, I and thou; and let it be for a witness between me and thee.' [45] And Jacob took a stone, and set it up for a pillar. [46] And Jacob said unto his brethren: 'Gather stones'; and they took stones, and made a heap. And they did eat there by the heap. [47] And Laban called it [a]Jegar-sahadutha; but Jacob called it [b]Galeed. [48] And Laban said: 'This heap is witness between me and thee this day.' Therefore was the name of it called Galeed; [49] and [c]Mizpah, for he said: 'The LORD watch between me and thee, when we are absent one from another. [50] If thou shalt afflict my daughters, and if thou shalt take wives beside my daughters, no man being with us; see, God is witness betwixt me and thee.' [51] And Laban said to Jacob: 'Behold this heap, and behold the pillar, which I have set up betwixt me and thee. [52] This heap be witness, and the pillar

a That is, *The heap of witness,* in Aramaic. b That is, *The heap of witness,* in Hebrew. c That is, *The watch-post.*

be witness, that I will not pass over this heap to thee, and that thou shalt not pass over this heap and this pillar unto me, for harm. [53] The God of Abraham, and the God of Nahor, the God of their father, judge betwixt us.' And Jacob swore by the Fear of his father Isaac. [54] And Jacob offered a sacrifice in the mountain, and called his brethren to eat bread; and they did eat bread, and tarried all night in the mountain.

32 And early in the morning Laban rose up, and kissed his sons and his daughters, and blessed them. And Laban departed, and returned unto his place. [2] And Jacob went on his way, and the angels of God met him. [3] And Jacob said when he saw them: 'This is God's camp.' And he called the name of that place [a]Mahanaim.

אִם־אָנִי לֹא־אֶעֱבֹר אֵלֶיךָ אֶת־הַגַּל הַזֶּה
וְאִם־אַתָּה לֹא־תַעֲבֹר אֵלַי אֶת־הַגַּל הַזֶּה
וְאֶת־הַמַּצֵּבָה הַזֹּאת לְרָעָה׃ 53 אֱלֹהֵי
אַבְרָהָם וֵאלֹהֵי נָחוֹר יִשְׁפְּטוּ בֵינֵינוּ אֱלֹהֵי
אֲבִיהֶם וַיִּשָּׁבַע יַעֲקֹב בְּפַחַד אָבִיו יִצְחָק׃
54 וַיִּזְבַּח יַעֲקֹב זֶבַח בָּהָר וַיִּקְרָא לְאֶחָיו
לֶאֱכָל־לָחֶם וַיֹּאכְלוּ לֶחֶם וַיָּלִינוּ בָּהָר׃
32 וַיַּשְׁכֵּם לָבָן בַּבֹּקֶר וַיְנַשֵּׁק לְבָנָיו
וְלִבְנוֹתָיו וַיְבָרֶךְ אֶתְהֶם וַיֵּלֶךְ וַיָּשָׁב לָבָן
לִמְקֹמוֹ׃ 2 וְיַעֲקֹב הָלַךְ לְדַרְכּוֹ וַיִּפְגְּעוּ־בוֹ
מַלְאֲכֵי אֱלֹהִים׃ 3 וַיֹּאמֶר יַעֲקֹב כַּאֲשֶׁר
רָאָם מַחֲנֵה אֱלֹהִים זֶה וַיִּקְרָא שֵׁם־
הַמָּקוֹם הַהוּא מַחֲנָיִם׃ פ

VA-YISHLAH

[4] And Jacob sent messengers before him to Esau his brother unto the land of Seir, the field of Edom. [5] And he commanded them, saying: 'Thus shall ye say unto my lord Esau: Thus saith thy servant Jacob: I have sojourned with Laban, and stayed until now. [6] And I have oxen, and asses and flocks, and men-servants and maid-servants; and I have sent to tell my lord, that I may find favour in thy sight.' [7] And the messengers returned to Jacob, saying: 'We came to thy brother Esau, and moreover he cometh to meet thee, and four hundred men with him.' [8] Then Jacob was greatly afraid and was distressed. And he divided the people that was with him, and the flocks, and the herds, and the camels, into two camps. [9] And he said: 'If Esau come to the one camp, and smite it, then the camp which is left shall escape.' [10] And Jacob said: 'O God of my father Abraham, and God of my father Isaac, O Lord, who saidst unto me: Return unto thy country, and to thy kindred, and I will do thee good; [11] I am not worthy of all the mercies, and of all the truth, which Thou hast shown unto Thy servant;

וישלח

4 וַיִּשְׁלַח יַעֲקֹב מַלְאָכִים לְפָנָיו אֶל־עֵשָׂו
אָחִיו אַרְצָה שֵׂעִיר שְׂדֵה אֱדוֹם׃ 5 וַיְצַו
אֹתָם לֵאמֹר כֹּה תֹאמְרוּן לַאדֹנִי לְעֵשָׂו
כֹּה אָמַר עַבְדְּךָ יַעֲקֹב עִם־לָבָן גַּרְתִּי וָאֵחַר
עַד־עָתָּה׃ 6 וַיְהִי־לִי שׁוֹר וַחֲמוֹר צֹאן
וְעֶבֶד וְשִׁפְחָה וָאֶשְׁלְחָה לְהַגִּיד לַאדֹנִי
לִמְצֹא־חֵן בְּעֵינֶיךָ׃ 7 וַיָּשֻׁבוּ הַמַּלְאָכִים
אֶל־יַעֲקֹב לֵאמֹר בָּאנוּ אֶל־אָחִיךָ אֶל־עֵשָׂו
וְגַם הֹלֵךְ לִקְרָאתְךָ וְאַרְבַּע־מֵאוֹת אִישׁ
עִמּוֹ׃ 8 וַיִּירָא יַעֲקֹב מְאֹד וַיֵּצֶר לוֹ וַיַּחַץ
אֶת־הָעָם אֲשֶׁר־אִתּוֹ וְאֶת־הַצֹּאן וְאֶת־
הַבָּקָר וְהַגְּמַלִּים לִשְׁנֵי מַחֲנוֹת׃ 9 וַיֹּאמֶר
אִם־יָבוֹא עֵשָׂו אֶל־הַמַּחֲנֶה הָאַחַת וְהִכָּהוּ
וְהָיָה הַמַּחֲנֶה הַנִּשְׁאָר לִפְלֵיטָה׃ 10 וַיֹּאמֶר
יַעֲקֹב אֱלֹהֵי אָבִי אַבְרָהָם וֵאלֹהֵי אָבִי
יִצְחָק יְהוָה הָאֹמֵר אֵלַי שׁוּב לְאַרְצְךָ
וּלְמוֹלַדְתְּךָ וְאֵיטִיבָה עִמָּךְ׃ 11 קָטֹנְתִּי מִכֹּל
הַחֲסָדִים וּמִכָּל־הָאֱמֶת אֲשֶׁר עָשִׂיתָ אֶת־

a That is, *Two camps.*

for with my staff I passed over this Jordan; and now I am become two camps. [12] Deliver me, I pray Thee, from the hand of my brother, from the hand of Esau; for I fear him, lest he come and smite me, the mother with the children. [13] And Thou saidst: I will surely do thee good, and make thy seed as the sand of the sea, which cannot be numbered for multitude.' [14] And he lodged there that night; and took of that which he had with him a present for Esau his brother: [15] two hundred she-goats and twenty he-goats, two hundred ewes and twenty rams, [16] thirty milch camels and their colts, forty kine and ten bulls, twenty she-asses and ten foals. [17] And he delivered them into the hand of his servants, every drove by itself; and said unto his servants: 'Pass over before me, and put a space betwixt drove and drove.' [18] And he commanded the foremost, saying: 'When Esau my brother meeteth thee, and asketh thee, saying: Whose art thou? and whither goest thou? and whose are these before thee? [19] then thou shalt say: They are thy servant Jacob's; it is a present sent unto my lord, even unto Esau; and, behold, he also is behind us.' [20] And he commanded also the second, and the third, and all that followed the droves, saying: 'In this manner shall ye speak unto Esau, when ye find him; [21] and ye shall say: Moreover, behold, thy servant Jacob is behind us.' For he said: 'I will appease him with the present that goeth before me, and afterward I will see his face; peradventure he will accept me.' [22] So the present passed over before him; and he himself lodged that night in the camp.

[23] And he rose up that night, and took his two wives, and his two handmaids, and his eleven children, and passed over the ford of the Jabbok. [24] And he took them, and sent them over the stream, and sent over that which he had. [25] And Jacob was left alone; and there wrestled a man with him until the breaking of the day. [26] And when he saw that he prevailed not against him, he touched the hollow of his thigh;

עַבְדֶּךָ כִּי בְמַקְלִי עָבַרְתִּי אֶת־הַיַּרְדֵּן הַזֶּה
וְעַתָּה הָיִיתִי לִשְׁנֵי מַחֲנוֹת׃ 12 הַצִּילֵנִי נָא
מִיַּד אָחִי מִיַּד עֵשָׂו כִּי־יָרֵא אָנֹכִי אֹתוֹ
פֶּן־יָבוֹא וְהִכַּנִי אֵם עַל־בָּנִים׃ 13 וְאַתָּה
אָמַרְתָּ הֵיטֵב אֵיטִיב עִמָּךְ וְשַׂמְתִּי אֶת־
זַרְעֲךָ כְּחוֹל הַיָּם אֲשֶׁר לֹא־יִסָּפֵר מֵרֹב׃
14 וַיָּלֶן שָׁם בַּלַּיְלָה הַהוּא וַיִּקַּח מִן־הַבָּא
בְיָדוֹ מִנְחָה לְעֵשָׂו אָחִיו׃ 15 עִזִּים מָאתַיִם
וּתְיָשִׁים עֶשְׂרִים רְחֵלִים מָאתַיִם וְאֵילִים
עֶשְׂרִים׃ 16 גְּמַלִּים מֵינִיקוֹת וּבְנֵיהֶם
שְׁלֹשִׁים פָּרוֹת אַרְבָּעִים וּפָרִים עֲשָׂרָה
אֲתֹנֹת עֶשְׂרִים וַעְיָרִם עֲשָׂרָה׃ 17 וַיִּתֵּן
בְּיַד־עֲבָדָיו עֵדֶר עֵדֶר לְבַדּוֹ וַיֹּאמֶר אֶל־
עֲבָדָיו עִבְרוּ לְפָנַי וְרֶוַח תָּשִׂימוּ בֵּין עֵדֶר
וּבֵין עֵדֶר׃ 18 וַיְצַו אֶת־הָרִאשׁוֹן לֵאמֹר כִּי
יִפְגָשְׁךָ עֵשָׂו אָחִי וּשְׁאֵלְךָ לֵאמֹר לְמִי־
אַתָּה וְאָנָה תֵלֵךְ וּלְמִי אֵלֶּה לְפָנֶיךָ׃
19 וְאָמַרְתָּ לְעַבְדְּךָ לְיַעֲקֹב מִנְחָה הִוא
שְׁלוּחָה לַאדֹנִי לְעֵשָׂו וְהִנֵּה גַם־הוּא
אַחֲרֵינוּ׃ 20 וַיְצַו גַּם אֶת־הַשֵּׁנִי גַּם אֶת־
הַשְּׁלִישִׁי גַּם אֶת־כָּל־הַהֹלְכִים אַחֲרֵי
הָעֲדָרִים לֵאמֹר כַּדָּבָר הַזֶּה תְּדַבְּרוּן אֶל־
עֵשָׂו בְּמֹצַאֲכֶם אֹתוֹ׃ 21 וַאֲמַרְתֶּם גַּם הִנֵּה
עַבְדְּךָ יַעֲקֹב אַחֲרֵינוּ כִּי־אָמַר אֲכַפְּרָה פָנָיו
בַּמִּנְחָה הַהֹלֶכֶת לְפָנָי וְאַחֲרֵי־כֵן אֶרְאֶה
פָנָיו אוּלַי יִשָּׂא פָנָי׃ 22 וַתַּעֲבֹר הַמִּנְחָה
עַל־פָּנָיו וְהוּא לָן בַּלַּיְלָה־הַהוּא בַּמַּחֲנֶה׃
23 וַיָּקָם ׀ בַּלַּיְלָה הוּא וַיִּקַּח אֶת־שְׁתֵּי נָשָׁיו
וְאֶת־שְׁתֵּי שִׁפְחֹתָיו וְאֶת־אַחַד עָשָׂר
יְלָדָיו וַיַּעֲבֹר אֵת מַעֲבַר יַבֹּק׃ 24 וַיִּקָּחֵם
וַיַּעֲבִרֵם אֶת־הַנָּחַל וַיַּעֲבֵר אֶת־אֲשֶׁר־לוֹ׃
25 וַיִּוָּתֵר יַעֲקֹב לְבַדּוֹ וַיֵּאָבֵק אִישׁ עִמּוֹ עַד
עֲלוֹת הַשָּׁחַר׃ 26 וַיַּרְא כִּי לֹא יָכֹל לוֹ וַיִּגַּע

and the hollow of Jacob's thigh was strained, as he wrestled with him. [27] And he said: 'Let me go, for the day breaketh.' And he said: 'I will not let thee go, except thou bless me.' [28] And he said unto him: 'What is thy name?' And he said: 'Jacob.' [29] And he said: 'Thy name shall be called no more Jacob, but [a]Israel; for thou hast striven with God and with men, and hast prevailed.' [30] And Jacob asked him, and said: 'Tell me, I pray thee, thy name.' And he said: 'Wherefore is it that thou dost ask after my name?' And he blessed him there. [31] And Jacob called the name of the place [b]Peniel: 'for I have seen God face to face, and my life is preserved.' [32] And the sun rose upon him as he passed over [c]Peniel, and he limped upon his thigh. [33] Therefore the children of Israel eat not the sinew of the thigh-vein which is upon the hollow of the thigh, unto this day; because he touched the hollow of Jacob's thigh, even in the sinew of the thigh-vein.

33 And Jacob lifted up his eyes, and looked, and, behold, Esau came, and with him four hundred men. And he divided the children unto Leah, and unto Rachel, and unto the two handmaids. [2] And he put the handmaids and their children foremost, and Leah and her children after, and Rachel and Joseph hindermost. [3] And he himself passed over before them, and bowed himself to the ground seven times, until he came near to his brother. [4] And Esau ran to meet him, and embraced him, and fell on his neck, and kissed him; and they wept. [5] And he lifted up his eyes, and saw the women and the children; and said: 'Who are these with thee?' And he said: 'The children whom God hath graciously given thy servant.' [6] Then the handmaids came near, they and their children, and they bowed down. [7] And Leah also and her children came near, and bowed down; and after came Joseph near and Rachel, and they bowed down. [8] And he said: 'What meanest thou by all this camp which I met?' And he said: 'To find

בְּכַף־יְרֵכ֑וֹ וַתֵּ֙קַע֙ כַּף־יֶ֣רֶךְ יַעֲקֹ֔ב בְּהֵאָֽבְק֖וֹ
עִמּֽוֹ׃ 27 וַיֹּ֣אמֶר שַׁלְּחֵ֔נִי כִּ֥י עָלָ֖ה הַשָּׁ֑חַר
וַיֹּ֙אמֶר֙ לֹ֣א אֲשַֽׁלֵּחֲךָ֔ כִּ֖י אִם־בֵּרַכְתָּֽנִי׃
28 וַיֹּ֥אמֶר אֵלָ֖יו מַה־שְּׁמֶ֑ךָ וַיֹּ֖אמֶר יַעֲקֹֽב׃
29 וַיֹּ֗אמֶר לֹ֤א יַעֲקֹב֙ יֵאָמֵ֥ר עוֹד֙ שִׁמְךָ֔ כִּ֖י
אִם־יִשְׂרָאֵ֑ל כִּֽי־שָׂרִ֧יתָ עִם־אֱלֹהִ֛ים וְעִם־
אֲנָשִׁ֖ים וַתּוּכָֽל׃ 30 וַיִּשְׁאַ֣ל יַעֲקֹ֗ב וַיֹּ֙אמֶר֙
הַגִּֽידָה־נָּ֣א שְׁמֶ֔ךָ וַיֹּ֕אמֶר לָ֥מָּה זֶּ֖ה תִּשְׁאַ֣ל
לִשְׁמִ֑י וַיְבָ֥רֶךְ אֹת֖וֹ שָֽׁם׃ 31 וַיִּקְרָ֧א יַעֲקֹ֛ב
שֵׁ֥ם הַמָּק֖וֹם פְּנִיאֵ֑ל כִּֽי־רָאִ֤יתִי אֱלֹהִים֙
פָּנִ֣ים אֶל־פָּנִ֔ים וַתִּנָּצֵ֖ל נַפְשִֽׁי׃ 32 וַיִּֽזְרַֽח־ל֣וֹ
הַשֶּׁ֔מֶשׁ כַּאֲשֶׁ֥ר עָבַ֖ר אֶת־פְּנוּאֵ֑ל וְה֥וּא צֹלֵ֖עַ
עַל־יְרֵכֽוֹ׃ 33 עַל־כֵּ֡ן לֹֽא־יֹאכְל֨וּ בְנֵֽי־
יִשְׂרָאֵ֜ל אֶת־גִּ֣יד הַנָּשֶׁ֗ה אֲשֶׁר֙ עַל־כַּ֣ף הַיָּרֵ֔ךְ
עַ֖ד הַיּ֣וֹם הַזֶּ֑ה כִּ֤י נָגַע֙ בְּכַף־יֶ֣רֶךְ יַעֲקֹ֔ב
בְּגִ֖יד הַנָּשֶֽׁה׃ **33** וַיִּשָּׂ֨א יַעֲקֹ֜ב עֵינָ֗יו
וַיַּרְא֙ וְהִנֵּ֣ה עֵשָׂ֣ו בָּ֔א וְעִמּ֕וֹ אַרְבַּ֥ע מֵא֖וֹת
אִ֑ישׁ וַיַּ֣חַץ אֶת־הַיְלָדִ֗ים עַל־לֵאָה֙ וְעַל־
רָחֵ֔ל וְעַ֖ל שְׁתֵּ֥י הַשְּׁפָחֽוֹת׃ 2 וַיָּ֧שֶׂם אֶת־
הַשְּׁפָח֛וֹת וְאֶת־יַלְדֵיהֶ֖ן רִאשֹׁנָ֑ה וְאֶת־
לֵאָ֤ה וִילָדֶ֙יהָ֙ אַחֲרֹנִ֔ים וְאֶת־רָחֵ֥ל וְאֶת־
יוֹסֵ֖ף אַחֲרֹנִֽים׃ 3 וְה֖וּא עָבַ֣ר לִפְנֵיהֶ֑ם
וַיִּשְׁתַּ֤חוּ אַ֙רְצָה֙ שֶׁ֣בַע פְּעָמִ֔ים עַד־גִּשְׁתּ֖וֹ
עַד־אָחִֽיו׃ 4 וַיָּ֨רָץ עֵשָׂ֤ו לִקְרָאתוֹ֙ וַֽיְחַבְּקֵ֔הוּ
וַיִּפֹּ֥ל עַל־צוארו עַל־צַוָּארָ֖יו וַׄיִּׄשָּׁׄקֵ֑ׄהׄוּׄ וַיִּבְכּֽוּ׃
5 וַיִּשָּׂ֣א אֶת־עֵינָ֗יו וַיַּ֤רְא אֶת־הַנָּשִׁים֙ וְאֶת־
הַיְלָדִ֔ים וַיֹּ֖אמֶר מִי־אֵ֣לֶּה לָּ֑ךְ וַיֹּאמַ֕ר
הַיְלָדִ֕ים אֲשֶׁר־חָנַ֥ן אֱלֹהִ֖ים אֶת־עַבְדֶּֽךָ׃
6 וַתִּגַּ֧שְׁןָ הַשְּׁפָח֛וֹת הֵ֥נָּה וְיַלְדֵיהֶ֖ן
וַתִּֽשְׁתַּחֲוֶֽיןָ׃ 7 וַתִּגַּ֧שׁ גַּם־לֵאָ֛ה וִילָדֶ֖יהָ
וַיִּֽשְׁתַּחֲו֑וּ וְאַחַ֗ר נִגַּ֥שׁ יוֹסֵ֛ף וְרָחֵ֖ל וַיִּֽשְׁתַּחֲוֽוּ׃
8 וַיֹּ֗אמֶר מִ֥י לְךָ֛ כָּל־הַֽמַּחֲנֶ֥ה הַזֶּ֖ה אֲשֶׁ֣ר
פָּגָ֑שְׁתִּי וַיֹּ֕אמֶר לִמְצֹא־חֵ֖ן בְּעֵינֵ֥י אֲדֹנִֽי׃

a That is, *He who striveth with God.* b That is, *The face of God.* c Heb. *Penuel.*

favour in the sight of my lord.' [9] And Esau said: 'I have enough; my brother, let that which thou hast be thine.' [10] And Jacob said: 'Nay, I pray thee, if now I have found favour in thy sight, then receive my present at my hand; forasmuch as I have seen thy face, as one seeth the face of God, and thou wast pleased with me. [11] Take, I pray thee, my gift that is brought to thee; because God hath dealt graciously with me, and because I have enough.' And he urged him, and he took it. [12] And he said: 'Let us take our journey, and let us go, and I will go before thee.' [13] And he said unto him: 'My lord knoweth that the children are tender, and that the flocks and herds giving suck are a care to me; and if they overdrive them one day, all the flocks will die. [14] Let my lord, I pray thee, pass over before his servant; and I will journey on gently, according to the pace of the cattle that are before me and according to the pace of the children, until I come unto my lord unto Seir.' [15] And Esau said: 'Let me now leave with thee some of the folk that are with me.' And he said: 'What needeth it? let me find favour in the sight of my lord.' [16] So Esau returned that day on his way unto Seir. [17] And Jacob journeyed to Succoth, and built him a house, and made booths for his cattle. Therefore the name of the place is called [a]Succoth.

[18] And Jacob came in peace to the city of Shechem, which is in the land of Canaan, when he came from Paddan-aram; and encamped before the city. [19] And he bought the parcel of ground, where he had spread his tent, at the hand of the children of Hamor, Shechem's father, for a hundred pieces of money. [20] And he erected there an altar, and called it [b]El-elohe-Israel.

34 And Dinah the daughter of Leah, whom she had borne unto Jacob, went out to see the daughters of the land. [2] And Shechem the son of Hamor the Hivite, the prince of the land, saw her; and he took her, and lay with her, and humbled her. [3] And his soul did cleave unto Dinah the daughter of Jacob, and he loved the damsel, and spoke comfortingly unto the damsel. [4] And Shechem spoke unto his father Hamor, saying: 'Get me this damsel to wife.' [5] Now Jacob heard that he had defiled Dinah

9 וַיֹּאמֶר עֵשָׂו יֶשׁ־לִי רָב אָחִי יְהִי לְךָ
אֲשֶׁר־לָךְ׃ 10 וַיֹּאמֶר יַעֲקֹב אַל־נָא אִם־נָא
מָצָאתִי חֵן בְּעֵינֶיךָ וְלָקַחְתָּ מִנְחָתִי מִיָּדִי
כִּי עַל־כֵּן רָאִיתִי פָנֶיךָ כִּרְאֹת פְּנֵי אֱלֹהִים
וַתִּרְצֵנִי׃ 11 קַח־נָא אֶת־בִּרְכָתִי אֲשֶׁר
הֻבָאת לָךְ כִּי־חַנַּנִי אֱלֹהִים וְכִי יֶשׁ־לִי־כֹל
וַיִּפְצַר־בּוֹ וַיִּקָּח׃ 12 וַיֹּאמֶר נִסְעָה וְנֵלֵכָה
וְאֵלְכָה לְנֶגְדֶּךָ׃ 13 וַיֹּאמֶר אֵלָיו אֲדֹנִי יֹדֵעַ
כִּי־הַיְלָדִים רַכִּים וְהַצֹּאן וְהַבָּקָר עָלוֹת
עָלָי וּדְפָקוּם יוֹם אֶחָד וָמֵתוּ כָּל־הַצֹּאן׃
14 יַעֲבָר־נָא אֲדֹנִי לִפְנֵי עַבְדּוֹ וַאֲנִי
אֶתְנָהֲלָה לְאִטִּי לְרֶגֶל הַמְּלָאכָה אֲשֶׁר־
לְפָנַי וּלְרֶגֶל הַיְלָדִים עַד אֲשֶׁר־אָבֹא אֶל־
אֲדֹנִי שֵׂעִירָה׃ 15 וַיֹּאמֶר עֵשָׂו אַצִּיגָה־נָּא
עִמְּךָ מִן־הָעָם אֲשֶׁר אִתִּי וַיֹּאמֶר לָמָּה זֶּה
אֶמְצָא־חֵן בְּעֵינֵי אֲדֹנִי׃ 16 וַיָּשָׁב בַּיּוֹם
הַהוּא עֵשָׂו לְדַרְכּוֹ שֵׂעִירָה׃ 17 וְיַעֲקֹב נָסַע
סֻכֹּתָה וַיִּבֶן לוֹ בָּיִת וּלְמִקְנֵהוּ עָשָׂה סֻכֹּת
עַל־כֵּן קָרָא שֵׁם־הַמָּקוֹם סֻכּוֹת׃ ס
18 וַיָּבֹא יַעֲקֹב שָׁלֵם עִיר שְׁכֶם אֲשֶׁר
בְּאֶרֶץ כְּנַעַן בְּבֹאוֹ מִפַּדַּן אֲרָם וַיִּחַן אֶת־
פְּנֵי הָעִיר׃ 19 וַיִּקֶן אֶת־חֶלְקַת הַשָּׂדֶה אֲשֶׁר
נָטָה־שָׁם אָהֳלוֹ מִיַּד בְּנֵי־חֲמוֹר אֲבִי שְׁכֶם
בְּמֵאָה קְשִׂיטָה׃ 20 וַיַּצֶּב־שָׁם מִזְבֵּחַ
וַיִּקְרָא־לוֹ אֵל אֱלֹהֵי יִשְׂרָאֵל׃ ס
34 וַתֵּצֵא דִינָה בַּת־לֵאָה אֲשֶׁר
יָלְדָה לְיַעֲקֹב לִרְאוֹת בִּבְנוֹת הָאָרֶץ׃
2 וַיַּרְא אֹתָהּ שְׁכֶם בֶּן־חֲמוֹר הַחִוִּי נְשִׂיא
הָאָרֶץ וַיִּקַּח אֹתָהּ וַיִּשְׁכַּב אֹתָהּ וַיְעַנֶּהָ׃
3 וַתִּדְבַּק נַפְשׁוֹ בְּדִינָה בַּת־יַעֲקֹב וַיֶּאֱהַב
אֶת־הנער הַנַּעֲרָה וַיְדַבֵּר עַל־לֵב הנער
הַנַּעֲרָה׃ 4 וַיֹּאמֶר שְׁכֶם אֶל־חֲמוֹר אָבִיו
לֵאמֹר קַח־לִי אֶת־הַיַּלְדָּה הַזֹּאת לְאִשָּׁה׃

a That is, *Booths.* b That is *God, the God of Israel.*

5 וְיַעֲקֹב שָׁמַע כִּי טִמֵּא אֶת־דִּינָה בִתּוֹ
וּבָנָיו הָיוּ אֶת־מִקְנֵהוּ בַּשָּׂדֶה וְהֶחֱרִשׁ
יַעֲקֹב עַד־בֹּאָם׃ 6 וַיֵּצֵא חֲמוֹר אֲבִי־שְׁכֶם
אֶל־יַעֲקֹב לְדַבֵּר אִתּוֹ׃ 7 וּבְנֵי יַעֲקֹב בָּאוּ
מִן־הַשָּׂדֶה כְּשָׁמְעָם וַיִּתְעַצְּבוּ הָאֲנָשִׁים
וַיִּחַר לָהֶם מְאֹד כִּי־נְבָלָה עָשָׂה בְיִשְׂרָאֵל
לִשְׁכַּב אֶת־בַּת־יַעֲקֹב וְכֵן לֹא יֵעָשֶׂה׃
8 וַיְדַבֵּר חֲמוֹר אִתָּם לֵאמֹר שְׁכֶם בְּנִי
חָשְׁקָה נַפְשׁוֹ בְּבִתְּכֶם תְּנוּ נָא אֹתָהּ לוֹ
לְאִשָּׁה׃ 9 וְהִתְחַתְּנוּ אֹתָנוּ בְּנֹתֵיכֶם תִּתְּנוּ־
לָנוּ וְאֶת־בְּנֹתֵינוּ תִּקְחוּ לָכֶם׃ 10 וְאִתָּנוּ
תֵּשֵׁבוּ וְהָאָרֶץ תִּהְיֶה לִפְנֵיכֶם שְׁבוּ
וּסְחָרוּהָ וְהֵאָחֲזוּ בָּהּ׃ 11 וַיֹּאמֶר שְׁכֶם
אֶל־אָבִיהָ וְאֶל־אַחֶיהָ אֶמְצָא־חֵן
בְּעֵינֵיכֶם וַאֲשֶׁר תֹּאמְרוּ אֵלַי אֶתֵּן׃
12 הַרְבּוּ עָלַי מְאֹד מֹהַר וּמַתָּן וְאֶתְּנָה
כַּאֲשֶׁר תֹּאמְרוּ אֵלָי וּתְנוּ־לִי אֶת־הנער
הַנַּעֲרָ לְאִשָּׁה׃ 13 וַיַּעֲנוּ בְנֵי־יַעֲקֹב אֶת־
שְׁכֶם וְאֶת־חֲמוֹר אָבִיו בְּמִרְמָה וַיְדַבֵּרוּ
אֲשֶׁר טִמֵּא אֵת דִּינָה אֲחֹתָם׃ 14 וַיֹּאמְרוּ
אֲלֵיהֶם לֹא נוּכַל לַעֲשׂוֹת הַדָּבָר הַזֶּה לָתֵת
אֶת־אֲחֹתֵנוּ לְאִישׁ אֲשֶׁר־לוֹ עָרְלָה כִּי־
חֶרְפָּה הִוא לָנוּ׃ 15 אַךְ־בְּזֹאת נֵאוֹת לָכֶם
אִם תִּהְיוּ כָמֹנוּ לְהִמֹּל לָכֶם כָּל־זָכָר׃
16 וְנָתַנּוּ אֶת־בְּנֹתֵינוּ לָכֶם וְאֶת־בְּנֹתֵיכֶם
נִקַּח־לָנוּ וְיָשַׁבְנוּ אִתְּכֶם וְהָיִינוּ לְעַם
אֶחָד׃ 17 וְאִם־לֹא תִשְׁמְעוּ אֵלֵינוּ לְהִמּוֹל
וְלָקַחְנוּ אֶת־בִּתֵּנוּ וְהָלָכְנוּ׃ 18 וַיִּיטְבוּ
דִבְרֵיהֶם בְּעֵינֵי חֲמוֹר וּבְעֵינֵי שְׁכֶם בֶּן־
חֲמוֹר׃ 19 וְלֹא־אֵחַר הַנַּעַר לַעֲשׂוֹת הַדָּבָר
כִּי חָפֵץ בְּבַת־יַעֲקֹב וְהוּא נִכְבָּד מִכֹּל בֵּית
אָבִיו׃ 20 וַיָּבֹא חֲמוֹר וּשְׁכֶם בְּנוֹ אֶל־שַׁעַר
עִירָם וַיְדַבְּרוּ אֶל־אַנְשֵׁי עִירָם לֵאמֹר׃

his daughter; and his sons were with his cattle in the field; and Jacob held his peace until they came. [6] And Hamor the father of Shechem went out unto Jacob to speak with him. [7] And the sons of Jacob came in from the field when they heard it; and the men were grieved, and they were very wroth, because he had wrought a vile deed in Israel in lying with Jacob's daughter; which thing ought not to be done. [8] And Hamor spoke with them, saying: 'The soul of my son Shechem longeth for your daughter. I pray you give her unto him to wife. [9] And make ye marriages with us; give your daughters unto us, and take our daughters unto you. [10] And ye shall dwell with us; and the land shall be before you; dwell and trade ye therein, and get you possessions therein.' [11] And Shechem said unto her father and unto her brethren: 'Let me find favour in your eyes, and what ye shall say unto me I will give. [12] Ask me never so much dowry and gift, and I will give according as ye shall say unto me; but give me the damsel to wife.' [13] And the sons of Jacob answered Shechem and Hamor his father with guile, and spoke, because he had defiled Dinah their sister, [14] and said unto them: 'We cannot do this thing, to give our sister to one that is uncircumcised; for that were a reproach unto us. [15] Only on this condition will we consent unto you: if ye will be as we are, that every male of you be circumcised; [16] then will we give our daughters unto you, and we will take your daughters to us, and we will dwell with you, and we will become one people. [17] But if ye will not hearken unto us, to be circumcised; then will we take our daughter, and we will be gone.' [18] And their words pleased Hamor, and Shechem Hamor's son. [19] And the young man deferred not to do the thing, because he had delight in Jacob's daughter. And he was honoured above all the house of his father. [20] And Hamor and Shechem his son came unto the gate of their city, and spoke with the men of their city, saying: [21] 'These men are peaceable with us; therefore let them dwell in the land, and trade therein; for, behold, the land is large enough for them; let us take their daughters to us for wives, and let us give them our daughters. [22] Only on this condition will the men consent unto us to dwell with us, to become one people, if every male among us be circumcised, as they are circumcised. [23] Shall not their cattle and their substance and all their beasts be ours? only let us consent unto them, and they will dwell with us.' [24] And unto Hamor and unto Shechem his son hearkened all that went out of the gate of his city; and every male was circumcised, all that went out of the gate of his city. [25] And it came to pass on the third day, when they were in pain, that two of the sons of Jacob, Simeon and Levi, Dinah's brethren, took each man his sword, and came upon the city unawares, and slew all the males. [26] And they slew Hamor and Shechem his son with the edge of the sword, and took Dinah out of Shechem's house, and went forth. [27] The sons of Jacob came upon the slain, and spoiled the city, because they had defiled their sister. [28] They took their flocks and their herds and their asses, and that which was in the city and that which was in the field; [29] and all their wealth, and all their little ones and their wives, took they captive and spoiled, even all that was in the house. [30] And Jacob said to Simeon and Levi: 'Ye have troubled me, to make me odious unto the inhabitants of the land, even unto the Canaanites and the Perizzites; and, I being few in number, they will gather themselves together against me and smite me; and I shall be destroyed, I and my house.' [31] And they said: 'Should one deal with our sister as with a harlot?'

35 And God said unto Jacob: 'Arise, go up to Beth-el, and dwell there; and make there an altar unto God, who appeared unto thee when thou didst flee from the face of Esau thy brother.' [2] Then Jacob said unto his household, and to all that were with him: 'Put away the strange gods that are among you, and purify

21 הָאֲנָשִׁים הָאֵלֶּה שְׁלֵמִים הֵם אִתָּנוּ
וְיֵשְׁבוּ בָאָרֶץ וְיִסְחֲרוּ אֹתָהּ וְהָאָרֶץ הִנֵּה
רַחֲבַת־יָדַיִם לִפְנֵיהֶם אֶת־בְּנֹתָם נִקַּח־לָנוּ
לְנָשִׁים וְאֶת־בְּנֹתֵינוּ נִתֵּן לָהֶם׃ 22 אַךְ־
בְּזֹאת יֵאֹתוּ לָנוּ הָאֲנָשִׁים לָשֶׁבֶת אִתָּנוּ
לִהְיוֹת לְעַם אֶחָד בְּהִמּוֹל לָנוּ כָּל־זָכָר
כַּאֲשֶׁר הֵם נִמֹּלִים׃ 23 מִקְנֵהֶם וְקִנְיָנָם
וְכָל־בְּהֶמְתָּם הֲלוֹא לָנוּ הֵם אַךְ נֵאוֹתָה
לָהֶם וְיֵשְׁבוּ אִתָּנוּ׃ 24 וַיִּשְׁמְעוּ אֶל־חֲמוֹר
וְאֶל־שְׁכֶם בְּנוֹ כָּל־יֹצְאֵי שַׁעַר עִירוֹ וַיִּמֹּלוּ
כָּל־זָכָר כָּל־יֹצְאֵי שַׁעַר עִירוֹ׃ 25 וַיְהִי בַיּוֹם
הַשְּׁלִישִׁי בִּהְיוֹתָם כֹּאֲבִים וַיִּקְחוּ שְׁנֵי־
בְנֵי־יַעֲקֹב שִׁמְעוֹן וְלֵוִי אֲחֵי דִינָה אִישׁ
חַרְבּוֹ וַיָּבֹאוּ עַל־הָעִיר בֶּטַח וַיַּהַרְגוּ כָּל־
זָכָר׃ 26 וְאֶת־חֲמוֹר וְאֶת־שְׁכֶם בְּנוֹ הָרְגוּ
לְפִי־חָרֶב וַיִּקְחוּ אֶת־דִּינָה מִבֵּית שְׁכֶם
וַיֵּצֵאוּ׃ 27 בְּנֵי יַעֲקֹב בָּאוּ עַל־הַחֲלָלִים
וַיָּבֹזּוּ הָעִיר אֲשֶׁר טִמְּאוּ אֲחוֹתָם׃ 28 אֶת־
צֹאנָם וְאֶת־בְּקָרָם וְאֶת־חֲמֹרֵיהֶם וְאֵת
אֲשֶׁר־בָּעִיר וְאֶת־אֲשֶׁר בַּשָּׂדֶה לָקָחוּ׃
29 וְאֶת־כָּל־חֵילָם וְאֶת־כָּל־טַפָּם וְאֶת־
נְשֵׁיהֶם שָׁבוּ וַיָּבֹזּוּ וְאֵת כָּל־אֲשֶׁר בַּבָּיִת׃
30 וַיֹּאמֶר יַעֲקֹב אֶל־שִׁמְעוֹן וְאֶל־לֵוִי
עֲכַרְתֶּם אֹתִי לְהַבְאִישֵׁנִי בְּיֹשֵׁב הָאָרֶץ
בַּכְּנַעֲנִי וּבַפְּרִזִּי וַאֲנִי מְתֵי מִסְפָּר וְנֶאֶסְפוּ
עָלַי וְהִכּוּנִי וְנִשְׁמַדְתִּי אֲנִי וּבֵיתִי׃
31 וַיֹּאמְרוּ הַכְזוֹנָה יַעֲשֶׂה אֶת־
אֲחוֹתֵנוּ׃ פ

35 וַיֹּאמֶר אֱלֹהִים אֶל־יַעֲקֹב קוּם עֲלֵה
בֵית־אֵל וְשֶׁב־שָׁם וַעֲשֵׂה־שָׁם מִזְבֵּחַ לָאֵל
הַנִּרְאֶה אֵלֶיךָ בְּבָרְחֲךָ מִפְּנֵי עֵשָׂו אָחִיךָ׃
2 וַיֹּאמֶר יַעֲקֹב אֶל־בֵּיתוֹ וְאֶל כָּל־אֲשֶׁר
עִמּוֹ הָסִרוּ אֶת־אֱלֹהֵי הַנֵּכָר אֲשֶׁר בְּתֹכְכֶם

yourselves, and change your garments; [3] and
let us arise, and go up to Beth-el; and I will make
there an altar unto God, who answered me in the
day of my distress, and was with me in the way
which I went.' [4] And they gave unto Jacob all
the foreign gods which were in their hand, and
the rings which were in their ears; and Jacob hid
them under the terebinth which was by Shechem.
[5] And they journeyed; and a terror of God was
upon the cities that were round about them,
and they did not pursue after the sons of Jacob.
[6] So Jacob came to Luz, which is in the land
of Canaan—the same is Beth-el—he and all the
people that were with him. [7] And he built there
an altar, and called the place [a]El-beth-el, because
there God was revealed unto him, when he fled
from the face of his brother. [8] And Deborah
Rebekah's nurse died, and she was buried below
Beth-el under the oak; and the name of it was
called [b]Allon-bacuth.

[9] And God appeared unto Jacob again,
when he came from Paddan-aram, and blessed
him. [10] And God said unto him: 'Thy name
is Jacob: thy name shall not be called any more
Jacob, but Israel shall be thy name': and He called
his name Israel. [11] And God said unto him: 'I
am God Almighty. Be fruitful and multiply; a
nation and a company of nations shall be of thee,
and kings shall come out of thy loins; [12] and
the land which I gave unto Abraham and Isaac,
to thee I will give it, and to thy seed after thee will
I give the land.' [13] And God went up from him
in the place where He spoke with him. [14] And
Jacob set up a pillar in the place where He spoke
with him, a pillar of stone, and he poured out a
drink-offering thereon, and poured oil thereon.
[15] And Jacob called the name of the place
where God spoke with him, Beth-el. [16] And
they journeyed from Beth-el; and there was
still some way to come to Ephrath; and Rachel
travailed, and she had hard labour. [17] And it
came to pass, when she was in hard labour, that

וְהִטַּהֲרוּ וְהַחֲלִיפוּ שִׂמְלֹתֵיכֶם׃ 3 וְנָקוּמָה
וְנַעֲלֶה בֵּית־אֵל וְאֶעֱשֶׂה־שָּׁם מִזְבֵּחַ לָאֵל
הָעֹנֶה אֹתִי בְּיוֹם צָרָתִי וַיְהִי עִמָּדִי בַּדֶּרֶךְ
אֲשֶׁר הָלָכְתִּי׃ 4 וַיִּתְּנוּ אֶל־יַעֲקֹב אֵת כָּל־
אֱלֹהֵי הַנֵּכָר אֲשֶׁר בְּיָדָם וְאֶת־הַנְּזָמִים
אֲשֶׁר בְּאָזְנֵיהֶם וַיִּטְמֹן אֹתָם יַעֲקֹב תַּחַת
הָאֵלָה אֲשֶׁר עִם־שְׁכֶם׃ 5 וַיִּסָּעוּ וַיְהִי ׀
חִתַּת אֱלֹהִים עַל־הֶעָרִים אֲשֶׁר
סְבִיבוֹתֵיהֶם וְלֹא רָדְפוּ אַחֲרֵי בְּנֵי יַעֲקֹב׃
6 וַיָּבֹא יַעֲקֹב לוּזָה אֲשֶׁר בְּאֶרֶץ כְּנַעַן הִוא
בֵּית־אֵל הוּא וְכָל־הָעָם אֲשֶׁר־עִמּוֹ׃ 7 וַיִּבֶן
שָׁם מִזְבֵּחַ וַיִּקְרָא לַמָּקוֹם אֵל בֵּית־אֵל כִּי
שָׁם נִגְלוּ אֵלָיו הָאֱלֹהִים בְּבָרְחוֹ מִפְּנֵי
אָחִיו׃ 8 וַתָּמָת דְּבֹרָה מֵינֶקֶת רִבְקָה
וַתִּקָּבֵר מִתַּחַת לְבֵית־אֵל תַּחַת הָאַלּוֹן
וַיִּקְרָא שְׁמוֹ אַלּוֹן בָּכוּת׃ פ
9 וַיֵּרָא אֱלֹהִים אֶל־יַעֲקֹב עוֹד בְּבֹאוֹ מִפַּדַּן
אֲרָם וַיְבָרֶךְ אֹתוֹ׃ 10 וַיֹּאמֶר־לוֹ אֱלֹהִים
שִׁמְךָ יַעֲקֹב לֹא־יִקָּרֵא שִׁמְךָ עוֹד יַעֲקֹב כִּי
אִם־יִשְׂרָאֵל יִהְיֶה שְׁמֶךָ וַיִּקְרָא אֶת־שְׁמוֹ
יִשְׂרָאֵל׃ 11 וַיֹּאמֶר לוֹ אֱלֹהִים אֲנִי אֵל שַׁדַּי
פְּרֵה וּרְבֵה גּוֹי וּקְהַל גּוֹיִם יִהְיֶה מִמֶּךָּ
וּמְלָכִים מֵחֲלָצֶיךָ יֵצֵאוּ׃ 12 וְאֶת־הָאָרֶץ
אֲשֶׁר נָתַתִּי לְאַבְרָהָם וּלְיִצְחָק לְךָ אֶתְּנֶנָּה
וּלְזַרְעֲךָ אַחֲרֶיךָ אֶתֵּן אֶת־הָאָרֶץ׃ 13 וַיַּעַל
מֵעָלָיו אֱלֹהִים בַּמָּקוֹם אֲשֶׁר־דִּבֶּר אִתּוֹ׃
14 וַיַּצֵּב יַעֲקֹב מַצֵּבָה בַּמָּקוֹם אֲשֶׁר־דִּבֶּר
אִתּוֹ מַצֶּבֶת אָבֶן וַיַּסֵּךְ עָלֶיהָ נֶסֶךְ וַיִּצֹק
עָלֶיהָ שָׁמֶן׃ 15 וַיִּקְרָא יַעֲקֹב אֶת־שֵׁם
הַמָּקוֹם אֲשֶׁר דִּבֶּר אִתּוֹ שָׁם אֱלֹהִים
בֵּית־אֵל׃ 16 וַיִּסְעוּ מִבֵּית אֵל וַיְהִי־עוֹד
כִּבְרַת־הָאָרֶץ לָבוֹא אֶפְרָתָה וַתֵּלֶד רָחֵל
וַתְּקַשׁ בְּלִדְתָּהּ׃ 17 וַיְהִי בְהַקְשֹׁתָהּ

a That is, *The God of Beth-el.* b That is, *The oak of weeping.*

the midwife said unto her: 'Fear not; for this also is a son for thee.' [18] And it came to pass, as her soul was in departing—for she died—that she called his name [a]Ben-oni; but his father called him [b]Benjamin. [19] And Rachel died, and was buried in the way to Ephrath—the same is Bethlehem. [20] And Jacob set up a pillar upon her grave; the same is the pillar of Rachel's grave unto this day. [21] And Israel journeyed, and spread his tent beyond Migdal-eder. [22] And it came to pass, while Israel dwelt in that land, that Reuben went and lay with Bilhah his father's concubine; and Israel heard of it.

Now the sons of Jacob were twelve: [23] the sons of Leah: Reuben, Jacob's first-born, and Simeon, and Levi, and Judah, and Issachar, and Zebulun; [24] the sons of Rachel: Joseph and Benjamin; [25] and the sons of Bilhah, Rachel's handmaid: Dan and Naphtali; [26] and the sons of Zilpah, Leah's handmaid: Gad and Asher. These are the sons of Jacob, that were born to him in Paddan-aram. [27] And Jacob came unto Isaac his father to Mamre, to Kiriath-arba—the same is Hebron—where Abraham and Isaac sojourned. [28] And the days of Isaac were a hundred and fourscore years. [29] And Isaac expired, and died, and was gathered unto his people, old and full of days; and Esau and Jacob his sons buried him.

36

Now these are the generations of Esau—the same is Edom. [2]Esau took his wives of the daughters of Canaan; Adah the daughter of Elon the Hittite, and Oholibamah the daughter of Anah, the daughter of Zibeon the Hivite, [3] and Basemath Ishmael's daughter, sister of Nebaioth. [4] And Adah bore to Esau Eliphaz; and Basemath bore Reuel; [5] and Oholibamah bore Jeush, and Jalam, and Korah. These are the sons of Esau, that were born unto him in the land of Canaan. [6] And Esau took his wives, and his sons, and his daughters, and all the souls of his

בְּלִדְתָּהּ וַתֹּאמֶר לָהּ הַמְיַלֶּדֶת אַל־תִּירְאִי
כִּי־גַם־זֶה לָךְ בֵּן׃ 18 וַיְהִי בְּצֵאת נַפְשָׁהּ
כִּי מֵתָה וַתִּקְרָא שְׁמוֹ בֶּן־אוֹנִי וְאָבִיו
קָרָא־לוֹ בִנְיָמִין׃ 19 וַתָּמָת רָחֵל וַתִּקָּבֵר
בְּדֶרֶךְ אֶפְרָתָה הִוא בֵּית לָחֶם׃ 20 וַיַּצֵּב
יַעֲקֹב מַצֵּבָה עַל־קְבֻרָתָהּ הִוא מַצֶּבֶת
קְבֻרַת־רָחֵל עַד־הַיּוֹם׃ 21 וַיִּסַּע יִשְׂרָאֵל
וַיֵּט אהלה אָהֳלוֹ מֵהָלְאָה לְמִגְדַּל־עֵדֶר׃
22 וַיְהִי בִּשְׁכֹּן יִשְׂרָאֵל בָּאָרֶץ הַהִוא וַיֵּלֶךְ
רְאוּבֵן וַיִּשְׁכַּב אֶת־בִּלְהָה פִּילֶגֶשׁ אָבִיו
וַיִּשְׁמַע יִשְׂרָאֵל פ
וַיִּהְיוּ בְנֵי־יַעֲקֹב שְׁנֵים עָשָׂר׃ 23 בְּנֵי לֵאָה
בְּכוֹר יַעֲקֹב רְאוּבֵן וְשִׁמְעוֹן וְלֵוִי וִיהוּדָה
וְיִשָּׂשכָר וּזְבֻלוּן׃ 24 בְּנֵי רָחֵל יוֹסֵף וּבִנְיָמִן׃
25 וּבְנֵי בִלְהָה שִׁפְחַת רָחֵל דָּן וְנַפְתָּלִי׃
26 וּבְנֵי זִלְפָּה שִׁפְחַת לֵאָה גָּד וְאָשֵׁר אֵלֶּה
בְּנֵי יַעֲקֹב אֲשֶׁר יֻלַּד־לוֹ בְּפַדַּן אֲרָם׃
27 וַיָּבֹא יַעֲקֹב אֶל־יִצְחָק אָבִיו מַמְרֵא
קִרְיַת הָאַרְבַּע הִוא חֶבְרוֹן אֲשֶׁר־גָּר־שָׁם
אַבְרָהָם וְיִצְחָק׃ 28 וַיִּהְיוּ יְמֵי יִצְחָק מְאַת
שָׁנָה וּשְׁמֹנִים שָׁנָה׃ 29 וַיִּגְוַע יִצְחָק וַיָּמָת
וַיֵּאָסֶף אֶל־עַמָּיו זָקֵן וּשְׂבַע יָמִים וַיִּקְבְּרוּ
אֹתוֹ עֵשָׂו וְיַעֲקֹב בָּנָיו׃ פ
36 וְאֵלֶּה תֹּלְדוֹת עֵשָׂו הוּא אֱדוֹם׃
2 עֵשָׂו לָקַח אֶת־נָשָׁיו מִבְּנוֹת כְּנָעַן אֶת־
עָדָה בַּת־אֵילוֹן הַחִתִּי וְאֶת־אָהֳלִיבָמָה
בַּת־עֲנָה בַּת־צִבְעוֹן הַחִוִּי׃ 3 וְאֶת־בָּשְׂמַת
בַּת־יִשְׁמָעֵאל אֲחוֹת נְבָיוֹת׃ 4 וַתֵּלֶד עָדָה
לְעֵשָׂו אֶת־אֱלִיפָז וּבָשְׂמַת יָלְדָה אֶת־
רְעוּאֵל׃ 5 וְאָהֳלִיבָמָה יָלְדָה אֶת־יעיש
יְעוּשׁ וְאֶת־יַעְלָם וְאֶת־קֹרַח אֵלֶּה בְּנֵי עֵשָׂו
אֲשֶׁר יֻלְּדוּ־לוֹ בְּאֶרֶץ כְּנָעַן׃ 6 וַיִּקַּח עֵשָׂו
אֶת־נָשָׁיו וְאֶת־בָּנָיו וְאֶת־בְּנֹתָיו וְאֶת־כָּל־

a That is, *The son of my sorrow.*
b That is, *The son of the right hand.*

house, and his cattle, and all his beasts, and all his possessions, which he had gathered in the land of Canaan; and went into a land away from his brother Jacob. [7] For their substance was too great for them to dwell together; and the land of their sojournings could not bear them because of their cattle. [8] And Esau dwelt in the mountain-land of Seir—Esau is Edom. [9] And these are the generations of Esau the father of [a]the Edomites in the mountain-land of Seir. [10] These are the names of Esau's sons: Eliphaz the son of Adah the wife of Esau, Reuel the son of Basemath the wife of Esau. [11] And the sons of Eliphaz were Teman, Omar, Zepho, and Gatam, and Kenaz. [12] And Timna was concubine to Eliphaz Esau's son; and she bore to Eliphaz Amalek. These are the sons of Adah Esau's wife. [13] And these are the sons of Reuel: Nahath, and Zerah, Shammah, and Mizzah. These were the sons of Basemath Esau's wife. [14] And these were the sons of Oholibamah the daughter of Anah, the daughter of Zibeon, Esau's wife; and she bore to Esau Jeush, and Jalam, and Korah. [15] These are the chiefs of the sons of Esau: the sons of Eliphaz the first-born of Esau: the chief of Teman, the chief of Omar, the chief of Zepho, the chief of Kenaz, [16] the chief of Korah, the chief of Gatam, the chief of Amalek. These are the chiefs that came of Eliphaz in the land of Edom. These are the sons of Adah. [17] And these are the sons of Reuel Esau's son: the chief of Nahath, the chief of Zerah, the chief of Shammah, the chief of Mizzah. These are the chiefs that came of Reuel in the land of Edom. These are the sons of Basemath Esau's wife. [18] And these are the sons of Oholibamah Esau's wife: the chief of Jeush, the chief of Jalam, the chief of Korah. These are the chiefs that came of Oholibamah the daughter of Anah, Esau's wife. [19] These are the sons of Esau, and these are their chiefs; the same is Edom.

[20] These are the sons of Seir the Horite, the inhabitants of the land: Lotan and Shobal and Zibeon and Anah, [21] and Dishon and Ezer and Dishan. These are the chiefs that came of the Horites, the children of Seir in the land

נַפְשׁוֹת בֵּיתוֹ וְאֶת־מִקְנֵהוּ וְאֶת־כָּל־
בְּהֶמְתּוֹ וְאֵת כָּל־קִנְיָנוֹ אֲשֶׁר רָכַשׁ בְּאֶרֶץ
כְּנָעַן וַיֵּלֶךְ אֶל־אֶרֶץ מִפְּנֵי יַעֲקֹב אָחִיו׃
7 כִּי־הָיָה רְכוּשָׁם רָב מִשֶּׁבֶת יַחְדָּו וְלֹא
יָכְלָה אֶרֶץ מְגוּרֵיהֶם לָשֵׂאת אֹתָם מִפְּנֵי
מִקְנֵיהֶם׃ 8 וַיֵּשֶׁב עֵשָׂו בְּהַר שֵׂעִיר עֵשָׂו
הוּא אֱדוֹם׃ 9 וְאֵלֶּה תֹּלְדוֹת עֵשָׂו אֲבִי
אֱדוֹם בְּהַר שֵׂעִיר׃ 10 אֵלֶּה שְׁמוֹת בְּנֵי־
עֵשָׂו אֱלִיפַז בֶּן־עָדָה אֵשֶׁת עֵשָׂו רְעוּאֵל
בֶּן־בָּשְׂמַת אֵשֶׁת עֵשָׂו׃ 11 וַיִּהְיוּ בְּנֵי אֱלִיפָז
תֵּימָן אוֹמָר צְפוֹ וְגַעְתָּם וּקְנַז׃ 12 וְתִמְנַע ׀
הָיְתָה פִילֶגֶשׁ לֶאֱלִיפַז בֶּן־עֵשָׂו וַתֵּלֶד
לֶאֱלִיפַז אֶת־עֲמָלֵק אֵלֶּה בְּנֵי עָדָה אֵשֶׁת
עֵשָׂו׃ 13 וְאֵלֶּה בְּנֵי רְעוּאֵל נַחַת וָזֶרַח שַׁמָּה
וּמִזָּה אֵלֶּה הָיוּ בְּנֵי בָשְׂמַת אֵשֶׁת עֵשָׂו׃
14 וְאֵלֶּה הָיוּ בְּנֵי אָהֳלִיבָמָה בַת־עֲנָה
בַּת־צִבְעוֹן אֵשֶׁת עֵשָׂו וַתֵּלֶד לְעֵשָׂו אֶת־
יעיש יְעוּשׁ וְאֶת־יַעְלָם וְאֶת־קֹרַח׃ 15 אֵלֶּה
אַלּוּפֵי בְנֵי־עֵשָׂו בְּנֵי אֱלִיפַז בְּכוֹר עֵשָׂו
אַלּוּף תֵּימָן אַלּוּף אוֹמָר אַלּוּף צְפוֹ אַלּוּף
קְנַז׃ 16 אַלּוּף־קֹרַח אַלּוּף גַּעְתָּם אַלּוּף
עֲמָלֵק אֵלֶּה אַלּוּפֵי אֱלִיפַז בְּאֶרֶץ אֱדוֹם
אֵלֶּה בְּנֵי עָדָה׃ 17 וְאֵלֶּה בְּנֵי רְעוּאֵל
בֶּן־עֵשָׂו אַלּוּף נַחַת אַלּוּף זֶרַח אַלּוּף שַׁמָּה
אַלּוּף מִזָּה אֵלֶּה אַלּוּפֵי רְעוּאֵל בְּאֶרֶץ
אֱדוֹם אֵלֶּה בְּנֵי בָשְׂמַת אֵשֶׁת עֵשָׂו׃
18 וְאֵלֶּה בְּנֵי אָהֳלִיבָמָה אֵשֶׁת עֵשָׂו אַלּוּף
יְעוּשׁ אַלּוּף יַעְלָם אַלּוּף קֹרַח אֵלֶּה אַלּוּפֵי
אָהֳלִיבָמָה בַּת־עֲנָה אֵשֶׁת עֵשָׂו׃ 19 אֵלֶּה
בְנֵי־עֵשָׂו וְאֵלֶּה אַלּוּפֵיהֶם הוּא
אֱדוֹם׃ ס 20 אֵלֶּה בְנֵי־שֵׂעִיר הַחֹרִי
יֹשְׁבֵי הָאָרֶץ לוֹטָן וְשׁוֹבָל וְצִבְעוֹן וַעֲנָה׃
21 וְדִשׁוֹן וְאֵצֶר וְדִישָׁן אֵלֶּה אַלּוּפֵי הַחֹרִי

a Heb. *Edom.*

of Edom. [22] And the children of Lotan were Hori and Hemam; and Lotan's sister was Timna. [23] And these are the children of Shobal: Alvan and Manahath and Ebal, Shepho and Onam. [24] And these are the children of Zibeon: Aiah and Anah—this is Anah who found the hot springs in the wilderness, as he fed the asses of Zibeon his father. [25] And these are the children of Anah: Dishon and Oholibamah the daughter of Anah. [26] And these are the children of [a]Dishon: Hemdan and Eshban and Ithran and Cheran. [27] These are the children of Ezer: Bilhan and Zaavan and Akan. [28] These are the children of Dishan: Uz and Aran. [29] These are the chiefs that came of the Horites: the chief of Lotan, the chief of Shobal, the chief of Zibeon, the chief of Anah, [30] the chief of Dishon, the chief of Ezer, the chief of Dishan, These are the chiefs that came of the Horites, according to their chiefs in the land of Seir.

[31] And these are the kings that reigned in the land of Edom, before there reigned any king over the children of Israel. [32] And Bela the son of Beor reigned in Edom; and the name of his city was Dinhabah. [33] And Bela died, and Jobab the son of Zerah of Bozrah reigned in his stead. [34] And Jobab died, and Husham of the land of the Temanites reigned in his stead. [35] And Husham died, and Hadad the son of Bedad, who smote Midian in the field of Moab, reigned in his stead; and the name of his city was Avith. [36] And Hadad died, and Samlah of Masrekah reigned in his stead. [37] And Samlah died, and Shaul of Rehoboth by the River reigned in his stead. [38] And Shaul died, and Baal-hanan the son of Achbor reigned in his stead. [39] And Baal-hanan the son of Achbor died, and Hadar reigned in his stead; and the name of his city was Pau; and his wife's name was Mehetabel, the daughter of Matred, the daughter of Mezahab. [40] And these are the names of the chiefs that came of Esau, according to their families, after their places, by their names: the chief of Timna, the chief of Alvah, the chief of Jetheth; [41] the chief of Oholibamah, the chief of Elah, the chief of Pinon; [42] the chief of Kenaz, the

בְּנֵ֥י שֵׂעִ֖יר בְּאֶ֥רֶץ אֱדֽוֹם׃ 22 וַיִּֽהְי֥וּ בְנֵי־לוֹטָ֖ן
חֹרִ֣י וְהֵימָ֑ם וַאֲח֥וֹת לוֹטָ֖ן תִּמְנָֽע׃ 23 וְאֵ֙לֶּה֙
בְּנֵ֣י שׁוֹבָ֔ל עַלְוָ֥ן וּמָנַ֖חַת וְעֵיבָ֑ל שְׁפ֖וֹ
וְאוֹנָֽם׃ 24 וְאֵ֥לֶּה בְנֵֽי־צִבְע֖וֹן וְאַיָּ֣ה וַעֲנָ֑ה
ה֣וּא עֲנָ֗ה אֲשֶׁ֨ר מָצָ֤א אֶת־הַיֵּמִם֙ בַּמִּדְבָּ֔ר
בִּרְעֹת֥וֹ אֶת־הַחֲמֹרִ֖ים לְצִבְע֥וֹן אָבִֽיו׃
25 וְאֵ֥לֶּה בְנֵֽי־עֲנָ֖ה דִּשֹׁ֑ן וְאָהֳלִֽיבָמָ֖ה בַּת־
עֲנָֽה׃ 26 וְאֵ֖לֶּה בְּנֵ֣י דִישָׁ֑ן חֶמְדָּ֥ן וְאֶשְׁבָּ֖ן
וְיִתְרָ֥ן וּכְרָֽן׃ 27 אֵ֖לֶּה בְּנֵי־אֵ֑צֶר בִּלְהָ֥ן וְזַעֲוָ֖ן
וַעֲקָֽן׃ 28 אֵ֥לֶּה בְנֵֽי־דִישָׁ֖ן ע֥וּץ וַאֲרָֽן׃
29 אֵ֖לֶּה אַלּוּפֵ֣י הַחֹרִ֑י אַלּ֤וּף לוֹטָן֙ אַלּ֣וּף
שׁוֹבָ֔ל אַלּ֥וּף צִבְע֖וֹן אַלּ֥וּף עֲנָֽה׃ 30 אַלּ֥וּף
דִּשֹׁ֛ן אַלּ֥וּף אֵ֖צֶר אַלּ֣וּף דִּישָׁ֑ן אֵ֣לֶּה אַלּוּפֵ֧י
הַחֹרִ֛י לְאַלֻּפֵיהֶ֖ם בְּאֶ֥רֶץ שֵׂעִֽיר׃ פ
31 וְאֵ֙לֶּה֙ הַמְּלָכִ֔ים אֲשֶׁ֥ר מָלְכ֖וּ בְּאֶ֣רֶץ
אֱד֑וֹם לִפְנֵ֥י מְלָךְ־מֶ֖לֶךְ לִבְנֵ֥י יִשְׂרָאֵֽל׃
32 וַיִּמְלֹ֣ךְ בֶּאֱד֔וֹם בֶּ֖לַע בֶּן־בְּע֑וֹר וְשֵׁ֥ם עִיר֖וֹ
דִּנְהָֽבָה׃ 33 וַיָּ֖מָת בָּ֑לַע וַיִּמְלֹ֣ךְ תַּחְתָּ֔יו יוֹבָ֥ב
בֶּן־זֶ֖רַח מִבָּצְרָֽה׃ 34 וַיָּ֖מָת יוֹבָ֑ב וַיִּמְלֹ֣ךְ
תַּחְתָּ֔יו חֻשָׁ֖ם מֵאֶ֥רֶץ הַתֵּימָנִֽי׃ 35 וַיָּ֖מָת
חֻשָׁ֑ם וַיִּמְלֹ֨ךְ תַּחְתָּ֜יו הֲדַ֣ד בֶּן־בְּדַ֗ד הַמַּכֶּ֤ה
אֶת־מִדְיָן֙ בִּשְׂדֵ֣ה מוֹאָ֔ב וְשֵׁ֥ם עִיר֖וֹ עֲוִֽית׃
36 וַיָּ֖מָת הֲדָ֑ד וַיִּמְלֹ֣ךְ תַּחְתָּ֔יו שַׂמְלָ֖ה
מִמַּשְׂרֵקָֽה׃ 37 וַיָּ֖מָת שַׂמְלָ֑ה וַיִּמְלֹ֣ךְ תַּחְתָּ֔יו
שָׁא֖וּל מֵרְחֹב֥וֹת הַנָּהָֽר׃ 38 וַיָּ֖מָת שָׁא֑וּל
וַיִּמְלֹ֣ךְ תַּחְתָּ֔יו בַּ֥עַל חָנָ֖ן בֶּן־עַכְבּֽוֹר׃
39 וַיָּ֮מָת֮ בַּ֣עַל חָנָ֣ן בֶּן־עַכְבּוֹר֒ וַיִּמְלֹ֤ךְ
תַּחְתָּיו֙ הֲדַ֔ר וְשֵׁ֥ם עִיר֖וֹ פָּ֑עוּ וְשֵׁ֣ם אִשְׁתּ֡וֹ
מְהֵֽיטַבְאֵל֙ בַּת־מַטְרֵ֔ד בַּ֖ת מֵ֥י זָהָֽב׃
40 וְ֠אֵלֶּה שְׁמ֞וֹת אַלּוּפֵ֤י עֵשָׂו֙ לְמִשְׁפְּחֹתָ֔ם
לִמְקֹמֹתָ֖ם בִּשְׁמֹתָ֑ם אַלּ֥וּף תִּמְנָ֛ע אַלּ֥וּף
עַֽלְוָ֖ה אַלּ֥וּף יְתֵֽת׃ 41 אַלּ֧וּף אָהֳלִיבָמָ֛ה
אַלּ֥וּף אֵלָ֖ה אַלּ֥וּף פִּינֹֽן׃ 42 אַלּ֥וּף קְנַ֛ז אַלּ֥וּף

a Heb. *Dishan.*

chief of Teman, the chief of Mibzar; [43] the chief of Magdiel, the chief of Iram. These are the chiefs of Edom, according to their habitations in the land of their possession. This is Esau the father of the Edomites.

VA-YESHEV

37 And Jacob dwelt in the land of his father's sojournings, in the land of Canaan. [2] These are the generations of Jacob. Joseph, being seventeen years old, was feeding the flock with his brethren, being still a lad, even with the sons of Bilhah, and with the sons of Zilpah, his father's wives; and Joseph brought evil report of them unto their father. [3] Now Israel loved Joseph more than all his children, because he was the son of his old age; and he made him a coat of many colours. [4] And when his brethren saw that their father loved him more than all his brethren, they hated him, and could not speak peaceably unto him. [5] And Joseph dreamed a dream, and he told it to his brethren; and they hated him yet the more. [6] And he said unto them: 'Hear, I pray you, this dream which I have dreamed: [7] for, behold, we were binding sheaves in the field, and, lo, my sheaf arose, and also stood upright; and, behold, your sheaves came round about, and bowed down to my sheaf.' [8] And his brethren said to him: 'Shalt thou indeed reign over us? or shalt thou indeed have dominion over us?' And they hated him yet the more for his dreams, and for his words. [9] And he dreamed yet another dream, and told it to his brethren, and said: 'Behold, I have dreamed yet a dream: and, behold, the sun and the moon and eleven stars bowed down to me.' [10] And he told it to his father, and to his brethren; and his father rebuked him, and said unto him: 'What is this dream that thou hast dreamed? Shall I and thy mother and thy brethren indeed come to bow down to thee to the earth?' [11] And his brethren envied him; but his father kept the saying in mind. [12] And his brethren went to feed their father's flock in

תֵּימָן אַלּוּף מִבְצָר׃ 43 אַלּוּף מַגְדִּיאֵל אַלּוּף
עִירָם אֵלֶּה ׀ אַלּוּפֵי אֱדוֹם לְמֹשְׁבֹתָם
בְּאֶרֶץ אֲחֻזָּתָם הוּא עֵשָׂו אֲבִי אֱדוֹם׃ פ

וישב

37 וַיֵּשֶׁב יַעֲקֹב בְּאֶרֶץ מְגוּרֵי אָבִיו
בְּאֶרֶץ כְּנָעַן׃ 2 אֵלֶּה ׀ תֹּלְדוֹת יַעֲקֹב יוֹסֵף
בֶּן־שְׁבַע־עֶשְׂרֵה שָׁנָה הָיָה רֹעֶה אֶת־
אֶחָיו בַּצֹּאן וְהוּא נַעַר אֶת־בְּנֵי בִלְהָה
וְאֶת־בְּנֵי זִלְפָּה נְשֵׁי אָבִיו וַיָּבֵא יוֹסֵף
אֶת־דִּבָּתָם רָעָה אֶל־אֲבִיהֶם׃ 3 וְיִשְׂרָאֵל
אָהַב אֶת־יוֹסֵף מִכָּל־בָּנָיו כִּי־בֶן־זְקֻנִים
הוּא לוֹ וְעָשָׂה לוֹ כְּתֹנֶת פַּסִּים׃ 4 וַיִּרְאוּ
אֶחָיו כִּי־אֹתוֹ אָהַב אֲבִיהֶם מִכָּל־אֶחָיו
וַיִּשְׂנְאוּ אֹתוֹ וְלֹא יָכְלוּ דַּבְּרוֹ לְשָׁלֹם׃
5 וַיַּחֲלֹם יוֹסֵף חֲלוֹם וַיַּגֵּד לְאֶחָיו וַיּוֹסִפוּ
עוֹד שְׂנֹא אֹתוֹ׃ 6 וַיֹּאמֶר אֲלֵיהֶם שִׁמְעוּ־
נָא הַחֲלוֹם הַזֶּה אֲשֶׁר חָלָמְתִּי׃ 7 וְהִנֵּה
אֲנַחְנוּ מְאַלְּמִים אֲלֻמִּים בְּתוֹךְ הַשָּׂדֶה
וְהִנֵּה קָמָה אֲלֻמָּתִי וְגַם־נִצָּבָה וְהִנֵּה
תְסֻבֶּינָה אֲלֻמֹּתֵיכֶם וַתִּשְׁתַּחֲוֶיןָ לַאֲלֻמָּתִי׃
8 וַיֹּאמְרוּ לוֹ אֶחָיו הֲמָלֹךְ תִּמְלֹךְ עָלֵינוּ
אִם־מָשׁוֹל תִּמְשֹׁל בָּנוּ וַיּוֹסִפוּ עוֹד שְׂנֹא
אֹתוֹ עַל־חֲלֹמֹתָיו וְעַל־דְּבָרָיו׃ 9 וַיַּחֲלֹם
עוֹד חֲלוֹם אַחֵר וַיְסַפֵּר אֹתוֹ לְאֶחָיו וַיֹּאמֶר
הִנֵּה חָלַמְתִּי חֲלוֹם עוֹד וְהִנֵּה הַשֶּׁמֶשׁ
וְהַיָּרֵחַ וְאַחַד עָשָׂר כּוֹכָבִים מִשְׁתַּחֲוִים
לִי׃ 10 וַיְסַפֵּר אֶל־אָבִיו וְאֶל־אֶחָיו וַיִּגְעַר־
בּוֹ אָבִיו וַיֹּאמֶר לוֹ מָה הַחֲלוֹם הַזֶּה אֲשֶׁר
חָלָמְתָּ הֲבוֹא נָבוֹא אֲנִי וְאִמְּךָ וְאַחֶיךָ
לְהִשְׁתַּחֲוֹת לְךָ אָרְצָה׃ 11 וַיְקַנְאוּ־בוֹ אֶחָיו
וְאָבִיו שָׁמַר אֶת־הַדָּבָר׃ 12 וַיֵּלְכוּ אֶחָיו
לִרְעוֹת אֶת־צֹאן אֲבִיהֶם בִּשְׁכֶם׃

Shechem. [13] And Israel said unto Joseph: 'Do not thy brethren feed the flock in Shechem? come, and I will send thee unto them.' And he said to him: 'Here am I.' [14] And he said to him: 'Go now,see whether it is well with thy brethren, and well with the flock; and bring me back word.' So he sent him out of the vale of Hebron, and he came to Shechem. [15] And a certain man found him, and, behold, he was wandering in the field. And the man asked him, saying: 'What seekest thou?' [16] And he said: 'I seek my brethren. Tell me, I pray thee, where they are feeding the flock.' [17] And the man said: 'They are departed hence; for I heard them say: Let us go to Dothan.' And Joseph went after his brethren, and found them in Dothan. [18] And they saw him afar off, and before he came near unto them, they conspired against him to slay him. [19] And they said one to another: 'Behold, this dreamer cometh. [20] Come now therefore, and let us slay him, and cast him into one of the pits, and we will say: An evil beast hath devoured him; and we shall see what will become of his dreams.' [21] And Reuben heard it, and delivered him out of their hand; and said: 'Let us not take his life.' [22] And Reuben said unto them: 'Shed no blood; cast him into this pit that is in the wilderness, but lay no hand upon him'—that he might deliver him out of their hand, to restore him to his father. [23] And it came to pass, when Joseph was come unto his brethren, that they stripped Joseph of his coat, the coat of many colours that was on him; [24] and they took him, and cast him into the pit—and the pit was empty, there was no water in it. [25] And they sat down to eat bread; and they lifted up their eyes and looked, and, behold, a caravan of Ishmaelites came from Gilead, with their camels bearing spicery and balm and ladanum, going to carry it down to Egypt. [26] And Judah said unto his brethren: 'What profit is it if we slay our brother and conceal his blood? [27] Come, and let us sell him to the Ishmaelites, and let not our hand be upon

13 וַיֹּאמֶר יִשְׂרָאֵל אֶל־יוֹסֵף הֲלוֹא אַחֶיךָ
רֹעִים בִּשְׁכֶם לְכָה וְאֶשְׁלָחֲךָ אֲלֵיהֶם
וַיֹּאמֶר לוֹ הִנֵּנִי׃ 14 וַיֹּאמֶר לוֹ לֶךְ־נָא רְאֵה
אֶת־שְׁלוֹם אַחֶיךָ וְאֶת־שְׁלוֹם הַצֹּאן
וַהֲשִׁבֵנִי דָּבָר וַיִּשְׁלָחֵהוּ מֵעֵמֶק חֶבְרוֹן
וַיָּבֹא שְׁכֶמָה׃ 15 וַיִּמְצָאֵהוּ אִישׁ וְהִנֵּה
תֹעֶה בַּשָּׂדֶה וַיִּשְׁאָלֵהוּ הָאִישׁ לֵאמֹר
מַה־תְּבַקֵּשׁ׃ 16 וַיֹּאמֶר אֶת־אַחַי אָנֹכִי
מְבַקֵּשׁ הַגִּידָה־נָּא לִי אֵיפֹה הֵם רֹעִים׃
17 וַיֹּאמֶר הָאִישׁ נָסְעוּ מִזֶּה כִּי שָׁמַעְתִּי
אֹמְרִים נֵלְכָה דֹּתָיְנָה וַיֵּלֶךְ יוֹסֵף אַחַר
אֶחָיו וַיִּמְצָאֵם בְּדֹתָן׃ 18 וַיִּרְאוּ אֹתוֹ מֵרָחֹק
וּבְטֶרֶם יִקְרַב אֲלֵיהֶם וַיִּתְנַכְּלוּ אֹתוֹ
לַהֲמִיתוֹ׃ 19 וַיֹּאמְרוּ אִישׁ אֶל־אָחִיו הִנֵּה
בַּעַל הַחֲלֹמוֹת הַלָּזֶה בָּא׃ 20 וְעַתָּה ׀ לְכוּ
וְנַהַרְגֵהוּ וְנַשְׁלִכֵהוּ בְּאַחַד הַבֹּרוֹת וְאָמַרְנוּ
חַיָּה רָעָה אֲכָלָתְהוּ וְנִרְאֶה מַה־יִּהְיוּ
חֲלֹמֹתָיו׃ 21 וַיִּשְׁמַע רְאוּבֵן וַיַּצִּלֵהוּ מִיָּדָם
וַיֹּאמֶר לֹא נַכֶּנּוּ נָפֶשׁ׃ 22 וַיֹּאמֶר אֲלֵהֶם ׀
רְאוּבֵן אַל־תִּשְׁפְּכוּ־דָם הַשְׁלִיכוּ אֹתוֹ אֶל־
הַבּוֹר הַזֶּה אֲשֶׁר בַּמִּדְבָּר וְיָד אַל־תִּשְׁלְחוּ־
בוֹ לְמַעַן הַצִּיל אֹתוֹ מִיָּדָם לַהֲשִׁיבוֹ
אֶל־אָבִיו׃ 23 וַיְהִי כַּאֲשֶׁר־בָּא יוֹסֵף אֶל־
אֶחָיו וַיַּפְשִׁיטוּ אֶת־יוֹסֵף אֶת־כֻּתָּנְתּוֹ אֶת־
כְּתֹנֶת הַפַּסִּים אֲשֶׁר עָלָיו׃ 24 וַיִּקָּחֻהוּ
וַיַּשְׁלִכוּ אֹתוֹ הַבֹּרָה וְהַבּוֹר רֵק אֵין בּוֹ
מָיִם׃ 25 וַיֵּשְׁבוּ לֶאֱכָל־לֶחֶם וַיִּשְׂאוּ
עֵינֵיהֶם וַיִּרְאוּ וְהִנֵּה אֹרְחַת יִשְׁמְעֵאלִים
בָּאָה מִגִּלְעָד וּגְמַלֵּיהֶם נֹשְׂאִים נְכֹאת
וּצְרִי וָלֹט הוֹלְכִים לְהוֹרִיד מִצְרָיְמָה׃
26 וַיֹּאמֶר יְהוּדָה אֶל־אֶחָיו מַה־בֶּצַע כִּי
נַהֲרֹג אֶת־אָחִינוּ וְכִסִּינוּ אֶת־דָּמוֹ׃ 27 לְכוּ
וְנִמְכְּרֶנּוּ לַיִּשְׁמְעֵאלִים וְיָדֵנוּ אַל־תְּהִי־בוֹ

him; for he is our brother, our flesh.' And his brethren hearkened unto him. [28] And there passed by Midianites, merchantmen; and they drew and lifted up Joseph out of the pit, and sold Joseph to the Ishmaelites for twenty shekels of silver. And they brought Joseph into Egypt. [29] And Reuben returned unto the pit; and, behold, Joseph was not in the pit; and he rent his clothes. [30] And he returned unto his brethren, and said: 'The child is not; and as for me, whither shall I go?' [31] And they took Joseph's coat, and killed a he-goat, and dipped the coat in the blood; [32] and they sent the coat of many colours, and they brought it to their father; and said: 'This have we found. Know now whether it is thy son's coat or not.' [33] And he knew it, and said: 'It is my son's coat; an evil beast hath devoured him; Joseph is without doubt torn in pieces.' [34] And Jacob rent his garments, and put sackcloth upon his loins, and mourned for his son many days. [35] And all his sons and all his daughters rose up to comfort him; but he refused to be comforted; and he said: 'Nay, but I will go down to the grave to my son mourning.' And his father wept for him. [36] And the [a]Midianites sold him into Egypt unto Potiphar, an officer of Pharaoh's, the captain of the guard.

38 And it came to pass at that time, that Judah went down from his brethren, and turned in to a certain Adullamite, whose name was Hirah. [2] And Judah saw there a daughter of a certain Canaanite whose name was Shua; and he took her, and went in unto her. [3] And she conceived, and bore a son; and he called his name Er. [4] And she conceived again, and bore a son; and she called his name Onan. [5] And she yet again bore a son, and called his name Shelah; and he was at Chezib, when she bore him. [6] And Judah took a wife for Er his first-born, and her name was Tamar. [7] And Er, Judah's first-born, was wicked in the sight of the LORD; and the LORD slew him. [8] And Judah said unto Onan: 'Go in unto thy brother's wife, and perform the duty of a husband's brother unto her, and raise up seed to thy brother.' [9] And Onan knew that the seed would not be his; and it came to pass, when he went in unto his brother's wife, that

כִּֽי־אָחִינוּ בְשָׂרֵנוּ הוּא וַֽיִּשְׁמְעוּ אֶחָֽיו׃
28 וַיַּעַבְרוּ אֲנָשִׁים מִדְיָנִים סֹֽחֲרִים וַֽיִּמְשְׁכוּ
וַיַּעֲלוּ אֶת־יוֹסֵף מִן־הַבּוֹר וַיִּמְכְּרוּ אֶת־
יוֹסֵף לַיִּשְׁמְעֵאלִים בְּעֶשְׂרִים כָּסֶף וַיָּבִיאוּ
אֶת־יוֹסֵף מִצְרָֽיְמָה׃ 29 וַיָּשָׁב רְאוּבֵן אֶל־
הַבּוֹר וְהִנֵּה אֵין־יוֹסֵף בַּבּוֹר וַיִּקְרַע אֶת־
בְּגָדָֽיו׃ 30 וַיָּשָׁב אֶל־אֶחָיו וַיֹּאמַר הַיֶּלֶד
אֵינֶנּוּ וַאֲנִי אָנָה אֲנִי־בָֽא׃ 31 וַיִּקְחוּ אֶת־
כְּתֹנֶת יוֹסֵף וַֽיִּשְׁחֲטוּ שְׂעִיר עִזִּים וַיִּטְבְּלוּ
אֶת־הַכֻּתֹּנֶת בַּדָּֽם׃ 32 וַיְשַׁלְּחוּ אֶת־כְּתֹנֶת
הַפַּסִּים וַיָּבִיאוּ אֶל־אֲבִיהֶם וַיֹּאמְרוּ זֹאת
מָצָאנוּ הַכֶּר־נָא הַכְּתֹנֶת בִּנְךָ הִוא אִם־
לֹֽא׃ 33 וַיַּכִּירָהּ וַיֹּאמֶר כְּתֹנֶת בְּנִי חַיָּה
רָעָה אֲכָלָתְהוּ טָרֹף טֹרַף יוֹסֵֽף׃ 34 וַיִּקְרַע
יַעֲקֹב שִׂמְלֹתָיו וַיָּשֶׂם שַׂק בְּמָתְנָיו וַיִּתְאַבֵּל
עַל־בְּנוֹ יָמִים רַבִּֽים׃ 35 וַיָּקֻמוּ כָל־בָּנָיו
וְכָל־בְּנֹתָיו לְנַחֲמוֹ וַיְמָאֵן לְהִתְנַחֵם וַיֹּאמֶר
כִּֽי־אֵרֵד אֶל־בְּנִי אָבֵל שְׁאֹלָה וַיֵּבְךְּ אֹתוֹ
אָבִֽיו׃ 36 וְהַמְּדָנִים מָכְרוּ אֹתוֹ אֶל־מִצְרָיִם
לְפֽוֹטִיפַר סְרִיס פַּרְעֹה שַׂר הַטַּבָּחִֽים׃ פ
38 וַיְהִי בָּעֵת הַהִוא וַיֵּרֶד יְהוּדָה מֵאֵת
אֶחָיו וַיֵּט עַד־אִישׁ עֲדֻלָּמִי וּשְׁמוֹ חִירָֽה׃
2 וַיַּרְא־שָׁם יְהוּדָה בַּת־אִישׁ כְּנַעֲנִי וּשְׁמוֹ
שׁוּעַ וַיִּקָּחֶהָ וַיָּבֹא אֵלֶֽיהָ׃ 3 וַתַּהַר וַתֵּלֶד
בֵּן וַיִּקְרָא אֶת־שְׁמוֹ עֵֽר׃ 4 וַתַּהַר עוֹד וַתֵּלֶד
בֵּן וַתִּקְרָא אֶת־שְׁמוֹ אוֹנָֽן׃ 5 וַתֹּסֶף עוֹד
וַתֵּלֶד בֵּן וַתִּקְרָא אֶת־שְׁמוֹ שֵׁלָה וְהָיָה
בִכְזִיב בְּלִדְתָּהּ אֹתֽוֹ׃ 6 וַיִּקַּח יְהוּדָה אִשָּׁה
לְעֵר בְּכוֹרוֹ וּשְׁמָהּ תָּמָֽר׃ 7 וַיְהִי עֵר בְּכוֹר
יְהוּדָה רַע בְּעֵינֵי יְהוָה וַיְמִתֵהוּ יְהוָֽה׃
8 וַיֹּאמֶר יְהוּדָה לְאוֹנָן בֹּא אֶל־אֵשֶׁת אָחִיךָ
וְיַבֵּם אֹתָהּ וְהָקֵם זֶרַע לְאָחִֽיךָ׃ 9 וַיֵּדַע
אוֹנָן כִּי לֹּא לוֹ יִהְיֶה הַזָּרַע וְהָיָה אִם־בָּא

a Heb. *Medanites.*

he spilled it on the ground, lest he should give seed to his brother. [10] And the thing which he did was evil in the sight of the LORD; and He slew him also. [11] Then said Judah to Tamar his daughter-in-law: 'Remain a widow in thy father's house, till Shelah my son be grown up'; for he said: 'Lest he also die, like his brethren.' And Tamar went and dwelt in her father's house. [12] And in process of time Shua's daughter, the wife of Judah, died; and Judah was comforted, and went up unto his sheep-shearers to Timnah, he and his friend Hirah the Adullamite. [13] And it was told Tamar, saying: 'Behold, thy father-in-law goeth up to Timnah to shear his sheep.' [14] And she put off from her the garments of her widowhood, and covered herself with her veil, and wrapped herself, and sat in the entrance of Enaim, which is by the way to Timnah; for she saw that Shelah was grown up, and she was not given unto him to wife. [15] When Judah saw her, he thought her to be a harlot; for she had covered her face. [16] And he turned unto her by the way, and said:' Come, I pray thee, let me come in unto thee'; for he knew not that she was his daughter-in-law. And she said: 'What wilt thou give me, that thou mayest come in unto me?' [17] And he said: 'I will send thee a kid of the goats from the flock.' And she said: 'Wilt thou give me a pledge, till thou send it?' [18] And he said: 'What pledge shall I give thee?' And she said: 'Thy signet and thy cord, and thy staff that is in thy hand.' And he gave them to her, and came in unto her, and she conceived by him. [19] And she arose, and went away, and put off her veil from her, and put on the garments of her widowhood. [20] And Judah sent the kid of the goats by the hand of his friend the Adullamite, to receive the pledge from the woman's hand; but he found her not. [21] Then he asked the men of her place, saying: 'Where is the harlot, that was at Enaim by the wayside?' And they said: 'There hath been no harlot here.' [22] And he returned to Judah, and said: 'I have not found her: and also the men of the place said: There hath been no harlot here.' [23] And Judah said: 'Let her take

אֶל־אֵשֶׁת אָחִיו וְשִׁחֵת אַרְצָה לְבִלְתִּי
נְתָן־זֶרַע לְאָחִיו׃ 10 וַיֵּרַע בְּעֵינֵי יְהוָה אֲשֶׁר
עָשָׂה וַיָּמֶת גַּם־אֹתוֹ׃ 11 וַיֹּאמֶר יְהוּדָה
לְתָמָר כַּלָּתוֹ שְׁבִי אַלְמָנָה בֵית־אָבִיךְ
עַד־יִגְדַּל שֵׁלָה בְנִי כִּי אָמַר פֶּן־יָמוּת
גַּם־הוּא כְּאֶחָיו וַתֵּלֶךְ תָּמָר וַתֵּשֶׁב בֵּית
אָבִיהָ׃ 12 וַיִּרְבּוּ הַיָּמִים וַתָּמָת בַּת־שׁוּעַ
אֵשֶׁת־יְהוּדָה וַיִּנָּחֶם יְהוּדָה וַיַּעַל עַל־גֹּזְזֵי
צֹאנוֹ הוּא וְחִירָה רֵעֵהוּ הָעֲדֻלָּמִי
תִּמְנָתָה׃ 13 וַיֻּגַּד לְתָמָר לֵאמֹר הִנֵּה חָמִיךְ
עֹלֶה תִמְנָתָה לָגֹז צֹאנוֹ׃ 14 וַתָּסַר בִּגְדֵי
אַלְמְנוּתָהּ מֵעָלֶיהָ וַתְּכַס בַּצָּעִיף וַתִּתְעַלָּף
וַתֵּשֶׁב בְּפֶתַח עֵינַיִם אֲשֶׁר עַל־דֶּרֶךְ
תִּמְנָתָה כִּי רָאֲתָה כִּי־גָדַל שֵׁלָה וְהִוא
לֹא־נִתְּנָה לוֹ לְאִשָּׁה׃ 15 וַיִּרְאֶהָ יְהוּדָה
וַיַּחְשְׁבֶהָ לְזוֹנָה כִּי כִסְּתָה פָּנֶיהָ׃ 16 וַיֵּט
אֵלֶיהָ אֶל־הַדֶּרֶךְ וַיֹּאמֶר הָבָה־נָּא אָבוֹא
אֵלַיִךְ כִּי לֹא יָדַע כִּי כַלָּתוֹ הִוא וַתֹּאמֶר
מַה־תִּתֶּן־לִּי כִּי תָבוֹא אֵלָי׃ 17 וַיֹּאמֶר
אָנֹכִי אֲשַׁלַּח גְּדִי־עִזִּים מִן־הַצֹּאן וַתֹּאמֶר
אִם־תִּתֵּן עֵרָבוֹן עַד שָׁלְחֶךָ׃ 18 וַיֹּאמֶר מָה
הָעֵרָבוֹן אֲשֶׁר אֶתֶּן־לָּךְ וַתֹּאמֶר חֹתָמְךָ
וּפְתִילֶךָ וּמַטְּךָ אֲשֶׁר בְּיָדֶךָ וַיִּתֶּן־לָהּ וַיָּבֹא
אֵלֶיהָ וַתַּהַר לוֹ׃ 19 וַתָּקָם וַתֵּלֶךְ וַתָּסַר
צְעִיפָהּ מֵעָלֶיהָ וַתִּלְבַּשׁ בִּגְדֵי אַלְמְנוּתָהּ׃
20 וַיִּשְׁלַח יְהוּדָה אֶת־גְּדִי הָעִזִּים בְּיַד
רֵעֵהוּ הָעֲדֻלָּמִי לָקַחַת הָעֵרָבוֹן מִיַּד
הָאִשָּׁה וְלֹא מְצָאָהּ׃ 21 וַיִּשְׁאַל אֶת־אַנְשֵׁי
מְקֹמָהּ לֵאמֹר אַיֵּה הַקְּדֵשָׁה הִוא בָעֵינַיִם
עַל־הַדָּרֶךְ וַיֹּאמְרוּ לֹא־הָיְתָה בָזֶה קְדֵשָׁה׃
22 וַיָּשָׁב אֶל־יְהוּדָה וַיֹּאמֶר לֹא מְצָאתִיהָ
וְגַם אַנְשֵׁי הַמָּקוֹם אָמְרוּ לֹא־הָיְתָה בָזֶה
קְדֵשָׁה׃ 23 וַיֹּאמֶר יְהוּדָה תִּקַּח־לָהּ פֶּן

it, lest we be put to shame; behold, I sent this kid, and thou hast not found her.' [24] And it came to pass about three months after, that it was told Judah, saying: 'Tamar thy daughter-in-law hath played the harlot; and moreover, behold, she is with child by harlotry.' And Judah said: 'Bring her forth, and let her be burnt.' [25] When she was brought forth, she sent to her father-in-law, saying: 'By the man, whose these are, am I with child'; and she said: 'Discern, I pray thee, whose are these, the signet, and the cords, and the staff.' [26] And Judah acknowledged them, and said: 'She is more righteous than I; forasmuch as I gave her not to Shelah my son.' And he knew her again no more. [27] And it came to pass in the time of her travail, that, behold, twins were in her womb. [28] And it came to pass, when she travailed, that one put out a hand; and the midwife took and bound upon his hand a scarlet thread, saying: 'This came out first.' [29] And it came to pass, as he drew back his hand, that, behold his brother came out; and she said: 'Wherefore hast thou made a breach for thyself?' Therefore his name was called [a]Perez. [30] And afterward came out his brother, that had the scarlet thread upon his hand; and his name was called Zerah.

39 And Joseph was brought down to Egypt; and Potiphar, an officer of Pharaoh's, the captain of the guard, an Egyptian, bought him of the hand of the Ishmaelites, that had brought him down thither. [2] And the LORD was with Joseph, and he was a prosperous man; and he was in the house of his master the Egyptian. [3] And his master saw that the LORD was with him, and that the LORD made all that he did to prosper in his hand. [4] And Joseph found favour in his sight, and he ministered unto him. And he appointed him overseer over his house, and all that he had he put into his hand. [5] And it came to pass from the time that he appointed him overseer in his house, and over all that he had, that the LORD blessed the Egyptian's house for Joseph's sake; and the blessing of the LORD was upon all that he had, in the house and in the field. [6] And he left all that he had in Joseph's hand; and, having him, he knew not aught save the bread which he did eat. And Joseph was of beautiful form, and fair to look upon. [7] And it came to pass after these

נִהְיֶה לָבוּז הִנֵּה שָׁלַחְתִּי הַגְּדִי הַזֶּה וְאַתָּה
לֹא מְצָאתָהּ׃ 24 וַיְהִי ׀ כְּמִשְׁלֹשׁ חֳדָשִׁים
וַיֻּגַּד לִיהוּדָה לֵאמֹר זָנְתָה תָּמָר כַּלָּתֶךָ
וְגַם הִנֵּה הָרָה לִזְנוּנִים וַיֹּאמֶר יְהוּדָה
הוֹצִיאוּהָ וְתִשָּׂרֵף׃ 25 הִוא מוּצֵאת וְהִיא
שָׁלְחָה אֶל־חָמִיהָ לֵאמֹר לְאִישׁ אֲשֶׁר־
אֵלֶּה לּוֹ אָנֹכִי הָרָה וַתֹּאמֶר הַכֶּר־נָא לְמִי
הַחֹתֶמֶת וְהַפְּתִילִים וְהַמַּטֶּה הָאֵלֶּה׃
26 וַיַּכֵּר יְהוּדָה וַיֹּאמֶר צָדְקָה מִמֶּנִּי כִּי־
עַל־כֵּן לֹא־נְתַתִּיהָ לְשֵׁלָה בְנִי וְלֹא־יָסַף
עוֹד לְדַעְתָּהּ׃ 27 וַיְהִי בְּעֵת לִדְתָּהּ וְהִנֵּה
תְאוֹמִים בְּבִטְנָהּ׃ 28 וַיְהִי בְלִדְתָּהּ וַיִּתֶּן־יָד
וַתִּקַּח הַמְיַלֶּדֶת וַתִּקְשֹׁר עַל־יָדוֹ שָׁנִי
לֵאמֹר זֶה יָצָא רִאשֹׁנָה׃ 29 וַיְהִי ׀ כְּמֵשִׁיב
יָדוֹ וְהִנֵּה יָצָא אָחִיו וַתֹּאמֶר מַה־פָּרַצְתָּ
עָלֶיךָ פָּרֶץ וַיִּקְרָא שְׁמוֹ פָּרֶץ׃ 30 וְאַחַר
יָצָא אָחִיו אֲשֶׁר עַל־יָדוֹ הַשָּׁנִי וַיִּקְרָא שְׁמוֹ
זָרַח׃ ס **39** וְיוֹסֵף הוּרַד מִצְרָיְמָה
וַיִּקְנֵהוּ פּוֹטִיפַר סְרִיס פַּרְעֹה שַׂר הַטַּבָּחִים
אִישׁ מִצְרִי מִיַּד הַיִּשְׁמְעֵאלִים אֲשֶׁר
הוֹרִדֻהוּ שָׁמָּה׃ 2 וַיְהִי יְהוָה אֶת־יוֹסֵף וַיְהִי
אִישׁ מַצְלִיחַ וַיְהִי בְּבֵית אֲדֹנָיו הַמִּצְרִי׃
3 וַיַּרְא אֲדֹנָיו כִּי יְהוָה אִתּוֹ וְכֹל אֲשֶׁר־הוּא
עֹשֶׂה יְהוָה מַצְלִיחַ בְּיָדוֹ׃ 4 וַיִּמְצָא יוֹסֵף
חֵן בְּעֵינָיו וַיְשָׁרֶת אֹתוֹ וַיַּפְקִדֵהוּ עַל־בֵּיתוֹ
וְכָל־יֶשׁ־לוֹ נָתַן בְּיָדוֹ׃ 5 וַיְהִי מֵאָז הִפְקִיד
אֹתוֹ בְּבֵיתוֹ וְעַל כָּל־אֲשֶׁר יֶשׁ־לוֹ וַיְבָרֶךְ
יְהוָה אֶת־בֵּית הַמִּצְרִי בִּגְלַל יוֹסֵף וַיְהִי
בִּרְכַּת יְהוָה בְּכָל־אֲשֶׁר יֶשׁ־לוֹ בַּבַּיִת
וּבַשָּׂדֶה׃ 6 וַיַּעֲזֹב כָּל־אֲשֶׁר־לוֹ בְּיַד־יוֹסֵף
וְלֹא־יָדַע אִתּוֹ מְאוּמָה כִּי אִם־הַלֶּחֶם
אֲשֶׁר־הוּא אוֹכֵל וַיְהִי יוֹסֵף יְפֵה־תֹאַר
וִיפֵה מַרְאֶה׃ 7 וַיְהִי אַחַר הַדְּבָרִים הָאֵלֶּה

a That is, *A breach.*

things, that his master's wife cast her eyes upon Joseph; and she said: 'Lie with me.' [8] But he refused, and said unto his master's wife: 'Behold, my master, having me, knoweth not what is in the house, and he hath put all that he hath into my hand; [9] he is not greater in this house than I; neither hath he kept back any thing from me but thee, because thou art his wife. How then can I do this great wickedness, and sin against God?' [10] And it came to pass, as she spoke to Joseph day by day, that he hearkened not unto her, to lie by her, or to be with her. [11] And it came to pass on a certain day, when he went into the house to do his work, and there was none of the men of the house there within, [12] that she caught him by his garment, saying: 'Lie with me.' And he left his garment in her hand, and fled, and got him out. [13] And it came to pass, when she saw that he had left his garment in her hand, and was fled forth, [14] that she called unto the men of her house, and spoke unto them, saying: 'See, he hath brought in a Hebrew unto us to mock us; he came in unto me to lie with me, and I cried with a loud voice. [15] And it came to pass, when he heard that I lifted up my voice and cried, that he left his garment by me, and fled, and got him out.' [16] And she laid up his garment by her, until his master came home. [17] And she spoke unto him according to these words, saying: 'The Hebrew servant, whom thou hast brought unto us, came in unto me to mock me. [18] And it came to pass, as I lifted up my voice and cried, that he left his garment by me, and fled out.' [19] And it came to pass, when his master heard the words of his wife, which she spoke unto him, saying: 'After this manner did thy servant to me'; that his wrath was kindled. [20] And Joseph's master took him, and put him into the prison, the place where the king's prisoners were bound; and he was there in the prison. [21] But the LORD was with Joseph, and showed kindness unto him, and gave him favour in the sight of the keeper of the prison. [22] And the keeper of the prison committed to Joseph's

וַתִּשָּׂא אֵשֶׁת־אֲדֹנָיו אֶת־עֵינֶיהָ אֶל־יוֹסֵף
וַתֹּאמֶר שִׁכְבָה עִמִּי׃ 8 וַיְמָאֵן ׀ וַיֹּאמֶר
אֶל־אֵשֶׁת אֲדֹנָיו הֵן אֲדֹנִי לֹא־יָדַע אִתִּי
מַה־בַּבָּיִת וְכֹל אֲשֶׁר־יֶשׁ־לוֹ נָתַן בְּיָדִי׃
9 אֵינֶנּוּ גָדוֹל בַּבַּיִת הַזֶּה מִמֶּנִּי וְלֹא־חָשַׂךְ
מִמֶּנִּי מְאוּמָה כִּי אִם־אוֹתָךְ בַּאֲשֶׁר אַתְּ־
אִשְׁתּוֹ וְאֵיךְ אֶעֱשֶׂה הָרָעָה הַגְּדֹלָה הַזֹּאת
וְחָטָאתִי לֵאלֹהִים׃ 10 וַיְהִי כְּדַבְּרָהּ אֶל־
יוֹסֵף יוֹם ׀ יוֹם וְלֹא־שָׁמַע אֵלֶיהָ לִשְׁכַּב
אֶצְלָהּ לִהְיוֹת עִמָּהּ׃ 11 וַיְהִי כְּהַיּוֹם הַזֶּה
וַיָּבֹא הַבַּיְתָה לַעֲשׂוֹת מְלַאכְתּוֹ וְאֵין אִישׁ
מֵאַנְשֵׁי הַבַּיִת שָׁם בַּבָּיִת׃ 12 וַתִּתְפְּשֵׂהוּ
בְּבִגְדוֹ לֵאמֹר שִׁכְבָה עִמִּי וַיַּעֲזֹב בִּגְדוֹ
בְּיָדָהּ וַיָּנָס וַיֵּצֵא הַחוּצָה׃ 13 וַיְהִי כִּרְאוֹתָהּ
כִּי־עָזַב בִּגְדוֹ בְּיָדָהּ וַיָּנָס הַחוּצָה׃
14 וַתִּקְרָא לְאַנְשֵׁי בֵיתָהּ וַתֹּאמֶר לָהֶם
לֵאמֹר רְאוּ הֵבִיא לָנוּ אִישׁ עִבְרִי לְצַחֶק
בָּנוּ בָּא אֵלַי לִשְׁכַּב עִמִּי וָאֶקְרָא בְּקוֹל
גָּדוֹל׃ 15 וַיְהִי כְשָׁמְעוֹ כִּי־הֲרִימֹתִי קוֹלִי
וָאֶקְרָא וַיַּעֲזֹב בִּגְדוֹ אֶצְלִי וַיָּנָס וַיֵּצֵא
הַחוּצָה׃ 16 וַתַּנַּח בִּגְדוֹ אֶצְלָהּ עַד־בּוֹא
אֲדֹנָיו אֶל־בֵּיתוֹ׃ 17 וַתְּדַבֵּר אֵלָיו כַּדְּבָרִים
הָאֵלֶּה לֵאמֹר בָּא־אֵלַי הָעֶבֶד הָעִבְרִי
אֲשֶׁר־הֵבֵאתָ לָּנוּ לְצַחֶק בִּי׃ 18 וַיְהִי
כַּהֲרִימִי קוֹלִי וָאֶקְרָא וַיַּעֲזֹב בִּגְדוֹ אֶצְלִי
וַיָּנָס הַחוּצָה׃ 19 וַיְהִי כִשְׁמֹעַ אֲדֹנָיו אֶת־
דִּבְרֵי אִשְׁתּוֹ אֲשֶׁר דִּבְּרָה אֵלָיו לֵאמֹר
כַּדְּבָרִים הָאֵלֶּה עָשָׂה לִי עַבְדֶּךָ וַיִּחַר אַפּוֹ׃
20 וַיִּקַּח אֲדֹנֵי יוֹסֵף אֹתוֹ וַיִּתְּנֵהוּ אֶל־בֵּית
הַסֹּהַר מְקוֹם אֲשֶׁר־אסורי אֲסִירֵי הַמֶּלֶךְ
אֲסוּרִים וַיְהִי־שָׁם בְּבֵית הַסֹּהַר׃ 21 וַיְהִי
יְהוָה אֶת־יוֹסֵף וַיֵּט אֵלָיו חָסֶד וַיִּתֵּן חִנּוֹ
בְּעֵינֵי שַׂר בֵּית־הַסֹּהַר׃ 22 וַיִּתֵּן שַׂר בֵּית־

hand all the prisoners that were in the prison; and whatsoever they did there, he was the doer of it. [23] The keeper of the prison looked not to any thing that was under his hand, because the LORD was with him; and that which he did, the LORD made it to prosper.

40 And it came to pass after these things, that the butler of the king of Egypt and his baker offended their lord the king of Egypt. [2] And Pharaoh was wroth against his two officers, against the chief of the butlers, and against the chief of the bakers. [3] And he put them in ward in the house of the captain of the guard, into the prison, the place where Joseph was bound. [4] And the captain of the guard charged Joseph to be with them, and he ministered unto them; and they continued a season in ward. [5] And they dreamed a dream both of them, each man his dream, in one night, each man according to the interpretation of his dream, the butler and the baker of the king of Egypt, who were bound in the prison. [6] And Joseph came in unto them in the morning, and saw them, and, behold, they were sad. [7] And he asked Pharaoh's officers that were with him in the ward of his master's house, saying: 'Wherefore look ye so sad to-day?' [8] And they said unto him: 'We have dreamed a dream, and there is none that can interpret it.' And Joseph said unto them: 'Do not interpretations belong to God? tell it me, I pray you.' [9] And the chief butler told his dream to Joseph, and said to him: 'In my dream, behold, a vine was before me; [10] and in the vine were three branches; and as it was budding, its blossoms shot forth, and the clusters thereof brought forth ripe grapes, [11] and Pharaoh's cup was in my hand; and I took the grapes, and pressed them into Pharaoh's cup, and I gave the cup into Pharaoh's hand.' [12] And Joseph said unto him: 'This is the interpretation of it: the three branches are three days; [13] within yet three days shall Pharaoh lift up thy head, and restore thee unto thine office; and thou shalt give

הַסֹּהַר בְּיַד־יוֹסֵף אֵת כָּל־הָאֲסִירִם אֲשֶׁר
בְּבֵית הַסֹּהַר וְאֵת כָּל־אֲשֶׁר עֹשִׂים שָׁם
הוּא הָיָה עֹשֶׂה׃ 23 אֵין ׀ שַׂר בֵּית־הַסֹּהַר
רֹאֶה אֶת־כָּל־מְאוּמָה בְּיָדוֹ בַּאֲשֶׁר יְהוָה
אִתּוֹ וַאֲשֶׁר־הוּא עֹשֶׂה יְהוָה מַצְלִיחַ׃ ס
40 וַיְהִי אַחַר הַדְּבָרִים הָאֵלֶּה
חָטְאוּ מַשְׁקֵה מֶלֶךְ־מִצְרַיִם וְהָאֹפֶה
לַאֲדֹנֵיהֶם לְמֶלֶךְ מִצְרָיִם׃ 2 וַיִּקְצֹף פַּרְעֹה
עַל שְׁנֵי סָרִיסָיו עַל שַׂר הַמַּשְׁקִים וְעַל
שַׂר הָאוֹפִים׃ 3 וַיִּתֵּן אֹתָם בְּמִשְׁמַר בֵּית
שַׂר הַטַּבָּחִים אֶל־בֵּית הַסֹּהַר מְקוֹם אֲשֶׁר
יוֹסֵף אָסוּר שָׁם׃ 4 וַיִּפְקֹד שַׂר הַטַּבָּחִים
אֶת־יוֹסֵף אִתָּם וַיְשָׁרֶת אֹתָם וַיִּהְיוּ יָמִים
בְּמִשְׁמָר׃ 5 וַיַּחַלְמוּ חֲלוֹם שְׁנֵיהֶם אִישׁ
חֲלֹמוֹ בְּלַיְלָה אֶחָד אִישׁ כְּפִתְרוֹן חֲלֹמוֹ
הַמַּשְׁקֶה וְהָאֹפֶה אֲשֶׁר לְמֶלֶךְ מִצְרַיִם
אֲשֶׁר אֲסוּרִים בְּבֵית הַסֹּהַר׃ 6 וַיָּבֹא
אֲלֵיהֶם יוֹסֵף בַּבֹּקֶר וַיַּרְא אֹתָם וְהִנָּם
זֹעֲפִים׃ 7 וַיִּשְׁאַל אֶת־סְרִיסֵי פַרְעֹה אֲשֶׁר
אִתּוֹ בְמִשְׁמַר בֵּית אֲדֹנָיו לֵאמֹר מַדּוּעַ
פְּנֵיכֶם רָעִים הַיּוֹם׃ 8 וַיֹּאמְרוּ אֵלָיו חֲלוֹם
חָלַמְנוּ וּפֹתֵר אֵין אֹתוֹ וַיֹּאמֶר אֲלֵהֶם יוֹסֵף
הֲלוֹא לֵאלֹהִים פִּתְרֹנִים סַפְּרוּ־נָא לִי׃
9 וַיְסַפֵּר שַׂר־הַמַּשְׁקִים אֶת־חֲלֹמוֹ לְיוֹסֵף
וַיֹּאמֶר לוֹ בַּחֲלוֹמִי וְהִנֵּה־גֶפֶן לְפָנָי׃
10 וּבַגֶּפֶן שְׁלֹשָׁה שָׂרִיגִם וְהִיא כְפֹרַחַת
עָלְתָה נִצָּהּ הִבְשִׁילוּ אַשְׁכְּלֹתֶיהָ עֲנָבִים׃
11 וְכוֹס פַּרְעֹה בְּיָדִי וָאֶקַּח אֶת־הָעֲנָבִים
וָאֶשְׂחַט אֹתָם אֶל־כּוֹס פַּרְעֹה וָאֶתֵּן אֶת־
הַכּוֹס עַל־כַּף פַּרְעֹה׃ 12 וַיֹּאמֶר לוֹ יוֹסֵף
זֶה פִּתְרֹנוֹ שְׁלֹשֶׁת הַשָּׂרִגִים שְׁלֹשֶׁת יָמִים
הֵם׃ 13 בְּעוֹד ׀ שְׁלֹשֶׁת יָמִים יִשָּׂא פַרְעֹה
אֶת־רֹאשֶׁךָ וֶהֱשִׁיבְךָ עַל־כַּנֶּךָ וְנָתַתָּ כוֹס־

Pharaoh's cup into his hand, after the former manner when thou wast his butler. [14] But have me in thy remembrance when it shall be well with thee, and show kindness, I pray thee, unto me, and make mention of me unto Pharaoh, and bring me out of this house. [15] For indeed I was stolen away out of the land of the Hebrews; and here also have I done nothing that they should put me into the dungeon.' [16] When the chief baker saw that the interpretation was good, he said unto Joseph: 'I also saw in my dream, and, behold, three baskets of white bread were on my head; [17] and in the uppermost basket there was of all manner of baked food for Pharaoh; and the birds did eat them out of the basket upon my head.' [18] And Joseph answered and said: 'This is the interpretation thereof: the three baskets are three days; [19] within yet three days shall Pharaoh lift up thy head from off thee, and shall hang thee on a tree; and the birds shall eat thy flesh from off thee.' [20] And it came to pass the third day, which was Pharaoh's birthday, that he made a feast unto all his servants; and he lifted up the head of the chief butler and the head of the chief baker among his servants. [21] And he restored the chief butler back unto his butlership; and he gave the cup into Pharaoh's hand. [22] But he hanged the chief baker, as Joseph had interpreted to them. [23] Yet did not the chief butler remember Joseph, but forgot him.

פַּרְעֹה֙ בְּיָד֔וֹ כַּמִּשְׁפָּט֙ הָֽרִאשׁ֔וֹן אֲשֶׁ֥ר הָיִ֖יתָ
מַשְׁקֵֽהוּ׃ 14 כִּ֤י אִם־זְכַרְתַּ֙נִי֙ אִתְּךָ֗ כַּאֲשֶׁר֙
יִ֣יטַב לָ֔ךְ וְעָשִֽׂיתָ־נָּ֥א עִמָּדִ֖י חָ֑סֶד וְהִזְכַּרְתַּ֙נִי֙
אֶל־פַּרְעֹ֔ה וְהוֹצֵאתַ֖נִי מִן־הַבַּ֥יִת הַזֶּֽה׃
15 כִּֽי־גֻנֹּ֣ב גֻּנַּ֔בְתִּי מֵאֶ֖רֶץ הָֽעִבְרִ֑ים וְגַם־פֹּה֙
לֹא־עָשִׂ֣יתִי מְא֔וּמָה כִּֽי־שָׂמ֥וּ אֹתִ֖י בַּבּֽוֹר׃
16 וַיַּ֥רְא שַׂר־הָאֹפִ֖ים כִּ֣י ט֣וֹב פָּתָ֑ר וַיֹּ֙אמֶר֙
אֶל־יוֹסֵ֔ף אַף־אֲנִי֙ בַּחֲלוֹמִ֔י וְהִנֵּ֗ה שְׁלֹשָׁ֛ה
סַלֵּ֥י חֹרִ֖י עַל־רֹאשִֽׁי׃ 17 וּבַסַּ֣ל הָעֶלְי֔וֹן מִכֹּ֛ל
מַאֲכַ֥ל פַּרְעֹ֖ה מַעֲשֵׂ֣ה אֹפֶ֑ה וְהָע֕וֹף אֹכֵ֥ל
אֹתָ֛ם מִן־הַסַּ֖ל מֵעַ֥ל רֹאשִֽׁי׃ 18 וַיַּ֤עַן יוֹסֵף֙
וַיֹּ֔אמֶר זֶ֖ה פִּתְרֹנ֑וֹ שְׁלֹ֙שֶׁת֙ הַסַּלִּ֔ים שְׁלֹ֥שֶׁת
יָמִ֖ים הֵֽם׃ 19 בְּע֣וֹד ׀ שְׁלֹ֣שֶׁת יָמִ֗ים יִשָּׂ֨א
פַרְעֹ֤ה אֶת־רֹֽאשְׁךָ֙ מֵֽעָלֶ֔יךָ וְתָלָ֥ה אוֹתְךָ֖
עַל־עֵ֑ץ וְאָכַ֥ל הָע֛וֹף אֶת־בְּשָׂרְךָ֖ מֵעָלֶֽיךָ׃
20 וַיְהִ֣י ׀ בַּיּ֣וֹם הַשְּׁלִישִׁ֗י י֚וֹם הֻלֶּ֣דֶת אֶת־
פַּרְעֹ֔ה וַיַּ֥עַשׂ מִשְׁתֶּ֖ה לְכָל־עֲבָדָ֑יו וַיִּשָּׂ֞א
אֶת־רֹ֣אשׁ ׀ שַׂ֣ר הַמַּשְׁקִ֗ים וְאֶת־רֹ֛אשׁ שַׂ֥ר
הָאֹפִ֖ים בְּת֥וֹךְ עֲבָדָֽיו׃ 21 וַיָּ֛שֶׁב אֶת־שַׂ֥ר
הַמַּשְׁקִ֖ים עַל־מַשְׁקֵ֑הוּ וַיִּתֵּ֥ן הַכּ֖וֹס עַל־כַּ֥ף
פַּרְעֹֽה׃ 22 וְאֵ֛ת שַׂ֥ר הָאֹפִ֖ים תָּלָ֑ה כַּאֲשֶׁ֥ר
פָּתַ֛ר לָהֶ֖ם יוֹסֵֽף׃ 23 וְלֹֽא־זָכַ֧ר שַֽׂר־
הַמַּשְׁקִ֛ים אֶת־יוֹסֵ֖ף וַיִּשְׁכָּחֵֽהוּ׃ פ

MIKKETS

41 And it came to pass at the end of two full years, that Pharaoh dreamed: and, behold, he stood by the [a]river. [2] And, behold, there came up out of the river seven kine, well-favoured and fat-fleshed; and they fed in the reed-grass. [3] And, behold, seven other kine came up after them out of the river, ill-favoured and lean-fleshed; and stood by the other kine upon the brink of the river. [4] And the ill-favoured and lean-fleshed kine did eat up the

מקץ

41 וַיְהִ֕י מִקֵּ֖ץ שְׁנָתַ֣יִם יָמִ֑ים וּפַרְעֹ֣ה
חֹלֵ֔ם וְהִנֵּ֖ה עֹמֵ֥ד עַל־הַיְאֹֽר׃ 2 וְהִנֵּ֣ה מִן־
הַיְאֹ֗ר עֹלֹת֙ שֶׁ֣בַע פָּר֔וֹת יְפ֥וֹת מַרְאֶ֖ה
וּבְרִיאֹ֣ת בָּשָׂ֑ר וַתִּרְעֶ֖ינָה בָּאָֽחוּ׃ 3 וְהִנֵּ֞ה
שֶׁ֧בַע פָּר֣וֹת אֲחֵר֗וֹת עֹל֤וֹת אַחֲרֵיהֶן֙ מִן־
הַיְאֹ֔ר רָע֥וֹת מַרְאֶ֖ה וְדַקּ֣וֹת בָּשָׂ֑ר
וַֽתַּעֲמֹ֛דְנָה אֵ֥צֶל הַפָּר֖וֹת עַל־שְׂפַ֥ת הַיְאֹֽר׃
4 וַתֹּאכַ֣לְנָה הַפָּר֗וֹת רָע֤וֹת הַמַּרְאֶה֙ וְדַקֹּ֣ת

a That is, the Nile.

seven well-favoured and fat kine. So Pharaoh awoke. [5] And he slept and dreamed a second time: and, behold, seven ears of corn came up upon one stalk, rank and good. [6] And, behold, seven ears, thin and blasted with the east wind, sprung up after them. [7] And the thin ears swallowed up the seven rank and full ears. And Pharaoh awoke, and, behold, it was a dream. [8] And it came to pass in the morning that his spirit was troubled; and he sent and called for all the magicians of Egypt, and all the wise men thereof: and Pharaoh told them his dream; but there was none that could interpret them unto Pharaoh. [9] Then spoke the chief butler unto Pharaoh, saying: 'I make mention of my faults this day: [10] Pharaoh was wroth with his servants, and put me in the ward of the house of the captain of the guard, me and the chief baker. [11] And we dreamed a dream in one night, I and he; we dreamed each man according to the interpretation of his dream. [12] And there was with us there a young man, a Hebrew, servant to the captain of the guard; and we told him, and he interpreted to us our dreams; to each man according to his dream he did interpret. [13] And it came to pass, as he interpreted to us, so it was: I was restored unto mine office, and he was hanged.' [14] Then Pharaoh sent and called Joseph, and they brought him hastily out of the dungeon. And he shaved himself, and changed his raiment, and came in unto Pharaoh. [15] And Pharaoh said unto Joseph: 'I have dreamed a dream, and there is none that can interpret it; and I have heard say of thee, that when thou hearest a dream thou canst interpret it.' [16] And Joseph answered Pharaoh, saying: 'It is not in me; God will give Pharaoh an answer of peace.' [17] And Pharaoh spoke unto Joseph: 'In my dream, behold, I stood upon the brink of the river. [18] And, behold, there came up out of the river seven kine, fat-fleshed and well-favoured; and they fed in the reed-grass. [19] And, behold, seven other kine came up after them, poor and

הַבָּשָׂר אֶת שֶׁבַע הַפָּרוֹת יְפֹת הַמַּרְאֶה
וְהַבְּרִיאֹת וַיִּיקַץ פַּרְעֹה׃ 5 וַיִּישָׁן וַיַּחֲלֹם
שֵׁנִית וְהִנֵּה ׀ שֶׁבַע שִׁבֳּלִים עֹלוֹת בְּקָנֶה
אֶחָד בְּרִיאוֹת וְטֹבוֹת׃ 6 וְהִנֵּה שֶׁבַע
שִׁבֳּלִים דַּקּוֹת וּשְׁדוּפֹת קָדִים צֹמְחוֹת
אַחֲרֵיהֶן׃ 7 וַתִּבְלַעְנָה הַשִּׁבֳּלִים הַדַּקּוֹת
אֵת שֶׁבַע הַשִּׁבֳּלִים הַבְּרִיאוֹת וְהַמְּלֵאוֹת
וַיִּיקַץ פַּרְעֹה וְהִנֵּה חֲלוֹם׃ 8 וַיְהִי בַבֹּקֶר
וַתִּפָּעֶם רוּחוֹ וַיִּשְׁלַח וַיִּקְרָא אֶת־כָּל־
חַרְטֻמֵּי מִצְרַיִם וְאֶת־כָּל־חֲכָמֶיהָ וַיְסַפֵּר
פַּרְעֹה לָהֶם אֶת־חֲלֹמוֹ וְאֵין־פּוֹתֵר אוֹתָם
לְפַרְעֹה׃ 9 וַיְדַבֵּר שַׂר הַמַּשְׁקִים אֶת־
פַּרְעֹה לֵאמֹר אֶת־חֲטָאַי אֲנִי מַזְכִּיר
הַיּוֹם׃ 10 פַּרְעֹה קָצַף עַל־עֲבָדָיו וַיִּתֵּן אֹתִי
בְּמִשְׁמַר בֵּית שַׂר הַטַּבָּחִים אֹתִי וְאֵת שַׂר
הָאֹפִים׃ 11 וַנַּחַלְמָה חֲלוֹם בְּלַיְלָה אֶחָד
אֲנִי וָהוּא אִישׁ כְּפִתְרוֹן חֲלֹמוֹ חָלָמְנוּ׃
12 וְשָׁם אִתָּנוּ נַעַר עִבְרִי עֶבֶד לְשַׂר
הַטַּבָּחִים וַנְּסַפֶּר־לוֹ וַיִּפְתָּר־לָנוּ אֶת־
חֲלֹמֹתֵינוּ אִישׁ כַּחֲלֹמוֹ פָּתָר׃ 13 וַיְהִי
כַּאֲשֶׁר פָּתַר־לָנוּ כֵּן הָיָה אֹתִי הֵשִׁיב
עַל־כַּנִּי וְאֹתוֹ תָלָה׃ 14 וַיִּשְׁלַח פַּרְעֹה
וַיִּקְרָא אֶת־יוֹסֵף וַיְרִיצֻהוּ מִן־הַבּוֹר וַיְגַלַּח
וַיְחַלֵּף שִׂמְלֹתָיו וַיָּבֹא אֶל־פַּרְעֹה׃
15 וַיֹּאמֶר פַּרְעֹה אֶל־יוֹסֵף חֲלוֹם חָלַמְתִּי
וּפֹתֵר אֵין אֹתוֹ וַאֲנִי שָׁמַעְתִּי עָלֶיךָ לֵאמֹר
תִּשְׁמַע חֲלוֹם לִפְתֹּר אֹתוֹ׃ 16 וַיַּעַן יוֹסֵף
אֶת־פַּרְעֹה לֵאמֹר בִּלְעָדָי אֱלֹהִים יַעֲנֶה
אֶת־שְׁלוֹם פַּרְעֹה׃ 17 וַיְדַבֵּר פַּרְעֹה אֶל־
יוֹסֵף בַּחֲלֹמִי הִנְנִי עֹמֵד עַל־שְׂפַת הַיְאֹר׃
18 וְהִנֵּה מִן־הַיְאֹר עֹלֹת שֶׁבַע פָּרוֹת
בְּרִיאוֹת בָּשָׂר וִיפֹת תֹּאַר וַתִּרְעֶינָה בָּאָחוּ׃
19 וְהִנֵּה שֶׁבַע־פָּרוֹת אֲחֵרוֹת עֹלוֹת

very ill-favoured and lean-fleshed, such as I never saw in all the land of Egypt for badness. [20] And the lean and ill-favoured kine did eat up the first seven fat kine. [21] And when they had eaten them up, it could not be known that they had eaten them; but they were still ill-favoured as at the beginning. So I awoke. [22] And I saw in my dream, and, behold, seven ears came up upon one stalk, full and good. [23] And, behold, seven ears, withered, thin, and blasted with the east wind, sprung up after them. [24] And the thin ears swallowed up the seven good ears. And I told it unto the magicians; but there was none that could declare it to me.' [25] And Joseph said unto Pharaoh: 'The dream of Pharaoh is one; what God is about to do He hath declared unto Pharaoh. [26] The seven good kine are seven years; and the seven good ears are seven years: the dream is one. [27] And the seven lean and ill-favoured kine that came up after them are seven years, and also the seven empty ears blasted with the east wind; they shall be seven years of famine. [28] That is the thing which I spoke unto Pharaoh: what God is about to do He hath shown unto Pharaoh. [29] Behold, there come seven years of great plenty throughout all the land of Egypt. [30] And there shall arise after them seven years of famine; and all the plenty shall be forgotten in the land of Egypt; and the famine shall consume the land; [31] and the plenty shall not be known in the land by reason of that famine which followeth; for it shall be very grievous. [32] And for that the dream was doubled unto Pharaoh twice, it is because the thing is established by God, and God will shortly bring it to pass. [33] Now therefore let Pharaoh look out a man discreet and wise, and set him over the land of Egypt. [34] Let Pharaoh do this, and let him appoint overseers over the land, and

אַחֲרֵיהֶן דַּלּוֹת וְרָעוֹת תֹּאַר מְאֹד וְרַקּוֹת
בָּשָׂר לֹא־רָאִיתִי כָהֵנָּה בְּכָל־אֶרֶץ מִצְרַיִם
לָרֹעַ: 20 וַתֹּאכַלְנָה הַפָּרוֹת הָרַקּוֹת
וְהָרָעוֹת אֵת שֶׁבַע הַפָּרוֹת הָרִאשֹׁנוֹת
הַבְּרִיאֹת: 21 וַתָּבֹאנָה אֶל־קִרְבֶּנָה וְלֹא
נוֹדַע כִּי־בָאוּ אֶל־קִרְבֶּנָה וּמַרְאֵיהֶן רַע
כַּאֲשֶׁר בַּתְּחִלָּה וָאִיקָץ: 22 וָאֵרֶא בַּחֲלֹמִי
וְהִנֵּה ׀ שֶׁבַע שִׁבֳּלִים עֹלֹת בְּקָנֶה אֶחָד
מְלֵאֹת וְטֹבוֹת: 23 וְהִנֵּה שֶׁבַע שִׁבֳּלִים
צְנֻמוֹת דַּקּוֹת שְׁדֻפוֹת קָדִים צֹמְחוֹת
אַחֲרֵיהֶם: 24 וַתִּבְלַעְןָ הַשִּׁבֳּלִים הַדַּקֹּת
אֵת שֶׁבַע הַשִּׁבֳּלִים הַטֹּבוֹת וָאֹמַר אֶל־
הַחַרְטֻמִּים וְאֵין מַגִּיד לִי: 25 וַיֹּאמֶר יוֹסֵף
אֶל־פַּרְעֹה חֲלוֹם פַּרְעֹה אֶחָד הוּא אֵת
אֲשֶׁר הָאֱלֹהִים עֹשֶׂה הִגִּיד לְפַרְעֹה:
26 שֶׁבַע פָּרֹת הַטֹּבֹת שֶׁבַע שָׁנִים הֵנָּה
וְשֶׁבַע הַשִּׁבֳּלִים הַטֹּבֹת שֶׁבַע שָׁנִים הֵנָּה
חֲלוֹם אֶחָד הוּא: 27 וְשֶׁבַע הַפָּרוֹת הָרַקּוֹת
וְהָרָעֹת הָעֹלֹת אַחֲרֵיהֶן שֶׁבַע שָׁנִים הֵנָּה
וְשֶׁבַע הַשִּׁבֳּלִים הָרֵקוֹת שְׁדֻפוֹת הַקָּדִים
יִהְיוּ שֶׁבַע שְׁנֵי רָעָב: 28 הוּא הַדָּבָר אֲשֶׁר
דִּבַּרְתִּי אֶל־פַּרְעֹה אֲשֶׁר הָאֱלֹהִים עֹשֶׂה
הֶרְאָה אֶת־פַּרְעֹה: 29 הִנֵּה שֶׁבַע שָׁנִים
בָּאוֹת שָׂבָע גָּדוֹל בְּכָל־אֶרֶץ מִצְרָיִם:
30 וְקָמוּ שֶׁבַע שְׁנֵי רָעָב אַחֲרֵיהֶן וְנִשְׁכַּח
כָּל־הַשָּׂבָע בְּאֶרֶץ מִצְרָיִם וְכִלָּה הָרָעָב
אֶת־הָאָרֶץ: 31 וְלֹא־יִוָּדַע הַשָּׂבָע בָּאָרֶץ
מִפְּנֵי הָרָעָב הַהוּא אַחֲרֵי־כֵן כִּי־כָבֵד הוּא
מְאֹד: 32 וְעַל הִשָּׁנוֹת הַחֲלוֹם אֶל־פַּרְעֹה
פַּעֲמָיִם כִּי־נָכוֹן הַדָּבָר מֵעִם הָאֱלֹהִים
וּמְמַהֵר הָאֱלֹהִים לַעֲשֹׂתוֹ: 33 וְעַתָּה יֵרֶא
פַרְעֹה אִישׁ נָבוֹן וְחָכָם וִישִׁיתֵהוּ עַל־אֶרֶץ
מִצְרָיִם: 34 יַעֲשֶׂה פַרְעֹה וְיַפְקֵד פְּקִדִים

take up the fifth part of the land of Egypt in the seven years of plenty. [35] And let them gather all the food of these good years that come, and lay up corn under the hand of Pharaoh for food in the cities, and let them keep it. [36] And the food shall be for a store to the land against the seven years of famine, which shall be in the land of Egypt; that the land perish not through the famine.' [37] And the thing was good in the eyes of Pharaoh, and in the eyes of all his servants. [38] And Pharaoh said unto his servants: 'Can we find such a one as this, a man in whom the spirit of God is?' [39] And Pharaoh said unto Joseph: 'Forasmuch as God hath shown thee all this, there is none so discreet and wise as thou. [40] Thou shalt be over my house, and according unto thy word shall all my people be ruled; only in the throne will I be greater than thou.' [41] And Pharaoh said unto Joseph: 'See, I have set thee over all the land of Egypt.' [42] And Pharaoh took off his signet ring from his hand, and put it upon Joseph's hand, and arrayed him in vestures of fine linen, and put a gold chain about his neck. [43] And he made him to ride in the second chariot which he had; and they cried before him: 'Abrech'; and he set him over all the land of Egypt. [44] And Pharaoh said unto Joseph: 'I am Pharaoh, and without thee shall no man lift up his hand or his foot in all the land of Egypt.' [45] And Pharaoh called Joseph's name Zaphenath-paneah; and he gave him to wife Asenath the daughter of Poti-phera priest of On. And Joseph went out over the land of Egypt.—[46] And Joseph was thirty years old when he stood before Pharaoh king of Egypt.—And Joseph went out from the presence of Pharaoh, and went throughout all the land of Egypt. [47] And in the seven years of plenty the earth brought forth in heaps. [48] And he gathered up all the food of the seven years which were in the land of Egypt, and laid up the food in the cities; the food of the field, which was round

עַל־הָאָרֶץ וְחִמֵּשׁ אֶת־אֶרֶץ מִצְרַיִם
בְּשֶׁבַע שְׁנֵי הַשָּׂבָע׃ 35 וְיִקְבְּצוּ אֶת־כָּל־
אֹכֶל הַשָּׁנִים הַטֹּבֹת הַבָּאֹת הָאֵלֶּה
וְיִצְבְּרוּ־בָר תַּחַת יַד־פַּרְעֹה אֹכֶל בֶּעָרִים
וְשָׁמָרוּ׃ 36 וְהָיָה הָאֹכֶל לְפִקָּדוֹן לָאָרֶץ
לְשֶׁבַע שְׁנֵי הָרָעָב אֲשֶׁר תִּהְיֶיןָ בְּאֶרֶץ
מִצְרָיִם וְלֹא־תִכָּרֵת הָאָרֶץ בָּרָעָב׃
37 וַיִּיטַב הַדָּבָר בְּעֵינֵי פַרְעֹה וּבְעֵינֵי כָּל־
עֲבָדָיו׃ 38 וַיֹּאמֶר פַּרְעֹה אֶל־עֲבָדָיו
הֲנִמְצָא כָזֶה אִישׁ אֲשֶׁר רוּחַ אֱלֹהִים בּוֹ׃
39 וַיֹּאמֶר פַּרְעֹה אֶל־יוֹסֵף אַחֲרֵי הוֹדִיעַ
אֱלֹהִים אוֹתְךָ אֶת־כָּל־זֹאת אֵין־נָבוֹן
וְחָכָם כָּמוֹךָ׃ 40 אַתָּה תִּהְיֶה עַל־בֵּיתִי
וְעַל־פִּיךָ יִשַּׁק כָּל־עַמִּי רַק הַכִּסֵּא אֶגְדַּל
מִמֶּךָּ׃ 41 וַיֹּאמֶר פַּרְעֹה אֶל־יוֹסֵף רְאֵה
נָתַתִּי אֹתְךָ עַל כָּל־אֶרֶץ מִצְרָיִם׃ 42 וַיָּסַר
פַּרְעֹה אֶת־טַבַּעְתּוֹ מֵעַל יָדוֹ וַיִּתֵּן אֹתָהּ
עַל־יַד יוֹסֵף וַיַּלְבֵּשׁ אֹתוֹ בִּגְדֵי־שֵׁשׁ וַיָּשֶׂם
רְבִד הַזָּהָב עַל־צַוָּארוֹ׃ 43 וַיַּרְכֵּב אֹתוֹ
בְּמִרְכֶּבֶת הַמִּשְׁנֶה אֲשֶׁר־לוֹ וַיִּקְרְאוּ לְפָנָיו
אַבְרֵךְ וְנָתוֹן אֹתוֹ עַל כָּל־אֶרֶץ מִצְרָיִם׃
44 וַיֹּאמֶר פַּרְעֹה אֶל־יוֹסֵף אֲנִי פַרְעֹה
וּבִלְעָדֶיךָ לֹא־יָרִים אִישׁ אֶת־יָדוֹ וְאֶת־
רַגְלוֹ בְּכָל־אֶרֶץ מִצְרָיִם׃ 45 וַיִּקְרָא פַרְעֹה
שֵׁם־יוֹסֵף צָפְנַת פַּעְנֵחַ וַיִּתֶּן־לוֹ אֶת־אָסְנַת
בַּת־פּוֹטִי פֶרַע כֹּהֵן אֹן לְאִשָּׁה וַיֵּצֵא יוֹסֵף
עַל־אֶרֶץ מִצְרָיִם׃ 46 וְיוֹסֵף בֶּן־שְׁלֹשִׁים
שָׁנָה בְּעָמְדוֹ לִפְנֵי פַּרְעֹה מֶלֶךְ־מִצְרָיִם
וַיֵּצֵא יוֹסֵף מִלִּפְנֵי פַרְעֹה וַיַּעֲבֹר בְּכָל־אֶרֶץ
מִצְרָיִם׃ 47 וַתַּעַשׂ הָאָרֶץ בְּשֶׁבַע שְׁנֵי
הַשָּׂבָע לִקְמָצִים׃ 48 וַיִּקְבֹּץ אֶת־כָּל־אֹכֶל ׀
שֶׁבַע שָׁנִים אֲשֶׁר הָיוּ בְּאֶרֶץ מִצְרַיִם
וַיִּתֶּן־אֹכֶל בֶּעָרִים אֹכֶל שְׂדֵה־הָעִיר אֲשֶׁר

about every city, laid he up in the same. [49] And Joseph laid up corn as the sand of the sea, very much, until they left off numbering; for it was without number. [50] And unto Joseph were born two sons before the year of famine came, whom Asenath the daughter of Poti-phera priest of On bore unto him. [51] And Joseph called the name of the first-born [a]Manasseh: 'for God hath made me forget all my toil, and all my father's house.' [52] And the name of the second called he [b]Ephraim: 'for God hath made me fruitful in the land of my affliction.' [53] And the seven years of plenty, that was in the land of Egypt, came to an end. [54] And the seven years of famine began to come, according as Joseph had said; and there was famine in all lands; but in all the land of Egypt there was bread. [55] And when all the land of Egypt was famished, the people cried to Pharaoh for bread; and Pharaoh said unto all the Egyptians: 'Go unto Joseph; what he saith to you, do.' [56] And the famine was over all the face of the earth; and Joseph opened all the storehouses, and sold unto the Egyptians; and the famine was sore in the land of Egypt. [57] And all countries came into Egypt to Joseph to buy corn; because the famine was sore in all the earth.

42 Now Jacob saw that there was corn in Egypt, and Jacob said unto his sons: 'Why do ye look one upon another?' [2] And he said: 'Behold, I have heard that there is corn in Egypt. Get you down thither, and buy for us from thence; that we may live, and not die.' [3] And Joseph's ten brethren went down to buy corn from Egypt. [4] But Benjamin, Joseph's brother, Jacob sent not with his brethren; for he said: 'Lest peradventure harm befall him.' [5] And the sons of Israel came to buy among those that came; for the famine was in the land of Canaan. [6] And Joseph was the governor over the land; he it was that sold to all the people of the land. And Joseph's brethren came, and bowed down to him with their faces to the earth. [7] And Joseph saw his brethren, and he knew

סְבִיבֹתֶיהָ נָתַן בְּתוֹכָהּ׃ 49 וַיִּצְבֹּר יוֹסֵף בָּר
כְּחוֹל הַיָּם הַרְבֵּה מְאֹד עַד כִּי־חָדַל לִסְפֹּר
כִּי־אֵין מִסְפָּר׃ 50 וּלְיוֹסֵף יֻלַּד שְׁנֵי בָנִים
בְּטֶרֶם תָּבוֹא שְׁנַת הָרָעָב אֲשֶׁר יָלְדָה־לּוֹ
אָסְנַת בַּת־פּוֹטִי פֶרַע כֹּהֵן אוֹן׃ 51 וַיִּקְרָא
יוֹסֵף אֶת־שֵׁם הַבְּכוֹר מְנַשֶּׁה כִּי־נַשַּׁנִי
אֱלֹהִים אֶת־כָּל־עֲמָלִי וְאֵת כָּל־בֵּית אָבִי׃
52 וְאֵת שֵׁם הַשֵּׁנִי קָרָא אֶפְרָיִם כִּי־הִפְרַנִי
אֱלֹהִים בְּאֶרֶץ עָנְיִי׃ 53 וַתִּכְלֶינָה שֶׁבַע
שְׁנֵי הַשָּׂבָע אֲשֶׁר הָיָה בְּאֶרֶץ מִצְרָיִם׃
54 וַתְּחִלֶּינָה שֶׁבַע שְׁנֵי הָרָעָב לָבוֹא כַּאֲשֶׁר
אָמַר יוֹסֵף וַיְהִי רָעָב בְּכָל־הָאֲרָצוֹת
וּבְכָל־אֶרֶץ מִצְרַיִם הָיָה לָחֶם׃ 55 וַתִּרְעַב
כָּל־אֶרֶץ מִצְרַיִם וַיִּצְעַק הָעָם אֶל־פַּרְעֹה
לַלָּחֶם וַיֹּאמֶר פַּרְעֹה לְכָל־מִצְרַיִם לְכוּ
אֶל־יוֹסֵף אֲשֶׁר־יֹאמַר לָכֶם תַּעֲשׂוּ׃
56 וְהָרָעָב הָיָה עַל כָּל־פְּנֵי הָאָרֶץ וַיִּפְתַּח
יוֹסֵף אֶת־כָּל־אֲשֶׁר בָּהֶם וַיִּשְׁבֹּר לְמִצְרַיִם
וַיֶּחֱזַק הָרָעָב בְּאֶרֶץ מִצְרָיִם׃ 57 וְכָל־
הָאָרֶץ בָּאוּ מִצְרַיְמָה לִשְׁבֹּר אֶל־יוֹסֵף
כִּי־חָזַק הָרָעָב בְּכָל־הָאָרֶץ׃ **42** וַיַּרְא
יַעֲקֹב כִּי יֶשׁ־שֶׁבֶר בְּמִצְרָיִם וַיֹּאמֶר יַעֲקֹב
לְבָנָיו לָמָּה תִּתְרָאוּ׃ 2 וַיֹּאמֶר הִנֵּה
שָׁמַעְתִּי כִּי יֶשׁ־שֶׁבֶר בְּמִצְרָיִם רְדוּ־שָׁמָּה
וְשִׁבְרוּ־לָנוּ מִשָּׁם וְנִחְיֶה וְלֹא נָמוּת׃
3 וַיֵּרְדוּ אֲחֵי־יוֹסֵף עֲשָׂרָה לִשְׁבֹּר בָּר
מִמִּצְרָיִם׃ 4 וְאֶת־בִּנְיָמִין אֲחִי יוֹסֵף לֹא־
שָׁלַח יַעֲקֹב אֶת־אֶחָיו כִּי אָמַר פֶּן־יִקְרָאֶנּוּ
אָסוֹן׃ 5 וַיָּבֹאוּ בְּנֵי יִשְׂרָאֵל לִשְׁבֹּר בְּתוֹךְ
הַבָּאִים כִּי־הָיָה הָרָעָב בְּאֶרֶץ כְּנָעַן׃
6 וְיוֹסֵף הוּא הַשַּׁלִּיט עַל־הָאָרֶץ הוּא
הַמַּשְׁבִּיר לְכָל־עַם הָאָרֶץ וַיָּבֹאוּ אֲחֵי
יוֹסֵף וַיִּשְׁתַּחֲווּ־לוֹ אַפַּיִם אָרְצָה׃ 7 וַיַּרְא

a That is, *Making to forget.* b From a Hebrew word signifying *to be fruitful.*

them, but made himself strange unto them, and spoke roughly with them; and he said unto them: 'Whence come ye?' And they said: 'From the land of Canaan to buy food.' [8] And Joseph knew his brethren, but they knew not him. [9] And Joseph remembered the dreams which he dreamed of them, and said unto them: 'Ye are spies; to see the nakedness of the land ye are come.' [10] And they said unto him: 'Nay, my lord, but to buy food are thy servants come. [11] We are all one man's sons; we are upright men, thy servants are no spies.' [12] And he said unto them: 'Nay, but to see the nakedness of the land ye are come.' [13] And they said: 'We thy servants are twelve brethren, the sons of one man in the land of Canaan; and, behold, the youngest is this day with our father, and one is not.' [14] And Joseph said unto them: 'That is it that I spoke unto you, saying: Ye are spies. [15] Hereby ye shall be proved as Pharaoh liveth, ye shall not go forth hence, except your youngest brother come hither. [16] Send one of you, and let him fetch your brother, and ye shall be bound, that your words may be proved, whether there be truth in you; or else, as Pharaoh liveth, surely ye are spies.' [17] And he put them all together into ward three days. [18] And Joseph said unto them the third day: 'This do, and live; for I fear God: [19] if ye be upright men, let one of your brethren be bound in your prison-house; but go ye, carry corn for the famine of your houses; [20] and bring your youngest brother unto me; so shall your words be verified, and ye shall not die.' And they did so. [21] And they said one to another: 'We are verily guilty concerning our brother, in that we saw the distress of his soul, when he besought us, and we would not hear; therefore is this distress come upon us.' [22] And Reuben answered them, saying: 'Spoke I not unto you, saying: Do not sin against the child;

יוֹסֵף אֶת־אֶחָיו וַיַּכִּרֵם וַיִּתְנַכֵּר אֲלֵיהֶם
וַיְדַבֵּר אִתָּם קָשׁוֹת וַיֹּאמֶר אֲלֵהֶם מֵאַיִן
בָּאתֶם וַיֹּאמְרוּ מֵאֶרֶץ כְּנַעַן לִשְׁבָּר־אֹכֶל׃
8 וַיַּכֵּר יוֹסֵף אֶת־אֶחָיו וְהֵם לֹא הִכִּרֻהוּ׃
9 וַיִּזְכֹּר יוֹסֵף אֵת הַחֲלֹמוֹת אֲשֶׁר חָלַם
לָהֶם וַיֹּאמֶר אֲלֵהֶם מְרַגְּלִים אַתֶּם לִרְאוֹת
אֶת־עֶרְוַת הָאָרֶץ בָּאתֶם׃ 10 וַיֹּאמְרוּ אֵלָיו
לֹא אֲדֹנִי וַעֲבָדֶיךָ בָּאוּ לִשְׁבָּר־אֹכֶל׃
11 כֻּלָּנוּ בְּנֵי אִישׁ־אֶחָד נָחְנוּ כֵּנִים אֲנַחְנוּ
לֹא־הָיוּ עֲבָדֶיךָ מְרַגְּלִים׃ 12 וַיֹּאמֶר אֲלֵהֶם
לֹא כִּי־עֶרְוַת הָאָרֶץ בָּאתֶם לִרְאוֹת׃
13 וַיֹּאמְרוּ שְׁנֵים עָשָׂר עֲבָדֶיךָ אַחִים ׀
אֲנַחְנוּ בְּנֵי אִישׁ־אֶחָד בְּאֶרֶץ כְּנָעַן וְהִנֵּה
הַקָּטֹן אֶת־אָבִינוּ הַיּוֹם וְהָאֶחָד אֵינֶנּוּ׃
14 וַיֹּאמֶר אֲלֵהֶם יוֹסֵף הוּא אֲשֶׁר דִּבַּרְתִּי
אֲלֵכֶם לֵאמֹר מְרַגְּלִים אַתֶּם׃ 15 בְּזֹאת
תִּבָּחֵנוּ חֵי פַרְעֹה אִם־תֵּצְאוּ מִזֶּה כִּי
אִם־בְּבוֹא אֲחִיכֶם הַקָּטֹן הֵנָּה׃ 16 שִׁלְחוּ
מִכֶּם אֶחָד וְיִקַּח אֶת־אֲחִיכֶם וְאַתֶּם
הֵאָסְרוּ וְיִבָּחֲנוּ דִּבְרֵיכֶם הַאֱמֶת אִתְּכֶם
וְאִם־לֹא חֵי פַרְעֹה כִּי מְרַגְּלִים אַתֶּם׃
17 וַיֶּאֱסֹף אֹתָם אֶל־מִשְׁמָר שְׁלֹשֶׁת יָמִים׃
18 וַיֹּאמֶר אֲלֵהֶם יוֹסֵף בַּיּוֹם הַשְּׁלִישִׁי זֹאת
עֲשׂוּ וִחְיוּ אֶת־הָאֱלֹהִים אֲנִי יָרֵא׃ 19 אִם־
כֵּנִים אַתֶּם אֲחִיכֶם אֶחָד יֵאָסֵר בְּבֵית
מִשְׁמַרְכֶם וְאַתֶּם לְכוּ הָבִיאוּ שֶׁבֶר רַעֲבוֹן
בָּתֵּיכֶם׃ 20 וְאֶת־אֲחִיכֶם הַקָּטֹן תָּבִיאוּ
אֵלַי וְיֵאָמְנוּ דִבְרֵיכֶם וְלֹא תָמוּתוּ וַיַּעֲשׂוּ־
כֵן׃ 21 וַיֹּאמְרוּ אִישׁ אֶל־אָחִיו אֲבָל
אֲשֵׁמִים ׀ אֲנַחְנוּ עַל־אָחִינוּ אֲשֶׁר רָאִינוּ
צָרַת נַפְשׁוֹ בְּהִתְחַנְנוֹ אֵלֵינוּ וְלֹא שָׁמָעְנוּ
עַל־כֵּן בָּאָה אֵלֵינוּ הַצָּרָה הַזֹּאת׃ 22 וַיַּעַן
רְאוּבֵן אֹתָם לֵאמֹר הֲלוֹא אָמַרְתִּי

and ye would not hear? therefore also, behold, his blood is required.' [23] And they knew not that Joseph understood them; for the interpreter was between them. [24] And he turned himself about from them, and wept; and he returned to them, and spoke to them, and took Simeon from among them, and bound him before their eyes. [25] Then Joseph commanded to fill their vessels with corn, and to restore every man's money into his sack, and to give them provision for the way; and thus was it done unto them. [26] And they laded their asses with their corn, and departed thence. [27] And as one of them opened his sack to give his ass provender in the lodging-place, he espied his money; and, behold, it was in the mouth of his sack. [28] And he said unto his brethren: 'My money is restored; and, lo, it is even in my sack.' And their heart failed them, and they turned trembling one to another, saying: 'What is this that God hath done unto us?' [29] And they came unto Jacob their father unto the land of Canaan, and told him all that had befallen them, saying: [30] 'The man, the lord of the land, spoke roughly with us, and took us for spies of the country. [31] And we said unto him: We are upright men; we are no spies. [32] We are twelve brethren, sons of our father; one is not, and the youngest is this day with our father in the land of Canaan. [33] And the man, the lord of the land, said unto us: Hereby shall I know that ye are upright men: leave one of your brethren with me, and take corn for the famine of your houses, and go your way. [34] And bring your youngest brother unto me; then shall I know that ye are no spies, but that ye are upright men; so will I deliver you your brother, and ye shall traffic in the land.' [35] And it came to pass as they emptied their sacks, that, behold, every man's bundle of money was in his sack; and when they and their father saw their bundles of money, they were afraid. [36] And Jacob their father said unto them: 'Me have ye bereaved of my children: Joseph is not, and Simeon is not,

אֲלֵיכֶם ׀ לֵאמֹר אַל־תֶּחֶטְאוּ בַיֶּלֶד וְלֹא
שְׁמַעְתֶּם וְגַם־דָּמוֹ הִנֵּה נִדְרָשׁ׃ 23 וְהֵם לֹא
יָדְעוּ כִּי שֹׁמֵעַ יוֹסֵף כִּי הַמֵּלִיץ בֵּינֹתָם׃
24 וַיִּסֹּב מֵעֲלֵיהֶם וַיֵּבְךְּ וַיָּשָׁב אֲלֵהֶם וַיְדַבֵּר
אֲלֵהֶם וַיִּקַּח מֵאִתָּם אֶת־שִׁמְעוֹן וַיֶּאֱסֹר
אֹתוֹ לְעֵינֵיהֶם׃ 25 וַיְצַו יוֹסֵף וַיְמַלְאוּ אֶת־
כְּלֵיהֶם בָּר וּלְהָשִׁיב כַּסְפֵּיהֶם אִישׁ אֶל־
שַׂקּוֹ וְלָתֵת לָהֶם צֵדָה לַדָּרֶךְ וַיַּעַשׂ לָהֶם
כֵּן׃ 26 וַיִּשְׂאוּ אֶת־שִׁבְרָם עַל־חֲמֹרֵיהֶם
וַיֵּלְכוּ מִשָּׁם׃ 27 וַיִּפְתַּח הָאֶחָד אֶת־שַׂקּוֹ
לָתֵת מִסְפּוֹא לַחֲמֹרוֹ בַּמָּלוֹן וַיַּרְא אֶת־
כַּסְפּוֹ וְהִנֵּה־הוּא בְּפִי אַמְתַּחְתּוֹ׃ 28 וַיֹּאמֶר
אֶל־אֶחָיו הוּשַׁב כַּסְפִּי וְגַם הִנֵּה
בְאַמְתַּחְתִּי וַיֵּצֵא לִבָּם וַיֶּחֶרְדוּ אִישׁ אֶל־
אָחִיו לֵאמֹר מַה־זֹּאת עָשָׂה אֱלֹהִים לָנוּ׃
29 וַיָּבֹאוּ אֶל־יַעֲקֹב אֲבִיהֶם אַרְצָה כְּנָעַן
וַיַּגִּידוּ לוֹ אֵת כָּל־הַקֹּרֹת אֹתָם לֵאמֹר׃
30 דִּבֶּר הָאִישׁ אֲדֹנֵי הָאָרֶץ אִתָּנוּ קָשׁוֹת
וַיִּתֵּן אֹתָנוּ כִּמְרַגְּלִים אֶת־הָאָרֶץ׃
31 וַנֹּאמֶר אֵלָיו כֵּנִים אֲנָחְנוּ לֹא הָיִינוּ
מְרַגְּלִים׃ 32 שְׁנֵים־עָשָׂר אֲנַחְנוּ אַחִים בְּנֵי
אָבִינוּ הָאֶחָד אֵינֶנּוּ וְהַקָּטֹן הַיּוֹם אֶת־
אָבִינוּ בְּאֶרֶץ כְּנָעַן׃ 33 וַיֹּאמֶר אֵלֵינוּ הָאִישׁ
אֲדֹנֵי הָאָרֶץ בְּזֹאת אֵדַע כִּי כֵנִים אַתֶּם
אֲחִיכֶם הָאֶחָד הַנִּיחוּ אִתִּי וְאֶת־רַעֲבוֹן
בָּתֵּיכֶם קְחוּ וָלֵכוּ׃ 34 וְהָבִיאוּ אֶת־אֲחִיכֶם
הַקָּטֹן אֵלַי וְאֵדְעָה כִּי לֹא מְרַגְּלִים אַתֶּם
כִּי כֵנִים אַתֶּם אֶת־אֲחִיכֶם אֶתֵּן לָכֶם
וְאֶת־הָאָרֶץ תִּסְחָרוּ׃ 35 וַיְהִי הֵם מְרִיקִים
שַׂקֵּיהֶם וְהִנֵּה־אִישׁ צְרוֹר־כַּסְפּוֹ בְּשַׂקּוֹ
וַיִּרְאוּ אֶת־צְרֹרוֹת כַּסְפֵּיהֶם הֵמָּה
וַאֲבִיהֶם וַיִּירָאוּ׃ 36 וַיֹּאמֶר אֲלֵהֶם יַעֲקֹב
אֲבִיהֶם אֹתִי שִׁכַּלְתֶּם יוֹסֵף אֵינֶנּוּ וְשִׁמְעוֹן

and ye will take Benjamin away; upon me are all these things come.' [37] And Reuben spoke unto his father, saying: 'Thou shalt slay my two sons, if I bring him not to thee; deliver him into my hand, and I will bring him back to thee.' [38] And he said: 'My son shall not go down with you; for his brother is dead, and he only is left; if harm befall him by the way in which ye go, then will ye bring down my gray hairs with sorrow to the grave.'

43 And the famine was sore in the land. [2] And it came to pass, when they had eaten up the corn which they had brought out of Egypt, that their father said unto them: 'Go again, buy us a little food.' [3] And Judah spoke unto him, saying: 'The man did earnestly forewarn us, saying: Ye shall not see my face, except your brother be with you. [4] If thou wilt send our brother with us, we will go down and buy thee food; [5] but if thou wilt not send him, we will not go down, for the man said unto us: Ye shall not see my face, except your brother be with you.' [6] And Israel said: 'Wherefore dealt ye so ill with me, as to tell the man whether ye had yet a brother?' [7] And they said: 'The man asked straitly concerning ourselves, and concerning our kindred, saying: Is your father yet alive? have ye another brother? and we told him according to the tenor of these words; could we in any wise know that he would say: Bring your brother down?' [8] And Judah said unto Israel his father: 'Send the lad with me, and we will arise and go, that we may live, and not die, both we, and thou, and also our little ones. [9] I will be surety for him; of my hand shalt thou require him; if I bring him not unto thee, and set him before thee, then let me bear the blame for ever. [10] For except we had lingered, surely we had now returned a second time.' [11] And their father Israel said unto them: 'If it be so now, do this: take of the choice fruits of the land in your vessels, and carry down the man a present, a little balm, and a little honey, spicery and ladanum,

אֵינֶנּוּ וְאֶת־בִּנְיָמִן תִּקָּחוּ עָלַי הָיוּ כֻלָּנָה׃
37 וַיֹּאמֶר רְאוּבֵן אֶל־אָבִיו לֵאמֹר אֶת־שְׁנֵי
בָנַי תָּמִית אִם־לֹא אֲבִיאֶנּוּ אֵלֶיךָ תְּנָה
אֹתוֹ עַל־יָדִי וַאֲנִי אֲשִׁיבֶנּוּ אֵלֶיךָ׃ 38 וַיֹּאמֶר
לֹא־יֵרֵד בְּנִי עִמָּכֶם כִּי־אָחִיו מֵת וְהוּא
לְבַדּוֹ נִשְׁאָר וּקְרָאָהוּ אָסוֹן בַּדֶּרֶךְ אֲשֶׁר
תֵּלְכוּ־בָהּ וְהוֹרַדְתֶּם אֶת־שֵׂיבָתִי בְּיָגוֹן
שְׁאוֹלָה׃ 43 וְהָרָעָב כָּבֵד בָּאָרֶץ׃
2 וַיְהִי כַּאֲשֶׁר כִּלּוּ לֶאֱכֹל אֶת־הַשֶּׁבֶר אֲשֶׁר
הֵבִיאוּ מִמִּצְרָיִם וַיֹּאמֶר אֲלֵיהֶם אֲבִיהֶם
שֻׁבוּ שִׁבְרוּ־לָנוּ מְעַט־אֹכֶל׃ 3 וַיֹּאמֶר אֵלָיו
יְהוּדָה לֵאמֹר הָעֵד הֵעִד בָּנוּ הָאִישׁ לֵאמֹר
לֹא־תִרְאוּ פָנַי בִּלְתִּי אֲחִיכֶם אִתְּכֶם׃
4 אִם־יֶשְׁךָ מְשַׁלֵּחַ אֶת־אָחִינוּ אִתָּנוּ נֵרְדָה
וְנִשְׁבְּרָה לְךָ אֹכֶל׃ 5 וְאִם־אֵינְךָ מְשַׁלֵּחַ
לֹא נֵרֵד כִּי־הָאִישׁ אָמַר אֵלֵינוּ לֹא־תִרְאוּ
פָנַי בִּלְתִּי אֲחִיכֶם אִתְּכֶם׃ 6 וַיֹּאמֶר
יִשְׂרָאֵל לָמָה הֲרֵעֹתֶם לִי לְהַגִּיד לָאִישׁ
הַעוֹד לָכֶם אָח׃ 7 וַיֹּאמְרוּ שָׁאוֹל שָׁאַל־
הָאִישׁ לָנוּ וּלְמוֹלַדְתֵּנוּ לֵאמֹר הַעוֹד
אֲבִיכֶם חַי הֲיֵשׁ לָכֶם אָח וַנַּגֶּד־לוֹ עַל־פִּי
הַדְּבָרִים הָאֵלֶּה הֲיָדוֹעַ נֵדַע כִּי יֹאמַר
הוֹרִידוּ אֶת־אֲחִיכֶם׃ 8 וַיֹּאמֶר יְהוּדָה אֶל־
יִשְׂרָאֵל אָבִיו שִׁלְחָה הַנַּעַר אִתִּי וְנָקוּמָה
וְנֵלֵכָה וְנִחְיֶה וְלֹא נָמוּת גַּם־אֲנַחְנוּ גַם־
אַתָּה גַּם־טַפֵּנוּ׃ 9 אָנֹכִי אֶעֶרְבֶנּוּ מִיָּדִי
תְּבַקְשֶׁנּוּ אִם־לֹא הֲבִיאֹתִיו אֵלֶיךָ
וְהִצַּגְתִּיו לְפָנֶיךָ וְחָטָאתִי לְךָ כָּל־הַיָּמִים׃
10 כִּי לוּלֵא הִתְמַהְמָהְנוּ כִּי־עַתָּה שַׁבְנוּ
זֶה פַעֲמָיִם׃ 11 וַיֹּאמֶר אֲלֵהֶם יִשְׂרָאֵל
אֲבִיהֶם אִם־כֵּן ׀ אֵפוֹא זֹאת עֲשׂוּ קְחוּ
מִזִּמְרַת הָאָרֶץ בִּכְלֵיכֶם וְהוֹרִידוּ לָאִישׁ
מִנְחָה מְעַט צֳרִי וּמְעַט דְּבַשׁ נְכֹאת וָלֹט

nuts, and almonds; [12] and take double money in your hand; and the money that was returned in the mouth of your sacks carry back in your hand; peradventure it was an oversight; [13] take also your brother, and arise, go again unto the man; [14] and God Almighty give you mercy before the man, that he may release unto you your other brother and Benjamin. And as for me, if I be bereaved of my children, I am bereaved.'

[15] And the men took that present, and they took double money in their hand, and Benjamin; and rose up, and went down to Egypt, and stood before Joseph. [16] And when Joseph saw Benjamin with them, he said to the steward of his house: 'Bring the men into the house, and kill the beasts, and prepare the meat; for the men shall dine with me at noon.' [17] And the man did as Joseph bade; and the man brought the men into Joseph's house. [18] And the men were afraid, because they were brought into Joseph's house; and they said: 'Because of the money that was returned in our sacks at the first time are we brought in; that he may seek occasion against us, and fall upon us, and take us for bondmen, and our asses.' [19] And they came near to the steward of Joseph's house, and they spoke unto him at the door of the house, [20] and said: 'Oh my lord, we came indeed down at the first time to buy food. [21] And it came to pass, when we came to the lodging-place, that we opened our sacks, and, behold, every man's money was in the mouth of his sack, our money in full weight; and we have brought it back in our hand. [22] And other money have we brought down in our hand to buy food. We know not who put our money in our sacks.' [23] And he said: 'Peace be to you, fear not; your God, and the God of your father, hath given you treasure in your sacks; I had your money.' And he brought Simeon out unto them. [24] And the man brought the men into Joseph's house, and gave them water,

בָּטְנִים וּשְׁקֵדִים׃ 12 וְכֶסֶף מִשְׁנֶה קְחוּ
בְיֶדְכֶם וְאֶת־הַכֶּסֶף הַמּוּשָׁב בְּפִי
אַמְתְּחֹתֵיכֶם תָּשִׁיבוּ בְיֶדְכֶם אוּלַי מִשְׁגֶּה
הוּא׃ 13 וְאֶת־אֲחִיכֶם קָחוּ וְקוּמוּ שׁוּבוּ
אֶל־הָאִישׁ׃ 14 וְאֵל שַׁדַּי יִתֵּן לָכֶם רַחֲמִים
לִפְנֵי הָאִישׁ וְשִׁלַּח לָכֶם אֶת־אֲחִיכֶם אַחֵר
וְאֶת־בִּנְיָמִין וַאֲנִי כַּאֲשֶׁר שָׁכֹלְתִּי שָׁכָלְתִּי׃
15 וַיִּקְחוּ הָאֲנָשִׁים אֶת־הַמִּנְחָה הַזֹּאת
וּמִשְׁנֶה־כֶּסֶף לָקְחוּ בְיָדָם וְאֶת־בִּנְיָמִן
וַיָּקֻמוּ וַיֵּרְדוּ מִצְרַיִם וַיַּעַמְדוּ לִפְנֵי יוֹסֵף׃
16 וַיַּרְא יוֹסֵף אִתָּם אֶת־בִּנְיָמִין וַיֹּאמֶר
לַאֲשֶׁר עַל־בֵּיתוֹ הָבֵא אֶת־הָאֲנָשִׁים
הַבָּיְתָה וּטְבֹחַ טֶבַח וְהָכֵן כִּי אִתִּי יֹאכְלוּ
הָאֲנָשִׁים בַּצָּהֳרָיִם׃ 17 וַיַּעַשׂ הָאִישׁ כַּאֲשֶׁר
אָמַר יוֹסֵף וַיָּבֵא הָאִישׁ אֶת־הָאֲנָשִׁים
בֵּיתָה יוֹסֵף׃ 18 וַיִּירְאוּ הָאֲנָשִׁים כִּי הוּבְאוּ
בֵּית יוֹסֵף וַיֹּאמְרוּ עַל־דְּבַר הַכֶּסֶף הַשָּׁב
בְּאַמְתְּחֹתֵינוּ בַּתְּחִלָּה אֲנַחְנוּ מוּבָאִים
לְהִתְגֹּלֵל עָלֵינוּ וּלְהִתְנַפֵּל עָלֵינוּ וְלָקַחַת
אֹתָנוּ לַעֲבָדִים וְאֶת־חֲמֹרֵינוּ׃ 19 וַיִּגְּשׁוּ
אֶל־הָאִישׁ אֲשֶׁר עַל־בֵּית יוֹסֵף וַיְדַבְּרוּ
אֵלָיו פֶּתַח הַבָּיִת׃ 20 וַיֹּאמְרוּ בִּי אֲדֹנִי יָרֹד
יָרַדְנוּ בַּתְּחִלָּה לִשְׁבָּר־אֹכֶל׃ 21 וַיְהִי כִּי־
בָאנוּ אֶל־הַמָּלוֹן וַנִּפְתְּחָה אֶת־
אַמְתְּחֹתֵינוּ וְהִנֵּה כֶסֶף־אִישׁ בְּפִי
אַמְתַּחְתּוֹ כַּסְפֵּנוּ בְּמִשְׁקָלוֹ וַנָּשֶׁב אֹתוֹ
בְּיָדֵנוּ׃ 22 וְכֶסֶף אַחֵר הוֹרַדְנוּ בְיָדֵנוּ
לִשְׁבָּר־אֹכֶל לֹא יָדַעְנוּ מִי־שָׂם כַּסְפֵּנוּ
בְּאַמְתְּחֹתֵינוּ׃ 23 וַיֹּאמֶר שָׁלוֹם לָכֶם אַל־
תִּירָאוּ אֱלֹהֵיכֶם וֵאלֹהֵי אֲבִיכֶם נָתַן לָכֶם
מַטְמוֹן בְּאַמְתְּחֹתֵיכֶם כַּסְפְּכֶם בָּא אֵלָי
וַיּוֹצֵא אֲלֵהֶם אֶת־שִׁמְעוֹן׃ 24 וַיָּבֵא הָאִישׁ
אֶת־הָאֲנָשִׁים בֵּיתָה יוֹסֵף וַיִּתֶּן־מַיִם

and they washed their feet; and he gave their asses provender. [25] And they made ready the present against Joseph's coming at noon; for they heard that they should eat bread there. [26] And when Joseph came home, they brought him the present which was in their hand into the house, and bowed down to him to the earth. [27] And he asked them of their welfare, and said: 'Is your father well, the old man of whom ye spoke? Is he yet alive?' [28] And they said: 'Thy servant our father is well, he is yet alive.' And they bowed the head, and made obeisance. [29] And he lifted up his eyes, and saw Benjamin his brother, his mother's son, and said: 'Is this your youngest brother of whom ye spoke unto me?' And he said: 'God be gracious unto thee, my son.' [30] And Joseph made haste; for his heart yearned toward his brother; and he sought where to weep; and he entered into his chamber, and wept there. [31] And he washed his face, and came out; and he refrained himself, and said: 'Set on bread.' [32] And they set on for him by himself, and for them by themselves, and for the Egyptians, that did eat with him, by themselves; because the Egyptians might not eat bread with the Hebrews; for that is an abomination unto the Egyptians. [33] And they sat before him, the first-born according to his birthright, and the youngest according to his youth; and the men marvelled one with another. [34] And portions were taken unto them from before him; but Benjamin's portion was five times so much as any of theirs. And they drank, and were merry with him.

44 And he commanded the steward of his house, saying: 'Fill the men's sacks with food, as much as they can carry, and put every man's money in his sack's mouth. [2] And put my goblet, the silver goblet, in the sack's mouth of the youngest, and his corn money.' And he did according to the word that Joseph had spoken. [3] As soon as the morning was light, the men were sent away, they and their asses. [4] And when they were gone out of the city, and were not yet far off, Joseph said unto his steward: 'Up, follow after the men; and when thou dost

וַיִּרְחֲצוּ רַגְלֵיהֶם וַיִּתֵּן מִסְפּוֹא לַחֲמֹרֵיהֶם׃
25 וַיָּכִינוּ אֶת־הַמִּנְחָה עַד־בּוֹא יוֹסֵף
בַּצָּהֳרָיִם כִּי שָׁמְעוּ כִּי־שָׁם יֹאכְלוּ לָחֶם׃
26 וַיָּבֹא יוֹסֵף הַבַּיְתָה וַיָּבִיאוּ לוֹ אֶת־
הַמִּנְחָה אֲשֶׁר־בְּיָדָם הַבָּיְתָה וַיִּשְׁתַּחֲווּ־לוֹ
אָרְצָה׃ 27 וַיִּשְׁאַל לָהֶם לְשָׁלוֹם וַיֹּאמֶר
הֲשָׁלוֹם אֲבִיכֶם הַזָּקֵן אֲשֶׁר אֲמַרְתֶּם
הַעוֹדֶנּוּ חָי׃ 28 וַיֹּאמְרוּ שָׁלוֹם לְעַבְדְּךָ
לְאָבִינוּ עוֹדֶנּוּ חָי וַיִּקְּדוּ וישתחו וַיִּשְׁתַּחֲוּוּ׃
29 וַיִּשָּׂא עֵינָיו וַיַּרְא אֶת־בִּנְיָמִין אָחִיו
בֶּן־אִמּוֹ וַיֹּאמֶר הֲזֶה אֲחִיכֶם הַקָּטֹן אֲשֶׁר
אֲמַרְתֶּם אֵלָי וַיֹּאמַר אֱלֹהִים יָחְנְךָ בְּנִי׃
30 וַיְמַהֵר יוֹסֵף כִּי־נִכְמְרוּ רַחֲמָיו אֶל־אָחִיו
וַיְבַקֵּשׁ לִבְכּוֹת וַיָּבֹא הַחַדְרָה וַיֵּבְךְּ שָׁמָּה׃
31 וַיִּרְחַץ פָּנָיו וַיֵּצֵא וַיִּתְאַפַּק וַיֹּאמֶר שִׂימוּ
לָחֶם׃ 32 וַיָּשִׂימוּ לוֹ לְבַדּוֹ וְלָהֶם לְבַדָּם
וְלַמִּצְרִים הָאֹכְלִים אִתּוֹ לְבַדָּם כִּי לֹא
יוּכְלוּן הַמִּצְרִים לֶאֱכֹל אֶת־הָעִבְרִים
לֶחֶם כִּי־תוֹעֵבָה הִוא לְמִצְרָיִם׃ 33 וַיֵּשְׁבוּ
לְפָנָיו הַבְּכֹר כִּבְכֹרָתוֹ וְהַצָּעִיר כִּצְעִרָתוֹ
וַיִּתְמְהוּ הָאֲנָשִׁים אִישׁ אֶל־רֵעֵהוּ׃
34 וַיִּשָּׂא מַשְׂאֹת מֵאֵת פָּנָיו אֲלֵהֶם וַתֵּרֶב
מַשְׂאַת בִּנְיָמִן מִמַּשְׂאֹת כֻּלָּם חָמֵשׁ יָדוֹת
וַיִּשְׁתּוּ וַיִּשְׁכְּרוּ עִמּוֹ׃ **44** וַיְצַו אֶת־
אֲשֶׁר עַל־בֵּיתוֹ לֵאמֹר מַלֵּא אֶת־אַמְתְּחֹת
הָאֲנָשִׁים אֹכֶל כַּאֲשֶׁר יוּכְלוּן שְׂאֵת וְשִׂים
כֶּסֶף־אִישׁ בְּפִי אַמְתַּחְתּוֹ׃ 2 וְאֶת־גְּבִיעִי
גְּבִיעַ הַכֶּסֶף תָּשִׂים בְּפִי אַמְתַּחַת הַקָּטֹן
וְאֵת כֶּסֶף שִׁבְרוֹ וַיַּעַשׂ כִּדְבַר יוֹסֵף אֲשֶׁר
דִּבֵּר׃ 3 הַבֹּקֶר אוֹר וְהָאֲנָשִׁים שֻׁלְּחוּ הֵמָּה
וַחֲמֹרֵיהֶם׃ 4 הֵם יָצְאוּ אֶת־הָעִיר לֹא
הִרְחִיקוּ וְיוֹסֵף אָמַר לַאֲשֶׁר עַל־בֵּיתוֹ קוּם
רְדֹף אַחֲרֵי הָאֲנָשִׁים וְהִשַּׂגְתָּם וְאָמַרְתָּ

overtake them, say unto them: Wherefore have ye rewarded evil for good? [5] Is not this it in which my lord drinketh, and whereby he indeed divineth? ye have done evil in so doing.' [6] And he overtook them, and he spoke unto them these words. [7] And they said unto him: 'Wherefore speaketh my lord such words as these? Far be it from thy servants that they should do such a thing. [8] Behold, the money, which we found in our sacks' mouths, we brought back unto thee out of the land of Canaan; how then should we steal out of thy lord's house silver or gold? [9] With whomsoever of thy servants it be found, let him die, and we also will be my lord's bondmen.' [10] And he said: 'Now also let it be according unto your words: he with whom it is found shall be my bondman; and ye shall be blameless.' [11] Then they hastened, and took down every man his sack to the ground, and opened every man his sack. [12] And he searched, beginning at the eldest, and leaving off at the youngest; and the goblet was found in Benjamin's sack. [13] Then they rent their clothes, and laded every man his ass, and returned to the city. [14] And Judah and his brethren came to Joseph's house, and he was yet there; and they fell before him on the ground. [15] And Joseph said unto them: 'What deed is this that ye have done? know ye not that such a man as I will indeed divine?' [16] And Judah said: 'What shall we say unto my lord? what shall we speak? or how shall we clear ourselves? God hath found out the iniquity of thy servants; behold, we are my lord's bondmen, both we, and he also in whose hand the cup is found.' [17] And he said: 'Far be it from me that I should do so; the man in whose hand the goblet is found, he shall be my bondman; but as for you, get you up in peace unto your father.'

VA-YIGGASH

[18] Then Judah came near unto him, and said: 'Oh my lord, let thy servant, I pray thee, speak a word in my lord's ears, and let not thine anger burn against thy servant; for thou art even

אֱלֵהֶם לָמָּה שִׁלַּמְתֶּם רָעָה תַּחַת טוֹבָה׃
5 הֲלוֹא זֶה אֲשֶׁר יִשְׁתֶּה אֲדֹנִי בּוֹ וְהוּא
נַחֵשׁ יְנַחֵשׁ בּוֹ הֲרֵעֹתֶם אֲשֶׁר עֲשִׂיתֶם׃
6 וַיַּשִּׂגֵם וַיְדַבֵּר אֲלֵהֶם אֶת־הַדְּבָרִים
הָאֵלֶּה׃ 7 וַיֹּאמְרוּ אֵלָיו לָמָּה יְדַבֵּר אֲדֹנִי
כַּדְּבָרִים הָאֵלֶּה חָלִילָה לַעֲבָדֶיךָ מֵעֲשׂוֹת
כַּדָּבָר הַזֶּה׃ 8 הֵן כֶּסֶף אֲשֶׁר מָצָאנוּ בְּפִי
אַמְתְּחֹתֵינוּ הֱשִׁיבֹנוּ אֵלֶיךָ מֵאֶרֶץ כְּנָעַן
וְאֵיךְ נִגְנֹב מִבֵּית אֲדֹנֶיךָ כֶּסֶף אוֹ זָהָב׃
9 אֲשֶׁר יִמָּצֵא אִתּוֹ מֵעֲבָדֶיךָ וָמֵת וְגַם־
אֲנַחְנוּ נִהְיֶה לַאדֹנִי לַעֲבָדִים׃ 10 וַיֹּאמֶר
גַּם־עַתָּה כְדִבְרֵיכֶם כֶּן־הוּא אֲשֶׁר יִמָּצֵא
אִתּוֹ יִהְיֶה־לִּי עָבֶד וְאַתֶּם תִּהְיוּ נְקִיִּם׃
11 וַיְמַהֲרוּ וַיּוֹרִדוּ אִישׁ אֶת־אַמְתַּחְתּוֹ
אָרְצָה וַיִּפְתְּחוּ אִישׁ אַמְתַּחְתּוֹ׃ 12 וַיְחַפֵּשׂ
בַּגָּדוֹל הֵחֵל וּבַקָּטֹן כִּלָּה וַיִּמָּצֵא הַגָּבִיעַ
בְּאַמְתַּחַת בִּנְיָמִן׃ 13 וַיִּקְרְעוּ שִׂמְלֹתָם
וַיַּעֲמֹס אִישׁ עַל־חֲמֹרוֹ וַיָּשֻׁבוּ הָעִירָה׃
14 וַיָּבֹא יְהוּדָה וְאֶחָיו בֵּיתָה יוֹסֵף וְהוּא
עוֹדֶנּוּ שָׁם וַיִּפְּלוּ לְפָנָיו אָרְצָה׃ 15 וַיֹּאמֶר
לָהֶם יוֹסֵף מָה־הַמַּעֲשֶׂה הַזֶּה אֲשֶׁר
עֲשִׂיתֶם הֲלוֹא יְדַעְתֶּם כִּי־נַחֵשׁ יְנַחֵשׁ
אִישׁ אֲשֶׁר כָּמֹנִי׃ 16 וַיֹּאמֶר יְהוּדָה מַה־
נֹּאמַר לַאדֹנִי מַה־נְּדַבֵּר וּמַה־נִּצְטַדָּק
הָאֱלֹהִים מָצָא אֶת־עֲוֺן עֲבָדֶיךָ הִנֶּנּוּ
עֲבָדִים לַאדֹנִי גַּם־אֲנַחְנוּ גַּם אֲשֶׁר־נִמְצָא
הַגָּבִיעַ בְּיָדוֹ׃ 17 וַיֹּאמֶר חָלִילָה לִּי מֵעֲשׂוֹת
זֹאת הָאִישׁ אֲשֶׁר נִמְצָא הַגָּבִיעַ בְּיָדוֹ הוּא
יִהְיֶה־לִּי עָבֶד וְאַתֶּם עֲלוּ לְשָׁלוֹם אֶל־
אֲבִיכֶם׃ פ

ויגש

18 וַיִּגַּשׁ אֵלָיו יְהוּדָה וַיֹּאמֶר בִּי אֲדֹנִי
יְדַבֶּר־נָא עַבְדְּךָ דָבָר בְּאָזְנֵי אֲדֹנִי וְאַל־יִחַר

as Pharaoh. [19] My lord asked his servants, saying: Have ye a father, or a brother? [20] And we said unto my lord: We have a father, an old man, and a child of his old age, a little one; and his brother is dead, and he alone is left of his mother, and his father loveth him. [21] And thou saidst unto thy servants: Bring him down unto me, that I may set mine eyes upon him. [22] And we said unto my lord: The lad cannot leave his father; for if he should leave his father, his father would die. [23] And thou saidst unto thy servants: Except your youngest brother come down with you, ye shall see my face no more. [24] And it came to pass when we came up unto thy servant my father, we told him the words of my lord. [25] And our father said: Go again, buy us a little food. [26] And we said: We cannot go down; if our youngest brother be with us, then will we go down; for we may not see the man's face, except our youngest brother be with us. [27] And thy servant my father said unto us: Ye know that my wife bore me two sons; [28] and the one went out from me, and I said: Surely he is torn in pieces; and I have not seen him since; [29] and if ye take this one also from me, and harm befall him, ye will bring down my gray hairs with sorrow to the grave. [30] Now therefore when I come to thy servant my father, and the lad is not with us; seeing that his soul is bound up with the lad's soul; [31] it will come to pass, when he seeth that the lad is not with us, that he will die; and thy servants will bring down the gray hairs of thy servant our father with sorrow to the grave. [32] For thy servant became surety for the lad unto my father, saying: If I bring him not unto thee, then shall I bear the blame to my father for ever. [33] Now therefore, let thy servant, I pray thee, abide instead of the lad a bondman to my lord; and let the lad go up with his brethren. [34] For how shall I go up to my father, if the lad be not with me? lest I look upon the evil that shall come on my father.'

45 Then Joseph could not refrain himself before all them that stood by him; and he cried: 'Cause every man to go out from me.'

אַפֶּךָ בְּעַבְדֶּךָ כִּי כָמוֹךָ כְּפַרְעֹה: 19 אֲדֹנִי
שָׁאַל אֶת־עֲבָדָיו לֵאמֹר הֲיֵשׁ־לָכֶם אָב
אוֹ־אָח: 20 וַנֹּאמֶר אֶל־אֲדֹנִי יֶשׁ־לָנוּ אָב
זָקֵן וְיֶלֶד זְקֻנִים קָטָן וְאָחִיו מֵת וַיִּוָּתֵר
הוּא לְבַדּוֹ לְאִמּוֹ וְאָבִיו אֲהֵבוֹ: 21 וַתֹּאמֶר
אֶל־עֲבָדֶיךָ הוֹרִדֻהוּ אֵלָי וְאָשִׂימָה עֵינִי
עָלָיו: 22 וַנֹּאמֶר אֶל־אֲדֹנִי לֹא־יוּכַל הַנַּעַר
לַעֲזֹב אֶת־אָבִיו וְעָזַב אֶת־אָבִיו וָמֵת:
23 וַתֹּאמֶר אֶל־עֲבָדֶיךָ אִם־לֹא יֵרֵד אֲחִיכֶם
הַקָּטֹן אִתְּכֶם לֹא תֹסִפוּן לִרְאוֹת פָּנָי:
24 וַיְהִי כִּי עָלִינוּ אֶל־עַבְדְּךָ אָבִי וַנַּגֶּד־לוֹ
אֵת דִּבְרֵי אֲדֹנִי: 25 וַיֹּאמֶר אָבִינוּ שֻׁבוּ
שִׁבְרוּ־לָנוּ מְעַט־אֹכֶל: 26 וַנֹּאמֶר לֹא נוּכַל
לָרֶדֶת אִם־יֵשׁ אָחִינוּ הַקָּטֹן אִתָּנוּ וְיָרַדְנוּ
כִּי־לֹא נוּכַל לִרְאוֹת פְּנֵי הָאִישׁ וְאָחִינוּ
הַקָּטֹן אֵינֶנּוּ אִתָּנוּ: 27 וַיֹּאמֶר עַבְדְּךָ אָבִי
אֵלֵינוּ אַתֶּם יְדַעְתֶּם כִּי שְׁנַיִם יָלְדָה־לִּי
אִשְׁתִּי: 28 וַיֵּצֵא הָאֶחָד מֵאִתִּי וָאֹמַר אַךְ
טָרֹף טֹרָף וְלֹא רְאִיתִיו עַד־הֵנָּה:
29 וּלְקַחְתֶּם גַּם־אֶת־זֶה מֵעִם פָּנַי וְקָרָהוּ
אָסוֹן וְהוֹרַדְתֶּם אֶת־שֵׂיבָתִי בְּרָעָה
שְׁאֹלָה: 30 וְעַתָּה כְּבֹאִי אֶל־עַבְדְּךָ אָבִי
וְהַנַּעַר אֵינֶנּוּ אִתָּנוּ וְנַפְשׁוֹ קְשׁוּרָה בְנַפְשׁוֹ:
31 וְהָיָה כִּרְאוֹתוֹ כִּי־אֵין הַנַּעַר וָמֵת
וְהוֹרִידוּ עֲבָדֶיךָ אֶת־שֵׂיבַת עַבְדְּךָ אָבִינוּ
בְּיָגוֹן שְׁאֹלָה: 32 כִּי עַבְדְּךָ עָרַב אֶת־הַנַּעַר
מֵעִם אָבִי לֵאמֹר אִם־לֹא אֲבִיאֶנּוּ אֵלֶיךָ
וְחָטָאתִי לְאָבִי כָּל־הַיָּמִים: 33 וְעַתָּה
יֵשֶׁב־נָא עַבְדְּךָ תַּחַת הַנַּעַר עֶבֶד לַאדֹנִי
וְהַנַּעַר יַעַל עִם־אֶחָיו: 34 כִּי־אֵיךְ אֶעֱלֶה
אֶל־אָבִי וְהַנַּעַר אֵינֶנּוּ אִתִּי פֶּן אֶרְאֶה בָרָע
אֲשֶׁר יִמְצָא אֶת־אָבִי: **45** וְלֹא־יָכֹל
יוֹסֵף לְהִתְאַפֵּק לְכֹל הַנִּצָּבִים עָלָיו וַיִּקְרָא

And there stood no man with him, while Joseph made himself known unto his brethren. [2] And he wept aloud; and the Egyptians heard, and the house of Pharaoh heard. [3] And Joseph said unto his brethren: 'I am Joseph; doth my father yet live?' And his brethren could not answer him; for they were affrighted at his presence. [4] And Joseph said unto his brethren: 'Come near to me, I pray you.' And they came near. And he said: 'I am Joseph your brother, whom ye sold into Egypt. [5] And now be not grieved, nor angry with yourselves, that ye sold me hither; for God did send me before you to preserve life. [6] For these two years hath the famine been in the land; and there are yet five years, in which there shall be neither plowing nor harvest. [7] And God sent me before you to give you a remnant on the earth, and to save you alive for a great deliverance. [8] So now it was not you that sent me hither, but God: and He hath made me a father to Pharaoh, and lord of all his house, and ruler over all the land of Egypt. [9] Hasten ye, and go up to my father, and say unto him: Thus saith thy son Joseph: God hath made me lord of all Egypt; come down unto me, tarry not. [10] And thou shalt dwell in the land of Goshen, and thou shalt be near unto me, thou, and thy children, and thy children's children, and thy flocks, and thy herds, and all that thou hast; [11] and there will I sustain thee; for there are yet five years of famine; lest thou come to poverty, thou, and thy household, and all that thou hast. [12] And, behold, your eyes see, and the eyes of my brother Benjamin, that it is my mouth that speaketh unto you. [13] And ye shall tell my father of all my glory in Egypt, and of all that ye have seen; and ye shall hasten and bring down my father hither.' [14] And he fell upon his brother Benjamin's neck, and wept; and Benjamin wept upon his neck. [15] And he kissed all his brethren, and wept upon them; and after that his brethren talked with him.

הוֹצִיאוּ כָל־אִישׁ מֵעָלָי וְלֹא־עָמַד אִישׁ
אִתּוֹ בְּהִתְוַדַּע יוֹסֵף אֶל־אֶחָיו׃ 2 וַיִּתֵּן
אֶת־קֹלוֹ בִּבְכִי וַיִּשְׁמְעוּ מִצְרַיִם וַיִּשְׁמַע
בֵּית פַּרְעֹה׃ 3 וַיֹּאמֶר יוֹסֵף אֶל־אֶחָיו אֲנִי
יוֹסֵף הַעוֹד אָבִי חָי וְלֹא־יָכְלוּ אֶחָיו
לַעֲנוֹת אֹתוֹ כִּי נִבְהֲלוּ מִפָּנָיו׃ 4 וַיֹּאמֶר
יוֹסֵף אֶל־אֶחָיו גְּשׁוּ־נָא אֵלַי וַיִּגָּשׁוּ וַיֹּאמֶר
אֲנִי יוֹסֵף אֲחִיכֶם אֲשֶׁר־מְכַרְתֶּם אֹתִי
מִצְרָיְמָה׃ 5 וְעַתָּה ׀ אַל־תֵּעָצְבוּ וְאַל־יִחַר
בְּעֵינֵיכֶם כִּי־מְכַרְתֶּם אֹתִי הֵנָּה כִּי לְמִחְיָה
שְׁלָחַנִי אֱלֹהִים לִפְנֵיכֶם׃ 6 כִּי־זֶה שְׁנָתַיִם
הָרָעָב בְּקֶרֶב הָאָרֶץ וְעוֹד חָמֵשׁ שָׁנִים
אֲשֶׁר אֵין־חָרִישׁ וְקָצִיר׃ 7 וַיִּשְׁלָחֵנִי
אֱלֹהִים לִפְנֵיכֶם לָשׂוּם לָכֶם שְׁאֵרִית
בָּאָרֶץ וּלְהַחֲיוֹת לָכֶם לִפְלֵיטָה גְּדֹלָה׃
8 וְעַתָּה לֹא־אַתֶּם שְׁלַחְתֶּם אֹתִי הֵנָּה כִּי
הָאֱלֹהִים וַיְשִׂימֵנִי לְאָב לְפַרְעֹה וּלְאָדוֹן
לְכָל־בֵּיתוֹ וּמֹשֵׁל בְּכָל־אֶרֶץ מִצְרָיִם׃
9 מַהֲרוּ וַעֲלוּ אֶל־אָבִי וַאֲמַרְתֶּם אֵלָיו כֹּה
אָמַר בִּנְךָ יוֹסֵף שָׂמַנִי אֱלֹהִים לְאָדוֹן
לְכָל־מִצְרָיִם רְדָה אֵלַי אַל־תַּעֲמֹד׃
10 וְיָשַׁבְתָּ בְאֶרֶץ־גֹּשֶׁן וְהָיִיתָ קָרוֹב אֵלַי
אַתָּה וּבָנֶיךָ וּבְנֵי בָנֶיךָ וְצֹאנְךָ וּבְקָרְךָ
וְכָל־אֲשֶׁר־לָךְ׃ 11 וְכִלְכַּלְתִּי אֹתְךָ שָׁם כִּי־
עוֹד חָמֵשׁ שָׁנִים רָעָב פֶּן־תִּוָּרֵשׁ אַתָּה
וּבֵיתְךָ וְכָל־אֲשֶׁר־לָךְ׃ 12 וְהִנֵּה עֵינֵיכֶם
רֹאוֹת וְעֵינֵי אָחִי בִנְיָמִין כִּי־פִי הַמְדַבֵּר
אֲלֵיכֶם׃ 13 וְהִגַּדְתֶּם לְאָבִי אֶת־כָּל־כְּבוֹדִי
בְּמִצְרַיִם וְאֵת כָּל־אֲשֶׁר רְאִיתֶם וּמִהַרְתֶּם
וְהוֹרַדְתֶּם אֶת־אָבִי הֵנָּה׃ 14 וַיִּפֹּל עַל־
צַוְּארֵי בִנְיָמִן־אָחִיו וַיֵּבְךְּ וּבִנְיָמִן בָּכָה
עַל־צַוָּארָיו׃ 15 וַיְנַשֵּׁק לְכָל־אֶחָיו וַיֵּבְךְּ
עֲלֵיהֶם וְאַחֲרֵי כֵן דִּבְּרוּ אֶחָיו אִתּוֹ׃

[16] And the report thereof was heard in Pharaoh's house, saying. 'Joseph's brethren are come'; and it pleased Pharaoh well, and his servants. [17] And Pharaoh said unto Joseph: 'Say unto thy brethren: This do ye: lade your beasts, and go, get you unto the land of Canaan; [18] and take your father and your households, and come unto me; and I will give you the good of the land of Egypt, and ye shall eat the fat of the land. [19] Now thou art commanded, this do ye: take you wagons out of the land of Egypt for your little ones, and for your wives, and bring your father, and come. [20] Also regard not your stuff; for the good things of all the land of Egypt are yours.' [21] And the sons of Israel did so; and Joseph gave them wagons, according to the commandment of Pharaoh, and gave them provision for the way. [22] To all of them he gave each man changes of raiment; but to Benjamin he gave three hundred shekels of silver, and five changes of raiment. [23] And to his father he sent in like manner ten asses laden with the good things of Egypt, and ten she-asses laden with corn and bread and victual for his father by the way. [24] So he sent his brethren away, and they departed; and he said unto them: 'See that ye fall not out by the way.' [25] And they went up out of Egypt, and came into the land of Canaan unto Jacob their father. [25] And they told him, saying: 'Joseph is yet alive, and he is ruler over all the land of Egypt.' And his heart fainted, for he believed them not. [27] And they told him all the words of Joseph, which he had said unto them; and when he saw the wagons which Joseph had sent to carry him, the spirit of Jacob their father revived. [28] And Israel said: 'It is enough; Joseph my son is yet alive; I will go and see him before I die.'

46 And Israel took his journey with all that he had, and came to Beer-sheba, and offered sacrifices unto the God of his father Isaac. [2] And God spoke unto Israel in the visions of the night, and said: 'Jacob, Jacob.' And he said:

16 וְהַקֹּל נִשְׁמַע בֵּית פַּרְעֹה לֵאמֹר בָּאוּ
אֲחֵי יוֹסֵף וַיִּיטַב בְּעֵינֵי פַרְעֹה וּבְעֵינֵי
עֲבָדָיו׃ 17 וַיֹּאמֶר פַּרְעֹה אֶל־יוֹסֵף אֱמֹר
אֶל־אַחֶיךָ זֹאת עֲשׂוּ טַעֲנוּ אֶת־בְּעִירְכֶם
וּלְכוּ־בֹאוּ אַרְצָה כְּנָעַן׃ 18 וּקְחוּ אֶת־
אֲבִיכֶם וְאֶת־בָּתֵּיכֶם וּבֹאוּ אֵלָי וְאֶתְּנָה
לָכֶם אֶת־טוּב אֶרֶץ מִצְרַיִם וְאִכְלוּ אֶת־
חֵלֶב הָאָרֶץ׃ 19 וְאַתָּה צֻוֵּיתָה זֹאת עֲשׂוּ
קְחוּ־לָכֶם מֵאֶרֶץ מִצְרַיִם עֲגָלוֹת לְטַפְּכֶם
וְלִנְשֵׁיכֶם וּנְשָׂאתֶם אֶת־אֲבִיכֶם וּבָאתֶם׃
20 וְעֵינְכֶם אַל־תָּחֹס עַל־כְּלֵיכֶם כִּי־טוּב
כָּל־אֶרֶץ מִצְרַיִם לָכֶם הוּא׃ 21 וַיַּעֲשׂוּ־כֵן
בְּנֵי יִשְׂרָאֵל וַיִּתֵּן לָהֶם יוֹסֵף עֲגָלוֹת עַל־פִּי
פַרְעֹה וַיִּתֵּן לָהֶם צֵדָה לַדָּרֶךְ׃ 22 לְכֻלָּם
נָתַן לָאִישׁ חֲלִפוֹת שְׂמָלֹת וּלְבִנְיָמִן נָתַן
שְׁלֹשׁ מֵאוֹת כֶּסֶף וְחָמֵשׁ חֲלִפֹת שְׂמָלֹת׃
23 וּלְאָבִיו שָׁלַח כְּזֹאת עֲשָׂרָה חֲמֹרִים
נֹשְׂאִים מִטּוּב מִצְרָיִם וְעֶשֶׂר אֲתֹנֹת נֹשְׂאֹת
בָּר וָלֶחֶם וּמָזוֹן לְאָבִיו לַדָּרֶךְ׃ 24 וַיְשַׁלַּח
אֶת־אֶחָיו וַיֵּלֵכוּ וַיֹּאמֶר אֲלֵהֶם אַל־תִּרְגְּזוּ
בַּדָּרֶךְ׃ 25 וַיַּעֲלוּ מִמִּצְרָיִם וַיָּבֹאוּ אֶרֶץ כְּנַעַן
אֶל־יַעֲקֹב אֲבִיהֶם׃ 26 וַיַּגִּדוּ לוֹ לֵאמֹר עוֹד
יוֹסֵף חַי וְכִי־הוּא מֹשֵׁל בְּכָל־אֶרֶץ מִצְרָיִם
וַיָּפָג לִבּוֹ כִּי לֹא־הֶאֱמִין לָהֶם׃ 27 וַיְדַבְּרוּ
אֵלָיו אֵת כָּל־דִּבְרֵי יוֹסֵף אֲשֶׁר דִּבֶּר אֲלֵהֶם
וַיַּרְא אֶת־הָעֲגָלוֹת אֲשֶׁר־שָׁלַח יוֹסֵף
לָשֵׂאת אֹתוֹ וַתְּחִי רוּחַ יַעֲקֹב אֲבִיהֶם׃
28 וַיֹּאמֶר יִשְׂרָאֵל רַב עוֹד־יוֹסֵף בְּנִי חָי
אֵלְכָה וְאֶרְאֶנּוּ בְּטֶרֶם אָמוּת׃ **46** וַיִּסַּע
יִשְׂרָאֵל וְכָל־אֲשֶׁר־לוֹ וַיָּבֹא בְּאֵרָה שָּׁבַע
וַיִּזְבַּח זְבָחִים לֵאלֹהֵי אָבִיו יִצְחָק׃
2 וַיֹּאמֶר אֱלֹהִים ׀ לְיִשְׂרָאֵל בְּמַרְאֹת
הַלַּיְלָה וַיֹּאמֶר יַעֲקֹב ׀ יַעֲקֹב וַיֹּאמֶר הִנֵּנִי׃

'Here am I.' [3] And He said: 'I am God, the God of thy father; fear not to go down into Egypt; for I will there make of thee a great nation. [4] I will go down with thee into Egypt; and I will also surely bring thee up again; and Joseph shall put his hand upon thine eyes.' [5] And Jacob rose up from Beer-sheba; and the sons of Israel carried Jacob their father, and their little ones, and their wives, in the wagons which Pharaoh had sent to carry him. [6] And they took their cattle, and their goods, which they had gotten in the land of Canaan, and came into Egypt, Jacob, and all his seed with him; [7] his sons, and his sons' sons with him, his daughters, and his sons' daughters, and all his seed brought he with him into Egypt.

[8] And these are the names of the children of Israel, who came into Egypt, Jacob and his sons: Reuben, Jacob's first-born. [9] And the sons of Reuben: Hanoch, and Pallu, and Hezron, and Carmi. [10] And the sons of Simeon: Jemuel, and Jamin, and Ohad, and Jachin, and Zohar, and Shaul the son of a Canaanitish woman. [11] And the sons of Levi: Gershon, Kohath, and Merari. [12] And the sons of Judah: Er, and Onan, and Shelah, and Perez, and Zerah; but Er and Onan died in the land of Canaan. And the sons of Perez were Hezron and Hamul. [13] And the sons of Issachar: Tola, and Puvah, and Iob, and Shimron. [14] And the sons of Zebulun: Sered, and Elon, and Jahleel. [15] These are the sons of Leah, whom she bore unto Jacob in Paddan-aram, with his daughter Dinah; all the souls of his sons and his daughters were thirty and three. [16] And the sons of Gad: Ziphion, and Haggi, Shuni, and Ez-bon, Eri, and Arodi, and Areli. [17] And the sons of Asher: Imnah, and Ishvah, and Ishvi, and Beriah, and Serah their sister; and the sons of Beriah: Heber, and Malchiel. [18] These are the sons of Zilpah, whom Laban gave to Leah his daughter, and these she bore unto Jacob, even sixteen souls. [19] The sons of Rachel Jacob's wife: Joseph and Benjamin. [20] And unto Joseph in the land of Egypt were born Ma-nasseh and Ephraim, whom Asenath the daughter of Poti-

3 וַיֹּאמֶר אָנֹכִי הָאֵל אֱלֹהֵי אָבִיךָ אַל־תִּירָא
מֵרְדָה מִצְרַיְמָה כִּי־לְגוֹי גָּדוֹל אֲשִׂימְךָ
שָׁם׃ 4 אָנֹכִי אֵרֵד עִמְּךָ מִצְרַיְמָה וְאָנֹכִי
אַעַלְךָ גַם־עָלֹה וְיוֹסֵף יָשִׁית יָדוֹ עַל־
עֵינֶיךָ׃ 5 וַיָּקָם יַעֲקֹב מִבְּאֵר שָׁבַע וַיִּשְׂאוּ
בְנֵי־יִשְׂרָאֵל אֶת־יַעֲקֹב אֲבִיהֶם וְאֶת־טַפָּם
וְאֶת־נְשֵׁיהֶם בָּעֲגָלוֹת אֲשֶׁר־שָׁלַח פַּרְעֹה
לָשֵׂאת אֹתוֹ׃ 6 וַיִּקְחוּ אֶת־מִקְנֵיהֶם וְאֶת־
רְכוּשָׁם אֲשֶׁר רָכְשׁוּ בְּאֶרֶץ כְּנַעַן וַיָּבֹאוּ
מִצְרָיְמָה יַעֲקֹב וְכָל־זַרְעוֹ אִתּוֹ׃ 7 בָּנָיו
וּבְנֵי בָנָיו אִתּוֹ בְּנֹתָיו וּבְנוֹת בָּנָיו וְכָל־זַרְעוֹ
הֵבִיא אִתּוֹ מִצְרָיְמָה׃ ס 8 וְאֵלֶּה
שְׁמוֹת בְּנֵי־יִשְׂרָאֵל הַבָּאִים מִצְרַיְמָה
יַעֲקֹב וּבָנָיו בְּכֹר יַעֲקֹב רְאוּבֵן׃ 9 וּבְנֵי
רְאוּבֵן חֲנוֹךְ וּפַלּוּא וְחֶצְרֹן וְכַרְמִי׃ 10 וּבְנֵי
שִׁמְעוֹן יְמוּאֵל וְיָמִין וְאֹהַד וְיָכִין וְצֹחַר
וְשָׁאוּל בֶּן־הַכְּנַעֲנִית׃ 11 וּבְנֵי לֵוִי גֵּרְשׁוֹן
קְהָת וּמְרָרִי׃ 12 וּבְנֵי יְהוּדָה עֵר וְאוֹנָן
וְשֵׁלָה וָפֶרֶץ וָזָרַח וַיָּמָת עֵר וְאוֹנָן בְּאֶרֶץ
כְּנַעַן וַיִּהְיוּ בְנֵי־פֶרֶץ חֶצְרֹן וְחָמוּל׃
13 וּבְנֵי יִשָּׂשכָר תּוֹלָע וּפֻוָּה וְיוֹב וְשִׁמְרֹן׃
14 וּבְנֵי זְבֻלוּן סֶרֶד וְאֵלוֹן וְיַחְלְאֵל׃ 15 אֵלֶּה ׀
בְּנֵי לֵאָה אֲשֶׁר יָלְדָה לְיַעֲקֹב בְּפַדַּן אֲרָם
וְאֵת דִּינָה בִתּוֹ כָּל־נֶפֶשׁ בָּנָיו וּבְנוֹתָיו
שְׁלֹשִׁים וְשָׁלֹשׁ׃ 16 וּבְנֵי גָד צִפְיוֹן וְחַגִּי
שׁוּנִי וְאֶצְבֹּן עֵרִי וַאֲרוֹדִי וְאַרְאֵלִי׃ 17 וּבְנֵי
אָשֵׁר יִמְנָה וְיִשְׁוָה וְיִשְׁוִי וּבְרִיעָה וְשֶׂרַח
אֲחֹתָם וּבְנֵי בְרִיעָה חֶבֶר וּמַלְכִּיאֵל׃
18 אֵלֶּה בְּנֵי זִלְפָּה אֲשֶׁר־נָתַן לָבָן לְלֵאָה
בִתּוֹ וַתֵּלֶד אֶת־אֵלֶּה לְיַעֲקֹב שֵׁשׁ עֶשְׂרֵה
נָפֶשׁ׃ 19 בְּנֵי רָחֵל אֵשֶׁת יַעֲקֹב יוֹסֵף
וּבִנְיָמִן׃ 20 וַיִּוָּלֵד לְיוֹסֵף בְּאֶרֶץ מִצְרַיִם
אֲשֶׁר יָלְדָה־לּוֹ אָסְנַת בַּת־פּוֹטִי פֶרַע כֹּהֵן

phera priest of On bore unto him. [21] And the sons of Benjamin: Bela, and Becher, and Ashbel, Gera, and Naaman, Ehi, and Rosh, Muppim, and Huppim, and Ard. [22] These are the sons of Rachel, who were born to Jacob; all the souls were fourteen. [23] And the sons of Dan: Hushim. [24] And the sons of Naphtali: Jahzeel, and Guni, and Jezer, and Shillem. [25] These are the sons of Bilhah, whom Laban gave unto Rachel his daughter, and these she bore unto Jacob; all the souls were seven. [26] All the souls belonging to Jacob that came into Egypt, that came out of his loins, besides Jacob's sons' wives, all the souls were threescore and six. [27] And the sons of Joseph, who were born to him in Egypt, were two souls; all the souls of the house of Jacob, that came into Egypt, were threescore and ten.

[28] And he sent Judah before him unto Joseph, to show the way before him unto Goshen; and they came into the land of Goshen. [29] And Joseph made ready his chariot, and went up to meet Israel his father, to Goshen; and he presented himself unto him, and fell on his neck, and wept on his neck a good while. [30] And Israel said unto Joseph: 'Now let me die, since I have seen thy face, that thou art yet alive.' [31] And Joseph said unto his brethren, and unto his father's house: 'I will go up, and tell Pharaoh, and will say unto him: My brethren, and my father's house, who were in the land of Canaan, are come unto me; [32] and the men are shepherds, for they have been keepers of cattle; and they have brought their flocks, and their herds, and all that they have. [33] And it shall come to pass, when Pharaoh shall call you, and shall say: What is your occupation? [34] that ye shall say: Thy servants have been keepers of cattle from our youth even until now, both we, and our fathers; that ye may dwell in the land of Goshen; for every shepherd is an abomination unto the Egyptians.'

47 Then Joseph went in and told Pharaoh, and said: 'My father and my brethren, and their flocks, and their herds, and all that they have, are come out of the land of Canaan; and, behold, they are in the land of Goshen.'

אֹ֔ן אֶת־מְנַשֶּׁ֖ה וְאֶת־אֶפְרָֽיִם׃ 21 וּבְנֵ֣י בִנְיָמִ֗ן
בֶּ֤לַע וָבֶ֙כֶר֙ וְאַשְׁבֵּ֔ל גֵּרָ֖א וְנַעֲמָ֑ן אֵחִ֣י וָרֹ֔אשׁ
מֻפִּ֥ים וְחֻפִּ֖ים וָאָֽרְדְּ׃ 22 אֵ֚לֶּה בְּנֵ֣י רָחֵ֔ל
אֲשֶׁ֥ר יֻלַּ֖ד לְיַעֲקֹ֑ב כָּל־נֶ֖פֶשׁ אַרְבָּעָ֥ה עָשָֽׂר׃
23 וּבְנֵי־דָ֖ן חֻשִֽׁים׃ 24 וּבְנֵ֖י נַפְתָּלִ֑י יַחְצְאֵ֥ל
וְגוּנִ֖י וְיֵ֥צֶר וְשִׁלֵּֽם׃ 25 אֵ֣לֶּה בְּנֵ֣י בִלְהָ֗ה
אֲשֶׁר־נָתַ֥ן לָבָ֖ן לְרָחֵ֣ל בִּתּ֑וֹ וַתֵּ֧לֶד אֶת־אֵ֛לֶּה
לְיַעֲקֹ֖ב כָּל־נֶ֥פֶשׁ שִׁבְעָֽה׃ 26 כָּל־הַנֶּ֜פֶשׁ
הַבָּאָ֧ה לְיַעֲקֹ֣ב מִצְרַ֗יְמָה יֹצְאֵ֣י יְרֵכ֔וֹ מִלְּבַ֖ד
נְשֵׁ֣י בְנֵֽי־יַעֲקֹ֑ב כָּל־נֶ֖פֶשׁ שִׁשִּׁ֥ים וָשֵֽׁשׁ׃
27 וּבְנֵ֥י יוֹסֵ֛ף אֲשֶׁר־יֻלַּד־ל֥וֹ בְמִצְרַ֖יִם נֶ֣פֶשׁ
שְׁנָ֑יִם כָּל־הַנֶּ֧פֶשׁ לְבֵית־יַעֲקֹ֛ב הַבָּ֥אָה
מִצְרַ֖יְמָה שִׁבְעִֽים׃ פ
28 וְאֶת־יְהוּדָ֞ה שָׁלַ֤ח לְפָנָיו֙ אֶל־יוֹסֵ֔ף
לְהוֹרֹ֥ת לְפָנָ֖יו גֹּ֑שְׁנָה וַיָּבֹ֖אוּ אַ֥רְצָה גֹּֽשֶׁן׃
29 וַיֶּאְסֹ֤ר יוֹסֵף֙ מֶרְכַּבְתּ֔וֹ וַיַּ֛עַל לִקְרַאת־
יִשְׂרָאֵ֥ל אָבִ֖יו גֹּ֑שְׁנָה וַיֵּרָ֣א אֵלָ֗יו וַיִּפֹּל֙
עַל־צַוָּארָ֔יו וַיֵּ֥בְךְּ עַל־צַוָּארָ֖יו עֽוֹד׃
30 וַיֹּ֧אמֶר יִשְׂרָאֵ֛ל אֶל־יוֹסֵ֖ף אָמ֣וּתָה הַפָּ֑עַם
אַחֲרֵי֙ רְאוֹתִ֣י אֶת־פָּנֶ֔יךָ כִּ֥י עוֹדְךָ֖ חָֽי׃
31 וַיֹּ֨אמֶר יוֹסֵ֤ף אֶל־אֶחָיו֙ וְאֶל־בֵּ֣ית אָבִ֔יו
אֶעֱלֶ֖ה וְאַגִּ֣ידָה לְפַרְעֹ֑ה וְאֹמְרָ֣ה אֵלָ֔יו אַחַ֛י
וּבֵית־אָבִ֛י אֲשֶׁ֥ר בְּאֶֽרֶץ־כְּנַ֖עַן בָּ֥אוּ אֵלָֽי׃
32 וְהָֽאֲנָשִׁים֙ רֹ֣עֵי צֹ֔אן כִּֽי־אַנְשֵׁ֥י מִקְנֶ֖ה הָי֑וּ
וְצֹאנָ֧ם וּבְקָרָ֛ם וְכָל־אֲשֶׁ֥ר לָהֶ֖ם הֵבִֽיאוּ׃
33 וְהָיָ֕ה כִּֽי־יִקְרָ֥א לָכֶ֖ם פַּרְעֹ֑ה וְאָמַ֖ר מַה־
מַּעֲשֵׂיכֶֽם׃ 34 וַאֲמַרְתֶּ֗ם אַנְשֵׁ֨י מִקְנֶ֜ה הָי֤וּ
עֲבָדֶ֙יךָ֙ מִנְּעוּרֵ֣ינוּ וְעַד־עַ֔תָּה גַּם־אֲנַ֖חְנוּ
גַּם־אֲבֹתֵ֑ינוּ בַּעֲב֗וּר תֵּשְׁבוּ֙ בְּאֶ֣רֶץ גֹּ֔שֶׁן
כִּי־תוֹעֲבַ֥ת מִצְרַ֖יִם כָּל־רֹ֥עֵה צֹֽאן׃
47 וַיָּבֹ֣א יוֹסֵף֮ וַיַּגֵּ֣ד לְפַרְעֹה֒ וַיֹּ֗אמֶר
אָבִ֨י וְאַחַ֜י וְצֹאנָ֤ם וּבְקָרָם֙ וְכָל־אֲשֶׁ֣ר לָהֶ֔ם
בָּ֖אוּ מֵאֶ֣רֶץ כְּנָ֑עַן וְהִנָּ֖ם בְּאֶ֥רֶץ גֹּֽשֶׁן׃

[2] And from among his brethren he took five men, and presented them unto Pharaoh. [3] And Pharaoh said unto his brethren: 'What is your occupation?' And they said unto Pharaoh: 'Thy servants are shepherds, both we, and our fathers.' [4] And they said unto Pharaoh: 'To sojourn in the land are we come; for there is no pasture for thy servants' flocks; for the famine is sore in the land of Canaan. Now therefore, we pray thee, let thy servants dwell in the land of Goshen.' [5] And Pharaoh spoke unto Joseph, saying: 'Thy father and thy brethren are come unto thee; [6] the land of Egypt is before thee; in the best of the land make thy father and thy brethren to dwell; in the land of Goshen let them dwell. And if thou knowest any able men among them, then make them rulers over my cattle.' [7] And Joseph brought in Jacob his father, and set him before Pharaoh. And Jacob blessed Pharaoh. [8] And Pharaoh said unto Jacob: 'How many are the days of the years of thy life?' [9] And Jacob said unto Pharaoh: 'The days of the years of my sojournings are a hundred and thirty years; few and evil have been the days of the years of my life, and they have not attained unto the days of the years of the life of my fathers in the days of their sojournings.' [10] And Jacob blessed Pharaoh, and went out from the presence of Pharaoh. [11] And Joseph placed his father and his brethren, and gave them a possession in the land of Egypt, in the best of the land, in the land of Rameses, as Pharaoh had commanded. [12] And Joseph sustained his father, and his brethren, and all his father's household, with bread, according to the want of their little ones.

[13] And there was no bread in all the land; for the famine was very sore, so that the land of Egypt and the land of Canaan languished by reason of the famine. [14] And Joseph gathered up all the money that was found in the land of Egypt, and in the land of Canaan, for the corn which they bought; and Joseph brought the money into Pharaoh's house. [15] And when the money was all spent in the land of Egypt, and in the land of Canaan, all the Egyptians came unto Joseph, and said: 'Give us bread; for why should

2 וּמִקְצֵה אֶחָיו לָקַח חֲמִשָּׁה אֲנָשִׁים
וַיַּצִּגֵם לִפְנֵי פַרְעֹה׃ 3 וַיֹּאמֶר פַּרְעֹה אֶל־
אֶחָיו מַה־מַּעֲשֵׂיכֶם וַיֹּאמְרוּ אֶל־פַּרְעֹה
רֹעֵה צֹאן עֲבָדֶיךָ גַּם־אֲנַחְנוּ גַּם־אֲבוֹתֵינוּ׃
4 וַיֹּאמְרוּ אֶל־פַּרְעֹה לָגוּר בָּאָרֶץ בָּאנוּ
כִּי־אֵין מִרְעֶה לַצֹּאן אֲשֶׁר לַעֲבָדֶיךָ כִּי־
כָבֵד הָרָעָב בְּאֶרֶץ כְּנָעַן וְעַתָּה יֵשְׁבוּ־נָא
עֲבָדֶיךָ בְּאֶרֶץ גֹּשֶׁן׃ 5 וַיֹּאמֶר פַּרְעֹה אֶל־
יוֹסֵף לֵאמֹר אָבִיךָ וְאַחֶיךָ בָּאוּ אֵלֶיךָ׃
6 אֶרֶץ מִצְרַיִם לְפָנֶיךָ הִוא בְּמֵיטַב הָאָרֶץ
הוֹשֵׁב אֶת־אָבִיךָ וְאֶת־אַחֶיךָ יֵשְׁבוּ בְּאֶרֶץ
גֹּשֶׁן וְאִם־יָדַעְתָּ וְיֶשׁ־בָּם אַנְשֵׁי־חַיִל
וְשַׂמְתָּם שָׂרֵי מִקְנֶה עַל־אֲשֶׁר־לִי׃ 7 וַיָּבֵא
יוֹסֵף אֶת־יַעֲקֹב אָבִיו וַיַּעֲמִדֵהוּ לִפְנֵי
פַרְעֹה וַיְבָרֶךְ יַעֲקֹב אֶת־פַּרְעֹה׃ 8 וַיֹּאמֶר
פַּרְעֹה אֶל־יַעֲקֹב כַּמָּה יְמֵי שְׁנֵי חַיֶּיךָ׃
9 וַיֹּאמֶר יַעֲקֹב אֶל־פַּרְעֹה יְמֵי שְׁנֵי מְגוּרַי
שְׁלֹשִׁים וּמְאַת שָׁנָה מְעַט וְרָעִים הָיוּ יְמֵי
שְׁנֵי חַיַּי וְלֹא הִשִּׂיגוּ אֶת־יְמֵי שְׁנֵי חַיֵּי
אֲבֹתַי בִּימֵי מְגוּרֵיהֶם׃ 10 וַיְבָרֶךְ יַעֲקֹב
אֶת־פַּרְעֹה וַיֵּצֵא מִלִּפְנֵי פַרְעֹה׃ 11 וַיּוֹשֵׁב
יוֹסֵף אֶת־אָבִיו וְאֶת־אֶחָיו וַיִּתֵּן לָהֶם
אֲחֻזָּה בְּאֶרֶץ מִצְרַיִם בְּמֵיטַב הָאָרֶץ
בְּאֶרֶץ רַעְמְסֵס כַּאֲשֶׁר צִוָּה פַרְעֹה׃
12 וַיְכַלְכֵּל יוֹסֵף אֶת־אָבִיו וְאֶת־אֶחָיו וְאֵת
כָּל־בֵּית אָבִיו לֶחֶם לְפִי הַטָּף׃ 13 וְלֶחֶם
אֵין בְּכָל־הָאָרֶץ כִּי־כָבֵד הָרָעָב מְאֹד
וַתֵּלַהּ אֶרֶץ מִצְרַיִם וְאֶרֶץ כְּנַעַן מִפְּנֵי
הָרָעָב׃ 14 וַיְלַקֵּט יוֹסֵף אֶת־כָּל־הַכֶּסֶף
הַנִּמְצָא בְאֶרֶץ־מִצְרַיִם וּבְאֶרֶץ כְּנַעַן
בַּשֶּׁבֶר אֲשֶׁר־הֵם שֹׁבְרִים וַיָּבֵא יוֹסֵף אֶת־
הַכֶּסֶף בֵּיתָה פַרְעֹה׃ 15 וַיִּתֹּם הַכֶּסֶף
מֵאֶרֶץ מִצְרַיִם וּמֵאֶרֶץ כְּנַעַן וַיָּבֹאוּ כָל־

we die in thy presence? for our money faileth.' [16] And Joseph said: 'Give your cattle, and I will give you [bread] for your cattle, if money fail.' [17] And they brought their cattle unto Joseph. And Joseph gave them bread in exchange for the horses, and for the flocks, and for the herds, and for the asses; and he fed them with bread in exchange for all their cattle for that year. [18] And when that year was ended, they came unto him the second year and said unto him: 'We will not hide from my lord, how that our money is all spent; and the herds of cattle are my lord's; there is nought left in the sight of my lord, but our bodies, and our lands. [19] Wherefore should we die before thine eyes, both we and our land? buy us and our land for bread, and we and our land will be bondmen unto Pharaoh; and give us seed, that we may live, and not die, and that the land be not desolate.' [20] So Joseph bought all the land of Egypt for Pharaoh; for the Egyptians sold every man his field, because the famine was sore upon them; and the land became Pharaoh's. [21] And as for the people, he removed them city by city, from one end of the border of Egypt even to the other end thereof. [22] Only the land of the priests bought he not, for the priests had a portion from Pharaoh, and did eat their portion which Pharaoh gave them; wherefore they sold not their land. [23] Then Joseph said unto the people: 'Behold, I have bought you this day and your land for Pharaoh. Lo, here is seed for you, and ye shall sow the land. [24] And it shall come to pass at the ingatherings, that ye shall give a fifth unto Pharaoh, and four parts shall be your own, for seed of the field, and for your food, and for them of your households, and for food for your little ones.' [25] And they said: 'Thou hast saved our lives. Let us find favour in the sight of my lord, and we will be Pharaoh's bondmen.' [26] And Joseph made it a statute concerning the land of Egypt unto this day, that Pharaoh should

מִצְרַיִם אֶל־יוֹסֵף לֵאמֹר הָבָה־לָּנוּ לֶחֶם
וְלָמָּה נָמוּת נֶגְדֶּךָ כִּי אָפֵס כָּסֶף׃ 16 וַיֹּאמֶר
יוֹסֵף הָבוּ מִקְנֵיכֶם וְאֶתְּנָה לָכֶם בְּמִקְנֵיכֶם
אִם־אָפֵס כָּסֶף׃ 17 וַיָּבִיאוּ אֶת־מִקְנֵיהֶם
אֶל־יוֹסֵף וַיִּתֵּן לָהֶם יוֹסֵף לֶחֶם בַּסּוּסִים
וּבְמִקְנֵה הַצֹּאן וּבְמִקְנֵה הַבָּקָר וּבַחֲמֹרִים
וַיְנַהֲלֵם בַּלֶּחֶם בְּכָל־מִקְנֵהֶם בַּשָּׁנָה
הַהִוא׃ 18 וַתִּתֹּם הַשָּׁנָה הַהִוא וַיָּבֹאוּ אֵלָיו
בַּשָּׁנָה הַשֵּׁנִית וַיֹּאמְרוּ לוֹ לֹא־נְכַחֵד
מֵאֲדֹנִי כִּי אִם־תַּם הַכֶּסֶף וּמִקְנֵה הַבְּהֵמָה
אֶל־אֲדֹנִי לֹא נִשְׁאַר לִפְנֵי אֲדֹנִי בִּלְתִּי
אִם־גְּוִיָּתֵנוּ וְאַדְמָתֵנוּ׃ 19 לָמָּה נָמוּת
לְעֵינֶיךָ גַּם־אֲנַחְנוּ גַּם אַדְמָתֵנוּ קְנֵה־אֹתָנוּ
וְאֶת־אַדְמָתֵנוּ בַּלָּחֶם וְנִהְיֶה אֲנַחְנוּ
וְאַדְמָתֵנוּ עֲבָדִים לְפַרְעֹה וְתֶן־זֶרַע וְנִחְיֶה
וְלֹא נָמוּת וְהָאֲדָמָה לֹא תֵשָׁם׃ 20 וַיִּקֶן
יוֹסֵף אֶת־כָּל־אַדְמַת מִצְרַיִם לְפַרְעֹה כִּי־
מָכְרוּ מִצְרַיִם אִישׁ שָׂדֵהוּ כִּי־חָזַק עֲלֵהֶם
הָרָעָב וַתְּהִי הָאָרֶץ לְפַרְעֹה׃ 21 וְאֶת־הָעָם
הֶעֱבִיר אֹתוֹ לֶעָרִים מִקְצֵה גְבוּל־מִצְרַיִם
וְעַד־קָצֵהוּ׃ 22 רַק אַדְמַת הַכֹּהֲנִים לֹא
קָנָה כִּי חֹק לַכֹּהֲנִים מֵאֵת פַּרְעֹה וְאָכְלוּ
אֶת־חֻקָּם אֲשֶׁר נָתַן לָהֶם פַּרְעֹה עַל־כֵּן
לֹא מָכְרוּ אֶת־אַדְמָתָם׃ 23 וַיֹּאמֶר יוֹסֵף
אֶל־הָעָם הֵן קָנִיתִי אֶתְכֶם הַיּוֹם וְאֶת־
אַדְמַתְכֶם לְפַרְעֹה הֵא־לָכֶם זֶרַע וּזְרַעְתֶּם
אֶת־הָאֲדָמָה׃ 24 וְהָיָה בַּתְּבוּאֹת וּנְתַתֶּם
חֲמִישִׁית לְפַרְעֹה וְאַרְבַּע הַיָּדֹת יִהְיֶה
לָכֶם לְזֶרַע הַשָּׂדֶה וּלְאָכְלְכֶם וְלַאֲשֶׁר
בְּבָתֵּיכֶם וְלֶאֱכֹל לְטַפְּכֶם׃ 25 וַיֹּאמְרוּ
הֶחֱיִתָנוּ נִמְצָא־חֵן בְּעֵינֵי אֲדֹנִי וְהָיִינוּ
עֲבָדִים לְפַרְעֹה׃ 26 וַיָּשֶׂם אֹתָהּ יוֹסֵף לְחֹק
עַד־הַיּוֹם הַזֶּה עַל־אַדְמַת מִצְרַיִם לְפַרְעֹה

have the fifth; only the land of the priests alone became not Pharaoh's. [27] And Israel dwelt in the land of Egypt, in the land of Goshen; and they got them possessions therein, and were fruitful, and multiplied exceedingly.

לַחֹ֑מֶשׁ רַ֗ק אַדְמַ֤ת הַכֹּהֲנִים֙ לְבַדָּ֔ם לֹ֥א
הָיְתָ֖ה לְפַרְעֹֽה׃ 27 וַיֵּ֧שֶׁב יִשְׂרָאֵ֛ל בְּאֶ֥רֶץ
מִצְרַ֖יִם בְּאֶ֣רֶץ גֹּ֑שֶׁן וַיֵּאָחֲז֣וּ בָ֔הּ וַיִּפְר֥וּ וַיִּרְבּ֖וּ
מְאֹֽד׃

VA-YHI

[28] And Jacob lived in the land of Egypt seventeen years; so the days of Jacob, the years of his life, were a hundred forty and seven years. [29] And the time drew near that Israel must die; and he called his son Joseph, and said unto him: 'If now I have found favour in thy sight, put, I pray thee, thy hand under my thigh, and deal kindly and truly with me; bury me not, I pray thee, in Egypt. [30] But when I sleep with my fathers, thou shalt carry me out of Egypt, and bury me in their burying-place.' And he said. 'I will do as thou hast said.' [31] And he said: 'Swear unto me.' And he swore unto him. And Israel bowed down upon the bed's head.

48 And it came to pass after these things, that one said to Joseph: 'Behold, thy father is sick.' And he took with him his two sons, Manasseh and Ephraim. [2] And one told Jacob, and said: 'Behold, thy son Joseph cometh unto thee.' And Israel strengthened himself, and sat upon the bed. [3] And Jacob said unto Joseph: 'God Almighty appeared unto me at Luz in the land of Canaan, and blessed me, [4] and said unto me: Behold, I will make thee fruitful, and multiply thee, and I will make of thee a company of peoples; and will give this land to thy seed after thee for an everlasting possession. [5] And now thy two sons, who were born unto thee in the land of Egypt before I came unto thee into Egypt, are mine; Ephraim and Manasseh, even as Reuben and Simeon, shall be mine. [6] And thy issue, that thou begettest after them, shall be thine; they shall be called after the name of their brethren in their inheritance. [7] And as for me, when I came from Paddan, Rachel died unto me in the land of Canaan in the way, when there

ויחי

28 וַיְחִ֤י יַעֲקֹב֙ בְּאֶ֣רֶץ מִצְרַ֔יִם שְׁבַ֥ע עֶשְׂרֵ֖ה
שָׁנָ֑ה וַיְהִ֤י יְמֵֽי־יַעֲקֹב֙ שְׁנֵ֣י חַיָּ֔יו שֶׁ֣בַע שָׁנִ֔ים
וְאַרְבָּעִ֖ים וּמְאַ֥ת שָׁנָֽה׃ 29 וַיִּקְרְב֣וּ יְמֵֽי־
יִשְׂרָאֵל֮ לָמוּת֒ וַיִּקְרָ֣א ׀ לִבְנ֣וֹ לְיוֹסֵ֗ף וַיֹּ֤אמֶר
לוֹ֙ אִם־נָ֨א מָצָ֤אתִי חֵן֙ בְּעֵינֶ֔יךָ שִֽׂים־נָ֥א
יָדְךָ֖ תַּ֣חַת יְרֵכִ֑י וְעָשִׂ֤יתָ עִמָּדִי֙ חֶ֣סֶד וֶאֱמֶ֔ת
אַל־נָ֥א תִקְבְּרֵ֖נִי בְּמִצְרָֽיִם׃ 30 וְשָֽׁכַבְתִּי֙ עִם־
אֲבֹתַ֔י וּנְשָׂאתַ֙נִי֙ מִמִּצְרַ֔יִם וּקְבַרְתַּ֖נִי
בִּקְבֻרָתָ֑ם וַיֹּאמַ֕ר אָנֹכִ֖י אֶֽעֱשֶׂ֥ה כִדְבָרֶֽךָ׃
31 וַיֹּ֗אמֶר הִשָּֽׁבְעָה֙ לִ֔י וַיִּשָּׁבַ֖ע ל֑וֹ וַיִּשְׁתַּ֥חוּ
יִשְׂרָאֵ֖ל עַל־רֹ֥אשׁ הַמִּטָּֽה׃ פ
48 וַיְהִ֗י אַחֲרֵי֙ הַדְּבָרִ֣ים הָאֵ֔לֶּה וַיֹּ֥אמֶר
לְיוֹסֵ֔ף הִנֵּ֥ה אָבִ֖יךָ חֹלֶ֑ה וַיִּקַּ֞ח אֶת־שְׁנֵ֤י
בָנָיו֙ עִמּ֔וֹ אֶת־מְנַשֶּׁ֖ה וְאֶת־אֶפְרָֽיִם׃ 2 וַיַּגֵּ֣ד
לְיַעֲקֹ֔ב וַיֹּ֕אמֶר הִנֵּ֛ה בִּנְךָ֥ יוֹסֵ֖ף בָּ֣א אֵלֶ֑יךָ
וַיִּתְחַזֵּק֙ יִשְׂרָאֵ֔ל וַיֵּ֖שֶׁב עַל־הַמִּטָּֽה׃
3 וַיֹּ֤אמֶר יַעֲקֹב֙ אֶל־יוֹסֵ֔ף אֵ֥ל שַׁדַּ֛י נִרְאָֽה־
אֵלַ֥י בְּל֖וּז בְּאֶ֣רֶץ כְּנָ֑עַן וַיְבָ֖רֶךְ אֹתִֽי׃
4 וַיֹּ֣אמֶר אֵלַ֗י הִנְנִ֤י מַפְרְךָ֙ וְהִרְבִּיתִ֔ךָ
וּנְתַתִּ֖יךָ לִקְהַ֣ל עַמִּ֑ים וְנָ֨תַתִּ֜י אֶת־הָאָ֧רֶץ
הַזֹּ֛את לְזַרְעֲךָ֥ אַחֲרֶ֖יךָ אֲחֻזַּ֥ת עוֹלָֽם׃
5 וְעַתָּ֡ה שְׁנֵֽי־בָנֶ֩יךָ֩ הַנּוֹלָדִ֨ים לְךָ֜ בְּאֶ֣רֶץ
מִצְרַ֗יִם עַד־בֹּאִ֥י אֵלֶ֛יךָ מִצְרַ֖יְמָה לִי־הֵ֑ם
אֶפְרַ֙יִם֙ וּמְנַשֶּׁ֔ה כִּרְאוּבֵ֥ן וְשִׁמְע֖וֹן יִֽהְיוּ־לִֽי׃
6 וּמוֹלַדְתְּךָ֛ אֲשֶׁר־הוֹלַ֥דְתָּ אַחֲרֵיהֶ֖ם לְךָ֣
יִהְי֑וּ עַ֣ל שֵׁ֧ם אֲחֵיהֶ֛ם יִקָּרְא֖וּ בְּנַחֲלָתָֽם׃
7 וַאֲנִ֣י ׀ בְּבֹאִ֣י מִפַּדָּ֗ן מֵ֩תָה֩ עָלַ֨י רָחֵ֜ל בְּאֶ֣רֶץ

was still some way to come unto Ephrath; and I buried her there in the way to Ephrath—the same is Beth-lehem.' [8] And Israel beheld Joseph's sons, and said: 'Who are these?' [9] And Joseph said unto his father: 'They are my sons, whom God hath given me here.' And he said: 'Bring them, I pray thee, unto me, and I will bless them.' [10] Now the eyes of Israel were dim for age, so that he could not see. And he brought them near unto him; and he kissed them, and embraced them. [11] And Israel said unto Joseph: 'I had not thought to see thy face; and, lo, God hath let me see thy seed also.' [12] And Joseph brought them out from between his knees; and he fell down on his face to the earth. [13] And Joseph took them both, Ephraim in his right hand toward Israel's left hand, and Manasseh in his left hand toward Israel's right hand, and brought them near unto him. [14] And Israel stretched out his right hand, and laid it upon Ephraim's head, who was the younger, and his left hand upon Manasseh's head, guiding his hands wittingly; for Manasseh was the first-born. [15] And he blessed Joseph, and said: 'The God before whom my fathers Abraham and Isaac did walk, the God who hath been my shepherd all my life long unto this day, [16] the angel who hath redeemed me from all evil, bless the lads; and let my name be named in them, and the name of my fathers Abraham and Isaac; and let them grow into a multitude in the midst of the earth.' [17] And when Joseph saw that his father was laying his right hand upon the head of Ephraim, it displeased him, and he held up his father's hand, to remove it from Ephraim's head unto Manasseh's head. [18] And Joseph said unto his father: 'Not so, my father, for this is the first-born; put thy right hand upon his head.' [19] And his father refused, and said: 'I know it, my son, I know it; he also shall become a people, and he also shall be great; howbeit his younger brother shall be greater than he, and his seed shall become a multitude of nations.' [20] And he blessed them that day,

כְּנַעַן בַּדֶּרֶךְ בְּעוֹד כִּבְרַת־אֶרֶץ לָבֹא
אֶפְרָתָה וָאֶקְבְּרֶהָ שָּׁם בְּדֶרֶךְ אֶפְרָת הִוא
בֵּית לָחֶם׃ 8 וַיַּרְא יִשְׂרָאֵל אֶת־בְּנֵי יוֹסֵף
וַיֹּאמֶר מִי־אֵלֶּה׃ 9 וַיֹּאמֶר יוֹסֵף אֶל־אָבִיו
בָּנַי הֵם אֲשֶׁר־נָתַן־לִי אֱלֹהִים בָּזֶה וַיֹּאמַר
קָחֶם־נָא אֵלַי וַאֲבָרְכֵם׃ 10 וְעֵינֵי יִשְׂרָאֵל
כָּבְדוּ מִזֹּקֶן לֹא יוּכַל לִרְאוֹת וַיַּגֵּשׁ אֹתָם
אֵלָיו וַיִּשַּׁק לָהֶם וַיְחַבֵּק לָהֶם׃ 11 וַיֹּאמֶר
יִשְׂרָאֵל אֶל־יוֹסֵף רְאֹה פָנֶיךָ לֹא פִלָּלְתִּי
וְהִנֵּה הֶרְאָה אֹתִי אֱלֹהִים גַּם אֶת־זַרְעֶךָ׃
12 וַיּוֹצֵא יוֹסֵף אֹתָם מֵעִם בִּרְכָּיו וַיִּשְׁתַּחוּ
לְאַפָּיו אָרְצָה׃ 13 וַיִּקַּח יוֹסֵף אֶת־שְׁנֵיהֶם
אֶת־אֶפְרַיִם בִּימִינוֹ מִשְּׂמֹאל יִשְׂרָאֵל
וְאֶת־מְנַשֶּׁה בִשְׂמֹאלוֹ מִימִין יִשְׂרָאֵל וַיַּגֵּשׁ
אֵלָיו׃ 14 וַיִּשְׁלַח יִשְׂרָאֵל אֶת־יְמִינוֹ וַיָּשֶׁת
עַל־רֹאשׁ אֶפְרַיִם וְהוּא הַצָּעִיר וְאֶת־
שְׂמֹאלוֹ עַל־רֹאשׁ מְנַשֶּׁה שִׂכֵּל אֶת־יָדָיו
כִּי מְנַשֶּׁה הַבְּכוֹר׃ 15 וַיְבָרֶךְ אֶת־יוֹסֵף
וַיֹּאמַר הָאֱלֹהִים אֲשֶׁר הִתְהַלְּכוּ אֲבֹתַי
לְפָנָיו אַבְרָהָם וְיִצְחָק הָאֱלֹהִים הָרֹעֶה
אֹתִי מֵעוֹדִי עַד־הַיּוֹם הַזֶּה׃ 16 הַמַּלְאָךְ
הַגֹּאֵל אֹתִי מִכָּל־רָע יְבָרֵךְ אֶת־הַנְּעָרִים
וְיִקָּרֵא בָהֶם שְׁמִי וְשֵׁם אֲבֹתַי אַבְרָהָם
וְיִצְחָק וְיִדְגּוּ לָרֹב בְּקֶרֶב הָאָרֶץ׃ 17 וַיַּרְא
יוֹסֵף כִּי־יָשִׁית אָבִיו יַד־יְמִינוֹ עַל־רֹאשׁ
אֶפְרַיִם וַיֵּרַע בְּעֵינָיו וַיִּתְמֹךְ יַד־אָבִיו
לְהָסִיר אֹתָהּ מֵעַל רֹאשׁ־אֶפְרַיִם עַל־רֹאשׁ
מְנַשֶּׁה׃ 18 וַיֹּאמֶר יוֹסֵף אֶל־אָבִיו לֹא־כֵן
אָבִי כִּי־זֶה הַבְּכֹר שִׂים יְמִינְךָ עַל־רֹאשׁוֹ׃
19 וַיְמָאֵן אָבִיו וַיֹּאמֶר יָדַעְתִּי בְנִי יָדַעְתִּי
גַּם־הוּא יִהְיֶה־לְּעָם וְגַם־הוּא יִגְדָּל
וְאוּלָם אָחִיו הַקָּטֹן יִגְדַּל מִמֶּנּוּ וְזַרְעוֹ יִהְיֶה
מְלֹא־הַגּוֹיִם׃ 20 וַיְבָרְכֵם בַּיּוֹם הַהוּא

saying: 'By thee shall Israel bless, saying: God make thee as Ephraim and as Manasseh.' And he set Ephraim before Manasseh. [21] And Israel said unto Joseph: 'Behold, I die; but God will be with you, and bring you back unto the land of your fathers. [22] Moreover I have given to thee one [a]portion above thy brethren, which I took out of the hand of the Amorite with my sword and with my bow.'

49 And Jacob called unto his sons, and said: 'Gather yourselves together, that I may tell you that which shall befall you in the end of days.

[2] Assemble yourselves, and hear, ye sons of Jacob; / And hearken unto Israel your father. / [3] Reuben, thou art my first-born, / My might, and the first-fruits of my strength; / The excellency of dignity, and the excellency of power. / [4] Unstable as water, have not thou the excellency; / Because thou wentest up to thy father's bed; / Then defiledst thou it—he went up to my couch.

[5] Simeon and Levi are brethren; / Weapons of violence their kinship. / [6] Let my soul not come into their council; / Unto their assembly let my glory not be united; / For in their anger they slew men, / And in their self-will they houghed oxen. / [7] Cursed be their anger, for it was fierce, / And their wrath, for it was cruel; / I will divide them in Jacob, / And scatter them in Israel. / [8] Judah, thee shall thy brethren praise; / Thy hand shall be on the neck of thine enemies; / Thy father's sons shall bow down before thee. / [9] Judah is a lion's whelp; / From the prey, my son, thou art gone up. / He stooped down, he couched as a, lion, / And as a lioness; who shall rouse him up? / [10] The sceptre shall not depart from Judah, / Nor the ruler's staff from between his feet, / As long as men come to Shiloh; / And unto him shall the obedience of the peoples be. / [11] Binding his foal unto the vine, / And his ass's colt unto the choice vine; / He washeth his garments in wine, / And his vesture in the blood of grapes; / [12] His eyes shall be red with wine, / And his teeth white with milk.

[13] Zebulun shall dwell at the shore of the sea, / And he shall be a shore for ships, / And his

לֵאמ֗וֹר בְּךָ֞ יְבָרֵ֤ךְ יִשְׂרָאֵל֙ לֵאמֹ֔ר יְשִֽׂמְךָ֣
אֱלֹהִ֔ים כְּאֶפְרַ֖יִם וְכִמְנַשֶּׁ֑ה וַיָּ֥שֶׂם אֶת־
אֶפְרַ֖יִם לִפְנֵ֥י מְנַשֶּֽׁה׃ 21 וַיֹּ֤אמֶר יִשְׂרָאֵל֙
אֶל־יוֹסֵ֔ף הִנֵּ֥ה אָנֹכִ֖י מֵ֑ת וְהָיָ֤ה אֱלֹהִים֙
עִמָּכֶ֔ם וְהֵשִׁ֣יב אֶתְכֶ֔ם אֶל־אֶ֖רֶץ אֲבֹתֵיכֶֽם׃
22 וַאֲנִ֞י נָתַ֧תִּֽי לְךָ֛ שְׁכֶ֥ם אַחַ֖ד עַל־אַחֶ֑יךָ
אֲשֶׁ֤ר לָקַ֙חְתִּי֙ מִיַּ֣ד הָֽאֱמֹרִ֔י בְּחַרְבִּ֖י
וּבְקַשְׁתִּֽי׃ פ

49 וַיִּקְרָ֥א יַעֲקֹ֖ב אֶל־בָּנָ֑יו וַיֹּ֗אמֶר
הֵאָֽסְפוּ֙ וְאַגִּ֣ידָה לָכֶ֔ם אֵ֛ת אֲשֶׁר־יִקְרָ֥א
אֶתְכֶ֖ם בְּאַחֲרִ֥ית הַיָּמִֽים׃ 2 הִקָּבְצ֥וּ וְשִׁמְע֖וּ
בְּנֵ֣י יַעֲקֹ֑ב וְשִׁמְע֖וּ אֶל־יִשְׂרָאֵ֥ל אֲבִיכֶֽם׃
3 רְאוּבֵן֙ בְּכֹ֣רִי אַ֔תָּה כֹּחִ֖י וְרֵאשִׁ֣ית אוֹנִ֑י
יֶ֥תֶר שְׂאֵ֖ת וְיֶ֥תֶר עָֽז׃ 4 פַּ֤חַז כַּמַּ֙יִם֙ אַל־
תּוֹתַ֔ר כִּ֥י עָלִ֖יתָ מִשְׁכְּבֵ֣י אָבִ֑יךָ אָ֣ז חִלַּ֔לְתָּ
יְצוּעִ֖י עָלָֽה׃ פ

5 שִׁמְע֥וֹן וְלֵוִ֖י אַחִ֑ים כְּלֵ֥י חָמָ֖ס
מְכֵרֹתֵיהֶֽם׃ 6 בְּסֹדָם֙ אַל־תָּבֹ֣א נַפְשִׁ֔י
בִּקְהָלָ֖ם אַל־תֵּחַ֣ד כְּבֹדִ֑י כִּ֤י בְאַפָּם֙ הָ֣רְגוּ
אִ֔ישׁ וּבִרְצֹנָ֖ם עִקְּרוּ־שֽׁוֹר׃ 7 אָר֤וּר אַפָּם֙
כִּ֣י עָ֔ז וְעֶבְרָתָ֖ם כִּ֣י קָשָׁ֑תָה אֲחַלְּקֵ֣ם בְּיַעֲקֹ֔ב
וַאֲפִיצֵ֖ם בְּיִשְׂרָאֵֽל׃ ס 8 יְהוּדָ֗ה אַתָּה֙
יוֹד֣וּךָ אַחֶ֔יךָ יָדְךָ֖ בְּעֹ֣רֶף אֹיְבֶ֑יךָ יִשְׁתַּחֲוּ֥וּ
לְךָ֖ בְּנֵ֥י אָבִֽיךָ׃ 9 גּ֤וּר אַרְיֵה֙ יְהוּדָ֔ה מִטֶּ֖רֶף
בְּנִ֣י עָלִ֑יתָ כָּרַ֨ע רָבַ֧ץ כְּאַרְיֵ֛ה וּכְלָבִ֖יא מִ֥י
יְקִימֶֽנּוּ׃ 10 לֹֽא־יָס֥וּר שֵׁ֙בֶט֙ מִֽיהוּדָ֔ה
וּמְחֹקֵ֖ק מִבֵּ֣ין רַגְלָ֑יו עַ֚ד כִּֽי־יָבֹ֣א שילה
שִׁילֹ֔ו וְל֖וֹ יִקְּהַ֥ת עַמִּֽים׃ 11 אֹסְרִ֤י לַגֶּ֙פֶן֙
עירה עִירֹ֔ו וְלַשֹּׂרֵקָ֖ה בְּנִ֣י אֲתֹנ֑וֹ כִּבֵּ֤ס בַּיַּ֙יִן֙
לְבֻשׁ֔וֹ וּבְדַם־עֲנָבִ֖ים סותה סוּתֽוֹ׃
12 חַכְלִילִ֥י עֵינַ֖יִם מִיָּ֑יִן וּלְבֶן־שִׁנַּ֖יִם
מֵחָלָֽב׃ פ

13 זְבוּלֻ֕ן לְח֥וֹף יַמִּ֖ים יִשְׁכֹּ֑ן וְהוּא֙ לְח֣וֹף

a Heb. *schechem*, shoulder.

flank shall be upon Zidon. / [14] Issachar is a large-boned ass, / Couching down between the sheep-folds. / [15] For he saw a resting-place that it was good, / And the land that it was pleasant; / And he bowed his shoulder to bear, / And became a servant under taskwork. / [16] Dan shall judge his people, / As one of the tribes of Israel. / [17] Dan shall be a serpent in the way, / A horned snake in the path, / That biteth the horse's heels, / So that his rider falleth backward. / [18] I wait for Thy salvation, O Lord. / [19] Gad, [a]a troop [b]shall troop upon him; / But he shall troop upon their heel. / [20] As for Asher, his bread shall be fat, / And he shall yield royal dainties. / [21] Naphtali is a hind let loose: / He giveth goodly words. / [22] Joseph is a fruitful vine, / A fruitful vine by a fountain; / Its branches run over the wall. / [23] The archers have dealt bitterly with him, / And shot at him, and hated him; / [24] But his bow abode firm, / And the arms of his hands were made supple, / By the hands of the Mighty One of Jacob, / From thence, from the Shepherd, the Stone of Israel, / [25] Even by the God of thy father, who shall help thee, / And by the Almighty, who shall bless thee, / With blessings of heaven above, / Blessings of the deep that coucheth beneath, / Blessings of the breasts, and of the womb. / [26] The blessings of thy father / Are mighty beyond the blessings of my progenitors / Unto the utmost bound of the everlasting hills; / They shall be on the head of Joseph, / And on the crown of the head of the prince among his brethren.

[27] Benjamin is a wolf that raveneth; / In the morning he devoureth the prey, / And at even he divideth the spoil.'

[28] All these are the twelve tribes of Israel, and this is it that their father spoke unto them and blessed them; every one according to his blessing he blessed them. [29] And he charged them, and said unto them: 'I am to be gathered unto my people; bury me with my fathers in the cave that is in the field of Ephron the Hittite, [30] in the cave that is in the field of Mach-pelah, which is before Mamre, in the land of Canaan, which Abraham bought with the field from Ephron the Hittite for a possession of a burying-place. [31] There they buried Abraham and Sarah his

אֳנִיֹּת וְיַרְכָתוֹ עַל־צִידֹן׃ ס 14 יִשָּׂשכָר
חֲמֹר גָּרֶם רֹבֵץ בֵּין הַמִּשְׁפְּתָיִם׃ 15 וַיַּרְא
מְנֻחָה כִּי טוֹב וְאֶת־הָאָרֶץ כִּי נָעֵמָה וַיֵּט
שִׁכְמוֹ לִסְבֹּל וַיְהִי לְמַס־עֹבֵד׃ ס
16 דָּן יָדִין עַמּוֹ כְּאַחַד שִׁבְטֵי יִשְׂרָאֵל׃
17 יְהִי־דָן נָחָשׁ עֲלֵי־דֶרֶךְ שְׁפִיפֹן עֲלֵי־אֹרַח
הַנֹּשֵׁךְ עִקְּבֵי־סוּס וַיִּפֹּל רֹכְבוֹ אָחוֹר׃
18 לִישׁוּעָתְךָ קִוִּיתִי יְהוָה׃ 19 גָּד גְּדוּד
יְגוּדֶנּוּ וְהוּא יָגֻד עָקֵב׃ ס 20 מֵאָשֵׁר
שְׁמֵנָה לַחְמוֹ וְהוּא יִתֵּן מַעֲדַנֵּי־מֶלֶךְ׃ ס
21 נַפְתָּלִי אַיָּלָה שְׁלֻחָה הַנֹּתֵן
אִמְרֵי־שָׁפֶר׃ ס 22 בֵּן פֹּרָת יוֹסֵף בֵּן
פֹּרָת עֲלֵי־עָיִן בָּנוֹת צָעֲדָה עֲלֵי־שׁוּר׃
23 וַיְמָרֲרֻהוּ וָרֹבּוּ וַיִּשְׂטְמֻהוּ בַּעֲלֵי חִצִּים׃
24 וַתֵּשֶׁב בְּאֵיתָן קַשְׁתּוֹ וַיָּפֹזּוּ זְרֹעֵי יָדָיו
מִידֵי אֲבִיר יַעֲקֹב מִשָּׁם רֹעֶה אֶבֶן יִשְׂרָאֵל׃
25 מֵאֵל אָבִיךָ וְיַעְזְרֶךָּ וְאֵת שַׁדַּי וִיבָרְכֶךָּ
בִּרְכֹת שָׁמַיִם מֵעָל בִּרְכֹת תְּהוֹם רֹבֶצֶת
תָּחַת בִּרְכֹת שָׁדַיִם וָרָחַם׃ 26 בִּרְכֹת אָבִיךָ
גָּבְרוּ עַל־בִּרְכֹת הוֹרַי עַד־תַּאֲוַת גִּבְעֹת
עוֹלָם תִּהְיֶיןָ לְרֹאשׁ יוֹסֵף וּלְקָדְקֹד נְזִיר
אֶחָיו׃ פ
27 בִּנְיָמִין זְאֵב יִטְרָף בַּבֹּקֶר יֹאכַל עַד
וְלָעֶרֶב יְחַלֵּק שָׁלָל׃ 28 כָּל־אֵלֶּה שִׁבְטֵי
יִשְׂרָאֵל שְׁנֵים עָשָׂר וְזֹאת אֲשֶׁר־דִּבֶּר לָהֶם
אֲבִיהֶם וַיְבָרֶךְ אוֹתָם אִישׁ אֲשֶׁר כְּבִרְכָתוֹ
בֵּרַךְ אֹתָם׃ 29 וַיְצַו אוֹתָם וַיֹּאמֶר אֲלֵהֶם
אֲנִי נֶאֱסָף אֶל־עַמִּי קִבְרוּ אֹתִי אֶל־אֲבֹתָי
אֶל־הַמְּעָרָה אֲשֶׁר בִּשְׂדֵה עֶפְרוֹן הַחִתִּי׃
30 בַּמְּעָרָה אֲשֶׁר בִּשְׂדֵה הַמַּכְפֵּלָה אֲשֶׁר
עַל־פְּנֵי־מַמְרֵא בְּאֶרֶץ כְּנָעַן אֲשֶׁר קָנָה
אַבְרָהָם אֶת־הַשָּׂדֶה מֵאֵת עֶפְרֹן הַחִתִּי
לַאֲחֻזַּת־קָבֶר׃ 31 שָׁמָּה קָבְרוּ אֶת־אַבְרָהָם

a Heb. *gedud.* b From the Heb. root *gadad.*

wife; there they buried Isaac and Rebekah his wife; and there I buried Leah. [32] The field and the cave that is therein, which was purchased from the children of Heth.' [33] And when Jacob made an end of charging his sons, he gathered up his feet into the bed, and expired, and was gathered unto his people.

50 And Joseph fell upon his father's face, and wept upon him, and kissed him. [2] And Joseph commanded his servants the physicians to embalm his father. And the physicians embalmed Israel. [3] And forty days were fulfilled for him; for so are fulfilled the days of embalming. And the Egyptians wept for him threescore and ten days.

[4] And when the days of weeping for him were past, Joseph spoke unto the house of Pharaoh, saying: 'If now I have found favour in your eyes, speak, I pray you, in the ears of Pharaoh, saying: [5] My father made me swear, saying: Lo, I die; in my grave which I have digged for me in the land of Canaan, there shalt thou bury me. Now therefore let me go up, I pray thee, and bury my father, and I will come back.' [6] And Pharaoh said: 'Go up, and bury thy father, according as he made thee swear.' [7] And Joseph went up to bury his father; and with him went up all the servants of Pharaoh, the elders of his house, and all the elders of the land of Egypt, [8] and all the house of Joseph, and his brethren, and his father's house; only their little ones, and their flocks, and their herds, they left in the land of Goshen. [9] And there went up with him both chariots and horsemen; and it was a very great company. [10] And they came to the threshing-floor of Atad, which is beyond the Jordan, and there they wailed with a very great and sore wailing; and he made a mourning for his father seven days. [11] And when the inhabitants of the land, the Canaanites, saw the mourning in the floor of Atad, they said: 'This is a grievous [a]mourning to the Egyptians.' Wherefore the name of it was called Abel-mizraim, which is beyond the Jordan. [12] And his sons did unto him according as he commanded them. [13] For his sons carried him into the land of Canaan, and buried him in the cave of the field of Machpelah, which Abraham bought with the field, for a

וְאֵת שָׂרָה אִשְׁתּוֹ שָׁמָּה קָבְרוּ אֶת־יִצְחָק
וְאֵת רִבְקָה אִשְׁתּוֹ וְשָׁמָּה קָבַרְתִּי אֶת־
לֵאָה׃ 32 מִקְנֵה הַשָּׂדֶה וְהַמְּעָרָה אֲשֶׁר־בּוֹ
מֵאֵת בְּנֵי־חֵת׃ 33 וַיְכַל יַעֲקֹב לְצַוֺּת אֶת־
בָּנָיו וַיֶּאֱסֹף רַגְלָיו אֶל־הַמִּטָּה וַיִּגְוַע וַיֵּאָסֶף
אֶל־עַמָּיו׃ **50** וַיִּפֹּל יוֹסֵף עַל־פְּנֵי אָבִיו
וַיֵּבְךְּ עָלָיו וַיִּשַּׁק־לוֹ׃ 2 וַיְצַו יוֹסֵף אֶת־
עֲבָדָיו אֶת־הָרֹפְאִים לַחֲנֹט אֶת־אָבִיו
וַיַּחַנְטוּ הָרֹפְאִים אֶת־יִשְׂרָאֵל׃ 3 וַיִּמְלְאוּ־
לוֹ אַרְבָּעִים יוֹם כִּי כֵּן יִמְלְאוּ יְמֵי הַחֲנֻטִים
וַיִּבְכּוּ אֹתוֹ מִצְרַיִם שִׁבְעִים יוֹם׃ 4 וַיַּעַבְרוּ
יְמֵי בְכִיתוֹ וַיְדַבֵּר יוֹסֵף אֶל־בֵּית פַּרְעֹה
לֵאמֹר אִם־נָא מָצָאתִי חֵן בְּעֵינֵיכֶם דַּבְּרוּ־
נָא בְּאָזְנֵי פַרְעֹה לֵאמֹר׃ 5 אָבִי הִשְׁבִּיעַנִי
לֵאמֹר הִנֵּה אָנֹכִי מֵת בְּקִבְרִי אֲשֶׁר כָּרִיתִי
לִי בְּאֶרֶץ כְּנַעַן שָׁמָּה תִּקְבְּרֵנִי וְעַתָּה
אֶעֱלֶה־נָּא וְאֶקְבְּרָה אֶת־אָבִי וְאָשׁוּבָה׃
6 וַיֹּאמֶר פַּרְעֹה עֲלֵה וּקְבֹר אֶת־אָבִיךָ
כַּאֲשֶׁר הִשְׁבִּיעֶךָ׃ 7 וַיַּעַל יוֹסֵף לִקְבֹּר אֶת־
אָבִיו וַיַּעֲלוּ אִתּוֹ כָּל־עַבְדֵי פַרְעֹה זִקְנֵי
בֵיתוֹ וְכֹל זִקְנֵי אֶרֶץ־מִצְרָיִם׃ 8 וְכֹל בֵּית
יוֹסֵף וְאֶחָיו וּבֵית אָבִיו רַק טַפָּם וְצֹאנָם
וּבְקָרָם עָזְבוּ בְּאֶרֶץ גֹּשֶׁן׃ 9 וַיַּעַל עִמּוֹ
גַּם־רֶכֶב גַּם־פָּרָשִׁים וַיְהִי הַמַּחֲנֶה כָּבֵד
מְאֹד׃ 10 וַיָּבֹאוּ עַד־גֹּרֶן הָאָטָד אֲשֶׁר בְּעֵבֶר
הַיַּרְדֵּן וַיִּסְפְּדוּ־שָׁם מִסְפֵּד גָּדוֹל וְכָבֵד מְאֹד
וַיַּעַשׂ לְאָבִיו אֵבֶל שִׁבְעַת יָמִים׃ 11 וַיַּרְא
יוֹשֵׁב הָאָרֶץ הַכְּנַעֲנִי אֶת־הָאֵבֶל בְּגֹרֶן
הָאָטָד וַיֹּאמְרוּ אֵבֶל־כָּבֵד זֶה לְמִצְרָיִם
עַל־כֵּן קָרָא שְׁמָהּ אָבֵל מִצְרַיִם אֲשֶׁר
בְּעֵבֶר הַיַּרְדֵּן׃ 12 וַיַּעֲשׂוּ בָנָיו לוֹ כֵּן כַּאֲשֶׁר
צִוָּם׃ 13 וַיִּשְׂאוּ אֹתוֹ בָנָיו אַרְצָה כְּנַעַן
וַיִּקְבְּרוּ אֹתוֹ בִּמְעָרַת שְׂדֵה הַמַּכְפֵּלָה אֲשֶׁר

a Heb. *ebel*.

possession of a burying-place, of Ephron the Hittite, in front of Mamre.

[14] And Joseph returned into Egypt, he, and his brethren, and all that went up with him to bury his father, after he had buried his father. [15] And when Joseph's brethren saw that their father was dead, they said: 'It may be that Joseph will hate us, and will fully requite us all the evil which we did unto him.' [16] And they sent a message unto Joseph, saying: 'Thy father did command before he died, saying: [17] So shall ye say unto Joseph: Forgive, I pray thee now, the transgression of thy brethren, and their sin, for that they did unto thee evil. And now, we pray thee, forgive the transgression of the servants of the God of thy father.' And Joseph wept when they spoke unto him. [18] And his brethren also went and fell down before his face; and they said: 'Behold, we are thy bondmen.' [19] And Joseph said unto them: 'Fear not; for am I in the place of God? [20] And as for you, ye meant evil against me; but God meant it for good, to bring to pass, as it is this day, to save much people alive. [21] Now therefore fear ye not; I will sustain you, and your little ones.' And he comforted them, and spoke kindly unto them.

[22] And Joseph dwelt in Egypt, he, and his father's house; and Joseph lived a hundred and ten years. [23] And Joseph saw Ephraim's children of the third generation; the children also of Machir the son of Manasseh were born upon Joseph's knees. [24] And Joseph said unto his brethren: 'I die; but God will surely remember you, and bring you up out of this land unto the land which He swore to Abraham, to Isaac, and to Jacob.' [25] And Joseph took an oath of the children of Israel, saying: 'God will surely remember you, and ye shall carry up my bones from hence.' [26] So Joseph died, being a hundred and ten years old. And they embalmed him, and he was put in a coffin in Egypt.

קָנָה אַבְרָהָם אֶת־הַשָּׂדֶה לַאֲחֻזַּת־קֶבֶר
מֵאֵת עֶפְרֹן הַחִתִּי עַל־פְּנֵי מַמְרֵא׃
14 וַיָּשָׁב יוֹסֵף מִצְרַיְמָה הוּא וְאֶחָיו וְכָל־
הָעֹלִים אִתּוֹ לִקְבֹּר אֶת־אָבִיו אַחֲרֵי קָבְרוֹ
אֶת־אָבִיו׃ 15 וַיִּרְאוּ אֲחֵי־יוֹסֵף כִּי־מֵת
אֲבִיהֶם וַיֹּאמְרוּ לוּ יִשְׂטְמֵנוּ יוֹסֵף וְהָשֵׁב
יָשִׁיב לָנוּ אֵת כָּל־הָרָעָה אֲשֶׁר גָּמַלְנוּ
אֹתוֹ׃ 16 וַיְצַוּוּ אֶל־יוֹסֵף לֵאמֹר אָבִיךָ צִוָּה
לִפְנֵי מוֹתוֹ לֵאמֹר׃ 17 כֹּה־תֹאמְרוּ לְיוֹסֵף
אָנָּא שָׂא נָא פֶּשַׁע אַחֶיךָ וְחַטָּאתָם כִּי־
רָעָה גְמָלוּךָ וְעַתָּה שָׂא נָא לְפֶשַׁע עַבְדֵי
אֱלֹהֵי אָבִיךָ וַיֵּבְךְּ יוֹסֵף בְּדַבְּרָם אֵלָיו׃
18 וַיֵּלְכוּ גַּם־אֶחָיו וַיִּפְּלוּ לְפָנָיו וַיֹּאמְרוּ
הִנֶּנּוּ לְךָ לַעֲבָדִים׃ 19 וַיֹּאמֶר אֲלֵהֶם יוֹסֵף
אַל־תִּירָאוּ כִּי הֲתַחַת אֱלֹהִים אָנִי׃
20 וְאַתֶּם חֲשַׁבְתֶּם עָלַי רָעָה אֱלֹהִים
חֲשָׁבָהּ לְטֹבָה לְמַעַן עֲשֹׂה כַּיּוֹם הַזֶּה
לְהַחֲיֹת עַם־רָב׃ 21 וְעַתָּה אַל־תִּירָאוּ
אָנֹכִי אֲכַלְכֵּל אֶתְכֶם וְאֶת־טַפְּכֶם וַיְנַחֵם
אוֹתָם וַיְדַבֵּר עַל־לִבָּם׃ 22 וַיֵּשֶׁב יוֹסֵף
בְּמִצְרַיִם הוּא וּבֵית אָבִיו וַיְחִי יוֹסֵף מֵאָה
וָעֶשֶׂר שָׁנִים׃ 23 וַיַּרְא יוֹסֵף לְאֶפְרַיִם בְּנֵי
שִׁלֵּשִׁים גַּם בְּנֵי מָכִיר בֶּן־מְנַשֶּׁה יֻלְּדוּ
עַל־בִּרְכֵּי יוֹסֵף׃ 24 וַיֹּאמֶר יוֹסֵף אֶל־אֶחָיו
אָנֹכִי מֵת וֵאלֹהִים פָּקֹד יִפְקֹד אֶתְכֶם
וְהֶעֱלָה אֶתְכֶם מִן־הָאָרֶץ הַזֹּאת אֶל־
הָאָרֶץ אֲשֶׁר נִשְׁבַּע לְאַבְרָהָם לְיִצְחָק
וּלְיַעֲקֹב׃ 25 וַיַּשְׁבַּע יוֹסֵף אֶת־בְּנֵי יִשְׂרָאֵל
לֵאמֹר פָּקֹד יִפְקֹד אֱלֹהִים אֶתְכֶם
וְהַעֲלִתֶם אֶת־עַצְמֹתַי מִזֶּה׃ 26 וַיָּמָת יוֹסֵף
בֶּן־מֵאָה וָעֶשֶׂר שָׁנִים וַיַּחַנְטוּ אֹתוֹ וַיִּישֶׂם
בָּאָרוֹן בְּמִצְרָיִם׃

EXODUS

שמות

1 Now these are the names of the sons of Israel, who came into Egypt with Jacob; every man came with his household: [2] Reuben, Simeon, Levi, and Judah; [3] Issachar, Zebulun, and Benjamin; [4] Dan and Naphtali, Gad and Asher. [5] And all the souls that came out of the loins of Jacob were seventy souls; and Joseph was in Egypt already. [6] And Joseph died, and all his brethren, and all that generation. [7] And the children of Israel were fruitful, and increased abundantly, and multiplied, and waxed exceeding mighty; and the land was filled with them.

[8] Now there arose a new king over Egypt, who knew not Joseph. [9] And he said unto his people: 'Behold, the people of the children of Israel are too many and too mighty for us; [10] come, let us deal wisely with them, lest they multiply, and it come to pass, that, when there befalleth us any war, they also join themselves unto our enemies, and fight against us, and get them up out of the land.' [11] Therefore they did set over them taskmasters to afflict them with their burdens. And they built for Pharaoh store-cities, Pithom and Raamses. [12] But the more they afflicted them, the more they multiplied and the more they spread abroad. And they were adread because of the children of Israel. [13] And the Egyptians made the children of Israel to serve with rigour. [14] And they made their lives bitter with hard service, in mortar and in brick, and in all manner of service in the field; in all their service, wherein they made them serve with rigour.

[15] And the king of Egypt spoke to the Hebrew midwives, of whom the name of the one was Shiphrah, and the name of the other Puah; [16] and he said: 'When ye do the office of a midwife to the Hebrew women, ye shall look upon the birthstool: if it be a son, then ye shall kill him; but if it be a daughter, then she shall live.' [17] But the midwives feared God, and did not as the king

1 וְאֵלֶּה שְׁמוֹת בְּנֵי יִשְׂרָאֵל הַבָּאִים
מִצְרָיְמָה אֵת יַעֲקֹב אִישׁ וּבֵיתוֹ בָּאוּ׃
2 רְאוּבֵן שִׁמְעוֹן לֵוִי וִיהוּדָה׃ 3 יִשָּׂשכָר
זְבוּלֻן וּבִנְיָמִן׃ 4 דָּן וְנַפְתָּלִי גָּד וְאָשֵׁר׃
5 וַיְהִי כָּל־נֶפֶשׁ יֹצְאֵי יֶרֶךְ־יַעֲקֹב שִׁבְעִים
נָפֶשׁ וְיוֹסֵף הָיָה בְמִצְרָיִם׃ 6 וַיָּמָת יוֹסֵף
וְכָל־אֶחָיו וְכֹל הַדּוֹר הַהוּא׃ 7 וּבְנֵי
יִשְׂרָאֵל פָּרוּ וַיִּשְׁרְצוּ וַיִּרְבּוּ וַיַּעַצְמוּ בִּמְאֹד
מְאֹד וַתִּמָּלֵא הָאָרֶץ אֹתָם׃ פ
8 וַיָּקָם מֶלֶךְ־חָדָשׁ עַל־מִצְרָיִם אֲשֶׁר לֹא־
יָדַע אֶת־יוֹסֵף׃ 9 וַיֹּאמֶר אֶל־עַמּוֹ הִנֵּה עַם
בְּנֵי יִשְׂרָאֵל רַב וְעָצוּם מִמֶּנּוּ׃ 10 הָבָה
נִתְחַכְּמָה לוֹ פֶּן־יִרְבֶּה וְהָיָה כִּי־תִקְרֶאנָה
מִלְחָמָה וְנוֹסַף גַּם־הוּא עַל־שֹׂנְאֵינוּ
וְנִלְחַם־בָּנוּ וְעָלָה מִן־הָאָרֶץ׃ 11 וַיָּשִׂימוּ
עָלָיו שָׂרֵי מִסִּים לְמַעַן עַנֹּתוֹ בְּסִבְלֹתָם
וַיִּבֶן עָרֵי מִסְכְּנוֹת לְפַרְעֹה אֶת־פִּתֹם
וְאֶת־רַעַמְסֵס׃ 12 וְכַאֲשֶׁר יְעַנּוּ אֹתוֹ כֵּן
יִרְבֶּה וְכֵן יִפְרֹץ וַיָּקֻצוּ מִפְּנֵי בְּנֵי יִשְׂרָאֵל׃
13 וַיַּעֲבִדוּ מִצְרַיִם אֶת־בְּנֵי יִשְׂרָאֵל בְּפָרֶךְ׃
14 וַיְמָרְרוּ אֶת־חַיֵּיהֶם בַּעֲבֹדָה קָשָׁה
בְּחֹמֶר וּבִלְבֵנִים וּבְכָל־עֲבֹדָה בַּשָּׂדֶה אֵת
כָּל־עֲבֹדָתָם אֲשֶׁר־עָבְדוּ בָהֶם בְּפָרֶךְ׃
15 וַיֹּאמֶר מֶלֶךְ מִצְרַיִם לַמְיַלְּדֹת הָעִבְרִיֹּת
אֲשֶׁר שֵׁם הָאַחַת שִׁפְרָה וְשֵׁם הַשֵּׁנִית
פּוּעָה׃ 16 וַיֹּאמֶר בְּיַלֶּדְכֶן אֶת־הָעִבְרִיּוֹת
וּרְאִיתֶן עַל־הָאָבְנָיִם אִם־בֵּן הוּא וַהֲמִתֶּן
אֹתוֹ וְאִם־בַּת הִוא וָחָיָה׃ 17 וַתִּירֶאןָ

of Egypt commanded them, but saved the men-children alive. [18] And the king of Egypt called for the midwives, and said unto them: 'Why have ye done this thing, and have saved the men-children alive?' [19] And the midwives said unto Pharaoh: 'Because the Hebrew women are not as the Egyptian women; for they are lively, and are delivered ere the midwife come unto them.' [20] And God dealt well with the midwives; and the people multiplied, and waxed very mighty. [21] And it came to pass, because the midwives feared God, that He made them houses. [22] And Pharaoh charged all his people, saying: 'Every son that is born ye shall cast into the river, and every daughter ye shall save alive.'

2 And there went a man of the house of Levi, and took to wife a daughter of Levi. [2] And the woman conceived, and bore a son; and when she saw him that he was a goodly child, she hid him three months. [3] And when she could not longer hide him, she took for him an ark of bulrushes, and daubed it with slime and with pitch; and she put the child therein, and laid it in the flags by the river's brink. [4] And his sister stood afar off, to know what would be done to him. [5] And the daughter of Pharaoh came down to bathe in the river; and her maidens walked along by the river-side; and she saw the ark among the flags, and sent her handmaid to fetch it. [6] And she opened it, and saw it, even the child; and behold a boy that wept. And she had compassion on him, and said: 'This is one of the Hebrews' children.' [7] Then said his sister to Pharaoh's daughter. 'Shall I go and call thee a nurse of the Hebrew women, that she may nurse the child for thee?' [8] And Pharaoh's daughter said to her: 'Go.' And the maiden went and called the child's mother. [9] And Pharaoh's daughter said unto her: 'Take this child away, and nurse it for me, and I will give thee thy wages' And the

הַמְיַלְּדֹת אֶת־הָאֱלֹהִים וְלֹא עָשׂוּ כַּאֲשֶׁר
דִּבֶּר אֲלֵיהֶן מֶלֶךְ מִצְרָיִם וַתְּחַיֶּיןָ אֶת־
הַיְלָדִים׃ 18 וַיִּקְרָא מֶלֶךְ־מִצְרַיִם לַמְיַלְּדֹת
וַיֹּאמֶר לָהֶן מַדּוּעַ עֲשִׂיתֶן הַדָּבָר הַזֶּה
וַתְּחַיֶּיןָ אֶת־הַיְלָדִים׃ 19 וַתֹּאמַרְןָ
הַמְיַלְּדֹת אֶל־פַּרְעֹה כִּי לֹא כַנָּשִׁים
הַמִּצְרִיֹּת הָעִבְרִיֹּת כִּי־חָיוֹת הֵנָּה בְּטֶרֶם
תָּבוֹא אֲלֵהֶן הַמְיַלֶּדֶת וְיָלָדוּ׃ 20 וַיֵּיטֶב
אֱלֹהִים לַמְיַלְּדֹת וַיִּרֶב הָעָם וַיַּעַצְמוּ
מְאֹד׃ 21 וַיְהִי כִּי־יָרְאוּ הַמְיַלְּדֹת אֶת־
הָאֱלֹהִים וַיַּעַשׂ לָהֶם בָּתִּים׃ 22 וַיְצַו פַּרְעֹה
לְכָל־עַמּוֹ לֵאמֹר כָּל־הַבֵּן הַיִּלּוֹד הַיְאֹרָה
תַּשְׁלִיכֻהוּ וְכָל־הַבַּת תְּחַיּוּן׃ ס
2 וַיֵּלֶךְ אִישׁ מִבֵּית לֵוִי וַיִּקַּח אֶת־
בַּת־לֵוִי׃ 2 וַתַּהַר הָאִשָּׁה וַתֵּלֶד בֵּן וַתֵּרֶא
אֹתוֹ כִּי־טוֹב הוּא וַתִּצְפְּנֵהוּ שְׁלֹשָׁה
יְרָחִים׃ 3 וְלֹא־יָכְלָה עוֹד הַצְּפִינוֹ וַתִּקַּח־
לוֹ תֵּבַת גֹּמֶא וַתַּחְמְרָה בַחֵמָר וּבַזָּפֶת
וַתָּשֶׂם בָּהּ אֶת־הַיֶּלֶד וַתָּשֶׂם בַּסּוּף עַל־
שְׂפַת הַיְאֹר׃ 4 וַתֵּתַצַּב אֲחֹתוֹ מֵרָחֹק
לְדֵעָה מַה־יֵּעָשֶׂה לוֹ׃ 5 וַתֵּרֶד בַּת־פַּרְעֹה
לִרְחֹץ עַל־הַיְאֹר וְנַעֲרֹתֶיהָ הֹלְכֹת עַל־יַד
הַיְאֹר וַתֵּרֶא אֶת־הַתֵּבָה בְּתוֹךְ הַסּוּף
וַתִּשְׁלַח אֶת־אֲמָתָהּ וַתִּקָּחֶהָ׃ 6 וַתִּפְתַּח
וַתִּרְאֵהוּ אֶת־הַיֶּלֶד וְהִנֵּה־נַעַר בֹּכֶה
וַתַּחְמֹל עָלָיו וַתֹּאמֶר מִיַּלְדֵי הָעִבְרִים זֶה׃
7 וַתֹּאמֶר אֲחֹתוֹ אֶל־בַּת־פַּרְעֹה הַאֵלֵךְ
וְקָרָאתִי לָךְ אִשָּׁה מֵינֶקֶת מִן הָעִבְרִיֹּת
וְתֵינִק לָךְ אֶת־הַיָּלֶד׃ 8 וַתֹּאמֶר־לָהּ בַּת־
פַּרְעֹה לֵכִי וַתֵּלֶךְ הָעַלְמָה וַתִּקְרָא אֶת־
אֵם הַיָּלֶד׃ 9 וַתֹּאמֶר לָהּ בַּת־פַּרְעֹה
הֵילִיכִי אֶת־הַיֶּלֶד הַזֶּה וְהֵינִקִהוּ לִי וַאֲנִי
אֶתֵּן אֶת־שְׂכָרֵךְ וַתִּקַּח הָאִשָּׁה הַיֶּלֶד

woman took the child, and nursed it. [10] And the child grew, and she brought him unto Pharaoh's daughter, and he became her son. And she called his name [a]Moses, and said: 'Because I [b]drew him out of the water.'

[11] And it came to pass in those days, when Moses was grown up, that he went out unto his brethren, and looked on their burdens; and he saw an Egyptian smiting a Hebrew, one of his brethren. [12] And he looked this way and that way, and when he saw that there was no man, he smote the Egyptian, and hid him in the sand. [13] And he went out the second day, and, behold, two men of the Hebrews were striving together; and he said to him that did the wrong: 'Wherefore smitest thou thy fellow?' [14] And he said: 'Who made thee a ruler and a judge over us? thinkest thou to kill me, as thou didst kill the Egyptian?' And Moses feared, and said: 'Surely the thing is known' [15] Now when Pharaoh heard this thing, he sought to slay Moses. But Moses fled from the face of Pharaoh, and dwelt in the land of Midian; and he sat down by a well. [16] Now the priest of Midian had seven daughters; and they came and drew water, and filled the troughs to water their father's flock. [17] And the shepherds came and drove them away; but Moses stood up and helped them, and watered their flock. [18] And when they came to Reuel their father, he said: 'How is it that ye are come so soon to-day?' [19] And they said: 'An Egyptian delivered us out of the hand of the shepherds, and moreover he drew water for us, and watered the flock.' [20] And he said unto his daughters: 'And where is he? why is it that ye have left the man? call him, that he may eat bread.' [21] And Moses was content to dwell with the man; and he gave Moses Zipporah his daughter [22] And she bore a son, and he called his name Gershom; for he said: 'I have been [c]a stranger in a strange land.'

[23] And it came to pass in the course of those many days that the king of Egypt died; and the children of Israel sighed by reason of the bondage, and they cried, and their cry came up unto God by reason of the bondage. [24] And God heard their groaning, and God remembered

וַתְּנִיקֵהוּ׃ 10 וַיִּגְדַּל הַיֶּלֶד וַתְּבִאֵהוּ לְבַת־
פַּרְעֹה וַיְהִי־לָהּ לְבֵן וַתִּקְרָא שְׁמוֹ מֹשֶׁה
וַתֹּאמֶר כִּי מִן־הַמַּיִם מְשִׁיתִהוּ׃ 11 וַיְהִי ׀
בַּיָּמִים הָהֵם וַיִּגְדַּל מֹשֶׁה וַיֵּצֵא אֶל־אֶחָיו
וַיַּרְא בְּסִבְלֹתָם וַיַּרְא אִישׁ מִצְרִי מַכֶּה
אִישׁ־עִבְרִי מֵאֶחָיו׃ 12 וַיִּפֶן כֹּה וָכֹה וַיַּרְא
כִּי אֵין אִישׁ וַיַּךְ אֶת־הַמִּצְרִי וַיִּטְמְנֵהוּ
בַּחוֹל׃ 13 וַיֵּצֵא בַּיּוֹם הַשֵּׁנִי וְהִנֵּה שְׁנֵי־
אֲנָשִׁים עִבְרִים נִצִּים וַיֹּאמֶר לָרָשָׁע לָמָּה
תַכֶּה רֵעֶךָ׃ 14 וַיֹּאמֶר מִי שָׂמְךָ לְאִישׁ שַׂר
וְשֹׁפֵט עָלֵינוּ הַלְהָרְגֵנִי אַתָּה אֹמֵר כַּאֲשֶׁר
הָרַגְתָּ אֶת־הַמִּצְרִי וַיִּירָא מֹשֶׁה וַיֹּאמַר
אָכֵן נוֹדַע הַדָּבָר׃ 15 וַיִּשְׁמַע פַּרְעֹה אֶת־
הַדָּבָר הַזֶּה וַיְבַקֵּשׁ לַהֲרֹג אֶת־מֹשֶׁה וַיִּבְרַח
מֹשֶׁה מִפְּנֵי פַרְעֹה וַיֵּשֶׁב בְּאֶרֶץ־מִדְיָן וַיֵּשֶׁב
עַל־הַבְּאֵר׃ 16 וּלְכֹהֵן מִדְיָן שֶׁבַע בָּנוֹת
וַתָּבֹאנָה וַתִּדְלֶנָה וַתְּמַלֶּאנָה אֶת־
הָרְהָטִים לְהַשְׁקוֹת צֹאן אֲבִיהֶן׃ 17 וַיָּבֹאוּ
הָרֹעִים וַיְגָרְשׁוּם וַיָּקָם מֹשֶׁה וַיּוֹשִׁעָן וַיַּשְׁק
אֶת־צֹאנָם׃ 18 וַתָּבֹאנָה אֶל־רְעוּאֵל אֲבִיהֶן
וַיֹּאמֶר מַדּוּעַ מִהַרְתֶּן בֹּא הַיּוֹם׃
19 וַתֹּאמַרְןָ אִישׁ מִצְרִי הִצִּילָנוּ מִיַּד
הָרֹעִים וְגַם־דָּלֹה דָלָה לָנוּ וַיַּשְׁק אֶת־
הַצֹּאן׃ 20 וַיֹּאמֶר אֶל־בְּנֹתָיו וְאַיּוֹ לָמָּה זֶּה
עֲזַבְתֶּן אֶת־הָאִישׁ קִרְאֶן לוֹ וְיֹאכַל לָחֶם׃
21 וַיּוֹאֶל מֹשֶׁה לָשֶׁבֶת אֶת־הָאִישׁ וַיִּתֵּן
אֶת־צִפֹּרָה בִתּוֹ לְמֹשֶׁה׃ 22 וַתֵּלֶד בֵּן
וַיִּקְרָא אֶת־שְׁמוֹ גֵּרְשֹׁם כִּי אָמַר גֵּר הָיִיתִי
בְּאֶרֶץ נָכְרִיָּה׃ פ
23 וַיְהִי בַיָּמִים הָרַבִּים הָהֵם וַיָּמָת מֶלֶךְ
מִצְרַיִם וַיֵּאָנְחוּ בְנֵי־יִשְׂרָאֵל מִן־הָעֲבֹדָה
וַיִּזְעָקוּ וַתַּעַל שַׁוְעָתָם אֶל־הָאֱלֹהִים מִן־
הָעֲבֹדָה׃ 24 וַיִּשְׁמַע אֱלֹהִים אֶת־נַאֲקָתָם

a Heb. *Mosheh.* b Heb. *mashah,* to draw out. c Heb. *ger.*

His covenant with Abraham, with Isaac, and with Jacob. [25] And God saw the children of Israel, and God took cognizance of them.

3 Now Moses was keeping the flock of Jethro his father-in-law, the priest of Midian; and he led the flock to the farthest end of the wilderness, and came to the mountain of God, unto Horeb. [2] And the angel of the LORD appeared unto him in a flame of fire out of the midst of a bush; and he looked, and, behold, the bush burned with fire, and the bush was not consumed. [3] And Moses said: 'I will turn aside now, and see this great sight, why the bush is not burnt.' [4] And when the LORD saw that he turned aside to see, God called unto him out of the midst of the bush, and said: 'Moses, Moses.' And he said: 'Here am I' [5] And He said: 'Draw not nigh hither; put off thy shoes from off thy feet, for the place whereon thou standest is holy ground.' [6] Moreover He said: 'I am the God of thy father, the God of Abraham, the God of Isaac, and the God of Jacob.' And Moses hid his face; for he was afraid to look upon God. [7] And the LORD said: 'I have surely seen the affliction of My people that are in Egypt, and have heard their cry by reason of their taskmasters; for I know their pains; [8] and I am come down to deliver them out of the hand of the Egyptians, and to bring them up out of that land unto a good land and a large, unto a land flowing with milk and honey; unto the place of the Canaanite, and the Hittite, and the Amorite, and the Perizzite, and the Hivite, and the Jebusite. [9] And now, behold, the cry of the children of Israel is come unto Me; moreover I have seen the oppression herewith the Egyptians oppress them. [10] Come now therefore, and I will send thee unto Pharaoh, that thou mayest bring forth My people the children of Israel out of Egypt.' [11] And Moses said unto God: 'Who am I, that I should go unto Pharaoh, and that I should bring forth the children of Israel out of Egypt?' [12] And He said: 'Certainly I will be with thee; and this shall be the token

וַיִּזְכֹּר אֱלֹהִים אֶת־בְּרִיתוֹ אֶת־אַבְרָהָם
אֶת־יִצְחָק וְאֶת־יַעֲקֹב׃ 25 וַיַּרְא אֱלֹהִים
אֶת־בְּנֵי יִשְׂרָאֵל וַיֵּדַע אֱלֹהִים׃ ס
3 וּמֹשֶׁה הָיָה רֹעֶה אֶת־צֹאן יִתְרוֹ
חֹתְנוֹ כֹּהֵן מִדְיָן וַיִּנְהַג אֶת־הַצֹּאן אַחַר
הַמִּדְבָּר וַיָּבֹא אֶל־הַר הָאֱלֹהִים חֹרֵבָה׃
2 וַיֵּרָא מַלְאַךְ יְהוָה אֵלָיו בְּלַבַּת־אֵשׁ
מִתּוֹךְ הַסְּנֶה וַיַּרְא וְהִנֵּה הַסְּנֶה בֹּעֵר בָּאֵשׁ
וְהַסְּנֶה אֵינֶנּוּ אֻכָּל׃ 3 וַיֹּאמֶר מֹשֶׁה אָסֻרָה־
נָּא וְאֶרְאֶה אֶת־הַמַּרְאֶה הַגָּדֹל הַזֶּה מַדּוּעַ
לֹא־יִבְעַר הַסְּנֶה׃ 4 וַיַּרְא יְהוָה כִּי סָר
לִרְאוֹת וַיִּקְרָא אֵלָיו אֱלֹהִים מִתּוֹךְ הַסְּנֶה
וַיֹּאמֶר מֹשֶׁה מֹשֶׁה וַיֹּאמֶר הִנֵּנִי׃ 5 וַיֹּאמֶר
אַל־תִּקְרַב הֲלֹם שַׁל־נְעָלֶיךָ מֵעַל רַגְלֶיךָ
כִּי הַמָּקוֹם אֲשֶׁר אַתָּה עוֹמֵד עָלָיו אַדְמַת־
קֹדֶשׁ הוּא׃ 6 וַיֹּאמֶר אָנֹכִי אֱלֹהֵי אָבִיךָ
אֱלֹהֵי אַבְרָהָם אֱלֹהֵי יִצְחָק וֵאלֹהֵי יַעֲקֹב
וַיַּסְתֵּר מֹשֶׁה פָּנָיו כִּי יָרֵא מֵהַבִּיט אֶל־
הָאֱלֹהִים׃ 7 וַיֹּאמֶר יְהוָה רָאֹה רָאִיתִי
אֶת־עֳנִי עַמִּי אֲשֶׁר בְּמִצְרָיִם וְאֶת־צַעֲקָתָם
שָׁמַעְתִּי מִפְּנֵי נֹגְשָׂיו כִּי יָדַעְתִּי אֶת־
מַכְאֹבָיו׃ 8 וָאֵרֵד לְהַצִּילוֹ ׀ מִיַּד מִצְרַיִם
וּלְהַעֲלֹתוֹ מִן־הָאָרֶץ הַהִוא אֶל־אֶרֶץ
טוֹבָה וּרְחָבָה אֶל־אֶרֶץ זָבַת חָלָב וּדְבָשׁ
אֶל־מְקוֹם הַכְּנַעֲנִי וְהַחִתִּי וְהָאֱמֹרִי
וְהַפְּרִזִּי וְהַחִוִּי וְהַיְבוּסִי׃ 9 וְעַתָּה הִנֵּה
צַעֲקַת בְּנֵי־יִשְׂרָאֵל בָּאָה אֵלָי וְגַם־רָאִיתִי
אֶת־הַלַּחַץ אֲשֶׁר מִצְרַיִם לֹחֲצִים אֹתָם׃
10 וְעַתָּה לְכָה וְאֶשְׁלָחֲךָ אֶל־פַּרְעֹה וְהוֹצֵא
אֶת־עַמִּי בְנֵי־יִשְׂרָאֵל מִמִּצְרָיִם׃ 11 וַיֹּאמֶר
מֹשֶׁה אֶל־הָאֱלֹהִים מִי אָנֹכִי כִּי אֵלֵךְ
אֶל־פַּרְעֹה וְכִי אוֹצִיא אֶת־בְּנֵי יִשְׂרָאֵל
מִמִּצְרָיִם׃ 12 וַיֹּאמֶר כִּי־אֶהְיֶה עִמָּךְ וְזֶה־

unto thee, that I have sent thee: when thou hast brought forth the people out of Egypt, ye shall serve God upon this mountain.' [13] And Moses said unto God: 'Behold, when I come unto the children of Israel, and shall say unto them: The God of your fathers hath sent me unto you; and they shall say to me: What is His name? what shall I say unto them?' [14] And God said unto Moses: 'I AM THAT I AM'; and He said: 'Thus shalt thou say unto the children of Israel: I AM hath sent me unto you.' [15] And God said moreover unto Moses: 'Thus shalt thou say unto the children of Israel: The LORD, the God of your fathers, the God of Abraham, the God of Isaac, and the God of Jacob, hath sent me unto you; this is My name for ever, and this is My memorial unto all generations. [16] Go, and gather the elders of Israel together, and say unto them: The LORD, the God of your fathers, the God of Abraham, of Isaac, and of Jacob, hath appeared unto me, saying: I have surely remembered you, and seen that which is done to you in Egypt. [17] And I have said: I will bring you up out of the affliction of Egypt unto the land of the Canaanite, and the Hittite, and the Amorite, and the Perizzite, and the Hivite, and the Jebusite, unto a land flowing with milk and honey. [18] And they shall hearken to thy voice. And thou shalt come, thou and the elders of Israel, unto the king of Egypt, and ye shall say unto him: The LORD, the God of the Hebrews, hath met with us. And now let us go, we pray thee, three days' journey into the wilderness, that we may sacrifice to the LORD our God. [19] And I know that the king of Egypt will not give you leave to go, except by a mighty hand. [20] And I will put forth My hand, and smite Egypt with all My wonders which I will do in the midst thereof. And after that he will let you go. [21] And I will give this people favour in the sight of the Egyptians. And it shall come to pass, that, when ye go, ye shall not go empty; [22] but every woman shall ask of her neighbour, and of her that sojourneth in her house, jewels of silver, and jewels of gold, and raiment; and ye shall put

לְךָ הָאוֹת כִּי אָנֹכִי שְׁלַחְתִּיךָ בְּהוֹצִיאֲךָ
אֶת־הָעָם מִמִּצְרַיִם תַּעַבְדוּן אֶת־
הָאֱלֹהִים עַל הָהָר הַזֶּה׃ 13 וַיֹּאמֶר מֹשֶׁה
אֶל־הָאֱלֹהִים הִנֵּה אָנֹכִי בָא אֶל־בְּנֵי
יִשְׂרָאֵל וְאָמַרְתִּי לָהֶם אֱלֹהֵי אֲבוֹתֵיכֶם
שְׁלָחַנִי אֲלֵיכֶם וְאָמְרוּ־לִי מַה־שְּׁמוֹ מָה
אֹמַר אֲלֵהֶם׃ 14 וַיֹּאמֶר אֱלֹהִים אֶל־מֹשֶׁה
אֶהְיֶה אֲשֶׁר אֶהְיֶה וַיֹּאמֶר כֹּה תֹאמַר לִבְנֵי
יִשְׂרָאֵל אֶהְיֶה שְׁלָחַנִי אֲלֵיכֶם׃ 15 וַיֹּאמֶר
עוֹד אֱלֹהִים אֶל־מֹשֶׁה כֹּה־תֹאמַר אֶל־בְּנֵי
יִשְׂרָאֵל יְהוָה אֱלֹהֵי אֲבֹתֵיכֶם אֱלֹהֵי
אַבְרָהָם אֱלֹהֵי יִצְחָק וֵאלֹהֵי יַעֲקֹב שְׁלָחַנִי
אֲלֵיכֶם זֶה־שְּׁמִי לְעֹלָם וְזֶה זִכְרִי לְדֹר דֹּר׃
16 לֵךְ וְאָסַפְתָּ אֶת־זִקְנֵי יִשְׂרָאֵל וְאָמַרְתָּ
אֲלֵהֶם יְהוָה אֱלֹהֵי אֲבֹתֵיכֶם נִרְאָה אֵלַי
אֱלֹהֵי אַבְרָהָם יִצְחָק וְיַעֲקֹב לֵאמֹר פָּקֹד
פָּקַדְתִּי אֶתְכֶם וְאֶת־הֶעָשׂוּי לָכֶם
בְּמִצְרָיִם׃ 17 וָאֹמַר אַעֲלֶה אֶתְכֶם מֵעֳנִי
מִצְרַיִם אֶל־אֶרֶץ הַכְּנַעֲנִי וְהַחִתִּי וְהָאֱמֹרִי
וְהַפְּרִזִּי וְהַחִוִּי וְהַיְבוּסִי אֶל־אֶרֶץ זָבַת
חָלָב וּדְבָשׁ׃ 18 וְשָׁמְעוּ לְקֹלֶךָ וּבָאתָ אַתָּה
וְזִקְנֵי יִשְׂרָאֵל אֶל־מֶלֶךְ מִצְרַיִם וַאֲמַרְתֶּם
אֵלָיו יְהוָה אֱלֹהֵי הָעִבְרִיִּים נִקְרָה עָלֵינוּ
וְעַתָּה נֵלֲכָה־נָּא דֶּרֶךְ שְׁלֹשֶׁת יָמִים
בַּמִּדְבָּר וְנִזְבְּחָה לַיהוָה אֱלֹהֵינוּ׃ 19 וַאֲנִי
יָדַעְתִּי כִּי לֹא־יִתֵּן אֶתְכֶם מֶלֶךְ מִצְרַיִם
לַהֲלֹךְ וְלֹא בְּיָד חֲזָקָה׃ 20 וְשָׁלַחְתִּי אֶת־
יָדִי וְהִכֵּיתִי אֶת־מִצְרַיִם בְּכֹל נִפְלְאֹתַי
אֲשֶׁר אֶעֱשֶׂה בְּקִרְבּוֹ וְאַחֲרֵי־כֵן יְשַׁלַּח
אֶתְכֶם׃ 21 וְנָתַתִּי אֶת־חֵן הָעָם־הַזֶּה
בְּעֵינֵי מִצְרָיִם וְהָיָה כִּי תֵלֵכוּן לֹא תֵלְכוּ
רֵיקָם׃ 22 וְשָׁאֲלָה אִשָּׁה מִשְּׁכֶנְתָּהּ וּמִגָּרַת
בֵּיתָהּ כְּלֵי־כֶסֶף וּכְלֵי זָהָב וּשְׂמָלֹת

וְשַׂמְתֶּם עַל־בְּנֵיכֶם וְעַל־בְּנֹתֵיכֶם וְנִצַּלְתֶּם
אֶת־מִצְרָיִם׃ **4** וַיַּעַן מֹשֶׁה וַיֹּאמֶר וְהֵן
לֹא־יַאֲמִינוּ לִי וְלֹא יִשְׁמְעוּ בְּקֹלִי כִּי
יֹאמְרוּ לֹא־נִרְאָה אֵלֶיךָ יְהוָה׃ 2 וַיֹּאמֶר
אֵלָיו יְהוָה מזה מַה־זֶּה בְיָדֶךָ וַיֹּאמֶר
מַטֶּה׃ 3 וַיֹּאמֶר הַשְׁלִיכֵהוּ אַרְצָה
וַיַּשְׁלִכֵהוּ אַרְצָה וַיְהִי לְנָחָשׁ וַיָּנָס מֹשֶׁה
מִפָּנָיו׃ 4 וַיֹּאמֶר יְהוָה אֶל־מֹשֶׁה שְׁלַח יָדְךָ
וֶאֱחֹז בִּזְנָבוֹ וַיִּשְׁלַח יָדוֹ וַיַּחֲזֶק בּוֹ וַיְהִי
לְמַטֶּה בְּכַפּוֹ׃ 5 לְמַעַן יַאֲמִינוּ כִּי־נִרְאָה
אֵלֶיךָ יְהוָה אֱלֹהֵי אֲבֹתָם אֱלֹהֵי אַבְרָהָם
אֱלֹהֵי יִצְחָק וֵאלֹהֵי יַעֲקֹב׃ 6 וַיֹּאמֶר יְהוָה
לוֹ עוֹד הָבֵא־נָא יָדְךָ בְּחֵיקֶךָ וַיָּבֵא יָדוֹ
בְּחֵיקוֹ וַיּוֹצִאָהּ וְהִנֵּה יָדוֹ מְצֹרַעַת כַּשָּׁלֶג׃
7 וַיֹּאמֶר הָשֵׁב יָדְךָ אֶל־חֵיקֶךָ וַיָּשֶׁב יָדוֹ
אֶל־חֵיקוֹ וַיּוֹצִאָהּ מֵחֵיקוֹ וְהִנֵּה־שָׁבָה
כִּבְשָׂרוֹ׃ 8 וְהָיָה אִם־לֹא יַאֲמִינוּ לָךְ וְלֹא
יִשְׁמְעוּ לְקֹל הָאֹת הָרִאשׁוֹן וְהֶאֱמִינוּ לְקֹל
הָאֹת הָאַחֲרוֹן׃ 9 וְהָיָה אִם־לֹא יַאֲמִינוּ
גַּם לִשְׁנֵי הָאֹתוֹת הָאֵלֶּה וְלֹא יִשְׁמְעוּן
לְקֹלֶךָ וְלָקַחְתָּ מִמֵּימֵי הַיְאֹר וְשָׁפַכְתָּ
הַיַּבָּשָׁה וְהָיוּ הַמַּיִם אֲשֶׁר תִּקַּח מִן־הַיְאֹר
וְהָיוּ לְדָם בַּיַּבָּשֶׁת׃ 10 וַיֹּאמֶר מֹשֶׁה אֶל־
יְהוָה בִּי אֲדֹנָי לֹא אִישׁ דְּבָרִים אָנֹכִי גַּם
מִתְּמוֹל גַּם מִשִּׁלְשֹׁם גַּם מֵאָז דַּבֶּרְךָ
אֶל־עַבְדֶּךָ כִּי כְבַד־פֶּה וּכְבַד לָשׁוֹן אָנֹכִי׃
11 וַיֹּאמֶר יְהוָה אֵלָיו מִי שָׂם פֶּה לָאָדָם
אוֹ מִי־יָשׂוּם אִלֵּם אוֹ חֵרֵשׁ אוֹ פִקֵּחַ אוֹ
עִוֵּר הֲלֹא אָנֹכִי יְהוָה׃ 12 וְעַתָּה לֵךְ וְאָנֹכִי
אֶהְיֶה עִם־פִּיךָ וְהוֹרֵיתִיךָ אֲשֶׁר תְּדַבֵּר׃
13 וַיֹּאמֶר בִּי אֲדֹנָי שְׁלַח־נָא בְּיַד־תִּשְׁלָח׃
14 וַיִּחַר־אַף יְהוָה בְּמֹשֶׁה וַיֹּאמֶר הֲלֹא
אַהֲרֹן אָחִיךָ הַלֵּוִי יָדַעְתִּי כִּי־דַבֵּר יְדַבֵּר

them upon your sons, and upon your daughters; and ye shall spoil the Egyptians.'

4 And Moses answered and said: 'But, behold, they will not believe me, nor hearken unto my voice; for they will say: The LORD hath not appeared unto thee.' [2] And the LORD said unto him: 'What is that in thy hand?' And he said: 'A rod.' [3] And He said: 'Cast it on the ground.' And he cast it on the ground, and it became a serpent; and Moses fled from before it. [4] And the LORD said unto Moses: 'Put forth thy hand, and take it by the tail—and he put forth his hand, and laid hold of it, and it became a rod in his hand—[5] that they may believe that the LORD, the God of their fathers, the God of Abraham, the God of Isaac, and the God of Jacob, hath appeared unto thee.' [6] And the LORD said furthermore unto him: 'Put now thy hand into thy bosom.' And he put his hand into his bosom; and when he took it out, behold, his hand was leprous, as white as snow. [7] And He said: 'Put thy hand back into thy bosom.—And he put his hand back into his bosom; and when he took it out of his bosom, behold, it was turned again as his other flesh.—[8] And it shall come to pass, if they will not believe thee, neither hearken to the voice of the first sign, that they will believe the voice of the latter sign. [9] And it shall come to pass, if they will not believe even these two signs, neither hearken unto thy voice, that thou shalt take of the water of the river, and pour it upon the dry land; and the water which thou takest out of the river shall become blood upon the dry land.' [10] And Moses said unto the LORD: 'Oh Lord, I am not a man of words, neither heretofore, nor since Thou hast spoken unto Thy servant; for I am slow of speech, and of a slow tongue.' [11] And the LORD said unto him: 'Who hath made man's mouth? or who maketh a man dumb, or deaf, or seeing, or blind? is it not I the LORD? [12] Now therefore go, and I will be with thy mouth, and teach thee what thou shalt speak.' [13] And he said: 'Oh Lord, send, I pray Thee, by the hand of him whom Thou wilt send.' [14] And the anger of the LORD was kindled against Moses, and He said: 'Is there not Aaron thy brother the Levite? I know that he can speak well. And also, behold, he cometh forth to meet thee; and when he seeth thee, he will be glad in his heart. [15] And thou shalt speak unto him, and put the words in his mouth; and I will be with thy mouth, and with his mouth, and will teach you what ye shall do. [16] And he shall be thy spokesman unto the people; and it shall come to pass, that he shall be to thee a mouth, and thou shalt be to him in God's stead. [17] And thou shalt take in thy hand this rod, wherewith thou shalt do the signs.'

[18] And Moses went and returned to [a]Jethro his father-in-law, and said unto him: 'Let me go, I pray thee, and return unto my brethren that are in Egypt, and see whether they be yet alive.' And Jethro said to Moses: 'Go in peace.' [19] And the LORD said unto Moses in Midian: 'Go, return into Egypt; for all the men are dead that sought thy life.' [20] And Moses took his wife and his sons, and set them upon an ass, and he returned to the land of Egypt; and Moses took the rod of God in his hand. [21] And the LORD said unto Moses: 'When thou goest back into Egypt, see that thou do before Pharaoh all the wonders which I have put in thy hand; but I will harden his heart, and he will not let the people go. [22] And thou shalt say unto Pharaoh: Thus saith the LORD: Israel is My son, My first-born. [23] And I have said unto thee: Let My son go, that he may serve Me; and thou hast refused to let him go. Behold, I will slay thy son, thy first-born.'—[24] And it came to pass on the way at the lodging-place, that the LORD met him, and sought to kill him. [25] Then Zipporah took a flint, and cut off the foreskin of her son, and cast it at his feet; and she said: 'Surely a bridegroom of blood art thou to me.' [26] So He let him alone. Then she said: 'A bridegroom of blood in regard of the circumcision.'

[27] And the LORD said to Aaron: 'Go into the wilderness to meet Moses.' And he went, and met him in the mountain of God, and kissed him [28] And Moses told Aaron all the words of the LORD wherewith He had sent him, and

הוּא וְגַם הִנֵּה־הוּא יֹצֵא לִקְרָאתֶךָ וְרָאֲךָ
וְשָׂמַח בְּלִבּוֹ׃ 15 וְדִבַּרְתָּ אֵלָיו וְשַׂמְתָּ אֶת־
הַדְּבָרִים בְּפִיו וְאָנֹכִי אֶהְיֶה עִם־פִּיךָ וְעִם־
פִּיהוּ וְהוֹרֵיתִי אֶתְכֶם אֵת אֲשֶׁר תַּעֲשׂוּן׃
16 וְדִבֶּר־הוּא לְךָ אֶל־הָעָם וְהָיָה הוּא
יִהְיֶה־לְּךָ לְפֶה וְאַתָּה תִּהְיֶה־לּוֹ לֵאלֹהִים׃
17 וְאֶת־הַמַּטֶּה הַזֶּה תִּקַּח בְּיָדֶךָ אֲשֶׁר
תַּעֲשֶׂה־בּוֹ אֶת־הָאֹתֹת׃ פ
18 וַיֵּלֶךְ מֹשֶׁה וַיָּשׇׁב ׀ אֶל־יֶתֶר חֹתְנוֹ וַיֹּאמֶר
לוֹ אֵלְכָה נָּא וְאָשׁוּבָה אֶל־אַחַי אֲשֶׁר־
בְּמִצְרַיִם וְאֶרְאֶה הַעוֹדָם חַיִּים וַיֹּאמֶר
יִתְרוֹ לְמֹשֶׁה לֵךְ לְשָׁלוֹם׃ 19 וַיֹּאמֶר יְהוָה
אֶל־מֹשֶׁה בְּמִדְיָן לֵךְ שֻׁב מִצְרָיִם כִּי־מֵתוּ
כׇּל־הָאֲנָשִׁים הַמְבַקְשִׁים אֶת־נַפְשֶׁךָ׃
20 וַיִּקַּח מֹשֶׁה אֶת־אִשְׁתּוֹ וְאֶת־בָּנָיו
וַיַּרְכִּבֵם עַל־הַחֲמֹר וַיָּשׇׁב אַרְצָה מִצְרָיִם
וַיִּקַּח מֹשֶׁה אֶת־מַטֵּה הָאֱלֹהִים בְּיָדוֹ׃
21 וַיֹּאמֶר יְהוָה אֶל־מֹשֶׁה בְּלֶכְתְּךָ לָשׁוּב
מִצְרַיְמָה רְאֵה כׇּל־הַמֹּפְתִים אֲשֶׁר־שַׂמְתִּי
בְיָדֶךָ וַעֲשִׂיתָם לִפְנֵי פַרְעֹה וַאֲנִי אֲחַזֵּק
אֶת־לִבּוֹ וְלֹא יְשַׁלַּח אֶת־הָעָם׃ 22 וְאָמַרְתָּ
אֶל־פַּרְעֹה כֹּה אָמַר יְהוָה בְּנִי בְכֹרִי
יִשְׂרָאֵל׃ 23 וָאֹמַר אֵלֶיךָ שַׁלַּח אֶת־בְּנִי
וְיַעַבְדֵנִי וַתְּמָאֵן לְשַׁלְּחוֹ הִנֵּה אָנֹכִי הֹרֵג
אֶת־בִּנְךָ בְּכֹרֶךָ׃ 24 וַיְהִי בַדֶּרֶךְ בַּמָּלוֹן
וַיִּפְגְּשֵׁהוּ יְהוָה וַיְבַקֵּשׁ הֲמִיתוֹ׃ 25 וַתִּקַּח
צִפֹּרָה צֹר וַתִּכְרֹת אֶת־עׇרְלַת בְּנָהּ וַתַּגַּע
לְרַגְלָיו וַתֹּאמֶר כִּי חֲתַן־דָּמִים אַתָּה לִי׃
26 וַיִּרֶף מִמֶּנּוּ אָז אָמְרָה חֲתַן דָּמִים
לַמּוּלֹת׃ פ
27 וַיֹּאמֶר יְהוָה אֶל־אַהֲרֹן לֵךְ לִקְרַאת
מֹשֶׁה הַמִּדְבָּרָה וַיֵּלֶךְ וַיִּפְגְּשֵׁהוּ בְּהַר
הָאֱלֹהִים וַיִּשַּׁק־לוֹ׃ 28 וַיַּגֵּד מֹשֶׁה לְאַהֲרֹן

a Heb. *Jether*

all the signs wherewith He had charged him.
[29] And Moses and Aaron went and gathered
together all the elders of the children of Israel.
[30] And Aaron spoke all the words which the
LORD had spoken unto Moses, and did the signs
in the sight of the people. [31] And the people
believed; and when they heard that the LORD
had remembered the children of Israel, and that
He had seen their affliction, then they bowed
their heads and worshipped.

5 And afterward Moses and Aaron came,
and said unto Pharaoh: 'Thus saith the
LORD, the God of Israel: Let My people go, that
they may hold a feast unto Me in the wilderness.'
[2] And Pharaoh said: 'Who is the LORD, that I
should hearken unto His voice to let Israel go?
I know not the LORD, and moreover I will not
let Israel go.' [3] And they said: 'The God of the
Hebrews hath met with us. Let us go, we pray
thee, three days' journey into the wilderness, and
sacrifice unto the LORD our God; lest He fall upon
us with pestilence, or with the sword.' [4] And
the king of Egypt said unto them: 'Wherefore
do ye, Moses and Aaron, cause the people to
break loose from their work? get you unto your
burdens.' [5] And Pharaoh said: 'Behold, the
people of the land are now many, and will ye
make them rest from their burdens?' [6] And the
same day Pharaoh commanded the taskmasters
of the people, and their officers, saying: [7] 'Ye
shall no more give the people straw to make
brick, as heretofore. Let them go and gather straw
for themselves. [8] And the tale of the bricks,
which they did make heretofore, ye shall lay
upon them; ye shall not diminish aught thereof;
for they are idle; therefore they cry, saying: Let
us go and sacrifice to our God. [9] Let heavier
work be laid upon the men, that they may labour
therein; and let them not regard lying words.'
[10] And the taskmasters of the people went out,
and their officers, and they spoke to the people,
saying: 'Thus saith Pharaoh: I will not give you
straw. [11] Go yourselves, get you straw where

אֵת כָּל־דִּבְרֵי יְהוָה אֲשֶׁר שְׁלָחוֹ וְאֵת
כָּל־הָאֹתֹת אֲשֶׁר צִוָּהוּ׃ 29 וַיֵּלֶךְ מֹשֶׁה
וְאַהֲרֹן וַיַּאַסְפוּ אֶת־כָּל־זִקְנֵי בְּנֵי יִשְׂרָאֵל׃
30 וַיְדַבֵּר אַהֲרֹן אֵת כָּל־הַדְּבָרִים אֲשֶׁר־
דִּבֶּר יְהוָה אֶל־מֹשֶׁה וַיַּעַשׂ הָאֹתֹת לְעֵינֵי
הָעָם׃ 31 וַיַּאֲמֵן הָעָם וַיִּשְׁמְעוּ כִּי־פָקַד
יְהוָה אֶת־בְּנֵי יִשְׂרָאֵל וְכִי רָאָה אֶת־עָנְיָם
וַיִּקְּדוּ וַיִּשְׁתַּחֲוּוּ׃ 5 וְאַחַר בָּאוּ מֹשֶׁה
וְאַהֲרֹן וַיֹּאמְרוּ אֶל־פַּרְעֹה כֹּה־אָמַר יְהוָה
אֱלֹהֵי יִשְׂרָאֵל שַׁלַּח אֶת־עַמִּי וְיָחֹגּוּ לִי
בַּמִּדְבָּר׃ 2 וַיֹּאמֶר פַּרְעֹה מִי יְהוָה אֲשֶׁר
אֶשְׁמַע בְּקֹלוֹ לְשַׁלַּח אֶת־יִשְׂרָאֵל לֹא
יָדַעְתִּי אֶת־יְהוָה וְגַם אֶת־יִשְׂרָאֵל לֹא
אֲשַׁלֵּחַ׃ 3 וַיֹּאמְרוּ אֱלֹהֵי הָעִבְרִים נִקְרָא
עָלֵינוּ נֵלְכָה נָּא דֶּרֶךְ שְׁלֹשֶׁת יָמִים בַּמִּדְבָּר
וְנִזְבְּחָה לַיהוָה אֱלֹהֵינוּ פֶּן־יִפְגָּעֵנוּ בַּדֶּבֶר
אוֹ בֶחָרֶב׃ 4 וַיֹּאמֶר אֲלֵהֶם מֶלֶךְ מִצְרַיִם
לָמָּה מֹשֶׁה וְאַהֲרֹן תַּפְרִיעוּ אֶת־הָעָם
מִמַּעֲשָׂיו לְכוּ לְסִבְלֹתֵיכֶם׃ 5 וַיֹּאמֶר
פַּרְעֹה הֵן־רַבִּים עַתָּה עַם הָאָרֶץ
וְהִשְׁבַּתֶּם אֹתָם מִסִּבְלֹתָם׃ 6 וַיְצַו פַּרְעֹה
בַּיּוֹם הַהוּא אֶת־הַנֹּגְשִׂים בָּעָם וְאֶת־
שֹׁטְרָיו לֵאמֹר׃ 7 לֹא תֹאסִפוּן לָתֵת תֶּבֶן
לָעָם לִלְבֹּן הַלְּבֵנִים כִּתְמוֹל שִׁלְשֹׁם הֵם
יֵלְכוּ וְקֹשְׁשׁוּ לָהֶם תֶּבֶן׃ 8 וְאֶת־מַתְכֹּנֶת
הַלְּבֵנִים אֲשֶׁר הֵם עֹשִׂים תְּמוֹל שִׁלְשֹׁם
תָּשִׂימוּ עֲלֵיהֶם לֹא תִגְרְעוּ מִמֶּנּוּ כִּי־
נִרְפִּים הֵם עַל־כֵּן הֵם צֹעֲקִים לֵאמֹר
נֵלְכָה נִזְבְּחָה לֵאלֹהֵינוּ׃ 9 תִּכְבַּד הָעֲבֹדָה
עַל־הָאֲנָשִׁים וְיַעֲשׂוּ־בָהּ וְאַל־יִשְׁעוּ
בְּדִבְרֵי־שָׁקֶר׃ 10 וַיֵּצְאוּ נֹגְשֵׂי הָעָם וְשֹׁטְרָיו
וַיֹּאמְרוּ אֶל־הָעָם לֵאמֹר כֹּה אָמַר פַּרְעֹה
אֵינֶנִּי נֹתֵן לָכֶם תֶּבֶן׃ 11 אַתֶּם לְכוּ קְחוּ

ye can find it; for nought of your work shall be diminished.' [12] So the people were scattered abroad throughout all the land of Egypt to gather stubble for straw. [13] And the taskmasters were urgent, saying: 'Fulfil your work, your daily task, as when there was straw.' [14] And the officers of the children of Israel, whom Pharaoh's taskmasters had set over them, were beaten, saying: 'Wherefore have ye not fulfilled your appointed task in making brick both yesterday and to-day as heretofore?' [15] Then the officers of the children of Israel came and cried unto Pharaoh, saying: 'Wherefore dealest thou thus with thy servants? [16] There is no straw given unto thy servants, and they say to us: Make brick; and, behold, thy servants are beaten, but the fault is in thine own people.' [17] But he said: 'Ye are idle, ye are idle; therefore ye say: Let us go and sacrifice to the LORD. [18] Go therefore now, and work, for there shall no straw be given you, yet shall ye deliver the tale of bricks.' [19] And the officers of the children of Israel did see that they were set on mischief, when they said: 'Ye shall not diminish aught from your bricks, your daily task.' [20] And they met Moses and Aaron, who stood in the way, as they came forth from Pharaoh; [21] and they said unto them: 'The LORD look upon you, and judge; because ye have made our savour to be abhorred in the eyes of Pharaoh, and in the eyes of his servants, to put a sword in their hand to slay us.' [22] And Moses returned unto the LORD, and said: 'Lord, wherefore hast Thou dealt ill with this people? why is it that Thou hast sent me? [23] For since I came to Pharaoh to speak in Thy name, he hath dealt ill with this people; neither hast Thou delivered Thy people at all.'

6 And the LORD said unto Moses: 'Now shalt thou see what I will do to Pharaoh; for by a strong hand shall he let them go, and by a strong hand shall he drive them out of his land.'

לָכֶם תֶּבֶן מֵאֲשֶׁר תִּמְצָאוּ כִּי אֵין נִגְרָע
מֵעֲבֹדַתְכֶם דָּבָר׃ 12 וַיָּפֶץ הָעָם בְּכָל־אֶרֶץ
מִצְרָיִם לְקֹשֵׁשׁ קַשׁ לַתֶּבֶן׃ 13 וְהַנֹּגְשִׂים
אָצִים לֵאמֹר כַּלּוּ מַעֲשֵׂיכֶם דְּבַר־יוֹם
בְּיוֹמוֹ כַּאֲשֶׁר בִּהְיוֹת הַתֶּבֶן׃ 14 וַיֻּכּוּ שֹׁטְרֵי
בְּנֵי יִשְׂרָאֵל אֲשֶׁר־שָׂמוּ עֲלֵהֶם נֹגְשֵׂי פַרְעֹה
לֵאמֹר מַדּוּעַ לֹא כִלִּיתֶם חָקְכֶם לִלְבֹּן
כִּתְמוֹל שִׁלְשֹׁם גַּם־תְּמוֹל גַּם־הַיּוֹם׃
15 וַיָּבֹאוּ שֹׁטְרֵי בְּנֵי יִשְׂרָאֵל וַיִּצְעֲקוּ אֶל־
פַּרְעֹה לֵאמֹר לָמָּה תַעֲשֶׂה כֹה לַעֲבָדֶיךָ׃
16 תֶּבֶן אֵין נִתָּן לַעֲבָדֶיךָ וּלְבֵנִים אֹמְרִים
לָנוּ עֲשׂוּ וְהִנֵּה עֲבָדֶיךָ מֻכִּים וְחָטָאת
עַמֶּךָ׃ 17 וַיֹּאמֶר נִרְפִּים אַתֶּם נִרְפִּים עַל־כֵּן
אַתֶּם אֹמְרִים נֵלְכָה נִזְבְּחָה לַיהוָה׃
18 וְעַתָּה לְכוּ עִבְדוּ וְתֶבֶן לֹא־יִנָּתֵן לָכֶם
וְתֹכֶן לְבֵנִים תִּתֵּנוּ׃ 19 וַיִּרְאוּ שֹׁטְרֵי בְנֵי־
יִשְׂרָאֵל אֹתָם בְּרָע לֵאמֹר לֹא־תִגְרְעוּ
מִלִּבְנֵיכֶם דְּבַר־יוֹם בְּיוֹמוֹ׃ 20 וַיִּפְגְּעוּ אֶת־
מֹשֶׁה וְאֶת־אַהֲרֹן נִצָּבִים לִקְרָאתָם
בְּצֵאתָם מֵאֵת פַּרְעֹה׃ 21 וַיֹּאמְרוּ אֲלֵהֶם
יֵרֶא יְהוָה עֲלֵיכֶם וְיִשְׁפֹּט אֲשֶׁר הִבְאַשְׁתֶּם
אֶת־רֵיחֵנוּ בְּעֵינֵי פַרְעֹה וּבְעֵינֵי עֲבָדָיו
לָתֶת־חֶרֶב בְּיָדָם לְהָרְגֵנוּ׃ 22 וַיָּשָׁב מֹשֶׁה
אֶל־יְהוָה וַיֹּאמַר אֲדֹנָי לָמָה הֲרֵעֹתָה לָעָם
הַזֶּה לָמָּה זֶּה שְׁלַחְתָּנִי׃ 23 וּמֵאָז בָּאתִי
אֶל־פַּרְעֹה לְדַבֵּר בִּשְׁמֶךָ הֵרַע לָעָם הַזֶּה
וְהַצֵּל לֹא־הִצַּלְתָּ אֶת־עַמֶּךָ׃ **6** וַיֹּאמֶר
יְהוָה אֶל־מֹשֶׁה עַתָּה תִרְאֶה אֲשֶׁר אֶעֱשֶׂה
לְפַרְעֹה כִּי בְיָד חֲזָקָה יְשַׁלְּחֵם וּבְיָד חֲזָקָה
יְגָרְשֵׁם מֵאַרְצוֹ׃ ס

VA-'ERA'

[2] And God spoke unto Moses, and said unto him: 'I am the LORD; [3] and I appeared unto Abraham, unto Isaac, and unto Jacob, as

וארא

2 וַיְדַבֵּר אֱלֹהִים אֶל־מֹשֶׁה וַיֹּאמֶר אֵלָיו
אֲנִי יְהוָה׃ 3 וָאֵרָא אֶל־אַבְרָהָם אֶל־יִצְחָק

God Almighty, but by My name [a]יהוה I made Me not known to them. [4] And I have also established My covenant with them, to give them the land of Canaan, the land of their sojournings, wherein they sojourned. [5] And moreover I have heard the groaning of the children of Israel, whom the Egyptians keep in bondage; and I have remembered My covenant. [6] Wherefore say unto the children of Israel: I am the LORD, and I will bring you out from under the burdens of the Egyptians, and I will deliver you from their bondage, and I will redeem you with an outstretched arm, and with great judgments; [7] and I will take you to Me for a people, and I will be to you a God; and ye shall know that I am the LORD your God, who brought you out from under the burdens of the Egyptians. [8] And I will bring you in unto the land, concerning which I lifted up My hand to give it to Abraham, to Isaac, and to Jacob; and I will give it you for a heritage: I am the LORD.' [9] And Moses spoke so unto the children of Israel; but they hearkened not unto Moses for impatience of spirit, and for cruel bondage.

[10] And the LORD spoke unto Moses, saying: [11] 'Go in, speak unto Pharaoh king of Egypt, that he let the children of Israel go out of his land.' [12] And Moses spoke before the LORD, saying: 'Behold, the children of Israel have not hearkened unto me; how then shall Pharaoh hear me, who am of uncircumcised lips?'

[13] And the LORD spoke unto Moses and unto Aaron, and gave them a charge unto the children of Israel, and unto Pharaoh king of Egypt, to bring the children of Israel out of the land of Egypt.

[14] These are the heads of their fathers' houses: the sons of Reuben the first-born of Israel: Hanoch, and Pallu, Hezron, and Carmi. These are the families of Reuben. [15] And the sons of Simeon: Jemuel, and Jamin, and Ohad, and Jachin, and Zohar, and Shaul the son of a

וְאֶל־יַעֲקֹב בְּאֵל שַׁדָּי וּשְׁמִי יְהוָה לֹא
נוֹדַעְתִּי לָהֶם׃ 4 וְגַם הֲקִמֹתִי אֶת־בְּרִיתִי
אִתָּם לָתֵת לָהֶם אֶת־אֶרֶץ כְּנָעַן אֵת אֶרֶץ
מְגֻרֵיהֶם אֲשֶׁר־גָּרוּ בָהּ׃ 5 וְגַם ׀ אֲנִי
שָׁמַעְתִּי אֶת־נַאֲקַת בְּנֵי יִשְׂרָאֵל אֲשֶׁר
מִצְרַיִם מַעֲבִדִים אֹתָם וָאֶזְכֹּר אֶת־בְּרִיתִי׃
6 לָכֵן אֱמֹר לִבְנֵי־יִשְׂרָאֵל אֲנִי יְהוָה
וְהוֹצֵאתִי אֶתְכֶם מִתַּחַת סִבְלֹת מִצְרַיִם
וְהִצַּלְתִּי אֶתְכֶם מֵעֲבֹדָתָם וְגָאַלְתִּי אֶתְכֶם
בִּזְרוֹעַ נְטוּיָה וּבִשְׁפָטִים גְּדֹלִים׃ 7 וְלָקַחְתִּי
אֶתְכֶם לִי לְעָם וְהָיִיתִי לָכֶם לֵאלֹהִים
וִידַעְתֶּם כִּי אֲנִי יְהוָה אֱלֹהֵיכֶם הַמּוֹצִיא
אֶתְכֶם מִתַּחַת סִבְלוֹת מִצְרָיִם׃ 8 וְהֵבֵאתִי
אֶתְכֶם אֶל־הָאָרֶץ אֲשֶׁר נָשָׂאתִי אֶת־יָדִי
לָתֵת אֹתָהּ לְאַבְרָהָם לְיִצְחָק וּלְיַעֲקֹב
וְנָתַתִּי אֹתָהּ לָכֶם מוֹרָשָׁה אֲנִי יְהוָה׃
9 וַיְדַבֵּר מֹשֶׁה כֵּן אֶל־בְּנֵי יִשְׂרָאֵל וְלֹא
שָׁמְעוּ אֶל־מֹשֶׁה מִקֹּצֶר רוּחַ וּמֵעֲבֹדָה
קָשָׁה׃ פ
10 וַיְדַבֵּר יְהוָה אֶל־מֹשֶׁה לֵּאמֹר׃ 11 בֹּא
דַבֵּר אֶל־פַּרְעֹה מֶלֶךְ מִצְרָיִם וִישַׁלַּח אֶת־
בְּנֵי־יִשְׂרָאֵל מֵאַרְצוֹ׃ 12 וַיְדַבֵּר מֹשֶׁה לִפְנֵי
יְהוָה לֵאמֹר הֵן בְּנֵי־יִשְׂרָאֵל לֹא־שָׁמְעוּ
אֵלַי וְאֵיךְ יִשְׁמָעֵנִי פַרְעֹה וַאֲנִי עֲרַל
שְׂפָתָיִם׃ פ
13 וַיְדַבֵּר יְהוָה אֶל־מֹשֶׁה וְאֶל־אַהֲרֹן וַיְצַוֵּם
אֶל־בְּנֵי יִשְׂרָאֵל וְאֶל־פַּרְעֹה מֶלֶךְ מִצְרָיִם
לְהוֹצִיא אֶת־בְּנֵי־יִשְׂרָאֵל מֵאֶרֶץ
מִצְרָיִם׃ ס 14 אֵלֶּה רָאשֵׁי בֵית־
אֲבֹתָם בְּנֵי רְאוּבֵן בְּכֹר יִשְׂרָאֵל חֲנוֹךְ
וּפַלּוּא חֶצְרוֹן וְכַרְמִי אֵלֶּה מִשְׁפְּחֹת
רְאוּבֵן׃ 15 וּבְנֵי שִׁמְעוֹן יְמוּאֵל וְיָמִין וְאֹהַד

a The ineffable name, read *Adonai*, which means, *the Lord.*

Canaanitish woman. These are the families of
Simeon. [16] And these are the names of the
sons of Levi according to their generations:
Gershon and Kohath, and Merari. And the
years of the life of Levi were a hundred thirty
and seven years. [17] The sons of Gershon: Libni
and Shimei, according to their families. [18] And
the sons of Kohath: Amram, and Izhar, and
Hebron, and Uzziel. And the years of the life of
Kohath were a hundred thirty and three years.
[19] And the sons of Merari: Mahli and Mushi.
These are the families of the Levites according
to their generations. [20] And Amram took him
Jochebed his father's sister to wife; and she bore
him Aaron and Moses. And the years of the
life of Amram were a hundred and thirty and
seven years. [21] And the sons of Izhar: Korah,
and Nepheg, and Zichri. [22] And the sons of
Uzziel: Mishael, and Elzaphan, and Sithri.
[23] And Aaron took him Elisheba, the daughter
of Amminadab, the sister of Nahshon, to wife;
and she bore him Nadab and Abihu, Eleazar and
Ithamar. [24] And the sons of Korah: Assir, and
Elkanah, and Abiasaph; these are the families of
the Korahites. [25] And Eleazar Aaron's son took
him one of the daughters of Putiel to wife; and
she bore him Phinehas. These are the heads of the
fathers' houses of the Levites according to their
families. [26] These are that Aaron and Moses, to
whom the LORD said: 'Bring out the children of
Israel from the land of Egypt according to their
hosts.' [27] These are they that spoke to Pharaoh
king of Egypt, to bring out the children of Israel
from Egypt. These are that Moses and Aaron.
[28] And it came to pass on the day when the
LORD spoke unto Moses in the land of Egypt,

[29] that the LORD spoke unto Moses,
saying: 'I am the LORD; speak thou unto Pharaoh
king of Egypt all that I speak unto thee.' [30] And
Moses said before the LORD: 'Behold, I am of
uncircumcised lips, and how shall Pharaoh
hearken unto me?'

וְיָכִין וְצֹחַר וְשָׁאוּל בֶּן־הַכְּנַעֲנִית אֵלֶּה
מִשְׁפְּחֹת שִׁמְעוֹן׃ 16 וְאֵלֶּה שְׁמוֹת בְּנֵי־לֵוִי
לְתֹלְדֹתָם גֵּרְשׁוֹן וּקְהָת וּמְרָרִי וּשְׁנֵי חַיֵּי
לֵוִי שֶׁבַע וּשְׁלֹשִׁים וּמְאַת שָׁנָה׃ 17 בְּנֵי
גֵרְשׁוֹן לִבְנִי וְשִׁמְעִי לְמִשְׁפְּחֹתָם׃ 18 וּבְנֵי
קְהָת עַמְרָם וְיִצְהָר וְחֶבְרוֹן וְעֻזִּיאֵל וּשְׁנֵי
חַיֵּי קְהָת שָׁלֹשׁ וּשְׁלֹשִׁים וּמְאַת שָׁנָה׃
19 וּבְנֵי מְרָרִי מַחְלִי וּמוּשִׁי אֵלֶּה מִשְׁפְּחֹת
הַלֵּוִי לְתֹלְדֹתָם׃ 20 וַיִּקַּח עַמְרָם אֶת־
יוֹכֶבֶד דֹּדָתוֹ לוֹ לְאִשָּׁה וַתֵּלֶד לוֹ אֶת־
אַהֲרֹן וְאֶת־מֹשֶׁה וּשְׁנֵי חַיֵּי עַמְרָם שֶׁבַע
וּשְׁלֹשִׁים וּמְאַת שָׁנָה׃ 21 וּבְנֵי יִצְהָר קֹרַח
וָנֶפֶג וְזִכְרִי׃ 22 וּבְנֵי עֻזִּיאֵל מִישָׁאֵל וְאֶלְצָפָן
וְסִתְרִי׃ 23 וַיִּקַּח אַהֲרֹן אֶת־אֱלִישֶׁבַע בַּת־
עַמִּינָדָב אֲחוֹת נַחְשׁוֹן לוֹ לְאִשָּׁה וַתֵּלֶד
לוֹ אֶת־נָדָב וְאֶת־אֲבִיהוּא אֶת־אֶלְעָזָר
וְאֶת־אִיתָמָר׃ 24 וּבְנֵי קֹרַח אַסִּיר וְאֶלְקָנָה
וַאֲבִיאָסָף אֵלֶּה מִשְׁפְּחֹת הַקָּרְחִי׃
25 וְאֶלְעָזָר בֶּן־אַהֲרֹן לָקַח־לוֹ מִבְּנוֹת
פּוּטִיאֵל לוֹ לְאִשָּׁה וַתֵּלֶד לוֹ אֶת־פִּינְחָס
אֵלֶּה רָאשֵׁי אֲבוֹת הַלְוִיִּם לְמִשְׁפְּחֹתָם׃
26 הוּא אַהֲרֹן וּמֹשֶׁה אֲשֶׁר אָמַר יְהוָה
לָהֶם הוֹצִיאוּ אֶת־בְּנֵי יִשְׂרָאֵל מֵאֶרֶץ
מִצְרַיִם עַל־צִבְאֹתָם׃ 27 הֵם הַמְדַבְּרִים
אֶל־פַּרְעֹה מֶלֶךְ־מִצְרַיִם לְהוֹצִיא אֶת־
בְּנֵי־יִשְׂרָאֵל מִמִּצְרָיִם הוּא מֹשֶׁה וְאַהֲרֹן׃
28 וַיְהִי בְּיוֹם דִּבֶּר יְהוָה אֶל־מֹשֶׁה בְּאֶרֶץ
מִצְרָיִם׃ פ

29 וַיְדַבֵּר יְהוָה אֶל־מֹשֶׁה לֵּאמֹר אֲנִי יְהוָה
דַּבֵּר אֶל־פַּרְעֹה מֶלֶךְ מִצְרַיִם אֵת כָּל־אֲשֶׁר
אֲנִי דֹּבֵר אֵלֶיךָ׃ 30 וַיֹּאמֶר מֹשֶׁה לִפְנֵי יְהוָה
הֵן אֲנִי עֲרַל שְׂפָתַיִם וְאֵיךְ יִשְׁמַע אֵלַי
פַּרְעֹה׃ פ

7

[1] And the LORD said unto Moses: 'See, I have set thee in God's stead to Pharaoh; and Aaron thy brother shall be thy prophet. [2] Thou shalt speak all that I command thee; and Aaron thy brother shall speak unto Pharaoh, that he let the children of Israel go out of his land. [3] And I will harden Pharaoh's heart, and multiply My signs and My wonders in the land of Egypt. [4] But Pharaoh will not hearken unto you, and I will lay My hand upon Egypt, and bring forth My hosts, My people the children of Israel, out of the land of Egypt by great judgments. [5] And the Egyptians shall know that I am the LORD, when I stretch forth My hand upon Egypt, and bring out the children of Israel from among them.' [6] And Moses and Aaron did so; as the LORD commanded them, so did they. [7] And Moses was fourscore years old, and Aaron fourscore and three years old, when they spoke unto Pharaoh.

[8] And the LORD spoke unto Moses and unto Aaron, saying: [9] 'When Pharaoh shall speak unto you, saying: Show a wonder for you; then thou shalt say unto Aaron: Take thy rod, and cast it down before Pharaoh, that it become a serpent.' [10] And Moses and Aaron went in unto Pharaoh, and they did so, as the LORD had commanded; and Aaron cast down his rod before Pharaoh and before his servants, and it became a serpent. [11] Then Pharaoh also called for the wise men and the sorcerers; and they also, the magicians of Egypt, did in like manner with their secret arts. [12] For they cast down every man his rod, and they became serpents; but Aaron's rod swallowed up their rods. [13] And Pharaoh's heart was hardened, and he hearkened not unto them; as the LORD had spoken.

[14] And the LORD said unto Moses: 'Pharaoh's heart is stubborn, he refuseth to let the people go. [15] Get thee unto Pharaoh in the morning; lo, he goeth out unto the water; and thou shalt stand by the river's brink to meet him; and the rod which was turned to a serpent shalt

7 וַיֹּאמֶר יְהוָה אֶל־מֹשֶׁה רְאֵה נְתַתִּיךָ
אֱלֹהִים לְפַרְעֹה וְאַהֲרֹן אָחִיךָ יִהְיֶה
נְבִיאֶךָ׃ 2 אַתָּה תְדַבֵּר אֵת כָּל־אֲשֶׁר אֲצַוֶּךָּ
וְאַהֲרֹן אָחִיךָ יְדַבֵּר אֶל־פַּרְעֹה וְשִׁלַּח
אֶת־בְּנֵי־יִשְׂרָאֵל מֵאַרְצוֹ׃ 3 וַאֲנִי אַקְשֶׁה
אֶת־לֵב פַּרְעֹה וְהִרְבֵּיתִי אֶת־אֹתֹתַי וְאֶת־
מוֹפְתַי בְּאֶרֶץ מִצְרָיִם׃ 4 וְלֹא־יִשְׁמַע
אֲלֵכֶם פַּרְעֹה וְנָתַתִּי אֶת־יָדִי בְּמִצְרָיִם
וְהוֹצֵאתִי אֶת־צִבְאֹתַי אֶת־עַמִּי בְנֵי־
יִשְׂרָאֵל מֵאֶרֶץ מִצְרַיִם בִּשְׁפָטִים גְּדֹלִים׃
5 וְיָדְעוּ מִצְרַיִם כִּי־אֲנִי יְהוָה בִּנְטֹתִי אֶת־
יָדִי עַל־מִצְרָיִם וְהוֹצֵאתִי אֶת־בְּנֵי־יִשְׂרָאֵל
מִתּוֹכָם׃ 6 וַיַּעַשׂ מֹשֶׁה וְאַהֲרֹן כַּאֲשֶׁר צִוָּה
יְהוָה אֹתָם כֵּן עָשׂוּ׃ 7 וּמֹשֶׁה בֶּן־שְׁמֹנִים
שָׁנָה וְאַהֲרֹן בֶּן־שָׁלֹשׁ וּשְׁמֹנִים שָׁנָה
בְּדַבְּרָם אֶל־פַּרְעֹה׃ פ
8 וַיֹּאמֶר יְהוָה אֶל־מֹשֶׁה וְאֶל־אַהֲרֹן
לֵאמֹר׃ 9 כִּי יְדַבֵּר אֲלֵכֶם פַּרְעֹה לֵאמֹר
תְּנוּ לָכֶם מוֹפֵת וְאָמַרְתָּ אֶל־אַהֲרֹן קַח
אֶת־מַטְּךָ וְהַשְׁלֵךְ לִפְנֵי־פַרְעֹה יְהִי לְתַנִּין׃
10 וַיָּבֹא מֹשֶׁה וְאַהֲרֹן אֶל־פַּרְעֹה וַיַּעֲשׂוּ כֵן
כַּאֲשֶׁר צִוָּה יְהוָה וַיַּשְׁלֵךְ אַהֲרֹן אֶת־מַטֵּהוּ
לִפְנֵי פַרְעֹה וְלִפְנֵי עֲבָדָיו וַיְהִי לְתַנִּין׃
11 וַיִּקְרָא גַּם־פַּרְעֹה לַחֲכָמִים וְלַמְכַשְּׁפִים
וַיַּעֲשׂוּ גַם־הֵם חַרְטֻמֵּי מִצְרַיִם בְּלַהֲטֵיהֶם
כֵּן׃ 12 וַיַּשְׁלִיכוּ אִישׁ מַטֵּהוּ וַיִּהְיוּ לְתַנִּינִם
וַיִּבְלַע מַטֵּה־אַהֲרֹן אֶת־מַטֹּתָם׃ 13 וַיֶּחֱזַק
לֵב פַּרְעֹה וְלֹא שָׁמַע אֲלֵהֶם כַּאֲשֶׁר דִּבֶּר
יְהוָה׃ פ
14 וַיֹּאמֶר יְהוָה אֶל־מֹשֶׁה כָּבֵד לֵב פַּרְעֹה
מֵאֵן לְשַׁלַּח הָעָם׃ 15 לֵךְ אֶל־פַּרְעֹה בַּבֹּקֶר
הִנֵּה יֹצֵא הַמַּיְמָה וְנִצַּבְתָּ לִקְרָאתוֹ עַל־
שְׂפַת הַיְאֹר וְהַמַּטֶּה אֲשֶׁר־נֶהְפַּךְ לְנָחָשׁ

thou take in thy hand. [16] And thou shalt say unto him: The LORD, the God of the Hebrews, hath sent me unto thee, saying: Let My people go, that they may serve Me in the wilderness; and, behold, hitherto thou hast not hearkened; [17] thus saith the LORD: In this thou shalt know that I am the LORD—behold, I will smite with the rod that is in my hand upon the waters which are in the river, and they shall be turned to blood. [18] And the fish that are in the river shall die, and the river shall become foul; and the Egyptians shall loathe to drink water from the river.'

[19] And the LORD said unto Moses: 'Say unto Aaron: Take thy rod, and stretch out thy hand over the waters of Egypt, over their rivers, over their streams, and over their pools, and over all their ponds of water, that they may become blood; and there shall be blood throughout all the land of Egypt, both in vessels of wood and in vessels of stone.' [20] And Moses and Aaron did so, as the LORD commanded; and he lifted up the rod, and smote the waters that were in the river, in the sight of Pharaoh, and in the sight of his servants; and all the waters that were in the river were turned to blood. [21] And the fish that were in the river died; and the river became foul, and the Egyptians could not drink water from the river; and the blood was throughout all the land of Egypt. [22] And the magicians of Egypt did in like manner with their secret arts; and Pharaoh's heart was hardened, and he hearkened not unto them; as the LORD had spoken. [23] And Pharaoh turned and went into his house, neither did he lay even this to heart. [24] And all the Egyptians digged round about the river for water to drink; for they could not drink of the water of the river. [25] And seven days were fulfilled, after that the LORD had smitten the river.

[26] And the LORD spoke unto Moses: 'Go in unto Pharaoh, and say unto him: Thus saith the LORD: Let My people go, that they may serve Me. [27] And if thou refuse to let them go, behold, I will smite all thy borders with frogs. [28] And the river shall swarm with frogs, which shall go up and come into thy house, and into thy bed-chamber, and upon thy bed, and into

תִּקַּח בְּיָדֶךָ׃ 16 וְאָמַרְתָּ אֵלָיו יְהוָה אֱלֹהֵי
הָעִבְרִים שְׁלָחַנִי אֵלֶיךָ לֵאמֹר שַׁלַּח אֶת־
עַמִּי וְיַעַבְדֻנִי בַּמִּדְבָּר וְהִנֵּה לֹא־שָׁמַעְתָּ
עַד־כֹּה׃ 17 כֹּה אָמַר יְהוָה בְּזֹאת תֵּדַע כִּי
אֲנִי יְהוָה הִנֵּה אָנֹכִי מַכֶּה ׀ בַּמַּטֶּה
אֲשֶׁר־בְּיָדִי עַל־הַמַּיִם אֲשֶׁר בַּיְאֹר וְנֶהֶפְכוּ
לְדָם׃ 18 וְהַדָּגָה אֲשֶׁר־בַּיְאֹר תָּמוּת וּבָאַשׁ
הַיְאֹר וְנִלְאוּ מִצְרַיִם לִשְׁתּוֹת מַיִם
מִן־הַיְאֹר׃ ס 19 וַיֹּאמֶר יְהוָה אֶל־
מֹשֶׁה אֱמֹר אֶל־אַהֲרֹן קַח מַטְּךָ וּנְטֵה־יָדְךָ
עַל־מֵימֵי מִצְרַיִם עַל־נַהֲרֹתָם ׀ עַל־
יְאֹרֵיהֶם וְעַל־אַגְמֵיהֶם וְעַל כָּל־מִקְוֵה
מֵימֵיהֶם וְיִהְיוּ־דָם וְהָיָה דָם בְּכָל־אֶרֶץ
מִצְרַיִם וּבָעֵצִים וּבָאֲבָנִים׃ 20 וַיַּעֲשׂוּ־כֵן
מֹשֶׁה וְאַהֲרֹן כַּאֲשֶׁר ׀ צִוָּה יְהוָה וַיָּרֶם
בַּמַּטֶּה וַיַּךְ אֶת־הַמַּיִם אֲשֶׁר בַּיְאֹר לְעֵינֵי
פַרְעֹה וּלְעֵינֵי עֲבָדָיו וַיֵּהָפְכוּ כָּל־הַמַּיִם
אֲשֶׁר־בַּיְאֹר לְדָם׃ 21 וְהַדָּגָה אֲשֶׁר־בַּיְאֹר
מֵתָה וַיִּבְאַשׁ הַיְאֹר וְלֹא־יָכְלוּ מִצְרַיִם
לִשְׁתּוֹת מַיִם מִן־הַיְאֹר וַיְהִי הַדָּם בְּכָל־
אֶרֶץ מִצְרָיִם׃ 22 וַיַּעֲשׂוּ־כֵן חַרְטֻמֵּי מִצְרַיִם
בְּלָטֵיהֶם וַיֶּחֱזַק לֵב־פַּרְעֹה וְלֹא־שָׁמַע
אֲלֵהֶם כַּאֲשֶׁר דִּבֶּר יְהוָה׃ 23 וַיִּפֶן פַּרְעֹה
וַיָּבֹא אֶל־בֵּיתוֹ וְלֹא־שָׁת לִבּוֹ גַּם־לָזֹאת׃
24 וַיַּחְפְּרוּ כָל־מִצְרַיִם סְבִיבֹת הַיְאֹר מַיִם
לִשְׁתּוֹת כִּי לֹא יָכְלוּ לִשְׁתֹּת מִמֵּימֵי
הַיְאֹר׃ 25 וַיִּמָּלֵא שִׁבְעַת יָמִים אַחֲרֵי
הַכּוֹת־יְהוָה אֶת־הַיְאֹר׃ פ
26 וַיֹּאמֶר יְהוָה אֶל־מֹשֶׁה בֹּא אֶל־פַּרְעֹה
וְאָמַרְתָּ אֵלָיו כֹּה אָמַר יְהוָה שַׁלַּח אֶת־
עַמִּי וְיַעַבְדֻנִי׃ 27 וְאִם־מָאֵן אַתָּה לְשַׁלֵּחַ
הִנֵּה אָנֹכִי נֹגֵף אֶת־כָּל־גְּבוּלְךָ
בִּצְפַרְדְּעִים׃ 28 וְשָׁרַץ הַיְאֹר צְפַרְדְּעִים

the house of thy servants, and upon thy people, and into thine ovens, and into thy kneading-troughs. [29] And the frogs shall come up both upon thee, and upon thy people, and

8 upon all thy servants.' [1] And the LORD said unto Moses: 'Say unto Aaron: Stretch forth thy hand with thy rod over the rivers, over the canals, and over the pools, and cause frogs to come up upon the land of Egypt.' [2] And Aaron stretched out his hand over the waters of Egypt; and the frogs came up, and covered the land of Egypt. [3] And the magicians did in like manner with their secret arts, and brought up frogs upon the land of Egypt. [4] Then Pharaoh called for Moses and Aaron, and said: 'Entreat the LORD, that He take away the frogs from me, and from my people; and I will let the people go, that they may sacrifice unto the LORD.' [5] And Moses said unto Pharaoh: 'Have thou this glory over me; against what time shall I entreat for thee, and for thy servants, and for thy people, that the frogs be destroyed from thee and thy houses, and remain in the river only?' [6] And he said: 'Against to-morrow.' And he said: 'Be it according to thy word; that thou mayest know that there is none like unto the LORD our God. [7] And the frogs shall depart from thee, and from thy houses, and from thy servants, and from thy people; they shall remain in the river only.' [8] And Moses and Aaron went out from Pharaoh; and Moses cried unto the LORD concerning the frogs, which He had brought upon Pharaoh. [9] And the LORD did according to the word of Moses; and the frogs died out of the houses, out of the courts, and out of the fields. [10] And they gathered them together in heaps; and the land stank. [11] But when Pharaoh saw that there was respite, he hardened his heart, and hearkened not unto them; as the LORD had spoken.

[12] And the LORD said unto Moses: 'Say unto Aaron: Stretch out thy rod, and smite the dust of the earth, that it may become gnats throughout all the land of Egypt.' [13] And they did so; and Aaron stretched out his hand with his rod, and smote the dust of the earth, and there

וְעָלוּ וּבָאוּ בְּבֵיתֶךָ וּבַחֲדַר מִשְׁכָּבְךָ וְעַל־
מִטָּתֶךָ וּבְבֵית עֲבָדֶיךָ וּבְעַמֶּךָ וּבְתַנּוּרֶיךָ
וּבְמִשְׁאֲרוֹתֶיךָ׃ 29 וּבְכָה וּבְעַמְּךָ וּבְכָל־
עֲבָדֶיךָ יַעֲלוּ הַצְפַרְדְּעִים׃ 8 וַיֹּאמֶר
יְהוָה אֶל־מֹשֶׁה אֱמֹר אֶל־אַהֲרֹן נְטֵה
אֶת־יָדְךָ בְּמַטֶּךָ עַל־הַנְּהָרֹת עַל־הַיְאֹרִים
וְעַל־הָאֲגַמִּים וְהַעַל אֶת־הַצְפַרְדְּעִים עַל־
אֶרֶץ מִצְרָיִם׃ 2 וַיֵּט אַהֲרֹן אֶת־יָדוֹ עַל
מֵימֵי מִצְרָיִם וַתַּעַל הַצְּפַרְדֵּעַ וַתְּכַס אֶת־
אֶרֶץ מִצְרָיִם׃ 3 וַיַּעֲשׂוּ־כֵן הַחַרְטֻמִּים
בְּלָטֵיהֶם וַיַּעֲלוּ אֶת־הַצְפַרְדְּעִים עַל־אֶרֶץ
מִצְרָיִם׃ 4 וַיִּקְרָא פַרְעֹה לְמֹשֶׁה וּלְאַהֲרֹן
וַיֹּאמֶר הַעְתִּירוּ אֶל־יְהוָה וְיָסֵר
הַצְפַרְדְּעִים מִמֶּנִּי וּמֵעַמִּי וַאֲשַׁלְּחָה אֶת־
הָעָם וְיִזְבְּחוּ לַיהוָה׃ 5 וַיֹּאמֶר מֹשֶׁה
לְפַרְעֹה הִתְפָּאֵר עָלַי לְמָתַי ׀ אַעְתִּיר לְךָ
וְלַעֲבָדֶיךָ וּלְעַמְּךָ לְהַכְרִית הַצְפַרְדְּעִים
מִמְּךָ וּמִבָּתֶּיךָ רַק בַּיְאֹר תִּשָּׁאַרְנָה׃
6 וַיֹּאמֶר לְמָחָר וַיֹּאמֶר כִּדְבָרְךָ לְמַעַן תֵּדַע
כִּי־אֵין כַּיהוָה אֱלֹהֵינוּ׃ 7 וְסָרוּ
הַצְפַרְדְּעִים מִמְּךָ וּמִבָּתֶּיךָ וּמֵעֲבָדֶיךָ
וּמֵעַמֶּךָ רַק בַּיְאֹר תִּשָּׁאַרְנָה׃ 8 וַיֵּצֵא מֹשֶׁה
וְאַהֲרֹן מֵעִם פַּרְעֹה וַיִּצְעַק מֹשֶׁה אֶל־יְהוָה
עַל־דְּבַר הַצְפַרְדְּעִים אֲשֶׁר־שָׂם לְפַרְעֹה׃
9 וַיַּעַשׂ יְהוָה כִּדְבַר מֹשֶׁה וַיָּמֻתוּ
הַצְפַרְדְּעִים מִן־הַבָּתִּים מִן־הַחֲצֵרֹת וּמִן־
הַשָּׂדֹת׃ 10 וַיִּצְבְּרוּ אֹתָם חֳמָרִם חֳמָרִם
וַתִּבְאַשׁ הָאָרֶץ׃ 11 וַיַּרְא פַּרְעֹה כִּי הָיְתָה
הָרְוָחָה וְהַכְבֵּד אֶת־לִבּוֹ וְלֹא שָׁמַע אֲלֵהֶם
כַּאֲשֶׁר דִּבֶּר יְהוָה׃ ס 12 וַיֹּאמֶר יְהוָה
אֶל־מֹשֶׁה אֱמֹר אֶל־אַהֲרֹן נְטֵה אֶת־מַטְּךָ
וְהַךְ אֶת־עֲפַר הָאָרֶץ וְהָיָה לְכִנִּם בְּכָל־
אֶרֶץ מִצְרָיִם׃ 13 וַיַּעֲשׂוּ־כֵן וַיֵּט אַהֲרֹן

were gnats upon man, and upon beast; all the dust of the earth became gnats throughout all the land of Egypt. [14] And the magicians did so with their secret arts to bring forth gnats, but they could not; and there were gnats upon man, and upon beast. [15] Then the magicians said unto Pharaoh: 'This is the finger of God'; and Pharaoh's heart was hardened, and he hearkened not unto them; as the LORD had spoken.

[16] And the LORD said unto Moses: 'Rise up early in the morning, and stand before Pharaoh; lo, he cometh forth to the water; and say unto him: Thus saith the LORD: Let My people go, that they may serve Me. [17] Else, if thou wilt not let My people go, behold, I will send swarms of flies upon thee, and upon thy servants, and upon thy people, and into thy houses; and the houses of the Egyptians shall be full of swarms of flies, and also the ground whereon they are. [18] And I will set apart in that day the land of Goshen, in which My people dwell, that no swarms of flies shall be there; to the end that thou mayest know that I am the LORD in the midst of the earth. [19] And I will put a division between My people and thy people—by to-morrow shall this sign be.' [20] And the LORD did so; and there came grievous swarms of flies into the house of Pharaoh, and into his servants' houses; and in all the land of Egypt the land was ruined by reason of the swarms of flies. [21] And Pharaoh called for Moses and for Aaron, and said: 'Go ye, sacrifice to your God in the land.' [22] And Moses said: 'It is not meet so to do; for we shall sacrifice the abomination of the Egyptians to the LORD our God; lo, if we sacrifice the abomination of the Egyptians before their eyes, will they not stone us? [23] We will go three days' journey into the wilderness, and sacrifice to the LORD our God, as He shall command us.' [24] And Pharaoh said: 'I will let you go, that ye may sacrifice to the LORD your God in the wilderness; only ye shall not go very far away; entreat for me.' [25] And Moses said: 'Behold, I go out from thee, and I will entreat the LORD that the swarms of flies

את־ידו במטהו ויך את־עפר הארץ ותהי
הכנם באדם ובבהמה כל־עפר הארץ
היה כנים בכל־ארץ מצרים׃ 14 ויעשו־כן
החרטמים בלטיהם להוציא את־הכנים
ולא יכלו ותהי הכנם באדם ובבהמה׃
15 ויאמרו החרטמם אל־פרעה אצבע
אלהים הוא ויחזק לב־פרעה ולא־שמע
אלהם כאשר דבר יהוה׃ ס
16 ויאמר יהוה אל־משה השכם בבקר
והתיצב לפני פרעה הנה יוצא המימה
ואמרת אליו כה אמר יהוה שלח עמי
ויעבדני׃ 17 כי אם־אינך משלח את־עמי
הנני משליח בך ובעבדיך ובעמך
ובבתיך את־הערב ומלאו בתי מצרים
את־הערב וגם האדמה אשר־הם עליה׃
18 והפליתי ביום ההוא את־ארץ גשן
אשר עמי עמד עליה לבלתי היות־שם
ערב למען תדע כי אני יהוה בקרב
הארץ׃ 19 ושמתי פדת בין עמי ובין עמך
למחר יהיה האת הזה׃ 20 ויעש יהוה
כן ויבא ערב כבד ביתה פרעה ובית
עבדיו ובכל־ארץ מצרים תשחת הארץ
מפני הערב׃ 21 ויקרא פרעה אל־משה
ולאהרן ויאמר לכו זבחו לאלהיכם
בארץ׃ 22 ויאמר משה לא נכון לעשות
כן כי תועבת מצרים נזבח ליהוה
אלהינו הן נזבח את־תועבת מצרים
לעיניהם ולא יסקלנו׃ 23 דרך שלשת
ימים נלך במדבר וזבחנו ליהוה אלהינו
כאשר יאמר אלינו׃ 24 ויאמר פרעה אנכי
אשלח אתכם וזבחתם ליהוה אלהיכם
במדבר רק הרחק לא־תרחיקו ללכת
העתירו בעדי׃ 25 ויאמר משה הנה אנכי

may depart from Pharaoh, from his servants, and from his people, to-morrow; only let not Pharaoh deal deceitfully any more in not letting the people go to sacrifice to the LORD.' [26] And Moses went out from Pharaoh, and entreated the LORD. [27] And the LORD did according to the word of Moses; and He removed the swarms of flies from Pharaoh, from his servants, and from his people; there remained not one. [28] And Pharaoh hardened his heart this time also, and he did not let the people go.

9 Then the LORD said unto Moses: 'Go in unto Pharaoh, and tell him: Thus saith the LORD, the God of the Hebrews: Let My people go, that they may serve Me. [2] For if thou refuse to let them go, and wilt hold them still, [3] behold, the hand of the LORD is upon thy cattle which are in the field, upon the horses, upon the asses, upon the camels, upon the herds, and upon the flocks; there shall be a very grievous murrain. [4] And the LORD shall make a division between the cattle of Israel and the cattle of Egypt; and there shall nothing die of all that belongeth to the children of Israel.' [5] And the LORD appointed a set time, saying: 'To-morrow the LORD shall do this thing in the land.' [6] And the LORD did that thing on the morrow, and all the cattle of Egypt died; but of the cattle of the children of Israel died not one. [7] And Pharaoh sent, and, behold, there was not so much as one of the cattle of the Israelites dead. But the heart of Pharaoh was stubborn, and he did not let the people go.

[8] And the LORD said unto Moses and unto Aaron: 'Take to you handfuls of soot of the furnace, and let Moses throw it heavenward in the sight of Pharaoh. [9] And it shall become small dust over all the land of Egypt, and shall be a boil breaking forth with blains upon man and upon beast, throughout all the land of Egypt.' [10] And they took soot of the furnace, and stood before Pharaoh; and Moses threw it up heavenward; and it became a boil breaking forth

יוֹצֵא מֵעִמָּךְ וְהַעְתַּרְתִּי אֶל־יְהוָה וְסָר
הֶעָרֹב מִפַּרְעֹה מֵעֲבָדָיו וּמֵעַמּוֹ מָחָר רַק
אַל־יֹסֵף פַּרְעֹה הָתֵל לְבִלְתִּי שַׁלַּח אֶת־
הָעָם לִזְבֹּחַ לַיהוָה׃ 26 וַיֵּצֵא מֹשֶׁה מֵעִם
פַּרְעֹה וַיֶּעְתַּר אֶל־יְהוָה׃ 27 וַיַּעַשׂ יְהוָה
כִּדְבַר מֹשֶׁה וַיָּסַר הֶעָרֹב מִפַּרְעֹה מֵעֲבָדָיו
וּמֵעַמּוֹ לֹא נִשְׁאַר אֶחָד׃ 28 וַיַּכְבֵּד פַּרְעֹה
אֶת־לִבּוֹ גַּם בַּפַּעַם הַזֹּאת וְלֹא שִׁלַּח
אֶת־הָעָם׃ פ

9 וַיֹּאמֶר יְהוָה אֶל־מֹשֶׁה בֹּא אֶל־פַּרְעֹה
וְדִבַּרְתָּ אֵלָיו כֹּה־אָמַר יְהוָה אֱלֹהֵי
הָעִבְרִים שַׁלַּח אֶת־עַמִּי וְיַעַבְדֻנִי׃ 2 כִּי
אִם־מָאֵן אַתָּה לְשַׁלֵּחַ וְעוֹדְךָ מַחֲזִיק בָּם׃
3 הִנֵּה יַד־יְהוָה הוֹיָה בְּמִקְנְךָ אֲשֶׁר בַּשָּׂדֶה
בַּסּוּסִים בַּחֲמֹרִים בַּגְּמַלִּים בַּבָּקָר וּבַצֹּאן
דֶּבֶר כָּבֵד מְאֹד׃ 4 וְהִפְלָה יְהוָה בֵּין מִקְנֵה
יִשְׂרָאֵל וּבֵין מִקְנֵה מִצְרָיִם וְלֹא יָמוּת
מִכָּל־לִבְנֵי יִשְׂרָאֵל דָּבָר׃ 5 וַיָּשֶׂם יְהוָה
מוֹעֵד לֵאמֹר מָחָר יַעֲשֶׂה יְהוָה הַדָּבָר
הַזֶּה בָּאָרֶץ׃ 6 וַיַּעַשׂ יְהוָה אֶת־הַדָּבָר הַזֶּה
מִמָּחֳרָת וַיָּמָת כֹּל מִקְנֵה מִצְרָיִם וּמִמִּקְנֵה
בְנֵי־יִשְׂרָאֵל לֹא־מֵת אֶחָד׃ 7 וַיִּשְׁלַח פַּרְעֹה
וְהִנֵּה לֹא־מֵת מִמִּקְנֵה יִשְׂרָאֵל עַד־אֶחָד
וַיִּכְבַּד לֵב פַּרְעֹה וְלֹא שִׁלַּח אֶת־
הָעָם׃ פ

8 וַיֹּאמֶר יְהוָה אֶל־מֹשֶׁה וְאֶל־אַהֲרֹן קְחוּ
לָכֶם מְלֹא חָפְנֵיכֶם פִּיחַ כִּבְשָׁן וּזְרָקוֹ
מֹשֶׁה הַשָּׁמַיְמָה לְעֵינֵי פַרְעֹה׃ 9 וְהָיָה
לְאָבָק עַל כָּל־אֶרֶץ מִצְרָיִם וְהָיָה עַל־
הָאָדָם וְעַל־הַבְּהֵמָה לִשְׁחִין פֹּרֵחַ
אֲבַעְבֻּעֹת בְּכָל־אֶרֶץ מִצְרָיִם׃ 10 וַיִּקְחוּ
אֶת־פִּיחַ הַכִּבְשָׁן וַיַּעַמְדוּ לִפְנֵי פַרְעֹה
וַיִּזְרֹק אֹתוֹ מֹשֶׁה הַשָּׁמָיְמָה וַיְהִי שְׁחִין

אֲבַעְבֻּעֹת פֹּרֵחַ בָּאָדָם וּבַבְּהֵמָה׃ 11 וְלֹא־
יָכְלוּ הַחַרְטֻמִּים לַעֲמֹד לִפְנֵי מֹשֶׁה מִפְּנֵי
הַשְּׁחִין כִּי־הָיָה הַשְּׁחִין בַּחַרְטֻמִּם וּבְכָל־
מִצְרָיִם׃ 12 וַיְחַזֵּק יְהוָה אֶת־לֵב פַּרְעֹה
וְלֹא שָׁמַע אֲלֵהֶם כַּאֲשֶׁר דִּבֶּר יְהוָה
אֶל־מֹשֶׁה׃ ס 13 וַיֹּאמֶר יְהוָה אֶל־
מֹשֶׁה הַשְׁכֵּם בַּבֹּקֶר וְהִתְיַצֵּב לִפְנֵי פַרְעֹה
וְאָמַרְתָּ אֵלָיו כֹּה־אָמַר יְהוָה אֱלֹהֵי
הָעִבְרִים שַׁלַּח אֶת־עַמִּי וְיַעַבְדֻנִי׃ 14 כִּי ׀
בַּפַּעַם הַזֹּאת אֲנִי שֹׁלֵחַ אֶת־כָּל־מַגֵּפֹתַי
אֶל־לִבְּךָ וּבַעֲבָדֶיךָ וּבְעַמֶּךָ בַּעֲבוּר תֵּדַע
כִּי אֵין כָּמֹנִי בְּכָל־הָאָרֶץ׃ 15 כִּי עַתָּה
שָׁלַחְתִּי אֶת־יָדִי וָאַךְ אוֹתְךָ וְאֶת־עַמְּךָ
בַּדָּבֶר וַתִּכָּחֵד מִן־הָאָרֶץ׃ 16 וְאוּלָם
בַּעֲבוּר זֹאת הֶעֱמַדְתִּיךָ בַּעֲבוּר הַרְאֹתְךָ
אֶת־כֹּחִי וּלְמַעַן סַפֵּר שְׁמִי בְּכָל־הָאָרֶץ׃
17 עוֹדְךָ מִסְתּוֹלֵל בְּעַמִּי לְבִלְתִּי שַׁלְּחָם׃
18 הִנְנִי מַמְטִיר כָּעֵת מָחָר בָּרָד כָּבֵד מְאֹד
אֲשֶׁר לֹא־הָיָה כָמֹהוּ בְּמִצְרַיִם לְמִן־הַיּוֹם
הִוָּסְדָה וְעַד־עָתָּה׃ 19 וְעַתָּה שְׁלַח הָעֵז
אֶת־מִקְנְךָ וְאֵת כָּל־אֲשֶׁר לְךָ בַּשָּׂדֶה כָּל־
הָאָדָם וְהַבְּהֵמָה אֲשֶׁר־יִמָּצֵא בַשָּׂדֶה וְלֹא
יֵאָסֵף הַבַּיְתָה וְיָרַד עֲלֵהֶם הַבָּרָד וָמֵתוּ׃
20 הַיָּרֵא אֶת־דְּבַר יְהוָה מֵעַבְדֵי פַּרְעֹה
הֵנִיס אֶת־עֲבָדָיו וְאֶת־מִקְנֵהוּ אֶל־
הַבָּתִּים׃ 21 וַאֲשֶׁר לֹא־שָׂם לִבּוֹ אֶל־דְּבַר
יְהוָה וַיַּעֲזֹב אֶת־עֲבָדָיו וְאֶת־מִקְנֵהוּ
בַּשָּׂדֶה׃ פ

22 וַיֹּאמֶר יְהוָה אֶל־מֹשֶׁה נְטֵה אֶת־יָדְךָ
עַל־הַשָּׁמַיִם וִיהִי בָרָד בְּכָל־אֶרֶץ מִצְרָיִם
עַל־הָאָדָם וְעַל־הַבְּהֵמָה וְעַל כָּל־עֵשֶׂב
הַשָּׂדֶה בְּאֶרֶץ מִצְרָיִם׃ 23 וַיֵּט מֹשֶׁה אֶת־
מַטֵּהוּ עַל־הַשָּׁמַיִם וַיהוָה נָתַן קֹלֹת וּבָרָד

with blains upon man and upon beast. [11] And the magicians could not stand before Moses because of the boils; for the boils were upon the magicians, and upon all the Egyptians. [12] And the LORD hardened the heart of Pharaoh, and he hearkened not unto them; as the LORD had spoken unto Moses.

[13] And the LORD said unto Moses: 'Rise up early in the morning, and stand before Pharaoh, and say unto him: Thus saith the LORD, the God of the Hebrews: Let My people go, that they may serve Me. [14] For I will this time send all My plagues upon thy person, and upon thy servants, and upon thy people; that thou mayest know that there is none like Me in all the earth. [15] Surely now I had put forth My hand, and smitten thee and thy people with pestilence, and thou hadst been cut off from the earth. [16] But in very deed for this cause have I made thee to stand, to show thee My power, and that My name may be declared throughout all the earth. [17] As yet exaltest thou thyself against My people, that thou wilt not let them go? [18] Behold, to-morrow about this time I will cause it to rain a very grievous hail, such as hath not been in Egypt since the day it was founded even until now. [19] Now therefore send, hasten in thy cattle and all that thou hast in the field; for every man and beast that shall be found in the field, and shall not be brought home, the hail shall come down upon them, and they shall die.' [20] He that feared the word of the LORD among the servants of Pharaoh made his servants and his cattle flee into the houses; [21] and he that regarded not the word of the LORD left his servants and his cattle in the field.

[22] And the LORD said unto Moses: 'Stretch forth thy hand toward heaven, that there may be hail in all the land of Egypt, upon man, and upon beast, and upon every herb of the field, throughout the land of Egypt.' [23] And Moses stretched forth his rod toward heaven; and the LORD sent thunder and hail, and fire ran down

וַתִּהֲלַךְ אֵשׁ אָרְצָה וַיַּמְטֵר יְהוָה בָּרָד
עַל־אֶרֶץ מִצְרָיִם׃ 24 וַיְהִי בָרָד וְאֵשׁ
מִתְלַקַּחַת בְּתוֹךְ הַבָּרָד כָּבֵד מְאֹד אֲשֶׁר
לֹא־הָיָה כָמֹהוּ בְּכָל־אֶרֶץ מִצְרַיִם מֵאָז
הָיְתָה לְגוֹי׃ 25 וַיַּךְ הַבָּרָד בְּכָל־אֶרֶץ
מִצְרַיִם אֵת כָּל־אֲשֶׁר בַּשָּׂדֶה מֵאָדָם וְעַד־
בְּהֵמָה וְאֵת כָּל־עֵשֶׂב הַשָּׂדֶה הִכָּה הַבָּרָד
וְאֶת־כָּל־עֵץ הַשָּׂדֶה שִׁבֵּר׃ 26 רַק בְּאֶרֶץ
גֹּשֶׁן אֲשֶׁר־שָׁם בְּנֵי יִשְׂרָאֵל לֹא הָיָה בָּרָד׃
27 וַיִּשְׁלַח פַּרְעֹה וַיִּקְרָא לְמֹשֶׁה וּלְאַהֲרֹן
וַיֹּאמֶר אֲלֵהֶם חָטָאתִי הַפָּעַם יְהוָה
הַצַּדִּיק וַאֲנִי וְעַמִּי הָרְשָׁעִים׃ 28 הַעְתִּירוּ
אֶל־יְהוָה וְרַב מִהְיֹת קֹלֹת אֱלֹהִים וּבָרָד
וַאֲשַׁלְּחָה אֶתְכֶם וְלֹא תֹסִפוּן לַעֲמֹד׃
29 וַיֹּאמֶר אֵלָיו מֹשֶׁה כְּצֵאתִי אֶת־הָעִיר
אֶפְרֹשׂ אֶת־כַּפַּי אֶל־יְהוָה הַקֹּלוֹת יֶחְדָּלוּן
וְהַבָּרָד לֹא יִהְיֶה־עוֹד לְמַעַן תֵּדַע כִּי
לַיהוָה הָאָרֶץ׃ 30 וְאַתָּה וַעֲבָדֶיךָ יָדַעְתִּי
כִּי טֶרֶם תִּירְאוּן מִפְּנֵי יְהוָה אֱלֹהִים׃
31 וְהַפִּשְׁתָּה וְהַשְּׂעֹרָה נֻכָּתָה כִּי הַשְּׂעֹרָה
אָבִיב וְהַפִּשְׁתָּה גִּבְעֹל׃ 32 וְהַחִטָּה
וְהַכֻּסֶּמֶת לֹא נֻכּוּ כִּי אֲפִילֹת הֵנָּה׃ 33 וַיֵּצֵא
מֹשֶׁה מֵעִם פַּרְעֹה אֶת־הָעִיר וַיִּפְרֹשׂ כַּפָּיו
אֶל־יְהוָה וַיַּחְדְּלוּ הַקֹּלוֹת וְהַבָּרָד וּמָטָר
לֹא־נִתַּךְ אָרְצָה׃ 34 וַיַּרְא פַּרְעֹה כִּי־חָדַל
הַמָּטָר וְהַבָּרָד וְהַקֹּלֹת וַיֹּסֶף לַחֲטֹא וַיַּכְבֵּד
לִבּוֹ הוּא וַעֲבָדָיו׃ 35 וַיֶּחֱזַק לֵב פַּרְעֹה וְלֹא
שִׁלַּח אֶת־בְּנֵי יִשְׂרָאֵל כַּאֲשֶׁר דִּבֶּר יְהוָה
בְּיַד־מֹשֶׁה׃ פ

unto the earth; and the LORD caused to hail upon the land of Egypt. [24] So there was hail, and fire flashing up amidst the hail, very grievous, such as had not been in all the land of Egypt since it became a nation. [25] And the hail smote throughout all the land of Egypt all that was in the field, both man and beast; and the hail smote every herb of the field, and broke every tree of the field. [26] Only in the land of Goshen, where the children of Israel were, was there no hail. [27] And Pharaoh sent, and called for Moses and Aaron, and said unto them: 'I have sinned this time; the LORD is righteous, and I and my people are wicked. [28] Entreat the LORD, and let there be enough of these mighty thunderings and hail; and I will let you go, and ye shall stay no longer.' [29] And Moses said unto him: 'As soon as I am gone out of the city, I will spread forth my hands unto the LORD; the thunders shall cease, neither shall there be any more hail; that thou mayest know that the earth is the LORD's. [30] But as for thee and thy servants, I know that ye will not yet fear the LORD God.'—[31] And the flax and the barley were smitten; for the barley was in the ear, and the flax was in bloom. [32] But the wheat and the spelt were not smitten; for they ripen late.—[33] And Moses went out of the city from Pharaoh, and spread forth his hands unto the LORD; and the thunders and hail ceased, and the rain was not poured upon the earth. [34] And when Pharaoh saw that the rain and the hail and the thunders were ceased, he sinned yet more, and hardened his heart, he and his servants. [35] And the heart of Pharaoh was hardened, and he did not let the children of Israel go; as the LORD had spoken by Moses.

בא

10 וַיֹּאמֶר יְהוָה אֶל־מֹשֶׁה בֹּא אֶל־
פַּרְעֹה כִּי־אֲנִי הִכְבַּדְתִּי אֶת־לִבּוֹ וְאֶת־לֵב

BO'

10 And the LORD said unto Moses: 'Go in unto Pharaoh; for I have hardened his heart, and the heart of his servants, that I might show these My signs in the midst of them; [2] and that thou mayest tell in the ears of thy son, and of thy son's son, what I have wrought upon Egypt, and My signs which I have done among them; that ye may know that I am the LORD.' [3] And Moses and Aaron went in unto Pharaoh, and said unto him: 'Thus saith the LORD, the God of the Hebrews: How long wilt thou refuse to humble thyself before Me? let My people go, that they may serve Me. [4] Else, if thou refuse to let My people go, behold, to-morrow will I bring locusts into thy border; [5] and they shall cover the face of the earth, that one shall not be able to see the earth; and they shall eat the residue of that which is escaped, which remaineth unto you from the hail, and shall eat every tree which groweth for you out of the field; [6] and thy houses shall be filled, and the houses of all thy servants, and the houses of all the Egyptians; as neither thy fathers nor thy fathers' fathers have seen, since the day that they were upon the earth unto this day.' And he turned, and went out from Pharaoh. [7] And Pharaoh's servants said unto him: 'How long shall this man be a snare unto us? let the men go, that they may serve the LORD their God; knowest thou not yet that Egypt is destroyed?' [8] And Moses and Aaron were brought again unto Pharaoh; and he said unto them: 'Go, serve the LORD your God; but who are they that shall go?' [9] And Moses said: 'We will go with our young and with our old, with our sons and with our daughters, with our flocks and with our herds we will go; for we must hold a feast unto the LORD.' [10] And he said unto them: 'So be the LORD with you, as I will let you go, and your little ones; see ye that evil is before your face. [11] Not so; go now ye that are men, and serve the LORD; for that is what ye desire.' And they were driven out from Pharaoh's presence.

[12] And the LORD said unto Moses 'Stretch out thy hand over the land of Egypt for the locusts, that they may come up upon the

עֲבָדָיו לְמַעַן שִׁתִי אֹתֹתַי אֵלֶּה בְּקִרְבּוֹ׃
2 וּלְמַעַן תְּסַפֵּר בְּאָזְנֵי בִנְךָ וּבֶן־בִּנְךָ אֵת
אֲשֶׁר הִתְעַלַּלְתִּי בְּמִצְרַיִם וְאֶת־אֹתֹתַי
אֲשֶׁר־שַׂמְתִּי בָם וִידַעְתֶּם כִּי־אֲנִי יְהוָה׃
3 וַיָּבֹא מֹשֶׁה וְאַהֲרֹן אֶל־פַּרְעֹה וַיֹּאמְרוּ
אֵלָיו כֹּה־אָמַר יְהוָה אֱלֹהֵי הָעִבְרִים
עַד־מָתַי מֵאַנְתָּ לֵעָנֹת מִפָּנָי שַׁלַּח עַמִּי
וְיַעַבְדֻנִי׃ 4 כִּי אִם־מָאֵן אַתָּה לְשַׁלֵּחַ אֶת־
עַמִּי הִנְנִי מֵבִיא מָחָר אַרְבֶּה בִּגְבֻלֶךָ׃
5 וְכִסָּה אֶת־עֵין הָאָרֶץ וְלֹא יוּכַל לִרְאֹת
אֶת־הָאָרֶץ וְאָכַל ׀ אֶת־יֶתֶר הַפְּלֵטָה
הַנִּשְׁאֶרֶת לָכֶם מִן־הַבָּרָד וְאָכַל אֶת־כָּל־
הָעֵץ הַצֹּמֵחַ לָכֶם מִן־הַשָּׂדֶה׃ 6 וּמָלְאוּ
בָתֶּיךָ וּבָתֵּי כָל־עֲבָדֶיךָ וּבָתֵּי כָל־מִצְרַיִם
אֲשֶׁר לֹא־רָאוּ אֲבֹתֶיךָ וַאֲבוֹת אֲבֹתֶיךָ
מִיּוֹם הֱיוֹתָם עַל־הָאֲדָמָה עַד הַיּוֹם הַזֶּה
וַיִּפֶן וַיֵּצֵא מֵעִם פַּרְעֹה׃ 7 וַיֹּאמְרוּ עַבְדֵי
פַרְעֹה אֵלָיו עַד־מָתַי יִהְיֶה זֶה לָנוּ לְמוֹקֵשׁ
שַׁלַּח אֶת־הָאֲנָשִׁים וְיַעַבְדוּ אֶת־יְהוָה
אֱלֹהֵיהֶם הֲטֶרֶם תֵּדַע כִּי אָבְדָה מִצְרָיִם׃
8 וַיּוּשַׁב אֶת־מֹשֶׁה וְאֶת־אַהֲרֹן אֶל־פַּרְעֹה
וַיֹּאמֶר אֲלֵהֶם לְכוּ עִבְדוּ אֶת־יְהוָה
אֱלֹהֵיכֶם מִי וָמִי הַהֹלְכִים׃ 9 וַיֹּאמֶר מֹשֶׁה
בִּנְעָרֵינוּ וּבִזְקֵנֵינוּ נֵלֵךְ בְּבָנֵינוּ וּבִבְנוֹתֵנוּ
בְּצֹאנֵנוּ וּבִבְקָרֵנוּ נֵלֵךְ כִּי חַג־יְהוָה לָנוּ׃
10 וַיֹּאמֶר אֲלֵהֶם יְהִי כֵן יְהוָה עִמָּכֶם
כַּאֲשֶׁר אֲשַׁלַּח אֶתְכֶם וְאֶת־טַפְּכֶם רְאוּ כִּי
רָעָה נֶגֶד פְּנֵיכֶם׃ 11 לֹא כֵן לְכוּ־נָא
הַגְּבָרִים וְעִבְדוּ אֶת־יְהוָה כִּי אֹתָהּ אַתֶּם
מְבַקְשִׁים וַיְגָרֶשׁ אֹתָם מֵאֵת פְּנֵי
פַרְעֹה׃ פ
12 וַיֹּאמֶר יְהוָה אֶל־מֹשֶׁה נְטֵה יָדְךָ עַל־
אֶרֶץ מִצְרַיִם בָּאַרְבֶּה וְיַעַל עַל־אֶרֶץ

land of Egypt, and eat every herb of the land, even all that the hail hath left.' [13] And Moses stretched forth his rod over the land of Egypt, and the LORD brought an east wind upon the land all that day, and all the night; and when it was morning, the east wind brought the locusts. [14] And the locusts went up over all the land of Egypt, and rested in all the borders of Egypt; very grievous were they; before them there were no such locusts as they, neither after them shall be such. [15] For they covered the face of the whole earth, so that the land was darkened; and they did eat every herb of the land, and all the fruit of the trees which the hail had left; and there remained not any green thing, either tree or herb of the field, through all the land of Egypt. [16] Then Pharaoh called for Moses and Aaron in haste; and he said: 'I have sinned against the LORD your God, and against you. [17] Now therefore forgive, I pray thee, my sin only this once, and entreat the LORD your God, that He may take away from me this death only.' [18] And he went out from Pharaoh, and entreated the LORD. [19] And the LORD turned an exceeding strong west wind, which took up the locusts, and drove them into the Red Sea; there remained not one locust in all the border of Egypt. [20] But the LORD hardened Pharaoh's heart, and he did not let the children of Israel go.

[21] And the LORD said unto Moses: 'Stretch out thy hand toward heaven, that there may be darkness over the land of Egypt, even darkness which may be felt.' [22] And Moses stretched forth his hand toward heaven; and there was a thick darkness in all the land of Egypt three days; [23] they saw not one another, neither rose any from his place for three days; but all the children of Israel had light in their dwellings. [24] And Pharaoh called unto Moses, and said: 'Go ye, serve the LORD; only let your flocks and your herds be stayed; let your little ones also go with you.' [25] And Moses said: 'Thou must also give into our hand sacrifices and burnt-offerings,

מִצְרָ֑יִם וְיֹאכַל֙ אֶת־כָּל־עֵ֣שֶׂב הָאָ֔רֶץ אֵ֛ת
כָּל־אֲשֶׁ֥ר הִשְׁאִ֖יר הַבָּרָֽד׃ 13 וַיֵּ֨ט מֹשֶׁ֜ה
אֶת־מַטֵּ֘הוּ֮ עַל־אֶ֣רֶץ מִצְרַיִם֒ וַֽיהוָ֗ה נִהַ֤ג
ר֤וּחַ קָדִים֙ בָּאָ֔רֶץ כָּל־הַיּ֥וֹם הַה֖וּא וְכָל־
הַלָּ֑יְלָה הַבֹּ֣קֶר הָיָ֔ה וְר֙וּחַ֙ הַקָּדִ֔ים נָשָׂ֖א
אֶת־הָאַרְבֶּֽה׃ 14 וַיַּ֣עַל הָֽאַרְבֶּ֗ה עַ֚ל כָּל־
אֶ֣רֶץ מִצְרַ֔יִם וַיָּ֕נַח בְּכֹ֖ל גְּב֣וּל מִצְרָ֑יִם כָּבֵ֣ד
מְאֹ֔ד לְפָנָ֞יו לֹא־הָ֨יָה כֵ֤ן אַרְבֶּה֙ כָּמֹ֔הוּ
וְאַחֲרָ֖יו לֹ֥א יִֽהְיֶה־כֵּֽן׃ 15 וַיְכַ֞ס אֶת־עֵ֣ין
כָּל־הָאָרֶץ֮ וַתֶּחְשַׁ֣ךְ הָאָ֒רֶץ֒ וַיֹּ֜אכַל אֶת־
כָּל־עֵ֣שֶׂב הָאָ֗רֶץ וְאֵת֙ כָּל־פְּרִ֣י הָעֵ֔ץ אֲשֶׁ֥ר
הוֹתִ֖יר הַבָּרָ֑ד וְלֹא־נוֹתַ֨ר כָּל־יֶ֧רֶק בָּעֵ֛ץ
וּבְעֵ֥שֶׂב הַשָּׂדֶ֖ה בְּכָל־אֶ֥רֶץ מִצְרָֽיִם׃
16 וַיְמַהֵ֣ר פַּרְעֹ֔ה לִקְרֹ֖א לְמֹשֶׁ֣ה וּֽלְאַהֲרֹ֑ן
וַיֹּ֗אמֶר חָטָ֛אתִי לַיהוָ֥ה אֱלֹהֵיכֶ֖ם וְלָכֶֽם׃
17 וְעַתָּ֗ה שָׂ֣א נָ֤א חַטָּאתִי֙ אַ֣ךְ הַפַּ֔עַם
וְהַעְתִּ֖ירוּ לַיהוָ֣ה אֱלֹהֵיכֶ֑ם וְיָסֵר֙ מֵֽעָלַ֔י רַ֖ק
אֶת־הַמָּ֥וֶת הַזֶּֽה׃ 18 וַיֵּצֵ֖א מֵעִ֣ם פַּרְעֹ֑ה
וַיֶּעְתַּ֖ר אֶל־יְהוָֽה׃ 19 וַיַּהֲפֹ֨ךְ יְהוָ֤ה רֽוּחַ־יָם֙
חָזָ֣ק מְאֹ֔ד וַיִּשָּׂא֙ אֶת־הָ֣אַרְבֶּ֔ה וַיִּתְקָעֵ֖הוּ
יָ֣מָּה סּ֑וּף לֹ֤א נִשְׁאַר֙ אַרְבֶּ֣ה אֶחָ֔ד בְּכֹ֖ל
גְּב֥וּל מִצְרָֽיִם׃ 20 וַיְחַזֵּ֥ק יְהוָ֖ה אֶת־לֵ֣ב
פַּרְעֹ֑ה וְלֹ֥א שִׁלַּ֖ח אֶת־בְּנֵ֥י יִשְׂרָאֵֽל׃ פ
21 וַיֹּאמֶר֩ יְהוָ֨ה אֶל־מֹשֶׁ֜ה נְטֵ֤ה יָֽדְךָ֙ עַל־
הַשָּׁמַ֔יִם וִ֥יהִי חֹ֖שֶׁךְ עַל־אֶ֣רֶץ מִצְרָ֑יִם וְיָמֵ֖שׁ
חֹֽשֶׁךְ׃ 22 וַיֵּ֥ט מֹשֶׁ֛ה אֶת־יָד֖וֹ עַל־הַשָּׁמָ֑יִם
וַיְהִ֧י חֹֽשֶׁךְ־אֲפֵלָ֛ה בְּכָל־אֶ֥רֶץ מִצְרַ֖יִם
שְׁלֹ֥שֶׁת יָמִֽים׃ 23 לֹא־רָא֞וּ אִ֣ישׁ אֶת־אָחִ֗יו
וְלֹא־קָ֛מוּ אִ֥ישׁ מִתַּחְתָּ֖יו שְׁלֹ֣שֶׁת יָמִ֑ים
וּֽלְכָל־בְּנֵ֧י יִשְׂרָאֵ֛ל הָ֥יָה א֖וֹר בְּמוֹשְׁבֹתָֽם׃
24 וַיִּקְרָ֨א פַרְעֹ֜ה אֶל־מֹשֶׁ֗ה וַיֹּאמֶר֮ לְכוּ֮
עִבְד֣וּ אֶת־יְהוָ֔ה רַ֛ק צֹאנְכֶ֥ם וּבְקַרְכֶ֖ם יֻצָּ֑ג
גַּֽם־טַפְּכֶ֖ם יֵלֵ֥ךְ עִמָּכֶֽם׃ 25 וַיֹּ֣אמֶר מֹשֶׁ֔ה

that we may sacrifice unto the LORD our God. [26] Our cattle also shall go with us; there shall not a hoof be left behind; for thereof must we take to serve the LORD our God; and we know not with what we must serve the LORD, until we come thither.' [27] But the LORD hardened Pharaoh's heart, and he would not let them go. [28] And Pharaoh said unto him: 'Get thee from me, take heed to thyself, see my face no more; for in the day thou seest my face thou shalt die.' [29] And Moses said: 'Thou hast spoken well; I will see thy face again no more.'

11 And the LORD said unto Moses: 'Yet one plague more will I bring upon Pharaoh, and upon Egypt; afterwards he will let you go hence; when he shall let you go, he shall surely thrust you out hence altogether. [2] Speak now in the ears of the people, and let them ask every man of his neighbour, and every woman of her neighbour, jewels of silver, and jewels of gold.' [3] And the LORD gave the people favour in the sight of the Egyptians. Moreover the man Moses was very great in the land of Egypt, in the sight of Pharaoh's servants, and in the sight of the people.

[4] And Moses said: 'Thus saith the LORD: About midnight will I go out into the midst of Egypt; [5] and all the first-born in the land of Egypt shall die, from the first-born of Pharaoh that sitteth upon his throne, even unto the first-born of the maid-servant that is behind the mill; and all the first-born of cattle. [6] And there shall be a great cry throughout all the land of Egypt, such as there hath been none like it, nor shall be like it any more. [7] But against any of the children of Israel shall not a dog whet his tongue, against man or beast; that ye may know how that the LORD doth put a difference between the Egyptians and Israel. [8] And all these thy servants shall come down unto me, and bow down unto me, saying: Get thee out, and all the people that follow thee; and after that I will go out.' And he went out from Pharaoh in hot anger.

[9] And the LORD said unto Moses: 'Pharaoh will not hearken unto you; that My

גַּם־אַתָּה תִּתֵּן בְּיָדֵנוּ זְבָחִים וְעֹלֹת
וְעָשִׂינוּ לַיהוָה אֱלֹהֵינוּ׃ 26 וְגַם־מִקְנֵנוּ יֵלֵךְ
עִמָּנוּ לֹא תִשָּׁאֵר פַּרְסָה כִּי מִמֶּנּוּ נִקַּח
לַעֲבֹד אֶת־יְהוָה אֱלֹהֵינוּ וַאֲנַחְנוּ לֹא־נֵדַע
מַה־נַּעֲבֹד אֶת־יְהוָה עַד־בֹּאֵנוּ שָׁמָּה׃
27 וַיְחַזֵּק יְהוָה אֶת־לֵב פַּרְעֹה וְלֹא אָבָה
לְשַׁלְּחָם׃ 28 וַיֹּאמֶר־לוֹ פַרְעֹה לֵךְ מֵעָלָי
הִשָּׁמֶר לְךָ אַל־תֹּסֶף רְאוֹת פָּנַי כִּי בְּיוֹם
רְאֹתְךָ פָנַי תָּמוּת׃ 29 וַיֹּאמֶר מֹשֶׁה כֵּן
דִּבַּרְתָּ לֹא־אֹסִף עוֹד רְאוֹת פָּנֶיךָ׃ פ
11 וַיֹּאמֶר יְהוָה אֶל־מֹשֶׁה עוֹד נֶגַע
אֶחָד אָבִיא עַל־פַּרְעֹה וְעַל־מִצְרַיִם
אַחֲרֵי־כֵן יְשַׁלַּח אֶתְכֶם מִזֶּה כְּשַׁלְּחוֹ כָּלָה
גָּרֵשׁ יְגָרֵשׁ אֶתְכֶם מִזֶּה׃ 2 דַּבֶּר־נָא בְּאָזְנֵי
הָעָם וְיִשְׁאֲלוּ אִישׁ ׀ מֵאֵת רֵעֵהוּ וְאִשָּׁה
מֵאֵת רְעוּתָהּ כְּלֵי־כֶסֶף וּכְלֵי זָהָב׃ 3 וַיִּתֵּן
יְהוָה אֶת־חֵן הָעָם בְּעֵינֵי מִצְרָיִם גַּם ׀
הָאִישׁ מֹשֶׁה גָּדוֹל מְאֹד בְּאֶרֶץ מִצְרַיִם
בְּעֵינֵי עַבְדֵי־פַרְעֹה וּבְעֵינֵי הָעָם׃ ס
4 וַיֹּאמֶר מֹשֶׁה כֹּה אָמַר יְהוָה כַּחֲצֹת
הַלַּיְלָה אֲנִי יוֹצֵא בְּתוֹךְ מִצְרָיִם׃ 5 וּמֵת
כָּל־בְּכוֹר בְּאֶרֶץ מִצְרַיִם מִבְּכוֹר פַּרְעֹה
הַיֹּשֵׁב עַל־כִּסְאוֹ עַד בְּכוֹר הַשִּׁפְחָה אֲשֶׁר
אַחַר הָרֵחָיִם וְכֹל בְּכוֹר בְּהֵמָה׃ 6 וְהָיְתָה
צְעָקָה גְדֹלָה בְּכָל־אֶרֶץ מִצְרָיִם אֲשֶׁר
כָּמֹהוּ לֹא נִהְיָתָה וְכָמֹהוּ לֹא תֹסִף׃
7 וּלְכֹל ׀ בְּנֵי יִשְׂרָאֵל לֹא יֶחֱרַץ־כֶּלֶב לְשֹׁנוֹ
לְמֵאִישׁ וְעַד־בְּהֵמָה לְמַעַן תֵּדְעוּן אֲשֶׁר
יַפְלֶה יְהוָה בֵּין מִצְרַיִם וּבֵין יִשְׂרָאֵל׃
8 וְיָרְדוּ כָל־עֲבָדֶיךָ אֵלֶּה אֵלַי וְהִשְׁתַּחֲווּ־לִי
לֵאמֹר צֵא אַתָּה וְכָל־הָעָם אֲשֶׁר־בְּרַגְלֶיךָ
וְאַחֲרֵי־כֵן אֵצֵא וַיֵּצֵא מֵעִם־פַּרְעֹה
בָּחֳרִי־אָף׃ ס 9 וַיֹּאמֶר יְהוָה אֶל־

wonders may be multiplied in the land of Egypt.' [10] And Moses and Aaron did all these wonders before Pharaoh; and the LORD hardened Pharaoh's heart, and he did not let the children of Israel go out of his land.

12 And the LORD spoke unto Moses and Aaron in the land of Egypt, saying: [2] 'This month shall be unto you the beginning of months; it shall be the first month of the year to you. [3] Speak ye unto all the congregation of Israel, saying: In the tenth day of this month they shall take to them every man a lamb, according to their fathers' houses, a lamb for a household; [4] and if the household be too little for a lamb, then shall he and his neighbour next unto his house take one according to the number of the souls; according to every man's eating ye shall make your count for the lamb. [5] Your lamb shall be without blemish, a male of the first year; ye shall take it from the sheep, or from the goats; [6] and ye shall keep it until the fourteenth day of the same month; and the whole assembly of the congregation of Israel shall kill it at dusk. [7] And they shall take of the blood, and put it on the two side-posts and on the lintel, upon the houses wherein they shall eat it. [8] And they shall eat the flesh in that night, roast with fire, and unleavened bread; with bitter herbs they shall eat it. [9] Eat not of it raw, nor sodden at all with water, but roast with fire; its head with its legs and with the inwards thereof. [10] And ye shall let nothing of it remain until the morning; but that which remaineth of it until the morning ye shall burn with fire. [11] And thus shall ye eat it: with your loins girded, your shoes on your feet, and your staff in your hand; and ye shall eat it in haste—it is the LORD's passover. [12] For I will go through the land of Egypt in that night, and will smite all the first-born in the land of Egypt, both man and beast; and against all the gods of Egypt I will execute judgments: I am the

מֹשֶׁה לֹא־יִשְׁמַע אֲלֵיכֶם פַּרְעֹה לְמַעַן
רְבוֹת מוֹפְתַי בְּאֶרֶץ מִצְרָיִם׃ 10 וּמֹשֶׁה
וְאַהֲרֹן עָשׂוּ אֶת־כָּל־הַמֹּפְתִים הָאֵלֶּה
לִפְנֵי פַרְעֹה וַיְחַזֵּק יְהוָה אֶת־לֵב פַּרְעֹה
וְלֹא־שִׁלַּח אֶת־בְּנֵי־יִשְׂרָאֵל מֵאַרְצוֹ׃ פ
12 וַיֹּאמֶר יְהוָה אֶל־מֹשֶׁה וְאֶל־אַהֲרֹן
בְּאֶרֶץ מִצְרַיִם לֵאמֹר׃ 2 הַחֹדֶשׁ הַזֶּה לָכֶם
רֹאשׁ חֳדָשִׁים רִאשׁוֹן הוּא לָכֶם לְחָדְשֵׁי
הַשָּׁנָה׃ 3 דַּבְּרוּ אֶל־כָּל־עֲדַת יִשְׂרָאֵל
לֵאמֹר בֶּעָשֹׂר לַחֹדֶשׁ הַזֶּה וְיִקְחוּ לָהֶם
אִישׁ שֶׂה לְבֵית־אָבֹת שֶׂה לַבָּיִת׃ 4 וְאִם־
יִמְעַט הַבַּיִת מִהְיֹת מִשֶּׂה וְלָקַח הוּא
וּשְׁכֵנוֹ הַקָּרֹב אֶל־בֵּיתוֹ בְּמִכְסַת נְפָשֹׁת
אִישׁ לְפִי אָכְלוֹ תָּכֹסּוּ עַל־הַשֶּׂה׃ 5 שֶׂה
תָמִים זָכָר בֶּן־שָׁנָה יִהְיֶה לָכֶם מִן־
הַכְּבָשִׂים וּמִן־הָעִזִּים תִּקָּחוּ׃ 6 וְהָיָה לָכֶם
לְמִשְׁמֶרֶת עַד אַרְבָּעָה עָשָׂר יוֹם לַחֹדֶשׁ
הַזֶּה וְשָׁחֲטוּ אֹתוֹ כֹּל קְהַל עֲדַת־יִשְׂרָאֵל
בֵּין הָעַרְבָּיִם׃ 7 וְלָקְחוּ מִן־הַדָּם וְנָתְנוּ
עַל־שְׁתֵּי הַמְּזוּזֹת וְעַל־הַמַּשְׁקוֹף עַל
הַבָּתִּים אֲשֶׁר־יֹאכְלוּ אֹתוֹ בָּהֶם׃ 8 וְאָכְלוּ
אֶת־הַבָּשָׂר בַּלַּיְלָה הַזֶּה צְלִי־אֵשׁ וּמַצּוֹת
עַל־מְרֹרִים יֹאכְלֻהוּ׃ 9 אַל־תֹּאכְלוּ מִמֶּנּוּ
נָא וּבָשֵׁל מְבֻשָּׁל בַּמָּיִם כִּי אִם־צְלִי־אֵשׁ
רֹאשׁוֹ עַל־כְּרָעָיו וְעַל־קִרְבּוֹ׃ 10 וְלֹא־
תוֹתִירוּ מִמֶּנּוּ עַד־בֹּקֶר וְהַנֹּתָר מִמֶּנּוּ עַד־
בֹּקֶר בָּאֵשׁ תִּשְׂרֹפוּ׃ 11 וְכָכָה תֹּאכְלוּ אֹתוֹ
מָתְנֵיכֶם חֲגֻרִים נַעֲלֵיכֶם בְּרַגְלֵיכֶם
וּמַקֶּלְכֶם בְּיֶדְכֶם וַאֲכַלְתֶּם אֹתוֹ בְּחִפָּזוֹן
פֶּסַח הוּא לַיהוָה׃ 12 וְעָבַרְתִּי בְאֶרֶץ־
מִצְרַיִם בַּלַּיְלָה הַזֶּה וְהִכֵּיתִי כָל־בְּכוֹר
בְּאֶרֶץ מִצְרַיִם מֵאָדָם וְעַד־בְּהֵמָה וּבְכָל־
אֱלֹהֵי מִצְרַיִם אֶעֱשֶׂה שְׁפָטִים אֲנִי יְהוָה׃

Lord. [13] And the blood shall be to you for a token upon the houses where ye are; and when I see the blood, I will pass over you, and there shall no plague be upon you to destroy you, when I smite the land of Egypt. [14] And this day shall be unto you for a memorial, and ye shall keep it a feast to the Lord; throughout your generations ye shall keep it a feast by an ordinance for ever. [15] Seven days shall ye eat unleavened bread; howbeit the first day ye shall put away leaven out of your houses; for whosoever eateth leavened bread from the first day until the seventh day, that soul shall be cut off from Israel. [16] And in the first day there shall be to you a holy convocation, and in the seventh day a holy convocation; no manner of work shall be done in them, save that which every man must eat, that only may be done by you. [17] And ye shall observe the feast of unleavened bread; for in this selfsame day have I brought your hosts out of the land of Egypt; therefore shall ye observe this day throughout your generations by an ordinance for ever. [18] In the first month, on the fourteenth day of the month at even, ye shall eat unleavened bread, until the one and twentieth day of the month at even. [19] Seven days shall there be no leaven found in your houses; for whosoever eateth that which is leavened, that soul shall be cut off from the congregation of Israel, whether he be a sojourner, or one that is born in the land. [20] Ye shall eat nothing leavened; in all your habitations shall ye eat unleavened bread.'

[21] Then Moses called for all the elders of Israel, and said unto them: 'Draw out, and take you lambs according to your families, and kill the passover lamb. [22] And ye shall take a bunch of hyssop, and dip it in the blood that is in the basin, and strike the lintel and the two side-posts with the blood that is in the basin; and none of you shall go out of the door of his house until the morning. [23] For the Lord will pass through to smite the Egyptians; and when He seeth the blood upon the lintel, and on the two side-posts,

13 וְהָיָה הַדָּם לָכֶם לְאֹת עַל הַבָּתִּים אֲשֶׁר
אַתֶּם שָׁם וְרָאִיתִי אֶת־הַדָּם וּפָסַחְתִּי
עֲלֵכֶם וְלֹא־יִהְיֶה בָכֶם נֶגֶף לְמַשְׁחִית
בְּהַכֹּתִי בְּאֶרֶץ מִצְרָיִם׃ 14 וְהָיָה הַיּוֹם הַזֶּה
לָכֶם לְזִכָּרוֹן וְחַגֹּתֶם אֹתוֹ חַג לַיהוָה
לְדֹרֹתֵיכֶם חֻקַּת עוֹלָם תְּחָגֻּהוּ׃ 15 שִׁבְעַת
יָמִים מַצּוֹת תֹּאכֵלוּ אַךְ בַּיּוֹם הָרִאשׁוֹן
תַּשְׁבִּיתוּ שְּׂאֹר מִבָּתֵּיכֶם כִּי ׀ כָּל־אֹכֵל
חָמֵץ וְנִכְרְתָה הַנֶּפֶשׁ הַהִוא מִיִּשְׂרָאֵל
מִיּוֹם הָרִאשֹׁן עַד־יוֹם הַשְּׁבִעִי׃ 16 וּבַיּוֹם
הָרִאשׁוֹן מִקְרָא־קֹדֶשׁ וּבַיּוֹם הַשְּׁבִיעִי
מִקְרָא־קֹדֶשׁ יִהְיֶה לָכֶם כָּל־מְלָאכָה לֹא־
יֵעָשֶׂה בָהֶם אַךְ אֲשֶׁר יֵאָכֵל לְכָל־נֶפֶשׁ
הוּא לְבַדּוֹ יֵעָשֶׂה לָכֶם׃ 17 וּשְׁמַרְתֶּם אֶת־
הַמַּצּוֹת כִּי בְּעֶצֶם הַיּוֹם הַזֶּה הוֹצֵאתִי
אֶת־צִבְאוֹתֵיכֶם מֵאֶרֶץ מִצְרָיִם וּשְׁמַרְתֶּם
אֶת־הַיּוֹם הַזֶּה לְדֹרֹתֵיכֶם חֻקַּת עוֹלָם׃
18 בָּרִאשֹׁן בְּאַרְבָּעָה עָשָׂר יוֹם לַחֹדֶשׁ
בָּעֶרֶב תֹּאכְלוּ מַצֹּת עַד יוֹם הָאֶחָד
וְעֶשְׂרִים לַחֹדֶשׁ בָּעָרֶב׃ 19 שִׁבְעַת יָמִים
שְׂאֹר לֹא יִמָּצֵא בְּבָתֵּיכֶם כִּי ׀ כָּל־אֹכֵל
מַחְמֶצֶת וְנִכְרְתָה הַנֶּפֶשׁ הַהִוא מֵעֲדַת
יִשְׂרָאֵל בַּגֵּר וּבְאֶזְרַח הָאָרֶץ׃ 20 כָּל־
מַחְמֶצֶת לֹא תֹאכֵלוּ בְּכֹל מוֹשְׁבֹתֵיכֶם
תֹּאכְלוּ מַצּוֹת׃ פ

21 וַיִּקְרָא מֹשֶׁה לְכָל־זִקְנֵי יִשְׂרָאֵל וַיֹּאמֶר
אֲלֵהֶם מִשְׁכוּ וּקְחוּ לָכֶם צֹאן
לְמִשְׁפְּחֹתֵיכֶם וְשַׁחֲטוּ הַפָּסַח׃ 22 וּלְקַחְתֶּם
אֲגֻדַּת אֵזוֹב וּטְבַלְתֶּם בַּדָּם אֲשֶׁר־בַּסַּף
וְהִגַּעְתֶּם אֶל־הַמַּשְׁקוֹף וְאֶל־שְׁתֵּי הַמְּזוּזֹת
מִן־הַדָּם אֲשֶׁר בַּסָּף וְאַתֶּם לֹא תֵצְאוּ אִישׁ
מִפֶּתַח־בֵּיתוֹ עַד־בֹּקֶר׃ 23 וְעָבַר יְהוָה לִנְגֹּף
אֶת־מִצְרַיִם וְרָאָה אֶת־הַדָּם עַל־

the LORD will pass over the door, and will not suffer the destroyer to come in unto your houses to smite you. [24] And ye shall observe this thing for an ordinance to thee and to thy sons for ever. [25] And it shall come to pass, when ye be come to the land which the LORD will give you, according as He hath promised, that ye shall keep this service. [26] And it shall come to pass, when your children shall say unto you: What mean ye by this service? [27] that ye shall say: It is the sacrifice of the LORD's passover, for that He passed over the houses of the children of Israel in Egypt, when He smote the Egyptians, and delivered our houses.' And the people bowed the head and worshipped. [28] And the children of Israel went and did so; as the LORD had commanded Moses and Aaron, so did they.

[29] And it came to pass at midnight, that the LORD smote all the first-born in the land of Egypt, from the first-born of Pharaoh that sat on his throne unto the first-born of the captive that was in the dungeon; and all the first-born of cattle. [30] And Pharaoh rose up in the night, he, and all his servants, and all the Egyptians; and there was a great cry in Egypt; for there was not a house where there was not one dead. [31] And he called for Moses and Aaron by night, and said: 'Rise up, get you forth from among my people, both ye and the children of Israel; and go, serve the LORD, as ye have said. [32] Take both your flocks and your herds, as ye have said, and be gone; and bless me also.' [33] And the Egyptians were urgent upon the people, to send them out of the land in haste; for they said: 'We are all dead men.' [34] And the people took their dough before it was leavened, their kneading-troughs being bound up in their clothes upon their shoulders. [35] And the children of Israel did according to the word of Moses; and they asked of the Egyptians jewels of silver, and jewels of gold, and raiment. [36] And the LORD gave the people favour in the sight of the Egyptians so that they let them have what they asked. And they despoiled the Egyptians.

הַמַּשְׁקוֹף וְעַל שְׁתֵּי הַמְּזוּזֹת וּפָסַח יְהוָה
עַל־הַפֶּתַח וְלֹא יִתֵּן הַמַּשְׁחִית לָבֹא אֶל־
בָּתֵּיכֶם לִנְגֹּף׃ 24 וּשְׁמַרְתֶּם אֶת־הַדָּבָר
הַזֶּה לְחָק־לְךָ וּלְבָנֶיךָ עַד־עוֹלָם׃ 25 וְהָיָה
כִּי־תָבֹאוּ אֶל־הָאָרֶץ אֲשֶׁר יִתֵּן יְהוָה לָכֶם
כַּאֲשֶׁר דִּבֵּר וּשְׁמַרְתֶּם אֶת־הָעֲבֹדָה
הַזֹּאת׃ 26 וְהָיָה כִּי־יֹאמְרוּ אֲלֵיכֶם בְּנֵיכֶם
מָה הָעֲבֹדָה הַזֹּאת לָכֶם׃ 27 וַאֲמַרְתֶּם
זֶבַח־פֶּסַח הוּא לַיהוָה אֲשֶׁר פָּסַח עַל־בָּתֵּי
בְנֵי־יִשְׂרָאֵל בְּמִצְרַיִם בְּנָגְפּוֹ אֶת־מִצְרַיִם
וְאֶת־בָּתֵּינוּ הִצִּיל וַיִּקֹּד הָעָם וַיִּשְׁתַּחֲווּ׃
28 וַיֵּלְכוּ וַיַּעֲשׂוּ בְּנֵי יִשְׂרָאֵל כַּאֲשֶׁר צִוָּה
יְהוָה אֶת־מֹשֶׁה וְאַהֲרֹן כֵּן עָשׂוּ׃ ס
29 וַיְהִי ׀ בַּחֲצִי הַלַּיְלָה וַיהוָה הִכָּה
כָל־בְּכוֹר בְּאֶרֶץ מִצְרַיִם מִבְּכֹר פַּרְעֹה
הַיֹּשֵׁב עַל־כִּסְאוֹ עַד בְּכוֹר הַשְּׁבִי אֲשֶׁר
בְּבֵית הַבּוֹר וְכֹל בְּכוֹר בְּהֵמָה׃ 30 וַיָּקָם
פַּרְעֹה לַיְלָה הוּא וְכָל־עֲבָדָיו וְכָל־מִצְרַיִם
וַתְּהִי צְעָקָה גְדֹלָה בְּמִצְרָיִם כִּי־אֵין בַּיִת
אֲשֶׁר אֵין־שָׁם מֵת׃ 31 וַיִּקְרָא לְמֹשֶׁה
וּלְאַהֲרֹן לַיְלָה וַיֹּאמֶר קוּמוּ צְּאוּ מִתּוֹךְ
עַמִּי גַּם־אַתֶּם גַּם־בְּנֵי יִשְׂרָאֵל וּלְכוּ עִבְדוּ
אֶת־יְהוָה כְּדַבֶּרְכֶם׃ 32 גַּם־צֹאנְכֶם גַּם־
בְּקַרְכֶם קְחוּ כַּאֲשֶׁר דִּבַּרְתֶּם וָלֵכוּ
וּבֵרַכְתֶּם גַּם־אֹתִי׃ 33 וַתֶּחֱזַק מִצְרַיִם עַל־
הָעָם לְמַהֵר לְשַׁלְּחָם מִן־הָאָרֶץ כִּי אָמְרוּ
כֻּלָּנוּ מֵתִים׃ 34 וַיִּשָּׂא הָעָם אֶת־בְּצֵקוֹ
טֶרֶם יֶחְמָץ מִשְׁאֲרֹתָם צְרֻרֹת בְּשִׂמְלֹתָם
עַל־שִׁכְמָם׃ 35 וּבְנֵי־יִשְׂרָאֵל עָשׂוּ כִּדְבַר
מֹשֶׁה וַיִּשְׁאֲלוּ מִמִּצְרַיִם כְּלֵי־כֶסֶף וּכְלֵי
זָהָב וּשְׂמָלֹת׃ 36 וַיהוָה נָתַן אֶת־חֵן הָעָם
בְּעֵינֵי מִצְרַיִם וַיַּשְׁאִלוּם וַיְנַצְּלוּ אֶת־
מִצְרָיִם׃ פ

[37] And the children of Israel journeyed from Rameses to Succoth, about six hundred thousand men on foot, beside children. [38] And a mixed multitude went up also with them; and flocks, and herds, even very much cattle. [39] And they baked unleavened cakes of the dough which they brought forth out of Egypt, for it was not leavened; because they were thrust out of Egypt, and could not tarry, neither had they prepared for themselves any victual. [40] Now the time that the children of Israel dwelt in Egypt was four hundred and thirty years. [41] And it came to pass at the end of four hundred and thirty years, even the selfsame day it came to pass, that all the hosts of the LORD went out from the land of Egypt. [42] It was a night of watching unto the LORD for bringing them out from the land of Egypt; this same night is a night of watching unto the LORD for all the children of Israel throughout their generations.

[43] And the LORD said unto Moses and Aaron: 'This is the ordinance of the passover: there shall no alien eat thereof; [44] but every man's servant that is bought for money, when thou hast circumcised him, then shall he eat thereof. [45] A sojourner and a hired servant shall not eat thereof. [46] In one house shall it be eaten; thou shalt not carry forth aught of the flesh abroad out of the house; neither shall ye break a bone thereof. [47] All the congregation of Israel shall keep it. [48] And when a stranger shall sojourn with thee, and will keep the passover to the LORD, let all his males be circumcised, and then let him come near and keep it; and he shall be as one that is born in the land; but no uncircumcised person shall eat thereof. [49] One law shall be to him that is homeborn, and unto the stranger that sojourneth among you.' [50] Thus did all the children of Israel; as the LORD commanded Moses and Aaron, so did they.

[51] And it came to pass the selfsame day that the LORD did bring the children of Israel out of the land of Egypt by their hosts.

13 And the LORD spoke unto Moses, saying: [2] 'Sanctify unto Me all the first-born, whatsoever openeth the womb among the children of Israel, both of man and of beast, it is Mine.'

37 וַיִּסְעוּ בְנֵי־יִשְׂרָאֵל מֵרַעְמְסֵס סֻכֹּתָה
כְּשֵׁשׁ־מֵאוֹת אֶלֶף רַגְלִי הַגְּבָרִים לְבַד
מִטָּף׃ 38 וְגַם־עֵרֶב רַב עָלָה אִתָּם וְצֹאן
וּבָקָר מִקְנֶה כָּבֵד מְאֹד׃ 39 וַיֹּאפוּ אֶת־
הַבָּצֵק אֲשֶׁר הוֹצִיאוּ מִמִּצְרַיִם עֻגֹת מַצּוֹת
כִּי לֹא חָמֵץ כִּי־גֹרְשׁוּ מִמִּצְרַיִם וְלֹא יָכְלוּ
לְהִתְמַהְמֵהַּ וְגַם־צֵדָה לֹא־עָשׂוּ לָהֶם׃
40 וּמוֹשַׁב בְּנֵי יִשְׂרָאֵל אֲשֶׁר יָשְׁבוּ בְּמִצְרָיִם
שְׁלֹשִׁים שָׁנָה וְאַרְבַּע מֵאוֹת שָׁנָה׃ 41 וַיְהִי
מִקֵּץ שְׁלֹשִׁים שָׁנָה וְאַרְבַּע מֵאוֹת שָׁנָה
וַיְהִי בְּעֶצֶם הַיּוֹם הַזֶּה יָצְאוּ כָּל־צִבְאוֹת
יְהוָה מֵאֶרֶץ מִצְרָיִם׃ 42 לֵיל שִׁמֻּרִים הוּא
לַיהוָה לְהוֹצִיאָם מֵאֶרֶץ מִצְרָיִם הוּא־
הַלַּיְלָה הַזֶּה לַיהוָה שִׁמֻּרִים לְכָל־בְּנֵי
יִשְׂרָאֵל לְדֹרֹתָם׃ פ
43 וַיֹּאמֶר יְהוָה אֶל־מֹשֶׁה וְאַהֲרֹן זֹאת
חֻקַּת הַפָּסַח כָּל־בֶּן־נֵכָר לֹא־יֹאכַל בּוֹ׃
44 וְכָל־עֶבֶד אִישׁ מִקְנַת־כָּסֶף וּמַלְתָּה אֹתוֹ
אָז יֹאכַל בּוֹ׃ 45 תּוֹשָׁב וְשָׂכִיר לֹא־יֹאכַל־
בּוֹ׃ 46 בְּבַיִת אֶחָד יֵאָכֵל לֹא־תוֹצִיא מִן־
הַבַּיִת מִן־הַבָּשָׂר חוּצָה וְעֶצֶם לֹא
תִשְׁבְּרוּ־בוֹ׃ 47 כָּל־עֲדַת יִשְׂרָאֵל יַעֲשׂוּ
אֹתוֹ׃ 48 וְכִי־יָגוּר אִתְּךָ גֵּר וְעָשָׂה פֶסַח
לַיהוָה הִמּוֹל לוֹ כָל־זָכָר וְאָז יִקְרַב
לַעֲשֹׂתוֹ וְהָיָה כְּאֶזְרַח הָאָרֶץ וְכָל־עָרֵל
לֹא־יֹאכַל בּוֹ׃ 49 תּוֹרָה אַחַת יִהְיֶה לָאֶזְרָח
וְלַגֵּר הַגָּר בְּתוֹכְכֶם׃ 50 וַיַּעֲשׂוּ כָּל־בְּנֵי
יִשְׂרָאֵל כַּאֲשֶׁר צִוָּה יְהוָה אֶת־מֹשֶׁה וְאֶת־
אַהֲרֹן כֵּן עָשׂוּ׃ ס 51 וַיְהִי בְּעֶצֶם
הַיּוֹם הַזֶּה הוֹצִיא יְהוָה אֶת־בְּנֵי יִשְׂרָאֵל
מֵאֶרֶץ מִצְרַיִם עַל־צִבְאֹתָם׃ פ
13 וַיְדַבֵּר יְהוָה אֶל־מֹשֶׁה לֵּאמֹר׃
2 קַדֶּשׁ־לִי כָל־בְּכוֹר פֶּטֶר כָּל־רֶחֶם בִּבְנֵי

יִשְׂרָאֵל בָּאָדָם וּבַבְּהֵמָה לִי הוּא׃ 3 וַיֹּאמֶר
מֹשֶׁה אֶל־הָעָם זָכוֹר אֶת־הַיּוֹם הַזֶּה אֲשֶׁר
יְצָאתֶם מִמִּצְרַיִם מִבֵּית עֲבָדִים כִּי בְּחֹזֶק
יָד הוֹצִיא יְהוָה אֶתְכֶם מִזֶּה וְלֹא יֵאָכֵל
חָמֵץ׃ 4 הַיּוֹם אַתֶּם יֹצְאִים בְּחֹדֶשׁ
הָאָבִיב׃ 5 וְהָיָה כִי־יְבִיאֲךָ יְהוָה אֶל־אֶרֶץ
הַכְּנַעֲנִי וְהַחִתִּי וְהָאֱמֹרִי וְהַחִוִּי וְהַיְבוּסִי
אֲשֶׁר נִשְׁבַּע לַאֲבֹתֶיךָ לָתֶת לָךְ אֶרֶץ זָבַת
חָלָב וּדְבָשׁ וְעָבַדְתָּ אֶת־הָעֲבֹדָה הַזֹּאת
בַּחֹדֶשׁ הַזֶּה׃ 6 שִׁבְעַת יָמִים תֹּאכַל מַצֹּת
וּבַיּוֹם הַשְּׁבִיעִי חַג לַיהוָה׃ 7 מַצּוֹת יֵאָכֵל
אֵת שִׁבְעַת הַיָּמִים וְלֹא־יֵרָאֶה לְךָ חָמֵץ
וְלֹא־יֵרָאֶה לְךָ שְׂאֹר בְּכָל־גְּבֻלֶךָ׃ 8 וְהִגַּדְתָּ
לְבִנְךָ בַּיּוֹם הַהוּא לֵאמֹר בַּעֲבוּר זֶה עָשָׂה
יְהוָה לִי בְּצֵאתִי מִמִּצְרָיִם׃ 9 וְהָיָה לְךָ
לְאוֹת עַל־יָדְךָ וּלְזִכָּרוֹן בֵּין עֵינֶיךָ לְמַעַן
תִּהְיֶה תּוֹרַת יְהוָה בְּפִיךָ כִּי בְּיָד חֲזָקָה
הוֹצִאֲךָ יְהוָה מִמִּצְרָיִם׃ 10 וְשָׁמַרְתָּ אֶת־
הַחֻקָּה הַזֹּאת לְמוֹעֲדָהּ מִיָּמִים
יָמִימָה׃ ס 11 וְהָיָה כִּי־יְבִאֲךָ יְהוָה
אֶל־אֶרֶץ הַכְּנַעֲנִי כַּאֲשֶׁר נִשְׁבַּע לְךָ
וְלַאֲבֹתֶיךָ וּנְתָנָהּ לָךְ׃ 12 וְהַעֲבַרְתָּ כָל־
פֶּטֶר־רֶחֶם לַיהוָה וְכָל־פֶּטֶר ׀ שֶׁגֶר בְּהֵמָה
אֲשֶׁר יִהְיֶה לְךָ הַזְּכָרִים לַיהוָה׃ 13 וְכָל־
פֶּטֶר חֲמֹר תִּפְדֶּה בְשֶׂה וְאִם־לֹא תִפְדֶּה
וַעֲרַפְתּוֹ וְכֹל בְּכוֹר אָדָם בְּבָנֶיךָ תִּפְדֶּה׃
14 וְהָיָה כִּי־יִשְׁאָלְךָ בִנְךָ מָחָר לֵאמֹר מַה־
זֹּאת וְאָמַרְתָּ אֵלָיו בְּחֹזֶק יָד הוֹצִיאָנוּ יְהוָה
מִמִּצְרַיִם מִבֵּית עֲבָדִים׃ 15 וַיְהִי כִּי־
הִקְשָׁה פַרְעֹה לְשַׁלְּחֵנוּ וַיַּהֲרֹג יְהוָה כָּל־
בְּכוֹר בְּאֶרֶץ מִצְרַיִם מִבְּכֹר אָדָם וְעַד־
בְּכוֹר בְּהֵמָה עַל־כֵּן אֲנִי זֹבֵחַ לַיהוָה
כָּל־פֶּטֶר רֶחֶם הַזְּכָרִים וְכָל־בְּכוֹר בָּנַי

[3] And Moses said unto the people: 'Remember this day, in which ye came out from Egypt, out of the house of bondage; for by strength of hand the LORD brought you out from this place; there shall no leavened bread be eaten. [4] This day ye go forth in the month Abib. [5] And it shall be when the LORD shall bring thee into the land of the Canaanite, and the Hittite, and the Amorite, and Hivite, and the Jebusite, which He swore unto thy fathers to give thee, a land flowing with milk and honey, that thou shalt keep this service in this month. [6] Seven days thou shalt eat unleavened bread, and in the seventh day shall be a feast to the LORD. [7] Unleavened bread shall be eaten throughout the seven days; and there shall no leavened bread be seen with thee, neither shall there be leaven seen with thee, in all thy borders. [8] And thou shalt tell thy son in that day, saying: It is because of that which the LORD did for me when I came forth out of Egypt. [9] And it shall be for a sign unto thee upon thy hand, and for a memorial between thine eyes, that the law of the LORD may be in thy mouth; for with a strong hand hath the LORD brought thee out of Egypt. [10] Thou shalt therefore keep this ordinance in its season from year to year.

[11] And it shall be when the LORD shall bring thee into the land of the Canaanite, as He swore unto thee and to thy fathers, and shall give it thee, [12] that thou shalt set apart unto the LORD all that openeth the womb; every firstling that is a male, which thou hast coming of a beast, shall be the LORD's. [13] And every firstling of an ass thou shalt redeem with a lamb; and if thou wilt not redeem it. then thou shalt break its neck; and all the first-born of man among thy sons shalt thou redeem. [14] And it shall be when thy son asketh thee in time to come, saying: What is this? that thou shalt say unto him: By strength of hand the LORD brought us out from Egypt, from the house of bondage; [15] and it came to pass, when Pharaoh would hardly let us go, that the LORD slew all the first-born in the land of Egypt, both the first-born of man, and the first-born of beast; therefore I sacrifice to the LORD all that openeth the womb, being males; but all the first-

born of my sons I redeem. [16] And it shall be for a sign upon thy hand, and for frontlets between thine eyes; for by strength of hand the LORD brought us forth out of Egypt.'

BE-SHALLAH

[17] And it came to pass, when Pharaoh had let the people go, that God led them not by the way of the land of the Philistines, although that was near; for God said: 'Lest peradventure the people repent when they see war, and they return to Egypt.' [18] But God led the people about, by the way of the wilderness by the Red Sea; and the children of Israel went up armed out of the land of Egypt. [19] And Moses took the bones of Joseph with him; for he had straitly sworn the children of Israel, saying: 'God will surely remember you; and ye shall carry up my bones away hence with you.' [20] And they took their journey from Succoth, and encamped in Etham, in the edge of the wilderness. [21] And the LORD went before them by day in a pillar of cloud, to lead them the way; and by night in a pillar of fire, to give them light; that they might go by day and by night: [22] the pillar of cloud by day, and the pillar of fire by night, departed not from before the people.

14 And the LORD spoke unto Moses, saying: [2] 'Speak unto the children of Israel, that they turn back and encamp before Pi-hahiroth, between Migdol and the sea, before Baal-zephon, over against it shall ye encamp by the sea. [3] And Pharaoh will say of the children of Israel: They are entangled in the land, the wilderness hath shut them in. [4] And I will harden Pharaoh's heart, and he shall follow after them; and I will get Me honour upon Pharaoh, and upon all his host; and the Egyptians shall know that I am the LORD.' And they did so. [5] And it was told the king of Egypt that the people were fled; and the heart of Pharaoh and of his servants was turned towards the people, and they said: 'What is this we have done, that we have let Israel go from serving us?' [6] And he made ready his chariots, and took his people with him.

אֶפְדֶּה׃ 16 וְהָיָה לְאוֹת עַל־יָדְכָה
וּלְטוֹטָפֹת בֵּין עֵינֶיךָ כִּי בְּחֹזֶק יָד הוֹצִיאָנוּ
יְהוָה מִמִּצְרָיִם׃ ס

בשלח

17 וַיְהִי בְּשַׁלַּח פַּרְעֹה אֶת־הָעָם וְלֹא־
נָחָם אֱלֹהִים דֶּרֶךְ אֶרֶץ פְּלִשְׁתִּים כִּי קָרוֹב
הוּא כִּי ׀ אָמַר אֱלֹהִים פֶּן־יִנָּחֵם הָעָם
בִּרְאֹתָם מִלְחָמָה וְשָׁבוּ מִצְרָיְמָה׃ 18 וַיַּסֵּב
אֱלֹהִים ׀ אֶת־הָעָם דֶּרֶךְ הַמִּדְבָּר יַם־סוּף
וַחֲמֻשִׁים עָלוּ בְנֵי־יִשְׂרָאֵל מֵאֶרֶץ מִצְרָיִם׃
19 וַיִּקַּח מֹשֶׁה אֶת־עַצְמוֹת יוֹסֵף עִמּוֹ כִּי
הַשְׁבֵּעַ הִשְׁבִּיעַ אֶת־בְּנֵי יִשְׂרָאֵל לֵאמֹר
פָּקֹד יִפְקֹד אֱלֹהִים אֶתְכֶם וְהַעֲלִיתֶם
אֶת־עַצְמֹתַי מִזֶּה אִתְּכֶם׃ 20 וַיִּסְעוּ מִסֻּכֹּת
וַיַּחֲנוּ בְאֵתָם בִּקְצֵה הַמִּדְבָּר׃ 21 וַיהוָה
הֹלֵךְ לִפְנֵיהֶם יוֹמָם בְּעַמּוּד עָנָן לַנְחֹתָם
הַדֶּרֶךְ וְלַיְלָה בְּעַמּוּד אֵשׁ לְהָאִיר לָהֶם
לָלֶכֶת יוֹמָם וָלָיְלָה׃ 22 לֹא־יָמִישׁ עַמּוּד
הֶעָנָן יוֹמָם וְעַמּוּד הָאֵשׁ לָיְלָה לִפְנֵי
הָעָם׃ פ
14 וַיְדַבֵּר יְהוָה אֶל־מֹשֶׁה לֵּאמֹר׃
2 דַּבֵּר אֶל־בְּנֵי יִשְׂרָאֵל וְיָשֻׁבוּ וְיַחֲנוּ לִפְנֵי
פִּי הַחִירֹת בֵּין מִגְדֹּל וּבֵין הַיָּם לִפְנֵי בַּעַל
צְפֹן נִכְחוֹ תַחֲנוּ עַל־הַיָּם׃ 3 וְאָמַר פַּרְעֹה
לִבְנֵי יִשְׂרָאֵל נְבֻכִים הֵם בָּאָרֶץ סָגַר
עֲלֵיהֶם הַמִּדְבָּר׃ 4 וְחִזַּקְתִּי אֶת־לֵב־פַּרְעֹה
וְרָדַף אַחֲרֵיהֶם וְאִכָּבְדָה בְּפַרְעֹה וּבְכָל־
חֵילוֹ וְיָדְעוּ מִצְרַיִם כִּי־אֲנִי יְהוָה וַיַּעֲשׂוּ־
כֵן׃ 5 וַיֻּגַּד לְמֶלֶךְ מִצְרַיִם כִּי בָרַח הָעָם
וַיֵּהָפֵךְ לְבַב פַּרְעֹה וַעֲבָדָיו אֶל־הָעָם
וַיֹּאמְרוּ מַה־זֹּאת עָשִׂינוּ כִּי־שִׁלַּחְנוּ אֶת־
יִשְׂרָאֵל מֵעָבְדֵנוּ׃ 6 וַיֶּאְסֹר אֶת־רִכְבּוֹ וְאֶת־

[7] And he took six hundred chosen chariots, and all the chariots of Egypt, and captains over all of them. [8] And the LORD hardened the heart of Pharaoh king of Egypt, and he pursued after the children of Israel; for the children of Israel went out with a high hand. [9] And the Egyptians pursued after them, all the horses and chariots of Pharaoh, and his horsemen, and his army, and overtook them encamping by the sea, beside Pi-hahiroth, in front of Baal-zephon. [10] And when Pharaoh drew nigh, the children of Israel lifted up their eyes, and, behold, the Egyptians were marching after them; and they were sore afraid; and the children of Israel cried out unto the LORD. [11] And they said unto Moses: 'Because there were no graves in Egypt, hast thou taken us away to die in the wilderness? wherefore hast thou dealt thus with us, to bring us forth out of Egypt? [12] Is not this the word that we spoke unto thee in Egypt, saying: Let us alone, that we may serve the Egyptians? For it were better for us to serve the Egyptians, than that we should die in the wilderness.' [13] And Moses said unto the people: 'Fear ye not, stand still, and see the salvation of the LORD, which He will work for you to-day; for whereas ye have seen the Egyptians to-day, ye shall see them again no more for ever. [14] The LORD will fight for you, and ye shall hold your peace.'

[15] And the LORD said unto Moses: 'Wherefore criest thou unto Me? speak unto the children of Israel, that they go forward. [16] And lift thou up thy rod, and stretch out thy hand over the sea, and divide it; and the children of Israel shall go into the midst of the sea on dry ground. [17] And I, behold, I will harden the hearts of the Egyptians, and they shall go in after them; and I will get Me honour upon Pharaoh, and upon all his host, upon his chariots, and upon his horsemen. [18] And the Egyptians shall know that I am the LORD, when I have gotten Me honour upon Pharaoh, upon his chariots, and upon his horsemen.' [19] And the angel of God, who went before the camp of Israel, removed and went behind them; and the pillar

עַמּוֹ לָקַח עִמּוֹ׃ 7 וַיִּקַּח שֵׁשׁ־מֵאוֹת רֶכֶב
בָּחוּר וְכֹל רֶכֶב מִצְרָיִם וְשָׁלִשִׁם עַל־כֻּלּוֹ׃
8 וַיְחַזֵּק יְהוָה אֶת־לֵב פַּרְעֹה מֶלֶךְ מִצְרַיִם
וַיִּרְדֹּף אַחֲרֵי בְּנֵי יִשְׂרָאֵל וּבְנֵי יִשְׂרָאֵל
יֹצְאִים בְּיָד רָמָה׃ 9 וַיִּרְדְּפוּ מִצְרַיִם
אַחֲרֵיהֶם וַיַּשִּׂיגוּ אוֹתָם חֹנִים עַל־הַיָּם
כָּל־סוּס רֶכֶב פַּרְעֹה וּפָרָשָׁיו וְחֵילוֹ עַל־פִּי
הַחִירֹת לִפְנֵי בַּעַל צְפֹן׃ 10 וּפַרְעֹה הִקְרִיב
וַיִּשְׂאוּ בְנֵי־יִשְׂרָאֵל אֶת־עֵינֵיהֶם וְהִנֵּה
מִצְרַיִם ׀ נֹסֵעַ אַחֲרֵיהֶם וַיִּירְאוּ מְאֹד
וַיִּצְעֲקוּ בְנֵי־יִשְׂרָאֵל אֶל־יְהוָה׃ 11 וַיֹּאמְרוּ
אֶל־מֹשֶׁה הֲמִבְּלִי אֵין־קְבָרִים בְּמִצְרַיִם
לְקַחְתָּנוּ לָמוּת בַּמִּדְבָּר מַה־זֹּאת עָשִׂיתָ
לָּנוּ לְהוֹצִיאָנוּ מִמִּצְרָיִם׃ 12 הֲלֹא־זֶה
הַדָּבָר אֲשֶׁר דִּבַּרְנוּ אֵלֶיךָ בְמִצְרַיִם לֵאמֹר
חֲדַל מִמֶּנּוּ וְנַעַבְדָה אֶת־מִצְרָיִם כִּי טוֹב
לָנוּ עֲבֹד אֶת־מִצְרַיִם מִמֻּתֵנוּ בַּמִּדְבָּר׃
13 וַיֹּאמֶר מֹשֶׁה אֶל־הָעָם אַל־תִּירָאוּ
הִתְיַצְּבוּ וּרְאוּ אֶת־יְשׁוּעַת יְהוָה אֲשֶׁר־
יַעֲשֶׂה לָכֶם הַיּוֹם כִּי אֲשֶׁר רְאִיתֶם אֶת־
מִצְרַיִם הַיּוֹם לֹא תֹסִפוּ לִרְאֹתָם עוֹד
עַד־עוֹלָם׃ 14 יְהוָה יִלָּחֵם לָכֶם וְאַתֶּם
תַּחֲרִשׁוּן׃ פ
15 וַיֹּאמֶר יְהוָה אֶל־מֹשֶׁה מַה־תִּצְעַק אֵלָי
דַּבֵּר אֶל־בְּנֵי־יִשְׂרָאֵל וְיִסָּעוּ׃ 16 וְאַתָּה
הָרֵם אֶת־מַטְּךָ וּנְטֵה אֶת־יָדְךָ עַל־הַיָּם
וּבְקָעֵהוּ וְיָבֹאוּ בְנֵי־יִשְׂרָאֵל בְּתוֹךְ הַיָּם
בַּיַּבָּשָׁה׃ 17 וַאֲנִי הִנְנִי מְחַזֵּק אֶת־לֵב
מִצְרַיִם וְיָבֹאוּ אַחֲרֵיהֶם וְאִכָּבְדָה בְּפַרְעֹה
וּבְכָל־חֵילוֹ בְּרִכְבּוֹ וּבְפָרָשָׁיו׃ 18 וְיָדְעוּ
מִצְרַיִם כִּי־אֲנִי יְהוָה בְּהִכָּבְדִי בְּפַרְעֹה
בְּרִכְבּוֹ וּבְפָרָשָׁיו׃ 19 וַיִּסַּע מַלְאַךְ הָאֱלֹהִים
הַהֹלֵךְ לִפְנֵי מַחֲנֵה יִשְׂרָאֵל וַיֵּלֶךְ

of cloud removed from before them, and stood behind them; [20] and it came between the camp of Egypt and the camp of Israel; and there was the cloud and the darkness here, yet gave it light by night there; and the one came not near the other all the night. [21] And Moses stretched out his hand over the sea; and the LORD caused the sea to go back by a strong east wind all the night, and made the sea dry land, and the waters were divided. [22] And the children of Israel went into the midst of the sea upon the dry ground; and the waters were a wall unto them on their right hand, and on their left. [23] And the Egyptians pursued, and went in after them into the midst of the sea, all Pharaoh's horses, his chariots, and his horsemen. [24] And it came to pass in the morning watch, that the LORD looked forth upon the host of the Egyptians through the pillar of fire and of cloud, and discomfited the host of the Egyptians. [25] And He took off their chariot wheels, and made them to drive heavily; so that the Egyptians said: 'Let us flee from the face of Israel; for the LORD fighteth for them against the Egyptians.'

[26] And the LORD said unto Moses: 'Stretch out thy hand over the sea, that the waters may come back upon the Egyptians, upon their chariots, and upon their horsemen.' [27] And Moses stretched forth his hand over the sea, and the sea returned to its strength when the morning appeared; and the Egyptians fled against it; and the LORD overthrew the Egyptians in the midst of the sea. [28] And the waters returned, and covered the chariots, and the horsemen, even all the host of Pharaoh that went in after them into the sea; there remained not so much as one of them. [29] But the children of Israel walked upon dry land in the midst of the sea; and the waters were a wall unto them on their right hand, and on their left. [30] Thus the LORD saved Israel that day out of the hand of the Egyptians; and Israel saw the Egyptians dead upon the sea-shore. [31] And Israel saw the great work which the LORD did upon the Egyptians, and the people feared the LORD; and they believed in the LORD, and in His servant Moses.

מֵאַחֲרֵיהֶם וַיִּסַּע עַמּוּד הֶעָנָן מִפְּנֵיהֶם
וַיַּעֲמֹד מֵאַחֲרֵיהֶם׃ 20 וַיָּבֹא בֵּין ׀ מַחֲנֵה
מִצְרַיִם וּבֵין מַחֲנֵה יִשְׂרָאֵל וַיְהִי הֶעָנָן
וְהַחֹשֶׁךְ וַיָּאֶר אֶת־הַלָּיְלָה וְלֹא־קָרַב זֶה
אֶל־זֶה כָּל־הַלָּיְלָה׃ 21 וַיֵּט מֹשֶׁה אֶת־יָדוֹ
עַל־הַיָּם וַיּוֹלֶךְ יְהוָה ׀ אֶת־הַיָּם בְּרוּחַ
קָדִים עַזָּה כָּל־הַלַּיְלָה וַיָּשֶׂם אֶת־הַיָּם
לֶחָרָבָה וַיִּבָּקְעוּ הַמָּיִם׃ 22 וַיָּבֹאוּ בְנֵי־
יִשְׂרָאֵל בְּתוֹךְ הַיָּם בַּיַּבָּשָׁה וְהַמַּיִם לָהֶם
חוֹמָה מִימִינָם וּמִשְּׂמֹאלָם׃ 23 וַיִּרְדְּפוּ
מִצְרַיִם וַיָּבֹאוּ אַחֲרֵיהֶם כֹּל סוּס פַּרְעֹה
רִכְבּוֹ וּפָרָשָׁיו אֶל־תּוֹךְ הַיָּם׃ 24 וַיְהִי
בְּאַשְׁמֹרֶת הַבֹּקֶר וַיַּשְׁקֵף יְהוָה אֶל־מַחֲנֵה
מִצְרַיִם בְּעַמּוּד אֵשׁ וְעָנָן וַיָּהָם אֵת מַחֲנֵה
מִצְרָיִם׃ 25 וַיָּסַר אֵת אֹפַן מַרְכְּבֹתָיו
וַיְנַהֲגֵהוּ בִּכְבֵדֻת וַיֹּאמֶר מִצְרַיִם אָנוּסָה
מִפְּנֵי יִשְׂרָאֵל כִּי יְהוָה נִלְחָם לָהֶם
בְּמִצְרָיִם׃ פ

26 וַיֹּאמֶר יְהוָה אֶל־מֹשֶׁה נְטֵה אֶת־יָדְךָ
עַל־הַיָּם וְיָשֻׁבוּ הַמַּיִם עַל־מִצְרַיִם עַל־
רִכְבּוֹ וְעַל־פָּרָשָׁיו׃ 27 וַיֵּט מֹשֶׁה אֶת־יָדוֹ
עַל־הַיָּם וַיָּשָׁב הַיָּם לִפְנוֹת בֹּקֶר לְאֵיתָנוֹ
וּמִצְרַיִם נָסִים לִקְרָאתוֹ וַיְנַעֵר יְהוָה אֶת־
מִצְרַיִם בְּתוֹךְ הַיָּם׃ 28 וַיָּשֻׁבוּ הַמַּיִם וַיְכַסּוּ
אֶת־הָרֶכֶב וְאֶת־הַפָּרָשִׁים לְכֹל חֵיל
פַּרְעֹה הַבָּאִים אַחֲרֵיהֶם בַּיָּם לֹא־נִשְׁאַר
בָּהֶם עַד־אֶחָד׃ 29 וּבְנֵי יִשְׂרָאֵל הָלְכוּ
בַיַּבָּשָׁה בְּתוֹךְ הַיָּם וְהַמַּיִם לָהֶם חֹמָה
מִימִינָם וּמִשְּׂמֹאלָם׃ 30 וַיּוֹשַׁע יְהוָה בַּיּוֹם
הַהוּא אֶת־יִשְׂרָאֵל מִיַּד מִצְרָיִם וַיַּרְא
יִשְׂרָאֵל אֶת־מִצְרַיִם מֵת עַל־שְׂפַת הַיָּם׃
31 וַיַּרְא יִשְׂרָאֵל אֶת־הַיָּד הַגְּדֹלָה אֲשֶׁר
עָשָׂה יְהוָה בְּמִצְרַיִם וַיִּירְאוּ הָעָם אֶת־
יְהוָה וַיַּאֲמִינוּ בַּיהוָה וּבְמֹשֶׁה עַבְדּוֹ׃ פ

15

Then sang Moses and the children of Israel this song unto the Lord, and spoke, saying:

I will sing unto the Lord, for He is highly exalted; / The horse and his rider hath He thrown into the sea. / [2] The Lord is my strength and song, / And He is become my salvation; / This is my God, and I will glorify Him; / My father's God, and I will exalt Him. / [3] The Lord is a man of war, / The Lord is His name. / [4] Pharaoh's chariots and his host hath He cast into the sea, / And his chosen captains are sunk in the Red Sea. / [5] The deeps cover them— / They went down into the depths like a stone. / [6] Thy right hand, O Lord, glorious in power, / Thy right hand, O Lord, dasheth in pieces the enemy. / [7] And in the greatness of Thine excellency Thou overthrowest them that rise up against Thee; / Thou sendest forth Thy wrath, it consumeth them as stubble. / [8] And with the blast of Thy nostrils the waters were piled up— / The floods stood upright as a heap; / The deeps were congealed in the heart of the sea. / [9] The enemy said: / 'I will pursue, I will overtake, I will divide the spoil; / My lust shall be satisfied upon them; / I will draw my sword, my hand shall destroy them.' / [10] Thou didst blow with Thy wind, the sea covered them; / They sank as lead in the mighty waters. / [11] Who is like unto Thee, O Lord, among the mighty? / Who is like unto Thee, glorious in holiness, /

15 אָז יָשִׁיר־מֹשֶׁה וּבְנֵי יִשְׂרָאֵל
אֶת־הַשִּׁירָה הַזֹּאת לַיהוָה וַיֹּאמְרוּ
לֵאמֹר אָשִׁירָה לַיהוָה
כִּי־גָאֹה גָּאָה סוּס וְרֹכְבוֹ
רָמָה בַיָּם׃ 2 עָזִּי וְזִמְרָת יָהּ
וַיְהִי־לִי לִישׁוּעָה זֶה אֵלִי
וְאַנְוֵהוּ אֱלֹהֵי אָבִי
וַאֲרֹמְמֶנְהוּ׃ 3 יְהוָה אִישׁ מִלְחָמָה
יְהוָה שְׁמוֹ׃ 4 מַרְכְּבֹת פַּרְעֹה וְחֵילוֹ
יָרָה בַיָּם וּמִבְחַר שָׁלִשָׁיו
טֻבְּעוּ בְיַם־סוּף׃ 5 תְּהֹמֹת יְכַסְיֻמוּ
יָרְדוּ בִמְצוֹלֹת כְּמוֹ־אָבֶן׃ 6 יְמִינְךָ יְהוָה
נֶאְדָּרִי בַּכֹּחַ יְמִינְךָ יְהוָה
תִּרְעַץ אוֹיֵב׃ 7 וּבְרֹב גְּאוֹנְךָ תַּהֲרֹס
קָמֶיךָ תְּשַׁלַּח חֲרֹנְךָ
יֹאכְלֵמוֹ כַּקַּשׁ׃ 8 וּבְרוּחַ אַפֶּיךָ
נֶעֶרְמוּ מַיִם נִצְּבוּ כְמוֹ־נֵד
נֹזְלִים קָפְאוּ תְהֹמֹת
בְּלֶב־יָם׃ 9 אָמַר אוֹיֵב אֶרְדֹּף
אַשִּׂיג אֲחַלֵּק שָׁלָל
תִּמְלָאֵמוֹ נַפְשִׁי אָרִיק חַרְבִּי
תּוֹרִישֵׁמוֹ יָדִי׃ 10 נָשַׁפְתָּ בְרוּחֲךָ
כִּסָּמוֹ יָם צָלְלוּ כַּעוֹפֶרֶת
בְּמַיִם אַדִּירִים׃ 11 מִי־כָמֹכָה בָּאֵלִם
יְהוָה מִי כָּמֹכָה
נֶאְדָּר בַּקֹּדֶשׁ נוֹרָא תְהִלֹּת

Fearful in praises, doing wonders? / [12] Thou stretchedst out Thy right hand— / The earth swallowed them. / [13] Thou in Thy love hast led the people that Thou hast redeemed; / Thou hast guided them in Thy strength to Thy holy habitation. / [14] The peoples have heard, they tremble; / Pangs have taken hold on the inhabitants of Philistia. / [15] Then were the chiefs of Edom affrighted; / The mighty men of Moab, trembling taketh hold upon them; / All the inhabitants of Canaan are melted away. / [16] Terror and dread falleth upon them; / By the greatness of Thine arm they are as still as a stone; / Till Thy people pass over, O LORD, / Till the people pass over that Thou hast gotten. / [17] Thou bringest them in, and plantest them in the mountain of Thine inheritance, / The place, O LORD, which Thou hast made for Thee to dwell in, / The sanctuary, O Lord, which Thy hands have established. / [18] The LORD shall reign for ever and ever.

[19] For the horses of Pharaoh went in with his chariots and with his horsemen into the sea, and the LORD brought back the waters of the sea upon them; but the children of Israel walked on dry land in the midst of the sea.

עֹשֵׂה פֶלֶא׃ 12 נָטִיתָ יְמִינְךָ
תִּבְלָעֵמוֹ אָרֶץ׃ 13 נָחִיתָ בְחַסְדְּךָ
עַם־זוּ גָּאָלְתָּ נֵהַלְתָּ בְעָזְּךָ
אֶל־נְוֵה קָדְשֶׁךָ׃ 14 שָׁמְעוּ עַמִּים
יִרְגָּזוּן חִיל אָחַז
יֹשְׁבֵי פְּלָשֶׁת׃ 15 אָז נִבְהֲלוּ
אַלּוּפֵי אֱדוֹם אֵילֵי מוֹאָב
יֹאחֲזֵמוֹ רָעַד נָמֹגוּ כֹּל
יֹשְׁבֵי כְנָעַן׃ 16 תִּפֹּל עֲלֵיהֶם אֵימָתָה
וָפַחַד בִּגְדֹל זְרוֹעֲךָ
יִדְּמוּ כָּאָבֶן עַד־יַעֲבֹר עַמְּךָ
יְהוָה עַד־יַעֲבֹר
עַם־זוּ קָנִיתָ׃ 17 תְּבִאֵמוֹ וְתִטָּעֵמוֹ בְּהַר
נַחֲלָתְךָ מָכוֹן לְשִׁבְתְּךָ
פָּעַלְתָּ יְהוָה מִקְּדָשׁ אֲדֹנָי
כּוֹנְנוּ יָדֶיךָ׃ 18 יְהוָה ׀ יִמְלֹךְ
לְעֹלָם וָעֶד׃ 19 כִּי בָא סוּס פַּרְעֹה
בְּרִכְבּוֹ וּבְפָרָשָׁיו בַּיָּם וַיָּשֶׁב יְהוָה
עֲלֵהֶם אֶת־מֵי הַיָּם וּבְנֵי יִשְׂרָאֵל
הָלְכוּ בַיַּבָּשָׁה בְּתוֹךְ הַיָּם׃
פ

[20] And Miriam the prophetess, the sister of Aaron, took a timbrel in her hand; and all the women went out after her with timbrels and with dances. [21] And Miriam sang unto them:

Sing ye to the LORD, for He is highly exalted: / The horse and his rider hath He thrown into the sea.

[22] And Moses led Israel onward from the Red Sea, and they went out into the wilderness of Shur; and they went three days in the wilderness, and found no water. [23] And when they came to Marah, they could not drink of the waters of Marah, for they were bitter. Therefore the name of it was called [a]Marah. [24] And the people murmured against Moses, saying: 'What shall we drink?' [25] And he cried unto the LORD; and the LORD showed him a tree, and he cast it into the waters, and the waters were made sweet. There He made for them a statute and an ordinance, and there He proved them; [26] and He said: 'If thou wilt diligently hearken to the voice of the LORD thy God, and wilt do that which is right in His eyes, and wilt give ear to His commandments, and keep all His statutes, I will put none of the diseases upon thee, which I have put upon the Egyptians; for I am the LORD that healeth thee.'

[27] And they came to Elim, where were twelve springs of water, and three score and ten palm-trees; and they encamped there by the waters.

16 And they took their journey from Elim, and all the congregation of the children of Israel came unto the wilderness of Sin, which is between Elim and Sinai, on the fifteenth day of the second month after their departing out of the land of Egypt. [2] And the whole congregation of the children of Israel murmured against Moses and against Aaron in the wilderness; [3] and the children of Israel said unto them: 'Would that we had died by the hand of the LORD in the land of Egypt, when we sat by the flesh-pots, when we did eat bread to the full; for ye have brought us forth into this wilderness, to kill this whole assembly with hunger.'

[4] Then said the LORD unto Moses: 'Behold, I will cause to rain bread from heaven for you; and the people shall go out and gather a day's portion every day, that I may prove them,

20 וַתִּקַּח מִרְיָם הַנְּבִיאָה אֲחוֹת אַהֲרֹן
אֶת־הַתֹּף בְּיָדָהּ וַתֵּצֶאןָ כָל־הַנָּשִׁים
אַחֲרֶיהָ בְּתֻפִּים וּבִמְחֹלֹת׃ 21 וַתַּעַן לָהֶם
מִרְיָם שִׁירוּ לַיהוָה כִּי־גָאֹה גָּאָה סוּס
וְרֹכְבוֹ רָמָה בַיָּם׃ ס 22 וַיַּסַּע מֹשֶׁה
אֶת־יִשְׂרָאֵל מִיַּם־סוּף וַיֵּצְאוּ אֶל־מִדְבַּר־
שׁוּר וַיֵּלְכוּ שְׁלֹשֶׁת־יָמִים בַּמִּדְבָּר וְלֹא־
מָצְאוּ מָיִם׃ 23 וַיָּבֹאוּ מָרָתָה וְלֹא יָכְלוּ
לִשְׁתֹּת מַיִם מִמָּרָה כִּי מָרִים הֵם עַל־כֵּן
קָרָא־שְׁמָהּ מָרָה׃ 24 וַיִּלֹּנוּ הָעָם עַל־מֹשֶׁה
לֵּאמֹר מַה־נִּשְׁתֶּה׃ 25 וַיִּצְעַק אֶל־יְהוָה
וַיּוֹרֵהוּ יְהוָה עֵץ וַיַּשְׁלֵךְ אֶל־הַמַּיִם וַיִּמְתְּקוּ
הַמָּיִם שָׁם שָׂם לוֹ חֹק וּמִשְׁפָּט וְשָׁם נִסָּהוּ׃
26 וַיֹּאמֶר אִם־שָׁמוֹעַ תִּשְׁמַע לְקוֹל ׀ יְהוָה
אֱלֹהֶיךָ וְהַיָּשָׁר בְּעֵינָיו תַּעֲשֶׂה וְהַאֲזַנְתָּ
לְמִצְוֺתָיו וְשָׁמַרְתָּ כָּל־חֻקָּיו כָּל־הַמַּחֲלָה
אֲשֶׁר־שַׂמְתִּי בְמִצְרַיִם לֹא־אָשִׂים עָלֶיךָ כִּי
אֲנִי יְהוָה רֹפְאֶךָ׃ ס 27 וַיָּבֹאוּ אֵילִמָה
וְשָׁם שְׁתֵּים עֶשְׂרֵה עֵינֹת מַיִם וְשִׁבְעִים
תְּמָרִים וַיַּחֲנוּ־שָׁם עַל־הַמָּיִם׃
16 וַיִּסְעוּ מֵאֵילִם וַיָּבֹאוּ כָּל־עֲדַת
בְּנֵי־יִשְׂרָאֵל אֶל־מִדְבַּר־סִין אֲשֶׁר בֵּין־
אֵילִם וּבֵין סִינָי בַּחֲמִשָּׁה עָשָׂר יוֹם לַחֹדֶשׁ
הַשֵּׁנִי לְצֵאתָם מֵאֶרֶץ מִצְרָיִם׃ 2 וילינו
וַיִּלּוֹנוּ כָּל־עֲדַת בְּנֵי־יִשְׂרָאֵל עַל־מֹשֶׁה
וְעַל־אַהֲרֹן בַּמִּדְבָּר׃ 3 וַיֹּאמְרוּ אֲלֵהֶם בְּנֵי
יִשְׂרָאֵל מִי־יִתֵּן מוּתֵנוּ בְיַד־יְהוָה בְּאֶרֶץ
מִצְרַיִם בְּשִׁבְתֵּנוּ עַל־סִיר הַבָּשָׂר בְּאָכְלֵנוּ
לֶחֶם לָשֹׂבַע כִּי־הוֹצֵאתֶם אֹתָנוּ אֶל־
הַמִּדְבָּר הַזֶּה לְהָמִית אֶת־כָּל־הַקָּהָל הַזֶּה
בָּרָעָב׃ ס 4 וַיֹּאמֶר יְהוָה אֶל־מֹשֶׁה
הִנְנִי מַמְטִיר לָכֶם לֶחֶם מִן־הַשָּׁמָיִם וְיָצָא
הָעָם וְלָקְטוּ דְּבַר־יוֹם בְּיוֹמוֹ לְמַעַן אֲנַסֶּנּוּ

a That is, *Bitterness*.

whether they will walk in My law, or not. [5] And it shall come to pass on the sixth day that they shall prepare that hich they bring in, and it shall be twice as much as they gather daily.'

[6] And Moses and Aaron said unto all the children of Israel: 'At even, then ye shall know that the LORD hath brought you out from the land of Egypt; [7] and in the morning, then ye shall see the glory of the LORD; for that He hath heard your murmurings against the LORD; and what are we, that ye murmur against us?' [8] And Moses said: 'This shall be, when the LORD shall give you in the evening flesh to eat, and in the morning bread to the full; for that the LORD heareth your murmurings which ye murmur against Him; and what are we? your murmurings are not against us, but against the LORD.' [9] And Moses said unto Aaron: 'Say unto all the congregation of the children of Israel: Come near before the LORD; for He hath heard your murmurings.' [10] And it came to pass, as Aaron spoke unto the whole congregation of the children of Israel, that they looked toward the wilderness, and, behold, the glory of the LORD appeared in the cloud.

[11] And the LORD spoke unto Moses, saying: [12] 'I have heard the murmurings of the children of Israel. Speak unto them, saying: At dusk ye shall eat flesh, and in the morning ye shall be filled with bread; and ye shall know that I am the LORD your God.' [13] And it came to pass at even, that the quails came up, and covered the camp; and in the morning there was a layer of dew round about the camp. [14] And when the layer of dew was gone up, behold upon the face of the wilderness a fine, scalelike thing, fine as the hoar-frost on the ground. [15] And when the children of Israel saw it, they said one to another: [a]'What is it?'—for they knew not what it was. And Moses said unto them: 'It is the bread which the LORD hath given you to eat. [16] This is the thing which the LORD hath commanded: Gather ye of it every man according to his eating; an omer a head, according to the number of your persons, shall ye take it, every man for them that are in his tent.' [17] And the children of Israel did so, and gathered some more, some less.

הֲיֵלֵךְ בְּתוֹרָתִי אִם־לֹא׃ 5 וְהָיָה בַּיּוֹם
הַשִּׁשִּׁי וְהֵכִינוּ אֵת אֲשֶׁר־יָבִיאוּ וְהָיָה
מִשְׁנֶה עַל אֲשֶׁר־יִלְקְטוּ יוֹם ׀ יוֹם׃ ס
6 וַיֹּאמֶר מֹשֶׁה וְאַהֲרֹן אֶל־כָּל־בְּנֵי
יִשְׂרָאֵל עֶרֶב וִידַעְתֶּם כִּי יְהוָה הוֹצִיא
אֶתְכֶם מֵאֶרֶץ מִצְרָיִם׃ 7 וּבֹקֶר וּרְאִיתֶם
אֶת־כְּבוֹד יְהוָה בְּשָׁמְעוֹ אֶת־תְּלֻנֹּתֵיכֶם
עַל־יְהוָה וְנַחְנוּ מָה כִּי תלונו תַלִּינוּ עָלֵינוּ׃
8 וַיֹּאמֶר מֹשֶׁה בְּתֵת יְהוָה לָכֶם בָּעֶרֶב
בָּשָׂר לֶאֱכֹל וְלֶחֶם בַּבֹּקֶר לִשְׂבֹּעַ בִּשְׁמֹעַ
יְהוָה אֶת־תְּלֻנֹּתֵיכֶם אֲשֶׁר־אַתֶּם מַלִּינִם
עָלָיו וְנַחְנוּ מָה לֹא־עָלֵינוּ תְלֻנֹּתֵיכֶם כִּי
עַל־יְהוָה׃ 9 וַיֹּאמֶר מֹשֶׁה אֶל־אַהֲרֹן אֱמֹר
אֶל־כָּל־עֲדַת בְּנֵי יִשְׂרָאֵל קִרְבוּ לִפְנֵי יְהוָה
כִּי שָׁמַע אֵת תְּלֻנֹּתֵיכֶם׃ 10 וַיְהִי כְּדַבֵּר
אַהֲרֹן אֶל־כָּל־עֲדַת בְּנֵי־יִשְׂרָאֵל וַיִּפְנוּ אֶל־
הַמִּדְבָּר וְהִנֵּה כְּבוֹד יְהוָה נִרְאָה בֶּעָנָן׃ פ
11 וַיְדַבֵּר יְהוָה אֶל־מֹשֶׁה לֵּאמֹר׃
12 שָׁמַעְתִּי אֶת־תְּלוּנֹּת בְּנֵי יִשְׂרָאֵל דַּבֵּר
אֲלֵהֶם לֵאמֹר בֵּין הָעַרְבַּיִם תֹּאכְלוּ בָשָׂר
וּבַבֹּקֶר תִּשְׂבְּעוּ־לָחֶם וִידַעְתֶּם כִּי אֲנִי
יְהוָה אֱלֹהֵיכֶם׃ 13 וַיְהִי בָעֶרֶב וַתַּעַל הַשְּׂלָו
וַתְּכַס אֶת־הַמַּחֲנֶה וּבַבֹּקֶר הָיְתָה שִׁכְבַת
הַטַּל סָבִיב לַמַּחֲנֶה׃ 14 וַתַּעַל שִׁכְבַת הַטָּל
וְהִנֵּה עַל־פְּנֵי הַמִּדְבָּר דַּק מְחֻסְפָּס דַּק
כַּכְּפֹר עַל־הָאָרֶץ׃ 15 וַיִּרְאוּ בְנֵי־יִשְׂרָאֵל
וַיֹּאמְרוּ אִישׁ אֶל־אָחִיו מָן הוּא כִּי לֹא
יָדְעוּ מַה־הוּא וַיֹּאמֶר מֹשֶׁה אֲלֵהֶם הוּא
הַלֶּחֶם אֲשֶׁר נָתַן יְהוָה לָכֶם לְאָכְלָה׃
16 זֶה הַדָּבָר אֲשֶׁר צִוָּה יְהוָה לִקְטוּ מִמֶּנּוּ
אִישׁ לְפִי אָכְלוֹ עֹמֶר לַגֻּלְגֹּלֶת מִסְפַּר
נַפְשֹׁתֵיכֶם אִישׁ לַאֲשֶׁר בְּאָהֳלוֹ תִּקָּחוּ׃
17 וַיַּעֲשׂוּ־כֵן בְּנֵי יִשְׂרָאֵל וַיִּלְקְטוּ הַמַּרְבֶּה

a Heb. *Man hu.*

[18] And when they did mete it with an omer, he that gathered much had nothing over, and he that gathered little had no lack; they gathered every man according to his eating. [19] And Moses said unto them: 'Let no man leave of it till the morning.' [20] Notwithstanding they hearkened not unto Moses; but some of them left of it until the morning, and it bred worms, and rotted; and Moses was wroth with them. [21] And they gathered it morning by morning, every man according to his eating; and as the sun waxed hot, it melted. [22] And it came to pass that on the sixth day they gathered twice as much bread, two omers for each one; and all the rulers of the congregation came and told Moses. [23] And he said unto them: 'This is that which the LORD hath spoken: To-morrow is a solemn rest, a holy sabbath unto the LORD. Bake that which ye will bake, and seethe that which ye will seethe; and all that remaineth over lay up for you to be kept until the morning.' [24] And they laid it up till the morning, as Moses bade; and it did not rot, neither was there any worm therein. [25] And Moses said: 'Eat that to-day; for to-day is a sabbath unto the LORD; to-day ye shall not find it in the field. [26] Six days ye shall gather it; but on the seventh day is the sabbath, in it there shall be none.' [27] And it came to pass on the seventh day, that there went out some of the people to gather, and they found none. [28] And the LORD said unto Moses: 'How long refuse ye to keep My commandments and My laws?

[29] See that the LORD hath given you the sabbath; therefore He giveth you on the sixth day the bread of two days; abide ye every man in his place, let no man go out of his place on the seventh day.' [30] So the people rested on the seventh day. [31] And the house of Israel called the name thereof [a]Manna; and it was like coriander seed, white; and the taste of it was like wafers made with honey. [32] And Moses said: 'This is the thing which the LORD hath commanded: Let an omerful of it be kept throughout your generations; that they may see the bread wherewith I fed you in the wilderness, when I brought you forth from the land of Egypt.'

וְהַמַּמְעִיט׃ 18 וַיָּמֹדּוּ בָעֹמֶר וְלֹא הֶעְדִּיף
הַמַּרְבֶּה וְהַמַּמְעִיט לֹא הֶחְסִיר אִישׁ לְפִי־
אָכְלוֹ לָקָטוּ׃ 19 וַיֹּאמֶר מֹשֶׁה אֲלֵהֶם אִישׁ
אַל־יוֹתֵר מִמֶּנּוּ עַד־בֹּקֶר׃ 20 וְלֹא־שָׁמְעוּ
אֶל־מֹשֶׁה וַיּוֹתִרוּ אֲנָשִׁים מִמֶּנּוּ עַד־בֹּקֶר
וַיָּרֻם תּוֹלָעִים וַיִּבְאַשׁ וַיִּקְצֹף עֲלֵהֶם מֹשֶׁה׃
21 וַיִּלְקְטוּ אֹתוֹ בַּבֹּקֶר בַּבֹּקֶר אִישׁ כְּפִי
אָכְלוֹ וְחַם הַשֶּׁמֶשׁ וְנָמָס׃ 22 וַיְהִי ׀ בַּיּוֹם
הַשִּׁשִּׁי לָקְטוּ לֶחֶם מִשְׁנֶה שְׁנֵי הָעֹמֶר
לָאֶחָד וַיָּבֹאוּ כָּל־נְשִׂיאֵי הָעֵדָה וַיַּגִּידוּ
לְמֹשֶׁה׃ 23 וַיֹּאמֶר אֲלֵהֶם הוּא אֲשֶׁר דִּבֶּר
יְהוָה שַׁבָּתוֹן שַׁבַּת־קֹדֶשׁ לַיהוָה מָחָר אֵת
אֲשֶׁר־תֹּאפוּ אֵפוּ וְאֵת אֲשֶׁר־תְּבַשְּׁלוּ בַּשֵּׁלוּ
וְאֵת כָּל־הָעֹדֵף הַנִּיחוּ לָכֶם לְמִשְׁמֶרֶת
עַד־הַבֹּקֶר׃ 24 וַיַּנִּיחוּ אֹתוֹ עַד־הַבֹּקֶר
כַּאֲשֶׁר צִוָּה מֹשֶׁה וְלֹא הִבְאִישׁ וְרִמָּה
לֹא־הָיְתָה בּוֹ׃ 25 וַיֹּאמֶר מֹשֶׁה אִכְלֻהוּ
הַיּוֹם כִּי־שַׁבָּת הַיּוֹם לַיהוָה הַיּוֹם לֹא
תִמְצָאֻהוּ בַּשָּׂדֶה׃ 26 שֵׁשֶׁת יָמִים תִּלְקְטֻהוּ
וּבַיּוֹם הַשְּׁבִיעִי שַׁבָּת לֹא יִהְיֶה־בּוֹ׃ 27 וַיְהִי
בַּיּוֹם הַשְּׁבִיעִי יָצְאוּ מִן־הָעָם לִלְקֹט וְלֹא
מָצָאוּ׃ ס 28 וַיֹּאמֶר יְהוָה אֶל־מֹשֶׁה
עַד־אָנָה מֵאַנְתֶּם לִשְׁמֹר מִצְוֹתַי וְתוֹרֹתָי׃
29 רְאוּ כִּי־יְהוָה נָתַן לָכֶם הַשַּׁבָּת עַל־כֵּן
הוּא נֹתֵן לָכֶם בַּיּוֹם הַשִּׁשִּׁי לֶחֶם יוֹמָיִם
שְׁבוּ ׀ אִישׁ תַּחְתָּיו אַל־יֵצֵא אִישׁ מִמְּקֹמוֹ
בַּיּוֹם הַשְּׁבִיעִי׃ 30 וַיִּשְׁבְּתוּ הָעָם בַּיּוֹם
הַשְּׁבִעִי׃ 31 וַיִּקְרְאוּ בֵית־יִשְׂרָאֵל אֶת־שְׁמוֹ
מָן וְהוּא כְּזֶרַע גַּד לָבָן וְטַעְמוֹ כְּצַפִּיחִת
בִּדְבָשׁ׃ 32 וַיֹּאמֶר מֹשֶׁה זֶה הַדָּבָר אֲשֶׁר
צִוָּה יְהוָה מְלֹא הָעֹמֶר מִמֶּנּוּ לְמִשְׁמֶרֶת
לְדֹרֹתֵיכֶם לְמַעַן ׀ יִרְאוּ אֶת־הַלֶּחֶם אֲשֶׁר
הֶאֱכַלְתִּי אֶתְכֶם בַּמִּדְבָּר בְּהוֹצִיאִי אֶתְכֶם

a Heb. *Man.*

[33] And Moses said unto Aaron: 'Take a jar, and put an omerful of manna therein, and lay it up before the LORD, to be kept throughout your generations.' [34] As the LORD commanded Moses, so Aaron laid it up before the Testimony, to be kept. [35] And the children of Israel did eat the manna forty years, until they came to a land inhabited; they did eat the manna, until they came unto the borders of the land of Canaan. [36] Now an omer is the tenth part of an ephah.

17 And all the congregation of the children of Israel journeyed from the wilderness of Sin, by their stages, according to the commandment of the LORD, and encamped in Rephidim; and there was no water for the people to drink. [2] Wherefore the people strove with Moses, and said: 'Give us water that we may drink.' And Moses said unto them: 'Why strive ye with me? wherefore do ye try the LORD?' [3] And the people thirsted there for water; and the people murmured against Moses, and said: 'Wherefore hast thou brought us up out of Egypt, to kill us and our children and our cattle with thirst?' [4] And Moses cried unto the LORD, saying: 'What shall I do unto this people? they are almost ready to stone me.' [5] And the LORD said unto Moses: 'Pass on before the people, and take with thee of the elders of Israel; and thy rod, wherewith thou smotest the river, take in thy hand, and go. [6] Behold, I will stand before thee there upon the rock in Horeb; and thou shalt smite the rock, and there shall come water out of it, that the people may drink.' And Moses did so in the sight of the elders of Israel. [7] And the name of the place was called [a]Massah, and [b]Meribah, because of the striving of the children of Israel, and because they tried the LORD, saying: 'Is the LORD among us, or not?'

[8] Then came Amalek, and fought with Israel in Rephidim. [9] And Moses said unto Joshua: 'Choose us out men, and go out, fight with Amalek; to-morrow I will stand on the top of the hill with the rod of God in my hand.'

מֵאֶרֶץ מִצְרָיִם: 33 וַיֹּאמֶר מֹשֶׁה אֶל־אַהֲרֹן
קַח צִנְצֶנֶת אַחַת וְתֶן־שָׁמָּה מְלֹא־הָעֹמֶר
מָן וְהַנַּח אֹתוֹ לִפְנֵי יְהוָה לְמִשְׁמֶרֶת
לְדֹרֹתֵיכֶם: 34 כַּאֲשֶׁר צִוָּה יְהוָה אֶל־מֹשֶׁה
וַיַּנִּיחֵהוּ אַהֲרֹן לִפְנֵי הָעֵדֻת לְמִשְׁמָרֶת:
35 וּבְנֵי יִשְׂרָאֵל אָכְלוּ אֶת־הַמָּן אַרְבָּעִים
שָׁנָה עַד־בֹּאָם אֶל־אֶרֶץ נוֹשָׁבֶת אֶת־הַמָּן
אָכְלוּ עַד־בֹּאָם אֶל־קְצֵה אֶרֶץ כְּנָעַן:
36 וְהָעֹמֶר עֲשִׂרִית הָאֵיפָה הוּא: פ
17 וַיִּסְעוּ כָּל־עֲדַת בְּנֵי־יִשְׂרָאֵל
מִמִּדְבַּר־סִין לְמַסְעֵיהֶם עַל־פִּי יְהוָה וַיַּחֲנוּ
בִּרְפִידִים וְאֵין מַיִם לִשְׁתֹּת הָעָם: 2 וַיָּרֶב
הָעָם עִם־מֹשֶׁה וַיֹּאמְרוּ תְּנוּ־לָנוּ מַיִם
וְנִשְׁתֶּה וַיֹּאמֶר לָהֶם מֹשֶׁה מַה־תְּרִיבוּן
עִמָּדִי מַה־תְּנַסּוּן אֶת־יְהוָה: 3 וַיִּצְמָא שָׁם
הָעָם לַמַּיִם וַיָּלֶן הָעָם עַל־מֹשֶׁה וַיֹּאמֶר
לָמָּה זֶּה הֶעֱלִיתָנוּ מִמִּצְרַיִם לְהָמִית אֹתִי
וְאֶת־בָּנַי וְאֶת־מִקְנַי בַּצָּמָא: 4 וַיִּצְעַק מֹשֶׁה
אֶל־יְהוָה לֵאמֹר מָה אֶעֱשֶׂה לָעָם הַזֶּה
עוֹד מְעַט וּסְקָלֻנִי: 5 וַיֹּאמֶר יְהוָה אֶל־
מֹשֶׁה עֲבֹר לִפְנֵי הָעָם וְקַח אִתְּךָ מִזִּקְנֵי
יִשְׂרָאֵל וּמַטְּךָ אֲשֶׁר הִכִּיתָ בּוֹ אֶת־הַיְאֹר
קַח בְּיָדְךָ וְהָלָכְתָּ: 6 הִנְנִי עֹמֵד לְפָנֶיךָ שָּׁם ׀
עַל־הַצּוּר בְּחֹרֵב וְהִכִּיתָ בַצּוּר וְיָצְאוּ מִמֶּנּוּ
מַיִם וְשָׁתָה הָעָם וַיַּעַשׂ כֵּן מֹשֶׁה לְעֵינֵי
זִקְנֵי יִשְׂרָאֵל: 7 וַיִּקְרָא שֵׁם הַמָּקוֹם מַסָּה
וּמְרִיבָה עַל־רִיב ׀ בְּנֵי יִשְׂרָאֵל וְעַל נַסֹּתָם
אֶת־יְהוָה לֵאמֹר הֲיֵשׁ יְהוָה בְּקִרְבֵּנוּ אִם־
אָיִן: פ
8 וַיָּבֹא עֲמָלֵק וַיִּלָּחֶם עִם־יִשְׂרָאֵל
בִּרְפִידִם: 9 וַיֹּאמֶר מֹשֶׁה אֶל־יְהוֹשֻׁעַ בְּחַר־
לָנוּ אֲנָשִׁים וְצֵא הִלָּחֵם בַּעֲמָלֵק מָחָר
אָנֹכִי נִצָּב עַל־רֹאשׁ הַגִּבְעָה וּמַטֵּה

a That is, *Trying.* b That is, *Strife.*

[10] So Joshua did as Moses had said to him, and fought with Amalek; and Moses, Aaron, and Hur went up to the top of the hill. [11] And it came to pass, when Moses held up his hand, that Israel prevailed; and when he let down his hand, Amalek prevailed. [12] But Moses' hands were heavy; and they took a stone, and put it under him, and he sat thereon; and Aaron and Hur stayed up his hands, the one on the one side, and the other on the other side; and his hands were steady until the going down of the sun. [13] And Joshua discomfited Amalek and his people with the edge of the sword.

[14] And the LORD said unto Moses: 'Write this for a memorial in the book, and rehearse it in the ears of Joshua: for I will utterly blot out the remembrance of Amalek from under heaven.' [15] And Moses built an altar, and called the name of it [a]Adonai-nissi. [16] And he said: 'The hand upon the throne of the LORD: the LORD will have war with Amalek from generation to generation.'

הָאֱלֹהִים בְּיָדִי׃ 10 וַיַּעַשׂ יְהוֹשֻׁעַ כַּאֲשֶׁר
אָמַר־לוֹ מֹשֶׁה לְהִלָּחֵם בַּעֲמָלֵק וּמֹשֶׁה
אַהֲרֹן וְחוּר עָלוּ רֹאשׁ הַגִּבְעָה׃ 11 וְהָיָה
כַּאֲשֶׁר יָרִים מֹשֶׁה יָדוֹ וְגָבַר יִשְׂרָאֵל
וְכַאֲשֶׁר יָנִיחַ יָדוֹ וְגָבַר עֲמָלֵק׃ 12 וִידֵי מֹשֶׁה
כְּבֵדִים וַיִּקְחוּ־אֶבֶן וַיָּשִׂימוּ תַחְתָּיו וַיֵּשֶׁב
עָלֶיהָ וְאַהֲרֹן וְחוּר תָּמְכוּ בְיָדָיו מִזֶּה אֶחָד
וּמִזֶּה אֶחָד וַיְהִי יָדָיו אֱמוּנָה עַד־בֹּא
הַשָּׁמֶשׁ׃ 13 וַיַּחֲלֹשׁ יְהוֹשֻׁעַ אֶת־עֲמָלֵק
וְאֶת־עַמּוֹ לְפִי־חָרֶב׃ פ
14 וַיֹּאמֶר יְהוָה אֶל־מֹשֶׁה כְּתֹב זֹאת זִכָּרוֹן
בַּסֵּפֶר וְשִׂים בְּאָזְנֵי יְהוֹשֻׁעַ כִּי־מָחֹה
אֶמְחֶה אֶת־זֵכֶר עֲמָלֵק מִתַּחַת הַשָּׁמָיִם׃
15 וַיִּבֶן מֹשֶׁה מִזְבֵּחַ וַיִּקְרָא שְׁמוֹ יְהוָה ׀
נִסִּי׃ 16 וַיֹּאמֶר כִּי־יָד עַל־כֵּס יָהּ מִלְחָמָה
לַיהוָה בַּעֲמָלֵק מִדֹּר דֹּר׃ פ

YITRO

18 Now Jethro, the priest of Midian, Moses' father-in-law, heard of all that God had done for Moses, and for Israel His people, how that the LORD had brought Israel out of Egypt. [2] And Jethro, Moses' father-in-law, took Zipporah, Moses' wife, after he had sent her away, [3] and her two sons; of whom the name of the one was Gershom; for he said: 'I have been a stranger in a strange land'; [4] and the name of the other was [b]Eliezer: 'for the God of my father was my help, and delivered me from the sword of Pharaoh.' [5] And Jethro, Moses' father-in-law, came with his sons and his wife unto Moses into the wilderness where he was encamped, at the mount of God; [6] and he said unto Moses: 'I thy father-in-law Jethro am coming unto thee, and thy wife, and her two sons with her.' [7] And Moses went out to meet his father-in-law, and bowed down and kissed him; and they asked each other of their welfare; and they came into

יתרו

18 וַיִּשְׁמַע יִתְרוֹ כֹהֵן מִדְיָן חֹתֵן מֹשֶׁה
אֵת כָּל־אֲשֶׁר עָשָׂה אֱלֹהִים לְמֹשֶׁה
וּלְיִשְׂרָאֵל עַמּוֹ כִּי־הוֹצִיא יְהוָה אֶת־
יִשְׂרָאֵל מִמִּצְרָיִם׃ 2 וַיִּקַּח יִתְרוֹ חֹתֵן מֹשֶׁה
אֶת־צִפֹּרָה אֵשֶׁת מֹשֶׁה אַחַר שִׁלּוּחֶיהָ׃
3 וְאֵת שְׁנֵי בָנֶיהָ אֲשֶׁר שֵׁם הָאֶחָד גֵּרְשֹׁם
כִּי אָמַר גֵּר הָיִיתִי בְּאֶרֶץ נָכְרִיָּה׃ 4 וְשֵׁם
הָאֶחָד אֱלִיעֶזֶר כִּי־אֱלֹהֵי אָבִי בְּעֶזְרִי
וַיַּצִּלֵנִי מֵחֶרֶב פַּרְעֹה׃ 5 וַיָּבֹא יִתְרוֹ חֹתֵן
מֹשֶׁה וּבָנָיו וְאִשְׁתּוֹ אֶל־מֹשֶׁה אֶל־הַמִּדְבָּר
אֲשֶׁר־הוּא חֹנֶה שָׁם הַר הָאֱלֹהִים׃
6 וַיֹּאמֶר אֶל־מֹשֶׁה אֲנִי חֹתֶנְךָ יִתְרוֹ בָּא
אֵלֶיךָ וְאִשְׁתְּךָ וּשְׁנֵי בָנֶיהָ עִמָּהּ׃ 7 וַיֵּצֵא
מֹשֶׁה לִקְרַאת חֹתְנוֹ וַיִּשְׁתַּחוּ וַיִּשַּׁק־לוֹ
וַיִּשְׁאֲלוּ אִישׁ־לְרֵעֵהוּ לְשָׁלוֹם וַיָּבֹאוּ

a That is, *The LORD is my banner.* b Heb. *El*, God, and *ezer*, help.

הָאֹֽהֱלָה׃ 8 וַיְסַפֵּר מֹשֶׁה לְחֹתְנוֹ אֵת כָּל־
אֲשֶׁר עָשָׂה יְהוָה לְפַרְעֹה וּלְמִצְרַיִם עַל
אוֹדֹת יִשְׂרָאֵל אֵת כָּל־הַתְּלָאָה אֲשֶׁר
מְצָאָתַם בַּדֶּרֶךְ וַיַּצִּלֵם יְהוָה׃ 9 וַיִּחַדְּ יִתְרוֹ
עַל כָּל־הַטּוֹבָה אֲשֶׁר־עָשָׂה יְהוָה לְיִשְׂרָאֵל
אֲשֶׁר הִצִּילוֹ מִיַּד מִצְרָיִם׃ 10 וַיֹּאמֶר יִתְרוֹ
בָּרוּךְ יְהוָה אֲשֶׁר הִצִּיל אֶתְכֶם מִיַּד
מִצְרַיִם וּמִיַּד פַּרְעֹה אֲשֶׁר הִצִּיל אֶת־הָעָם
מִתַּחַת יַד־מִצְרָיִם׃ 11 עַתָּה יָדַעְתִּי כִּי־
גָדוֹל יְהוָה מִכָּל־הָאֱלֹהִים כִּי בַדָּבָר אֲשֶׁר
זָדוּ עֲלֵיהֶם׃ 12 וַיִּקַּח יִתְרוֹ חֹתֵן מֹשֶׁה עֹלָה
וּזְבָחִים לֵאלֹהִים וַיָּבֹא אַהֲרֹן וְכֹל ׀ זִקְנֵי
יִשְׂרָאֵל לֶאֱכָל־לֶחֶם עִם־חֹתֵן מֹשֶׁה לִפְנֵי
הָאֱלֹהִים׃ 13 וַיְהִי מִמָּחֳרָת וַיֵּשֶׁב מֹשֶׁה
לִשְׁפֹּט אֶת־הָעָם וַיַּעֲמֹד הָעָם עַל־מֹשֶׁה
מִן־הַבֹּקֶר עַד־הָעָרֶב׃ 14 וַיַּרְא חֹתֵן מֹשֶׁה
אֵת כָּל־אֲשֶׁר־הוּא עֹשֶׂה לָעָם וַיֹּאמֶר
מָה־הַדָּבָר הַזֶּה אֲשֶׁר אַתָּה עֹשֶׂה לָעָם
מַדּוּעַ אַתָּה יוֹשֵׁב לְבַדֶּךָ וְכָל־הָעָם נִצָּב
עָלֶיךָ מִן־בֹּקֶר עַד־עָרֶב׃ 15 וַיֹּאמֶר מֹשֶׁה
לְחֹתְנוֹ כִּי־יָבֹא אֵלַי הָעָם לִדְרֹשׁ אֱלֹהִים׃
16 כִּי־יִהְיֶה לָהֶם דָּבָר בָּא אֵלַי וְשָׁפַטְתִּי
בֵּין אִישׁ וּבֵין רֵעֵהוּ וְהוֹדַעְתִּי אֶת־חֻקֵּי
הָאֱלֹהִים וְאֶת־תּוֹרֹתָיו׃ 17 וַיֹּאמֶר חֹתֵן
מֹשֶׁה אֵלָיו לֹא־טוֹב הַדָּבָר אֲשֶׁר אַתָּה
עֹשֶׂה׃ 18 נָבֹל תִּבֹּל גַּם־אַתָּה גַּם־הָעָם
הַזֶּה אֲשֶׁר עִמָּךְ כִּי־כָבֵד מִמְּךָ הַדָּבָר
לֹא־תוּכַל עֲשֹׂהוּ לְבַדֶּךָ׃ 19 עַתָּה שְׁמַע
בְּקֹלִי אִיעָצְךָ וִיהִי אֱלֹהִים עִמָּךְ הֱיֵה אַתָּה
לָעָם מוּל הָאֱלֹהִים וְהֵבֵאתָ אַתָּה אֶת־
הַדְּבָרִים אֶל־הָאֱלֹהִים׃ 20 וְהִזְהַרְתָּה
אֶתְהֶם אֶת־הַחֻקִּים וְאֶת־הַתּוֹרֹת
וְהוֹדַעְתָּ לָהֶם אֶת־הַדֶּרֶךְ יֵלְכוּ בָהּ וְאֶת־

the tent. [8] And Moses told his father-in-law all that the LORD had done unto Pharaoh and to the Egyptians for Israel's sake, all the travail that had come upon them by the way, and how the LORD delivered them. [9] And Jethro rejoiced for all the goodness which the LORD had done to Israel, in that He had delivered them out of the hand of the Egyptians. [10] And Jethro said: 'Blessed be the LORD, who hath delivered you out of the hand of the Egyptians, and out of the hand of Pharaoh; who hath delivered the people from under the hand of the Egyptians. [11] Now I know that the LORD is greater than all gods; yea, for that they dealt proudly against them.' [12] And Jethro, Moses' father-in-law, took a burnt-offering and sacrifices for God; and Aaron came, and all the elders of Israel, to eat bread with Moses' father-in-law before God. [13] And it came to pass on the morrow, that Moses sat to judge the people; and the people stood about Moses from the morning unto the evening. [14] And when Moses' father-in-law saw all that he did to the people, he said: 'What is this thing that thou doest to the people? why sittest thou thyself alone, and all the people stand about thee from morning unto even?' [15] And Moses said unto his father-in-law: 'Because the people come unto me to inquire of God; [16] when they have a matter, it cometh unto me; and I judge between a man and his neighbour, and I make them know the statutes of God, and His laws.' [17] And Moses' father-in-law said unto him: 'The thing that thou doest is not good. [18] Thou wilt surely wear away, both thou, and this people that is with thee; for the thing is too heavy for thee; thou art not able to perform it thyself alone. [19] Hearken now unto my voice, I will give thee counsel, and God be with thee: be thou for the people before God, and bring thou the causes unto God. [20] And thou shalt teach them the statutes and the laws, and shalt show them the way wherein they must walk, and the work that they must do.

[21] Moreover thou shalt provide out of all the people able men, such as fear God, men of truth, hating unjust gain; and place such over them, to be rulers of thousands, rulers of hundreds, rulers of fifties, and rulers of tens. [22] And let them judge the people at all seasons; and it shall be, that every great matter they shall bring unto thee, but every small matter they shall judge themselves; so shall they make it easier for thee and bear the burden with thee. [23] If thou shalt do this thing, and God command thee so, then thou shalt be able to endure, and all this people also shall go to their place in peace.' [24] So Moses hearkened to the voice of his father-in-law, and did all that he had said. [25] And Moses chose able men out of all Israel, and made them heads over the people, rulers of thousands, rulers of hundreds, rulers of fifties, and rulers of tens. [26] And they judged the people at all seasons: the hard causes they brought unto Moses, but every small matter they judged themselves. [27] And Moses let his father-in-law depart; and he went his way into his own land.

19 In the third month after the children of Israel were gone forth out of the land of Egypt, the same day came they into the wilderness of Sinai. [2] And when they were departed from Rephidim, and were come to the wilderness of Sinai, they encamped in the wilderness; and there Israel encamped before the mount. [3] And Moses went up unto God, and the LORD called unto him out of the mountain, saying: 'Thus shalt thou say to the house of Jacob, and tell the children of Israel: [4] Ye have seen what I did unto the Egyptians, and how I bore you on eagles' wings, and brought you unto Myself. [5] Now therefore, if ye will hearken unto My voice indeed, and keep My covenant, then ye shall be Mine own treasure from among all peoples; for all the earth is Mine; [6] and ye shall be unto Me a kingdom of priests, and a holy nation. These are the words which thou shalt speak unto the children of Israel.' [7] And Moses came and called for the elders of the people,

הַֽמַּעֲשֶׂ֖ה אֲשֶׁ֥ר יַעֲשֽׂוּן׃ 21 וְאַתָּ֣ה תֶחֱזֶ֣ה
מִכָּל־הָ֠עָם אַנְשֵׁי־חַ֜יִל יִרְאֵ֧י אֱלֹהִ֛ים אַנְשֵׁ֥י
אֱמֶ֖ת שֹׂ֣נְאֵי בָ֑צַע וְשַׂמְתָּ֣ עֲלֵהֶ֗ם שָׂרֵ֤י
אֲלָפִים֙ שָׂרֵ֣י מֵא֔וֹת שָׂרֵ֥י חֲמִשִּׁ֖ים וְשָׂרֵ֥י
עֲשָׂרֹֽת׃ 22 וְשָׁפְט֣וּ אֶת־הָעָם֮ בְּכָל־עֵת֒
וְהָיָ֞ה כָּל־הַדָּבָ֤ר הַגָּדֹל֙ יָבִ֣יאוּ אֵלֶ֔יךָ וְכָל־
הַדָּבָ֥ר הַקָּטֹ֖ן יִשְׁפְּטוּ־הֵ֑ם וְהָקֵל֙ מֵֽעָלֶ֔יךָ
וְנָשְׂא֖וּ אִתָּֽךְ׃ 23 אִ֣ם אֶת־הַדָּבָ֤ר הַזֶּה֙
תַּעֲשֶׂ֔ה וְצִוְּךָ֣ אֱלֹהִ֔ים וְיָכָלְתָּ֖ עֲמֹ֑ד וְגַם֙
כָּל־הָעָ֣ם הַזֶּ֔ה עַל־מְקֹמ֖וֹ יָבֹ֥א בְשָׁלֽוֹם׃
24 וַיִּשְׁמַ֥ע מֹשֶׁ֖ה לְק֣וֹל חֹתְנ֑וֹ וַיַּ֕עַשׂ כֹּ֖ל אֲשֶׁ֥ר
אָמָֽר׃ 25 וַיִּבְחַ֨ר מֹשֶׁ֤ה אַנְשֵׁי־חַ֙יִל֙ מִכָּל־
יִשְׂרָאֵ֔ל וַיִּתֵּ֥ן אֹתָ֛ם רָאשִׁ֖ים עַל־הָעָ֑ם שָׂרֵ֤י
אֲלָפִים֙ שָׂרֵ֣י מֵא֔וֹת שָׂרֵ֥י חֲמִשִּׁ֖ים וְשָׂרֵ֥י
עֲשָׂרֹֽת׃ 26 וְשָׁפְט֥וּ אֶת־הָעָ֖ם בְּכָל־עֵ֑ת אֶת־
הַדָּבָ֤ר הַקָּשֶׁה֙ יְבִיא֣וּן אֶל־מֹשֶׁ֔ה וְכָל־הַדָּבָ֥ר
הַקָּטֹ֖ן יִשְׁפּוּט֥וּ הֵֽם׃ 27 וַיְשַׁלַּ֥ח מֹשֶׁ֖ה אֶת־
חֹתְנ֑וֹ וַיֵּ֥לֶךְ ל֖וֹ אֶל־אַרְצֽוֹ׃ פ
19 בַּחֹ֙דֶשׁ֙ הַשְּׁלִישִׁ֔י לְצֵ֥את בְּנֵֽי־
יִשְׂרָאֵ֖ל מֵאֶ֣רֶץ מִצְרָ֑יִם בַּיּ֣וֹם הַזֶּ֔ה בָּ֖אוּ
מִדְבַּ֥ר סִינָֽי׃ 2 וַיִּסְע֣וּ מֵרְפִידִ֗ים וַיָּבֹ֙אוּ֙
מִדְבַּ֣ר סִינַ֔י וַֽיַּחֲנ֖וּ בַּמִּדְבָּ֑ר וַיִּֽחַן־שָׁ֥ם
יִשְׂרָאֵ֖ל נֶ֥גֶד הָהָֽר׃ 3 וּמֹשֶׁ֥ה עָלָ֖ה אֶל־
הָאֱלֹהִ֑ים וַיִּקְרָ֨א אֵלָ֤יו יְהוָה֙ מִן־הָהָ֣ר
לֵאמֹ֔ר כֹּ֤ה תֹאמַר֙ לְבֵ֣ית יַעֲקֹ֔ב וְתַגֵּ֖יד לִבְנֵ֥י
יִשְׂרָאֵֽל׃ 4 אַתֶּ֣ם רְאִיתֶ֔ם אֲשֶׁ֥ר עָשִׂ֖יתִי
לְמִצְרָ֑יִם וָאֶשָּׂ֤א אֶתְכֶם֙ עַל־כַּנְפֵ֣י נְשָׁרִ֔ים
וָאָבִ֥א אֶתְכֶ֖ם אֵלָֽי׃ 5 וְעַתָּ֗ה אִם־שָׁמ֤וֹעַ
תִּשְׁמְעוּ֙ בְּקֹלִ֔י וּשְׁמַרְתֶּ֖ם אֶת־בְּרִיתִ֑י
וִהְיִ֨יתֶם לִ֤י סְגֻלָּה֙ מִכָּל־הָ֣עַמִּ֔ים כִּי־לִ֖י
כָּל־הָאָֽרֶץ׃ 6 וְאַתֶּ֧ם תִּהְיוּ־לִ֛י מַמְלֶ֥כֶת
כֹּהֲנִ֖ים וְג֣וֹי קָד֑וֹשׁ אֵ֚לֶּה הַדְּבָרִ֔ים אֲשֶׁ֥ר
תְּדַבֵּ֖ר אֶל־בְּנֵ֥י יִשְׂרָאֵֽל׃ 7 וַיָּבֹ֣א מֹשֶׁ֔ה

and set before them all these words which the LORD commanded him. [8] And all the people answered together, and said: 'All that the LORD hath spoken we will do.' And Moses reported the words of the people unto the LORD. [9] And the LORD said unto Moses: 'Lo, I come unto thee in a thick cloud, that the people may hear when I speak with thee, and may also believe thee for ever.' And Moses told the words of the people unto the LORD. [10] And the LORD said unto Moses: 'Go unto the people, and sanctify them to-day and to-morrow, and let them wash their garments, [11] and be ready against the third day; for the third day the LORD will come down in the sight of all the people upon mount Sinai. [12] And thou shalt set bounds unto the people round about, saying: Take heed to yourselves, that ye go not up into the mount, or touch the border of it; whosoever toucheth the mount shall be surely put to death; [13] no hand shall touch him, but he shall surely be stoned, or shot through; whether it be beast or man, it shall not live; when the ram's horn soundeth long, they shall come up to the mount.' [14] And Moses went down from the mount unto the people, and sanctified the people; and they washed their garments. [15] And he said unto the people: 'Be ready against the third day; come not near a woman.' [16] And it came to pass on the third day, when it was morning, that there were thunders and lightnings and a thick cloud upon the mount, and the voice of a horn exceeding loud; and all the people that were in the camp trembled. [17] And Moses brought forth the people out of the camp to meet God; and they stood at the nether part of the mount. [18] Now mount Sinai was altogether on smoke, because the LORD descended upon it in fire; and the smoke thereof ascended as the smoke of a furnace, and the whole mount quaked greatly. [19] And when the voice of the horn waxed louder and louder, Moses spoke, and God answered him by a voice. [20] And the LORD came down upon mount Sinai, to the top of the mount; and the LORD called Moses to the

וַיִּקְרָא לְזִקְנֵי הָעָם וַיָּשֶׂם לִפְנֵיהֶם אֵת
כָּל־הַדְּבָרִים הָאֵלֶּה אֲשֶׁר צִוָּהוּ יְהוָה׃
8 וַיַּעֲנוּ כָל־הָעָם יַחְדָּו וַיֹּאמְרוּ כֹּל אֲשֶׁר־
דִּבֶּר יְהוָה נַעֲשֶׂה וַיָּשֶׁב מֹשֶׁה אֶת־דִּבְרֵי
הָעָם אֶל־יְהוָה׃ 9 וַיֹּאמֶר יְהוָה אֶל־מֹשֶׁה
הִנֵּה אָנֹכִי בָּא אֵלֶיךָ בְּעַב הֶעָנָן בַּעֲבוּר
יִשְׁמַע הָעָם בְּדַבְּרִי עִמָּךְ וְגַם־בְּךָ יַאֲמִינוּ
לְעוֹלָם וַיַּגֵּד מֹשֶׁה אֶת־דִּבְרֵי הָעָם אֶל־
יְהוָה׃ 10 וַיֹּאמֶר יְהוָה אֶל־מֹשֶׁה לֵךְ אֶל־
הָעָם וְקִדַּשְׁתָּם הַיּוֹם וּמָחָר וְכִבְּסוּ
שִׂמְלֹתָם׃ 11 וְהָיוּ נְכֹנִים לַיּוֹם הַשְּׁלִישִׁי
כִּי ׀ בַּיּוֹם הַשְּׁלִשִׁי יֵרֵד יְהוָה לְעֵינֵי
כָל־הָעָם עַל־הַר סִינָי׃ 12 וְהִגְבַּלְתָּ אֶת־
הָעָם סָבִיב לֵאמֹר הִשָּׁמְרוּ לָכֶם עֲלוֹת
בָּהָר וּנְגֹעַ בְּקָצֵהוּ כָּל־הַנֹּגֵעַ בָּהָר מוֹת
יוּמָת׃ 13 לֹא־תִגַּע בּוֹ יָד כִּי־סָקוֹל יִסָּקֵל
אוֹ־יָרֹה יִיָּרֶה אִם־בְּהֵמָה אִם־אִישׁ לֹא
יִחְיֶה בִּמְשֹׁךְ הַיֹּבֵל הֵמָּה יַעֲלוּ בָהָר׃
14 וַיֵּרֶד מֹשֶׁה מִן־הָהָר אֶל־הָעָם וַיְקַדֵּשׁ
אֶת־הָעָם וַיְכַבְּסוּ שִׂמְלֹתָם׃ 15 וַיֹּאמֶר אֶל־
הָעָם הֱיוּ נְכֹנִים לִשְׁלֹשֶׁת יָמִים אַל־תִּגְּשׁוּ
אֶל־אִשָּׁה׃ 16 וַיְהִי בַיּוֹם הַשְּׁלִישִׁי בִּהְיֹת
הַבֹּקֶר וַיְהִי קֹלֹת וּבְרָקִים וְעָנָן כָּבֵד עַל־
הָהָר וְקֹל שֹׁפָר חָזָק מְאֹד וַיֶּחֱרַד כָּל־הָעָם
אֲשֶׁר בַּמַּחֲנֶה׃ 17 וַיּוֹצֵא מֹשֶׁה אֶת־הָעָם
לִקְרַאת הָאֱלֹהִים מִן־הַמַּחֲנֶה וַיִּתְיַצְּבוּ
בְּתַחְתִּית הָהָר׃ 18 וְהַר סִינַי עָשַׁן כֻּלּוֹ
מִפְּנֵי אֲשֶׁר יָרַד עָלָיו יְהוָה בָּאֵשׁ וַיַּעַל
עֲשָׁנוֹ כְּעֶשֶׁן הַכִּבְשָׁן וַיֶּחֱרַד כָּל־הָהָר
מְאֹד׃ 19 וַיְהִי קוֹל הַשּׁוֹפָר הוֹלֵךְ וְחָזֵק
מְאֹד מֹשֶׁה יְדַבֵּר וְהָאֱלֹהִים יַעֲנֶנּוּ בְקוֹל׃
20 וַיֵּרֶד יְהוָה עַל־הַר סִינַי אֶל־רֹאשׁ הָהָר
וַיִּקְרָא יְהוָה לְמֹשֶׁה אֶל־רֹאשׁ הָהָר וַיַּעַל

מֹשֶׁה׃ 21 וַיֹּאמֶר יְהוָה אֶל־מֹשֶׁה רֵד הָעֵד
בָּעָם פֶּן־יֶהֶרְסוּ אֶל־יְהוָה לִרְאוֹת וְנָפַל
מִמֶּנּוּ רָב׃ 22 וְגַם הַכֹּהֲנִים הַנִּגָּשִׁים אֶל־
יְהוָה יִתְקַדָּשׁוּ פֶּן־יִפְרֹץ בָּהֶם יְהוָה׃
23 וַיֹּאמֶר מֹשֶׁה אֶל־יְהוָה לֹא־יוּכַל הָעָם
לַעֲלֹת אֶל־הַר סִינָי כִּי־אַתָּה הַעֵדֹתָה בָּנוּ
לֵאמֹר הַגְבֵּל אֶת־הָהָר וְקִדַּשְׁתּוֹ׃ 24 וַיֹּאמֶר
אֵלָיו יְהוָה לֶךְ־רֵד וְעָלִיתָ אַתָּה וְאַהֲרֹן
עִמָּךְ וְהַכֹּהֲנִים וְהָעָם אַל־יֶהֶרְסוּ לַעֲלֹת
אֶל־יְהוָה פֶּן־יִפְרָץ־בָּם׃ 25 וַיֵּרֶד מֹשֶׁה אֶל־
הָעָם וַיֹּאמֶר אֲלֵהֶם׃ ס **20** וַיְדַבֵּר
אֱלֹהִים אֵת כָּל־הַדְּבָרִים הָאֵלֶּה
לֵאמֹר׃ ס 2 אָנֹכִי יְהוָה אֱלֹהֶיךָ אֲשֶׁר
הוֹצֵאתִיךָ מֵאֶרֶץ מִצְרַיִם מִבֵּית עֲבָדִים
3 לֹא־יִהְיֶה לְךָ אֱלֹהִים אֲחֵרִים עַל־פָּנָי׃
4 לֹא תַעֲשֶׂה־לְךָ פֶסֶל וְכָל־תְּמוּנָה אֲשֶׁר
בַּשָּׁמַיִם מִמַּעַל וַאֲשֶׁר בָּאָרֶץ מִתָּחַת וַאֲשֶׁר
בַּמַּיִם מִתַּחַת לָאָרֶץ׃ 5 לֹא־תִשְׁתַּחֲוֶה
לָהֶם וְלֹא תָעָבְדֵם כִּי אָנֹכִי יְהוָה אֱלֹהֶיךָ
אֵל קַנָּא פֹּקֵד עֲוֺן אָבֹת עַל־בָּנִים עַל־
שִׁלֵּשִׁים וְעַל־רִבֵּעִים לְשֹׂנְאָי׃ 6 וְעֹשֶׂה
חֶסֶד לַאֲלָפִים לְאֹהֲבַי וּלְשֹׁמְרֵי
מִצְוֺתָי׃ ס 7 לֹא תִשָּׂא אֶת־שֵׁם־יְהוָה
אֱלֹהֶיךָ לַשָּׁוְא כִּי לֹא יְנַקֶּה יְהוָה אֵת
אֲשֶׁר־יִשָּׂא אֶת־שְׁמוֹ לַשָּׁוְא׃ פ
8 זָכוֹר אֶת־יוֹם הַשַּׁבָּת לְקַדְּשׁוֹ׃ 9 שֵׁשֶׁת
יָמִים תַּעֲבֹד וְעָשִׂיתָ כָּל־מְלַאכְתֶּךָ׃ 10 וְיוֹם
הַשְּׁבִיעִי שַׁבָּת לַיהוָה אֱלֹהֶיךָ לֹא־תַעֲשֶׂה
כָל־מְלָאכָה אַתָּה ׀ וּבִנְךָ־וּבִתֶּךָ עַבְדְּךָ
וַאֲמָתְךָ וּבְהֶמְתֶּךָ וְגֵרְךָ אֲשֶׁר בִּשְׁעָרֶיךָ׃
11 כִּי שֵׁשֶׁת־יָמִים עָשָׂה יְהוָה אֶת־הַשָּׁמַיִם
וְאֶת־הָאָרֶץ אֶת־הַיָּם וְאֶת־כָּל־אֲשֶׁר־בָּם
וַיָּנַח בַּיּוֹם הַשְּׁבִיעִי עַל־כֵּן בֵּרַךְ יְהוָה

top of the mount; and Moses went up. [21] And the LORD said unto Moses: 'Go down, charge the people, lest they break through unto the LORD to gaze, and many of them perish. [22] And let the priests also, that come near to the LORD, sanctify themselves, lest the LORD break forth upon them.' [23] And Moses said unto the LORD: 'The people cannot come up to mount Sinai; for thou didst charge us, saying: Set bounds about the mount, and sanctify it.' [24] And the LORD said unto him: 'Go, get thee down, and thou shalt come up, thou, and Aaron with thee; but let not the priests and the people break through to come up unto the LORD, lest He break forth upon them.' [25] So Moses went down unto the people, and told them.

20 And God spoke all these words, saying:

[2] I am the LORD thy God, who brought thee out of the land of Egypt, out of the house of bondage.

[3] Thou shalt have no other gods before Me. [4] Thou shalt not make unto thee a graven image, nor any manner of likeness, of any thing that is in heaven above, or that is in the earth beneath, or that is in the water under the earth; [5] thou shalt not bow down unto them, nor serve them; for I the LORD thy God am a jealous God, visiting the iniquity of the fathers upon the children unto the third and fourth generation of them that hate Me; [6] and showing mercy unto the thousandth generation of them that love Me and keep My commandments.

[7] Thou shalt not take the name of the LORD thy God in vain; for the LORD will not hold him guiltless that taketh His name in vain.

[8] Remember the sabbath day, to keep it holy. [9] Six days shalt thou labour, and do all thy work; [10] but the seventh day is a sabbath unto the LORD thy God, in it thou shalt not do any manner of work, thou, nor thy son, nor thy daughter, nor thy man-servant, nor thy maid-servant, nor thy cattle, nor thy stranger that is within thy gates; [11] for in six days the LORD made heaven and earth, the sea, and all that in them is, and rested on the seventh day; wherefore the LORD blessed the sabbath day, and hallowed it.

אֶת־י֥וֹם הַשַּׁבָּ֖ת וַֽיְקַדְּשֵֽׁהוּ׃ ס 12 כַּבֵּ֥ד
אֶת־אָבִ֖יךָ וְאֶת־אִמֶּ֑ךָ לְמַ֙עַן֙ יַאֲרִכ֣וּן יָמֶ֔יךָ
עַ֚ל הָאֲדָמָ֔ה אֲשֶׁר־יְהוָ֥ה אֱלֹהֶ֖יךָ נֹתֵ֥ן
לָֽךְ׃ ס 13 לֹ֥א תִּרְצָ֖ח ס לֹ֥א
תִּנְאָ֑ף ס לֹ֣א תִּגְנֹ֔ב ס לֹא־תַעֲנֶ֥ה
בְרֵעֲךָ֖ עֵ֥ד שָֽׁקֶר׃ ס 14 לֹ֥א תַחְמֹ֖ד בֵּ֣ית
רֵעֶ֑ךָ לֹֽא־תַחְמֹ֞ד אֵ֣שֶׁת רֵעֶ֗ךָ וְעַבְדּ֤וֹ וַאֲמָתוֹ֙
וְשׁוֹר֣וֹ וַחֲמֹר֔וֹ וְכֹ֖ל אֲשֶׁ֥ר לְרֵעֶֽךָ׃ פ
15 וְכָל־הָעָם֩ רֹאִ֨ים אֶת־הַקּוֹלֹ֜ת וְאֶת־
הַלַּפִּידִ֗ם וְאֵת֙ ק֣וֹל הַשֹּׁפָ֔ר וְאֶת־הָהָ֖ר עָשֵׁ֑ן
וַיַּ֤רְא הָעָם֙ וַיָּנֻ֔עוּ וַיַּֽעַמְד֖וּ מֵֽרָחֹֽק׃
16 וַיֹּֽאמְרוּ֙ אֶל־מֹשֶׁ֔ה דַּבֵּר־אַתָּ֥ה עִמָּ֖נוּ
וְנִשְׁמָ֑עָה וְאַל־יְדַבֵּ֥ר עִמָּ֛נוּ אֱלֹהִ֖ים פֶּן־
נָמֽוּת׃ 17 וַיֹּ֨אמֶר מֹשֶׁ֣ה אֶל־הָעָם֮ אַל־
תִּירָאוּ֒ כִּ֗י לְבַֽעֲבוּר֙ נַסּ֣וֹת אֶתְכֶ֔ם בָּ֖א
הָאֱלֹהִ֑ים וּבַעֲב֗וּר תִּהְיֶ֧ה יִרְאָת֛וֹ עַל־
פְּנֵיכֶ֖ם לְבִלְתִּ֥י תֶחֱטָֽאוּ׃ 18 וַיַּעֲמֹ֥ד הָעָ֖ם
מֵרָחֹ֑ק וּמֹשֶׁה֙ נִגַּ֣שׁ אֶל־הָעֲרָפֶ֔ל אֲשֶׁר־שָׁ֖ם
הָאֱלֹהִֽים׃ פ
19 וַיֹּ֤אמֶר יְהוָה֙ אֶל־מֹשֶׁ֔ה כֹּ֥ה תֹאמַ֖ר אֶל־
בְּנֵ֣י יִשְׂרָאֵ֑ל אַתֶּ֣ם רְאִיתֶ֔ם כִּ֚י מִן־הַשָּׁמַ֔יִם
דִּבַּ֖רְתִּי עִמָּכֶֽם׃ 20 לֹ֥א תַעֲשׂ֖וּן אִתִּ֑י אֱלֹ֤הֵי
כֶ֙סֶף֙ וֵאלֹהֵ֣י זָהָ֔ב לֹ֥א תַעֲשׂ֖וּ לָכֶֽם׃ 21 מִזְבַּ֣ח
אֲדָמָה֮ תַּעֲשֶׂה־לִּי֒ וְזָבַחְתָּ֣ עָלָ֗יו אֶת־
עֹלֹתֶ֙יךָ֙ וְאֶת־שְׁלָמֶ֔יךָ אֶת־צֹאנְךָ֖ וְאֶת־
בְּקָרֶ֑ךָ בְּכָל־הַמָּקוֹם֙ אֲשֶׁ֣ר אַזְכִּ֣יר אֶת־שְׁמִ֔י
אָב֥וֹא אֵלֶ֖יךָ וּבֵרַכְתִּֽיךָ׃ 22 וְאִם־מִזְבַּ֨ח
אֲבָנִ֜ים תַּֽעֲשֶׂה־לִּ֗י לֹֽא־תִבְנֶ֥ה אֶתְהֶ֖ן גָּזִ֑ית
כִּ֧י חַרְבְּךָ֛ הֵנַ֥פְתָּ עָלֶ֖יהָ וַתְּחַלְלֶֽהָ׃ 23 וְלֹֽא־
תַעֲלֶ֥ה בְמַעֲלֹ֖ת עַֽל־מִזְבְּחִ֑י אֲשֶׁ֛ר לֹֽא־
תִגָּלֶ֥ה עֶרְוָתְךָ֖ עָלָֽיו׃ פ

[12] Honour thy father and thy mother, that thy days may be long upon the land which the LORD thy God giveth thee.

[13] Thou shalt not murder.

Thou shalt not commit adultery.

Thou shalt not steal.

Thou shalt not bear false witness against thy neighbour.

[14] Thou shalt not covet thy neighbour's house; thou shalt not covet thy neighbour's wife, nor his man-servant, nor his maid-servant, nor his ox, nor his ass, nor any thing that is thy neighbour's.

[15] And all the people perceived the thunderings, and the lightnings, and the voice of the horn, and the mountain smoking; and when the people saw it, they trembled, and stood afar off. [16] And they said unto Moses: 'Speak thou with us, and we will hear; but let not God speak with us, lest we die.' [17] And Moses said unto the people: 'Fear not; for God is come to prove you, and that His fear may be before you, that ye sin not.' [18] And the people stood afar off; but Moses drew near unto the thick darkness where God was.

[19] And the LORD said unto Moses: Thus thou shalt say unto the children of Israel: Ye yourselves have seen that I have talked with you from heaven. [20] Ye shall not make with Me—gods of silver, or gods of gold, ye shall not make unto you. [21] An altar of earth thou shalt make unto Me, and shalt sacrifice thereon thy burnt-offerings, and thy peace-offerings, thy sheep, and thine oxen; in every place where I cause My name to be mentioned I will come unto thee and bless thee. [22] And if thou make Me an altar of stone, thou shalt not build it of hewn stones; for if thou lift up thy tool upon it, thou hast profaned it. [23] Neither shalt thou go up by steps unto Mine altar, that thy nakedness be not uncovered thereon.

MISHPATIM

21 Now these are the ordinances which thou shalt set before them.

[2] If thou buy a Hebrew servant, six years he shall serve; and in the seventh he shall go out free for nothing. [3] If he come in by himself, he shall go out by himself; if he be married, then his wife shall go out with him. [4] If his master give him a wife, and she bear him sons or daughters; the wife and her children shall be her master's, and he shall go out by himself. [5] But if the servant shall plainly say: I love my master, my wife, and my children; I will not go out free; [6] then his master shall bring him unto [a]God, and shall bring him to the door, or unto the door-post; and his master shall bore his ear through with an awl; and he shall serve him for ever.

[7] And if a man sell his daughter to be a maid-servant, she shall not go out as the men-servants do. [8] If she please not her master, who hath espoused her to himself, then shall he let her be redeemed; to sell her unto a foreign people he shall have no power, seeing he hath dealt deceitfully with her. [9] And if he espouse her unto his son, he shall deal with her after the manner of daughters. [10] If he take him another wife, her food, her raiment, and her conjugal rights, shall he not diminish. [11] And if he do not these three unto her, then shall she go out for nothing, without money.

[12] He that smiteth a man, so that he dieth, shall surely be put to death. [13] And if a man lie not in wait, but God cause it to come to hand; then I will appoint thee a place whither he may flee.

[14] And if a man come presumptuously upon his neighbour, to slay him with guile; thou shalt take him from Mine altar, that he may die.

[15] And he that smiteth his father, or his mother, shall be surely put to death.

[16] And he that stealeth a man, and selleth him, or if he be found in his hand, he shall surely be put to death.

[17] And he that curseth his father or his mother, shall surely be put to death.

[18] And if men contend, and one smite the other with a stone, or with his fist, and he die not, but keep his bed; [19] if he rise again, and walk abroad upon his staff, then shall he that smote him be quit; only he shall pay for the loss of his time, and shall cause him to be thoroughly healed.

a That is, the judges

משפטים

21 וְאֵלֶּה הַמִּשְׁפָּטִים אֲשֶׁר תָּשִׂים
לִפְנֵיהֶם: 2 כִּי תִקְנֶה עֶבֶד עִבְרִי שֵׁשׁ שָׁנִים
יַעֲבֹד וּבַשְּׁבִעִת יֵצֵא לַחָפְשִׁי חִנָּם: 3 אִם־
בְּגַפּוֹ יָבֹא בְּגַפּוֹ יֵצֵא אִם־בַּעַל אִשָּׁה הוּא
וְיָצְאָה אִשְׁתּוֹ עִמּוֹ: 4 אִם־אֲדֹנָיו יִתֶּן־לוֹ
אִשָּׁה וְיָלְדָה־לוֹ בָנִים אוֹ בָנוֹת הָאִשָּׁה
וִילָדֶיהָ תִּהְיֶה לַאדֹנֶיהָ וְהוּא יֵצֵא בְגַפּוֹ:
5 וְאִם־אָמֹר יֹאמַר הָעֶבֶד אָהַבְתִּי אֶת־
אֲדֹנִי אֶת־אִשְׁתִּי וְאֶת־בָּנָי לֹא אֵצֵא
חָפְשִׁי: 6 וְהִגִּישׁוֹ אֲדֹנָיו אֶל־הָאֱלֹהִים
וְהִגִּישׁוֹ אֶל־הַדֶּלֶת אוֹ אֶל־הַמְּזוּזָה וְרָצַע
אֲדֹנָיו אֶת־אָזְנוֹ בַּמַּרְצֵעַ וַעֲבָדוֹ
לְעֹלָם: ס 7 וְכִי־יִמְכֹּר אִישׁ אֶת־בִּתּוֹ
לְאָמָה לֹא תֵצֵא כְּצֵאת הָעֲבָדִים: 8 אִם־
רָעָה בְּעֵינֵי אֲדֹנֶיהָ אֲשֶׁר־לא לוֹ יְעָדָהּ
וְהֶפְדָּהּ לְעַם נָכְרִי לֹא־יִמְשֹׁל לְמָכְרָהּ
בְּבִגְדוֹ־בָהּ: 9 וְאִם־לִבְנוֹ יִיעָדֶנָּה כְּמִשְׁפַּט
הַבָּנוֹת יַעֲשֶׂה־לָּהּ: 10 אִם־אַחֶרֶת יִקַּח־לוֹ
שְׁאֵרָהּ כְּסוּתָהּ וְעֹנָתָהּ לֹא יִגְרָע: 11 וְאִם־
שְׁלָשׁ־אֵלֶּה לֹא יַעֲשֶׂה לָהּ וְיָצְאָה חִנָּם
אֵין כָּסֶף: ס 12 מַכֵּה אִישׁ וָמֵת מוֹת
יוּמָת: 13 וַאֲשֶׁר לֹא צָדָה וְהָאֱלֹהִים אִנָּה
לְיָדוֹ וְשַׂמְתִּי לְךָ מָקוֹם אֲשֶׁר יָנוּס
שָׁמָּה: ס 14 וְכִי־יָזִד אִישׁ עַל־רֵעֵהוּ
לְהָרְגוֹ בְעָרְמָה מֵעִם מִזְבְּחִי תִּקָּחֶנּוּ
לָמוּת: ס 15 וּמַכֵּה אָבִיו וְאִמּוֹ מוֹת
יוּמָת: 16 וְגֹנֵב אִישׁ וּמְכָרוֹ וְנִמְצָא בְיָדוֹ
מוֹת יוּמָת: ס 17 וּמְקַלֵּל אָבִיו וְאִמּוֹ
מוֹת יוּמָת: ס 18 וְכִי־יְרִיבֻן אֲנָשִׁים
וְהִכָּה־אִישׁ אֶת־רֵעֵהוּ בְּאֶבֶן אוֹ בְאֶגְרֹף
וְלֹא יָמוּת וְנָפַל לְמִשְׁכָּב: 19 אִם־יָקוּם
וְהִתְהַלֵּךְ בַּחוּץ עַל־מִשְׁעַנְתּוֹ וְנִקָּה הַמַּכֶּה

[20] And if a man smite his bondman, or his bondwoman, with a rod, and he die under his hand, he shall surely be punished. [21] Notwithstanding, if he continue a day or two, he shall not be punished; for he is his money.

[22] And if men strive together, and hurt a woman with child, so that her fruit depart, and yet no harm follow, he shall be surely fined, according as the woman's husband shall lay upon him; and he shall pay as the judges determine. [23] But if any harm follow, then thou shalt give life for life, [24] eye for eye, tooth for tooth, hand for hand, foot for foot, [25] burning for burning, wound for wound, stripe for stripe.

[26] And if a man smite the eye of his bondman, or the eye of his bondwoman, and destroy it, he shall let him go free for his eye's sake. [27] And if he smite out his bondman's tooth, or his bondwoman's tooth, he shall let him go free for his tooth's sake.

[28] And if an ox gore a man or a woman, that they die, the ox shall be surely stoned, and its flesh shall not be eaten; but the owner of the ox shall be quit. [29] But if the ox was wont to gore in time past, and warning hath been given to its owner, and he hath not kept it in, but it hath killed a man or a woman; the ox shall be stoned, and its owner also shall be put to death. [30] If there be laid on him a ransom, then he shall give for the redemption of his life whatsoever is laid upon him. [31] Whether it have gored a son, or have gored a daughter, according to this judgment shall it be done unto him. [32] If the ox gore a bondman or a bondwoman, he shall give unto their master thirty shekels of silver, and the ox shall be stoned.

[33] And if a man shall open a pit, or if a man shall dig a pit and not cover it, and an ox or an ass fall therein, [34] the owner of the pit shall make it good; he shall give money unto the owner of them, and the dead beast shall be his.

[35] And if one man's ox hurt another's, so that it dieth; then they shall sell the live ox, and divide the price of it; and the dead also they shall

רַק שִׁבְתּוֹ יִתֵּן וְרַפֹּא יְרַפֵּא׃ ס 20 וְכִי־
יַכֶּה אִישׁ אֶת־עַבְדּוֹ אוֹ אֶת־אֲמָתוֹ בַּשֵּׁבֶט
וּמֵת תַּחַת יָדוֹ נָקֹם יִנָּקֵם׃ 21 אַךְ אִם־יוֹם
אוֹ יוֹמַיִם יַעֲמֹד לֹא יֻקַּם כִּי כַסְפּוֹ
הוּא׃ ס 22 וְכִי־יִנָּצוּ אֲנָשִׁים וְנָגְפוּ
אִשָּׁה הָרָה וְיָצְאוּ יְלָדֶיהָ וְלֹא יִהְיֶה אָסוֹן
עָנוֹשׁ יֵעָנֵשׁ כַּאֲשֶׁר יָשִׁית עָלָיו בַּעַל
הָאִשָּׁה וְנָתַן בִּפְלִלִים׃ 23 וְאִם־אָסוֹן יִהְיֶה
וְנָתַתָּה נֶפֶשׁ תַּחַת נָפֶשׁ׃ 24 עַיִן תַּחַת עַיִן
שֵׁן תַּחַת שֵׁן יָד תַּחַת יָד רֶגֶל תַּחַת רָגֶל׃
25 כְּוִיָּה תַּחַת כְּוִיָּה פֶּצַע תַּחַת פָּצַע
חַבּוּרָה תַּחַת חַבּוּרָה׃ ס 26 וְכִי־יַכֶּה
אִישׁ אֶת־עֵין עַבְדּוֹ אוֹ־אֶת־עֵין אֲמָתוֹ
וְשִׁחֲתָהּ לַחָפְשִׁי יְשַׁלְּחֶנּוּ תַּחַת עֵינוֹ׃ ס
27 וְאִם־שֵׁן עַבְדּוֹ אוֹ־שֵׁן אֲמָתוֹ יַפִּיל
לַחָפְשִׁי יְשַׁלְּחֶנּוּ תַּחַת שִׁנּוֹ׃ פ
28 וְכִי־יִגַּח שׁוֹר אֶת־אִישׁ אוֹ אֶת־אִשָּׁה
וָמֵת סָקוֹל יִסָּקֵל הַשּׁוֹר וְלֹא יֵאָכֵל אֶת־
בְּשָׂרוֹ וּבַעַל הַשּׁוֹר נָקִי׃ 29 וְאִם שׁוֹר נַגָּח
הוּא מִתְּמֹל שִׁלְשֹׁם וְהוּעַד בִּבְעָלָיו וְלֹא
יִשְׁמְרֶנּוּ וְהֵמִית אִישׁ אוֹ אִשָּׁה הַשּׁוֹר
יִסָּקֵל וְגַם־בְּעָלָיו יוּמָת׃ 30 אִם־כֹּפֶר יוּשַׁת
עָלָיו וְנָתַן פִּדְיֹן נַפְשׁוֹ כְּכֹל אֲשֶׁר־יוּשַׁת
עָלָיו׃ 31 אוֹ־בֵן יִגָּח אוֹ־בַת יִגָּח כַּמִּשְׁפָּט
הַזֶּה יֵעָשֶׂה לּוֹ׃ 32 אִם־עֶבֶד יִגַּח הַשּׁוֹר אוֹ
אָמָה כֶּסֶף ׀ שְׁלֹשִׁים שְׁקָלִים יִתֵּן לַאדֹנָיו
וְהַשּׁוֹר יִסָּקֵל׃ ס 33 וְכִי־יִפְתַּח אִישׁ
בּוֹר אוֹ כִּי־יִכְרֶה אִישׁ בֹּר וְלֹא יְכַסֶּנּוּ
וְנָפַל־שָׁמָּה שּׁוֹר אוֹ חֲמוֹר׃ 34 בַּעַל הַבּוֹר
יְשַׁלֵּם כֶּסֶף יָשִׁיב לִבְעָלָיו וְהַמֵּת
יִהְיֶה־לּוֹ׃ ס 35 וְכִי־יִגֹּף שׁוֹר־אִישׁ
אֶת־שׁוֹר רֵעֵהוּ וָמֵת וּמָכְרוּ אֶת־הַשּׁוֹר
הַחַי וְחָצוּ אֶת־כַּסְפּוֹ וְגַם אֶת־הַמֵּת

divide. [36] Or if it be known that the ox was wont to gore in time past, and its owner hath not kept it in; he shall surely pay ox for ox, and the dead beast shall be his own.

[37] If a man steal an ox, or a sheep, and kill it, or sell it, he shall pay five oxen for an ox, and four sheep for a

22

sheep. [1] If a thief be found breaking in, and be smitten so that he dieth, there shall be no bloodguiltiness for him. [2] If the sun be risen upon him, there shall be bloodguiltiness for him—he shall make restitution; if he have nothing, then he shall be sold for his theft. [3] If the theft be found in his hand alive, whether it be ox, or ass, or sheep, he shall pay double.

[4] If a man cause a field or vineyard to be eaten, and shall let his beast loose, and it feed in another man's field; of the best of his own field, and of the best of his own vineyard, shall he make restitution.

[5] If fire break out, and catch in thorns, so that the shocks of corn, or the standing corn, or the field are consumed; he that kindled the fire shall surely make restitution.

[6] If a man deliver unto his neighbour money or stuff to keep, and it be stolen out of the man's house; if the thief be found, he shall pay double. [7] If the thief be not found, then the master of the house shall come near unto [a]God, to see whether he have not put his hand unto his neighbour's goods. [8] For every matter of trespass, whether it be for ox, for ass, for sheep, for raiment, or for any manner of lost thing, whereof one saith: 'This is it,' the cause of both parties shall come before aGod; he whom aGod shall condemn shall pay double unto his neighbour.

[9] If a man deliver unto his neighbour an ass, or an ox, or a sheep, or any beast, to keep, and it die, or be hurt, or driven away, no man seeing it; [10] the oath of the LORD shall be between them both, to see whether he have not put his hand unto his neighbour's goods; and the owner thereof shall accept it, and he shall not make restitution. [11] But if it be stolen from him, he shall make restitution unto the owner thereof. [12] If it be torn in pieces, let him bring it for witness; he shall not make good that which was torn.

יֵחֱצוּן׃ 36 אוֹ נוֹדַע כִּי שׁוֹר נַגָּח הוּא
מִתְּמוֹל שִׁלְשֹׁם וְלֹא יִשְׁמְרֶנּוּ בְּעָלָיו שַׁלֵּם
יְשַׁלֵּם שׁוֹר תַּחַת הַשּׁוֹר וְהַמֵּת
יִהְיֶה־לּוֹ׃ ס 37 כִּי יִגְנֹב־אִישׁ שׁוֹר
אוֹ־שֶׂה וּטְבָחוֹ אוֹ מְכָרוֹ חֲמִשָּׁה בָקָר
יְשַׁלֵּם תַּחַת הַשּׁוֹר וְאַרְבַּע־צֹאן תַּחַת
הַשֶּׂה׃ **22** אִם־בַּמַּחְתֶּרֶת יִמָּצֵא הַגַּנָּב
וְהֻכָּה וָמֵת אֵין לוֹ דָּמִים׃ 2 אִם־זָרְחָה
הַשֶּׁמֶשׁ עָלָיו דָּמִים לוֹ שַׁלֵּם יְשַׁלֵּם אִם־
אֵין לוֹ וְנִמְכַּר בִּגְנֵבָתוֹ׃ 3 אִם־הִמָּצֵא
תִמָּצֵא בְיָדוֹ הַגְּנֵבָה מִשּׁוֹר עַד־חֲמוֹר
עַד־שֶׂה חַיִּים שְׁנַיִם יְשַׁלֵּם׃ ס 4 כִּי
יַבְעֶר־אִישׁ שָׂדֶה אוֹ־כֶרֶם וְשִׁלַּח אֶת־
בעירה בְּעִירוֹ וּבִעֵר בִּשְׂדֵה אַחֵר מֵיטַב
שָׂדֵהוּ וּמֵיטַב כַּרְמוֹ יְשַׁלֵּם׃ ס 5 כִּי־
תֵצֵא אֵשׁ וּמָצְאָה קֹצִים וְנֶאֱכַל גָּדִישׁ אוֹ
הַקָּמָה אוֹ הַשָּׂדֶה שַׁלֵּם יְשַׁלֵּם הַמַּבְעִר
אֶת־הַבְּעֵרָה׃ ס 6 כִּי־יִתֵּן אִישׁ אֶל־
רֵעֵהוּ כֶּסֶף אוֹ־כֵלִים לִשְׁמֹר וְגֻנַּב מִבֵּית
הָאִישׁ אִם־יִמָּצֵא הַגַּנָּב יְשַׁלֵּם שְׁנָיִם׃
7 אִם־לֹא יִמָּצֵא הַגַּנָּב וְנִקְרַב בַּעַל־הַבַּיִת
אֶל־הָאֱלֹהִים אִם־לֹא שָׁלַח יָדוֹ בִּמְלֶאכֶת
רֵעֵהוּ׃ 8 עַל־כָּל־דְּבַר־פֶּשַׁע עַל־שׁוֹר עַל־
חֲמוֹר עַל־שֶׂה עַל־שַׂלְמָה עַל־כָּל־אֲבֵדָה
אֲשֶׁר יֹאמַר כִּי־הוּא זֶה עַד הָאֱלֹהִים יָבֹא
דְּבַר־שְׁנֵיהֶם אֲשֶׁר יַרְשִׁיעֻן אֱלֹהִים יְשַׁלֵּם
שְׁנַיִם לְרֵעֵהוּ׃ ס 9 כִּי־יִתֵּן אִישׁ
אֶל־רֵעֵהוּ חֲמוֹר אוֹ־שׁוֹר אוֹ־שֶׂה וְכָל־
בְּהֵמָה לִשְׁמֹר וּמֵת אוֹ־נִשְׁבַּר אוֹ־נִשְׁבָּה
אֵין רֹאֶה׃ 10 שְׁבֻעַת יְהוָה תִּהְיֶה בֵּין
שְׁנֵיהֶם אִם־לֹא שָׁלַח יָדוֹ בִּמְלֶאכֶת רֵעֵהוּ
וְלָקַח בְּעָלָיו וְלֹא יְשַׁלֵּם׃ 11 וְאִם־גָּנֹב יִגָּנֵב
מֵעִמּוֹ יְשַׁלֵּם לִבְעָלָיו׃ 12 אִם־טָרֹף יִטָּרֵף

a That is, the judges

[13] And if a man borrow aught of his neighbour, and it be hurt, or die, the owner thereof not being with it, he shall surely make restitution. [14] If the owner thereof be with it, he shall not make it good; if it be a hireling, he loseth his hire.

[15] And if a man entice a virgin that is not betrothed, and lie with her, he shall surely pay a dowry for her to be his wife. [16] If her father utterly refuse to give her unto him, he shall pay money according to the dowry of virgins.

[17] Thou shalt not suffer a sorceress to live.

[18] Whosoever lieth with a beast shall surely be put to death.

[19] He that sacrificeth unto the gods, save unto the LORD only, shall be utterly destroyed.

[20] And a stranger shalt thou not wrong, neither shalt thou oppress him; for ye were strangers in the land of Egypt. [21] Ye shall not afflict any widow, or fatherless child. [22] If thou afflict them in any wise—for if they cry at all unto Me, I will surely hear their cry—[23] My wrath shall wax hot, and I will kill you with the sword; and your wives shall be widows, and your children fatherless.

[24] If thou lend money to any of My people, even to the poor with thee, thou shalt not be to him as a creditor; neither shall ye lay upon him interest. [25] If thou at all take thy neighbour's garment to pledge, thou shalt restore it unto him by that the sun goeth down; [26] for that is his only covering, it is his garment for his skin; wherein shall he sleep? and it shall come to pass, when he crieth unto Me, that I will hear; for I am gracious.

[27] Thou shalt not revile [a]God, nor curse a ruler of thy people. [28] Thou shalt not delay to offer of the fulness of thy harvest, and of the outflow of thy presses. The first-born of thy sons shalt thou give unto Me. [29] Likewise shalt thou do with thine oxen, and with thy sheep; seven days it shall be with its dam; on the eighth day thou shalt give it Me. [30] And ye shall be holy men unto Me; therefore ye shall not eat any flesh that is torn of beasts in the field; ye shall cast it to the dogs.

23 Thou shalt not utter a false report; put not thy hand with the wicked to be an

יְבִאֵהוּ עֵד הַטְּרֵפָה לֹא יְשַׁלֵּם׃ פ
13 וְכִי־יִשְׁאַל אִישׁ מֵעִם רֵעֵהוּ וְנִשְׁבַּר
אוֹ־מֵת בְּעָלָיו אֵין־עִמּוֹ שַׁלֵּם יְשַׁלֵּם׃
14 אִם־בְּעָלָיו עִמּוֹ לֹא יְשַׁלֵּם אִם־שָׂכִיר
הוּא בָּא בִּשְׂכָרוֹ׃ ס 15 וְכִי־יְפַתֶּה
אִישׁ בְּתוּלָה אֲשֶׁר לֹא־אֹרָשָׂה וְשָׁכַב עִמָּהּ
מָהֹר יִמְהָרֶנָּה לּוֹ לְאִשָּׁה׃ 16 אִם־מָאֵן
יְמָאֵן אָבִיהָ לְתִתָּהּ לוֹ כֶּסֶף יִשְׁקֹל כְּמֹהַר
הַבְּתוּלֹת׃ ס 17 מְכַשֵּׁפָה לֹא
תְחַיֶּה׃ ס 18 כָּל־שֹׁכֵב עִם־בְּהֵמָה
מוֹת יוּמָת׃ ס 19 זֹבֵחַ לָאֱלֹהִים יָחֳרָם
בִּלְתִּי לַיהוָה לְבַדּוֹ׃ 20 וְגֵר לֹא־תוֹנֶה וְלֹא
תִלְחָצֶנּוּ כִּי־גֵרִים הֱיִיתֶם בְּאֶרֶץ מִצְרָיִם׃
21 כָּל־אַלְמָנָה וְיָתוֹם לֹא תְעַנּוּן׃ 22 אִם־
עַנֵּה תְעַנֶּה אֹתוֹ כִּי אִם־צָעֹק יִצְעַק אֵלַי
שָׁמֹעַ אֶשְׁמַע צַעֲקָתוֹ׃ 23 וְחָרָה אַפִּי
וְהָרַגְתִּי אֶתְכֶם בֶּחָרֶב וְהָיוּ נְשֵׁיכֶם
אַלְמָנוֹת וּבְנֵיכֶם יְתֹמִים׃ פ
24 אִם־כֶּסֶף ׀ תַּלְוֶה אֶת־עַמִּי אֶת־הֶעָנִי
עִמָּךְ לֹא־תִהְיֶה לוֹ כְּנֹשֶׁה לֹא־תְשִׂימוּן
עָלָיו נֶשֶׁךְ׃ 25 אִם־חָבֹל תַּחְבֹּל שַׂלְמַת
רֵעֶךָ עַד־בֹּא הַשֶּׁמֶשׁ תְּשִׁיבֶנּוּ לוֹ׃ 26 כִּי
הִוא כסותה כְסוּתוֹ לְבַדָּהּ הִוא שִׂמְלָתוֹ
לְעֹרוֹ בַּמֶּה יִשְׁכָּב וְהָיָה כִּי־יִצְעַק אֵלַי
וְשָׁמַעְתִּי כִּי־חַנּוּן אָנִי׃ ס 27 אֱלֹהִים
לֹא תְקַלֵּל וְנָשִׂיא בְעַמְּךָ לֹא תָאֹר׃
28 מְלֵאָתְךָ וְדִמְעֲךָ לֹא תְאַחֵר בְּכוֹר בָּנֶיךָ
תִּתֶּן־לִי׃ 29 כֵּן־תַּעֲשֶׂה לְשֹׁרְךָ לְצֹאנֶךָ
שִׁבְעַת יָמִים יִהְיֶה עִם־אִמּוֹ בַּיּוֹם הַשְּׁמִינִי
תִּתְּנוֹ־לִי׃ 30 וְאַנְשֵׁי־קֹדֶשׁ תִּהְיוּן לִי וּבָשָׂר
בַּשָּׂדֶה טְרֵפָה לֹא תֹאכֵלוּ לַכֶּלֶב תַּשְׁלִכוּן
אֹתוֹ׃ ס **23** לֹא תִשָּׂא שֵׁמַע שָׁוְא
אַל־תָּשֶׁת יָדְךָ עִם־רָשָׁע לִהְיֹת עֵד

a That is, the judges

חָמָס׃ ס 2 לֹא־תִהְיֶה אַחֲרֵי־רַבִּים
לְרָעֹת וְלֹא־תַעֲנֶה עַל־רִב לִנְטֹת אַחֲרֵי
רַבִּים לְהַטֹּת׃ 3 וְדָל לֹא תֶהְדַּר
בְּרִיבוֹ׃ ס 4 כִּי תִפְגַּע שׁוֹר אֹיִבְךָ אוֹ
חֲמֹרוֹ תֹּעֶה הָשֵׁב תְּשִׁיבֶנּוּ לוֹ׃ ס
5 כִּי־תִרְאֶה חֲמוֹר שֹׂנַאֲךָ רֹבֵץ תַּחַת
מַשָּׂאוֹ וְחָדַלְתָּ מֵעֲזֹב לוֹ עָזֹב תַּעֲזֹב
עִמּוֹ׃ ס 6 לֹא תַטֶּה מִשְׁפַּט אֶבְיֹנְךָ
בְּרִיבוֹ׃ 7 מִדְּבַר־שֶׁקֶר תִּרְחָק וְנָקִי וְצַדִּיק
אַל־תַּהֲרֹג כִּי לֹא־אַצְדִּיק רָשָׁע׃ 8 וְשֹׁחַד
לֹא תִקָּח כִּי הַשֹּׁחַד יְעַוֵּר פִּקְחִים וִיסַלֵּף
דִּבְרֵי צַדִּיקִים׃ 9 וְגֵר לֹא תִלְחָץ וְאַתֶּם
יְדַעְתֶּם אֶת־נֶפֶשׁ הַגֵּר כִּי־גֵרִים הֱיִיתֶם
בְּאֶרֶץ מִצְרָיִם׃ 10 וְשֵׁשׁ שָׁנִים תִּזְרַע
אֶת־אַרְצֶךָ וְאָסַפְתָּ אֶת־תְּבוּאָתָהּ׃
11 וְהַשְּׁבִיעִת תִּשְׁמְטֶנָּה וּנְטַשְׁתָּהּ וְאָכְלוּ
אֶבְיֹנֵי עַמֶּךָ וְיִתְרָם תֹּאכַל חַיַּת הַשָּׂדֶה
כֵּן־תַּעֲשֶׂה לְכַרְמְךָ לְזֵיתֶךָ׃ 12 שֵׁשֶׁת יָמִים
תַּעֲשֶׂה מַעֲשֶׂיךָ וּבַיּוֹם הַשְּׁבִיעִי תִּשְׁבֹּת
לְמַעַן יָנוּחַ שׁוֹרְךָ וַחֲמֹרֶךָ וְיִנָּפֵשׁ בֶּן־אֲמָתְךָ
וְהַגֵּר׃ 13 וּבְכֹל אֲשֶׁר־אָמַרְתִּי אֲלֵיכֶם
תִּשָּׁמֵרוּ וְשֵׁם אֱלֹהִים אֲחֵרִים לֹא תַזְכִּירוּ
לֹא יִשָּׁמַע עַל־פִּיךָ׃ 14 שָׁלֹשׁ רְגָלִים תָּחֹג
לִי בַּשָּׁנָה׃ 15 אֶת־חַג הַמַּצּוֹת תִּשְׁמֹר
שִׁבְעַת יָמִים תֹּאכַל מַצּוֹת כַּאֲשֶׁר צִוִּיתִךָ
לְמוֹעֵד חֹדֶשׁ הָאָבִיב כִּי־בוֹ יָצָאתָ
מִמִּצְרָיִם וְלֹא־יֵרָאוּ פָנַי רֵיקָם׃ 16 וְחַג
הַקָּצִיר בִּכּוּרֵי מַעֲשֶׂיךָ אֲשֶׁר תִּזְרַע בַּשָּׂדֶה
וְחַג הָאָסִף בְּצֵאת הַשָּׁנָה בְּאָסְפְּךָ אֶת־
מַעֲשֶׂיךָ מִן־הַשָּׂדֶה׃ 17 שָׁלֹשׁ פְּעָמִים
בַּשָּׁנָה יֵרָאֶה כָּל־זְכוּרְךָ אֶל־פְּנֵי הָאָדֹן ׀
יְהוָה׃ 18 לֹא־תִזְבַּח עַל־חָמֵץ דַּם־זִבְחִי
וְלֹא־יָלִין חֵלֶב־חַגִּי עַד־בֹּקֶר׃ 19 רֵאשִׁית

unrighteous witness. [2] Thou shalt not follow a multitude to do evil; neither shalt thou bear witness in a cause to turn aside after a multitude to pervert justice; [3] neither shalt thou favour a poor man in his cause.

[4] If thou meet thine enemy's ox or his ass going astray, thou shalt surely bring it back to him again.

[5] If thou see the ass of him that hateth thee lying under its burden, thou shalt forbear to pass by him; thou shalt surely release it with him.

[6] Thou shalt not wrest the judgment of thy poor in his cause. [7] Keep thee far from a false matter; and the innocent and righteous slay thou not; for I will not justify the wicked. [8] And thou shalt take no gift; for a gift blindeth them that have sight, and perverteth the words of the righteous. [9] And a stranger shalt thou not oppress; for ye know the heart of a stranger, seeing ye were strangers in the land of Egypt.

[10] And six years thou shalt sow thy land, and gather in the increase thereof; [11] but the seventh year thou shalt let it rest and lie fallow, that the poor of thy people may eat; and what they leave the beast of the field shall eat. In like manner thou shalt deal with thy vineyard, and with thy oliveyard. [12] Six days thou shalt do thy work, but on the seventh day thou shalt rest; that thine ox and thine ass may have rest, and the son of thy handmaid, and the stranger, may be refreshed. [13] And in all things that I have said unto you take ye heed; and make no mention of the name of other gods, neither let it be heard out of thy mouth.

[14] Three times thou shalt keep a feast unto Me in the year. [15] The feast of unleavened bread shalt thou keep; seven days thou shalt eat unleavened bread, as I commanded thee, at the time appointed in the month Abib—for in it thou camest out from Egypt; and none shall appear before Me empty; [16] and the feast of harvest, the first-fruits of thy labours, which thou sowest in the field; and the feast of ingathering, at the end of the year, when thou gatherest in thy labours out of the field. [17] Three times in the year all thy males shall appear before the Lord God.

[18] Thou shalt not offer the blood of My sacrifice with leavened bread; neither shall the fat of My feast remain all night until the morning. [19] The choicest first-fruits of thy land thou

shalt bring into the house of the LORD thy God. Thou shalt not seethe a kid in its mother's milk.

[20] Behold, I send an angel before thee, to keep thee by the way, and to bring thee into the place which I have prepared. [21] Take heed of him, and hearken unto his voice; be not rebellious against him; for he will not pardon your transgression; for My name is in him. [22] But if thou shalt indeed hearken unto his voice, and do all that I speak; then I will be an enemy unto thine enemies, and an adversary unto thine adversaries. [23] For Mine angel shall go before thee, and bring thee in unto the Amorite, and the Hittite, and the Perizzite, and the Canaanite, the Hivite, and the Jebusite; and I will cut them off. [24] Thou shalt not bow down to their gods, nor serve them, nor do after their doings; but thou shalt utterly overthrow them, and break in pieces their pillars. [25] And ye shall serve the LORD your God, and He will bless thy bread, and thy water; and I will take sickness away from the midst of thee. [26] None shall miscarry, nor be barren, in thy land; the number of thy days I will fulfil. [27] I will send My terror before thee, and will discomfit all the people to whom thou shalt come, and I will make all thine enemies turn their backs unto thee. [28] And I will send the hornet before thee, which shall drive out the Hivite, the Canaanite, and the Hittite, from before thee. [29] I will not drive them out from before thee in one year, lest the land become desolate, and the beasts of the field multiply against thee. [30] By little and little I will drive them out from before thee, until thou be increased, and inherit the land. [31] And I will set thy border from the Red Sea even unto the sea of the Philistines, and from the wilderness unto [a]the River; for I will deliver the inhabitants of the land into your hand; and thou shalt drive them out before thee. [32] Thou shalt make no covenant with them, nor with their gods. [33] They shall not dwell in thy land—lest they make thee sin against Me, for thou wilt serve their gods—for they will be a snare unto thee.

a That is, the Euphrates.

בִּכּוּרֵי אַדְמָתְךָ תָּבִיא בֵּית יְהוָה אֱלֹהֶיךָ
לֹא־תְבַשֵּׁל גְּדִי בַּחֲלֵב אִמּוֹ׃ ס
20 הִנֵּה אָנֹכִי שֹׁלֵחַ מַלְאָךְ לְפָנֶיךָ
לִשְׁמָרְךָ בַּדָּרֶךְ וְלַהֲבִיאֲךָ אֶל־הַמָּקוֹם אֲשֶׁר
הֲכִנֹתִי׃ 21 הִשָּׁמֶר מִפָּנָיו וּשְׁמַע בְּקֹלוֹ
אַל־תַּמֵּר בּוֹ כִּי לֹא יִשָּׂא לְפִשְׁעֲכֶם כִּי
שְׁמִי בְּקִרְבּוֹ׃ 22 כִּי אִם־שָׁמוֹעַ תִּשְׁמַע
בְּקֹלוֹ וְעָשִׂיתָ כֹּל אֲשֶׁר אֲדַבֵּר וְאָיַבְתִּי
אֶת־אֹיְבֶיךָ וְצַרְתִּי אֶת־צֹרְרֶיךָ׃ 23 כִּי־יֵלֵךְ
מַלְאָכִי לְפָנֶיךָ וֶהֱבִיאֲךָ אֶל־הָאֱמֹרִי
וְהַחִתִּי וְהַפְּרִזִּי וְהַכְּנַעֲנִי הַחִוִּי וְהַיְבוּסִי
וְהִכְחַדְתִּיו׃ 24 לֹא־תִשְׁתַּחֲוֶה לֵאלֹהֵיהֶם
וְלֹא תָעָבְדֵם וְלֹא תַעֲשֶׂה כְּמַעֲשֵׂיהֶם כִּי
הָרֵס תְּהָרְסֵם וְשַׁבֵּר תְּשַׁבֵּר מַצֵּבֹתֵיהֶם׃
25 וַעֲבַדְתֶּם אֵת יְהוָה אֱלֹהֵיכֶם וּבֵרַךְ
אֶת־לַחְמְךָ וְאֶת־מֵימֶיךָ וַהֲסִרֹתִי מַחֲלָה
מִקִּרְבֶּךָ׃ 26 לֹא תִהְיֶה מְשַׁכֵּלָה וַעֲקָרָה
בְּאַרְצֶךָ אֶת־מִסְפַּר יָמֶיךָ אֲמַלֵּא׃ 27 אֶת־
אֵימָתִי אֲשַׁלַּח לְפָנֶיךָ וְהַמֹּתִי אֶת־כָּל־
הָעָם אֲשֶׁר תָּבֹא בָּהֶם וְנָתַתִּי אֶת־כָּל־
אֹיְבֶיךָ אֵלֶיךָ עֹרֶף׃ 28 וְשָׁלַחְתִּי אֶת־
הַצִּרְעָה לְפָנֶיךָ וְגֵרְשָׁה אֶת־הַחִוִּי אֶת־
הַכְּנַעֲנִי וְאֶת־הַחִתִּי מִלְּפָנֶיךָ׃ 29 לֹא
אֲגָרְשֶׁנּוּ מִפָּנֶיךָ בְּשָׁנָה אֶחָת פֶּן־תִּהְיֶה
הָאָרֶץ שְׁמָמָה וְרַבָּה עָלֶיךָ חַיַּת הַשָּׂדֶה׃
30 מְעַט מְעַט אֲגָרְשֶׁנּוּ מִפָּנֶיךָ עַד אֲשֶׁר
תִּפְרֶה וְנָחַלְתָּ אֶת־הָאָרֶץ׃ 31 וְשַׁתִּי אֶת־
גְּבֻלְךָ מִיַּם־סוּף וְעַד־יָם פְּלִשְׁתִּים
וּמִמִּדְבָּר עַד־הַנָּהָר כִּי ׀ אֶתֵּן בְּיֶדְכֶם אֵת
יֹשְׁבֵי הָאָרֶץ וְגֵרַשְׁתָּמוֹ מִפָּנֶיךָ׃ 32 לֹא־
תִכְרֹת לָהֶם וְלֵאלֹהֵיהֶם בְּרִית׃ 33 לֹא
יֵשְׁבוּ בְּאַרְצְךָ פֶּן־יַחֲטִיאוּ אֹתְךָ לִי כִּי
תַעֲבֹד אֶת־אֱלֹהֵיהֶם כִּי־יִהְיֶה לְךָ
לְמוֹקֵשׁ׃ פ

24 And unto Moses He said: 'Come up unto the LORD, thou, and Aaron, Nadab, and Abihu, and seventy of the elders of Israel; and worship ye afar off; [2] and Moses alone shall come near unto the LORD; but they shall not come near; neither shall the people go up with him.' [3] And Moses came and told the people all the words of the LORD, and all the ordinances; and all the people answered with one voice, and said: 'All the words which the Lord hath spoken will we do.' [4] And Moses wrote all the words of the LORD, and rose up early in the morning, and builded an altar under the mount, and twelve pillars, according to the twelve tribes of Israel. [5] And he sent the young men of the children of Israel, who offered burnt-offerings, and sacrificed peace-offerings of oxen unto the LORD. [6] And Moses took half of the blood, and put it in basins; and half of the blood he dashed against the altar. [7] And he took the book of the covenant, and read in the hearing of the people; and they said: 'All that the LORD hath spoken will we do, and obey.' [8] And Moses took the blood, and sprinkled it on the people, and said: 'Behold the blood of the covenant, which the LORD hath made with you in agreement with all these words.' [9] Then went up Moses, and Aaron, Nadab, and Abihu, and seventy of the elders of Israel; [10] and they saw the God of Israel; and there was under His feet the like of a paved work of sapphire stone, and the like of the very heaven for clearness. [11] And upon the nobles of the children of Israel He laid not His hand; and they beheld God, and did eat and drink.

[12] And the LORD said unto Moses: 'Come up to Me into the mount, and be there; and I will give thee the tables of stone, and the law and the commandment, which I have written, that thou mayest teach them.' [13] And Moses rose up, and Joshua his minister; and Moses went up into the mount of God. [14] And unto the elders he said: 'Tarry ye here for us, until we come back unto you; and, behold, Aaron and Hur are with you;

24 וְאֶל־מֹשֶׁה אָמַר עֲלֵה אֶל־יְהוָה
אַתָּה וְאַהֲרֹן נָדָב וַאֲבִיהוּא וְשִׁבְעִים
מִזִּקְנֵי יִשְׂרָאֵל וְהִשְׁתַּחֲוִיתֶם מֵרָחֹק׃
2 וְנִגַּשׁ מֹשֶׁה לְבַדּוֹ אֶל־יְהוָה וְהֵם לֹא יִגָּשׁוּ
וְהָעָם לֹא יַעֲלוּ עִמּוֹ׃ 3 וַיָּבֹא מֹשֶׁה וַיְסַפֵּר
לָעָם אֵת כָּל־דִּבְרֵי יְהוָה וְאֵת כָּל־
הַמִּשְׁפָּטִים וַיַּעַן כָּל־הָעָם קוֹל אֶחָד
וַיֹּאמְרוּ כָּל־הַדְּבָרִים אֲשֶׁר־דִּבֶּר יְהוָה
נַעֲשֶׂה׃ 4 וַיִּכְתֹּב מֹשֶׁה אֵת כָּל־דִּבְרֵי יְהוָה
וַיַּשְׁכֵּם בַּבֹּקֶר וַיִּבֶן מִזְבֵּחַ תַּחַת הָהָר
וּשְׁתֵּים עֶשְׂרֵה מַצֵּבָה לִשְׁנֵים עָשָׂר שִׁבְטֵי
יִשְׂרָאֵל׃ 5 וַיִּשְׁלַח אֶת־נַעֲרֵי בְּנֵי יִשְׂרָאֵל
וַיַּעֲלוּ עֹלֹת וַיִּזְבְּחוּ זְבָחִים שְׁלָמִים לַיהוָה
פָּרִים׃ 6 וַיִּקַּח מֹשֶׁה חֲצִי הַדָּם וַיָּשֶׂם
בָּאַגָּנֹת וַחֲצִי הַדָּם זָרַק עַל־הַמִּזְבֵּחַ׃
7 וַיִּקַּח סֵפֶר הַבְּרִית וַיִּקְרָא בְּאָזְנֵי הָעָם
וַיֹּאמְרוּ כֹּל אֲשֶׁר־דִּבֶּר יְהוָה נַעֲשֶׂה
וְנִשְׁמָע׃ 8 וַיִּקַּח מֹשֶׁה אֶת־הַדָּם וַיִּזְרֹק
עַל־הָעָם וַיֹּאמֶר הִנֵּה דַם־הַבְּרִית אֲשֶׁר
כָּרַת יְהוָה עִמָּכֶם עַל כָּל־הַדְּבָרִים
הָאֵלֶּה׃ 9 וַיַּעַל מֹשֶׁה וְאַהֲרֹן נָדָב וַאֲבִיהוּא
וְשִׁבְעִים מִזִּקְנֵי יִשְׂרָאֵל׃ 10 וַיִּרְאוּ אֵת
אֱלֹהֵי יִשְׂרָאֵל וְתַחַת רַגְלָיו כְּמַעֲשֵׂה לִבְנַת
הַסַּפִּיר וּכְעֶצֶם הַשָּׁמַיִם לָטֹהַר׃ 11 וְאֶל־
אֲצִילֵי בְּנֵי יִשְׂרָאֵל לֹא שָׁלַח יָדוֹ וַיֶּחֱזוּ
אֶת־הָאֱלֹהִים וַיֹּאכְלוּ וַיִּשְׁתּוּ׃ ס
12 וַיֹּאמֶר יְהוָה אֶל־מֹשֶׁה עֲלֵה אֵלַי
הָהָרָה וֶהְיֵה־שָׁם וְאֶתְּנָה לְךָ אֶת־לֻחֹת
הָאֶבֶן וְהַתּוֹרָה וְהַמִּצְוָה אֲשֶׁר כָּתַבְתִּי
לְהוֹרֹתָם׃ 13 וַיָּקָם מֹשֶׁה וִיהוֹשֻׁעַ מְשָׁרְתוֹ
וַיַּעַל מֹשֶׁה אֶל־הַר הָאֱלֹהִים׃ 14 וְאֶל־
הַזְּקֵנִים אָמַר שְׁבוּ־לָנוּ בָזֶה עַד אֲשֶׁר־

whosoever hath a cause, let him come near unto them.' [15] And Moses went up into the mount, and the cloud covered the mount. [16] And the glory of the LORD abode upon mount Sinai, and the cloud covered it six days; and the seventh day He called unto Moses out of the midst of the cloud. [17] And the appearance of the glory of the LORD was like devouring fire on the top of the mount in the eyes of the children of Israel. [18] And Moses entered into the midst of the cloud, and went up into the mount; and Moses was in the mount forty days and forty nights.

נָשׁוּב אֲלֵיכֶם וְהִנֵּה אַהֲרֹן וְחוּר עִמָּכֶם
מִי־בַעַל דְּבָרִים יִגַּשׁ אֲלֵהֶם׃ 15 וַיַּעַל מֹשֶׁה
אֶל־הָהָר וַיְכַס הֶעָנָן אֶת־הָהָר׃ 16 וַיִּשְׁכֹּן
כְּבוֹד־יְהוָה עַל־הַר סִינַי וַיְכַסֵּהוּ הֶעָנָן
שֵׁשֶׁת יָמִים וַיִּקְרָא אֶל־מֹשֶׁה בַּיּוֹם
הַשְּׁבִיעִי מִתּוֹךְ הֶעָנָן׃ 17 וּמַרְאֵה כְּבוֹד
יְהוָה כְּאֵשׁ אֹכֶלֶת בְּרֹאשׁ הָהָר לְעֵינֵי בְּנֵי
יִשְׂרָאֵל׃ 18 וַיָּבֹא מֹשֶׁה בְּתוֹךְ הֶעָנָן וַיַּעַל
אֶל־הָהָר וַיְהִי מֹשֶׁה בָּהָר אַרְבָּעִים יוֹם
וְאַרְבָּעִים לָיְלָה׃ פ

TERUMAH

25 And the LORD spoke unto Moses, saying: [2] 'Speak unto the children of Israel, that they take for Me an offering; of every man whose heart maketh him willing ye shall take My offering. [3] And this is the offering which ye shall take of them: gold, and silver, and brass; [4] and blue, and purple, and scarlet, and fine linen, and goats' hair; [5] and rams' skins dyed red, and sealskins, and acacia-wood; [6] oil for the light, spices for the anointing oil, and for the sweet incense; [7] onyx stones, and stones to be set, for the ephod, and for the breastplate. [8] And let them make Me a sanctuary, that I may dwell among them. [9] According to all that I show thee, the pattern of the tabernacle, and the pattern of all the furniture thereof, even so shall ye make it.

[10] And they shall make an ark of acacia-wood: two cubits and a half shall be the length thereof, and a cubit and a half the breadth thereof, and a cubit and a half the height thereof. [11] And thou shalt overlay it with pure gold, within and without shalt thou overlay it, and shalt make upon it a crown of gold round about. [12] And thou shalt cast four rings of gold for it, and put them in the four feet thereof; and two rings shall be on the one side of it, and two rings on the other side of it. [13] And thou shalt make staves of acacia-wood, and overlay them with

תרומה

25 וַיְדַבֵּר יְהוָה אֶל־מֹשֶׁה לֵּאמֹר׃
2 דַּבֵּר אֶל־בְּנֵי יִשְׂרָאֵל וְיִקְחוּ־לִי תְּרוּמָה
מֵאֵת כָּל־אִישׁ אֲשֶׁר יִדְּבֶנּוּ לִבּוֹ תִּקְחוּ
אֶת־תְּרוּמָתִי׃ 3 וְזֹאת הַתְּרוּמָה אֲשֶׁר
תִּקְחוּ מֵאִתָּם זָהָב וָכֶסֶף וּנְחֹשֶׁת׃
4 וּתְכֵלֶת וְאַרְגָּמָן וְתוֹלַעַת שָׁנִי וְשֵׁשׁ
וְעִזִּים׃ 5 וְעֹרֹת אֵילִם מְאָדָּמִים וְעֹרֹת
תְּחָשִׁים וַעֲצֵי שִׁטִּים׃ 6 שֶׁמֶן לַמָּאֹר
בְּשָׂמִים לְשֶׁמֶן הַמִּשְׁחָה וְלִקְטֹרֶת
הַסַּמִּים׃ 7 אַבְנֵי־שֹׁהַם וְאַבְנֵי מִלֻּאִים
לָאֵפֹד וְלַחֹשֶׁן׃ 8 וְעָשׂוּ לִי מִקְדָּשׁ וְשָׁכַנְתִּי
בְּתוֹכָם׃ 9 כְּכֹל אֲשֶׁר אֲנִי מַרְאֶה אוֹתְךָ
אֵת תַּבְנִית הַמִּשְׁכָּן וְאֵת תַּבְנִית כָּל־כֵּלָיו
וְכֵן תַּעֲשׂוּ׃ ס 10 וְעָשׂוּ אֲרוֹן עֲצֵי
שִׁטִּים אַמָּתַיִם וָחֵצִי אָרְכּוֹ וְאַמָּה וָחֵצִי
רָחְבּוֹ וְאַמָּה וָחֵצִי קֹמָתוֹ׃ 11 וְצִפִּיתָ אֹתוֹ
זָהָב טָהוֹר מִבַּיִת וּמִחוּץ תְּצַפֶּנּוּ וְעָשִׂיתָ
עָלָיו זֵר זָהָב סָבִיב׃ 12 וְיָצַקְתָּ לּוֹ אַרְבַּע
טַבְּעֹת זָהָב וְנָתַתָּה עַל אַרְבַּע פַּעֲמֹתָיו
וּשְׁתֵּי טַבָּעֹת עַל־צַלְעוֹ הָאֶחָת וּשְׁתֵּי
טַבָּעֹת עַל־צַלְעוֹ הַשֵּׁנִית׃ 13 וְעָשִׂיתָ בַדֵּי

gold. [14] And thou shalt put the staves into the rings on the sides of the ark, wherewith to bear the ark. [15] The staves shall be in the rings of the ark; they shall not be taken from it. [16] And thou shalt put into the ark the testimony which I shall give thee. [17] And thou shalt make an ark-cover of pure gold: two cubits and a half shall be the length thereof, and a cubit and a half the breadth thereof. [18] And thou shalt make two cherubim of gold; of beaten work shalt thou make them, at the two ends of the ark-cover. [19] And make one cherub at the one end, and one cherub at the other end; of one piece with the ark-cover shall ye make the cherubim of the two ends thereof. [20] And the cherubim shall spread out their wings on high, screening the ark-cover with their wings, with their faces one to another; toward the ark-cover shall the faces of the cherubim be. [21] And thou shalt put the ark-cover above upon the ark; and in the ark thou shalt put the testimony that I shall give thee. [22] And there I will meet with thee, and I will speak with thee from above the ark-cover, from between the two cherubim which are upon the ark of the testimony, of all things which I will give thee in commandment unto the children of Israel.

[23] And thou shalt make a table of acacia-wood: two cubits shall be the length thereof, and a cubit the breadth thereof, and a cubit and a half the height thereof. [24] And thou shalt overlay it with pure gold, and make thereto a crown of gold round about. [25] And thou shalt make unto it a border of a handbreadth round about, and thou shalt make a golden crown to the border thereof round about. [26] And thou shalt make for it four rings of gold, and put the rings in the four corners that are on the four feet thereof. [27] Close by the border shall the rings be, for places for the staves to bear the table. [28] And thou shalt make the staves of acacia-wood, and overlay them with gold, that the table may be borne with them. [29] And thou shalt make the dishes thereof, and the pans thereof, and the jars thereof, and the bowls thereof, wherewith to pour out; of pure gold shalt thou make them. [30] And thou shalt set upon the table showbread before Me alway.

עֲצֵי שִׁטִּים וְצִפִּיתָ אֹתָם זָהָב׃ 14 וְהֵבֵאתָ
אֶת־הַבַּדִּים בַּטַּבָּעֹת עַל צַלְעֹת הָאָרֹן
לָשֵׂאת אֶת־הָאָרֹן בָּהֶם׃ 15 בְּטַבְּעֹת הָאָרֹן
יִהְיוּ הַבַּדִּים לֹא יָסֻרוּ מִמֶּנּוּ׃ 16 וְנָתַתָּ
אֶל־הָאָרֹן אֵת הָעֵדֻת אֲשֶׁר אֶתֵּן אֵלֶיךָ׃
17 וְעָשִׂיתָ כַפֹּרֶת זָהָב טָהוֹר אַמָּתַיִם וָחֵצִי
אָרְכָּהּ וְאַמָּה וָחֵצִי רָחְבָּהּ׃ 18 וְעָשִׂיתָ
שְׁנַיִם כְּרֻבִים זָהָב מִקְשָׁה תַּעֲשֶׂה אֹתָם
מִשְּׁנֵי קְצוֹת הַכַּפֹּרֶת׃ 19 וַעֲשֵׂה כְּרוּב אֶחָד
מִקָּצָה מִזֶּה וּכְרוּב־אֶחָד מִקָּצָה מִזֶּה מִן־
הַכַּפֹּרֶת תַּעֲשׂוּ אֶת־הַכְּרֻבִים עַל־שְׁנֵי
קְצוֹתָיו׃ 20 וְהָיוּ הַכְּרֻבִים פֹּרְשֵׂי כְנָפַיִם
לְמַעְלָה סֹכְכִים בְּכַנְפֵיהֶם עַל־הַכַּפֹּרֶת
וּפְנֵיהֶם אִישׁ אֶל־אָחִיו אֶל־הַכַּפֹּרֶת יִהְיוּ
פְּנֵי הַכְּרֻבִים׃ 21 וְנָתַתָּ אֶת־הַכַּפֹּרֶת עַל־
הָאָרֹן מִלְמָעְלָה וְאֶל־הָאָרֹן תִּתֵּן אֶת־
הָעֵדֻת אֲשֶׁר אֶתֵּן אֵלֶיךָ׃ 22 וְנוֹעַדְתִּי לְךָ
שָׁם וְדִבַּרְתִּי אִתְּךָ מֵעַל הַכַּפֹּרֶת מִבֵּין שְׁנֵי
הַכְּרֻבִים אֲשֶׁר עַל־אֲרוֹן הָעֵדֻת אֵת כָּל־
אֲשֶׁר אֲצַוֶּה אוֹתְךָ אֶל־בְּנֵי יִשְׂרָאֵל׃ פ
23 וְעָשִׂיתָ שֻׁלְחָן עֲצֵי שִׁטִּים אַמָּתַיִם אָרְכּוֹ
וְאַמָּה רָחְבּוֹ וְאַמָּה וָחֵצִי קֹמָתוֹ׃ 24 וְצִפִּיתָ
אֹתוֹ זָהָב טָהוֹר וְעָשִׂיתָ לּוֹ זֵר זָהָב סָבִיב׃
25 וְעָשִׂיתָ לּוֹ מִסְגֶּרֶת טֹפַח סָבִיב וְעָשִׂיתָ
זֵר־זָהָב לְמִסְגַּרְתּוֹ סָבִיב׃ 26 וְעָשִׂיתָ לּוֹ
אַרְבַּע טַבְּעֹת זָהָב וְנָתַתָּ אֶת־הַטַּבָּעֹת עַל
אַרְבַּע הַפֵּאֹת אֲשֶׁר לְאַרְבַּע רַגְלָיו׃
27 לְעֻמַּת הַמִּסְגֶּרֶת תִּהְיֶיןָ הַטַּבָּעֹת לְבָתִּים
לְבַדִּים לָשֵׂאת אֶת־הַשֻּׁלְחָן׃ 28 וְעָשִׂיתָ
אֶת־הַבַּדִּים עֲצֵי שִׁטִּים וְצִפִּיתָ אֹתָם זָהָב
וְנִשָּׂא־בָם אֶת־הַשֻּׁלְחָן׃ 29 וְעָשִׂיתָ קְּעָרֹתָיו
וְכַפֹּתָיו וּקְשׂוֹתָיו וּמְנַקִּיֹּתָיו אֲשֶׁר יֻסַּךְ בָּהֵן
זָהָב טָהוֹר תַּעֲשֶׂה אֹתָם׃ 30 וְנָתַתָּ עַל־

[31] And thou shalt make a candlestick of pure gold: of beaten work shall the candlestick be made, even its base, and its shaft; its cups, its knops, and its flowers, shall be of one piece with it. [32] And there shall be six branches going out of the sides thereof: three branches of the candlestick out of the one side thereof, and three branches of the candlestick out of the other side thereof; [33] three cups made like almond-blossoms in one branch, a knop and a flower; and three cups made like almond-blossoms in the other branch, a knop and a flower; so for the six branches going out of the candlestick. [34] And in the candlestick four cups made like almond-blossoms, the knops thereof, and the flowers thereof. [35] And a knop under two branches of one piece with it, and a knop under two branches of one piece with it, and a knop under two branches of one piece with it, for the six branches going out of the candlestick. [36] Their knops and their branches shall be of one piece with it; the whole of it one beaten work of pure gold. [37] And thou shalt make the lamps thereof, seven; and they shall light the lamps thereof, to give light over against it. [38] And the tongs thereof, and the snuffdishes thereof, shall be of pure gold. [39] Of a talent of pure gold shall it be made, with all these vessels. [40] And see that thou make them after their pattern, which is being shown thee in the mount.

26 Moreover thou shalt make the tabernacle with ten curtains: of fine twined linen, and blue, and purple, and scarlet, with cherubim the work of the skilful workman shalt thou make them. [2] The length of each curtain shall be eight and twenty cubits, and the breadth of each curtain four cubits; all the curtains shall have one measure. [3] Five curtains shall be coupled together one to another; and the other five curtains shall be coupled one to another. [4] And thou shalt make loops of blue upon the edge of the one curtain that is outmost in the first set; and likewise shalt thou make in the edge of the curtain that is outmost in the second

הַשֻּׁלְחָן לֶחֶם פָּנִים לְפָנַי תָּמִיד׃ פ
31 וְעָשִׂיתָ מְנֹרַת זָהָב טָהוֹר מִקְשָׁה תֵּיעָשֶׂה
הַמְּנוֹרָה יְרֵכָהּ וְקָנָהּ גְּבִיעֶיהָ כַּפְתֹּרֶיהָ
וּפְרָחֶיהָ מִמֶּנָּה יִהְיוּ׃ 32 וְשִׁשָּׁה קָנִים
יֹצְאִים מִצִּדֶּיהָ שְׁלֹשָׁה ׀ קְנֵי מְנֹרָה מִצִּדָּהּ
הָאֶחָד וּשְׁלֹשָׁה קְנֵי מְנֹרָה מִצִּדָּהּ הַשֵּׁנִי׃
33 שְׁלֹשָׁה גְבִעִים מְשֻׁקָּדִים בַּקָּנֶה הָאֶחָד
כַּפְתֹּר וָפֶרַח וּשְׁלֹשָׁה גְבִעִים מְשֻׁקָּדִים
בַּקָּנֶה הָאֶחָד כַּפְתֹּר וָפָרַח כֵּן לְשֵׁשֶׁת
הַקָּנִים הַיֹּצְאִים מִן־הַמְּנֹרָה׃ 34 וּבַמְּנֹרָה
אַרְבָּעָה גְבִעִים מְשֻׁקָּדִים כַּפְתֹּרֶיהָ
וּפְרָחֶיהָ׃ 35 וְכַפְתֹּר תַּחַת שְׁנֵי הַקָּנִים
מִמֶּנָּה וְכַפְתֹּר תַּחַת שְׁנֵי הַקָּנִים מִמֶּנָּה
וְכַפְתֹּר תַּחַת־שְׁנֵי הַקָּנִים מִמֶּנָּה לְשֵׁשֶׁת
הַקָּנִים הַיֹּצְאִים מִן־הַמְּנֹרָה׃ 36 כַּפְתֹּרֵיהֶם
וּקְנֹתָם מִמֶּנָּה יִהְיוּ כֻּלָּהּ מִקְשָׁה אַחַת
זָהָב טָהוֹר׃ 37 וְעָשִׂיתָ אֶת־נֵרֹתֶיהָ שִׁבְעָה
וְהֶעֱלָה אֶת־נֵרֹתֶיהָ וְהֵאִיר עַל־עֵבֶר
פָּנֶיהָ׃ 38 וּמַלְקָחֶיהָ וּמַחְתֹּתֶיהָ זָהָב טָהוֹר׃
39 כִּכָּר זָהָב טָהוֹר יַעֲשֶׂה אֹתָהּ אֵת כָּל־
הַכֵּלִים הָאֵלֶּה׃ 40 וּרְאֵה וַעֲשֵׂה בְּתַבְנִיתָם
אֲשֶׁר־אַתָּה מָרְאֶה בָּהָר׃ ס
26 וְאֶת־הַמִּשְׁכָּן תַּעֲשֶׂה עֶשֶׂר
יְרִיעֹת שֵׁשׁ מָשְׁזָר וּתְכֵלֶת וְאַרְגָּמָן וְתֹלַעַת
שָׁנִי כְּרֻבִים מַעֲשֵׂה חֹשֵׁב תַּעֲשֶׂה אֹתָם׃
2 אֹרֶךְ ׀ הַיְרִיעָה הָאַחַת שְׁמֹנֶה וְעֶשְׂרִים
בָּאַמָּה וְרֹחַב אַרְבַּע בָּאַמָּה הַיְרִיעָה
הָאֶחָת מִדָּה אַחַת לְכָל־הַיְרִיעֹת׃ 3 חֲמֵשׁ
הַיְרִיעֹת תִּהְיֶיןָ חֹבְרֹת אִשָּׁה אֶל־אֲחֹתָהּ
וְחָמֵשׁ יְרִיעֹת חֹבְרֹת אִשָּׁה אֶל־אֲחֹתָהּ׃
4 וְעָשִׂיתָ לֻלְאֹת תְּכֵלֶת עַל שְׂפַת הַיְרִיעָה
הָאֶחָת מִקָּצָה בַּחֹבָרֶת וְכֵן תַּעֲשֶׂה בִּשְׂפַת
הַיְרִיעָה הַקִּיצוֹנָה בַּמַּחְבֶּרֶת הַשֵּׁנִית׃

set. [5] Fifty loops shalt thou make in the one curtain, and fifty loops shalt thou make in the edge of the curtain that is in the second set; the loops shall be opposite one to another. [6] And thou shalt make fifty clasps of gold, and couple the curtains one to another with the clasps, that the tabernacle may be one whole.

[7] And thou shalt make curtains of goats' hair for a tent over the tabernacle; eleven curtains shalt thou make them. [8] The length of each curtain shall be thirty cubits, and the breadth of each curtain four cubits; the eleven curtains shall have one measure. [9] And thou shalt couple five curtains by themselves, and six curtains by themselves, and shalt double over the sixth curtain in the forefront of the tent. [10] And thou shalt make fifty loops on the edge of the one curtain that is outmost in the first set, and fifty loops upon the edge of the curtain which is outmost in the second set. [11] And thou shalt make fifty clasps of brass, and put the clasps into the loops, and couple the tent together, that it may be one. [12] And as for the overhanging part that remaineth of the curtains of the tent, the half curtain that remaineth over shall hang over the back of the tabernacle. [13] And the cubit on the one side, and the cubit on the other side, of that which remaineth over in the length of the curtains of the tent, shall hang over the sides of the tabernacle on this side and on that side, to cover it. [14] And thou shalt make a covering for the tent of rams' skins dyed red, and a covering of sealskins above.

[15] And thou shalt make the boards for the tabernacle of acacia-wood, standing up. [16] Ten cubits shall be the length of a board, and a cubit and a half the breadth of each board. [17] Two tenons shall there be in each board, joined one to another; thus shalt thou make for all the boards of the tabernacle. [18] And thou

5 חֲמִשִּׁים לֻלָאֹת תַּעֲשֶׂה בַּיְרִיעָה הָאֶחָת
וַחֲמִשִּׁים לֻלָאֹת תַּעֲשֶׂה בִּקְצֵה הַיְרִיעָה
אֲשֶׁר בַּמַּחְבֶּרֶת הַשֵּׁנִית מַקְבִּילֹת הַלֻּלָאֹת
אִשָּׁה אֶל־אֲחֹתָהּ׃ 6 וְעָשִׂיתָ חֲמִשִּׁים קַרְסֵי
זָהָב וְחִבַּרְתָּ אֶת־הַיְרִיעֹת אִשָּׁה אֶל־
אֲחֹתָהּ בַּקְּרָסִים וְהָיָה הַמִּשְׁכָּן אֶחָד׃ פ
7 וְעָשִׂיתָ יְרִיעֹת עִזִּים לְאֹהֶל עַל־הַמִּשְׁכָּן
עַשְׁתֵּי־עֶשְׂרֵה יְרִיעֹת תַּעֲשֶׂה אֹתָם׃
8 אֹרֶךְ ׀ הַיְרִיעָה הָאַחַת שְׁלֹשִׁים בָּאַמָּה
וְרֹחַב אַרְבַּע בָּאַמָּה הַיְרִיעָה הָאֶחָת מִדָּה
אַחַת לְעַשְׁתֵּי עֶשְׂרֵה יְרִיעֹת׃ 9 וְחִבַּרְתָּ
אֶת־חֲמֵשׁ הַיְרִיעֹת לְבָד וְאֶת־שֵׁשׁ
הַיְרִיעֹת לְבָד וְכָפַלְתָּ אֶת־הַיְרִיעָה
הַשִּׁשִּׁית אֶל־מוּל פְּנֵי הָאֹהֶל׃ 10 וְעָשִׂיתָ
חֲמִשִּׁים לֻלָאֹת עַל שְׂפַת הַיְרִיעָה הָאֶחָת
הַקִּיצֹנָה בַּחֹבָרֶת וַחֲמִשִּׁים לֻלָאֹת עַל
שְׂפַת הַיְרִיעָה הַחֹבֶרֶת הַשֵּׁנִית׃ 11 וְעָשִׂיתָ
קַרְסֵי נְחֹשֶׁת חֲמִשִּׁים וְהֵבֵאתָ אֶת־
הַקְּרָסִים בַּלֻּלָאֹת וְחִבַּרְתָּ אֶת־הָאֹהֶל
וְהָיָה אֶחָד׃ 12 וְסֶרַח הָעֹדֵף בִּירִיעֹת
הָאֹהֶל חֲצִי הַיְרִיעָה הָעֹדֶפֶת תִּסְרַח עַל
אֲחֹרֵי הַמִּשְׁכָּן׃ 13 וְהָאַמָּה מִזֶּה וְהָאַמָּה
מִזֶּה בָּעֹדֵף בְּאֹרֶךְ יְרִיעֹת הָאֹהֶל יִהְיֶה
סָרוּחַ עַל־צִדֵּי הַמִּשְׁכָּן מִזֶּה וּמִזֶּה לְכַסֹּתוֹ׃
14 וְעָשִׂיתָ מִכְסֶה לָאֹהֶל עֹרֹת אֵילִם
מְאָדָּמִים וּמִכְסֵה עֹרֹת תְּחָשִׁים
מִלְמָעְלָה׃ פ
15 וְעָשִׂיתָ אֶת־הַקְּרָשִׁים לַמִּשְׁכָּן עֲצֵי
שִׁטִּים עֹמְדִים׃ 16 עֶשֶׂר אַמּוֹת אֹרֶךְ הַקָּרֶשׁ
וְאַמָּה וַחֲצִי הָאַמָּה רֹחַב הַקֶּרֶשׁ הָאֶחָד׃
17 שְׁתֵּי יָדוֹת לַקֶּרֶשׁ הָאֶחָד מְשֻׁלָּבֹת אִשָּׁה
אֶל־אֲחֹתָהּ כֵּן תַּעֲשֶׂה לְכֹל קַרְשֵׁי
הַמִּשְׁכָּן׃ 18 וְעָשִׂיתָ אֶת־הַקְּרָשִׁים לַמִּשְׁכָּן

shalt make the boards for the tabernacle, twenty boards for the south side southward. [19] And thou shalt make forty sockets of silver under the twenty boards: two sockets under one board for its two tenons, and two sockets under another board for its two tenons; [20] and for the second side of the tabernacle, on the north side, twenty boards. [21] And their forty sockets of silver: two sockets under one board, and two sockets under another board. [22] And for the hinder part of the tabernacle westward thou shalt make six boards. [23] And two boards shalt thou make for the corners of the tabernacle in the hinder part. [24] And they shall be double beneath, and in like manner they shall be complete unto the top thereof unto the first ring; thus shall it be for them both; they shall be for the two corners. [25] Thus there shall be eight boards, and their sockets of silver, sixteen sockets, two sockets under one board, and two sockets under another board. [26] And thou shalt make bars of acacia-wood: five for the boards of the one side of the tabernacle, [27] and five bars for the boards of the other side of the tabernacle, and five bars for the boards of the side of the tabernacle, for the hinder part westward; [28] and the middle bar in the midst of the boards, which shall pass through from end to end. [29] And thou shalt overlay the boards with gold, and make their rings of gold for holders for the bars; and thou shalt overlay the bars with gold. [30] And thou shalt rear up the tabernacle according to the fashion thereof which hath been shown thee in the mount.

[31] And thou shalt make a veil of blue, and purple, and scarlet, and fine twined linen; with cherubim the work of the skilful workman shall it be made. [32] And thou shalt hang it upon four pillars of acacia overlaid with gold, their hooks being of gold, upon four sockets of silver. [33] And thou shalt hang up the veil under the clasps, and shalt bring in thither within the veil

עֶשְׂרִים קֶרֶשׁ לִפְאַת נֶגְבָּה תֵימָנָה׃
19 וְאַרְבָּעִים אַדְנֵי־כֶסֶף תַּעֲשֶׂה תַּחַת
עֶשְׂרִים הַקָּרֶשׁ שְׁנֵי אֲדָנִים תַּחַת־הַקֶּרֶשׁ
הָאֶחָד לִשְׁתֵּי יְדֹתָיו וּשְׁנֵי אֲדָנִים תַּחַת־
הַקֶּרֶשׁ הָאֶחָד לִשְׁתֵּי יְדֹתָיו׃ 20 וּלְצֶלַע
הַמִּשְׁכָּן הַשֵּׁנִית לִפְאַת צָפוֹן עֶשְׂרִים
קָרֶשׁ׃ 21 וְאַרְבָּעִים אַדְנֵיהֶם כָּסֶף שְׁנֵי
אֲדָנִים תַּחַת הַקֶּרֶשׁ הָאֶחָד וּשְׁנֵי אֲדָנִים
תַּחַת הַקֶּרֶשׁ הָאֶחָד׃ 22 וּלְיַרְכְּתֵי הַמִּשְׁכָּן
יָמָּה תַּעֲשֶׂה שִׁשָּׁה קְרָשִׁים׃ 23 וּשְׁנֵי
קְרָשִׁים תַּעֲשֶׂה לִמְקֻצְעֹת הַמִּשְׁכָּן
בַּיַּרְכָתָיִם׃ 24 וְיִהְיוּ תֹאֲמִם מִלְּמַטָּה
וְיַחְדָּו יִהְיוּ תַמִּים עַל־רֹאשׁוֹ אֶל־הַטַּבַּעַת
הָאֶחָת כֵּן יִהְיֶה לִשְׁנֵיהֶם לִשְׁנֵי הַמִּקְצֹעֹת
יִהְיוּ׃ 25 וְהָיוּ שְׁמֹנָה קְרָשִׁים וְאַדְנֵיהֶם
כֶּסֶף שִׁשָּׁה עָשָׂר אֲדָנִים שְׁנֵי אֲדָנִים תַּחַת
הַקֶּרֶשׁ הָאֶחָד וּשְׁנֵי אֲדָנִים תַּחַת הַקֶּרֶשׁ
הָאֶחָד׃ 26 וְעָשִׂיתָ בְרִיחִם עֲצֵי שִׁטִּים
חֲמִשָּׁה לְקַרְשֵׁי צֶלַע־הַמִּשְׁכָּן הָאֶחָד׃
27 וַחֲמִשָּׁה בְרִיחִם לְקַרְשֵׁי צֶלַע־הַמִּשְׁכָּן
הַשֵּׁנִית וַחֲמִשָּׁה בְרִיחִם לְקַרְשֵׁי צֶלַע
הַמִּשְׁכָּן לַיַּרְכָתַיִם יָמָּה׃ 28 וְהַבְּרִיחַ הַתִּיכֹן
בְּתוֹךְ הַקְּרָשִׁים מַבְרִחַ מִן־הַקָּצֶה אֶל־
הַקָּצֶה׃ 29 וְאֶת־הַקְּרָשִׁים תְּצַפֶּה זָהָב
וְאֶת־טַבְּעֹתֵיהֶם תַּעֲשֶׂה זָהָב בָּתִּים
לַבְּרִיחִם וְצִפִּיתָ אֶת־הַבְּרִיחִם זָהָב׃
30 וַהֲקֵמֹתָ אֶת־הַמִּשְׁכָּן כְּמִשְׁפָּטוֹ אֲשֶׁר
הָרְאֵיתָ בָּהָר׃ ס 31 וְעָשִׂיתָ פָרֹכֶת
תְּכֵלֶת וְאַרְגָּמָן וְתוֹלַעַת שָׁנִי וְשֵׁשׁ מָשְׁזָר
מַעֲשֵׂה חֹשֵׁב יַעֲשֶׂה אֹתָהּ כְּרֻבִים׃
32 וְנָתַתָּה אֹתָהּ עַל־אַרְבָּעָה עַמּוּדֵי שִׁטִּים
מְצֻפִּים זָהָב וָוֵיהֶם זָהָב עַל־אַרְבָּעָה
אַדְנֵי־כָסֶף׃ 33 וְנָתַתָּה אֶת־הַפָּרֹכֶת תַּחַת

the ark of the testimony; and the veil shall divide unto you between the holy place and the most holy. [34] And thou shalt put the ark-cover upon the ark of the testimony in the most holy place. [35] And thou shalt set the table without the veil, and the candlestick over against the table on the side of the tabernacle toward the south; and thou shalt put the table on the north side. [36] And thou shalt make a screen for the door of the Tent, of blue, and purple, and scarlet, and fine twined linen, the work of the weaver in colours. [37] And thou shalt make for the screen five pillars of acacia, and overlay them with gold; their hooks shall be of gold; and thou shalt cast five sockets of brass for them.

27 And thou shalt make the altar of acacia-wood, five cubits long, and five cubits broad; the altar shall be four-square; and the height thereof shall be three cubits. [2] And thou shalt make the horns of it upon the four corners thereof; the horns thereof shall be of one piece with it; and thou shalt overlay it with brass. [3] And thou shalt make its pots to take away its ashes, and its shovels, and its basins, and its flesh-hooks, and its fire-pans; all the vessels thereof thou shalt make of brass. [4] And thou shalt make for it a grating of network of brass; and upon the net shalt thou make four brazen rings in the four corners thereof. [5] And thou shalt put it under the ledge round the altar beneath, that the net may reach halfway up the altar. [6] And thou shalt make staves for the altar, staves of acacia-wood, and overlay them with brass. [7] And the staves thereof shall be put into the rings, and the staves shall be upon the two sides of the altar, in bearing it. [8] Hollow with planks shalt thou make it; as it hath been shown thee in the mount, so shall they make it.

[9] And thou shalt make the court of the tabernacle: for the south side southward there shall be hangings for the court of fine twined linen a hundred cubits long for one side. [10] And the pillars thereof shall be twenty, and

הַקָּרָשִׁים וְהֵבֵאתָ שָׁמָּה מִבֵּית לַפָּרֹכֶת אֵת
אֲרוֹן הָעֵדוּת וְהִבְדִּילָה הַפָּרֹכֶת לָכֶם בֵּין
הַקֹּדֶשׁ וּבֵין קֹדֶשׁ הַקֳּדָשִׁים׃ 34 וְנָתַתָּ אֶת־
הַכַּפֹּרֶת עַל אֲרוֹן הָעֵדֻת בְּקֹדֶשׁ הַקֳּדָשִׁים׃
35 וְשַׂמְתָּ אֶת־הַשֻּׁלְחָן מִחוּץ לַפָּרֹכֶת
וְאֶת־הַמְּנֹרָה נֹכַח הַשֻּׁלְחָן עַל צֶלַע
הַמִּשְׁכָּן תֵּימָנָה וְהַשֻּׁלְחָן תִּתֵּן עַל־צֶלַע
צָפוֹן׃ 36 וְעָשִׂיתָ מָסָךְ לְפֶתַח הָאֹהֶל
תְּכֵלֶת וְאַרְגָּמָן וְתוֹלַעַת שָׁנִי וְשֵׁשׁ מָשְׁזָר
מַעֲשֵׂה רֹקֵם׃ 37 וְעָשִׂיתָ לַמָּסָךְ חֲמִשָּׁה
עַמּוּדֵי שִׁטִּים וְצִפִּיתָ אֹתָם זָהָב וָוֵיהֶם
זָהָב וְיָצַקְתָּ לָהֶם חֲמִשָּׁה אַדְנֵי
נְחֹשֶׁת׃ ס **27** וְעָשִׂיתָ אֶת־
הַמִּזְבֵּחַ עֲצֵי שִׁטִּים חָמֵשׁ אַמּוֹת אֹרֶךְ
וְחָמֵשׁ אַמּוֹת רֹחַב רָבוּעַ יִהְיֶה הַמִּזְבֵּחַ
וְשָׁלֹשׁ אַמּוֹת קֹמָתוֹ׃ 2 וְעָשִׂיתָ קַרְנֹתָיו עַל
אַרְבַּע פִּנֹּתָיו מִמֶּנּוּ תִּהְיֶיןָ קַרְנֹתָיו וְצִפִּיתָ
אֹתוֹ נְחֹשֶׁת׃ 3 וְעָשִׂיתָ סִּירֹתָיו לְדַשְּׁנוֹ
וְיָעָיו וּמִזְרְקֹתָיו וּמִזְלְגֹתָיו וּמַחְתֹּתָיו לְכָל־
כֵּלָיו תַּעֲשֶׂה נְחֹשֶׁת׃ 4 וְעָשִׂיתָ לּוֹ מִכְבָּר
מַעֲשֵׂה רֶשֶׁת נְחֹשֶׁת וְעָשִׂיתָ עַל־הָרֶשֶׁת
אַרְבַּע טַבְּעֹת נְחֹשֶׁת עַל אַרְבַּע קְצוֹתָיו׃
5 וְנָתַתָּה אֹתָהּ תַּחַת כַּרְכֹּב הַמִּזְבֵּחַ
מִלְּמָטָּה וְהָיְתָה הָרֶשֶׁת עַד חֲצִי הַמִּזְבֵּחַ׃
6 וְעָשִׂיתָ בַדִּים לַמִּזְבֵּחַ בַּדֵּי עֲצֵי שִׁטִּים
וְצִפִּיתָ אֹתָם נְחֹשֶׁת׃ 7 וְהוּבָא אֶת־בַּדָּיו
בַּטַּבָּעֹת וְהָיוּ הַבַּדִּים עַל־שְׁתֵּי צַלְעֹת
הַמִּזְבֵּחַ בִּשְׂאֵת אֹתוֹ׃ 8 נְבוּב לֻחֹת תַּעֲשֶׂה
אֹתוֹ כַּאֲשֶׁר הֶרְאָה אֹתְךָ בָּהָר כֵּן
יַעֲשׂוּ׃ ס 9 וְעָשִׂיתָ אֵת חֲצַר הַמִּשְׁכָּן
לִפְאַת נֶגֶב־תֵּימָנָה קְלָעִים לֶחָצֵר שֵׁשׁ
מָשְׁזָר מֵאָה בָאַמָּה אֹרֶךְ לַפֵּאָה הָאֶחָת׃
10 וְעַמֻּדָיו עֶשְׂרִים וְאַדְנֵיהֶם עֶשְׂרִים

נְחֹשֶׁת וָוֵי הָעַמֻּדִים וַחֲשֻׁקֵיהֶם כָּסֶף׃
11 וְכֵן לִפְאַת צָפוֹן בָּאֹרֶךְ קְלָעִים מֵאָה
אֹרֶךְ ועמדו וְעַמּוּדָיו עֶשְׂרִים וְאַדְנֵיהֶם
עֶשְׂרִים נְחֹשֶׁת וָוֵי הָעַמֻּדִים וַחֲשֻׁקֵיהֶם
כָּסֶף׃ 12 וְרֹחַב הֶחָצֵר לִפְאַת־יָם קְלָעִים
חֲמִשִּׁים אַמָּה עַמֻּדֵיהֶם עֲשָׂרָה וְאַדְנֵיהֶם
עֲשָׂרָה׃ 13 וְרֹחַב הֶחָצֵר לִפְאַת קֵדְמָה
מִזְרָחָה חֲמִשִּׁים אַמָּה׃ 14 וַחֲמֵשׁ עֶשְׂרֵה
אַמָּה קְלָעִים לַכָּתֵף עַמֻּדֵיהֶם שְׁלֹשָׁה
וְאַדְנֵיהֶם שְׁלֹשָׁה׃ 15 וְלַכָּתֵף הַשֵּׁנִית חֲמֵשׁ
עֶשְׂרֵה קְלָעִים עַמֻּדֵיהֶם שְׁלֹשָׁה וְאַדְנֵיהֶם
שְׁלֹשָׁה׃ 16 וּלְשַׁעַר הֶחָצֵר מָסָךְ ׀ עֶשְׂרִים
אַמָּה תְּכֵלֶת וְאַרְגָּמָן וְתוֹלַעַת שָׁנִי וְשֵׁשׁ
מָשְׁזָר מַעֲשֵׂה רֹקֵם עַמֻּדֵיהֶם אַרְבָּעָה
וְאַדְנֵיהֶם אַרְבָּעָה׃ 17 כָּל־עַמּוּדֵי הֶחָצֵר
סָבִיב מְחֻשָּׁקִים כֶּסֶף וָוֵיהֶם כָּסֶף וְאַדְנֵיהֶם
נְחֹשֶׁת׃ 18 אֹרֶךְ הֶחָצֵר מֵאָה בָאַמָּה וְרֹחַב ׀
חֲמִשִּׁים בַּחֲמִשִּׁים וְקֹמָה חָמֵשׁ אַמּוֹת שֵׁשׁ
מָשְׁזָר וְאַדְנֵיהֶם נְחֹשֶׁת׃ 19 לְכֹל כְּלֵי
הַמִּשְׁכָּן בְּכֹל עֲבֹדָתוֹ וְכָל־יְתֵדֹתָיו וְכָל־
יִתְדֹת הֶחָצֵר נְחֹשֶׁת׃ ס

their sockets twenty, of brass; the hooks of the pillars and their fillets shall be of silver. [11] And likewise for the north side in length there shall be hangings a hundred cubits long, and the pillars thereof twenty, and their sockets twenty, of brass; the hooks of the pillars and their fillets of silver. [12] And for the breadth of the court on the west side shall be hangings of fifty cubits: their pillars ten, and their sockets ten. [13] And the breadth of the court on the east side eastward shall be fifty cubits. [14] The hangings for the one side [of the gate] shall be fifteen cubits: their pillars three, and their sockets three. [15] And for the other side shall be hangings of fifteen cubits: their pillars three, and their sockets three. [16] And for the gate of the court shall be a screen of twenty cubits, of blue, and purple, and scarlet, and fine twined linen, the work of the weaver in colours: their pillars four, and their sockets four. [17] All the pillars of the court round about shall be filleted with silver; their hooks of silver, and their sockets of brass. [18] The length of the court shall be a hundred cubits, and the breadth fifty every where, and the height five cubits, of fine twined linen, and their sockets of brass. [19] All the instruments of the tabernacle in all the service thereof, and all the pins thereof, and all the pins of the court, shall be of brass.

תצוה

20 וְאַתָּה תְּצַוֶּה ׀ אֶת־בְּנֵי יִשְׂרָאֵל וְיִקְחוּ
אֵלֶיךָ שֶׁמֶן זַיִת זָךְ כָּתִית לַמָּאוֹר לְהַעֲלֹת
נֵר תָּמִיד׃ 21 בְּאֹהֶל מוֹעֵד מִחוּץ לַפָּרֹכֶת
אֲשֶׁר עַל־הָעֵדֻת יַעֲרֹךְ אֹתוֹ אַהֲרֹן וּבָנָיו
מֵעֶרֶב עַד־בֹּקֶר לִפְנֵי יְהוָה חֻקַּת עוֹלָם
לְדֹרֹתָם מֵאֵת בְּנֵי יִשְׂרָאֵל׃ ס
28 וְאַתָּה הַקְרֵב אֵלֶיךָ אֶת־אַהֲרֹן
אָחִיךָ וְאֶת־בָּנָיו אִתּוֹ מִתּוֹךְ בְּנֵי יִשְׂרָאֵל
לְכַהֲנוֹ־לִי אַהֲרֹן נָדָב וַאֲבִיהוּא אֶלְעָזָר
וְאִיתָמָר בְּנֵי אַהֲרֹן׃ 2 וְעָשִׂיתָ בִגְדֵי־קֹדֶשׁ

TETSAVVEH

[20] And thou shalt command the children of Israel, that they bring unto thee pure olive oil beaten for the light, to cause a lamp to burn continually. [21] In the tent of meeting, without the veil which is before the testimony, Aaron and his sons shall set it in order, to burn from evening to morning before the LORD; it shall be a statute for ever throughout their generations on the behalf of the children of Israel.

28 And bring thou near unto thee Aaron thy brother, and his sons with him, from among the children of Israel, that they may minister unto Me in the priest's office, even Aaron, Nadab and Abihu, Eleazar and Ithamar, Aaron's sons. [2] And thou shalt make holy garments for Aaron thy brother, for splendour and for beauty. [3] And thou shalt speak unto all that are wise-hearted, whom I have filled with the spirit of wisdom, that they make Aaron's garments to sanctify him, that he may minister unto Me in the priest's office. [4] And these are the garments which they shall make: a breastplate, and an ephod, and a robe, and a tunic of chequer work, a nitre, and a girdle; and they shall make holy garments for Aaron thy brother, and his sons, that he may minister unto Me in the priest's office. [5] And they shall take the gold, and the blue, and the purple, and the scarlet, and the fine linen.

[6] And they shall make the ephod of gold, of blue, and purple, scarlet, and fine twined linen, the work of the skilful workman. [7] It shall have two shoulder-pieces joined to the two ends thereof, that it may be joined together. [8] And the skilfully woven band, which is upon it, wherewith to gird it on, shall be like the work thereof and of the same piece: of gold, of blue, and purple, and scarlet, and fine twined linen. [9] And thou shalt take two onyx stones, and grave on them the names of the children of Israel: [10] six of their names on the one stone, and the names of the six that remain on the other stone, according to their birth. [11] With the work of an engraver in stone, like the engravings of a signet, shalt thou engrave the two stones, according to the names of the children of Israel; thou shalt make them to be inclosed in settings of gold. [12] And thou shalt put the two stones upon the shoulder-pieces of the ephod, to be stones of memorial for the children of Israel; and Aaron shall bear their names before the LORD upon his two shoulders for a memorial.

[13] And thou shalt make settings of gold; [14] and two chains of pure gold; of plaited thread shalt thou make them, of wreathen work; and thou shalt put the wreathen chains on the settings.

[15] And thou shalt make a breastplate of judgment, the work of the skilful workman; like the work of the ephod thou shalt make it: of gold, of blue, and purple, and scarlet and fine twined linen, shalt thou make it. [16] Four-square it shall be and double: a span shall be the length

לְאַהֲרֹן אָחִיךָ לְכָבוֹד וּלְתִפְאָרֶת׃ 3 וְאַתָּה
תְּדַבֵּר אֶל־כָּל־חַכְמֵי־לֵב אֲשֶׁר מִלֵּאתִיו
רוּחַ חָכְמָה וְעָשׂוּ אֶת־בִּגְדֵי אַהֲרֹן לְקַדְּשׁוֹ
לְכַהֲנוֹ־לִי׃ 4 וְאֵלֶּה הַבְּגָדִים אֲשֶׁר יַעֲשׂוּ
חֹשֶׁן וְאֵפוֹד וּמְעִיל וּכְתֹנֶת תַּשְׁבֵּץ מִצְנֶפֶת
וְאַבְנֵט וְעָשׂוּ בִגְדֵי־קֹדֶשׁ לְאַהֲרֹן אָחִיךָ
וּלְבָנָיו לְכַהֲנוֹ־לִי׃ 5 וְהֵם יִקְחוּ אֶת־הַזָּהָב
וְאֶת־הַתְּכֵלֶת וְאֶת־הָאַרְגָּמָן וְאֶת־תּוֹלַעַת
הַשָּׁנִי וְאֶת־הַשֵּׁשׁ׃ פ
6 וְעָשׂוּ אֶת־הָאֵפֹד זָהָב תְּכֵלֶת וְאַרְגָּמָן
תּוֹלַעַת שָׁנִי וְשֵׁשׁ מָשְׁזָר מַעֲשֵׂה חֹשֵׁב׃
7 שְׁתֵּי כְתֵפֹת חֹבְרֹת יִהְיֶה־לּוֹ אֶל־שְׁנֵי
קְצוֹתָיו וְחֻבָּר׃ 8 וְחֵשֶׁב אֲפֻדָּתוֹ אֲשֶׁר עָלָיו
כְּמַעֲשֵׂהוּ מִמֶּנּוּ יִהְיֶה זָהָב תְּכֵלֶת וְאַרְגָּמָן
וְתוֹלַעַת שָׁנִי וְשֵׁשׁ מָשְׁזָר׃ 9 וְלָקַחְתָּ אֶת־
שְׁתֵּי אַבְנֵי־שֹׁהַם וּפִתַּחְתָּ עֲלֵיהֶם שְׁמוֹת
בְּנֵי יִשְׂרָאֵל׃ 10 שִׁשָּׁה מִשְּׁמֹתָם עַל הָאֶבֶן
הָאֶחָת וְאֶת־שְׁמוֹת הַשִּׁשָּׁה הַנּוֹתָרִים
עַל־הָאֶבֶן הַשֵּׁנִית כְּתוֹלְדֹתָם׃ 11 מַעֲשֵׂה
חָרַשׁ אֶבֶן פִּתּוּחֵי חֹתָם תְּפַתַּח אֶת־שְׁתֵּי
הָאֲבָנִים עַל־שְׁמֹת בְּנֵי יִשְׂרָאֵל מֻסַבֹּת
מִשְׁבְּצוֹת זָהָב תַּעֲשֶׂה אֹתָם׃ 12 וְשַׂמְתָּ
אֶת־שְׁתֵּי הָאֲבָנִים עַל כִּתְפֹת הָאֵפֹד אַבְנֵי
זִכָּרֹן לִבְנֵי יִשְׂרָאֵל וְנָשָׂא אַהֲרֹן אֶת־
שְׁמוֹתָם לִפְנֵי יְהוָה עַל־שְׁתֵּי כְתֵפָיו
לְזִכָּרֹן׃ ס 13 וְעָשִׂיתָ מִשְׁבְּצֹת זָהָב׃
14 וּשְׁתֵּי שַׁרְשְׁרֹת זָהָב טָהוֹר מִגְבָּלֹת
תַּעֲשֶׂה אֹתָם מַעֲשֵׂה עֲבֹת וְנָתַתָּה אֶת־
שַׁרְשְׁרֹת הָעֲבֹתֹת עַל־הַמִּשְׁבְּצֹת׃ ס
15 וְעָשִׂיתָ חֹשֶׁן מִשְׁפָּט מַעֲשֵׂה חֹשֵׁב
כְּמַעֲשֵׂה אֵפֹד תַּעֲשֶׂנּוּ זָהָב תְּכֵלֶת וְאַרְגָּמָן
וְתוֹלַעַת שָׁנִי וְשֵׁשׁ מָשְׁזָר תַּעֲשֶׂה אֹתוֹ׃
16 רָבוּעַ יִהְיֶה כָּפוּל זֶרֶת אָרְכּוֹ וְזֶרֶת

thereof, and a span the breadth thereof. [17] And thou shalt set in it settings of stones, four rows of stones: a row of carnelian, topaz, and smaragd shall be the first row; [18] and the second row a carbuncle, a sapphire, and an emerald; [19] and the third row a jacinth, an agate, and an amethyst; [20] and the fourth row a beryl, and an onyx, and a jasper; they shall be inclosed in gold in their settings. [21] And the stones shall be according to the names of the children of Israel, twelve, according to their names; like the engravings of a signet, every one according to his name, they shall be for the twelve tribes. [22] And thou shalt make upon the breastplate plaited chains of wreathen work of pure gold. [23] And thou shalt make upon the breastplate two rings of gold, and shalt put the two rings on the two ends of the breastplate. [24] And thou shalt put the two wreathen chains of gold on the two rings at the ends of the breastplate. [25] And the other two ends of the two wreathen chains thou shalt put on the two settings, and put them on the shoulder-pieces of the ephod, in the forepart thereof. [26] And thou shalt make two rings of gold, and thou shalt put them upon the two ends of the breastplate, upon the edge thereof, which is toward the side of the ephod inward. [27] And thou shalt make two rings of gold, and shalt put them on the two shoulder-pieces of the ephod underneath, in the forepart thereof, close by the coupling thereof, above the skilfully woven band of the ephod. [28] And they shall bind the breastplate by the rings thereof unto the rings of the ephod with a thread of blue, that it may be upon the skilfully woven band of the ephod, and that the breastplate be not loosed from the ephod. [29] And Aaron shall bear the names of the children of Israel in the breastplate of judgment upon his heart, when he goeth in unto the holy place, for a memorial before the Lord continually. [30] And thou shalt put in the breastplate of judgment the Urim and the Thummim; and they shall be upon Aaron's heart, when he goeth in before the Lord; and Aaron shall bear the judgment of the children of Israel upon his heart before the Lord continually.

רָחְבּוֹ׃ 17 וּמִלֵּאתָ בוֹ מִלֻּאַת אֶבֶן אַרְבָּעָה
טוּרִים אָבֶן טוּר אֹדֶם פִּטְדָה וּבָרֶקֶת הַטּוּר
הָאֶחָד׃ 18 וְהַטּוּר הַשֵּׁנִי נֹפֶךְ סַפִּיר וְיָהֲלֹם׃
19 וְהַטּוּר הַשְּׁלִישִׁי לֶשֶׁם שְׁבוֹ וְאַחְלָמָה׃
20 וְהַטּוּר הָרְבִיעִי תַּרְשִׁישׁ וְשֹׁהַם וְיָשְׁפֵה
מְשֻׁבָּצִים זָהָב יִהְיוּ בְּמִלּוּאֹתָם׃
21 וְהָאֲבָנִים תִּהְיֶיןָ עַל־שְׁמֹת בְּנֵי־יִשְׂרָאֵל
שְׁתֵּים עֶשְׂרֵה עַל־שְׁמֹתָם פִּתּוּחֵי חוֹתָם
אִישׁ עַל־שְׁמוֹ תִּהְיֶיןָ לִשְׁנֵי עָשָׂר שָׁבֶט׃
22 וְעָשִׂיתָ עַל־הַחֹשֶׁן שַׁרְשֹׁת גַּבְלֻת מַעֲשֵׂה
עֲבֹת זָהָב טָהוֹר׃ 23 וְעָשִׂיתָ עַל־הַחֹשֶׁן
שְׁתֵּי טַבְּעוֹת זָהָב וְנָתַתָּ אֶת־שְׁתֵּי
הַטַּבָּעוֹת עַל־שְׁנֵי קְצוֹת הַחֹשֶׁן׃ 24 וְנָתַתָּה
אֶת־שְׁתֵּי עֲבֹתֹת הַזָּהָב עַל־שְׁתֵּי הַטַּבָּעֹת
אֶל־קְצוֹת הַחֹשֶׁן׃ 25 וְאֵת שְׁתֵּי קְצוֹת שְׁתֵּי
הָעֲבֹתֹת תִּתֵּן עַל־שְׁתֵּי הַמִּשְׁבְּצוֹת
וְנָתַתָּה עַל־כִּתְפוֹת הָאֵפֹד אֶל־מוּל פָּנָיו׃
26 וְעָשִׂיתָ שְׁתֵּי טַבְּעוֹת זָהָב וְשַׂמְתָּ אֹתָם
עַל־שְׁנֵי קְצוֹת הַחֹשֶׁן עַל־שְׂפָתוֹ אֲשֶׁר
אֶל־עֵבֶר הָאֵפֹד בָּיְתָה׃ 27 וְעָשִׂיתָ שְׁתֵּי
טַבְּעוֹת זָהָב וְנָתַתָּה אֹתָם עַל־שְׁתֵּי
כִתְפוֹת הָאֵפוֹד מִלְּמַטָּה מִמּוּל פָּנָיו
לְעֻמַּת מַחְבַּרְתּוֹ מִמַּעַל לְחֵשֶׁב הָאֵפוֹד׃
28 וְיִרְכְּסוּ אֶת־הַחֹשֶׁן מטבעתו מִטַּבְּעֹתָיו
אֶל־טַבְּעֹת הָאֵפֹד בִּפְתִיל תְּכֵלֶת לִהְיוֹת
עַל־חֵשֶׁב הָאֵפוֹד וְלֹא־יִזַּח הַחֹשֶׁן מֵעַל
הָאֵפוֹד׃ 29 וְנָשָׂא אַהֲרֹן אֶת־שְׁמוֹת בְּנֵי־
יִשְׂרָאֵל בְּחֹשֶׁן הַמִּשְׁפָּט עַל־לִבּוֹ בְּבֹאוֹ
אֶל־הַקֹּדֶשׁ לְזִכָּרֹן לִפְנֵי־יְהוָה תָּמִיד׃
30 וְנָתַתָּ אֶל־חֹשֶׁן הַמִּשְׁפָּט אֶת־הָאוּרִים
וְאֶת־הַתֻּמִּים וְהָיוּ עַל־לֵב אַהֲרֹן בְּבֹאוֹ
לִפְנֵי יְהוָה וְנָשָׂא אַהֲרֹן אֶת־מִשְׁפַּט בְּנֵי־
יִשְׂרָאֵל עַל־לִבּוֹ לִפְנֵי יְהוָה תָּמִיד׃ ס

[31] And thou shalt make the robe of the ephod all of blue. [32] And it shall have a hole for the head in the midst thereof; it shall have a binding of woven work round about the hole of it, as it were the hole of a coat of mail, that it be not rent. [33] And upon the skirts of it thou shalt make pomegranates of blue, and of purple, and of scarlet, round about the skirts thereof; and bells of gold between them round about: [34] a golden bell and a pomegranate, a golden bell and a pomegranate, upon the skirts of the robe round about. [35] And it shall be upon Aaron to minister; and the sound thereof shall be heard when he goeth in unto the holy place before the LORD, and when he cometh out, that he die not.

[36] And thou shalt make a plate of pure gold, and engrave upon it, like the engravings of a signet: HOLY TO THE LORD. [37] And thou shalt put it on a thread of blue, and it shall be upon the mitre; upon the forefront of the mitre it shall be. [38] And it shall be upon Aaron's forehead, and Aaron shall bear the iniquity committed in the holy things, which the children of Israel shall hallow, even in all their holy gifts; and it shall be always upon his forehead, that they may be accepted before the LORD. [39] And thou shalt weave the tunic in chequer work of fine linen, and thou shalt make a mitre of fine linen, and thou shalt make a girdle, the work of the weaver in colours. [40] And for Aaron's sons thou shalt make tunics, and thou shalt make for them girdles, and head-tires shalt thou make for them, for splendour and for beauty. [41] And thou shalt put them upon Aaron thy brother, and upon his sons with him; and shalt anoint them, and consecrate them, and sanctify them, that they may minister unto Me in the priest's office. [42] And thou shalt make them linen breeches to cover the flesh of their nakedness; from the loins even unto the thighs they shall reach. [43] And they shall be upon Aaron, and upon his sons, when they go in unto the tent of meeting, or when they come near unto the altar to minister in the holy place; that they bear not iniquity, and die; it shall be a statute for ever unto him and unto his seed after him.

29 And this is the thing that thou shalt do unto them to hallow them, to minister unto Me in the priest's office: take one young bullock and two rams without blemish, [2] and unleavened bread, and cakes unleavened mingled

31 וְעָשִׂיתָ אֶת־מְעִיל הָאֵפוֹד כְּלִיל
תְּכֵלֶת׃ 32 וְהָיָה פִי־רֹאשׁוֹ בְּתוֹכוֹ שָׂפָה
יִהְיֶה לְּפִיו סָבִיב מַעֲשֵׂה אֹרֵג כְּפִי תַחְרָא
יִהְיֶה־לּוֹ לֹא יִקָּרֵעַ׃ 33 וְעָשִׂיתָ עַל־שׁוּלָיו
רִמֹּנֵי תְּכֵלֶת וְאַרְגָּמָן וְתוֹלַעַת שָׁנִי עַל־
שׁוּלָיו סָבִיב וּפַעֲמֹנֵי זָהָב בְּתוֹכָם סָבִיב׃
34 פַּעֲמֹן זָהָב וְרִמּוֹן פַּעֲמֹן זָהָב וְרִמּוֹן
עַל־שׁוּלֵי הַמְּעִיל סָבִיב׃ 35 וְהָיָה עַל־
אַהֲרֹן לְשָׁרֵת וְנִשְׁמַע קוֹלוֹ בְּבֹאוֹ אֶל־
הַקֹּדֶשׁ לִפְנֵי יְהוָה וּבְצֵאתוֹ וְלֹא
יָמוּת׃ ס 36 וְעָשִׂיתָ צִּיץ זָהָב טָהוֹר
וּפִתַּחְתָּ עָלָיו פִּתּוּחֵי חֹתָם קֹדֶשׁ לַיהוָה׃
37 וְשַׂמְתָּ אֹתוֹ עַל־פְּתִיל תְּכֵלֶת וְהָיָה
עַל־הַמִּצְנָפֶת אֶל־מוּל פְּנֵי־הַמִּצְנֶפֶת
יִהְיֶה׃ 38 וְהָיָה עַל־מֵצַח אַהֲרֹן וְנָשָׂא
אַהֲרֹן אֶת־עֲוֹן הַקֳּדָשִׁים אֲשֶׁר יַקְדִּישׁוּ בְּנֵי
יִשְׂרָאֵל לְכָל־מַתְּנֹת קָדְשֵׁיהֶם וְהָיָה עַל־
מִצְחוֹ תָּמִיד לְרָצוֹן לָהֶם לִפְנֵי יְהוָה׃
39 וְשִׁבַּצְתָּ הַכְּתֹנֶת שֵׁשׁ וְעָשִׂיתָ מִצְנֶפֶת
שֵׁשׁ וְאַבְנֵט תַּעֲשֶׂה מַעֲשֵׂה רֹקֵם׃ 40 וְלִבְנֵי
אַהֲרֹן תַּעֲשֶׂה כֻתֳּנֹת וְעָשִׂיתָ לָהֶם אַבְנֵטִים
וּמִגְבָּעוֹת תַּעֲשֶׂה לָהֶם לְכָבוֹד וּלְתִפְאָרֶת׃
41 וְהִלְבַּשְׁתָּ אֹתָם אֶת־אַהֲרֹן אָחִיךָ וְאֶת־
בָּנָיו אִתּוֹ וּמָשַׁחְתָּ אֹתָם וּמִלֵּאתָ אֶת־יָדָם
וְקִדַּשְׁתָּ אֹתָם וְכִהֲנוּ לִי׃ 42 וַעֲשֵׂה לָהֶם
מִכְנְסֵי־בָד לְכַסּוֹת בְּשַׂר עֶרְוָה מִמָּתְנַיִם
וְעַד־יְרֵכַיִם יִהְיוּ׃ 43 וְהָיוּ עַל־אַהֲרֹן וְעַל־
בָּנָיו בְּבֹאָם ׀ אֶל־אֹהֶל מוֹעֵד אוֹ בְגִשְׁתָּם
אֶל־הַמִּזְבֵּחַ לְשָׁרֵת בַּקֹּדֶשׁ וְלֹא־יִשְׂאוּ עָוֺן
וָמֵתוּ חֻקַּת עוֹלָם לוֹ וּלְזַרְעוֹ אַחֲרָיו׃ ס
29 וְזֶה הַדָּבָר אֲשֶׁר־תַּעֲשֶׂה לָהֶם
לְקַדֵּשׁ אֹתָם לְכַהֵן לִי לְקַח פַּר אֶחָד
בֶּן־בָּקָר וְאֵילִם שְׁנַיִם תְּמִימִם׃ 2 וְלֶחֶם

with oil, and wafers unleavened spread with oil; of fine wheaten flour shalt thou make them. [3] And thou shalt put them into one basket, and bring them in the basket, with the bullock and the two rams. [4] And Aaron and his sons thou shalt bring unto the door of the tent of meeting, and shalt wash them with water. [5] And thou shalt take the garments, and put upon Aaron the tunic, and the robe of the ephod, and the ephod, and the breastplate, and gird him with the skilfully woven band of the ephod. [6] And thou shalt set the mitre upon his head, and put the holy crown upon the mitre. [7] Then shalt thou take the anointing oil, and pour it upon his head, and anoint him. [8] And thou shalt bring his sons, and put tunics upon them. [9] And thou shalt gird them with girdles, Aaron and his sons, and bind head-tires on them; and they shall have the priesthood by a perpetual statute; and thou shalt consecrate Aaron and his sons. [10] And thou shalt bring the bullock before the tent of meeting; and Aaron and his sons shall lay their hands upon the head of the bullock. [11] And thou shalt kill the bullock before the LORD, at the door of the tent of meeting. [12] And thou shalt take of the blood of the bullock, and put it upon the horns of the altar with thy finger; and thou shalt pour out all the remaining blood at the base of the altar. [13] And thou shalt take all the fat that covereth the inwards, and the lobe above the liver, and the two kidneys, and the fat that is upon them, and make them smoke upon the altar. [14] But the flesh of the bullock, and its skin, and its dung, shalt thou burn with fire without the camp; it is a sin-offering. [15] Thou shalt also take the one ram; and Aaron and his sons shall lay their hands upon the head of the ram. [16] And thou shalt slay the ram, and thou shalt take its blood, and dash it round about against the altar. [17] And thou shalt cut the ram into its pieces, and wash its inwards, and its legs, and put them with its pieces, and with its head.

מַצּוֹת וְחַלֹּת מַצֹּת בְּלוּלֹת בַּשֶּׁמֶן וּרְקִיקֵי
מַצּוֹת מְשֻׁחִים בַּשָּׁמֶן סֹלֶת חִטִּים תַּעֲשֶׂה
אֹתָם׃ 3 וְנָתַתָּ אוֹתָם עַל־סַל אֶחָד
וְהִקְרַבְתָּ אֹתָם בַּסָּל וְאֶת־הַפָּר וְאֵת שְׁנֵי
הָאֵילִם׃ 4 וְאֶת־אַהֲרֹן וְאֶת־בָּנָיו תַּקְרִיב
אֶל־פֶּתַח אֹהֶל מוֹעֵד וְרָחַצְתָּ אֹתָם בַּמָּיִם׃
5 וְלָקַחְתָּ אֶת־הַבְּגָדִים וְהִלְבַּשְׁתָּ אֶת־
אַהֲרֹן אֶת־הַכֻּתֹּנֶת וְאֵת מְעִיל הָאֵפֹד
וְאֶת־הָאֵפֹד וְאֶת־הַחֹשֶׁן וְאָפַדְתָּ לוֹ בְּחֵשֶׁב
הָאֵפֹד׃ 6 וְשַׂמְתָּ הַמִּצְנֶפֶת עַל־רֹאשׁוֹ וְנָתַתָּ
אֶת־נֵזֶר הַקֹּדֶשׁ עַל־הַמִּצְנָפֶת׃ 7 וְלָקַחְתָּ
אֶת־שֶׁמֶן הַמִּשְׁחָה וְיָצַקְתָּ עַל־רֹאשׁוֹ
וּמָשַׁחְתָּ אֹתוֹ׃ 8 וְאֶת־בָּנָיו תַּקְרִיב
וְהִלְבַּשְׁתָּם כֻּתֳּנֹת׃ 9 וְחָגַרְתָּ אֹתָם אַבְנֵט
אַהֲרֹן וּבָנָיו וְחָבַשְׁתָּ לָהֶם מִגְבָּעֹת וְהָיְתָה
לָהֶם כְּהֻנָּה לְחֻקַּת עוֹלָם וּמִלֵּאתָ יַד־אַהֲרֹן
וְיַד־בָּנָיו׃ 10 וְהִקְרַבְתָּ אֶת־הַפָּר לִפְנֵי אֹהֶל
מוֹעֵד וְסָמַךְ אַהֲרֹן וּבָנָיו אֶת־יְדֵיהֶם עַל־
רֹאשׁ הַפָּר׃ 11 וְשָׁחַטְתָּ אֶת־הַפָּר לִפְנֵי
יְהוָה פֶּתַח אֹהֶל מוֹעֵד׃ 12 וְלָקַחְתָּ מִדַּם
הַפָּר וְנָתַתָּה עַל־קַרְנֹת הַמִּזְבֵּחַ בְּאֶצְבָּעֶךָ
וְאֶת־כָּל־הַדָּם תִּשְׁפֹּךְ אֶל־יְסוֹד הַמִּזְבֵּחַ׃
13 וְלָקַחְתָּ אֶת־כָּל־הַחֵלֶב הַמְכַסֶּה אֶת־
הַקֶּרֶב וְאֵת הַיֹּתֶרֶת עַל־הַכָּבֵד וְאֵת שְׁתֵּי
הַכְּלָיֹת וְאֶת־הַחֵלֶב אֲשֶׁר עֲלֵיהֶן וְהִקְטַרְתָּ
הַמִּזְבֵּחָה׃ 14 וְאֶת־בְּשַׂר הַפָּר וְאֶת־עֹרוֹ
וְאֶת־פִּרְשׁוֹ תִּשְׂרֹף בָּאֵשׁ מִחוּץ לַמַּחֲנֶה
חַטָּאת הוּא׃ 15 וְאֶת־הָאַיִל הָאֶחָד תִּקָּח
וְסָמְכוּ אַהֲרֹן וּבָנָיו אֶת־יְדֵיהֶם עַל־רֹאשׁ
הָאָיִל׃ 16 וְשָׁחַטְתָּ אֶת־הָאָיִל וְלָקַחְתָּ אֶת־
דָּמוֹ וְזָרַקְתָּ עַל־הַמִּזְבֵּחַ סָבִיב׃ 17 וְאֶת־
הָאַיִל תְּנַתֵּחַ לִנְתָחָיו וְרָחַצְתָּ קִרְבּוֹ
וּכְרָעָיו וְנָתַתָּ עַל־נְתָחָיו וְעַל־רֹאשׁוֹ׃

[18] And thou shalt make the whole ram smoke upon the altar; it is a burnt-offering unto the LORD; it is a sweet savour, an offering made by fire unto the LORD. [19] And thou shalt take the other ram; and Aaron and his sons shall lay their hands upon the head of the ram. [20] Then shalt thou kill the ram, and take of its blood, and put it upon the tip of the right ear of Aaron, and upon the tip of the right ear of his sons, and upon the thumb of their right hand, and upon the great toe of their right foot, and dash the blood against the altar round about. [21] And thou shalt take of the blood that is upon the altar, and of the anointing oil, and sprinkle it upon Aaron, and upon his garments, and upon his sons, and upon the garments of his sons with him; and he and his garments shall be hallowed, and his sons and his sons' garments with him. [22] Also thou shalt take of the ram the fat, and the fat tail, and the fat that covereth the inwards, and the lobe of the liver, and the two kidneys, and the fat that is upon them, and the right thigh; for it is a ram of consecration; [23] and one loaf of bread, and one cake of oiled bread, and one wafer, out of the basket of unleavened bread that is before the LORD. [24] And thou shalt put the whole upon the hands of Aaron, and upon the hands of his sons; and shalt wave them for a wave-offering before the LORD. [25] And thou shalt take them from their hands, and make them smoke on the altar upon the burnt-offering, for a sweet savour before the LORD; it is an offering made by fire unto the LORD. [26] And thou shalt take the breast of Aaron's ram of consecration, and wave it for a wave-offering before the LORD; and it shall be thy portion. [27] And thou shalt sanctify the breast of the wave-offering, and the thigh of the heave-offering, which is waved, and which is heaved up, of the ram of consecration, even of that which is Aaron's, and of that which is his sons'. [28] And it shall be for Aaron and his sons as a due for ever from the children of Israel; for it is a heave-offering; and it shall be a heave-offering from the children of Israel of their sacrifices of peace-offerings, even their heave-offering unto the LORD. [29] And the holy garments of Aaron

18 וְהִקְטַרְתָּ אֶת־כָּל־הָאַיִל הַמִּזְבֵּחָה עֹלָה
הוּא לַיהוָה רֵיחַ נִיחוֹחַ אִשֶּׁה לַיהוָה הוּא׃
19 וְלָקַחְתָּ אֵת הָאַיִל הַשֵּׁנִי וְסָמַךְ אַהֲרֹן
וּבָנָיו אֶת־יְדֵיהֶם עַל־רֹאשׁ הָאָיִל׃
20 וְשָׁחַטְתָּ אֶת־הָאַיִל וְלָקַחְתָּ מִדָּמוֹ
וְנָתַתָּה עַל־תְּנוּךְ אֹזֶן אַהֲרֹן וְעַל־תְּנוּךְ אֹזֶן
בָּנָיו הַיְמָנִית וְעַל־בֹּהֶן יָדָם הַיְמָנִית וְעַל־
בֹּהֶן רַגְלָם הַיְמָנִית וְזָרַקְתָּ אֶת־הַדָּם עַל־
הַמִּזְבֵּחַ סָבִיב׃ 21 וְלָקַחְתָּ מִן־הַדָּם אֲשֶׁר
עַל־הַמִּזְבֵּחַ וּמִשֶּׁמֶן הַמִּשְׁחָה וְהִזֵּיתָ עַל־
אַהֲרֹן וְעַל־בְּגָדָיו וְעַל־בָּנָיו וְעַל־בִּגְדֵי בָנָיו
אִתּוֹ וְקָדַשׁ הוּא וּבְגָדָיו וּבָנָיו וּבִגְדֵי בָנָיו
אִתּוֹ׃ 22 וְלָקַחְתָּ מִן־הָאַיִל הַחֵלֶב וְהָאַלְיָה
וְאֶת־הַחֵלֶב ׀ הַמְכַסֶּה אֶת־הַקֶּרֶב וְאֵת
יֹתֶרֶת הַכָּבֵד וְאֵת ׀ שְׁתֵּי הַכְּלָיֹת וְאֶת־
הַחֵלֶב אֲשֶׁר עֲלֵיהֶן וְאֵת שׁוֹק הַיָּמִין כִּי
אֵיל מִלֻּאִים הוּא׃ 23 וְכִכַּר לֶחֶם אַחַת
וְחַלַּת לֶחֶם שֶׁמֶן אַחַת וְרָקִיק אֶחָד מִסַּל
הַמַּצּוֹת אֲשֶׁר לִפְנֵי יְהוָה׃ 24 וְשַׂמְתָּ הַכֹּל
עַל כַּפֵּי אַהֲרֹן וְעַל כַּפֵּי בָנָיו וְהֵנַפְתָּ אֹתָם
תְּנוּפָה לִפְנֵי יְהוָה׃ 25 וְלָקַחְתָּ אֹתָם מִיָּדָם
וְהִקְטַרְתָּ הַמִּזְבֵּחָה עַל־הָעֹלָה לְרֵיחַ
נִיחוֹחַ לִפְנֵי יְהוָה אִשֶּׁה הוּא לַיהוָה׃
26 וְלָקַחְתָּ אֶת־הֶחָזֶה מֵאֵיל הַמִּלֻּאִים
אֲשֶׁר לְאַהֲרֹן וְהֵנַפְתָּ אֹתוֹ תְּנוּפָה לִפְנֵי
יְהוָה וְהָיָה לְךָ לְמָנָה׃ 27 וְקִדַּשְׁתָּ אֵת ׀
חֲזֵה הַתְּנוּפָה וְאֵת שׁוֹק הַתְּרוּמָה אֲשֶׁר
הוּנַף וַאֲשֶׁר הוּרָם מֵאֵיל הַמִּלֻּאִים מֵאֲשֶׁר
לְאַהֲרֹן וּמֵאֲשֶׁר לְבָנָיו׃ 28 וְהָיָה לְאַהֲרֹן
וּלְבָנָיו לְחָק־עוֹלָם מֵאֵת בְּנֵי יִשְׂרָאֵל כִּי
תְרוּמָה הוּא וּתְרוּמָה יִהְיֶה מֵאֵת בְּנֵי־
יִשְׂרָאֵל מִזִּבְחֵי שַׁלְמֵיהֶם תְּרוּמָתָם
לַיהוָה׃ 29 וּבִגְדֵי הַקֹּדֶשׁ אֲשֶׁר לְאַהֲרֹן יִהְיוּ

לְבָנָיו אַחֲרָיו לְמָשְׁחָה בָהֶם וּלְמַלֵּא־בָם
אֶת־יָדָם׃ 30 שִׁבְעַת יָמִים יִלְבָּשָׁם הַכֹּהֵן
תַּחְתָּיו מִבָּנָיו אֲשֶׁר יָבֹא אֶל־אֹהֶל מוֹעֵד
לְשָׁרֵת בַּקֹּדֶשׁ׃ 31 וְאֵת אֵיל הַמִּלֻּאִים תִּקָּח
וּבִשַּׁלְתָּ אֶת־בְּשָׂרוֹ בְּמָקֹם קָדֹשׁ׃ 32 וְאָכַל
אַהֲרֹן וּבָנָיו אֶת־בְּשַׂר הָאַיִל וְאֶת־הַלֶּחֶם
אֲשֶׁר בַּסָּל פֶּתַח אֹהֶל מוֹעֵד׃ 33 וְאָכְלוּ
אֹתָם אֲשֶׁר כֻּפַּר בָּהֶם לְמַלֵּא אֶת־יָדָם
לְקַדֵּשׁ אֹתָם וְזָר לֹא־יֹאכַל כִּי־קֹדֶשׁ הֵם׃
34 וְאִם־יִוָּתֵר מִבְּשַׂר הַמִּלֻּאִים וּמִן־הַלֶּחֶם
עַד־הַבֹּקֶר וְשָׂרַפְתָּ אֶת־הַנּוֹתָר בָּאֵשׁ לֹא
יֵאָכֵל כִּי־קֹדֶשׁ הוּא׃ 35 וְעָשִׂיתָ לְאַהֲרֹן
וּלְבָנָיו כָּכָה כְּכֹל אֲשֶׁר־צִוִּיתִי אֹתָכָה
שִׁבְעַת יָמִים תְּמַלֵּא יָדָם׃ 36 וּפַר חַטָּאת
תַּעֲשֶׂה לַיּוֹם עַל־הַכִּפֻּרִים וְחִטֵּאתָ עַל־
הַמִּזְבֵּחַ בְּכַפֶּרְךָ עָלָיו וּמָשַׁחְתָּ אֹתוֹ
לְקַדְּשׁוֹ׃ 37 שִׁבְעַת יָמִים תְּכַפֵּר עַל־
הַמִּזְבֵּחַ וְקִדַּשְׁתָּ אֹתוֹ וְהָיָה הַמִּזְבֵּחַ קֹדֶשׁ
קָדָשִׁים כָּל־הַנֹּגֵעַ בַּמִּזְבֵּחַ יִקְדָּשׁ׃ ס
38 וְזֶה אֲשֶׁר תַּעֲשֶׂה עַל־הַמִּזְבֵּחַ כְּבָשִׂים
בְּנֵי־שָׁנָה שְׁנַיִם לַיּוֹם תָּמִיד׃ 39 אֶת־הַכֶּבֶשׂ
הָאֶחָד תַּעֲשֶׂה בַבֹּקֶר וְאֵת הַכֶּבֶשׂ הַשֵּׁנִי
תַּעֲשֶׂה בֵּין הָעַרְבָּיִם׃ 40 וְעִשָּׂרֹן סֹלֶת בָּלוּל
בְּשֶׁמֶן כָּתִית רֶבַע הַהִין וְנֵסֶךְ רְבִיעִת הַהִין
יָיִן לַכֶּבֶשׂ הָאֶחָד׃ 41 וְאֵת הַכֶּבֶשׂ הַשֵּׁנִי
תַּעֲשֶׂה בֵּין הָעַרְבָּיִם כְּמִנְחַת הַבֹּקֶר
וּכְנִסְכָּהּ תַּעֲשֶׂה־לָּהּ לְרֵיחַ נִיחֹחַ אִשֶּׁה
לַיהוָה׃ 42 עֹלַת תָּמִיד לְדֹרֹתֵיכֶם פֶּתַח
אֹהֶל־מוֹעֵד לִפְנֵי יְהוָה אֲשֶׁר אִוָּעֵד לָכֶם
שָׁמָּה לְדַבֵּר אֵלֶיךָ שָׁם׃ 43 וְנֹעַדְתִּי שָׁמָּה
לִבְנֵי יִשְׂרָאֵל וְנִקְדַּשׁ בִּכְבֹדִי׃ 44 וְקִדַּשְׁתִּי
אֶת־אֹהֶל מוֹעֵד וְאֶת־הַמִּזְבֵּחַ וְאֶת־אַהֲרֹן
וְאֶת־בָּנָיו אֲקַדֵּשׁ לְכַהֵן לִי׃ 45 וְשָׁכַנְתִּי

shall be for his sons after him, to be anointed in them, and to be consecrated in them. [30] Seven days shall the son that is priest in his stead put them on, even he who cometh into the tent of meeting to minister in the holy place. [31] And thou shalt take the ram of consecration, and seethe its flesh in a holy place. [32] And Aaron and his sons shall eat the flesh of the ram, and the bread that is in the basket, at the door of the tent of meeting. [33] And they shall eat those things wherewith atonement was made, to consecrate and to sanctify them; but a stranger shall not eat thereof, because they are holy. [34] And if aught of the flesh of the consecration, or of the bread, remain unto the morning, then thou shalt burn the remainder with fire; it shall not be eaten, because it is holy. [35] And thus shalt thou do unto Aaron, and to his sons, according to all that I have commanded thee; seven days shalt thou consecrate them. [36] And every day shalt thou offer the bullock of sin-offering, beside the other offerings of atonement; and thou shalt do the purification upon the altar when thou makest atonement for it; and thou shalt anoint it, to sanctify it. [37] Seven days thou shalt make atonement for the altar, and sanctify it; thus shall the altar be most holy; whatsoever toucheth the altar shall be holy.

[38] Now this is that which thou shalt offer upon the altar: two lambs of the first year day by day continually. [39] The one lamb thou shalt offer in the morning; and the other lamb thou shalt offer at dusk. [40] And with the one lamb a tenth part of an ephah of fine flour mingled with the fourth part of a hin of beaten oil; and the fourth part of a hin of wine for a drink-offering. [41] And the other lamb thou shalt offer at dusk, and shalt do thereto according to the meal-offering of the morning, and according to the drink-offering thereof, for a sweet savour, an offering made by fire unto the LORD. [42] It shall be a continual burnt-offering throughout your generations at the door of the tent of meeting before the LORD, where I will meet with you, to speak there unto thee. [43] And there I will meet with the children of Israel; and [the Tent] shall be sanctified by My glory. [44] And I will sanctify the tent of meeting, and the altar; Aaron also and his sons will I sanctify, to minister to Me in the priest's office. [45] And I will dwell among the

children of Israel, and will be their God. [46] And they shall know that I am the LORD their God, that brought them forth out of the land of Egypt, that I may dwell among them. I am the LORD their God.

30 And thou shalt make an altar to burn incense upon; of acacia-wood shalt thou make it. [2] A cubit shall be the length thereof, and a cubit the breadth thereof; four-square shall it be; and two cubits shall be the height thereof; the horns thereof shall be of one piece with it. [3] And thou shalt overlay it with pure gold, the top thereof, and the sides thereof round about, and the horns thereof; and thou shalt make unto it a crown of gold round about. [4] And two golden rings shalt thou make for it under the crown thereof, upon the two ribs thereof, upon the two sides of it shalt thou make them; and they shall be for places for staves wherewith to bear it. [5] And thou shalt make the staves of acacia-wood, and overlay them with gold. [6] And thou shalt put it before the veil that is by the ark of the testimony, before the ark-cover that is over the testimony, where I will meet with thee. [7] And Aaron shall burn thereon incense of sweet spices; every morning, when he dresseth the lamps, he shall burn it. [8] And when Aaron lighteth the lamps at dusk, he shall burn it, a perpetual incense before the LORD throughout your generations. [9] Ye shall offer no strange incense thereon, nor burnt-offering, nor meal-offering; and ye shall pour no drink-offering thereon. [10] And Aaron shall make atonement upon the horns of it once in the year; with the blood of the sin-offering of atonement once in the year shall he make atonement for it throughout your generations; it is most holy unto the LORD.'

בְּתוֹךְ בְּנֵי יִשְׂרָאֵל וְהָיִיתִי לָהֶם לֵאלֹהִים׃
46 וְיָדְעוּ כִּי אֲנִי יְהוָה אֱלֹהֵיהֶם אֲשֶׁר
הוֹצֵאתִי אֹתָם מֵאֶרֶץ מִצְרַיִם לְשָׁכְנִי
בְתוֹכָם אֲנִי יְהוָה אֱלֹהֵיהֶם׃ פ
30 וְעָשִׂיתָ מִזְבֵּחַ מִקְטַר קְטֹרֶת עֲצֵי
שִׁטִּים תַּעֲשֶׂה אֹתוֹ׃ 2 אַמָּה אָרְכּוֹ וְאַמָּה
רָחְבּוֹ רָבוּעַ יִהְיֶה וְאַמָּתַיִם קֹמָתוֹ מִמֶּנּוּ
קַרְנֹתָיו׃ 3 וְצִפִּיתָ אֹתוֹ זָהָב טָהוֹר אֶת־גַּגּוֹ
וְאֶת־קִירֹתָיו סָבִיב וְאֶת־קַרְנֹתָיו וְעָשִׂיתָ
לּוֹ זֵר זָהָב סָבִיב׃ 4 וּשְׁתֵּי טַבְּעֹת זָהָב
תַּעֲשֶׂה־לּוֹ ׀ מִתַּחַת לְזֵרוֹ עַל שְׁתֵּי צַלְעֹתָיו
תַּעֲשֶׂה עַל־שְׁנֵי צִדָּיו וְהָיָה לְבָתִּים לְבַדִּים
לָשֵׂאת אֹתוֹ בָּהֵמָּה׃ 5 וְעָשִׂיתָ אֶת־הַבַּדִּים
עֲצֵי שִׁטִּים וְצִפִּיתָ אֹתָם זָהָב׃ 6 וְנָתַתָּה
אֹתוֹ לִפְנֵי הַפָּרֹכֶת אֲשֶׁר עַל־אֲרֹן הָעֵדֻת
לִפְנֵי הַכַּפֹּרֶת אֲשֶׁר עַל־הָעֵדֻת אֲשֶׁר אִוָּעֵד
לְךָ שָׁמָּה׃ 7 וְהִקְטִיר עָלָיו אַהֲרֹן קְטֹרֶת
סַמִּים בַּבֹּקֶר בַּבֹּקֶר בְּהֵיטִיבוֹ אֶת־הַנֵּרֹת
יַקְטִירֶנָּה׃ 8 וּבְהַעֲלֹת אַהֲרֹן אֶת־הַנֵּרֹת בֵּין
הָעַרְבַּיִם יַקְטִירֶנָּה קְטֹרֶת תָּמִיד לִפְנֵי
יְהוָה לְדֹרֹתֵיכֶם׃ 9 לֹא־תַעֲלוּ עָלָיו קְטֹרֶת
זָרָה וְעֹלָה וּמִנְחָה וְנֵסֶךְ לֹא תִסְּכוּ עָלָיו׃
10 וְכִפֶּר אַהֲרֹן עַל־קַרְנֹתָיו אַחַת בַּשָּׁנָה
מִדַּם חַטַּאת הַכִּפֻּרִים אַחַת בַּשָּׁנָה יְכַפֵּר
עָלָיו לְדֹרֹתֵיכֶם קֹדֶשׁ־קָדָשִׁים הוּא
לַיהוָה׃ פ

KI TISSA'

[11] And the LORD spoke unto Moses, saying: [12] 'When thou takest the sum of the children of Israel, according to their number, then shall they give every man a ransom for his soul unto the LORD, when thou numberest them; that there be no plague among them, when thou numberest them. [13] This they shall give, every one that passeth among them that are numbered, half a shekel after the shekel of the sanctuary—

כי תשא

11 וַיְדַבֵּר יְהוָה אֶל־מֹשֶׁה לֵּאמֹר׃ 12 כִּי
תִשָּׂא אֶת־רֹאשׁ בְּנֵי־יִשְׂרָאֵל לִפְקֻדֵיהֶם
וְנָתְנוּ אִישׁ כֹּפֶר נַפְשׁוֹ לַיהוָה בִּפְקֹד אֹתָם
וְלֹא־יִהְיֶה בָהֶם נֶגֶף בִּפְקֹד אֹתָם׃ 13 זֶה ׀
יִתְּנוּ כָּל־הָעֹבֵר עַל־הַפְּקֻדִים מַחֲצִית

the shekel is twenty gerahs—half a shekel for an offering to the LORD. [14] Every one that passeth among them that are numbered, from twenty years old and upward, shall give the offering of the LORD. [15] The rich shall not give more, and the poor shall not give less, than the half shekel, when they give the offering of the LORD, to make atonement for your souls. [16] And thou shalt take the atonement money from the children of Israel, and shalt appoint it for the service of the tent of meeting, that it may be a memorial for the children of Israel before the LORD, to make atonement for your souls.'

[17] And the LORD spoke unto Moses, saying: [18] 'Thou shalt also make a laver of brass, and the base thereof of brass, whereat to wash; and thou shalt put it between the tent of meeting and the altar, and thou shalt put water therein. [19] And Aaron and his sons shall wash their hands and their feet thereat; [20] when they go into the tent of meeting, they shall wash with water, that they die not; or when they come near to the altar to minister, to cause an offering made by fire to smoke unto the LORD; [21] so they shall wash their hands and their feet, that they die not; and it shall be a statute for ever to them, even to him and to his seed throughout their generations.'

[22] Moreover the LORD spoke unto Moses, saying: [23] 'Take thou also unto thee the chief spices, of flowing myrrh five hundred shekels, and of sweet cinnamon half so much, even two hundred and fifty, and of sweet calamus two hundred and fifty, [24] and of cassia five hundred, after the shekel of the sanctuary, and of olive oil a hin. [25] And thou shalt make it a holy anointing oil, a perfume compounded after the art of the perfumer; it shall be a holy anointing oil. [26] And thou shalt anoint therewith the tent of meeting, and the ark of the testimony, [27] and the table and all the vessels thereof, and the candlestick and the vessels thereof, and the altar of incense, [28] and the altar of burnt-offering with all the vessels thereof, and the laver and the base thereof.

השקל בשקל הקדש עשרים גרה השקל
מחצית השקל תרומה ליהוה: 14 כל
העבר על־הפקדים מבן עשרים שנה
ומעלה יתן תרומת יהוה: 15 העשיר
לא־ירבה והדל לא ימעיט ממחצית
השקל לתת את־תרומת יהוה לכפר
על־נפשתיכם: 16 ולקחת את־כסף
הכפרים מאת בני ישראל ונתת אתו
על־עבדת אהל מועד והיה לבני ישראל
לזכרון לפני יהוה לכפר על־
נפשתיכם: פ

17 וידבר יהוה אל־משה לאמר: 18 ועשית
כיור נחשת וכנו נחשת לרחצה ונתת
אתו בין־אהל מועד ובין המזבח ונתת
שמה מים: 19 ורחצו אהרן ובניו ממנו
את־ידיהם ואת־רגליהם: 20 בבאם אל־
אהל מועד ירחצו־מים ולא ימתו או
בגשתם אל־המזבח לשרת להקטיר
אשה ליהוה: 21 ורחצו ידיהם ורגליהם
ולא ימתו והיתה להם חק־עולם לו
ולזרעו לדרתם: פ

22 וידבר יהוה אל־משה לאמר: 23 ואתה
קח־לך בשמים ראש מר־דרור חמש
מאות וקנמן־בשם מחציתו חמשים
ומאתים וקנה־בשם חמשים ומאתים:
24 וקדה חמש מאות בשקל הקדש ושמן
זית הין: 25 ועשית אתו שמן משחת־
קדש רקח מרקחת מעשה רקח שמן
משחת־קדש יהיה: 26 ומשחת בו את־
אהל מועד ואת ארון העדת: 27 ואת־
השלחן ואת־כל־כליו ואת־המנרה ואת־
כליה ואת מזבח הקטרת: 28 ואת־מזבח
העלה ואת־כל־כליו ואת־הכיר ואת־

[29] And thou shalt sanctify them, that they may be most holy; whatsoever toucheth them shall be holy. [30] And thou shalt anoint Aaron and his sons, and sanctify them, that they may minister unto Me in the priest's office. [31] And thou shalt speak unto the children of Israel, saying: This shall be a holy anointing oil unto Me throughout your generations. [32] Upon the flesh of man shall it not be poured, neither shall ye make any like it, according to the composition thereof; it is holy, and it shall be holy unto you. [33] Whosoever compoundeth any like it, or whosoever putteth any of it upon a stranger, he shall be cut off from his people.'

[34] And the LORD said unto Moses: 'Take unto thee sweet spices, stacte, and onycha, and galbanum; sweet spices with pure frankincense; of each shall there be a like weight. [35] And thou shalt make of it incense, a perfume after the art of the perfumer, seasoned with salt, pure and holy. [36] And thou shalt beat some of it very small, and put of it before the testimony in the tent of meeting, where I will meet with thee; it shall be unto you most holy. [37] And the incense which thou shalt make, according to the composition thereof ye shall not make for yourselves; it shall be unto thee holy for the LORD. [38] Whosoever shall make like unto that, to smell thereof, he shall be cut off from his people.'

31 And the LORD spoke unto Moses, saying: [2] 'See, I have called by name Bezalel the son of Uri, the son of Hur, of the tribe of Judah; [3] and I have filled him with the spirit of God, in wisdom, and in understanding, and in knowledge, and in all manner of workmanship, [4] to devise skilful works, to work in gold, and in silver, and in brass, [5] and in cutting of stones for setting, and in carving of wood, to work in all manner of workmanship. [6] And I, behold, I have appointed with him Oholiab, the son of Ahisamach, of the tribe of Dan; and in the hearts of all that are wise-hearted I have put wisdom, that they may make all that I have commanded thee: [7] the tent of meeting, and the ark of the testimony, and the ark-cover that is thereupon, and all the furniture of the Tent; [8] and the table and its vessels, and the pure candlestick with all

כַּנּוֹ׃ 29 וְקִדַּשְׁתָּ אֹתָם וְהָיוּ קֹדֶשׁ קָדָשִׁים
כָּל־הַנֹּגֵעַ בָּהֶם יִקְדָּשׁ׃ 30 וְאֶת־אַהֲרֹן וְאֶת־
בָּנָיו תִּמְשָׁח וְקִדַּשְׁתָּ אֹתָם לְכַהֵן לִי׃
31 וְאֶל־בְּנֵי יִשְׂרָאֵל תְּדַבֵּר לֵאמֹר שֶׁמֶן
מִשְׁחַת־קֹדֶשׁ יִהְיֶה זֶה לִי לְדֹרֹתֵיכֶם׃
32 עַל־בְּשַׂר אָדָם לֹא יִיסָךְ וּבְמַתְכֻּנְתּוֹ לֹא
תַעֲשׂוּ כָּמֹהוּ קֹדֶשׁ הוּא קֹדֶשׁ יִהְיֶה לָכֶם׃
33 אִישׁ אֲשֶׁר יִרְקַח כָּמֹהוּ וַאֲשֶׁר יִתֵּן מִמֶּנּוּ
עַל־זָר וְנִכְרַת מֵעַמָּיו׃ ס 34 וַיֹּאמֶר
יְהוָה אֶל־מֹשֶׁה קַח־לְךָ סַמִּים נָטָף ׀
וּשְׁחֵלֶת וְחֶלְבְּנָה סַמִּים וּלְבֹנָה זַכָּה בַּד
בְּבַד יִהְיֶה׃ 35 וְעָשִׂיתָ אֹתָהּ קְטֹרֶת רֹקַח
מַעֲשֵׂה רוֹקֵחַ מְמֻלָּח טָהוֹר קֹדֶשׁ׃
36 וְשָׁחַקְתָּ מִמֶּנָּה הָדֵק וְנָתַתָּה מִמֶּנָּה לִפְנֵי
הָעֵדֻת בְּאֹהֶל מוֹעֵד אֲשֶׁר אִוָּעֵד לְךָ שָׁמָּה
קֹדֶשׁ קָדָשִׁים תִּהְיֶה לָכֶם׃ 37 וְהַקְּטֹרֶת
אֲשֶׁר תַּעֲשֶׂה בְּמַתְכֻּנְתָּהּ לֹא תַעֲשׂוּ לָכֶם
קֹדֶשׁ תִּהְיֶה לְךָ לַיהוָה׃ 38 אִישׁ אֲשֶׁר־
יַעֲשֶׂה כָמוֹהָ לְהָרִיחַ בָּהּ וְנִכְרַת
מֵעַמָּיו׃ ס 31 וַיְדַבֵּר יְהוָה אֶל־
מֹשֶׁה לֵּאמֹר׃ 2 רְאֵה קָרָאתִי בְשֵׁם בְּצַלְאֵל
בֶּן־אוּרִי בֶן־חוּר לְמַטֵּה יְהוּדָה׃ 3 וָאֲמַלֵּא
אֹתוֹ רוּחַ אֱלֹהִים בְּחָכְמָה וּבִתְבוּנָה
וּבְדַעַת וּבְכָל־מְלָאכָה׃ 4 לַחְשֹׁב מַחֲשָׁבֹת
לַעֲשׂוֹת בַּזָּהָב וּבַכֶּסֶף וּבַנְּחֹשֶׁת׃
5 וּבַחֲרֹשֶׁת אֶבֶן לְמַלֹּאת וּבַחֲרֹשֶׁת עֵץ
לַעֲשׂוֹת בְּכָל־מְלָאכָה׃ 6 וַאֲנִי הִנֵּה נָתַתִּי
אִתּוֹ אֵת אָהֳלִיאָב בֶּן־אֲחִיסָמָךְ לְמַטֵּה־דָן
וּבְלֵב כָּל־חֲכַם־לֵב נָתַתִּי חָכְמָה וְעָשׂוּ
אֵת כָּל־אֲשֶׁר צִוִּיתִךָ׃ 7 אֵת ׀ אֹהֶל מוֹעֵד
וְאֶת־הָאָרֹן לָעֵדֻת וְאֶת־הַכַּפֹּרֶת אֲשֶׁר
עָלָיו וְאֵת כָּל־כְּלֵי הָאֹהֶל׃ 8 וְאֶת־הַשֻּׁלְחָן
וְאֶת־כֵּלָיו וְאֶת־הַמְּנֹרָה הַטְּהֹרָה וְאֶת־

its vessels, and the altar of incense; [9] and the altar of burnt-offering with all its vessels, and the laver and its base; [10] and the plaited garments, and the holy garments for Aaron the priest, and the garments of his sons, to minister in the priest's office; [11] and the anointing oil, and the incense of sweet spices for the holy place; according to all that I have commanded thee shall they do.'

[12] And the LORD spoke unto Moses, saying: [13] 'Speak thou also unto the children of Israel, saying: Verily ye shall keep My sabbaths, for it is a sign between Me and you throughout your generations, that ye may know that I am the LORD who sanctify you. [14] Ye shall keep the sabbath therefore, for it is holy unto you; every one that profaneth it shall surely be put to death; for whosoever doeth any work therein, that soul shall be cut off from among his people. [15] Six days shall work be done; but on the seventh day is a sabbath of solemn rest, holy to the LORD; whosoever doeth any work in the sabbath day, he shall surely be put to death. [16] Wherefore the children of Israel shall keep the sabbath, to observe the sabbath throughout their generations, for a perpetual covenant. [17] It is a sign between Me and the children of Israel for ever; for in six days the LORD made heaven and earth, and on the seventh day He ceased from work and rested.'

[18] And He gave unto Moses, when He had made an end of speaking with him upon mount Sinai, the two tables of the testimony, tables of stone, written with the finger of God.

32 And when the people saw that Moses delayed to come down from the mount, the people gathered themselves together unto Aaron, and said unto him: 'Up, make us a god who shall go before us; for as for this Moses, the man that brought us up out of the land of Egypt, we know not what is become of him.' [2] And Aaron said unto them: 'Break off the golden rings, which are in the ears of your wives, of your sons, and of your daughters, and bring them unto me.' [3] And all the people broke off

כָּל־כֵּלֶ֑יהָ וְאֵ֖ת מִזְבַּ֥ח הַקְּטֹֽרֶת׃ 9 וְאֶת־
מִזְבַּ֥ח הָעֹלָ֖ה וְאֶת־כָּל־כֵּלָ֑יו וְאֶת־הַכִּיּ֖וֹר
וְאֶת־כַּנּֽוֹ׃ 10 וְאֵ֖ת בִּגְדֵ֣י הַשְּׂרָ֑ד וְאֶת־בִּגְדֵ֤י
הַקֹּ֙דֶשׁ֙ לְאַהֲרֹ֣ן הַכֹּהֵ֔ן וְאֶת־בִּגְדֵ֥י בָנָ֖יו
לְכַהֵֽן׃ 11 וְאֵ֨ת שֶׁ֧מֶן הַמִּשְׁחָ֛ה וְאֶת־קְטֹ֥רֶת
הַסַּמִּ֖ים לַקֹּ֑דֶשׁ כְּכֹ֥ל אֲשֶׁר־צִוִּיתִ֖ךָ
יַעֲשֽׂוּ׃ פ
12 וַיֹּ֥אמֶר יְהוָ֖ה אֶל־מֹשֶׁ֥ה לֵּאמֹֽר׃ 13 וְאַתָּ֞ה
דַּבֵּ֨ר אֶל־בְּנֵ֤י יִשְׂרָאֵל֙ לֵאמֹ֔ר אַ֥ךְ אֶת־
שַׁבְּתֹתַ֖י תִּשְׁמֹ֑רוּ כִּי֩ א֨וֹת הִ֜וא בֵּינִ֣י
וּבֵינֵיכֶם֙ לְדֹרֹ֣תֵיכֶ֔ם לָדַ֕עַת כִּ֛י אֲנִ֥י יְהוָ֖ה
מְקַדִּשְׁכֶֽם׃ 14 וּשְׁמַרְתֶּם֙ אֶת־הַשַּׁבָּ֔ת כִּ֛י
קֹ֥דֶשׁ הִ֖וא לָכֶ֑ם מְחַֽלְלֶ֙יהָ֙ מ֣וֹת יוּמָ֔ת כִּ֗י
כָּל־הָעֹשֶׂ֥ה בָהּ֙ מְלָאכָ֔ה וְנִכְרְתָ֛ה הַנֶּ֥פֶשׁ
הַהִ֖וא מִקֶּ֥רֶב עַמֶּֽיהָ׃ 15 שֵׁ֣שֶׁת יָמִים֮ יֵעָשֶׂ֣ה
מְלָאכָה֒ וּבַיּ֣וֹם הַשְּׁבִיעִ֗י שַׁבַּ֧ת שַׁבָּת֛וֹן
קֹ֖דֶשׁ לַֽיהוָ֑ה כָּל־הָעֹשֶׂ֧ה מְלָאכָ֛ה בְּי֥וֹם
הַשַּׁבָּ֖ת מ֥וֹת יוּמָֽת׃ 16 וְשָׁמְר֥וּ בְנֵֽי־יִשְׂרָאֵ֖ל
אֶת־הַשַּׁבָּ֑ת לַעֲשׂ֧וֹת אֶת־הַשַּׁבָּ֛ת לְדֹרֹתָ֖ם
בְּרִ֥ית עוֹלָֽם׃ 17 בֵּינִ֗י וּבֵין֙ בְּנֵ֣י יִשְׂרָאֵ֔ל א֥וֹת
הִ֖וא לְעֹלָ֑ם כִּי־שֵׁ֣שֶׁת יָמִ֗ים עָשָׂ֤ה יְהוָה֙
אֶת־הַשָּׁמַ֣יִם וְאֶת־הָאָ֔רֶץ וּבַיּוֹם֙ הַשְּׁבִיעִ֔י
שָׁבַ֖ת וַיִּנָּפַֽשׁ׃ ס 18 וַיִּתֵּ֣ן אֶל־מֹשֶׁ֗ה
כְּכַלֹּתוֹ֙ לְדַבֵּ֤ר אִתּוֹ֙ בְּהַ֣ר סִינַ֔י שְׁנֵ֖י לֻחֹ֣ת
הָעֵדֻ֑ת לֻחֹ֣ת אֶ֔בֶן כְּתֻבִ֖ים בְּאֶצְבַּ֥ע אֱלֹהִֽים׃
32 וַיַּ֣רְא הָעָ֔ם כִּֽי־בֹשֵׁ֥שׁ מֹשֶׁ֖ה לָרֶ֣דֶת
מִן־הָהָ֑ר וַיִּקָּהֵ֨ל הָעָ֜ם עַֽל־אַהֲרֹ֗ן וַיֹּאמְר֤וּ
אֵלָיו֙ ק֣וּם ׀ עֲשֵׂה־לָ֣נוּ אֱלֹהִ֗ים אֲשֶׁ֤ר יֵֽלְכוּ֙
לְפָנֵ֔ינוּ כִּי־זֶ֣ה ׀ מֹשֶׁ֣ה הָאִ֗ישׁ אֲשֶׁ֤ר הֶֽעֱלָ֙נוּ֙
מֵאֶ֣רֶץ מִצְרַ֔יִם לֹ֥א יָדַ֖עְנוּ מֶה־הָ֥יָה לֽוֹ׃
2 וַיֹּ֤אמֶר אֲלֵהֶם֙ אַהֲרֹ֔ן פָּֽרְקוּ֙ נִזְמֵ֣י הַזָּהָ֔ב
אֲשֶׁר֙ בְּאָזְנֵ֣י נְשֵׁיכֶ֔ם בְּנֵיכֶ֖ם וּבְנֹתֵיכֶ֑ם
וְהָבִ֖יאוּ אֵלָֽי׃ 3 וַיִּתְפָּֽרְקוּ֙ כָּל־הָעָ֔ם אֶת־

the golden rings which were in their ears, and brought them unto Aaron. [4] And he received it at their hand, and fashioned it with a graving tool, and made it a molten calf; and they said: 'This is thy god, O Israel, which brought thee up out of the land of Egypt.' [5] And when Aaron saw this, he built an altar before it; and Aaron made proclamation, and said: 'To-morrow shall be a feast to the LORD.' [6] And they rose up early on the morrow, and offered burnt-offerings, and brought peace-offerings; and the people sat down to eat and to drink, and rose up to make merry.

[7] And the LORD spoke unto Moses: 'Go, get thee down; for thy people, that thou broughtest up out of the land of Egypt, have dealt corruptly; [8] they have turned aside quickly out of the way which I commanded them; they have made them a molten calf, and have worshipped it, and have sacrificed unto it, and said: This is thy god, O Israel, which brought thee up out of the land of Egypt.' [9] And the LORD said unto Moses: 'I have seen this people, and, behold, it is a stiffnecked people. [10] Now therefore let Me alone, that My wrath may wax hot against them, and that I may consume them; and I will make of thee a great nation.' [11] And Moses besought the LORD his God, and said: 'LORD, why doth Thy wrath wax hot against Thy people, that Thou hast brought forth out of the land of Egypt with great power and with a mighty hand? [12] Wherefore should the Egyptians speak, saying: For evil did He bring them forth, to slay them in the mountains, and to consume them from the face of the earth? Turn from Thy fierce wrath, and repent of this evil against Thy people. [13] Remember Abraham, Isaac, and Israel, Thy servants, to whom Thou didst swear by Thine own self, and saidst unto them: I will multiply your seed as the stars of heaven, and all this land that I have spoken of will I give unto your seed, and they shall inherit it for ever.' [14] And the LORD repented of the evil which He said He would do unto His people.

[15] And Moses turned, and went down from the mount, with the two tables of the testimony in his hand; tables that were written on both their sides; on the one side and on the other were they written. [16] And the tables

נִזְמֵי הַזָּהָב אֲשֶׁר בְּאָזְנֵיהֶם וַיָּבִיאוּ אֶל־
אַהֲרֹן׃ 4 וַיִּקַּח מִיָּדָם וַיָּצַר אֹתוֹ בַּחֶרֶט
וַיַּעֲשֵׂהוּ עֵגֶל מַסֵּכָה וַיֹּאמְרוּ אֵלֶּה אֱלֹהֶיךָ
יִשְׂרָאֵל אֲשֶׁר הֶעֱלוּךָ מֵאֶרֶץ מִצְרָיִם׃
5 וַיַּרְא אַהֲרֹן וַיִּבֶן מִזְבֵּחַ לְפָנָיו וַיִּקְרָא
אַהֲרֹן וַיֹּאמַר חַג לַיהוָה מָחָר׃ 6 וַיַּשְׁכִּימוּ
מִמָּחֳרָת וַיַּעֲלוּ עֹלֹת וַיַּגִּשׁוּ שְׁלָמִים וַיֵּשֶׁב
הָעָם לֶאֱכֹל וְשָׁתוֹ וַיָּקֻמוּ לְצַחֵק׃ פ
7 וַיְדַבֵּר יְהוָה אֶל־מֹשֶׁה לֶךְ־רֵד כִּי שִׁחֵת
עַמְּךָ אֲשֶׁר הֶעֱלֵיתָ מֵאֶרֶץ מִצְרָיִם׃ 8 סָרוּ
מַהֵר מִן־הַדֶּרֶךְ אֲשֶׁר צִוִּיתִם עָשׂוּ לָהֶם
עֵגֶל מַסֵּכָה וַיִּשְׁתַּחֲווּ־לוֹ וַיִּזְבְּחוּ־לוֹ
וַיֹּאמְרוּ אֵלֶּה אֱלֹהֶיךָ יִשְׂרָאֵל אֲשֶׁר הֶעֱלוּךָ
מֵאֶרֶץ מִצְרָיִם׃ 9 וַיֹּאמֶר יְהוָה אֶל־מֹשֶׁה
רָאִיתִי אֶת־הָעָם הַזֶּה וְהִנֵּה עַם־קְשֵׁה־
עֹרֶף הוּא׃ 10 וְעַתָּה הַנִּיחָה לִּי וְיִחַר־אַפִּי
בָהֶם וַאֲכַלֵּם וְאֶעֱשֶׂה אוֹתְךָ לְגוֹי גָּדוֹל׃
11 וַיְחַל מֹשֶׁה אֶת־פְּנֵי יְהוָה אֱלֹהָיו וַיֹּאמֶר
לָמָה יְהוָה יֶחֱרֶה אַפְּךָ בְּעַמֶּךָ אֲשֶׁר
הוֹצֵאתָ מֵאֶרֶץ מִצְרַיִם בְּכֹחַ גָּדוֹל וּבְיָד
חֲזָקָה׃ 12 לָמָּה יֹאמְרוּ מִצְרַיִם לֵאמֹר
בְּרָעָה הוֹצִיאָם לַהֲרֹג אֹתָם בֶּהָרִים
וּלְכַלֹּתָם מֵעַל פְּנֵי הָאֲדָמָה שׁוּב מֵחֲרוֹן
אַפֶּךָ וְהִנָּחֵם עַל־הָרָעָה לְעַמֶּךָ׃ 13 זְכֹר
לְאַבְרָהָם לְיִצְחָק וּלְיִשְׂרָאֵל עֲבָדֶיךָ אֲשֶׁר
נִשְׁבַּעְתָּ לָהֶם בָּךְ וַתְּדַבֵּר אֲלֵהֶם אַרְבֶּה
אֶת־זַרְעֲכֶם כְּכוֹכְבֵי הַשָּׁמָיִם וְכָל־הָאָרֶץ
הַזֹּאת אֲשֶׁר אָמַרְתִּי אֶתֵּן לְזַרְעֲכֶם וְנָחֲלוּ
לְעֹלָם׃ 14 וַיִּנָּחֶם יְהוָה עַל־הָרָעָה אֲשֶׁר
דִּבֶּר לַעֲשׂוֹת לְעַמּוֹ׃ פ
15 וַיִּפֶן וַיֵּרֶד מֹשֶׁה מִן־הָהָר וּשְׁנֵי לֻחֹת
הָעֵדֻת בְּיָדוֹ לֻחֹת כְּתֻבִים מִשְּׁנֵי עֶבְרֵיהֶם
מִזֶּה וּמִזֶּה הֵם כְּתֻבִים׃ 16 וְהַלֻּחֹת מַעֲשֵׂה

were the work of God, and the writing was the writing of God, graven upon the tables. [17] And when Joshua heard the noise of the people as they shouted, he said unto Moses: 'There is a noise of war in the camp.' [18] And he said: 'It is not the voice of them that shout for mastery, neither is it the voice of them that cry for being overcome, but the noise of them that sing do I hear.' [19] And it came to pass, as soon as he came nigh unto the camp, that he saw the calf and the dancing; and Moses' anger waxed hot, and he cast the tables out of his hands, and broke them beneath the mount. [20] And he took the calf which they had made, and burnt it with fire, and ground it to powder, and strewed it upon the water, and made the children of Israel drink of it. [21] And Moses said unto Aaron: 'What did this people unto thee, that thou hast brought a great sin upon them?' [22] And Aaron said: 'Let not the anger of my lord wax hot; thou knowest the people, that they are set on evil. [23] So they said unto me: Make us a god, which shall go before us; for as for this Moses, the man that brought us up out of the land of Egypt, we know not what is become of him. [24] And I said unto them: Whosoever hath any gold, let them break it off; so they gave it me; and I cast it into the fire, and there came out this calf.' [25] And when Moses saw that the people were broken loose—for Aaron had let them loose for a derision among their enemies—[26] then Moses stood in the gate of the camp, and said: 'Whoso is on the LORD's side, let him come unto me.' And all the sons of Levi gathered themselves together unto him. [27] And he said unto them: 'Thus saith the LORD, the God of Israel: Put ye every man his sword upon his thigh, and go to and fro from gate to gate throughout the camp, and slay every man his brother, and every man his companion, and every man his neighbour.' [28] And the sons of Levi did according to the word of Moses; and there fell of the people that day about three thousand men. [29] And Moses said: 'Consecrate yourselves to-day to the LORD, for every man hath been against his son and against his brother; that He may also bestow upon you a blessing this

אֱלֹהִים הֵמָּה וְהַמִּכְתָּב מִכְתַּב אֱלֹהִים
הוּא חָרוּת עַל־הַלֻּחֹת׃ 17 וַיִּשְׁמַע יְהוֹשֻׁעַ
אֶת־קוֹל הָעָם ברעה בְּרֵעֹה וַיֹּאמֶר אֶל־
מֹשֶׁה קוֹל מִלְחָמָה בַּמַּחֲנֶה׃ 18 וַיֹּאמֶר אֵין
קוֹל עֲנוֹת גְּבוּרָה וְאֵין קוֹל עֲנוֹת חֲלוּשָׁה
קוֹל עַנּוֹת אָנֹכִי שֹׁמֵעַ׃ 19 וַיְהִי כַּאֲשֶׁר קָרַב
אֶל־הַמַּחֲנֶה וַיַּרְא אֶת־הָעֵגֶל וּמְחֹלֹת
וַיִּחַר־אַף מֹשֶׁה וַיַּשְׁלֵךְ מידו מִיָּדָיו אֶת־
הַלֻּחֹת וַיְשַׁבֵּר אֹתָם תַּחַת הָהָר׃ 20 וַיִּקַּח
אֶת־הָעֵגֶל אֲשֶׁר עָשׂוּ וַיִּשְׂרֹף בָּאֵשׁ וַיִּטְחַן
עַד אֲשֶׁר־דָּק וַיִּזֶר עַל־פְּנֵי הַמַּיִם וַיַּשְׁקְ
אֶת־בְּנֵי יִשְׂרָאֵל׃ 21 וַיֹּאמֶר מֹשֶׁה אֶל־
אַהֲרֹן מֶה־עָשָׂה לְךָ הָעָם הַזֶּה כִּי־הֵבֵאתָ
עָלָיו חֲטָאָה גְדֹלָה׃ 22 וַיֹּאמֶר אַהֲרֹן אַל־
יִחַר אַף אֲדֹנִי אַתָּה יָדַעְתָּ אֶת־הָעָם כִּי
בְרָע הוּא׃ 23 וַיֹּאמְרוּ לִי עֲשֵׂה־לָנוּ אֱלֹהִים
אֲשֶׁר יֵלְכוּ לְפָנֵינוּ כִּי־זֶה ׀ מֹשֶׁה הָאִישׁ
אֲשֶׁר הֶעֱלָנוּ מֵאֶרֶץ מִצְרַיִם לֹא יָדַעְנוּ
מֶה־הָיָה לוֹ׃ 24 וָאֹמַר לָהֶם לְמִי זָהָב
הִתְפָּרָקוּ וַיִּתְּנוּ־לִי וָאַשְׁלִכֵהוּ בָאֵשׁ וַיֵּצֵא
הָעֵגֶל הַזֶּה׃ 25 וַיַּרְא מֹשֶׁה אֶת־הָעָם כִּי
פָרֻעַ הוּא כִּי־פְרָעֹה אַהֲרֹן לְשִׁמְצָה
בְּקָמֵיהֶם׃ 26 וַיַּעֲמֹד מֹשֶׁה בְּשַׁעַר הַמַּחֲנֶה
וַיֹּאמֶר מִי לַיהוָה אֵלָי וַיֵּאָסְפוּ אֵלָיו
כָּל־בְּנֵי לֵוִי׃ 27 וַיֹּאמֶר לָהֶם כֹּה־אָמַר
יְהוָה אֱלֹהֵי יִשְׂרָאֵל שִׂימוּ אִישׁ־חַרְבּוֹ
עַל־יְרֵכוֹ עִבְרוּ וָשׁוּבוּ מִשַּׁעַר לָשַׁעַר
בַּמַּחֲנֶה וְהִרְגוּ אִישׁ־אֶת־אָחִיו וְאִישׁ אֶת־
רֵעֵהוּ וְאִישׁ אֶת־קְרֹבוֹ׃ 28 וַיַּעֲשׂוּ בְנֵי־לֵוִי
כִּדְבַר מֹשֶׁה וַיִּפֹּל מִן־הָעָם בַּיּוֹם הַהוּא
כִּשְׁלֹשֶׁת אַלְפֵי אִישׁ׃ 29 וַיֹּאמֶר מֹשֶׁה
מִלְאוּ יֶדְכֶם הַיּוֹם לַיהוָה כִּי אִישׁ בִּבְנוֹ
וּבְאָחִיו וְלָתֵת עֲלֵיכֶם הַיּוֹם בְּרָכָה׃

30 וַיְהִי֙ מִֽמָּחֳרָ֔ת וַיֹּ֤אמֶר מֹשֶׁה֙ אֶל־הָעָ֔ם
אַתֶּ֥ם חֲטָאתֶ֖ם חֲטָאָ֣ה גְדֹלָ֑ה וְעַתָּה֙ אֶעֱלֶ֣ה
אֶל־יְהוָ֔ה אוּלַ֥י אֲכַפְּרָ֖ה בְּעַ֥ד חַטַּאתְכֶֽם׃
31 וַיָּ֧שָׁב מֹשֶׁ֛ה אֶל־יְהוָ֖ה וַיֹּאמַ֑ר אָ֣נָּ֗א חָטָ֞א
הָעָ֤ם הַזֶּה֙ חֲטָאָ֣ה גְדֹלָ֔ה וַיַּעֲשׂ֥וּ לָהֶ֖ם אֱלֹהֵ֥י
זָהָֽב׃ 32 וְעַתָּ֖ה אִם־תִּשָּׂ֣א חַטָּאתָ֑ם וְאִם־
אַ֕יִן מְחֵ֣נִי נָ֔א מִֽסִּפְרְךָ֖ אֲשֶׁ֥ר כָּתָֽבְתָּ׃
33 וַיֹּ֥אמֶר יְהוָ֖ה אֶל־מֹשֶׁ֑ה מִ֚י אֲשֶׁ֣ר חָֽטָא־לִ֔י
אֶמְחֶ֖נּוּ מִסִּפְרִֽי׃ 34 וְעַתָּ֞ה לֵ֣ךְ ׀ נְחֵ֣ה אֶת־
הָעָ֗ם אֶ֤ל אֲשֶׁר־דִּבַּ֙רְתִּי֙ לָ֔ךְ הִנֵּ֥ה מַלְאָכִ֖י
יֵלֵ֣ךְ לְפָנֶ֑יךָ וּבְי֣וֹם פָּקְדִ֔י וּפָקַדְתִּ֥י עֲלֵהֶ֖ם
חַטָּאתָֽם׃ 35 וַיִּגֹּ֥ף יְהוָ֖ה אֶת־הָעָ֑ם עַ֚ל אֲשֶׁ֣ר
עָשׂ֣וּ אֶת־הָעֵ֔גֶל אֲשֶׁ֥ר עָשָׂ֖ה אַהֲרֹֽן׃ ס
33 וַיְדַבֵּ֨ר יְהוָ֜ה אֶל־מֹשֶׁה֮ לֵ֣ךְ עֲלֵ֣ה
מִזֶּ֔ה אַתָּ֣ה וְהָעָ֔ם אֲשֶׁ֥ר הֶעֱלִ֖יתָ מֵאֶ֣רֶץ
מִצְרָ֑יִם אֶל־הָאָ֗רֶץ אֲשֶׁ֣ר נִ֠שְׁבַּעְתִּי
לְאַבְרָהָ֨ם לְיִצְחָ֤ק וּֽלְיַעֲקֹב֙ לֵאמֹ֔ר לְזַרְעֲךָ֖
אֶתְּנֶֽנָּה׃ 2 וְשָׁלַחְתִּ֥י לְפָנֶ֖יךָ מַלְאָ֑ךְ וְגֵֽרַשְׁתִּ֗י
אֶת־הַֽכְּנַעֲנִי֙ הָֽאֱמֹרִ֔י וְהַֽחִתִּי֙ וְהַפְּרִזִּ֔י הַחִוִּ֖י
וְהַיְבוּסִֽי׃ 3 אֶל־אֶ֛רֶץ זָבַ֥ת חָלָ֖ב וּדְבָ֑שׁ כִּי֩
לֹ֨א אֶעֱלֶ֜ה בְּקִרְבְּךָ֗ כִּ֤י עַם־קְשֵׁה־עֹ֙רֶף֙
אַ֔תָּה פֶּן־אֲכֶלְךָ֖ בַּדָּֽרֶךְ׃ 4 וַיִּשְׁמַ֣ע הָעָ֗ם
אֶת־הַדָּבָ֥ר הָרָ֛ע הַזֶּ֖ה וַיִּתְאַבָּ֑לוּ וְלֹא־שָׁ֛תוּ
אִ֥ישׁ עֶדְי֖וֹ עָלָֽיו׃ 5 וַיֹּ֨אמֶר יְהוָ֜ה אֶל־מֹשֶׁ֗ה
אֱמֹ֤ר אֶל־בְּנֵֽי־יִשְׂרָאֵל֙ אַתֶּ֣ם עַם־קְשֵׁה־
עֹ֔רֶף רֶ֧גַע אֶחָ֛ד אֶעֱלֶ֥ה בְקִרְבְּךָ֖ וְכִלִּיתִ֑יךָ
וְעַתָּ֗ה הוֹרֵ֤ד עֶדְיְךָ֙ מֵֽעָלֶ֔יךָ וְאֵדְעָ֖ה מָ֥ה
אֶֽעֱשֶׂה־לָּֽךְ׃ 6 וַיִּֽתְנַצְּל֧וּ בְנֵֽי־יִשְׂרָאֵ֛ל אֶת־
עֶדְיָ֖ם מֵהַ֥ר חוֹרֵֽב׃ 7 וּמֹשֶׁ֡ה יִקַּ֣ח אֶת־
הָאֹ֜הֶל וְנָֽטָה־ל֣וֹ ׀ מִח֣וּץ לַֽמַּחֲנֶ֗ה הַרְחֵק֙
מִן־הַֽמַּחֲנֶ֔ה וְקָ֥רָא ל֖וֹ אֹ֣הֶל מוֹעֵ֑ד וְהָיָה֙
כָּל־מְבַקֵּ֣שׁ יְהוָ֔ה יֵצֵא֙ אֶל־אֹ֣הֶל מוֹעֵ֔ד אֲשֶׁ֖ר
מִח֥וּץ לַֽמַּחֲנֶֽה׃ 8 וְהָיָ֗ה כְּצֵ֤את מֹשֶׁה֙ אֶל־

day.' [30] And it came to pass on the morrow, that Moses said unto the people: 'Ye have sinned a great sin; and now I will go up unto the LORD, peradventure I shall make atonement for your sin.' [31] And Moses returned unto the LORD, and said: 'Oh, this people have sinned a great sin, and have made them a god of gold. [32] Yet now, if Thou wilt forgive their sin—; and if not, blot me, I pray Thee, out of Thy book which Thou hast written.' [33] And the LORD said unto Moses: 'Whosoever hath sinned against Me, him will I blot out of My book. [34] And now go, lead the people unto the place of which I have spoken unto thee; behold, Mine angel shall go before thee; nevertheless in the day when I visit, I will visit their sin upon them.' [35] And the LORD smote the people, because they made the calf, which Aaron made.

33 And the LORD spoke unto Moses: 'Depart, go up hence, thou and the people that thou hast brought up out of the land of Egypt, unto the land of which I swore unto Abraham, to Isaac, and to Jacob, saying: Unto thy seed will I give it—[2] and I will send an angel before thee; and I will drive out the Canaanite, the Amorite, and the Hittite, and the Perizzite, the Hivite, and the Jebusite—[3] unto a land flowing with milk and honey; for I will not go up in the midst of thee; for thou art a stiffnecked people; lest I consume thee in the way.' [4] And when the people heard these evil tidings, they mourned; and no man did put on him his ornaments. [5] And the LORD said unto Moses: 'Say unto the children of Israel: Ye are a stiffnecked people; if I go up into the midst of thee for one moment, I shall consume thee; therefore now put off thy ornaments from thee, that I may know what to do unto thee.' [6] And the children of Israel stripped themselves of their ornaments from mount Horeb onward.

[7] Now Moses used to take the tent and to pitch it without the camp, afar off from the camp; and he called it The tent of meeting. And it came to pass, that every one that sought the LORD went out unto the tent of meeting, which was without the camp. [8] And it came to pass, when Moses went out unto the Tent, that all

the people rose up, and stood, every man at his tent door, and looked after Moses, until he was gone into the Tent. [9] And it came to pass, when Moses entered into the Tent, the pillar of cloud descended, and stood at the door of the Tent; and [the LORD] spoke with Moses. [10] And when all the people saw the pillar of cloud stand at the door of the Tent, all the people rose up and worshipped, every man at his tent door. [11] And the LORD spoke unto Moses face to face, as a man speaketh unto his friend. And he would return into the camp; but his minister Joshua, the son of Nun, a young man, departed not out of the Tent.

[12] And Moses said unto the LORD: 'See, Thou sayest unto me: Bring up this people; and Thou hast not let me know whom Thou wilt send with me. Yet Thou hast said: I know thee by name, and thou hast also found grace in My sight. [13] Now therefore, I pray Thee, if I have found grace in Thy sight, show me now Thy ways, that I may know Thee, to the end that I may find grace in Thy sight; and consider that this nation is Thy people.' [14] And He said: 'My presence shall go with thee, and I will give thee rest.' [15] And he said unto Him: 'If Thy presence go not with me, carry us not up hence. [16] For wherein now shall it be known that I have found grace in Thy sight, I and Thy people? is it not in that Thou goest with us, so that we are distinguished, I and Thy people, from all the people that are upon the face of the earth?'

[17] And the LORD said unto Moses: 'I will do this thing also that thou hast spoken, for thou hast found grace in My sight, and I know thee by name.' [18] And he said: 'Show me, I pray Thee, Thy glory.' [19] And He said: 'I will make all My goodness pass before thee, and will proclaim the name of the LORD before thee; and I will be gracious to whom I will be gracious, and will show mercy on whom I will show mercy.' [20] And He said: 'Thou canst not see My face, for man shall not see Me and live.' [21] And the LORD said: 'Behold, there is a place by Me, and thou shalt stand upon the rock. [22] And it shall come to pass, while My glory passeth by, that I will put

הָאֹהֶל יָקוּמוּ כָּל־הָעָם וְנִצְּבוּ אִישׁ פֶּתַח
אָהֳלוֹ וְהִבִּיטוּ אַחֲרֵי מֹשֶׁה עַד־בֹּאוֹ
הָאֹהֱלָה׃ 9 וְהָיָה כְּבֹא מֹשֶׁה הָאֹהֱלָה יֵרֵד
עַמּוּד הֶעָנָן וְעָמַד פֶּתַח הָאֹהֶל וְדִבֶּר
עִם־מֹשֶׁה׃ 10 וְרָאָה כָל־הָעָם אֶת־עַמּוּד
הֶעָנָן עֹמֵד פֶּתַח הָאֹהֶל וְקָם כָּל־הָעָם
וְהִשְׁתַּחֲווּ אִישׁ פֶּתַח אָהֳלוֹ׃ 11 וְדִבֶּר יְהוָה
אֶל־מֹשֶׁה פָּנִים אֶל־פָּנִים כַּאֲשֶׁר יְדַבֵּר
אִישׁ אֶל־רֵעֵהוּ וְשָׁב אֶל־הַמַּחֲנֶה וּמְשָׁרְתוֹ
יְהוֹשֻׁעַ בִּן־נוּן נַעַר לֹא יָמִישׁ מִתּוֹךְ
הָאֹהֶל׃ ס 12 וַיֹּאמֶר מֹשֶׁה אֶל־יְהוָה
רְאֵה אַתָּה אֹמֵר אֵלַי הַעַל אֶת־הָעָם הַזֶּה
וְאַתָּה לֹא הוֹדַעְתַּנִי אֵת אֲשֶׁר־תִּשְׁלַח עִמִּי
וְאַתָּה אָמַרְתָּ יְדַעְתִּיךָ בְשֵׁם וְגַם־מָצָאתָ
חֵן בְּעֵינָי׃ 13 וְעַתָּה אִם־נָא מָצָאתִי חֵן
בְּעֵינֶיךָ הוֹדִעֵנִי נָא אֶת־דְּרָכֶךָ וְאֵדָעֲךָ
לְמַעַן אֶמְצָא־חֵן בְּעֵינֶיךָ וּרְאֵה כִּי עַמְּךָ
הַגּוֹי הַזֶּה׃ 14 וַיֹּאמַר פָּנַי יֵלֵכוּ וַהֲנִחֹתִי
לָךְ׃ 15 וַיֹּאמֶר אֵלָיו אִם־אֵין פָּנֶיךָ הֹלְכִים
אַל־תַּעֲלֵנוּ מִזֶּה׃ 16 וּבַמֶּה ׀ יִוָּדַע אֵפוֹא
כִּי־מָצָאתִי חֵן בְּעֵינֶיךָ אֲנִי וְעַמֶּךָ הֲלוֹא
בְּלֶכְתְּךָ עִמָּנוּ וְנִפְלֵינוּ אֲנִי וְעַמְּךָ מִכָּל־
הָעָם אֲשֶׁר עַל־פְּנֵי הָאֲדָמָה׃ פ
17 וַיֹּאמֶר יְהוָה אֶל־מֹשֶׁה גַּם אֶת־הַדָּבָר
הַזֶּה אֲשֶׁר דִּבַּרְתָּ אֶעֱשֶׂה כִּי־מָצָאתָ חֵן
בְּעֵינַי וָאֵדָעֲךָ בְּשֵׁם׃ 18 וַיֹּאמַר הַרְאֵנִי נָא
אֶת־כְּבֹדֶךָ׃ 19 וַיֹּאמֶר אֲנִי אַעֲבִיר כָּל־טוּבִי
עַל־פָּנֶיךָ וְקָרָאתִי בְשֵׁם יְהוָה לְפָנֶיךָ
וְחַנֹּתִי אֶת־אֲשֶׁר אָחֹן וְרִחַמְתִּי אֶת־אֲשֶׁר
אֲרַחֵם׃ 20 וַיֹּאמֶר לֹא תוּכַל לִרְאֹת אֶת־
פָּנָי כִּי לֹא־יִרְאַנִי הָאָדָם וָחָי׃ 21 וַיֹּאמֶר
יְהוָה הִנֵּה מָקוֹם אִתִּי וְנִצַּבְתָּ עַל־הַצּוּר׃
22 וְהָיָה בַּעֲבֹר כְּבֹדִי וְשַׂמְתִּיךָ בְּנִקְרַת

הַצּוּר וְשַׂכֹּתִי כַפִּי עָלֶיךָ עַד־עָבְרִי׃
23 וַהֲסִרֹתִי אֶת־כַּפִּי וְרָאִיתָ אֶת־אֲחֹרָי וּפָנַי
לֹא יֵרָאוּ׃ ס **34** וַיֹּאמֶר יְהוָה
אֶל־מֹשֶׁה פְּסָל־לְךָ שְׁנֵי־לֻחֹת אֲבָנִים
כָּרִאשֹׁנִים וְכָתַבְתִּי עַל־הַלֻּחֹת אֶת־
הַדְּבָרִים אֲשֶׁר הָיוּ עַל־הַלֻּחֹת הָרִאשֹׁנִים
אֲשֶׁר שִׁבַּרְתָּ׃ 2 וֶהְיֵה נָכוֹן לַבֹּקֶר וְעָלִיתָ
בַבֹּקֶר אֶל־הַר סִינַי וְנִצַּבְתָּ לִי שָׁם עַל־
רֹאשׁ הָהָר׃ 3 וְאִישׁ לֹא־יַעֲלֶה עִמָּךְ וְגַם־
אִישׁ אַל־יֵרָא בְּכָל־הָהָר גַּם־הַצֹּאן וְהַבָּקָר
אַל־יִרְעוּ אֶל־מוּל הָהָר הַהוּא׃ 4 וַיִּפְסֹל
שְׁנֵי־לֻחֹת אֲבָנִים כָּרִאשֹׁנִים וַיַּשְׁכֵּם מֹשֶׁה
בַבֹּקֶר וַיַּעַל אֶל־הַר סִינַי כַּאֲשֶׁר צִוָּה יְהוָה
אֹתוֹ וַיִּקַּח בְּיָדוֹ שְׁנֵי לֻחֹת אֲבָנִים׃ 5 וַיֵּרֶד
יְהוָה בֶּעָנָן וַיִּתְיַצֵּב עִמּוֹ שָׁם וַיִּקְרָא בְשֵׁם
יְהוָה׃ 6 וַיַּעֲבֹר יְהוָה ׀ עַל־פָּנָיו וַיִּקְרָא
יְהוָה ׀ יְהוָה אֵל רַחוּם וְחַנּוּן אֶרֶךְ אַפַּיִם
וְרַב־חֶסֶד וֶאֱמֶת׃ 7 נֹצֵר חֶסֶד לָאֲלָפִים
נֹשֵׂא עָוֺן וָפֶשַׁע וְחַטָּאָה וְנַקֵּה לֹא יְנַקֶּה
פֹּקֵד ׀ עֲוֺן אָבוֹת עַל־בָּנִים וְעַל־בְּנֵי בָנִים
עַל־שִׁלֵּשִׁים וְעַל־רִבֵּעִים׃ 8 וַיְמַהֵר מֹשֶׁה
וַיִּקֹּד אַרְצָה וַיִּשְׁתָּחוּ׃ 9 וַיֹּאמֶר אִם־נָא
מָצָאתִי חֵן בְּעֵינֶיךָ אֲדֹנָי יֵלֶךְ־נָא אֲדֹנָי
בְּקִרְבֵּנוּ כִּי עַם־קְשֵׁה־עֹרֶף הוּא וְסָלַחְתָּ
לַעֲוֺנֵנוּ וּלְחַטָּאתֵנוּ וּנְחַלְתָּנוּ׃ 10 וַיֹּאמֶר
הִנֵּה אָנֹכִי כֹּרֵת בְּרִית נֶגֶד כָּל־עַמְּךָ אֶעֱשֶׂה
נִפְלָאֹת אֲשֶׁר לֹא־נִבְרְאוּ בְכָל־הָאָרֶץ
וּבְכָל־הַגּוֹיִם וְרָאָה כָל־הָעָם אֲשֶׁר־אַתָּה
בְקִרְבּוֹ אֶת־מַעֲשֵׂה יְהוָה כִּי־נוֹרָא הוּא
אֲשֶׁר אֲנִי עֹשֶׂה עִמָּךְ׃ 11 שְׁמָר־לְךָ אֵת
אֲשֶׁר אָנֹכִי מְצַוְּךָ הַיּוֹם הִנְנִי גֹרֵשׁ מִפָּנֶיךָ
אֶת־הָאֱמֹרִי וְהַכְּנַעֲנִי וְהַחִתִּי וְהַפְּרִזִּי
וְהַחִוִּי וְהַיְבוּסִי׃ 12 הִשָּׁמֶר לְךָ פֶּן־תִּכְרֹת

thee in a cleft of the rock, and will cover thee with My hand until I have passed by. [23] And I will take away My hand, and thou shalt see My back; but My face shall not be seen.'

34 And the LORD said unto Moses: 'Hew thee two tables of stone like unto the first; and I will write upon the tables the words that were on the first tables, which thou didst break. [2] And be ready by the morning, and come up in the morning unto mount Sinai, and present thyself there to Me on the top of the mount. [3] And no man shall come up with thee, neither let any man be seen throughout all the mount; neither let the flocks nor herds feed before that mount.' [4] And he hewed two tables of stone like unto the first; and Moses rose up early in the morning, and went up unto mount Sinai, as the LORD had commanded him, and took in his hand two tables of stone. [5] And the LORD descended in the cloud, and stood with him there, and proclaimed the name of the LORD. [6] And the LORD passed by before him, and proclaimed: 'The LORD, the LORD, God, merciful and gracious, long-suffering, and abundant in goodness and truth; [7] keeping mercy unto the thousandth generation, forgiving iniquity and transgression and sin; and that will by no means clear the guilty; visiting the iniquity of the fathers upon the children, and upon the children's children, unto the third and unto the fourth generation.' [8] And Moses made haste, and bowed his head toward the earth, and worshipped. [9] And he said: 'If now I have found grace in Thy sight, O Lord, let the Lord, I pray Thee, go in the midst of us; for it is a stiffnecked people; and pardon our iniquity and our sin, and take us for Thine inheritance.' [10] And He said: 'Behold, I make a covenant; before all thy people I will do marvels, such as have not been wrought in all the earth, nor in any nation; and all the people among which thou art shall see the work of the LORD that I am about to do with thee, that it is tremendous. [11] Observe thou that which I am commanding thee this day; behold, I am driving out before thee the Amorite, and the Canaanite, and the Hittite, and the Perizzite, and the Hivite, and the Jebusite. [12] Take heed to thyself, lest thou make a covenant with the inhabitants of the land whither thou goest, lest they be for a snare in the midst of thee. [13] But ye shall break down their altars, and dash in pieces their pillars, and ye shall cut down their Asherim. [14] For thou shalt bow down to no other god; for the LORD, whose name is Jealous, is a jealous God; [15] lest thou make a covenant with the inhabitants of the land, and they go astray after their gods, and do sacrifice unto their gods, and they call thee, and thou eat of their sacrifice; [16] and thou take of their daughters unto thy sons, and their daughters go astray after their gods, and make thy sons go astray after their gods. [17] Thou shalt make thee no molten gods. [18] The feast of unleavened bread shalt thou keep. Seven days thou shalt eat unleavened bread, as I commanded thee, at the time appointed in the month Abib, for in the month Abib thou camest out from Egypt. [19] All that openeth the womb is Mine; and of all thy cattle thou shalt sanctify the males, the firstlings of ox and sheep. [20] And the firstling of an ass thou shalt redeem with a lamb; and if thou wilt not redeem it, then thou shalt break its neck. All the first-born of thy sons thou shalt redeem. And none shall appear before Me empty. [21] Six days thou shalt work, but on the seventh day thou shalt rest; in plowing time and in harvest thou shalt rest. [22] And thou shalt observe the feast of weeks, even of the first-fruits of wheat harvest, and the feast of ingathering at the turn of the year. [23] Three times in the year shall all thy males appear before the Lord GOD, the God of Israel. [24] For I will cast out nations before thee, and enlarge thy borders; neither shall any man covet thy land, when thou goest up to appear before the LORD thy God three times in the year. [25] Thou shalt not offer the blood of My sacrifice with leavened bread; neither shall the sacrifice of the feast of the passover be left unto the morning. [26] The choicest first-fruits of thy land thou shalt bring unto the house of the LORD thy God. Thou shalt not seethe a kid in its mother's milk.'

[27] And the Lord said unto Moses: 'Write thou these words, for after the tenor of these

בְּרִית לְיוֹשֵׁב הָאָרֶץ אֲשֶׁר אַתָּה בָּא עָלֶיהָ
פֶּן־יִהְיֶה לְמוֹקֵשׁ בְּקִרְבֶּךָ׃ 13 כִּי אֶת־
מִזְבְּחֹתָם תִּתֹּצוּן וְאֶת־מַצֵּבֹתָם תְּשַׁבֵּרוּן
וְאֶת־אֲשֵׁרָיו תִּכְרֹתוּן׃ 14 כִּי לֹא תִשְׁתַּחֲוֶה
לְאֵל אַחֵר כִּי יְהוָה קַנָּא שְׁמוֹ אֵל קַנָּא
הוּא׃ 15 פֶּן־תִּכְרֹת בְּרִית לְיוֹשֵׁב הָאָרֶץ
וְזָנוּ ׀ אַחֲרֵי אֱלֹהֵיהֶם וְזָבְחוּ לֵאלֹהֵיהֶם
וְקָרָא לְךָ וְאָכַלְתָּ מִזִּבְחוֹ׃ 16 וְלָקַחְתָּ
מִבְּנֹתָיו לְבָנֶיךָ וְזָנוּ בְנֹתָיו אַחֲרֵי אֱלֹהֵיהֶן
וְהִזְנוּ אֶת־בָּנֶיךָ אַחֲרֵי אֱלֹהֵיהֶן׃ 17 אֱלֹהֵי
מַסֵּכָה לֹא תַעֲשֶׂה־לָּךְ׃ 18 אֶת־חַג הַמַּצּוֹת
תִּשְׁמֹר שִׁבְעַת יָמִים תֹּאכַל מַצּוֹת אֲשֶׁר
צִוִּיתִךָ לְמוֹעֵד חֹדֶשׁ הָאָבִיב כִּי בְּחֹדֶשׁ
הָאָבִיב יָצָאתָ מִמִּצְרָיִם׃ 19 כָּל־פֶּטֶר רֶחֶם
לִי וְכָל־מִקְנְךָ תִּזָּכָר פֶּטֶר שׁוֹר וָשֶׂה׃
20 וּפֶטֶר חֲמוֹר תִּפְדֶּה בְשֶׂה וְאִם־לֹא
תִפְדֶּה וַעֲרַפְתּוֹ כֹּל בְּכוֹר בָּנֶיךָ תִּפְדֶּה
וְלֹא־יֵרָאוּ פָנַי רֵיקָם׃ 21 שֵׁשֶׁת יָמִים תַּעֲבֹד
וּבַיּוֹם הַשְּׁבִיעִי תִּשְׁבֹּת בֶּחָרִישׁ וּבַקָּצִיר
תִּשְׁבֹּת׃ 22 וְחַג שָׁבֻעֹת תַּעֲשֶׂה לְךָ בִּכּוּרֵי
קְצִיר חִטִּים וְחַג הָאָסִיף תְּקוּפַת הַשָּׁנָה׃
23 שָׁלֹשׁ פְּעָמִים בַּשָּׁנָה יֵרָאֶה כָּל־זְכוּרְךָ
אֶת־פְּנֵי הָאָדֹן ׀ יְהוָה אֱלֹהֵי יִשְׂרָאֵל׃
24 כִּי־אוֹרִישׁ גּוֹיִם מִפָּנֶיךָ וְהִרְחַבְתִּי אֶת־
גְּבוּלֶךָ וְלֹא־יַחְמֹד אִישׁ אֶת־אַרְצְךָ
בַּעֲלֹתְךָ לֵרָאוֹת אֶת־פְּנֵי יְהוָה אֱלֹהֶיךָ
שָׁלֹשׁ פְּעָמִים בַּשָּׁנָה׃ 25 לֹא־תִשְׁחַט עַל־
חָמֵץ דַּם־זִבְחִי וְלֹא־יָלִין לַבֹּקֶר זֶבַח חַג
הַפָּסַח׃ 26 רֵאשִׁית בִּכּוּרֵי אַדְמָתְךָ תָּבִיא
בֵּית יְהוָה אֱלֹהֶיךָ לֹא־תְבַשֵּׁל גְּדִי בַּחֲלֵב
אִמּוֹ׃ פ
27 וַיֹּאמֶר יְהוָה אֶל־מֹשֶׁה כְּתָב־לְךָ אֶת־
הַדְּבָרִים הָאֵלֶּה כִּי עַל־פִּי ׀ הַדְּבָרִים

words I have made a covenant with thee and with Israel.' [28] And he was there with the Lord forty days and forty nights; he did neither eat bread, nor drink water. And he wrote upon the tables the words of the covenant, the ten words. [29] And it came to pass, when Moses came down from mount Sinai with the two tables of the testimony in Moses' hand, when he came down from the mount, that Moses knew not that the skin of his face sent forth [a]beams while He talked with him. [30] And when Aaron and all the children of Israel saw Moses, behold, the skin of his face sent forth beams; and they were afraid to come nigh him. [31] And Moses called unto them; and Aaron and all the rulers of the congregation returned unto him; and Moses spoke to them. [32] And afterward all the children of Israel came nigh, and he gave them in commandment all that the Lord had spoken with him in mount Sinai. [33] And when Moses had done speaking with them, he put a veil on his face. [34] But when Moses went in before the Lord that He might speak with him, he took the veil off, until he came out; and he came out, and spoke unto the children of Israel that which he was commanded. [35] And the children of Israel saw the face of Moses, that the skin of Moses' face sent forth beams; and Moses put the veil back upon his face, until he went in to speak with Him.

הָאֵלֶּה כָּרַתִּי אִתְּךָ בְּרִית וְאֶת־יִשְׂרָאֵל׃
28 וַיְהִי־שָׁם עִם־יְהוָה אַרְבָּעִים יוֹם
וְאַרְבָּעִים לַיְלָה לֶחֶם לֹא אָכַל וּמַיִם לֹא
שָׁתָה וַיִּכְתֹּב עַל־הַלֻּחֹת אֵת דִּבְרֵי הַבְּרִית
עֲשֶׂרֶת הַדְּבָרִים׃ 29 וַיְהִי בְּרֶדֶת מֹשֶׁה מֵהַר
סִינַי וּשְׁנֵי לֻחֹת הָעֵדֻת בְּיַד־מֹשֶׁה בְּרִדְתּוֹ
מִן־הָהָר וּמֹשֶׁה לֹא־יָדַע כִּי קָרַן עוֹר פָּנָיו
בְּדַבְּרוֹ אִתּוֹ׃ 30 וַיַּרְא אַהֲרֹן וְכָל־בְּנֵי
יִשְׂרָאֵל אֶת־מֹשֶׁה וְהִנֵּה קָרַן עוֹר פָּנָיו
וַיִּירְאוּ מִגֶּשֶׁת אֵלָיו׃ 31 וַיִּקְרָא אֲלֵהֶם
מֹשֶׁה וַיָּשֻׁבוּ אֵלָיו אַהֲרֹן וְכָל־הַנְּשִׂאִים
בָּעֵדָה וַיְדַבֵּר מֹשֶׁה אֲלֵהֶם׃ 32 וְאַחֲרֵי־כֵן
נִגְּשׁוּ כָּל־בְּנֵי יִשְׂרָאֵל וַיְצַוֵּם אֵת כָּל־אֲשֶׁר
דִּבֶּר יְהוָה אִתּוֹ בְּהַר סִינָי׃ 33 וַיְכַל מֹשֶׁה
מִדַּבֵּר אִתָּם וַיִּתֵּן עַל־פָּנָיו מַסְוֶה׃ 34 וּבְבֹא
מֹשֶׁה לִפְנֵי יְהוָה לְדַבֵּר אִתּוֹ יָסִיר אֶת־
הַמַּסְוֶה עַד־צֵאתוֹ וְיָצָא וְדִבֶּר אֶל־בְּנֵי
יִשְׂרָאֵל אֵת אֲשֶׁר יְצֻוֶּה׃ 35 וְרָאוּ בְנֵי־
יִשְׂרָאֵל אֶת־פְּנֵי מֹשֶׁה כִּי קָרַן עוֹר פְּנֵי
מֹשֶׁה וְהֵשִׁיב מֹשֶׁה אֶת־הַמַּסְוֶה עַל־פָּנָיו
עַד־בֹּאוֹ לְדַבֵּר אִתּוֹ׃ ס

VA-YAKHEL

35 And Moses assembled all the congregation of the children of Israel, and said unto them: 'These are the words which the Lord hath commanded, that ye should do them. [2] Six days shall work be done, but on the seventh day there shall be to you a holy day, a sabbath of solemn rest to the Lord; whosoever doeth any work therein shall be put to death. [3] Ye shall kindle no fire throughout your habitations upon the sabbath day.'

[4] And Moses spoke unto all the congregation of the children of Israel, saying: 'This is the thing which the Lord commanded,

ויקהל

35 וַיַּקְהֵל מֹשֶׁה אֶת־כָּל־עֲדַת בְּנֵי
יִשְׂרָאֵל וַיֹּאמֶר אֲלֵהֶם אֵלֶּה הַדְּבָרִים
אֲשֶׁר־צִוָּה יְהוָה לַעֲשֹׂת אֹתָם׃ 2 שֵׁשֶׁת
יָמִים תֵּעָשֶׂה מְלָאכָה וּבַיּוֹם הַשְּׁבִיעִי
יִהְיֶה לָכֶם קֹדֶשׁ שַׁבַּת שַׁבָּתוֹן לַיהוָה
כָּל־הָעֹשֶׂה בוֹ מְלָאכָה יוּמָת׃ 3 לֹא־
תְבַעֲרוּ אֵשׁ בְּכֹל מֹשְׁבֹתֵיכֶם בְּיוֹם
הַשַּׁבָּת׃ פ
4 וַיֹּאמֶר מֹשֶׁה אֶל־כָּל־עֲדַת בְּנֵי־יִשְׂרָאֵל
לֵאמֹר זֶה הַדָּבָר אֲשֶׁר־צִוָּה יְהוָה לֵאמֹר׃

a Heb. *horns*.

saying: [5] Take ye from among you an offering unto the LORD, whosoever is of a willing heart, let him bring it, the LORD's offering: gold, and silver, and brass; [6] and blue, and purple, and scarlet, and fine linen, and goats' hair; [7] and rams' skins dyed red, and sealskins, and acacia-wood; [8] and oil for the light, and spices for the anointing oil, and for the sweet incense; [9] and onyx stones, and stones to be set, for the ephod, and for the breastplate. [10] And let every wise-hearted man among you come, and make all that the LORD hath commanded: [11] the tabernacle, its tent, and its covering, its clasps, and its boards, its bars, its pillars, and its sockets; [12] the ark, and the staves thereof, the ark-cover, and the veil of the screen; [13] the table, and its staves, and all its vessels, and the showbread; [14] the candlestick also for the light, and its vessels, and its lamps, and the oil for the light; [15] and the altar of incense, and its staves, and the anointing oil, and the sweet incense, and the screen for the door, at the door of the tabernacle; [16] the altar of burnt-offering, with its grating of brass, its staves, and all its vessels, the laver and its base; [17] the hangings of the court, the pillars thereof, and their sockets, and the screen for the gate of the court; [18] the pins of the tabernacle, and the pins of the court, and their cords; [19] the plaited garments, for ministering in the holy place, the holy garments for Aaron the priest, and the garments of his sons, to minister in the priest's office.'

[20] And all the congregation of the children of Israel departed from the presence of Moses. [21] And they came, every one whose heart stirred him up, and every one whom his spirit made willing, and brought the LORD's offering, for the work of the tent of meeting, and for all the service thereof, and for the holy garments. [22] And they came, both men and women, as many as were willing-hearted, and brought nose-rings, and ear-rings, and signet-rings, and girdles, all jewels of gold; even every

5 קְח֨וּ מֵאִתְּכֶ֤ם תְּרוּמָה֙ לַיהוָ֔ה כֹּ֚ל נְדִ֣יב
לִבּ֔וֹ יְבִיאֶ֕הָ אֵ֖ת תְּרוּמַ֣ת יְהוָ֑ה זָהָ֥ב וָכֶ֖סֶף
וּנְחֹֽשֶׁת׃ 6 וּתְכֵ֧לֶת וְאַרְגָּמָ֛ן וְתוֹלַ֥עַת שָׁנִ֖י
וְשֵׁ֥שׁ וְעִזִּֽים׃ 7 וְעֹרֹ֨ת אֵילִ֧ם מְאָדָּמִ֛ים
וְעֹרֹ֥ת תְּחָשִׁ֖ים וַעֲצֵ֥י שִׁטִּֽים׃ 8 וְשֶׁ֖מֶן
לַמָּא֑וֹר וּבְשָׂמִים֙ לְשֶׁ֣מֶן הַמִּשְׁחָ֔ה וְלִקְטֹ֖רֶת
הַסַּמִּֽים׃ 9 וְאַ֨בְנֵי־שֹׁ֔הַם וְאַבְנֵ֖י מִלֻּאִ֑ים
לָאֵפ֖וֹד וְלַחֹֽשֶׁן׃ 10 וְכָל־חֲכַם־לֵ֖ב בָּכֶ֑ם
יָבֹ֣אוּ וְיַעֲשׂ֔וּ אֵ֛ת כָּל־אֲשֶׁ֥ר צִוָּ֖ה יְהוָֽה׃
11 אֶת־הַ֨מִּשְׁכָּ֔ן אֶת־אָהֳל֖וֹ וְאֶת־מִכְסֵ֑הוּ
אֶת־קְרָסָיו֙ וְאֶת־קְרָשָׁ֔יו אֶת־בריחו בְּרִיחָ֕יו
אֶת־עַמֻּדָ֖יו וְאֶת־אֲדָנָֽיו׃ 12 אֶת־הָאָרֹ֥ן
וְאֶת־בַּדָּ֖יו אֶת־הַכַּפֹּ֑רֶת וְאֵ֖ת פָּרֹ֥כֶת
הַמָּסָֽךְ׃ 13 אֶת־הַשֻּׁלְחָ֥ן וְאֶת־בַּדָּ֖יו וְאֶת־
כָּל־כֵּלָ֑יו וְאֵ֖ת לֶ֥חֶם הַפָּנִֽים׃ 14 וְאֶת־מְנֹרַ֥ת
הַמָּא֛וֹר וְאֶת־כֵּלֶ֖יהָ וְאֶת־נֵרֹתֶ֑יהָ וְאֵ֖ת שֶׁ֥מֶן
הַמָּאֽוֹר׃ 15 וְאֶת־מִזְבַּ֤ח הַקְּטֹ֙רֶת֙ וְאֶת־בַּדָּ֔יו
וְאֵת֙ שֶׁ֣מֶן הַמִּשְׁחָ֔ה וְאֵ֖ת קְטֹ֣רֶת הַסַּמִּ֑ים
וְאֶת־מָסַ֥ךְ הַפֶּ֖תַח לְפֶ֥תַח הַמִּשְׁכָּֽן׃ 16 אֵ֣ת ׀
מִזְבַּ֣ח הָעֹלָ֗ה וְאֶת־מִכְבַּ֤ר הַנְּחֹ֙שֶׁת֙ אֲשֶׁר־
ל֔וֹ אֶת־בַּדָּ֖יו וְאֶת־כָּל־כֵּלָ֑יו אֶת־הַכִּיֹּ֖ר
וְאֶת־כַּנּֽוֹ׃ 17 אֵ֣ת קַלְעֵ֤י הֶֽחָצֵר֙ אֶת־עַמֻּדָ֣יו
וְאֶת־אֲדָנֶ֑יהָ וְאֵ֕ת מָסַ֖ךְ שַׁ֥עַר הֶחָצֵֽר׃
18 אֶת־יִתְדֹ֤ת הַמִּשְׁכָּן֙ וְאֶת־יִתְדֹ֥ת הֶחָצֵ֖ר
וְאֶת־מֵיתְרֵיהֶֽם׃ 19 אֶת־בִּגְדֵ֥י הַשְּׂרָ֖ד
לְשָׁרֵ֣ת בַּקֹּ֑דֶשׁ אֶת־בִּגְדֵ֤י הַקֹּ֙דֶשׁ֙ לְאַהֲרֹ֣ן
הַכֹּהֵ֔ן וְאֶת־בִּגְדֵ֥י בָנָ֖יו לְכַהֵֽן׃ 20 וַיֵּצְא֛וּ
כָּל־עֲדַ֥ת בְּנֵֽי־יִשְׂרָאֵ֖ל מִלִּפְנֵ֥י מֹשֶֽׁה׃
21 וַיָּבֹ֕אוּ כָּל־אִ֖ישׁ אֲשֶׁר־נְשָׂא֣וֹ לִבּ֑וֹ וְכֹ֡ל
אֲשֶׁר֩ נָדְבָ֨ה רוּח֜וֹ אֹת֗וֹ הֵ֠בִיאוּ אֶת־תְּרוּמַ֨ת
יְהוָ֜ה לִמְלֶ֨אכֶת אֹ֤הֶל מוֹעֵד֙ וּלְכָל־עֲבֹ֣דָת֔וֹ
וּלְבִגְדֵ֖י הַקֹּֽדֶשׁ׃ 22 וַיָּבֹ֥אוּ הָאֲנָשִׁ֖ים עַל־
הַנָּשִׁ֑ים כֹּ֣ל ׀ נְדִ֣יב לֵ֗ב הֵ֠בִיאוּ חָ֣ח וָנֶ֜זֶם

man that brought an offering of gold unto the Lord. [23] And every man, with whom was found blue, and purple, and scarlet, and fine linen, and goats' hair, and rams' skins dyed red, and sealskins, brought them. [24] Every one that did set apart an offering of silver and brass brought the Lord's offering; and every man, with whom was found acacia-wood for any work of the service, brought it. [25] And all the women that were wise-hearted did spin with their hands, and brought that which they had spun, the blue, and the purple, the scarlet, and the fine linen. [26] And all the women whose heart stirred them up in wisdom spun the goats' hair. [27] And the rulers brought the onyx stones, and the stones to be set, for the ephod, and for the breastplate; [28] and the spice, and the oil, for the light, and for the anointing oil, and for the sweet incense. [29] The children of Israel brought a freewill-offering unto the Lord; every man and woman, whose heart made them willing to bring for all the work, which the Lord had commanded by the hand of Moses to be made.

[30] And Moses said unto the children of Israel: 'See, the Lord hath called by name Bezalel the son of Uri, the son of Hur, of the tribe of Judah. [31] And He hath filled him with the spirit of God, in wisdom, in understanding, and in knowledge, and in all manner of workmanship. [32] And to devise skilful works, to work in gold, and in silver, and in brass, [33] and in cutting of stones for setting, and in carving of wood, to work in all manner of skilful workmanship. [34] And He hath put in his heart that he may teach, both he, and Oholiab, the son of Ahisamach, of the tribe of Dan. [35] Them hath He filled with wisdom of heart, to work all manner of workmanship, of the craftsman, and of the skilful workman, and of the weaver in colours, in blue, and in purple, in scarlet, and in fine linen, and of the weaver, even of them that do any workmanship, and of those that devise

36 skilful works. [1] And Bezalel and Oholiab shall work, and every wise-hearted man, in whom the Lord hath put wisdom

וְטַבַּעַת וְכוּמָז כָּל־כְּלִי זָהָב וְכָל־אִישׁ אֲשֶׁר
הֵנִיף תְּנוּפַת זָהָב לַיהוָה׃ 23 וְכָל־אִישׁ
אֲשֶׁר־נִמְצָא אִתּוֹ תְּכֵלֶת וְאַרְגָּמָן וְתוֹלַעַת
שָׁנִי וְשֵׁשׁ וְעִזִּים וְעֹרֹת אֵילִם מְאָדָּמִים
וְעֹרֹת תְּחָשִׁים הֵבִיאוּ׃ 24 כָּל־מֵרִים
תְּרוּמַת כֶּסֶף וּנְחֹשֶׁת הֵבִיאוּ אֵת תְּרוּמַת
יְהוָה וְכֹל אֲשֶׁר נִמְצָא אִתּוֹ עֲצֵי שִׁטִּים
לְכָל־מְלֶאכֶת הָעֲבֹדָה הֵבִיאוּ׃ 25 וְכָל־
אִשָּׁה חַכְמַת־לֵב בְּיָדֶיהָ טָווּ וַיָּבִיאוּ מַטְוֶה
אֶת־הַתְּכֵלֶת וְאֶת־הָאַרְגָּמָן אֶת־תּוֹלַעַת
הַשָּׁנִי וְאֶת־הַשֵּׁשׁ׃ 26 וְכָל־הַנָּשִׁים אֲשֶׁר
נָשָׂא לִבָּן אֹתָנָה בְּחָכְמָה טָווּ אֶת־הָעִזִּים׃
27 וְהַנְּשִׂאִם הֵבִיאוּ אֵת אַבְנֵי הַשֹּׁהַם וְאֵת
אַבְנֵי הַמִּלֻּאִים לָאֵפוֹד וְלַחֹשֶׁן׃ 28 וְאֶת־
הַבֹּשֶׂם וְאֶת־הַשָּׁמֶן לְמָאוֹר וּלְשֶׁמֶן
הַמִּשְׁחָה וְלִקְטֹרֶת הַסַּמִּים׃ 29 כָּל־אִישׁ
וְאִשָּׁה אֲשֶׁר נָדַב לִבָּם אֹתָם לְהָבִיא
לְכָל־הַמְּלָאכָה אֲשֶׁר צִוָּה יְהוָה לַעֲשׂוֹת
בְּיַד־מֹשֶׁה הֵבִיאוּ בְנֵי־יִשְׂרָאֵל נְדָבָה
לַיהוָה׃ פ
30 וַיֹּאמֶר מֹשֶׁה אֶל־בְּנֵי יִשְׂרָאֵל רְאוּ קָרָא
יְהוָה בְּשֵׁם בְּצַלְאֵל בֶּן־אוּרִי בֶן־חוּר
לְמַטֵּה יְהוּדָה׃ 31 וַיְמַלֵּא אֹתוֹ רוּחַ אֱלֹהִים
בְּחָכְמָה בִּתְבוּנָה וּבְדַעַת וּבְכָל־מְלָאכָה׃
32 וְלַחְשֹׁב מַחֲשָׁבֹת לַעֲשֹׂת בַּזָּהָב וּבַכֶּסֶף
וּבַנְּחֹשֶׁת׃ 33 וּבַחֲרֹשֶׁת אֶבֶן לְמַלֹּאת
וּבַחֲרֹשֶׁת עֵץ לַעֲשׂוֹת בְּכָל־מְלֶאכֶת
מַחֲשָׁבֶת׃ 34 וּלְהוֹרֹת נָתַן בְּלִבּוֹ הוּא
וְאָהֳלִיאָב בֶּן־אֲחִיסָמָךְ לְמַטֵּה־דָן׃ 35 מִלֵּא
אֹתָם חָכְמַת־לֵב לַעֲשׂוֹת כָּל־מְלֶאכֶת
חָרָשׁ ׀ וְחֹשֵׁב וְרֹקֵם בַּתְּכֵלֶת וּבָאַרְגָּמָן
בְּתוֹלַעַת הַשָּׁנִי וּבַשֵּׁשׁ וְאֹרֵג עֹשֵׂי כָּל־
מְלָאכָה וְחֹשְׁבֵי מַחֲשָׁבֹת׃ **36** וְעָשָׂה

and understanding to know how to work all the work for the service of the sanctuary, according to all that the LORD hath commanded.'

[2] And Moses called Bezalel and Oholiab, and every wise-hearted man, in whose heart the LORD had put wisdom, even every one whose heart stirred him up to come unto the work to do it. [3] And they received of Moses all the offering, which the children of Israel had brought for the work of the service of the sanctuary, wherewith to make it. And they brought yet unto him freewill-offerings every morning. [4] And all the wise men, that wrought all the work of the sanctuary, came every man from his work which they wrought. [5] And they spoke unto Moses, saying: 'The people bring much more than enough for the service of the work, which the LORD commanded to make.' [6] And Moses gave commandment, and they caused it to be proclaimed throughout the camp, saying: 'Let neither man nor woman make any more work for the offering of the sanctuary.' So the people were restrained from bringing. [7] For the stuff they had was sufficient for all the work to make it, and too much.

[8] And every wise-hearted man among them that wrought the work made the tabernacle with ten curtains: of fine twined linen, and blue, and purple, and scarlet, with cherubim the work of the skilful workman made he them. [9] The length of each curtain was eight and twenty cubits, and the breadth of each curtain four cubits; all the curtains had one measure. [10] And he coupled five curtains one to another; and the other five curtains he coupled one to another. [11] And he made loops of blue upon the edge of the one curtain that was outmost in the first set; likewise he made in the edge of the curtain that was outmost in the second set. [12] Fifty loops made he in the one curtain, and fifty loops

בְצַלְאֵל וְאָהֳלִיאָב וְכֹל ׀ אִישׁ חֲכַם־לֵב
אֲשֶׁר נָתַן יְהוָה חָכְמָה וּתְבוּנָה בָּהֵמָּה
לָדַעַת לַעֲשֹׂת אֶת־כָּל־מְלֶאכֶת עֲבֹדַת
הַקֹּדֶשׁ לְכֹל אֲשֶׁר־צִוָּה יְהוָה׃ 2 וַיִּקְרָא
מֹשֶׁה אֶל־בְּצַלְאֵל וְאֶל־אָהֳלִיאָב וְאֶל כָּל־
אִישׁ חֲכַם־לֵב אֲשֶׁר נָתַן יְהוָה חָכְמָה
בְּלִבּוֹ כֹּל אֲשֶׁר נְשָׂאוֹ לִבּוֹ לְקָרְבָה אֶל־
הַמְּלָאכָה לַעֲשֹׂת אֹתָהּ׃ 3 וַיִּקְחוּ מִלִּפְנֵי
מֹשֶׁה אֵת כָּל־הַתְּרוּמָה אֲשֶׁר הֵבִיאוּ בְּנֵי
יִשְׂרָאֵל לִמְלֶאכֶת עֲבֹדַת הַקֹּדֶשׁ לַעֲשֹׂת
אֹתָהּ וְהֵם הֵבִיאוּ אֵלָיו עוֹד נְדָבָה בַּבֹּקֶר
בַּבֹּקֶר׃ 4 וַיָּבֹאוּ כָּל־הַחֲכָמִים הָעֹשִׂים אֵת
כָּל־מְלֶאכֶת הַקֹּדֶשׁ אִישׁ־אִישׁ מִמְּלַאכְתּוֹ
אֲשֶׁר־הֵמָּה עֹשִׂים׃ 5 וַיֹּאמְרוּ אֶל־מֹשֶׁה
לֵּאמֹר מַרְבִּים הָעָם לְהָבִיא מִדֵּי הָעֲבֹדָה
לַמְּלָאכָה אֲשֶׁר־צִוָּה יְהוָה לַעֲשֹׂת אֹתָהּ׃
6 וַיְצַו מֹשֶׁה וַיַּעֲבִירוּ קוֹל בַּמַּחֲנֶה לֵאמֹר
אִישׁ וְאִשָּׁה אַל־יַעֲשׂוּ־עוֹד מְלָאכָה
לִתְרוּמַת הַקֹּדֶשׁ וַיִּכָּלֵא הָעָם מֵהָבִיא׃
7 וְהַמְּלָאכָה הָיְתָה דַיָּם לְכָל־הַמְּלָאכָה
לַעֲשׂוֹת אֹתָהּ וְהוֹתֵר׃ ס 8 וַיַּעֲשׂוּ
כָל־חֲכַם־לֵב בְּעֹשֵׂי הַמְּלָאכָה אֶת־
הַמִּשְׁכָּן עֶשֶׂר יְרִיעֹת שֵׁשׁ מָשְׁזָר וּתְכֵלֶת
וְאַרְגָּמָן וְתוֹלַעַת שָׁנִי כְּרֻבִים מַעֲשֵׂה חֹשֵׁב
עָשָׂה אֹתָם׃ 9 אֹרֶךְ הַיְרִיעָה הָאַחַת שְׁמֹנֶה
וְעֶשְׂרִים בָּאַמָּה וְרֹחַב אַרְבַּע בָּאַמָּה
הַיְרִיעָה הָאֶחָת מִדָּה אַחַת לְכָל־
הַיְרִיעֹת׃ 10 וַיְחַבֵּר אֶת־חֲמֵשׁ הַיְרִיעֹת
אַחַת אֶל־אֶחָת וְחָמֵשׁ יְרִיעֹת חִבַּר אַחַת
אֶל־אֶחָת׃ 11 וַיַּעַשׂ לֻלְאֹת תְּכֵלֶת עַל שְׂפַת
הַיְרִיעָה הָאֶחָת מִקָּצָה בַּמַּחְבָּרֶת כֵּן עָשָׂה
בִּשְׂפַת הַיְרִיעָה הַקִּיצוֹנָה בַּמַּחְבֶּרֶת
הַשֵּׁנִית׃ 12 חֲמִשִּׁים לֻלָאֹת עָשָׂה בַּיְרִיעָה

made he in the edge of the curtain that was in the second set; the loops were opposite one to another. [13] And he made fifty clasps of gold, and coupled the curtains one to another with the clasps; so the tabernacle was one.

[14] And he made curtains of goats' hair for a tent over the tabernacle; eleven curtains he made them. [15] The length of each curtain was thirty cubits, and four cubits the breadth of each curtain; the eleven curtains had one measure. [16] And he coupled five curtains by themselves, and six curtains by themselves. [17] And he made fifty loops on the edge of the curtain that was outmost in the first set, and fifty loops made he upon the edge of the curtain which was outmost in the second set. [18] And he made fifty clasps of brass to couple the tent together, that it might be one. [19] And he made a covering for the tent of rams' skins dyed red, and a covering of sealskins above.

[20] And he made the boards for the tabernacle of acacia-wood, standing up. [21] Ten cubits was the length of a board, and a cubit and a half the breadth of each board. [22] Each board had two tenons, joined one to another. Thus did he make for all the boards of the tabernacle. [23] And he made the boards for the tabernacle; twenty boards for the south side southward. [24] And he made forty sockets of silver under the twenty boards: two sockets under one board for its two tenons, and two sockets under another board for its two tenons.

[25] And for the second side of the tabernacle, on the north side, he made twenty boards, [26] and their forty sockets of silver: two sockets under one board, and two sockets under

הָאֶחָת וַחֲמִשִּׁים לֻלָאֹת עָשָׂה בִּקְצֵה
הַיְרִיעָה אֲשֶׁר בַּמַּחְבֶּרֶת הַשֵּׁנִית מַקְבִּילֹת
הַלֻּלָאֹת אַחַת אֶל־אֶחָת׃ 13 וַיַּעַשׂ חֲמִשִּׁים
קַרְסֵי זָהָב וַיְחַבֵּר אֶת־הַיְרִיעֹת אַחַת אֶל־
אַחַת בַּקְּרָסִים וַיְהִי הַמִּשְׁכָּן אֶחָד׃ ס
14 וַיַּעַשׂ יְרִיעֹת עִזִּים לְאֹהֶל עַל־
הַמִּשְׁכָּן עַשְׁתֵּי־עֶשְׂרֵה יְרִיעֹת עָשָׂה
אֹתָם׃ 15 אֹרֶךְ הַיְרִיעָה הָאַחַת שְׁלֹשִׁים
בָּאַמָּה וְאַרְבַּע אַמּוֹת רֹחַב הַיְרִיעָה
הָאֶחָת מִדָּה אַחַת לְעַשְׁתֵּי עֶשְׂרֵה יְרִיעֹת׃
16 וַיְחַבֵּר אֶת־חֲמֵשׁ הַיְרִיעֹת לְבָד וְאֶת־
שֵׁשׁ הַיְרִיעֹת לְבָד׃ 17 וַיַּעַשׂ לֻלָאֹת
חֲמִשִּׁים עַל שְׂפַת הַיְרִיעָה הַקִּיצֹנָה
בַּמַּחְבָּרֶת וַחֲמִשִּׁים לֻלָאֹת עָשָׂה עַל־שְׂפַת
הַיְרִיעָה הַחֹבֶרֶת הַשֵּׁנִית׃ 18 וַיַּעַשׂ קַרְסֵי
נְחֹשֶׁת חֲמִשִּׁים לְחַבֵּר אֶת־הָאֹהֶל לִהְיֹת
אֶחָד׃ 19 וַיַּעַשׂ מִכְסֶה לָאֹהֶל עֹרֹת אֵילִם
מְאָדָּמִים וּמִכְסֵה עֹרֹת תְּחָשִׁים
מִלְמָעְלָה׃ ס 20 וַיַּעַשׂ אֶת־הַקְּרָשִׁים
לַמִּשְׁכָּן עֲצֵי שִׁטִּים עֹמְדִים׃ 21 עֶשֶׂר אַמֹּת
אֹרֶךְ הַקָּרֶשׁ וְאַמָּה וַחֲצִי הָאַמָּה רֹחַב
הַקֶּרֶשׁ הָאֶחָד׃ 22 שְׁתֵּי יָדֹת לַקֶּרֶשׁ הָאֶחָד
מְשֻׁלָּבֹת אַחַת אֶל־אֶחָת כֵּן עָשָׂה לְכֹל
קַרְשֵׁי הַמִּשְׁכָּן׃ 23 וַיַּעַשׂ אֶת־הַקְּרָשִׁים
לַמִּשְׁכָּן עֶשְׂרִים קְרָשִׁים לִפְאַת נֶגֶב
תֵּימָנָה׃ 24 וְאַרְבָּעִים אַדְנֵי־כֶסֶף עָשָׂה
תַּחַת עֶשְׂרִים הַקְּרָשִׁים שְׁנֵי אֲדָנִים תַּחַת־
הַקֶּרֶשׁ הָאֶחָד לִשְׁתֵּי יְדֹתָיו וּשְׁנֵי אֲדָנִים
תַּחַת־הַקֶּרֶשׁ הָאֶחָד לִשְׁתֵּי יְדֹתָיו׃
25 וּלְצֶלַע הַמִּשְׁכָּן הַשֵּׁנִית לִפְאַת צָפוֹן
עָשָׂה עֶשְׂרִים קְרָשִׁים׃ 26 וְאַרְבָּעִים
אַדְנֵיהֶם כָּסֶף שְׁנֵי אֲדָנִים תַּחַת הַקֶּרֶשׁ
הָאֶחָד וּשְׁנֵי אֲדָנִים תַּחַת הַקֶּרֶשׁ הָאֶחָד׃

another board. [27] And for the hinder part of the tabernacle westward he made six boards. [28] And two boards made he for the corners of the tabernacle in the hinder part; [29] that they might be double beneath, and in like manner they should be complete unto the top thereof unto the first ring. Thus he did to both of them in the two corners. [30] And there were eight boards, and their sockets of silver, sixteen sockets: under every board two sockets. [31] And he made bars of acacia-wood: five for the boards of the one side of the tabernacle, [32] and five bars for the boards of the other side of the tabernacle, and five bars for the boards of the tabernacle for the hinder part westward. [33] And he made the middle bar to pass through in the midst of the boards from the one end to the other. [34] And he overlaid the boards with gold, and made their rings of gold for holders for the bars, and overlaid the bars with gold.

[35] And he made the veil of blue, and purple, and scarlet, and fine twined linen; with cherubim the work of the skilful workman made he it. [36] And he made thereunto four pillars of acacia, and overlaid them with gold, their hooks being of gold; and he cast for them four sockets of silver. [37] And he made a screen for the door of the Tent, of blue, and purple, and scarlet, and fine twined linen, the work of the weaver in colours; [38] and the five pillars of it with their hooks; and he overlaid their capitals and their fillets with gold; and their five sockets were of brass.

37

And Bezalel made the ark of acacia-wood: two cubits and a half was the length of it, and a cubit and a half the breadth of it, and a cubit and a half the height of it. [2] And he overlaid it with pure gold within and without, and made a crown of gold to it round about. [3] And he cast for it four rings of gold, in the four feet thereof: even two rings on the one side of it,

27 וּלְיַרְכְּתֵי הַמִּשְׁכָּן יָמָּה עָשָׂה שִׁשָּׁה
קְרָשִׁים׃ 28 וּשְׁנֵי קְרָשִׁים עָשָׂה לִמְקֻצְעֹת
הַמִּשְׁכָּן בַּיַּרְכָתָיִם׃ 29 וְהָיוּ תוֹאֲמִם
מִלְּמַטָּה וְיַחְדָּו יִהְיוּ תַמִּים אֶל־רֹאשׁוֹ
אֶל־הַטַּבַּעַת הָאֶחָת כֵּן עָשָׂה לִשְׁנֵיהֶם
לִשְׁנֵי הַמִּקְצֹעֹת׃ 30 וְהָיוּ שְׁמֹנָה קְרָשִׁים
וְאַדְנֵיהֶם כֶּסֶף שִׁשָּׁה עָשָׂר אֲדָנִים שְׁנֵי
אֲדָנִים שְׁנֵי אֲדָנִים תַּחַת הַקֶּרֶשׁ הָאֶחָד׃
31 וַיַּעַשׂ בְּרִיחֵי עֲצֵי שִׁטִּים חֲמִשָּׁה לְקַרְשֵׁי
צֶלַע־הַמִּשְׁכָּן הָאֶחָת׃ 32 וַחֲמִשָּׁה בְרִיחִם
לְקַרְשֵׁי צֶלַע־הַמִּשְׁכָּן הַשֵּׁנִית וַחֲמִשָּׁה
בְרִיחִם לְקַרְשֵׁי הַמִּשְׁכָּן לַיַּרְכָתַיִם יָמָּה׃
33 וַיַּעַשׂ אֶת־הַבְּרִיחַ הַתִּיכֹן לִבְרֹחַ בְּתוֹךְ
הַקְּרָשִׁים מִן־הַקָּצֶה אֶל־הַקָּצֶה׃ 34 וְאֶת־
הַקְּרָשִׁים צִפָּה זָהָב וְאֶת־טַבְּעֹתָם עָשָׂה
זָהָב בָּתִּים לַבְּרִיחִם וַיְצַף אֶת־הַבְּרִיחִם
זָהָב׃ 35 וַיַּעַשׂ אֶת־הַפָּרֹכֶת תְּכֵלֶת וְאַרְגָּמָן
וְתוֹלַעַת שָׁנִי וְשֵׁשׁ מָשְׁזָר מַעֲשֵׂה חֹשֵׁב
עָשָׂה אֹתָהּ כְּרֻבִים׃ 36 וַיַּעַשׂ לָהּ אַרְבָּעָה
עַמּוּדֵי שִׁטִּים וַיְצַפֵּם זָהָב וָוֵיהֶם זָהָב וַיִּצֹק
לָהֶם אַרְבָּעָה אַדְנֵי־כָסֶף׃ 37 וַיַּעַשׂ מָסָךְ
לְפֶתַח הָאֹהֶל תְּכֵלֶת וְאַרְגָּמָן וְתוֹלַעַת
שָׁנִי וְשֵׁשׁ מָשְׁזָר מַעֲשֵׂה רֹקֵם׃ 38 וְאֶת־
עַמּוּדָיו חֲמִשָּׁה וְאֶת־וָוֵיהֶם וְצִפָּה
רָאשֵׁיהֶם וַחֲשֻׁקֵיהֶם זָהָב וְאַדְנֵיהֶם
חֲמִשָּׁה נְחֹשֶׁת׃ פ

37 וַיַּעַשׂ בְּצַלְאֵל אֶת־הָאָרֹן עֲצֵי
שִׁטִּים אַמָּתַיִם וָחֵצִי אָרְכּוֹ וְאַמָּה וָחֵצִי
רָחְבּוֹ וְאַמָּה וָחֵצִי קֹמָתוֹ׃ 2 וַיְצַפֵּהוּ זָהָב
טָהוֹר מִבַּיִת וּמִחוּץ וַיַּעַשׂ לוֹ זֵר זָהָב
סָבִיב׃ 3 וַיִּצֹק לוֹ אַרְבַּע טַבְּעֹת זָהָב עַל
אַרְבַּע פַּעֲמֹתָיו וּשְׁתֵּי טַבָּעֹת עַל־צַלְעוֹ
הָאֶחָת וּשְׁתֵּי טַבָּעֹת עַל־צַלְעוֹ הַשֵּׁנִית׃

and two rings on the other side of it. [4] And he made staves of acacia-wood, and overlaid them with gold. [5] And he put the staves into the rings on the sides of the ark, to bear the ark. [6] And he made an ark-cover of pure gold: two cubits and a half was the length thereof, and a cubit and a half the breadth thereof. [7] And he made two cherubim of gold of beaten work made he them, at the two ends of the ark-cover: [8] one cherub at the one end, and one cherub at the other end; of one piece with the ark-cover made he the cherubim at the two ends thereof. [9] And the cherubim spread out their wings on high, screening the ark-cover with their wings, with their faces one to another; toward the ark-cover were the faces of the cherubim.

[10] And he made the table of acacia-wood: two cubits was the length thereof, and a cubit the breadth thereof, and a cubit and a half the height thereof. [11] And he overlaid it with pure gold, and made thereto a crown of gold round about. [12] And he made unto it a border of a handbreadth round about, and made a golden crown to the border thereof round about. [13] And he cast for it four rings of gold, and put the rings in the four corners that were on the four feet thereof. [14] Close by the border were the rings, the holders for the staves to bear the table. [15] And he made the staves of acacia-wood, and overlaid them with gold, to bear the table. [16] And he made the vessels which were upon the table, the dishes thereof, and the pans thereof, and the bowls thereof, and the jars thereof, wherewith to pour out, of pure gold.

[17] And he made the candlestick of pure gold of beaten work made he the candlestick, even its base, and its shaft; its cups, its knops, and its flowers, were of one piece with it. [18] And there were six branches going out of the sides thereof: three branches of the candlestick out of the one side thereof, and three branches of the candlestick out of the other side thereof; [19] three cups made like almond-blossoms in one branch, a knop and a flower; and three cups

4 וַיַּעַשׂ בַּדֵּי עֲצֵי שִׁטִּים וַיְצַף אֹתָם זָהָב׃
5 וַיָּבֵא אֶת־הַבַּדִּים בַּטַּבָּעֹת עַל צַלְעֹת
הָאָרֹן לָשֵׂאת אֶת־הָאָרֹן׃ 6 וַיַּעַשׂ כַּפֹּרֶת
זָהָב טָהוֹר אַמָּתַיִם וָחֵצִי אָרְכָּהּ וְאַמָּה
וָחֵצִי רָחְבָּהּ׃ 7 וַיַּעַשׂ שְׁנֵי כְרֻבִים זָהָב
מִקְשָׁה עָשָׂה אֹתָם מִשְּׁנֵי קְצוֹת הַכַּפֹּרֶת׃
8 כְּרוּב־אֶחָד מִקָּצָה מִזֶּה וּכְרוּב־אֶחָד
מִקָּצָה מִזֶּה מִן־הַכַּפֹּרֶת עָשָׂה אֶת־
הַכְּרֻבִים מִשְּׁנֵי קצוותו קְצוֹתָיו׃ 9 וַיִּהְיוּ
הַכְּרֻבִים פֹּרְשֵׂי כְנָפַיִם לְמַעְלָה סֹכְכִים
בְּכַנְפֵיהֶם עַל־הַכַּפֹּרֶת וּפְנֵיהֶם אִישׁ אֶל־
אָחִיו אֶל־הַכַּפֹּרֶת הָיוּ פְּנֵי הַכְּרֻבִים׃ פ
10 וַיַּעַשׂ אֶת־הַשֻּׁלְחָן עֲצֵי שִׁטִּים אַמָּתַיִם
אָרְכּוֹ וְאַמָּה רָחְבּוֹ וְאַמָּה וָחֵצִי קֹמָתוֹ׃
11 וַיְצַף אֹתוֹ זָהָב טָהוֹר וַיַּעַשׂ לוֹ זֵר זָהָב
סָבִיב׃ 12 וַיַּעַשׂ לוֹ מִסְגֶּרֶת טֹפַח סָבִיב
וַיַּעַשׂ זֵר־זָהָב לְמִסְגַּרְתּוֹ סָבִיב׃ 13 וַיִּצֹק לוֹ
אַרְבַּע טַבְּעֹת זָהָב וַיִּתֵּן אֶת־הַטַּבָּעֹת עַל
אַרְבַּע הַפֵּאֹת אֲשֶׁר לְאַרְבַּע רַגְלָיו׃
14 לְעֻמַּת הַמִּסְגֶּרֶת הָיוּ הַטַּבָּעֹת בָּתִּים
לַבַּדִּים לָשֵׂאת אֶת־הַשֻּׁלְחָן׃ 15 וַיַּעַשׂ אֶת־
הַבַּדִּים עֲצֵי שִׁטִּים וַיְצַף אֹתָם זָהָב לָשֵׂאת
אֶת־הַשֻּׁלְחָן׃ 16 וַיַּעַשׂ אֶת־הַכֵּלִים ׀ אֲשֶׁר
עַל־הַשֻּׁלְחָן אֶת־קְעָרֹתָיו וְאֶת־כַּפֹּתָיו
וְאֵת מְנַקִּיֹּתָיו וְאֶת־הַקְּשָׂוֹת אֲשֶׁר יֻסַּךְ בָּהֵן
זָהָב טָהוֹר׃ פ
17 וַיַּעַשׂ אֶת־הַמְּנֹרָה זָהָב טָהוֹר מִקְשָׁה
עָשָׂה אֶת־הַמְּנֹרָה יְרֵכָהּ וְקָנָהּ גְּבִיעֶיהָ
כַּפְתֹּרֶיהָ וּפְרָחֶיהָ מִמֶּנָּה הָיוּ׃ 18 וְשִׁשָּׁה
קָנִים יֹצְאִים מִצִּדֶּיהָ שְׁלֹשָׁה ׀ קְנֵי מְנֹרָה
מִצִּדָּהּ הָאֶחָד וּשְׁלֹשָׁה קְנֵי מְנֹרָה מִצִּדָּהּ
הַשֵּׁנִי׃ 19 שְׁלֹשָׁה גְבִעִים מְשֻׁקָּדִים בַּקָּנֶה
הָאֶחָד כַּפְתֹּר וָפֶרַח וּשְׁלֹשָׁה גְבִעִים

made like almond-blossoms in the other branch, a knop and a flower. So for the six branches going out of the candlestick. [20] And in the candlestick were four cups made like almond blossoms, the knops thereof, and the flowers thereof; [21] and a knop under two branches of one piece with it and a knop under two branches of one piece with it, and a knop under two branches of one piece with it, for the six branches going out of it. [22] Then knops and their branches were of one piece with it; the whole of it was one beaten work of pure gold. [23] And he made the lamps thereof, seven, and the tongs thereof, and the snuffdishes thereof of pure gold. [24] Of a talent of pure gold made he it, and all the vessels thereof.

[25] And he made the altar of incense of acacia-wood: a cubit was the length thereof, and a cubit the breadth thereof, four-square; and two cubits was the height thereof; the horns thereof were of one piece with it. [26] And he overlaid it with pure gold, the top thereof, and the sides thereof round about, and the horns of it; and he made unto it a crown of gold round about. [27] And he made for it two golden rings under the crown thereof, upon the two ribs thereof, upon the two sides of it, for holders for staves wherewith to bear it. [28] And he made the staves of acacia-wood, and overlaid them with gold. [29] And he made the holy anointing oil, and the pure incense of sweet spices, after the art of the perfumer.

38 And he made the altar of burnt-offering of acacia-wood: five cubits was the length thereof, and five cubits the breadth thereof, four-square, and three cubits the height thereof. [2] And he made the horns thereof upon the four corners of it; the horns thereof were of one piece with it; and he overlaid it with brass. [3] And he made all the vessels of the altar, the pots, and the shovels, and the basins, the flesh-hooks, and the fire-pans; all the vessels thereof made he of brass. [4] And he made for the altar a grating of network of brass, under the ledge round it beneath, reaching halfway up. [5] And

מְשֻׁקָּדִים בַּקָּנֶה אֶחָד כַּפְתֹּר וָפֶרַח כֵּן
לְשֵׁשֶׁת הַקָּנִים הַיֹּצְאִים מִן־הַמְּנֹרָה׃
20 וּבַמְּנֹרָה אַרְבָּעָה גְבִעִים מְשֻׁקָּדִים
כַּפְתֹּרֶיהָ וּפְרָחֶיהָ׃ 21 וְכַפְתֹּר תַּחַת שְׁנֵי
הַקָּנִים מִמֶּנָּה וְכַפְתֹּר תַּחַת שְׁנֵי הַקָּנִים
מִמֶּנָּה וְכַפְתֹּר תַּחַת־שְׁנֵי הַקָּנִים מִמֶּנָּה
לְשֵׁשֶׁת הַקָּנִים הַיֹּצְאִים מִמֶּנָּה׃
22 כַּפְתֹּרֵיהֶם וּקְנֹתָם מִמֶּנָּה הָיוּ כֻּלָּהּ
מִקְשָׁה אַחַת זָהָב טָהוֹר׃ 23 וַיַּעַשׂ אֶת־
נֵרֹתֶיהָ שִׁבְעָה וּמַלְקָחֶיהָ וּמַחְתֹּתֶיהָ זָהָב
טָהוֹר׃ 24 כִּכָּר זָהָב טָהוֹר עָשָׂה אֹתָהּ וְאֵת
כָּל־כֵּלֶיהָ׃ פ
25 וַיַּעַשׂ אֶת־מִזְבַּח הַקְּטֹרֶת עֲצֵי שִׁטִּים
אַמָּה אָרְכּוֹ וְאַמָּה רָחְבּוֹ רָבוּעַ וְאַמָּתַיִם
קֹמָתוֹ מִמֶּנּוּ הָיוּ קַרְנֹתָיו׃ 26 וַיְצַף אֹתוֹ
זָהָב טָהוֹר אֶת־גַּגּוֹ וְאֶת־קִירֹתָיו סָבִיב
וְאֶת־קַרְנֹתָיו וַיַּעַשׂ לוֹ זֵר זָהָב סָבִיב׃
27 וּשְׁתֵּי טַבְּעֹת זָהָב עָשָׂה־לוֹ ׀ מִתַּחַת
לְזֵרוֹ עַל שְׁתֵּי צַלְעֹתָיו עַל שְׁנֵי צִדָּיו
לְבָתִּים לְבַדִּים לָשֵׂאת אֹתוֹ בָּהֶם׃ 28 וַיַּעַשׂ
אֶת־הַבַּדִּים עֲצֵי שִׁטִּים וַיְצַף אֹתָם זָהָב׃
29 וַיַּעַשׂ אֶת־שֶׁמֶן הַמִּשְׁחָה קֹדֶשׁ וְאֶת־
קְטֹרֶת הַסַּמִּים טָהוֹר מַעֲשֵׂה רֹקֵחַ׃ פ
38 וַיַּעַשׂ אֶת־מִזְבַּח הָעֹלָה עֲצֵי שִׁטִּים
חָמֵשׁ אַמּוֹת אָרְכּוֹ וְחָמֵשׁ־אַמּוֹת רָחְבּוֹ
רָבוּעַ וְשָׁלֹשׁ אַמּוֹת קֹמָתוֹ׃ 2 וַיַּעַשׂ קַרְנֹתָיו
עַל אַרְבַּע פִּנֹּתָיו מִמֶּנּוּ הָיוּ קַרְנֹתָיו וַיְצַף
אֹתוֹ נְחֹשֶׁת׃ 3 וַיַּעַשׂ אֶת־כָּל־כְּלֵי הַמִּזְבֵּחַ
אֶת־הַסִּירֹת וְאֶת־הַיָּעִים וְאֶת־הַמִּזְרָקֹת
אֶת־הַמִּזְלָגֹת וְאֶת־הַמַּחְתֹּת כָּל־כֵּלָיו
עָשָׂה נְחֹשֶׁת׃ 4 וַיַּעַשׂ לַמִּזְבֵּחַ מִכְבָּר
מַעֲשֵׂה רֶשֶׁת נְחֹשֶׁת תַּחַת כַּרְכֻּבּוֹ מִלְּמַטָּה
עַד־חֶצְיוֹ׃ 5 וַיִּצֹק אַרְבַּע טַבָּעֹת בְּאַרְבַּע

he cast four rings for the four ends of the grating of brass, to be holders for the staves. [6] And he made the staves of acacia-wood, and overlaid them with brass. [7] And he put the staves into the rings on the sides of the altar, wherewith to bear it; he made it hollow with planks.

[8] And he made the laver of brass, and the base thereof of brass, of the mirrors of the serving women that did service at the door of the tent of meeting.

[9] And he made the court; for the south side southward the hangings of the court were of fine twined linen, a hundred cubits. [10] Their pillars were twenty, and their sockets twenty, of brass; the hooks of the pillars and their fillets were of silver. [11] And for the north side a hundred cubits, their pillars twenty, and their sockets twenty, of brass; the hooks of the pillars and their fillets of silver. [12] And for the west side were hangings of fifty cubits, their pillars ten, and their sockets ten; the hooks of the pillars and their fillets of silver. [13] And for the east side eastward fifty cubits. [14] The hangings for the one side [of the gate] were fifteen cubits; their pillars three, and their sockets three. [15] And so for the other side; on this hand and that hand by the gate of the court were hangings of fifteen cubits; their pillars three, and their sockets three. [16] All the hangings of the court round about were of fine twined linen. [17] And the sockets for the pillars were of brass; the hooks of the pillars and their fillets of silver; and the overlaying of their capitals of silver; and all the pillars of the court were filleted with silver. [18] And the screen for the gate of the court was the work of the weaver in colours, of blue, and purple, and scarlet, and fine twined linen; and twenty cubits was the length, and the height in the breadth was five cubits, answerable to the hangings of the court. [19] And their pillars were four, and their sockets four, of brass; their hooks of silver, and the overlaying of their capitals and their fillets of silver. [20] And all the pins of the tabernacle, and of the court round about, were of brass.

הַקְּצָוֺת לְמִכְבַּר הַנְּחֹשֶׁת בָּתִּים לַבַּדִּים׃
6 וַיַּעַשׂ אֶת־הַבַּדִּים עֲצֵי שִׁטִּים וַיְצַף אֹתָם
נְחֹשֶׁת׃ 7 וַיָּבֵא אֶת־הַבַּדִּים בַּטַּבָּעֹת עַל
צַלְעֹת הַמִּזְבֵּחַ לָשֵׂאת אֹתוֹ בָּהֶם נְבוּב
לֻחֹת עָשָׂה אֹתוֹ׃ ס 8 וַיַּעַשׂ אֵת
הַכִּיּוֹר נְחֹשֶׁת וְאֵת כַּנּוֹ נְחֹשֶׁת בְּמַרְאֹת
הַצֹּבְאֹת אֲשֶׁר צָבְאוּ פֶּתַח אֹהֶל
מוֹעֵד׃ ס 9 וַיַּעַשׂ אֶת־הֶחָצֵר לִפְאַת ׀
נֶגֶב תֵּימָנָה קַלְעֵי הֶחָצֵר שֵׁשׁ מָשְׁזָר מֵאָה
בָּאַמָּה׃ 10 עַמּוּדֵיהֶם עֶשְׂרִים וְאַדְנֵיהֶם
עֶשְׂרִים נְחֹשֶׁת וָוֵי הָעַמֻּדִים וַחֲשֻׁקֵיהֶם
כָּסֶף׃ 11 וְלִפְאַת צָפוֹן מֵאָה בָאַמָּה
עַמּוּדֵיהֶם עֶשְׂרִים וְאַדְנֵיהֶם עֶשְׂרִים
נְחֹשֶׁת וָוֵי הָעַמּוּדִים וַחֲשֻׁקֵיהֶם כָּסֶף׃
12 וְלִפְאַת־יָם קְלָעִים חֲמִשִּׁים בָּאַמָּה
עַמּוּדֵיהֶם עֲשָׂרָה וְאַדְנֵיהֶם עֲשָׂרָה וָוֵי
הָעַמֻּדִים וַחֲשׁוּקֵיהֶם כָּסֶף׃ 13 וְלִפְאַת
קֵדְמָה מִזְרָחָה חֲמִשִּׁים אַמָּה׃ 14 קְלָעִים
חֲמֵשׁ־עֶשְׂרֵה אַמָּה אֶל־הַכָּתֵף עַמּוּדֵיהֶם
שְׁלֹשָׁה וְאַדְנֵיהֶם שְׁלֹשָׁה׃ 15 וְלַכָּתֵף
הַשֵּׁנִית מִזֶּה וּמִזֶּה לְשַׁעַר הֶחָצֵר קְלָעִים
חֲמֵשׁ עֶשְׂרֵה אַמָּה עַמֻּדֵיהֶם שְׁלֹשָׁה
וְאַדְנֵיהֶם שְׁלֹשָׁה׃ 16 כָּל־קַלְעֵי הֶחָצֵר
סָבִיב שֵׁשׁ מָשְׁזָר׃ 17 וְהָאֲדָנִים לָעַמֻּדִים
נְחֹשֶׁת וָוֵי הָעַמּוּדִים וַחֲשׁוּקֵיהֶם כֶּסֶף
וְצִפּוּי רָאשֵׁיהֶם כָּסֶף וְהֵם מְחֻשָּׁקִים כֶּסֶף
כֹּל עַמֻּדֵי הֶחָצֵר׃ 18 וּמָסַךְ שַׁעַר הֶחָצֵר
מַעֲשֵׂה רֹקֵם תְּכֵלֶת וְאַרְגָּמָן וְתוֹלַעַת שָׁנִי
וְשֵׁשׁ מָשְׁזָר וְעֶשְׂרִים אַמָּה אֹרֶךְ וְקוֹמָה
בְרֹחַב חָמֵשׁ אַמּוֹת לְעֻמַּת קַלְעֵי הֶחָצֵר׃
19 וְעַמֻּדֵיהֶם אַרְבָּעָה וְאַדְנֵיהֶם אַרְבָּעָה
נְחֹשֶׁת וָוֵיהֶם כֶּסֶף וְצִפּוּי רָאשֵׁיהֶם
וַחֲשֻׁקֵיהֶם כָּסֶף׃ 20 וְכָל־הַיְתֵדֹת לַמִּשְׁכָּן
וְלֶחָצֵר סָבִיב נְחֹשֶׁת׃ ס

PEKUDEI

[21] These are the accounts of the tabernacle, even the tabernacle of the testimony, as they were rendered according to the commandment of Moses, through the service of the Levites, by the hand of Ithamar, the son of Aaron the priest.—[22] And Bezalel the son of Uri, the son of Hur, of the tribe of Judah, made all that the LORD commanded Moses. [23] And with him was Oholiab, the son of Ahisamach, of the tribe of Dan, a craftsman, and a skilful workman, and a weaver in colours, in blue, and in purple, and in scarlet, and fine linen—[24] All the gold that was used for the work in all the work of the sanctuary, even the gold of the offering, was twenty and nine talents, and seven hundred and thirty shekels, after the shekel of the sanctuary. [25] And the silver of them that were numbered of the congregation was a hundred talents, and a thousand seven hundred and three-score and fifteen shekels, after the shekel of the sanctuary: [26] a beka a head, that is, half a shekel, after the shekel of the sanctuary, for every one that passed over to them that are numbered, from twenty years old and upward, for six hundred thousand and three thousand and five hundred and fifty men. [27] And the hundred talents of silver were for casting the sockets of the sanctuary, and the sockets of the veil: a hundred sockets for the hundred talents, a talent for a socket. [28] And of the thousand seven hundred seventy and five shekels he made hooks for the pillars, and overlaid their capital and made fillets for them. [29] And the brass of the offering was seventy talents, and two thousand and four hundred shekels. [30] And therewith he made the sockets to the door of the tent of meeting, and the brazen altar, and the brazen grating for it, and all the vessels of the altar, [31] and the sockets of the court round about, and the sockets of the gate of the court, and all the pins of the tabernacle, and all the pins of the court round about.

39 And of the blue, and purple, and scarlet, they made plaited garments, for ministering in the holy place, and made the holy garments for Aaron, as the LORD commanded Moses.

פקודי

21 אֵלֶּה פְקוּדֵי הַמִּשְׁכָּן מִשְׁכַּן הָעֵדֻת
אֲשֶׁר פֻּקַּד עַל־פִּי מֹשֶׁה עֲבֹדַת הַלְוִיִּם בְּיַד
אִיתָמָר בֶּן־אַהֲרֹן הַכֹּהֵן׃ 22 וּבְצַלְאֵל בֶּן־
אוּרִי בֶן־חוּר לְמַטֵּה יְהוּדָה עָשָׂה אֵת
כָּל־אֲשֶׁר־צִוָּה יְהוָה אֶת־מֹשֶׁה׃ 23 וְאִתּוֹ
אָהֳלִיאָב בֶּן־אֲחִיסָמָךְ לְמַטֵּה־דָן חָרָשׁ
וְחֹשֵׁב וְרֹקֵם בַּתְּכֵלֶת וּבָאַרְגָּמָן וּבְתוֹלַעַת
הַשָּׁנִי וּבַשֵּׁשׁ׃ ס 24 כָּל־הַזָּהָב הֶעָשׂוּי
לַמְּלָאכָה בְּכֹל מְלֶאכֶת הַקֹּדֶשׁ וַיְהִי ׀ זְהַב
הַתְּנוּפָה תֵּשַׁע וְעֶשְׂרִים כִּכָּר וּשְׁבַע מֵאוֹת
וּשְׁלֹשִׁים שֶׁקֶל בְּשֶׁקֶל הַקֹּדֶשׁ׃ 25 וְכֶסֶף
פְּקוּדֵי הָעֵדָה מְאַת כִּכָּר וְאֶלֶף וּשְׁבַע
מֵאוֹת וַחֲמִשָּׁה וְשִׁבְעִים שֶׁקֶל בְּשֶׁקֶל
הַקֹּדֶשׁ׃ 26 בֶּקַע לַגֻּלְגֹּלֶת מַחֲצִית הַשֶּׁקֶל
בְּשֶׁקֶל הַקֹּדֶשׁ לְכֹל הָעֹבֵר עַל־הַפְּקֻדִים
מִבֶּן עֶשְׂרִים שָׁנָה וָמַעְלָה לְשֵׁשׁ־מֵאוֹת
אֶלֶף וּשְׁלֹשֶׁת אֲלָפִים וַחֲמֵשׁ מֵאוֹת
וַחֲמִשִּׁים׃ 27 וַיְהִי מְאַת כִּכַּר הַכֶּסֶף לָצֶקֶת
אֵת אַדְנֵי הַקֹּדֶשׁ וְאֵת אַדְנֵי הַפָּרֹכֶת מְאַת
אֲדָנִים לִמְאַת הַכִּכָּר כִּכָּר לָאָדֶן׃ 28 וְאֶת־
הָאֶלֶף וּשְׁבַע הַמֵּאוֹת וַחֲמִשָּׁה וְשִׁבְעִים
עָשָׂה וָוִים לָעַמּוּדִים וְצִפָּה רָאשֵׁיהֶם
וְחִשַּׁק אֹתָם׃ 29 וּנְחֹשֶׁת הַתְּנוּפָה שִׁבְעִים
כִּכָּר וְאַלְפַּיִם וְאַרְבַּע־מֵאוֹת שָׁקֶל׃ 30 וַיַּעַשׂ
בָּהּ אֶת־אַדְנֵי פֶּתַח אֹהֶל מוֹעֵד וְאֵת מִזְבַּח
הַנְּחֹשֶׁת וְאֶת־מִכְבַּר הַנְּחֹשֶׁת אֲשֶׁר־לוֹ
וְאֵת כָּל־כְּלֵי הַמִּזְבֵּחַ׃ 31 וְאֶת־אַדְנֵי הֶחָצֵר
סָבִיב וְאֶת־אַדְנֵי שַׁעַר הֶחָצֵר וְאֵת כָּל־
יִתְדֹת הַמִּשְׁכָּן וְאֶת־כָּל־יִתְדֹת הֶחָצֵר
סָבִיב׃ **39** וּמִן־הַתְּכֵלֶת וְהָאַרְגָּמָן
וְתוֹלַעַת הַשָּׁנִי עָשׂוּ בִגְדֵי־שְׂרָד לְשָׁרֵת
בַּקֹּדֶשׁ וַיַּעֲשׂוּ אֶת־בִּגְדֵי הַקֹּדֶשׁ אֲשֶׁר

[2] And he made the ephod of gold, blue, and purple, and scarlet, and fine twined linen. [3] And they did beat the gold into thin plates, and cut it into threads, to work it in the blue, and in the purple, and in the scarlet, and in the fine linen, the work of the skilful workman. [4] They made shoulder-pieces for it, joined together; at the two ends was it joined together. [5] And the skilfully woven band, that was upon it, wherewith to gird it on, was of the same piece and like the work thereof: of gold, of blue, and purple, and scarlet, and fine twined linen, as the LORD commanded Moses.

[6] And they wrought the onyx stones, inclosed in settings of gold, graven with the engravings of a signet, according to the names of the children of Israel. [7] And he put them on the shoulder-pieces of the ephod, to be stones of memorial for the children of Israel, as the LORD commanded Moses.

[8] And he made the breastplate, the work of the skilful workman, like the work of the ephod: of gold, of blue, and purple, and scarlet, and fine twined linen. [9] It was four-square; they made the breastplate double: a span was the length thereof, and a span the breadth thereof, being double. [10] And they set in it four rows of stones: a row of carnelian, topaz, and smaragd was the first row. [11] And the second row, a carbuncle, a sapphire, and an emerald. [12] And the third row, a jacinth, an agate, and an amethyst. [13] And the fourth row, a beryl, an onyx, and a jasper; they were inclosed in fittings of gold in their settings. [14] And the stones were according to the names of the children of Israel, twelve, according to their names, like the engravings of a signet, every one according to his name, for the twelve tribes. [15] And they made upon the breastplate plaited chains, of wreathen work of pure gold. [16] And they made two settings of gold, and two gold rings; and put the two rings on the two ends of the breastplate. [17] And they put the two wreathen

לְאַהֲרֹ֔ן כַּאֲשֶׁ֛ר צִוָּ֥ה יְהוָ֖ה אֶת־מֹשֶֽׁה׃ פ
2 וַיַּ֖עַשׂ אֶת־הָאֵפֹ֑ד זָהָ֗ב תְּכֵ֛לֶת וְאַרְגָּמָ֖ן
וְתוֹלַ֥עַת שָׁנִ֖י וְשֵׁ֥שׁ מָשְׁזָֽר׃ 3 וַיְרַקְּע֞וּ אֶת־
פַּחֵ֣י הַזָּהָב֮ וְקִצֵּ֣ץ פְּתִילִם֒ לַעֲשׂ֗וֹת בְּת֤וֹךְ
הַתְּכֵ֙לֶת֙ וּבְת֣וֹךְ הָֽאַרְגָּמָ֔ן וּבְת֖וֹךְ תּוֹלַ֣עַת
הַשָּׁנִ֑י וּבְת֥וֹךְ הַשֵּׁ֖שׁ מַעֲשֵׂ֥ה חֹשֵֽׁב׃ 4 כְּתֵפֹ֥ת
עָֽשׂוּ־ל֖וֹ חֹבְרֹ֑ת עַל־שְׁנֵ֥י קצוותו קְצוֹתָ֖יו
חֻבָּֽר׃ 5 וְחֵ֨שֶׁב אֲפֻדָּת֜וֹ אֲשֶׁ֣ר עָלָ֗יו מִמֶּ֣נּוּ
ה֔וּא כְּמַעֲשֵׂ֕הוּ זָהָ֗ב תְּכֵ֛לֶת וְאַרְגָּמָ֖ן
וְתוֹלַ֣עַת שָׁנִ֑י וְשֵׁ֣שׁ מָשְׁזָ֔ר כַּאֲשֶׁ֛ר צִוָּ֥ה
יְהוָ֖ה אֶת־מֹשֶֽׁה׃ 6 וַֽיַּעֲשׂוּ֙ אֶת־אַבְנֵ֣י
הַשֹּׁ֔הַם מֻסַבֹּ֖ת מִשְׁבְּצֹ֣ת זָהָ֑ב מְפֻתָּחֹת֙
פִּתּוּחֵ֣י חוֹתָ֔ם עַל־שְׁמ֖וֹת בְּנֵ֥י יִשְׂרָאֵֽל׃
7 וַיָּ֣שֶׂם אֹתָ֗ם עַ֚ל כִּתְפֹ֣ת הָֽאֵפֹ֔ד אַבְנֵ֥י זִכָּר֖וֹן
לִבְנֵ֣י יִשְׂרָאֵ֑ל כַּאֲשֶׁ֛ר צִוָּ֥ה יְהוָ֖ה אֶת־
מֹשֶֽׁה׃ פ
8 וַיַּ֧עַשׂ אֶת־הַחֹ֛שֶׁן מַעֲשֵׂ֥ה חֹשֵׁ֖ב כְּמַעֲשֵׂ֣ה
אֵפֹ֑ד זָהָ֗ב תְּכֵ֛לֶת וְאַרְגָּמָ֖ן וְתוֹלַ֥עַת שָׁנִ֖י
וְשֵׁ֥שׁ מָשְׁזָֽר׃ 9 רָב֧וּעַ הָיָ֛ה כָּפ֖וּל עָשׂ֣וּ
אֶת־הַחֹ֑שֶׁן זֶ֧רֶת אָרְכּ֛וֹ וְזֶ֥רֶת רָחְבּ֖וֹ כָּפֽוּל׃
10 וַיְמַלְאוּ־ב֔וֹ אַרְבָּעָ֖ה ט֣וּרֵי אָ֑בֶן ט֗וּר אֹ֤דֶם
פִּטְדָה֙ וּבָרֶ֔קֶת הַטּ֖וּר הָאֶחָֽד׃ 11 וְהַטּ֖וּר
הַשֵּׁנִ֑י נֹ֥פֶךְ סַפִּ֖יר וְיָהֲלֹֽם׃ 12 וְהַטּ֖וּר
הַשְּׁלִישִׁ֑י לֶ֥שֶׁם שְׁב֖וֹ וְאַחְלָֽמָה׃ 13 וְהַטּוּר֙
הָֽרְבִיעִ֔י תַּרְשִׁ֥ישׁ שֹׁ֖הַם וְיָשְׁפֵ֑ה מֽוּסַבֹּ֛ת
מִשְׁבְּצ֥וֹת זָהָ֖ב בְּמִלֻּאֹתָֽם׃ 14 וְ֠הָאֲבָנִים
עַל־שְׁמֹ֨ת בְּנֵֽי־יִשְׂרָאֵ֥ל הֵ֛נָּה שְׁתֵּ֥ים עֶשְׂרֵ֖ה
עַל־שְׁמֹתָ֑ם פִּתּוּחֵ֨י חֹתָ֜ם אִ֣ישׁ עַל־שְׁמ֔וֹ
לִשְׁנֵ֥ים עָשָׂ֖ר שָֽׁבֶט׃ 15 וַיַּעֲשׂ֥וּ עַל־הַחֹ֛שֶׁן
שַׁרְשְׁרֹ֥ת גַּבְלֻ֖ת מַעֲשֵׂ֣ה עֲבֹ֑ת זָהָ֖ב טָהֽוֹר׃
16 וַֽיַּעֲשׂ֗וּ שְׁתֵּי֙ מִשְׁבְּצֹ֣ת זָהָ֔ב וּשְׁתֵּ֖י טַבְּעֹ֣ת
זָהָ֑ב וַֽיִּתְּנ֗וּ אֶת־שְׁתֵּי֙ הַטַּבָּעֹ֔ת עַל־שְׁנֵ֖י
קְצ֥וֹת הַחֹֽשֶׁן׃ 17 וַֽיִּתְּנ֗וּ שְׁתֵּי֙ הָעֲבֹתֹ֣ת

chains of gold on the two rings at the ends of the breastplate. [18] And the other two ends of the two wreathen chains they put on the two settings, and put them on the shoulder-pieces of the ephod, in the forepart thereof. [19] And they made two rings of gold, and put them upon the two ends of the breast-plate, upon the edge thereof, which was toward the side of the ephod inward. [20] And they made two rings of gold, and put them on the two shoulder-pieces of the ephod underneath, in the forepart thereof, close by the coupling thereof, above the skilfully woven band of the ephod. [21] And they did bind the breastplate by the rings thereof unto the rings of the ephod with a thread of blue, that it might be upon the skilfully woven band of the ephod, and that the breastplate might not be loosed from the ephod; as the LORD commanded Moses.

[22] And he made the robe of the ephod of woven work, all of blue; [23] and the hole of the robe in the midst thereof, as the hole of a coat of mail, with a binding round about the hole of it, that it should not be rent. [24] And they made upon the skirts of the robe pomegranates of blue, and purple, and scarlet, and twined linen. [25] And they made bells of pure gold, and put the bells between the pomegranates upon the skirts of the robe round about, between the pomegranates: [26] a bell and a pomegranate, a bell and a pomegranate, upon the skirts of the robe round about, to minister in; as the LORD commanded Moses.

[27] And they made the tunics of fine linen of woven work for Aaron, and for his sons, [28] and the mitre of fine linen, and the goodly head-tires of fine linen, and the linen breeches of fine twined linen, [29] and the girdle of fine twined linen, and blue, and purple, and scarlet, the work of the weaver in colours; as the LORD commanded Moses.

[30] And they made the plate of the holy crown of pure gold, and wrote upon it a writing, like the engravings of a signet: HOLY TO THE LORD. [31] And they tied unto it a thread of blue, to fasten it upon the mitre above; as the LORD commanded Moses.

הַזָּהָב עַל־שְׁתֵּי הַטַּבָּעֹת עַל־קְצוֹת
הַחֹשֶׁן׃ 18 וְאֵת שְׁתֵּי קְצוֹת שְׁתֵּי הָעֲבֹתֹת
נָתְנוּ עַל־שְׁתֵּי הַמִּשְׁבְּצֹת וַיִּתְּנֻם עַל־
כִּתְפֹת הָאֵפֹד אֶל־מוּל פָּנָיו׃ 19 וַיַּעֲשׂוּ שְׁתֵּי
טַבְּעֹת זָהָב וַיָּשִׂימוּ עַל־שְׁנֵי קְצוֹת הַחֹשֶׁן
עַל־שְׂפָתוֹ אֲשֶׁר אֶל־עֵבֶר הָאֵפֹד בָּיְתָה׃
20 וַיַּעֲשׂוּ שְׁתֵּי טַבְּעֹת זָהָב וַיִּתְּנֻם עַל־שְׁתֵּי
כִתְפֹת הָאֵפֹד מִלְּמַטָּה מִמּוּל פָּנָיו לְעֻמַּת
מַחְבַּרְתּוֹ מִמַּעַל לְחֵשֶׁב הָאֵפֹד׃ 21 וַיִּרְכְּסוּ
אֶת־הַחֹשֶׁן מִטַּבְּעֹתָיו אֶל־טַבְּעֹת הָאֵפֹד
בִּפְתִיל תְּכֵלֶת לִהְיֹת עַל־חֵשֶׁב הָאֵפֹד
וְלֹא־יִזַּח הַחֹשֶׁן מֵעַל הָאֵפֹד כַּאֲשֶׁר צִוָּה
יְהוָה אֶת־מֹשֶׁה׃ 22 וַיַּעַשׂ אֶת־מְעִיל
הָאֵפֹד מַעֲשֵׂה אֹרֵג כְּלִיל תְּכֵלֶת׃ 23 וּפִי־
הַמְּעִיל בְּתוֹכוֹ כְּפִי תַחְרָא שָׂפָה לְפִיו
סָבִיב לֹא יִקָּרֵעַ׃ 24 וַיַּעֲשׂוּ עַל־שׁוּלֵי
הַמְּעִיל רִמּוֹנֵי תְּכֵלֶת וְאַרְגָּמָן וְתוֹלַעַת
שָׁנִי מָשְׁזָר׃ 25 וַיַּעֲשׂוּ פַעֲמֹנֵי זָהָב טָהוֹר
וַיִּתְּנוּ אֶת־הַפַּעֲמֹנִים בְּתוֹךְ הָרִמֹּנִים עַל־
שׁוּלֵי הַמְּעִיל סָבִיב בְּתוֹךְ הָרִמֹּנִים׃
26 פַּעֲמֹן וְרִמֹּן פַּעֲמֹן וְרִמֹּן עַל־שׁוּלֵי
הַמְּעִיל סָבִיב לְשָׁרֵת כַּאֲשֶׁר צִוָּה יְהוָה
אֶת־מֹשֶׁה׃ ס 27 וַיַּעֲשׂוּ אֶת־הַכָּתְנֹת
שֵׁשׁ מַעֲשֵׂה אֹרֵג לְאַהֲרֹן וּלְבָנָיו׃ 28 וְאֵת
הַמִּצְנֶפֶת שֵׁשׁ וְאֶת־פַּאֲרֵי הַמִּגְבָּעֹת שֵׁשׁ
וְאֶת־מִכְנְסֵי הַבָּד שֵׁשׁ מָשְׁזָר׃ 29 וְאֶת־
הָאַבְנֵט שֵׁשׁ מָשְׁזָר וּתְכֵלֶת וְאַרְגָּמָן
וְתוֹלַעַת שָׁנִי מַעֲשֵׂה רֹקֵם כַּאֲשֶׁר צִוָּה
יְהוָה אֶת־מֹשֶׁה׃ ס 30 וַיַּעֲשׂוּ אֶת־
צִיץ נֵזֶר־הַקֹּדֶשׁ זָהָב טָהוֹר וַיִּכְתְּבוּ עָלָיו
מִכְתַּב פִּתּוּחֵי חוֹתָם קֹדֶשׁ לַיהוָה׃
31 וַיִּתְּנוּ עָלָיו פְּתִיל תְּכֵלֶת לָתֵת עַל־
הַמִּצְנֶפֶת מִלְמָעְלָה כַּאֲשֶׁר צִוָּה יְהוָה

[32] Thus was finished all the work of the tabernacle of the tent of meeting; and the children of Israel did according to all that the LORD commanded Moses, so did they.

[33] And they brought the tabernacle unto Moses, the Tent, and all its furniture, its clasps, its boards, its bars, and its pillars, and its sockets; [34] and the covering of rams' skins dyed red, and the covering of sealskins, and the veil of the screen; [35] the ark of the testimony, and the staves thereof, and the ark-cover; [36] the table, all the vessels thereof, and the showbread; [37] the pure candlestick, the lamps thereof, even the lamps to be set in order, and all the vessels thereof, and the oil for the light; [38] and the golden altar, and the anointing oil, and the sweet incense, and the screen for the door of the Tent; [39] the brazen altar, and its grating of brass, its staves, and all its vessels, the laver and its base; [40] the hangings of the court, its pillars, and its sockets, and the screen for the gate of the court, the cords thereof, and the pins thereof, and all the instruments of the service of the tabernacle of the tent of meeting; [41] the plaited garments for ministering in the holy place; the holy garments for Aaron the priest, and the garments of his sons, to minister in the priest's office. [42] According to all that the LORD commanded Moses, so the children of Israel did all the work. [43] And Moses saw all the work, and, behold, they had done it; as the LORD had commanded, even so had they done it. And Moses blessed them.

40 And the LORD spoke unto Moses, saying: [2] 'On the first day of the first month shalt thou rear up the tabernacle of the tent of meeting. [3] And thou shalt put therein the ark of the testimony, and thou shalt screen the ark with the veil. [4] And thou shalt bring in the table, and set in order the bread that is upon it; and thou shalt bring in the candlestick,

אֶת־מֹשֶׁה׃ ס 32 וַתֵּכֶל כׇּל־עֲבֹדַת
מִשְׁכַּן אֹהֶל מוֹעֵד וַיַּעֲשׂוּ בְּנֵי יִשְׂרָאֵל כְּכֹל
אֲשֶׁר צִוָּה יְהוָה אֶת־מֹשֶׁה כֵּן עָשׂוּ׃ פ
33 וַיָּבִיאוּ אֶת־הַמִּשְׁכָּן אֶל־מֹשֶׁה אֶת־
הָאֹהֶל וְאֶת־כׇּל־כֵּלָיו קְרָסָיו קְרָשָׁיו בריחו
בְּרִיחָיו וְעַמֻּדָיו וַאֲדָנָיו׃ 34 וְאֶת־מִכְסֵה
עוֹרֹת הָאֵילִם הַמְאׇדָּמִים וְאֶת־מִכְסֵה
עֹרֹת הַתְּחָשִׁים וְאֵת פָּרֹכֶת הַמָּסָךְ׃
35 אֶת־אֲרֹן הָעֵדֻת וְאֶת־בַּדָּיו וְאֵת
הַכַּפֹּרֶת׃ 36 אֶת־הַשֻּׁלְחָן אֶת־כׇּל־כֵּלָיו
וְאֵת לֶחֶם הַפָּנִים׃ 37 אֶת־הַמְּנֹרָה הַטְּהֹרָה
אֶת־נֵרֹתֶיהָ נֵרֹת הַמַּעֲרָכָה וְאֶת־כׇּל־כֵּלֶיהָ
וְאֵת שֶׁמֶן הַמָּאוֹר׃ 38 וְאֵת מִזְבַּח הַזָּהָב
וְאֵת שֶׁמֶן הַמִּשְׁחָה וְאֵת קְטֹרֶת הַסַּמִּים
וְאֵת מָסַךְ פֶּתַח הָאֹהֶל׃ 39 אֵת ׀ מִזְבַּח
הַנְּחֹשֶׁת וְאֶת־מִכְבַּר הַנְּחֹשֶׁת אֲשֶׁר־לוֹ
אֶת־בַּדָּיו וְאֶת־כׇּל־כֵּלָיו אֶת־הַכִּיֹּר וְאֶת־
כַּנּוֹ׃ 40 אֵת קַלְעֵי הֶחָצֵר אֶת־עַמֻּדֶיהָ
וְאֶת־אֲדָנֶיהָ וְאֶת־הַמָּסָךְ לְשַׁעַר הֶחָצֵר
אֶת־מֵיתָרָיו וִיתֵדֹתֶיהָ וְאֵת כׇּל־כְּלֵי עֲבֹדַת
הַמִּשְׁכָּן לְאֹהֶל מוֹעֵד׃ 41 אֶת־בִּגְדֵי הַשְּׂרָד
לְשָׁרֵת בַּקֹּדֶשׁ אֶת־בִּגְדֵי הַקֹּדֶשׁ לְאַהֲרֹן
הַכֹּהֵן וְאֶת־בִּגְדֵי בָנָיו לְכַהֵן׃ 42 כְּכֹל
אֲשֶׁר־צִוָּה יְהוָה אֶת־מֹשֶׁה כֵּן עָשׂוּ בְּנֵי
יִשְׂרָאֵל אֵת כׇּל־הָעֲבֹדָה׃ 43 וַיַּרְא מֹשֶׁה
אֶת־כׇּל־הַמְּלָאכָה וְהִנֵּה עָשׂוּ אֹתָהּ כַּאֲשֶׁר
צִוָּה יְהוָה כֵּן עָשׂוּ וַיְבָרֶךְ אֹתָם מֹשֶׁה׃ פ
40 וַיְדַבֵּר יְהוָה אֶל־מֹשֶׁה לֵּאמֹר׃
2 בְּיוֹם־הַחֹדֶשׁ הָרִאשׁוֹן בְּאֶחָד לַחֹדֶשׁ
תָּקִים אֶת־מִשְׁכַּן אֹהֶל מוֹעֵד׃ 3 וְשַׂמְתָּ
שָׁם אֵת אֲרוֹן הָעֵדוּת וְסַכֹּתָ עַל־הָאָרֹן
אֶת־הַפָּרֹכֶת׃ 4 וְהֵבֵאתָ אֶת־הַשֻּׁלְחָן
וְעָרַכְתָּ אֶת־עֶרְכּוֹ וְהֵבֵאתָ אֶת־הַמְּנֹרָה

and light the lamps thereof. [5] And thou shalt set the golden altar for incense before the ark of the testimony, and put the screen of the door to the tabernacle. [6] And thou shalt set the altar of burnt-offering before the door of the tabernacle of the tent of meeting. [7] And thou shalt set the laver between the tent of meeting and the altar, and shalt put water therein. [8] And thou shalt set up the court round about, and hang up the screen of the gate of the court. [9] And thou shalt take the anointing oil, and anoint the tabernacle, and all that is therein, and shalt hallow it, and all the furniture thereof; and it shall be holy. [10] And thou shalt anoint the altar of burnt-offering, and all its vessels, and sanctify the altar; and the altar shall be most holy. [11] And thou shalt anoint the laver and its base, and sanctify it. [12] And thou shalt bring Aaron and his sons unto the door of the tent of meeting, and shalt wash them with water. [13] And thou shalt put upon Aaron the holy garments; and thou shalt anoint him, and sanctify him, that he may minister unto Me in the priest's office. [14] And thou shalt bring his sons, and put tunics upon them. [15] And thou shalt anoint them, as thou didst anoint their father, that they may minister unto Me in the priest's office; and their anointing shall be to them for an everlasting priesthood throughout their generations.' [16] Thus did Moses; according to all that the LORD commanded him, so did he.

[17] And it came to pass in the first month in the second year, on the first day of the month, that the tabernacle was reared up. [18] And Moses reared up the tabernacle, and laid its sockets, and set up the boards thereof, and put in the bars thereof, and reared up its pillars. [19] And he spread the tent over the tabernacle, and put the covering of the tent above upon it; as the LORD commanded Moses.

[20] And he took and put the testimony into the ark, and set the staves on the ark, and put the ark-cover above upon the ark. [21] And he brought the ark into the tabernacle, and set up

וְהַעֲלֵיתָ֖ אֶת־נֵרֹתֶֽיהָ׃ 5 וְנָתַתָּ֞ה אֶת־מִזְבַּ֤ח
הַזָּהָב֙ לִקְטֹ֔רֶת לִפְנֵ֖י אֲר֣וֹן הָעֵדֻ֑ת וְשַׂמְתָּ֛
אֶת־מָסַ֥ךְ הַפֶּ֖תַח לַמִּשְׁכָּֽן׃ 6 וְנָ֣תַתָּ֔ה אֵ֖ת
מִזְבַּ֣ח הָעֹלָ֑ה לִפְנֵ֕י פֶּ֖תַח מִשְׁכַּ֥ן אֹֽהֶל־
מוֹעֵֽד׃ 7 וְנָֽתַתָּ֙ אֶת־הַכִּיֹּ֔ר בֵּֽין־אֹ֥הֶל מוֹעֵ֖ד
וּבֵ֣ין הַמִּזְבֵּ֑חַ וְנָתַתָּ֥ שָׁ֖ם מָֽיִם׃ 8 וְשַׂמְתָּ֥
אֶת־הֶחָצֵ֖ר סָבִ֑יב וְנָ֣תַתָּ֔ אֶת־מָסַ֖ךְ שַׁ֥עַר
הֶחָצֵֽר׃ 9 וְלָקַחְתָּ֙ אֶת־שֶׁ֣מֶן הַמִּשְׁחָ֔ה
וּמָשַׁחְתָּ֥ אֶת־הַמִּשְׁכָּ֖ן וְאֶת־כָּל־אֲשֶׁר־בּ֑וֹ
וְקִדַּשְׁתָּ֥ אֹת֛וֹ וְאֶת־כָּל־כֵּלָ֖יו וְהָ֥יָה קֹֽדֶשׁ׃
10 וּמָשַׁחְתָּ֛ אֶת־מִזְבַּ֥ח הָעֹלָ֖ה וְאֶת־כָּל־
כֵּלָ֑יו וְקִדַּשְׁתָּ֙ אֶת־הַמִּזְבֵּ֔חַ וְהָיָ֥ה הַמִּזְבֵּ֖חַ
קֹ֥דֶשׁ קָֽדָשִֽׁים׃ 11 וּמָשַׁחְתָּ֥ אֶת־הַכִּיֹּ֖ר וְאֶת־
כַּנּ֑וֹ וְקִדַּשְׁתָּ֖ אֹתֽוֹ׃ 12 וְהִקְרַבְתָּ֤ אֶת־אַהֲרֹן֙
וְאֶת־בָּנָ֔יו אֶל־פֶּ֖תַח אֹ֣הֶל מוֹעֵ֑ד וְרָחַצְתָּ֥
אֹתָ֖ם בַּמָּֽיִם׃ 13 וְהִלְבַּשְׁתָּ֙ אֶֽת־אַהֲרֹ֔ן אֵ֖ת
בִּגְדֵ֣י הַקֹּ֑דֶשׁ וּמָשַׁחְתָּ֥ אֹת֛וֹ וְקִדַּשְׁתָּ֥ אֹת֖וֹ
וְכִהֵ֥ן לִֽי׃ 14 וְאֶת־בָּנָ֖יו תַּקְרִ֑יב וְהִלְבַּשְׁתָּ֥
אֹתָ֖ם כֻּתֳּנֹֽת׃ 15 וּמָשַׁחְתָּ֣ אֹתָ֗ם כַּאֲשֶׁ֤ר
מָשַׁ֙חְתָּ֙ אֶת־אֲבִיהֶ֔ם וְכִהֲנ֖וּ לִ֑י וְ֠הָיְתָה
לִהְיֹ֨ת לָהֶ֧ם מָשְׁחָתָ֛ם לִכְהֻנַּ֥ת עוֹלָ֖ם
לְדֹרֹתָֽם׃ 16 וַיַּ֖עַשׂ מֹשֶׁ֑ה כְּ֠כֹל אֲשֶׁ֨ר צִוָּ֧ה
יְהוָ֛ה אֹת֖וֹ כֵּ֥ן עָשָֽׂה׃ ס 17 וַיְהִ֞י בַּחֹ֧דֶשׁ
הָרִאשׁ֛וֹן בַּשָּׁנָ֥ה הַשֵּׁנִ֖ית בְּאֶחָ֣ד לַחֹ֑דֶשׁ
הוּקַ֖ם הַמִּשְׁכָּֽן׃ 18 וַיָּ֨קֶם מֹשֶׁ֜ה אֶת־הַמִּשְׁכָּ֗ן
וַיִּתֵּן֙ אֶת־אֲדָנָ֔יו וַיָּ֨שֶׂם֙ אֶת־קְרָשָׁ֔יו וַיִּתֵּ֖ן
אֶת־בְּרִיחָ֑יו וַיָּ֖קֶם אֶת־עַמּוּדָֽיו׃ 19 וַיִּפְרֹ֤שׂ
אֶת־הָאֹ֙הֶל֙ עַל־הַמִּשְׁכָּ֔ן וַיָּ֜שֶׂם אֶת־מִכְסֵ֥ה
הָאֹ֛הֶל עָלָ֖יו מִלְמָ֑עְלָה כַּאֲשֶׁ֛ר צִוָּ֥ה יְהוָ֖ה
אֶת־מֹשֶֽׁה׃ ס 20 וַיִּקַּ֞ח וַיִּתֵּ֤ן אֶת־
הָעֵדֻת֙ אֶל־הָ֣אָרֹ֔ן וַיָּ֥שֶׂם אֶת־הַבַּדִּ֖ים עַל־
הָאָרֹ֑ן וַיִּתֵּ֧ן אֶת־הַכַּפֹּ֛רֶת עַל־הָאָרֹ֖ן
מִלְמָֽעְלָה׃ 21 וַיָּבֵ֣א אֶת־הָאָרֹן֮ אֶל־הַמִּשְׁכָּן֒

the veil of the screen, and screened the ark of the testimony; as the LORD commanded Moses.

[22] And he put the table in the tent of meeting, upon the side of the tabernacle northward, without the veil. [23] And he set a row of bread in order upon it before the LORD; as the LORD commanded Moses.

[24] And he put the candlestick in the tent of meeting, over against the table, on the side of the tabernacle southward. [25] And he lighted the lamps before the LORD; as the LORD commanded Moses.

[26] And he put the golden altar in the tent of meeting before the veil; [27] and he burnt thereon incense of sweet spices; as the LORD commanded Moses.

[28] And he put the screen of the door to the tabernacle. [29] And the altar of burnt-offering he set at the door of the tabernacle of the tent of meeting, and offered upon it the burnt-offering and the meal-offering; as the LORD commanded Moses.

[30] And he set the laver between the tent of meeting and the altar, and put water therein, wherewith to wash; [31] that Moses and Aaron and his sons might wash their hands and their feet thereat; [32] when they went into the tent of meeting, and when they came near unto the altar, they should wash; as the LORD commanded Moses.

[33] And he reared up the court round about the tabernacle and the altar, and set up the screen of the gate of the court. So Moses finished the work.

[34] Then the cloud covered the tent of meeting, and the glory of the LORD filled the tabernacle. [35] And Moses was not able to enter into the tent of meeting, because the cloud abode thereon, and the glory of the LORD filled the tabernacle.—[36] And whenever the cloud was taken up from over the tabernacle, the children of Israel went onward, throughout all their journeys. [37] But if the cloud was not taken up, then they journeyed not till the day that it was taken up. [38] For the cloud of the LORD was

וַיָּשֶׂם אֵת פָּרֹכֶת הַמָּסָךְ וַיָּסֶךְ עַל אֲרוֹן
הָעֵדוּת כַּאֲשֶׁר צִוָּה יְהוָה אֶת־מֹשֶׁה׃ ס
22 וַיִּתֵּן אֶת־הַשֻּׁלְחָן בְּאֹהֶל מוֹעֵד עַל
יֶרֶךְ הַמִּשְׁכָּן צָפֹנָה מִחוּץ לַפָּרֹכֶת׃
23 וַיַּעֲרֹךְ עָלָיו עֵרֶךְ לֶחֶם לִפְנֵי יְהוָה כַּאֲשֶׁר
צִוָּה יְהוָה אֶת־מֹשֶׁה׃ ס 24 וַיָּשֶׂם
אֶת־הַמְּנֹרָה בְּאֹהֶל מוֹעֵד נֹכַח הַשֻּׁלְחָן
עַל יֶרֶךְ הַמִּשְׁכָּן נֶגְבָּה׃ 25 וַיַּעַל הַנֵּרֹת לִפְנֵי
יְהוָה כַּאֲשֶׁר צִוָּה יְהוָה אֶת־מֹשֶׁה׃ ס
26 וַיָּשֶׂם אֶת־מִזְבַּח הַזָּהָב בְּאֹהֶל מוֹעֵד
לִפְנֵי הַפָּרֹכֶת׃ 27 וַיַּקְטֵר עָלָיו קְטֹרֶת סַמִּים
כַּאֲשֶׁר צִוָּה יְהוָה אֶת־מֹשֶׁה׃ פ
28 וַיָּשֶׂם אֶת־מָסַךְ הַפֶּתַח לַמִּשְׁכָּן׃ 29 וְאֵת
מִזְבַּח הָעֹלָה שָׂם פֶּתַח מִשְׁכַּן אֹהֶל־מוֹעֵד
וַיַּעַל עָלָיו אֶת־הָעֹלָה וְאֶת־הַמִּנְחָה
כַּאֲשֶׁר צִוָּה יְהוָה אֶת־מֹשֶׁה׃ ס
30 וַיָּשֶׂם אֶת־הַכִּיֹּר בֵּין־אֹהֶל מוֹעֵד וּבֵין
הַמִּזְבֵּחַ וַיִּתֵּן שָׁמָּה מַיִם לְרָחְצָה׃ 31 וְרָחֲצוּ
מִמֶּנּוּ מֹשֶׁה וְאַהֲרֹן וּבָנָיו אֶת־יְדֵיהֶם וְאֶת־
רַגְלֵיהֶם׃ 32 בְּבֹאָם אֶל־אֹהֶל מוֹעֵד
וּבְקָרְבָתָם אֶל־הַמִּזְבֵּחַ יִרְחָצוּ כַּאֲשֶׁר צִוָּה
יְהוָה אֶת־מֹשֶׁה׃ ס 33 וַיָּקֶם אֶת־
הֶחָצֵר סָבִיב לַמִּשְׁכָּן וְלַמִּזְבֵּחַ וַיִּתֵּן אֶת־
מָסַךְ שַׁעַר הֶחָצֵר וַיְכַל מֹשֶׁה אֶת־
הַמְּלָאכָה׃ פ
34 וַיְכַס הֶעָנָן אֶת־אֹהֶל מוֹעֵד וּכְבוֹד יְהוָה
מָלֵא אֶת־הַמִּשְׁכָּן׃ 35 וְלֹא־יָכֹל מֹשֶׁה
לָבוֹא אֶל־אֹהֶל מוֹעֵד כִּי־שָׁכַן עָלָיו הֶעָנָן
וּכְבוֹד יְהוָה מָלֵא אֶת־הַמִּשְׁכָּן׃
36 וּבְהֵעָלוֹת הֶעָנָן מֵעַל הַמִּשְׁכָּן יִסְעוּ בְּנֵי
יִשְׂרָאֵל בְּכֹל מַסְעֵיהֶם׃ 37 וְאִם־לֹא יֵעָלֶה
הֶעָנָן וְלֹא יִסְעוּ עַד־יוֹם הֵעָלֹתוֹ׃ 38 כִּי

עֲנַ֨ן יְהוָ֤ה עַֽל־הַמִּשְׁכָּן֙ יוֹמָ֔ם וְאֵ֕שׁ תִּהְיֶ֥ה
לַ֖יְלָה בּ֑וֹ לְעֵינֵ֥י כָל־בֵּֽית־יִשְׂרָאֵ֖ל בְּכָל־
מַסְעֵיהֶֽם׃

upon the tabernacle by day, and there was fire therein by night, in the sight of all the house of Israel, throughout all their journeys.—

LEVITICUS

1 And the Lord called unto Moses, and spoke unto him out of the tent of meeting, saying: [2] Speak unto the children of Israel, and say unto them:

When any man of you bringeth an offering unto the Lord, ye shall bring your offering of the cattle, even of the herd or of the flock.

[3] If his offering be a burnt-offering of the herd, he shall offer it a male without blemish; he shall bring it to the door of the tent of meeting, that he may be accepted before the Lord. [4] And he shall lay his hand upon the head of the burnt-offering; and it shall be accepted for him to make atonement for him. [5] And he shall kill the bullock before the Lord; and Aaron's sons, the priests, shall present the blood, and dash the blood round about against the altar that is at the door of the tent of meeting. [6] And he shall flay the burnt-offering, and cut it into its pieces. [7] And the sons of Aaron the priest shall put fire upon the altar, and lay wood in order upon the fire. [8] And Aaron's sons, the priests, shall lay the pieces, and the head, and the suet, in order upon the wood that is on the fire which is upon the altar; [9] but its inwards and its legs shall he wash with water; and the priest shall make the whole smoke on the altar, for a burnt-offering, an offering made by fire, of a sweet savour unto the Lord.

[10] And if his offering be of the flock, whether of the sheep, or of the goats, for a burnt-offering, he shall offer it a male without blemish. [11] And he shall kill it on the side of the altar northward before the Lord; and Aaron's sons, the priests, shall dash its blood against the altar round about. [12] And he shall cut it into its pieces; and the priest shall lay them, with its head and its suet, in order on the wood that is on the fire which is upon the altar. [13] But the inwards and the legs shall he wash with water; and the

ויקרא

1 וַיִּקְרָא אֶל־מֹשֶׁה וַיְדַבֵּר יְהוָה אֵלָיו
מֵאֹהֶל מוֹעֵד לֵאמֹר׃ 2 דַּבֵּר אֶל־בְּנֵי
יִשְׂרָאֵל וְאָמַרְתָּ אֲלֵהֶם אָדָם כִּי־יַקְרִיב
מִכֶּם קָרְבָּן לַיהוָה מִן־הַבְּהֵמָה מִן־הַבָּקָר
וּמִן־הַצֹּאן תַּקְרִיבוּ אֶת־קָרְבַּנְכֶם׃ 3 אִם־
עֹלָה קָרְבָּנוֹ מִן־הַבָּקָר זָכָר תָּמִים יַקְרִיבֶנּוּ
אֶל־פֶּתַח אֹהֶל מוֹעֵד יַקְרִיב אֹתוֹ לִרְצֹנוֹ
לִפְנֵי יְהוָה׃ 4 וְסָמַךְ יָדוֹ עַל רֹאשׁ הָעֹלָה
וְנִרְצָה לוֹ לְכַפֵּר עָלָיו׃ 5 וְשָׁחַט אֶת־בֶּן
הַבָּקָר לִפְנֵי יְהוָה וְהִקְרִיבוּ בְּנֵי אַהֲרֹן
הַכֹּהֲנִים אֶת־הַדָּם וְזָרְקוּ אֶת־הַדָּם עַל־
הַמִּזְבֵּחַ סָבִיב אֲשֶׁר־פֶּתַח אֹהֶל מוֹעֵד׃
6 וְהִפְשִׁיט אֶת־הָעֹלָה וְנִתַּח אֹתָהּ
לִנְתָחֶיהָ׃ 7 וְנָתְנוּ בְּנֵי אַהֲרֹן הַכֹּהֵן אֵשׁ
עַל־הַמִּזְבֵּחַ וְעָרְכוּ עֵצִים עַל־הָאֵשׁ׃
8 וְעָרְכוּ בְּנֵי אַהֲרֹן הַכֹּהֲנִים אֵת הַנְּתָחִים
אֶת־הָרֹאשׁ וְאֶת־הַפָּדֶר עַל־הָעֵצִים אֲשֶׁר
עַל־הָאֵשׁ אֲשֶׁר עַל־הַמִּזְבֵּחַ׃ 9 וְקִרְבּוֹ
וּכְרָעָיו יִרְחַץ בַּמָּיִם וְהִקְטִיר הַכֹּהֵן אֶת־
הַכֹּל הַמִּזְבֵּחָה עֹלָה אִשֵּׁה רֵיחַ־נִיחוֹחַ
לַיהוָה׃ ס 10 וְאִם־מִן־הַצֹּאן קָרְבָּנוֹ
מִן־הַכְּשָׂבִים אוֹ מִן־הָעִזִּים לְעֹלָה זָכָר
תָּמִים יַקְרִיבֶנּוּ׃ 11 וְשָׁחַט אֹתוֹ עַל יֶרֶךְ
הַמִּזְבֵּחַ צָפֹנָה לִפְנֵי יְהוָה וְזָרְקוּ בְּנֵי אַהֲרֹן
הַכֹּהֲנִים אֶת־דָּמוֹ עַל־הַמִּזְבֵּחַ סָבִיב׃
12 וְנִתַּח אֹתוֹ לִנְתָחָיו וְאֶת־רֹאשׁוֹ וְאֶת־
פִּדְרוֹ וְעָרַךְ הַכֹּהֵן אֹתָם עַל־הָעֵצִים אֲשֶׁר
עַל־הָאֵשׁ אֲשֶׁר עַל־הַמִּזְבֵּחַ׃ 13 וְהַקֶּרֶב

priest shall offer the whole, and make it smoke upon the altar; it is a burnt-offering, an offering made by fire, of a sweet savour unto the LORD.

[14] And if his offering to the LORD be a burnt-offering of fowls, then he shall bring his offering of turtle-doves, or of young pigeons. [15] And the priest shall bring it unto the altar, and pinch off its head, and make it smoke on the altar; and the blood thereof shall be drained out on the side of the altar. [16] And he shall take away its crop with the feathers thereof, and cast it beside the altar on the east part, in the place of the ashes. [17] And he shall rend it by the wings thereof, but shall not divide it asunder; and the priest shall make it smoke upon the altar, upon the wood that is upon the fire; it is a burnt-offering, an offering made by fire, of a sweet savour unto the LORD.

2

And when any one bringeth a meal-offering unto the LORD, his offering shall be of fine flour; and he shall pour oil upon it, and put frankincense thereon. [2] And he shall bring it to Aaron's sons the priests; and he shall take thereout his handful of the fine flour thereof, and of the oil thereof, together with all the frankincense thereof; and the priest shall make the memorial-part thereof smoke upon the altar, an offering made by fire, of a sweet savour unto the LORD. [3] But that which is left of the meal-offering shall be Aaron's and his sons'; it is a thing most holy of the offerings of the LORD made by fire.

[4] And when thou bringest a meal-offering baked in the oven, it shall be unleavened cakes of fine flour mingled with oil, or unleavened wafers spread with oil.

[5] And if thy offering be a meal-offering baked on a griddle, it shall be of fine flour unleavened, mingled with oil. [6] Thou shalt break it in pieces, and pour oil thereon; it is a meal-offering.

[7] And if thy offering be a meal-offering of the stewing-pan, it shall be made of fine flour with oil. [8] And thou shalt bring the meal-offering that is made of these things unto the LORD; and it shall be presented unto the priest, and he shall bring it unto the altar. [9] And the priest shall take off from the meal-offering the memorial-part thereof, and shall make it smoke upon the altar—an offering made by fire, of a

וְהַכְּרָעַיִם יִרְחַץ בַּמָּיִם וְהִקְרִיב הַכֹּהֵן
אֶת־הַכֹּל וְהִקְטִיר הַמִּזְבֵּחָה עֹלָה הוּא
אִשֵּׁה רֵיחַ נִיחֹחַ לַיהוָה׃ פ
14 וְאִם מִן־הָעוֹף עֹלָה קָרְבָּנוֹ לַיהוָה
וְהִקְרִיב מִן־הַתֹּרִים אוֹ מִן־בְּנֵי הַיּוֹנָה
אֶת־קָרְבָּנוֹ׃ 15 וְהִקְרִיבוֹ הַכֹּהֵן אֶל־הַמִּזְבֵּחַ
וּמָלַק אֶת־רֹאשׁוֹ וְהִקְטִיר הַמִּזְבֵּחָה
וְנִמְצָה דָמוֹ עַל קִיר הַמִּזְבֵּחַ׃ 16 וְהֵסִיר
אֶת־מֻרְאָתוֹ בְּנֹצָתָהּ וְהִשְׁלִיךְ אֹתָהּ אֵצֶל
הַמִּזְבֵּחַ קֵדְמָה אֶל־מְקוֹם הַדָּשֶׁן׃ 17 וְשִׁסַּע
אֹתוֹ בִכְנָפָיו לֹא יַבְדִּיל וְהִקְטִיר אֹתוֹ
הַכֹּהֵן הַמִּזְבֵּחָה עַל־הָעֵצִים אֲשֶׁר עַל־
הָאֵשׁ עֹלָה הוּא אִשֵּׁה רֵיחַ נִיחֹחַ
לַיהוָה׃ ס **2** וְנֶפֶשׁ כִּי־תַקְרִיב
קָרְבַּן מִנְחָה לַיהוָה סֹלֶת יִהְיֶה קָרְבָּנוֹ
וְיָצַק עָלֶיהָ שֶׁמֶן וְנָתַן עָלֶיהָ לְבֹנָה׃
2 וֶהֱבִיאָהּ אֶל־בְּנֵי אַהֲרֹן הַכֹּהֲנִים וְקָמַץ
מִשָּׁם מְלֹא קֻמְצוֹ מִסָּלְתָּהּ וּמִשַּׁמְנָהּ עַל
כָּל־לְבֹנָתָהּ וְהִקְטִיר הַכֹּהֵן אֶת־אַזְכָּרָתָהּ
הַמִּזְבֵּחָה אִשֵּׁה רֵיחַ נִיחֹחַ לַיהוָה׃
3 וְהַנּוֹתֶרֶת מִן־הַמִּנְחָה לְאַהֲרֹן וּלְבָנָיו
קֹדֶשׁ קָדָשִׁים מֵאִשֵּׁי יְהוָה׃ ס 4 וְכִי
תַקְרִב קָרְבַּן מִנְחָה מַאֲפֵה תַנּוּר סֹלֶת
חַלּוֹת מַצֹּת בְּלוּלֹת בַּשֶּׁמֶן וּרְקִיקֵי מַצּוֹת
מְשֻׁחִים בַּשָּׁמֶן׃ ס 5 וְאִם־מִנְחָה
עַל־הַמַּחֲבַת קָרְבָּנֶךָ סֹלֶת בְּלוּלָה בַשֶּׁמֶן
מַצָּה תִהְיֶה׃ 6 פָּתוֹת אֹתָהּ פִּתִּים וְיָצַקְתָּ
עָלֶיהָ שָׁמֶן מִנְחָה הִוא׃ ס 7 וְאִם־
מִנְחַת מַרְחֶשֶׁת קָרְבָּנֶךָ סֹלֶת בַּשֶּׁמֶן
תֵּעָשֶׂה׃ 8 וְהֵבֵאתָ אֶת־הַמִּנְחָה אֲשֶׁר
יֵעָשֶׂה מֵאֵלֶּה לַיהוָה וְהִקְרִיבָהּ אֶל־הַכֹּהֵן
וְהִגִּישָׁהּ אֶל־הַמִּזְבֵּחַ׃ 9 וְהֵרִים הַכֹּהֵן מִן־
הַמִּנְחָה אֶת־אַזְכָּרָתָהּ וְהִקְטִיר הַמִּזְבֵּחָה

sweet savour unto the LORD. [10] But that which is left of the meal-offering shall be Aaron's and his sons'; it is a thing most holy of the offerings of the LORD made by fire. [11] No meal-offering, which ye shall bring unto the LORD, shall be made with leaven; for ye shall make no leaven, nor any honey, smoke as an offering made by fire unto the LORD. [12] As an offering of first-fruits ye may bring them unto the LORD; but they shall not come up for a sweet savour on the altar. [13] And every meal-offering of thine shalt thou season with salt; neither shalt thou suffer the salt of the covenant of thy God to be lacking from thy meal-offering; with all thine offerings thou shalt offer salt.

[14] And if thou bring a meal-offering of first-fruits unto the LORD, thou shalt bring for the meal-offering of thy first-fruits corn in the ear parched with fire, even groats of the fresh ear. [15] And thou shalt put oil upon it, and lay frankincense thereon; it is a meal-offering. [16] And the priest shall make the memorial-part of it smoke, even of the groats thereof, and of the oil thereof, with all the frankincense thereof, it is an offering made by fire unto the LORD.

3 And if his offering be a sacrifice of peace-offerings: if he offer of the herd, whether male or female, he shall offer it without blemish before the LORD. [2] And he shall lay his hand upon the head of his offering, and kill it at the door of the tent of meeting; and Aaron's sons the priests shall dash the blood against the altar round about. [3] And he shall present of the sacrifice of peace-offerings an offering made by fire unto the LORD: the fat that covereth the inwards, and all the fat that is upon the inwards, [4] and the two kidneys, and the fat that is on them, which is by the loins, and the lobe above the liver, which he shall take away hard by the kidneys. [5] And Aaron's sons shall make it smoke on the altar upon the burnt-offering, which is upon the wood that is on the fire; it is an offering made by fire, of a sweet savour unto the LORD.

[6] And if his offering for a sacrifice of peace-offerings unto the LORD be of the flock, male or female, he shall offer it without blemish.

אִשֵּׁה רֵיחַ נִיחֹחַ לַיהוָה׃ 10 וְהַנּוֹתֶרֶת
מִן־הַמִּנְחָה לְאַהֲרֹן וּלְבָנָיו קֹדֶשׁ קָדָשִׁים
מֵאִשֵּׁי יְהוָה׃ 11 כָּל־הַמִּנְחָה אֲשֶׁר תַּקְרִיבוּ
לַיהוָה לֹא תֵעָשֶׂה חָמֵץ כִּי כָל־שְׂאֹר
וְכָל־דְּבַשׁ לֹא־תַקְטִירוּ מִמֶּנּוּ אִשֶּׁה
לַיהוָה׃ 12 קָרְבַּן רֵאשִׁית תַּקְרִיבוּ אֹתָם
לַיהוָה וְאֶל־הַמִּזְבֵּחַ לֹא־יַעֲלוּ לְרֵיחַ
נִיחֹחַ׃ 13 וְכָל־קָרְבַּן מִנְחָתְךָ בַּמֶּלַח תִּמְלָח
וְלֹא תַשְׁבִּית מֶלַח בְּרִית אֱלֹהֶיךָ מֵעַל
מִנְחָתֶךָ עַל כָּל־קָרְבָּנְךָ תַּקְרִיב מֶלַח׃ ס
14 וְאִם־תַּקְרִיב מִנְחַת בִּכּוּרִים לַיהוָה
אָבִיב קָלוּי בָּאֵשׁ גֶּרֶשׂ כַּרְמֶל תַּקְרִיב אֵת
מִנְחַת בִּכּוּרֶיךָ׃ 15 וְנָתַתָּ עָלֶיהָ שֶׁמֶן
וְשַׂמְתָּ עָלֶיהָ לְבֹנָה מִנְחָה הִוא׃
16 וְהִקְטִיר הַכֹּהֵן אֶת־אַזְכָּרָתָהּ מִגִּרְשָׂהּ
וּמִשַּׁמְנָהּ עַל כָּל־לְבֹנָתָהּ אִשֶּׁה
לַיהוָה׃ פ
3 וְאִם־זֶבַח שְׁלָמִים קָרְבָּנוֹ אִם מִן־
הַבָּקָר הוּא מַקְרִיב אִם־זָכָר אִם־נְקֵבָה
תָּמִים יַקְרִיבֶנּוּ לִפְנֵי יְהוָה׃ 2 וְסָמַךְ יָדוֹ
עַל־רֹאשׁ קָרְבָּנוֹ וּשְׁחָטוֹ פֶּתַח אֹהֶל מוֹעֵד
וְזָרְקוּ בְּנֵי אַהֲרֹן הַכֹּהֲנִים אֶת־הַדָּם עַל־
הַמִּזְבֵּחַ סָבִיב׃ 3 וְהִקְרִיב מִזֶּבַח הַשְּׁלָמִים
אִשֶּׁה לַיהוָה אֶת־הַחֵלֶב הַמְכַסֶּה אֶת־
הַקֶּרֶב וְאֵת כָּל־הַחֵלֶב אֲשֶׁר עַל־הַקֶּרֶב׃
4 וְאֵת שְׁתֵּי הַכְּלָיֹת וְאֶת־הַחֵלֶב אֲשֶׁר
עֲלֵהֶן אֲשֶׁר עַל־הַכְּסָלִים וְאֶת־הַיֹּתֶרֶת
עַל־הַכָּבֵד עַל־הַכְּלָיוֹת יְסִירֶנָּה׃
5 וְהִקְטִירוּ אֹתוֹ בְנֵי־אַהֲרֹן הַמִּזְבֵּחָה עַל־
הָעֹלָה אֲשֶׁר עַל־הָעֵצִים אֲשֶׁר עַל־הָאֵשׁ
אִשֵּׁה רֵיחַ נִיחֹחַ לַיהוָה׃ פ
6 וְאִם־מִן־הַצֹּאן קָרְבָּנוֹ לְזֶבַח שְׁלָמִים
לַיהוָה זָכָר אוֹ נְקֵבָה תָּמִים יַקְרִיבֶנּוּ׃

[7] If he bring a lamb for his offering, then shall he present it before the LORD. [8] And he shall lay his hand upon the head of his offering, and kill it before the tent of meeting; and Aaron's sons shall dash the blood thereof against the altar round about. [9] And he shall present of the sacrifice of peace-offerings an offering made by fire unto the LORD: the fat thereof, the fat tail entire, which he shall take away hard by the rump-bone; and the fat that covereth the inwards, and all the fat that is upon the inwards, [10] and the two kidneys, and the fat that is upon them, which is by the loins, and the lobe above the liver, which he shall take away by the kidneys. [11] And the priest shall make it smoke upon the altar; it is the food of the offering made by fire unto the LORD.

[12] And if his offering be a goat, then he shall present it before the LORD. [13] And he shall lay his hand upon the head of it, and kill it before the tent of meeting; and the sons of Aaron shall dash the blood thereof against the altar round about. [14] And he shall present thereof his offering, even an offering made by fire unto the LORD: the fat that covereth the inwards, and all the fat that is upon the inwards, [15] and the two kidneys, and the fat that is upon them, which is by the loins, and the lobe above the liver, which he shall take away by the kidneys. [16] And the priest shall make them smoke upon the altar; it is the food of the offering made by fire, for a sweet savour; all the fat is the LORD's. [17] It shall be a perpetual statute throughout your generations in all your dwellings, that ye shall eat neither fat nor blood.

4 And the LORD spoke unto Moses, saying: [2] Speak unto the children of Israel, saying: If any one shall sin through error, in any of the things which the LORD hath commanded not to be done, and shall do any one of them: [3] if the anointed priest shall sin so as to bring guilt on the people, then let him offer for his sin, which he hath sinned, a young bullock without blemish unto the LORD for a sin-offering. [4] And he shall bring the bullock unto the door of the tent of

7 אִם־כֶּשֶׂב הוּא־מַקְרִיב אֶת־קָרְבָּנוֹ
וְהִקְרִיב אֹתוֹ לִפְנֵי יְהוָה׃ 8 וְסָמַךְ אֶת־יָדוֹ
עַל־רֹאשׁ קָרְבָּנוֹ וְשָׁחַט אֹתוֹ לִפְנֵי אֹהֶל
מוֹעֵד וְזָרְקוּ בְּנֵי אַהֲרֹן אֶת־דָּמוֹ עַל־
הַמִּזְבֵּחַ סָבִיב׃ 9 וְהִקְרִיב מִזֶּבַח הַשְּׁלָמִים
אִשֶּׁה לַיהוָה חֶלְבּוֹ הָאַלְיָה תְמִימָה
לְעֻמַּת הֶעָצֶה יְסִירֶנָּה וְאֶת־הַחֵלֶב
הַמְכַסֶּה אֶת־הַקֶּרֶב וְאֵת כָּל־הַחֵלֶב אֲשֶׁר
עַל־הַקֶּרֶב׃ 10 וְאֵת שְׁתֵּי הַכְּלָיֹת וְאֶת־
הַחֵלֶב אֲשֶׁר עֲלֵהֶן אֲשֶׁר עַל־הַכְּסָלִים
וְאֶת־הַיֹּתֶרֶת עַל־הַכָּבֵד עַל־הַכְּלָיֹת
יְסִירֶנָּה׃ 11 וְהִקְטִירוֹ הַכֹּהֵן הַמִּזְבֵּחָה לֶחֶם
אִשֶּׁה לַיהוָה׃ פ
12 וְאִם עֵז קָרְבָּנוֹ וְהִקְרִיבוֹ לִפְנֵי יְהוָה׃
13 וְסָמַךְ אֶת־יָדוֹ עַל־רֹאשׁוֹ וְשָׁחַט אֹתוֹ
לִפְנֵי אֹהֶל מוֹעֵד וְזָרְקוּ בְּנֵי אַהֲרֹן אֶת־דָּמוֹ
עַל־הַמִּזְבֵּחַ סָבִיב׃ 14 וְהִקְרִיב מִמֶּנּוּ קָרְבָּנוֹ
אִשֶּׁה לַיהוָה אֶת־הַחֵלֶב הַמְכַסֶּה אֶת־
הַקֶּרֶב וְאֵת כָּל־הַחֵלֶב אֲשֶׁר עַל־הַקֶּרֶב׃
15 וְאֵת שְׁתֵּי הַכְּלָיֹת וְאֶת־הַחֵלֶב אֲשֶׁר
עֲלֵהֶן אֲשֶׁר עַל־הַכְּסָלִים וְאֶת־הַיֹּתֶרֶת
עַל־הַכָּבֵד עַל־הַכְּלָיֹת יְסִירֶנָּה׃
16 וְהִקְטִירָם הַכֹּהֵן הַמִּזְבֵּחָה לֶחֶם אִשֶּׁה
לְרֵיחַ נִיחֹחַ כָּל־חֵלֶב לַיהוָה׃ 17 חֻקַּת
עוֹלָם לְדֹרֹתֵיכֶם בְּכֹל מוֹשְׁבֹתֵיכֶם כָּל־
חֵלֶב וְכָל־דָּם לֹא תֹאכֵלוּ׃ פ
4 וַיְדַבֵּר יְהוָה אֶל־מֹשֶׁה לֵּאמֹר׃ 2 דַּבֵּר
אֶל־בְּנֵי יִשְׂרָאֵל לֵאמֹר נֶפֶשׁ כִּי־תֶחֱטָא
בִשְׁגָגָה מִכֹּל מִצְוֺת יְהוָה אֲשֶׁר לֹא
תֵעָשֶׂינָה וְעָשָׂה מֵאַחַת מֵהֵנָּה׃ 3 אִם
הַכֹּהֵן הַמָּשִׁיחַ יֶחֱטָא לְאַשְׁמַת הָעָם
וְהִקְרִיב עַל חַטָּאתוֹ אֲשֶׁר חָטָא פַּר
בֶּן־בָּקָר תָּמִים לַיהוָה לְחַטָּאת׃ 4 וְהֵבִיא

meeting before the LORD; and he shall lay his hand upon the head of the bullock, and kill the bullock before the LORD. [5] And the anointed priest shall take of the blood of the bullock, and bring it to the tent of meeting. [6] And the priest shall dip his finger in the blood, and sprinkle of the blood seven times before the LORD, in front of the veil of the sanctuary. [7] And the priest shall put of the blood upon the horns of the altar of sweet incense before the LORD, which is in the tent of meeting; and all the remaining blood of the bullock shall he pour out at the base of the altar of burnt-offering, which is at the door of the tent of meeting. [8] And all the fat of the bullock of the sin-offering he shall take off from it: the fat that covereth the inwards, and all the fat that is upon the inwards, [9] and the two kidneys, and the fat that is upon them, which is by the loins, and the lobe above the liver, which he shall take away by the kidneys, [10] as it is taken off from the ox of the sacrifice of peace-offerings; and the priest shall make them smoke upon the altar of burnt-offering. [11] But the skin of the bullock, and all its flesh, with its head, and with its legs, and its inwards, and its dung, [12] even the whole bullock shall he carry forth without the camp unto a clean place, where the ashes are poured out, and burn it on wood with fire; where the ashes are poured out shall it be burnt.

[13] And if the whole congregation of Israel shall err, the thing being hid from the eyes of the assembly, and do any of the things which the LORD hath commanded not to be done, and are guilty: [14] when the sin wherein they have sinned is known, then the assembly shall offer a young bullock for a sin-offering, and bring it before the tent of meeting. [15] And the elders of the congregation shall lay their hands upon the head of the bullock before the LORD; and the bullock shall be killed before the LORD. [16] And the anointed priest shall bring of the blood of the

אֶת־הַפָּר אֶל־פֶּתַח אֹהֶל מוֹעֵד לִפְנֵי יְהוָה
וְסָמַךְ אֶת־יָדוֹ עַל־רֹאשׁ הַפָּר וְשָׁחַט אֶת־
הַפָּר לִפְנֵי יְהוָה׃ 5 וְלָקַח הַכֹּהֵן הַמָּשִׁיחַ
מִדַּם הַפָּר וְהֵבִיא אֹתוֹ אֶל־אֹהֶל מוֹעֵד׃
6 וְטָבַל הַכֹּהֵן אֶת־אֶצְבָּעוֹ בַּדָּם וְהִזָּה
מִן־הַדָּם שֶׁבַע פְּעָמִים לִפְנֵי יְהוָה אֶת־פְּנֵי
פָּרֹכֶת הַקֹּדֶשׁ׃ 7 וְנָתַן הַכֹּהֵן מִן־הַדָּם
עַל־קַרְנוֹת מִזְבַּח קְטֹרֶת הַסַּמִּים לִפְנֵי
יְהוָה אֲשֶׁר בְּאֹהֶל מוֹעֵד וְאֵת ׀ כָּל־דַּם
הַפָּר יִשְׁפֹּךְ אֶל־יְסוֹד מִזְבַּח הָעֹלָה אֲשֶׁר־
פֶּתַח אֹהֶל מוֹעֵד׃ 8 וְאֶת־כָּל־חֵלֶב פַּר
הַחַטָּאת יָרִים מִמֶּנּוּ אֶת־הַחֵלֶב הַמְכַסֶּה
עַל־הַקֶּרֶב וְאֵת כָּל־הַחֵלֶב אֲשֶׁר עַל־
הַקֶּרֶב׃ 9 וְאֵת שְׁתֵּי הַכְּלָיֹת וְאֶת־הַחֵלֶב
אֲשֶׁר עֲלֵיהֶן אֲשֶׁר עַל־הַכְּסָלִים וְאֶת־
הַיֹּתֶרֶת עַל־הַכָּבֵד עַל־הַכְּלָיוֹת יְסִירֶנָּה׃
10 כַּאֲשֶׁר יוּרַם מִשּׁוֹר זֶבַח הַשְּׁלָמִים
וְהִקְטִירָם הַכֹּהֵן עַל מִזְבַּח הָעֹלָה׃
11 וְאֶת־עוֹר הַפָּר וְאֶת־כָּל־בְּשָׂרוֹ עַל־
רֹאשׁוֹ וְעַל־כְּרָעָיו וְקִרְבּוֹ וּפִרְשׁוֹ׃
12 וְהוֹצִיא אֶת־כָּל־הַפָּר אֶל־מִחוּץ לַמַּחֲנֶה
אֶל־מָקוֹם טָהוֹר אֶל־שֶׁפֶךְ הַדֶּשֶׁן וְשָׂרַף
אֹתוֹ עַל־עֵצִים בָּאֵשׁ עַל־שֶׁפֶךְ הַדֶּשֶׁן
יִשָּׂרֵף׃ פ
13 וְאִם כָּל־עֲדַת יִשְׂרָאֵל יִשְׁגּוּ וְנֶעְלַם דָּבָר
מֵעֵינֵי הַקָּהָל וְעָשׂוּ אַחַת מִכָּל־מִצְוֹת
יְהוָה אֲשֶׁר לֹא־תֵעָשֶׂינָה וְאָשֵׁמוּ׃
14 וְנוֹדְעָה הַחַטָּאת אֲשֶׁר חָטְאוּ עָלֶיהָ
וְהִקְרִיבוּ הַקָּהָל פַּר בֶּן־בָּקָר לְחַטָּאת
וְהֵבִיאוּ אֹתוֹ לִפְנֵי אֹהֶל מוֹעֵד׃ 15 וְסָמְכוּ
זִקְנֵי הָעֵדָה אֶת־יְדֵיהֶם עַל־רֹאשׁ הַפָּר
לִפְנֵי יְהוָה וְשָׁחַט אֶת־הַפָּר לִפְנֵי יְהוָה׃
16 וְהֵבִיא הַכֹּהֵן הַמָּשִׁיחַ מִדַּם הַפָּר אֶל־

bullock to the tent of meeting. [17] And the priest shall dip his finger in the blood, and sprinkle it seven times before the LORD, in front of the veil. [18] And he shall put of the blood upon the horns of the altar which is before the LORD, that is in the tent of meeting, and all the remaining blood shall he pour out at the base of the altar of burnt-offering, which is at the door of the tent of meeting. [19] And all the fat thereof shall he take off from it, and make it smoke upon the altar. [20] Thus shall he do with the bullock; as he did with the bullock of the sin-offering, so shall he do with this; and the priest shall make atonement for them, and they shall be forgiven. [21] And he shall carry forth the bullock without the camp, and burn it as he burned the first bullock; it is the sin-offering for the assembly.

[22] When a ruler sinneth, and doeth through error any one of all the things which the LORD his God hath commanded not to be done, and is guilty: [23] if his sin, wherein he hath sinned, be known to him, he shall bring for his offering a goat, a male without blemish. [24] And he shall lay his hand upon the head of the goat, and kill it in the place where they kill the burnt-offering before the LORD; it is a sin-offering. [25] And the priest shall take of the blood of the sin-offering with his finger, and put it upon the horns of the altar of burnt-offering, and the remaining blood thereof shall he pour out at the base of the altar of burnt-offering. [26] And all the fat thereof shall he make smoke upon the altar, as the fat of the sacrifice of peace-offerings; and the priest shall make atonement for him as concerning his sin, and he shall be forgiven.

[27] And if any one of the common people sin through error, in doing any of the things which the LORD hath commanded not to be done, and be guilty: [28] if his sin, which he hath sinned, be known to him, then he shall bring for his offering a goat, a female without blemish, for his sin which he hath sinned. [29] And he shall lay his hand upon the head of the sin-offering, and kill the sin-offering in the place of burnt-

אֹהֶל מוֹעֵד׃ 17 וְטָבַל הַכֹּהֵן אֶצְבָּעוֹ מִן־
הַדָּם וְהִזָּה שֶׁבַע פְּעָמִים לִפְנֵי יְהוָה אֵת
פְּנֵי הַפָּרֹכֶת׃ 18 וּמִן־הַדָּם יִתֵּן | עַל־קַרְנֹת
הַמִּזְבֵּחַ אֲשֶׁר לִפְנֵי יְהוָה אֲשֶׁר בְּאֹהֶל
מוֹעֵד וְאֵת כָּל־הַדָּם יִשְׁפֹּךְ אֶל־יְסוֹד
מִזְבַּח הָעֹלָה אֲשֶׁר־פֶּתַח אֹהֶל מוֹעֵד׃
19 וְאֵת כָּל־חֶלְבּוֹ יָרִים מִמֶּנּוּ וְהִקְטִיר
הַמִּזְבֵּחָה׃ 20 וְעָשָׂה לַפָּר כַּאֲשֶׁר עָשָׂה לְפַר
הַחַטָּאת כֵּן יַעֲשֶׂה־לּוֹ וְכִפֶּר עֲלֵהֶם הַכֹּהֵן
וְנִסְלַח לָהֶם׃ 21 וְהוֹצִיא אֶת־הַפָּר אֶל־
מִחוּץ לַמַּחֲנֶה וְשָׂרַף אֹתוֹ כַּאֲשֶׁר שָׂרַף
אֵת הַפָּר הָרִאשׁוֹן חַטַּאת הַקָּהָל
הוּא׃ פ
22 אֲשֶׁר נָשִׂיא יֶחֱטָא וְעָשָׂה אַחַת מִכָּל־
מִצְוֹת יְהוָה אֱלֹהָיו אֲשֶׁר לֹא־תֵעָשֶׂינָה
בִּשְׁגָגָה וְאָשֵׁם׃ 23 אוֹ־הוֹדַע אֵלָיו חַטָּאתוֹ
אֲשֶׁר חָטָא בָּהּ וְהֵבִיא אֶת־קָרְבָּנוֹ שְׂעִיר
עִזִּים זָכָר תָּמִים׃ 24 וְסָמַךְ יָדוֹ עַל־רֹאשׁ
הַשָּׂעִיר וְשָׁחַט אֹתוֹ בִּמְקוֹם אֲשֶׁר־יִשְׁחַט
אֶת־הָעֹלָה לִפְנֵי יְהוָה חַטָּאת הוּא׃
25 וְלָקַח הַכֹּהֵן מִדַּם הַחַטָּאת בְּאֶצְבָּעוֹ
וְנָתַן עַל־קַרְנֹת מִזְבַּח הָעֹלָה וְאֶת־דָּמוֹ
יִשְׁפֹּךְ אֶל־יְסוֹד מִזְבַּח הָעֹלָה׃ 26 וְאֶת־כָּל־
חֶלְבּוֹ יַקְטִיר הַמִּזְבֵּחָה כְּחֵלֶב זֶבַח
הַשְּׁלָמִים וְכִפֶּר עָלָיו הַכֹּהֵן מֵחַטָּאתוֹ
וְנִסְלַח לוֹ׃ פ
27 וְאִם־נֶפֶשׁ אַחַת תֶּחֱטָא בִשְׁגָגָה מֵעַם
הָאָרֶץ בַּעֲשֹׂתָהּ אַחַת מִמִּצְוֹת יְהוָה אֲשֶׁר
לֹא־תֵעָשֶׂינָה וְאָשֵׁם׃ 28 אוֹ הוֹדַע אֵלָיו
חַטָּאתוֹ אֲשֶׁר חָטָא וְהֵבִיא קָרְבָּנוֹ שְׂעִירַת
עִזִּים תְּמִימָה נְקֵבָה עַל־חַטָּאתוֹ אֲשֶׁר
חָטָא׃ 29 וְסָמַךְ אֶת־יָדוֹ עַל רֹאשׁ הַחַטָּאת
וְשָׁחַט אֶת־הַחַטָּאת בִּמְקוֹם הָעֹלָה׃

offering. [30] And the priest shall take of the blood thereof with his finger, and put it upon the horns of the altar of burnt-offering, and all the remaining blood thereof shall he pour out at the base of the altar. [31] And all the fat thereof shall he take away, as the fat is taken away from off the sacrifice of peace-offerings; and the priest shall make it smoke upon the altar for a sweet savour unto the LORD; and the priest shall make atonement for him, and he shall be forgiven.

[32] And if he bring a lamb as his offering for a sin-offering, he shall bring it a female without blemish. [33] And he shall lay his hand upon the head of the sin-offering, and kill it for a sin-offering in the place where they kill the burnt-offering. [34] And the priest shall take of the blood of the sin-offering with his finger, and put it upon the horns of the altar of burnt-offering, and all the remaining blood thereof shall he pour out at the base of the altar. [35] And all the fat thereof shall he take away, as the fat of the lamb is taken away from the sacrifice of peace-offerings; and the priest shall make them smoke on the altar, upon the offerings of the LORD made by fire; and the priest shall make atonement for him as touching his sin that he hath sinned, and he shall be forgiven.

5 And if any one sin, in that he heareth the voice of adjuration, he being a witness, whether he hath seen or known, if he do not utter it, then he shall bear his iniquity; [2] or if any one touch any unclean thing, whether it be the carcass of an unclean beast, or the carcass of unclean cattle, or the carcass of unclean swarming things, and be guilty, it being hidden from him that he is unclean; [3] or if he touch the uncleanness of man, whatsoever his uncleanness be wherewith he is unclean, and it be hid from him; and, when he knoweth of it, be guilty; [4] or if any one swear clearly with his lips to do evil, or to do good, whatsoever it be that a man shall utter clearly with an oath, and it be hid from him; and, when he knoweth of it, be guilty in one of these things; [5] and it shall be, when he shall be guilty in one of these things, that he shall confess that wherein he hath sinned; [6] and he shall bring his forfeit unto the LORD for his sin which he hath sinned, a female from the flock, a lamb or a goat, for a sin-offering; and the priest shall make atonement for him as concerning his

30 וְלָקַח הַכֹּהֵן מִדָּמָהּ בְּאֶצְבָּעוֹ וְנָתַן עַל־
קַרְנֹת מִזְבַּח הָעֹלָה וְאֶת־כָּל־דָּמָהּ יִשְׁפֹּךְ
אֶל־יְסוֹד הַמִּזְבֵּחַ׃ 31 וְאֶת־כָּל־חֶלְבָּהּ יָסִיר
כַּאֲשֶׁר הוּסַר חֵלֶב מֵעַל זֶבַח הַשְּׁלָמִים
וְהִקְטִיר הַכֹּהֵן הַמִּזְבֵּחָה לְרֵיחַ נִיחֹחַ
לַיהוָה וְכִפֶּר עָלָיו הַכֹּהֵן וְנִסְלַח לוֹ׃ פ
32 וְאִם־כֶּבֶשׂ יָבִיא קָרְבָּנוֹ לְחַטָּאת נְקֵבָה
תְמִימָה יְבִיאֶנָּה׃ 33 וְסָמַךְ אֶת־יָדוֹ עַל
רֹאשׁ הַחַטָּאת וְשָׁחַט אֹתָהּ לְחַטָּאת
בִּמְקוֹם אֲשֶׁר יִשְׁחַט אֶת־הָעֹלָה׃ 34 וְלָקַח
הַכֹּהֵן מִדַּם הַחַטָּאת בְּאֶצְבָּעוֹ וְנָתַן עַל־
קַרְנֹת מִזְבַּח הָעֹלָה וְאֶת־כָּל־דָּמָהּ יִשְׁפֹּךְ
אֶל־יְסוֹד הַמִּזְבֵּחַ׃ 35 וְאֶת־כָּל־חֶלְבָּהּ יָסִיר
כַּאֲשֶׁר יוּסַר חֵלֶב־הַכֶּשֶׂב מִזֶּבַח הַשְּׁלָמִים
וְהִקְטִיר הַכֹּהֵן אֹתָם הַמִּזְבֵּחָה עַל אִשֵּׁי
יְהוָה וְכִפֶּר עָלָיו הַכֹּהֵן עַל־חַטָּאתוֹ אֲשֶׁר־
חָטָא וְנִסְלַח לוֹ׃ פ

5 וְנֶפֶשׁ כִּי־תֶחֱטָא וְשָׁמְעָה קוֹל אָלָה
וְהוּא עֵד אוֹ רָאָה אוֹ יָדָע אִם־לוֹא יַגִּיד
וְנָשָׂא עֲוֺנוֹ׃ 2 אוֹ נֶפֶשׁ אֲשֶׁר תִּגַּע בְּכָל־דָּבָר
טָמֵא אוֹ בְנִבְלַת חַיָּה טְמֵאָה אוֹ בְּנִבְלַת
בְּהֵמָה טְמֵאָה אוֹ בְּנִבְלַת שֶׁרֶץ טָמֵא
וְנֶעְלַם מִמֶּנּוּ וְהוּא טָמֵא וְאָשֵׁם׃ 3 אוֹ כִי
יִגַּע בְּטֻמְאַת אָדָם לְכֹל טֻמְאָתוֹ אֲשֶׁר
יִטְמָא בָּהּ וְנֶעְלַם מִמֶּנּוּ וְהוּא יָדַע וְאָשֵׁם׃
4 אוֹ נֶפֶשׁ כִּי תִשָּׁבַע לְבַטֵּא בִשְׂפָתַיִם
לְהָרַע ׀ אוֹ לְהֵיטִיב לְכֹל אֲשֶׁר יְבַטֵּא
הָאָדָם בִּשְׁבֻעָה וְנֶעְלַם מִמֶּנּוּ וְהוּא־יָדַע
וְאָשֵׁם לְאַחַת מֵאֵלֶּה׃ 5 וְהָיָה כִי־יֶאְשַׁם
לְאַחַת מֵאֵלֶּה וְהִתְוַדָּה אֲשֶׁר חָטָא עָלֶיהָ׃
6 וְהֵבִיא אֶת־אֲשָׁמוֹ לַיהוָה עַל חַטָּאתוֹ
אֲשֶׁר חָטָא נְקֵבָה מִן־הַצֹּאן כִּשְׂבָּה אוֹ־
שְׂעִירַת עִזִּים לְחַטָּאת וְכִפֶּר עָלָיו הַכֹּהֵן

sin. [7] And if his means suffice not for a lamb, then he shall bring his forfeit for that wherein he hath sinned, two turtledoves, or two young pigeons, unto the LORD: one for a sin-offering, and the other for a burnt-offering. [8] And he shall bring them unto the priest, who shall offer that which is for the sin-offering first, and pinch off its head close by its neck, but shall not divide it asunder. [9] And he shall sprinkle of the blood of the sin-offering upon the side of the altar; and the rest of the blood shall be drained out at the base of the altar; it is a sin-offering. [10] And he shall prepare the second for a burnt-offering, according to the ordinance; and the priest shall make atonement for him as concerning his sin which he hath sinned, and he shall be forgiven.

[11] But if his means suffice not for two turtle-doves, or two young pigeons, then he shall bring his offering for that wherein he hath sinned, the tenth part of an ephah of fine flour for a sin-offering; he shall put no oil upon it, neither shall he put any frankincense thereon; for it is a sin-offering. [12] And he shall bring it to the priest, and the priest shall take his handful of it as the memorial-part thereof, and make it smoke on the altar, upon the offerings of the LORD made by fire; it is a sin-offering. [13] And the priest shall make atonement for him as touching his sin that he hath sinned in any of these things, and he shall be forgiven; and the remnant shall be the priest's, as the meal-offering.

[14] And the LORD spoke unto Moses, saying: [15] If any one commit a trespass, and sin through error, in the holy things of the LORD, then he shall bring his forfeit unto the LORD, a ram without blemish out of the flock, according to thy valuation in silver by shekels, after the shekel of the sanctuary, for a guilt-offering. [16] And he shall make restitution for that which he hath done amiss in the holy thing, and shall add the fifth part thereto, and give it unto the priest; and the priest shall make atonement for him with the ram of the guilt-offering, and he shall be forgiven.

[17] And if any one sin, and do any of the things which the LORD hath commanded not to be done, though he know it not, yet is he guilty, and shall bear his iniquity. [18] And he shall bring a ram without blemish out of the flock, according to thy valuation, for a guilt-offering, unto the priest; and the priest shall make atonement for him concerning the error which he committed,

מחטאתו׃ 7 ואם־לא תגיע ידו די שה
והביא את־אשמו אשר חטא שתי תרים
או־שני בני־יונה ליהוה אחד לחטאת
ואחד לעלה׃ 8 והביא אתם אל־הכהן
והקריב את־אשר לחטאת ראשונה
ומלק את־ראשו ממול ערפו ולא יבדיל׃
9 והזה מדם החטאת על־קיר המזבח
והנשאר בדם ימצה אל־יסוד המזבח
חטאת הוא׃ 10 ואת־השני יעשה עלה
כמשפט וכפר עליו הכהן מחטאתו
אשר־חטא ונסלח לו׃ ס 11 ואם־לא
תשיג ידו לשתי תרים או לשני בני־יונה
והביא את־קרבנו אשר חטא עשירת
האפה סלת לחטאת לא־ישים עליה
שמן ולא־יתן עליה לבנה כי חטאת
היא׃ 12 והביאה אל־הכהן וקמץ הכהן ׀
ממנה מלוא קמצו את־אזכרתה והקטיר
המזבחה על אשי יהוה חטאת הוא׃
13 וכפר עליו הכהן על־חטאתו אשר־
חטא מאחת מאלה ונסלח לו והיתה
לכהן כמנחה׃ ס 14 וידבר יהוה
אל־משה לאמר׃ 15 נפש כי־תמעל מעל
וחטאה בשגגה מקדשי יהוה והביא
את־אשמו ליהוה איל תמים מן־הצאן
בערכך כסף־שקלים בשקל־הקדש
לאשם׃ 16 ואת אשר חטא מן־הקדש
ישלם ואת־חמישתו יוסף עליו ונתן אתו
לכהן והכהן יכפר עליו באיל האשם
ונסלח לו׃ פ
17 ואם־נפש כי תחטא ועשתה אחת
מכל־מצות יהוה אשר לא תעשינה
ולא־ידע ואשם ונשא עונו׃ 18 והביא איל
תמים מן־הצאן בערכך לאשם אל־הכהן

though he knew it not, and he shall be forgiven. [19] It is a guilt-offering—he is certainly guilty before the LORD.

[20] And the LORD spoke unto Moses, saying: [21] If any one sin, and commit a trespass against the LORD, and deal falsely with his neighbour in a matter of deposit, or of pledge, or of robbery, or have oppressed his neighbour; [22] or have found that which was lost, and deal falsely therein, and swear to a lie; in any of all these that a man doeth, sinning therein; [23] then it shall be, if he hath sinned, and is guilty, that he shall restore that which he took by robbery, or the thing which he hath gotten by oppression, or the deposit which was deposited with him, or the lost thing which he found, [24] or any thing about which he hath sworn falsely, he shall even restore it in full, and shall add the fifth part more thereto; unto him to whom it appertaineth shall he give it, in the day of his being guilty. [25] And he shall bring his forfeit unto the LORD, a ram without blemish out of the flock, according to thy valuation, for a guilt-offering, unto the priest. [26] And the priest shall make atonement for him before the LORD, and he shall be forgiven, concerning whatsoever he doeth so as to be guilty thereby.

וְכִפֶּר עָלָיו הַכֹּהֵן עַל שִׁגְגָתוֹ אֲשֶׁר־שָׁגָג
וְהוּא לֹא־יָדַע וְנִסְלַח לוֹ׃ 19 אָשָׁם הוּא
אָשֹׁם אָשַׁם לַיהוָה׃ פ
20 וַיְדַבֵּר יְהוָה אֶל־מֹשֶׁה לֵּאמֹר׃ 21 נֶפֶשׁ
כִּי תֶחֱטָא וּמָעֲלָה מַעַל בַּיהוָה וְכִחֵשׁ
בַּעֲמִיתוֹ בְּפִקָּדוֹן אוֹ־בִתְשׂוּמֶת יָד אוֹ בְגָזֵל
אוֹ עָשַׁק אֶת־עֲמִיתוֹ׃ 22 אוֹ־מָצָא אֲבֵדָה
וְכִחֶשׁ בָּהּ וְנִשְׁבַּע עַל־שָׁקֶר עַל־אַחַת
מִכֹּל אֲשֶׁר־יַעֲשֶׂה הָאָדָם לַחֲטֹא בָהֵנָּה׃
23 וְהָיָה כִּי־יֶחֱטָא וְאָשֵׁם וְהֵשִׁיב אֶת־
הַגְּזֵלָה אֲשֶׁר גָּזָל אוֹ אֶת־הָעֹשֶׁק אֲשֶׁר
עָשָׁק אוֹ אֶת־הַפִּקָּדוֹן אֲשֶׁר הָפְקַד אִתּוֹ
אוֹ אֶת־הָאֲבֵדָה אֲשֶׁר מָצָא׃ 24 אוֹ מִכֹּל
אֲשֶׁר־יִשָּׁבַע עָלָיו לַשֶּׁקֶר וְשִׁלַּם אֹתוֹ
בְּרֹאשׁוֹ וַחֲמִשִׁתָיו יֹסֵף עָלָיו לַאֲשֶׁר הוּא
לוֹ יִתְּנֶנּוּ בְּיוֹם אַשְׁמָתוֹ׃ 25 וְאֶת־אֲשָׁמוֹ
יָבִיא לַיהוָה אַיִל תָּמִים מִן־הַצֹּאן בְּעֶרְכְּךָ
לְאָשָׁם אֶל־הַכֹּהֵן׃ 26 וְכִפֶּר עָלָיו הַכֹּהֵן
לִפְנֵי יְהוָה וְנִסְלַח לוֹ עַל־אַחַת מִכֹּל
אֲשֶׁר־יַעֲשֶׂה לְאַשְׁמָה בָהּ׃ פ

TSAV

6 And the LORD spoke unto Moses, saying: [2] Command Aaron and his sons, saying: This is the law of the burnt-offering it is that which goeth up on its firewood upon the altar all night unto the morning; and the fire of the altar shall be kept burning thereby. [3] And the priest shall put on his linen garment, and his linen breeches shall he put upon his flesh; and he shall take up the ashes whereto the fire hath consumed the burnt-offering on the altar, and he shall put them beside the altar. [4] And he shall put off his garments, and put on other garments, and carry forth the ashes without the camp unto a clean place. [5] And the fire upon the altar shall be kept burning thereby, it shall not go out; and the priest shall kindle wood on it every morning;

צו

6 וַיְדַבֵּר יְהוָה אֶל־מֹשֶׁה לֵּאמֹר׃ 2 צַו
אֶת־אַהֲרֹן וְאֶת־בָּנָיו לֵאמֹר זֹאת תּוֹרַת
הָעֹלָה הִוא הָעֹלָה עַל מוֹקְדָה עַל־הַמִּזְבֵּחַ
כָּל־הַלַּיְלָה עַד־הַבֹּקֶר וְאֵשׁ הַמִּזְבֵּחַ תּוּקַד
בּוֹ׃ 3 וְלָבַשׁ הַכֹּהֵן מִדּוֹ בַד וּמִכְנְסֵי־בַד
יִלְבַּשׁ עַל־בְּשָׂרוֹ וְהֵרִים אֶת־הַדֶּשֶׁן אֲשֶׁר
תֹּאכַל הָאֵשׁ אֶת־הָעֹלָה עַל־הַמִּזְבֵּחַ
וְשָׂמוֹ אֵצֶל הַמִּזְבֵּחַ׃ 4 וּפָשַׁט אֶת־בְּגָדָיו
וְלָבַשׁ בְּגָדִים אֲחֵרִים וְהוֹצִיא אֶת־הַדֶּשֶׁן
אֶל־מִחוּץ לַמַּחֲנֶה אֶל־מָקוֹם טָהוֹר׃
5 וְהָאֵשׁ עַל־הַמִּזְבֵּחַ תּוּקַד־בּוֹ לֹא תִכְבֶּה

and he shall lay the burnt-offering in order upon it, and shall make smoke thereon the fat of the peace-offerings. [6] Fire shall be kept burning upon the altar continually; it shall not go out.

[7] And this is the law of the meal-offering: the sons of Aaron shall offer it before the LORD, in front of the altar. [8] And he shall take up therefrom his handful, of the fine flour of the meal-offering, and of the oil thereof, and all the frankincense which is upon the meal-offering, and shall make the memorial-part thereof smoke upon the altar for a sweet savour unto the LORD. [9] And that which is left thereof shall Aaron and his sons eat; it shall be eaten without leaven in a holy place; in the court of the tent of meeting they shall eat it. [10] It shall not be baked with leaven. I have given it as their portion of My offerings made by fire; it is most holy, as the sin-offering, and as the guilt-offering. [11] Every male among the children of Aaron may eat of it, as a due for ever throughout your generations, from the offerings of the Lord made by fire; whatsoever toucheth them shall be holy.

[12] And the LORD spoke unto Moses, saying: [13] This is the offering of Aaron and of his sons, which they shall offer unto the LORD in the day when he is anointed: the tenth part of an ephah of fine flour for a meal-offering perpetually, half of it in the morning, and half thereof in the evening. [14] On a griddle it shall be made with oil; when it is soaked, thou shalt bring it in; in broken pieces shalt thou offer the meal-offering for a sweet savour unto the LORD. [15] And the anointed priest that shall be in his stead from among his sons shall offer it, it is a due for ever; it shall be wholly made to smoke unto the LORD. [16] And every meal-offering of the priest shall be wholly made to smoke; it shall not be eaten.

[17] And the LORD spoke unto Moses, saying: [18] Speak unto Aaron and to his sons, saying:

This is the law of the sin-offering: in the place where the burnt-offering is killed shall the sin-offering be killed before the LORD; it is most holy. [19] The priest that offereth it for sin shall eat it; in a holy place shall it be eaten, in the court of the tent of meeting. [20] Whatsoever shall touch the flesh thereof shall be holy; and when there is sprinkled of the blood thereof upon any garment,

וּבִעֵר עָלֶיהָ הַכֹּהֵן עֵצִים בַּבֹּקֶר בַּבֹּקֶר
וְעָרַךְ עָלֶיהָ הָעֹלָה וְהִקְטִיר עָלֶיהָ חֶלְבֵי
הַשְּׁלָמִים׃ 6 אֵשׁ תָּמִיד תּוּקַד עַל־הַמִּזְבֵּחַ
לֹא תִכְבֶּה׃ ס 7 וְזֹאת תּוֹרַת הַמִּנְחָה
הַקְרֵב אֹתָהּ בְּנֵי־אַהֲרֹן לִפְנֵי יְהוָה אֶל־פְּנֵי
הַמִּזְבֵּחַ׃ 8 וְהֵרִים מִמֶּנּוּ בְּקֻמְצוֹ מִסֹּלֶת
הַמִּנְחָה וּמִשַּׁמְנָהּ וְאֵת כָּל־הַלְּבֹנָה אֲשֶׁר
עַל־הַמִּנְחָה וְהִקְטִיר הַמִּזְבֵּחַ רֵיחַ נִיחֹחַ
אַזְכָּרָתָהּ לַיהוָה׃ 9 וְהַנּוֹתֶרֶת מִמֶּנָּה
יֹאכְלוּ אַהֲרֹן וּבָנָיו מַצּוֹת תֵּאָכֵל בְּמָקוֹם
קָדֹשׁ בַּחֲצַר אֹהֶל־מוֹעֵד יֹאכְלוּהָ׃ 10 לֹא
תֵאָפֶה חָמֵץ חֶלְקָם נָתַתִּי אֹתָהּ מֵאִשָּׁי
קֹדֶשׁ קָדָשִׁים הִוא כַּחַטָּאת וְכָאָשָׁם׃
11 כָּל־זָכָר בִּבְנֵי אַהֲרֹן יֹאכְלֶנָּה חָק־עוֹלָם
לְדֹרֹתֵיכֶם מֵאִשֵּׁי יְהוָה כֹּל אֲשֶׁר־יִגַּע בָּהֶם
יִקְדָּשׁ׃ פ
12 וַיְדַבֵּר יְהוָה אֶל־מֹשֶׁה לֵּאמֹר׃ 13 זֶה
קָרְבַּן אַהֲרֹן וּבָנָיו אֲשֶׁר־יַקְרִיבוּ לַיהוָה
בְּיוֹם הִמָּשַׁח אֹתוֹ עֲשִׂירִת הָאֵפָה סֹלֶת
מִנְחָה תָּמִיד מַחֲצִיתָהּ בַּבֹּקֶר וּמַחֲצִיתָהּ
בָּעָרֶב׃ 14 עַל־מַחֲבַת בַּשֶּׁמֶן תֵּעָשֶׂה
מֻרְבֶּכֶת תְּבִיאֶנָּה תֻּפִינֵי מִנְחַת פִּתִּים
תַּקְרִיב רֵיחַ־נִיחֹחַ לַיהוָה׃ 15 וְהַכֹּהֵן
הַמָּשִׁיחַ תַּחְתָּיו מִבָּנָיו יַעֲשֶׂה אֹתָהּ חָק־
עוֹלָם לַיהוָה כָּלִיל תָּקְטָר׃ 16 וְכָל־מִנְחַת
כֹּהֵן כָּלִיל תִּהְיֶה לֹא תֵאָכֵל׃ פ
17 וַיְדַבֵּר יְהוָה אֶל־מֹשֶׁה לֵּאמֹר׃ 18 דַּבֵּר
אֶל־אַהֲרֹן וְאֶל־בָּנָיו לֵאמֹר זֹאת תּוֹרַת
הַחַטָּאת בִּמְקוֹם אֲשֶׁר תִּשָּׁחֵט הָעֹלָה
תִּשָּׁחֵט הַחַטָּאת לִפְנֵי יְהוָה קֹדֶשׁ קָדָשִׁים
הִוא׃ 19 הַכֹּהֵן הַמְחַטֵּא אֹתָהּ יֹאכְלֶנָּה
בְּמָקוֹם קָדֹשׁ תֵּאָכֵל בַּחֲצַר אֹהֶל מוֹעֵד׃
20 כֹּל אֲשֶׁר־יִגַּע בִּבְשָׂרָהּ יִקְדָּשׁ וַאֲשֶׁר יִזֶּה

thou shalt wash that whereon it was sprinkled in a holy place. [21] But the earthen vessel wherein it is sodden shall be broken; and if it be sodden in a brazen vessel, it shall be scoured, and rinsed in water. [22] Every male among the priests may eat thereof; it is most holy. [23] And no sin-offering, whereof any of the blood is brought into the tent of meeting to make atonement in the holy place, shall be eaten; it shall be burnt with fire.

7 And this is the law of the guilt-offering; it is most holy. [2] In the place where they kill the burnt-offering shall they kill the guilt-offering; and the blood thereof shall be dashed against the altar round about. [3] And he shall offer of it all the fat thereof: the fat tail, and the fat that covereth the inwards, [4] and the two kidneys, and the fat that is on them, which is by the loins, and the lobe above the liver, which he shall take away by the kidneys. [5] And the priest shall make them smoke upon the altar for an offering made by fire unto the LORD; it is a guilt-offering. [6] Every male among the priests may eat thereof; it shall be eaten in a holy place; it is most holy. [7] As is the sin-offering, so is the guilt-offering; there is one law for them; the priest that maketh atonement therewith, he shall have it. [8] And the priest that offereth any man's burnt-offering, even the priest shall have to himself the skin of the burnt-offering which he hath offered. [9] And every meal-offering that is baked in the oven, and all that is dressed in the stewing-pan, and on the griddle, shall be the priest's that offereth it. [10] And every meal-offering, mingled with oil, or dry, shall all the sons of Aaron have, one as well as another.

[11] And this is the law of the sacrifice of peace-offerings, which one may offer unto the LORD. [12] If he offer it for a thanksgiving, then he shall offer with the sacrifice of thanksgiving unleavened cakes mingled with oil, and unleavened wafers spread with oil, and cakes mingled with oil, of fine flour soaked. [13] With cakes of leavened bread he shall present his offering with the sacrifice of his peace-offerings

מִדָּמָהּ֙ עַל־הַבֶּ֔גֶד אֲשֶׁר֙ יִזֶּ֣ה עָלֶ֔יהָ תְּכַבֵּ֖ס
בְּמָק֥וֹם קָדֹֽשׁ׃ 21 וּכְלִי־חֶ֛רֶשׂ אֲשֶׁ֥ר תְּבֻשַּׁל־
בּ֖וֹ יִשָּׁבֵ֑ר וְאִם־בִּכְלִ֤י נְחֹ֙שֶׁת֙ בֻּשָּׁ֔לָה וּמֹרַ֥ק
וְשֻׁטַּ֖ף בַּמָּֽיִם׃ 22 כָּל־זָכָ֥ר בַּכֹּהֲנִ֖ים יֹאכַ֣ל
אֹתָ֑הּ קֹ֥דֶשׁ קָֽדָשִׁ֖ים הִֽוא׃ 23 וְכָל־חַטָּ֡את
אֲשֶׁר֩ יוּבָ֨א מִדָּמָ֜הּ אֶל־אֹ֧הֶל מוֹעֵ֛ד לְכַפֵּ֥ר
בַּקֹּ֖דֶשׁ לֹ֣א תֵאָכֵ֑ל בָּאֵ֖שׁ תִּשָּׂרֵֽף׃ פ
7 וְזֹ֥את תּוֹרַ֖ת הָֽאָשָׁ֑ם קֹ֥דֶשׁ קָֽדָשִׁ֖ים
הֽוּא׃ 2 בִּמְק֗וֹם אֲשֶׁ֤ר יִשְׁחֲטוּ֙ אֶת־הָ֣עֹלָ֔ה
יִשְׁחֲט֖וּ אֶת־הָאָשָׁ֑ם וְאֶת־דָּמ֛וֹ יִזְרֹ֥ק עַל־
הַמִּזְבֵּ֖חַ סָבִֽיב׃ 3 וְאֵ֥ת כָּל־חֶלְבּ֖וֹ יַקְרִ֣יב
מִמֶּ֑נּוּ אֵ֚ת הָֽאַלְיָ֔ה וְאֶת־הַחֵ֖לֶב הַֽמְכַסֶּ֥ה
אֶת־הַקֶּֽרֶב׃ 4 וְאֵת֙ שְׁתֵּ֣י הַכְּלָיֹ֔ת וְאֶת־
הַחֵ֙לֶב֙ אֲשֶׁ֣ר עֲלֵיהֶ֔ן אֲשֶׁ֖ר עַל־הַכְּסָלִ֑ים
וְאֶת־הַיֹּתֶ֙רֶת֙ עַל־הַכָּבֵ֔ד עַל־הַכְּלָיֹ֖ת
יְסִירֶֽנָּה׃ 5 וְהִקְטִ֨יר אֹתָ֤ם הַכֹּהֵן֙ הַמִּזְבֵּ֔חָה
אִשֶּׁ֖ה לַיהוָ֑ה אָשָׁ֖ם הֽוּא׃ 6 כָּל־זָכָ֥ר
בַּכֹּהֲנִ֖ים יֹאכְלֶ֑נּוּ בְּמָק֤וֹם קָדוֹשׁ֙ יֵאָכֵ֔ל קֹ֥דֶשׁ
קָֽדָשִׁ֖ים הֽוּא׃ 7 כַּֽחַטָּאת֙ כָּֽאָשָׁ֔ם תּוֹרָ֥ה
אַחַ֖ת לָהֶ֑ם הַכֹּהֵ֛ן אֲשֶׁ֥ר יְכַפֶּר־בּ֖וֹ ל֥וֹ יִהְיֶֽה׃
8 וְהַ֨כֹּהֵ֔ן הַמַּקְרִ֖יב אֶת־עֹ֣לַת אִ֑ישׁ ע֤וֹר
הָֽעֹלָה֙ אֲשֶׁ֣ר הִקְרִ֔יב לַכֹּהֵ֖ן ל֥וֹ יִהְיֶֽה׃
9 וְכָל־מִנְחָ֗ה אֲשֶׁ֤ר תֵּֽאָפֶה֙ בַּתַּנּ֔וּר וְכָל־
נַעֲשָׂ֥ה בַמַּרְחֶ֖שֶׁת וְעַל־מַחֲבַ֑ת לַכֹּהֵ֛ן
הַמַּקְרִ֥יב אֹתָ֖הּ ל֥וֹ תִהְיֶֽה׃ 10 וְכָל־מִנְחָ֛ה
בְלוּלָֽה־בַשֶּׁ֖מֶן וַחֲרֵבָ֑ה לְכָל־בְּנֵ֧י אַהֲרֹ֛ן
תִּהְיֶ֖ה אִ֥ישׁ כְּאָחִֽיו׃ פ
11 וְזֹ֥את תּוֹרַ֖ת זֶ֣בַח הַשְּׁלָמִ֑ים אֲשֶׁ֥ר יַקְרִ֖יב
לַיהוָֽה׃ 12 אִ֣ם עַל־תּוֹדָה֮ יַקְרִיבֶ֒נּוּ֒
וְהִקְרִ֣יב ׀ עַל־זֶ֣בַח הַתּוֹדָ֗ה חַלּ֤וֹת מַצּוֹת֙
בְּלוּלֹ֣ת בַּשֶּׁ֔מֶן וּרְקִיקֵ֥י מַצּ֖וֹת מְשֻׁחִ֣ים
בַּשָּׁ֑מֶן וְסֹ֣לֶת מֻרְבֶּ֔כֶת חַלֹּ֖ת בְּלוּלֹ֥ת בַּשָּֽׁמֶן׃
13 עַל־חַלֹּת֙ לֶ֣חֶם חָמֵ֔ץ יַקְרִ֖יב קָרְבָּנ֑וֹ

for thanksgiving. [14] And of it he shall present one out of each offering for a gift unto the Lord; it shall be the priest's that dasheth the blood of the peace-offerings against the altar. [15] And the flesh of the sacrifice of his peace-offerings for thanksgiving shall be eaten on the day of his offering; he shall not leave any of it until the morning. [16] But if the sacrifice of his offering be a vow, or a freewill-offering, it shall be eaten on the day that he offereth his sacrifice; and on the morrow that which remaineth of it may be eaten. [17] But that which remaineth of the flesh of the sacrifice on the third day shall be burnt with fire. [18] And if any of the flesh of the sacrifice of his peace-offerings be at all eaten on the third day, it shall not be accepted, neither shall it be imputed unto him that offereth it; it shall be an abhorred thing, and the soul that eateth of it shall bear his iniquity. [19] And the flesh that toucheth any unclean thing shall not be eaten; it shall be burnt with fire. And as for the flesh, every one that is clean may eat thereof. [20] But the soul that eateth of the flesh of the sacrifice of peace-offerings, that pertain unto the Lord, having his uncleanness upon him, that soul shall be cut off from his people. [21] And when any one shall touch any unclean thing, whether it be the uncleanness of man, or an unclean beast, or any unclean detestable thing, and eat of the flesh of the sacrifice of peace-offerings, which pertain unto the Lord, that soul shall be cut off from his people.

[22] And the Lord spoke unto Moses, saying: [23] Speak unto the children of Israel, saying:

Ye shall eat no fat, of ox, or sheep, or goat. [24] And the fat of that which dieth of itself, and the fat of that which is torn of beasts, may be used for any other service; but ye shall in no wise eat of it. [25] For whosoever eateth the fat of the beast, of which men present an offering made by fire unto the Lord, even the soul that eateth it shall be cut off from his people. [26] And ye shall eat no manner of blood, whether it be of fowl or of beast, in any of your dwellings. [27] Whosoever it be that eateth any blood, that soul shall be cut off from his people.

[28] And the Lord spoke unto Moses, saying: [29] Speak unto the children of Israel, saying:

עַל־זֶ֥בַח תּוֹדַ֖ת שְׁלָמָֽיו׃ 14 וְהִקְרִ֨יב מִמֶּ֜נּוּ
אֶחָד֙ מִכָּל־קָרְבָּ֔ן תְּרוּמָ֖ה לַיהוָ֑ה לַכֹּהֵ֗ן
הַזֹּרֵ֛ק אֶת־דַּ֥ם הַשְּׁלָמִ֖ים ל֥וֹ יִהְיֶֽה׃
15 וּבְשַׂ֗ר זֶ֚בַח תּוֹדַ֣ת שְׁלָמָ֔יו בְּי֥וֹם קָרְבָּנ֖וֹ
יֵאָכֵ֑ל לֹֽא־יַנִּ֥יחַ מִמֶּ֖נּוּ עַד־בֹּֽקֶר׃
16 וְאִם־נֶ֣דֶר ׀ א֣וֹ נְדָבָ֗ה זֶ֚בַח קָרְבָּנ֔וֹ בְּי֛וֹם
הַקְרִיב֥וֹ אֶת־זִבְח֖וֹ יֵאָכֵ֑ל וּמִֽמָּחֳרָ֔ת
וְהַנּוֹתָ֥ר מִמֶּ֖נּוּ יֵאָכֵֽל׃ 17 וְהַנּוֹתָ֖ר מִבְּשַׂ֣ר
הַזָּ֑בַח בַּיּוֹם֙ הַשְּׁלִישִׁ֔י בָּאֵ֖שׁ יִשָּׂרֵֽף׃ 18 וְאִ֣ם
הֵאָכֹ֣ל יֵ֠אָכֵל מִבְּשַׂר־זֶ֨בַח שְׁלָמָ֜יו בַּיּ֣וֹם
הַשְּׁלִישִׁי֮ לֹ֣א יֵרָצֶה֒ הַמַּקְרִ֣יב אֹת֔וֹ לֹ֥א
יֵחָשֵׁ֛ב ל֖וֹ פִּגּ֣וּל יִהְיֶ֑ה וְהַנֶּ֛פֶשׁ הָאֹכֶ֥לֶת
מִמֶּ֖נּוּ עֲוֺנָ֥הּ תִּשָּֽׂא׃ 19 וְהַבָּשָׂ֞ר אֲשֶׁר־יִגַּ֤ע
בְּכָל־טָמֵא֙ לֹ֣א יֵאָכֵ֔ל בָּאֵ֖שׁ יִשָּׂרֵ֑ף וְהַבָּשָׂ֕ר
כָּל־טָה֖וֹר יֹאכַ֥ל בָּשָֽׂר׃ 20 וְהַנֶּ֜פֶשׁ אֲשֶׁר־
תֹּאכַ֣ל בָּשָׂ֗ר מִזֶּ֤בַח הַשְּׁלָמִים֙ אֲשֶׁ֣ר לַֽיהוָ֔ה
וְטֻמְאָת֖וֹ עָלָ֑יו וְנִכְרְתָ֛ה הַנֶּ֥פֶשׁ הַהִ֖וא
מֵעַמֶּֽיהָ׃ 21 וְנֶ֜פֶשׁ כִּֽי־תִגַּ֣ע בְּכָל־טָמֵ֗א
בְּטֻמְאַ֤ת אָדָם֙ א֣וֹ ׀ בִּבְהֵמָ֣ה טְמֵאָ֗ה א֚וֹ
בְּכָל־שֶׁ֣קֶץ טָמֵ֔א וְאָכַ֛ל מִבְּשַׂר־זֶ֥בַח
הַשְּׁלָמִ֖ים אֲשֶׁ֣ר לַֽיהוָ֑ה וְנִכְרְתָ֛ה הַנֶּ֥פֶשׁ
הַהִ֖וא מֵעַמֶּֽיהָ׃ פ
22 וַיְדַבֵּ֥ר יְהוָ֖ה אֶל־מֹשֶׁ֥ה לֵּאמֹֽר׃ 23 דַּבֵּ֛ר
אֶל־בְּנֵ֥י יִשְׂרָאֵ֖ל לֵאמֹ֑ר כָּל־חֵ֜לֶב שׁ֥וֹר
וְכֶ֛שֶׂב וָעֵ֖ז לֹ֥א תֹאכֵֽלוּ׃ 24 וְחֵ֤לֶב נְבֵלָה֙
וְחֵ֣לֶב טְרֵפָ֔ה יֵעָשֶׂ֖ה לְכָל־מְלָאכָ֑ה וְאָכֹ֖ל
לֹ֥א תֹאכְלֻֽהוּ׃ 25 כִּ֚י כָּל־אֹכֵ֣ל חֵ֔לֶב מִן־
הַ֨בְּהֵמָ֔ה אֲשֶׁ֨ר יַקְרִ֥יב מִמֶּ֛נָּה אִשֶּׁ֖ה לַיהוָ֑ה
וְנִכְרְתָ֛ה הַנֶּ֥פֶשׁ הָאֹכֶ֖לֶת מֵעַמֶּֽיהָ׃ 26 וְכָל־
דָּם֙ לֹ֣א תֹאכְל֔וּ בְּכֹ֖ל מוֹשְׁבֹתֵיכֶ֑ם לָע֖וֹף
וְלַבְּהֵמָֽה׃ 27 כָּל־נֶ֖פֶשׁ אֲשֶׁר־תֹּאכַ֣ל כָּל־
דָּ֑ם וְנִכְרְתָ֛ה הַנֶּ֥פֶשׁ הַהִ֖וא מֵעַמֶּֽיהָ׃ פ
28 וַיְדַבֵּ֥ר יְהוָ֖ה אֶל־מֹשֶׁ֥ה לֵּאמֹֽר׃ 29 דַּבֵּ֛ר

He that offereth his sacrifice of peace-offerings unto the LORD shall bring his offering unto the LORD out of his sacrifice of peace-offerings. [30] His own hands shall bring the offerings of the LORD made by fire: the fat with the breast shall he bring, that the breast may be waved for a wave-offering before the LORD. [31] And the priest shall make the fat smoke upon the altar; but the breast shall be Aaron's and his sons'. [32] And the right thigh shall ye give unto the priest for a heave-offering out of your sacrifices of peace-offerings. [33] He among the sons of Aaron, that offereth the blood of the peace-offerings, and the fat, shall have the right thigh for a portion. [34] For the breast of waving and the thigh of heaving have I taken of the children of Israel out of their sacrifices of peace-offerings, and have given them unto Aaron the priest and unto his sons as a due for ever from the children of Israel.

[35] This is the consecrated portion of Aaron, and the consecrated portion of his sons, out of the offerings of the LORD made by fire, in the day when they were presented to minister unto the LORD in the priest's office; [36] which the LORD commanded to be given them of the children of Israel, in the day that they were anointed. It is a due for ever throughout their generations.

[37] This is the law of the burnt-offering, of the meal-offering, and of the sin-offering, and of the guilt-offering, and of the consecration-offering, and of the sacrifice of peace-offerings; [38] which the LORD commanded Moses in mount Sinai, in the day that he commanded the children of Israel to present their offerings unto the LORD, in the wilderness of Sinai.

8 And the LORD spoke unto Moses, saying: [2] 'Take Aaron and his sons with him, and the garments, and the anointing oil, and the bullock of the sin-offering, and the two rams, and the basket of unleavened bread; [3] and assemble thou all the congregation at the door of the tent of meeting.' [4] And Moses did as the LORD commanded him; and the congregation was assembled at the door of the tent of meeting. [5] And Moses said unto the congregation: 'This is the thing which the LORD hath commanded to be done.' [6] And Moses brought Aaron and his

אֶל־בְּנֵ֥י יִשְׂרָאֵ֖ל לֵאמֹ֑ר הַמַּקְרִ֞יב אֶת־זֶ֤בַח
שְׁלָמָיו֙ לַֽיהוָ֔ה יָבִ֧יא אֶת־קָרְבָּנ֛וֹ לַֽיהוָ֖ה
מִזֶּ֥בַח שְׁלָמָֽיו׃ 30 יָדָ֣יו תְּבִיאֶ֔ינָה אֵ֖ת אִשֵּׁ֣י
יְהוָ֑ה אֶת־הַחֵ֣לֶב עַל־הֶחָזֶה֩ יְבִיאֶ֨נּוּ אֵ֤ת
הֶֽחָזֶה֙ לְהָנִ֥יף אֹת֛וֹ תְּנוּפָ֖ה לִפְנֵ֥י יְהוָֽה׃
31 וְהִקְטִ֥יר הַכֹּהֵ֛ן אֶת־הַחֵ֖לֶב הַמִּזְבֵּ֑חָה
וְהָיָה֙ הֶֽחָזֶ֔ה לְאַהֲרֹ֖ן וּלְבָנָֽיו׃ 32 וְאֵת֙ שׁ֣וֹק
הַיָּמִ֔ין תִּתְּנ֥וּ תְרוּמָ֖ה לַכֹּהֵ֑ן מִזִּבְחֵ֖י
שַׁלְמֵיכֶֽם׃ 33 הַמַּקְרִ֞יב אֶת־דַּ֧ם הַשְּׁלָמִ֛ים
וְאֶת־הַחֵ֖לֶב מִבְּנֵ֣י אַהֲרֹ֑ן ל֧וֹ תִהְיֶ֛ה שׁ֥וֹק
הַיָּמִ֖ין לְמָנָֽה׃ 34 כִּי֩ אֶת־חֲזֵ֨ה הַתְּנוּפָ֜ה
וְאֵ֣ת ׀ שׁ֣וֹק הַתְּרוּמָ֗ה לָקַ֙חְתִּי֙ מֵאֵ֣ת
בְּנֵֽי־יִשְׂרָאֵ֔ל מִזִּבְחֵ֖י שַׁלְמֵיהֶ֑ם וָאֶתֵּ֣ן אֹ֠תָם
לְאַהֲרֹ֨ן הַכֹּהֵ֤ן וּלְבָנָיו֙ לְחָק־עוֹלָ֔ם מֵאֵ֖ת
בְּנֵ֥י יִשְׂרָאֵֽל׃ 35 זֹ֣את מִשְׁחַ֤ת אַהֲרֹן֙
וּמִשְׁחַ֣ת בָּנָ֔יו מֵאִשֵּׁ֖י יְהוָ֑ה בְּיוֹם֙ הִקְרִ֣יב
אֹתָ֔ם לְכַהֵ֖ן לַֽיהוָֽה׃ 36 אֲשֶׁר֩ צִוָּ֨ה יְהוָ֜ה
לָתֵ֣ת לָהֶ֗ם בְּיוֹם֙ מָשְׁח֣וֹ אֹתָ֔ם מֵאֵ֖ת בְּנֵ֣י
יִשְׂרָאֵ֑ל חֻקַּ֥ת עוֹלָ֖ם לְדֹרֹתָֽם׃ 37 זֹ֣את
הַתּוֹרָ֗ה לָֽעֹלָה֙ לַמִּנְחָ֔ה וְלַֽחַטָּ֖את וְלָאָשָׁ֑ם
וְלַ֨מִּלּוּאִ֔ים וּלְזֶ֖בַח הַשְּׁלָמִֽים׃ 38 אֲשֶׁ֨ר צִוָּ֧ה
יְהוָ֛ה אֶת־מֹשֶׁ֖ה בְּהַ֣ר סִינָ֑י בְּי֨וֹם צַוֺּת֜וֹ
אֶת־בְּנֵ֣י יִשְׂרָאֵ֗ל לְהַקְרִ֧יב אֶת־קָרְבְּנֵיהֶ֛ם
לַֽיהוָ֖ה בְּמִדְבַּ֥ר סִינָֽי׃ פ
8 וַיְדַבֵּ֥ר יְהוָ֖ה אֶל־מֹשֶׁ֥ה לֵּאמֹֽר׃ 2 קַ֤ח
אֶֽת־אַהֲרֹן֙ וְאֶת־בָּנָ֣יו אִתּ֔וֹ וְאֵת֙ הַבְּגָדִ֔ים
וְאֵ֖ת שֶׁ֣מֶן הַמִּשְׁחָ֑ה וְאֵ֣ת ׀ פַּ֣ר הַֽחַטָּ֗את
וְאֵת֙ שְׁנֵ֣י הָֽאֵילִ֔ים וְאֵ֖ת סַ֥ל הַמַּצּֽוֹת׃
3 וְאֵ֥ת כָּל־הָעֵדָ֖ה הַקְהֵ֑ל אֶל־פֶּ֖תַח אֹ֥הֶל
מוֹעֵֽד׃ 4 וַיַּ֣עַשׂ מֹשֶׁ֔ה כַּאֲשֶׁ֛ר צִוָּ֥ה יְהוָ֖ה
אֹת֑וֹ וַתִּקָּהֵל֙ הָֽעֵדָ֔ה אֶל־פֶּ֖תַח אֹ֥הֶל מוֹעֵֽד׃
5 וַיֹּ֥אמֶר מֹשֶׁ֖ה אֶל־הָעֵדָ֑ה זֶ֣ה הַדָּבָ֔ר אֲשֶׁר־
צִוָּ֥ה יְהוָ֖ה לַעֲשֽׂוֹת׃ 6 וַיַּקְרֵ֣ב מֹשֶׁ֔ה אֶת־

sons, and washed them with water. [7] And he put upon him the tunic, and girded him with the girdle, and clothed him with the robe, and put the ephod upon him, and he girded him with the skilfully woven band of the ephod, and bound it unto him therewith. [8] And he placed the breastplate upon him; and in the breastplate he put the Urim and the Thummim. [9] And he set the mitre upon his head; and upon the mitre, in front, did he set the golden plate, the holy crown; as the Lord commanded Moses. [10] And Moses took the anointing oil, and anointed the tabernacle and all that was therein, and sanctified them. [11] And he sprinkled thereof upon the altar seven times, and anointed the altar and all its vessels, and the laver and its base, to sanctify them. [12] And he poured of the anointing oil upon Aaron's head, and anointed him, to sanctify him. [13] And Moses brought Aaron's sons, and clothed them with tunics, and girded them with girdles, and bound head-tires upon them; as the Lord commanded Moses. [14] And the bullock of the sin-offering was brought; and Aaron and his sons laid their hands upon the head of the bullock of the sin-offering. [15] And when it was slain, Moses took the blood, and put it upon the horns of the altar round about with his finger, and purified the altar, and poured out the remaining blood at the base of the altar, and sanctified it, to make atonement for it. [16] And he took all the fat that was upon the inwards, and the lobe of the liver, and the two kidneys, and their fat, and Moses made it smoke upon the altar. [17] But the bullock, and its skin, and its flesh, and its dung, were burnt with fire without the camp; as the Lord commanded Moses. [18] And the ram of the burnt-offering was presented; and Aaron and his sons laid their hands upon the head of the ram. [19] And when it was killed, Moses dashed the blood against the altar round

אַהֲרֹן וְאֶת־בָּנָיו וַיִּרְחַץ אֹתָם בַּמָּיִם׃
7 וַיִּתֵּן עָלָיו אֶת־הַכֻּתֹּנֶת וַיַּחְגֹּר אֹתוֹ
בָּאַבְנֵט וַיַּלְבֵּשׁ אֹתוֹ אֶת־הַמְּעִיל וַיִּתֵּן
עָלָיו אֶת־הָאֵפֹד וַיַּחְגֹּר אֹתוֹ בְּחֵשֶׁב הָאֵפֹד
וַיֶּאְפֹּד לוֹ בּוֹ׃ 8 וַיָּשֶׂם עָלָיו אֶת־הַחֹשֶׁן
וַיִּתֵּן אֶל־הַחֹשֶׁן אֶת־הָאוּרִים וְאֶת־
הַתֻּמִּים׃ 9 וַיָּשֶׂם אֶת־הַמִּצְנֶפֶת עַל־רֹאשׁוֹ
וַיָּשֶׂם עַל־הַמִּצְנֶפֶת אֶל־מוּל פָּנָיו אֵת צִיץ
הַזָּהָב נֵזֶר הַקֹּדֶשׁ כַּאֲשֶׁר צִוָּה יְהוָה
אֶת־מֹשֶׁה׃ 10 וַיִּקַּח מֹשֶׁה אֶת־שֶׁמֶן
הַמִּשְׁחָה וַיִּמְשַׁח אֶת־הַמִּשְׁכָּן וְאֶת־כָּל־
אֲשֶׁר־בּוֹ וַיְקַדֵּשׁ אֹתָם׃ 11 וַיַּז מִמֶּנּוּ עַל־
הַמִּזְבֵּחַ שֶׁבַע פְּעָמִים וַיִּמְשַׁח אֶת־הַמִּזְבֵּחַ
וְאֶת־כָּל־כֵּלָיו וְאֶת־הַכִּיֹּר וְאֶת־כַּנּוֹ
לְקַדְּשָׁם׃ 12 וַיִּצֹק מִשֶּׁמֶן הַמִּשְׁחָה עַל
רֹאשׁ אַהֲרֹן וַיִּמְשַׁח אֹתוֹ לְקַדְּשׁוֹ׃ 13 וַיַּקְרֵב
מֹשֶׁה אֶת־בְּנֵי אַהֲרֹן וַיַּלְבִּשֵׁם כֻּתֳּנֹת
וַיַּחְגֹּר אֹתָם אַבְנֵט וַיַּחֲבֹשׁ לָהֶם מִגְבָּעוֹת
כַּאֲשֶׁר צִוָּה יְהוָה אֶת־מֹשֶׁה׃ 14 וַיַּגֵּשׁ אֵת
פַּר הַחַטָּאת וַיִּסְמֹךְ אַהֲרֹן וּבָנָיו אֶת־
יְדֵיהֶם עַל־רֹאשׁ פַּר הַחַטָּאת׃ 15 וַיִּשְׁחָט
וַיִּקַּח מֹשֶׁה אֶת־הַדָּם וַיִּתֵּן עַל־קַרְנוֹת
הַמִּזְבֵּחַ סָבִיב בְּאֶצְבָּעוֹ וַיְחַטֵּא אֶת־
הַמִּזְבֵּחַ וְאֶת־הַדָּם יָצַק אֶל־יְסוֹד הַמִּזְבֵּחַ
וַיְקַדְּשֵׁהוּ לְכַפֵּר עָלָיו׃ 16 וַיִּקַּח אֶת־כָּל־
הַחֵלֶב אֲשֶׁר עַל־הַקֶּרֶב וְאֵת יֹתֶרֶת הַכָּבֵד
וְאֶת־שְׁתֵּי הַכְּלָיֹת וְאֶת־חֶלְבְּהֶן וַיַּקְטֵר
מֹשֶׁה הַמִּזְבֵּחָה׃ 17 וְאֶת־הַפָּר וְאֶת־עֹרוֹ
וְאֶת־בְּשָׂרוֹ וְאֶת־פִּרְשׁוֹ שָׂרַף בָּאֵשׁ מִחוּץ
לַמַּחֲנֶה כַּאֲשֶׁר צִוָּה יְהוָה אֶת־מֹשֶׁה׃
18 וַיַּקְרֵב אֵת אֵיל הָעֹלָה וַיִּסְמְכוּ אַהֲרֹן
וּבָנָיו אֶת־יְדֵיהֶם עַל־רֹאשׁ הָאָיִל׃
19 וַיִּשְׁחָט וַיִּזְרֹק מֹשֶׁה אֶת־הַדָּם עַל־

הַמִּזְבֵּחַ סָבִיב׃ 20 וְאֶת־הָאַיִל נִתַּח
לִנְתָחָיו וַיַּקְטֵר מֹשֶׁה אֶת־הָרֹאשׁ וְאֶת־
הַנְּתָחִים וְאֶת־הַפָּדֶר׃ 21 וְאֶת־הַקֶּרֶב
וְאֶת־הַכְּרָעַיִם רָחַץ בַּמָּיִם וַיַּקְטֵר מֹשֶׁה
אֶת־כָּל־הָאַיִל הַמִּזְבֵּחָה עֹלָה הוּא לְרֵיחַ־
נִיחֹחַ אִשֶּׁה הוּא לַיהוָה כַּאֲשֶׁר צִוָּה יְהוָה
אֶת־מֹשֶׁה׃ 22 וַיַּקְרֵב אֶת־הָאַיִל הַשֵּׁנִי אֵיל
הַמִּלֻּאִים וַיִּסְמְכוּ אַהֲרֹן וּבָנָיו אֶת־יְדֵיהֶם
עַל־רֹאשׁ הָאָיִל׃ 23 וַיִּשְׁחָט ׀ וַיִּקַּח מֹשֶׁה
מִדָּמוֹ וַיִּתֵּן עַל־תְּנוּךְ אֹזֶן־אַהֲרֹן הַיְמָנִית
וְעַל־בֹּהֶן יָדוֹ הַיְמָנִית וְעַל־בֹּהֶן רַגְלוֹ
הַיְמָנִית׃ 24 וַיַּקְרֵב אֶת־בְּנֵי אַהֲרֹן וַיִּתֵּן
מֹשֶׁה מִן־הַדָּם עַל־תְּנוּךְ אָזְנָם הַיְמָנִית
וְעַל־בֹּהֶן יָדָם הַיְמָנִית וְעַל־בֹּהֶן רַגְלָם
הַיְמָנִית וַיִּזְרֹק מֹשֶׁה אֶת־הַדָּם עַל־
הַמִּזְבֵּחַ סָבִיב׃ 25 וַיִּקַּח אֶת־הַחֵלֶב וְאֶת־
הָאַלְיָה וְאֶת־כָּל־הַחֵלֶב אֲשֶׁר עַל־הַקֶּרֶב
וְאֵת יֹתֶרֶת הַכָּבֵד וְאֶת־שְׁתֵּי הַכְּלָיֹת
וְאֶת־חֶלְבְּהֶן וְאֵת שׁוֹק הַיָּמִין׃ 26 וּמִסַּל
הַמַּצּוֹת אֲשֶׁר ׀ לִפְנֵי יְהוָה לָקַח חַלַּת
מַצָּה אַחַת וְחַלַּת לֶחֶם שֶׁמֶן אַחַת וְרָקִיק
אֶחָד וַיָּשֶׂם עַל־הַחֲלָבִים וְעַל שׁוֹק הַיָּמִין׃
27 וַיִּתֵּן אֶת־הַכֹּל עַל כַּפֵּי אַהֲרֹן וְעַל כַּפֵּי
בָנָיו וַיָּנֶף אֹתָם תְּנוּפָה לִפְנֵי יְהוָה׃
28 וַיִּקַּח מֹשֶׁה אֹתָם מֵעַל כַּפֵּיהֶם וַיַּקְטֵר
הַמִּזְבֵּחָה עַל־הָעֹלָה מִלֻּאִים הֵם לְרֵיחַ
נִיחֹחַ אִשֶּׁה הוּא לַיהוָה׃ 29 וַיִּקַּח מֹשֶׁה
אֶת־הֶחָזֶה וַיְנִיפֵהוּ תְנוּפָה לִפְנֵי יְהוָה
מֵאֵיל הַמִּלֻּאִים לְמֹשֶׁה הָיָה לְמָנָה כַּאֲשֶׁר
צִוָּה יְהוָה אֶת־מֹשֶׁה׃ 30 וַיִּקַּח מֹשֶׁה
מִשֶּׁמֶן הַמִּשְׁחָה וּמִן־הַדָּם אֲשֶׁר עַל־
הַמִּזְבֵּחַ וַיַּז עַל־אַהֲרֹן עַל־בְּגָדָיו וְעַל־בָּנָיו
וְעַל־בִּגְדֵי בָנָיו אִתּוֹ וַיְקַדֵּשׁ אֶת־אַהֲרֹן

about. [20] And when the ram was cut into its pieces, Moses made the head, and the pieces, and the suet smoke. [21] And when the inwards and the legs were washed with water, Moses made the whole ram smoke upon the altar; it was a burnt-offering for a sweet savour; it was an offering made by fire unto the LORD; as the LORD commanded Moses. [22] And the other ram was presented, the ram of consecration, and Aaron and his sons laid their hands upon the head of the ram. [23] And when it was slain, Moses took of the blood thereof, and put it upon the tip of Aaron's right ear, and upon the thumb of his right hand, and upon the great toe of his right foot. [24] And Aaron's sons were brought, and Moses put of the blood upon the tip of their right ear, and upon the thumb of their right hand, and upon the great toe of their right foot; and Moses dashed the blood against the altar round about. [25] And he took the fat, and the fat tail, and all the fat that was upon the inwards, and the lobe of the liver, and the two kidneys, and their fat, and the right thigh. [26] And out of the basket of unleavened bread, that was before the LORD, he took one unleavened cake, and one cake of oiled bread, and one wafer, and placed them on the fat, and upon the right thigh. [27] And he put the whole upon the hands of Aaron, and upon the hands of his sons, and waved them for a wave-offering before the LORD. [28] And Moses took them from off their hands, and made them smoke on the altar upon the burnt-offering; they were a consecration-offering for a sweet savour; it was an offering made by fire unto the LORD. [29] And Moses took the breast, and waved it for a wave-offering before the LORD; it was Moses' portion of the ram of consecration; as the LORD commanded Moses. [30] And Moses took of the anointing oil, and of the blood which was upon the altar, and sprinkled it upon Aaron, and upon his garments, and upon his sons, and upon his sons' garments with him, and sanctified Aaron, and his garments, and his sons, and his sons' garments with him. [31] And Moses said unto Aaron and to his sons: 'Boil the flesh at the door of the tent of meeting; and there eat it and the bread that is in the basket of consecration, as I commanded, saying: Aaron and his sons shall eat it. [32] And that which remaineth of the flesh and of the bread shall ye burn with fire. [33] And ye shall not go out from the door of the tent of meeting seven days, until the days of your consecration be fulfilled; for He shall consecrate you seven days. [34] As hath been done this day, so the LORD hath commanded to do, to make atonement for you. [35] And at the door of the tent of meeting shall ye abide day and night seven days, and keep the charge of the LORD, that ye die not; for so I am commanded.' [36] And Aaron and his sons did all the things which the LORD commanded by the hand of Moses.

אֶת־בְּגָדָיו וְאֶת־בָּנָיו וְאֶת־בִּגְדֵי בָנָיו אִתּוֹ׃
31 וַיֹּאמֶר מֹשֶׁה אֶל־אַהֲרֹן וְאֶל־בָּנָיו בַּשְּׁלוּ
אֶת־הַבָּשָׂר פֶּתַח אֹהֶל מוֹעֵד וְשָׁם תֹּאכְלוּ
אֹתוֹ וְאֶת־הַלֶּחֶם אֲשֶׁר בְּסַל הַמִּלֻּאִים
כַּאֲשֶׁר צִוֵּיתִי לֵאמֹר אַהֲרֹן וּבָנָיו יֹאכְלֻהוּ׃
32 וְהַנּוֹתָר בַּבָּשָׂר וּבַלָּחֶם בָּאֵשׁ תִּשְׂרֹפוּ׃
33 וּמִפֶּתַח אֹהֶל מוֹעֵד לֹא תֵצְאוּ שִׁבְעַת
יָמִים עַד יוֹם מְלֹאת יְמֵי מִלֻּאֵיכֶם כִּי
שִׁבְעַת יָמִים יְמַלֵּא אֶת־יֶדְכֶם׃ 34 כַּאֲשֶׁר
עָשָׂה בַּיּוֹם הַזֶּה צִוָּה יְהוָה לַעֲשֹׂת לְכַפֵּר
עֲלֵיכֶם׃ 35 וּפֶתַח אֹהֶל מוֹעֵד תֵּשְׁבוּ יוֹמָם
וָלַיְלָה שִׁבְעַת יָמִים וּשְׁמַרְתֶּם אֶת־
מִשְׁמֶרֶת יְהוָה וְלֹא תָמוּתוּ כִּי־כֵן צֻוֵּיתִי׃
36 וַיַּעַשׂ אַהֲרֹן וּבָנָיו אֵת כָּל־הַדְּבָרִים
אֲשֶׁר־צִוָּה יְהוָה בְּיַד־מֹשֶׁה׃ ס

SHEMINI

9 And it came to pass on the eighth day, that Moses called Aaron and his sons, and the elders of Israel; [2] and he said unto Aaron: 'Take thee a bull-calf for a sin-offering, and a ram for a burnt-offering, without blemish, and offer them before the LORD. [3] And unto the children of Israel thou shalt speak, saying: Take ye a he-goat for a sin-offering; and a calf and a lamb, both of the first year, without blemish, for a burnt-offering; [4] and an ox and a ram for peace-offerings, to sacrifice before the LORD; and a meal-offering mingled with oil; for to-day the LORD appeareth unto you.' [5] And they brought that which Moses commanded before the tent, of meeting; and all the congregation drew near and stood before the LORD. [6] And Moses said: 'This is the thing which the LORD commanded that ye should do; that the glory of the LORD may appear unto you.' [7] And Moses said unto Aaron: 'Draw near unto the altar, and offer thy sin-offering, and thy burnt-offering, and make atonement for thyself, and for the people; and present the offering of the people, and make atonement for

שמיני

9 וַיְהִי בַּיּוֹם הַשְּׁמִינִי קָרָא מֹשֶׁה
לְאַהֲרֹן וּלְבָנָיו וּלְזִקְנֵי יִשְׂרָאֵל׃ 2 וַיֹּאמֶר
אֶל־אַהֲרֹן קַח־לְךָ עֵגֶל בֶּן־בָּקָר לְחַטָּאת
וְאַיִל לְעֹלָה תְּמִימִם וְהַקְרֵב לִפְנֵי יְהוָה׃
3 וְאֶל־בְּנֵי יִשְׂרָאֵל תְּדַבֵּר לֵאמֹר קְחוּ
שְׂעִיר־עִזִּים לְחַטָּאת וְעֵגֶל וָכֶבֶשׂ בְּנֵי־
שָׁנָה תְּמִימִם לְעֹלָה׃ 4 וְשׁוֹר וָאַיִל
לִשְׁלָמִים לִזְבֹּחַ לִפְנֵי יְהוָה וּמִנְחָה בְּלוּלָה
בַשָּׁמֶן כִּי הַיּוֹם יְהוָה נִרְאָה אֲלֵיכֶם׃
5 וַיִּקְחוּ אֵת אֲשֶׁר צִוָּה מֹשֶׁה אֶל־פְּנֵי אֹהֶל
מוֹעֵד וַיִּקְרְבוּ כָּל־הָעֵדָה וַיַּעַמְדוּ לִפְנֵי
יְהוָה׃ 6 וַיֹּאמֶר מֹשֶׁה זֶה הַדָּבָר אֲשֶׁר־צִוָּה
יְהוָה תַּעֲשׂוּ וְיֵרָא אֲלֵיכֶם כְּבוֹד יְהוָה׃
7 וַיֹּאמֶר מֹשֶׁה אֶל־אַהֲרֹן קְרַב אֶל־הַמִּזְבֵּחַ
וַעֲשֵׂה אֶת־חַטָּאתְךָ וְאֶת־עֹלָתֶךָ וְכַפֵּר
בַּעַדְךָ וּבְעַד הָעָם וַעֲשֵׂה אֶת־קָרְבַּן הָעָם

them; as the LORD commanded.' [8] So Aaron drew near unto the altar, and slew the calf of the sin-offering, which was for himself. [9] And the sons of Aaron presented the blood unto him; and he dipped his finger in the blood, and put it upon the horns of the altar, and poured out the blood at the base of the altar. [10] But the fat, and the kidneys, and the lobe of the liver of the sin-offering, he made smoke upon the altar; as the LORD commanded Moses. [11] And the flesh and the skin were burnt with fire without the camp. [12] And he slew the burnt-offering; and Aaron's sons delivered unto him the blood, and he dashed it against the altar round about. [13] And they delivered the burnt-offering unto him, piece by piece, and the head; and he made them smoke upon the altar. [14] And he washed the inwards and the legs, and made them smoke upon the burnt-offering on the altar. [15] And the people's offering was presented; and he took the goat of the sin-offering which was for the people, and slew it, and offered it for sin, as the first. [16] And the burnt-offering was presented; and he offered it according to the ordinance. [17] And the meal-offering was presented; and he filled his hand therefrom, and made it smoke upon the altar, besides the burnt-offering of the morning. [18] He slew also the ox and the ram, the sacrifice of peace-offerings, which was for the people; and Aaron's sons delivered unto him the blood, and he dashed it against the altar round about, [19] and the fat of the ox, and of the ram, the fat tail, and that which covereth the inwards, and the kidneys, and the lobe of the liver. [20] And they put the fat upon the breasts, and he made the fat smoke upon the altar. [21] And the breasts and the right thigh Aaron waved for a wave-offering before the LORD; as Moses commanded. [22] And Aaron lifted up his hands toward the people, and blessed them; and he came down from offering the sin-offering, and the burnt-offering, and the peace-offerings. [23] And Moses and Aaron went into the tent of meeting, and came out, and blessed the people; and the

וְכַפֵּר בַּעֲדָם כַּאֲשֶׁר צִוָּה יְהֹוָה׃ 8 וַיִּקְרַב
אַהֲרֹן אֶל־הַמִּזְבֵּחַ וַיִּשְׁחַט אֶת־עֵגֶל
הַחַטָּאת אֲשֶׁר־לוֹ׃ 9 וַיַּקְרִבוּ בְּנֵי אַהֲרֹן
אֶת־הַדָּם אֵלָיו וַיִּטְבֹּל אֶצְבָּעוֹ בַּדָּם וַיִּתֵּן
עַל־קַרְנוֹת הַמִּזְבֵּחַ וְאֶת־הַדָּם יָצַק אֶל־
יְסוֹד הַמִּזְבֵּחַ׃ 10 וְאֶת־הַחֵלֶב וְאֶת־
הַכְּלָיֹת וְאֶת־הַיֹּתֶרֶת מִן־הַכָּבֵד מִן־
הַחַטָּאת הִקְטִיר הַמִּזְבֵּחָה כַּאֲשֶׁר צִוָּה
יְהֹוָה אֶת־מֹשֶׁה׃ 11 וְאֶת־הַבָּשָׂר וְאֶת־
הָעוֹר שָׂרַף בָּאֵשׁ מִחוּץ לַמַּחֲנֶה׃
12 וַיִּשְׁחַט אֶת־הָעֹלָה וַיַּמְצִאוּ בְּנֵי אַהֲרֹן
אֵלָיו אֶת־הַדָּם וַיִּזְרְקֵהוּ עַל־הַמִּזְבֵּחַ
סָבִיב׃ 13 וְאֶת־הָעֹלָה הִמְצִיאוּ אֵלָיו
לִנְתָחֶיהָ וְאֶת־הָרֹאשׁ וַיַּקְטֵר עַל־הַמִּזְבֵּחַ׃
14 וַיִּרְחַץ אֶת־הַקֶּרֶב וְאֶת־הַכְּרָעָיִם וַיַּקְטֵר
עַל־הָעֹלָה הַמִּזְבֵּחָה׃ 15 וַיַּקְרֵב אֵת קָרְבַּן
הָעָם וַיִּקַּח אֶת־שְׂעִיר הַחַטָּאת אֲשֶׁר לָעָם
וַיִּשְׁחָטֵהוּ וַיְחַטְּאֵהוּ כָּרִאשׁוֹן׃ 16 וַיַּקְרֵב
אֶת־הָעֹלָה וַיַּעֲשֶׂהָ כַּמִּשְׁפָּט׃ 17 וַיַּקְרֵב
אֶת־הַמִּנְחָה וַיְמַלֵּא כַפּוֹ מִמֶּנָּה וַיַּקְטֵר
עַל־הַמִּזְבֵּחַ מִלְּבַד עֹלַת הַבֹּקֶר׃ 18 וַיִּשְׁחַט
אֶת־הַשּׁוֹר וְאֶת־הָאַיִל זֶבַח הַשְּׁלָמִים
אֲשֶׁר לָעָם וַיַּמְצִאוּ בְּנֵי אַהֲרֹן אֶת־הַדָּם
אֵלָיו וַיִּזְרְקֵהוּ עַל־הַמִּזְבֵּחַ סָבִיב׃ 19 וְאֶת־
הַחֲלָבִים מִן־הַשּׁוֹר וּמִן־הָאַיִל הָאַלְיָה
וְהַמְכַסֶּה וְהַכְּלָיֹת וְיֹתֶרֶת הַכָּבֵד׃
20 וַיָּשִׂימוּ אֶת־הַחֲלָבִים עַל־הֶחָזוֹת
וַיַּקְטֵר הַחֲלָבִים הַמִּזְבֵּחָה׃ 21 וְאֵת הֶחָזוֹת
וְאֵת שׁוֹק הַיָּמִין הֵנִיף אַהֲרֹן תְּנוּפָה לִפְנֵי
יְהֹוָה כַּאֲשֶׁר צִוָּה מֹשֶׁה׃ 22 וַיִּשָּׂא אַהֲרֹן
אֶת־ידו יָדָיו אֶל־הָעָם וַיְבָרְכֵם וַיֵּרֶד
מֵעֲשֹׂת הַחַטָּאת וְהָעֹלָה וְהַשְּׁלָמִים׃
23 וַיָּבֹא מֹשֶׁה וְאַהֲרֹן אֶל־אֹהֶל מוֹעֵד

glory of the LORD appeared unto all the people. [24] And there came forth fire from before the LORD, and consumed upon the altar the burnt-offering and the fat; and when all the people saw it, they shouted, and fell on their faces.

10 And Nadab and Abihu, the sons of Aaron, took each of them his censer, and put fire therein, and laid incense thereon, and offered strange fire before the LORD, which He had not commanded them. [2] And there came forth fire from before the LORD, and devoured them, and they died before the LORD. [3] Then Moses said unto Aaron: 'This is it that the LORD spoke, saying: Through them that are nigh unto Me I will be sanctified, and before all the people I will be glorified.' And Aaron held his peace. [4] And Moses called Mishael and Elzaphan, the sons of Uzziel the uncle of Aaron, and said unto them: 'Draw near, carry your brethren from before the sanctuary out of the camp.' [5] So they drew near, and carried them in their tunics out of the camp, as Moses had said. [6] And Moses said unto Aaron, and unto Eleazar and unto Ithamar, his sons: 'Let not the hair of your heads go loose, neither rend your clothes, that ye die not, and that He be not wroth with all the congregation; but let your brethren, the whole house of Israel, bewail the burning which the LORD hath kindled. [7] And ye shall not go out from the door of the tent of meeting, lest ye die; for the anointing oil of the LORD is upon you.' And they did according to the word of Moses.

[8] And the LORD spoke unto Aaron, saying: [9] 'Drink no wine nor strong drink, thou, nor thy sons with thee, when ye go into the tent of meeting, that ye die not; it shall be a statute for ever throughout your generations. [10] And that ye may put difference between the holy and the common, and between the unclean and the clean; [11] and that ye may teach the children of Israel all the statutes which the LORD hath spoken unto them by the hand of Moses.'

וַיֵּצְאוּ וַיְבָרְכוּ אֶת־הָעָם וַיֵּרָא כְבוֹד־יְהוָה
אֶל־כָּל־הָעָם׃ 24 וַתֵּצֵא אֵשׁ מִלִּפְנֵי יְהוָה
וַתֹּאכַל עַל־הַמִּזְבֵּחַ אֶת־הָעֹלָה וְאֶת־
הַחֲלָבִים וַיַּרְא כָּל־הָעָם וַיָּרֹנּוּ וַיִּפְּלוּ
עַל־פְּנֵיהֶם׃ **10** וַיִּקְחוּ בְנֵי־אַהֲרֹן נָדָב
וַאֲבִיהוּא אִישׁ מַחְתָּתוֹ וַיִּתְּנוּ בָהֵן אֵשׁ
וַיָּשִׂימוּ עָלֶיהָ קְטֹרֶת וַיַּקְרִבוּ לִפְנֵי יְהוָה
אֵשׁ זָרָה אֲשֶׁר לֹא צִוָּה אֹתָם׃ 2 וַתֵּצֵא
אֵשׁ מִלִּפְנֵי יְהוָה וַתֹּאכַל אוֹתָם וַיָּמֻתוּ
לִפְנֵי יְהוָה׃ 3 וַיֹּאמֶר מֹשֶׁה אֶל־אַהֲרֹן הוּא
אֲשֶׁר־דִּבֶּר יְהוָה ׀ לֵאמֹר בִּקְרֹבַי אֶקָּדֵשׁ
וְעַל־פְּנֵי כָל־הָעָם אֶכָּבֵד וַיִּדֹּם אַהֲרֹן׃
4 וַיִּקְרָא מֹשֶׁה אֶל־מִישָׁאֵל וְאֶל אֶלְצָפָן
בְּנֵי עֻזִּיאֵל דֹּד אַהֲרֹן וַיֹּאמֶר אֲלֵהֶם קִרְבוּ
שְׂאוּ אֶת־אֲחֵיכֶם מֵאֵת פְּנֵי־הַקֹּדֶשׁ אֶל־
מִחוּץ לַמַּחֲנֶה׃ 5 וַיִּקְרְבוּ וַיִּשָּׂאֻם בְּכֻתֳּנֹתָם
אֶל־מִחוּץ לַמַּחֲנֶה כַּאֲשֶׁר דִּבֶּר מֹשֶׁה׃
6 וַיֹּאמֶר מֹשֶׁה אֶל־אַהֲרֹן וּלְאֶלְעָזָר
וּלְאִיתָמָר ׀ בָּנָיו רָאשֵׁיכֶם אַל־תִּפְרָעוּ ׀
וּבִגְדֵיכֶם לֹא־תִפְרֹמוּ וְלֹא תָמֻתוּ וְעַל
כָּל־הָעֵדָה יִקְצֹף וַאֲחֵיכֶם כָּל־בֵּית יִשְׂרָאֵל
יִבְכּוּ אֶת־הַשְּׂרֵפָה אֲשֶׁר שָׂרַף יְהוָה׃
7 וּמִפֶּתַח אֹהֶל מוֹעֵד לֹא תֵצְאוּ פֶּן־תָּמֻתוּ
כִּי־שֶׁמֶן מִשְׁחַת יְהוָה עֲלֵיכֶם וַיַּעֲשׂוּ
כִּדְבַר מֹשֶׁה׃ פ

8 וַיְדַבֵּר יְהוָה אֶל־אַהֲרֹן לֵאמֹר׃ 9 יַיִן
וְשֵׁכָר אַל־תֵּשְׁתְּ ׀ אַתָּה ׀ וּבָנֶיךָ אִתָּךְ
בְּבֹאֲכֶם אֶל־אֹהֶל מוֹעֵד וְלֹא תָמֻתוּ חֻקַּת
עוֹלָם לְדֹרֹתֵיכֶם׃ 10 וּלְהַבְדִּיל בֵּין הַקֹּדֶשׁ
וּבֵין הַחֹל וּבֵין הַטָּמֵא וּבֵין הַטָּהוֹר׃
11 וּלְהוֹרֹת אֶת־בְּנֵי יִשְׂרָאֵל אֵת כָּל־
הַחֻקִּים אֲשֶׁר דִּבֶּר יְהוָה אֲלֵיהֶם בְּיַד־
מֹשֶׁה׃ פ

[12] And Moses spoke unto Aaron, and unto Eleazar and unto Ithamar, his sons that were left: 'Take the meal-offering that remaineth of the offerings of the LORD made by fire, and eat it without leaven beside the altar; for it is most holy. [13] And ye shall eat it in a holy place, because it is thy due, and thy sons' due, of the offerings of the LORD made by fire; for so I am commanded. [14] And the breast of waving and the thigh of heaving shall ye eat in a clean place; thou, and thy sons, and thy daughters with thee; for they are given as thy due, and thy sons' due, out of the sacrifices of the peace-offerings of the children of Israel. [15] The thigh of heaving and the breast of waving shall they bring with the offerings of the fat made by fire, to wave it for a wave-offering before the LORD; and it shall be thine, and thy sons' with thee, as a due for ever; as the LORD hath commanded.'

[16] And Moses diligently inquired for the goat of the sin-offering, and, behold, it was burnt; and he was angry with Eleazar and with Ithamar, the sons of Aaron that were left, saying: [17] 'Wherefore have ye not eaten the sin-offering in the place of the sanctuary, seeing it is most holy, and He hath given it you to bear the iniquity of the congregation, to make atonement for them before the LORD? [18] Behold, the blood of it was not brought into the sanctuary within; ye should certainly have eaten it in the sanctuary, as I commanded.' [19] And Aaron spoke unto Moses: 'Behold, this day have they offered their sin-offering and their burnt-offering before the LORD, and there have befallen me such things as these; and if I had eaten the sin-offering to-day, would it have been well-pleasing in the sight of the LORD?' [20] And when Moses heard that, it was well-pleasing in his sight.

11 And the LORD spoke unto Moses and to Aaron, saying unto them: [2] Speak unto the children of Israel, saying:

These are the living things which ye may eat among all the beasts that are on the earth. [3] Whatsoever parteth the hoof, and is wholly cloven-footed, and cheweth the cud, among the beasts, that may ye eat. [4] Nevertheless these shall ye not eat of them that only chew the cud, or of them that only part the hoof: the camel,

12 וַיְדַבֵּר מֹשֶׁה אֶל־אַהֲרֹן וְאֶל אֶלְעָזָר
וְאֶל־אִיתָמָר ׀ בָּנָיו הַנּוֹתָרִים קְחוּ אֶת־
הַמִּנְחָה הַנּוֹתֶרֶת מֵאִשֵּׁי יְהוָה וְאִכְלוּהָ
מַצּוֹת אֵצֶל הַמִּזְבֵּחַ כִּי קֹדֶשׁ קָדָשִׁים הִוא׃
13 וַאֲכַלְתֶּם אֹתָהּ בְּמָקוֹם קָדֹשׁ כִּי חָקְךָ
וְחָק־בָּנֶיךָ הִוא מֵאִשֵּׁי יְהוָה כִּי־כֵן צֻוֵּיתִי׃
14 וְאֵת חֲזֵה הַתְּנוּפָה וְאֵת ׀ שׁוֹק הַתְּרוּמָה
תֹּאכְלוּ בְּמָקוֹם טָהוֹר אַתָּה וּבָנֶיךָ וּבְנֹתֶיךָ
אִתָּךְ כִּי־חָקְךָ וְחָק־בָּנֶיךָ נִתְּנוּ מִזִּבְחֵי
שַׁלְמֵי בְּנֵי יִשְׂרָאֵל׃ 15 שׁוֹק הַתְּרוּמָה וַחֲזֵה
הַתְּנוּפָה עַל אִשֵּׁי הַחֲלָבִים יָבִיאוּ לְהָנִיף
תְּנוּפָה לִפְנֵי יְהוָה וְהָיָה לְךָ וּלְבָנֶיךָ אִתְּךָ
לְחָק־עוֹלָם כַּאֲשֶׁר צִוָּה יְהוָה׃ 16 וְאֵת ׀
שְׂעִיר הַחַטָּאת דָּרֹשׁ דָּרַשׁ מֹשֶׁה וְהִנֵּה
שֹׂרָף וַיִּקְצֹף עַל־אֶלְעָזָר וְעַל־אִיתָמָר בְּנֵי
אַהֲרֹן הַנּוֹתָרִם לֵאמֹר׃ 17 מַדּוּעַ לֹא־
אֲכַלְתֶּם אֶת־הַחַטָּאת בִּמְקוֹם הַקֹּדֶשׁ כִּי
קֹדֶשׁ קָדָשִׁים הִוא וְאֹתָהּ ׀ נָתַן לָכֶם
לָשֵׂאת אֶת־עֲוֹן הָעֵדָה לְכַפֵּר עֲלֵיהֶם
לִפְנֵי יְהוָה׃ 18 הֵן לֹא־הוּבָא אֶת־דָּמָהּ
אֶל־הַקֹּדֶשׁ פְּנִימָה אָכוֹל תֹּאכְלוּ אֹתָהּ
בַּקֹּדֶשׁ כַּאֲשֶׁר צִוֵּיתִי׃ 19 וַיְדַבֵּר אַהֲרֹן
אֶל־מֹשֶׁה הֵן הַיּוֹם הִקְרִיבוּ אֶת־חַטָּאתָם
וְאֶת־עֹלָתָם לִפְנֵי יְהוָה וַתִּקְרֶאנָה אֹתִי
כָּאֵלֶּה וְאָכַלְתִּי חַטָּאת הַיּוֹם הַיִּיטַב בְּעֵינֵי
יְהוָה׃ 20 וַיִּשְׁמַע מֹשֶׁה וַיִּיטַב בְּעֵינָיו׃ פ
11 וַיְדַבֵּר יְהוָה אֶל־מֹשֶׁה וְאֶל־אַהֲרֹן
לֵאמֹר אֲלֵהֶם׃ 2 דַּבְּרוּ אֶל־בְּנֵי יִשְׂרָאֵל
לֵאמֹר זֹאת הַחַיָּה אֲשֶׁר תֹּאכְלוּ מִכָּל־
הַבְּהֵמָה אֲשֶׁר עַל־הָאָרֶץ׃ 3 כֹּל ׀ מַפְרֶסֶת
פַּרְסָה וְשֹׁסַעַת שֶׁסַע פְּרָסֹת מַעֲלַת גֵּרָה
בַּבְּהֵמָה אֹתָהּ תֹּאכֵלוּ׃ 4 אַךְ אֶת־זֶה לֹא
תֹאכְלוּ מִמַּעֲלֵי הַגֵּרָה וּמִמַּפְרִיסֵי הַפַּרְסָה

אֶת־הַגָּמָל כִּי־מַעֲלֵה גֵרָה הוּא וּפַרְסָה
אֵינֶנּוּ מַפְרִיס טָמֵא הוּא לָכֶם׃ 5 וְאֶת־
הַשָּׁפָן כִּי־מַעֲלֵה גֵרָה הוּא וּפַרְסָה לֹא
יַפְרִיס טָמֵא הוּא לָכֶם׃ 6 וְאֶת־הָאַרְנֶבֶת
כִּי־מַעֲלַת גֵּרָה הִוא וּפַרְסָה לֹא הִפְרִיסָה
טְמֵאָה הִוא לָכֶם׃ 7 וְאֶת־הַחֲזִיר כִּי־
מַפְרִיס פַּרְסָה הוּא וְשֹׁסַע שֶׁסַע פַּרְסָה
וְהוּא גֵּרָה לֹא־יִגָּר טָמֵא הוּא לָכֶם׃
8 מִבְּשָׂרָם לֹא תֹאכֵלוּ וּבְנִבְלָתָם לֹא תִגָּעוּ
טְמֵאִים הֵם לָכֶם׃ 9 אֶת־זֶה תֹּאכְלוּ מִכֹּל
אֲשֶׁר בַּמָּיִם כֹּל אֲשֶׁר־לוֹ סְנַפִּיר וְקַשְׂקֶשֶׂת
בַּמַּיִם בַּיַּמִּים וּבַנְּחָלִים אֹתָם תֹּאכֵלוּ׃
10 וְכֹל אֲשֶׁר אֵין־לוֹ סְנַפִּיר וְקַשְׂקֶשֶׂת
בַּיַּמִּים וּבַנְּחָלִים מִכֹּל שֶׁרֶץ הַמַּיִם וּמִכֹּל
נֶפֶשׁ הַחַיָּה אֲשֶׁר בַּמָּיִם שֶׁקֶץ הֵם לָכֶם׃
11 וְשֶׁקֶץ יִהְיוּ לָכֶם מִבְּשָׂרָם לֹא תֹאכֵלוּ
וְאֶת־נִבְלָתָם תְּשַׁקֵּצוּ׃ 12 כֹּל אֲשֶׁר אֵין־לוֹ
סְנַפִּיר וְקַשְׂקֶשֶׂת בַּמָּיִם שֶׁקֶץ הוּא לָכֶם׃
13 וְאֶת־אֵלֶּה תְּשַׁקְּצוּ מִן־הָעוֹף לֹא יֵאָכְלוּ
שֶׁקֶץ הֵם אֶת־הַנֶּשֶׁר וְאֶת־הַפֶּרֶס וְאֵת
הָעָזְנִיָּה׃ 14 וְאֶת־הַדָּאָה וְאֶת־הָאַיָּה
לְמִינָהּ׃ 15 אֵת כָּל־עֹרֵב לְמִינוֹ׃ 16 וְאֵת
בַּת הַיַּעֲנָה וְאֶת־הַתַּחְמָס וְאֶת־הַשָּׁחַף
וְאֶת־הַנֵּץ לְמִינֵהוּ׃ 17 וְאֶת־הַכּוֹס וְאֶת־
הַשָּׁלָךְ וְאֶת־הַיַּנְשׁוּף׃ 18 וְאֶת־הַתִּנְשֶׁמֶת
וְאֶת־הַקָּאָת וְאֶת־הָרָחָם׃ 19 וְאֵת
הַחֲסִידָה הָאֲנָפָה לְמִינָהּ וְאֶת־הַדּוּכִיפַת
וְאֶת־הָעֲטַלֵּף׃ 20 כֹּל שֶׁרֶץ הָעוֹף הַהֹלֵךְ
עַל־אַרְבַּע שֶׁקֶץ הוּא לָכֶם׃ ס 21 אַךְ
אֶת־זֶה תֹּאכְלוּ מִכֹּל שֶׁרֶץ הָעוֹף הַהֹלֵךְ
עַל־אַרְבַּע אֲשֶׁר־לא לוֹ כְרָעַיִם מִמַּעַל
לְרַגְלָיו לְנַתֵּר בָּהֵן עַל־הָאָרֶץ׃ 22 אֶת־
אֵלֶּה מֵהֶם תֹּאכֵלוּ אֶת־הָאַרְבֶּה לְמִינוֹ

because he cheweth the cud but parteth not the hoof, he is unclean unto you. [5] And the rock-badger, because he cheweth the cud but parteth not the hoof, he is unclean unto you. [6] And the hare, because she cheweth the cud but parteth not the hoof, she is unclean unto you. [7] And the swine, because he parteth the hoof, and is cloven-footed, but cheweth not the cud, he is unclean unto you. [8] Of their flesh ye shall not eat, and their carcasses ye shall not touch; they are unclean unto you.

[9] These may ye eat of all that are in the waters: whatsoever hath fins and scales in the waters, in the seas, and in the rivers, them may ye eat. [10] And all that have not fins and scales in the seas, and in the rivers, of all that swarm in the waters, and of all the living creatures that are in the waters, they are a detestable thing unto you, [11] and they shall be a detestable thing unto you; ye shall not eat of their flesh, and their carcasses ye shall have in detestation. [12] Whatsoever hath no fins nor scales in the waters, that is a detestable thing unto you.

[13] And these ye shall have in detestation among the fowls; they shall not be eaten, they are a detestable thing. the great vulture, and the bearded vulture, and the ospray; [14] and the kite, and the falcon after its kinds; [15] every raven after its kinds; [16] and the ostrich, and the night-hawk, and the sea-mew, and the hawk after its kinds; [17] and the little owl, and the cormorant, and the great owl; [18] and the horned owl, and the pelican, and the carrion-vulture; [19] and the stork, and the heron after its kinds, and the hoopoe, and the bat.

[20] All winged swarming things that go upon all fours are a detestable thing unto you. [21] Yet these may ye eat of all winged swarming things that go upon all fours, which have jointed legs above their feet, wherewith to leap upon the earth; [22] even these of them ye may eat: the locust after its kinds, and the bald locust after

its kinds, and the cricket after its kinds, and the grasshopper after its kinds. [23] But all winged swarming things, which have four feet, are a detestable thing unto you.

[24] And by these ye shall become unclean; whosoever toucheth the carcass of them shall be unclean until the even. [25] And whosoever beareth aught of the carcass of them shall wash his clothes, and be unclean until the even. [26] Every beast which parteth the hoof, but is not cloven-footed, nor cheweth the cud, is unclean unto you; every one that toucheth them shall be unclean. [27] And whatsoever goeth upon its paws, among all beasts that go on all fours, they are unclean unto you; whoso toucheth their carcass shall be unclean until the even. [28] And he that beareth the carcass of them shall wash his clothes, and be unclean until the even; they are unclean unto you.

[29] And these are they which are unclean unto you among the swarming things that swarm upon the earth: the weasel, and the mouse, and the great lizard after its kinds, [30] and the gecko, and the land-crocodile, and the lizard, and the sand-lizard, and the chameleon. [31] These are they which are unclean to you among all that swarm; whosoever doth touch them, when they are dead, shall be unclean until the even. [32] And upon whatsoever any of them, when they are dead, doth fall, it shall be unclean; whether it be any vessel of wood, or raiment, or skin, or sack, whatsoever vessel it be, wherewith any work is done, it must be put into water, and it shall be unclean until the even; then shall it be clean. [33] And every earthen vessel, whereinto any of them falleth, whatsoever is in it shall be unclean, and it ye shall break. [34] All food therein which may be eaten, that on which water cometh, shall be unclean; and all drink in every such vessel that may be drunk shall be unclean. [35] And every thing whereupon any part of their carcass falleth shall be unclean; whether oven, or range for pots, it shall be broken in pieces; they are unclean, and shall be unclean unto you. [36] Nevertheless a fountain or a cistern wherein is a gathering of water shall be clean; but he who toucheth their carcass shall be unclean. [37] And if aught of their carcass fall upon any sowing seed which is to be

וְאֶת־הַסָּלְעָ֖ם לְמִינֵ֑הוּ וְאֶת־הַחַרְגֹּ֣ל
לְמִינֵ֔הוּ וְאֶת־הֶחָגָ֖ב לְמִינֵֽהוּ׃ 23 וְכֹל֙ שֶׁ֣רֶץ
הָע֔וֹף אֲשֶׁר־ל֖וֹ אַרְבַּ֣ע רַגְלָ֑יִם שֶׁ֥קֶץ ה֖וּא
לָכֶֽם׃ 24 וּלְאֵ֖לֶּה תִּטַּמָּ֑אוּ כָּל־הַנֹּגֵ֥עַ
בְּנִבְלָתָ֖ם יִטְמָ֥א עַד־הָעָֽרֶב׃ 25 וְכָל־הַנֹּשֵׂ֖א
מִנִּבְלָתָ֑ם יְכַבֵּ֥ס בְּגָדָ֖יו וְטָמֵ֥א עַד־הָעָֽרֶב׃
26 לְֽכָל־הַבְּהֵמָ֡ה אֲשֶׁ֣ר הִוא֩ מַפְרֶ֨סֶת פַּרְסָ֜ה
וְשֶׁ֣סַע ׀ אֵינֶ֣נָּה שֹׁסַ֗עַת וְגֵרָה֙ אֵינֶ֣נָּה מַעֲלָ֔ה
טְמֵאִ֥ים הֵ֖ם לָכֶ֑ם כָּל־הַנֹּגֵ֥עַ בָּהֶ֖ם יִטְמָֽא׃
27 וְכֹ֣ל ׀ הוֹלֵ֣ךְ עַל־כַּפָּ֗יו בְּכָל־הַֽחַיָּה֙
הַהֹלֶ֣כֶת עַל־אַרְבַּ֔ע טְמֵאִ֥ים הֵ֖ם לָכֶ֑ם
כָּל־הַנֹּגֵ֥עַ בְּנִבְלָתָ֖ם יִטְמָ֥א עַד־הָעָֽרֶב׃
28 וְהַנֹּשֵׂא֙ אֶת־נִבְלָתָ֔ם יְכַבֵּ֥ס בְּגָדָ֖יו וְטָמֵ֣א
עַד־הָעָ֑רֶב טְמֵאִ֥ים הֵ֖מָּה לָכֶֽם׃ ס
29 וְזֶ֤ה לָכֶם֙ הַטָּמֵ֔א בַּשֶּׁ֖רֶץ הַשֹּׁרֵ֣ץ עַל־
הָאָ֑רֶץ הַחֹ֥לֶד וְהָעַכְבָּ֖ר וְהַצָּ֥ב לְמִינֵֽהוּ׃
30 וְהָאֲנָקָ֥ה וְהַכֹּ֖חַ וְהַלְּטָאָ֑ה וְהַחֹ֖מֶט
וְהַתִּנְשָֽׁמֶת׃ 31 אֵ֛לֶּה הַטְּמֵאִ֥ים לָכֶ֖ם בְּכָל־
הַשָּׁ֑רֶץ כָּל־הַנֹּגֵ֧עַ בָּהֶ֛ם בְּמֹתָ֖ם יִטְמָ֥א
עַד־הָעָֽרֶב׃ 32 וְכֹ֣ל אֲשֶׁר־יִפֹּל־עָ֠לָיו מֵהֶ֨ם ׀
בְּמֹתָ֜ם יִטְמָ֗א מִכָּל־כְּלִי־עֵץ֙ א֣וֹ בֶ֔גֶד אוֹ־
ע֣וֹר א֣וֹ שָׂ֔ק כָּל־כְּלִ֕י אֲשֶׁר־יֵעָשֶׂ֥ה מְלָאכָ֖ה
בָּהֶ֑ם בַּמַּ֧יִם יוּבָ֛א וְטָמֵ֥א עַד־הָעֶ֖רֶב וְטָהֵֽר׃
33 וְכָל־כְּלִי־חֶ֕רֶשׂ אֲשֶׁר־יִפֹּ֥ל מֵהֶ֖ם אֶל־
תּוֹכ֑וֹ כֹּ֣ל אֲשֶׁ֧ר בְּתוֹכ֛וֹ יִטְמָ֖א וְאֹת֥וֹ
תִשְׁבֹּֽרוּ׃ 34 מִכָּל־הָאֹ֜כֶל אֲשֶׁ֣ר יֵאָכֵ֗ל אֲשֶׁ֨ר
יָב֥וֹא עָלָ֛יו מַ֖יִם יִטְמָ֑א וְכָל־מַשְׁקֶה֙ אֲשֶׁ֣ר
יִשָּׁתֶ֔ה בְּכָל־כְּלִ֖י יִטְמָֽא׃ 35 וְכֹ֨ל אֲשֶׁר־יִפֹּ֜ל
מִנִּבְלָתָ֣ם ׀ עָלָיו֮ יִטְמָא֒ תַּנּ֥וּר וְכִירַ֖יִם יֻתָּ֑ץ
טְמֵאִ֣ים הֵ֔ם וּטְמֵאִ֖ים יִהְי֥וּ לָכֶֽם׃ 36 אַ֣ךְ
מַעְיָ֥ן וּב֛וֹר מִקְוֵה־מַ֖יִם יִהְיֶ֣ה טָה֑וֹר וְנֹגֵ֥עַ
בְּנִבְלָתָ֖ם יִטְמָֽא׃ 37 וְכִ֤י יִפֹּל֙ מִנִּבְלָתָ֔ם
עַל־כָּל־זֶ֥רַע זֵר֖וּעַ אֲשֶׁ֣ר יִזָּרֵ֑עַ טָה֖וֹר הֽוּא׃

sown, it is clean. [38] But if water be put upon the seed, and aught of their carcass fall thereon, it is unclean unto you.

[39] And if any beast, of which ye may eat, die, he that toucheth the carcass thereof shall be unclean until the even. [40] And he that eateth of the carcass of it shall wash his clothes, and be unclean until the even; he also that beareth the carcass of it shall wash his clothes, and be unclean until the even.

[41] And every swarming thing that swarmeth upon the earth is a detestable thing; it shall not be eaten. [42] Whatsoever goeth upon the belly, and whatsoever goeth upon all fours, or whatsoever hath many feet, even all swarming things that swarm upon the earth, them ye shall not eat; for they are a detestable thing. [43] Ye shall not make yourselves detestable with any swarming thing that swarmeth, neither shall ye make yourselves unclean with them, that ye should be defiled thereby. [44] For I am the LORD your God; sanctify yourselves therefore, and be ye holy; for I am holy; neither shall ye defile yourselves with any manner of swarming thing that moveth upon the earth. [45] For I am the LORD that brought you up out of the land of Egypt, to be your God; ye shall therefore be holy, for I am holy.

[46] This is the law of the beast, and of the fowl, and of every living creature that moveth in the waters, and of every creature that swarmeth upon the earth; [47] to make a difference between the unclean and the clean, and between the living thing that may be eaten and the living thing that may not be eaten.

38 וְכִי יֻתַּן־מַיִם עַל־זֶרַע וְנָפַל מִנִּבְלָתָם
עָלָיו טָמֵא הוּא לָכֶם׃ ס 39 וְכִי יָמוּת
מִן־הַבְּהֵמָה אֲשֶׁר־הִיא לָכֶם לְאָכְלָה
הַנֹּגֵעַ בְּנִבְלָתָהּ יִטְמָא עַד־הָעָרֶב׃
40 וְהָאֹכֵל מִנִּבְלָתָהּ יְכַבֵּס בְּגָדָיו וְטָמֵא
עַד־הָעָרֶב וְהַנֹּשֵׂא אֶת־נִבְלָתָהּ יְכַבֵּס
בְּגָדָיו וְטָמֵא עַד־הָעָרֶב׃ 41 וְכָל־הַשֶּׁרֶץ
הַשֹּׁרֵץ עַל־הָאָרֶץ שֶׁקֶץ הוּא לֹא יֵאָכֵל׃
42 כֹּל הוֹלֵךְ עַל־גָּחוֹן וְכֹל ׀ הוֹלֵךְ עַל־
אַרְבַּע עַד כָּל־מַרְבֵּה רַגְלַיִם לְכָל־הַשֶּׁרֶץ
הַשֹּׁרֵץ עַל־הָאָרֶץ לֹא תֹאכְלוּם כִּי־שֶׁקֶץ
הֵם׃ 43 אַל־תְּשַׁקְּצוּ אֶת־נַפְשֹׁתֵיכֶם בְּכָל־
הַשֶּׁרֶץ הַשֹּׁרֵץ וְלֹא תִטַּמְּאוּ בָּהֶם וְנִטְמֵתֶם
בָּם׃ 44 כִּי אֲנִי יְהוָה אֱלֹהֵיכֶם
וְהִתְקַדִּשְׁתֶּם וִהְיִיתֶם קְדֹשִׁים כִּי קָדוֹשׁ
אָנִי וְלֹא תְטַמְּאוּ אֶת־נַפְשֹׁתֵיכֶם בְּכָל־
הַשֶּׁרֶץ הָרֹמֵשׂ עַל־הָאָרֶץ׃ 45 כִּי ׀ אֲנִי
יְהוָה הַמַּעֲלֶה אֶתְכֶם מֵאֶרֶץ מִצְרַיִם
לִהְיֹת לָכֶם לֵאלֹהִים וִהְיִיתֶם קְדֹשִׁים כִּי
קָדוֹשׁ אָנִי׃ 46 זֹאת תּוֹרַת הַבְּהֵמָה וְהָעוֹף
וְכֹל נֶפֶשׁ הַחַיָּה הָרֹמֶשֶׂת בַּמָּיִם וּלְכָל־
נֶפֶשׁ הַשֹּׁרֶצֶת עַל־הָאָרֶץ׃ 47 לְהַבְדִּיל בֵּין
הַטָּמֵא וּבֵין הַטָּהֹר וּבֵין הַחַיָּה הַנֶּאֱכֶלֶת
וּבֵין הַחַיָּה אֲשֶׁר לֹא תֵאָכֵל׃ פ

TAZRIA'

12 And the LORD spoke unto Moses, saying: [2] Speak unto the children of Israel, saying:

If a woman be delivered, and bear a man-child, then she shall be unclean seven days; as in the days of the impurity of her sickness shall she be unclean. [3] And in the eighth day the flesh of his foreskin shall be circumcised. [4] And she shall continue in the blood of purification three and thirty days; she shall touch no hallowed thing, nor come into the sanctuary, until the

תזריע

12 וַיְדַבֵּר יְהוָה אֶל־מֹשֶׁה לֵּאמֹר׃
2 דַּבֵּר אֶל־בְּנֵי יִשְׂרָאֵל לֵאמֹר אִשָּׁה כִּי
תַזְרִיעַ וְיָלְדָה זָכָר וְטָמְאָה שִׁבְעַת יָמִים
כִּימֵי נִדַּת דְּוֺתָהּ תִּטְמָא׃ 3 וּבַיּוֹם הַשְּׁמִינִי
יִמּוֹל בְּשַׂר עָרְלָתוֹ׃ 4 וּשְׁלֹשִׁים יוֹם
וּשְׁלֹשֶׁת יָמִים תֵּשֵׁב בִּדְמֵי טָהֳרָה בְּכָל־
קֹדֶשׁ לֹא־תִגָּע וְאֶל־הַמִּקְדָּשׁ לֹא תָבֹא

days of her purification be fulfilled. [5] But if she bear a maid-child, then she shall be unclean two weeks, as in her impurity; and she shall continue in the blood of purification threescore and six days. [6] And when the days of her purification are fulfilled, for a son, or for a daughter, she shall bring a lamb of the first year for a burnt-offering, and a young pigeon, or a turtle-dove, for a sin-offering unto the door of the tent of meeting, unto the priest. [7] And he shall offer it before the LORD, and make atonement for her; and she shall be cleansed from the fountain of her blood. This is the law for her that beareth, whether a male or a female. [8] And if her means suffice not for a lamb, then she shall take two turtledoves, or two young pigeons: the one for a burnt-offering, and the other for a sin-offering; and the priest shall make atonement for her, and she shall be clean.

13

And the LORD spoke unto Moses and unto Aaron, saying:

[2] When a man shall have in the skin of his flesh a rising, or a scab, or a bright spot, and it become in the skin of his flesh the plague of leprosy, then he shall be brought unto Aaron the priest, or unto one of his sons the priests. [3] And the priest shall look on the plague in the skin of the flesh; and if the hair in the plague be turned white, and the appearance of the plague be deeper than the skin of his flesh, it is the plague of leprosy; and the priest shall look on him, and pronounce him unclean. [4] And if the bright spot be white in the skin of his flesh, and the appearance thereof be not deeper than the skin, and the hair thereof be not turned white, then the priest shall shut up him that hath the plague seven days. [5] And the priest shall look on him the seventh day; and, behold, if the plague stay in its appearance, and the plague be not spread in the skin, then the priest shall shut him up seven days more. [6] And the priest shall look on him again the seventh day; and, behold, if the plague be dim, and the plague be not spread in the skin, then the priest shall pronounce him clean: it is a scab; and he shall wash his clothes, and be clean. [7] But if the scab spread abroad in the skin, after that he hath shown himself to the priest for his cleansing, he shall show himself to the priest again. [8] And the priest shall look, and, behold, if the scab be spread in the skin, then the priest shall pronounce him unclean: it is leprosy.

עַד־מְלֹאת יְמֵי טָהֳרָהּ׃ 5 וְאִם־נְקֵבָה תֵלֵד
וְטָמְאָה שְׁבֻעַיִם כְּנִדָּתָהּ וְשִׁשִּׁים יוֹם
וְשֵׁשֶׁת יָמִים תֵּשֵׁב עַל־דְּמֵי טָהֳרָה׃
6 וּבִמְלֹאת | יְמֵי טָהֳרָהּ לְבֵן אוֹ לְבַת
תָּבִיא כֶּבֶשׂ בֶּן־שְׁנָתוֹ לְעֹלָה וּבֶן־יוֹנָה
אוֹ־תֹר לְחַטָּאת אֶל־פֶּתַח אֹהֶל־מוֹעֵד
אֶל־הַכֹּהֵן׃ 7 וְהִקְרִיבוֹ לִפְנֵי יְהוָה וְכִפֶּר
עָלֶיהָ וְטָהֲרָה מִמְּקֹר דָּמֶיהָ זֹאת תּוֹרַת
הַיֹּלֶדֶת לַזָּכָר אוֹ לַנְּקֵבָה׃ 8 וְאִם־לֹא
תִמְצָא יָדָהּ דֵּי שֶׂה וְלָקְחָה שְׁתֵּי־תֹרִים
אוֹ שְׁנֵי בְּנֵי יוֹנָה אֶחָד לְעֹלָה וְאֶחָד
לְחַטָּאת וְכִפֶּר עָלֶיהָ הַכֹּהֵן וְטָהֵרָה׃ פ
13 וַיְדַבֵּר יְהוָה אֶל־מֹשֶׁה וְאֶל־אַהֲרֹן
לֵאמֹר׃ 2 אָדָם כִּי־יִהְיֶה בְעוֹר־בְּשָׂרוֹ שְׂאֵת
אוֹ־סַפַּחַת אוֹ בַהֶרֶת וְהָיָה בְעוֹר־בְּשָׂרוֹ
לְנֶגַע צָרָעַת וְהוּבָא אֶל־אַהֲרֹן הַכֹּהֵן אוֹ
אֶל־אַחַד מִבָּנָיו הַכֹּהֲנִים׃ 3 וְרָאָה הַכֹּהֵן
אֶת־הַנֶּגַע בְּעוֹר־הַבָּשָׂר וְשֵׂעָר בַּנֶּגַע הָפַךְ |
לָבָן וּמַרְאֵה הַנֶּגַע עָמֹק מֵעוֹר בְּשָׂרוֹ נֶגַע
צָרַעַת הוּא וְרָאָהוּ הַכֹּהֵן וְטִמֵּא אֹתוֹ׃
4 וְאִם־בַּהֶרֶת לְבָנָה הִוא בְּעוֹר בְּשָׂרוֹ
וְעָמֹק אֵין־מַרְאֶהָ מִן־הָעוֹר וּשְׂעָרָה לֹא־
הָפַךְ לָבָן וְהִסְגִּיר הַכֹּהֵן אֶת־הַנֶּגַע שִׁבְעַת
יָמִים׃ 5 וְרָאָהוּ הַכֹּהֵן בַּיּוֹם הַשְּׁבִיעִי וְהִנֵּה
הַנֶּגַע עָמַד בְּעֵינָיו לֹא־פָשָׂה הַנֶּגַע בָּעוֹר
וְהִסְגִּירוֹ הַכֹּהֵן שִׁבְעַת יָמִים שֵׁנִית׃
6 וְרָאָה הַכֹּהֵן אֹתוֹ בַּיּוֹם הַשְּׁבִיעִי שֵׁנִית
וְהִנֵּה כֵּהָה הַנֶּגַע וְלֹא־פָשָׂה הַנֶּגַע בָּעוֹר
וְטִהֲרוֹ הַכֹּהֵן מִסְפַּחַת הִוא וְכִבֶּס בְּגָדָיו
וְטָהֵר׃ 7 וְאִם־פָּשֹׂה תִפְשֶׂה הַמִּסְפַּחַת
בָּעוֹר אַחֲרֵי הֵרָאֹתוֹ אֶל־הַכֹּהֵן לְטָהֳרָתוֹ
וְנִרְאָה שֵׁנִית אֶל־הַכֹּהֵן׃ 8 וְרָאָה הַכֹּהֵן
וְהִנֵּה פָּשְׂתָה הַמִּסְפַּחַת בָּעוֹר וְטִמְּאוֹ

[9] When the plague of leprosy is in a man, then he shall be brought unto the priest. [10] And the priest shall look, and, behold, if there be a white rising in the skin, and it have turned the hair white, and there be quick raw flesh in the rising, [11] it is an old leprosy in the skin of his flesh, and the priest shall pronounce him unclean; he shall not shut him up; for he is unclean. [12] And if the leprosy break out abroad in the skin, and the leprosy cover all the skin of him that hath the plague from his head even to his feet, as far as appeareth to the priest; [13] then the priest shall look; and, behold, if the leprosy have covered all his flesh, he shall pronounce him clean that hath the plague; it is all turned white: he is clean. [14] But whensoever raw flesh appeareth in him, he shall be unclean. [15] And the priest shall look on the raw flesh, and pronounce him unclean; the raw flesh is unclean: it is leprosy. [16] But if the raw flesh again be turned into white, then he shall come unto the priest; [17] and the priest shall look on him; and, behold, if the plague be turned into white, then the priest shall pronounce him clean that hath the plague: he is clean.

[18] And when the flesh hath in the skin thereof a boil, and it is healed, [19] and in the place of the boil there is a white rising, or a bright spot, reddish-white, then it shall be shown to the priest. [20] And the priest shall look; and, behold, if the appearance thereof be lower than the skin, and the hair thereof be turned white, then the priest shall pronounce him unclean: it is the plague of leprosy, it hath broken out in the boil. [21] But if the priest look on it, and, behold, there be no white hairs therein, and it be not lower than the skin, but be dim, then the priest shall shut him up seven days. [22] And if it spread abroad in the skin, then the priest shall pronounce him unclean: it is a plague. [23] But if the bright spot stay in its place, and be not spread, it is the scar of the boil; and the priest shall pronounce him clean.

[24] Or when the flesh hath in the skin thereof a burning by fire, and the quick flesh of the burning become a bright spot, reddish-white, or white; [25] then the priest shall look upon it; and, behold, if the hair in the bright spot be turned

הַכֹּהֵן צָרַעַת הִוא׃ פ
9 נֶגַע צָרַעַת כִּי תִהְיֶה בְּאָדָם וְהוּבָא
אֶל־הַכֹּהֵן׃ 10 וְרָאָה הַכֹּהֵן וְהִנֵּה שְׂאֵת־
לְבָנָה בָּעוֹר וְהִיא הָפְכָה שֵׂעָר לָבָן וּמִחְיַת
בָּשָׂר חַי בַּשְׂאֵת׃ 11 צָרַעַת נוֹשֶׁנֶת הִוא
בְּעוֹר בְּשָׂרוֹ וְטִמְּאוֹ הַכֹּהֵן לֹא יַסְגִּרֶנּוּ כִּי
טָמֵא הוּא׃ 12 וְאִם־פָּרוֹחַ תִּפְרַח הַצָּרַעַת
בָּעוֹר וְכִסְּתָה הַצָּרַעַת אֵת כָּל־עוֹר הַנֶּגַע
מֵרֹאשׁוֹ וְעַד־רַגְלָיו לְכָל־מַרְאֵה עֵינֵי
הַכֹּהֵן׃ 13 וְרָאָה הַכֹּהֵן וְהִנֵּה כִסְּתָה
הַצָּרַעַת אֶת־כָּל־בְּשָׂרוֹ וְטִהַר אֶת־הַנָּגַע
כֻּלּוֹ הָפַךְ לָבָן טָהוֹר הוּא׃ 14 וּבְיוֹם
הֵרָאוֹת בּוֹ בָּשָׂר חַי יִטְמָא׃ 15 וְרָאָה הַכֹּהֵן
אֶת־הַבָּשָׂר הַחַי וְטִמְּאוֹ הַבָּשָׂר הַחַי טָמֵא
הוּא צָרַעַת הוּא׃ 16 אוֹ כִי יָשׁוּב הַבָּשָׂר
הַחַי וְנֶהְפַּךְ לְלָבָן וּבָא אֶל־הַכֹּהֵן׃
17 וְרָאָהוּ הַכֹּהֵן וְהִנֵּה נֶהְפַּךְ הַנֶּגַע לְלָבָן
וְטִהַר הַכֹּהֵן אֶת־הַנֶּגַע טָהוֹר הוּא׃ פ
18 וּבָשָׂר כִּי־יִהְיֶה בוֹ־בְעֹרוֹ שְׁחִין וְנִרְפָּא׃
19 וְהָיָה בִּמְקוֹם הַשְּׁחִין שְׂאֵת לְבָנָה אוֹ
בַהֶרֶת לְבָנָה אֲדַמְדָּמֶת וְנִרְאָה אֶל־הַכֹּהֵן׃
20 וְרָאָה הַכֹּהֵן וְהִנֵּה מַרְאֶהָ שָׁפָל מִן־
הָעוֹר וּשְׂעָרָהּ הָפַךְ לָבָן וְטִמְּאוֹ הַכֹּהֵן
נֶגַע־צָרַעַת הִוא בַּשְּׁחִין פָּרָחָה׃ 21 וְאִם ׀
יִרְאֶנָּה הַכֹּהֵן וְהִנֵּה אֵין־בָּהּ שֵׂעָר לָבָן
וּשְׁפָלָה אֵינֶנָּה מִן־הָעוֹר וְהִיא כֵהָה
וְהִסְגִּירוֹ הַכֹּהֵן שִׁבְעַת יָמִים׃ 22 וְאִם־
פָּשֹׂה תִפְשֶׂה בָּעוֹר וְטִמֵּא הַכֹּהֵן אֹתוֹ נֶגַע
הִוא׃ 23 וְאִם־תַּחְתֶּיהָ תַּעֲמֹד הַבַּהֶרֶת לֹא
פָשָׂתָה צָרֶבֶת הַשְּׁחִין הִוא וְטִהֲרוֹ
הַכֹּהֵן׃ ס 24 אוֹ בָשָׂר כִּי־יִהְיֶה בְעֹרוֹ
מִכְוַת־אֵשׁ וְהָיְתָה מִחְיַת הַמִּכְוָה בַּהֶרֶת
לְבָנָה אֲדַמְדֶּמֶת אוֹ לְבָנָה׃ 25 וְרָאָה אֹתָהּ

white, and the appearance thereof be deeper than the skin, it is leprosy, it hath broken out in the burning; and the priest shall pronounce him unclean: it is the plague of leprosy. [26] But if the priest look on it, and, behold, there be no white hair in the bright spot, and it be no lower than the skin, but be dim; then the priest shall shut him up seven days. [27] And the priest shall look upon him the seventh day; if it spread abroad in the skin, then the priest shall pronounce him unclean: it is the plague of leprosy. [28] And if the bright spot stay in its place, and be not spread in the skin, but be dim, it is the rising of the burning, and the priest shall pronounce him clean; for it is the scar of the burning.

[29] And when a man or woman hath a plague upon the head or upon the beard, [30] then the priest shall look on the plague; and, behold, if the appearance thereof be deeper than the skin, and there be in it yellow thin hair, then the priest shall pronounce him unclean: it is a scall, it is leprosy of the head or of the beard. [31] And if the priest look on the plague of the scall, and, behold, the appearance thereof be not deeper than the skin, and there be no black hair in it, then the priest shall shut up him that hath the plague of the scall seven days. [32] And in the seventh day the priest shall look on the plague; and, behold, if the scall be not spread, and there be in it no yellow hair, and the appearance of the scall be not deeper than the skin, [33] then he shall be shaven, but the scall shall he not shave; and the priest shall shut up him that hath the scall seven days more. [34] And in the seventh day the priest shall look on the scall; and, behold, if the scall be not spread in the skin, and the appearance thereof be not deeper than the skin, then the priest shall pronounce him clean; and he shall wash his clothes, and be clean. [35] But if the scall spread abroad in the skin after his cleansing, [36] then the priest shall look on him; and, behold, if the scall be spread in the skin, the priest shall not seek for the yellow hair: he is unclean. [37] But if the scall stay in its appearance, and black hair be

הַכֹּהֵן וְהִנֵּה נֶהְפַּךְ שֵׂעָר לָבָן בַּבַּהֶרֶת
וּמַרְאֶהָ עָמֹק מִן־הָעוֹר צָרַעַת הִוא
בַּמִּכְוָה פָּרָחָה וְטִמֵּא אֹתוֹ הַכֹּהֵן נֶגַע
צָרַעַת הִוא׃ 26 וְאִם ׀ יִרְאֶנָּה הַכֹּהֵן וְהִנֵּה
אֵין־בַּבַּהֶרֶת שֵׂעָר לָבָן וּשְׁפָלָה אֵינֶנָּה
מִן־הָעוֹר וְהִוא כֵהָה וְהִסְגִּירוֹ הַכֹּהֵן
שִׁבְעַת יָמִים׃ 27 וְרָאָהוּ הַכֹּהֵן בַּיּוֹם
הַשְּׁבִיעִי אִם־פָּשֹׂה תִפְשֶׂה בָּעוֹר וְטִמֵּא
הַכֹּהֵן אֹתוֹ נֶגַע צָרַעַת הִוא׃ 28 וְאִם־
תַּחְתֶּיהָ תַעֲמֹד הַבַּהֶרֶת לֹא־פָשְׂתָה בָעוֹר
וְהִוא כֵהָה שְׂאֵת הַמִּכְוָה הִוא וְטִהֲרוֹ
הַכֹּהֵן כִּי־צָרֶבֶת הַמִּכְוָה הִוא׃ פ
29 וְאִישׁ אוֹ אִשָּׁה כִּי־יִהְיֶה בוֹ נָגַע בְּרֹאשׁ
אוֹ בְזָקָן׃ 30 וְרָאָה הַכֹּהֵן אֶת־הַנֶּגַע וְהִנֵּה
מַרְאֵהוּ עָמֹק מִן־הָעוֹר וּבוֹ שֵׂעָר צָהֹב דָּק
וְטִמֵּא אֹתוֹ הַכֹּהֵן נֶתֶק הוּא צָרַעַת הָרֹאשׁ
אוֹ הַזָּקָן הוּא׃ 31 וְכִי־יִרְאֶה הַכֹּהֵן אֶת־
נֶגַע הַנֶּתֶק וְהִנֵּה אֵין־מַרְאֵהוּ עָמֹק מִן־
הָעוֹר וְשֵׂעָר שָׁחֹר אֵין בּוֹ וְהִסְגִּיר הַכֹּהֵן
אֶת־נֶגַע הַנֶּתֶק שִׁבְעַת יָמִים׃ 32 וְרָאָה
הַכֹּהֵן אֶת־הַנֶּגַע בַּיּוֹם הַשְּׁבִיעִי וְהִנֵּה
לֹא־פָשָׂה הַנֶּתֶק וְלֹא־הָיָה בוֹ שֵׂעָר צָהֹב
וּמַרְאֵה הַנֶּתֶק אֵין עָמֹק מִן־הָעוֹר׃
33 וְהִתְגַּלָּח וְאֶת־הַנֶּתֶק לֹא יְגַלֵּחַ וְהִסְגִּיר
הַכֹּהֵן אֶת־הַנֶּתֶק שִׁבְעַת יָמִים שֵׁנִית׃
34 וְרָאָה הַכֹּהֵן אֶת־הַנֶּתֶק בַּיּוֹם הַשְּׁבִיעִי
וְהִנֵּה לֹא־פָשָׂה הַנֶּתֶק בָּעוֹר וּמַרְאֵהוּ
אֵינֶנּוּ עָמֹק מִן־הָעוֹר וְטִהַר אֹתוֹ הַכֹּהֵן
וְכִבֶּס בְּגָדָיו וְטָהֵר׃ 35 וְאִם־פָּשֹׂה יִפְשֶׂה
הַנֶּתֶק בָּעוֹר אַחֲרֵי טָהֳרָתוֹ׃ 36 וְרָאָהוּ
הַכֹּהֵן וְהִנֵּה פָּשָׂה הַנֶּתֶק בָּעוֹר לֹא־יְבַקֵּר
הַכֹּהֵן לַשֵּׂעָר הַצָּהֹב טָמֵא הוּא׃ 37 וְאִם־
בְּעֵינָיו עָמַד הַנֶּתֶק וְשֵׂעָר שָׁחֹר צָמַח־בּוֹ

נִרְפָּ֥א הַנֶּ֖תֶק טָה֣וֹר ה֑וּא וְטִהֲר֖וֹ
הַכֹּהֵֽן׃ ס 38 וְאִישׁ֙ אֽוֹ־אִשָּׁ֔ה כִּֽי־יִהְיֶ֥ה
בְעוֹר־בְּשָׂרָ֖ם בֶּהָרֹ֑ת בֶּהָרֹ֖ת לְבָנֹֽת׃
39 וְרָאָ֣ה הַכֹּהֵן֒ וְהִנֵּ֧ה בְעוֹר־בְּשָׂרָ֛ם בֶּהָרֹ֖ת
כֵּהוֹ֣ת לְבָנֹ֑ת בֹּ֥הַק ה֛וּא פָּרַ֥ח בָּע֖וֹר טָה֥וֹר
הֽוּא׃ ס 40 וְאִ֕ישׁ כִּ֥י יִמָּרֵ֖ט רֹאשׁ֑וֹ
קֵרֵ֥חַ ה֖וּא טָה֥וֹר הֽוּא׃ 41 וְאִם֙ מִפְּאַ֣ת פָּנָ֔יו
יִמָּרֵ֖ט רֹאשׁ֑וֹ גִּבֵּ֥חַ ה֖וּא טָה֥וֹר הֽוּא׃ 42 וְכִֽי־
יִהְיֶ֤ה בַקָּרַ֙חַת֙ א֣וֹ בַגַּבַּ֔חַת נֶ֖גַע לָבָ֣ן
אֲדַמְדָּ֑ם צָרַ֤עַת פֹּרַ֙חַת֙ הִ֔וא בְּקָרַחְתּ֖וֹ א֥וֹ
בְגַבַּחְתּֽוֹ׃ 43 וְרָאָ֨ה אֹת֜וֹ הַכֹּהֵ֗ן וְהִנֵּ֤ה
שְׂאֵת־הַנֶּ֙גַע֙ לְבָנָ֣ה אֲדַמְדֶּ֔מֶת בְּקָרַחְתּ֖וֹ א֣וֹ
בְגַבַּחְתּ֑וֹ כְּמַרְאֵ֥ה צָרַ֖עַת ע֥וֹר בָּשָֽׂר׃
44 אִישׁ־צָר֥וּעַ ה֖וּא טָמֵ֣א ה֑וּא טַמֵּ֧א
יְטַמְּאֶ֛נּוּ הַכֹּהֵ֖ן בְּרֹאשׁ֥וֹ נִגְעֽוֹ׃ 45 וְהַצָּר֜וּעַ
אֲשֶׁר־בּ֣וֹ הַנֶּ֗גַע בְּגָדָ֞יו יִהְי֤וּ פְרֻמִים֙ וְרֹאשׁוֹ֙
יִהְיֶ֣ה פָר֔וּעַ וְעַל־שָׂפָ֖ם יַעְטֶ֑ה וְטָמֵ֥א ׀ טָמֵ֖א
יִקְרָֽא׃ 46 כָּל־יְמֵ֞י אֲשֶׁ֨ר הַנֶּ֥גַע בּ֛וֹ יִטְמָ֖א
טָמֵ֣א ה֑וּא בָּדָ֣ד יֵשֵׁ֔ב מִח֥וּץ לַֽמַּחֲנֶ֖ה
מוֹשָׁבֽוֹ׃ ס 47 וְהַבֶּ֕גֶד כִּֽי־יִהְיֶ֥ה ב֖וֹ נֶ֣גַע
צָרָ֑עַת בְּבֶ֣גֶד צֶ֔מֶר א֖וֹ בְּבֶ֥גֶד פִּשְׁתִּֽים׃ 48 א֣וֹ
בִשְׁתִ֔י א֣וֹ בְעֵ֔רֶב לַפִּשְׁתִּ֖ים וְלַצָּ֑מֶר א֣וֹ
בְע֔וֹר א֖וֹ בְּכָל־מְלֶ֥אכֶת עֽוֹר׃ 49 וְהָיָ֨ה הַנֶּ֜גַע
יְרַקְרַ֣ק ׀ א֣וֹ אֲדַמְדָּ֗ם בַּבֶּ֜גֶד א֣וֹ בָע֗וֹר
אֽוֹ־בַשְּׁתִ֤י אֽוֹ־בָעֵ֙רֶב֙ א֣וֹ בְכָל־כְּלִי־ע֔וֹר נֶ֥גַע
צָרַ֖עַת ה֑וּא וְהָרְאָ֖ה אֶת־הַכֹּהֵֽן׃ 50 וְרָאָ֥ה
הַכֹּהֵ֖ן אֶת־הַנָּ֑גַע וְהִסְגִּ֥יר אֶת־הַנֶּ֖גַע
שִׁבְעַ֥ת יָמִֽים׃ 51 וְרָאָ֨ה אֶת־הַנֶּ֜גַע בַּיּ֣וֹם
הַשְּׁבִיעִ֗י כִּֽי־פָשָׂ֤ה הַנֶּ֙גַע֙ בַּבֶּ֗גֶד אֽוֹ־בַשְּׁתִ֤י
אֽוֹ־בָעֵ֙רֶב֙ א֣וֹ בָע֔וֹר לְכֹ֛ל אֲשֶׁר־יֵעָשֶׂ֥ה
הָע֖וֹר לִמְלָאכָ֑ה צָרַ֧עַת מַמְאֶ֛רֶת הַנֶּ֖גַע
טָמֵ֥א הֽוּא׃ 52 וְשָׂרַ֨ף אֶת־הַבֶּ֜גֶד א֣וֹ
אֶֽת־הַשְּׁתִ֣י ׀ א֣וֹ אֶת־הָעֵ֗רֶב בַּצֶּ֙מֶר֙ א֣וֹ

grown up therein; the scall is healed, he is clean; and the priest shall pronounce him clean.

[38] And if a man or a woman have in the skin of their flesh bright spots, even white bright spots; [39] then the priest shall look; and, behold, if the bright spots in the skin of their flesh be of a dull white, it is a tetter, it hath broken out in the skin: he is clean.

[40] And if a man's hair be fallen off his head, he is bald; yet is he clean. [41] And if his hair be fallen off from the front part of his head, he is forehead-bald; yet is he clean. [42] But if there be in the bald head, or the bald forehead, a reddish-white plague, it is leprosy breaking out in his bald head, or his bald forehead. [43] Then the priest shall look upon him; and, behold, if the rising of the plague be reddish-white in his bald head, or in his bald forehead, as the appearance of leprosy in the skin of the flesh, [44] he is a leprous man, he is unclean; the priest shall surely pronounce him unclean: his plague is in his head.

[45] And the leper in whom the plague is, his clothes shall be rent, and the hair of his head shall go loose, and he shall cover his upper lip, and shall cry: 'Unclean, unclean.' [46] All the days wherein the plague is in him he shall be unclean; he is unclean; he shall dwell alone; without the camp shall his dwelling be.

[47] And when the plague of leprosy is in a garment, whether it be a woollen garment, or a linen garment; [48] or in the warp, or in the woof, whether they be of linen, or of wool; or in a skin, or in any thing made of skin: [49] if the plague be greenish or reddish in the garment, or in the skin, or in the warp, or in the woof, or in any thing of skin, it is the plague of leprosy, and shall be shown unto the priest. [50] And the priest shall look upon the plague, and shut up that which hath the plague seven days. [51] And he shall look on the plague on the seventh day: if the plague be spread in the garment, or in the warp, or in the woof, or in the skin, whatever service skin is used for, the plague is a malignant leprosy: it is unclean. [52] And he shall burn the garment, or the warp, or the woof, whether it be

of wool or of linen, or any thing of skin, wherein
the plague is; for it is a malignant leprosy; it shall
be burnt in the fire. [53] And if the priest shall
look, and, behold, the plague be not spread in
the garment, or in the warp, or in the woof, or
in any thing of skin; [54] then the priest shall
command that they wash the thing wherein
the plague is, and he shall shut it up seven days
more. [55] And the priest shall look, after that
the plague is washed; and, behold, if the plague
have not changed its colour, and the plague be
not spread, it is unclean; thou shalt burn it in the
fire; it is a fret, whether the bareness be within or
without. [56] And if the priest look, and, behold,
the plague be dim after the washing thereof,
then he shall rend it out of the garment, or out
of the skin, or out of the warp, or out of the woof.
[57] And if it appear still in the garment, or in
the warp, or in the woof, or in any thing of skin,
it is breaking out, thou shalt burn that wherein
the plague is with fire. [58] And the garment, or
the warp, or the woof, or whatsoever thing of
skin it be, which thou shalt wash, if the plague
be departed from them, then it shall be washed
the second time, and shall be clean. [59] This is
the law of the plague of leprosy in a garment of
wool or linen, or in the warp, or in the woof, or
in any thing of skin, to pronounce it clean, or to
pronounce it unclean.

בַּפִּשְׁתִּים אוֹ אֶת־כׇּל־כְּלִי הָעוֹר אֲשֶׁר־
יִהְיֶה בוֹ הַנָּגַע כִּי־צָרַעַת מַמְאֶרֶת הִוא
בָּאֵשׁ תִּשָּׂרֵף׃ 53 וְאִם יִרְאֶה הַכֹּהֵן וְהִנֵּה
לֹא־פָשָׂה הַנֶּגַע בַּבֶּגֶד אוֹ בַשְּׁתִי אוֹ בָעֵרֶב
אוֹ בְּכׇל־כְּלִי־עוֹר׃ 54 וְצִוָּה הַכֹּהֵן וְכִבְּסוּ
אֵת אֲשֶׁר־בּוֹ הַנָּגַע וְהִסְגִּירוֹ שִׁבְעַת־יָמִים
שֵׁנִית׃ 55 וְרָאָה הַכֹּהֵן אַחֲרֵי ׀ הֻכַּבֵּס
אֶת־הַנֶּגַע וְהִנֵּה לֹא־הָפַךְ הַנֶּגַע אֶת־עֵינוֹ
וְהַנֶּגַע לֹא־פָשָׂה טָמֵא הוּא בָּאֵשׁ תִּשְׂרְפֶנּוּ
פְּחֶתֶת הִוא בְּקָרַחְתּוֹ אוֹ בְגַבַּחְתּוֹ׃ 56 וְאִם
רָאָה הַכֹּהֵן וְהִנֵּה כֵּהָה הַנֶּגַע אַחֲרֵי הֻכַּבֵּס
אֹתוֹ וְקָרַע אֹתוֹ מִן־הַבֶּגֶד אוֹ מִן־הָעוֹר
אוֹ מִן־הַשְּׁתִי אוֹ מִן־הָעֵרֶב׃ 57 וְאִם־
תֵּרָאֶה עוֹד בַּבֶּגֶד אוֹ־בַשְּׁתִי אוֹ־בָעֵרֶב אוֹ
בְכׇל־כְּלִי־עוֹר פֹּרַחַת הִוא בָּאֵשׁ תִּשְׂרְפֶנּוּ
אֵת אֲשֶׁר־בּוֹ הַנָּגַע׃ 58 וְהַבֶּגֶד אוֹ־הַשְּׁתִי
אוֹ־הָעֵרֶב אוֹ־כׇל־כְּלִי הָעוֹר אֲשֶׁר תְּכַבֵּס
וְסָר מֵהֶם הַנָּגַע וְכֻבַּס שֵׁנִית וְטָהֵר׃ 59 זֹאת
תּוֹרַת נֶגַע־צָרַעַת בֶּגֶד הַצֶּמֶר ׀ אוֹ
הַפִּשְׁתִּים אוֹ הַשְּׁתִי אוֹ הָעֵרֶב אוֹ כׇּל־
כְּלִי־עוֹר לְטַהֲרוֹ אוֹ לְטַמְּאוֹ׃ פ

METSORA‘

14

And the LORD spoke unto Moses,
saying:
[2] This shall be the law of the leper in the
day of his cleansing: he shall be brought unto
the priest. [3] And the priest shall go forth out of
the camp; and the priest shall look, and, behold,
if the plague of leprosy be healed in the leper;
[4] then shall the priest command to take for him
that is to be cleansed two living clean birds, and
cedar-wood, and scarlet, and hyssop. [5] And the
priest shall command to kill one of the birds in
an earthen vessel over running water. [6] As for
the living bird, he shall take it, and the cedar-
wood, and the scarlet, and the hyssop, and shall

מצרע

14 וַיְדַבֵּר יְהוָה אֶל־מֹשֶׁה לֵּאמֹר׃
2 זֹאת תִּהְיֶה תּוֹרַת הַמְּצֹרָע בְּיוֹם טׇהֳרָתוֹ
וְהוּבָא אֶל־הַכֹּהֵן׃ 3 וְיָצָא הַכֹּהֵן אֶל־מִחוּץ
לַמַּחֲנֶה וְרָאָה הַכֹּהֵן וְהִנֵּה נִרְפָּא נֶגַע־
הַצָּרַעַת מִן־הַצָּרוּעַ׃ 4 וְצִוָּה הַכֹּהֵן וְלָקַח
לַמִּטַּהֵר שְׁתֵּי־צִפֳּרִים חַיּוֹת טְהֹרוֹת וְעֵץ
אֶרֶז וּשְׁנִי תוֹלַעַת וְאֵזֹב׃ 5 וְצִוָּה הַכֹּהֵן
וְשָׁחַט אֶת־הַצִּפּוֹר הָאֶחָת אֶל־כְּלִי־חֶרֶשׂ
עַל־מַיִם חַיִּים׃ 6 אֶת־הַצִּפֹּר הַחַיָּה יִקַּח
אֹתָהּ וְאֶת־עֵץ הָאֶרֶז וְאֶת־שְׁנִי הַתּוֹלַעַת

dip them and the living bird in the blood of
the bird that was killed over the running water.
[7] And he shall sprinkle upon him that is to be
cleansed from the leprosy seven times, and shall
pronounce him clean, and shall let go the living
bird into the open field. [8] And he that is to be
cleansed shall wash his clothes, and shave off all
his hair, and bathe himself in water, and he shall
be clean; and after that he may come into the
camp, but shall dwell outside his tent seven days.
[9] And it shall be on the seventh day, that he shall
shave all his hair off his head and his beard and
his eyebrows, even all his hair he shall shave off;
and he shall wash his clothes, and he shall bathe
his flesh in water, and he shall be clean. [10] And
on the eighth day he shall take two he-lambs
without blemish, and one ewe-lamb of the first
year without blemish, and three tenth parts of an
ephah of fine flour for a meal-offering, mingled
with oil, and one log of oil. [11] And the priest
that cleanseth him shall set the man that is to
be cleansed, and those things, before the Lord,
at the door of the tent of meeting. [12] And the
priest shall take one of the he-lambs, and offer
him for a guilt-offering, and the log of oil, and
wave them for a wave-offering before the Lord.
[13] And he shall kill the he-lamb in the place
where they kill the sin-offering and the burnt-
offering, in the place of the sanctuary; for as the
sin-offering is the priest's, so is the guilt-offering;
it is most holy. [14] And the priest shall take of
the blood of the guilt-offering, and the priest shall
put it upon the tip of the right ear of him that is
to be cleansed, and upon the thumb of his right
hand, and upon the great toe of his right foot.
[15] And the priest shall take of the log of oil,
and pour it into the palm of his own left hand.
[16] And the priest shall dip his right finger in
the oil that is in his left hand, and shall sprinkle
of the oil with his finger seven times before the
Lord. [17] And of the rest of the oil that is in
his hand shall the priest put upon the tip of the
right ear of him that is to be cleansed, and upon
the thumb of his right hand, and upon the great

וְאֶת־הָאֵזֹב וְטָבַל אוֹתָם וְאֵת | הַצִּפֹּר
הַחַיָּה בְּדַם הַצִּפֹּר הַשְּׁחֻטָה עַל הַמַּיִם
הַחַיִּים׃ 7 וְהִזָּה עַל הַמִּטַּהֵר מִן־הַצָּרַעַת
שֶׁבַע פְּעָמִים וְטִהֲרוֹ וְשִׁלַּח אֶת־הַצִּפֹּר
הַחַיָּה עַל־פְּנֵי הַשָּׂדֶה׃ 8 וְכִבֶּס הַמִּטַּהֵר
אֶת־בְּגָדָיו וְגִלַּח אֶת־כָּל־שְׂעָרוֹ וְרָחַץ
בַּמַּיִם וְטָהֵר וְאַחַר יָבוֹא אֶל־הַמַּחֲנֶה
וְיָשַׁב מִחוּץ לְאָהֳלוֹ שִׁבְעַת יָמִים׃ 9 וְהָיָה
בַיּוֹם הַשְּׁבִיעִי יְגַלַּח אֶת־כָּל־שְׂעָרוֹ אֶת־
רֹאשׁוֹ וְאֶת־זְקָנוֹ וְאֵת גַּבֹּת עֵינָיו וְאֶת־
כָּל־שְׂעָרוֹ יְגַלֵּחַ וְכִבֶּס אֶת־בְּגָדָיו וְרָחַץ
אֶת־בְּשָׂרוֹ בַּמַּיִם וְטָהֵר׃ 10 וּבַיּוֹם הַשְּׁמִינִי
יִקַּח שְׁנֵי־כְבָשִׂים תְּמִימִים וְכַבְשָׂה אַחַת
בַּת־שְׁנָתָהּ תְּמִימָה וּשְׁלֹשָׁה עֶשְׂרֹנִים
סֹלֶת מִנְחָה בְּלוּלָה בַשֶּׁמֶן וְלֹג אֶחָד שָׁמֶן׃
11 וְהֶעֱמִיד הַכֹּהֵן הַמְטַהֵר אֵת הָאִישׁ
הַמִּטַּהֵר וְאֹתָם לִפְנֵי יְהוָה פֶּתַח אֹהֶל
מוֹעֵד׃ 12 וְלָקַח הַכֹּהֵן אֶת־הַכֶּבֶשׂ הָאֶחָד
וְהִקְרִיב אֹתוֹ לְאָשָׁם וְאֶת־לֹג הַשָּׁמֶן
וְהֵנִיף אֹתָם תְּנוּפָה לִפְנֵי יְהוָה׃ 13 וְשָׁחַט
אֶת־הַכֶּבֶשׂ בִּמְקוֹם אֲשֶׁר יִשְׁחַט אֶת־
הַחַטָּאת וְאֶת־הָעֹלָה בִּמְקוֹם הַקֹּדֶשׁ כִּי
כַּחַטָּאת הָאָשָׁם הוּא לַכֹּהֵן קֹדֶשׁ קָדָשִׁים
הוּא׃ 14 וְלָקַח הַכֹּהֵן מִדַּם הָאָשָׁם וְנָתַן
הַכֹּהֵן עַל־תְּנוּךְ אֹזֶן הַמִּטַּהֵר הַיְמָנִית
וְעַל־בֹּהֶן יָדוֹ הַיְמָנִית וְעַל־בֹּהֶן רַגְלוֹ
הַיְמָנִית׃ 15 וְלָקַח הַכֹּהֵן מִלֹּג הַשָּׁמֶן וְיָצַק
עַל־כַּף הַכֹּהֵן הַשְּׂמָאלִית׃ 16 וְטָבַל הַכֹּהֵן
אֶת־אֶצְבָּעוֹ הַיְמָנִית מִן־הַשֶּׁמֶן אֲשֶׁר עַל־
כַּפּוֹ הַשְּׂמָאלִית וְהִזָּה מִן־הַשֶּׁמֶן בְּאֶצְבָּעוֹ
שֶׁבַע פְּעָמִים לִפְנֵי יְהוָה׃ 17 וּמִיֶּתֶר הַשֶּׁמֶן
אֲשֶׁר עַל־כַּפּוֹ יִתֵּן הַכֹּהֵן עַל־תְּנוּךְ אֹזֶן
הַמִּטַּהֵר הַיְמָנִית וְעַל־בֹּהֶן יָדוֹ הַיְמָנִית

toe of his right foot, upon the blood of the guilt-offering. [18] And the rest of the oil that is in the priest's hand he shall put upon the head of him that is to be cleansed; and the priest shall make atonement for him before the LORD. [19] And the priest shall offer the sin-offering, and make atonement for him that is to be cleansed because of his uncleanness; and afterward he shall kill the burnt-offering. [20] And the priest shall offer the burnt-offering and the meal-offering upon the altar; and the priest shall make atonement for him, and he shall be clean.

[21] And if he be poor, and his means suffice not, then he shall take one he-lamb for a guilt-offering to be waved, to make atonement for him, and one tenth part of an ephah of fine flour mingled with oil for a meal-offering, and a log of oil; [22] and two turtle-doves, or two young pigeons, such as his means suffice for; and the one shall be a sin-offering, and the other a burnt-offering. [23] And on the eighth day he shall bring them for his cleansing unto the priest, unto the door of the tent of meeting, before the LORD. [24] And the priest shall take the lamb of the guilt-offering, and the log of oil, and the priest shall wave them for a wave-offering before the LORD. [25] And he shall kill the lamb of the guilt-offering, and the priest shall take of the blood of the guilt- offering, and put it upon the tip of the right ear of him that is to be cleansed, and upon the thumb of his right hand, and upon the great toe of his right foot. [26] And the priest shall pour of the oil into the palm of his own left hand. [27] And the priest shall sprinkle with his right finger some of the oil that is in his left hand seven times before the LORD. [28] And the priest shall put of the oil that is in his hand upon the tip of the right ear of him that is to be cleansed, and upon the thumb of his right hand, and upon the great toe of his right foot, upon the place of the blood of the guilt-offering. [29] And the rest of the oil that is in the priest's hand he shall put upon the head of him that is to be cleansed, to make atonement for him before the LORD. [30] And he shall offer one of the turtle-doves, or of the young pigeons, such as his means suffice for; [31] even such as his means suffice for, the one for a sin-offering, and the other for a burnt-offering, with the meal-offering; and the

וְעַל־בֹּהֶן רַגְלוֹ הַיְמָנִית עַל דַּם הָאָשָׁם׃
18 וְהַנּוֹתָר בַּשֶּׁמֶן אֲשֶׁר עַל־כַּף הַכֹּהֵן יִתֵּן
עַל־רֹאשׁ הַמִּטַּהֵר וְכִפֶּר עָלָיו הַכֹּהֵן לִפְנֵי
יְהוָה׃ 19 וְעָשָׂה הַכֹּהֵן אֶת־הַחַטָּאת וְכִפֶּר
עַל־הַמִּטַּהֵר מִטֻּמְאָתוֹ וְאַחַר יִשְׁחַט אֶת־
הָעֹלָה׃ 20 וְהֶעֱלָה הַכֹּהֵן אֶת־הָעֹלָה וְאֶת־
הַמִּנְחָה הַמִּזְבֵּחָה וְכִפֶּר עָלָיו הַכֹּהֵן
וְטָהֵר׃ ס 21 וְאִם־דַּל הוּא וְאֵין יָדוֹ
מַשֶּׂגֶת וְלָקַח כֶּבֶשׂ אֶחָד אָשָׁם לִתְנוּפָה
לְכַפֵּר עָלָיו וְעִשָּׂרוֹן סֹלֶת אֶחָד בָּלוּל
בַּשֶּׁמֶן לְמִנְחָה וְלֹג שָׁמֶן׃ 22 וּשְׁתֵּי תֹרִים
אוֹ שְׁנֵי בְּנֵי יוֹנָה אֲשֶׁר תַּשִּׂיג יָדוֹ וְהָיָה
אֶחָד חַטָּאת וְהָאֶחָד עֹלָה׃ 23 וְהֵבִיא
אֹתָם בַּיּוֹם הַשְּׁמִינִי לְטָהֳרָתוֹ אֶל־הַכֹּהֵן
אֶל־פֶּתַח אֹהֶל־מוֹעֵד לִפְנֵי יְהוָה׃ 24 וְלָקַח
הַכֹּהֵן אֶת־כֶּבֶשׂ הָאָשָׁם וְאֶת־לֹג הַשָּׁמֶן
וְהֵנִיף אֹתָם הַכֹּהֵן תְּנוּפָה לִפְנֵי יְהוָה׃
25 וְשָׁחַט אֶת־כֶּבֶשׂ הָאָשָׁם וְלָקַח הַכֹּהֵן
מִדַּם הָאָשָׁם וְנָתַן עַל־תְּנוּךְ אֹזֶן־הַמִּטַּהֵר
הַיְמָנִית וְעַל־בֹּהֶן יָדוֹ הַיְמָנִית וְעַל־בֹּהֶן
רַגְלוֹ הַיְמָנִית׃ 26 וּמִן־הַשֶּׁמֶן יִצֹק הַכֹּהֵן
עַל־כַּף הַכֹּהֵן הַשְּׂמָאלִית׃ 27 וְהִזָּה הַכֹּהֵן
בְּאֶצְבָּעוֹ הַיְמָנִית מִן־הַשֶּׁמֶן אֲשֶׁר עַל־כַּפּוֹ
הַשְּׂמָאלִית שֶׁבַע פְּעָמִים לִפְנֵי יְהוָה׃
28 וְנָתַן הַכֹּהֵן מִן־הַשֶּׁמֶן ׀ אֲשֶׁר עַל־כַּפּוֹ
עַל־תְּנוּךְ אֹזֶן הַמִּטַּהֵר הַיְמָנִית וְעַל־בֹּהֶן
יָדוֹ הַיְמָנִית וְעַל־בֹּהֶן רַגְלוֹ הַיְמָנִית עַל־
מְקוֹם דַּם הָאָשָׁם׃ 29 וְהַנּוֹתָר מִן־הַשֶּׁמֶן
אֲשֶׁר עַל־כַּף הַכֹּהֵן יִתֵּן עַל־רֹאשׁ הַמִּטַּהֵר
לְכַפֵּר עָלָיו לִפְנֵי יְהוָה׃ 30 וְעָשָׂה אֶת־
הָאֶחָד מִן־הַתֹּרִים אוֹ מִן־בְּנֵי הַיּוֹנָה
מֵאֲשֶׁר תַּשִּׂיג יָדוֹ׃ 31 אֵת אֲשֶׁר־תַּשִּׂיג יָדוֹ
אֶת־הָאֶחָד חַטָּאת וְאֶת־הָאֶחָד עֹלָה עַל־

priest shall make atonement for him that is to be cleansed before the LORD. [32] This is the law of him in whom is the plague of leprosy, whose means suffice not for that which pertaineth to his cleansing.

[33] And the LORD spoke unto Moses and unto Aaron, saying:

[34] When ye are come into the land of Canaan, which I give to you for a possession, and I put the plague of leprosy in a house of the land of your possession; [35] then he that owneth the house shall come and tell the priest, saying: ‘There seemeth to me to be as it were a plague in the house.’ [36] And the priest shall command that they empty the house, before the priest go in to see the plague, that all that is in the house be not made unclean; and afterward the priest shall go in to see the house. [37] And he shall look on the plague, and, behold, if the plague be in the walls of the house with hollow streaks, greenish or reddish, and the appearance thereof be lower than the wall; [38] then the priest shall go out of the house to the door of the house, and shut up the house seven days. [39] And the priest shall come again the seventh day, and shall look; and, behold, if the plague be spread in the walls of the house; [40] then the priest shall command that they take out the stones in which the plague is, and cast them into an unclean place without the city. [41] And he shall cause the house to be scraped within round about, and they shall pour out the mortar that they scrape off without the city into an unclean place. [42] And they shall take other stones, and put them in the place of those stones; and he shall take other mortar, and shall plaster the house. [43] And if the plague come again, and break out in the house, after that the stones have been taken out, and after the house hath been scraped, and after it is plastered; [44] then the priest shall come in and look; and, behold, if the plague be spread in the house, it is a malignant leprosy in the house: it is unclean. [45] And he shall break down the house, the stones of it, and the timber thereof, and all the mortar of the house; and he shall carry them forth out of the city into an unclean place. [46] Moreover he that

הַמִּנְחָה וְכִפֶּר הַכֹּהֵן עַל הַמִּטַּהֵר לִפְנֵי
יְהוָה׃ 32 זֹאת תּוֹרַת אֲשֶׁר־בּוֹ נֶגַע צָרָעַת
אֲשֶׁר לֹא־תַשִּׂיג יָדוֹ בְּטָהֳרָתוֹ׃ פ
33 וַיְדַבֵּר יְהוָה אֶל־מֹשֶׁה וְאֶל־אַהֲרֹן
לֵאמֹר׃ 34 כִּי תָבֹאוּ אֶל־אֶרֶץ כְּנַעַן אֲשֶׁר
אֲנִי נֹתֵן לָכֶם לַאֲחֻזָּה וְנָתַתִּי נֶגַע צָרַעַת
בְּבֵית אֶרֶץ אֲחֻזַּתְכֶם׃ 35 וּבָא אֲשֶׁר־לוֹ
הַבַּיִת וְהִגִּיד לַכֹּהֵן לֵאמֹר כְּנֶגַע נִרְאָה לִי
בַּבָּיִת׃ 36 וְצִוָּה הַכֹּהֵן וּפִנּוּ אֶת־הַבַּיִת
בְּטֶרֶם יָבֹא הַכֹּהֵן לִרְאוֹת אֶת־הַנֶּגַע וְלֹא
יִטְמָא כָּל־אֲשֶׁר בַּבָּיִת וְאַחַר כֵּן יָבֹא הַכֹּהֵן
לִרְאוֹת אֶת־הַבָּיִת׃ 37 וְרָאָה אֶת־הַנֶּגַע
וְהִנֵּה הַנֶּגַע בְּקִירֹת הַבַּיִת שְׁקַעֲרוּרֹת
יְרַקְרַקֹּת אוֹ אֲדַמְדַּמֹּת וּמַרְאֵיהֶן שָׁפָל
מִן־הַקִּיר׃ 38 וְיָצָא הַכֹּהֵן מִן־הַבַּיִת אֶל־
פֶּתַח הַבָּיִת וְהִסְגִּיר אֶת־הַבַּיִת שִׁבְעַת
יָמִים׃ 39 וְשָׁב הַכֹּהֵן בַּיּוֹם הַשְּׁבִיעִי וְרָאָה
וְהִנֵּה פָּשָׂה הַנֶּגַע בְּקִירֹת הַבָּיִת׃ 40 וְצִוָּה
הַכֹּהֵן וְחִלְּצוּ אֶת־הָאֲבָנִים אֲשֶׁר בָּהֵן
הַנָּגַע וְהִשְׁלִיכוּ אֶתְהֶן אֶל־מִחוּץ לָעִיר
אֶל־מָקוֹם טָמֵא׃ 41 וְאֶת־הַבַּיִת יַקְצִעַ
מִבַּיִת סָבִיב וְשָׁפְכוּ אֶת־הֶעָפָר אֲשֶׁר
הִקְצוּ אֶל־מִחוּץ לָעִיר אֶל־מָקוֹם טָמֵא׃
42 וְלָקְחוּ אֲבָנִים אֲחֵרוֹת וְהֵבִיאוּ אֶל־
תַּחַת הָאֲבָנִים וְעָפָר אַחֵר יִקַּח וְטָח
אֶת־הַבָּיִת׃ 43 וְאִם־יָשׁוּב הַנֶּגַע וּפָרַח
בַּבַּיִת אַחַר חִלֵּץ אֶת־הָאֲבָנִים וְאַחֲרֵי
הִקְצוֹת אֶת־הַבַּיִת וְאַחֲרֵי הִטּוֹחַ׃ 44 וּבָא
הַכֹּהֵן וְרָאָה וְהִנֵּה פָּשָׂה הַנֶּגַע בַּבָּיִת
צָרַעַת מַמְאֶרֶת הִוא בַּבַּיִת טָמֵא הוּא׃
45 וְנָתַץ אֶת־הַבַּיִת אֶת־אֲבָנָיו וְאֶת־עֵצָיו
וְאֵת כָּל־עֲפַר הַבָּיִת וְהוֹצִיא אֶל־מִחוּץ
לָעִיר אֶל־מָקוֹם טָמֵא׃ 46 וְהַבָּא אֶל־הַבַּיִת

goeth into the house all the while that it is shut up shall be unclean until the even. [47] And he that lieth in the house shall wash his clothes; and he that eateth in the house shall wash his clothes. [48] And if the priest shall come in, and look, and, behold, the plague hath not spread in the house, after the house was plastered; then the priest shall pronounce the house clean, because the plague is healed. [49] And he shall take to cleanse the house two birds, and cedar-wood, and scarlet, and hyssop. [50] And he shall kill one of the birds in an earthen vessel over running water. [51] And he shall take the cedar-wood, and the hyssop, and the scarlet, and the living bird, and dip them in the blood of the slain bird, and in the running water, and sprinkle the house seven times. [52] And he shall cleanse the house with the blood of the bird, and with the running water, and with the living bird, and with the cedar-wood, and with the hyssop, and with the scarlet. [53] But he shall let go the living bird out of the city into the open field; so shall he make atonement for the house; and it shall be clean.

[54] This is the law for all manner of plague of leprosy, and for a scall; [55] and for the leprosy of a garment, and for a house; [56] and for a rising, and for a scab, and for a bright spot; [57] to teach when it is unclean, and when it is clean; this is the law of leprosy.

15 And the LORD spoke unto Moses and to Aaron, saying: [2] Speak unto the children of Israel, and say unto them:

When any man hath an issue out of his flesh, his issue is unclean. [3] And this shall be his uncleanness in his issue: whether his flesh run with his issue, or his flesh be stopped from his issue, it is his uncleanness. [4] Every bed whereon he that hath the issue lieth shall be unclean; and every thing whereon he sitteth shall be unclean. [5] And whosoever toucheth his bed shall wash his clothes, and bathe himself in water, and be unclean until the even. [6] And he that sitteth on any thing whereon he that hath the issue sat shall wash his clothes, and bathe himself in water, and be unclean until the even.

כָּל־יְמֵי הִסְגִּיר אֹתוֹ יִטְמָא עַד־הָעָרֶב׃
47 וְהַשֹּׁכֵב בַּבַּיִת יְכַבֵּס אֶת־בְּגָדָיו וְהָאֹכֵל
בַּבַּיִת יְכַבֵּס אֶת־בְּגָדָיו׃ 48 וְאִם־בֹּא יָבֹא
הַכֹּהֵן וְרָאָה וְהִנֵּה לֹא־פָשָׂה הַנֶּגַע בַּבַּיִת
אַחֲרֵי הִטֹּחַ אֶת־הַבָּיִת וְטִהַר הַכֹּהֵן אֶת־
הַבַּיִת כִּי נִרְפָּא הַנָּגַע׃ 49 וְלָקַח לְחַטֵּא
אֶת־הַבַּיִת שְׁתֵּי צִפֳּרִים וְעֵץ אֶרֶז וּשְׁנִי
תוֹלַעַת וְאֵזֹב׃ 50 וְשָׁחַט אֶת־הַצִּפֹּר
הָאֶחָת אֶל־כְּלִי־חֶרֶשׂ עַל־מַיִם חַיִּים׃
51 וְלָקַח אֶת־עֵץ־הָאֶרֶז וְאֶת־הָאֵזֹב וְאֵת ׀
שְׁנִי הַתּוֹלַעַת וְאֵת הַצִּפֹּר הַחַיָּה וְטָבַל
אֹתָם בְּדַם הַצִּפֹּר הַשְּׁחוּטָה וּבַמַּיִם
הַחַיִּים וְהִזָּה אֶל־הַבַּיִת שֶׁבַע פְּעָמִים׃
52 וְחִטֵּא אֶת־הַבַּיִת בְּדַם הַצִּפּוֹר וּבַמַּיִם
הַחַיִּים וּבַצִּפֹּר הַחַיָּה וּבְעֵץ הָאֶרֶז וּבָאֵזֹב
וּבִשְׁנִי הַתּוֹלָעַת׃ 53 וְשִׁלַּח אֶת־הַצִּפֹּר
הַחַיָּה אֶל־מִחוּץ לָעִיר אֶל־פְּנֵי הַשָּׂדֶה
וְכִפֶּר עַל־הַבַּיִת וְטָהֵר׃ 54 זֹאת הַתּוֹרָה
לְכָל־נֶגַע הַצָּרַעַת וְלַנָּתֶק׃ 55 וּלְצָרַעַת
הַבֶּגֶד וְלַבָּיִת׃ 56 וְלַשְׂאֵת וְלַסַּפַּחַת
וְלַבֶּהָרֶת׃ 57 לְהוֹרֹת בְּיוֹם הַטָּמֵא וּבְיוֹם
הַטָּהֹר זֹאת תּוֹרַת הַצָּרָעַת׃ ס
15 וַיְדַבֵּר יְהוָה אֶל־מֹשֶׁה וְאֶל־
אַהֲרֹן לֵאמֹר׃ 2 דַּבְּרוּ אֶל־בְּנֵי יִשְׂרָאֵל
וַאֲמַרְתֶּם אֲלֵהֶם אִישׁ אִישׁ כִּי יִהְיֶה זָב
מִבְּשָׂרוֹ זוֹבוֹ טָמֵא הוּא׃ 3 וְזֹאת תִּהְיֶה
טֻמְאָתוֹ בְּזוֹבוֹ רָר בְּשָׂרוֹ אֶת־זוֹבוֹ אוֹ־
הֶחְתִּים בְּשָׂרוֹ מִזּוֹבוֹ טֻמְאָתוֹ הִוא׃ 4 כָּל־
הַמִּשְׁכָּב אֲשֶׁר יִשְׁכַּב עָלָיו הַזָּב יִטְמָא
וְכָל־הַכְּלִי אֲשֶׁר־יֵשֵׁב עָלָיו יִטְמָא׃ 5 וְאִישׁ
אֲשֶׁר יִגַּע בְּמִשְׁכָּבוֹ יְכַבֵּס בְּגָדָיו וְרָחַץ
בַּמַּיִם וְטָמֵא עַד־הָעָרֶב׃ 6 וְהַיֹּשֵׁב עַל־
הַכְּלִי אֲשֶׁר־יֵשֵׁב עָלָיו הַזָּב יְכַבֵּס בְּגָדָיו

[7] And he that toucheth the flesh of him that hath the issue shall wash his clothes, and bathe himself in water, and be unclean until the even. [8] And if he that hath the issue spit upon him that is clean, then he shall wash his clothes, and bathe himself in water, and be unclean until the even. [9] And what saddle soever he that hath the issue rideth upon shall be unclean. [10] And whosoever toucheth any thing that was under him shall be unclean until the even; and he that beareth those things shall wash his clothes, and bathe himself in water, and be unclean until the even. [11] And whomsoever he that hath the issue toucheth, without having rinsed his hands in water, he shall wash his clothes, and bathe himself in water, and be unclean until the even. [12] And the earthen vessel, which he that hath the issue toucheth, shall be broken; and every vessel of wood shall be rinsed in water. [13] And when he that hath an issue is cleansed of his issue, then he shall number to himself seven days for his cleansing, and wash his clothes; and he shall bathe his flesh in running water, and shall be clean. [14] And on the eighth day he shall take to him two turtle-doves, or two young pigeons, and come before the LORD unto the door of the tent of meeting, and give them unto the priest. [15] And the priest shall offer them, the one for a sin-offering, and the other for a burnt-offering; and the priest shall make atonement for him before the LORD for his issue.

[16] And if the flow of seed go out from a man, then he shall bathe all his flesh in water, and be unclean until the even. [17] And every garment, and every skin, whereon is the flow of seed, shall be washed with water, and be unclean until the even. [18] The woman also with whom a man shall lie carnally, they shall both bathe themselves in water, and be unclean until the even.

[19] And if a woman have an issue, and her issue in her flesh be blood, she shall be in her impurity seven days; and whosoever toucheth her shall be unclean until the even. [20] And every thing that she lieth upon in her impurity shall be unclean; every thing also that she sitteth upon shall be unclean. [21] And whosoever toucheth her bed shall wash his clothes, and bathe himself

וְרָחַ֥ץ בַּמַּ֖יִם וְטָמֵ֥א עַד־הָעָֽרֶב׃ 7 וְהַנֹּגֵ֖עַ
בִּבְשַׂ֣ר הַזָּ֑ב יְכַבֵּ֧ס בְּגָדָ֛יו וְרָחַ֥ץ בַּמַּ֖יִם
וְטָמֵ֥א עַד־הָעָֽרֶב׃ 8 וְכִֽי־יָרֹ֛ק הַזָּ֖ב בַּטָּה֑וֹר
וְכִבֶּ֣ס בְּגָדָ֗יו וְרָחַ֥ץ בַּמַּ֖יִם וְטָמֵ֥א עַד־
הָעָֽרֶב׃ 9 וְכָל־הַמֶּרְכָּ֗ב אֲשֶׁ֨ר יִרְכַּ֥ב עָלָ֛יו
הַזָּ֖ב יִטְמָֽא׃ 10 וְכָל־הַנֹּגֵ֗עַ בְּכֹל֙ אֲשֶׁ֣ר יִהְיֶ֣ה
תַחְתָּ֔יו יִטְמָ֖א עַד־הָעָ֑רֶב וְהַנּוֹשֵׂ֣א אוֹתָ֔ם
יְכַבֵּ֧ס בְּגָדָ֛יו וְרָחַ֥ץ בַּמַּ֖יִם וְטָמֵ֥א עַד־
הָעָֽרֶב׃ 11 וְכֹ֨ל אֲשֶׁ֤ר יִגַּע־בּוֹ֙ הַזָּ֔ב וְיָדָ֖יו
לֹא־שָׁטַ֣ף בַּמָּ֑יִם וְכִבֶּ֧ס בְּגָדָ֛יו וְרָחַ֥ץ בַּמַּ֖יִם
וְטָמֵ֥א עַד־הָעָֽרֶב׃ 12 וּכְלִי־חֶ֛רֶשׂ אֲשֶׁר־
יִגַּע־בּ֥וֹ הַזָּ֖ב יִשָּׁבֵ֑ר וְכָל־כְּלִי־עֵ֔ץ יִשָּׁטֵ֖ף
בַּמָּֽיִם׃ 13 וְכִֽי־יִטְהַ֤ר הַזָּב֙ מִזּוֹב֔וֹ וְסָ֨פַר ל֜וֹ
שִׁבְעַ֥ת יָמִ֛ים לְטָהֳרָת֖וֹ וְכִבֶּ֣ס בְּגָדָ֑יו וְרָחַ֧ץ
בְּשָׂר֛וֹ בְּמַ֥יִם חַיִּ֖ים וְטָהֵֽר׃ 14 וּבַיּ֣וֹם
הַשְּׁמִינִ֗י יִֽקַּֽח־לוֹ֙ שְׁתֵּ֣י תֹרִ֔ים א֥וֹ שְׁנֵ֖י בְּנֵ֣י
יוֹנָ֑ה וּבָ֣א ׀ לִפְנֵ֣י יְהוָ֗ה אֶל־פֶּ֨תַח֙ אֹ֣הֶל
מוֹעֵ֔ד וּנְתָנָ֖ם אֶל־הַכֹּהֵֽן׃ 15 וְעָשָׂ֤ה אֹתָם֙
הַכֹּהֵ֔ן אֶחָ֣ד חַטָּ֔את וְהָאֶחָ֖ד עֹלָ֑ה וְכִפֶּ֨ר
עָלָ֧יו הַכֹּהֵ֛ן לִפְנֵ֥י יְהוָ֖ה מִזּוֹבֽוֹ׃ ס

16 וְאִ֕ישׁ כִּֽי־תֵצֵ֥א מִמֶּ֖נּוּ שִׁכְבַת־זָ֑רַע
וְרָחַ֥ץ בַּמַּ֛יִם אֶת־כָּל־בְּשָׂר֖וֹ וְטָמֵ֥א עַד־
הָעָֽרֶב׃ 17 וְכָל־בֶּ֣גֶד וְכָל־ע֔וֹר אֲשֶׁר־יִהְיֶ֥ה
עָלָ֖יו שִׁכְבַת־זָ֑רַע וְכֻבַּ֥ס בַּמַּ֖יִם וְטָמֵ֥א
עַד־הָעָֽרֶב׃ פ

18 וְאִשָּׁ֕ה אֲשֶׁ֨ר יִשְׁכַּ֥ב אִ֛ישׁ אֹתָ֖הּ שִׁכְבַת־
זָ֑רַע וְרָחֲצ֣וּ בַמַּ֔יִם וְטָמְא֖וּ עַד־הָעָֽרֶב׃
19 וְאִשָּׁה֙ כִּֽי־תִהְיֶ֣ה זָבָ֔ה דָּ֛ם יִהְיֶ֥ה זֹבָ֖הּ
בִּבְשָׂרָ֑הּ שִׁבְעַ֤ת יָמִים֙ תִּהְיֶ֣ה בְנִדָּתָ֔הּ
וְכָל־הַנֹּגֵ֥עַ בָּ֖הּ יִטְמָ֥א עַד־הָעָֽרֶב׃ 20 וְכֹ֨ל
אֲשֶׁ֨ר תִּשְׁכַּ֥ב עָלָ֛יו בְּנִדָּתָ֖הּ יִטְמָ֑א וְכֹ֛ל
אֲשֶׁר־תֵּשֵׁ֥ב עָלָ֖יו יִטְמָֽא׃ 21 וְכָל־הַנֹּגֵ֖עַ
בְּמִשְׁכָּבָ֑הּ יְכַבֵּ֥ס בְּגָדָ֛יו וְרָחַ֥ץ בַּמַּ֖יִם וְטָמֵ֥א

in water, and be unclean until the even. [22] And whosoever toucheth any thing that she sitteth upon shall wash his clothes, and bathe himself in water, and be unclean until the even. [23] And if he be on the bed, or on any thing whereon she sitteth, when he toucheth it, he shall be unclean until the even. [24] And if any man lie with her, and her impurity be upon him, he shall be unclean seven days; and every bed whereon he lieth shall be unclean.

[25] And if a woman have an issue of her blood many days not in the time of her impurity, or if she have an issue beyond the time of her impurity; all the days of the issue of her uncleanness she shall be as in the days of her impurity: she is unclean. [26] Every bed whereon she lieth all the days of her issue shall be unto her as the bed of her impurity; and every thing whereon she sitteth shall be unclean, as the uncleanness of her impurity. [27] And whosoever toucheth those things shall be unclean, and shall wash his clothes, and bathe himself in water, and be unclean until the even. [28] But if she be cleansed of her issue, then she shall number to herself seven days, and after that she shall be clean. [29] And on the eighth day she shall take unto her two turtle-doves, or two young pigeons, and bring them unto the priest, to the door of the tent of meeting. [30] And the priest shall offer the one for a sin-offering, and the other for a burnt-offering; and the priest shall make atonement for her before the LORD for the issue of her uncleanness.

[31] Thus shall ye separate the children of Israel from their uncleanness; that they die not in their uncleanness, when they defile My tabernacle that is in the midst of them.

[32] This is the law of him that hath an issue, and of him from whom the flow of seed goeth out, so that he is unclean thereby; [33] and of her that is sick with her impurity, and of them that have an issue, whether it be a man, or a woman; and of him that lieth with her that is unclean.

עַד־הָעָרֶב׃ 22 וְכָל־הַנֹּגֵעַ בְּכָל־כְּלִי אֲשֶׁר־
תֵּשֵׁב עָלָיו יְכַבֵּס בְּגָדָיו וְרָחַץ בַּמַּיִם וְטָמֵא
עַד־הָעָרֶב׃ 23 וְאִם עַל־הַמִּשְׁכָּב הוּא אוֹ
עַל־הַכְּלִי אֲשֶׁר־הִוא יֹשֶׁבֶת־עָלָיו בְּנָגְעוֹ־
בוֹ יִטְמָא עַד־הָעָרֶב׃ 24 וְאִם שָׁכֹב יִשְׁכַּב
אִישׁ אֹתָהּ וּתְהִי נִדָּתָהּ עָלָיו וְטָמֵא
שִׁבְעַת יָמִים וְכָל־הַמִּשְׁכָּב אֲשֶׁר־יִשְׁכַּב
עָלָיו יִטְמָא׃ פ
25 וְאִשָּׁה כִּי־יָזוּב זוֹב דָּמָהּ יָמִים רַבִּים
בְּלֹא עֶת־נִדָּתָהּ אוֹ כִי־תָזוּב עַל־נִדָּתָהּ
כָּל־יְמֵי זוֹב טֻמְאָתָהּ כִּימֵי נִדָּתָהּ תִּהְיֶה
טְמֵאָה הִוא׃ 26 כָּל־הַמִּשְׁכָּב אֲשֶׁר־תִּשְׁכַּב
עָלָיו כָּל־יְמֵי זוֹבָהּ כְּמִשְׁכַּב נִדָּתָהּ יִהְיֶה־
לָּהּ וְכָל־הַכְּלִי אֲשֶׁר תֵּשֵׁב עָלָיו טָמֵא
יִהְיֶה כְּטֻמְאַת נִדָּתָהּ׃ 27 וְכָל־הַנּוֹגֵעַ בָּם
יִטְמָא וְכִבֶּס בְּגָדָיו וְרָחַץ בַּמַּיִם וְטָמֵא
עַד־הָעָרֶב׃ 28 וְאִם־טָהֲרָה מִזּוֹבָהּ וְסָפְרָה
לָּהּ שִׁבְעַת יָמִים וְאַחַר תִּטְהָר׃ 29 וּבַיּוֹם
הַשְּׁמִינִי תִּקַּח־לָהּ שְׁתֵּי תֹרִים אוֹ שְׁנֵי
בְּנֵי יוֹנָה וְהֵבִיאָה אוֹתָם אֶל־הַכֹּהֵן אֶל־
פֶּתַח אֹהֶל מוֹעֵד׃ 30 וְעָשָׂה הַכֹּהֵן אֶת־
הָאֶחָד חַטָּאת וְאֶת־הָאֶחָד עֹלָה וְכִפֶּר
עָלֶיהָ הַכֹּהֵן לִפְנֵי יְהוָה מִזּוֹב טֻמְאָתָהּ׃
31 וְהִזַּרְתֶּם אֶת־בְּנֵי־יִשְׂרָאֵל מִטֻּמְאָתָם
וְלֹא יָמֻתוּ בְּטֻמְאָתָם בְּטַמְּאָם אֶת־מִשְׁכָּנִי
אֲשֶׁר בְּתוֹכָם׃ 32 זֹאת תּוֹרַת הַזָּב וַאֲשֶׁר
תֵּצֵא מִמֶּנּוּ שִׁכְבַת־זֶרַע לְטָמְאָה־בָהּ׃
33 וְהַדָּוָה בְּנִדָּתָהּ וְהַזָּב אֶת־זוֹבוֹ לַזָּכָר
וְלַנְּקֵבָה וּלְאִישׁ אֲשֶׁר יִשְׁכַּב עִם־
טְמֵאָה׃ פ

'AHAREI MOT

אחרי מות

16 And the LORD spoke unto Moses, after the death of the two sons of Aaron, when they drew near before the LORD,

16 וַיְדַבֵּר יְהוָה אֶל־מֹשֶׁה אַחֲרֵי מוֹת
שְׁנֵי בְּנֵי אַהֲרֹן בְּקָרְבָתָם לִפְנֵי־יְהוָה

and died; [2] and the LORD said unto Moses: 'Speak unto Aaron thy brother, that he come not at all times into the holy place within the veil, before the ark-cover which is upon the ark; that he die not; for I appear in the cloud upon the ark-cover. [3] Herewith shall Aaron come into the holy place: with a young bullock for a sin-offering, and a ram for a burnt-offering. [4] He shall put on the holy linen tunic, and he shall have the linen breeches upon his flesh, and shall be girded with the linen girdle, and with the linen mitre shall he be attired; they are the holy garments; and he shall bathe his flesh in water, and put them on. [5] And he shall take of the congregation of the children of Israel two he-goats for a sin-offering, and one ram for a burnt-offering. [6] And Aaron shall present the bullock of the sin-offering, which is for himself, and make atonement for himself, and for his house. [7] And he shall take the two goats, and set them before the LORD at the door of the tent of meeting. [8] And Aaron shall cast lots upon the two goats: one lot for the LORD, and the other lot for Azazel. [9] And Aaron shall present the goat upon which the lot fell for the LORD, and offer him for a sin-offering. [10] But the goat, on which the lot fell for Azazel, shall be set alive before the LORD, to make atonement over him, to send him away for Azazel into the wilderness. [11] And Aaron shall present the bullock of the sin-offering, which is for himself, and shall make atonement for himself, and for his house, and shall kill the bullock of the sin-offering which is for himself. [12] And he shall take a censer full of coals of fire from off the altar before the LORD, and his hands full of sweet incense beaten small, and bring it within the veil. [13] And he shall put the incense upon the fire before the LORD, that the cloud of the incense may cover the ark-cover that is upon the testimony, that he die not. [14] And he shall take of the blood of the bullock, and sprinkle it with his finger upon the ark-cover on the east; and before the ark-cover shall he sprinkle of the blood with his finger seven times.

וַיָּמֻתוּ׃ 2 וַיֹּאמֶר יְהוָה אֶל־מֹשֶׁה דַּבֵּר
אֶל־אַהֲרֹן אָחִיךָ וְאַל־יָבֹא בְכָל־עֵת אֶל־
הַקֹּדֶשׁ מִבֵּית לַפָּרֹכֶת אֶל־פְּנֵי הַכַּפֹּרֶת
אֲשֶׁר עַל־הָאָרֹן וְלֹא יָמוּת כִּי בֶּעָנָן אֵרָאֶה
עַל־הַכַּפֹּרֶת׃ 3 בְּזֹאת יָבֹא אַהֲרֹן אֶל־
הַקֹּדֶשׁ בְּפַר בֶּן־בָּקָר לְחַטָּאת וְאַיִל לְעֹלָה׃
4 כְּתֹנֶת־בַּד קֹדֶשׁ יִלְבָּשׁ וּמִכְנְסֵי־בַד יִהְיוּ
עַל־בְּשָׂרוֹ וּבְאַבְנֵט בַּד יַחְגֹּר וּבְמִצְנֶפֶת בַּד
יִצְנֹף בִּגְדֵי־קֹדֶשׁ הֵם וְרָחַץ בַּמַּיִם אֶת־
בְּשָׂרוֹ וּלְבֵשָׁם׃ 5 וּמֵאֵת עֲדַת בְּנֵי יִשְׂרָאֵל
יִקַּח שְׁנֵי־שְׂעִירֵי עִזִּים לְחַטָּאת וְאַיִל אֶחָד
לְעֹלָה׃ 6 וְהִקְרִיב אַהֲרֹן אֶת־פַּר הַחַטָּאת
אֲשֶׁר־לוֹ וְכִפֶּר בַּעֲדוֹ וּבְעַד בֵּיתוֹ׃ 7 וְלָקַח
אֶת־שְׁנֵי הַשְּׂעִירִם וְהֶעֱמִיד אֹתָם לִפְנֵי
יְהוָה פֶּתַח אֹהֶל מוֹעֵד׃ 8 וְנָתַן אַהֲרֹן
עַל־שְׁנֵי הַשְּׂעִירִם גֹּרָלוֹת גּוֹרָל אֶחָד
לַיהוָה וְגוֹרָל אֶחָד לַעֲזָאזֵל׃ 9 וְהִקְרִיב
אַהֲרֹן אֶת־הַשָּׂעִיר אֲשֶׁר עָלָה עָלָיו הַגּוֹרָל
לַיהוָה וְעָשָׂהוּ חַטָּאת׃ 10 וְהַשָּׂעִיר אֲשֶׁר
עָלָה עָלָיו הַגּוֹרָל לַעֲזָאזֵל יָעֳמַד־חַי לִפְנֵי
יְהוָה לְכַפֵּר עָלָיו לְשַׁלַּח אֹתוֹ לַעֲזָאזֵל
הַמִּדְבָּרָה׃ 11 וְהִקְרִיב אַהֲרֹן אֶת־פַּר
הַחַטָּאת אֲשֶׁר־לוֹ וְכִפֶּר בַּעֲדוֹ וּבְעַד בֵּיתוֹ
וְשָׁחַט אֶת־פַּר הַחַטָּאת אֲשֶׁר־לוֹ׃ 12 וְלָקַח
מְלֹא־הַמַּחְתָּה גַּחֲלֵי־אֵשׁ מֵעַל הַמִּזְבֵּחַ
מִלִּפְנֵי יְהוָה וּמְלֹא חָפְנָיו קְטֹרֶת סַמִּים
דַּקָּה וְהֵבִיא מִבֵּית לַפָּרֹכֶת׃ 13 וְנָתַן אֶת־
הַקְּטֹרֶת עַל־הָאֵשׁ לִפְנֵי יְהוָה וְכִסָּה ׀ עֲנַן
הַקְּטֹרֶת אֶת־הַכַּפֹּרֶת אֲשֶׁר עַל־הָעֵדוּת
וְלֹא יָמוּת׃ 14 וְלָקַח מִדַּם הַפָּר וְהִזָּה
בְאֶצְבָּעוֹ עַל־פְּנֵי הַכַּפֹּרֶת קֵדְמָה וְלִפְנֵי
הַכַּפֹּרֶת יַזֶּה שֶׁבַע־פְּעָמִים מִן־הַדָּם

[15] Then shall he kill the goat of the sin-offering, that is for the people, and bring his blood within the veil, and do with his blood as he did with the blood of the bullock, and sprinkle it upon the ark-cover, and before the ark-cover. [16] And he shall make atonement for the holy place, because of the uncleannesses of the children of Israel, and because of their transgressions, even all their sins, and so shall he do for the tent of meeting, that dwelleth with them in the midst of their uncleannesses. [17] And there shall be no man in the tent of meeting when he goeth in to make atonement in the holy place, until he come out, and have made atonement for himself, and for his household, and for all the assembly of Israel. [18] And he shall go out unto the altar that is before the LORD, and make atonement for it; and shall take of the blood of the bullock, and of the blood of the goat, and put it upon the horns of the altar round about. [19] And he shall sprinkle of the blood upon it with his finger seven times, and cleanse it, and hallow it from the uncleannesses of the children of Israel. [20] And when he hath made an end of atoning for the holy place, and the tent of meeting, and the altar, he shall present the live goat. [21] And Aaron shall lay both his hands upon the head of the live goat, and confess over him all the iniquities of the children of Israel, and all their transgressions, even all their sins; and he shall put them upon the head of the goat, and shall send him away by the hand of an appointed man into the wilderness. [22] And the goat shall bear upon him all their iniquities unto a land which is cut off; and he shall let go the goat in the wilderness. [23] And Aaron shall come into the tent of meeting, and shall put off the linen garments, which he put on when he went into the holy place, and shall leave them there. [24] And he shall bathe his flesh in water in a holy place, and put on his other vestments, and come forth, and offer his burnt-offering and the burnt-offering of the people, and make atonement for himself and for the people. [25] And the fat of the sin-offering shall he make smoke upon the altar. [26] And he that letteth go the goat for Azazel shall wash his clothes, and bathe his flesh in water, and afterward he may

בְּאֶצְבָּעוֹ׃ 15 וְשָׁחַט אֶת־שְׂעִיר הַחַטָּאת
אֲשֶׁר לָעָם וְהֵבִיא אֶת־דָּמוֹ אֶל־מִבֵּית
לַפָּרֹכֶת וְעָשָׂה אֶת־דָּמוֹ כַּאֲשֶׁר עָשָׂה לְדַם
הַפָּר וְהִזָּה אֹתוֹ עַל־הַכַּפֹּרֶת וְלִפְנֵי
הַכַּפֹּרֶת׃ 16 וְכִפֶּר עַל־הַקֹּדֶשׁ מִטֻּמְאֹת בְּנֵי
יִשְׂרָאֵל וּמִפִּשְׁעֵיהֶם לְכָל־חַטֹּאתָם וְכֵן
יַעֲשֶׂה לְאֹהֶל מוֹעֵד הַשֹּׁכֵן אִתָּם בְּתוֹךְ
טֻמְאֹתָם׃ 17 וְכָל־אָדָם לֹא־יִהְיֶה ׀ בְּאֹהֶל
מוֹעֵד בְּבֹאוֹ לְכַפֵּר בַּקֹּדֶשׁ עַד־צֵאתוֹ וְכִפֶּר
בַּעֲדוֹ וּבְעַד בֵּיתוֹ וּבְעַד כָּל־קְהַל יִשְׂרָאֵל׃
18 וְיָצָא אֶל־הַמִּזְבֵּחַ אֲשֶׁר לִפְנֵי־יְהוָה
וְכִפֶּר עָלָיו וְלָקַח מִדַּם הַפָּר וּמִדַּם הַשָּׂעִיר
וְנָתַן עַל־קַרְנוֹת הַמִּזְבֵּחַ סָבִיב׃ 19 וְהִזָּה
עָלָיו מִן־הַדָּם בְּאֶצְבָּעוֹ שֶׁבַע פְּעָמִים
וְטִהֲרוֹ וְקִדְּשׁוֹ מִטֻּמְאֹת בְּנֵי יִשְׂרָאֵל׃
20 וְכִלָּה מִכַּפֵּר אֶת־הַקֹּדֶשׁ וְאֶת־אֹהֶל
מוֹעֵד וְאֶת־הַמִּזְבֵּחַ וְהִקְרִיב אֶת־הַשָּׂעִיר
הֶחָי׃ 21 וְסָמַךְ אַהֲרֹן אֶת־שְׁתֵּי ידו יָדָיו
עַל רֹאשׁ הַשָּׂעִיר הַחַי וְהִתְוַדָּה עָלָיו
אֶת־כָּל־עֲוֹנֹת בְּנֵי יִשְׂרָאֵל וְאֶת־כָּל־
פִּשְׁעֵיהֶם לְכָל־חַטֹּאתָם וְנָתַן אֹתָם עַל־
רֹאשׁ הַשָּׂעִיר וְשִׁלַּח בְּיַד־אִישׁ עִתִּי
הַמִּדְבָּרָה׃ 22 וְנָשָׂא הַשָּׂעִיר עָלָיו אֶת־כָּל־
עֲוֹנֹתָם אֶל־אֶרֶץ גְּזֵרָה וְשִׁלַּח אֶת־הַשָּׂעִיר
בַּמִּדְבָּר׃ 23 וּבָא אַהֲרֹן אֶל־אֹהֶל מוֹעֵד
וּפָשַׁט אֶת־בִּגְדֵי הַבָּד אֲשֶׁר לָבַשׁ בְּבֹאוֹ
אֶל־הַקֹּדֶשׁ וְהִנִּיחָם שָׁם׃ 24 וְרָחַץ אֶת־
בְּשָׂרוֹ בַמַּיִם בְּמָקוֹם קָדוֹשׁ וְלָבַשׁ אֶת־
בְּגָדָיו וְיָצָא וְעָשָׂה אֶת־עֹלָתוֹ וְאֶת־עֹלַת
הָעָם וְכִפֶּר בַּעֲדוֹ וּבְעַד הָעָם׃ 25 וְאֵת חֵלֶב
הַחַטָּאת יַקְטִיר הַמִּזְבֵּחָה׃ 26 וְהַמְשַׁלֵּחַ
אֶת־הַשָּׂעִיר לַעֲזָאזֵל יְכַבֵּס בְּגָדָיו וְרָחַץ
אֶת־בְּשָׂרוֹ בַּמַּיִם וְאַחֲרֵי־כֵן יָבוֹא אֶל־

come into the camp. [27] And the bullock of the sin-offering, and the goat of the sin-offering, whose blood was brought in to make atonement in the holy place, shall be carried forth without the camp; and they shall burn in the fire their skins, and their flesh, and their dung. [28] And he that burneth them shall wash his clothes, and bathe his flesh in water, and afterward he may come into the camp.

[29] And it shall be a statute for ever unto you: in the seventh month, on the tenth day of the month, ye shall afflict your souls, and shall do no manner of work, the home-born, or the stranger that sojourneth among you. [30] For on this day shall atonement be made for you, to cleanse you; from all your sins shall ye be clean before the LORD. [31] It is a sabbath of solemn rest unto you, and ye shall afflict your souls; it is a statute for ever. [32] And the priest, who shall be anointed and who shall be consecrated to be priest in his father's stead, shall make the atonement, and shall put on the linen garments, even the holy garments. [33] And he shall make atonement for the most holy place, and he shall make atonement for the tent of meeting and for the altar; and he shall make atonement for the priests and for all the people of the assembly. [34] And this shall be an everlasting statute unto you, to make atonement for the children of Israel because of all their sins once in the year’ And he did as the LORD commanded Moses.

17 And the LORD spoke unto Moses, saying: [2] Speak unto Aaron, and unto his sons, and unto all the children of Israel, and say unto them: This is the thing which the LORD hath commanded, saying.

[3] What man soever there be of the house of Israel, that killeth an ox, or lamb, or goat, in the camp, or that killeth it without the camp, [4] and hath not brought it unto the door of the tent of meeting, to present it as an offering unto the LORD before the tabernacle of the LORD, blood shall be imputed unto that man; he hath shed blood; and that man shall be cut off from among his people. [5] To the end that the children of Israel may bring their sacrifices, which they sacrifice in the open field, even that they may bring them unto the LORD, unto the

הַמַּחֲנֶה׃ 27 וְאֵת פַּר הַחַטָּאת וְאֵת ׀ שְׂעִיר
הַחַטָּאת אֲשֶׁר הוּבָא אֶת־דָּמָם לְכַפֵּר
בַּקֹּדֶשׁ יוֹצִיא אֶל־מִחוּץ לַמַּחֲנֶה וְשָׂרְפוּ
בָאֵשׁ אֶת־עֹרֹתָם וְאֶת־בְּשָׂרָם וְאֶת־
פִּרְשָׁם׃ 28 וְהַשֹּׂרֵף אֹתָם יְכַבֵּס בְּגָדָיו וְרָחַץ
אֶת־בְּשָׂרוֹ בַּמָּיִם וְאַחֲרֵי־כֵן יָבוֹא אֶל־
הַמַּחֲנֶה׃ 29 וְהָיְתָה לָכֶם לְחֻקַּת עוֹלָם
בַּחֹדֶשׁ הַשְּׁבִיעִי בֶּעָשׂוֹר לַחֹדֶשׁ תְּעַנּוּ
אֶת־נַפְשֹׁתֵיכֶם וְכָל־מְלָאכָה לֹא תַעֲשׂוּ
הָאֶזְרָח וְהַגֵּר הַגָּר בְּתוֹכְכֶם׃ 30 כִּי־בַיּוֹם
הַזֶּה יְכַפֵּר עֲלֵיכֶם לְטַהֵר אֶתְכֶם מִכֹּל
חַטֹּאתֵיכֶם לִפְנֵי יְהוָה תִּטְהָרוּ׃ 31 שַׁבַּת
שַׁבָּתוֹן הִיא לָכֶם וְעִנִּיתֶם אֶת־נַפְשֹׁתֵיכֶם
חֻקַּת עוֹלָם׃ 32 וְכִפֶּר הַכֹּהֵן אֲשֶׁר־יִמְשַׁח
אֹתוֹ וַאֲשֶׁר יְמַלֵּא אֶת־יָדוֹ לְכַהֵן תַּחַת
אָבִיו וְלָבַשׁ אֶת־בִּגְדֵי הַבָּד בִּגְדֵי הַקֹּדֶשׁ׃
33 וְכִפֶּר אֶת־מִקְדַּשׁ הַקֹּדֶשׁ וְאֶת־אֹהֶל
מוֹעֵד וְאֶת־הַמִּזְבֵּחַ יְכַפֵּר וְעַל הַכֹּהֲנִים
וְעַל־כָּל־עַם הַקָּהָל יְכַפֵּר׃ 34 וְהָיְתָה־זֹּאת
לָכֶם לְחֻקַּת עוֹלָם לְכַפֵּר עַל־בְּנֵי יִשְׂרָאֵל
מִכָּל־חַטֹּאתָם אַחַת בַּשָּׁנָה וַיַּעַשׂ כַּאֲשֶׁר
צִוָּה יְהוָה אֶת־מֹשֶׁה׃ פ

17 וַיְדַבֵּר יְהוָה אֶל־מֹשֶׁה לֵּאמֹר׃
2 דַּבֵּר אֶל־אַהֲרֹן וְאֶל־בָּנָיו וְאֶל כָּל־בְּנֵי
יִשְׂרָאֵל וְאָמַרְתָּ אֲלֵיהֶם זֶה הַדָּבָר אֲשֶׁר־
צִוָּה יְהוָה לֵאמֹר׃ 3 אִישׁ אִישׁ מִבֵּית
יִשְׂרָאֵל אֲשֶׁר יִשְׁחַט שׁוֹר אוֹ־כֶשֶׂב אוֹ־עֵז
בַּמַּחֲנֶה אוֹ אֲשֶׁר יִשְׁחַט מִחוּץ לַמַּחֲנֶה׃
4 וְאֶל־פֶּתַח אֹהֶל מוֹעֵד לֹא הֱבִיאוֹ
לְהַקְרִיב קָרְבָּן לַיהוָה לִפְנֵי מִשְׁכַּן יְהוָה
דָּם יֵחָשֵׁב לָאִישׁ הַהוּא דָּם שָׁפָךְ וְנִכְרַת
הָאִישׁ הַהוּא מִקֶּרֶב עַמּוֹ׃ 5 לְמַעַן אֲשֶׁר
יָבִיאוּ בְּנֵי יִשְׂרָאֵל אֶת־זִבְחֵיהֶם אֲשֶׁר הֵם

door of the tent of meeting, unto the priest, and sacrifice them for sacrifices of peace-offerings unto the LORD. [6] And the priest shall dash the blood against the altar of the LORD at the door of the tent of meeting, and make the fat smoke for a sweet savour unto the LORD. [7] And they shall no more sacrifice their sacrifices unto the satyrs, after whom they go astray. This shall be a statute for ever unto them throughout their generations. [8] And thou shalt say unto them: Whatsoever man there be of the house of Israel, or of the strangers that sojourn among them, that offereth a burnt-offering or sacrifice, [9] and bringeth it not unto the door of the tent of meeting, to sacrifice it unto the LORD, even that man shall be cut off from his people.

[10] And whatsoever man there be of the house of Israel, or of the strangers that sojourn among them, that eateth any manner of blood, I will set My face against that soul that eateth blood, and will cut him off from among his people. [11] For the life of the flesh is in the blood; and I have given it to you upon the altar to make atonement for your souls; for it is the blood that maketh atonement by reason of the life. [12] Therefore I said unto the children of Israel: No soul of you shall eat blood, neither shall any stranger that sojourneth among you eat blood.

[13] And whatsoever man there be of the children of Israel, or of the strangers that sojourn among them, that taketh in hunting any beast or fowl that may be eaten, he shall pour out the blood thereof, and cover it with dust. [14] For as to the life of all flesh, the blood thereof is all one with the life thereof; therefore I said unto the children of Israel: Ye shall eat the blood of no manner of flesh; for the life of all flesh is the blood thereof; whosoever eateth it shall be cut off. [15] And every soul that eateth that which dieth of itself, or that which is torn of beasts, whether he be home-born or a stranger, he shall wash his clothes, and bathe himself in water, and be unclean until the even; then shall he be clean. [16] But if he wash them not, nor bathe his flesh, then he shall bear his iniquity.

זֹבְחִים֙ עַל־פְּנֵ֣י הַשָּׂדֶ֔ה וֶֽהֱבִיאֻ֣ם לַֽיהוָ֗ה
אֶל־פֶּ֛תַח אֹ֥הֶל מוֹעֵ֖ד אֶל־הַכֹּהֵ֑ן וְזָ֨בְח֜וּ
זִבְחֵ֧י שְׁלָמִ֛ים לַיהוָ֖ה אוֹתָֽם׃ 6 וְזָרַ֨ק הַכֹּהֵ֤ן
אֶת־הַדָּם֙ עַל־מִזְבַּ֣ח יְהוָ֔ה פֶּ֖תַח אֹ֣הֶל
מוֹעֵ֑ד וְהִקְטִ֣יר הַחֵ֔לֶב לְרֵ֥יחַ נִיחֹ֖חַ לַיהוָֽה׃
7 וְלֹא־יִזְבְּח֥וּ עוֹד֙ אֶת־זִבְחֵיהֶ֔ם לַשְּׂעִירִ֕ם
אֲשֶׁ֛ר הֵ֥ם זֹנִ֖ים אַחֲרֵיהֶ֑ם חֻקַּ֥ת עוֹלָ֛ם
תִּֽהְיֶה־זֹּ֥את לָהֶ֖ם לְדֹרֹתָֽם׃ 8 וַאֲלֵהֶ֣ם
תֹּאמַ֔ר אִ֥ישׁ אִישׁ֙ מִבֵּ֣ית יִשְׂרָאֵ֔ל וּמִן־הַגֵּ֖ר
אֲשֶׁר־יָג֣וּר בְּתוֹכָ֑ם אֲשֶׁר־יַעֲלֶ֥ה עֹלָ֖ה אוֹ־
זָֽבַח׃ 9 וְאֶל־פֶּ֜תַח אֹ֤הֶל מוֹעֵד֙ לֹ֣א יְבִיאֶ֔נּוּ
לַעֲשׂ֥וֹת אֹת֖וֹ לַיהוָ֑ה וְנִכְרַ֛ת הָאִ֥ישׁ הַה֖וּא
מֵעַמָּֽיו׃ 10 וְאִ֨ישׁ אִ֜ישׁ מִבֵּ֣ית יִשְׂרָאֵ֗ל וּמִן־
הַגֵּר֙ הַגָּ֣ר בְּתוֹכָ֔ם אֲשֶׁ֥ר יֹאכַ֖ל כָּל־דָּ֑ם
וְנָתַתִּ֣י פָנַ֗י בַּנֶּ֙פֶשׁ֙ הָאֹכֶ֣לֶת אֶת־הַדָּ֔ם
וְהִכְרַתִּ֥י אֹתָ֖הּ מִקֶּ֥רֶב עַמָּֽהּ׃ 11 כִּ֣י נֶ֣פֶשׁ
הַבָּשָׂר֮ בַּדָּ֣ם הִוא֒ וַאֲנִ֞י נְתַתִּ֤יו לָכֶם֙ עַל־
הַמִּזְבֵּ֔חַ לְכַפֵּ֖ר עַל־נַפְשֹׁתֵיכֶ֑ם כִּֽי־הַדָּ֥ם
ה֖וּא בַּנֶּ֥פֶשׁ יְכַפֵּֽר׃ 12 עַל־כֵּ֤ן אָמַ֙רְתִּי֙ לִבְנֵ֣י
יִשְׂרָאֵ֔ל כָּל־נֶ֥פֶשׁ מִכֶּ֖ם לֹא־תֹ֣אכַל דָּ֑ם
וְהַגֵּ֛ר הַגָּ֥ר בְּתוֹכְכֶ֖ם לֹא־יֹ֥אכַל דָּֽם׃ ס
13 וְאִ֨ישׁ אִ֜ישׁ מִבְּנֵ֣י יִשְׂרָאֵ֗ל וּמִן־הַגֵּר֙
הַגָּ֣ר בְּתוֹכָ֔ם אֲשֶׁ֨ר יָצ֜וּד צֵ֥יד חַיָּ֛ה אוֹ־ע֖וֹף
אֲשֶׁ֣ר יֵאָכֵ֑ל וְשָׁפַךְ֙ אֶת־דָּמ֔וֹ וְכִסָּ֖הוּ בֶּעָפָֽר׃
14 כִּֽי־נֶ֣פֶשׁ כָּל־בָּשָׂ֗ר דָּמ֣וֹ בְנַפְשׁוֹ֮ הוּא֒
וָֽאֹמַר֙ לִבְנֵ֣י יִשְׂרָאֵ֔ל דַּ֥ם כָּל־בָּשָׂ֖ר לֹ֣א
תֹאכֵ֑לוּ כִּ֣י נֶ֤פֶשׁ כָּל־בָּשָׂר֙ דָּמ֣וֹ הִ֔וא כָּל־
אֹכְלָ֖יו יִכָּרֵֽת׃ 15 וְכָל־נֶ֗פֶשׁ אֲשֶׁ֨ר תֹּאכַ֤ל
נְבֵלָה֙ וּטְרֵפָ֔ה בָּאֶזְרָ֖ח וּבַגֵּ֑ר וְכִבֶּ֨ס בְּגָדָ֜יו
וְרָחַ֥ץ בַּמַּ֛יִם וְטָמֵ֥א עַד־הָעֶ֖רֶב וְטָהֵֽר׃
16 וְאִם֙ לֹ֣א יְכַבֵּ֔ס וּבְשָׂר֖וֹ לֹ֣א יִרְחָ֑ץ וְנָשָׂ֖א
עֲוֺנֽוֹ׃ פ

18 And the LORD spoke unto Moses, saying: [2] Speak unto the children of Israel, and say unto them:

I am the LORD your God. [3] After the doings of the land of Egypt, wherein ye dwelt, shall ye not do; and after the doings of the land of Canaan, whither I bring you, shall ye not do; neither shall ye walk in their statutes. [4] Mine ordinances shall ye do, and My statutes shall ye keep, to walk therein: I am the LORD your God. [5] Ye shall therefore keep My statutes, and Mine ordinances, which if a man do, he shall live by them: I am the LORD.

[6] None of you shall approach to any that is near of kin to him, to uncover their nakedness: I am the LORD.

[7] The nakedness of thy father, and the nakedness of thy mother, shalt thou not uncover: she is thy mother; thou shalt not uncover her nakedness.

[8] The nakedness of thy father’s wife shalt thou not uncover: it is thy father’s nakedness.

[9] The nakedness of thy sister, the daughter of thy father, or the daughter of thy mother, whether born at home, or born abroad, even their nakedness thou shalt not uncover.

[10] The nakedness of thy son’s daughter, or of thy daughter’s daughter, even their nakedness thou shalt not uncover; for theirs is thine own nakedness.

[11] The nakedness of thy father’s wife’s daughter, begotten of thy father, she is thy sister, thou shalt not uncover her nakedness.

[12] Thou shalt not uncover the nakedness of thy father’s sister: she is thy father’s near kinswoman.

[13] Thou shalt not uncover the nakedness of thy mother’s sister; for she is thy mother’s near kinswoman.

[14] Thou shalt not uncover the nakedness of thy father’s brother, thou shalt not approach to his wife: she is thine aunt.

[15] Thou shalt not uncover the nakedness of thy daughter-in-law: she is thy son’s wife; thou shalt not uncover her nakedness.

[16] Thou shalt not uncover the nakedness of thy brother’s wife: it is thy brother’s nakedness. [17] Thou shalt not uncover the nakedness of a woman and her daughter; thou shalt not take her son’s daughter, or her daughter’s daughter, to uncover her nakedness: they are near kinswomen; it is lewdness. [18] And thou shalt not take a woman to her sister, to be a rival to her, to uncover her nakedness, beside the other in her

18 וַיְדַבֵּר יְהוָה אֶל־מֹשֶׁה לֵּאמֹר׃
2 דַּבֵּר אֶל־בְּנֵי יִשְׂרָאֵל וְאָמַרְתָּ אֲלֵהֶם אֲנִי
יְהוָה אֱלֹהֵיכֶם׃ 3 כְּמַעֲשֵׂה אֶרֶץ־מִצְרַיִם
אֲשֶׁר יְשַׁבְתֶּם־בָּהּ לֹא תַעֲשׂוּ וּכְמַעֲשֵׂה
אֶרֶץ־כְּנַעַן אֲשֶׁר אֲנִי מֵבִיא אֶתְכֶם שָׁמָּה
לֹא תַעֲשׂוּ וּבְחֻקֹּתֵיהֶם לֹא תֵלֵכוּ׃ 4 אֶת־
מִשְׁפָּטַי תַּעֲשׂוּ וְאֶת־חֻקֹּתַי תִּשְׁמְרוּ לָלֶכֶת
בָּהֶם אֲנִי יְהוָה אֱלֹהֵיכֶם׃ 5 וּשְׁמַרְתֶּם
אֶת־חֻקֹּתַי וְאֶת־מִשְׁפָּטַי אֲשֶׁר יַעֲשֶׂה
אֹתָם הָאָדָם וָחַי בָּהֶם אֲנִי יְהוָה׃ ס
6 אִישׁ אִישׁ אֶל־כָּל־שְׁאֵר בְּשָׂרוֹ לֹא
תִקְרְבוּ לְגַלּוֹת עֶרְוָה אֲנִי יְהוָה׃ ס
7 עֶרְוַת אָבִיךָ וְעֶרְוַת אִמְּךָ לֹא תְגַלֵּה
אִמְּךָ הִוא לֹא תְגַלֶּה עֶרְוָתָהּ׃ ס
8 עֶרְוַת אֵשֶׁת־אָבִיךָ לֹא תְגַלֵּה עֶרְוַת
אָבִיךָ הִוא׃ ס 9 עֶרְוַת אֲחוֹתְךָ בַת־
אָבִיךָ אוֹ בַת־אִמֶּךָ מוֹלֶדֶת בַּיִת אוֹ
מוֹלֶדֶת חוּץ לֹא תְגַלֶּה עֶרְוָתָן׃ ס
10 עֶרְוַת בַּת־בִּנְךָ אוֹ בַת־בִּתְּךָ לֹא
תְגַלֶּה עֶרְוָתָן כִּי עֶרְוָתְךָ הֵנָּה׃ ס
11 עֶרְוַת בַּת־אֵשֶׁת אָבִיךָ מוֹלֶדֶת אָבִיךָ
אֲחוֹתְךָ הִוא לֹא תְגַלֶּה עֶרְוָתָהּ׃ ס
12 עֶרְוַת אֲחוֹת־אָבִיךָ לֹא תְגַלֵּה שְׁאֵר
אָבִיךָ הִוא׃ ס 13 עֶרְוַת אֲחוֹת־אִמְּךָ
לֹא תְגַלֵּה כִּי־שְׁאֵר אִמְּךָ הִוא׃ ס
14 עֶרְוַת אֲחִי־אָבִיךָ לֹא תְגַלֵּה אֶל־
אִשְׁתּוֹ לֹא תִקְרָב דֹּדָתְךָ הִוא׃ ס
15 עֶרְוַת כַּלָּתְךָ לֹא תְגַלֵּה אֵשֶׁת בִּנְךָ
הִוא לֹא תְגַלֶּה עֶרְוָתָהּ׃ ס 16 עֶרְוַת
אֵשֶׁת־אָחִיךָ לֹא תְגַלֵּה עֶרְוַת אָחִיךָ
הִוא׃ ס 17 עֶרְוַת אִשָּׁה וּבִתָּהּ לֹא
תְגַלֵּה אֶת־בַּת־בְּנָהּ וְאֶת־בַּת־בִּתָּהּ לֹא
תִקַּח לְגַלּוֹת עֶרְוָתָהּ שַׁאֲרָה הֵנָּה זִמָּה
הִוא׃ 18 וְאִשָּׁה אֶל־אֲחֹתָהּ לֹא תִקַּח לִצְרֹר

life-time. [19] And thou shalt not approach unto a woman to uncover her nakedness, as long as she is impure by her uncleanness. [20] And thou shalt not lie carnally with thy neighbour's wife, to defile thyself with her. [21] And thou shalt not give any of thy seed to set them apart to Molech, neither shalt thou profane the name of thy God: I am the LORD. [22] Thou shalt not lie with mankind, as with womankind; it is abomination. [23] And thou shalt not lie with any beast to defile thyself therewith; neither shall any woman stand before a beast, to lie down thereto; it is perversion.

[24] Defile not ye yourselves in any of these things; for in all these the nations are defiled, which I cast out from before you. [25] And the land was defiled, therefore I did visit the iniquity thereof upon it, and the land vomited out her inhabitants. [26] Ye therefore shall keep My statutes and Mine ordinances, and shall not do any of these abominations; neither the home-born, nor the stranger that sojourneth among you—[27] for all these abominations have the men of the land done, that were before you, and the land is defiled—[28] that the land vomit not you out also, when ye defile it, as it vomited out the nation that was before you. [29] For whosoever shall do any of these abominations, even the souls that do them shall be cut off from among their people. [30] Therefore shall ye keep My charge, that ye do not any of these abominable customs, which were done before you, and that ye defile not yourselves therein: I am the LORD your God.

לְגַלּוֹת עֶרְוָתָהּ עָלֶיהָ בְּחַיֶּיהָ׃ 19 וְאֶל־
אִשָּׁה בְּנִדַּת טֻמְאָתָהּ לֹא תִקְרַב לְגַלּוֹת
עֶרְוָתָהּ׃ 20 וְאֶל־אֵשֶׁת עֲמִיתְךָ לֹא־תִתֵּן
שְׁכָבְתְּךָ לְזָרַע לְטָמְאָה־בָהּ׃ 21 וּמִזַּרְעֲךָ
לֹא־תִתֵּן לְהַעֲבִיר לַמֹּלֶךְ וְלֹא תְחַלֵּל
אֶת־שֵׁם אֱלֹהֶיךָ אֲנִי יְהוָה׃ 22 וְאֶת־זָכָר
לֹא תִשְׁכַּב מִשְׁכְּבֵי אִשָּׁה תּוֹעֵבָה הִוא׃
23 וּבְכָל־בְּהֵמָה לֹא־תִתֵּן שְׁכָבְתְּךָ
לְטָמְאָה־בָהּ וְאִשָּׁה לֹא־תַעֲמֹד לִפְנֵי
בְהֵמָה לְרִבְעָהּ תֶּבֶל הוּא׃ 24 אַל־תִּטַּמְּאוּ
בְּכָל־אֵלֶּה כִּי בְכָל־אֵלֶּה נִטְמְאוּ הַגּוֹיִם
אֲשֶׁר־אֲנִי מְשַׁלֵּחַ מִפְּנֵיכֶם׃ 25 וַתִּטְמָא
הָאָרֶץ וָאֶפְקֹד עֲוֺנָהּ עָלֶיהָ וַתָּקִא הָאָרֶץ
אֶת־יֹשְׁבֶיהָ׃ 26 וּשְׁמַרְתֶּם אַתֶּם אֶת־
חֻקֹּתַי וְאֶת־מִשְׁפָּטַי וְלֹא תַעֲשׂוּ מִכֹּל
הַתּוֹעֵבֹת הָאֵלֶּה הָאֶזְרָח וְהַגֵּר הַגָּר
בְּתוֹכְכֶם׃ 27 כִּי אֶת־כָּל־הַתּוֹעֵבֹת הָאֵל
עָשׂוּ אַנְשֵׁי־הָאָרֶץ אֲשֶׁר לִפְנֵיכֶם וַתִּטְמָא
הָאָרֶץ׃ 28 וְלֹא־תָקִיא הָאָרֶץ אֶתְכֶם
בְּטַמַּאֲכֶם אֹתָהּ כַּאֲשֶׁר קָאָה אֶת־הַגּוֹי
אֲשֶׁר לִפְנֵיכֶם׃ 29 כִּי כָּל־אֲשֶׁר יַעֲשֶׂה מִכֹּל
הַתּוֹעֵבוֹת הָאֵלֶּה וְנִכְרְתוּ הַנְּפָשׁוֹת
הָעֹשֹׂת מִקֶּרֶב עַמָּם׃ 30 וּשְׁמַרְתֶּם אֶת־
מִשְׁמַרְתִּי לְבִלְתִּי עֲשׂוֹת מֵחֻקּוֹת
הַתּוֹעֵבֹת אֲשֶׁר נַעֲשׂוּ לִפְנֵיכֶם וְלֹא
תִטַּמְּאוּ בָּהֶם אֲנִי יְהוָה אֱלֹהֵיכֶם׃ פ

KEDOSHIM

19 And the LORD spoke unto Moses, saying: [2] Speak unto all the congregation of the children of Israel, and say unto them: Ye shall be holy, for I the LORD your God am holy. [3] Ye shall fear every man his mother, and his father, and ye shall keep My

קדשים

19 וַיְדַבֵּר יְהוָה אֶל־מֹשֶׁה לֵּאמֹר׃
2 דַּבֵּר אֶל־כָּל־עֲדַת בְּנֵי־יִשְׂרָאֵל וְאָמַרְתָּ
אֲלֵהֶם קְדֹשִׁים תִּהְיוּ כִּי קָדוֹשׁ אֲנִי יְהוָה
אֱלֹהֵיכֶם׃ 3 אִישׁ אִמּוֹ וְאָבִיו תִּירָאוּ וְאֶת־
שַׁבְּתֹתַי תִּשְׁמֹרוּ אֲנִי יְהוָה אֱלֹהֵיכֶם׃

Sabbaths: I am the LORD your God. [4] Turn ye not unto the idols, nor make to yourselves molten gods I am the LORD your God.

[5] And when ye offer a sacrifice of peace-offerings unto the LORD, ye shall offer it that ye may be accepted. [6] It shall be eaten the same day ye offer it, and on the morrow, and if aught remain until the third day, it shall be burnt with fire. [7] And if it be eaten at all on the third day, it is a vile thing; it shall not be accepted. [8] But every one that eateth it shall bear his iniquity, because he hath profaned the holy thing of the LORD; and that soul shall be cut off from his people.

[9] And when ye reap the harvest of your land, thou shalt not wholly reap the corner of thy field, neither shalt thou gather the gleaning of thy harvest. [10] And thou shalt not glean thy vineyard, neither shalt thou gather the fallen fruit of thy vineyard; thou shalt leave them for the poor and for the stranger I am the LORD your God. [11] Ye shall not steal; neither shall ye deal falsely, nor lie one to another. [12] And ye shall not swear by My name falsely, so that thou profane the name of thy God. I am the LORD. [13] Thou shalt not oppress thy neighbour, nor rob him, the wages of a hired servant shall not abide with thee all night until the morning. [14] Thou shalt not curse the deaf, nor put a stumbling-block before the blind, but thou shalt fear thy God: I am the LORD. [15] Ye shall do no unrighteousness in judgment; thou shalt not respect the person of the poor, nor favour the person of the mighty; but in righteousness shalt thou judge thy neighbour. [16] Thou shalt not go up and down as a talebearer among thy people; neither shalt thou stand idly by the blood of thy neighbor: I am the LORD. [17] Thou shalt not hate thy brother in thy heart; thou shalt surely rebuke thy neighbour, and not bear sin because of him. [18] Thou shalt not take vengeance, nor bear any grudge against the children of thy people, but thou shalt love thy neighbour as thyself. I am the LORD. [19] Ye shall keep My statutes. Thou shalt not let thy cattle gender with a diverse kind; thou shalt not sow thy field with two kinds of seed; neither shall there come upon thee a garment of two kinds of stuff mingled together. [20] And whosoever lieth carnally with a woman, that is a bondmaid, designated for a man, and not at all redeemed, nor was freedom given her; there shall be inquisition; they shall not be put to death,

4 אַל־תִּפְנוּ֙ אֶל־הָ֣אֱלִילִ֔ם וֵֽאלֹהֵי֙ מַסֵּכָ֔ה לֹ֥א
תַעֲשׂ֖וּ לָכֶ֑ם אֲנִ֖י יְהוָ֥ה אֱלֹהֵיכֶֽם׃ 5 וְכִ֧י
תִזְבְּח֛וּ זֶ֥בַח שְׁלָמִ֖ים לַיהוָ֑ה לִֽרְצֹנְכֶ֖ם
תִּזְבָּחֻֽהוּ׃ 6 בְּי֨וֹם זִבְחֲכֶ֛ם יֵאָכֵ֖ל וּמִֽמָּחֳרָ֑ת
וְהַנּוֹתָר֙ עַד־י֣וֹם הַשְּׁלִישִׁ֔י בָּאֵ֖שׁ יִשָּׂרֵֽף׃
7 וְאִ֛ם הֵאָכֹ֥ל יֵאָכֵ֖ל בַּיּ֣וֹם הַשְּׁלִישִׁ֑י פִּגּ֥וּל
ה֖וּא לֹ֥א יֵרָצֶֽה׃ 8 וְאֹֽכְלָיו֙ עֲוֺנ֣וֹ יִשָּׂ֔א
כִּֽי־אֶת־קֹ֥דֶשׁ יְהוָ֖ה חִלֵּ֑ל וְנִכְרְתָ֛ה הַנֶּ֥פֶשׁ
הַהִ֖וא מֵעַמֶּֽיהָ׃ 9 וּֽבְקֻצְרְכֶם֙ אֶת־קְצִ֣יר
אַרְצְכֶ֔ם לֹ֧א תְכַלֶּ֛ה פְּאַ֥ת שָׂדְךָ֖ לִקְצֹ֑ר
וְלֶ֥קֶט קְצִירְךָ֖ לֹ֥א תְלַקֵּֽט׃ 10 וְכַרְמְךָ֙ לֹ֣א
תְעוֹלֵ֔ל וּפֶ֥רֶט כַּרְמְךָ֖ לֹ֣א תְלַקֵּ֑ט לֶֽעָנִ֤י וְלַגֵּר֙
תַּעֲזֹ֣ב אֹתָ֔ם אֲנִ֖י יְהוָ֥ה אֱלֹהֵיכֶֽם׃ 11 לֹ֖א
תִּגְנֹ֑בוּ וְלֹֽא־תְכַחֲשׁ֥וּ וְלֹֽא־תְשַׁקְּר֖וּ אִ֥ישׁ
בַּעֲמִיתֽוֹ׃ 12 וְלֹֽא־תִשָּׁבְע֥וּ בִשְׁמִ֖י לַשָּׁ֑קֶר
וְחִלַּלְתָּ֛ אֶת־שֵׁ֥ם אֱלֹהֶ֖יךָ אֲנִ֥י יְהוָֽה׃ 13 לֹֽא־
תַעֲשֹׁ֥ק אֶת־רֵֽעֲךָ֖ וְלֹ֣א תִגְזֹ֑ל לֹֽא־תָלִ֞ין
פְּעֻלַּ֥ת שָׂכִ֛יר אִתְּךָ֖ עַד־בֹּֽקֶר׃ 14 לֹא־תְקַלֵּ֣ל
חֵרֵ֔שׁ וְלִפְנֵ֣י עִוֵּ֔ר לֹ֥א תִתֵּ֖ן מִכְשֹׁ֑ל וְיָרֵ֥אתָ
מֵּֽאֱלֹהֶ֖יךָ אֲנִ֥י יְהוָֽה׃ 15 לֹא־תַעֲשׂ֥וּ עָ֙וֶל֙
בַּמִּשְׁפָּ֔ט לֹא־תִשָּׂ֣א פְנֵי־דָ֔ל וְלֹ֥א תֶהְדַּ֖ר
פְּנֵ֣י גָד֑וֹל בְּצֶ֖דֶק תִּשְׁפֹּ֥ט עֲמִיתֶֽךָ׃ 16 לֹא־
תֵלֵ֤ךְ רָכִיל֙ בְּעַמֶּ֔יךָ לֹ֥א תַעֲמֹ֖ד עַל־דַּ֣ם
רֵעֶ֑ךָ אֲנִ֖י יְהוָֽה׃ 17 לֹֽא־תִשְׂנָ֥א אֶת־אָחִ֖יךָ
בִּלְבָבֶ֑ךָ הוֹכֵ֤חַ תּוֹכִ֙יחַ֙ אֶת־עֲמִיתֶ֔ךָ וְלֹא־
תִשָּׂ֥א עָלָ֖יו חֵֽטְא׃ 18 לֹֽא־תִקֹּ֤ם וְלֹֽא־תִטֹּר֙
אֶת־בְּנֵ֣י עַמֶּ֔ךָ וְאָֽהַבְתָּ֥ לְרֵעֲךָ֖ כָּמ֑וֹךָ אֲנִ֖י
יְהוָֽה׃ 19 אֶת־חֻקֹּתַי֮ תִּשְׁמֹרוּ֒ בְּהֶמְתְּךָ֙ לֹא־
תַרְבִּ֣יעַ כִּלְאַ֔יִם שָׂדְךָ֖ לֹא־תִזְרַ֣ע כִּלְאָ֑יִם
וּבֶ֤גֶד כִּלְאַ֙יִם֙ שַֽׁעַטְנֵ֔ז לֹ֥א יַעֲלֶ֖ה עָלֶֽיךָ׃ פ
20 וְ֠אִישׁ כִּֽי־יִשְׁכַּ֨ב אֶת־אִשָּׁ֜ה שִׁכְבַת־זֶ֗רַע
וְהִ֤וא שִׁפְחָה֙ נֶחֱרֶ֣פֶת לְאִ֔ישׁ וְהָפְדֵּה֙ לֹ֣א
נִפְדָּ֔תָה א֥וֹ חֻפְשָׁ֖ה לֹ֣א נִתַּן־לָ֑הּ בִּקֹּ֧רֶת

because she was not free. [21] And he shall bring his forfeit unto the LORD, unto the door of the tent of meeting, even a ram for a guilt-offering. [22] And the priest shall make atonement for him with the ram of the guilt-offering before the LORD for his sin which he hath sinned; and he shall be forgiven for his sin which he hath sinned.

[23] And when ye shall come into the land, and shall have planted all manner of trees for food, then ye shall count the fruit thereof as forbidden; three years shall it be as forbidden unto you; it shall not be eaten. [24] And in the fourth year all the fruit thereof shall be holy, for giving praise unto the LORD. [25] But in the fifth year may ye eat of the fruit thereof, that it may yield unto you more richly the increase thereof I am the LORD your God. [26] Ye shall not eat with the blood; neither shall ye practise divination nor soothsaying. [27] Ye shall not round the corners of your heads, neither shalt thou mar the corners of thy beard. [28] Ye shall not make any cuttings in your flesh for the dead, nor imprint any marks upon you. I am the LORD. [29] Profane not thy daughter, to make her a harlot, lest the land fall into harlotry, and the land become full of lewdness. [30] Ye shall keep My sabbaths, and reverence My sanctuary: I am the LORD. [31] Turn ye not unto the ghosts, nor unto familiar spirits; seek them not out, to be defiled by them: I am the LORD your God. [32] Thou shalt rise up before the hoary head, and honour the face of the old man, and thou shalt fear thy God: I am the LORD.

[33] And if a stranger sojourn with thee in your land, ye shall not do him wrong. [34] The stranger that sojourneth with you shall be unto you as the home-born among you, and thou shalt love him as thyself; for ye were strangers in the land of Egypt I am the LORD your God. [35] Ye shall do no unrighteousness in judgment, in meteyard, in weight, or in measure. [36] Just balances, just weights, a just ephah, and a just hin, shall ye have: I am the LORD your God, who brought you out of the land of Egypt. [37] And

תִּהְיֶה לֹא יוּמְתוּ כִּי־לֹא חֻפָּשָׁה׃ 21 וְהֵבִיא
אֶת־אֲשָׁמוֹ לַיהוָה אֶל־פֶּתַח אֹהֶל מוֹעֵד
אֵיל אָשָׁם׃ 22 וְכִפֶּר עָלָיו הַכֹּהֵן בְּאֵיל
הָאָשָׁם לִפְנֵי יְהוָה עַל־חַטָּאתוֹ אֲשֶׁר חָטָא
וְנִסְלַח לוֹ מֵחַטָּאתוֹ אֲשֶׁר חָטָא׃ פ
23 וְכִי־תָבֹאוּ אֶל־הָאָרֶץ וּנְטַעְתֶּם כָּל־עֵץ
מַאֲכָל וַעֲרַלְתֶּם עָרְלָתוֹ אֶת־פִּרְיוֹ שָׁלֹשׁ
שָׁנִים יִהְיֶה לָכֶם עֲרֵלִים לֹא יֵאָכֵל׃
24 וּבַשָּׁנָה הָרְבִיעִת יִהְיֶה כָּל־פִּרְיוֹ קֹדֶשׁ
הִלּוּלִים לַיהוָה׃ 25 וּבַשָּׁנָה הַחֲמִישִׁת
תֹּאכְלוּ אֶת־פִּרְיוֹ לְהוֹסִיף לָכֶם תְּבוּאָתוֹ
אֲנִי יְהוָה אֱלֹהֵיכֶם׃ 26 לֹא תֹאכְלוּ עַל־
הַדָּם לֹא תְנַחֲשׁוּ וְלֹא תְעוֹנֵנוּ׃ 27 לֹא
תַקִּפוּ פְּאַת רֹאשְׁכֶם וְלֹא תַשְׁחִית אֵת
פְּאַת זְקָנֶךָ׃ 28 וְשֶׂרֶט לָנֶפֶשׁ לֹא תִתְּנוּ
בִּבְשַׂרְכֶם וּכְתֹבֶת קַעֲקַע לֹא תִתְּנוּ בָּכֶם
אֲנִי יְהוָה׃ 29 אַל־תְּחַלֵּל אֶת־בִּתְּךָ
לְהַזְנוֹתָהּ וְלֹא־תִזְנֶה הָאָרֶץ וּמָלְאָה
הָאָרֶץ זִמָּה׃ 30 אֶת־שַׁבְּתֹתַי תִּשְׁמֹרוּ
וּמִקְדָּשִׁי תִּירָאוּ אֲנִי יְהוָה׃ 31 אַל־תִּפְנוּ
אֶל־הָאֹבֹת וְאֶל־הַיִּדְּעֹנִים אַל־תְּבַקְשׁוּ
לְטָמְאָה בָהֶם אֲנִי יְהוָה אֱלֹהֵיכֶם׃ 32 מִפְּנֵי
שֵׂיבָה תָּקוּם וְהָדַרְתָּ פְּנֵי זָקֵן וְיָרֵאתָ
מֵּאֱלֹהֶיךָ אֲנִי יְהוָה׃ פ
33 וְכִי־יָגוּר אִתְּךָ גֵּר בְּאַרְצְכֶם לֹא תוֹנוּ
אֹתוֹ׃ 34 כְּאֶזְרָח מִכֶּם יִהְיֶה לָכֶם הַגֵּר ׀
הַגָּר אִתְּכֶם וְאָהַבְתָּ לוֹ כָּמוֹךָ כִּי־גֵרִים
הֱיִיתֶם בְּאֶרֶץ מִצְרָיִם אֲנִי יְהוָה
אֱלֹהֵיכֶם׃ 35 לֹא־תַעֲשׂוּ עָוֶל בַּמִּשְׁפָּט
בַּמִּדָּה בַּמִּשְׁקָל וּבַמְּשׂוּרָה׃ 36 מֹאזְנֵי צֶדֶק
אַבְנֵי־צֶדֶק אֵיפַת צֶדֶק וְהִין צֶדֶק יִהְיֶה
לָכֶם אֲנִי יְהוָה אֱלֹהֵיכֶם אֲשֶׁר־הוֹצֵאתִי
אֶתְכֶם מֵאֶרֶץ מִצְרָיִם׃ 37 וּשְׁמַרְתֶּם אֶת־

ye shall observe all My statutes, and all Mine ordinances, and do them: I am the LORD.

20 And the Lord spoke unto Moses, saying: [2] Moreover, thou shalt say to the children of Israel:

Whosoever he be of the children of Israel, or of the strangers that sojourn in Israel, that giveth of his seed unto Molech; he shall surely be put to death; the people of the land shall stone him with stones. [3] I also will set My face against that man, and will cut him off from among his people, because he hath given of his seed unto Molech, to defile My sanctuary, and to profane My holy name. [4] And if the people of the land do at all hide their eyes from that man, when he giveth of his seed unto Molech, and put him not to death; [5] then I will set My face against that man, and against his family, and will cut him off, and all that go astray after him, to go astray after Molech, from among their people. [6] And the soul that turneth unto the ghosts, and unto the familiar spirits, to go astray after them, I will even set My face against that soul, and will cut him off from among his people. [7] Sanctify yourselves therefore, and be ye holy; for I am the LORD your God. [8] And keep ye My statutes, and do them: I am the LORD who sanctify you. [9] For whatsoever man there be that curseth his father or his mother shall surely be put to death; he hath cursed his father or his mother; his blood shall be upon him. [10] And the man that committeth adultery with another man's wife, even he that committeth adultery with his neighbour's wife, both the adulterer and the adulteress shall surely be put to death. [11] And the man that lieth with his father's wife—he hath uncovered his father's nakedness—both of them shall surely be put to death; their blood shall be upon them. [12] And if a man lie with his daughter-in-law, both of them shall surely be put to death; they have wrought corruption; their blood shall be upon them. [13] And if a man lie with mankind, as with womankind, both of them have committed abomination: they shall surely be put to death; their blood shall be upon them. [14] And if a man take with his wife also her mother, it is wickedness: they shall be burnt with fire, both

כָּל־חֻקֹּתַי וְאֶת־כָּל־מִשְׁפָּטַי וַעֲשִׂיתֶם
אֹתָם אֲנִי יְהוָה׃ פ
20 וַיְדַבֵּר יְהוָה אֶל־מֹשֶׁה לֵּאמֹר׃
2 וְאֶל־בְּנֵי יִשְׂרָאֵל תֹּאמַר אִישׁ אִישׁ מִבְּנֵי
יִשְׂרָאֵל וּמִן־הַגֵּר ׀ הַגָּר בְּיִשְׂרָאֵל אֲשֶׁר
יִתֵּן מִזַּרְעוֹ לַמֹּלֶךְ מוֹת יוּמָת עַם הָאָרֶץ
יִרְגְּמֻהוּ בָאָבֶן׃ 3 וַאֲנִי אֶתֵּן אֶת־פָּנַי בָּאִישׁ
הַהוּא וְהִכְרַתִּי אֹתוֹ מִקֶּרֶב עַמּוֹ כִּי מִזַּרְעוֹ
נָתַן לַמֹּלֶךְ לְמַעַן טַמֵּא אֶת־מִקְדָּשִׁי
וּלְחַלֵּל אֶת־שֵׁם קָדְשִׁי׃ 4 וְאִם הַעְלֵם
יַעְלִימוּ עַם הָאָרֶץ אֶת־עֵינֵיהֶם מִן־הָאִישׁ
הַהוּא בְּתִתּוֹ מִזַּרְעוֹ לַמֹּלֶךְ לְבִלְתִּי הָמִית
אֹתוֹ׃ 5 וְשַׂמְתִּי אֲנִי אֶת־פָּנַי בָּאִישׁ הַהוּא
וּבְמִשְׁפַּחְתּוֹ וְהִכְרַתִּי אֹתוֹ וְאֵת ׀ כָּל־
הַזֹּנִים אַחֲרָיו לִזְנוֹת אַחֲרֵי הַמֹּלֶךְ מִקֶּרֶב
עַמָּם׃ 6 וְהַנֶּפֶשׁ אֲשֶׁר תִּפְנֶה אֶל־הָאֹבֹת
וְאֶל־הַיִּדְּעֹנִים לִזְנוֹת אַחֲרֵיהֶם וְנָתַתִּי
אֶת־פָּנַי בַּנֶּפֶשׁ הַהִוא וְהִכְרַתִּי אֹתוֹ מִקֶּרֶב
עַמּוֹ׃ 7 וְהִתְקַדִּשְׁתֶּם וִהְיִיתֶם קְדֹשִׁים כִּי
אֲנִי יְהוָה אֱלֹהֵיכֶם׃ 8 וּשְׁמַרְתֶּם אֶת־
חֻקֹּתַי וַעֲשִׂיתֶם אֹתָם אֲנִי יְהוָה
מְקַדִּשְׁכֶם׃ 9 כִּי־אִישׁ אִישׁ אֲשֶׁר יְקַלֵּל
אֶת־אָבִיו וְאֶת־אִמּוֹ מוֹת יוּמָת אָבִיו
וְאִמּוֹ קִלֵּל דָּמָיו בּוֹ׃ 10 וְאִישׁ אֲשֶׁר יִנְאַף
אֶת־אֵשֶׁת אִישׁ אֲשֶׁר יִנְאַף אֶת־אֵשֶׁת
רֵעֵהוּ מוֹת־יוּמַת הַנֹּאֵף וְהַנֹּאָפֶת׃ 11 וְאִישׁ
אֲשֶׁר יִשְׁכַּב אֶת־אֵשֶׁת אָבִיו עֶרְוַת אָבִיו
גִּלָּה מוֹת־יוּמְתוּ שְׁנֵיהֶם דְּמֵיהֶם בָּם׃
12 וְאִישׁ אֲשֶׁר יִשְׁכַּב אֶת־כַּלָּתוֹ מוֹת יוּמְתוּ
שְׁנֵיהֶם תֶּבֶל עָשׂוּ דְּמֵיהֶם בָּם׃ 13 וְאִישׁ
אֲשֶׁר יִשְׁכַּב אֶת־זָכָר מִשְׁכְּבֵי אִשָּׁה
תּוֹעֵבָה עָשׂוּ שְׁנֵיהֶם מוֹת יוּמָתוּ דְּמֵיהֶם
בָּם׃ 14 וְאִישׁ אֲשֶׁר יִקַּח אֶת־אִשָּׁה וְאֶת־

אִמָּהּ זִמָּה הִוא בָּאֵשׁ יִשְׂרְפוּ אֹתוֹ וְאֶתְהֶן
וְלֹא־תִהְיֶה זִמָּה בְּתוֹכְכֶם׃ 15 וְאִישׁ אֲשֶׁר
יִתֵּן שְׁכָבְתּוֹ בִּבְהֵמָה מוֹת יוּמָת וְאֶת־
הַבְּהֵמָה תַּהֲרֹגוּ׃ 16 וְאִשָּׁה אֲשֶׁר תִּקְרַב
אֶל־כָּל־בְּהֵמָה לְרִבְעָה אֹתָהּ וְהָרַגְתָּ אֶת־
הָאִשָּׁה וְאֶת־הַבְּהֵמָה מוֹת יוּמָתוּ דְּמֵיהֶם
בָּם׃ 17 וְאִישׁ אֲשֶׁר־יִקַּח אֶת־אֲחֹתוֹ בַּת־
אָבִיו אוֹ בַת־אִמּוֹ וְרָאָה אֶת־עֶרְוָתָהּ
וְהִיא־תִרְאֶה אֶת־עֶרְוָתוֹ חֶסֶד הוּא
וְנִכְרְתוּ לְעֵינֵי בְּנֵי עַמָּם עֶרְוַת אֲחֹתוֹ גִּלָּה
עֲוֹנוֹ יִשָּׂא׃ 18 וְאִישׁ אֲשֶׁר־יִשְׁכַּב אֶת־אִשָּׁה
דָּוָה וְגִלָּה אֶת־עֶרְוָתָהּ אֶת־מְקֹרָהּ הֶעֱרָה
וְהִוא גִּלְּתָה אֶת־מְקוֹר דָּמֶיהָ וְנִכְרְתוּ
שְׁנֵיהֶם מִקֶּרֶב עַמָּם׃ 19 וְעֶרְוַת אֲחוֹת
אִמְּךָ וַאֲחוֹת אָבִיךָ לֹא תְגַלֵּה כִּי אֶת־
שְׁאֵרוֹ הֶעֱרָה עֲוֹנָם יִשָּׂאוּ׃ 20 וְאִישׁ אֲשֶׁר
יִשְׁכַּב אֶת־דֹּדָתוֹ עֶרְוַת דֹּדוֹ גִּלָּה חֶטְאָם
יִשָּׂאוּ עֲרִירִים יָמֻתוּ׃ 21 וְאִישׁ אֲשֶׁר יִקַּח
אֶת־אֵשֶׁת אָחִיו נִדָּה הִוא עֶרְוַת אָחִיו
גִּלָּה עֲרִירִים יִהְיוּ׃ 22 וּשְׁמַרְתֶּם אֶת־כָּל־
חֻקֹּתַי וְאֶת־כָּל־מִשְׁפָּטַי וַעֲשִׂיתֶם אֹתָם
וְלֹא־תָקִיא אֶתְכֶם הָאָרֶץ אֲשֶׁר אֲנִי מֵבִיא
אֶתְכֶם שָׁמָּה לָשֶׁבֶת בָּהּ׃ 23 וְלֹא תֵלְכוּ
בְּחֻקֹּת הַגּוֹי אֲשֶׁר־אֲנִי מְשַׁלֵּחַ מִפְּנֵיכֶם כִּי
אֶת־כָּל־אֵלֶּה עָשׂוּ וָאָקֻץ בָּם׃ 24 וָאֹמַר
לָכֶם אַתֶּם תִּירְשׁוּ אֶת־אַדְמָתָם וַאֲנִי
אֶתְּנֶנָּה לָכֶם לָרֶשֶׁת אֹתָהּ אֶרֶץ זָבַת חָלָב
וּדְבָשׁ אֲנִי יְהוָה אֱלֹהֵיכֶם אֲשֶׁר־הִבְדַּלְתִּי
אֶתְכֶם מִן־הָעַמִּים׃ 25 וְהִבְדַּלְתֶּם בֵּין־
הַבְּהֵמָה הַטְּהֹרָה לַטְּמֵאָה וּבֵין־הָעוֹף
הַטָּמֵא לַטָּהֹר וְלֹא־תְשַׁקְּצוּ אֶת־
נַפְשֹׁתֵיכֶם בַּבְּהֵמָה וּבָעוֹף וּבְכֹל אֲשֶׁר
תִּרְמֹשׂ הָאֲדָמָה אֲשֶׁר־הִבְדַּלְתִּי לָכֶם

he and they; that there be no wickedness among you. [15] And if a man lie with a beast, he shall surely be put to death; and ye shall slay the beast. [16] And if a woman approach unto any beast, and lie down thereto, thou shalt kill the woman, and the beast: they shall surely be put to death; their blood shall be upon them. [17] And if a man shall take his sister, his father's daughter, or his mother's daughter, and see her nakedness, and she see his nakedness: it is a shameful thing; and they shall be cut off in the sight of the children of their people: he hath uncovered his sister's nakedness; he shall bear his iniquity. [18] And if a man shall lie with a woman having her sickness, and shall uncover her nakedness—he hath made naked her fountain, and she hath uncovered the fountain of her blood—both of them shall be cut off from among their people. [19] And thou shalt not uncover the nakedness of thy mother's sister, nor of thy father's sister; for he hath made naked his near kin; they shall bear their iniquity. [20] And if a man shall lie with his uncle's wife—he hath uncovered his uncle's nakedness—they shall bear their sin; they shall die childless. [21] And if a man shall take his brother's wife, it is impurity: he hath uncovered his brother's nakedness; they shall be childless.

[22] Ye shall therefore keep all My statutes, and all Mine ordinances, and do them, that the land, whither I bring you to dwell therein, vomit you not out. [23] And ye shall not walk in the customs of the nation, which I am casting out before you; for they did all these things, and therefore I abhorred them. [24] But I have said unto you: 'Ye shall inherit their land, and I will give it unto you to possess it, a land flowing with milk and honey.' I am the LORD your God, who have set you apart from the peoples. [25] Ye shall therefore separate between the clean beast and the unclean, and between the unclean fowl and the clean; and ye shall not make your souls detestable by beast, or by fowl, or by any thing wherewith the ground teemeth, which I have

set apart for you to hold unclean. [26] And ye
shall be holy unto Me; for I the LORD am holy,
and have set you apart from the peoples, that ye
should be Mine.

[27] A man also or a woman that divineth
by a ghost or a familiar spirit, shall surely be put
to death; they shall stone them with stones; their
blood shall be upon them.

לְטַמֵּא׃ 26 וִהְיִיתֶם לִי קְדֹשִׁים כִּי קָדוֹשׁ
אֲנִי יְהוָה וָאַבְדִּל אֶתְכֶם מִן־הָעַמִּים
לִהְיוֹת לִי׃ 27 וְאִישׁ אוֹ־אִשָּׁה כִּי־יִהְיֶה
בָהֶם אוֹב אוֹ יִדְּעֹנִי מוֹת יוּמָתוּ בָּאֶבֶן
יִרְגְּמוּ אֹתָם דְּמֵיהֶם בָּם׃ פ

'EMOR

21 And the LORD said unto Moses: Speak
unto the priests the sons of Aaron, and
say unto them:

There shall none defile himself for the dead
among his people; [2] except for his kin, that is
near unto him, for his mother, and for his father,
and for his son, and for his daughter, and for
his brother; [3] and for his sister a virgin, that is
near unto him, that hath had no husband, for
her may he defile himself. [4] He shall not defile
himself, being a chief man among his people, to
profane himself. [5] They shall not make baldness
upon their head, neither shall they shave off the
corners of their beard, nor make any cuttings
in their flesh. [6] They shall be holy unto their
God, and not profane the name of their God;
for the offerings of the LORD made by fire, the
bread of their God, they do offer; therefore they
shall be holy. [7] They shall not take a woman
that is a harlot, or profaned; neither shall they
take a woman put away from her husband; for
he is holy unto his God. [8] Thou shalt sanctify
him therefore; for he offereth the bread of thy
God; he shall be holy unto thee; for I the LORD,
who sanctify you, am holy. [9] And the daughter
of any priest, if she profane herself by playing
the harlot, she profaneth her father: she shall be
burnt with fire.

[10] And the priest that is highest among
his brethren, upon whose head the anointing
oil is poured, and that is consecrated to put on
the garments, shall not let the hair of his head go
loose, nor rend his clothes; [11] neither shall he
go in to any dead body, nor defile himself for his
father, or for his mother; [12] neither shall he go
out of the sanctuary, nor profane the sanctuary of
his God; for the consecration of the anointing oil
of his God is upon him: I am the LORD. [13] And
he shall take a wife in her virginity. [14] A widow,
or one divorced, or a profaned woman, or a

אמר

21 וַיֹּאמֶר יְהוָה אֶל־מֹשֶׁה אֱמֹר אֶל־
הַכֹּהֲנִים בְּנֵי אַהֲרֹן וְאָמַרְתָּ אֲלֵהֶם לְנֶפֶשׁ
לֹא־יִטַּמָּא בְּעַמָּיו׃ 2 כִּי אִם־לִשְׁאֵרוֹ הַקָּרֹב
אֵלָיו לְאִמּוֹ וּלְאָבִיו וְלִבְנוֹ וּלְבִתּוֹ וּלְאָחִיו׃
3 וְלַאֲחֹתוֹ הַבְּתוּלָה הַקְּרוֹבָה אֵלָיו אֲשֶׁר
לֹא־הָיְתָה לְאִישׁ לָהּ יִטַּמָּא׃ 4 לֹא יִטַּמָּא
בַּעַל בְּעַמָּיו לְהֵחַלּוֹ׃ 5 לֹא־יקרחה יִקְרְחוּ
קָרְחָה בְּרֹאשָׁם וּפְאַת זְקָנָם לֹא יְגַלֵּחוּ
וּבִבְשָׂרָם לֹא יִשְׂרְטוּ שָׂרָטֶת׃ 6 קְדֹשִׁים
יִהְיוּ לֵאלֹהֵיהֶם וְלֹא יְחַלְּלוּ שֵׁם אֱלֹהֵיהֶם
כִּי אֶת־אִשֵּׁי יְהוָה לֶחֶם אֱלֹהֵיהֶם הֵם
מַקְרִיבִם וְהָיוּ קֹדֶשׁ׃ 7 אִשָּׁה זֹנָה וַחֲלָלָה
לֹא יִקָּחוּ וְאִשָּׁה גְּרוּשָׁה מֵאִישָׁהּ לֹא יִקָּחוּ
כִּי־קָדֹשׁ הוּא לֵאלֹהָיו׃ 8 וְקִדַּשְׁתּוֹ כִּי־אֶת־
לֶחֶם אֱלֹהֶיךָ הוּא מַקְרִיב קָדֹשׁ יִהְיֶה־לָּךְ
כִּי קָדוֹשׁ אֲנִי יְהוָה מְקַדִּשְׁכֶם׃ 9 וּבַת אִישׁ
כֹּהֵן כִּי תֵחֵל לִזְנוֹת אֶת־אָבִיהָ הִיא
מְחַלֶּלֶת בָּאֵשׁ תִּשָּׂרֵף׃ ס 10 וְהַכֹּהֵן
הַגָּדוֹל מֵאֶחָיו אֲשֶׁר־יוּצַק עַל־רֹאשׁוֹ ׀
שֶׁמֶן הַמִּשְׁחָה וּמִלֵּא אֶת־יָדוֹ לִלְבֹּשׁ
אֶת־הַבְּגָדִים אֶת־רֹאשׁוֹ לֹא יִפְרָע וּבְגָדָיו
לֹא יִפְרֹם׃ 11 וְעַל כָּל־נַפְשֹׁת מֵת לֹא יָבֹא
לְאָבִיו וּלְאִמּוֹ לֹא יִטַּמָּא׃ 12 וּמִן־הַמִּקְדָּשׁ
לֹא יֵצֵא וְלֹא יְחַלֵּל אֵת מִקְדַּשׁ אֱלֹהָיו כִּי
נֵזֶר שֶׁמֶן מִשְׁחַת אֱלֹהָיו עָלָיו אֲנִי יְהוָה׃
13 וְהוּא אִשָּׁה בִבְתוּלֶיהָ יִקָּח׃ 14 אַלְמָנָה

harlot, these shall he not take; but a virgin of his own people shall he take to wife. [15] And he shall not profane his seed among his people; for I am the LORD who sanctify him.

[16] And the LORD spoke unto Moses, saying: [17] Speak unto Aaron, saying:

Whosoever he be of thy seed throughout their generations that hath a blemish, let him not approach to offer the bread of his God. [18] For whatsoever man he be that hath a blemish, he shall not approach: a blind man, or a lame, or he that hath any thing maimed, or anything too long, [19] or a man that is broken-footed, or broken-handed, [20] or crook-backed, or a dwarf, or that hath his eye overspread, or is scabbed, or scurvy, or hath his stones crushed; [21] no man of the seed of Aaron the priest, that hath a blemish, shall come nigh to offer the offerings of the LORD made by fire; he hath a blemish; he shall not come nigh to offer the bread of his God. [22] He may eat the bread of his God, both of the most holy, and of the holy. [23] Only he shall not go in unto the veil, nor come nigh unto the altar, because he hath a blemish; that he profane not My holy places; for I am the LORD who sanctify them.

[24] So Moses spoke unto Aaron, and to his sons, and unto all the children of Israel.

22 And the LORD spoke unto Moses, saying: [2] Speak unto Aaron and to his sons, that they separate themselves from the holy things of the children of Israel, which they hallow unto Me, and that they profane not My holy name: I am the LORD. [3] Say unto them: Whosoever he be of all your seed throughout your generations, that approacheth unto the holy things, which the children of Israel hallow unto the LORD, having his uncleanness upon him, that soul shall be cut off from before Me: I am the LORD. [4] What man soever of the seed of Aaron is a leper, or hath an issue, he shall not eat of the holy things, until he be clean. And whoso toucheth any one that is unclean by the dead; or from whomsoever the flow of seed goeth out; [5] or whosoever toucheth any swarming thing, whereby he may be made unclean, or a man of

וּגְרוּשָׁה וַחֲלָלָה זֹנָה אֶת־אֵלֶּה לֹא יִקָּח
כִּי אִם־בְּתוּלָה מֵעַמָּיו יִקַּח אִשָּׁה׃ 15 וְלֹא־
יְחַלֵּל זַרְעוֹ בְּעַמָּיו כִּי אֲנִי יְהוָה
מְקַדְּשׁוֹ׃ פ
16 וַיְדַבֵּר יְהוָה אֶל־מֹשֶׁה לֵּאמֹר׃ 17 דַּבֵּר
אֶל־אַהֲרֹן לֵאמֹר אִישׁ מִזַּרְעֲךָ לְדֹרֹתָם
אֲשֶׁר יִהְיֶה בוֹ מוּם לֹא יִקְרַב לְהַקְרִיב
לֶחֶם אֱלֹהָיו׃ 18 כִּי כָל־אִישׁ אֲשֶׁר־בּוֹ מוּם
לֹא יִקְרָב אִישׁ עִוֵּר אוֹ פִסֵּחַ אוֹ חָרֻם אוֹ
שָׂרוּעַ׃ 19 אוֹ אִישׁ אֲשֶׁר־יִהְיֶה בוֹ שֶׁבֶר
רָגֶל אוֹ שֶׁבֶר יָד׃ 20 אוֹ־גִבֵּן אוֹ־דַק אוֹ
תְּבַלֻּל בְּעֵינוֹ אוֹ גָרָב אוֹ יַלֶּפֶת אוֹ מְרוֹחַ
אָשֶׁךְ׃ 21 כָּל־אִישׁ אֲשֶׁר־בּוֹ מוּם מִזֶּרַע
אַהֲרֹן הַכֹּהֵן לֹא יִגַּשׁ לְהַקְרִיב אֶת־אִשֵּׁי
יְהוָה מוּם בּוֹ אֵת לֶחֶם אֱלֹהָיו לֹא יִגַּשׁ
לְהַקְרִיב׃ 22 לֶחֶם אֱלֹהָיו מִקָּדְשֵׁי
הַקֳּדָשִׁים וּמִן־הַקֳּדָשִׁים יֹאכֵל׃ 23 אַךְ אֶל־
הַפָּרֹכֶת לֹא יָבֹא וְאֶל־הַמִּזְבֵּחַ לֹא יִגַּשׁ
כִּי־מוּם בּוֹ וְלֹא יְחַלֵּל אֶת־מִקְדָּשַׁי כִּי אֲנִי
יְהוָה מְקַדְּשָׁם׃ 24 וַיְדַבֵּר מֹשֶׁה אֶל־אַהֲרֹן
וְאֶל־בָּנָיו וְאֶל־כָּל־בְּנֵי יִשְׂרָאֵל׃ פ
22 וַיְדַבֵּר יְהוָה אֶל־מֹשֶׁה לֵּאמֹר׃
2 דַּבֵּר אֶל־אַהֲרֹן וְאֶל־בָּנָיו וְיִנָּזְרוּ מִקָּדְשֵׁי
בְנֵי־יִשְׂרָאֵל וְלֹא יְחַלְּלוּ אֶת־שֵׁם קָדְשִׁי
אֲשֶׁר הֵם מַקְדִּשִׁים לִי אֲנִי יְהוָה׃ 3 אֱמֹר
אֲלֵהֶם לְדֹרֹתֵיכֶם כָּל־אִישׁ | אֲשֶׁר־יִקְרַב
מִכָּל־זַרְעֲכֶם אֶל־הַקֳּדָשִׁים אֲשֶׁר יַקְדִּישׁוּ
בְנֵי־יִשְׂרָאֵל לַיהוָה וְטֻמְאָתוֹ עָלָיו
וְנִכְרְתָה הַנֶּפֶשׁ הַהִוא מִלְּפָנַי אֲנִי יְהוָה׃
4 אִישׁ אִישׁ מִזֶּרַע אַהֲרֹן וְהוּא צָרוּעַ אוֹ
זָב בַּקֳּדָשִׁים לֹא יֹאכַל עַד אֲשֶׁר יִטְהָר
וְהַנֹּגֵעַ בְּכָל־טְמֵא־נֶפֶשׁ אוֹ אִישׁ אֲשֶׁר־
תֵּצֵא מִמֶּנּוּ שִׁכְבַת־זָרַע׃ 5 אוֹ־אִישׁ אֲשֶׁר

whom he may take uncleanness, whatsoever uncleanness he hath; [6] the soul that toucheth any such shall be unclean until the even, and shall not eat of the holy things, unless he bathe his flesh in water. [7] And when the sun is down, he shall be clean; and afterward he may eat of the holy things, because it is his bread. [8] That which dieth of itself, or is torn of beasts, he shall not eat to defile himself therewith: I am the LORD. [9] They shall therefore keep My charge, lest they bear sin for it, and die therein, if they profane it: I am the LORD who sanctify them. [10] There shall no [a]common man eat of the holy thing; a tenant of a priest, or a hired servant, shall not eat of the holy thing. [11] But if a priest buy any soul, the purchase of his money, he may eat of it; and such as are born in his house, they may eat of his bread. [12] And if a priest's daughter be married unto a common man, she shall not eat of that which is set apart from the holy things. [13] But if a priest's daughter be a widow, or divorced, and have no child, and is returned unto her father's house, as in her youth, she may eat of her father's bread; but there shall no common man eat thereof. [14] And if a man eat of the holy thing through error, then he shall put the fifth part thereof unto it, and shall give unto the priest the holy thing. [15] And they shall not profane the holy things of the children of Israel, which they set apart unto the LORD; [16] and so cause them to bear the iniquity that bringeth guilt, when they eat their holy things; for I am the LORD who sanctify them.

[17] And the LORD spoke unto Moses, saying: [18] Speak unto Aaron, and to his sons, and unto all the children of Israel, and say unto them:

Whosoever he be of the house of Israel, or of the strangers in Israel. that bringeth his offering, whether it be any of their vows, or any of their freewill-offerings, which are brought unto the LORD for a burnt-offering; [19] that ye may be accepted, ye shall offer a male without blemish, of the beeves, of the sheep, or of the goats. [20] But whatsoever hath a blemish, that shall ye not bring; for it shall not be acceptable for you. [21] And whosoever bringeth a sacrifice of peace-offerings unto the LORD in fulfilment of a vow clearly uttered, or for a freewill-offering,

יִגַּע בְּכׇל־שֶׁרֶץ אֲשֶׁר יִטְמָא־לוֹ אוֹ בְאָדָם
אֲשֶׁר יִטְמָא־לוֹ לְכֹל טֻמְאָתוֹ׃ 6 נֶפֶשׁ אֲשֶׁר
תִּגַּע־בּוֹ וְטָמְאָה עַד־הָעָרֶב וְלֹא יֹאכַל
מִן־הַקֳּדָשִׁים כִּי אִם־רָחַץ בְּשָׂרוֹ בַּמָּיִם׃
7 וּבָא הַשֶּׁמֶשׁ וְטָהֵר וְאַחַר יֹאכַל מִן־
הַקֳּדָשִׁים כִּי לַחְמוֹ הוּא׃ 8 נְבֵלָה וּטְרֵפָה
לֹא יֹאכַל לְטָמְאָה־בָהּ אֲנִי יְהֹוָה׃ 9 וְשָׁמְרוּ
אֶת־מִשְׁמַרְתִּי וְלֹא־יִשְׂאוּ עָלָיו חֵטְא
וּמֵתוּ בוֹ כִּי יְחַלְּלֻהוּ אֲנִי יְהֹוָה מְקַדְּשָׁם׃
10 וְכׇל־זָר לֹא־יֹאכַל קֹדֶשׁ תּוֹשַׁב כֹּהֵן
וְשָׂכִיר לֹא־יֹאכַל קֹדֶשׁ׃ 11 וְכֹהֵן כִּי־יִקְנֶה
נֶפֶשׁ קִנְיַן כַּסְפּוֹ הוּא יֹאכַל בּוֹ וִילִיד בֵּיתוֹ
הֵם יֹאכְלוּ בְלַחְמוֹ׃ 12 וּבַת־כֹּהֵן כִּי תִהְיֶה
לְאִישׁ זָר הִוא בִּתְרוּמַת הַקֳּדָשִׁים לֹא
תֹאכֵל׃ 13 וּבַת־כֹּהֵן כִּי תִהְיֶה אַלְמָנָה
וּגְרוּשָׁה וְזֶרַע אֵין לָהּ וְשָׁבָה אֶל־בֵּית
אָבִיהָ כִּנְעוּרֶיהָ מִלֶּחֶם אָבִיהָ תֹּאכֵל
וְכׇל־זָר לֹא־יֹאכַל בּוֹ׃ ס 14 וְאִישׁ
כִּי־יֹאכַל קֹדֶשׁ בִּשְׁגָגָה וְיָסַף חֲמִשִׁיתוֹ
עָלָיו וְנָתַן לַכֹּהֵן אֶת־הַקֹּדֶשׁ׃ 15 וְלֹא
יְחַלְּלוּ אֶת־קׇדְשֵׁי בְּנֵי יִשְׂרָאֵל אֵת אֲשֶׁר־
יָרִימוּ לַיהֹוָה׃ 16 וְהִשִּׂיאוּ אוֹתָם עֲוֺן
אַשְׁמָה בְּאׇכְלָם אֶת־קׇדְשֵׁיהֶם כִּי אֲנִי
יְהֹוָה מְקַדְּשָׁם׃ פ
17 וַיְדַבֵּר יְהֹוָה אֶל־מֹשֶׁה לֵּאמֹר׃ 18 דַּבֵּר
אֶל־אַהֲרֹן וְאֶל־בָּנָיו וְאֶל כׇּל־בְּנֵי יִשְׂרָאֵל
וְאָמַרְתָּ אֲלֵהֶם אִישׁ אִישׁ מִבֵּית יִשְׂרָאֵל
וּמִן־הַגֵּר בְּיִשְׂרָאֵל אֲשֶׁר יַקְרִיב קׇרְבָּנוֹ
לְכׇל־נִדְרֵיהֶם וּלְכׇל־נִדְבוֹתָם אֲשֶׁר־
יַקְרִיבוּ לַיהֹוָה לְעֹלָה׃ 19 לִרְצֹנְכֶם תָּמִים
זָכָר בַּבָּקָר בַּכְּשָׂבִים וּבָעִזִּים׃ 20 כֹּל אֲשֶׁר־
בּוֹ מוּם לֹא תַקְרִיבוּ כִּי־לֹא לְרָצוֹן יִהְיֶה
לָכֶם׃ 21 וְאִישׁ כִּי־יַקְרִיב זֶבַח־שְׁלָמִים

a That is, one who is not a priest.

of the herd or of the flock, it shall be perfect to be accepted; there shall be no blemish therein. [22] Blind, or broken, or maimed, or having a wen, or scabbed, or scurvy, ye shall not offer these unto the LORD, nor make an offering by fire of them upon the altar unto the LORD. [23] Either a bullock or a lamb that hath any thing too long or too short, that mayest thou offer for a freewill-offering; but for a vow it shall not be accepted. [24] That which hath its stones bruised, or crushed, or torn, or cut, ye shall not offer unto the LORD; neither shall ye do thus in your land. [25] Neither from the hand of a foreigner shall ye offer the bread of your God of any of these, because their corruption is in them, there is a blemish in them; they shall not be accepted for you.

[26] And the LORD spoke unto Moses, saying:

[27] When a bullock, or a sheep, or a goat, is brought forth, then it shall be seven days under the dam; but from the eighth day and thenceforth it may be accepted for an offering made by fire unto the LORD. [28] And whether it be cow or ewe, ye shall not kill it and its young both in one day. [29] And when ye sacrifice a sacrifice of thanksgiving unto the LORD, ye shall sacrifice it that ye may be accepted. [30] On the same day it shall be eaten; ye shall leave none of it until the morning: I am the LORD. [31] And ye shall keep My commandments, and do them: I am the LORD. [32] And ye shall not profane My holy name; but I will be hallowed among the children of Israel: I am the LORD who hallow you, [33] that brought you out of the land of Egypt, to be your God: I am the LORD.

23 And the LORD spoke unto Moses, saying: [2] Speak unto the children of Israel, and say unto them:

The appointed seasons of the LORD, which ye shall proclaim to be holy convocations, even these are My appointed seasons. [3] Six days shall work be done; but on the seventh day is a sabbath of solemn rest, a holy convocation; ye shall do no manner of work; it is a sabbath unto the LORD in all your dwellings.

לַיהוָה לְפַלֵּא־נֶדֶר אוֹ לִנְדָבָה בַּבָּקָר אוֹ
בַצֹּאן תָּמִים יִהְיֶה לְרָצוֹן כָּל־מוּם לֹא
יִהְיֶה־בּוֹ׃ 22 עַוֶּרֶת אוֹ שָׁבוּר אוֹ־חָרוּץ
אוֹ־יַבֶּלֶת אוֹ גָרָב אוֹ יַלֶּפֶת לֹא־תַקְרִיבוּ
אֵלֶּה לַיהוָה וְאִשֶּׁה לֹא־תִתְּנוּ מֵהֶם עַל־
הַמִּזְבֵּחַ לַיהוָה׃ 23 וְשׁוֹר וָשֶׂה שָׂרוּעַ
וְקָלוּט נְדָבָה תַּעֲשֶׂה אֹתוֹ וּלְנֵדֶר לֹא
יֵרָצֶה׃ 24 וּמָעוּךְ וְכָתוּת וְנָתוּק וְכָרוּת לֹא
תַקְרִיבוּ לַיהוָה וּבְאַרְצְכֶם לֹא תַעֲשׂוּ׃
25 וּמִיַּד בֶּן־נֵכָר לֹא תַקְרִיבוּ אֶת־לֶחֶם
אֱלֹהֵיכֶם מִכָּל־אֵלֶּה כִּי מָשְׁחָתָם בָּהֶם
מוּם בָּם לֹא יֵרָצוּ לָכֶם׃ פ
26 וַיְדַבֵּר יְהוָה אֶל־מֹשֶׁה לֵּאמֹר׃ 27 שׁוֹר
אוֹ־כֶשֶׂב אוֹ־עֵז כִּי יִוָּלֵד וְהָיָה שִׁבְעַת
יָמִים תַּחַת אִמּוֹ וּמִיּוֹם הַשְּׁמִינִי וָהָלְאָה
יֵרָצֶה לְקָרְבַּן אִשֶּׁה לַיהוָה׃ 28 וְשׁוֹר אוֹ־
שֶׂה אֹתוֹ וְאֶת־בְּנוֹ לֹא תִשְׁחֲטוּ בְּיוֹם
אֶחָד׃ 29 וְכִי־תִזְבְּחוּ זֶבַח־תּוֹדָה לַיהוָה
לִרְצֹנְכֶם תִּזְבָּחוּ׃ 30 בַּיּוֹם הַהוּא יֵאָכֵל
לֹא־תוֹתִירוּ מִמֶּנּוּ עַד־בֹּקֶר אֲנִי יְהוָה׃
31 וּשְׁמַרְתֶּם מִצְוֹתַי וַעֲשִׂיתֶם אֹתָם אֲנִי
יְהוָה׃ 32 וְלֹא תְחַלְּלוּ אֶת־שֵׁם קָדְשִׁי
וְנִקְדַּשְׁתִּי בְּתוֹךְ בְּנֵי יִשְׂרָאֵל אֲנִי יְהוָה
מְקַדִּשְׁכֶם׃ 33 הַמּוֹצִיא אֶתְכֶם מֵאֶרֶץ
מִצְרַיִם לִהְיוֹת לָכֶם לֵאלֹהִים אֲנִי
יְהוָה׃ פ
23 וַיְדַבֵּר יְהוָה אֶל־מֹשֶׁה לֵּאמֹר׃
2 דַּבֵּר אֶל־בְּנֵי יִשְׂרָאֵל וְאָמַרְתָּ אֲלֵהֶם
מוֹעֲדֵי יְהוָה אֲשֶׁר־תִּקְרְאוּ אֹתָם מִקְרָאֵי
קֹדֶשׁ אֵלֶּה הֵם מוֹעֲדָי׃ 3 שֵׁשֶׁת יָמִים
תֵּעָשֶׂה מְלָאכָה וּבַיּוֹם הַשְּׁבִיעִי שַׁבַּת
שַׁבָּתוֹן מִקְרָא־קֹדֶשׁ כָּל־מְלָאכָה לֹא
תַעֲשׂוּ שַׁבָּת הִוא לַיהוָה בְּכֹל

[4] These are the appointed seasons of the Lord, even holy convocations, which ye shall proclaim in their appointed season. [5] In the first month, on the fourteenth day of the month at dusk, is the Lord’s passover. [6] And on the fifteenth day of the same month is the feast of unleavened bread unto the Lord; seven days ye shall eat unleavened bread. [7] In the first day ye shall have a holy convocation; ye shall do no manner of servile work. [8] And ye shall bring an offering made by fire unto the Lord seven days; in the seventh day is a holy convocation; ye shall do no manner of servile work.

[9] And the Lord spoke unto Moses, saying: [10] Speak unto the children of Israel, and say unto them:

When ye are come into the land which I give unto you, and shall reap the harvest thereof, then ye shall bring the sheaf of the first-fruits of your harvest unto the priest. [11] And he shall wave the sheaf before the Lord, to be accepted for you; on the morrow after the sabbath the priest shall wave it. [12] And in the day when ye wave the sheaf, ye shall offer a he-lamb without blemish of the first year for a burnt-offering unto the Lord. [13] And the meal-offering thereof shall be two tenth parts of an ephah of fine flour mingled with oil, an offering made by fire unto the Lord for a sweet savour; and the drink-offering thereof shall be of wine, the fourth part of a hin. [14] And ye shall eat neither bread, nor parched corn, nor fresh ears, until this selfsame day, until ye have brought the offering of your God; it is a statute for ever throughout your generations in all your dwellings.

[15] And ye shall count unto you from the morrow after the [a]day of rest, from the day that ye brought the sheaf of the waving; seven weeks shall there be complete; [16] even unto the morrow after the seventh week shall ye number fifty days; and ye shall present a new meal-offering unto the Lord. [17] Ye shall bring out of your dwellings two wave-loaves of two tenth parts of an ephah; they shall be of fine flour, they shall be baked with leaven, for first-fruits unto

מוֹשְׁבֹתֵיכֶם׃ פ
4 אֵלֶּה מוֹעֲדֵי יְהוָה מִקְרָאֵי קֹדֶשׁ אֲשֶׁר־
תִּקְרְאוּ אֹתָם בְּמוֹעֲדָם׃ 5 בַּחֹדֶשׁ הָרִאשׁוֹן
בְּאַרְבָּעָה עָשָׂר לַחֹדֶשׁ בֵּין הָעַרְבָּיִם פֶּסַח
לַיהוָה׃ 6 וּבַחֲמִשָּׁה עָשָׂר יוֹם לַחֹדֶשׁ הַזֶּה
חַג הַמַּצּוֹת לַיהוָה שִׁבְעַת יָמִים מַצּוֹת
תֹּאכֵלוּ׃ 7 בַּיּוֹם הָרִאשׁוֹן מִקְרָא־קֹדֶשׁ
יִהְיֶה לָכֶם כָּל־מְלֶאכֶת עֲבֹדָה לֹא תַעֲשׂוּ׃
8 וְהִקְרַבְתֶּם אִשֶּׁה לַיהוָה שִׁבְעַת יָמִים
בַּיּוֹם הַשְּׁבִיעִי מִקְרָא־קֹדֶשׁ כָּל־מְלֶאכֶת
עֲבֹדָה לֹא תַעֲשׂוּ׃ פ
9 וַיְדַבֵּר יְהוָה אֶל־מֹשֶׁה לֵּאמֹר׃ 10 דַּבֵּר
אֶל־בְּנֵי יִשְׂרָאֵל וְאָמַרְתָּ אֲלֵהֶם כִּי־תָבֹאוּ
אֶל־הָאָרֶץ אֲשֶׁר אֲנִי נֹתֵן לָכֶם וּקְצַרְתֶּם
אֶת־קְצִירָהּ וַהֲבֵאתֶם אֶת־עֹמֶר רֵאשִׁית
קְצִירְכֶם אֶל־הַכֹּהֵן׃ 11 וְהֵנִיף אֶת־הָעֹמֶר
לִפְנֵי יְהוָה לִרְצֹנְכֶם מִמָּחֳרַת הַשַּׁבָּת
יְנִיפֶנּוּ הַכֹּהֵן׃ 12 וַעֲשִׂיתֶם בְּיוֹם הֲנִיפְכֶם
אֶת־הָעֹמֶר כֶּבֶשׂ תָּמִים בֶּן־שְׁנָתוֹ לְעֹלָה
לַיהוָה׃ 13 וּמִנְחָתוֹ שְׁנֵי עֶשְׂרֹנִים סֹלֶת
בְּלוּלָה בַשֶּׁמֶן אִשֶּׁה לַיהוָה רֵיחַ נִיחֹחַ
ונסכה וְנִסְכּוֹ יַיִן רְבִיעִת הַהִין׃ 14 וְלֶחֶם
וְקָלִי וְכַרְמֶל לֹא תֹאכְלוּ עַד־עֶצֶם הַיּוֹם
הַזֶּה עַד הֲבִיאֲכֶם אֶת־קָרְבַּן אֱלֹהֵיכֶם
חֻקַּת עוֹלָם לְדֹרֹתֵיכֶם בְּכֹל
מֹשְׁבֹתֵיכֶם׃ ס 15 וּסְפַרְתֶּם לָכֶם
מִמָּחֳרַת הַשַּׁבָּת מִיּוֹם הֲבִיאֲכֶם אֶת־עֹמֶר
הַתְּנוּפָה שֶׁבַע שַׁבָּתוֹת תְּמִימֹת תִּהְיֶינָה׃
16 עַד מִמָּחֳרַת הַשַּׁבָּת הַשְּׁבִיעִת תִּסְפְּרוּ
חֲמִשִּׁים יוֹם וְהִקְרַבְתֶּם מִנְחָה חֲדָשָׁה
לַיהוָה׃ 17 מִמּוֹשְׁבֹתֵיכֶם תָּבִיאוּ ׀ לֶחֶם
תְּנוּפָה שְׁתַּיִם שְׁנֵי עֶשְׂרֹנִים סֹלֶת תִּהְיֶינָה
חָמֵץ תֵּאָפֶינָה בִּכּוּרִים לַיהוָה׃

a Heb. *sabbath.*

the LORD. [18] And ye shall present with the bread seven lambs without blemish of the first year, and one young bullock, and two rams; they shall be a burnt-offering unto the LORD, with their meal-offering, and their drink-offerings, even an offering made by fire, of a sweet savour unto the LORD. [19] And ye shall offer one he-goat for a sin-offering, and two he-lambs of the first year for a sacrifice of peace-offerings. [20] And the priest shall wave them with the bread of the first-fruits for a wave-offering before the LORD, with the two lambs; they shall be holy to the LORD for the priest. [21] And ye shall make proclamation on the selfsame day; there shall be a holy convocation unto you; ye shall do no manner of servile work; it is a statute for ever in all your dwellings throughout your generations.

[22] And when ye reap the harvest of your land, thou shalt not wholly reap the corner of thy field, neither shalt thou gather the gleaning of thy harvest; thou shalt leave them for the poor, and for the stranger I am the LORD your God.

[23] And the LORD spoke unto Moses, saying: [24] Speak unto the children of Israel, saying:

In the seventh month, in the first day of the month, shall be a solemn rest unto you, a memorial proclaimed with the blast of horns, a holy convocation. [25] Ye shall do no manner of servile work; and ye shall bring an offering made by fire unto the LORD.

[26] And the LORD spoke unto Moses, saying:

[27] Howbeit on the tenth day of this seventh month is the day of atonement; there shall be a holy convocation unto you, and ye shall afflict your souls; and ye shall bring an offering made by fire unto the LORD. [28] And ye shall do no manner of work in that same day; for it is a day of atonement, to make atonement for you before the LORD your God. [29] For whatsoever soul it be that shall not be afflicted in that same day, he shall be cut off from his people. [30] And whatsoever soul it be that doeth any manner of work in that same day, that soul will I destroy from among his people. [31] Ye shall do no manner of work; it is a statute for ever throughout your generations in all your

18 וְהִקְרַבְתֶּם עַל־הַלֶּחֶם שִׁבְעַת כְּבָשִׂים
תְּמִימִם בְּנֵי שָׁנָה וּפַר בֶּן־בָּקָר אֶחָד
וְאֵילִם שְׁנָיִם יִהְיוּ עֹלָה לַיהוָה וּמִנְחָתָם
וְנִסְכֵּיהֶם אִשֵּׁה רֵיחַ־נִיחֹחַ לַיהוָה׃
19 וַעֲשִׂיתֶם שְׂעִיר־עִזִּים אֶחָד לְחַטָּאת
וּשְׁנֵי כְבָשִׂים בְּנֵי שָׁנָה לְזֶבַח שְׁלָמִים׃
20 וְהֵנִיף הַכֹּהֵן ׀ אֹתָם עַל לֶחֶם הַבִּכֻּרִים
תְּנוּפָה לִפְנֵי יְהוָה עַל־שְׁנֵי כְּבָשִׂים קֹדֶשׁ
יִהְיוּ לַיהוָה לַכֹּהֵן׃ 21 וּקְרָאתֶם בְּעֶצֶם ׀
הַיּוֹם הַזֶּה מִקְרָא־קֹדֶשׁ יִהְיֶה לָכֶם כָּל־
מְלֶאכֶת עֲבֹדָה לֹא תַעֲשׂוּ חֻקַּת עוֹלָם
בְּכָל־מוֹשְׁבֹתֵיכֶם לְדֹרֹתֵיכֶם׃ 22 וּבְקֻצְרְכֶם
אֶת־קְצִיר אַרְצְכֶם לֹא־תְכַלֶּה פְּאַת שָׂדְךָ
בְּקֻצְרֶךָ וְלֶקֶט קְצִירְךָ לֹא תְלַקֵּט לֶעָנִי
וְלַגֵּר תַּעֲזֹב אֹתָם אֲנִי יְהוָה
אֱלֹהֵיכֶם׃ ס 23 וַיְדַבֵּר יְהוָה אֶל־
מֹשֶׁה לֵּאמֹר׃ 24 דַּבֵּר אֶל־בְּנֵי יִשְׂרָאֵל
לֵאמֹר בַּחֹדֶשׁ הַשְּׁבִיעִי בְּאֶחָד לַחֹדֶשׁ
יִהְיֶה לָכֶם שַׁבָּתוֹן זִכְרוֹן תְּרוּעָה מִקְרָא־
קֹדֶשׁ׃ 25 כָּל־מְלֶאכֶת עֲבֹדָה לֹא תַעֲשׂוּ
וְהִקְרַבְתֶּם אִשֶּׁה לַיהוָה׃ ס 26 וַיְדַבֵּר
יְהוָה אֶל־מֹשֶׁה לֵּאמֹר׃ 27 אַךְ בֶּעָשׂוֹר
לַחֹדֶשׁ הַשְּׁבִיעִי הַזֶּה יוֹם הַכִּפֻּרִים הוּא
מִקְרָא־קֹדֶשׁ יִהְיֶה לָכֶם וְעִנִּיתֶם אֶת־
נַפְשֹׁתֵיכֶם וְהִקְרַבְתֶּם אִשֶּׁה לַיהוָה׃
28 וְכָל־מְלָאכָה לֹא תַעֲשׂוּ בְּעֶצֶם הַיּוֹם
הַזֶּה כִּי יוֹם כִּפֻּרִים הוּא לְכַפֵּר עֲלֵיכֶם
לִפְנֵי יְהוָה אֱלֹהֵיכֶם׃ 29 כִּי כָל־הַנֶּפֶשׁ
אֲשֶׁר לֹא־תְעֻנֶּה בְּעֶצֶם הַיּוֹם הַזֶּה
וְנִכְרְתָה מֵעַמֶּיהָ׃ 30 וְכָל־הַנֶּפֶשׁ אֲשֶׁר
תַּעֲשֶׂה כָּל־מְלָאכָה בְּעֶצֶם הַיּוֹם הַזֶּה
וְהַאֲבַדְתִּי אֶת־הַנֶּפֶשׁ הַהִוא מִקֶּרֶב עַמָּהּ׃
31 כָּל־מְלָאכָה לֹא תַעֲשׂוּ חֻקַּת עוֹלָם

dwellings. [32] It shall be unto you a sabbath of solemn rest, and ye shall afflict your souls; in the ninth day of the month at even, from even unto even, shall ye keep your sabbath.

[33] And the LORD spoke unto Moses, saying: [34] Speak unto the children of Israel, saying:

On the fifteenth day of this seventh month is the feast of tabernacles for seven days unto the LORD. [35] On the first day shall be a holy convocation; ye shall do no manner of servile work. [36] Seven days ye shall bring an offering made by fire unto the LORD; on the eighth day shall be a holy convocation unto you; and ye shall bring an offering made by fire unto the LORD; it is a day of solemn assembly; ye shall do no manner of servile work.

[37] These are the appointed seasons of the LORD, which ye shall proclaim to be holy convocations, to bring an offering made by fire unto the LORD, a burnt-offering, and a meal-offering, a sacrifice, and drink-offerings, each on its own day; [38] beside the sabbaths of the LORD, and beside your gifts, and beside all your vows, and beside all your freewill-offerings, which ye give unto the LORD.

[39] Howbeit on the fifteenth day of the seventh month, when ye have gathered in the fruits of the land, ye shall keep the feast of the LORD seven days; on the first day shall be a solemn rest, and on the eighth day shall be a solemn rest. [40] And ye shall take you on the first day the fruit of goodly trees, branches of palm-trees, and boughs of thick trees, and willows of the brook, and ye shall rejoice before the LORD your God seven days. [41] And ye shall keep it a feast unto the LORD seven days in the year; it is a statute for ever in your generations; ye shall keep it in the seventh month. [42] Ye shall dwell in booths seven days; all that are home-born in Israel shall dwell in booths; [43] that your generations may know that I made the children of Israel to dwell in booths, when I brought them out of the land of Egypt: I am the LORD your God.

[44] And Moses declared unto the children of Israel the appointed seasons of the LORD.

לְדֹרֹתֵיכֶם בְּכֹל מֹשְׁבֹתֵיכֶם׃ 32 שַׁבַּת
שַׁבָּתוֹן הוּא לָכֶם וְעִנִּיתֶם אֶת־נַפְשֹׁתֵיכֶם
בְּתִשְׁעָה לַחֹדֶשׁ בָּעֶרֶב מֵעֶרֶב עַד־עֶרֶב
תִּשְׁבְּתוּ שַׁבַּתְּכֶם׃ פ
33 וַיְדַבֵּר יְהוָה אֶל־מֹשֶׁה לֵּאמֹר׃ 34 דַּבֵּר
אֶל־בְּנֵי יִשְׂרָאֵל לֵאמֹר בַּחֲמִשָּׁה עָשָׂר יוֹם
לַחֹדֶשׁ הַשְּׁבִיעִי הַזֶּה חַג הַסֻּכּוֹת שִׁבְעַת
יָמִים לַיהוָה׃ 35 בַּיּוֹם הָרִאשׁוֹן מִקְרָא־
קֹדֶשׁ כָּל־מְלֶאכֶת עֲבֹדָה לֹא תַעֲשׂוּ׃
36 שִׁבְעַת יָמִים תַּקְרִיבוּ אִשֶּׁה לַיהוָה
בַּיּוֹם הַשְּׁמִינִי מִקְרָא־קֹדֶשׁ יִהְיֶה לָכֶם
וְהִקְרַבְתֶּם אִשֶּׁה לַיהוָה עֲצֶרֶת הִוא כָּל־
מְלֶאכֶת עֲבֹדָה לֹא תַעֲשׂוּ׃ 37 אֵלֶּה מוֹעֲדֵי
יְהוָה אֲשֶׁר־תִּקְרְאוּ אֹתָם מִקְרָאֵי קֹדֶשׁ
לְהַקְרִיב אִשֶּׁה לַיהוָה עֹלָה וּמִנְחָה זֶבַח
וּנְסָכִים דְּבַר־יוֹם בְּיוֹמוֹ׃ 38 מִלְּבַד שַׁבְּתֹת
יְהוָה וּמִלְּבַד מַתְּנוֹתֵיכֶם וּמִלְּבַד כָּל־
נִדְרֵיכֶם וּמִלְּבַד כָּל־נִדְבוֹתֵיכֶם אֲשֶׁר
תִּתְּנוּ לַיהוָה׃ 39 אַךְ בַּחֲמִשָּׁה עָשָׂר יוֹם
לַחֹדֶשׁ הַשְּׁבִיעִי בְּאָסְפְּכֶם אֶת־תְּבוּאַת
הָאָרֶץ תָּחֹגּוּ אֶת־חַג־יְהוָה שִׁבְעַת יָמִים
בַּיּוֹם הָרִאשׁוֹן שַׁבָּתוֹן וּבַיּוֹם הַשְּׁמִינִי
שַׁבָּתוֹן׃ 40 וּלְקַחְתֶּם לָכֶם בַּיּוֹם הָרִאשׁוֹן
פְּרִי עֵץ הָדָר כַּפֹּת תְּמָרִים וַעֲנַף עֵץ־עָבֹת
וְעַרְבֵי־נָחַל וּשְׂמַחְתֶּם לִפְנֵי יְהוָה
אֱלֹהֵיכֶם שִׁבְעַת יָמִים׃ 41 וְחַגֹּתֶם אֹתוֹ
חַג לַיהוָה שִׁבְעַת יָמִים בַּשָּׁנָה חֻקַּת עוֹלָם
לְדֹרֹתֵיכֶם בַּחֹדֶשׁ הַשְּׁבִיעִי תָּחֹגּוּ אֹתוֹ׃
42 בַּסֻּכֹּת תֵּשְׁבוּ שִׁבְעַת יָמִים כָּל־הָאֶזְרָח
בְּיִשְׂרָאֵל יֵשְׁבוּ בַּסֻּכֹּת׃ 43 לְמַעַן יֵדְעוּ
דֹרֹתֵיכֶם כִּי בַסֻּכּוֹת הוֹשַׁבְתִּי אֶת־בְּנֵי
יִשְׂרָאֵל בְּהוֹצִיאִי אוֹתָם מֵאֶרֶץ מִצְרָיִם
אֲנִי יְהוָה אֱלֹהֵיכֶם׃ 44 וַיְדַבֵּר מֹשֶׁה אֶת־

24 And the LORD spoke unto Moses, saying: [2] 'Command the children of Israel, that they bring unto thee pure olive oil beaten for the light, to cause a lamp to burn continually. [3] Without the veil of the testimony, in the tent of meeting, shall Aaron order it from evening to morning before the LORD continually; it shall be a statute for ever throughout your generations. [4] He shall order the lamps upon the pure candlestick before the LORD continually.

[5] And thou shalt take fine flour, and bake twelve cakes thereof: two tenth parts of an ephah shall be in one cake. [6] And thou shalt set them in two rows, six in a row, upon the pure table before the LORD. [7] And thou shalt put pure frankincense with each row, that it may be to the bread for a memorial-part, even an offering made by fire unto the LORD. [8] Every sabbath day he shall set it in order before the LORD continually; it is from the children of Israel, an everlasting covenant. [9] And it shall be for Aaron and his sons; and they shall eat it in a holy place; for it is most holy unto him of the offerings of the LORD made by fire, a perpetual due.'

[10] And the son of an Israelitish woman, whose father was an Egyptian, went out among the children of Israel; and the son of the Israelitish woman and a man of Israel strove together in the camp. [11] And the son of the Israelitish woman blasphemed the Name, and cursed; and they brought him unto Moses. And his mother's name was Shelomith, the daughter of Dibri, of the tribe of Dan. [12] And they put him in ward, that it might be declared unto them at the mouth of the LORD.

[13] And the LORD spoke unto Moses, saying: [14] 'Bring forth him that hath cursed without the camp; and let all that heard him lay their hands upon his head, and let all the congregation stone him. [15] And thou shalt speak unto the children of Israel, saying Whosoever curseth his God shall bear his sin. [16] And he that blasphemeth the name of the LORD, he shall surely be put to death; all the congregation shall certainly stone him; as well the stranger, as the home-born, when he

מֹעֲדֵי יְהוָה אֶל־בְּנֵי יִשְׂרָאֵל: פ
24 וַיְדַבֵּר יְהוָה אֶל־מֹשֶׁה לֵּאמֹר:
2 צַו אֶת־בְּנֵי יִשְׂרָאֵל וְיִקְחוּ אֵלֶיךָ שֶׁמֶן
זַיִת זָךְ כָּתִית לַמָּאוֹר לְהַעֲלֹת נֵר תָּמִיד:
3 מִחוּץ לְפָרֹכֶת הָעֵדֻת בְּאֹהֶל מוֹעֵד יַעֲרֹךְ
אֹתוֹ אַהֲרֹן מֵעֶרֶב עַד־בֹּקֶר לִפְנֵי יְהוָה
תָּמִיד חֻקַּת עוֹלָם לְדֹרֹתֵיכֶם: 4 עַל
הַמְּנֹרָה הַטְּהֹרָה יַעֲרֹךְ אֶת־הַנֵּרוֹת לִפְנֵי
יְהוָה תָּמִיד: פ
5 וְלָקַחְתָּ סֹלֶת וְאָפִיתָ אֹתָהּ שְׁתֵּים עֶשְׂרֵה
חַלּוֹת שְׁנֵי עֶשְׂרֹנִים יִהְיֶה הַחַלָּה הָאֶחָת:
6 וְשַׂמְתָּ אוֹתָם שְׁתַּיִם מַעֲרָכוֹת שֵׁשׁ
הַמַּעֲרָכֶת עַל הַשֻּׁלְחָן הַטָּהֹר לִפְנֵי יְהוָה:
7 וְנָתַתָּ עַל־הַמַּעֲרֶכֶת לְבֹנָה זַכָּה וְהָיְתָה
לַלֶּחֶם לְאַזְכָּרָה אִשֶּׁה לַיהוָה: 8 בְּיוֹם
הַשַּׁבָּת בְּיוֹם הַשַּׁבָּת יַעַרְכֶנּוּ לִפְנֵי יְהוָה
תָּמִיד מֵאֵת בְּנֵי־יִשְׂרָאֵל בְּרִית עוֹלָם:
9 וְהָיְתָה לְאַהֲרֹן וּלְבָנָיו וַאֲכָלֻהוּ בְּמָקוֹם
קָדֹשׁ כִּי קֹדֶשׁ קָדָשִׁים הוּא לוֹ מֵאִשֵּׁי
יְהוָה חָק־עוֹלָם: ס 10 וַיֵּצֵא בֶּן־אִשָּׁה
יִשְׂרְאֵלִית וְהוּא בֶּן־אִישׁ מִצְרִי בְּתוֹךְ בְּנֵי
יִשְׂרָאֵל וַיִּנָּצוּ בַּמַּחֲנֶה בֶּן הַיִּשְׂרְאֵלִית
וְאִישׁ הַיִּשְׂרְאֵלִי: 11 וַיִּקֹּב בֶּן־הָאִשָּׁה
הַיִּשְׂרְאֵלִית אֶת־הַשֵּׁם וַיְקַלֵּל וַיָּבִיאוּ אֹתוֹ
אֶל־מֹשֶׁה וְשֵׁם אִמּוֹ שְׁלֹמִית בַּת־דִּבְרִי
לְמַטֵּה־דָן: 12 וַיַּנִּיחֻהוּ בַּמִּשְׁמָר לִפְרֹשׁ
לָהֶם עַל־פִּי יְהוָה: פ
13 וַיְדַבֵּר יְהוָה אֶל־מֹשֶׁה לֵּאמֹר: 14 הוֹצֵא
אֶת־הַמְקַלֵּל אֶל־מִחוּץ לַמַּחֲנֶה וְסָמְכוּ
כָל־הַשֹּׁמְעִים אֶת־יְדֵיהֶם עַל־רֹאשׁוֹ
וְרָגְמוּ אֹתוֹ כָּל־הָעֵדָה: 15 וְאֶל־בְּנֵי יִשְׂרָאֵל
תְּדַבֵּר לֵאמֹר אִישׁ אִישׁ כִּי־יְקַלֵּל אֱלֹהָיו
וְנָשָׂא חֶטְאוֹ: 16 וְנֹקֵב שֵׁם־יְהוָה מוֹת

יוּמָ֑ת רָג֥וֹם יִרְגְּמוּ־ב֖וֹ כָּל־הָעֵדָ֑ה כַּגֵּר֙
כָּֽאֶזְרָ֔ח בְּנָקְבוֹ־שֵׁ֖ם יוּמָֽת׃ 17 וְאִ֕ישׁ כִּ֥י יַכֶּ֖ה
כָּל־נֶ֣פֶשׁ אָדָ֑ם מ֖וֹת יוּמָֽת׃ 18 וּמַכֵּ֥ה נֶֽפֶשׁ־
בְּהֵמָ֖ה יְשַׁלְּמֶ֑נָּה נֶ֖פֶשׁ תַּ֥חַת נָֽפֶשׁ׃ 19 וְאִ֕ישׁ
כִּֽי־יִתֵּ֥ן מ֖וּם בַּעֲמִית֑וֹ כַּאֲשֶׁ֣ר עָשָׂ֔ה כֵּ֖ן
יֵעָ֥שֶׂה לּֽוֹ׃ 20 שֶׁ֚בֶר תַּ֣חַת שֶׁ֔בֶר עַ֚יִן תַּ֣חַת
עַ֔יִן שֵׁ֖ן תַּ֣חַת שֵׁ֑ן כַּאֲשֶׁ֨ר יִתֵּ֥ן מוּם֙ בָּֽאָדָ֔ם
כֵּ֖ן יִנָּ֥תֶן בּֽוֹ׃ 21 וּמַכֵּ֥ה בְהֵמָ֖ה יְשַׁלְּמֶ֑נָּה
וּמַכֵּ֥ה אָדָ֖ם יוּמָֽת׃ 22 מִשְׁפַּ֤ט אֶחָד֙ יִהְיֶ֣ה
לָכֶ֔ם כַּגֵּ֥ר כָּאֶזְרָ֖ח יִהְיֶ֑ה כִּ֛י אֲנִ֥י יְהוָ֖ה
אֱלֹהֵיכֶֽם׃ 23 וַיְדַבֵּ֣ר מֹשֶׁה֮ אֶל־בְּנֵ֣י יִשְׂרָאֵל֒
וַיּוֹצִ֣יאוּ אֶת־הַֽמְקַלֵּ֗ל אֶל־מִחוּץ֙ לַֽמַּחֲנֶ֔ה
וַיִּרְגְּמ֥וּ אֹת֖וֹ אָ֑בֶן וּבְנֵֽי־יִשְׂרָאֵ֣ל עָשׂ֔וּ כַּאֲשֶׁ֛ר
צִוָּ֥ה יְהוָ֖ה אֶת־מֹשֶֽׁה׃ פ

blasphemeth the Name, shall be put to death. [17] And he that smiteth any man mortally shall surely be put to death. [18] And he that smiteth a beast mortally shall make it good: life for life. [19] And if a man maim his neighbour; as he hath done, so shall it be done to him: [20] breach for breach, eye for eye, tooth for tooth; as he hath maimed a man, so shall it be rendered unto him. [21] And he that killeth a beast shall make it good; and he that killeth a man shall be put to death. [22] Ye shall have one manner of law, as well for the stranger, as for the home-born; for I am the LORD your God.' [23] And Moses spoke to the children of Israel, and they brought forth him that had cursed out of the camp, and stoned him with stones. And the children of Israel did as the LORD commanded Moses.

בהר

25 וַיְדַבֵּ֤ר יְהוָה֙ אֶל־מֹשֶׁ֔ה בְּהַ֥ר סִינַ֖י
לֵאמֹֽר׃ 2 דַּבֵּ֞ר אֶל־בְּנֵ֤י יִשְׂרָאֵל֙ וְאָמַרְתָּ֣
אֲלֵהֶ֔ם כִּ֤י תָבֹ֙אוּ֙ אֶל־הָאָ֔רֶץ אֲשֶׁ֥ר אֲנִ֖י נֹתֵ֣ן
לָכֶ֑ם וְשָׁבְתָ֣ה הָאָ֔רֶץ שַׁבָּ֖ת לַֽיהוָֽה׃ 3 שֵׁ֤שׁ
שָׁנִים֙ תִּזְרַ֣ע שָׂדֶ֔ךָ וְשֵׁ֥שׁ שָׁנִ֖ים תִּזְמֹ֣ר כַּרְמֶ֑ךָ
וְאָסַפְתָּ֖ אֶת־תְּבוּאָתָֽהּ׃ 4 וּבַשָּׁנָ֣ה
הַשְּׁבִיעִ֗ת שַׁבַּ֤ת שַׁבָּתוֹן֙ יִהְיֶ֣ה לָאָ֔רֶץ שַׁבָּ֖ת
לַֽיהוָ֑ה שָֽׂדְךָ֙ לֹ֣א תִזְרָ֔ע וְכַרְמְךָ֖ לֹ֥א תִזְמֹֽר׃
5 אֵ֣ת סְפִ֤יחַ קְצִֽירְךָ֙ לֹ֣א תִקְצ֔וֹר וְאֶת־עִנְּבֵ֥י
נְזִירֶ֖ךָ לֹ֣א תִבְצֹ֑ר שְׁנַ֥ת שַׁבָּת֖וֹן יִהְיֶ֥ה
לָאָֽרֶץ׃ 6 וְֽהָ֨יְתָ֜ה שַׁבַּ֤ת הָאָ֙רֶץ֙ לָכֶם֙
לְאָכְלָ֔ה לְךָ֖ וּלְעַבְדְּךָ֣ וְלַאֲמָתֶ֑ךָ וְלִשְׂכִֽירְךָ֙
וּלְתוֹשָׁ֣בְךָ֔ הַגָּרִ֖ים עִמָּֽךְ׃ 7 וְלִ֨בְהֶמְתְּךָ֔
וְלַֽחַיָּ֖ה אֲשֶׁ֣ר בְּאַרְצֶ֑ךָ תִּהְיֶ֥ה כָל־תְּבוּאָתָ֖הּ
לֶאֱכֹֽל׃ ס 8 וְסָפַרְתָּ֣ לְךָ֗ שֶׁ֚בַע שַׁבְּתֹ֣ת
שָׁנִ֔ים שֶׁ֥בַע שָׁנִ֖ים שֶׁ֣בַע פְּעָמִ֑ים וְהָי֣וּ לְךָ֗
יְמֵי֙ שֶׁ֚בַע שַׁבְּתֹ֣ת הַשָּׁנִ֔ים תֵּ֥שַׁע וְאַרְבָּעִ֖ים

BE-HAR

25 And the LORD spoke unto Moses in mount Sinai, saying: [2] Speak unto the children of Israel, and say unto them:

When ye come into the land which I give you, then shall the land keep a sabbath unto the LORD. [3] Six years thou shalt sow thy field, and six years thou shalt prune thy vineyard, and gather in the produce thereof. [4] But in the seventh year shall be a sabbath of solemn rest for the land, a sabbath unto the LORD; thou shalt neither sow thy field, nor prune thy vineyard. [5] That which groweth of itself of thy harvest thou shalt not reap, and the grapes of thy undressed vine thou shalt not gather; it shall be a year of solemn rest for the land. [6] And the sabbath-produce of the land shall be for food for you: for thee, and for thy servant and for thy maid, and for thy hired servant and for the settler by thy side that sojourn with thee; [7] and for thy cattle, and for the beasts that are in thy land, shall all the increase thereof be for food.

[8] And thou shalt number seven sabbaths of years unto thee, seven times seven years; and there shall be unto thee the days of seven sabbaths of years, even forty and nine years.

[9] Then shalt thou make proclamation with the blast of the horn on the tenth day of the seventh month; in the day of atonement shall ye make proclamation with the horn throughout all your land. [10] And ye shall hallow the fiftieth year, and proclaim liberty throughout the land unto all the inhabitants thereof; it shall be a jubilee unto you; and ye shall return every man unto his possession, and ye shall return every man unto his family. [11] A jubilee shall that fiftieth year be unto you; ye shall not sow, neither reap that which groweth of itself in it, nor gather the grapes in it of the undressed vines. [12] For it is a jubilee; it shall be holy unto you; ye shall eat the increase thereof out of the field. [13] In this year of jubilee ye shall return every man unto his possession. [14] And if thou sell aught unto thy neighbour, or buy of thy neighbour's hand, ye shall not wrong one another. [15] According to the number of years after the jubilee thou shalt buy of thy neighbour, and according unto the number of years of the crops he shall sell unto thee. [16] According to the multitude of the years thou shalt increase the price thereof, and according to the fewness of the years thou shalt diminish the price of it; for the number of crops doth he sell unto thee. [17] And ye shall not wrong one another; but thou shalt fear thy God; for I am the LORD your God. [18] Wherefore ye shall do My statutes, and keep Mine ordinances and do them; and ye shall dwell in the land in safety. [19] And the land shall yield her fruit, and ye shall eat until ye have enough, and dwell therein in safety. [20] And if ye shall say: 'What shall we eat the seventh year? behold, we may not sow, nor gather in our increase'; [21] then I will command My blessing upon you in the sixth year, and it shall bring forth produce for the three years. [22] And ye shall sow the eighth year, and eat of the produce, the old store; until the ninth year, until her produce come in, ye shall eat the old store. [23] And the land shall not be sold in perpetuity; for the land is Mine; for ye

שָׁנָה׃ 9 וְהַעֲבַרְתָּ שׁוֹפַר תְּרוּעָה בַּחֹדֶשׁ
הַשְּׁבִעִי בֶּעָשׂוֹר לַחֹדֶשׁ בְּיוֹם הַכִּפֻּרִים
תַּעֲבִירוּ שׁוֹפָר בְּכָל־אַרְצְכֶם׃ 10 וְקִדַּשְׁתֶּם
אֵת שְׁנַת הַחֲמִשִּׁים שָׁנָה וּקְרָאתֶם דְּרוֹר
בָּאָרֶץ לְכָל־יֹשְׁבֶיהָ יוֹבֵל הִוא תִּהְיֶה לָכֶם
וְשַׁבְתֶּם אִישׁ אֶל־אֲחֻזָּתוֹ וְאִישׁ אֶל־
מִשְׁפַּחְתּוֹ תָּשֻׁבוּ׃ 11 יוֹבֵל הִוא שְׁנַת
הַחֲמִשִּׁים שָׁנָה תִּהְיֶה לָכֶם לֹא תִזְרָעוּ
וְלֹא תִקְצְרוּ אֶת־סְפִיחֶיהָ וְלֹא תִבְצְרוּ
אֶת־נְזִרֶיהָ׃ 12 כִּי יוֹבֵל הִוא קֹדֶשׁ תִּהְיֶה
לָכֶם מִן־הַשָּׂדֶה תֹּאכְלוּ אֶת־תְּבוּאָתָהּ׃
13 בִּשְׁנַת הַיּוֹבֵל הַזֹּאת תָּשֻׁבוּ אִישׁ אֶל־
אֲחֻזָּתוֹ׃ 14 וְכִי־תִמְכְּרוּ מִמְכָּר לַעֲמִיתֶךָ
אוֹ קָנֹה מִיַּד עֲמִיתֶךָ אַל־תּוֹנוּ אִישׁ אֶת־
אָחִיו׃ 15 בְּמִסְפַּר שָׁנִים אַחַר הַיּוֹבֵל תִּקְנֶה
מֵאֵת עֲמִיתֶךָ בְּמִסְפַּר שְׁנֵי־תְבוּאֹת יִמְכָּר־
לָךְ׃ 16 לְפִי ׀ רֹב הַשָּׁנִים תַּרְבֶּה מִקְנָתוֹ
וּלְפִי מְעֹט הַשָּׁנִים תַּמְעִיט מִקְנָתוֹ כִּי
מִסְפַּר תְּבוּאֹת הוּא מֹכֵר לָךְ׃ 17 וְלֹא תוֹנוּ
אִישׁ אֶת־עֲמִיתוֹ וְיָרֵאתָ מֵאֱלֹהֶיךָ כִּי אֲנִי
יְהוָה אֱלֹהֵיכֶם׃ 18 וַעֲשִׂיתֶם אֶת־חֻקֹּתַי
וְאֶת־מִשְׁפָּטַי תִּשְׁמְרוּ וַעֲשִׂיתֶם אֹתָם
וִישַׁבְתֶּם עַל־הָאָרֶץ לָבֶטַח׃ 19 וְנָתְנָה
הָאָרֶץ פִּרְיָהּ וַאֲכַלְתֶּם לָשֹׂבַע וִישַׁבְתֶּם
לָבֶטַח עָלֶיהָ׃ 20 וְכִי תֹאמְרוּ מַה־נֹּאכַל
בַּשָּׁנָה הַשְּׁבִיעִת הֵן לֹא נִזְרָע וְלֹא נֶאֱסֹף
אֶת־תְּבוּאָתֵנוּ׃ 21 וְצִוִּיתִי אֶת־בִּרְכָתִי
לָכֶם בַּשָּׁנָה הַשִּׁשִּׁית וְעָשָׂת אֶת־הַתְּבוּאָה
לִשְׁלֹשׁ הַשָּׁנִים׃ 22 וּזְרַעְתֶּם אֵת הַשָּׁנָה
הַשְּׁמִינִת וַאֲכַלְתֶּם מִן־הַתְּבוּאָה יָשָׁן עַד ׀
הַשָּׁנָה הַתְּשִׁיעִת עַד־בּוֹא תְּבוּאָתָהּ
תֹּאכְלוּ יָשָׁן׃ 23 וְהָאָרֶץ לֹא תִמָּכֵר
לִצְמִתֻת כִּי־לִי הָאָרֶץ כִּי־גֵרִים וְתוֹשָׁבִים

אַתֶּם עִמָּדִי׃ 24 וּבְכֹל אֶרֶץ אֲחֻזַּתְכֶם
גְּאֻלָּה תִּתְּנוּ לָאָרֶץ׃ ס 25 כִּי־יָמוּךְ
אָחִיךָ וּמָכַר מֵאֲחֻזָּתוֹ וּבָא גֹאֲלוֹ הַקָּרֹב
אֵלָיו וְגָאַל אֵת מִמְכַּר אָחִיו׃ 26 וְאִישׁ כִּי
לֹא יִהְיֶה־לּוֹ גֹּאֵל וְהִשִּׂיגָה יָדוֹ וּמָצָא כְּדֵי
גְאֻלָּתוֹ׃ 27 וְחִשַּׁב אֶת־שְׁנֵי מִמְכָּרוֹ וְהֵשִׁיב
אֶת־הָעֹדֵף לָאִישׁ אֲשֶׁר מָכַר־לוֹ וְשָׁב
לַאֲחֻזָּתוֹ׃ 28 וְאִם לֹא־מָצְאָה יָדוֹ דֵּי הָשִׁיב
לוֹ וְהָיָה מִמְכָּרוֹ בְּיַד הַקֹּנֶה אֹתוֹ עַד שְׁנַת
הַיּוֹבֵל וְיָצָא בַּיֹּבֵל וְשָׁב לַאֲחֻזָּתוֹ׃ 29 וְאִישׁ
כִּי־יִמְכֹּר בֵּית־מוֹשַׁב עִיר חוֹמָה וְהָיְתָה
גְּאֻלָּתוֹ עַד־תֹּם שְׁנַת מִמְכָּרוֹ יָמִים תִּהְיֶה
גְאֻלָּתוֹ׃ 30 וְאִם לֹא־יִגָּאֵל עַד־מְלֹאת לוֹ
שָׁנָה תְמִימָה וְקָם הַבַּיִת אֲשֶׁר־בָּעִיר
אֲשֶׁר־לא לוֹ חֹמָה לַצְּמִיתֻת לַקֹּנֶה אֹתוֹ
לְדֹרֹתָיו לֹא יֵצֵא בַּיֹּבֵל׃ 31 וּבָתֵּי הַחֲצֵרִים
אֲשֶׁר אֵין־לָהֶם חֹמָה סָבִיב עַל־שְׂדֵה
הָאָרֶץ יֵחָשֵׁב גְּאֻלָּה תִּהְיֶה־לּוֹ וּבַיֹּבֵל
יֵצֵא׃ 32 וְעָרֵי הַלְוִיִּם בָּתֵּי עָרֵי אֲחֻזָּתָם
גְּאֻלַּת עוֹלָם תִּהְיֶה לַלְוִיִּם׃ 33 וַאֲשֶׁר יִגְאַל
מִן־הַלְוִיִּם וְיָצָא מִמְכַּר־בַּיִת וְעִיר אֲחֻזָּתוֹ
בַּיֹּבֵל כִּי בָתֵּי עָרֵי הַלְוִיִּם הִוא אֲחֻזָּתָם
בְּתוֹךְ בְּנֵי יִשְׂרָאֵל׃ 34 וּשְׂדֵה מִגְרַשׁ עָרֵיהֶם
לֹא יִמָּכֵר כִּי־אֲחֻזַּת עוֹלָם הוּא
לָהֶם׃ ס 35 וְכִי־יָמוּךְ אָחִיךָ וּמָטָה
יָדוֹ עִמָּךְ וְהֶחֱזַקְתָּ בּוֹ גֵּר וְתוֹשָׁב וָחַי עִמָּךְ׃
36 אַל־תִּקַּח מֵאִתּוֹ נֶשֶׁךְ וְתַרְבִּית וְיָרֵאתָ
מֵאֱלֹהֶיךָ וְחֵי אָחִיךָ עִמָּךְ׃ 37 אֶת־כַּסְפְּךָ
לֹא־תִתֵּן לוֹ בְּנֶשֶׁךְ וּבְמַרְבִּית לֹא־תִתֵּן
אָכְלֶךָ׃ 38 אֲנִי יְהוָה אֱלֹהֵיכֶם אֲשֶׁר־
הוֹצֵאתִי אֶתְכֶם מֵאֶרֶץ מִצְרַיִם לָתֵת לָכֶם
אֶת־אֶרֶץ כְּנַעַן לִהְיוֹת לָכֶם
לֵאלֹהִים׃ ס 39 וְכִי־יָמוּךְ אָחִיךָ עִמָּךְ

are strangers and settlers with Me. [24] And in all the land of your possession ye shall grant a redemption for the land.

[25] If thy brother be waxen poor, and sell some of his possession, then shall his kinsman that is next unto him come, and shall redeem that which his brother hath sold. [26] And if a man have no one to redeem it, and he be waxen rich and find sufficient means to redeem it; [27] then let him count the years of the sale thereof, and restore the overplus unto the man to whom he sold it; and he shall return unto his possession. [28] But if he have not sufficient means to get it back for himself, then that which he hath sold shall remain in the hand of him that hath bought it until the year of jubilee; and in the jubilee it shall go out, and he shall return unto his possession.

[29] And if a man sell a dwelling-house in a walled city, then he may redeem it within a whole year after it is sold; for a full year shall he have the right of redemption. [30] And if it be not redeemed within the space of a full year, then the house that is in the walled city shall be made sure in perpetuity to him that bought it, throughout his generations; it shall not go out in the jubilee. [31] But the houses of the villages which have no wall round about them shall be reckoned with the fields of the country; they may be redeemed, and they shall go out in the jubilee. [32] But as for the cities of the Levites, the houses of the cities of their possession, the Levites shall have a perpetual right of redemption. [33] And if a man purchase of the Levites, then the house that was sold in the city of his possession, shall go out in the jubilee; for the houses of the cities of the Levites are their possession among the children of Israel. [34] But the fields of the open land about their cities may not be sold; for that is their perpetual possession. [35] And if thy brother be waxen poor, and his means fail with thee; then thou shalt uphold him: as a stranger and a settler shall he live with thee. [36] Take thou no interest of him or increase; but fear thy God; that thy brother may live with thee. [37] Thou shalt not give him thy money upon interest, nor give him thy victuals for increase. [38] I am the LORD your God, who brought you forth out of the land of Egypt, to give you the land of Canaan, to be your God.

[39] And if thy brother be waxen poor with thee, and sell himself unto thee, thou shalt not

make him to serve as a bondservant. [40] As a hired servant, and as a settler, he shall be with thee; he shall serve with thee unto the year of jubilee. [41] Then shall he go out from thee, he and his children with him, and shall return unto his own family, and unto the possession of his fathers shall he return. [42] For they are My servants, whom I brought forth out of the land of Egypt; they shall not be sold as bondmen. [43] Thou shalt not rule over him with rigour; but shalt fear thy God. [44] And as for thy bondmen, and thy bondmaids, whom thou mayest have: of the nations that are round about you, of them shall ye buy bondmen and bondmaids. [45] Moreover of the children of the strangers that do sojourn among you, of them may ye buy, and of their families that are with you, which they have begotten in your land; and they may be your possession. [46] And ye may make them an inheritance for your children after you, to hold for a possession: of them may ye take your bondmen for ever; but over your brethren the children of Israel ye shall not rule, one over another, with rigour.

[47] And if a stranger who is a settler with thee be waxen rich, and thy brother be waxen poor beside him, and sell himself unto the stranger who is a settler with thee, or to the offshoot of a stranger's family, [48] after that he is sold he may be redeemed; one of his brethren may redeem him; [49] or his uncle, or his uncle's son, may redeem him, or any that is nigh of kin unto him of his family may redeem him; or if he be waxen rich, he may redeem himself. [50] And he shall reckon with him that bought him from the year that he sold himself to him unto the year of jubilee; and the price of his sale shall be according unto the number of years; according to the time of a hired servant shall he be with him. [51] If there be yet many years, according unto them he shall give back the price of his redemption out of the money that he was bought for. [52] And if there remain but few years unto the year of jubilee, then he shall reckon with him; according unto his years shall he give back the price of his redemption. [53] As a servant hired year by year shall he be with him; he shall not rule with rigour over him in thy sight. [54] And if he be not redeemed by any of these means, then he shall go out in the year of jubilee, he, and his children with him. [55] For unto Me the children of Israel are servants; they are My servants whom

וְנִמְכַּר־לָךְ לֹא־תַעֲבֹד בּוֹ עֲבֹדַת עָבֶד׃
40 כְּשָׂכִיר כְּתוֹשָׁב יִהְיֶה עִמָּךְ עַד־שְׁנַת
הַיֹּבֵל יַעֲבֹד עִמָּךְ׃ 41 וְיָצָא מֵעִמָּךְ הוּא
וּבָנָיו עִמּוֹ וְשָׁב אֶל־מִשְׁפַּחְתּוֹ וְאֶל־אֲחֻזַּת
אֲבֹתָיו יָשׁוּב׃ 42 כִּי־עֲבָדַי הֵם אֲשֶׁר־
הוֹצֵאתִי אֹתָם מֵאֶרֶץ מִצְרָיִם לֹא יִמָּכְרוּ
מִמְכֶּרֶת עָבֶד׃ 43 לֹא־תִרְדֶּה בוֹ בְּפָרֶךְ
וְיָרֵאתָ מֵאֱלֹהֶיךָ׃ 44 וְעַבְדְּךָ וַאֲמָתְךָ אֲשֶׁר
יִהְיוּ־לָךְ מֵאֵת הַגּוֹיִם אֲשֶׁר סְבִיבֹתֵיכֶם
מֵהֶם תִּקְנוּ עֶבֶד וְאָמָה׃ 45 וְגַם מִבְּנֵי
הַתּוֹשָׁבִים הַגָּרִים עִמָּכֶם מֵהֶם תִּקְנוּ
וּמִמִּשְׁפַּחְתָּם אֲשֶׁר עִמָּכֶם אֲשֶׁר הוֹלִידוּ
בְּאַרְצְכֶם וְהָיוּ לָכֶם לַאֲחֻזָּה׃
46 וְהִתְנַחַלְתֶּם אֹתָם לִבְנֵיכֶם אַחֲרֵיכֶם
לָרֶשֶׁת אֲחֻזָּה לְעֹלָם בָּהֶם תַּעֲבֹדוּ
וּבְאַחֵיכֶם בְּנֵי־יִשְׂרָאֵל אִישׁ בְּאָחִיו לֹא־
תִרְדֶּה בוֹ בְּפָרֶךְ׃ ס 47 וְכִי תַשִּׂיג יַד
גֵּר וְתוֹשָׁב עִמָּךְ וּמָךְ אָחִיךָ עִמּוֹ וְנִמְכַּר
לְגֵר תּוֹשָׁב עִמָּךְ אוֹ לְעֵקֶר מִשְׁפַּחַת גֵּר׃
48 אַחֲרֵי נִמְכַּר גְּאֻלָּה תִּהְיֶה־לּוֹ אֶחָד
מֵאֶחָיו יִגְאָלֶנּוּ׃ 49 אוֹ־דֹדוֹ אוֹ בֶן־דֹּדוֹ
יִגְאָלֶנּוּ אוֹ־מִשְּׁאֵר בְּשָׂרוֹ מִמִּשְׁפַּחְתּוֹ
יִגְאָלֶנּוּ אוֹ־הִשִּׂיגָה יָדוֹ וְנִגְאָל׃ 50 וְחִשַּׁב
עִם־קֹנֵהוּ מִשְּׁנַת הִמָּכְרוֹ לוֹ עַד שְׁנַת
הַיֹּבֵל וְהָיָה כֶּסֶף מִמְכָּרוֹ בְּמִסְפַּר שָׁנִים
כִּימֵי שָׂכִיר יִהְיֶה עִמּוֹ׃ 51 אִם־עוֹד רַבּוֹת
בַּשָּׁנִים לְפִיהֶן יָשִׁיב גְּאֻלָּתוֹ מִכֶּסֶף
מִקְנָתוֹ׃ 52 וְאִם־מְעַט נִשְׁאַר בַּשָּׁנִים עַד־
שְׁנַת הַיֹּבֵל וְחִשַּׁב־לוֹ כְּפִי שָׁנָיו יָשִׁיב
אֶת־גְּאֻלָּתוֹ׃ 53 כִּשְׂכִיר שָׁנָה בְּשָׁנָה יִהְיֶה
עִמּוֹ לֹא־יִרְדֶּנּוּ בְּפֶרֶךְ לְעֵינֶיךָ׃ 54 וְאִם־לֹא
יִגָּאֵל בְּאֵלֶּה וְיָצָא בִּשְׁנַת הַיֹּבֵל הוּא וּבָנָיו
עִמּוֹ׃ 55 כִּי־לִי בְנֵי־יִשְׂרָאֵל עֲבָדִים עֲבָדַי

I brought forth out of the land of Egypt: I am the LORD your God.

26 Ye shall make you no idols, neither shall ye rear you up a graven image, or a pillar, neither shall ye place any figured stone in your land, to bow down unto it; for I am the LORD your God. [2] Ye shall keep My sabbaths, and reverence My sanctuary: I am the LORD.

הֵם אֲשֶׁר־הוֹצֵאתִי אוֹתָם מֵאֶרֶץ מִצְרָיִם
אֲנִי יְהוָה אֱלֹהֵיכֶם׃ **26** לֹא־תַעֲשׂוּ
לָכֶם אֱלִילִם וּפֶסֶל וּמַצֵּבָה לֹא־תָקִימוּ
לָכֶם וְאֶבֶן מַשְׂכִּית לֹא תִתְּנוּ בְּאַרְצְכֶם
לְהִשְׁתַּחֲוֹת עָלֶיהָ כִּי אֲנִי יְהוָה אֱלֹהֵיכֶם׃
2 אֶת־שַׁבְּתֹתַי תִּשְׁמֹרוּ וּמִקְדָּשִׁי תִּירָאוּ
אֲנִי יְהוָה׃ ס

BE-HUKKOTAI

[3] If ye walk in My statutes, and keep My commandments, and do them; [4] then I will give your rains in their season, and the land shall yield her produce, and the trees of the field shall yield their fruit. [5] And your threshing shall reach unto the vintage, and the vintage shall reach unto the sowing time; and ye shall eat your bread until ye have enough, and dwell in your land safely. [6] And I will give peace in the land, and ye shall lie down, and none shall make you afraid; and I will cause evil beasts to cease out of the land, neither shall the sword go through your land [7] And ye shall chase your enemies, and they shall fall before you by the sword. [8] And five of you shall chase a hundred, and a hundred of you shall chase ten thousand; and your enemies shall fall before you by the sword. [9] And I will have respect unto you, and make you fruitful, and multiply you; and will establish My covenant with you. [10] And ye shall eat old store long kept, and ye shall bring forth the old from before the new. [11] And I will set My tabernacle among you, and My soul shall not abhor you. [12] And I will walk among you, and will be your God, and ye shall be My people. [13] I am the LORD your God, who brought you forth out of the land of Egypt, that ye should not be their bondmen; and I have broken the bars of your yoke, and made you go upright.

[14] But if ye will not hearken unto Me, and will not do all these commandments; [15] and if ye shall reject My statutes, and if your soul

בחקתי

3 אִם־בְּחֻקֹּתַי תֵּלֵכוּ וְאֶת־מִצְוֹתַי תִּשְׁמְרוּ
וַעֲשִׂיתֶם אֹתָם׃ 4 וְנָתַתִּי גִשְׁמֵיכֶם בְּעִתָּם
וְנָתְנָה הָאָרֶץ יְבוּלָהּ וְעֵץ הַשָּׂדֶה יִתֵּן
פִּרְיוֹ׃ 5 וְהִשִּׂיג לָכֶם דַּיִשׁ אֶת־בָּצִיר וּבָצִיר
יַשִּׂיג אֶת־זָרַע וַאֲכַלְתֶּם לַחְמְכֶם לָשֹׂבַע
וִישַׁבְתֶּם לָבֶטַח בְּאַרְצְכֶם׃ 6 וְנָתַתִּי שָׁלוֹם
בָּאָרֶץ וּשְׁכַבְתֶּם וְאֵין מַחֲרִיד וְהִשְׁבַּתִּי
חַיָּה רָעָה מִן־הָאָרֶץ וְחֶרֶב לֹא־תַעֲבֹר
בְּאַרְצְכֶם׃ 7 וּרְדַפְתֶּם אֶת־אֹיְבֵיכֶם וְנָפְלוּ
לִפְנֵיכֶם לֶחָרֶב 8 וְרָדְפוּ מִכֶּם חֲמִשָּׁה מֵאָה
וּמֵאָה מִכֶּם רְבָבָה יִרְדֹּפוּ וְנָפְלוּ אֹיְבֵיכֶם
לִפְנֵיכֶם לֶחָרֶב׃ 9 וּפָנִיתִי אֲלֵיכֶם וְהִפְרֵיתִי
אֶתְכֶם וְהִרְבֵּיתִי אֶתְכֶם וַהֲקִימֹתִי אֶת־
בְּרִיתִי אִתְּכֶם׃ 10 וַאֲכַלְתֶּם יָשָׁן נוֹשָׁן וְיָשָׁן
מִפְּנֵי חָדָשׁ תּוֹצִיאוּ׃ 11 וְנָתַתִּי מִשְׁכָּנִי
בְּתוֹכְכֶם וְלֹא־תִגְעַל נַפְשִׁי אֶתְכֶם׃
12 וְהִתְהַלַּכְתִּי בְּתוֹכְכֶם וְהָיִיתִי לָכֶם
לֵאלֹהִים וְאַתֶּם תִּהְיוּ־לִי לְעָם׃ 13 אֲנִי
יְהוָה אֱלֹהֵיכֶם אֲשֶׁר הוֹצֵאתִי אֶתְכֶם
מֵאֶרֶץ מִצְרַיִם מִהְיֹת לָהֶם עֲבָדִים
וָאֶשְׁבֹּר מֹטֹת עֻלְּכֶם וָאוֹלֵךְ אֶתְכֶם
קוֹמְמִיּוּת׃ פ
14 וְאִם־לֹא תִשְׁמְעוּ לִי וְלֹא תַעֲשׂוּ אֵת
כָּל־הַמִּצְוֹת הָאֵלֶּה׃ 15 וְאִם־בְּחֻקֹּתַי

abhor Mine ordinances, so that ye will not do all My commandments, but break My covenant; [16] I also will do this unto you: I will appoint terror over you, even consumption and fever, that shall make the eyes to fail, and the soul to languish; and ye shall sow your seed in vain, for your enemies shall eat it. [17] And I will set My face against you, and ye shall be smitten before your enemies; they that hate you shall rule over you; and ye shall flee when none pursueth you. [18] And if ye will not yet for these things hearken unto Me, then I will chastise you seven times more for your sins. [19] And I will break the pride of your power; and I will make your heaven as iron, and your earth as brass. [20] And your strength shall be spent in vain; for your land shall not yield her produce, neither shall the trees of the land yield their fruit. [21] And if ye walk contrary unto Me, and will not hearken unto Me; I will bring seven times more plagues upon you according to your sins. [22] And I will send the beast of the field among you, which shall rob you of your children, and destroy your cattle, and make you few in number; and your ways shall become desolate. [23] And if in spite of these things ye will not be corrected unto Me, but will walk contrary unto Me; [24] then will I also walk contrary unto you; and I will smite you, even I, seven times for your sins. [25] And I will bring a sword upon you, that shall execute the vengeance of the covenant; and ye shall be gathered together within your cities; and I will send the pestilence among you; and ye shall be delivered into the hand of the enemy. [26] When I break your staff of bread, ten women shall bake your bread in one oven, and they shall deliver your bread again by weight; and ye shall eat, and not be satisfied.

[27] And if ye will not for all this hearken unto Me, but walk contrary unto Me; [28] then I will walk contrary unto you in fury; and I also will chastise you seven times for your sins. [29] And ye shall eat the flesh of your sons, and

תִּמְאָסוּ וְאִם אֶת־מִשְׁפָּטַי תִּגְעַל נַפְשְׁכֶם
לְבִלְתִּי עֲשׂוֹת אֶת־כָּל־מִצְוֺתַי לְהַפְרְכֶם
אֶת־בְּרִיתִי׃ 16 אַף־אֲנִי אֶעֱשֶׂה־זֹּאת לָכֶם
וְהִפְקַדְתִּי עֲלֵיכֶם בֶּהָלָה אֶת־הַשַּׁחֶפֶת
וְאֶת־הַקַּדַּחַת מְכַלּוֹת עֵינַיִם וּמְדִיבֹת נָפֶשׁ
וּזְרַעְתֶּם לָרִיק זַרְעֲכֶם וַאֲכָלֻהוּ אֹיְבֵיכֶם׃
17 וְנָתַתִּי פָנַי בָּכֶם וְנִגַּפְתֶּם לִפְנֵי אֹיְבֵיכֶם
וְרָדוּ בָכֶם שֹׂנְאֵיכֶם וְנַסְתֶּם וְאֵין־רֹדֵף
אֶתְכֶם׃ ס 18 וְאִם־עַד־אֵלֶּה לֹא
תִשְׁמְעוּ לִי וְיָסַפְתִּי לְיַסְּרָה אֶתְכֶם שֶׁבַע
עַל־חַטֹּאתֵיכֶם׃ 19 וְשָׁבַרְתִּי אֶת־גְּאוֹן
עֻזְּכֶם וְנָתַתִּי אֶת־שְׁמֵיכֶם כַּבַּרְזֶל וְאֶת־
אַרְצְכֶם כַּנְּחֻשָׁה׃ 20 וְתַם לָרִיק כֹּחֲכֶם
וְלֹא־תִתֵּן אַרְצְכֶם אֶת־יְבוּלָהּ וְעֵץ הָאָרֶץ
לֹא יִתֵּן פִּרְיוֹ׃ 21 וְאִם־תֵּלְכוּ עִמִּי קֶרִי וְלֹא
תֹאבוּ לִשְׁמֹעַ לִי וְיָסַפְתִּי עֲלֵיכֶם מַכָּה
שֶׁבַע כְּחַטֹּאתֵיכֶם׃ 22 וְהִשְׁלַחְתִּי בָכֶם
אֶת־חַיַּת הַשָּׂדֶה וְשִׁכְּלָה אֶתְכֶם
וְהִכְרִיתָה אֶת־בְּהֶמְתְּכֶם וְהִמְעִיטָה
אֶתְכֶם וְנָשַׁמּוּ דַּרְכֵיכֶם׃ 23 וְאִם־בְּאֵלֶּה לֹא
תִוָּסְרוּ לִי וַהֲלַכְתֶּם עִמִּי קֶרִי׃ 24 וְהָלַכְתִּי
אַף־אֲנִי עִמָּכֶם בְּקֶרִי וְהִכֵּיתִי אֶתְכֶם
גַּם־אָנִי שֶׁבַע עַל־חַטֹּאתֵיכֶם׃ 25 וְהֵבֵאתִי
עֲלֵיכֶם חֶרֶב נֹקֶמֶת נְקַם־בְּרִית וְנֶאֱסַפְתֶּם
אֶל־עָרֵיכֶם וְשִׁלַּחְתִּי דֶבֶר בְּתוֹכְכֶם
וְנִתַּתֶּם בְּיַד־אוֹיֵב׃ 26 בְּשִׁבְרִי לָכֶם מַטֵּה־
לֶחֶם וְאָפוּ עֶשֶׂר נָשִׁים לַחְמְכֶם בְּתַנּוּר
אֶחָד וְהֵשִׁיבוּ לַחְמְכֶם בַּמִּשְׁקָל וַאֲכַלְתֶּם
וְלֹא תִשְׂבָּעוּ׃ ס 27 וְאִם־בְּזֹאת לֹא
תִשְׁמְעוּ לִי וַהֲלַכְתֶּם עִמִּי בְּקֶרִי׃
28 וְהָלַכְתִּי עִמָּכֶם בַּחֲמַת־קֶרִי וְיִסַּרְתִּי
אֶתְכֶם אַף־אָנִי שֶׁבַע עַל־חַטֹּאתֵיכֶם׃
29 וַאֲכַלְתֶּם בְּשַׂר בְּנֵיכֶם וּבְשַׂר בְּנֹתֵיכֶם

the flesh of your daughters shall ye eat. [30] And I will destroy your high places, and cut down your sun-pillars, and cast your carcasses upon the carcasses of your idols; and My soul shall abhor you. [31] And I will make your cities a waste, and will bring your sanctuaries unto desolation, and I will not smell the savour of your sweet odours. [32] And I will bring the land into desolation; and your enemies that dwell therein shall be astonished at it. [33] And you will I scatter among the nations, and I will draw out the sword after you; and your land shall be a desolation, and your cities shall be a waste. [34] Then shall the land be paid her sabbaths, as long as it lieth desolate, and ye are in your enemies' land; even then shall the land rest, and repay her sabbaths. [35] As long as it lieth desolate it shall have rest; even the rest which it had not in your sabbaths, when ye dwelt upon it. [36] And as for them that are left of you, I will send a faintness into their heart in the lands of their enemies, and the sound of a driven leaf shall chase them; and they shall flee, as one fleeth from the sword; and they shall fall when none pursueth. [37] And they shall stumble one upon another, as it were before the sword, when none pursueth; and ye shall have no power to stand before your enemies [38] And ye shall perish among the nations, and the land of your enemies shall eat you up. [39] And they that are left of you shall pine away in their iniquity in your enemies' lands; and also in the iniquities of their fathers shall they pine away with them. [40] And they shall confess their iniquity, and the iniquity of their fathers, in their treachery which they committed against Me, and also that they have walked contrary unto Me. [41] I also will walk contrary unto them, and bring them into the land of their enemies; if then perchance their uncircumcised heart be humbled, and they then be paid the punishment of their iniquity; [42] then will I remember My covenant with Jacob, and also My covenant with Isaac, and also My covenant with Abraham will I remember; and I will remember the land. [43] For the land shall lie forsaken without them, and shall be paid her sabbaths, while she lieth desolate without them; and they shall be paid the punishment of their iniquity; because, even because they rejected Mine ordinances, and their soul abhorred My

תֹּאכֵלוּ׃ 30 וְהִשְׁמַדְתִּי אֶת־בָּמֹתֵיכֶם
וְהִכְרַתִּי אֶת־חַמָּנֵיכֶם וְנָתַתִּי אֶת־
פִּגְרֵיכֶם עַל־פִּגְרֵי גִּלּוּלֵיכֶם וְגָעֲלָה נַפְשִׁי
אֶתְכֶם׃ 31 וְנָתַתִּי אֶת־עָרֵיכֶם חָרְבָּה
וַהֲשִׁמּוֹתִי אֶת־מִקְדְּשֵׁיכֶם וְלֹא אָרִיחַ
בְּרֵיחַ נִיחֹחֲכֶם׃ 32 וַהֲשִׁמֹּתִי אֲנִי אֶת־
הָאָרֶץ וְשָׁמְמוּ עָלֶיהָ אֹיְבֵיכֶם הַיֹּשְׁבִים
בָּהּ׃ 33 וְאֶתְכֶם אֱזָרֶה בַגּוֹיִם וַהֲרִיקֹתִי
אַחֲרֵיכֶם חָרֶב וְהָיְתָה אַרְצְכֶם שְׁמָמָה
וְעָרֵיכֶם יִהְיוּ חָרְבָּה׃ 34 אָז תִּרְצֶה הָאָרֶץ
אֶת־שַׁבְּתֹתֶיהָ כֹּל יְמֵי הָשַּׁמָּה וְאַתֶּם
בְּאֶרֶץ אֹיְבֵיכֶם אָז תִּשְׁבַּת הָאָרֶץ וְהִרְצָת
אֶת־שַׁבְּתֹתֶיהָ׃ 35 כָּל־יְמֵי הָשַּׁמָּה תִּשְׁבֹּת
אֵת אֲשֶׁר לֹא־שָׁבְתָה בְּשַׁבְּתֹתֵיכֶם
בְּשִׁבְתְּכֶם עָלֶיהָ׃ 36 וְהַנִּשְׁאָרִים בָּכֶם
וְהֵבֵאתִי מֹרֶךְ בִּלְבָבָם בְּאַרְצֹת אֹיְבֵיהֶם
וְרָדַף אֹתָם קוֹל עָלֶה נִדָּף וְנָסוּ מְנֻסַת־
חֶרֶב וְנָפְלוּ וְאֵין רֹדֵף׃ 37 וְכָשְׁלוּ אִישׁ־
בְּאָחִיו כְּמִפְּנֵי־חֶרֶב וְרֹדֵף אָיִן וְלֹא־תִהְיֶה
לָכֶם תְּקוּמָה לִפְנֵי אֹיְבֵיכֶם׃ 38 וַאֲבַדְתֶּם
בַּגּוֹיִם וְאָכְלָה אֶתְכֶם אֶרֶץ אֹיְבֵיכֶם׃
39 וְהַנִּשְׁאָרִים בָּכֶם יִמַּקּוּ בַּעֲוֺנָם בְּאַרְצֹת
אֹיְבֵיכֶם וְאַף בַּעֲוֺנֹת אֲבֹתָם אִתָּם יִמָּקּוּ׃
40 וְהִתְוַדּוּ אֶת־עֲוֺנָם וְאֶת־עֲוֺן אֲבֹתָם
בְּמַעֲלָם אֲשֶׁר מָעֲלוּ־בִי וְאַף אֲשֶׁר־הָלְכוּ
עִמִּי בְּקֶרִי׃ 41 אַף־אֲנִי אֵלֵךְ עִמָּם בְּקֶרִי
וְהֵבֵאתִי אֹתָם בְּאֶרֶץ אֹיְבֵיהֶם אוֹ־אָז
יִכָּנַע לְבָבָם הֶעָרֵל וְאָז יִרְצוּ אֶת־עֲוֺנָם׃
42 וְזָכַרְתִּי אֶת־בְּרִיתִי יַעֲקוֹב וְאַף אֶת־
בְּרִיתִי יִצְחָק וְאַף אֶת־בְּרִיתִי אַבְרָהָם
אֶזְכֹּר וְהָאָרֶץ אֶזְכֹּר׃ 43 וְהָאָרֶץ תֵּעָזֵב
מֵהֶם וְתִרֶץ אֶת־שַׁבְּתֹתֶיהָ בָּהְשַׁמָּה מֵהֶם
וְהֵם יִרְצוּ אֶת־עֲוֺנָם יַעַן וּבְיַעַן בְּמִשְׁפָּטַי

statutes. [44] And yet for all that, when they are in the land of their enemies, I will not reject them, neither will I abhor them, to destroy them utterly, and to break My covenant with them; for I am the LORD their God. [45] But I will for their sakes remember the covenant of their ancestors, whom I brought forth out of the land of Egypt in the sight of the nations, that I might be their God: I am the LORD.

[46] These are the statutes and ordinances and laws, which the LORD made between Him and the children of Israel in mount Sinai by the hand of Moses.

27 And the LORD spoke unto Moses, saying: [2] Speak unto the children of Israel, and say unto them:

When a man shall clearly utter a vow of persons unto the LORD, according to thy valuation, [3] then thy valuation shall be for the male from twenty years old even unto sixty years old, even thy valuation shall be fifty shekels of silver, after the shekel of the sanctuary. [4] And if it be a female, then thy valuation shall be thirty shekels. [5] And if it be from five years old even unto twenty years old, then thy valuation shall be for the male twenty shekels, and for the female ten shekels. [6] And if it be from a month old even unto five years old, then thy valuation shall be for the male five shekels of silver, and for the female thy valuation shall be three shekels of silver. [7] And if it be from sixty years old and upward if it be a male, then thy valuation shall be fifteen shekels, and for the female ten shekels. [8] But if he be too poor for thy valuation, then he shall be set before the priest, and the priest shall value him; according to the means of him that vowed shall the priest value him.

[9] And if it be a beast, whereof men bring an offering unto the LORD, all that any man giveth of such unto the LORD shall be holy. [10] He shall not alter it, nor change it, a good for a bad, or a bad for a good; and if he shall at all change beast for beast, then both it and that for

מָאָסוּ וְאֶת־חֻקֹּתַי גָּעֲלָה נַפְשָׁם׃ 44 וְאַף־
גַּם־זֹאת בִּהְיוֹתָם בְּאֶרֶץ אֹיְבֵיהֶם לֹא־
מְאַסְתִּים וְלֹא־גְעַלְתִּים לְכַלֹּתָם לְהָפֵר
בְּרִיתִי אִתָּם כִּי אֲנִי יְהוָה אֱלֹהֵיהֶם׃
45 וְזָכַרְתִּי לָהֶם בְּרִית רִאשֹׁנִים אֲשֶׁר
הוֹצֵאתִי־אֹתָם מֵאֶרֶץ מִצְרַיִם לְעֵינֵי
הַגּוֹיִם לִהְיֹת לָהֶם לֵאלֹהִים אֲנִי יְהוָה׃
46 אֵלֶּה הַחֻקִּים וְהַמִּשְׁפָּטִים וְהַתּוֹרֹת
אֲשֶׁר נָתַן יְהוָה בֵּינוֹ וּבֵין בְּנֵי יִשְׂרָאֵל בְּהַר
סִינַי בְּיַד־מֹשֶׁה׃ פ
27 וַיְדַבֵּר יְהוָה אֶל־מֹשֶׁה לֵּאמֹר׃
2 דַּבֵּר אֶל־בְּנֵי יִשְׂרָאֵל וְאָמַרְתָּ אֲלֵהֶם אִישׁ
כִּי יַפְלִא נֶדֶר בְּעֶרְכְּךָ נְפָשֹׁת לַיהוָה׃
3 וְהָיָה עֶרְכְּךָ הַזָּכָר מִבֶּן עֶשְׂרִים שָׁנָה
וְעַד בֶּן־שִׁשִּׁים שָׁנָה וְהָיָה עֶרְכְּךָ חֲמִשִּׁים
שֶׁקֶל כֶּסֶף בְּשֶׁקֶל הַקֹּדֶשׁ׃ 4 וְאִם־נְקֵבָה
הִוא וְהָיָה עֶרְכְּךָ שְׁלֹשִׁים שָׁקֶל׃ 5 וְאִם
מִבֶּן־חָמֵשׁ שָׁנִים וְעַד בֶּן־עֶשְׂרִים שָׁנָה
וְהָיָה עֶרְכְּךָ הַזָּכָר עֶשְׂרִים שְׁקָלִים
וְלַנְּקֵבָה עֲשֶׂרֶת שְׁקָלִים׃ 6 וְאִם מִבֶּן־חֹדֶשׁ
וְעַד בֶּן־חָמֵשׁ שָׁנִים וְהָיָה עֶרְכְּךָ הַזָּכָר
חֲמִשָּׁה שְׁקָלִים כָּסֶף וְלַנְּקֵבָה עֶרְכְּךָ
שְׁלֹשֶׁת שְׁקָלִים כָּסֶף׃ 7 וְאִם מִבֶּן־שִׁשִּׁים
שָׁנָה וָמַעְלָה אִם־זָכָר וְהָיָה עֶרְכְּךָ חֲמִשָּׁה
עָשָׂר שָׁקֶל וְלַנְּקֵבָה עֲשָׂרָה שְׁקָלִים׃
8 וְאִם־מָךְ הוּא מֵעֶרְכֶּךָ וְהֶעֱמִידוֹ לִפְנֵי
הַכֹּהֵן וְהֶעֱרִיךְ אֹתוֹ הַכֹּהֵן עַל־פִּי אֲשֶׁר
תַּשִּׂיג יַד הַנֹּדֵר יַעֲרִיכֶנּוּ הַכֹּהֵן׃ ס
9 וְאִם־בְּהֵמָה אֲשֶׁר יַקְרִיבוּ מִמֶּנָּה קָרְבָּן
לַיהוָה כֹּל אֲשֶׁר יִתֵּן מִמֶּנּוּ לַיהוָה יִהְיֶה־
קֹּדֶשׁ׃ 10 לֹא יַחֲלִיפֶנּוּ וְלֹא־יָמִיר אֹתוֹ טוֹב
בְּרָע אוֹ־רַע בְּטוֹב וְאִם־הָמֵר יָמִיר בְּהֵמָה
בִּבְהֵמָה וְהָיָה־הוּא וּתְמוּרָתוֹ יִהְיֶה־

which it is changed shall be holy. [11] And if it be any unclean beast, of which they may not bring an offering unto the LORD, then he shall set the beast before the priest. [12] And the priest shall value it, whether it be good or bad; as thou the priest valuest it, so shall it be. [13] But if he will indeed redeem it, then he shall add the fifth part thereof unto thy valuation.

[14] And when a man shall sanctify his house to be holy unto the LORD, then the priest shall value it, whether it be good or bad; as the priest shall value it, so shall it stand. [15] And if he that sanctified it will redeem his house, then he shall add the fifth part of the money of thy valuation unto it, and it shall be his.

[16] And if a man shall sanctify unto the LORD part of the field of his possession, then thy valuation shall be according to the sowing thereof; the sowing of a homer of barley shall be valued at fifty shekels of silver. [17] If he sanctify his field from the year of jubilee, according to thy valuation it shall stand. [18] But if he sanctify his field after the jubilee, then the priest shall reckon unto him the money according to the years that remain unto the year of jubilee, and an abatement shall be made from thy valuation. [19] And if he that sanctified the field will indeed redeem it, then he shall add the fifth part of the money of thy valuation unto it, and it shall be assured to him. [20] And if he will not redeem the field, or if he have sold the field to another man, it shall not be redeemed any more. [21] But the field, when it goeth out in the jubilee, shall be holy unto the LORD, as a field devoted; the possession thereof shall be the priest's. [22] And if he sanctify unto the LORD a field which he hath bought, which is not of the field of his possession; [23] then the priest shall reckon unto him the worth of thy valuation unto the year of jubilee, and he shall give thy valuation in that day, as a holy thing unto the LORD. [24] In the year of jubilee the field shall return unto him of whom it was bought, even to him to whom the possession of the land belongeth. [25] And all thy valuations shall be according to the shekel of the sanctuary; twenty gerahs shall be the shekel.

[26] Howbeit the firstling among beasts, which is born as a firstling to the LORD, no man shall sanctify it; whether it be ox or sheep, it is the

קֹדֶשׁ׃ 11 וְאִם כָּל־בְּהֵמָה טְמֵאָה אֲשֶׁר
לֹא־יַקְרִיבוּ מִמֶּנָּה קָרְבָּן לַיהוָה וְהֶעֱמִיד
אֶת־הַבְּהֵמָה לִפְנֵי הַכֹּהֵן׃ 12 וְהֶעֱרִיךְ
הַכֹּהֵן אֹתָהּ בֵּין טוֹב וּבֵין רָע כְּעֶרְכְּךָ
הַכֹּהֵן כֵּן יִהְיֶה׃ 13 וְאִם־גָּאֹל יִגְאָלֶנָּה וְיָסַף
חֲמִישִׁתוֹ עַל־עֶרְכֶּךָ׃ 14 וְאִישׁ כִּי־יַקְדִּשׁ
אֶת־בֵּיתוֹ קֹדֶשׁ לַיהוָה וְהֶעֱרִיכוֹ הַכֹּהֵן
בֵּין טוֹב וּבֵין רָע כַּאֲשֶׁר יַעֲרִיךְ אֹתוֹ הַכֹּהֵן
כֵּן יָקוּם׃ 15 וְאִם־הַמַּקְדִּישׁ יִגְאַל אֶת־בֵּיתוֹ
וְיָסַף חֲמִישִׁית כֶּסֶף־עֶרְכְּךָ עָלָיו וְהָיָה לוֹ׃
16 וְאִם ׀ מִשְּׂדֵה אֲחֻזָּתוֹ יַקְדִּישׁ אִישׁ
לַיהוָה וְהָיָה עֶרְכְּךָ לְפִי זַרְעוֹ זֶרַע חֹמֶר
שְׂעֹרִים בַּחֲמִשִּׁים שֶׁקֶל כָּסֶף׃ 17 אִם־
מִשְּׁנַת הַיֹּבֵל יַקְדִּישׁ שָׂדֵהוּ כְּעֶרְכְּךָ יָקוּם׃
18 וְאִם־אַחַר הַיֹּבֵל יַקְדִּישׁ שָׂדֵהוּ וְחִשַּׁב־
לוֹ הַכֹּהֵן אֶת־הַכֶּסֶף עַל־פִּי הַשָּׁנִים
הַנּוֹתָרֹת עַד שְׁנַת הַיֹּבֵל וְנִגְרַע מֵעֶרְכֶּךָ׃
19 וְאִם־גָּאֹל יִגְאַל אֶת־הַשָּׂדֶה הַמַּקְדִּישׁ
אֹתוֹ וְיָסַף חֲמִשִׁית כֶּסֶף־עֶרְכְּךָ עָלָיו וְקָם
לוֹ׃ 20 וְאִם־לֹא יִגְאַל אֶת־הַשָּׂדֶה וְאִם־
מָכַר אֶת־הַשָּׂדֶה לְאִישׁ אַחֵר לֹא יִגָּאֵל
עוֹד׃ 21 וְהָיָה הַשָּׂדֶה בְּצֵאתוֹ בַיֹּבֵל קֹדֶשׁ
לַיהוָה כִּשְׂדֵה הַחֵרֶם לַכֹּהֵן תִּהְיֶה
אֲחֻזָּתוֹ׃ 22 וְאִם אֶת־שְׂדֵה מִקְנָתוֹ אֲשֶׁר
לֹא מִשְּׂדֵה אֲחֻזָּתוֹ יַקְדִּישׁ לַיהוָה׃
23 וְחִשַּׁב־לוֹ הַכֹּהֵן אֵת מִכְסַת הָעֶרְכְּךָ עַד
שְׁנַת הַיֹּבֵל וְנָתַן אֶת־הָעֶרְכְּךָ בַּיּוֹם הַהוּא
קֹדֶשׁ לַיהוָה׃ 24 בִּשְׁנַת הַיּוֹבֵל יָשׁוּב
הַשָּׂדֶה לַאֲשֶׁר קָנָהוּ מֵאִתּוֹ לַאֲשֶׁר־לוֹ
אֲחֻזַּת הָאָרֶץ׃ 25 וְכָל־עֶרְכְּךָ יִהְיֶה בְּשֶׁקֶל
הַקֹּדֶשׁ עֶשְׂרִים גֵּרָה יִהְיֶה הַשָּׁקֶל׃ ס
26 אַךְ־בְּכוֹר אֲשֶׁר־יְבֻכַּר לַיהוָה בִּבְהֵמָה
לֹא־יַקְדִּישׁ אִישׁ אֹתוֹ אִם־שׁוֹר אִם־שֶׂה

LORD's. [27] And if it be of an unclean beast, then he shall ransom it according to thy valuation, and shall add unto it the fifth part thereof; or if it be not redeemed, then it shall be sold according to thy valuation.

[28] Notwithstanding, no devoted thing, that a man may devote unto the LORD of all that he hath, whether of man or beast, or of the field of his possession, shall be sold or redeemed; every devoted thing is most holy unto the LORD. [29] None devoted, that may be devoted of men, shall be ransomed; he shall surely be put to death.

[30] And all the tithe of the land, whether of the seed of the land, or of the fruit of the tree, is the LORD's; it is holy unto the LORD. [31] And if a man will redeem aught of his tithe, he shall add unto it the fifth part thereof. [32] And all the tithe of the herd or the flock, whatsoever passeth under the rod, the tenth shall be holy unto the LORD. [33] He shall not inquire whether it be good or bad, neither shall he change it; and if he change it at all, then both it and that for which it is changed shall be holy; it shall not be redeemed.

[34] These are the commandments, which the LORD commanded Moses for the children of Israel in mount Sinai.

לַֽיהוָ֖ה ה֑וּא׃ 27 וְאִ֨ם בַּבְּהֵמָ֤ה הַטְּמֵאָה֙
וּפָדָ֣ה בְעֶרְכֶּ֔ךָ וְיָסַ֥ף חֲמִשִׁת֖וֹ עָלָ֑יו וְאִם־לֹ֥א
יִגָּאֵ֖ל וְנִמְכַּ֥ר בְּעֶרְכֶּֽךָ׃ 28 אַ֣ךְ־כָּל־חֵ֡רֶם
אֲשֶׁ֣ר יַחֲרִם֩ אִ֨ישׁ לַֽיהוָ֜ה מִכָּל־אֲשֶׁר־ל֗וֹ
מֵאָדָ֤ם וּבְהֵמָה֙ וּמִשְּׂדֵ֣ה אֲחֻזָּת֔וֹ לֹ֥א יִמָּכֵ֖ר
וְלֹ֣א יִגָּאֵ֑ל כָּל־חֵ֕רֶם קֹֽדֶשׁ־קָֽדָשִׁ֥ים ה֖וּא
לַֽיהוָֽה׃ 29 כָּל־חֵ֗רֶם אֲשֶׁ֧ר יָֽחֳרַ֛ם מִן־
הָֽאָדָ֖ם לֹ֣א יִפָּדֶ֑ה מ֖וֹת יוּמָֽת׃ 30 וְכָל־
מַעְשַׂ֨ר הָאָ֜רֶץ מִזֶּ֤רַע הָאָ֨רֶץ֙ מִפְּרִ֣י הָעֵ֔ץ
לַֽיהוָ֖ה ה֑וּא קֹ֖דֶשׁ לַֽיהוָֽה׃ 31 וְאִם־גָּאֹ֥ל
יִגְאַ֛ל אִ֖ישׁ מִמַּֽעַשְׂר֑וֹ חֲמִֽשִׁית֖וֹ יֹסֵ֥ף עָלָֽיו׃
32 וְכָל־מַעְשַׂ֤ר בָּקָר֙ וָצֹ֔אן כֹּ֥ל אֲשֶׁר־יַעֲבֹ֖ר
תַּ֣חַת הַשָּׁ֑בֶט הָֽעֲשִׂירִ֕י יִֽהְיֶה־קֹּ֖דֶשׁ לַֽיהוָֽה׃
33 לֹ֧א יְבַקֵּ֛ר בֵּין־ט֥וֹב לָרַ֖ע וְלֹ֣א יְמִירֶ֑נּוּ
וְאִם־הָמֵ֣ר יְמִירֶ֔נּוּ וְהָֽיָה־ה֥וּא וּתְמוּרָת֛וֹ
יִֽהְיֶה־קֹּ֖דֶשׁ לֹ֥א יִגָּאֵֽל׃ 34 אֵ֣לֶּה הַמִּצְוֺ֗ת
אֲשֶׁ֨ר צִוָּ֧ה יְהוָ֛ה אֶת־מֹשֶׁ֖ה אֶל־בְּנֵ֣י יִשְׂרָאֵ֑ל
בְּהַ֖ר סִינָֽי׃

NUMBERS

במדבר

1 And the Lord spoke unto Moses in the wilderness of Sinai, in the tent of meeting, on the first day of the second month, in the second year after they were come out of the land of Egypt, saying: [2] 'Take ye the sum of all the congregation of the children of Israel, by their families, by their fathers' houses, according to the number of names, every male, by their polls; [3] from twenty years old and upward, all that are able to go forth to war in Israel: ye shall number them by their hosts, even thou and Aaron. [4] And with you there shall be a man of every tribe, every one head of his fathers' house. [5] And these are the names of the men that shall stand with you: of Reuben, Elizur the son of Shedeur. [6] Of Simeon, Shelumiel the son of Zurishaddai. [7] Of Judah, Nahshon the son of Amminadab. [8] Of Issachar, Nethanel the son of Zuar. [9] Of Zebulun, Eliab the son of Helon. [10] Of the children of Joseph: of Ephraim, Elishama the son of Ammihud; of Manasseh, Gamaliel the son of Pedahzur. [11] Of Benjamin, Abidan the son of Gideoni. [12] Of Dan, Ahiezer the son of Ammishaddai. [13] Of Asher, Pagiel the son of Ochran. [14] Of Gad, Eliasaph the son of Deuel. [15] Of Naphtali, Ahira the son of Enan.' [16] These were the elect of the congregation, the princes of the tribes of their fathers; they were the heads of the thousands of Israel. [17] And Moses and Aaron took these men that are pointed out by name. [18] And they assembled all the congregation together on the first day of the second month, and they declared their pedigrees after their families, by their fathers' houses, according to the number of names, from twenty years old and upward, by their polls. [19] As the Lord commanded Moses, so did he number them in the wilderness of Sinai.

1 וַיְדַבֵּר יְהוָה אֶל־מֹשֶׁה בְּמִדְבַּר סִינַי
בְּאֹהֶל מוֹעֵד בְּאֶחָד לַחֹדֶשׁ הַשֵּׁנִי בַּשָּׁנָה
הַשֵּׁנִית לְצֵאתָם מֵאֶרֶץ מִצְרַיִם לֵאמֹר
2 שְׂאוּ אֶת־רֹאשׁ כָּל־עֲדַת בְּנֵי־יִשְׂרָאֵל
לְמִשְׁפְּחֹתָם לְבֵית אֲבֹתָם בְּמִסְפַּר שֵׁמוֹת
כָּל־זָכָר לְגֻלְגְּלֹתָם׃ 3 מִבֶּן עֶשְׂרִים שָׁנָה
וָמַעְלָה כָּל־יֹצֵא צָבָא בְּיִשְׂרָאֵל תִּפְקְדוּ
אֹתָם לְצִבְאֹתָם אַתָּה וְאַהֲרֹן׃ 4 וְאִתְּכֶם
יִהְיוּ אִישׁ אִישׁ לַמַּטֶּה אִישׁ רֹאשׁ לְבֵית־
אֲבֹתָיו הוּא׃ 5 וְאֵלֶּה שְׁמוֹת הָאֲנָשִׁים
אֲשֶׁר יַעַמְדוּ אִתְּכֶם לִרְאוּבֵן אֱלִיצוּר
בֶּן־שְׁדֵיאוּר׃ 6 לְשִׁמְעוֹן שְׁלֻמִיאֵל בֶּן־
צוּרִישַׁדָּי׃ 7 לִיהוּדָה נַחְשׁוֹן בֶּן־עַמִּינָדָב׃
8 לְיִשָּׂשכָר נְתַנְאֵל בֶּן־צוּעָר׃ 9 לִזְבוּלֻן
אֱלִיאָב בֶּן־חֵלֹן׃ 10 לִבְנֵי יוֹסֵף לְאֶפְרַיִם
אֱלִישָׁמָע בֶּן־עַמִּיהוּד לִמְנַשֶּׁה גַּמְלִיאֵל
בֶּן־פְּדָהצוּר׃ 11 לְבִנְיָמִן אֲבִידָן בֶּן־גִּדְעֹנִי׃
12 לְדָן אֲחִיעֶזֶר בֶּן־עַמִּישַׁדָּי׃ 13 לְאָשֵׁר
פַּגְעִיאֵל בֶּן־עָכְרָן׃ 14 לְגָד אֶלְיָסָף בֶּן־
דְּעוּאֵל׃ 15 לְנַפְתָּלִי אֲחִירַע בֶּן־עֵינָן׃
16 אֵלֶּה קריאי קְרוּאֵי הָעֵדָה נְשִׂיאֵי מַטּוֹת
אֲבוֹתָם רָאשֵׁי אַלְפֵי יִשְׂרָאֵל הֵם׃ 17 וַיִּקַּח
מֹשֶׁה וְאַהֲרֹן אֵת הָאֲנָשִׁים הָאֵלֶּה אֲשֶׁר
נִקְּבוּ בְּשֵׁמוֹת׃ 18 וְאֵת כָּל־הָעֵדָה הִקְהִילוּ
בְּאֶחָד לַחֹדֶשׁ הַשֵּׁנִי וַיִּתְיַלְדוּ עַל־
מִשְׁפְּחֹתָם לְבֵית אֲבֹתָם בְּמִסְפַּר שֵׁמוֹת
מִבֶּן עֶשְׂרִים שָׁנָה וָמַעְלָה לְגֻלְגְּלֹתָם׃
19 כַּאֲשֶׁר צִוָּה יְהוָה אֶת־מֹשֶׁה וַיִּפְקְדֵם
בְּמִדְבַּר סִינָי׃ פ

20 וַיִּהְיוּ בְנֵי־רְאוּבֵן֙ בְּכֹר יִשְׂרָאֵל֙ תּוֹלְדֹתָם
לְמִשְׁפְּחֹתָם לְבֵית אֲבֹתָם בְּמִסְפַּר שֵׁמוֹת֙
לְגֻלְגְּלֹתָם כָּל־זָכָר מִבֶּן עֶשְׂרִים שָׁנָה֙
וָמַעְלָה כֹּל יֹצֵא צָבָא׃ 21 פְּקֻדֵיהֶם לְמַטֵּה
רְאוּבֵן שִׁשָּׁה וְאַרְבָּעִים אֶלֶף וַחֲמֵשׁ
מֵאוֹת׃ פ
22 לִבְנֵי שִׁמְעוֹן תּוֹלְדֹתָם לְמִשְׁפְּחֹתָם֙
לְבֵית אֲבֹתָם פְּקֻדָיו בְּמִסְפַּר שֵׁמוֹת֙
לְגֻלְגְּלֹתָם כָּל־זָכָר מִבֶּן עֶשְׂרִים שָׁנָה֙
וָמַעְלָה כֹּל יֹצֵא צָבָא׃ 23 פְּקֻדֵיהֶם לְמַטֵּה
שִׁמְעוֹן תִּשְׁעָה וַחֲמִשִּׁים אֶלֶף וּשְׁלֹשׁ
מֵאוֹת׃ פ
24 לִבְנֵי גָד תּוֹלְדֹתָם לְמִשְׁפְּחֹתָם לְבֵית
אֲבֹתָם בְּמִסְפַּר שֵׁמוֹת מִבֶּן עֶשְׂרִים שָׁנָה֙
וָמַעְלָה כֹּל יֹצֵא צָבָא׃ 25 פְּקֻדֵיהֶם לְמַטֵּה
גָד חֲמִשָּׁה וְאַרְבָּעִים֙ אֶלֶף וְשֵׁשׁ מֵאוֹת
וַחֲמִשִּׁים׃ פ
26 לִבְנֵי יְהוּדָה תּוֹלְדֹתָם לְמִשְׁפְּחֹתָם
לְבֵית אֲבֹתָם בְּמִסְפַּר שֵׁמֹת מִבֶּן עֶשְׂרִים
שָׁנָה֙ וָמַעְלָה כֹּל יֹצֵא צָבָא׃ 27 פְּקֻדֵיהֶם
לְמַטֵּה יְהוּדָה אַרְבָּעָה וְשִׁבְעִים אֶלֶף וְשֵׁשׁ
מֵאוֹת׃ פ
28 לִבְנֵי יִשָּׂשכָר תּוֹלְדֹתָם לְמִשְׁפְּחֹתָם
לְבֵית אֲבֹתָם בְּמִסְפַּר שֵׁמֹת מִבֶּן עֶשְׂרִים
שָׁנָה֙ וָמַעְלָה כֹּל יֹצֵא צָבָא׃ 29 פְּקֻדֵיהֶם
לְמַטֵּה יִשָּׂשכָר אַרְבָּעָה וַחֲמִשִּׁים אֶלֶף
וְאַרְבַּע מֵאוֹת׃ פ
30 לִבְנֵי זְבוּלֻן תּוֹלְדֹתָם לְמִשְׁפְּחֹתָם לְבֵית
אֲבֹתָם בְּמִסְפַּר שֵׁמֹת מִבֶּן עֶשְׂרִים שָׁנָה֙
וָמַעְלָה כֹּל יֹצֵא צָבָא׃ 31 פְּקֻדֵיהֶם לְמַטֵּה
זְבוּלֻן שִׁבְעָה וַחֲמִשִּׁים אֶלֶף וְאַרְבַּע
מֵאוֹת׃ פ

[20] And the children of Reuben, Israel's first-born, their generations, by their families, by their fathers' houses, according to the number of names, by their polls, every male from twenty years old and upward, all that were able to go forth to war; [21] those that were numbered of them, of the tribe of Reuben, were forty and six thousand and five hundred.

[22] Of the children of Simeon, their generations, by their families, by their fathers' houses, those that were numbered thereof, according to the number of names, by their polls, every male from twenty years old and upward, all that were able to go forth to war; [23] those that were numbered of them, of the tribe of Simeon, were fifty and nine thousand and three hundred.

[24] Of the children of Gad, their generations, by their families, by their fathers' houses, according to the number of names, from twenty years old and upward, all that were able to go forth to war; [25] those that were numbered of them, of the tribe of Gad, were forty and five thousand six hundred and fifty.

[26] Of the children of Judah, their generations, by their families, by their fathers' houses, according to the number of names, from twenty years old and upward, all that were able to go forth to war; [27] those that were numbered of them, of the tribe of Judah, were threescore and fourteen thousand and six hundred.

[28] Of the children of Issachar, their generations, by their families, by their fathers' houses, according to the number of names, from twenty years old and upward, all that were able to go forth to war; [29] those that were numbered of them, of the tribe of Issachar, were fifty and four thousand and four hundred.

[30] Of the children of Zebulun, their generations, by their families, by their fathers' houses, according to the number of names, from twenty years old and upward, all that were able to go forth to war; [31] those that were numbered of them, of the tribe of Zebulun, were fifty and seven thousand and four hundred.

[32] Of the children of Joseph, namely, of the children of Ephraim, their generations, by their families, by their fathers' houses, according to the number of names, from twenty years old and upward, all that were able to go forth to war; [33] those that were numbered of them, of the tribe of Ephraim, were forty thousand and five hundred.

[34] Of the children of Manasseh, their generations, by their families, by their fathers' houses, according to the number of names, from twenty years old and upward, all that were able to go forth to war; [35] those that were numbered of them, of the tribe of Manasseh, were thirty and two thousand and two hundred.

[36] Of the children of Benjamin, their generations, by their families, by their fathers' houses, according to the number of names, from twenty years old and upward, all that were able to go forth to war; [37] those that were numbered of them, of the tribe of Benjamin, were thirty and five thousand and four hundred.

[38] Of the children of Dan, their generations, by their families, by their fathers' houses, according to the number of names, from twenty years old and upward, all that were able to go forth to war; [39] those that were numbered of them, of the tribe of Dan, were threescore and two thousand and seven hundred.

[40] Of the children of Asher, their generations, by their families, by their fathers' houses, according to the number of names, from twenty years old and upward, all that were able to go forth to war; [41] those that were numbered of them, of the tribe of Asher, were forty and one thousand and five hundred.

[42] Of the children of Naphtali, their generations, by their families, by their fathers' houses, according to the number of names, from twenty years old and upward, all that were able to go forth to war; [43] those that were numbered of them, of the tribe of Naphtali, were fifty and three thousand and four hundred.

[44] These are those that were numbered, which Moses and Aaron numbered, and the princes of Israel, being twelve men; they were each one for his fathers' house. [45] And all those that were numbered of the children of Israel by their fathers' houses, from twenty years old and

32 לִבְנֵי יוֹסֵף לִבְנֵי אֶפְרָיִם תּוֹלְדֹתָם
לְמִשְׁפְּחֹתָם לְבֵית אֲבֹתָם בְּמִסְפַּר שֵׁמֹת
מִבֶּן עֶשְׂרִים שָׁנָה֙ וָמַעְלָה כֹּל יֹצֵא צָבָא׃
33 פְּקֻדֵיהֶם לְמַטֵּה אֶפְרָיִם אַרְבָּעִים אֶלֶף
וַחֲמֵשׁ מֵאוֹת׃ פ
34 לִבְנֵי מְנַשֶּׁה תּוֹלְדֹתָם לְמִשְׁפְּחֹתָם
לְבֵית אֲבֹתָם בְּמִסְפַּר שֵׁמוֹת מִבֶּן עֶשְׂרִים
שָׁנָה֙ וָמַעְלָה כֹּל יֹצֵא צָבָא׃ 35 פְּקֻדֵיהֶם
לְמַטֵּה מְנַשֶּׁה שְׁנַיִם וּשְׁלֹשִׁים אֶלֶף
וּמָאתָיִם׃ פ
36 לִבְנֵי בִנְיָמִן תּוֹלְדֹתָם לְמִשְׁפְּחֹתָם לְבֵית
אֲבֹתָם בְּמִסְפַּר שֵׁמֹת מִבֶּן עֶשְׂרִים שָׁנָה֙
וָמַעְלָה כֹּל יֹצֵא צָבָא׃ 37 פְּקֻדֵיהֶם לְמַטֵּה
בִנְיָמִן חֲמִשָּׁה וּשְׁלֹשִׁים אֶלֶף וְאַרְבַּע
מֵאוֹת׃ פ
38 לִבְנֵי דָן תּוֹלְדֹתָם לְמִשְׁפְּחֹתָם לְבֵית
אֲבֹתָם בְּמִסְפַּר שֵׁמֹת מִבֶּן עֶשְׂרִים שָׁנָה֙
וָמַעְלָה כֹּל יֹצֵא צָבָא׃ 39 פְּקֻדֵיהֶם לְמַטֵּה
דָן שְׁנַיִם וְשִׁשִּׁים אֶלֶף וּשְׁבַע מֵאוֹת׃ פ
40 לִבְנֵי אָשֵׁר תּוֹלְדֹתָם לְמִשְׁפְּחֹתָם לְבֵית
אֲבֹתָם בְּמִסְפַּר שֵׁמֹת מִבֶּן עֶשְׂרִים שָׁנָה֙
וָמַעְלָה כֹּל יֹצֵא צָבָא׃ 41 פְּקֻדֵיהֶם לְמַטֵּה
אָשֵׁר אֶחָד וְאַרְבָּעִים אֶלֶף וַחֲמֵשׁ
מֵאוֹת׃ פ
42 בְּנֵי נַפְתָּלִי תּוֹלְדֹתָם לְמִשְׁפְּחֹתָם לְבֵית
אֲבֹתָם בְּמִסְפַּר שֵׁמֹת מִבֶּן עֶשְׂרִים שָׁנָה֙
וָמַעְלָה כֹּל יֹצֵא צָבָא׃ 43 פְּקֻדֵיהֶם לְמַטֵּה
נַפְתָּלִי שְׁלֹשָׁה וַחֲמִשִּׁים אֶלֶף וְאַרְבַּע
מֵאוֹת׃ פ
44 אֵלֶּה הַפְּקֻדִים אֲשֶׁר פָּקַד מֹשֶׁה וְאַהֲרֹן
וּנְשִׂיאֵי יִשְׂרָאֵל שְׁנֵים עָשָׂר אִישׁ אִישׁ־
אֶחָד לְבֵית־אֲבֹתָיו הָיוּ׃ 45 וַיִּהְיוּ כָּל־
פְּקוּדֵי בְנֵי־יִשְׂרָאֵל לְבֵית אֲבֹתָם מִבֶּן

upward, all that were able to go forth to war in Israel; [46] even all those that were numbered were six hundred thousand and three thousand and five hundred and fifty. [47] But the Levites after the tribe of their fathers were not numbered among them.

[48] And the LORD spoke unto Moses, saying: [49] 'Howbeit the tribe of Levi thou shalt not number, neither shalt thou take the sum of them among the children of Israel; [50] but appoint thou the Levites over the tabernacle of the testimony, and over all the furniture thereof, and over all that belongeth to it; they shall bear the tabernacle, and all the furniture thereof; and they shall minister unto it, and shall encamp round about the tabernacle. [51] And when the tabernacle setteth forward, the Levites shall take it down; and when the tabernacle is to be pitched, the Levites shall set it up; and the common man that draweth nigh shall be put to death. [52] And the children of Israel shall pitch their tents, every man with his own camp, and every man with his own standard, according to their hosts. [53] But the Levites shall pitch round about the tabernacle of the testimony, that there be no wrath upon the congregation of the children of Israel; and the Levites shall keep the charge of the tabernacle of the testimony.' [54] Thus did the children of Israel; according to all that the LORD commanded Moses, so did they.

2 And the LORD spoke unto Moses and unto Aaron, saying: [2] 'The children of Israel shall pitch by their fathers' houses; every man with his own standard, according to the ensigns; a good way off shall they pitch round about the tent of meeting. [3] Now those that pitch on the east side toward the sunrising shall be they of the standard of the camp of Judah, according to their hosts; the prince of the children of Judah being Nahshon the son of Amminadab, [4] and his host, and those that were numbered of them, threescore and fourteen thousand and six hundred; [5] and those that pitch next unto him shall be the tribe of Issachar; the prince of the children of Issachar being Nethanel the son of Zuar, [6] and his host, even those that were numbered thereof, fifty and four thousand and four hundred; [7] and the tribe of Zebulun; the prince of the children of Zebulun being Eliab the son of Helon, [8] and his host, and those that were numbered thereof, fifty and seven thousand

עֶשְׂרִים שָׁנָה וָמַעְלָה כָּל־יֹצֵא צָבָא
בְּיִשְׂרָאֵל׃ 46 וַיִּהְיוּ כָּל־הַפְּקֻדִים שֵׁשׁ־
מֵאוֹת אֶלֶף וּשְׁלֹשֶׁת אֲלָפִים וַחֲמֵשׁ מֵאוֹת
וַחֲמִשִּׁים׃ 47 וְהַלְוִיִּם לְמַטֵּה אֲבֹתָם לֹא
הָתְפָּקְדוּ בְּתוֹכָם׃ פ
48 וַיְדַבֵּר יְהוָה אֶל־מֹשֶׁה לֵּאמֹר׃ 49 אַךְ
אֶת־מַטֵּה לֵוִי לֹא תִפְקֹד וְאֶת־רֹאשָׁם לֹא
תִשָּׂא בְּתוֹךְ בְּנֵי יִשְׂרָאֵל׃ 50 וְאַתָּה הַפְקֵד
אֶת־הַלְוִיִּם עַל־מִשְׁכַּן הָעֵדֻת וְעַל כָּל־
כֵּלָיו וְעַל כָּל־אֲשֶׁר־לוֹ הֵמָּה יִשְׂאוּ אֶת־
הַמִּשְׁכָּן וְאֶת־כָּל־כֵּלָיו וְהֵם יְשָׁרְתֻהוּ
וְסָבִיב לַמִּשְׁכָּן יַחֲנוּ׃ 51 וּבִנְסֹעַ הַמִּשְׁכָּן
יוֹרִידוּ אֹתוֹ הַלְוִיִּם וּבַחֲנֹת הַמִּשְׁכָּן יָקִימוּ
אֹתוֹ הַלְוִיִּם וְהַזָּר הַקָּרֵב יוּמָת׃ 52 וְחָנוּ
בְּנֵי יִשְׂרָאֵל אִישׁ עַל־מַחֲנֵהוּ וְאִישׁ עַל־
דִּגְלוֹ לְצִבְאֹתָם׃ 53 וְהַלְוִיִּם יַחֲנוּ סָבִיב
לְמִשְׁכַּן הָעֵדֻת וְלֹא־יִהְיֶה קֶצֶף עַל־עֲדַת
בְּנֵי יִשְׂרָאֵל וְשָׁמְרוּ הַלְוִיִּם אֶת־מִשְׁמֶרֶת
מִשְׁכַּן הָעֵדוּת׃ 54 וַיַּעֲשׂוּ בְּנֵי יִשְׂרָאֵל כְּכֹל
אֲשֶׁר צִוָּה יְהוָה אֶת־מֹשֶׁה כֵּן עָשׂוּ׃ פ
2 וַיְדַבֵּר יְהוָה אֶל־מֹשֶׁה וְאֶל־אַהֲרֹן
לֵאמֹר׃ 2 אִישׁ עַל־דִּגְלוֹ בְאֹתֹת לְבֵית
אֲבֹתָם יַחֲנוּ בְּנֵי יִשְׂרָאֵל מִנֶּגֶד סָבִיב
לְאֹהֶל־מוֹעֵד יַחֲנוּ׃ 3 וְהַחֹנִים קֵדְמָה
מִזְרָחָה דֶּגֶל מַחֲנֵה יְהוּדָה לְצִבְאֹתָם
וְנָשִׂיא לִבְנֵי יְהוּדָה נַחְשׁוֹן בֶּן־עַמִּינָדָב׃
4 וּצְבָאוֹ וּפְקֻדֵיהֶם אַרְבָּעָה וְשִׁבְעִים אֶלֶף
וְשֵׁשׁ מֵאוֹת׃ 5 וְהַחֹנִים עָלָיו מַטֵּה יִשָּׂשכָר
וְנָשִׂיא לִבְנֵי יִשָּׂשכָר נְתַנְאֵל בֶּן־צוּעָר׃
6 וּצְבָאוֹ וּפְקֻדָיו אַרְבָּעָה וַחֲמִשִּׁים אֶלֶף
וְאַרְבַּע מֵאוֹת׃ ס 7 מַטֵּה זְבוּלֻן
וְנָשִׂיא לִבְנֵי זְבוּלֻן אֱלִיאָב בֶּן־חֵלֹן׃
8 וּצְבָאוֹ וּפְקֻדָיו שִׁבְעָה וַחֲמִשִּׁים אֶלֶף

and four hundred; [9] all that were numbered of the camp of Judah being a hundred thousand and fourscore thousand and six thousand and four hundred, according to their hosts; they shall set forth first.

[10] On the south side shall be the standard of the camp of Reuben according to their hosts; the prince of the children of Reuben being Elizur the son of Shedeur, [11] and his host, and those that were numbered thereof, forty and six thousand and five hundred; [12] and those that pitch next unto him shall be the tribe of Simeon; the prince of the children of Simeon being Shelumiel the son of Zurishaddai, [13] and his host, and those that were numbered of them, fifty and nine thousand and three hundred; [14] and the tribe of Gad; the prince of the children of Gad being Eliasaph the son of Reuel, [15] and his host, even those that were numbered of them, forty and five thousand and six hundred and fifty; [16] all that were numbered of the camp of Reuben being a hundred thousand and fifty and one thousand and four hundred and fifty, according to their hosts; and they shall set forth second.

[17] Then the tent of meeting, with the camp of the Levites, shall set forward in the midst of the camps; as they encamp, so shall they set forward, every man in his place, by their standards.

[18] On the west side shall be the standard of the camp of Ephraim according to their hosts; the prince of the children of Ephraim being Elishama the son of Ammihud, [19] and his host, and those that were numbered of them, forty thousand and five hundred; [20] and next unto him shall be the tribe of Manasseh; the prince of the children of Manasseh being Gamaliel the son of Pedahzur, [21] and his host, and those that were numbered of them, thirty and two thousand and two hundred; [22] and the tribe of Benjamin, the prince of the children of Benjamin being Abidan the son of Gideoni, [23] and his host, and those that were numbered of them, thirty and five thousand and four hundred; [24] all that were numbered of the camp of Ephraim being a hundred thousand and eight thousand and a hundred, according to their hosts; and they shall set forth third.

[25] On the north side shall be the standard of the camp of Dan according to their hosts; the prince of the children of Dan being Ahiezer the son of Ammishaddai, [26] and his host, and those that were numbered of them, threescore and two

וְאַרְבַּע מֵאוֹת׃ 9 כָּל־הַפְּקֻדִים לְמַחֲנֵה
יְהוּדָה מְאַת אֶלֶף וּשְׁמֹנִים אֶלֶף וְשֵׁשֶׁת־
אֲלָפִים וְאַרְבַּע־מֵאוֹת לְצִבְאֹתָם רִאשֹׁנָה
יִסָּעוּ׃ ס 10 דֶּגֶל מַחֲנֵה רְאוּבֵן תֵּימָנָה
לְצִבְאֹתָם וְנָשִׂיא לִבְנֵי רְאוּבֵן אֱלִיצוּר
בֶּן־שְׁדֵיאוּר׃ 11 וּצְבָאוֹ וּפְקֻדָיו שִׁשָּׁה
וְאַרְבָּעִים אֶלֶף וַחֲמֵשׁ מֵאוֹת׃ 12 וְהַחוֹנִם
עָלָיו מַטֵּה שִׁמְעוֹן וְנָשִׂיא לִבְנֵי שִׁמְעוֹן
שְׁלֻמִיאֵל בֶּן־צוּרִי־שַׁדָּי׃ 13 וּצְבָאוֹ
וּפְקֻדֵיהֶם תִּשְׁעָה וַחֲמִשִּׁים אֶלֶף וּשְׁלֹשׁ
מֵאוֹת׃ 14 וּמַטֵּה גָּד וְנָשִׂיא לִבְנֵי גָד אֶלְיָסָף
בֶּן־רְעוּאֵל׃ 15 וּצְבָאוֹ וּפְקֻדֵיהֶם חֲמִשָּׁה
וְאַרְבָּעִים אֶלֶף וְשֵׁשׁ מֵאוֹת וַחֲמִשִּׁים׃
16 כָּל־הַפְּקֻדִים לְמַחֲנֵה רְאוּבֵן מְאַת אֶלֶף
וְאֶחָד וַחֲמִשִּׁים אֶלֶף וְאַרְבַּע־מֵאוֹת
וַחֲמִשִּׁים לְצִבְאֹתָם וּשְׁנִיִּם יִסָּעוּ׃ ס
17 וְנָסַע אֹהֶל־מוֹעֵד מַחֲנֵה הַלְוִיִּם בְּתוֹךְ
הַמַּחֲנֹת כַּאֲשֶׁר יַחֲנוּ כֵּן יִסָּעוּ אִישׁ עַל־יָדוֹ
לְדִגְלֵיהֶם׃ ס 18 דֶּגֶל מַחֲנֵה אֶפְרַיִם
לְצִבְאֹתָם יָמָּה וְנָשִׂיא לִבְנֵי אֶפְרַיִם
אֱלִישָׁמָע בֶּן־עַמִּיהוּד׃ 19 וּצְבָאוֹ וּפְקֻדֵיהֶם
אַרְבָּעִים אֶלֶף וַחֲמֵשׁ מֵאוֹת׃ 20 וְעָלָיו
מַטֵּה מְנַשֶּׁה וְנָשִׂיא לִבְנֵי מְנַשֶּׁה גַּמְלִיאֵל
בֶּן־פְּדָהצוּר׃ 21 וּצְבָאוֹ וּפְקֻדֵיהֶם שְׁנַיִם
וּשְׁלֹשִׁים אֶלֶף וּמָאתָיִם׃ 22 וּמַטֵּה בִּנְיָמִן
וְנָשִׂיא לִבְנֵי בִנְיָמִן אֲבִידָן בֶּן־גִּדְעֹנִי׃
23 וּצְבָאוֹ וּפְקֻדֵיהֶם חֲמִשָּׁה וּשְׁלֹשִׁים אֶלֶף
וְאַרְבַּע מֵאוֹת׃ 24 כָּל־הַפְּקֻדִים לְמַחֲנֵה
אֶפְרַיִם מְאַת אֶלֶף וּשְׁמֹנַת־אֲלָפִים וּמֵאָה
לְצִבְאֹתָם וּשְׁלִשִׁים יִסָּעוּ׃ ס 25 דֶּגֶל
מַחֲנֵה דָן צָפֹנָה לְצִבְאֹתָם וְנָשִׂיא לִבְנֵי
דָן אֲחִיעֶזֶר בֶּן־עַמִּישַׁדָּי׃ 26 וּצְבָאוֹ
וּפְקֻדֵיהֶם שְׁנַיִם וְשִׁשִּׁים אֶלֶף וּשְׁבַע

thousand and seven hundred; [27] and those that pitch next unto him shall be the tribe of Asher; the prince of the children of Asher being Pagiel the son of Ochran, [28] and his host, and those that were numbered of them, forty and one thousand and five hundred; [29] and the tribe of Naphtali; the prince of the children of Naphtali being Ahira the son of Enan, [30] and his host, and those that were numbered of them, fifty and three thousand and four hundred; [31] all that were numbered of the camp of Dan being a hundred thousand and fifty and seven thousand and six hundred; they shall set forth hindmost by their standards.'

[32] These are they that were numbered of the children of Israel by their fathers' houses; all that were numbered of the camps according to their hosts were six hundred thousand and three thousand and five hundred and fifty. [33] But the Levites were not numbered among the children of Israel; as the LORD commanded Moses. [34] Thus did the children of Israel: according to all that the LORD commanded Moses, so they pitched by their standards, and so they set forward, each one according to its families, and according to its fathers' houses.

3 Now these are the generations of Aaron and Moses in the day that the LORD spoke with Moses in mount Sinai. [2] And these are the names of the sons of Aaron: Nadab the first-born, and Abihu, Eleazar, and Ithamar. [3] These are the names of the sons of Aaron, the priests that were anointed, whom he consecrated to minister in the priest's office. [4] And Nadab and Abihu died before the LORD, when they offered strange fire before the LORD, in the wilderness of Sinai, and they had no children; and Eleazar and Ithamar ministered in the priest's office in the presence of Aaron their father.

[5] And the LORD spoke unto Moses, saying: [6] 'Bring the tribe of Levi near, and set them before Aaron the priest, that they may minister unto him. [7] And they shall keep his charge, and the charge of the whole congregation before the tent of meeting, to do the service of the tabernacle. [8] And they shall keep all the furniture of the tent of meeting, and the charge of the children of

מֵאוֹת׃ 27 וְהַחֹנִים עָלָיו מַטֵּה אָשֵׁר וְנָשִׂיא
לִבְנֵי אָשֵׁר פַּגְעִיאֵל בֶּן־עָכְרָן׃ 28 וּצְבָאוֹ
וּפְקֻדֵיהֶם אֶחָד וְאַרְבָּעִים אֶלֶף וַחֲמֵשׁ
מֵאוֹת׃ 29 וּמַטֵּה נַפְתָּלִי וְנָשִׂיא לִבְנֵי
נַפְתָּלִי אֲחִירַע בֶּן־עֵינָן׃ 30 וּצְבָאוֹ
וּפְקֻדֵיהֶם שְׁלֹשָׁה וַחֲמִשִּׁים אֶלֶף וְאַרְבַּע
מֵאוֹת׃ 31 כָּל־הַפְּקֻדִים לְמַחֲנֵה דָן מְאַת
אֶלֶף וְשִׁבְעָה וַחֲמִשִּׁים אֶלֶף וְשֵׁשׁ מֵאוֹת
לָאַחֲרֹנָה יִסְעוּ לְדִגְלֵיהֶם׃ פ
32 אֵלֶּה פְּקוּדֵי בְנֵי־יִשְׂרָאֵל לְבֵית אֲבֹתָם
כָּל־פְּקוּדֵי הַמַּחֲנֹת לְצִבְאֹתָם שֵׁשׁ־מֵאוֹת
אֶלֶף וּשְׁלֹשֶׁת אֲלָפִים וַחֲמֵשׁ מֵאוֹת
וַחֲמִשִּׁים׃ 33 וְהַלְוִיִּם לֹא הָתְפָּקְדוּ בְּתוֹךְ
בְּנֵי יִשְׂרָאֵל כַּאֲשֶׁר צִוָּה יְהוָה אֶת־מֹשֶׁה׃
34 וַיַּעֲשׂוּ בְּנֵי יִשְׂרָאֵל כְּכֹל אֲשֶׁר־צִוָּה יְהוָה
אֶת־מֹשֶׁה כֵּן־חָנוּ לְדִגְלֵיהֶם וְכֵן נָסָעוּ
אִישׁ לְמִשְׁפְּחֹתָיו עַל־בֵּית אֲבֹתָיו׃
3 וְאֵלֶּה תּוֹלְדֹת אַהֲרֹן וּמֹשֶׁה בְּיוֹם
דִּבֶּר יְהוָה אֶת־מֹשֶׁה בְּהַר סִינָי׃ 2 וְאֵלֶּה
שְׁמוֹת בְּנֵי־אַהֲרֹן הַבְּכֹר ׀ נָדָב וַאֲבִיהוּא
אֶלְעָזָר וְאִיתָמָר׃ 3 אֵלֶּה שְׁמוֹת בְּנֵי אַהֲרֹן
הַכֹּהֲנִים הַמְּשֻׁחִים אֲשֶׁר־מִלֵּא יָדָם לְכַהֵן׃
4 וַיָּמָת נָדָב וַאֲבִיהוּא לִפְנֵי יְהוָה בְּהַקְרִבָם
אֵשׁ זָרָה לִפְנֵי יְהוָה בְּמִדְבַּר סִינַי וּבָנִים
לֹא־הָיוּ לָהֶם וַיְכַהֵן אֶלְעָזָר וְאִיתָמָר
עַל־פְּנֵי אַהֲרֹן אֲבִיהֶם׃ פ
5 וַיְדַבֵּר יְהוָה אֶל־מֹשֶׁה לֵּאמֹר׃ 6 הַקְרֵב
אֶת־מַטֵּה לֵוִי וְהַעֲמַדְתָּ אֹתוֹ לִפְנֵי אַהֲרֹן
הַכֹּהֵן וְשֵׁרְתוּ אֹתוֹ׃ 7 וְשָׁמְרוּ אֶת־
מִשְׁמַרְתּוֹ וְאֶת־מִשְׁמֶרֶת כָּל־הָעֵדָה לִפְנֵי
אֹהֶל מוֹעֵד לַעֲבֹד אֶת־עֲבֹדַת הַמִּשְׁכָּן׃
8 וְשָׁמְרוּ אֶת־כָּל־כְּלֵי אֹהֶל מוֹעֵד וְאֶת־
מִשְׁמֶרֶת בְּנֵי יִשְׂרָאֵל לַעֲבֹד אֶת־עֲבֹדַת

Israel, to do the service of the tabernacle. [9] And thou shalt give the Levites unto Aaron and to his sons; they are wholly given unto him from the children of Israel. [10] And thou shalt appoint Aaron and his sons, that they may keep their priesthood; and the common man that draweth nigh shall be put to death.'

[11] And the LORD spoke unto Moses, saying: [12] 'And I, behold, I have taken the Levites from among the children of Israel instead of every first-born that openeth the womb among the children of Israel; and the Levites shall be Mine; [13] for all the first-born are Mine: on the day that I smote all the first-born in the land of Egypt I hallowed unto Me all the first-born in Israel, both man and beast, Mine they shall be: I am the LORD.'

[14] And the LORD spoke unto Moses in the wilderness of Sinai, saying: [15] 'Number the children of Levi by their fathers' houses, by their families; every male from a month old and upward shalt thou number them.' [16] And Moses numbered them according to the word of the LORD, as he was commanded. [17] And these were the sons of Levi by their names: Gershon, and Kohath, and Merari. [18] And these are the names of the sons of Gershon by their families: Libni and Shimei. [19] And the sons of Kohath by their families: Amram and Izhar, Hebron and Uzziel. [20] And the sons of Merari by their families: Mahli and Mushi. These are the families of the Levites according to their fathers' houses.

[21] Of Gershon was the family of the Libnites, and the family of the Shimeites; these are the families of the Gershonites. [22] Those that were numbered of them, according to the number of all the males, from a month old and upward, even those that were numbered of them were seven thousand and five hundred. [23] The families of the Gershonites were to pitch behind the tabernacle westward; [24] the prince of the fathers' house of the Gershonites being Eliasaph the son of Lael, [25] and the charge of the sons of Gershon in the tent of meeting the tabernacle, and the Tent, the covering thereof, and the screen for the door of the tent of meeting, [26] and the hangings of the court, and the screen for the door of the court—which is by the tabernacle, and by the altar, round about—and the cords

הַמִּשְׁכָּן׃ 9 וְנָתַתָּה אֶת־הַלְוִיִּם לְאַהֲרֹן
וּלְבָנָיו נְתוּנִם נְתוּנִם הֵמָּה לוֹ מֵאֵת בְּנֵי
יִשְׂרָאֵל׃ 10 וְאֶת־אַהֲרֹן וְאֶת־בָּנָיו תִּפְקֹד
וְשָׁמְרוּ אֶת־כְּהֻנָּתָם וְהַזָּר הַקָּרֵב
יוּמָת׃ פ

11 וַיְדַבֵּר יְהוָה אֶל־מֹשֶׁה לֵּאמֹר׃ 12 וַאֲנִי
הִנֵּה לָקַחְתִּי אֶת־הַלְוִיִּם מִתּוֹךְ בְּנֵי
יִשְׂרָאֵל תַּחַת כָּל־בְּכוֹר פֶּטֶר רֶחֶם מִבְּנֵי
יִשְׂרָאֵל וְהָיוּ לִי הַלְוִיִּם׃ 13 כִּי לִי כָּל־בְּכוֹר
בְּיוֹם הַכֹּתִי כָל־בְּכוֹר בְּאֶרֶץ מִצְרַיִם
הִקְדַּשְׁתִּי לִי כָל־בְּכוֹר בְּיִשְׂרָאֵל מֵאָדָם
עַד־בְּהֵמָה לִי יִהְיוּ אֲנִי יְהוָה׃ ס

14 וַיְדַבֵּר יְהוָה אֶל־מֹשֶׁה בְּמִדְבַּר סִינַי
לֵאמֹר׃ 15 פְּקֹד אֶת־בְּנֵי לֵוִי לְבֵית אֲבֹתָם
לְמִשְׁפְּחֹתָם כָּל־זָכָר מִבֶּן־חֹדֶשׁ וָמַעְלָה
תִּפְקְדֵם׃ 16 וַיִּפְקֹד אֹתָם מֹשֶׁה עַל־פִּי
יְהוָה כַּאֲשֶׁר צֻוָּה׃ 17 וַיִּהְיוּ־אֵלֶּה בְנֵי־לֵוִי
בִּשְׁמֹתָם גֵּרְשׁוֹן וּקְהָת וּמְרָרִי׃ 18 וְאֵלֶּה
שְׁמוֹת בְּנֵי־גֵרְשׁוֹן לְמִשְׁפְּחֹתָם לִבְנִי
וְשִׁמְעִי׃ 19 וּבְנֵי קְהָת לְמִשְׁפְּחֹתָם עַמְרָם
וְיִצְהָר חֶבְרוֹן וְעֻזִּיאֵל׃ 20 וּבְנֵי מְרָרִי
לְמִשְׁפְּחֹתָם מַחְלִי וּמוּשִׁי אֵלֶּה הֵם
מִשְׁפְּחֹת הַלֵּוִי לְבֵית אֲבֹתָם׃ 21 לְגֵרְשׁוֹן
מִשְׁפַּחַת הַלִּבְנִי וּמִשְׁפַּחַת הַשִּׁמְעִי אֵלֶּה
הֵם מִשְׁפְּחֹת הַגֵּרְשֻׁנִּי׃ 22 פְּקֻדֵיהֶם
בְּמִסְפַּר כָּל־זָכָר מִבֶּן־חֹדֶשׁ וָמָעְלָה
פְּקֻדֵיהֶם שִׁבְעַת אֲלָפִים וַחֲמֵשׁ מֵאוֹת׃
23 מִשְׁפְּחֹת הַגֵּרְשֻׁנִּי אַחֲרֵי הַמִּשְׁכָּן יַחֲנוּ
יָמָּה׃ 24 וּנְשִׂיא בֵית־אָב לַגֵּרְשֻׁנִּי אֶלְיָסָף
בֶּן־לָאֵל׃ 25 וּמִשְׁמֶרֶת בְּנֵי־גֵרְשׁוֹן בְּאֹהֶל
מוֹעֵד הַמִּשְׁכָּן וְהָאֹהֶל מִכְסֵהוּ וּמָסַךְ פֶּתַח
אֹהֶל מוֹעֵד׃ 26 וְקַלְעֵי הֶחָצֵר וְאֶת־מָסַךְ
פֶּתַח הֶחָצֵר אֲשֶׁר עַל־הַמִּשְׁכָּן וְעַל־

of it, even whatsoever pertaineth to the service thereof.[27] And of Kohath was the family of the Amramites, and the family of the Izharites, and the family of the Hebronites, and the family of the Uzzielites; these are the families of the Kohathites: [28] according to the number of all the males, from a month old and upward, eight thousand and six hundred, keepers of the charge of the sanctuary. [29] The families of the sons of Kohath were to pitch on the side of the tabernacle southward; [30] the prince of the fathers' house of the families of the Kohathites being Elizaphan the son of Uzziel, [31] and their charge the ark, and the table, and the candlestick, and the altars, and the vessels of the sanctuary wherewith the priests minister, and the screen, and all that pertaineth to the service thereof; [32] Eleazar the son of Aaron the priest being prince of the princes of the Levites, and having the oversight of them that keep the charge of the sanctuary.

[33] Of Merari was the family of the Mahlites, and the family of the Mushites; these are the families of Merari. [34] And those that were numbered of them, according to the number of all the males, from a month old and upward, were six thousand and two hundred; [35] the prince of the fathers' house of the families of Merari being Zuriel the son of Abihail; they were to pitch on the side of the tabernacle northward; [36] the appointed charge of the sons of Merari being the boards of the tabernacle, and the bars thereof, and the pillars thereof, and the sockets thereof, and all the instruments thereof, and all that pertaineth to the service thereof; [37] and the pillars of the court round about, and their sockets, and their pins, and their cords. [38] And those that were to pitch before the tabernacle eastward, before the tent of meeting toward the sunrising, were Moses, and Aaron and his sons, keeping the charge of the sanctuary, even the charge for the children of Israel; and the common man that drew nigh was to be put to death. [39] All that were numbered of the Levites, whom Moses and Aaron numbered at the commandment of the LORD, by their families, all the males from a month old and upward, were twenty and two thousand.

[40] And the LORD said unto Moses. 'Number all the first-born males of the children of Israel from a month old and upward, and take

הַמִּזְבֵּחַ סָבִיב וְאֵת מֵיתָרָיו לְכֹל עֲבֹדָתוֹ׃
27 וְלִקְהָת מִשְׁפַּחַת הָעַמְרָמִי וּמִשְׁפַּחַת
הַיִּצְהָרִי וּמִשְׁפַּחַת הַחֶבְרֹנִי וּמִשְׁפַּחַת
הָעָזִּיאֵלִי אֵלֶּה הֵם מִשְׁפְּחֹת הַקְּהָתִי׃
28 בְּמִסְפַּר כָּל־זָכָר מִבֶּן־חֹדֶשׁ וָמָעְלָה
שְׁמֹנַת אֲלָפִים וְשֵׁשׁ מֵאוֹת שֹׁמְרֵי
מִשְׁמֶרֶת הַקֹּדֶשׁ׃ 29 מִשְׁפְּחֹת בְּנֵי־קְהָת
יַחֲנוּ עַל יֶרֶךְ הַמִּשְׁכָּן תֵּימָנָה׃ 30 וּנְשִׂיא
בֵית־אָב לְמִשְׁפְּחֹת הַקְּהָתִי אֱלִיצָפָן בֶּן־
עֻזִּיאֵל׃ 31 וּמִשְׁמַרְתָּם הָאָרֹן וְהַשֻּׁלְחָן
וְהַמְּנֹרָה וְהַמִּזְבְּחֹת וּכְלֵי הַקֹּדֶשׁ אֲשֶׁר
יְשָׁרְתוּ בָּהֶם וְהַמָּסָךְ וְכֹל עֲבֹדָתוֹ׃
32 וּנְשִׂיא נְשִׂיאֵי הַלֵּוִי אֶלְעָזָר בֶּן־אַהֲרֹן
הַכֹּהֵן פְּקֻדַּת שֹׁמְרֵי מִשְׁמֶרֶת הַקֹּדֶשׁ׃
33 לִמְרָרִי מִשְׁפַּחַת הַמַּחְלִי וּמִשְׁפַּחַת
הַמּוּשִׁי אֵלֶּה הֵם מִשְׁפְּחֹת מְרָרִי׃
34 וּפְקֻדֵיהֶם בְּמִסְפַּר כָּל־זָכָר מִבֶּן־חֹדֶשׁ
וָמָעְלָה שֵׁשֶׁת אֲלָפִים וּמָאתָיִם׃ 35 וּנְשִׂיא
בֵית־אָב לְמִשְׁפְּחֹת מְרָרִי צוּרִיאֵל בֶּן־
אֲבִיחָיִל עַל יֶרֶךְ הַמִּשְׁכָּן יַחֲנוּ צָפֹנָה׃
36 וּפְקֻדַּת מִשְׁמֶרֶת בְּנֵי מְרָרִי קַרְשֵׁי
הַמִּשְׁכָּן וּבְרִיחָיו וְעַמֻּדָיו וַאֲדָנָיו וְכָל־כֵּלָיו
וְכֹל עֲבֹדָתוֹ׃ 37 וְעַמֻּדֵי הֶחָצֵר סָבִיב
וְאַדְנֵיהֶם וִיתֵדֹתָם וּמֵיתְרֵיהֶם׃ 38 וְהַחֹנִים
לִפְנֵי הַמִּשְׁכָּן קֵדְמָה לִפְנֵי אֹהֶל־מוֹעֵד ׀
מִזְרָחָה מֹשֶׁה ׀ וְאַהֲרֹן וּבָנָיו שֹׁמְרִים
מִשְׁמֶרֶת הַמִּקְדָּשׁ לְמִשְׁמֶרֶת בְּנֵי יִשְׂרָאֵל
וְהַזָּר הַקָּרֵב יוּמָת׃ 39 כָּל־פְּקוּדֵי הַלְוִיִּם
אֲשֶׁר פָּקַד מֹשֶׁה וְאַהֲרֹן עַל־פִּי יְהוָה
לְמִשְׁפְּחֹתָם כָּל־זָכָר מִבֶּן־חֹדֶשׁ וָמַעְלָה
שְׁנַיִם וְעֶשְׂרִים אָלֶף׃ ס 40 וַיֹּאמֶר
יְהוָה אֶל־מֹשֶׁה פְּקֹד כָּל־בְּכֹר זָכָר לִבְנֵי
יִשְׂרָאֵל מִבֶּן־חֹדֶשׁ וָמַעְלָה וְשָׂא אֵת

the number of their names [41] And thou shalt take the Levites for Me, even the LORD, instead of all the first-born among the children of Israel; and the cattle of the Levites instead of all the firstlings among the cattle of the children of Israel.' [42] And Moses numbered, as the LORD commanded him, all the first-born among the children of Israel. [43] And all the first-born males according to the number of names, from a month old and upward, of those that were numbered of them, were twenty and two thousand two hundred and threescore and thirteen.

[44] And the LORD spoke unto Moses, saying: [45] 'Take the Levites instead of all the first-born among the children of Israel, and the cattle of the Levites instead of their cattle; and the Levites shall be Mine, even the LORD's. [46] And as for the redemption of the two hundred and threescore and thirteen of the first-born of the children of Israel, that are over and above the number of the Levites, [47] thou shalt take five shekels apiece by the poll; after the shekel of the sanctuary shalt thou take them—the shekel is twenty gerahs. [48] And thou shalt give the money wherewith they that remain over of them are redeemed unto Aaron and to his sons.' [49] And Moses took the redemption-money from them that were over and above them that were redeemed by the Levites; [50] from the first-born of the children of Israel took he the money a thousand three hundred and threescore and five shekels, after the shekel of the sanctuary. [51] And Moses gave the redemption-money unto Aaron and to his sons, according to the word of the LORD, as the LORD commanded Moses.

4 And the LORD spoke unto Moses and unto Aaron, saying: 'Take the sum of the sons of Kohath from among the sons of Levi, by their families, by their fathers' houses, [3] from thirty years old and upward even until fifty years old, all that enter upon the service, to do work in the tent of meeting. [4] This is the service of the sons of Kohath in the tent of meeting, about the most holy things: [5] when the camp setteth forward, Aaron shall go in, and his sons, and they shall take down the veil of the screen, and cover the

מִסְפַּר שְׁמֹתָם׃ 41 וְלָקַחְתָּ אֶת־הַלְוִיִּם לִי
אֲנִי יְהוָה תַּחַת כָּל־בְּכֹר בִּבְנֵי יִשְׂרָאֵל
וְאֵת בֶּהֱמַת הַלְוִיִּם תַּחַת כָּל־בְּכוֹר
בְּבֶהֱמַת בְּנֵי יִשְׂרָאֵל׃ 42 וַיִּפְקֹד מֹשֶׁה
כַּאֲשֶׁר צִוָּה יְהוָה אֹתוֹ אֶת־כָּל־בְּכֹר בִּבְנֵי
יִשְׂרָאֵל׃ 43 וַיְהִי כָל־בְּכוֹר זָכָר בְּמִסְפַּר
שֵׁמֹת מִבֶּן־חֹדֶשׁ וָמַעְלָה לִפְקֻדֵיהֶם
שְׁנַיִם וְעֶשְׂרִים אֶלֶף שְׁלֹשָׁה וְשִׁבְעִים
וּמָאתָיִם׃ פ
44 וַיְדַבֵּר יְהוָה אֶל־מֹשֶׁה לֵּאמֹר׃ 45 קַח
אֶת־הַלְוִיִּם תַּחַת כָּל־בְּכוֹר בִּבְנֵי יִשְׂרָאֵל
וְאֶת־בֶּהֱמַת הַלְוִיִּם תַּחַת בְּהֶמְתָּם וְהָיוּ־
לִי הַלְוִיִּם אֲנִי יְהוָה׃ 46 וְאֵת פְּדוּיֵי
הַשְּׁלֹשָׁה וְהַשִּׁבְעִים וְהַמָּאתָיִם הָעֹדְפִים
עַל־הַלְוִיִּם מִבְּכוֹר בְּנֵי יִשְׂרָאֵל׃ 47 וְלָקַחְתָּ
חֲמֵשֶׁת חֲמֵשֶׁת שְׁקָלִים לַגֻּלְגֹּלֶת בְּשֶׁקֶל
הַקֹּדֶשׁ תִּקָּח עֶשְׂרִים גֵּרָה הַשָּׁקֶל׃
48 וְנָתַתָּה הַכֶּסֶף לְאַהֲרֹן וּלְבָנָיו פְּדוּיֵי
הָעֹדְפִים בָּהֶם׃ 49 וַיִּקַּח מֹשֶׁה אֵת כֶּסֶף
הַפִּדְיוֹם מֵאֵת הָעֹדְפִים עַל פְּדוּיֵי הַלְוִיִּם׃
50 מֵאֵת בְּכוֹר בְּנֵי יִשְׂרָאֵל לָקַח אֶת־הַכָּסֶף
חֲמִשָּׁה וְשִׁשִּׁים וּשְׁלֹשׁ מֵאוֹת וָאֶלֶף בְּשֶׁקֶל
הַקֹּדֶשׁ׃ 51 וַיִּתֵּן מֹשֶׁה אֶת־כֶּסֶף הַפְּדֻיִם
לְאַהֲרֹן וּלְבָנָיו עַל־פִּי יְהוָה כַּאֲשֶׁר צִוָּה
יְהוָה אֶת־מֹשֶׁה׃ פ
4 וַיְדַבֵּר יְהוָה אֶל־מֹשֶׁה וְאֶל־אַהֲרֹן
לֵאמֹר׃ 2 נָשֹׂא אֶת־רֹאשׁ בְּנֵי קְהָת מִתּוֹךְ
בְּנֵי לֵוִי לְמִשְׁפְּחֹתָם לְבֵית אֲבֹתָם׃ 3 מִבֶּן
שְׁלֹשִׁים שָׁנָה וָמַעְלָה וְעַד בֶּן־חֲמִשִּׁים
שָׁנָה כָּל־בָּא לַצָּבָא לַעֲשׂוֹת מְלָאכָה
בְּאֹהֶל מוֹעֵד׃ 4 זֹאת עֲבֹדַת בְּנֵי־קְהָת
בְּאֹהֶל מוֹעֵד קֹדֶשׁ הַקֳּדָשִׁים׃ 5 וּבָא אַהֲרֹן
וּבָנָיו בִּנְסֹעַ הַמַּחֲנֶה וְהוֹרִדוּ אֵת פָּרֹכֶת

ark of the testimony with it; [6] and shall put thereon a covering of sealskin, and shall spread over it a cloth all of blue, and shall set the staves thereof. [7] And upon the table of showbread they shall spread a cloth of blue, and put thereon the dishes, and the pans, and the bowls, and the jars wherewith to pour out; and the continual bread shall remain thereon. [8] And they shall spread upon them a cloth of scarlet, and cover the same with a covering of sealskin, and shall set the staves thereof. [9] And they shall take a cloth of blue, and cover the candlestick of the light, and its lamps, and its tongs, and its snuffdishes, and all the oil vessels thereof, wherewith they minister unto it. [10] And they shall put it and all the vessels thereof within a covering of sealskin, and shall put it upon a bar. [11] And upon the golden altar they shall spread a cloth of blue, and cover it with a covering of sealskin, and shall set the staves thereof. [12] And they shall take all the vessels of ministry, wherewith they minister in the sanctuary, and put them in a cloth of blue, and cover them with a covering of sealskin, and shall put them on a bar. [13] And they shall take away the ashes from the altar, and spread a purple cloth thereon. [14] And they shall put upon it all the vessels thereof, wherewith they minister about it, the fire-pans, the flesh-hooks, and the shovels, and the basins, all the vessels of the altar; and they shall spread upon it a covering of sealskin, and set the staves thereof. [15] And when Aaron and his sons have made an end of covering the holy furniture, and all the holy vessels, as the camp is to set forward—after that, the sons of Kohath shall come to bear them; but they shall not touch the holy things, lest they die. These things are the burden of the sons of Kohath in the tent of meeting. [16] And the charge of Eleazar the son of Aaron the priest shall be the oil for the light, and the sweet incense, and the continual meal-offering, and the anointing oil: he shall have the charge of all the tabernacle, and of all that therein is, whether it be the sanctuary, or the furniture thereof.'

[17] And the LORD spoke unto Moses and

הַמָּסָךְ וְכִסּוּ־בָהּ אֵת אֲרֹן הָעֵדֻת׃ 6 וְנָתְנוּ
עָלָיו כְּסוּי עוֹר תַּחַשׁ וּפָרְשׂוּ בֶגֶד־כְּלִיל
תְּכֵלֶת מִלְמָעְלָה וְשָׂמוּ בַּדָּיו׃ 7 וְעַל ׀
שֻׁלְחַן הַפָּנִים יִפְרְשׂוּ בֶּגֶד תְּכֵלֶת וְנָתְנוּ
עָלָיו אֶת־הַקְּעָרֹת וְאֶת־הַכַּפֹּת וְאֶת־
הַמְּנַקִּיֹּת וְאֵת קְשׂוֹת הַנָּסֶךְ וְלֶחֶם הַתָּמִיד
עָלָיו יִהְיֶה׃ 8 וּפָרְשׂוּ עֲלֵיהֶם בֶּגֶד תּוֹלַעַת
שָׁנִי וְכִסּוּ אֹתוֹ בְּמִכְסֵה עוֹר תָּחַשׁ וְשָׂמוּ
אֶת־בַּדָּיו׃ 9 וְלָקְחוּ ׀ בֶּגֶד תְּכֵלֶת וְכִסּוּ
אֶת־מְנֹרַת הַמָּאוֹר וְאֶת־נֵרֹתֶיהָ וְאֶת־
מַלְקָחֶיהָ וְאֶת־מַחְתֹּתֶיהָ וְאֵת כָּל־כְּלֵי
שַׁמְנָהּ אֲשֶׁר יְשָׁרְתוּ־לָהּ בָּהֶם׃ 10 וְנָתְנוּ
אֹתָהּ וְאֶת־כָּל־כֵּלֶיהָ אֶל־מִכְסֵה עוֹר
תָּחַשׁ וְנָתְנוּ עַל־הַמּוֹט׃ 11 וְעַל ׀ מִזְבַּח
הַזָּהָב יִפְרְשׂוּ בֶּגֶד תְּכֵלֶת וְכִסּוּ אֹתוֹ
בְּמִכְסֵה עוֹר תָּחַשׁ וְשָׂמוּ אֶת־בַּדָּיו׃
12 וְלָקְחוּ אֶת־כָּל־כְּלֵי הַשָּׁרֵת אֲשֶׁר
יְשָׁרְתוּ־בָם בַּקֹּדֶשׁ וְנָתְנוּ אֶל־בֶּגֶד תְּכֵלֶת
וְכִסּוּ אוֹתָם בְּמִכְסֵה עוֹר תָּחַשׁ וְנָתְנוּ
עַל־הַמּוֹט׃ 13 וְדִשְּׁנוּ אֶת־הַמִּזְבֵּחַ וּפָרְשׂוּ
עָלָיו בֶּגֶד אַרְגָּמָן׃ 14 וְנָתְנוּ עָלָיו אֶת־כָּל־
כֵּלָיו אֲשֶׁר יְשָׁרְתוּ עָלָיו בָּהֶם אֶת־
הַמַּחְתֹּת אֶת־הַמִּזְלָגֹת וְאֶת־הַיָּעִים וְאֶת־
הַמִּזְרָקֹת כֹּל כְּלֵי הַמִּזְבֵּחַ וּפָרְשׂוּ עָלָיו
כְּסוּי עוֹר תַּחַשׁ וְשָׂמוּ בַדָּיו׃ 15 וְכִלָּה
אַהֲרֹן־וּבָנָיו לְכַסֹּת אֶת־הַקֹּדֶשׁ וְאֶת־כָּל־
כְּלֵי הַקֹּדֶשׁ בִּנְסֹעַ הַמַּחֲנֶה וְאַחֲרֵי־כֵן יָבֹאוּ
בְנֵי־קְהָת לָשֵׂאת וְלֹא־יִגְּעוּ אֶל־הַקֹּדֶשׁ
וָמֵתוּ אֵלֶּה מַשָּׂא בְנֵי־קְהָת בְּאֹהֶל מוֹעֵד׃
16 וּפְקֻדַּת אֶלְעָזָר ׀ בֶּן־אַהֲרֹן הַכֹּהֵן שֶׁמֶן
הַמָּאוֹר וּקְטֹרֶת הַסַּמִּים וּמִנְחַת הַתָּמִיד
וְשֶׁמֶן הַמִּשְׁחָה פְּקֻדַּת כָּל־הַמִּשְׁכָּן וְכָל־
אֲשֶׁר־בּוֹ בְּקֹדֶשׁ וּבְכֵלָיו׃ ס 17 וַיְדַבֵּר

unto Aaron, saying: [18] 'Cut yet not off the tribe of the families of the Kohathites from among the Levites; [19] but thus do unto them, that they may live, and not die, when they approach unto the most holy things: Aaron and his sons shall go in, and appoint them every one to his service and to his burden; [20] but they shall not go in to see the holy things as they are being covered, lest they die.'

יְהֹוָה אֶל־מֹשֶׁה וְאֶל־אַהֲרֹן לֵאמֹר׃ 18 אַל־
תַּכְרִיתוּ אֶת־שֵׁבֶט מִשְׁפְּחֹת הַקְּהָתִי
מִתּוֹךְ הַלְוִיִּם׃ 19 וְזֹאת ׀ עֲשׂוּ לָהֶם וְחָיוּ
וְלֹא יָמֻתוּ בְּגִשְׁתָּם אֶת־קֹדֶשׁ הַקֳּדָשִׁים
אַהֲרֹן וּבָנָיו יָבֹאוּ וְשָׂמוּ אוֹתָם אִישׁ אִישׁ
עַל־עֲבֹדָתוֹ וְאֶל־מַשָּׂאוֹ׃ 20 וְלֹא־יָבֹאוּ
לִרְאוֹת כְּבַלַּע אֶת־הַקֹּדֶשׁ וָמֵתוּ׃ פ

NASO'

[21] And the LORD spoke unto Moses, saying: [22] 'Take the sum of the sons of Gershon also, by their fathers' houses, by their families; [23] from thirty years old and upward until fifty years old shalt thou number them: all that enter in to wait upon the service, to do service in the tent of meeting. [24] This is the service of the families of the Gershonites, in serving and in bearing burdens [25] they shall bear the curtains of the tabernacle, and the tent of meeting, its covering, and the covering of sealskin that is above upon it, and the screen for the door of the tent of meeting; [26] and the hangings of the court, and the screen for the door of the gate of the court, which is by the tabernacle and by the altar round about, and their cords, and all the instruments of their service, and whatsoever there may be to do with them, therein shall they serve. [27] At the commandment of Aaron and his sons shall be all the service of the sons of the Gershonites, in all their burden, and in all their service; and ye shall appoint unto them in charge all their burden. [28] This is the service of the families of the sons of the Gershonites in the tent of meeting; and their charge shall be under the hand of Ithamar the son of Aaron the priest.

[29] As for the sons of Merari, thou shalt number them by their families, by their fathers' houses; [30] from thirty years old and upward even unto fifty years old shalt thou number them, every one that entereth upon the service,

נשא

21 וַיְדַבֵּר יְהֹוָה אֶל־מֹשֶׁה לֵּאמֹר׃ 22 נָשֹׂא
אֶת־רֹאשׁ בְּנֵי גֵרְשׁוֹן גַּם־הֵם לְבֵית אֲבֹתָם
לְמִשְׁפְּחֹתָם׃ 23 מִבֶּן שְׁלֹשִׁים שָׁנָה וָמַעְלָה
עַד בֶּן־חֲמִשִּׁים שָׁנָה תִּפְקֹד אוֹתָם כָּל־
הַבָּא לִצְבֹא צָבָא לַעֲבֹד עֲבֹדָה בְּאֹהֶל
מוֹעֵד׃ 24 זֹאת עֲבֹדַת מִשְׁפְּחֹת הַגֵּרְשֻׁנִּי
לַעֲבֹד וּלְמַשָּׂא׃ 25 וְנָשְׂאוּ אֶת־יְרִיעֹת
הַמִּשְׁכָּן וְאֶת־אֹהֶל מוֹעֵד מִכְסֵהוּ וּמִכְסֵה
הַתַּחַשׁ אֲשֶׁר־עָלָיו מִלְמָעְלָה וְאֶת־מָסַךְ
פֶּתַח אֹהֶל מוֹעֵד׃ 26 וְאֵת קַלְעֵי הֶחָצֵר
וְאֶת־מָסַךְ ׀ פֶּתַח ׀ שַׁעַר הֶחָצֵר אֲשֶׁר
עַל־הַמִּשְׁכָּן וְעַל־הַמִּזְבֵּחַ סָבִיב וְאֵת
מֵיתְרֵיהֶם וְאֶת־כָּל־כְּלֵי עֲבֹדָתָם וְאֵת כָּל־
אֲשֶׁר יֵעָשֶׂה לָהֶם וְעָבָדוּ׃ 27 עַל־פִּי אַהֲרֹן
וּבָנָיו תִּהְיֶה כָּל־עֲבֹדַת בְּנֵי הַגֵּרְשֻׁנִּי לְכָל־
מַשָּׂאָם וּלְכֹל עֲבֹדָתָם וּפְקַדְתֶּם עֲלֵהֶם
בְּמִשְׁמֶרֶת אֵת כָּל־מַשָּׂאָם׃ 28 זֹאת עֲבֹדַת
מִשְׁפְּחֹת בְּנֵי הַגֵּרְשֻׁנִּי בְּאֹהֶל מוֹעֵד
וּמִשְׁמַרְתָּם בְּיַד אִיתָמָר בֶּן־אַהֲרֹן
הַכֹּהֵן׃ פ

29 בְּנֵי מְרָרִי לְמִשְׁפְּחֹתָם לְבֵית־אֲבֹתָם
תִּפְקֹד אֹתָם׃ 30 מִבֶּן שְׁלֹשִׁים שָׁנָה וָמַעְלָה
וְעַד בֶּן־חֲמִשִּׁים שָׁנָה תִּפְקְדֵם כָּל־הַבָּא
לַצָּבָא לַעֲבֹד אֶת־עֲבֹדַת אֹהֶל מוֹעֵד׃

to do the work of the tent of meeting. [31] And this is the charge of their burden, according to all their service in the tent of meeting: the boards of the tabernacle, and the bars thereof, and the pillars thereof, and the sockets thereof; [32] and the pillars of the court round about, and their sockets, and their pins, and their cords, even all their appurtenance, and all that pertaineth to their service; and by name ye shall appoint the instruments of the charge of their burden. [33] This is the service of the families of the sons of Merari, according to all their service, in the tent of meeting, under the hand of Ithamar the son of Aaron the priest.'

[34] And Moses and Aaron and the princes of the congregation numbered the sons of the Kohathites by their families, and by their fathers' houses, [35] from thirty years old and upward even unto fifty years old, every one that entered upon the service, for service in the tent of meeting. [36] And those that were numbered of them by their families were two thousand seven hundred and fifty. [37] These are they that were numbered of the families of the Kohathites, of all that did serve in the tent of meeting, whom Moses and Aaron numbered according to the commandment of the LORD by the hand of Moses.

[38] And those that were numbered of the sons of Gershon, by their families, and by their fathers' houses, [39] from thirty years old and upward even unto fifty years old, every one that entered upon the service, for service in the tent of meeting, [40] even those that were numbered of them, by their families, by their fathers' houses, were two thousand and six hundred and thirty. [41] These are they that were numbered of the families of the sons of Gershon, of all that did serve in the tent of meeting, whom Moses and Aaron numbered according to the commandment of the LORD.

[42] And those that were numbered of the families of the sons of Merari, by their families, by their fathers' houses, [43] from thirty years old and upward even unto fifty years old, every one that entered upon the service, for service in the tent of meeting, [44] even those that were numbered of them by their families, were three thousand and two hundred. [45] These are they that were numbered of the families of the sons of Merari, whom Moses and Aaron numbered according to the commandment of the LORD by the hand of Moses.

[46] All those that were numbered of the

31 וְזֹאת מִשְׁמֶרֶת מַשָּׂאָם לְכָל־עֲבֹדָתָם
בְּאֹהֶל מוֹעֵד קַרְשֵׁי הַמִּשְׁכָּן וּבְרִיחָיו
וְעַמּוּדָיו וַאֲדָנָיו׃ 32 וְעַמּוּדֵי הֶחָצֵר סָבִיב
וְאַדְנֵיהֶם וִיתֵדֹתָם וּמֵיתְרֵיהֶם לְכָל־
כְּלֵיהֶם וּלְכֹל עֲבֹדָתָם וּבְשֵׁמֹת תִּפְקְדוּ
אֶת־כְּלֵי מִשְׁמֶרֶת מַשָּׂאָם׃ 33 זֹאת עֲבֹדַת
מִשְׁפְּחֹת בְּנֵי מְרָרִי לְכָל־עֲבֹדָתָם בְּאֹהֶל
מוֹעֵד בְּיַד אִיתָמָר בֶּן־אַהֲרֹן הַכֹּהֵן׃
34 וַיִּפְקֹד מֹשֶׁה וְאַהֲרֹן וּנְשִׂיאֵי הָעֵדָה
אֶת־בְּנֵי הַקְּהָתִי לְמִשְׁפְּחֹתָם וּלְבֵית
אֲבֹתָם׃ 35 מִבֶּן שְׁלֹשִׁים שָׁנָה וָמַעְלָה וְעַד
בֶּן־חֲמִשִּׁים שָׁנָה כָּל־הַבָּא לַצָּבָא לַעֲבֹדָה
בְּאֹהֶל מוֹעֵד׃ 36 וַיִּהְיוּ פְקֻדֵיהֶם
לְמִשְׁפְּחֹתָם אַלְפַּיִם שְׁבַע מֵאוֹת
וַחֲמִשִּׁים׃ 37 אֵלֶּה פְקוּדֵי מִשְׁפְּחֹת הַקְּהָתִי
כָּל־הָעֹבֵד בְּאֹהֶל מוֹעֵד אֲשֶׁר פָּקַד מֹשֶׁה
וְאַהֲרֹן עַל־פִּי יְהוָה בְּיַד־מֹשֶׁה׃ ס
38 וּפְקוּדֵי בְּנֵי גֵּרְשׁוֹן לְמִשְׁפְּחוֹתָם
וּלְבֵית אֲבֹתָם׃ 39 מִבֶּן שְׁלֹשִׁים שָׁנָה
וָמַעְלָה וְעַד בֶּן־חֲמִשִּׁים שָׁנָה כָּל־הַבָּא
לַצָּבָא לַעֲבֹדָה בְּאֹהֶל מוֹעֵד׃ 40 וַיִּהְיוּ
פְּקֻדֵיהֶם לְמִשְׁפְּחֹתָם לְבֵית אֲבֹתָם
אַלְפַּיִם וְשֵׁשׁ מֵאוֹת וּשְׁלֹשִׁים׃ 41 אֵלֶּה
פְקוּדֵי מִשְׁפְּחֹת בְּנֵי גֵרְשׁוֹן כָּל־הָעֹבֵד
בְּאֹהֶל מוֹעֵד אֲשֶׁר פָּקַד מֹשֶׁה וְאַהֲרֹן
עַל־פִּי יְהוָה׃ 42 וּפְקוּדֵי מִשְׁפְּחֹת בְּנֵי
מְרָרִי לְמִשְׁפְּחֹתָם לְבֵית אֲבֹתָם׃ 43 מִבֶּן
שְׁלֹשִׁים שָׁנָה וָמַעְלָה וְעַד בֶּן־חֲמִשִּׁים
שָׁנָה כָּל־הַבָּא לַצָּבָא לַעֲבֹדָה בְּאֹהֶל
מוֹעֵד׃ 44 וַיִּהְיוּ פְקֻדֵיהֶם לְמִשְׁפְּחֹתָם
שְׁלֹשֶׁת אֲלָפִים וּמָאתָיִם׃ 45 אֵלֶּה פְּקוּדֵי
מִשְׁפְּחֹת בְּנֵי מְרָרִי אֲשֶׁר פָּקַד מֹשֶׁה
וְאַהֲרֹן עַל־פִּי יְהוָה בְּיַד־מֹשֶׁה׃ 46 כָּל־

Levites, whom Moses and Aaron and the princes of Israel numbered, by their families, and by their fathers' houses, [47] from thirty years old and upward even unto fifty years old, every one that entered in to do the work of service, and the work of bearing burdens in the tent of meeting, [48] even those that were numbered of them, were eight thousand and five hundred and fourscore. [49] According to the commandment of the LORD they were appointed by the hand of Moses, every one to his service, and to his burden; they were also numbered, as the LORD commanded Moses.

5 And the LORD spoke unto Moses, saying: [2] 'Command the children of Israel, that they put out of the camp every leper, and every one that hath an issue, and whosoever is unclean by the dead; [3] both male and female shall ye put out, without the camp shall ye put them; that they defile not their camp, in the midst whereof I dwell.' [4] And the children of Israel did so, and put them out without the camp; as the LORD spoke unto Moses, so did the children of Israel.

[5] And the LORD spoke unto Moses, saying: [6] Speak unto the children of Israel:

When a man or woman shall commit any sin that men commit, to commit a trespass against the LORD, and that soul be guilty; [7] then they shall confess their sin which they have done, and he shall make restitution for his guilt in full, and add unto it the fifth part thereof, and give it unto him in respect of whom he hath been guilty. [8] But if the man have no kinsman to whom restitution may be made for the guilt, the restitution for guilt which is made shall be the LORD's, even the priest's; besides the ram of the atonement, whereby atonement shall be made for him. [9] And every heave-offering of all the holy things of the children of Israel, which they present unto the priest, shall be his. [10] And every man's hallowed things shall be his: whatsoever any man giveth the priest, it shall be his.

[11] And the LORD spoke unto Moses, saying: [12] Speak unto the children of Israel, and

הַפְּקֻדִים אֲשֶׁר פָּקַד מֹשֶׁה וְאַהֲרֹן וּנְשִׂיאֵי
יִשְׂרָאֵל אֶת־הַלְוִיִּם לְמִשְׁפְּחֹתָם וּלְבֵית
אֲבֹתָם׃ 47 מִבֶּן שְׁלֹשִׁים שָׁנָה וָמַעְלָה וְעַד
בֶּן־חֲמִשִּׁים שָׁנָה כָּל־הַבָּא לַעֲבֹד עֲבֹדַת
עֲבֹדָה וַעֲבֹדַת מַשָּׂא בְּאֹהֶל מוֹעֵד׃
48 וַיִּהְיוּ פְּקֻדֵיהֶם שְׁמֹנַת אֲלָפִים וַחֲמֵשׁ
מֵאוֹת וּשְׁמֹנִים׃ 49 עַל־פִּי יְהוָה פָּקַד
אוֹתָם בְּיַד־מֹשֶׁה אִישׁ אִישׁ עַל־עֲבֹדָתוֹ
וְעַל־מַשָּׂאוֹ וּפְקֻדָיו אֲשֶׁר־צִוָּה יְהוָה אֶת־
מֹשֶׁה׃ פ

5 וַיְדַבֵּר יְהוָה אֶל־מֹשֶׁה לֵּאמֹר׃ 2 צַו
אֶת־בְּנֵי יִשְׂרָאֵל וִישַׁלְּחוּ מִן־הַמַּחֲנֶה כָּל־
צָרוּעַ וְכָל־זָב וְכֹל טָמֵא לָנָפֶשׁ׃ 3 מִזָּכָר
עַד־נְקֵבָה תְּשַׁלֵּחוּ אֶל־מִחוּץ לַמַּחֲנֶה
תְּשַׁלְּחוּם וְלֹא יְטַמְּאוּ אֶת־מַחֲנֵיהֶם אֲשֶׁר
אֲנִי שֹׁכֵן בְּתוֹכָם׃ 4 וַיַּעֲשׂוּ־כֵן בְּנֵי יִשְׂרָאֵל
וַיְשַׁלְּחוּ אוֹתָם אֶל־מִחוּץ לַמַּחֲנֶה כַּאֲשֶׁר
דִּבֶּר יְהוָה אֶל־מֹשֶׁה כֵּן עָשׂוּ בְּנֵי
יִשְׂרָאֵל׃ פ

5 וַיְדַבֵּר יְהוָה אֶל־מֹשֶׁה לֵּאמֹר׃ 6 דַּבֵּר
אֶל־בְּנֵי יִשְׂרָאֵל אִישׁ אוֹ־אִשָּׁה כִּי יַעֲשׂוּ
מִכָּל־חַטֹּאת הָאָדָם לִמְעֹל מַעַל בַּיהוָה
וְאָשְׁמָה הַנֶּפֶשׁ הַהִוא׃ 7 וְהִתְוַדּוּ אֶת־
חַטָּאתָם אֲשֶׁר עָשׂוּ וְהֵשִׁיב אֶת־אֲשָׁמוֹ
בְּרֹאשׁוֹ וַחֲמִישִׁתוֹ יֹסֵף עָלָיו וְנָתַן לַאֲשֶׁר
אָשַׁם לוֹ׃ 8 וְאִם־אֵין לָאִישׁ גֹּאֵל לְהָשִׁיב
הָאָשָׁם אֵלָיו הָאָשָׁם הַמּוּשָׁב לַיהוָה לַכֹּהֵן
מִלְּבַד אֵיל הַכִּפֻּרִים אֲשֶׁר יְכַפֶּר־בּוֹ עָלָיו׃
9 וְכָל־תְּרוּמָה לְכָל־קָדְשֵׁי בְנֵי־יִשְׂרָאֵל
אֲשֶׁר־יַקְרִיבוּ לַכֹּהֵן לוֹ יִהְיֶה׃ 10 וְאִישׁ
אֶת־קֳדָשָׁיו לוֹ יִהְיוּ אִישׁ אֲשֶׁר־יִתֵּן לַכֹּהֵן
לוֹ יִהְיֶה׃ פ

11 וַיְדַבֵּר יְהוָה אֶל־מֹשֶׁה לֵּאמֹר׃ 12 דַּבֵּר

say unto them:If any man's wife go aside, and act unfaithfully against him, [13] and a man lie with her carnally, and it be hid from the eyes of her husband, she being defiled secretly, and there be no witness against her, neither she be taken in the act; [14] and the spirit of jealousy come upon him, and he be jealous of his wife, and she be defiled; or if the spirit of jealousy come upon him, and he be jealous of his wife, and she be not defiled; [15] then shall the man bring his wife unto the priest, and shall bring her offering for her, the tenth part of an ephah of barley meal; he shall pour no oil upon it, nor put frankincense thereon; for it is a meal-offering of jealousy, a meal-offering of memorial, bringing iniquity to remembrance. [16] And the priest shall bring her near, and set her before the LORD. [17] And the priest shall take holy water in an earthen vessel; and of the dust that is on the floor of the tabernacle the priest shall take, and put it into the water. [18] And the priest shall set the woman before the LORD, and let the hair of the woman's head go loose, and put the meal-offering of memorial in her hands, which is the meal-offering of jealousy; and the priest shall have in his hand the water of bitterness that causeth the curse. [19] And the priest shall cause her to swear, and shall say unto the woman: 'If no man have lain with thee, and if thou hast not gone aside to uncleanness, being under thy husband, be thou free from this water of bitterness that causeth the curse; [20] but if thou hast gone aside being under thy husband, and if thou be defiled, and some man have lain with thee besides thy husband—[21] then the priest shall cause the woman to swear with the oath of cursing, and the priest shall say unto the woman—the LORD make thee a curse and an oath among thy people, when the LORD doth make thy thigh to fall away, and thy belly to swell; [22] and this water that causeth the curse shall go into thy bowels, and make thy belly to swell, and thy thigh to fall away'; and the woman shall say: 'Amen, Amen.' [23] And the priest shall write

אֶל־בְּנֵי יִשְׂרָאֵל וְאָמַרְתָּ אֲלֵהֶם אִישׁ אִישׁ
כִּי־תִשְׂטֶה אִשְׁתּוֹ וּמָעֲלָה בוֹ מָעַל׃
13 וְשָׁכַב אִישׁ אֹתָהּ שִׁכְבַת־זֶרַע וְנֶעְלַם
מֵעֵינֵי אִישָׁהּ וְנִסְתְּרָה וְהִיא נִטְמָאָה וְעֵד
אֵין בָּהּ וְהִוא לֹא נִתְפָּשָׂה׃ 14 וְעָבַר עָלָיו
רוּחַ־קִנְאָה וְקִנֵּא אֶת־אִשְׁתּוֹ וְהִוא
נִטְמָאָה אוֹ־עָבַר עָלָיו רוּחַ־קִנְאָה וְקִנֵּא
אֶת־אִשְׁתּוֹ וְהִיא לֹא נִטְמָאָה׃ 15 וְהֵבִיא
הָאִישׁ אֶת־אִשְׁתּוֹ אֶל־הַכֹּהֵן וְהֵבִיא אֶת־
קָרְבָּנָהּ עָלֶיהָ עֲשִׂירִת הָאֵיפָה קֶמַח
שְׂעֹרִים לֹא־יִצֹק עָלָיו שֶׁמֶן וְלֹא־יִתֵּן עָלָיו
לְבֹנָה כִּי־מִנְחַת קְנָאֹת הוּא מִנְחַת זִכָּרוֹן
מַזְכֶּרֶת עָוֺן׃ 16 וְהִקְרִיב אֹתָהּ הַכֹּהֵן
וְהֶעֱמִדָהּ לִפְנֵי יְהוָה׃ 17 וְלָקַח הַכֹּהֵן מַיִם
קְדֹשִׁים בִּכְלִי־חָרֶשׂ וּמִן־הֶעָפָר אֲשֶׁר
יִהְיֶה בְּקַרְקַע הַמִּשְׁכָּן יִקַּח הַכֹּהֵן וְנָתַן
אֶל־הַמָּיִם׃ 18 וְהֶעֱמִיד הַכֹּהֵן אֶת־הָאִשָּׁה
לִפְנֵי יְהוָה וּפָרַע אֶת־רֹאשׁ הָאִשָּׁה וְנָתַן
עַל־כַּפֶּיהָ אֵת מִנְחַת הַזִּכָּרוֹן מִנְחַת קְנָאֹת
הִוא וּבְיַד הַכֹּהֵן יִהְיוּ מֵי הַמָּרִים
הַמְאָרְרִים׃ 19 וְהִשְׁבִּיעַ אֹתָהּ הַכֹּהֵן וְאָמַר
אֶל־הָאִשָּׁה אִם־לֹא שָׁכַב אִישׁ אֹתָךְ
וְאִם־לֹא שָׂטִית טֻמְאָה תַּחַת אִישֵׁךְ הִנָּקִי
מִמֵּי הַמָּרִים הַמְאָרְרִים הָאֵלֶּה׃ 20 וְאַתְּ
כִּי שָׂטִית תַּחַת אִישֵׁךְ וְכִי נִטְמֵאת וַיִּתֵּן
אִישׁ בָּךְ אֶת־שְׁכָבְתּוֹ מִבַּלְעֲדֵי אִישֵׁךְ׃
21 וְהִשְׁבִּיעַ הַכֹּהֵן אֶת־הָאִשָּׁה בִּשְׁבֻעַת
הָאָלָה וְאָמַר הַכֹּהֵן לָאִשָּׁה יִתֵּן יְהוָה
אוֹתָךְ לְאָלָה וְלִשְׁבֻעָה בְּתוֹךְ עַמֵּךְ בְּתֵת
יְהוָה אֶת־יְרֵכֵךְ נֹפֶלֶת וְאֶת־בִּטְנֵךְ צָבָה׃
22 וּבָאוּ הַמַּיִם הַמְאָרְרִים הָאֵלֶּה בְּמֵעַיִךְ
לַצְבּוֹת בֶּטֶן וְלַנְפִּל יָרֵךְ וְאָמְרָה הָאִשָּׁה
אָמֵן ׀ אָמֵן׃ 23 וְכָתַב אֶת־הָאָלֹת הָאֵלֶּה

these curses in a scroll, and he shall blot them out into the water of bitterness. [24] And he shall make the woman drink the water of bitterness that causeth the curse; and the water that causeth the curse shall enter into her and become bitter. [25] And the priest shall take the meal-offering of jealousy out of the woman's hand, and shall wave the meal-offering before the LORD, and bring it unto the altar. [26] And the priest shall take a handful of the meal-offering, as the memorial-part thereof, and make it smoke upon the altar, and afterward shall make the woman drink the water. [27] And when he hath made her drink the water, then it shall come to pass, if she be defiled, and have acted unfaithfully against her husband, that the water that causeth the curse shall enter into her and become bitter, and her belly shall swell, and her thigh shall fall away; and the woman shall be a curse among her people. [28] And if the woman be not defiled, but be clean; then she shall be cleared, and shall conceive seed. [29] This is the law of jealousy, when a wife, being under her husband, goeth aside, and is defiled; [30] or when the spirit of jealousy cometh upon a man, and he be jealous over his wife; then shall he set the woman before the LORD, and the priest shall execute upon her all this law. [31] And the man shall be clear from iniquity, and that woman shall bear her iniquity.

6 And the LORD spoke unto Moses, saying: [2] Speak unto the children of Israel, and say unto them:

When either man or woman shall clearly utter a vow, the vow of a Nazirite, to consecrate himself unto the LORD, [3] he shall abstain from wine and strong drink: he shall drink no vinegar of wine, or vinegar of strong drink, neither shall he drink any liquor of grapes, nor eat fresh grapes or dried. [4] All the days of his Naziriteship shall he eat nothing that is made of the grape-vine, from the pressed grapes even to the grape-stone. [5] All the days of his vow of Naziriteship there shall no razor come upon his head; until the days be fulfilled, in which he consecrateth himself unto the LORD, he shall be holy, he shall let the locks of the hair of his head grow long. [6] All the days that he consecrateth himself unto the LORD he shall not come near to a dead body. [7] He shall not make himself unclean for his father, or for his mother, for his brother, or for his sister,

הַכֹּהֵן בַּסֵּפֶר וּמָחָה אֶל־מֵי הַמָּרִים׃
24 וְהִשְׁקָה אֶת־הָאִשָּׁה אֶת־מֵי הַמָּרִים
הַמְאָרְרִים וּבָאוּ בָהּ הַמַּיִם הַמְאָרְרִים
לְמָרִים׃ 25 וְלָקַח הַכֹּהֵן מִיַּד הָאִשָּׁה אֵת
מִנְחַת הַקְּנָאֹת וְהֵנִיף אֶת־הַמִּנְחָה לִפְנֵי
יְהֹוָה וְהִקְרִיב אֹתָהּ אֶל־הַמִּזְבֵּחַ׃ 26 וְקָמַץ
הַכֹּהֵן מִן־הַמִּנְחָה אֶת־אַזְכָּרָתָהּ וְהִקְטִיר
הַמִּזְבֵּחָה וְאַחַר יַשְׁקֶה אֶת־הָאִשָּׁה אֶת־
הַמָּיִם׃ 27 וְהִשְׁקָהּ אֶת־הַמַּיִם וְהָיְתָה אִם־
נִטְמְאָה וַתִּמְעֹל מַעַל בְּאִישָׁהּ וּבָאוּ בָהּ
הַמַּיִם הַמְאָרְרִים לְמָרִים וְצָבְתָה בִטְנָהּ
וְנָפְלָה יְרֵכָהּ וְהָיְתָה הָאִשָּׁה לְאָלָה בְּקֶרֶב
עַמָּהּ׃ 28 וְאִם־לֹא נִטְמְאָה הָאִשָּׁה וּטְהֹרָה
הִוא וְנִקְּתָה וְנִזְרְעָה זָרַע׃ 29 זֹאת תּוֹרַת
הַקְּנָאֹת אֲשֶׁר תִּשְׂטֶה אִשָּׁה תַּחַת אִישָׁהּ
וְנִטְמָאָה׃ 30 אוֹ אִישׁ אֲשֶׁר תַּעֲבֹר עָלָיו
רוּחַ קִנְאָה וְקִנֵּא אֶת־אִשְׁתּוֹ וְהֶעֱמִיד
אֶת־הָאִשָּׁה לִפְנֵי יְהֹוָה וְעָשָׂה לָהּ הַכֹּהֵן
אֵת כָּל־הַתּוֹרָה הַזֹּאת׃ 31 וְנִקָּה הָאִישׁ
מֵעָוֺן וְהָאִשָּׁה הַהִוא תִּשָּׂא אֶת־עֲוֺנָהּ׃ פ
6 וַיְדַבֵּר יְהֹוָה אֶל־מֹשֶׁה לֵּאמֹר׃ 2 דַּבֵּר
אֶל־בְּנֵי יִשְׂרָאֵל וְאָמַרְתָּ אֲלֵהֶם אִישׁ אוֹ־
אִשָּׁה כִּי יַפְלִא לִנְדֹּר נֶדֶר נָזִיר לְהַזִּיר
לַיהֹוָה׃ 3 מִיַּיִן וְשֵׁכָר יַזִּיר חֹמֶץ יַיִן וְחֹמֶץ
שֵׁכָר לֹא יִשְׁתֶּה וְכָל־מִשְׁרַת עֲנָבִים לֹא
יִשְׁתֶּה וַעֲנָבִים לַחִים וִיבֵשִׁים לֹא יֹאכֵל׃
4 כֹּל יְמֵי נִזְרוֹ מִכֹּל אֲשֶׁר יֵעָשֶׂה מִגֶּפֶן הַיַּיִן
מֵחַרְצַנִּים וְעַד־זָג לֹא יֹאכֵל׃ 5 כָּל־יְמֵי
נֶדֶר נִזְרוֹ תַּעַר לֹא־יַעֲבֹר עַל־רֹאשׁוֹ עַד־
מְלֹאת הַיָּמִם אֲשֶׁר־יַזִּיר לַיהֹוָה קָדֹשׁ
יִהְיֶה גַּדֵּל פֶּרַע שְׂעַר רֹאשׁוֹ׃ 6 כָּל־יְמֵי
הַזִּירוֹ לַיהֹוָה עַל־נֶפֶשׁ מֵת לֹא יָבֹא׃
7 לְאָבִיו וּלְאִמּוֹ לְאָחִיו וּלְאַחֹתוֹ לֹא־

when they die; because his consecration unto God is upon his head. [8] All the days of his Naziriteship he is holy unto the LORD. [9] And if any man die very suddenly beside him, and he defile his consecrated head, then he shall shave his head in the day of his cleansing, on the seventh day shall he shave it. [10] And on the eighth day he shall bring two turtledoves, or two young pigeons, to the priest, to the door of the tent of meeting. [11] And the priest shall prepare one for a sin-offering, and the other for a burnt-offering, and make atonement for him, for that he sinned by reason of the dead; and he shall hallow his head that same day. [12] And he shall consecrate unto the LORD the days of his Naziriteship, and shall bring a he-lamb of the first year for a guilt-offering; but the former days shall be void, because his consecration was defiled.

[13] And this is the law of the Nazirite, when the days of his consecration are fulfilled: he shall [a]bring it unto the door of the tent of meeting; [14] and he shall present his offering unto the LORD, one he-lamb of the first year without blemish for a burnt-offering, and one ewe-lamb of the first year without blemish for a sin-offering, and one ram without blemish for peace-offerings, [15] and a basket of unleavened bread, cakes of fine flour mingled with oil, and unleavened wafers spread with oil, and their meal-offering, and their drink-offerings. [16] And the priest shall bring them before the LORD, and shall offer his sin-offering, and his burnt-offering. [17] And he shall offer the ram for a sacrifice of peace-offerings unto the LORD, with the basket of unleavened bread; the priest shall offer also the meal-offering thereof, and the drink-offering thereof. [18] And the Nazirite shall shave his consecrated head at the door of the tent of meeting, and shall take the hair of his consecrated head, and put it on the fire which is under the sacrifice of peace-offerings. [19] And the priest shall take the shoulder of the ram when it is sodden, and one unleavened cake out of the basket, and one unleavened wafer, and shall put them upon the hands of the Nazirite, after he hath shaven his consecrated head. [20] And the priest shall wave them for a wave-offering before the LORD; this is holy for the priest, together with the breast of waving and the thigh of heaving, and

יִטַּמָּא לָהֶם בְּמֹתָם כִּי נֵזֶר אֱלֹהָיו עַל־
רֹאשׁוֹ׃ 8 כֹּל יְמֵי נִזְרוֹ קָדֹשׁ הוּא לַיהוָה׃
9 וְכִי־יָמוּת מֵת עָלָיו בְּפֶתַע פִּתְאֹם וְטִמֵּא
רֹאשׁ נִזְרוֹ וְגִלַּח רֹאשׁוֹ בְּיוֹם טָהֳרָתוֹ בַּיּוֹם
הַשְּׁבִיעִי יְגַלְּחֶנּוּ׃ 10 וּבַיּוֹם הַשְּׁמִינִי יָבִא
שְׁתֵּי תֹרִים אוֹ שְׁנֵי בְּנֵי יוֹנָה אֶל־הַכֹּהֵן
אֶל־פֶּתַח אֹהֶל מוֹעֵד׃ 11 וְעָשָׂה הַכֹּהֵן
אֶחָד לְחַטָּאת וְאֶחָד לְעֹלָה וְכִפֶּר עָלָיו
מֵאֲשֶׁר חָטָא עַל־הַנָּפֶשׁ וְקִדַּשׁ אֶת־רֹאשׁוֹ
בַּיּוֹם הַהוּא׃ 12 וְהִזִּיר לַיהוָה אֶת־יְמֵי נִזְרוֹ
וְהֵבִיא כֶּבֶשׂ בֶּן־שְׁנָתוֹ לְאָשָׁם וְהַיָּמִים
הָרִאשֹׁנִים יִפְּלוּ כִּי טָמֵא נִזְרוֹ׃ 13 וְזֹאת
תּוֹרַת הַנָּזִיר בְּיוֹם מְלֹאת יְמֵי נִזְרוֹ יָבִיא
אֹתוֹ אֶל־פֶּתַח אֹהֶל מוֹעֵד׃ 14 וְהִקְרִיב
אֶת־קָרְבָּנוֹ לַיהוָה כֶּבֶשׂ בֶּן־שְׁנָתוֹ תָמִים
אֶחָד לְעֹלָה וְכַבְשָׂה אַחַת בַּת־שְׁנָתָהּ
תְּמִימָה לְחַטָּאת וְאַיִל־אֶחָד תָּמִים
לִשְׁלָמִים׃ 15 וְסַל מַצּוֹת סֹלֶת חַלֹּת
בְּלוּלֹת בַּשֶּׁמֶן וּרְקִיקֵי מַצּוֹת מְשֻׁחִים
בַּשָּׁמֶן וּמִנְחָתָם וְנִסְכֵּיהֶם׃ 16 וְהִקְרִיב
הַכֹּהֵן לִפְנֵי יְהוָה וְעָשָׂה אֶת־חַטָּאתוֹ
וְאֶת־עֹלָתוֹ׃ 17 וְאֶת־הָאַיִל יַעֲשֶׂה זֶבַח
שְׁלָמִים לַיהוָה עַל סַל הַמַּצּוֹת וְעָשָׂה
הַכֹּהֵן אֶת־מִנְחָתוֹ וְאֶת־נִסְכּוֹ׃ 18 וְגִלַּח
הַנָּזִיר פֶּתַח אֹהֶל מוֹעֵד אֶת־רֹאשׁ נִזְרוֹ
וְלָקַח אֶת־שְׂעַר רֹאשׁ נִזְרוֹ וְנָתַן עַל־הָאֵשׁ
אֲשֶׁר־תַּחַת זֶבַח הַשְּׁלָמִים׃ 19 וְלָקַח הַכֹּהֵן
אֶת־הַזְּרֹעַ בְּשֵׁלָה מִן־הָאַיִל וְחַלַּת מַצָּה
אַחַת מִן־הַסַּל וּרְקִיק מַצָּה אֶחָד וְנָתַן
עַל־כַּפֵּי הַנָּזִיר אַחַר הִתְגַּלְּחוֹ אֶת־נִזְרוֹ׃
20 וְהֵנִיף אוֹתָם הַכֹּהֵן ׀ תְּנוּפָה לִפְנֵי יְהוָה
קֹדֶשׁ הוּא לַכֹּהֵן עַל חֲזֵה הַתְּנוּפָה וְעַל
שׁוֹק הַתְּרוּמָה וְאַחַר יִשְׁתֶּה הַנָּזִיר יָיִן׃

a That is, bring his consecrated head (come with his consecrated hair unshaven)

after that the Nazirite may drink wine. [21] This is the law of the Nazirite who voweth, and of his offering unto the LORD for his Naziriteship, beside that for which his means suffice; according to his vow which he voweth, so he must do after the law of his Naziriteship.

[22] And the LORD spoke unto Moses, saying: [23] 'Speak unto Aaron and unto his sons, saying: On this wise ye shall bless the children of Israel; ye shall say unto them:

[24] The LORD bless thee, and keep thee;

[25] The LORD make His face to shine upon thee, and be gracious unto thee;

[26] The LORD lift up His countenance upon thee, and give thee peace.

[27] So shall they put My name upon the children of Israel, and I will bless them.'

7

And it came to pass on the day that Moses had made an end of setting up the tabernacle, and had anointed it and sanctified it, and all the furniture thereof, and the altar and all the vessels thereof, and had anointed them and sanctified them; [2] that the princes of Israel, the heads of their fathers' houses, offered—these were the princes of the tribes, these are they that were over them that were numbered. [3] And they brought their offering before the LORD, six covered wagons, and twelve oxen: a wagon for every two of the princes, and for each one an ox; and they presented them before the tabernacle. [4] And the LORD spoke unto Moses, saying: [5] 'Take it of them, that they may be to do the service of the tent of meeting; and thou shalt give them unto the Levites, to every man according to his service.' [6] And Moses took the wagons and the oxen, and gave them unto the Levites. [7] Two wagons and four oxen he gave unto the sons of Gershon, according to their service. [8] And four wagons and eight oxen he gave unto the sons of Merari, according unto their service, under the hand of Ithamar the son of Aaron the priest. [9] But unto the sons of Kohath he gave none, because the service of the holy things belonged unto them: they bore them upon their shoulders. [10] And the princes brought the dedication-offering of the altar in the day that

21 זֹאת תּוֹרַת הַנָּזִיר אֲשֶׁר יִדֹּר קָרְבָּנוֹ
לַיהוָה עַל־נִזְרוֹ מִלְּבַד אֲשֶׁר־תַּשִּׂיג יָדוֹ
כְּפִי נִדְרוֹ אֲשֶׁר יִדֹּר כֵּן יַעֲשֶׂה עַל תּוֹרַת
נִזְרוֹ׃ פ
22 וַיְדַבֵּר יְהוָה אֶל־מֹשֶׁה לֵּאמֹר׃ 23 דַּבֵּר
אֶל־אַהֲרֹן וְאֶל־בָּנָיו לֵאמֹר כֹּה תְבָרְכוּ
אֶת־בְּנֵי יִשְׂרָאֵל אָמוֹר לָהֶם׃ ס
24 יְבָרֶכְךָ יְהוָה וְיִשְׁמְרֶךָ׃ ס 25 יָאֵר
יְהוָה ׀ פָּנָיו אֵלֶיךָ וִיחֻנֶּךָּ׃ ס 26 יִשָּׂא
יְהוָה ׀ פָּנָיו אֵלֶיךָ וְיָשֵׂם לְךָ שָׁלוֹם׃ ס
27 וְשָׂמוּ אֶת־שְׁמִי עַל־בְּנֵי יִשְׂרָאֵל וַאֲנִי
אֲבָרְכֵם׃ פ
7 וַיְהִי בְּיוֹם כַּלּוֹת מֹשֶׁה לְהָקִים
אֶת־הַמִּשְׁכָּן וַיִּמְשַׁח אֹתוֹ וַיְקַדֵּשׁ אֹתוֹ
וְאֶת־כָּל־כֵּלָיו וְאֶת־הַמִּזְבֵּחַ וְאֶת־כָּל־כֵּלָיו
וַיִּמְשָׁחֵם וַיְקַדֵּשׁ אֹתָם׃ 2 וַיַּקְרִיבוּ נְשִׂיאֵי
יִשְׂרָאֵל רָאשֵׁי בֵּית אֲבֹתָם הֵם נְשִׂיאֵי
הַמַּטֹּת הֵם הָעֹמְדִים עַל־הַפְּקֻדִים׃
3 וַיָּבִיאוּ אֶת־קָרְבָּנָם לִפְנֵי יְהוָה שֵׁשׁ־
עֶגְלֹת צָב וּשְׁנֵי עָשָׂר בָּקָר עֲגָלָה עַל־שְׁנֵי
הַנְּשִׂאִים וְשׁוֹר לְאֶחָד וַיַּקְרִיבוּ אוֹתָם
לִפְנֵי הַמִּשְׁכָּן׃ 4 וַיֹּאמֶר יְהוָה אֶל־מֹשֶׁה
לֵּאמֹר׃ 5 קַח מֵאִתָּם וְהָיוּ לַעֲבֹד אֶת־
עֲבֹדַת אֹהֶל מוֹעֵד וְנָתַתָּה אוֹתָם אֶל־
הַלְוִיִּם אִישׁ כְּפִי עֲבֹדָתוֹ׃ 6 וַיִּקַּח מֹשֶׁה
אֶת־הָעֲגָלֹת וְאֶת־הַבָּקָר וַיִּתֵּן אוֹתָם אֶל־
הַלְוִיִּם׃ 7 אֵת ׀ שְׁתֵּי הָעֲגָלֹת וְאֵת אַרְבַּעַת
הַבָּקָר נָתַן לִבְנֵי גֵרְשׁוֹן כְּפִי עֲבֹדָתָם׃
8 וְאֵת ׀ אַרְבַּע הָעֲגָלֹת וְאֵת שְׁמֹנַת הַבָּקָר
נָתַן לִבְנֵי מְרָרִי כְּפִי עֲבֹדָתָם בְּיַד אִיתָמָר
בֶּן־אַהֲרֹן הַכֹּהֵן׃ 9 וְלִבְנֵי קְהָת לֹא נָתָן
כִּי־עֲבֹדַת הַקֹּדֶשׁ עֲלֵהֶם בַּכָּתֵף יִשָּׂאוּ׃
10 וַיַּקְרִיבוּ הַנְּשִׂאִים אֵת חֲנֻכַּת הַמִּזְבֵּחַ

it was anointed, even the princes brought their offering before the altar. [11] And the LORD said unto Moses: 'They shall present their offering, each prince on his day, for the dedication of the altar.'

[12] And he that presented his offering the first day was Nahshon the son of Amminadab, of the tribe of Judah; [13] and his offering was one silver dish, the weight thereof was a hundred and thirty shekels, one silver basin of seventy shekels, after the shekel of the sanctuary; both of them full of fine flour mingled with oil for a meal-offering; [14] one golden pan of ten shekels, full of incense; [15] one young bullock, one ram, one he-lamb of the first year, for a burnt-offering; [16] one male of the goats for a sin-offering; [17] and for the sacrifice of peace-offerings, two oxen, five rams, five he-goats, five he-lambs of the first year. This was the offering of Nahshon the son of Amminadab.

[18] On the second day Nethanel the son of Zuar, prince of Issachar, did offer: [19] he presented for his offering one silver dish, the weight thereof was a hundred and thirty shekels, one silver basin of seventy shekels, after the shekel of the sanctuary; both of them full of fine flour mingled with oil for a meal-offering; [20] one golden pan of ten shekels, full of incense; [21] one young bullock, one ram, one he-lamb of the first year, for a burnt-offering; [22] one male of the goats for a sin-offering; [23] and for the sacrifice of peace-offerings, two oxen, five rams, five he-goats, five he-lambs of the first year. This was the offering of Nethanel the son of Zuar.

[24] On the third day Eliab the son of Helon, prince of the children of Zebulun: [25] his offering was one silver dish, the weight thereof was a hundred and thirty shekels, one silver basin of seventy shekels, after the shekel of the

בְּיוֹם הִמָּשַׁח אֹתוֹ וַיַּקְרִיבוּ הַנְּשִׂיאִם
אֶת־קָרְבָּנָם לִפְנֵי הַמִּזְבֵּחַ׃ 11 וַיֹּאמֶר יְהוָה
אֶל־מֹשֶׁה נָשִׂיא אֶחָד לַיּוֹם נָשִׂיא אֶחָד
לַיּוֹם יַקְרִיבוּ אֶת־קָרְבָּנָם לַחֲנֻכַּת
הַמִּזְבֵּחַ׃ ס 12 וַיְהִי הַמַּקְרִיב בַּיּוֹם
הָרִאשׁוֹן אֶת־קָרְבָּנוֹ נַחְשׁוֹן בֶּן־עַמִּינָדָב
לְמַטֵּה יְהוּדָה׃ 13 וְקָרְבָּנוֹ קַעֲרַת־כֶּסֶף
אַחַת שְׁלֹשִׁים וּמֵאָה מִשְׁקָלָהּ מִזְרָק אֶחָד
כֶּסֶף שִׁבְעִים שֶׁקֶל בְּשֶׁקֶל הַקֹּדֶשׁ שְׁנֵיהֶם ׀
מְלֵאִים סֹלֶת בְּלוּלָה בַשֶּׁמֶן לְמִנְחָה׃
14 כַּף אַחַת עֲשָׂרָה זָהָב מְלֵאָה קְטֹרֶת׃
15 פַּר אֶחָד בֶּן־בָּקָר אַיִל אֶחָד כֶּבֶשׂ־אֶחָד
בֶּן־שְׁנָתוֹ לְעֹלָה׃ 16 שְׂעִיר־עִזִּים אֶחָד
לְחַטָּאת׃ 17 וּלְזֶבַח הַשְּׁלָמִים בָּקָר שְׁנַיִם
אֵילִם חֲמִשָּׁה עַתּוּדִים חֲמִשָּׁה כְּבָשִׂים
בְּנֵי־שָׁנָה חֲמִשָּׁה זֶה קָרְבַּן נַחְשׁוֹן בֶּן־
עַמִּינָדָב׃ פ
18 בַּיּוֹם הַשֵּׁנִי הִקְרִיב נְתַנְאֵל בֶּן־צוּעָר
נְשִׂיא יִשָּׂשכָר׃ 19 הִקְרִב אֶת־קָרְבָּנוֹ
קַעֲרַת־כֶּסֶף אַחַת שְׁלֹשִׁים וּמֵאָה מִשְׁקָלָהּ
מִזְרָק אֶחָד כֶּסֶף שִׁבְעִים שֶׁקֶל בְּשֶׁקֶל
הַקֹּדֶשׁ שְׁנֵיהֶם ׀ מְלֵאִים סֹלֶת בְּלוּלָה
בַשֶּׁמֶן לְמִנְחָה׃ 20 כַּף אַחַת עֲשָׂרָה זָהָב
מְלֵאָה קְטֹרֶת׃ 21 פַּר אֶחָד בֶּן־בָּקָר אַיִל
אֶחָד כֶּבֶשׂ־אֶחָד בֶּן־שְׁנָתוֹ לְעֹלָה׃
22 שְׂעִיר־עִזִּים אֶחָד לְחַטָּאת׃ 23 וּלְזֶבַח
הַשְּׁלָמִים בָּקָר שְׁנַיִם אֵילִם חֲמִשָּׁה
עַתּוּדִים חֲמִשָּׁה כְּבָשִׂים בְּנֵי־שָׁנָה חֲמִשָּׁה
זֶה קָרְבַּן נְתַנְאֵל בֶּן־צוּעָר׃ פ
24 בַּיּוֹם הַשְּׁלִישִׁי נָשִׂיא לִבְנֵי זְבוּלֻן אֱלִיאָב
בֶּן־חֵלֹן׃ 25 קָרְבָּנוֹ קַעֲרַת־כֶּסֶף אַחַת
שְׁלֹשִׁים וּמֵאָה מִשְׁקָלָהּ מִזְרָק אֶחָד כֶּסֶף
שִׁבְעִים שֶׁקֶל בְּשֶׁקֶל הַקֹּדֶשׁ שְׁנֵיהֶם ׀

sanctuary; both of them full of fine flour mingled with oil for a meal-offering; [26] one golden pan of ten shekels, full of incense; [27] one young bullock, one ram, one he-lamb of the first year, for a burnt-offering; [28] one male of the goats for a sin-offering; [29] and for the sacrifice of peace-offerings, two oxen, five rams, five he-goats, five he-lambs of the first year. This was the offering of Eliab the son of Helon.

[30] On the fourth day Elizur the son of Shedeur, prince of the children of Reuben: [31] his offering was one silver dish, the weight thereof was a hundred and thirty shekels, one silver basin of seventy shekels, after the shekel of the sanctuary; both of them full of fine flour mingled with oil for a meal-offering; [32] one golden pan of ten shekels, full of incense; [33] one young bullock, one ram, one he-lamb of the first year, for a burnt-offering; [34] one male of the goats for a sin-offering; [35] and for the sacrifice of peace-offerings, two oxen, five rams, five he-goats, five he-lambs of the first year. This was the offering of Elizur the son of Shedeur.

[36] On the fifth day Shelumiel the son of Zurishaddai, prince of the children of Simeon: [37] his offering was one silver dish, the weight thereof was a hundred and thirty shekels, one silver basin of seventy shekels, after the shekel of the sanctuary; both of them full of fine flour mingled with oil for a meal-offering; [38] one golden pan of ten shekels, full of incense; [39] one young bullock, one ram, one he-lamb of the first year, for a burnt-offering; [40] one male of the goats for a sin-offering; [41] and for the sacrifice of peace-offerings, two oxen, five rams, five he-goats, five he-lambs of the first year. This was the offering of Shelumiel the son of Zurishaddai.

[42] On the sixth day Eliasaph the son of

מְלֵאִים סֹלֶת בְּלוּלָה בַשֶּׁמֶן לְמִנְחָה׃
26 כַּף אַחַת עֲשָׂרָה זָהָב מְלֵאָה קְטֹרֶת׃
27 פַּר אֶחָד בֶּן־בָּקָר אַיִל אֶחָד כֶּבֶשׂ־אֶחָד
בֶּן־שְׁנָתוֹ לְעֹלָה׃ 28 שְׂעִיר־עִזִּים אֶחָד
לְחַטָּאת׃ 29 וּלְזֶבַח הַשְּׁלָמִים בָּקָר שְׁנַיִם
אֵילִם חֲמִשָּׁה עַתֻּדִים חֲמִשָּׁה כְּבָשִׂים
בְּנֵי־שָׁנָה חֲמִשָּׁה זֶה קָרְבַּן אֱלִיאָב בֶּן־
חֵלֹן׃ פ
30 בַּיּוֹם הָרְבִיעִי נָשִׂיא לִבְנֵי רְאוּבֵן
אֱלִיצוּר בֶּן־שְׁדֵיאוּר׃ 31 קָרְבָּנוֹ קַעֲרַת־
כֶּסֶף אַחַת שְׁלֹשִׁים וּמֵאָה מִשְׁקָלָהּ מִזְרָק
אֶחָד כֶּסֶף שִׁבְעִים שֶׁקֶל בְּשֶׁקֶל הַקֹּדֶשׁ
שְׁנֵיהֶם ׀ מְלֵאִים סֹלֶת בְּלוּלָה בַשֶּׁמֶן
לְמִנְחָה׃ 32 כַּף אַחַת עֲשָׂרָה זָהָב מְלֵאָה
קְטֹרֶת 33 פַּר אֶחָד בֶּן־בָּקָר אַיִל אֶחָד
כֶּבֶשׂ־אֶחָד בֶּן־שְׁנָתוֹ לְעֹלָה׃ 34 שְׂעִיר־
עִזִּים אֶחָד לְחַטָּאת׃ 35 וּלְזֶבַח הַשְּׁלָמִים
בָּקָר שְׁנַיִם אֵילִם חֲמִשָּׁה עַתֻּדִים חֲמִשָּׁה
כְּבָשִׂים בְּנֵי־שָׁנָה חֲמִשָּׁה זֶה קָרְבַּן
אֱלִיצוּר בֶּן־שְׁדֵיאוּר׃ פ
36 בַּיּוֹם הַחֲמִישִׁי נָשִׂיא לִבְנֵי שִׁמְעוֹן
שְׁלֻמִיאֵל בֶּן־צוּרִישַׁדָּי׃ 37 קָרְבָּנוֹ קַעֲרַת־
כֶּסֶף אַחַת שְׁלֹשִׁים וּמֵאָה מִשְׁקָלָהּ מִזְרָק
אֶחָד כֶּסֶף שִׁבְעִים שֶׁקֶל בְּשֶׁקֶל הַקֹּדֶשׁ
שְׁנֵיהֶם ׀ מְלֵאִים סֹלֶת בְּלוּלָה בַשֶּׁמֶן
לְמִנְחָה׃ 38 כַּף אַחַת עֲשָׂרָה זָהָב מְלֵאָה
קְטֹרֶת׃ 39 פַּר אֶחָד בֶּן־בָּקָר אַיִל אֶחָד
כֶּבֶשׂ־אֶחָד בֶּן־שְׁנָתוֹ לְעֹלָה׃ 40 שְׂעִיר־
עִזִּים אֶחָד לְחַטָּאת 41 וּלְזֶבַח הַשְּׁלָמִים
בָּקָר שְׁנַיִם אֵילִם חֲמִשָּׁה עַתֻּדִים חֲמִשָּׁה
כְּבָשִׂים בְּנֵי־שָׁנָה חֲמִשָּׁה זֶה קָרְבַּן
שְׁלֻמִיאֵל בֶּן־צוּרִישַׁדָּי׃ פ
42 בַּיּוֹם הַשִּׁשִּׁי נָשִׂיא לִבְנֵי גָד אֶלְיָסָף

Deuel, prince of the children of Gad: [43] his offering was one silver dish, the weight thereof was a hundred and thirty shekels, one silver basin of seventy shekels, after the shekel of the sanctuary; both of them full of fine flour mingled with oil for a meal-offering; [44] one golden pan of ten shekels, full of incense; [45] one young bullock, one ram, one he-lamb of the first year, for a burnt-offering; [46] one male of the goats for a sin-offering; [47] and for the sacrifice of peace-offerings, two oxen, five rams, five he-goats, five he-lambs of the first year. This was the offering of Eliasaph the son of Deuel.

[48] On the seventh day Elishama the son of Ammihud, prince of the children of Ephraim: [49] his offering was one silver dish, the weight thereof was a hundred and thirty shekels, one silver basin of seventy shekels, after the shekel of the sanctuary; both of them full of fine flour mingled with oil for a meal-offering; [50] one golden pan of ten shekels, full of incense; [51] one young bullock, one ram, one he-lamb of the first year, for a burnt-offering; [52] one male of the goats for a sin-offering; [53] and for the sacrifice of peace-offerings, two oxen, five rams, five he-goats, five he-lambs of the first year. This was the offering of Elishama the son of Ammihud.

[54] On the eighth day Gamaliel the son of Pedahzur, prince of the children of Manasseh: [55] his offering was one silver dish, the weight thereof was a hundred and thirty shekels, one silver basin of seventy shekels, after the shekel of the sanctuary; both of them full of fine flour mingled with oil for a meal-offering; [56] one golden pan of ten shekels, full of incense; [57] one young bullock, one ram, one he-lamb of the first year, for a burnt-offering; [58] one male of the goats for a sin-offering; [59] and for the sacrifice of peace-offerings, two oxen, five rams, five he-

בֶּן־דְּעוּאֵל׃ 43 קׇרְבָּנוֹ קַעֲרַת־כֶּסֶף אַחַת
שְׁלֹשִׁים וּמֵאָה מִשְׁקָלָהּ מִזְרָק אֶחָד כֶּסֶף
שִׁבְעִים שֶׁקֶל בְּשֶׁקֶל הַקֹּדֶשׁ שְׁנֵיהֶם ׀
מְלֵאִים סֹלֶת בְּלוּלָה בַשֶּׁמֶן לְמִנְחָה׃
44 כַּף אַחַת עֲשָׂרָה זָהָב מְלֵאָה קְטֹרֶת׃
45 פַּר אֶחָד בֶּן־בָּקָר אַיִל אֶחָד כֶּבֶשׂ־אֶחָד
בֶּן־שְׁנָתוֹ לְעֹלָה׃ 46 שְׂעִיר־עִזִּים אֶחָד
לְחַטָּאת׃ 47 וּלְזֶבַח הַשְּׁלָמִים בָּקָר שְׁנַיִם
אֵילִם חֲמִשָּׁה עַתֻּדִים חֲמִשָּׁה כְּבָשִׂים
בְּנֵי־שָׁנָה חֲמִשָּׁה זֶה קׇרְבַּן אֶלְיָסָף בֶּן־
דְּעוּאֵל׃ פ
48 בַּיּוֹם הַשְּׁבִיעִי נָשִׂיא לִבְנֵי אֶפְרָיִם
אֱלִישָׁמָע בֶּן־עַמִּיהוּד׃ 49 קׇרְבָּנוֹ קַעֲרַת־
כֶּסֶף אַחַת שְׁלֹשִׁים וּמֵאָה מִשְׁקָלָהּ מִזְרָק
אֶחָד כֶּסֶף שִׁבְעִים שֶׁקֶל בְּשֶׁקֶל הַקֹּדֶשׁ
שְׁנֵיהֶם ׀ מְלֵאִים סֹלֶת בְּלוּלָה בַשֶּׁמֶן
לְמִנְחָה׃ 50 כַּף אַחַת עֲשָׂרָה זָהָב מְלֵאָה
קְטֹרֶת׃ 51 פַּר אֶחָד בֶּן־בָּקָר אַיִל אֶחָד
כֶּבֶשׂ־אֶחָד בֶּן־שְׁנָתוֹ לְעֹלָה׃ 52 שְׂעִיר־
עִזִּים אֶחָד לְחַטָּאת׃ 53 וּלְזֶבַח הַשְּׁלָמִים
בָּקָר שְׁנַיִם אֵילִם חֲמִשָּׁה עַתֻּדִים חֲמִשָּׁה
כְּבָשִׂים בְּנֵי־שָׁנָה חֲמִשָּׁה זֶה קׇרְבַּן
אֱלִישָׁמָע בֶּן־עַמִּיהוּד׃ פ
54 בַּיּוֹם הַשְּׁמִינִי נָשִׂיא לִבְנֵי מְנַשֶּׁה
גַּמְלִיאֵל בֶּן־פְּדָה־צוּר׃ 55 קׇרְבָּנוֹ קַעֲרַת־
כֶּסֶף אַחַת שְׁלֹשִׁים וּמֵאָה מִשְׁקָלָהּ מִזְרָק
אֶחָד כֶּסֶף שִׁבְעִים שֶׁקֶל בְּשֶׁקֶל הַקֹּדֶשׁ
שְׁנֵיהֶם ׀ מְלֵאִים סֹלֶת בְּלוּלָה בַשֶּׁמֶן
לְמִנְחָה׃ 56 כַּף אַחַת עֲשָׂרָה זָהָב מְלֵאָה
קְטֹרֶת׃ 57 פַּר אֶחָד בֶּן־בָּקָר אַיִל אֶחָד
כֶּבֶשׂ־אֶחָד בֶּן־שְׁנָתוֹ לְעֹלָה׃ 58 שְׂעִיר־
עִזִּים אֶחָד לְחַטָּאת׃ 59 וּלְזֶבַח הַשְּׁלָמִים
בָּקָר שְׁנַיִם אֵילִם חֲמִשָּׁה עַתֻּדִים חֲמִשָּׁה

כְּבָשִׂים בְּנֵי־שָׁנָה חֲמִשָּׁה זֶה קָרְבַּן
גַּמְלִיאֵל בֶּן־פְּדָהצוּר׃ פ
60 בַּיּוֹם הַתְּשִׁיעִי נָשִׂיא לִבְנֵי בִנְיָמִן אֲבִידָן
בֶּן־גִּדְעֹנִי׃ 61 קָרְבָּנוֹ קַעֲרַת־כֶּסֶף אַחַת
שְׁלֹשִׁים וּמֵאָה מִשְׁקָלָהּ מִזְרָק אֶחָד כֶּסֶף
שִׁבְעִים שֶׁקֶל בְּשֶׁקֶל הַקֹּדֶשׁ שְׁנֵיהֶם ׀
מְלֵאִים סֹלֶת בְּלוּלָה בַשֶּׁמֶן לְמִנְחָה׃
62 כַּף אַחַת עֲשָׂרָה זָהָב מְלֵאָה קְטֹרֶת׃
63 פַּר אֶחָד בֶּן־בָּקָר אַיִל אֶחָד כֶּבֶשׂ־אֶחָד
בֶּן־שְׁנָתוֹ לְעֹלָה׃ 64 שְׂעִיר־עִזִּים אֶחָד
לְחַטָּאת׃ 65 וּלְזֶבַח הַשְּׁלָמִים בָּקָר שְׁנַיִם
אֵילִם חֲמִשָּׁה עַתֻּדִים חֲמִשָּׁה כְּבָשִׂים
בְּנֵי־שָׁנָה חֲמִשָּׁה זֶה קָרְבַּן אֲבִידָן בֶּן־
גִּדְעֹנִי׃ פ
66 בַּיּוֹם הָעֲשִׂירִי נָשִׂיא לִבְנֵי דָן אֲחִיעֶזֶר
בֶּן־עַמִּישַׁדָּי׃ 67 קָרְבָּנוֹ קַעֲרַת־כֶּסֶף אַחַת
שְׁלֹשִׁים וּמֵאָה מִשְׁקָלָהּ מִזְרָק אֶחָד כֶּסֶף
שִׁבְעִים שֶׁקֶל בְּשֶׁקֶל הַקֹּדֶשׁ שְׁנֵיהֶם ׀
מְלֵאִים סֹלֶת בְּלוּלָה בַשֶּׁמֶן לְמִנְחָה׃
68 כַּף אַחַת עֲשָׂרָה זָהָב מְלֵאָה קְטֹרֶת׃
69 פַּר אֶחָד בֶּן־בָּקָר אַיִל אֶחָד כֶּבֶשׂ־אֶחָד
בֶּן־שְׁנָתוֹ לְעֹלָה׃ 70 שְׂעִיר־עִזִּים אֶחָד
לְחַטָּאת׃ 71 וּלְזֶבַח הַשְּׁלָמִים בָּקָר שְׁנַיִם
אֵילִם חֲמִשָּׁה עַתֻּדִים חֲמִשָּׁה כְּבָשִׂים
בְּנֵי־שָׁנָה חֲמִשָּׁה זֶה קָרְבַּן אֲחִיעֶזֶר בֶּן־
עַמִּישַׁדָּי׃ פ
72 בְּיוֹם עַשְׁתֵּי עָשָׂר יוֹם נָשִׂיא לִבְנֵי אָשֵׁר
פַּגְעִיאֵל בֶּן־עָכְרָן׃ 73 קָרְבָּנוֹ קַעֲרַת־כֶּסֶף
אַחַת שְׁלֹשִׁים וּמֵאָה מִשְׁקָלָהּ מִזְרָק אֶחָד
כֶּסֶף שִׁבְעִים שֶׁקֶל בְּשֶׁקֶל הַקֹּדֶשׁ שְׁנֵיהֶם ׀
מְלֵאִים סֹלֶת בְּלוּלָה בַשֶּׁמֶן לְמִנְחָה׃
74 כַּף אַחַת עֲשָׂרָה זָהָב מְלֵאָה קְטֹרֶת׃
75 פַּר אֶחָד בֶּן־בָּקָר אַיִל אֶחָד כֶּבֶשׂ־אֶחָד

goats, five he-lambs of the first year. This was the offering of Gamaliel the son of Pedahzur.

[60] On the ninth day Abidan the son of Gideoni, prince of the children of Benjamin: [61] his offering was one silver dish, the weight thereof was a hundred and thirty shekels, one silver basin of seventy shekels, after the shekel of the sanctuary; both of them full of fine flour mingled with oil for a meal-offering; [62] one golden pan of ten shekels, full of incense; [63] one young bullock, one ram, one he-lamb of the first year, for a burnt-offering; [64] one male of the goats for a sin-offering; [65] and for the sacrifice of peace-offerings, two oxen, five rams, five he-goats, five he-lambs of the first year. This was the offering of Abidan the son of Gideoni.

[66] On the tenth day Ahiezer the son of Ammishaddai, prince of the children of Dan: [67] his offering was one silver dish, the weight thereof was a hundred and thirty shekels, one silver basin of seventy shekels, after the shekel of the sanctuary; both of them full of fine flour mingled with oil for a meal-offering; [68] one golden pan of ten shekels, full of incense; [69] one young bullock, one ram, one he-lamb of the first year, for a burnt-offering; [70] one male of the goats for a sin-offering; [71] and for the sacrifice of peace-offerings, two oxen, five rams, five he-goats, five he-lambs of the first year. This was the offering of Ahiezer the son of Ammishaddai.

[72] On the eleventh day Pagiel the son of Ochran, prince of the children of Asher: [73] his offering was one silver dish, the weight thereof was a hundred and thirty shekels, one silver basin of seventy shekels, after the shekel of the sanctuary; both of them full of fine flour mingled with oil for a meal-offering; [74] one golden pan of ten shekels, full of incense; [75] one young bullock, one ram, one he-lamb of the first year,

for a burnt-offering; [76] one male of the goats for a sin-offering; [77] and for the sacrifice of peace-offerings, two oxen, five rams, five he-goats, five he-lambs of the first year. This was the offering of Pagiel the son of Ochran.

[78] On the twelfth day Ahira the son of Enan, prince of the children of Naphtali: [79] his offering was one silver dish, the weight thereof was a hundred and thirty shekels, one silver basin of seventy shekels, after the shekel of the sanctuary; both of them full of fine flour mingled with oil for a meal-offering; [80] one golden pan of ten shekels, full of incense; [81] one young bullock, one ram, one he-lamb of the first year, for a burnt-offering; [82] one male of the goats for a sin-offering; [83] and for the sacrifice of peace-offerings, two oxen, five rams, five he-goats, five he-lambs of the first year. This was the offering of Ahira the son of Enan.

[84] This was the dedication-offering of the altar, in the day when it was anointed, at the hands of the princes of Israel: twelve silver dishes, twelve silver basins, twelve golden pans; [85] each silver dish weighing a hundred and thirty shekels, and each basin seventy; all the silver of the vessels two thousand and four hundred shekels, after the shekel of the sanctuary; [86] twelve golden pans, full of incense, weighing ten shekels apiece, after the shekel of the sanctuary; all the gold of the pans a hundred and twenty shekels; [87] all the oxen for the burnt-offering twelve bullocks, the rams twelve, the he-lambs of the first year twelve, and their meal-offering; and the males of the goats for a sin-offering twelve; [88] and all the oxen for the sacrifice of peace-offerings twenty and four bullocks, the rams sixty, the he-goats sixty, the he-lambs of the first year sixty. This was the dedication-offering of the altar, after

בֶּן־שְׁנָתוֹ לְעֹלָה׃ 76 שְׂעִיר־עִזִּים אֶחָד
לְחַטָּאת׃ 77 וּלְזֶבַח הַשְּׁלָמִים בָּקָר שְׁנַיִם
אֵילִם חֲמִשָּׁה עַתֻּדִים חֲמִשָּׁה כְּבָשִׂים
בְּנֵי־שָׁנָה חֲמִשָּׁה זֶה קָרְבַּן פַּגְעִיאֵל בֶּן־
עָכְרָן׃ פ
78 בְּיוֹם שְׁנֵים עָשָׂר יוֹם נָשִׂיא לִבְנֵי נַפְתָּלִי
אֲחִירַע בֶּן־עֵינָן׃ 79 קָרְבָּנוֹ קַעֲרַת־כֶּסֶף
אַחַת שְׁלֹשִׁים וּמֵאָה מִשְׁקָלָהּ מִזְרָק אֶחָד
כֶּסֶף שִׁבְעִים שֶׁקֶל בְּשֶׁקֶל הַקֹּדֶשׁ שְׁנֵיהֶם ׀
מְלֵאִים סֹלֶת בְּלוּלָה בַשֶּׁמֶן לְמִנְחָה׃
80 כַּף אַחַת עֲשָׂרָה זָהָב מְלֵאָה קְטֹרֶת׃
81 פַּר אֶחָד בֶּן־בָּקָר אַיִל אֶחָד כֶּבֶשׂ־אֶחָד
בֶּן־שְׁנָתוֹ לְעֹלָה׃ 82 שְׂעִיר־עִזִּים אֶחָד
לְחַטָּאת׃ 83 וּלְזֶבַח הַשְּׁלָמִים בָּקָר שְׁנַיִם
אֵילִם חֲמִשָּׁה עַתֻּדִים חֲמִשָּׁה כְּבָשִׂים
בְּנֵי־שָׁנָה חֲמִשָּׁה זֶה קָרְבַּן אֲחִירַע בֶּן־
עֵינָן׃ פ
84 זֹאת ׀ חֲנֻכַּת הַמִּזְבֵּחַ בְּיוֹם הִמָּשַׁח אֹתוֹ
מֵאֵת נְשִׂיאֵי יִשְׂרָאֵל קַעֲרֹת כֶּסֶף שְׁתֵּים
עֶשְׂרֵה מִזְרְקֵי־כֶסֶף שְׁנֵים עָשָׂר כַּפּוֹת זָהָב
שְׁתֵּים עֶשְׂרֵה׃ 85 שְׁלֹשִׁים וּמֵאָה הַקְּעָרָה
הָאַחַת כֶּסֶף וְשִׁבְעִים הַמִּזְרָק הָאֶחָד כֹּל
כֶּסֶף הַכֵּלִים אַלְפַּיִם וְאַרְבַּע־מֵאוֹת בְּשֶׁקֶל
הַקֹּדֶשׁ׃ 86 כַּפּוֹת זָהָב שְׁתֵּים־עֶשְׂרֵה
מְלֵאֹת קְטֹרֶת עֲשָׂרָה עֲשָׂרָה הַכַּף בְּשֶׁקֶל
הַקֹּדֶשׁ כָּל־זְהַב הַכַּפּוֹת עֶשְׂרִים וּמֵאָה׃
87 כָּל־הַבָּקָר לָעֹלָה שְׁנֵים עָשָׂר פָּרִים
אֵילִם שְׁנֵים־עָשָׂר כְּבָשִׂים בְּנֵי־שָׁנָה שְׁנֵים
עָשָׂר וּמִנְחָתָם וּשְׂעִירֵי עִזִּים שְׁנֵים עָשָׂר
לְחַטָּאת׃ 88 וְכֹל בְּקַר ׀ זֶבַח הַשְּׁלָמִים
עֶשְׂרִים וְאַרְבָּעָה פָּרִים אֵילִם שִׁשִּׁים
עַתֻּדִים שִׁשִּׁים כְּבָשִׂים בְּנֵי־שָׁנָה שִׁשִּׁים
זֹאת חֲנֻכַּת הַמִּזְבֵּחַ אַחֲרֵי הִמָּשַׁח אֹתוֹ׃

that it was anointed. [89] And when Moses went into the tent of meeting that He might speak with him, then he heard the Voice speaking unto him from above the ark-cover that was upon the ark of the testimony, from between the two cherubim; and He spoke unto him.

BE-HA'ALOTEKHA

8 And the LORD spoke unto Moses, saying: [2] 'Speak unto Aaron, and say unto him: When thou lightest the lamps, the seven lamps shall give light in front of the candlestick' [3] And Aaron did so: he lighted the lamps thereof so as to give light in front of the candlestick, as the LORD commanded Moses. [4] And this was the work of the candlestick, beaten work of gold; unto the base thereof, and unto the flowers thereof, it was beaten work; according unto the pattern which the LORD had shown Moses, so he made the candlestick.

[5] And the LORD spoke unto Moses, saying: [6] 'Take the Levites from among the children of Israel, and cleanse them. [7] And thus shalt thou do unto them, to cleanse them: sprinkle the water of purification upon them, and let them cause a razor to pass over all their flesh, and let them wash their clothes, and cleanse themselves. [8] Then let them take a young bullock, and its meal-offering, fine flour mingled with oil, and another young bullock shalt thou take for a sin-offering. [9] And thou shalt present the Levites before the tent of meeting; and thou shalt assemble the whole congregation of the children of Israel. [10] And thou shalt present the Levites before the LORD; and the children of Israel shall lay their hands upon the Levites. [11] And Aaron shall offer the Levites before the LORD for a wave-offering from the children of Israel, that they may be to do the service of the LORD. [12] And the Levites shall lay their hands upon the heads of the bullocks; and offer thou the one for a sin-offering, and the other for a burnt-offering, unto the LORD, to make atonement for the Levites. [13] And thou shalt set the Levites before Aaron, and before his sons, and offer them for a wave-

89 וּבְבֹא מֹשֶׁה אֶל־אֹהֶל מוֹעֵד לְדַבֵּר אִתּוֹ
וַיִּשְׁמַע אֶת־הַקּוֹל מִדַּבֵּר אֵלָיו מֵעַל
הַכַּפֹּרֶת אֲשֶׁר עַל־אֲרֹן הָעֵדֻת מִבֵּין שְׁנֵי
הַכְּרֻבִים וַיְדַבֵּר אֵלָיו: פ

בהעלתך

8 וַיְדַבֵּר יְהוָה אֶל־מֹשֶׁה לֵּאמֹר: 2 דַּבֵּר
אֶל־אַהֲרֹן וְאָמַרְתָּ אֵלָיו בְּהַעֲלֹתְךָ אֶת־
הַנֵּרֹת אֶל־מוּל פְּנֵי הַמְּנוֹרָה יָאִירוּ שִׁבְעַת
הַנֵּרוֹת: 3 וַיַּעַשׂ כֵּן אַהֲרֹן אֶל־מוּל פְּנֵי
הַמְּנוֹרָה הֶעֱלָה נֵרֹתֶיהָ כַּאֲשֶׁר צִוָּה יְהוָה
אֶת־מֹשֶׁה: 4 וְזֶה מַעֲשֵׂה הַמְּנֹרָה מִקְשָׁה
זָהָב עַד־יְרֵכָהּ עַד־פִּרְחָהּ מִקְשָׁה הִוא
כַּמַּרְאֶה אֲשֶׁר הֶרְאָה יְהוָה אֶת־מֹשֶׁה כֵּן
עָשָׂה אֶת־הַמְּנֹרָה: פ
5 וַיְדַבֵּר יְהוָה אֶל־מֹשֶׁה לֵּאמֹר: 6 קַח
אֶת־הַלְוִיִּם מִתּוֹךְ בְּנֵי יִשְׂרָאֵל וְטִהַרְתָּ
אֹתָם: 7 וְכֹה־תַעֲשֶׂה לָהֶם לְטַהֲרָם הַזֵּה
עֲלֵיהֶם מֵי חַטָּאת וְהֶעֱבִירוּ תַעַר עַל־כָּל־
בְּשָׂרָם וְכִבְּסוּ בִגְדֵיהֶם וְהִטֶּהָרוּ: 8 וְלָקְחוּ
פַּר בֶּן־בָּקָר וּמִנְחָתוֹ סֹלֶת בְּלוּלָה בַשָּׁמֶן
וּפַר־שֵׁנִי בֶן־בָּקָר תִּקַּח לְחַטָּאת:
9 וְהִקְרַבְתָּ אֶת־הַלְוִיִּם לִפְנֵי אֹהֶל מוֹעֵד
וְהִקְהַלְתָּ אֶת־כָּל־עֲדַת בְּנֵי יִשְׂרָאֵל:
10 וְהִקְרַבְתָּ אֶת־הַלְוִיִּם לִפְנֵי יְהוָה וְסָמְכוּ
בְנֵי־יִשְׂרָאֵל אֶת־יְדֵיהֶם עַל־הַלְוִיִּם:
11 וְהֵנִיף אַהֲרֹן אֶת־הַלְוִיִּם תְּנוּפָה לִפְנֵי
יְהוָה מֵאֵת בְּנֵי יִשְׂרָאֵל וְהָיוּ לַעֲבֹד אֶת־
עֲבֹדַת יְהוָה: 12 וְהַלְוִיִּם יִסְמְכוּ אֶת־
יְדֵיהֶם עַל רֹאשׁ הַפָּרִים וַעֲשֵׂה אֶת־
הָאֶחָד חַטָּאת וְאֶת־הָאֶחָד עֹלָה לַיהוָה
לְכַפֵּר עַל־הַלְוִיִּם: 13 וְהַעֲמַדְתָּ אֶת־
הַלְוִיִּם לִפְנֵי אַהֲרֹן וְלִפְנֵי בָנָיו וְהֵנַפְתָּ

offering unto the LORD. [14] Thus shalt thou separate the Levites from among the children of Israel; and the Levites shall be Mine. [15] And after that shall the Levites go in to do the service of the tent of meeting; and thou shalt cleanse them, and offer them for a wave-offering [16] For they are wholly given unto Me from among the children of Israel; instead of all that openeth the womb, even the first-born of all the children of Israel, have I taken them unto Me. [17] For all the first-born among the children of Israel are Mine, both man and beast; on the day that I smote all the first-born in the land of Egypt I sanctified them for Myself. [18] And I have taken the Levites instead of all the first-born among the children of Israel. [19] And I have given the Levites—they are given to Aaron and to his sons from among the children of Israel, to do the service of the children of Israel in the tent of meeting, and to make atonement for the children of Israel, that there be no plague among the children of Israel, through the children of Israel coming nigh unto the sanctuary.' [20] Thus did Moses, and Aaron, and all the congregation of the children of Israel, unto the Levites; according unto all that the LORD commanded Moses touching the Levites, so did the children of Israel unto them. [21] And the Levites purified themselves, and they washed their clothes; and Aaron offered them for a sacred gift before the LORD; and Aaron made atonement for them to cleanse them. [22] And after that went the Levites in to do their service in the tent of meeting before Aaron, and before his sons; as the LORD had commanded Moses concerning the Levites, so did they unto them.

[23] And the LORD spoke unto Moses, saying: [24] 'This is that which pertaineth unto the Levites: from twenty and five years old and upward they shall go in to perform the service in the work of the tent of meeting; [25] and from the age of fifty years they shall return from the service of the work, and shall serve no more; [26] but shall minister with their brethren in the tent of meeting, to keep the charge, but they shall do no manner of service. Thus shalt thou do unto the Levites touching their charges.'

אֹתָם תְּנוּפָה לַיהוָה: 14 וְהִבְדַּלְתָּ אֶת־
הַלְוִיִּם מִתּוֹךְ בְּנֵי יִשְׂרָאֵל וְהָיוּ לִי הַלְוִיִּם:
15 וְאַחֲרֵי־כֵן יָבֹאוּ הַלְוִיִּם לַעֲבֹד אֶת־אֹהֶל
מוֹעֵד וְטִהַרְתָּ אֹתָם וְהֵנַפְתָּ אֹתָם תְּנוּפָה:
16 כִּי נְתֻנִים נְתֻנִים הֵמָּה לִי מִתּוֹךְ בְּנֵי
יִשְׂרָאֵל תַּחַת פִּטְרַת כָּל־רֶחֶם בְּכוֹר כֹּל
מִבְּנֵי יִשְׂרָאֵל לָקַחְתִּי אֹתָם לִי: 17 כִּי לִי
כָל־בְּכוֹר בִּבְנֵי יִשְׂרָאֵל בָּאָדָם וּבַבְּהֵמָה
בְּיוֹם הַכֹּתִי כָל־בְּכוֹר בְּאֶרֶץ מִצְרַיִם
הִקְדַּשְׁתִּי אֹתָם לִי: 18 וָאֶקַּח אֶת־הַלְוִיִּם
תַּחַת כָּל־בְּכוֹר בִּבְנֵי יִשְׂרָאֵל: 19 וָאֶתְּנָה
אֶת־הַלְוִיִּם נְתֻנִים | לְאַהֲרֹן וּלְבָנָיו מִתּוֹךְ
בְּנֵי יִשְׂרָאֵל לַעֲבֹד אֶת־עֲבֹדַת בְּנֵי־יִשְׂרָאֵל
בְּאֹהֶל מוֹעֵד וּלְכַפֵּר עַל־בְּנֵי יִשְׂרָאֵל וְלֹא
יִהְיֶה בִּבְנֵי יִשְׂרָאֵל נֶגֶף בְּגֶשֶׁת בְּנֵי־יִשְׂרָאֵל
אֶל־הַקֹּדֶשׁ: 20 וַיַּעַשׂ מֹשֶׁה וְאַהֲרֹן וְכָל־
עֲדַת בְּנֵי־יִשְׂרָאֵל לַלְוִיִּם כְּכֹל אֲשֶׁר־צִוָּה
יְהוָה אֶת־מֹשֶׁה לַלְוִיִּם כֵּן־עָשׂוּ לָהֶם בְּנֵי
יִשְׂרָאֵל: 21 וַיִּתְחַטְּאוּ הַלְוִיִּם וַיְכַבְּסוּ
בִּגְדֵיהֶם וַיָּנֶף אַהֲרֹן אֹתָם תְּנוּפָה לִפְנֵי
יְהוָה וַיְכַפֵּר עֲלֵיהֶם אַהֲרֹן לְטַהֲרָם:
22 וְאַחֲרֵי־כֵן בָּאוּ הַלְוִיִּם לַעֲבֹד אֶת־
עֲבֹדָתָם בְּאֹהֶל מוֹעֵד לִפְנֵי אַהֲרֹן וְלִפְנֵי
בָנָיו כַּאֲשֶׁר צִוָּה יְהוָה אֶת־מֹשֶׁה עַל־
הַלְוִיִּם כֵּן עָשׂוּ לָהֶם: ס 23 וַיְדַבֵּר
יְהוָה אֶל־מֹשֶׁה לֵּאמֹר: 24 זֹאת אֲשֶׁר
לַלְוִיִּם מִבֶּן חָמֵשׁ וְעֶשְׂרִים שָׁנָה וָמַעְלָה
יָבוֹא לִצְבֹא צָבָא בַּעֲבֹדַת אֹהֶל מוֹעֵד:
25 וּמִבֶּן חֲמִשִּׁים שָׁנָה יָשׁוּב מִצְּבָא
הָעֲבֹדָה וְלֹא יַעֲבֹד עוֹד: 26 וְשֵׁרֵת אֶת־
אֶחָיו בְּאֹהֶל מוֹעֵד לִשְׁמֹר מִשְׁמֶרֶת
וַעֲבֹדָה לֹא יַעֲבֹד כָּכָה תַּעֲשֶׂה לַלְוִיִּם
בְּמִשְׁמְרֹתָם: פ

9 And the LORD spoke unto Moses in the
wilderness of Sinai, in the first month of
the second year after they were come out of the
land of Egypt, saying: [2] ‘Let the children of
Israel keep the passover in its appointed season.
[3] In the fourteenth day of this month, at dusk,
ye shall keep it in its appointed season; according
to all the statutes of it, and according to all the
ordinances thereof, shall ye keep it.’ [4] And
Moses spoke unto the children of Israel, that
they should keep the passover. [5] And they kept
the passover in the first month, on the fourteenth
day of the month, at dusk, in the wilderness of
Sinai; according to all that the LORD commanded
Moses, so did the children of Israel. [6] But there
were certain men, who were unclean by the
dead body of a man, so that they could not keep
the passover on that day; and they came before
Moses and before Aaron on that day. [7] And
those men said unto him: ‘We are unclean by the
dead body of a man; wherefore are we to be kept
back, so as not to bring the offering of the LORD
in its appointed season among the children of
Israel?’ [8] And Moses said unto them: ‘Stay ye,
that I may hear what the LORD will command
concerning you.’

[9] And the LORD spoke unto Moses, saying:
[10] ‘Speak unto the children of Israel, saying:
If any man of you or of your generations shall
be unclean by reason of a dead body, or be in a
journey afar off, yet he shall keep the passover
unto the LORD; [11] in the second month on the
fourteenth day at dusk they shall keep it; they shall
eat it with unleavened bread and bitter herbs;
[12] they shall leave none of it unto the morning,
nor break a bone thereof; according to all the
statute of the passover they shall keep it. [13] But
the man that is clean, and is not on a journey, and
forbeareth to keep the passover, that soul shall be
cut off from his people; because he brought not
the offering of the LORD in its appointed season,
that man shall bear his sin. [14] And if a stranger
shall sojourn among you, and will keep the
passover unto the LORD: according to the statute

9 וַיְדַבֵּר יְהוָה אֶל־מֹשֶׁה בְמִדְבַּר־סִינַי
בַּשָּׁנָה הַשֵּׁנִית לְצֵאתָם מֵאֶרֶץ מִצְרַיִם
בַּחֹדֶשׁ הָרִאשׁוֹן לֵאמֹר׃ 2 וְיַעֲשׂוּ בְנֵי־
יִשְׂרָאֵל אֶת־הַפָּסַח בְּמוֹעֲדוֹ׃ 3 בְּאַרְבָּעָה
עָשָׂר־יוֹם בַּחֹדֶשׁ הַזֶּה בֵּין הָעַרְבַּיִם תַּעֲשׂוּ
אֹתוֹ בְּמֹעֲדוֹ כְּכָל־חֻקֹּתָיו וּכְכָל־מִשְׁפָּטָיו
תַּעֲשׂוּ אֹתוֹ׃ 4 וַיְדַבֵּר מֹשֶׁה אֶל־בְּנֵי יִשְׂרָאֵל
לַעֲשֹׂת הַפָּסַח׃ 5 וַיַּעֲשׂוּ אֶת־הַפֶּסַח
בָּרִאשׁוֹן בְּאַרְבָּעָה עָשָׂר יוֹם לַחֹדֶשׁ בֵּין
הָעַרְבַּיִם בְּמִדְבַּר סִינָי כְּכֹל אֲשֶׁר צִוָּה
יְהוָה אֶת־מֹשֶׁה כֵּן עָשׂוּ בְּנֵי יִשְׂרָאֵל׃
6 וַיְהִי אֲנָשִׁים אֲשֶׁר הָיוּ טְמֵאִים לְנֶפֶשׁ
אָדָם וְלֹא־יָכְלוּ לַעֲשֹׂת־הַפֶּסַח בַּיּוֹם
הַהוּא וַיִּקְרְבוּ לִפְנֵי מֹשֶׁה וְלִפְנֵי אַהֲרֹן
בַּיּוֹם הַהוּא׃ 7 וַיֹּאמְרוּ הָאֲנָשִׁים הָהֵמָּה
אֵלָיו אֲנַחְנוּ טְמֵאִים לְנֶפֶשׁ אָדָם לָמָּה
נִגָּרַע לְבִלְתִּי הַקְרִב אֶת־קָרְבַּן יְהוָה
בְּמֹעֲדוֹ בְּתוֹךְ בְּנֵי יִשְׂרָאֵל׃ 8 וַיֹּאמֶר אֲלֵהֶם
מֹשֶׁה עִמְדוּ וְאֶשְׁמְעָה מַה־יְצַוֶּה יְהוָה
לָכֶם׃ פ

9 וַיְדַבֵּר יְהוָה אֶל־מֹשֶׁה לֵּאמֹר׃ 10 דַּבֵּר
אֶל־בְּנֵי יִשְׂרָאֵל לֵאמֹר אִישׁ אִישׁ
כִּי־יִהְיֶה־טָמֵא ׀ לָנֶפֶשׁ אוֹ בְדֶרֶךְ רְחֹקָה
לָכֶם אוֹ לְדֹרֹתֵיכֶם וְעָשָׂה פֶסַח לַיהוָה׃
11 בַּחֹדֶשׁ הַשֵּׁנִי בְּאַרְבָּעָה עָשָׂר יוֹם בֵּין
הָעַרְבַּיִם יַעֲשׂוּ אֹתוֹ עַל־מַצּוֹת וּמְרֹרִים
יֹאכְלֻהוּ׃ 12 לֹא־יַשְׁאִירוּ מִמֶּנּוּ עַד־בֹּקֶר
וְעֶצֶם לֹא יִשְׁבְּרוּ־בוֹ כְּכָל־חֻקַּת הַפֶּסַח
יַעֲשׂוּ אֹתוֹ׃ 13 וְהָאִישׁ אֲשֶׁר־הוּא טָהוֹר
וּבְדֶרֶךְ לֹא־הָיָה וְחָדַל לַעֲשׂוֹת הַפֶּסַח
וְנִכְרְתָה הַנֶּפֶשׁ הַהִוא מֵעַמֶּיהָ כִּי ׀ קָרְבַּן
יְהוָה לֹא הִקְרִיב בְּמֹעֲדוֹ חֶטְאוֹ יִשָּׂא
הָאִישׁ הַהוּא׃ 14 וְכִי־יָגוּר אִתְּכֶם גֵּר

of the passover, and according to the ordinance thereof, so shall he do; ye shall have one statute, both for the stranger, and for him that is born in the land.'

[15] And on the day that the tabernacle was reared up the cloud covered the tabernacle, even the tent of the testimony; and at even there was upon the tabernacle as it were the appearance of fire, until morning. [16] So it was alway: the cloud covered it, and the appearance of fire by night. [17] And whenever the cloud was taken up from over the Tent, then after that the children of Israel journeyed; and in the place where the cloud abode, there the children of Israel encamped. [18] At the commandment of the LORD the children of Israel journeyed, and at the commandment of the LORD they encamped: as long as the cloud abode upon the tabernacle they remained encamped. [19] And when the cloud tarried upon the tabernacle many days, then the children of Israel kept the charge of the LORD, and journeyed not. [20] And sometimes the cloud was a few days upon the tabernacle; according to the commandment of the LORD they remained encamped, and according to the commandment of the LORD they journeyed. [21] And sometimes the cloud was from evening until morning; and when the cloud was taken up in the morning, they journeyed; or if it continued by day and by night, when the cloud was taken up, they journeyed. [22] Whether it were two days, or a month, or a year, that the cloud tarried upon the tabernacle, abiding thereon, the children of Israel remained encamped, and journeyed not; but when it was taken up, they journeyed. [23] At the commandment of the LORD they encamped, and at the commandment of the LORD they journeyed; they kept the charge of the LORD, at the commandment of the LORD by the hand of Moses.

10 And the LORD spoke unto Moses, saying: [2] 'Make thee two trumpets of silver; of beaten work shalt thou make them; and they shall be unto thee for the calling of the congregation, and for causing the camps to set forward. [3] And when they shall blow with them, all the congregation shall gather themselves unto thee at the door of the tent of meeting. [4] And if they blow but with one, then the princes, the heads of the thousands of Israel, shall gather themselves unto thee. [5] And when ye blow an alarm, the camps that lie on the

ועשה פסח ליהוה כחקת הפסח
וכמשפטו כן יעשה חקה אחת יהיה
לכם ולגר ולאזרח הארץ: פ
15 וביום הקים את־המשכן כסה הענן
את־המשכן לאהל העדת ובערב יהיה
על־המשכן כמראה־אש עד־בקר: 16 כן
יהיה תמיד הענן יכסנו ומראה־אש
לילה: 17 ולפי העלות הענן מעל האהל
ואחרי־כן יסעו בני ישראל ובמקום אשר
ישכן־שם הענן שם יחנו בני ישראל:
18 על־פי יהוה יסעו בני ישראל ועל־פי
יהוה יחנו כל־ימי אשר ישכן הענן
על־המשכן יחנו: 19 ובהאריך הענן על־
המשכן ימים רבים ושמרו בני־ישראל
את־משמרת יהוה ולא יסעו: 20 ויש
אשר יהיה הענן ימים מספר על־המשכן
על־פי יהוה יחנו ועל־פי יהוה יסעו:
21 ויש אשר יהיה הענן מערב עד־בקר
ונעלה הענן בבקר ונסעו או יומם ולילה
ונעלה הענן ונסעו: 22 או־ימים או־חדש
או־ימים בהאריך הענן על־המשכן
לשכן עליו יחנו בני־ישראל ולא יסעו
ובהעלתו יסעו: 23 על־פי יהוה יחנו
ועל־פי יהוה יסעו את־משמרת יהוה
שמרו על־פי יהוה ביד־משה: פ
10 וידבר יהוה אל־משה לאמר:
2 עשה לך שתי חצוצרת כסף מקשה
תעשה אתם והיו לך למקרא העדה
ולמסע את־המחנות: 3 ותקעו בהן
ונועדו אליך כל־העדה אל־פתח אהל
מועד: 4 ואם־באחת יתקעו ונועדו אליך
הנשיאים ראשי אלפי ישראל:
5 ותקעתם תרועה ונסעו המחנות

east side shall take their journey. [6] And when ye blow an alarm the second time, the camps that lie on the south side shall set forward; they shall blow an alarm for their journeys. [7] But when the assembly is to be gathered together, ye shall blow, but ye shall not sound an alarm. [8] And the sons of Aaron, the priests, shall blow with the trumpets; and they shall be to you for a statute for ever throughout your generations. [9] And when ye go to war in your land against the adversary that oppresseth you, then ye shall sound an alarm with the trumpets; and ye shall be remembered before the LORD your God, and ye shall be saved from your enemies. [10] Also in the day of your gladness, and in your appointed seasons, and in your new moons, ye shall blow with the trumpets over your burnt-offerings, and over the sacrifices of your peace-offerings; and they shall be to you for a memorial before your God: I am the LORD your God.'

[11] And it came to pass in the second year, in the second month, on the twentieth day of the month, that the cloud was taken up from over the tabernacle of the testimony. [12] And the children of Israel set forward by their stages out of the wilderness of Sinai; and the cloud abode in the wilderness of Paran.—[13] And they took their first journey, according to the commandment of the LORD by the hand of Moses. [14] And in the first place the standard of the camp of the children of Judah set forward according to their hosts; and over his host was Nahshon the son of Amminadab. [15] And over the host of the tribe of the children of Issachar was Nethanel the son of Zuar. [16] And over the host of the tribe of the children of Zebulun was Eliab the son of Helon. [17] And the tabernacle was taken down; and the sons of Gershon and the sons of Merari, who bore the tabernacle, set forward. [18] And the standard of the camp of Reuben set forward according to their hosts; and over his host was Elizur the son of Shedeur. [19] And over the host of the tribe of the children of Simeon was Shelumiel the son of Zurishaddai. [20] And over the host of the tribe of the children of Gad was Eliasaph the son of Deuel. [21] And the Kohathites the bearers of the sanctuary set forward, that the tabernacle might be set up against their coming. [22] And the standard of the camp of the children of Ephraim set forward according to their hosts; and over his host was Elishama the son of Ammihud. [23] And over the host of the tribe of the children of Manasseh was

הַחֹנִים קֵדְמָה׃ 6 וּתְקַעְתֶּם תְּרוּעָה שֵׁנִית
וְנָסְעוּ הַמַּחֲנוֹת הַחֹנִים תֵּימָנָה תְּרוּעָה
יִתְקְעוּ לְמַסְעֵיהֶם׃ 7 וּבְהַקְהִיל אֶת־הַקָּהָל
תִּתְקְעוּ וְלֹא תָרִיעוּ׃ 8 וּבְנֵי אַהֲרֹן הַכֹּהֲנִים
יִתְקְעוּ בַּחֲצֹצְרוֹת וְהָיוּ לָכֶם לְחֻקַּת עוֹלָם
לְדֹרֹתֵיכֶם׃ 9 וְכִי־תָבֹאוּ מִלְחָמָה
בְּאַרְצְכֶם עַל־הַצַּר הַצֹּרֵר אֶתְכֶם
וַהֲרֵעֹתֶם בַּחֲצֹצְרֹת וְנִזְכַּרְתֶּם לִפְנֵי יְהוָה
אֱלֹהֵיכֶם וְנוֹשַׁעְתֶּם מֵאֹיְבֵיכֶם׃ 10 וּבְיוֹם
שִׂמְחַתְכֶם וּבְמוֹעֲדֵיכֶם וּבְרָאשֵׁי חָדְשֵׁיכֶם
וּתְקַעְתֶּם בַּחֲצֹצְרֹת עַל עֹלֹתֵיכֶם וְעַל
זִבְחֵי שַׁלְמֵיכֶם וְהָיוּ לָכֶם לְזִכָּרוֹן לִפְנֵי
אֱלֹהֵיכֶם אֲנִי יְהוָה אֱלֹהֵיכֶם׃ פ
11 וַיְהִי בַּשָּׁנָה הַשֵּׁנִית בַּחֹדֶשׁ הַשֵּׁנִי
בְּעֶשְׂרִים בַּחֹדֶשׁ נַעֲלָה הֶעָנָן מֵעַל מִשְׁכַּן
הָעֵדֻת׃ 12 וַיִּסְעוּ בְנֵי־יִשְׂרָאֵל לְמַסְעֵיהֶם
מִמִּדְבַּר סִינָי וַיִּשְׁכֹּן הֶעָנָן בְּמִדְבַּר פָּארָן׃
13 וַיִּסְעוּ בָּרִאשֹׁנָה עַל־פִּי יְהוָה בְּיַד־
מֹשֶׁה׃ 14 וַיִּסַּע דֶּגֶל מַחֲנֵה בְנֵי־יְהוּדָה
בָּרִאשֹׁנָה לְצִבְאֹתָם וְעַל־צְבָאוֹ נַחְשׁוֹן
בֶּן־עַמִּינָדָב׃ 15 וְעַל־צְבָא מַטֵּה בְּנֵי
יִשָּׂשכָר נְתַנְאֵל בֶּן־צוּעָר׃ 16 וְעַל־צְבָא
מַטֵּה בְּנֵי זְבוּלֻן אֱלִיאָב בֶּן־חֵלוֹן׃ 17 וְהוּרַד
הַמִּשְׁכָּן וְנָסְעוּ בְנֵי־גֵרְשׁוֹן וּבְנֵי מְרָרִי
נֹשְׂאֵי הַמִּשְׁכָּן׃ ס 18 וְנָסַע דֶּגֶל מַחֲנֵה
רְאוּבֵן לְצִבְאֹתָם וְעַל־צְבָאוֹ אֱלִיצוּר בֶּן־
שְׁדֵיאוּר׃ 19 וְעַל־צְבָא מַטֵּה בְּנֵי שִׁמְעוֹן
שְׁלֻמִיאֵל בֶּן־צוּרִי־שַׁדָּי׃ 20 וְעַל־צְבָא מַטֵּה
בְנֵי־גָד אֶלְיָסָף בֶּן־דְּעוּאֵל׃ 21 וְנָסְעוּ
הַקְּהָתִים נֹשְׂאֵי הַמִּקְדָּשׁ וְהֵקִימוּ אֶת־
הַמִּשְׁכָּן עַד־בֹּאָם׃ ס 22 וְנָסַע דֶּגֶל
מַחֲנֵה בְנֵי־אֶפְרַיִם לְצִבְאֹתָם וְעַל־צְבָאוֹ
אֱלִישָׁמָע בֶּן־עַמִּיהוּד׃ 23 וְעַל־צְבָא מַטֵּה

Gamaliel the son of Pedahzur. [24] And over the host of the tribe of the children of Benjamin was Abidan the son of Gideoni. [25] And the standard of the camp of the children of Dan, which was the rearward of all the camps, set forward according to their hosts; and over his host was Ahiezer the son of Ammishaddai. [26] And over the host of the tribe of the children of Asher was Pagiel the son of Ochran. [27] And over the host of the tribe of the children of Naphtali was Ahira the son of Enan. [28] Thus were the journeyings of the children of Israel according to their hosts.—And they set forward.

[29] And Moses said unto Hobab, the son of Reuel the Midianite, Moses' father-in-law. 'We are journeying unto the place of which the LORD said: I will give it you; come thou with us, and we will do thee good; for the LORD hath spoken good concerning Israel.' [30] And he said unto him: 'I will not go; but I will depart to mine own land, and to my kindred.' [31] And he said: 'Leave us not, I pray thee; forasmuch as thou knowest how we are to encamp in the wilderness, and thou shalt be to us instead of eyes. [32] And it shall be, if thou go with us, yea, it shall be, that what good soever the LORD shall do unto us, the same will we do unto thee.'

[33] And they set forward from the mount of the LORD three days' journey; and the ark of the covenant of the LORD went before them three days' journey, to seek out a resting-place for them. [34] And the cloud of the LORD was over them by day, when they set forward from the camp.

[35] And it came to pass, when the ark set forward, that Moses said: 'Rise up, O LORD, and let Thine enemies be scattered; and let them that hate Thee flee before Thee.' [36] And when it rested, he said: 'Return, O LORD, unto the ten thousands of the families of Israel.'

11 And the people were as murmurers, speaking evil in the ears of the LORD; and when the LORD heard it, His anger was kindled; and the fire of the LORD burnt among them, and devoured in the uttermost part of the cam. [2] And the people cried unto Moses; and Moses prayed unto the LORD, and the fire abated. [3] And the name of that place was called

בְּנֵ֣י מְנַשֶּׁ֑ה גַּמְלִיאֵ֖ל בֶּן־פְּדָה־צֽוּר׃ 24 וְעַ֨ל־
צְבָ֔א מַטֵּ֖ה בְּנֵ֣י בִנְיָמִ֑ן אֲבִידָ֖ן
בֶּן־גִּדְעוֹנִֽי׃ ס 25 וְנָסַ֗ע דֶּ֚גֶל מַחֲנֵ֣ה
בְנֵי־דָ֔ן מְאַסֵּ֥ף לְכָל־הַמַּחֲנֹ֖ת לְצִבְאֹתָ֑ם
וְעַ֨ל־צְבָא֔וֹ אֲחִיעֶ֖זֶר בֶּן־עַמִּישַׁדָּֽי׃ 26 וְעַ֨ל־
צְבָ֔א מַטֵּ֖ה בְּנֵ֣י אָשֵׁ֑ר פַּגְעִיאֵ֖ל בֶּן־עָכְרָֽן׃
27 וְעַ֨ל־צְבָ֔א מַטֵּ֖ה בְּנֵ֣י נַפְתָּלִ֑י אֲחִירַ֖ע
בֶּן־עֵינָֽן׃ 28 אֵ֣לֶּה מַסְעֵ֧י בְנֵֽי־יִשְׂרָאֵ֛ל
לְצִבְאֹתָ֖ם וַיִּסָּֽעוּ׃ ס 29 וַיֹּ֣אמֶר מֹשֶׁ֗ה
לְ֠חֹבָב בֶּן־רְעוּאֵ֣ל הַמִּדְיָנִי֮ חֹתֵ֣ן מֹשֶׁה֒
נֹסְעִ֣ים ׀ אֲנַ֗חְנוּ אֶל־הַמָּקוֹם֙ אֲשֶׁ֣ר אָמַ֣ר
יְהוָ֔ה אֹת֖וֹ אֶתֵּ֣ן לָכֶ֑ם לְכָ֤ה אִתָּ֙נוּ֙ וְהֵטַ֣בְנוּ
לָ֔ךְ כִּֽי־יְהוָ֖ה דִּבֶּר־ט֥וֹב עַל־יִשְׂרָאֵֽל׃
30 וַיֹּ֥אמֶר אֵלָ֖יו לֹ֣א אֵלֵ֑ךְ כִּ֛י אִם־אֶל־אַרְצִ֥י
וְאֶל־מוֹלַדְתִּ֖י אֵלֵֽךְ׃ 31 וַיֹּ֕אמֶר אַל־נָ֖א
תַּעֲזֹ֣ב אֹתָ֑נוּ כִּ֣י ׀ עַל־כֵּ֣ן יָדַ֗עְתָּ חֲנֹתֵ֙נוּ֙
בַּמִּדְבָּ֔ר וְהָיִ֥יתָ לָּ֖נוּ לְעֵינָֽיִם׃ 32 וְהָיָ֖ה כִּֽי־
תֵלֵ֣ךְ עִמָּ֑נוּ וְהָיָ֣ה ׀ הַטּ֣וֹב הַה֗וּא אֲשֶׁ֨ר
יֵיטִ֧יב יְהוָ֛ה עִמָּ֖נוּ וְהֵטַ֥בְנוּ לָֽךְ׃ 33 וַיִּסְעוּ֙
מֵהַ֣ר יְהוָ֔ה דֶּ֖רֶךְ שְׁלֹ֣שֶׁת יָמִ֑ים וַאֲר֨וֹן
בְּרִית־יְהוָ֜ה נֹסֵ֣עַ לִפְנֵיהֶ֗ם דֶּ֚רֶךְ שְׁלֹ֣שֶׁת
יָמִ֔ים לָת֥וּר לָהֶ֖ם מְנוּחָֽה׃ 34 וַעֲנַ֧ן יְהוָ֛ה
עֲלֵיהֶ֖ם יוֹמָ֑ם בְּנָסְעָ֖ם מִן־
הַֽמַּחֲנֶֽה׃ ׆ ס 35 וַיְהִ֛י בִּנְסֹ֥עַ הָאָרֹ֖ן
וַיֹּ֣אמֶר מֹשֶׁ֑ה קוּמָ֣ה ׀ יְהוָ֗ה וְיָפֻ֙צוּ֙ אֹֽיְבֶ֔יךָ
וְיָנֻ֥סוּ מְשַׂנְאֶ֖יךָ מִפָּנֶֽיךָ׃ 36 ובנחה וּבְנֻחֹ֖ה
יֹאמַ֑ר שׁוּבָ֣ה יְהוָ֔ה רִֽבְב֖וֹת אַלְפֵ֥י
יִשְׂרָאֵֽל׃ ׆ פ

11 וַיְהִ֤י הָעָם֙ כְּמִתְאֹ֣נְנִ֔ים רַ֖ע בְּאָזְנֵ֣י
יְהוָ֑ה וַיִּשְׁמַ֤ע יְהוָה֙ וַיִּ֣חַר אַפּ֔וֹ וַתִּבְעַר־בָּם֙
אֵ֣שׁ יְהוָ֔ה וַתֹּ֖אכַל בִּקְצֵ֥ה הַֽמַּחֲנֶֽה׃ 2 וַיִּצְעַ֥ק
הָעָ֖ם אֶל־מֹשֶׁ֑ה וַיִּתְפַּלֵּ֤ל מֹשֶׁה֙ אֶל־יְהוָ֔ה
וַתִּשְׁקַ֖ע הָאֵֽשׁ׃ 3 וַיִּקְרָא֙ שֵֽׁם־הַמָּק֣וֹם

[a]Taberah, because the fire of the LORD burnt among them.

[4] And the mixed multitude that was among them fell a lusting; and the children of Israel also wept on their part, and said: 'Would that we were given flesh to eat! [5] We remember the fish, which we were wont to eat in Egypt for nought; the cucumbers, and the melons, and the leeks, and the onions, and the garlic; [6] but now our soul is dried away; there is nothing at all; we have nought save this manna to look to.'—[7] Now the manna was like coriander seed, and the appearance thereof as the appearance of bdellium. [8] The people went about, and gathered it, and ground it in mills, or beat it in mortars, and seethed it in pots, and made cakes of it; and the taste of it was as the taste of a cake baked with oil. [9] And when the dew fell upon the camp in the night, the manna fell upon it.—[10] And Moses heard the people weeping, family by family, every man at the door of his tent; and the anger of the LORD was kindled greatly; and Moses was displeased. [11] And Moses said unto the LORD: 'Wherefore hast Thou dealt ill with Thy servant? and wherefore have I not found favour in Thy sight, that Thou layest the burden of all this people upon me? [12] Have I conceived all this people? have I brought them forth, that Thou shouldest say unto me: Carry them in thy bosom, as a nursing-father carrieth the sucking child, unto the land which Thou didst swear unto their fathers? [13] Whence should I have flesh to give unto all this people? for they trouble me with their weeping, saying: Give us flesh, that we may eat. [14] I am not able to bear all this people myself alone, because it is too heavy for me. [15] And if Thou deal thus with me, kill me, I pray Thee, out of hand, if I have found favour in Thy sight; and let me not look upon my wretchedness.'

[16] And the LORD said unto Moses: 'Gather unto Me seventy men of the elders of Israel, whom thou knowest to be the elders of the people, and officers over them; and bring them unto the tent of meeting, that they may stand

הַהוּא תַּבְעֵרָה כִּי־בָעֲרָה בָם אֵשׁ יְהוָה׃
4 וְהָאסַפְסֻף אֲשֶׁר בְּקִרְבּוֹ הִתְאַוּוּ תַּאֲוָה
וַיָּשֻׁבוּ וַיִּבְכּוּ גַּם בְּנֵי יִשְׂרָאֵל וַיֹּאמְרוּ מִי
יַאֲכִלֵנוּ בָּשָׂר׃ 5 זָכַרְנוּ אֶת־הַדָּגָה אֲשֶׁר־
נֹאכַל בְּמִצְרַיִם חִנָּם אֵת הַקִּשֻּׁאִים וְאֵת
הָאֲבַטִּחִים וְאֶת־הֶחָצִיר וְאֶת־הַבְּצָלִים
וְאֶת־הַשּׁוּמִים׃ 6 וְעַתָּה נַפְשֵׁנוּ יְבֵשָׁה אֵין
כֹּל בִּלְתִּי אֶל־הַמָּן עֵינֵינוּ׃ 7 וְהַמָּן כִּזְרַע־
גַּד הוּא וְעֵינוֹ כְּעֵין הַבְּדֹלַח׃ 8 שָׁטוּ הָעָם
וְלָקְטוּ וְטָחֲנוּ בָרֵחַיִם אוֹ דָכוּ בַּמְּדֹכָה
וּבִשְּׁלוּ בַּפָּרוּר וְעָשׂוּ אֹתוֹ עֻגוֹת וְהָיָה
טַעְמוֹ כְּטַעַם לְשַׁד הַשָּׁמֶן׃ 9 וּבְרֶדֶת הַטַּל
עַל־הַמַּחֲנֶה לָיְלָה יֵרֵד הַמָּן עָלָיו׃
10 וַיִּשְׁמַע מֹשֶׁה אֶת־הָעָם בֹּכֶה
לְמִשְׁפְּחֹתָיו אִישׁ לְפֶתַח אָהֳלוֹ וַיִּחַר־אַף
יְהוָה מְאֹד וּבְעֵינֵי מֹשֶׁה רָע׃ 11 וַיֹּאמֶר
מֹשֶׁה אֶל־יְהוָה לָמָה הֲרֵעֹתָ לְעַבְדֶּךָ
וְלָמָּה לֹא־מָצָתִי חֵן בְּעֵינֶיךָ לָשׂוּם אֶת־
מַשָּׂא כָּל־הָעָם הַזֶּה עָלָי׃ 12 הֶאָנֹכִי
הָרִיתִי אֵת כָּל־הָעָם הַזֶּה אִם־אָנֹכִי
יְלִדְתִּיהוּ כִּי־תֹאמַר אֵלַי שָׂאֵהוּ בְחֵיקֶךָ
כַּאֲשֶׁר יִשָּׂא הָאֹמֵן אֶת־הַיֹּנֵק עַל הָאֲדָמָה
אֲשֶׁר נִשְׁבַּעְתָּ לַאֲבֹתָיו׃ 13 מֵאַיִן לִי בָּשָׂר
לָתֵת לְכָל־הָעָם הַזֶּה כִּי־יִבְכּוּ עָלַי לֵאמֹר
תְּנָה־לָּנוּ בָשָׂר וְנֹאכֵלָה׃ 14 לֹא־אוּכַל
אָנֹכִי לְבַדִּי לָשֵׂאת אֶת־כָּל־הָעָם הַזֶּה כִּי
כָבֵד מִמֶּנִּי׃ 15 וְאִם־כָּכָה ׀ אַתְּ־עֹשֶׂה לִּי
הָרְגֵנִי נָא הָרֹג אִם־מָצָאתִי חֵן בְּעֵינֶיךָ
וְאַל־אֶרְאֶה בְּרָעָתִי׃ פ
16 וַיֹּאמֶר יְהוָה אֶל־מֹשֶׁה אֶסְפָה־לִּי
שִׁבְעִים אִישׁ מִזִּקְנֵי יִשְׂרָאֵל אֲשֶׁר יָדַעְתָּ
כִּי־הֵם זִקְנֵי הָעָם וְשֹׁטְרָיו וְלָקַחְתָּ אֹתָם
אֶל־אֹהֶל מוֹעֵד וְהִתְיַצְּבוּ שָׁם עִמָּךְ׃

a That is, *Burning.*

17 וְיָרַדְתִּי וְדִבַּרְתִּי עִמְּךָ שָׁם וְאָצַלְתִּי
מִן־הָרוּחַ אֲשֶׁר עָלֶיךָ וְשַׂמְתִּי עֲלֵיהֶם
וְנָשְׂאוּ אִתְּךָ בְּמַשָּׂא הָעָם וְלֹא־תִשָּׂא
אַתָּה לְבַדֶּךָ׃ 18 וְאֶל־הָעָם תֹּאמַר
הִתְקַדְּשׁוּ לְמָחָר וַאֲכַלְתֶּם בָּשָׂר כִּי
בְּכִיתֶם בְּאָזְנֵי יְהוָה לֵאמֹר מִי יַאֲכִלֵנוּ
בָּשָׂר כִּי־טוֹב לָנוּ בְּמִצְרָיִם וְנָתַן יְהוָה
לָכֶם בָּשָׂר וַאֲכַלְתֶּם׃ 19 לֹא יוֹם אֶחָד
תֹּאכְלוּן וְלֹא יוֹמָיִם וְלֹא ׀ חֲמִשָּׁה יָמִים
וְלֹא עֲשָׂרָה יָמִים וְלֹא עֶשְׂרִים יוֹם׃ 20 עַד ׀
חֹדֶשׁ יָמִים עַד אֲשֶׁר־יֵצֵא מֵאַפְּכֶם וְהָיָה
לָכֶם לְזָרָא יַעַן כִּי־מְאַסְתֶּם אֶת־יְהוָה
אֲשֶׁר בְּקִרְבְּכֶם וַתִּבְכּוּ לְפָנָיו לֵאמֹר לָמָּה
זֶּה יָצָאנוּ מִמִּצְרָיִם׃ 21 וַיֹּאמֶר מֹשֶׁה שֵׁשׁ־
מֵאוֹת אֶלֶף רַגְלִי הָעָם אֲשֶׁר אָנֹכִי בְּקִרְבּוֹ
וְאַתָּה אָמַרְתָּ בָּשָׂר אֶתֵּן לָהֶם וְאָכְלוּ
חֹדֶשׁ יָמִים׃ 22 הֲצֹאן וּבָקָר יִשָּׁחֵט לָהֶם
וּמָצָא לָהֶם אִם אֶת־כָּל־דְּגֵי הַיָּם יֵאָסֵף
לָהֶם וּמָצָא לָהֶם׃ פ
23 וַיֹּאמֶר יְהוָה אֶל־מֹשֶׁה הֲיַד יְהוָה תִּקְצָר
עַתָּה תִרְאֶה הֲיִקְרְךָ דְבָרִי אִם־לֹא׃
24 וַיֵּצֵא מֹשֶׁה וַיְדַבֵּר אֶל־הָעָם אֵת דִּבְרֵי
יְהוָה וַיֶּאֱסֹף שִׁבְעִים אִישׁ מִזִּקְנֵי הָעָם
וַיַּעֲמֵד אֹתָם סְבִיבֹת הָאֹהֶל׃ 25 וַיֵּרֶד
יְהוָה ׀ בֶּעָנָן וַיְדַבֵּר אֵלָיו וַיָּאצֶל מִן־הָרוּחַ
אֲשֶׁר עָלָיו וַיִּתֵּן עַל־שִׁבְעִים אִישׁ הַזְּקֵנִים
וַיְהִי כְּנוֹחַ עֲלֵיהֶם הָרוּחַ וַיִּתְנַבְּאוּ וְלֹא
יָסָפוּ׃ 26 וַיִּשָּׁאֲרוּ שְׁנֵי־אֲנָשִׁים ׀ בַּמַּחֲנֶה
שֵׁם הָאֶחָד ׀ אֶלְדָּד וְשֵׁם הַשֵּׁנִי מֵידָד
וַתָּנַח עֲלֵהֶם הָרוּחַ וְהֵמָּה בַּכְּתֻבִים וְלֹא
יָצְאוּ הָאֹהֱלָה וַיִּתְנַבְּאוּ בַּמַּחֲנֶה׃ 27 וַיָּרָץ
הַנַּעַר וַיַּגֵּד לְמֹשֶׁה וַיֹּאמַר אֶלְדָּד וּמֵידָד
מִתְנַבְּאִים בַּמַּחֲנֶה׃ 28 וַיַּעַן יְהוֹשֻׁעַ בִּן־נוּן

there with thee. [17] And I will come down and speak with thee there; and I will take of the spirit which is upon thee, and will put it upon them; and they shall bear the burden of the people with thee, that thou bear it not thyself alone. [18] And say thou unto the people: Sanctify yourselves against to-morrow, and ye shall eat flesh; for ye have wept in the ears of the LORD, saying: Would that we were given flesh to eat' for it was well with us in Egypt, therefore the LORD will give you flesh, and ye shall eat. [19] Ye shall not eat one day, nor two days, nor five days, neither ten days, nor twenty days; [20] but a whole month, until it come out at your nostrils, and it be loathsome unto you; because that ye have rejected the LORD who is among you, and have troubled Him with weeping, saying: Why, now, came we forth out of Egypt?' [21] And Moses said: 'The people, among whom I am, are six hundred thousand men on foot; and yet Thou hast said: I will give them flesh, that they may eat a whole month! [22] If flocks and herds be slain for them, will they suffice them? or if all the fish of the sea be gathered together for them, will they suffice them?' [23] And the LORD said unto Moses: 'Is the LORD's hand waxed short? now shalt thou see whether My word shall come to pass unto thee or not.'

[24] And Moses went out, and told the people the words of the LORD, and he gathered seventy men of the elders of the people, and set them round about the Tent. [25] And the LORD came down in the cloud, and spoke unto him, and took of the spirit that was upon him, and put it upon the seventy elders; and it came to pass, that, when the spirit rested upon them, they prophesied, but they did so no more. [26] But there remained two men in the camp, the name of the one was Eldad, and the name of the other Medad; and the spirit rested upon them; and they were of them that were recorded, but had not gone out unto the Tent; and they prophesied in the camp. [27] And there ran a young man, and told Moses, and said: 'Eldad and Medad are prophesying in the camp.' [28] And Joshua the son of Nun, the minister of Moses from his

youth up, answered and said: 'My lord Moses, shut them in.' [29] And Moses said unto him. 'Art thou jealous for my sake? would that all the LORD's people were prophets, that the LORD would put His spirit upon them!' [30] And Moses withdrew into the camp, he and the elders of Israel.

[31] And there went forth a wind from the LORD, and brought across quails from the sea, and let them fall by the camp, about a day's journey on this side, and a day's journey on the other side, round about the camp, and about two cubits above the face of the earth. [32] And the people rose up all that day, and all the night, and all the next day, and gathered the quails; he that gathered least gathered ten heaps; and they spread them all abroad for themselves round about the camp. [33] While the flesh was yet between their teeth, ere it was chewed, the anger of the LORD was kindled against the people, and the LORD smote the people with a very great plague. [34] And the name of that place was called [a]Kibroth-hattaavah, because there they buried the people that lusted. [35] From Kibroth-hattaavah the people journeyed unto Hazeroth; and they abode at Hazeroth.

12 And Miriam and Aaron spoke against Moses because of the Cushite woman whom he had married; for he had married a Cushite woman. [2] And they said: 'Hath the LORD indeed spoken only with Moses? hath He not spoken also with us?' And the LORD heard it.—[3] Now the man Moses was very meek, above all the men that were upon the face of the earth—[4] And the LORD spoke suddenly unto Moses, and unto Aaron, and unto Miriam: 'Come out ye three unto the tent of meeting.' And they three came out. [5] And the LORD came down in a pillar of cloud, and stood at the door of the Tent, and called Aaron and Miriam; and they both came forth. [6] And He said: 'Hear now My words. if there be a prophet among you, I the LORD do make Myself known unto him in a vision, I do speak with him in a dream. [7] My servant Moses is not so, he is trusted in all My house; [8] with him do I speak mouth to mouth, even manifestly, and not in dark speeches; and

מְשָׁרֵת מֹשֶׁה מִבְּחֻרָיו וַיֹּאמַר אֲדֹנִי מֹשֶׁה
כְּלָאֵם׃ 29 וַיֹּאמֶר לוֹ מֹשֶׁה הַמְקַנֵּא אַתָּה
לִי וּמִי יִתֵּן כָּל־עַם יְהוָה נְבִיאִים כִּי־יִתֵּן
יְהוָה אֶת־רוּחוֹ עֲלֵיהֶם׃ 30 וַיֵּאָסֵף מֹשֶׁה
אֶל־הַמַּחֲנֶה הוּא וְזִקְנֵי יִשְׂרָאֵל׃ 31 וְרוּחַ
נָסַע ׀ מֵאֵת יְהוָה וַיָּגָז שַׂלְוִים מִן־הַיָּם
וַיִּטֹּשׁ עַל־הַמַּחֲנֶה כְּדֶרֶךְ יוֹם כֹּה וּכְדֶרֶךְ
יוֹם כֹּה סְבִיבוֹת הַמַּחֲנֶה וּכְאַמָּתַיִם עַל־
פְּנֵי הָאָרֶץ׃ 32 וַיָּקָם הָעָם כָּל־הַיּוֹם הַהוּא
וְכָל־הַלַּיְלָה וְכֹל ׀ יוֹם הַמָּחֳרָת וַיַּאַסְפוּ
אֶת־הַשְּׂלָו הַמַּמְעִיט אָסַף עֲשָׂרָה חֳמָרִים
וַיִּשְׁטְחוּ לָהֶם שָׁטוֹחַ סְבִיבוֹת הַמַּחֲנֶה׃
33 הַבָּשָׂר עוֹדֶנּוּ בֵּין שִׁנֵּיהֶם טֶרֶם יִכָּרֵת
וְאַף יְהוָה חָרָה בָעָם וַיַּךְ יְהוָה בָּעָם מַכָּה
רַבָּה מְאֹד׃ 34 וַיִּקְרָא אֶת־שֵׁם־הַמָּקוֹם
הַהוּא קִבְרוֹת הַתַּאֲוָה כִּי־שָׁם קָבְרוּ אֶת־
הָעָם הַמִּתְאַוִּים׃ 35 מִקִּבְרוֹת הַתַּאֲוָה
נָסְעוּ הָעָם חֲצֵרוֹת וַיִּהְיוּ בַּחֲצֵרוֹת׃ פ
12 וַתְּדַבֵּר מִרְיָם וְאַהֲרֹן בְּמֹשֶׁה עַל־
אֹדוֹת הָאִשָּׁה הַכֻּשִׁית אֲשֶׁר לָקָח כִּי־
אִשָּׁה כֻשִׁית לָקָח׃ 2 וַיֹּאמְרוּ הֲרַק אַךְ־
בְּמֹשֶׁה דִּבֶּר יְהוָה הֲלֹא גַּם־בָּנוּ דִבֵּר
וַיִּשְׁמַע יְהוָה׃ 3 וְהָאִישׁ מֹשֶׁה ענו עָנָיו
מְאֹד מִכֹּל הָאָדָם אֲשֶׁר עַל־פְּנֵי
הָאֲדָמָה׃ ס 4 וַיֹּאמֶר יְהוָה פִּתְאֹם
אֶל־מֹשֶׁה וְאֶל־אַהֲרֹן וְאֶל־מִרְיָם צְאוּ
שְׁלָשְׁתְּכֶם אֶל־אֹהֶל מוֹעֵד וַיֵּצְאוּ
שְׁלָשְׁתָּם׃ 5 וַיֵּרֶד יְהוָה בְּעַמּוּד עָנָן וַיַּעֲמֹד
פֶּתַח הָאֹהֶל וַיִּקְרָא אַהֲרֹן וּמִרְיָם וַיֵּצְאוּ
שְׁנֵיהֶם׃ 6 וַיֹּאמֶר שִׁמְעוּ־נָא דְבָרָי אִם־
יִהְיֶה נְבִיאֲכֶם יְהוָה בַּמַּרְאָה אֵלָיו אֶתְוַדָּע
בַּחֲלוֹם אֲדַבֶּר־בּוֹ׃ 7 לֹא־כֵן עַבְדִּי מֹשֶׁה
בְּכָל־בֵּיתִי נֶאֱמָן הוּא׃ 8 פֶּה אֶל־פֶּה

a That is, *The graves of lust*.

the similitude of the LORD doth he behold; wherefore then were ye not afraid to speak against My servant, against Moses?' [9] And the anger of the LORD was kindled against them; and He departed. [10] And when the cloud was removed from over the Tent, behold, Miriam was leprous, as white as snow; and Aaron looked upon Miriam; and, behold, she was leprous. [11] And Aaron said unto Moses: 'Oh my lord, lay not, I pray thee, sin upon us, for that we have done foolishly, and for that we have sinned. [12] Let her not, I pray, be as one dead, of whom the flesh is half consumed when he cometh out of his mother's womb.' [13] And Moses cried unto the LORD, saying. 'Heal her now, O God, I beseech Thee.'

[14] And the LORD said unto Moses: 'If her father had but spit in her face, should she not hide in shame seven days? let her be shut up without the camp seven days, and after that she shall be brought in again.' [15] And Miriam was shut up without the camp seven days; and the people journeyed not till Miriam was brought in again. [16] And afterward the people journeyed from Hazeroth, and pitched in the wilderness of Paran.

אֲדַבֶּר־בּוֹ וּמַרְאֶה וְלֹא בְחִידֹת וּתְמֻנַת
יְהוָה יַבִּיט וּמַדּוּעַ לֹא יְרֵאתֶם לְדַבֵּר
בְּעַבְדִּי בְמֹשֶׁה: 9 וַיִּחַר־אַף יְהוָה בָּם
וַיֵּלַךְ: 10 וְהֶעָנָן סָר מֵעַל הָאֹהֶל וְהִנֵּה
מִרְיָם מְצֹרַעַת כַּשָּׁלֶג וַיִּפֶן אַהֲרֹן אֶל־
מִרְיָם וְהִנֵּה מְצֹרָעַת: 11 וַיֹּאמֶר אַהֲרֹן
אֶל־מֹשֶׁה בִּי אֲדֹנִי אַל־נָא תָשֵׁת עָלֵינוּ
חַטָּאת אֲשֶׁר נוֹאַלְנוּ וַאֲשֶׁר חָטָאנוּ: 12 אַל־
נָא תְהִי כַּמֵּת אֲשֶׁר בְּצֵאתוֹ מֵרֶחֶם אִמּוֹ
וַיֵּאָכֵל חֲצִי בְשָׂרוֹ: 13 וַיִּצְעַק מֹשֶׁה אֶל־
יְהוָה לֵאמֹר אֵל נָא רְפָא נָא לָהּ: פ
14 וַיֹּאמֶר יְהוָה אֶל־מֹשֶׁה וְאָבִיהָ יָרֹק יָרַק
בְּפָנֶיהָ הֲלֹא תִכָּלֵם שִׁבְעַת יָמִים תִּסָּגֵר
שִׁבְעַת יָמִים מִחוּץ לַמַּחֲנֶה וְאַחַר תֵּאָסֵף:
15 וַתִּסָּגֵר מִרְיָם מִחוּץ לַמַּחֲנֶה שִׁבְעַת
יָמִים וְהָעָם לֹא נָסַע עַד־הֵאָסֵף מִרְיָם:
16 וְאַחַר נָסְעוּ הָעָם מֵחֲצֵרוֹת וַיַּחֲנוּ
בְּמִדְבַּר פָּארָן: פ

SHELAH-LEKHA

13 And the LORD spoke unto Moses, saying: [2] 'Send thou men, that they may spy out the land of Canaan, which I give unto the children of Israel; of every tribe of their fathers shall ye send a man, every one a prince among them.' [3] And Moses sent them from the wilderness of Paran according to the commandment of the LORD; all of them men who were heads of the children of Israel. [4] And these were their names: of the tribe of Reuben, Shammua the son of Zaccur. [5] Of the tribe of Simeon, Shaphat the son of Hori. [6] Of the tribe of Judah, Caleb the son of Jephunneh. [7] Of the tribe of Issachar, Igal the son of Joseph. [8] Of the tribe of Ephraim, Hoshea the son of Nun. [9] Of the tribe of Benjamin, Palti the son of Raphu. [10] Of the tribe of Zebulun, Gaddiel the son of Sodi. [11] Of the tribe of Joseph, namely, of the

שלח לך

13 וַיְדַבֵּר יְהוָה אֶל־מֹשֶׁה לֵּאמֹר:
2 שְׁלַח־לְךָ אֲנָשִׁים וְיָתֻרוּ אֶת־אֶרֶץ כְּנַעַן
אֲשֶׁר־אֲנִי נֹתֵן לִבְנֵי יִשְׂרָאֵל אִישׁ אֶחָד
אִישׁ אֶחָד לְמַטֵּה אֲבֹתָיו תִּשְׁלָחוּ כֹּל
נָשִׂיא בָהֶם: 3 וַיִּשְׁלַח אֹתָם מֹשֶׁה מִמִּדְבַּר
פָּארָן עַל־פִּי יְהוָה כֻּלָּם אֲנָשִׁים רָאשֵׁי
בְנֵי־יִשְׂרָאֵל הֵמָּה: 4 וְאֵלֶּה שְׁמוֹתָם
לְמַטֵּה רְאוּבֵן שַׁמּוּעַ בֶּן־זַכּוּר: 5 לְמַטֵּה
שִׁמְעוֹן שָׁפָט בֶּן־חוֹרִי: 6 לְמַטֵּה יְהוּדָה
כָּלֵב בֶּן־יְפֻנֶּה: 7 לְמַטֵּה יִשָּׂשכָר יִגְאָל
בֶּן־יוֹסֵף: 8 לְמַטֵּה אֶפְרָיִם הוֹשֵׁעַ בִּן־נוּן:
9 לְמַטֵּה בִנְיָמִן פַּלְטִי בֶּן־רָפוּא: 10 לְמַטֵּה
זְבוּלֻן גַּדִּיאֵל בֶּן־סוֹדִי: 11 לְמַטֵּה יוֹסֵף

tribe of Manasseh, Gaddi the son of Susi. [12] Of the tribe of Dan, Ammiel the son of Gemalli. [13] Of the tribe of Asher, Sethur the son of Michael. [14] Of the tribe of Naphtali, Nahbi the son of Vophsi. [15] Of the tribe of Gad, Geuel the son of Machi. [16] These are the names of the men that Moses sent to spy out the land. And Moses called Hoshea the son of Nun Joshua. [17] And Moses sent them to spy out the land of Canaan, and said unto them: 'Get you up here into the South, and go up into the mountains; [18] and see the land, what it is; and the people that dwelleth therein, whether they are strong or weak, whether they are few or many; [19] and what the land is that they dwell in, whether it is good or bad; and what cities they are that they dwell in, whether in camps, or in strongholds; [20] and what the land is, whether it is fat or lean, whether there is wood therein, or not. And be ye of good courage, and bring of the fruit of the land.'—Now the time was the time of the first-ripe grapes.—[21] So they went up, and spied out the land from the wilderness of Zin unto Rehob, at the entrance to Hamath. [22] And they went up into the South, and came unto Hebron; and Ahiman, Sheshai, and Talmai, the children of Anak, were there.—Now Hebron was built seven years before Zoan in Egypt.—[23] And they came unto the valley of Eshcol, and cut down from thence a branch with one cluster of grapes, and they bore it upon a pole between two; they took also of the pomegranates, and of the figs.—[24] That place was called the valley of [a]Eshcol, because of the cluster which the children of Israel cut down from thence.—[25] And they returned from spying out the land at the end of forty days. [26] And they went and came to Moses, and to Aaron, and to all the congregation of the children of Israel, unto the wilderness of Paran, to Kadesh; and brought back word unto them, and unto all the congregation, and showed them the fruit of the land. [27] And they told him, and said: 'We came unto the land whither thou

לְמַטֵּ֥ה מְנַשֶּׁ֖ה גַּדִּ֥י בֶּן־סוּסִֽי׃ 12 לְמַטֵּ֣ה
דָ֔ן עַמִּיאֵ֖ל בֶּן־גְּמַלִּֽי׃ 13 לְמַטֵּ֣ה אָשֵׁ֔ר סְת֖וּר
בֶּן־מִיכָאֵֽל׃ 14 לְמַטֵּ֣ה נַפְתָּלִ֔י נַחְבִּ֖י בֶּן־
וָפְסִֽי׃ 15 לְמַטֵּ֣ה גָ֔ד גְּאוּאֵ֖ל בֶּן־מָכִֽי׃ 16 אֵ֚לֶּה
שְׁמ֣וֹת הָֽאֲנָשִׁ֔ים אֲשֶׁר־שָׁלַ֥ח מֹשֶׁ֖ה לָת֣וּר
אֶת־הָאָ֑רֶץ וַיִּקְרָ֥א מֹשֶׁ֛ה לְהוֹשֵׁ֥עַ בִּן־נ֖וּן
יְהוֹשֻֽׁעַ׃ 17 וַיִּשְׁלַ֤ח אֹתָם֙ מֹשֶׁ֔ה לָת֖וּר
אֶת־אֶ֣רֶץ כְּנָ֑עַן וַיֹּ֣אמֶר אֲלֵהֶ֗ם עֲל֥וּ זֶה֙
בַּנֶּ֔גֶב וַעֲלִיתֶ֖ם אֶת־הָהָֽר׃ 18 וּרְאִיתֶ֥ם אֶת־
הָאָ֖רֶץ מַה־הִ֑וא וְאֶת־הָעָם֙ הַיֹּשֵׁ֣ב עָלֶ֔יהָ
הֶחָזָ֥ק הוּא֙ הֲרָפֶ֔ה הַמְעַ֥ט ה֖וּא אִם־רָֽב׃
19 וּמָ֣ה הָאָ֗רֶץ אֲשֶׁר־הוּא֙ יֹשֵׁ֣ב בָּ֔הּ הֲטוֹבָ֥ה
הִ֖וא אִם־רָעָ֑ה וּמָ֣ה הֶֽעָרִ֗ים אֲשֶׁר־הוּא֙
יוֹשֵׁ֣ב בָּהֵ֔נָּה הַבְּמַֽחֲנִ֖ים אִ֥ם בְּמִבְצָרִֽים׃
20 וּמָ֣ה הָ֠אָרֶץ הַשְּׁמֵנָ֨ה הִ֜וא אִם־רָזָ֗ה
הֲיֵֽשׁ־בָּ֥הּ עֵץ֙ אִם־אַ֔יִן וְהִ֨תְחַזַּקְתֶּ֔ם
וּלְקַחְתֶּ֖ם מִפְּרִ֣י הָאָ֑רֶץ וְהַ֨יָּמִ֔ים יְמֵ֖י בִּכּוּרֵ֥י
עֲנָבִֽים׃ 21 וַֽיַּעֲל֖וּ וַיָּתֻ֣רוּ אֶת־הָאָ֑רֶץ
מִמִּדְבַּר־צִ֥ן עַד־רְחֹ֖ב לְבֹ֥א חֲמָֽת׃ 22 וַיַּעֲל֣וּ
בַנֶּגֶב֮ וַיָּבֹ֣א עַד־חֶבְרוֹן֒ וְשָׁ֤ם אֲחִימַן֙ שֵׁשַׁ֣י
וְתַלְמַ֔י יְלִידֵ֖י הָעֲנָ֑ק וְחֶבְר֗וֹן שֶׁ֤בַע שָׁנִים֙
נִבְנְתָ֔ה לִפְנֵ֖י צֹ֥עַן מִצְרָֽיִם׃ 23 וַיָּבֹ֜אוּ עַד־
נַ֣חַל אֶשְׁכֹּ֗ל וַיִּכְרְת֨וּ מִשָּׁ֤ם זְמוֹרָה֙ וְאֶשְׁכּ֤וֹל
עֲנָבִים֙ אֶחָ֔ד וַיִּשָּׂאֻ֥הוּ בַמּ֖וֹט בִּשְׁנָ֑יִם וּמִן־
הָרִמֹּנִ֖ים וּמִן־הַתְּאֵנִֽים׃ 24 לַמָּק֣וֹם הַה֔וּא
קָרָ֖א נַ֣חַל אֶשְׁכּ֑וֹל עַ֚ל אֹד֣וֹת הָֽאֶשְׁכּ֔וֹל
אֲשֶׁר־כָּרְת֥וּ מִשָּׁ֖ם בְּנֵ֥י יִשְׂרָאֵֽל׃ 25 וַיָּשֻׁ֖בוּ
מִתּ֣וּר הָאָ֑רֶץ מִקֵּ֖ץ אַרְבָּעִ֥ים יֽוֹם׃ 26 וַיֵּלְכ֡וּ
וַיָּבֹ֩אוּ֩ אֶל־מֹשֶׁ֨ה וְאֶֽל־אַהֲרֹ֜ן וְאֶל־כָּל־עֲדַ֧ת
בְּנֵֽי־יִשְׂרָאֵ֛ל אֶל־מִדְבַּ֥ר פָּארָ֖ן קָדֵ֑שָׁה
וַיָּשִׁ֨יבוּ אֹתָ֤ם דָּבָר֙ וְאֶת־כָּל־הָ֣עֵדָ֔ה
וַיַּרְא֖וּם אֶת־פְּרִ֥י הָאָֽרֶץ׃ 27 וַיְסַפְּרוּ־ל֣וֹ
וַיֹּ֣אמְר֔וּ בָּ֕אנוּ אֶל־הָאָ֖רֶץ אֲשֶׁ֣ר שְׁלַחְתָּ֑נוּ

a That is, *a cluster*.

sentest us, and surely it floweth with milk and honey; and this is the fruit of it. [28] Howbeit the people that dwell in the land are fierce, and the cities are fortified, and very great; and moreover we saw the children of Anak there. [29] Amalek dwelleth in the land of the South; and the Hittite, and the Jebusite, and the Amorite, dwell in the mountains; and the Canaanite dwelleth by the sea, and along by the side of the Jordan.' [30] And Caleb stilled the people toward Moses, and said: 'We should go up at once, and possess it; for we are well able to overcome it.' [31] But the men that went up with him said: 'We are not able to go up against the people; for they are stronger than we.' [32] And they spread an evil report of the land which they had spied out unto the children of Israel, saying: 'The land, through which we have passed to spy it out, is a land that eateth up the inhabitants thereof; and all the people that we saw in it are men of great stature. [33] And there we saw the Nephilim, the sons of Anak, who come of the Nephilim; and we were in our own sight as grasshoppers, and so we were in their sight.'

14 And all the congregation lifted up their voice, and cried; and the people wept that night. [2] And all the children of Israel murmured against Moses and against Aaron; and the whole congregation said unto them: 'Would that we had died in the land of Egypt! or would we had died in this wilderness! [3] And wherefore doth the Lord bring us unto this land, to fall by the sword? Our wives and our little ones will be a prey; were it not better for us to return into Egypt?' [4] And they said one to another: 'Let us make a captain, and let us return into Egypt.' [5] Then Moses and Aaron fell on their faces before all the assembly of the congregation of the children of Israel. [6] And Joshua the son of Nun and Caleb the son of Jephunneh, who were of them that spied out the land, rent their clothes. [7] And they spoke unto all the congregation of the children of Israel, saying: 'The land, which we passed through to spy it out, is an exceeding good land. [8] If the Lord delight in us, then He will bring us into this land, and give it unto

וְגַם זָבַת חָלָב וּדְבַשׁ הִוא וְזֶה־פִּרְיָהּ׃
28 אֶפֶס כִּי־עַז הָעָם הַיֹּשֵׁב בָּאָרֶץ וְהֶעָרִים
בְּצֻרוֹת גְּדֹלֹת מְאֹד וְגַם־יְלִדֵי הָעֲנָק רָאִינוּ
שָׁם׃ 29 עֲמָלֵק יוֹשֵׁב בְּאֶרֶץ הַנֶּגֶב וְהַחִתִּי
וְהַיְבוּסִי וְהָאֱמֹרִי יוֹשֵׁב בָּהָר וְהַכְּנַעֲנִי
יֹשֵׁב עַל־הַיָּם וְעַל יַד הַיַּרְדֵּן׃ 30 וַיַּהַס
כָּלֵב אֶת־הָעָם אֶל־מֹשֶׁה וַיֹּאמֶר עָלֹה
נַעֲלֶה וְיָרַשְׁנוּ אֹתָהּ כִּי־יָכוֹל נוּכַל לָהּ׃
31 וְהָאֲנָשִׁים אֲשֶׁר־עָלוּ עִמּוֹ אָמְרוּ לֹא
נוּכַל לַעֲלוֹת אֶל־הָעָם כִּי־חָזָק הוּא
מִמֶּנּוּ׃ 32 וַיֹּצִיאוּ דִּבַּת הָאָרֶץ אֲשֶׁר תָּרוּ
אֹתָהּ אֶל־בְּנֵי יִשְׂרָאֵל לֵאמֹר הָאָרֶץ אֲשֶׁר
עָבַרְנוּ בָהּ לָתוּר אֹתָהּ אֶרֶץ אֹכֶלֶת
יוֹשְׁבֶיהָ הִוא וְכָל־הָעָם אֲשֶׁר־רָאִינוּ
בְתוֹכָהּ אַנְשֵׁי מִדּוֹת׃ 33 וְשָׁם רָאִינוּ אֶת־
הַנְּפִילִים בְּנֵי עֲנָק מִן־הַנְּפִלִים וַנְּהִי
בְעֵינֵינוּ כַּחֲגָבִים וְכֵן הָיִינוּ בְּעֵינֵיהֶם׃
14 וַתִּשָּׂא כָּל־הָעֵדָה וַיִּתְּנוּ אֶת־קוֹלָם
וַיִּבְכּוּ הָעָם בַּלַּיְלָה הַהוּא׃ 2 וַיִּלֹּנוּ עַל־
מֹשֶׁה וְעַל־אַהֲרֹן כֹּל בְּנֵי יִשְׂרָאֵל וַיֹּאמְרוּ
אֲלֵהֶם כָּל־הָעֵדָה לוּ־מַתְנוּ בְּאֶרֶץ מִצְרַיִם
אוֹ בַּמִּדְבָּר הַזֶּה לוּ־מָתְנוּ׃ 3 וְלָמָה יְהוָה
מֵבִיא אֹתָנוּ אֶל־הָאָרֶץ הַזֹּאת לִנְפֹּל
בַּחֶרֶב נָשֵׁינוּ וְטַפֵּנוּ יִהְיוּ לָבַז הֲלוֹא טוֹב
לָנוּ שׁוּב מִצְרָיְמָה׃ 4 וַיֹּאמְרוּ אִישׁ אֶל־
אָחִיו נִתְּנָה רֹאשׁ וְנָשׁוּבָה מִצְרָיְמָה׃
5 וַיִּפֹּל מֹשֶׁה וְאַהֲרֹן עַל־פְּנֵיהֶם לִפְנֵי
כָּל־קְהַל עֲדַת בְּנֵי יִשְׂרָאֵל׃ 6 וִיהוֹשֻׁעַ
בִּן־נוּן וְכָלֵב בֶּן־יְפֻנֶּה מִן־הַתָּרִים אֶת־
הָאָרֶץ קָרְעוּ בִּגְדֵיהֶם׃ 7 וַיֹּאמְרוּ אֶל־כָּל־
עֲדַת בְּנֵי־יִשְׂרָאֵל לֵאמֹר הָאָרֶץ אֲשֶׁר
עָבַרְנוּ בָהּ לָתוּר אֹתָהּ טוֹבָה הָאָרֶץ מְאֹד
מְאֹד׃ 8 אִם־חָפֵץ בָּנוּ יְהוָה וְהֵבִיא אֹתָנוּ

אֶל־הָאָרֶץ הַזֹּאת וּנְתָנָהּ לָנוּ אֶרֶץ אֲשֶׁר־
הִוא זָבַת חָלָב וּדְבָשׁ׃ 9 אַךְ בַּיהוָה אַל־
תִּמְרֹדוּ וְאַתֶּם אַל־תִּירְאוּ אֶת־עַם הָאָרֶץ
כִּי לַחְמֵנוּ הֵם סָר צִלָּם מֵעֲלֵיהֶם וַיהוָה
אִתָּנוּ אַל־תִּירָאֻם׃ 10 וַיֹּאמְרוּ כָּל־הָעֵדָה
לִרְגּוֹם אֹתָם בָּאֲבָנִים וּכְבוֹד יְהוָה נִרְאָה
בְּאֹהֶל מוֹעֵד אֶל־כָּל־בְּנֵי יִשְׂרָאֵל׃ פ
11 וַיֹּאמֶר יְהוָה אֶל־מֹשֶׁה עַד־אָנָה יְנַאֲצֻנִי
הָעָם הַזֶּה וְעַד־אָנָה לֹא־יַאֲמִינוּ בִי בְּכֹל
הָאֹתוֹת אֲשֶׁר עָשִׂיתִי בְּקִרְבּוֹ׃ 12 אַכֶּנּוּ
בַדֶּבֶר וְאוֹרִשֶׁנּוּ וְאֶעֱשֶׂה אֹתְךָ לְגוֹי־גָּדוֹל
וְעָצוּם מִמֶּנּוּ׃ 13 וַיֹּאמֶר מֹשֶׁה אֶל־יְהוָה
וְשָׁמְעוּ מִצְרַיִם כִּי־הֶעֱלִיתָ בְכֹחֲךָ אֶת־
הָעָם הַזֶּה מִקִּרְבּוֹ׃ 14 וְאָמְרוּ אֶל־יוֹשֵׁב
הָאָרֶץ הַזֹּאת שָׁמְעוּ כִּי־אַתָּה יְהוָה בְּקֶרֶב
הָעָם הַזֶּה אֲשֶׁר־עַיִן בְּעַיִן נִרְאָה ׀ אַתָּה
יְהוָה וַעֲנָנְךָ עֹמֵד עֲלֵהֶם וּבְעַמֻּד עָנָן אַתָּה
הֹלֵךְ לִפְנֵיהֶם יוֹמָם וּבְעַמּוּד אֵשׁ לָיְלָה׃
15 וְהֵמַתָּה אֶת־הָעָם הַזֶּה כְּאִישׁ אֶחָד
וְאָמְרוּ הַגּוֹיִם אֲשֶׁר־שָׁמְעוּ אֶת־שִׁמְעֲךָ
לֵאמֹר׃ 16 מִבִּלְתִּי יְכֹלֶת יְהוָה לְהָבִיא
אֶת־הָעָם הַזֶּה אֶל־הָאָרֶץ אֲשֶׁר־נִשְׁבַּע
לָהֶם וַיִּשְׁחָטֵם בַּמִּדְבָּר׃ 17 וְעַתָּה יִגְדַּל־נָא
כֹּחַ אֲדֹנָי כַּאֲשֶׁר דִּבַּרְתָּ לֵאמֹר׃ 18 יְהוָה
אֶרֶךְ אַפַּיִם וְרַב־חֶסֶד נֹשֵׂא עָוֺן וָפָשַׁע
וְנַקֵּה לֹא יְנַקֶּה פֹּקֵד עֲוֺן אָבוֹת עַל־בָּנִים
עַל־שִׁלֵּשִׁים וְעַל־רִבֵּעִים׃ 19 סְלַח־נָא
לַעֲוֺן הָעָם הַזֶּה כְּגֹדֶל חַסְדֶּךָ וְכַאֲשֶׁר
נָשָׂאתָה לָעָם הַזֶּה מִמִּצְרַיִם וְעַד־הֵנָּה׃
20 וַיֹּאמֶר יְהוָה סָלַחְתִּי כִּדְבָרֶךָ׃ 21 וְאוּלָם
חַי־אָנִי וְיִמָּלֵא כְבוֹד־יְהוָה אֶת־כָּל־
הָאָרֶץ׃ 22 כִּי כָל־הָאֲנָשִׁים הָרֹאִים אֶת־
כְּבֹדִי וְאֶת־אֹתֹתַי אֲשֶׁר־עָשִׂיתִי בְמִצְרַיִם

us—a land which floweth with milk and honey. [9] Only rebel not against the LORD, neither fear ye the people of the land; for they are bread for us; their defence is removed from over them, and the LORD is with us; fear them not.' [10] But all the congregation bade stone them with stones, when the glory of the LORD appeared in the tent of meeting unto all the children of Israel.

[11] And the LORD said unto Moses: 'How long will this people despise Me? and how long will they not believe in Me, for all the signs which I have wrought among them? [12] I will smite them with the pestilence, and destroy them, and will make of thee a nation greater and mightier than they.' [13] And Moses said unto the LORD: 'When the Egyptians shall hear—for Thou broughtest up this people in Thy might from among them—[14] they will say to the inhabitants of this land, who have heard that Thou LORD art in the midst of this people; inasmuch as Thou LORD art seen face to face, and Thy cloud standeth over them, and Thou goest before them, in a pillar of cloud by day, and in a pillar of fire by night; [15] now if Thou shalt kill this people as one man, then the nations which have heard the fame of Thee will speak, saying: [16] Because the LORD was not able to bring this people into the land which He swore unto them, therefore He hath slain them in the wilderness. [17] And now, I pray Thee, let the power of the Lord be great, according as Thou hast spoken, saying: [18] The LORD is slow to anger, and plenteous in lovingkindness, forgiving iniquity and transgression, and that will by no means clear the guilty; visiting the iniquity of the fathers upon the children, upon the third and upon the fourth generation. [19] Pardon, I pray Thee, the iniquity of this people according unto the greatness of Thy lovingkindness, and according as Thou hast forgiven this people, from Egypt even until now.' [20] And the LORD said: 'I have pardoned according to thy word. [21] But in very deed, as I live—and all the earth shall be filled with the glory of the LORD—[22] surely all those men that have seen My glory, and My signs, which I wrought in Egypt and in the wilderness,

yet have put Me to proof these ten times, and have not hearkened to My voice; [23] surely they shall not see the land which I swore unto their fathers, neither shall any of them that despised Me see it. [24] But My servant Caleb, because he had another spirit with him, and hath followed Me fully, him will I bring into the land whereinto he went; and his seed shall possess it. [25] Now the Amalekite and the Canaanite dwell in the Vale; to-morrow turn ye, and get you into the wilderness by the way to the Red Sea.'

[26] And the LORD spoke unto Moses and unto Aaron, saying: [27] 'How long shall I bear with this evil congregation, that keep murmuring against Me? I have heard the murmurings of the children of Israel, which they keep murmuring against Me. [28] Say unto them: As I live, saith the LORD, surely as ye have spoken in Mine ears, so will I do to you: [29] your carcasses shall fall in this wilderness, and all that were numbered of you, according to your whole number, from twenty years old and upward, ye that have murmured against Me; [30] surely ye shall not come into the land, concerning which I lifted up My hand that I would make you dwell therein, save Caleb the son of Jephunneh, and Joshua the son of Nun. [31] But your little ones, that ye said would be a prey, them will I bring in, and they shall know the land which ye have rejected. [32] But as for you, your carcasses shall fall in this wilderness. [33] And your children shall be wanderers in the wilderness forty years, and shall bear your strayings, until your carcasses be consumed in the wilderness. [34] After the number of the days in which ye spied out the land, even forty days, for every day a year, shall ye bear your iniquities, even forty years, and ye shall know My displeasure. [35] I the LORD have spoken, surely this will I do unto all this evil congregation, that are gathered together against Me; in this wilderness they shall be consumed, and there they shall die.' [36] And the men, whom Moses sent to spy out the land, and who, when they returned, made all the congregation

ובמדבר וינסו אתי זה עשר פעמים ולא
שמעו בקולי׃ 23 אם־יראו את־הארץ
אשר נשבעתי לאבתם וכל־מנאצי לא
יראוה׃ 24 ועבדי כלב עקב היתה רוח
אחרת עמו וימלא אחרי והביאתיו
אל־הארץ אשר־בא שמה וזרעו יורשנה׃
25 והעמלקי והכנעני יושב בעמק מחר
פנו וסעו לכם המדבר דרך ים־סוף׃ פ
26 וידבר יהוה אל־משה ואל־אהרן
לאמר׃ 27 עד־מתי לעדה הרעה הזאת
אשר המה מלינים עלי את־תלנות בני
ישראל אשר המה מלינים עלי שמעתי׃
28 אמר אלהם חי־אני נאם־יהוה אם־לא
כאשר דברתם באזני כן אעשה לכם׃
29 במדבר הזה יפלו פגריכם וכל־
פקדיכם לכל־מספרכם מבן עשרים שנה
ומעלה אשר הלינתם עלי׃ 30 אם־אתם
תבאו אל־הארץ אשר נשאתי את־ידי
לשכן אתכם בה כי אם־כלב בן־יפנה
ויהושע בן־נון׃ 31 וטפכם אשר אמרתם
לבז יהיה והביאתי אתם וידעו את־
הארץ אשר מאסתם בה׃ 32 ופגריכם
אתם יפלו במדבר הזה׃ 33 ובניכם יהיו
רעים במדבר ארבעים שנה ונשאו את־
זנותיכם עד־תם פגריכם במדבר׃
34 במספר הימים אשר־תרתם את־
הארץ ארבעים יום יום לשנה יום לשנה
תשאו את־עונתיכם ארבעים שנה
וידעתם את־תנואתי׃ 35 אני יהוה
דברתי אם־לא ׀ זאת אעשה לכל־העדה
הרעה הזאת הנועדים עלי במדבר הזה
יתמו ושם ימתו׃ 36 והאנשים אשר־שלח
משה לתור את־הארץ וישבו וילונו ויליני

to murmur against him, by bringing up an evil report against the land, [37] even those men that did bring up an evil report of the land, died by the plague before the LORD. [38] But Joshua the son of Nun, and Caleb the son of Jephunneh, remained alive of those men that went to spy out the land. [39] And Moses told these words unto all the children of Israel; and the people mourned greatly. [40] And they rose up early in the morning, and got them up to the top of the mountain, saying: 'Lo, we are here, and will go up unto the place which the LORD hath promised; for we have sinned.' [41] And Moses said: 'Wherefore now do ye transgress the commandment of the LORD, seeing it shall not prosper? [42] Go not up, for the LORD is not among you; that ye be not smitten down before your enemies. [43] For there the Amalekite and the Canaanite are before you, and ye shall fall by the sword; forasmuch as ye are turned back from following the LORD, and the LORD will not be with you.' [44] But they presumed to go up to the top of the mountain; nevertheless the ark of the covenant of the LORD, and Moses, departed not out of the camp. [45] Then the Amalekite and the Canaanite, who dwelt in that hill-country, came down, and smote them and beat them down, even unto Hormah.

15 And the LORD spoke unto Moses, saying. [2] Speak unto the children of Israel, and say unto them

When ye are come into the land of your habitations, which I give unto you, [3] and will make an offering by fire unto the LORD, a burnt-offering, or a sacrifice, in fulfilment of a vow clearly uttered, or as a freewill-offering, or in your appointed seasons, to make a sweet savour unto the LORD, of the herd, or of the flock; [4] then shall he that bringeth his offering present unto the LORD a meal-offering of a tenth part of an ephah of fine flour mingled with the fourth part of a hin of oil; [5] and wine for the drink-offering, the fourth part of a hin, shalt thou prepare with the burnt-offering or for the sacrifice, for each lamb. [6] Or for a ram, thou shalt prepare for a meal-offering two tenth parts of an ephah of fine flour mingled with the third part of a hin of oil; [7] and for the drink-offering thou shalt present the third part of a hin of wine, of a sweet savour unto the

עָלָיו אֶת־כָּל־הָעֵדָה לְהוֹצִיא דִבָּה עַל־
הָאָרֶץ׃ 37 וַיָּמֻתוּ הָאֲנָשִׁים מוֹצִאֵי דִבַּת־
הָאָרֶץ רָעָה בַּמַּגֵּפָה לִפְנֵי יְהוָה׃
38 וִיהוֹשֻׁעַ בִּן־נוּן וְכָלֵב בֶּן־יְפֻנֶּה חָיוּ מִן־
הָאֲנָשִׁים הָהֵם הַהֹלְכִים לָתוּר אֶת־
הָאָרֶץ׃ 39 וַיְדַבֵּר מֹשֶׁה אֶת־הַדְּבָרִים
הָאֵלֶּה אֶל־כָּל־בְּנֵי יִשְׂרָאֵל וַיִּתְאַבְּלוּ הָעָם
מְאֹד׃ 40 וַיַּשְׁכִּמוּ בַבֹּקֶר וַיַּעֲלוּ אֶל־רֹאשׁ־
הָהָר לֵאמֹר הִנֶּנּוּ וְעָלִינוּ אֶל־הַמָּקוֹם
אֲשֶׁר־אָמַר יְהוָה כִּי חָטָאנוּ׃ 41 וַיֹּאמֶר
מֹשֶׁה לָמָּה זֶּה אַתֶּם עֹבְרִים אֶת־פִּי יְהוָה
וְהִוא לֹא תִצְלָח׃ 42 אַל־תַּעֲלוּ כִּי אֵין
יְהוָה בְּקִרְבְּכֶם וְלֹא תִּנָּגְפוּ לִפְנֵי אֹיְבֵיכֶם׃
43 כִּי הָעֲמָלֵקִי וְהַכְּנַעֲנִי שָׁם לִפְנֵיכֶם
וּנְפַלְתֶּם בֶּחָרֶב כִּי־עַל־כֵּן שַׁבְתֶּם מֵאַחֲרֵי
יְהוָה וְלֹא־יִהְיֶה יְהוָה עִמָּכֶם׃ 44 וַיַּעְפִּלוּ
לַעֲלוֹת אֶל־רֹאשׁ הָהָר וַאֲרוֹן בְּרִית־יְהוָה
וּמֹשֶׁה לֹא־מָשׁוּ מִקֶּרֶב הַמַּחֲנֶה׃ 45 וַיֵּרֶד
הָעֲמָלֵקִי וְהַכְּנַעֲנִי הַיֹּשֵׁב בָּהָר הַהוּא
וַיַּכּוּם וַיַּכְּתוּם עַד־הַחָרְמָה׃ פ
15 וַיְדַבֵּר יְהוָה אֶל־מֹשֶׁה לֵּאמֹר׃
2 דַּבֵּר אֶל־בְּנֵי יִשְׂרָאֵל וְאָמַרְתָּ אֲלֵהֶם כִּי
תָבֹאוּ אֶל־אֶרֶץ מוֹשְׁבֹתֵיכֶם אֲשֶׁר אֲנִי נֹתֵן
לָכֶם׃ 3 וַעֲשִׂיתֶם אִשֶּׁה לַיהוָה עֹלָה אוֹ־
זֶבַח לְפַלֵּא־נֶדֶר אוֹ בִנְדָבָה אוֹ בְּמֹעֲדֵיכֶם
לַעֲשׂוֹת רֵיחַ נִיחֹחַ לַיהוָה מִן־הַבָּקָר אוֹ
מִן־הַצֹּאן׃ 4 וְהִקְרִיב הַמַּקְרִיב קָרְבָּנוֹ
לַיהוָה מִנְחָה סֹלֶת עִשָּׂרוֹן בָּלוּל בִּרְבִעִית
הַהִין שָׁמֶן׃ 5 וְיַיִן לַנֶּסֶךְ רְבִיעִית הַהִין
תַּעֲשֶׂה עַל־הָעֹלָה אוֹ לַזָּבַח לַכֶּבֶשׂ
הָאֶחָד׃ 6 אוֹ לָאַיִל תַּעֲשֶׂה מִנְחָה סֹלֶת
שְׁנֵי עֶשְׂרֹנִים בְּלוּלָה בַשֶּׁמֶן שְׁלִשִׁית
הַהִין׃ 7 וְיַיִן לַנֶּסֶךְ שְׁלִשִׁית הַהִין תַּקְרִיב

Lord. [8] And when thou preparest a bullock for a burnt-offering, or for a sacrifice, in fulfilment of a vow clearly uttered, or for peace-offerings unto the Lord; [9] then shall there be presented with the bullock a meal-offering of three tenth parts of an ephah of fine flour mingled with half a hin of oil. [10] And thou shalt present for the drink-offering half a hin of wine, for an offering made by fire, of a sweet savour unto the Lord. [11] Thus shall it be done for each bullock, or for each ram, or for each of the he-lambs, or of the kids. [12] According to the number that ye may prepare, so shall ye do for every one according to their number. [13] All that are home-born shall do these things after this manner, in presenting an offering made by fire, of a sweet savour unto the Lord. [14] And if a stranger sojourn with you, or whosoever may be among you, throughout your generations, and will offer an offering made by fire, of a sweet savour unto the Lord; as ye do, so he shall do. [15] As for the congregation, there shall be one statute both for you, and for the stranger that sojourneth with you, a statute for ever throughout your generations; as ye are, so shall the stranger be before the Lord. [16] One law and one ordinance shall be both for you, and for the stranger that sojourneth with you.

[17] And the Lord spoke unto Moses, saying: [18] Speak unto the children of Israel, and say unto them:

When ye come into the land whither I bring you, [19] then it shall be, that, when ye eat of the bread of the land, ye shall set apart a portion for a gift unto the Lord. [20] Of the first of your dough ye shall set apart a cake for a gift; as that which is set apart of the threshing-floor, so shall ye set it apart. [21] Of the first of your dough ye shall give unto the Lord a portion for a gift throughout your generations.

[22] And when ye shall err, and not observe all these commandments, which the Lord hath spoken unto Moses, [23] even all that the Lord hath commanded you by the hand of Moses, from the day that the Lord gave commandment, and onward throughout your generations; [24] then it shall be, if it be done in error by the congregation, it being hid from their eyes, that all the congregation shall offer one young bullock for a burnt-offering, for a sweet savour unto the Lord—with the meal-offering thereof, and the drink-offering thereof, according to the

רֵֽיחַ־נִיחֹ֖חַ לַיהוָֽה׃ 8 וְכִֽי־תַעֲשֶׂ֥ה בֶן־בָּקָ֖ר
עֹלָ֣ה אוֹ־זָ֑בַח לְפַלֵּא־נֶ֛דֶר אֽוֹ־שְׁלָמִ֖ים
לַיהוָֽה׃ 9 וְהִקְרִ֣יב עַל־בֶּן־הַבָּקָר֮ מִנְחָה֒
סֹ֚לֶת שְׁלֹשָׁ֣ה עֶשְׂרֹנִ֔ים בָּל֥וּל בַּשֶּׁ֖מֶן חֲצִ֥י
הַהִֽין׃ 10 וְיַ֛יִן תַּקְרִ֥יב לַנֶּ֖סֶךְ חֲצִ֣י הַהִ֑ין
אִשֵּׁ֥ה רֵֽיחַ־נִיחֹ֖חַ לַיהוָֽה׃ 11 כָּ֣כָה יֵעָשֶׂ֗ה
לַשּׁוֹר֙ הָֽאֶחָ֔ד א֖וֹ לָאַ֣יִל הָאֶחָ֑ד אֽוֹ־לַשֶּׂ֥ה
בַכְּבָשִׂ֖ים א֥וֹ בָעִזִּֽים׃ 12 כַּמִּסְפָּ֖ר אֲשֶׁ֣ר
תַּעֲשׂ֑וּ כָּ֛כָה תַּעֲשׂ֥וּ לָאֶחָ֖ד כְּמִסְפָּרָֽם׃
13 כָּל־הָאֶזְרָ֥ח יַעֲשֶׂה־כָּ֖כָה אֶת־אֵ֑לֶּה
לְהַקְרִ֛יב אִשֵּׁ֥ה רֵֽיחַ־נִיחֹ֖חַ לַיהוָֽה׃ 14 וְכִֽי־
יָג֨וּר אִתְּכֶ֜ם גֵּ֗ר א֤וֹ אֲשֶׁר־בְּתֽוֹכְכֶם֙
לְדֹרֹ֣תֵיכֶ֔ם וְעָשָׂ֛ה אִשֵּׁ֥ה רֵֽיחַ־נִיחֹ֖חַ לַיהוָ֑ה
כַּאֲשֶׁ֥ר תַּעֲשׂ֖וּ כֵּ֥ן יַעֲשֶֽׂה׃ 15 הַקָּהָ֕ל חֻקָּ֥ה
אַחַ֛ת לָכֶ֖ם וְלַגֵּ֣ר הַגָּ֑ר חֻקַּ֤ת עוֹלָם֙
לְדֹרֹ֣תֵיכֶ֔ם כָּכֶ֛ם כַּגֵּ֥ר יִהְיֶ֖ה לִפְנֵ֥י יְהוָֽה׃
16 תּוֹרָ֥ה אַחַ֛ת וּמִשְׁפָּ֥ט אֶחָ֖ד יִהְיֶ֣ה לָכֶ֑ם
וְלַגֵּ֖ר הַגָּ֥ר אִתְּכֶֽם׃ פ
17 וַיְדַבֵּ֥ר יְהוָ֖ה אֶל־מֹשֶׁ֥ה לֵּאמֹֽר׃ 18 דַּבֵּר֙
אֶל־בְּנֵ֣י יִשְׂרָאֵ֔ל וְאָמַרְתָּ֖ אֲלֵהֶ֑ם בְּבֹֽאֲכֶם֙
אֶל־הָאָ֔רֶץ אֲשֶׁ֥ר אֲנִ֛י מֵבִ֥יא אֶתְכֶ֖ם שָֽׁמָּה׃
19 וְהָיָ֕ה בַּאֲכָלְכֶ֖ם מִלֶּ֣חֶם הָאָ֑רֶץ תָּרִ֥ימוּ
תְרוּמָ֖ה לַיהוָֽה׃ 20 רֵאשִׁית֙ עֲרִסֹ֣תֵכֶ֔ם חַלָּ֖ה
תָּרִ֣ימוּ תְרוּמָ֑ה כִּתְרוּמַ֣ת גֹּ֔רֶן כֵּ֖ן תָּרִ֥ימוּ
אֹתָֽהּ׃ 21 מֵרֵאשִׁית֙ עֲרִסֹ֣תֵיכֶ֔ם תִּתְּנ֥וּ
לַיהוָ֖ה תְּרוּמָ֑ה לְדֹרֹתֵיכֶֽם׃ ס 22 וְכִ֣י
תִשְׁגּ֔וּ וְלֹ֣א תַעֲשׂ֔וּ אֵ֥ת כָּל־הַמִּצְוֺ֖ת הָאֵ֑לֶּה
אֲשֶׁר־דִּבֶּ֥ר יְהוָ֖ה אֶל־מֹשֶֽׁה׃ 23 אֵת֩ כָּל־
אֲשֶׁ֨ר צִוָּ֤ה יְהוָה֙ אֲלֵיכֶ֔ם בְּיַד־מֹשֶׁ֑ה מִן־
הַיּ֞וֹם אֲשֶׁ֨ר צִוָּ֧ה יְהוָ֛ה וָהָ֖לְאָה לְדֹרֹתֵיכֶֽם׃
24 וְהָיָ֗ה אִ֣ם מֵעֵינֵ֣י הָעֵדָה֮ נֶֽעֶשְׂתָ֣ה לִשְׁגָגָה֒
וְעָשׂ֣וּ כָל־הָעֵדָ֡ה פַּ֣ר בֶּן־בָּקָר֩ אֶחָ֨ד לְעֹלָ֜ה
לְרֵ֣יחַ נִיחֹ֗חַ לַֽיהוָ֔ה וּמִנְחָת֥וֹ וְנִסְכּ֖וֹ

כַּמִּשְׁפָּט וּשְׂעִיר־עִזִּים אֶחָד לְחַטָּת׃
25 וְכִפֶּר הַכֹּהֵן עַל־כָּל־עֲדַת בְּנֵי יִשְׂרָאֵל
וְנִסְלַח לָהֶם כִּי־שְׁגָגָה הִוא וְהֵם הֵבִיאוּ
אֶת־קָרְבָּנָם אִשֶּׁה לַיהוָה וְחַטָּאתָם לִפְנֵי
יְהוָה עַל־שִׁגְגָתָם׃ 26 וְנִסְלַח לְכָל־עֲדַת
בְּנֵי יִשְׂרָאֵל וְלַגֵּר הַגָּר בְּתוֹכָם כִּי לְכָל־
הָעָם בִּשְׁגָגָה׃ ס 27 וְאִם־נֶפֶשׁ אַחַת
תֶּחֱטָא בִשְׁגָגָה וְהִקְרִיבָה עֵז בַּת־שְׁנָתָהּ
לְחַטָּאת׃ 28 וְכִפֶּר הַכֹּהֵן עַל־הַנֶּפֶשׁ
הַשֹּׁגֶגֶת בְּחֶטְאָה בִשְׁגָגָה לִפְנֵי יְהוָה לְכַפֵּר
עָלָיו וְנִסְלַח לוֹ׃ 29 הָאֶזְרָח בִּבְנֵי יִשְׂרָאֵל
וְלַגֵּר הַגָּר בְּתוֹכָם תּוֹרָה אַחַת יִהְיֶה לָכֶם
לָעֹשֶׂה בִּשְׁגָגָה׃ 30 וְהַנֶּפֶשׁ אֲשֶׁר־תַּעֲשֶׂה ׀
בְּיָד רָמָה מִן־הָאֶזְרָח וּמִן־הַגֵּר אֶת־יְהוָה
הוּא מְגַדֵּף וְנִכְרְתָה הַנֶּפֶשׁ הַהִוא מִקֶּרֶב
עַמָּהּ׃ 31 כִּי דְבַר־יְהוָה בָּזָה וְאֶת־מִצְוָתוֹ
הֵפַר הִכָּרֵת ׀ תִּכָּרֵת הַנֶּפֶשׁ הַהִוא עֲוֺנָה
בָהּ׃ פ
32 וַיִּהְיוּ בְנֵי־יִשְׂרָאֵל בַּמִּדְבָּר וַיִּמְצְאוּ אִישׁ
מְקֹשֵׁשׁ עֵצִים בְּיוֹם הַשַּׁבָּת׃ 33 וַיַּקְרִיבוּ
אֹתוֹ הַמֹּצְאִים אֹתוֹ מְקֹשֵׁשׁ עֵצִים אֶל־
מֹשֶׁה וְאֶל־אַהֲרֹן וְאֶל כָּל־הָעֵדָה׃
34 וַיַּנִּיחוּ אֹתוֹ בַּמִּשְׁמָר כִּי לֹא פֹרַשׁ
מַה־יֵּעָשֶׂה לוֹ׃ ס 35 וַיֹּאמֶר יְהוָה
אֶל־מֹשֶׁה מוֹת יוּמַת הָאִישׁ רָגוֹם אֹתוֹ
בָאֲבָנִים כָּל־הָעֵדָה מִחוּץ לַמַּחֲנֶה׃
36 וַיֹּצִיאוּ אֹתוֹ כָּל־הָעֵדָה אֶל־מִחוּץ
לַמַּחֲנֶה וַיִּרְגְּמוּ אֹתוֹ בָּאֲבָנִים וַיָּמֹת כַּאֲשֶׁר
צִוָּה יְהוָה אֶת־מֹשֶׁה׃ פ
37 וַיֹּאמֶר יְהוָה אֶל־מֹשֶׁה לֵּאמֹר׃ 38 דַּבֵּר
אֶל־בְּנֵי יִשְׂרָאֵל וְאָמַרְתָּ אֲלֵהֶם וְעָשׂוּ לָהֶם
צִיצִת עַל־כַּנְפֵי בִגְדֵיהֶם לְדֹרֹתָם וְנָתְנוּ
עַל־צִיצִת הַכָּנָף פְּתִיל תְּכֵלֶת׃ 39 וְהָיָה

ordinance—and one he-goat for a sin-offering. [25] And the priest shall make atonement for all the congregation of the children of Israel, and they shall be forgiven; for it was an error, and they have brought their offering, an offering made by fire unto the LORD, and their sin-offering before the LORD, for their error. [26] And all the congregation of the children of Israel shall be forgiven, and the stranger that sojourneth among them; for in respect of all the people it was done in error.

[27] And if one person sin through error, then he shall offer a she-goat of the first year for a sin-offering. [28] And the priest shall make atonement for the soul that erreth, when he sinneth through error, before the LORD, to make atonement for him; and he shall be forgiven, [29] both he that is home-born among the children of Israel, and the stranger that sojourneth among them: ye shall have one law for him that doeth aught in error. [30] But the soul that doeth aught with a high hand, whether he be home-born or a stranger, the same blasphemeth the LORD; and that soul shall be cut off from among his people. [31] Because he hath despised the word of the LORD, and hath broken His commandment; that soul shall utterly be cut off, his iniquity shall be upon him.

[32] And while the children of Israel were in the wilderness, they found a man gathering sticks upon the sabbath day. [33] And they that found him gathering sticks brought him unto Moses and Aaron, and unto all the congregation. [34] And they put him in ward, because it had not been declared what should be done to him. [35] And the LORD said unto Moses: 'The man shall surely be put to death; all the congregation shall stone him with stones without the camp.' [36] And all the congregation brought him without the camp, and stoned him with stones, and he died, as the LORD commanded Moses.

[37] And the LORD spoke unto Moses, saying: [38] 'Speak unto the children of Israel, and bid them that they make them throughout their generations fringes in the corners of their garments, and that they put with the fringe of each corner a thread of blue. [39] And it shall be unto you for a fringe, that ye may look upon

it, and remember all the commandments of the Lord, and do them; and that ye go not about after your own heart and your own eyes, after which ye use to go astray; [40] that ye may remember and do all My commandments, and be holy unto your God. [41] I am the Lord your God, who brought you out of the land of Egypt, to be your God: I am the Lord your God.'

KORAH

16 Now Korah, the son of Izhar, the son of Kohath, the son of Levi, with Dathan and Abiram, the sons of Eliab, and On, the son of Peleth, sons of Reuben, took men; [2] and they rose up in face of Moses, with certain of the children of Israel, two hundred and fifty men; they were princes of the congregation, the elect men of the assembly, men of renown, [3] and they assembled themselves together against Moses and against Aaron, and said unto them: 'Ye take too much upon you, seeing all the congregation are holy, every one of them, and the Lord is among them; wherefore then lift ye up yourselves above the assembly of the Lord?' [4] And when Moses heard it, he fell upon his face. [5] And he spoke unto Korah and unto all his company, saying: 'In the morning the Lord will show who are His, and who is holy, and will cause him to come near unto Him; even him whom He may choose will He cause to come near unto Him. [6] This do: take you censers, Korah, and all his company; [7] and put fire therein, and put incense upon them before the Lord tomorrow; and it shall be that the man whom the Lord doth choose, he shall be holy; ye take too much upon you, ye sons of Levi.' [8] And Moses said unto Korah: 'Hear now, ye sons of Levi: [9] is it but a small thing unto you, that the God of Israel hath separated you from the congregation of Israel, to bring you near to Himself, to do the service of the tabernacle of the Lord, and to stand before the congregation to minister unto them; [10] and that He hath brought thee near, and all thy brethren the sons of Levi with thee? and will ye seek the priesthood

לָכֶם לְצִיצִת וּרְאִיתֶם אֹתוֹ וּזְכַרְתֶּם אֶת־
כָּל־מִצְוֺת יְהוָה וַעֲשִׂיתֶם אֹתָם וְלֹא־
תָתֻרוּ אַחֲרֵי לְבַבְכֶם וְאַחֲרֵי עֵינֵיכֶם
אֲשֶׁר־אַתֶּם זֹנִים אַחֲרֵיהֶם׃ 40 לְמַעַן
תִּזְכְּרוּ וַעֲשִׂיתֶם אֶת־כָּל־מִצְוֺתָי וִהְיִיתֶם
קְדֹשִׁים לֵאלֹהֵיכֶם׃ 41 אֲנִי יְהוָה אֱלֹהֵיכֶם
אֲשֶׁר הוֹצֵאתִי אֶתְכֶם מֵאֶרֶץ מִצְרַיִם
לִהְיוֹת לָכֶם לֵאלֹהִים אֲנִי יְהוָה
אֱלֹהֵיכֶם׃ פ

קרח

16 וַיִּקַּח קֹרַח בֶּן־יִצְהָר בֶּן־קְהָת בֶּן־
לֵוִי וְדָתָן וַאֲבִירָם בְּנֵי אֱלִיאָב וְאוֹן בֶּן־
פֶּלֶת בְּנֵי רְאוּבֵן׃ 2 וַיָּקֻמוּ לִפְנֵי מֹשֶׁה
וַאֲנָשִׁים מִבְּנֵי־יִשְׂרָאֵל חֲמִשִּׁים וּמָאתָיִם
נְשִׂיאֵי עֵדָה קְרִאֵי מוֹעֵד אַנְשֵׁי־שֵׁם׃
3 וַיִּקָּהֲלוּ עַל־מֹשֶׁה וְעַל־אַהֲרֹן וַיֹּאמְרוּ
אֲלֵהֶם רַב־לָכֶם כִּי כָל־הָעֵדָה כֻּלָּם
קְדֹשִׁים וּבְתוֹכָם יְהוָה וּמַדּוּעַ תִּתְנַשְּׂאוּ
עַל־קְהַל יְהוָה׃ 4 וַיִּשְׁמַע מֹשֶׁה וַיִּפֹּל
עַל־פָּנָיו׃ 5 וַיְדַבֵּר אֶל־קֹרַח וְאֶל־כָּל־עֲדָתוֹ
לֵאמֹר בֹּקֶר וְיֹדַע יְהוָה אֶת־אֲשֶׁר־לוֹ
וְאֶת־הַקָּדוֹשׁ וְהִקְרִיב אֵלָיו וְאֵת אֲשֶׁר
יִבְחַר־בּוֹ יַקְרִיב אֵלָיו׃ 6 זֹאת עֲשׂוּ קְחוּ־
לָכֶם מַחְתּוֹת קֹרַח וְכָל־עֲדָתוֹ׃ 7 וּתְנוּ
בָהֵן ׀ אֵשׁ וְשִׂימוּ עֲלֵיהֶן קְטֹרֶת לִפְנֵי יְהוָה
מָחָר וְהָיָה הָאִישׁ אֲשֶׁר־יִבְחַר יְהוָה הוּא
הַקָּדוֹשׁ רַב־לָכֶם בְּנֵי לֵוִי׃ 8 וַיֹּאמֶר מֹשֶׁה
אֶל־קֹרַח שִׁמְעוּ־נָא בְּנֵי לֵוִי׃ 9 הַמְעַט מִכֶּם
כִּי־הִבְדִּיל אֱלֹהֵי יִשְׂרָאֵל אֶתְכֶם מֵעֲדַת
יִשְׂרָאֵל לְהַקְרִיב אֶתְכֶם אֵלָיו לַעֲבֹד אֶת־
עֲבֹדַת מִשְׁכַּן יְהוָה וְלַעֲמֹד לִפְנֵי הָעֵדָה
לְשָׁרְתָם׃ 10 וַיַּקְרֵב אֹתְךָ וְאֶת־כָּל־אַחֶיךָ

also? [11] Therefore thou and all thy company that are gathered together against the LORD—; and as to Aaron, what is he that ye murmur against him?' [12] And Moses sent to call Dathan and Abiram, the sons of Eliab; and they said: 'We will not come up; [13] is it a small thing that thou hast brought us up out of a land flowing with milk and honey, to kill us in the wilderness, but thou must needs make thyself also a prince over us? [14] Moreover thou hast not brought us into a land flowing with milk and honey, nor given us inheritance of fields and vineyards; wilt thou put out the eyes of these men? we will not come up.' [15] And Moses was very wroth, and said unto the LORD: 'Respect not Thou their offering; I have not taken one ass from them, neither have I hurt one of them.' [16] And Moses said unto Korah: 'Be thou and all thy congregation before the LORD, thou, and they, and Aaron, to-morrow; [17] and take ye every man his fire-pan, and put incense upon them, and bring ye before the LORD every man his fire-pan, two hundred and fifty fire-pans; thou also, and Aaron, each his fire-pan.' [18] And they took every man his fire-pan, and put fire in them, and laid incense thereon, and stood at the door of the tent of meeting with Moses and Aaron. [19] And Korah assembled all the congregation against them unto the door of the tent of meeting; and the glory of the LORD appeared unto all the congregation.

[20] And the LORD spoke unto Moses and unto Aaron, saying: [21] 'Separate yourselves from among this congregation, that I may consume them in a moment.' [22] And they fell upon their faces, and said: 'O God, the God of the spirits of all flesh, shall one man sin, and wilt Thou be wroth with all the congregation?'

[23] And the LORD spoke unto Moses, saying: [24] 'Speak unto the congregation, saying: Get you up from about the dwelling of Korah, Dathan, and Abiram.' [25] And Moses rose up

בְּנֵי־לֵוִי אִתָּךְ וּבִקַּשְׁתֶּם גַּם־כְּהֻנָּה׃ 11 לָכֵן
אַתָּה וְכָל־עֲדָתְךָ הַנֹּעָדִים עַל־יְהוָה
וְאַהֲרֹן מַה־הוּא כִּי תלונו תַלִּינוּ עָלָיו׃
12 וַיִּשְׁלַח מֹשֶׁה לִקְרֹא לְדָתָן וְלַאֲבִירָם
בְּנֵי אֱלִיאָב וַיֹּאמְרוּ לֹא נַעֲלֶה׃ 13 הַמְעַט
כִּי הֶעֱלִיתָנוּ מֵאֶרֶץ זָבַת חָלָב וּדְבַשׁ
לַהֲמִיתֵנוּ בַּמִּדְבָּר כִּי־תִשְׂתָּרֵר עָלֵינוּ גַּם־
הִשְׂתָּרֵר׃ 14 אַף לֹא אֶל־אֶרֶץ זָבַת חָלָב
וּדְבַשׁ הֲבִיאֹתָנוּ וַתִּתֶּן־לָנוּ נַחֲלַת שָׂדֶה
וָכָרֶם הַעֵינֵי הָאֲנָשִׁים הָהֵם תְּנַקֵּר לֹא
נַעֲלֶה׃ 15 וַיִּחַר לְמֹשֶׁה מְאֹד וַיֹּאמֶר אֶל־
יְהוָה אַל־תֵּפֶן אֶל־מִנְחָתָם לֹא חֲמוֹר אֶחָד
מֵהֶם נָשָׂאתִי וְלֹא הֲרֵעֹתִי אֶת־אַחַד
מֵהֶם׃ 16 וַיֹּאמֶר מֹשֶׁה אֶל־קֹרַח אַתָּה
וְכָל־עֲדָתְךָ הֱיוּ לִפְנֵי יְהוָה אַתָּה וָהֵם
וְאַהֲרֹן מָחָר׃ 17 וּקְחוּ ׀ אִישׁ מַחְתָּתוֹ
וּנְתַתֶּם עֲלֵיהֶם קְטֹרֶת וְהִקְרַבְתֶּם לִפְנֵי
יְהוָה אִישׁ מַחְתָּתוֹ חֲמִשִּׁים וּמָאתַיִם
מַחְתֹּת וְאַתָּה וְאַהֲרֹן אִישׁ מַחְתָּתוֹ׃
18 וַיִּקְחוּ אִישׁ מַחְתָּתוֹ וַיִּתְּנוּ עֲלֵיהֶם אֵשׁ
וַיָּשִׂימוּ עֲלֵיהֶם קְטֹרֶת וַיַּעַמְדוּ פֶּתַח אֹהֶל
מוֹעֵד וּמֹשֶׁה וְאַהֲרֹן׃ 19 וַיַּקְהֵל עֲלֵיהֶם
קֹרַח אֶת־כָּל־הָעֵדָה אֶל־פֶּתַח אֹהֶל מוֹעֵד
וַיֵּרָא כְבוֹד־יְהוָה אֶל־כָּל־הָעֵדָה׃ פ
20 וַיְדַבֵּר יְהוָה אֶל־מֹשֶׁה וְאֶל־אַהֲרֹן
לֵאמֹר׃ 21 הִבָּדְלוּ מִתּוֹךְ הָעֵדָה הַזֹּאת
וַאֲכַלֶּה אֹתָם כְּרָגַע׃ 22 וַיִּפְּלוּ עַל־פְּנֵיהֶם
וַיֹּאמְרוּ אֵל אֱלֹהֵי הָרוּחֹת לְכָל־בָּשָׂר
הָאִישׁ אֶחָד יֶחֱטָא וְעַל כָּל־הָעֵדָה
תִּקְצֹף׃ פ
23 וַיְדַבֵּר יְהוָה אֶל־מֹשֶׁה לֵּאמֹר׃ 24 דַּבֵּר
אֶל־הָעֵדָה לֵאמֹר הֵעָלוּ מִסָּבִיב לְמִשְׁכַּן־
קֹרַח דָּתָן וַאֲבִירָם׃ 25 וַיָּקָם מֹשֶׁה וַיֵּלֶךְ

and went unto Dathan and Abiram; and the elders of Israel followed him. [26] And he spoke unto the congregation, saying: 'Depart, I pray you, from the tents of these wicked men, and touch nothing of theirs, lest ye be swept away in all their sins.' [27] So they got them up from the dwelling of Korah, Dathan, and Abiram, on every side; and Dathan and Abiram came out, and stood at the door of their tents, with their wives, and their sons, and their little ones. [28] And Moses said: 'Hereby ye shall know that the LORD hath sent me to do all these works, and that I have not done them of mine own mind. [29] If these men die the common death of all men, and be visited after the visitation of all men, then the LORD hath not sent me. [30] But if the LORD make a new thing, and the ground open her mouth, and swallow them up, with all that appertain unto them, and they go down alive into the pit, then ye shall understand that these men have despised the LORD.' [31] And it came to pass, as he made an end of speaking all these words, that the ground did cleave asunder that was under them. [32] And the earth opened her mouth, and swallowed them up, and their households, and all the men that appertained unto Korah, and all their goods. [33] So they, and all that appertained to them, went down alive into the pit; and the earth closed upon them, and they perished from among the assembly. [34] And all Israel that were round about them fled at the cry of them; for they said: 'Lest the earth swallow us up.' [35] And fire came forth from the LORD, and devoured the two hundred and fifty men that offered the incense.

17 And the LORD spoke unto Moses, saying: [2] 'Speak unto Eleazar the son of Aaron the priest, that he take up the fire-pans out of the burning, and scatter thou the fire yonder; for they are become holy; [3] even the fire-pans of these men who have sinned at the cost of their lives, and let them be made beaten plates for a covering of the altar—for they are become holy, because they were offered before

אֶל־דָּתָן וַאֲבִירָם וַיֵּלְכוּ אַחֲרָיו זִקְנֵי
יִשְׂרָאֵל׃ 26 וַיְדַבֵּר אֶל־הָעֵדָה לֵאמֹר סוּרוּ
נָא מֵעַל אָהֳלֵי הָאֲנָשִׁים הָרְשָׁעִים הָאֵלֶּה
וְאַל־תִּגְּעוּ בְּכָל־אֲשֶׁר לָהֶם פֶּן־תִּסָּפוּ
בְּכָל־חַטֹּאתָם׃ 27 וַיֵּעָלוּ מֵעַל מִשְׁכַּן־קֹרַח
דָּתָן וַאֲבִירָם מִסָּבִיב וְדָתָן וַאֲבִירָם יָצְאוּ
נִצָּבִים פֶּתַח אָהֳלֵיהֶם וּנְשֵׁיהֶם וּבְנֵיהֶם
וְטַפָּם׃ 28 וַיֹּאמֶר מֹשֶׁה בְּזֹאת תֵּדְעוּן כִּי־
יְהוָה שְׁלָחַנִי לַעֲשׂוֹת אֵת כָּל־הַמַּעֲשִׂים
הָאֵלֶּה כִּי־לֹא מִלִּבִּי׃ 29 אִם־כְּמוֹת כָּל־
הָאָדָם יְמֻתוּן אֵלֶּה וּפְקֻדַּת כָּל־הָאָדָם
יִפָּקֵד עֲלֵיהֶם לֹא יְהוָה שְׁלָחָנִי׃ 30 וְאִם־
בְּרִיאָה יִבְרָא יְהוָה וּפָצְתָה הָאֲדָמָה
אֶת־פִּיהָ וּבָלְעָה אֹתָם וְאֶת־כָּל־אֲשֶׁר
לָהֶם וְיָרְדוּ חַיִּים שְׁאֹלָה וִידַעְתֶּם כִּי נִאֲצוּ
הָאֲנָשִׁים הָאֵלֶּה אֶת־יְהוָה׃ 31 וַיְהִי
כְּכַלֹּתוֹ לְדַבֵּר אֵת כָּל־הַדְּבָרִים הָאֵלֶּה
וַתִּבָּקַע הָאֲדָמָה אֲשֶׁר תַּחְתֵּיהֶם׃
32 וַתִּפְתַּח הָאָרֶץ אֶת־פִּיהָ וַתִּבְלַע אֹתָם
וְאֶת־בָּתֵּיהֶם וְאֵת כָּל־הָאָדָם אֲשֶׁר לְקֹרַח
וְאֵת כָּל־הָרְכוּשׁ׃ 33 וַיֵּרְדוּ הֵם וְכָל־אֲשֶׁר
לָהֶם חַיִּים שְׁאֹלָה וַתְּכַס עֲלֵיהֶם הָאָרֶץ
וַיֹּאבְדוּ מִתּוֹךְ הַקָּהָל׃ 34 וְכָל־יִשְׂרָאֵל
אֲשֶׁר סְבִיבֹתֵיהֶם נָסוּ לְקֹלָם כִּי אָמְרוּ
פֶּן־תִּבְלָעֵנוּ הָאָרֶץ׃ 35 וְאֵשׁ יָצְאָה מֵאֵת
יְהוָה וַתֹּאכַל אֵת הַחֲמִשִּׁים וּמָאתַיִם
אִישׁ מַקְרִיבֵי הַקְּטֹרֶת׃ פ

17 וַיְדַבֵּר יְהוָה אֶל־מֹשֶׁה לֵּאמֹר׃
2 אֱמֹר אֶל־אֶלְעָזָר בֶּן־אַהֲרֹן הַכֹּהֵן וְיָרֵם
אֶת־הַמַּחְתֹּת מִבֵּין הַשְּׂרֵפָה וְאֶת־הָאֵשׁ
זְרֵה־הָלְאָה כִּי קָדֵשׁוּ׃ 3 אֵת מַחְתּוֹת
הַחַטָּאִים הָאֵלֶּה בְּנַפְשֹׁתָם וְעָשׂוּ אֹתָם
רִקֻּעֵי פַחִים צִפּוּי לַמִּזְבֵּחַ כִּי־הִקְרִיבֻם

לִפְנֵי־יְהוָה וַיִּקְדָּשׁוּ וְיִהְיוּ לְאוֹת לִבְנֵי
יִשְׂרָאֵל׃ 4 וַיִּקַּח אֶלְעָזָר הַכֹּהֵן אֵת מַחְתּוֹת
הַנְּחֹשֶׁת אֲשֶׁר הִקְרִיבוּ הַשְּׂרֻפִים וַיְרַקְּעוּם
צִפּוּי לַמִּזְבֵּחַ׃ 5 זִכָּרוֹן לִבְנֵי יִשְׂרָאֵל לְמַעַן
אֲשֶׁר לֹא־יִקְרַב אִישׁ זָר אֲשֶׁר לֹא מִזֶּרַע
אַהֲרֹן הוּא לְהַקְטִיר קְטֹרֶת לִפְנֵי יְהוָה
וְלֹא־יִהְיֶה כְקֹרַח וְכַעֲדָתוֹ כַּאֲשֶׁר דִּבֶּר
יְהוָה בְּיַד־מֹשֶׁה לוֹ׃ 6 וַיִּלֹּנוּ כָּל־עֲדַת
בְּנֵי־יִשְׂרָאֵל מִמָּחֳרָת עַל־מֹשֶׁה וְעַל־אַהֲרֹן
לֵאמֹר אַתֶּם הֲמִתֶּם אֶת־עַם יְהוָה׃ 7 וַיְהִי
בְּהִקָּהֵל הָעֵדָה עַל־מֹשֶׁה וְעַל־אַהֲרֹן וַיִּפְנוּ
אֶל־אֹהֶל מוֹעֵד וְהִנֵּה כִסָּהוּ הֶעָנָן וַיֵּרָא
כְּבוֹד יְהוָה׃ 8 וַיָּבֹא מֹשֶׁה וְאַהֲרֹן אֶל־פְּנֵי
אֹהֶל מוֹעֵד׃ פ

9 וַיְדַבֵּר יְהוָה אֶל־מֹשֶׁה לֵּאמֹר׃ 10 הֵרֹמּוּ
מִתּוֹךְ הָעֵדָה הַזֹּאת וַאֲכַלֶּה אֹתָם כְּרָגַע
וַיִּפְּלוּ עַל־פְּנֵיהֶם׃ 11 וַיֹּאמֶר מֹשֶׁה אֶל־
אַהֲרֹן קַח אֶת־הַמַּחְתָּה וְתֶן־עָלֶיהָ אֵשׁ
מֵעַל הַמִּזְבֵּחַ וְשִׂים קְטֹרֶת וְהוֹלֵךְ מְהֵרָה
אֶל־הָעֵדָה וְכַפֵּר עֲלֵיהֶם כִּי־יָצָא הַקֶּצֶף
מִלִּפְנֵי יְהוָה הֵחֵל הַנָּגֶף׃ 12 וַיִּקַּח אַהֲרֹן
כַּאֲשֶׁר ׀ דִּבֶּר מֹשֶׁה וַיָּרָץ אֶל־תּוֹךְ הַקָּהָל
וְהִנֵּה הֵחֵל הַנֶּגֶף בָּעָם וַיִּתֵּן אֶת־הַקְּטֹרֶת
וַיְכַפֵּר עַל־הָעָם׃ 13 וַיַּעֲמֹד בֵּין־הַמֵּתִים
וּבֵין הַחַיִּים וַתֵּעָצַר הַמַּגֵּפָה׃ 14 וַיִּהְיוּ
הַמֵּתִים בַּמַּגֵּפָה אַרְבָּעָה עָשָׂר אֶלֶף וּשְׁבַע
מֵאוֹת מִלְּבַד הַמֵּתִים עַל־דְּבַר־קֹרַח׃
15 וַיָּשָׁב אַהֲרֹן אֶל־מֹשֶׁה אֶל־פֶּתַח אֹהֶל
מוֹעֵד וְהַמַּגֵּפָה נֶעֱצָרָה׃ פ

16 וַיְדַבֵּר יְהוָה אֶל־מֹשֶׁה לֵּאמֹר׃ 17 דַּבֵּר ׀
אֶל־בְּנֵי יִשְׂרָאֵל וְקַח מֵאִתָּם מַטֶּה מַטֶּה
לְבֵית אָב מֵאֵת כָּל־נְשִׂיאֵהֶם לְבֵית
אֲבֹתָם שְׁנֵים עָשָׂר מַטּוֹת אִישׁ אֶת־שְׁמוֹ

the Lord—that they may be a sign unto the children of Israel.' [4] And Eleazar the priest took the brazen fire-pans, which they that were burnt had offered; and they beat them out for a covering of the altar, [5] to be a memorial unto the children of Israel, to the end that no common man, that is not of the seed of Aaron, draw near to burn incense before the LORD; that he fare not as Korah, and as his company; as the LORD spoke unto him by the hand of Moses.

[6] But on the morrow all the congregation of the children of Israel murmured against Moses and against Aaron, saying: 'Ye have killed the people of the LORD.' [7] And it came to pass, when the congregation was assembled against Moses and against Aaron, that they looked toward the tent of meeting; and, behold, the cloud covered it, and the glory of the LORD appeared. [8] And Moses and Aaron came to the front of the tent of meeting.

[9] And the LORD spoke unto Moses, saying: [10] 'Get you up from among this congregation, that I may consume them in a moment.' And they fell upon their faces. [11] And Moses said unto Aaron: 'Take thy fire-pan, and put fire therein from off the altar, and lay incense thereon, and carry it quickly unto the congregation, and make atonement for them; for there is wrath gone out from the LORD: the plague is begun.' [12] And Aaron took as Moses spoke, and ran into the midst of the assembly; and, behold, the plague was begun among the people; and he put on the incense, and made atonement for the people. [13] And he stood between the dead and the living; and the plague was stayed. [14] Now they that died by the plague were fourteen thousand and seven hundred, besides them that died about the matter of Korah. [15] And Aaron returned unto Moses unto the door of the tent of meeting, and the plague was stayed.

[16] And the LORD spoke unto Moses, saying: [17] 'Speak unto the children of Israel, and take of them rods, one for each fathers' house, of all their princes according to their fathers' houses, twelve rods; thou shalt write

every man's name upon his rod. [18] And thou shalt write Aaron's name upon the rod of Levi, for there shall be one rod for the head of their fathers' houses. [19] And thou shalt lay them up in the tent of meeting before the testimony, where I meet with you. [20] And it shall come to pass, that the man whom I shall choose, his rod shall bud; and I will make to cease from Me the murmurings of the children of Israel, which they murmur against you.' [21] And Moses spoke unto the children of Israel; and all their princes gave him rods, for each prince one, according to their fathers' houses, even twelve rods; and the rod of Aaron was among their rods. [22] And Moses laid up the rods before the LORD in the tent of the testimony. [23] And it came to pass on the morrow, that Moses went into the tent of the testimony; and, behold, the rod of Aaron for the house of Levi was budded, and put forth buds, and bloomed blossoms, and bore ripe almonds. [24] And Moses brought out all the rods from before the LORD unto all the children of Israel; and they looked, and took every man his rod.

[25] And the LORD said unto Moses: 'Put back the rod of Aaron before the testimony, to be kept there, for a token against the rebellious children, that there may be made an end of their murmurings against Me, that they die not.' [26] Thus did Moses; as the LORD commanded him, so did he.

[27] And the children of Israel spoke unto Moses, saying: 'Behold, we perish, we are undone, we are all undone. [28] Every one that cometh near, that cometh near unto the tabernacle of the LORD, is to die; shall we wholly perish?'

18 And the LORD said unto Aaron: 'Thou and thy sons and thy fathers' house with thee shall bear the iniquity of the sanctuary; and thou and thy sons with thee shall bear the iniquity of your priesthood. [2] And thy brethren also, the tribe of Levi, the tribe of thy father, bring thou near with thee, that they may be joined unto thee, and minister unto thee, thou and thy sons with thee being before the tent of the testimony. [3] And they shall keep thy charge, and the charge of all the Tent; only they shall not come nigh

תִּכְתֹּב עַל־מַטֵּהוּ׃ 18 וְאֵת שֵׁם אַהֲרֹן
תִּכְתֹּב עַל־מַטֵּה לֵוִי כִּי מַטֶּה אֶחָד לְרֹאשׁ
בֵּית אֲבוֹתָם׃ 19 וְהִנַּחְתָּם בְּאֹהֶל מוֹעֵד
לִפְנֵי הָעֵדוּת אֲשֶׁר אִוָּעֵד לָכֶם שָׁמָּה׃
20 וְהָיָה הָאִישׁ אֲשֶׁר אֶבְחַר־בּוֹ מַטֵּהוּ יִפְרָח
וַהֲשִׁכֹּתִי מֵעָלַי אֶת־תְּלֻנּוֹת בְּנֵי יִשְׂרָאֵל
אֲשֶׁר הֵם מַלִּינִם עֲלֵיכֶם׃ 21 וַיְדַבֵּר מֹשֶׁה
אֶל־בְּנֵי יִשְׂרָאֵל וַיִּתְּנוּ אֵלָיו ׀ כָּל־נְשִׂיאֵיהֶם
מַטֶּה לְנָשִׂיא אֶחָד מַטֶּה לְנָשִׂיא אֶחָד
לְבֵית אֲבֹתָם שְׁנֵים עָשָׂר מַטּוֹת וּמַטֵּה
אַהֲרֹן בְּתוֹךְ מַטּוֹתָם׃ 22 וַיַּנַּח מֹשֶׁה אֶת־
הַמַּטֹּת לִפְנֵי יְהוָה בְּאֹהֶל הָעֵדֻת׃ 23 וַיְהִי
מִמָּחֳרָת וַיָּבֹא מֹשֶׁה אֶל־אֹהֶל הָעֵדוּת
וְהִנֵּה פָּרַח מַטֵּה־אַהֲרֹן לְבֵית לֵוִי וַיֹּצֵא
פֶרַח וַיָּצֵץ צִיץ וַיִּגְמֹל שְׁקֵדִים׃ 24 וַיֹּצֵא
מֹשֶׁה אֶת־כָּל־הַמַּטֹּת מִלִּפְנֵי יְהוָה אֶל־
כָּל־בְּנֵי יִשְׂרָאֵל וַיִּרְאוּ וַיִּקְחוּ אִישׁ
מַטֵּהוּ׃ ס 25 וַיֹּאמֶר יְהוָה אֶל־מֹשֶׁה
הָשֵׁב אֶת־מַטֵּה אַהֲרֹן לִפְנֵי הָעֵדוּת
לְמִשְׁמֶרֶת לְאוֹת לִבְנֵי־מֶרִי וּתְכַל
תְּלוּנֹּתָם מֵעָלַי וְלֹא יָמֻתוּ׃ 26 וַיַּעַשׂ מֹשֶׁה
כַּאֲשֶׁר צִוָּה יְהוָה אֹתוֹ כֵּן עָשָׂה׃ ס
27 וַיֹּאמְרוּ בְּנֵי יִשְׂרָאֵל אֶל־מֹשֶׁה לֵאמֹר
הֵן גָּוַעְנוּ אָבַדְנוּ כֻּלָּנוּ אָבָדְנוּ׃ 28 כֹּל
הַקָּרֵב ׀ הַקָּרֵב אֶל־מִשְׁכַּן יְהוָה יָמוּת הַאִם
תַּמְנוּ לִגְוֹעַ׃ ס **18** וַיֹּאמֶר יְהוָה
אֶל־אַהֲרֹן אַתָּה וּבָנֶיךָ וּבֵית־אָבִיךָ אִתָּךְ
תִּשְׂאוּ אֶת־עֲוֺן הַמִּקְדָּשׁ וְאַתָּה וּבָנֶיךָ
אִתָּךְ תִּשְׂאוּ אֶת־עֲוֺן כְּהֻנַּתְכֶם׃ 2 וְגַם
אֶת־אַחֶיךָ מַטֵּה לֵוִי שֵׁבֶט אָבִיךָ הַקְרֵב
אִתָּךְ וְיִלָּווּ עָלֶיךָ וִישָׁרְתוּךָ וְאַתָּה וּבָנֶיךָ
אִתָּךְ לִפְנֵי אֹהֶל הָעֵדֻת׃ 3 וְשָׁמְרוּ
מִשְׁמַרְתְּךָ וּמִשְׁמֶרֶת כָּל־הָאֹהֶל אַךְ אֶל־

unto the holy furniture and unto the altar, that they die not, neither they, nor ye. [4] And they shall be joined unto thee, and keep the charge of the tent of meeting, whatsoever the service of the Tent may be; but a common man shall not draw nigh unto you. [5] And ye shall keep the charge of the holy things, and the charge of the altar, that there be wrath no more upon the children of Israel. [6] And I, behold, I have taken your brethren the Levites from among the children of Israel; for you they are given as a gift unto the LORD, to do the service of the tent of meeting. [7] And thou and thy sons with thee shall keep your priesthood in everything that pertaineth to the altar, and to that within the veil; and ye shall serve; I give you the priesthood as a service of gift; and the common man that draweth nigh shall be put to death.'

[8] And the LORD spoke unto Aaron: 'And I, behold, I have given thee the charge of My heave-offerings; even of all the hallowed things of the children of Israel unto thee have I given them for a consecrated portion, and to thy sons, as a due for ever. [9] This shall be thine of the most holy things, reserved from the fire: every offering of theirs, even every meal-offering of theirs, and every sin-offering of theirs, and every guilt-offering of theirs, which they may render unto Me, shall be most holy for thee and for thy sons. [10] In a most holy place shalt thou eat thereof; every male may eat thereof; it shall be holy unto thee. [11] And this is thine: the heave-offering of their gift, even all the wave-offerings of the children of Israel; I have given them unto thee, and to thy sons and to thy daughters with thee, as a due for ever; every one that is clean in thy house may eat thereof. [12] All the best of the oil, and all the best of the wine, and of the corn, the first part of them which they give unto the LORD, to thee have I given them. [13] The first-ripe fruits of all that is in their land, which they bring unto the LORD, shall be thine; every one that is clean in thy house may eat thereof. [14] Every thing devoted in Israel shall be thine. [15] Every thing that openeth the womb, of all flesh which they offer unto the LORD, both of man and beast, shall be thine; howbeit the first-born of man shalt thou surely redeem, and the firstling of unclean beasts shalt thou redeem.

כְּלֵי הַקֹּדֶשׁ וְאֶל־הַמִּזְבֵּחַ לֹא יִקְרָבוּ וְלֹא־
יָמֻתוּ גַם־הֵם גַּם־אַתֶּם׃ 4 וְנִלְוּוּ עָלֶיךָ
וְשָׁמְרוּ אֶת־מִשְׁמֶרֶת אֹהֶל מוֹעֵד לְכֹל
עֲבֹדַת הָאֹהֶל וְזָר לֹא־יִקְרַב אֲלֵיכֶם׃
5 וּשְׁמַרְתֶּם אֵת מִשְׁמֶרֶת הַקֹּדֶשׁ וְאֵת
מִשְׁמֶרֶת הַמִּזְבֵּחַ וְלֹא־יִהְיֶה עוֹד קֶצֶף
עַל־בְּנֵי יִשְׂרָאֵל׃ 6 וַאֲנִי הִנֵּה לָקַחְתִּי אֶת־
אֲחֵיכֶם הַלְוִיִּם מִתּוֹךְ בְּנֵי יִשְׂרָאֵל לָכֶם
מַתָּנָה נְתֻנִים לַיהוָה לַעֲבֹד אֶת־עֲבֹדַת
אֹהֶל מוֹעֵד׃ 7 וְאַתָּה וּבָנֶיךָ אִתְּךָ תִּשְׁמְרוּ
אֶת־כְּהֻנַּתְכֶם לְכָל־דְּבַר הַמִּזְבֵּחַ וּלְמִבֵּית
לַפָּרֹכֶת וַעֲבַדְתֶּם עֲבֹדַת מַתָּנָה אֶתֵּן
אֶת־כְּהֻנַּתְכֶם וְהַזָּר הַקָּרֵב יוּמָת׃ ס
8 וַיְדַבֵּר יְהוָה אֶל־אַהֲרֹן וַאֲנִי הִנֵּה
נָתַתִּי לְךָ אֶת־מִשְׁמֶרֶת תְּרוּמֹתָי לְכָל־
קָדְשֵׁי בְנֵי־יִשְׂרָאֵל לְךָ נְתַתִּים לְמָשְׁחָה
וּלְבָנֶיךָ לְחָק־עוֹלָם׃ 9 זֶה־יִהְיֶה לְךָ מִקֹּדֶשׁ
הַקֳּדָשִׁים מִן־הָאֵשׁ כָּל־קָרְבָּנָם לְכָל־
מִנְחָתָם וּלְכָל־חַטָּאתָם וּלְכָל־אֲשָׁמָם
אֲשֶׁר יָשִׁיבוּ לִי קֹדֶשׁ קָדָשִׁים לְךָ הוּא
וּלְבָנֶיךָ׃ 10 בְּקֹדֶשׁ הַקֳּדָשִׁים תֹּאכְלֶנּוּ כָּל־
זָכָר יֹאכַל אֹתוֹ קֹדֶשׁ יִהְיֶה־לָּךְ׃ 11 וְזֶה־לְּךָ
תְּרוּמַת מַתָּנָם לְכָל־תְּנוּפֹת בְּנֵי יִשְׂרָאֵל
לְךָ נְתַתִּים וּלְבָנֶיךָ וְלִבְנֹתֶיךָ אִתְּךָ לְחָק־
עוֹלָם כָּל־טָהוֹר בְּבֵיתְךָ יֹאכַל אֹתוֹ׃ 12 כֹּל
חֵלֶב יִצְהָר וְכָל־חֵלֶב תִּירוֹשׁ וְדָגָן
רֵאשִׁיתָם אֲשֶׁר־יִתְּנוּ לַיהוָה לְךָ נְתַתִּים׃
13 בִּכּוּרֵי כָּל־אֲשֶׁר בְּאַרְצָם אֲשֶׁר־יָבִיאוּ
לַיהוָה לְךָ יִהְיֶה כָּל־טָהוֹר בְּבֵיתְךָ
יֹאכְלֶנּוּ׃ 14 כָּל־חֵרֶם בְּיִשְׂרָאֵל לְךָ יִהְיֶה׃
15 כָּל־פֶּטֶר רֶחֶם לְכָל־בָּשָׂר אֲשֶׁר־יַקְרִיבוּ
לַיהוָה בָּאָדָם וּבַבְּהֵמָה יִהְיֶה־לָּךְ אַךְ ׀
פָּדֹה תִפְדֶּה אֵת בְּכוֹר הָאָדָם וְאֵת בְּכוֹר־

[16] And their redemption-money—from a month old shalt thou redeem them—shall be, according to thy valuation, five shekels of silver, after the shekel of the sanctuary—the same is twenty gerahs. [17] But the firstling of an ox, or the firstling of a sheep, or the firstling of a goat, thou shalt not redeem; they are holy: thou shalt dash their blood against the altar, and shalt make their fat smoke for an offering made by fire, for a sweet savour unto the LORD. [18] And the flesh of them shall be thine, as the wave-breast and as the right thigh, it shall be thine. [19] All the heave-offerings of the holy things, which the children of Israel offer unto the LORD, have I given thee, and thy sons and thy daughters with thee, as a due for ever; it is an everlasting covenant of salt before the LORD unto thee and to thy seed with thee.'

[20] And the LORD said unto Aaron: 'Thou shalt have no inheritance in their land, neither shalt thou have any portion among them; I am thy portion and thine inheritance among the children of Israel. [21] And unto the children of Levi, behold, I have given all the tithe in Israel for an inheritance, in return for their service which they serve, even the service of the tent of meeting. [22] And henceforth the children of Israel shall not come nigh the tent of meeting, lest they bear sin, and die. [23] But the Levites alone shall do the service of the tent of meeting, and they shall bear their iniquity; it shall be a statute for ever throughout your generations, and among the children of Israel they shall have no inheritance. [24] For the tithe of the children of Israel, which they set apart as a gift unto the LORD, I have given to the Levites for an inheritance; therefore I have said unto them: Among the children of Israel they shall have no inheritance.'

[25] And the LORD spoke unto Moses, saying: [26] 'Moreover thou shalt speak unto the Levites, and say unto them: When ye take of the children of Israel the tithe which I have given you from them for your inheritance, then ye shall set apart of it a gift for the LORD, even a tithe of the tithe. [27] And the gift which ye set apart shall be reckoned unto you, as though it were the corn of the threshing-floor, and as the fulness of the winepress. [28] Thus ye also shall set apart a gift

הַבְּהֵמָה הַטְּמֵאָה תִּפְדֶּה׃ 16 וּפְדוּיָו מִבֶּן־
חֹדֶשׁ תִּפְדֶּה בְּעֶרְכְּךָ כֶּסֶף חֲמֵשֶׁת שְׁקָלִים
בְּשֶׁקֶל הַקֹּדֶשׁ עֶשְׂרִים גֵּרָה הוּא׃ 17 אַךְ
בְּכוֹר־שׁוֹר אוֹ־בְכוֹר כֶּשֶׂב אוֹ־בְכוֹר עֵז לֹא
תִפְדֶּה קֹדֶשׁ הֵם אֶת־דָּמָם תִּזְרֹק עַל־
הַמִּזְבֵּחַ וְאֶת־חֶלְבָּם תַּקְטִיר אִשֶּׁה לְרֵיחַ
נִיחֹחַ לַיהוָה׃ 18 וּבְשָׂרָם יִהְיֶה־לָּךְ כַּחֲזֵה
הַתְּנוּפָה וּכְשׁוֹק הַיָּמִין לְךָ יִהְיֶה׃ 19 כֹּל ׀
תְּרוּמֹת הַקֳּדָשִׁים אֲשֶׁר יָרִימוּ בְנֵי־יִשְׂרָאֵל
לַיהוָה נָתַתִּי לְךָ וּלְבָנֶיךָ וְלִבְנֹתֶיךָ אִתְּךָ
לְחָק־עוֹלָם בְּרִית מֶלַח עוֹלָם הִוא לִפְנֵי
יְהוָה לְךָ וּלְזַרְעֲךָ אִתָּךְ׃ 20 וַיֹּאמֶר יְהוָה
אֶל־אַהֲרֹן בְּאַרְצָם לֹא תִנְחָל וְחֵלֶק לֹא־
יִהְיֶה לְךָ בְּתוֹכָם אֲנִי חֶלְקְךָ וְנַחֲלָתְךָ
בְּתוֹךְ בְּנֵי יִשְׂרָאֵל׃ ס 21 וְלִבְנֵי לֵוִי
הִנֵּה נָתַתִּי כָּל־מַעֲשֵׂר בְּיִשְׂרָאֵל לְנַחֲלָה
חֵלֶף עֲבֹדָתָם אֲשֶׁר־הֵם עֹבְדִים אֶת־
עֲבֹדַת אֹהֶל מוֹעֵד׃ 22 וְלֹא־יִקְרְבוּ עוֹד בְּנֵי
יִשְׂרָאֵל אֶל־אֹהֶל מוֹעֵד לָשֵׂאת חֵטְא
לָמוּת׃ 23 וְעָבַד הַלֵּוִי הוּא אֶת־עֲבֹדַת
אֹהֶל מוֹעֵד וְהֵם יִשְׂאוּ עֲוֺנָם חֻקַּת עוֹלָם
לְדֹרֹתֵיכֶם וּבְתוֹךְ בְּנֵי יִשְׂרָאֵל לֹא יִנְחֲלוּ
נַחֲלָה׃ 24 כִּי אֶת־מַעְשַׂר בְּנֵי־יִשְׂרָאֵל אֲשֶׁר
יָרִימוּ לַיהוָה תְּרוּמָה נָתַתִּי לַלְוִיִּם
לְנַחֲלָה עַל־כֵּן אָמַרְתִּי לָהֶם בְּתוֹךְ בְּנֵי
יִשְׂרָאֵל לֹא יִנְחֲלוּ נַחֲלָה׃ פ
25 וַיְדַבֵּר יְהוָה אֶל־מֹשֶׁה לֵּאמֹר׃ 26 וְאֶל־
הַלְוִיִּם תְּדַבֵּר וְאָמַרְתָּ אֲלֵהֶם כִּי־תִקְחוּ
מֵאֵת בְּנֵי־יִשְׂרָאֵל אֶת־הַמַּעֲשֵׂר אֲשֶׁר
נָתַתִּי לָכֶם מֵאִתָּם בְּנַחֲלַתְכֶם וַהֲרֵמֹתֶם
מִמֶּנּוּ תְּרוּמַת יְהוָה מַעֲשֵׂר מִן־הַמַּעֲשֵׂר׃
27 וְנֶחְשַׁב לָכֶם תְּרוּמַתְכֶם כַּדָּגָן מִן־הַגֹּרֶן
וְכַמְלֵאָה מִן־הַיָּקֶב׃ 28 כֵּן תָּרִימוּ גַם־

unto the LORD of all your tithes, which ye receive of the children of Israel; and thereof ye shall give the gift which is set apart unto the LORD to Aaron the priest. [29] Out of all that is given you ye shall set apart all of that which is due unto the LORD, of all the best thereof, even the hallowed part thereof out of it. [30] Therefore thou shalt say unto them: When ye set apart the best thereof from it, then it shall be counted unto the Levites as the increase of the threshing-floor, and as the increase of the winepress. [31] And ye may eat it in every place, ye and your households; for it is your reward in return for your service in the tent of meeting. [32] And ye shall bear no sin by reason of it, seeing that ye have set apart from it the best thereof; and ye shall not profane the holy things of the children of Israel, that ye die not.'

אַתֶּם֙ תְּרוּמַ֣ת יְהוָ֔ה מִכֹּל֙ מַעְשְׂרֹ֣תֵיכֶ֔ם
אֲשֶׁ֣ר תִּקְח֔וּ מֵאֵ֖ת בְּנֵ֣י יִשְׂרָאֵ֑ל וּנְתַתֶּ֤ם
מִמֶּ֙נּוּ֙ אֶת־תְּרוּמַ֣ת יְהוָ֔ה לְאַהֲרֹ֖ן הַכֹּהֵֽן׃
29 מִכֹּל֙ מַתְּנֹ֣תֵיכֶ֔ם תָּרִ֕ימוּ אֵ֖ת כָּל־תְּרוּמַ֣ת
יְהוָ֑ה מִכָּל־חֶלְבּ֔וֹ אֶֽת־מִקְדְּשׁ֖וֹ מִמֶּֽנּוּ׃
30 וְאָמַרְתָּ֖ אֲלֵהֶ֑ם בַּהֲרִֽימְכֶ֤ם אֶת־חֶלְבּוֹ֙
מִמֶּ֔נּוּ וְנֶחְשַׁב֙ לַלְוִיִּ֔ם כִּתְבוּאַ֥ת גֹּ֖רֶן
וְכִתְבוּאַ֥ת יָֽקֶב׃ 31 וַאֲכַלְתֶּ֤ם אֹתוֹ֙ בְּכָל־
מָק֔וֹם אַתֶּ֖ם וּבֵיתְכֶ֑ם כִּֽי־שָׂכָ֥ר הוּא֙ לָכֶ֔ם
חֵ֥לֶף עֲבֹֽדַתְכֶ֖ם בְּאֹ֥הֶל מוֹעֵֽד׃ 32 וְלֹֽא־
תִשְׂא֤וּ עָלָיו֙ חֵ֔טְא בַּהֲרִֽימְכֶ֥ם אֶת־חֶלְבּ֖וֹ
מִמֶּ֑נּוּ וְאֶת־קָדְשֵׁ֧י בְנֵֽי־יִשְׂרָאֵ֛ל לֹ֥א תְחַלְּל֖וּ
וְלֹ֥א תָמֽוּתוּ׃ פ

HUKKAT

19 And the LORD spoke unto Moses and unto Aaron, saying:

[2] This is the statute of the law which the LORD hath commanded, saying: Speak unto the children of Israel, that they bring thee a red heifer, faultless, wherein is no blemish, and upon which never came yoke. [3] And ye shall give her unto Eleazar the priest, and she shall be brought forth without the camp, and she shall be slain before his face. [4] And Eleazar the priest shall take of her blood with his finger, and sprinkle of her blood toward the front of the tent of meeting seven times. [5] And the heifer shall be burnt in his sight; her skin, and her flesh, and her blood, with her dung, shall be burnt. [6] And the priest shall take cedar-wood, and hyssop, and scarlet, and cast it into the midst of the burning of the heifer. [7] Then the priest shall wash his clothes, and he shall bathe his flesh in water, and afterward he may come into the camp, and the priest shall be unclean until the even. [8] And he that burneth her shall wash his clothes in water, and bathe his flesh in water, and shall be unclean until the even. [9] And a man that is clean shall gather up the ashes of the heifer, and lay them up without the camp in a clean place, and it shall

חקת

19 וַיְדַבֵּ֣ר יְהוָ֔ה אֶל־מֹשֶׁ֥ה וְאֶֽל־אַהֲרֹ֖ן
לֵאמֹֽר׃ 2 זֹ֚את חֻקַּ֣ת הַתּוֹרָ֔ה אֲשֶׁר־צִוָּ֥ה
יְהוָ֖ה לֵאמֹ֑ר דַּבֵּ֣ר ׀ אֶל־בְּנֵ֣י יִשְׂרָאֵ֗ל וְיִקְח֣וּ
אֵלֶ֩יךָ֩ פָרָ֨ה אֲדֻמָּ֜ה תְּמִימָ֗ה אֲשֶׁ֤ר אֵֽין־בָּהּ֙
מ֔וּם אֲשֶׁ֛ר לֹא־עָלָ֥ה עָלֶ֖יהָ עֹֽל׃ 3 וּנְתַתֶּ֣ם
אֹתָ֔הּ אֶל־אֶלְעָזָ֖ר הַכֹּהֵ֑ן וְהוֹצִ֤יא אֹתָהּ֙
אֶל־מִח֣וּץ לַֽמַּחֲנֶ֔ה וְשָׁחַ֥ט אֹתָ֖הּ לְפָנָֽיו׃
4 וְלָקַ֞ח אֶלְעָזָ֧ר הַכֹּהֵ֛ן מִדָּמָ֖הּ בְּאֶצְבָּע֑וֹ
וְהִזָּ֞ה אֶל־נֹ֨כַח פְּנֵ֧י אֹֽהֶל־מוֹעֵ֛ד מִדָּמָ֖הּ
שֶׁ֥בַע פְּעָמִֽים׃ 5 וְשָׂרַ֥ף אֶת־הַפָּרָ֖ה לְעֵינָ֑יו
אֶת־עֹרָ֤הּ וְאֶת־בְּשָׂרָהּ֙ וְאֶת־דָּמָ֔הּ עַל־
פִּרְשָׁ֖הּ יִשְׂרֹֽף׃ 6 וְלָקַ֣ח הַכֹּהֵ֗ן עֵ֥ץ אֶ֛רֶז
וְאֵז֖וֹב וּשְׁנִ֣י תוֹלָ֑עַת וְהִשְׁלִ֕יךְ אֶל־תּ֖וֹךְ
שְׂרֵפַ֥ת הַפָּרָֽה׃ 7 וְכִבֶּ֨ס בְּגָדָ֜יו הַכֹּהֵ֗ן וְרָחַ֤ץ
בְּשָׂרוֹ֙ בַּמַּ֔יִם וְאַחַ֖ר יָבֹ֣א אֶל־הַֽמַּחֲנֶ֑ה
וְטָמֵ֥א הַכֹּהֵ֖ן עַד־הָעָֽרֶב׃ 8 וְהַשֹּׂרֵ֣ף אֹתָ֔הּ
יְכַבֵּ֤ס בְּגָדָיו֙ בַּמַּ֔יִם וְרָחַ֥ץ בְּשָׂר֖וֹ בַּמָּ֑יִם
וְטָמֵ֖א עַד־הָעָֽרֶב׃ 9 וְאָסַ֣ף ׀ אִ֣ישׁ טָה֗וֹר

be kept for the congregation of the children of
Israel for a water of sprinkling; it is a purification
from sin. [10] And he that gathereth the ashes of
the heifer shall wash his clothes, and be unclean
until the even; and it shall be unto the children
of Israel, and unto the stranger that sojourneth
among them, for a statute for ever. [11] He that
toucheth the dead, even any man's dead body,
shall be unclean seven days; [12] the same shall
purify himself therewith on the third day and on
the seventh day, and he shall be clean; but if he
purify not himself the third day and the seventh
day, he shall not be clean. [13] Whosoever
toucheth the dead, even the body of any man
that is dead, and purifieth not himself—he hath
defiled the tabernacle of the LORD—that soul
shall be cut off from Israel; because the water of
sprinkling was not dashed against him, he shall
be unclean; his uncleanness is yet upon him.
[14] This is the law: when a man dieth in a tent,
every one that cometh into the tent, and every
thing that is in the tent, shall be unclean seven
days. [15] And every open vessel, which hath
no covering close-bound upon it, is unclean.
[16] And whosoever in the open field toucheth
one that is slain with a sword, or one that dieth
of himself, or a bone of a man, or a grave, shall
be unclean seven days. [17] And for the unclean
they shall take of the ashes of the burning of the
purification from sin, and running water shall be
put thereto in a vessel. [18] And a clean person
shall take hyssop, and dip it in the water, and
sprinkle it upon the tent, and upon all the vessels,
and upon the persons that were there, and upon
him that touched the bone, or the slain, or the
dead, or the grave. [19] And the clean person
shall sprinkle upon the unclean on the third day,
and on the seventh day; and on the seventh day
he shall purify him; and he shall wash his clothes,
and bathe himself in water, and shall be clean at
even. [20] But the man that shall be unclean, and
shall not purify himself, that soul shall be cut off
from the midst of the assembly, because he hath
defiled the sanctuary of the LORD; the water of
sprinkling hath not been dashed against him:
he is unclean. [21] And it shall be a perpetual
statute unto them; and he that sprinkleth the
water of sprinkling shall wash his clothes; and

אֵת אֵפֶר הַפָּרָה וְהִנִּיחַ מִחוּץ לַמַּחֲנֶה
בְּמָקוֹם טָהוֹר וְהָיְתָה לַעֲדַת בְּנֵי־יִשְׂרָאֵל
לְמִשְׁמֶרֶת לְמֵי נִדָּה חַטָּאת הִוא׃ 10 וְכִבֶּס
הָאֹסֵף אֶת־אֵפֶר הַפָּרָה אֶת־בְּגָדָיו וְטָמֵא
עַד־הָעָרֶב וְהָיְתָה לִבְנֵי יִשְׂרָאֵל וְלַגֵּר הַגָּר
בְּתוֹכָם לְחֻקַּת עוֹלָם׃ 11 הַנֹּגֵעַ בְּמֵת לְכָל־
נֶפֶשׁ אָדָם וְטָמֵא שִׁבְעַת יָמִים׃ 12 הוּא
יִתְחַטָּא־בוֹ בַּיּוֹם הַשְּׁלִישִׁי וּבַיּוֹם הַשְּׁבִיעִי
יִטְהָר וְאִם־לֹא יִתְחַטָּא בַּיּוֹם הַשְּׁלִישִׁי
וּבַיּוֹם הַשְּׁבִיעִי לֹא יִטְהָר׃ 13 כָּל־הַנֹּגֵעַ
בְּמֵת בְּנֶפֶשׁ הָאָדָם אֲשֶׁר־יָמוּת וְלֹא
יִתְחַטָּא אֶת־מִשְׁכַּן יְהוָה טִמֵּא וְנִכְרְתָה
הַנֶּפֶשׁ הַהִוא מִיִּשְׂרָאֵל כִּי מֵי נִדָּה לֹא־זֹרַק
עָלָיו טָמֵא יִהְיֶה עוֹד טֻמְאָתוֹ בוֹ׃ 14 זֹאת
הַתּוֹרָה אָדָם כִּי־יָמוּת בְּאֹהֶל כָּל־הַבָּא
אֶל־הָאֹהֶל וְכָל־אֲשֶׁר בָּאֹהֶל יִטְמָא
שִׁבְעַת יָמִים׃ 15 וְכֹל כְּלִי פָתוּחַ אֲשֶׁר
אֵין־צָמִיד פָּתִיל עָלָיו טָמֵא הוּא׃ 16 וְכֹל
אֲשֶׁר־יִגַּע עַל־פְּנֵי הַשָּׂדֶה בַּחֲלַל־חֶרֶב אוֹ
בְמֵת אוֹ־בְעֶצֶם אָדָם אוֹ בְקָבֶר יִטְמָא
שִׁבְעַת יָמִים׃ 17 וְלָקְחוּ לַטָּמֵא מֵעֲפַר
שְׂרֵפַת הַחַטָּאת וְנָתַן עָלָיו מַיִם חַיִּים
אֶל־כֶּלִי׃ 18 וְלָקַח אֵזוֹב וְטָבַל בַּמַּיִם אִישׁ
טָהוֹר וְהִזָּה עַל־הָאֹהֶל וְעַל־כָּל־הַכֵּלִים
וְעַל־הַנְּפָשׁוֹת אֲשֶׁר הָיוּ־שָׁם וְעַל־הַנֹּגֵעַ
בַּעֶצֶם אוֹ בֶחָלָל אוֹ בַמֵּת אוֹ בַקָּבֶר׃
19 וְהִזָּה הַטָּהֹר עַל־הַטָּמֵא בַּיּוֹם הַשְּׁלִישִׁי
וּבַיּוֹם הַשְּׁבִיעִי וְחִטְּאוֹ בַּיּוֹם הַשְּׁבִיעִי
וְכִבֶּס בְּגָדָיו וְרָחַץ בַּמַּיִם וְטָהֵר בָּעָרֶב׃
20 וְאִישׁ אֲשֶׁר־יִטְמָא וְלֹא יִתְחַטָּא וְנִכְרְתָה
הַנֶּפֶשׁ הַהִוא מִתּוֹךְ הַקָּהָל כִּי אֶת־מִקְדַּשׁ
יְהוָה טִמֵּא מֵי נִדָּה לֹא־זֹרַק עָלָיו טָמֵא
הוּא׃ 21 וְהָיְתָה לָהֶם לְחֻקַּת עוֹלָם וּמַזֵּה

he that toucheth the water of sprinkling shall be unclean until even. [22] And whatsoever the unclean person toucheth shall be unclean; and the soul that toucheth him shall be unclean until even.

20 And the children of Israel, even the whole congregation, came into the wilderness of Zin in the first month; and the people abode in Kadesh; and Miriam died there, and was buried there. [2] And there was no water for the congregation; and they assembled themselves together against Moses and against Aaron. [3] And the people strove with Moses, and spoke, saying: 'Would that we had perished when our brethren perished before the LORD! [4] And why have ye brought the assembly of the LORD into this wilderness, to die there, we and our cattle? [5] And wherefore have ye made us to come up out of Egypt, to bring us in unto this evil place? it is no place of seed, or of figs, or of vines, or of pomegranates; neither is there any water to drink.' [6] And Moses and Aaron went from the presence of the assembly unto the door of the tent of meeting, and fell upon their faces; and the glory of the LORD appeared unto them.

[7] And the LORD spoke unto Moses, saying: [8] 'Take the rod, and assemble the congregation, thou, and Aaron thy brother, and speak ye unto the rock before their eyes, that it give forth its water; and thou shalt bring forth to them water out of the rock; so thou shalt give the congregation and their cattle drink.' [9] And Moses took the rod from before the LORD, as He commanded him. [10] And Moses and Aaron gathered the assembly together before the rock, and he said unto them: 'Hear now, ye rebels; are we to bring you forth water out of this rock?' [11] And Moses lifted up his hand, and smote the rock with his rod twice; and water came forth abundantly, and the congregation drank, and their cattle. [12] And the LORD said unto Moses and Aaron: 'Because ye believed not in Me, to sanctify Me in the eyes of the children of Israel,

מֵי־הַנִּדָּה יְכַבֵּס בְּגָדָיו וְהַנֹּגֵעַ בְּמֵי הַנִּדָּה
יִטְמָא עַד־הָעָרֶב׃ 22 וְכֹל אֲשֶׁר־יִגַּע־בּוֹ
הַטָּמֵא יִטְמָא וְהַנֶּפֶשׁ הַנֹּגַעַת תִּטְמָא
עַד־הָעָרֶב׃ פ

20 וַיָּבֹאוּ בְנֵי־יִשְׂרָאֵל כָּל־הָעֵדָה
מִדְבַּר־צִן בַּחֹדֶשׁ הָרִאשׁוֹן וַיֵּשֶׁב הָעָם
בְּקָדֵשׁ וַתָּמָת שָׁם מִרְיָם וַתִּקָּבֵר שָׁם׃
2 וְלֹא־הָיָה מַיִם לָעֵדָה וַיִּקָּהֲלוּ עַל־מֹשֶׁה
וְעַל־אַהֲרֹן׃ 3 וַיָּרֶב הָעָם עִם־מֹשֶׁה
וַיֹּאמְרוּ לֵאמֹר וְלוּ גָוַעְנוּ בִּגְוַע אַחֵינוּ לִפְנֵי
יְהוָה׃ 4 וְלָמָה הֲבֵאתֶם אֶת־קְהַל יְהוָה
אֶל־הַמִּדְבָּר הַזֶּה לָמוּת שָׁם אֲנַחְנוּ
וּבְעִירֵנוּ׃ 5 וְלָמָה הֶעֱלִיתֻנוּ מִמִּצְרַיִם
לְהָבִיא אֹתָנוּ אֶל־הַמָּקוֹם הָרָע הַזֶּה לֹא
מְקוֹם זֶרַע וּתְאֵנָה וְגֶפֶן וְרִמּוֹן וּמַיִם אַיִן
לִשְׁתּוֹת׃ 6 וַיָּבֹא מֹשֶׁה וְאַהֲרֹן מִפְּנֵי הַקָּהָל
אֶל־פֶּתַח אֹהֶל מוֹעֵד וַיִּפְּלוּ עַל־פְּנֵיהֶם
וַיֵּרָא כְבוֹד־יְהוָה אֲלֵיהֶם׃ פ

7 וַיְדַבֵּר יְהוָה אֶל־מֹשֶׁה לֵּאמֹר׃ 8 קַח
אֶת־הַמַּטֶּה וְהַקְהֵל אֶת־הָעֵדָה אַתָּה
וְאַהֲרֹן אָחִיךָ וְדִבַּרְתֶּם אֶל־הַסֶּלַע
לְעֵינֵיהֶם וְנָתַן מֵימָיו וְהוֹצֵאתָ לָהֶם מַיִם
מִן־הַסֶּלַע וְהִשְׁקִיתָ אֶת־הָעֵדָה וְאֶת־
בְּעִירָם׃ 9 וַיִּקַּח מֹשֶׁה אֶת־הַמַּטֶּה מִלִּפְנֵי
יְהוָה כַּאֲשֶׁר צִוָּהוּ׃ 10 וַיַּקְהִלוּ מֹשֶׁה
וְאַהֲרֹן אֶת־הַקָּהָל אֶל־פְּנֵי הַסָּלַע וַיֹּאמֶר
לָהֶם שִׁמְעוּ־נָא הַמֹּרִים הֲמִן־הַסֶּלַע הַזֶּה
נוֹצִיא לָכֶם מָיִם׃ 11 וַיָּרֶם מֹשֶׁה אֶת־יָדוֹ
וַיַּךְ אֶת־הַסֶּלַע בְּמַטֵּהוּ פַּעֲמָיִם וַיֵּצְאוּ מַיִם
רַבִּים וַתֵּשְׁתְּ הָעֵדָה וּבְעִירָם׃ ס

12 וַיֹּאמֶר יְהוָה אֶל־מֹשֶׁה וְאֶל־אַהֲרֹן
יַעַן לֹא־הֶאֱמַנְתֶּם בִּי לְהַקְדִּישֵׁנִי לְעֵינֵי
בְּנֵי יִשְׂרָאֵל לָכֵן לֹא תָבִיאוּ אֶת־הַקָּהָל

therefore ye shall not bring this assembly into the land which I have given them.' [13] These are the waters of [a]Meribah, where the children of Israel strove with the LORD, and He was sanctified in them.

[14] And Moses sent messengers from Kadesh unto the king of Edom: 'Thus saith thy brother Israel: Thou knowest all the travail that hath befallen us; [15] how our fathers went down into Egypt, and we dwelt in Egypt a long time; and the Egyptians dealt ill with us, and our fathers; [16] and when we cried unto the LORD, He heard our voice, and sent an angel, and brought us forth out of Egypt; and, behold, we are in Kadesh, a city in the uttermost of thy border. [17] Let us pass, I pray thee, through thy land; we will not pass through field or through vineyard, neither will we drink of the water of the wells; we will go along the king's highway, we will not turn aside to the right hand nor to the left, until we have passed thy border.' [18] And Edom said unto him: 'Thou shalt not pass through me, lest I come out with the sword against thee.' [19] And the children of Israel said unto him; 'We will go up by the highway; and if we drink of thy water, I and my cattle, then will I give the price thereof; let me only pass through on my feet; there is no hurt.' [20] And he said: 'Thou shalt not pass through.' And Edom came out against him with much people, and with a strong hand. [21] Thus Edom refused to give Israel passage through his border; wherefore Israel turned away from him.

[22] And they journeyed from Kadesh; and the children of Israel, even the whole congregation, came unto mount Hor. [23] And the LORD spoke unto Moses and Aaron in mount Hor, by the border of the land of Edom, saying: [24] 'Aaron shall be gathered unto his people; for he shall not enter into the land which I have given unto the children of Israel, because ye rebelled against My word at the waters of Meribah. [25] Take Aaron and Eleazar his son, and bring them up unto mount Hor. [26] And strip Aaron of his garments, and put them upon Eleazar his son; and Aaron shall be gathered unto his people, and shall die there.' [27] And Moses did as the LORD commanded; and they

הַזֶּה אֶל־הָאָרֶץ אֲשֶׁר־נָתַתִּי לָהֶם׃
13 הֵמָּה מֵי מְרִיבָה אֲשֶׁר־רָבוּ בְנֵי־יִשְׂרָאֵל
אֶת־יְהוָה וַיִּקָּדֵשׁ בָּם׃ ס 14 וַיִּשְׁלַח
מֹשֶׁה מַלְאָכִים מִקָּדֵשׁ אֶל־מֶלֶךְ אֱדוֹם כֹּה
אָמַר אָחִיךָ יִשְׂרָאֵל אַתָּה יָדַעְתָּ אֵת
כָּל־הַתְּלָאָה אֲשֶׁר מְצָאָתְנוּ׃ 15 וַיֵּרְדוּ
אֲבֹתֵינוּ מִצְרַיְמָה וַנֵּשֶׁב בְּמִצְרַיִם יָמִים
רַבִּים וַיָּרֵעוּ לָנוּ מִצְרַיִם וְלַאֲבֹתֵינוּ׃
16 וַנִּצְעַק אֶל־יְהוָה וַיִּשְׁמַע קֹלֵנוּ וַיִּשְׁלַח
מַלְאָךְ וַיֹּצִאֵנוּ מִמִּצְרָיִם וְהִנֵּה אֲנַחְנוּ
בְקָדֵשׁ עִיר קְצֵה גְבוּלֶךָ׃ 17 נַעְבְּרָה־נָּא
בְאַרְצֶךָ לֹא נַעֲבֹר בְּשָׂדֶה וּבְכֶרֶם וְלֹא
נִשְׁתֶּה מֵי בְאֵר דֶּרֶךְ הַמֶּלֶךְ נֵלֵךְ לֹא נִטֶּה
יָמִין וּשְׂמֹאול עַד אֲשֶׁר־נַעֲבֹר גְּבוּלֶךָ׃
18 וַיֹּאמֶר אֵלָיו אֱדוֹם לֹא תַעֲבֹר בִּי פֶּן־
בַּחֶרֶב אֵצֵא לִקְרָאתֶךָ׃ 19 וַיֹּאמְרוּ אֵלָיו
בְּנֵי־יִשְׂרָאֵל בַּמְסִלָּה נַעֲלֶה וְאִם־מֵימֶיךָ
נִשְׁתֶּה אֲנִי וּמִקְנַי וְנָתַתִּי מִכְרָם רַק
אֵין־דָּבָר בְּרַגְלַי אֶעֱבֹרָה׃ 20 וַיֹּאמֶר לֹא
תַעֲבֹר וַיֵּצֵא אֱדוֹם לִקְרָאתוֹ בְּעַם כָּבֵד
וּבְיָד חֲזָקָה׃ 21 וַיְמָאֵן ׀ אֱדוֹם נְתֹן אֶת־
יִשְׂרָאֵל עֲבֹר בִּגְבֻלוֹ וַיֵּט יִשְׂרָאֵל
מֵעָלָיו׃ פ
22 וַיִּסְעוּ מִקָּדֵשׁ וַיָּבֹאוּ בְנֵי־יִשְׂרָאֵל כָּל־
הָעֵדָה הֹר הָהָר׃ 23 וַיֹּאמֶר יְהוָה אֶל־מֹשֶׁה
וְאֶל־אַהֲרֹן בְּהֹר הָהָר עַל־גְּבוּל אֶרֶץ־
אֱדוֹם לֵאמֹר׃ 24 יֵאָסֵף אַהֲרֹן אֶל־עַמָּיו כִּי
לֹא יָבֹא אֶל־הָאָרֶץ אֲשֶׁר נָתַתִּי לִבְנֵי
יִשְׂרָאֵל עַל אֲשֶׁר־מְרִיתֶם אֶת־פִּי לְמֵי
מְרִיבָה׃ 25 קַח אֶת־אַהֲרֹן וְאֶת־אֶלְעָזָר בְּנוֹ
וְהַעַל אֹתָם הֹר הָהָר׃ 26 וְהַפְשֵׁט אֶת־
אַהֲרֹן אֶת־בְּגָדָיו וְהִלְבַּשְׁתָּם אֶת־אֶלְעָזָר
בְּנוֹ וְאַהֲרֹן יֵאָסֵף וּמֵת שָׁם׃ 27 וַיַּעַשׂ מֹשֶׁה

a That is, *Strife*.

went up into mount Hor in the sight of all the
congregation. [28] And Moses stripped Aaron
of his garments, and put them upon Eleazar
his son; and Aaron died there in the top of the
mount; and Moses and Eleazar came down from
the mount. [29] And when all the congregation
saw that Aaron was dead, they wept for Aaron
thirty days, even all the house of Israel.

21 And the Canaanite, the king of Arad,
who dwelt in the South,
heard tell that Israel came by the way of
Atharim; and he fought against Israel, and took
some of them captive. [2] And Israel vowed a
vow unto the LORD, and said: 'If Thou wilt
indeed deliver this people into my hand, then I
will utterly destroy their cities.' [3] And the LORD
hearkened to the voice of Israel, and delivered up
the Canaanites; and they utterly destroyed them
and their cities; and the name of the place was
called [a]Hormah.

[4] And they journeyed from mount
Hor by the way to the Red Sea, to compass
the land of Edom; and the soul of the people
became impatient because of the way. [5] And
the people spoke against God, and against
Moses: 'Wherefore have ye brought us up out
of Egypt to die in the wilderness? for there is
no bread, and there is no water; and our soul
loatheth this light bread.' [6] And the LORD
sent fiery serpents among the people, and they
bit the people; and much people of Israel died.
[7] And the people came to Moses, and said: 'We
have sinned, because we have spoken against
the LORD, and against thee; pray unto the LORD,
that He take away the serpents from us.' And
Moses prayed for the people. [8] And the LORD
said unto Moses: 'Make thee a fiery serpent, and
set it upon a pole; and it shall come to pass, that
every one that is bitten, when he seeth it, shall
live.' [9] And Moses made a serpent of brass, and
set it upon the pole; and it came to pass, that if
a serpent had bitten any man, when he looked
unto the serpent of brass, he lived. [10] And
the children of Israel journeyed, and pitched in
Oboth. [11] And they journeyed from Oboth,
and pitched at Ije-abarim, in the wilderness

כַּאֲשֶׁר צִוָּה יְהוָה וַיַּעֲלוּ אֶל־הֹר הָהָר
לְעֵינֵי כָּל־הָעֵדָה׃ 28 וַיַּפְשֵׁט מֹשֶׁה אֶת־
אַהֲרֹן אֶת־בְּגָדָיו וַיַּלְבֵּשׁ אֹתָם אֶת־אֶלְעָזָר
בְּנוֹ וַיָּמָת אַהֲרֹן שָׁם בְּרֹאשׁ הָהָר וַיֵּרֶד
מֹשֶׁה וְאֶלְעָזָר מִן־הָהָר׃ 29 וַיִּרְאוּ כָּל־
הָעֵדָה כִּי גָוַע אַהֲרֹן וַיִּבְכּוּ אֶת־אַהֲרֹן
שְׁלֹשִׁים יוֹם כֹּל בֵּית יִשְׂרָאֵל׃ ס
21 וַיִּשְׁמַע הַכְּנַעֲנִי מֶלֶךְ־עֲרָד יֹשֵׁב
הַנֶּגֶב כִּי בָּא יִשְׂרָאֵל דֶּרֶךְ הָאֲתָרִים וַיִּלָּחֶם
בְּיִשְׂרָאֵל וַיִּשְׁבְּ ׀ מִמֶּנּוּ שֶׁבִי׃ 2 וַיִּדַּר יִשְׂרָאֵל
נֶדֶר לַיהוָה וַיֹּאמַר אִם־נָתֹן תִּתֵּן אֶת־
הָעָם הַזֶּה בְּיָדִי וְהַחֲרַמְתִּי אֶת־עָרֵיהֶם׃
3 וַיִּשְׁמַע יְהוָה בְּקוֹל יִשְׂרָאֵל וַיִּתֵּן אֶת־
הַכְּנַעֲנִי וַיַּחֲרֵם אֶתְהֶם וְאֶת־עָרֵיהֶם
וַיִּקְרָא שֵׁם־הַמָּקוֹם חָרְמָה׃ פ
4 וַיִּסְעוּ מֵהֹר הָהָר דֶּרֶךְ יַם־סוּף לִסְבֹב
אֶת־אֶרֶץ אֱדוֹם וַתִּקְצַר נֶפֶשׁ־הָעָם בַּדָּרֶךְ׃
5 וַיְדַבֵּר הָעָם בֵּאלֹהִים וּבְמֹשֶׁה לָמָה
הֶעֱלִיתֻנוּ מִמִּצְרַיִם לָמוּת בַּמִּדְבָּר כִּי אֵין
לֶחֶם וְאֵין מַיִם וְנַפְשֵׁנוּ קָצָה בַּלֶּחֶם
הַקְּלֹקֵל׃ 6 וַיְשַׁלַּח יְהוָה בָּעָם אֵת
הַנְּחָשִׁים הַשְּׂרָפִים וַיְנַשְּׁכוּ אֶת־הָעָם
וַיָּמָת עַם־רָב מִיִּשְׂרָאֵל׃ 7 וַיָּבֹא הָעָם
אֶל־מֹשֶׁה וַיֹּאמְרוּ חָטָאנוּ כִּי־דִבַּרְנוּ
בַיהוָה וָבָךְ הִתְפַּלֵּל אֶל־יְהוָה וְיָסֵר
מֵעָלֵינוּ אֶת־הַנָּחָשׁ וַיִּתְפַּלֵּל מֹשֶׁה בְּעַד
הָעָם׃ 8 וַיֹּאמֶר יְהוָה אֶל־מֹשֶׁה עֲשֵׂה לְךָ
שָׂרָף וְשִׂים אֹתוֹ עַל־נֵס וְהָיָה כָּל־הַנָּשׁוּךְ
וְרָאָה אֹתוֹ וָחָי׃ 9 וַיַּעַשׂ מֹשֶׁה נְחַשׁ נְחֹשֶׁת
וַיְשִׂמֵהוּ עַל־הַנֵּס וְהָיָה אִם־נָשַׁךְ הַנָּחָשׁ
אֶת־אִישׁ וְהִבִּיט אֶל־נְחַשׁ הַנְּחֹשֶׁת וָחָי׃
10 וַיִּסְעוּ בְּנֵי יִשְׂרָאֵל וַיַּחֲנוּ בְּאֹבֹת׃
11 וַיִּסְעוּ מֵאֹבֹת וַיַּחֲנוּ בְּעִיֵּי הָעֲבָרִים

a That is, *Utter destruction.*

which is in front of Moab, toward the sunrising. [12] From thence they journeyed, and pitched in the valley of Zered. [13] From thence they journeyed, and pitched on the other side of the Arnon, which is in the wilderness, that cometh out of the border of the Amorites.—For Arnon is the border of Moab, between Moab and the Amorites; [14] wherefore it is said in the book of the Wars of the LORD:

Vaheb in Suphah, / And the valleys of Arnon, / [15] And the slope of the valleys / That inclineth toward the seat of Ar, / And leaneth upon the border of Moab.—

[16] And from thence to [a]Beer; that is the well whereof the LORD said unto Moses: 'Gather the people together, and I will give them water.' [17] Then sang Israel this song:

Spring up, O well—sing ye unto it— / [18] The well, which the princes digged, / Which the nobles of the people delved, / With the sceptre, and with their staves.

And from the wilderness to Mattanah; [19] and from Mattanah to Nahaliel; and from Nahaliel to Bamoth; [20] and from Bamoth to the valley that is in the field of Moab, by the top of Pisgah, which looketh down upon the desert.

[21] And Israel sent messengers unto Sihon king of the Amorites, saying: [22] 'Let me pass through thy land; we will not turn aside into field, or into vineyard; we will not drink of the water of the wells; we will go by the king's highway, until we have passed thy border.' [23] And Sihon would not suffer Israel to pass through his border; but Sihon gathered all his people together, and went out against Israel into the wilderness, and came to Jahaz; and he fought against Israel. [24] And Israel smote him with the edge of the sword, and possessed his land from the Arnon unto the Jabbok, even unto the children of Ammon; for the border of the children of Ammon was strong. [25] And Israel took all these cities; and Israel dwelt in all the cities of the Amorites, in Heshbon, and in all the towns thereof. [26] For Heshbon was the city of Sihon the king of the Amorites, who had fought against the former king of Moab, and taken all his land out of his

בַּמִּדְבָּר אֲשֶׁר עַל־פְּנֵי מוֹאָב מִמִּזְרַח
הַשָּׁמֶשׁ׃ 12 מִשָּׁם נָסָעוּ וַיַּחֲנוּ בְּנַחַל זָרֶד׃
13 מִשָּׁם נָסָעוּ וַיַּחֲנוּ מֵעֵבֶר אַרְנוֹן אֲשֶׁר
בַּמִּדְבָּר הַיֹּצֵא מִגְּבֻל הָאֱמֹרִי כִּי אַרְנוֹן
גְּבוּל מוֹאָב בֵּין מוֹאָב וּבֵין הָאֱמֹרִי׃
14 עַל־כֵּן יֵאָמַר בְּסֵפֶר מִלְחֲמֹת יְהוָה
אֶת־וָהֵב בְּסוּפָה וְאֶת־הַנְּחָלִים אַרְנוֹן׃
15 וְאֶשֶׁד הַנְּחָלִים אֲשֶׁר נָטָה לְשֶׁבֶת עָר
וְנִשְׁעַן לִגְבוּל מוֹאָב׃ 16 וּמִשָּׁם בְּאֵרָה הִוא
הַבְּאֵר אֲשֶׁר אָמַר יְהוָה לְמֹשֶׁה אֱסֹף
אֶת־הָעָם וְאֶתְּנָה לָהֶם מָיִם׃ ס 17 אָז
יָשִׁיר יִשְׂרָאֵל אֶת־הַשִּׁירָה הַזֹּאת עֲלִי
בְאֵר עֱנוּ־לָהּ׃ 18 בְּאֵר חֲפָרוּהָ שָׂרִים כָּרוּהָ
נְדִיבֵי הָעָם בִּמְחֹקֵק בְּמִשְׁעֲנֹתָם וּמִמִּדְבָּר
מַתָּנָה׃ 19 וּמִמַּתָּנָה נַחֲלִיאֵל וּמִנַּחֲלִיאֵל
בָּמוֹת׃ 20 וּמִבָּמוֹת הַגַּיְא אֲשֶׁר בִּשְׂדֵה
מוֹאָב רֹאשׁ הַפִּסְגָּה וְנִשְׁקָפָה עַל־פְּנֵי
הַיְשִׁימֹן׃ פ
21 וַיִּשְׁלַח יִשְׂרָאֵל מַלְאָכִים אֶל־סִיחֹן
מֶלֶךְ־הָאֱמֹרִי לֵאמֹר׃ 22 אֶעְבְּרָה בְאַרְצֶךָ
לֹא נִטֶּה בְּשָׂדֶה וּבְכֶרֶם לֹא נִשְׁתֶּה מֵי
בְאֵר בְּדֶרֶךְ הַמֶּלֶךְ נֵלֵךְ עַד אֲשֶׁר־נַעֲבֹר
גְּבֻלֶךָ׃ 23 וְלֹא־נָתַן סִיחֹן אֶת־יִשְׂרָאֵל עֲבֹר
בִּגְבֻלוֹ וַיֶּאֱסֹף סִיחֹן אֶת־כָּל־עַמּוֹ וַיֵּצֵא
לִקְרַאת יִשְׂרָאֵל הַמִּדְבָּרָה וַיָּבֹא יָהְצָה
וַיִּלָּחֶם בְּיִשְׂרָאֵל׃ 24 וַיַּכֵּהוּ יִשְׂרָאֵל לְפִי־
חָרֶב וַיִּירַשׁ אֶת־אַרְצוֹ מֵאַרְנֹן עַד־יַבֹּק
עַד־בְּנֵי עַמּוֹן כִּי עַז גְּבוּל בְּנֵי עַמּוֹן׃
25 וַיִּקַּח יִשְׂרָאֵל אֵת כָּל־הֶעָרִים הָאֵלֶּה
וַיֵּשֶׁב יִשְׂרָאֵל בְּכָל־עָרֵי הָאֱמֹרִי בְּחֶשְׁבּוֹן
וּבְכָל־בְּנֹתֶיהָ׃ 26 כִּי חֶשְׁבּוֹן עִיר סִיחֹן מֶלֶךְ
הָאֱמֹרִי הִוא וְהוּא נִלְחַם בְּמֶלֶךְ מוֹאָב
הָרִאשׁוֹן וַיִּקַּח אֶת־כָּל־אַרְצוֹ מִיָּדוֹ עַד־

a That is, *A well.*

hand, even unto the Arnon. [27] Wherefore they that speak in parables say:

Come ye to Heshbon! / Let the city of Sihon be built and established! / [28] For a fire is gone out of Heshbon, / A flame from the city of Sihon; / It hath devoured Ar of Moab, / The lords of the high places of Arnon. / [29] Woe to thee, Moab! / Thou art undone, O people of Chemosh; / He hath given his sons as fugitives, / And his daughters into captivity, / Unto Sihon king of the Amorites. / [30] We have shot at them—Heshbon is perished—even unto Dibon, / And we have laid waste even unto Nophah, / Which reacheth unto Medeba.

[31] Thus Israel dwelt in the land of the Amorites. [32] And Moses sent to spy out Jazer, and they took the towns thereof, and drove out the Amorites that were there. [33] And they turned and went up by the way of Bashan; and Og the king of Bashan went out against them, he and all his people, to battle at Edrei. [34] And the LORD said unto Moses: 'Fear him not; for I have delivered him into thy hand, and all his people, and his land; and thou shalt do to him as thou didst unto Sihon king of the Amorites, who dwelt at Heshbon.' [35] So they smote him, and his sons, and all his people, until there was none left him remaining; and they possessed his land.

22 And the children of Israel journeyed, and pitched in the plains of Moab beyond the Jordan at Jericho.

אַרְנֹֽן׃ 27 עַל־כֵּן יֹאמְרוּ הַמֹּשְׁלִים בֹּאוּ
חֶשְׁבּוֹן תִּבָּנֶה וְתִכּוֹנֵן עִיר סִיחוֹן׃ 28 כִּי־
אֵשׁ יָצְאָה מֵחֶשְׁבּוֹן לֶהָבָה מִקִּרְיַת סִיחֹן
אָכְלָה עָר מוֹאָב בַּעֲלֵי בָּמוֹת אַרְנֹֽן׃
29 אוֹי־לְךָ מוֹאָב אָבַדְתָּ עַם־כְּמוֹשׁ נָתַן
בָּנָיו פְּלֵיטִם וּבְנֹתָיו בַּשְּׁבִית לְמֶלֶךְ אֱמֹרִי
סִיחֽוֹן׃ 30 וַנִּירָם אָבַד חֶשְׁבּוֹן עַד־דִּיבֹן
וַנַּשִּׁים עַד־נֹפַח אֲשֶׁר עַד־מֵידְבָֽא׃ 31 וַיֵּשֶׁב
יִשְׂרָאֵל בְּאֶרֶץ הָאֱמֹרִֽי׃ 32 וַיִּשְׁלַח מֹשֶׁה
לְרַגֵּל אֶת־יַעְזֵר וַיִּלְכְּדוּ בְּנֹתֶיהָ ויירש
וַיּוֹרֶשׁ אֶת־הָאֱמֹרִי אֲשֶׁר־שָֽׁם׃ 33 וַיִּפְנוּ
וַיַּעֲלוּ דֶּרֶךְ הַבָּשָׁן וַיֵּצֵא עוֹג מֶֽלֶךְ־הַבָּשָׁן
לִקְרָאתָם הוּא וְכָל־עַמּוֹ לַמִּלְחָמָה
אֶדְרֶֽעִי׃ 34 וַיֹּאמֶר יְהוָה אֶל־מֹשֶׁה אַל־
תִּירָא אֹתוֹ כִּי בְיָדְךָ נָתַתִּי אֹתוֹ וְאֶת־כָּל־
עַמּוֹ וְאֶת־אַרְצוֹ וְעָשִׂיתָ לּוֹ כַּאֲשֶׁר עָשִׂיתָ
לְסִיחֹן מֶלֶךְ הָאֱמֹרִי אֲשֶׁר יוֹשֵׁב בְּחֶשְׁבּֽוֹן׃
35 וַיַּכּוּ אֹתוֹ וְאֶת־בָּנָיו וְאֶת־כָּל־עַמּוֹ עַד־
בִּלְתִּי הִשְׁאִיר־לוֹ שָׂרִיד וַיִּֽירְשׁוּ
אֶת־אַרְצֽוֹ׃ **22** וַיִּסְעוּ בְּנֵי יִשְׂרָאֵל
וַֽיַּחֲנוּ בְּעַרְבוֹת מוֹאָב מֵעֵבֶר לְיַרְדֵּן
יְרֵחֽוֹ׃ ס

BALAK

[2] And Balak the son of Zippor saw all that Israel had done to the Amorites. [3] And Moab was sore afraid of the people, because they were many; and Moab was overcome with dread because of the children of Israel. [4] And Moab said unto the elders of Midian: 'Now will this multitude lick up all that is round about us, as the ox licketh up the grass of the field.'—And Balak the son of Zippor was king of Moab at that time.—[5] And he sent messengers unto Balaam the son of Beor, to Pethor, which is by the River, to the land of the children of his people, to call

בלק

2 וַיַּרְא בָּלָק בֶּן־צִפּוֹר אֵת כָּל־אֲשֶׁר־
עָשָׂה יִשְׂרָאֵל לָאֱמֹרִֽי׃ 3 וַיָּגָר מוֹאָב מִפְּנֵי
הָעָם מְאֹד כִּי רַב־הוּא וַיָּקָץ מוֹאָב מִפְּנֵי
בְּנֵי יִשְׂרָאֵֽל׃ 4 וַיֹּאמֶר מוֹאָב אֶל־זִקְנֵי מִדְיָן
עַתָּה יְלַחֲכוּ הַקָּהָל אֶת־כָּל־סְבִיבֹתֵינוּ
כִּלְחֹךְ הַשּׁוֹר אֵת יֶרֶק הַשָּׂדֶה וּבָלָק
בֶּן־צִפּוֹר מֶלֶךְ לְמוֹאָב בָּעֵת הַהִֽוא׃
5 וַיִּשְׁלַח מַלְאָכִים אֶל־בִּלְעָם בֶּן־בְּעֹר
פְּתוֹרָה אֲשֶׁר עַל־הַנָּהָר אֶרֶץ בְּנֵי־עַמּוֹ

him, saying: 'Behold, there is a people come out from Egypt; behold, they cover the face of the earth, and they abide over against me. [6] Come now therefore, I pray thee, curse me this people; for they are too mighty for me; peradventure I shall prevail, that we may smite them, and that I may drive them out of the land; for I know that he whom thou blessest is blessed, and he whom thou cursest is cursed.' [7] And the elders of Moab and the elders of Midian departed with the rewards of divination in their hand; and they came unto Balaam, and spoke unto him the words of Balak. [8] And he said unto them: 'Lodge here this night, and I will bring you back word, as the LORD may speak unto me'; and the princes of Moab abode with Balaam. [9] And God came unto Balaam, and said: 'What men are these with thee?' [10] And Balaam said unto God: 'Balak the son of Zippor, king of Moab, hath sent unto me [,saying] [11] Behold the people that is come out of Egypt, it covereth the face of the earth; now, come curse me them; peradventure I shall be able to fight against them, and shall drive them out.' [12] And God said unto Balaam: 'Thou shalt not go with them; thou shalt not curse the people; for they are blessed.' [13] And Balaam rose up in the morning, and said unto the princes of Balak: 'Get you into your land; for the LORD refuseth to give me leave to go with you.' [14] And the princes of Moab rose up, and they went unto Balak, and said: 'Balaam refuseth to come with us.' [15] And Balak sent yet again princes, more, and more honourable than they. [16] And they came to Balaam, and said to him: 'Thus saith Balak the son of Zippor: Let nothing, I pray thee, hinder thee from coming unto me; [17] for I will promote thee unto very great honour, and whatsoever thou sayest unto me I will do; come therefore, I pray thee, curse me this people.' [18] And Balaam answered and said unto the servants of Balak: 'If Balak would give me his house full of silver and gold, I cannot go beyond the word of the LORD my God, to do any thing, small or great. [19] Now therefore, I pray you, tarry ye also here this night, that I may

לִקְרֹא־לוֹ לֵאמֹר הִנֵּה עַם יָצָא מִמִּצְרַיִם
הִנֵּה כִסָּה אֶת־עֵין הָאָרֶץ וְהוּא יֹשֵׁב
מִמֻּלִי׃ 6 וְעַתָּה לְכָה־נָּא אָרָה־לִּי אֶת־
הָעָם הַזֶּה כִּי־עָצוּם הוּא מִמֶּנִּי אוּלַי
אוּכַל נַכֶּה־בּוֹ וַאֲגָרְשֶׁנּוּ מִן־הָאָרֶץ כִּי
יָדַעְתִּי אֵת אֲשֶׁר־תְּבָרֵךְ מְבֹרָךְ וַאֲשֶׁר תָּאֹר
יוּאָר׃ 7 וַיֵּלְכוּ זִקְנֵי מוֹאָב וְזִקְנֵי מִדְיָן
וּקְסָמִים בְּיָדָם וַיָּבֹאוּ אֶל־בִּלְעָם וַיְדַבְּרוּ
אֵלָיו דִּבְרֵי בָלָק׃ 8 וַיֹּאמֶר אֲלֵיהֶם לִינוּ
פֹה הַלַּיְלָה וַהֲשִׁבֹתִי אֶתְכֶם דָּבָר כַּאֲשֶׁר
יְדַבֵּר יְהוָה אֵלָי וַיֵּשְׁבוּ שָׂרֵי־מוֹאָב עִם־
בִּלְעָם׃ 9 וַיָּבֹא אֱלֹהִים אֶל־בִּלְעָם וַיֹּאמֶר
מִי הָאֲנָשִׁים הָאֵלֶּה עִמָּךְ׃ 10 וַיֹּאמֶר בִּלְעָם
אֶל־הָאֱלֹהִים בָּלָק בֶּן־צִפֹּר מֶלֶךְ מוֹאָב
שָׁלַח אֵלָי׃ 11 הִנֵּה הָעָם הַיֹּצֵא מִמִּצְרַיִם
וַיְכַס אֶת־עֵין הָאָרֶץ עַתָּה לְכָה קָבָה־לִּי
אֹתוֹ אוּלַי אוּכַל לְהִלָּחֶם בּוֹ וְגֵרַשְׁתִּיו׃
12 וַיֹּאמֶר אֱלֹהִים אֶל־בִּלְעָם לֹא תֵלֵךְ
עִמָּהֶם לֹא תָאֹר אֶת־הָעָם כִּי בָרוּךְ הוּא׃
13 וַיָּקָם בִּלְעָם בַּבֹּקֶר וַיֹּאמֶר אֶל־שָׂרֵי בָלָק
לְכוּ אֶל־אַרְצְכֶם כִּי מֵאֵן יְהוָה לְתִתִּי
לַהֲלֹךְ עִמָּכֶם׃ 14 וַיָּקוּמוּ שָׂרֵי מוֹאָב וַיָּבֹאוּ
אֶל־בָּלָק וַיֹּאמְרוּ מֵאֵן בִּלְעָם הֲלֹךְ עִמָּנוּ׃
15 וַיֹּסֶף עוֹד בָּלָק שְׁלֹחַ שָׂרִים רַבִּים
וְנִכְבָּדִים מֵאֵלֶּה׃ 16 וַיָּבֹאוּ אֶל־בִּלְעָם
וַיֹּאמְרוּ לוֹ כֹּה אָמַר בָּלָק בֶּן־צִפּוֹר אַל־נָא
תִמָּנַע מֵהֲלֹךְ אֵלָי׃ 17 כִּי־כַבֵּד אֲכַבֶּדְךָ
מְאֹד וְכֹל אֲשֶׁר־תֹּאמַר אֵלַי אֶעֱשֶׂה וּלְכָה־
נָּא קָבָה־לִּי אֵת הָעָם הַזֶּה׃ 18 וַיַּעַן בִּלְעָם
וַיֹּאמֶר אֶל־עַבְדֵי בָלָק אִם־יִתֶּן־לִי בָלָק
מְלֹא בֵיתוֹ כֶּסֶף וְזָהָב לֹא אוּכַל לַעֲבֹר
אֶת־פִּי יְהוָה אֱלֹהָי לַעֲשׂוֹת קְטַנָּה אוֹ
גְדוֹלָה׃ 19 וְעַתָּה שְׁבוּ נָא בָזֶה גַּם־אַתֶּם

know what the LORD will speak unto me more.' [20] And God came unto Balaam at night, and said unto him: 'If the men are come to call thee, rise up, go with them; but only the word which I speak unto thee, that shalt thou do.' [21] And Balaam rose up in the morning, and saddled his ass, and went with the princes of Moab. [22] And God's anger was kindled because he went; and the angel of the LORD placed himself in the way for an adversary against him.—Now he was riding upon his ass, and his two servants were with him.—[23] And the ass saw the angel of the LORD standing in the way, with his sword drawn in his hand; and the ass turned aside out of the way; and went into the field; and Balaam smote the ass, to turn her into the way. [24] Then the angel of the LORD stood in a hollow way between the vineyards, a fence being on this side, and a fence on that side. [25] And the ass saw the angel of the LORD, and she thrust herself unto the wall, and crushed Balaam's foot against the wall; and he smote her again. [26] And the angel of the LORD went further, and stood in a narrow place, where was no way to turn either to the right hand or to the left. [27] And the ass saw the angel of the LORD, and she lay down under Balaam; and Balaam's anger was kindled, and he smote the ass with his staff. [28] And the LORD opened the mouth of the ass, and she said unto Balaam: 'What have I done unto thee, that thou hast smitten me these three times?' [29] And Balaam said unto the ass: 'Because thou hast mocked me; I would there were a sword in my hand, for now I had killed thee.' [30] And the ass said unto Balaam: 'Am not I thine ass, upon which thou hast ridden all thy life long unto this day? was I ever wont to do so unto thee?' And he said: 'Nay.' [31] Then the LORD opened the eyes of Balaam, and he saw the angel of the LORD standing in the way, with his sword drawn in his hand; and he bowed his head, and fell on his face. [32] And the angel of the LORD said unto him: 'Wherefore hast thou smitten thine ass these three times?

הַלָּיְלָה וְאֵדְעָה מַה־יֹּסֵף יְהוָה דַּבֵּר עִמִּי׃
20 וַיָּבֹא אֱלֹהִים ׀ אֶל־בִּלְעָם לַיְלָה וַיֹּאמֶר
לוֹ אִם־לִקְרֹא לְךָ בָּאוּ הָאֲנָשִׁים קוּם לֵךְ
אִתָּם וְאַךְ אֶת־הַדָּבָר אֲשֶׁר־אֲדַבֵּר אֵלֶיךָ
אֹתוֹ תַעֲשֶׂה׃ 21 וַיָּקָם בִּלְעָם בַּבֹּקֶר וַיַּחֲבֹשׁ
אֶת־אֲתֹנוֹ וַיֵּלֶךְ עִם־שָׂרֵי מוֹאָב׃ 22 וַיִּחַר־
אַף אֱלֹהִים כִּי־הוֹלֵךְ הוּא וַיִּתְיַצֵּב מַלְאַךְ
יְהוָה בַּדֶּרֶךְ לְשָׂטָן לוֹ וְהוּא רֹכֵב עַל־אֲתֹנוֹ
וּשְׁנֵי נְעָרָיו עִמּוֹ׃ 23 וַתֵּרֶא הָאָתוֹן אֶת־
מַלְאַךְ יְהוָה נִצָּב בַּדֶּרֶךְ וְחַרְבּוֹ שְׁלוּפָה
בְּיָדוֹ וַתֵּט הָאָתוֹן מִן־הַדֶּרֶךְ וַתֵּלֶךְ בַּשָּׂדֶה
וַיַּךְ בִּלְעָם אֶת־הָאָתוֹן לְהַטֹּתָהּ הַדָּרֶךְ׃
24 וַיַּעֲמֹד מַלְאַךְ יְהוָה בְּמִשְׁעוֹל הַכְּרָמִים
גָּדֵר מִזֶּה וְגָדֵר מִזֶּה׃ 25 וַתֵּרֶא הָאָתוֹן
אֶת־מַלְאַךְ יְהוָה וַתִּלָּחֵץ אֶל־הַקִּיר
וַתִּלְחַץ אֶת־רֶגֶל בִּלְעָם אֶל־הַקִּיר וַיֹּסֶף
לְהַכֹּתָהּ׃ 26 וַיּוֹסֶף מַלְאַךְ־יְהוָה עֲבוֹר
וַיַּעֲמֹד בְּמָקוֹם צָר אֲשֶׁר אֵין־דֶּרֶךְ לִנְטוֹת
יָמִין וּשְׂמֹאול׃ 27 וַתֵּרֶא הָאָתוֹן אֶת־
מַלְאַךְ יְהוָה וַתִּרְבַּץ תַּחַת בִּלְעָם וַיִּחַר־
אַף בִּלְעָם וַיַּךְ אֶת־הָאָתוֹן בַּמַּקֵּל׃
28 וַיִּפְתַּח יְהוָה אֶת־פִּי הָאָתוֹן וַתֹּאמֶר
לְבִלְעָם מֶה־עָשִׂיתִי לְךָ כִּי הִכִּיתַנִי זֶה
שָׁלֹשׁ רְגָלִים׃ 29 וַיֹּאמֶר בִּלְעָם לָאָתוֹן כִּי
הִתְעַלַּלְתְּ בִּי לוּ יֶשׁ־חֶרֶב בְּיָדִי כִּי עַתָּה
הֲרַגְתִּיךְ׃ 30 וַתֹּאמֶר הָאָתוֹן אֶל־בִּלְעָם
הֲלוֹא אָנֹכִי אֲתֹנְךָ אֲשֶׁר־רָכַבְתָּ עָלַי
מֵעוֹדְךָ עַד־הַיּוֹם הַזֶּה הַהַסְכֵּן הִסְכַּנְתִּי
לַעֲשׂוֹת לְךָ כֹּה וַיֹּאמֶר לֹא׃ 31 וַיְגַל יְהוָה
אֶת־עֵינֵי בִלְעָם וַיַּרְא אֶת־מַלְאַךְ יְהוָה
נִצָּב בַּדֶּרֶךְ וְחַרְבּוֹ שְׁלֻפָה בְּיָדוֹ וַיִּקֹּד
וַיִּשְׁתַּחוּ לְאַפָּיו׃ 32 וַיֹּאמֶר אֵלָיו מַלְאַךְ
יְהוָה עַל־מָה הִכִּיתָ אֶת־אֲתֹנְךָ זֶה שָׁלוֹשׁ

behold, I am come forth for an adversary, because thy way is contrary unto me; [33] and the ass saw me, and turned aside before me these three times; unless she had turned aside from me, surely now I had even slain thee, and saved her alive.' [34] And Balaam said unto the angel of the LORD: 'I have sinned; for I knew not that thou stoodest in the way against me; now therefore, if it displease thee, I will get me back.' [35] And the angel of the LORD said unto Balaam: 'Go with the men; but only the word that I shall speak unto thee, that thou shalt speak.' So Balaam went with the princes of Balak. [36] And when Balak heard that Balaam was come, he went out to meet him unto Ir-moab, which is on the border of Arnon, which is in the utmost part of the border. [37] And Balak said unto Balaam: 'Did I not earnestly send unto thee to call thee? wherefore camest thou not unto me? am I not able indeed to promote thee to honour?' [38] And Balaam said unto Balak: 'Lo, I am come unto thee; have I now any power at all to speak any thing? the word that God putteth in my mouth, that shall I speak.' [39] And Balaam went with Balak, and they came unto Kiriath-huzoth. [40] And Balak sacrificed oxen and sheep, and sent to Balaam, and to the princes that were with him. [41] And it came to pass in the morning that Balak took Balaam, and brought him up into Bamoth-baal, and he saw from thence the utmost part of the people.

23 And Balaam said unto Balak: 'Build me here seven altars, and prepare me here seven bullocks and seven rams.' [2] And Balak did as Balaam had spoken; and Balak and Balaam offered on every altar a bullock and a ram. [3] And Balaam said unto Balak: 'Stand by thy burnt-offering, and I will go; peradventure the LORD will come to meet me; and whatsoever He showeth me I will tell thee.' And he went to a bare height. [4] And God met Balaam; and he said unto Him: 'I have prepared the seven altars, and I have offered up a bullock and a ram on every altar.' [5] And the LORD put a word in

רְגָלִים הִנֵּה אָנֹכִי יָצָאתִי לְשָׂטָן כִּי־יָרַט
הַדֶּרֶךְ לְנֶגְדִּי׃ 33 וַתִּרְאַנִי הָאָתוֹן וַתֵּט לְפָנַי
זֶה שָׁלֹשׁ רְגָלִים אוּלַי נָטְתָה מִפָּנַי כִּי
עַתָּה גַּם־אֹתְכָה הָרַגְתִּי וְאוֹתָהּ הֶחֱיֵיתִי׃
34 וַיֹּאמֶר בִּלְעָם אֶל־מַלְאַךְ יְהוָה חָטָאתִי
כִּי לֹא יָדַעְתִּי כִּי אַתָּה נִצָּב לִקְרָאתִי
בַּדָּרֶךְ וְעַתָּה אִם־רַע בְּעֵינֶיךָ אָשׁוּבָה לִּי׃
35 וַיֹּאמֶר מַלְאַךְ יְהוָה אֶל־בִּלְעָם לֵךְ עִם־
הָאֲנָשִׁים וְאֶפֶס אֶת־הַדָּבָר אֲשֶׁר־אֲדַבֵּר
אֵלֶיךָ אֹתוֹ תְדַבֵּר וַיֵּלֶךְ בִּלְעָם עִם־שָׂרֵי
בָלָק׃ 36 וַיִּשְׁמַע בָּלָק כִּי בָא בִלְעָם וַיֵּצֵא
לִקְרָאתוֹ אֶל־עִיר מוֹאָב אֲשֶׁר עַל־גְּבוּל
אַרְנֹן אֲשֶׁר בִּקְצֵה הַגְּבוּל׃ 37 וַיֹּאמֶר בָּלָק
אֶל־בִּלְעָם הֲלֹא שָׁלֹחַ שָׁלַחְתִּי אֵלֶיךָ
לִקְרֹא־לָךְ לָמָּה לֹא־הָלַכְתָּ אֵלָי הַאֻמְנָם
לֹא אוּכַל כַּבְּדֶךָ׃ 38 וַיֹּאמֶר בִּלְעָם אֶל־בָּלָק
הִנֵּה־בָאתִי אֵלֶיךָ עַתָּה הֲיָכֹל אוּכַל דַּבֵּר
מְאוּמָה הַדָּבָר אֲשֶׁר יָשִׂים אֱלֹהִים בְּפִי
אֹתוֹ אֲדַבֵּר׃ 39 וַיֵּלֶךְ בִּלְעָם עִם־בָּלָק וַיָּבֹאוּ
קִרְיַת חֻצוֹת׃ 40 וַיִּזְבַּח בָּלָק בָּקָר וָצֹאן
וַיְשַׁלַּח לְבִלְעָם וְלַשָּׂרִים אֲשֶׁר אִתּוֹ׃
41 וַיְהִי בַבֹּקֶר וַיִּקַּח בָּלָק אֶת־בִּלְעָם
וַיַּעֲלֵהוּ בָּמוֹת בָּעַל וַיַּרְא מִשָּׁם קְצֵה
הָעָם׃ **23** וַיֹּאמֶר בִּלְעָם אֶל־בָּלָק
בְּנֵה־לִי בָזֶה שִׁבְעָה מִזְבְּחֹת וְהָכֵן לִי בָּזֶה
שִׁבְעָה פָרִים וְשִׁבְעָה אֵילִים׃ 2 וַיַּעַשׂ בָּלָק
כַּאֲשֶׁר דִּבֶּר בִּלְעָם וַיַּעַל בָּלָק וּבִלְעָם פַּר
וָאַיִל בַּמִּזְבֵּחַ׃ 3 וַיֹּאמֶר בִּלְעָם לְבָלָק
הִתְיַצֵּב עַל־עֹלָתֶךָ וְאֵלְכָה אוּלַי יִקָּרֵה
יְהוָה לִקְרָאתִי וּדְבַר מַה־יַּרְאֵנִי וְהִגַּדְתִּי
לָךְ וַיֵּלֶךְ שֶׁפִי׃ 4 וַיִּקָּר אֱלֹהִים אֶל־בִּלְעָם
וַיֹּאמֶר אֵלָיו אֶת־שִׁבְעַת הַמִּזְבְּחֹת עָרַכְתִּי
וָאַעַל פַּר וָאַיִל בַּמִּזְבֵּחַ׃ 5 וַיָּשֶׂם יְהוָה דָּבָר

Balaam's mouth, and said: 'Return unto Balak, and thus thou shalt speak.' [6] And he returned unto him, and, lo, he stood by his burnt-offering, he, and all the princes of Moab. [7] And he took up his parable, and said:

From Aram Balak bringeth me, / The king of Moab from the mountains of the East: / 'Come, curse me Jacob, / And come, execrate Israel' / [8] How shall I curse, whom God hath not cursed? / And how shall I execrate, whom the LORD hath not execrated? / [9] For from the top of the rocks I see him, / And from the hills I behold him: / Lo, it is a people that shall dwell alone, / And shall not be reckoned among the nations. / [10] Who hath counted the dust of Jacob, / Or numbered the stock of Israel? / Let me die the death of the righteous, / And let mine end be like his!

[11] And Balak said unto Balaam: 'What hast thou done unto me? I took thee to curse mine enemies, and, behold, thou hast blessed them altogether' [12] And he answered and said: 'Must I not take heed to speak that which the LORD putteth in my mouth?' [13] And Balak said unto him: 'Come, I pray thee, with me unto another place, from whence thou mayest see them; thou shalt see but the utmost part of them, and shalt not see them all; and curse me them from thence.' [14] And he took him into the field of Zophim, to the top of Pisgah, and built seven altars, and offered up a bullock and a ram on every altar [15] And he said unto Balak: 'Stand here by thy burnt-offering, while I go toward a meeting yonder.' [16] And the LORD met Balaam, and put a word in his mouth, and said: 'Return unto Balak, and thus shalt thou speak.' [17] And he came to him, and, lo, he stood by his burnt-offering, and the princes of Moab with him. And Balak said unto him: 'What hath the LORD spoken?' [18] And he took up his parable, and said:

Arise, Balak, and hear; / Give ear unto me, thou son of Zippor: / [19] God is not a man, that He should lie; / Neither the son of man, that He should repent: / When He hath said, will He not do it? / Or when He hath spoken, will He not make it good? / [20] Behold, I am bidden to bless; / And when He hath blessed, I cannot call it back. / [21] None hath beheld iniquity in Jacob, / Neither hath one seen perverseness in Israel; / The LORD his God is with him, / And the shouting for the King is among them. / [22] God who brought them forth out of Egypt / Is for them like the lofty horns of the wild-ox. /

בְּפִי בִלְעָם וַיֹּאמֶר שׁוּב אֶל־בָּלָק וְכֹה
תְדַבֵּר׃ 6 וַיָּשָׁב אֵלָיו וְהִנֵּה נִצָּב עַל־עֹלָתוֹ
הוּא וְכָל־שָׂרֵי מוֹאָב׃ 7 וַיִּשָּׂא מְשָׁלוֹ
וַיֹּאמַר מִן־אֲרָם יַנְחֵנִי בָלָק מֶלֶךְ־מוֹאָב
מֵהַרְרֵי־קֶדֶם לְכָה אָרָה־לִּי יַעֲקֹב וּלְכָה
זֹעֲמָה יִשְׂרָאֵל׃ 8 מָה אֶקֹּב לֹא קַבֹּה אֵל
וּמָה אֶזְעֹם לֹא זָעַם יְהוָה׃ 9 כִּי־מֵרֹאשׁ
צֻרִים אֶרְאֶנּוּ וּמִגְּבָעוֹת אֲשׁוּרֶנּוּ הֶן־עָם
לְבָדָד יִשְׁכֹּן וּבַגּוֹיִם לֹא יִתְחַשָּׁב׃ 10 מִי
מָנָה עֲפַר יַעֲקֹב וּמִסְפָּר אֶת־רֹבַע יִשְׂרָאֵל
תָּמֹת נַפְשִׁי מוֹת יְשָׁרִים וּתְהִי אַחֲרִיתִי
כָּמֹהוּ׃ 11 וַיֹּאמֶר בָּלָק אֶל־בִּלְעָם מֶה
עָשִׂיתָ לִי לָקֹב אֹיְבַי לְקַחְתִּיךָ וְהִנֵּה בֵּרַכְתָּ
בָרֵךְ׃ 12 וַיַּעַן וַיֹּאמַר הֲלֹא אֵת אֲשֶׁר יָשִׂים
יְהוָה בְּפִי אֹתוֹ אֶשְׁמֹר לְדַבֵּר׃ 13 וַיֹּאמֶר
אֵלָיו בָּלָק לך נא לְכָה־נָּא אִתִּי אֶל־מָקוֹם
אַחֵר אֲשֶׁר תִּרְאֶנּוּ מִשָּׁם אֶפֶס קָצֵהוּ
תִרְאֶה וְכֻלּוֹ לֹא תִרְאֶה וְקָבְנוֹ־לִי מִשָּׁם׃
14 וַיִּקָּחֵהוּ שְׂדֵה צֹפִים אֶל־רֹאשׁ הַפִּסְגָּה
וַיִּבֶן שִׁבְעָה מִזְבְּחֹת וַיַּעַל פָּר וָאַיִל
בַּמִּזְבֵּחַ׃ 15 וַיֹּאמֶר אֶל־בָּלָק הִתְיַצֵּב כֹּה
עַל־עֹלָתֶךָ וְאָנֹכִי אִקָּרֶה כֹּה׃ 16 וַיִּקָּר יְהוָה
אֶל־בִּלְעָם וַיָּשֶׂם דָּבָר בְּפִיו וַיֹּאמֶר שׁוּב
אֶל־בָּלָק וְכֹה תְדַבֵּר׃ 17 וַיָּבֹא אֵלָיו וְהִנּוֹ
נִצָּב עַל־עֹלָתוֹ וְשָׂרֵי מוֹאָב אִתּוֹ וַיֹּאמֶר
לוֹ בָּלָק מַה־דִּבֶּר יְהוָה׃ 18 וַיִּשָּׂא מְשָׁלוֹ
וַיֹּאמַר קוּם בָּלָק וּשְׁמָע הַאֲזִינָה עָדַי בְּנוֹ
צִפֹּר׃ 19 לֹא אִישׁ אֵל וִיכַזֵּב וּבֶן־אָדָם
וְיִתְנֶחָם הַהוּא אָמַר וְלֹא יַעֲשֶׂה וְדִבֶּר
וְלֹא יְקִימֶנָּה׃ 20 הִנֵּה בָרֵךְ לָקָחְתִּי וּבֵרֵךְ
וְלֹא אֲשִׁיבֶנָּה׃ 21 לֹא־הִבִּיט אָוֶן בְּיַעֲקֹב
וְלֹא־רָאָה עָמָל בְּיִשְׂרָאֵל יְהוָה אֱלֹהָיו
עִמּוֹ וּתְרוּעַת מֶלֶךְ בּוֹ׃ 22 אֵל מוֹצִיאָם

[23] For there is no enchantment with Jacob, / Neither is there any divination with Israel; / Now is it said of Jacob and of Israel / 'What hath God wrought!' / [24] Behold a people that riseth up as a lioness, / And as a lion doth he lift himself up; / He shall not lie down until he eat of the prey, / And drink the blood of the slain.

[25] And Balak said unto Balaam 'Neither curse them at all, nor bless them at all.' [26] But Balaam answered and said unto Balak: 'Told not I thee, saying: All that the LORD speaketh, that I must do?' [27] And Balak said unto Balaam 'Come now, I will take thee unto another place; peradventure it will please God that thou mayest curse me them from thence.' [28] And Balak took Balaam unto the top of Peor, that looketh down upon the desert. [29] And Balaam said unto Balak: 'Build me here seven altars, and prepare me here seven bullocks and seven rams.' [30] And Balak did as Balaam had said, and offered up a bullock and a ram on every altar.

24 And when Balaam saw that it pleased the LORD to bless Israel, he went not, as at the other times, to meet with enchantments, but he set his face toward the wilderness. [2] And Balaam lifted up his eyes, and he saw Israel dwelling tribe by tribe; and the spirit of God came upon him. [3] And he took up his parable, and said:

The saying of Balaam the son of Beor, / And the saying of the man whose eye is opened; / [4] The saying of him who heareth the words of God, / Who seeth the vision of the Almighty, / Fallen down, yet with opened eyes: / [5] How goodly are thy tents, O Jacob, / Thy dwellings, O Israel! / [6] As valleys stretched out, / As gardens by the river-side; / As aloes planted of the LORD, / As cedars beside the waters; / [7] Water shall flow from his branches, / And his seed shall be in many waters; / And his king shall be higher than Agag, / And his kingdom shall be exalted. / [8] God who brought him forth out of Egypt / Is for him like the lofty horns of the wild-ox; / He shall eat up the nations that are his adversaries, / And shall break their bones in pieces, / And

מִמִּצְרָיִם כְּתוֹעֲפֹת רְאֵם לוֹ׃ 23 כִּי לֹא־
נַחַשׁ בְּיַעֲקֹב וְלֹא־קֶסֶם בְּיִשְׂרָאֵל כָּעֵת
יֵאָמֵר לְיַעֲקֹב וּלְיִשְׂרָאֵל מַה־פָּעַל אֵל׃
24 הֶן־עָם כְּלָבִיא יָקוּם וְכַאֲרִי יִתְנַשָּׂא לֹא
יִשְׁכַּב עַד־יֹאכַל טֶרֶף וְדַם־חֲלָלִים יִשְׁתֶּה׃
25 וַיֹּאמֶר בָּלָק אֶל־בִּלְעָם גַּם־קֹב לֹא
תִקֳּבֶנּוּ גַּם־בָּרֵךְ לֹא תְבָרְכֶנּוּ׃ 26 וַיַּעַן
בִּלְעָם וַיֹּאמֶר אֶל־בָּלָק הֲלֹא דִּבַּרְתִּי אֵלֶיךָ
לֵאמֹר כֹּל אֲשֶׁר־יְדַבֵּר יְהוָה אֹתוֹ אֶעֱשֶׂה׃
27 וַיֹּאמֶר בָּלָק אֶל־בִּלְעָם לְכָה־נָּא אֶקָּחֲךָ
אֶל־מָקוֹם אַחֵר אוּלַי יִישַׁר בְּעֵינֵי
הָאֱלֹהִים וְקַבֹּתוֹ לִי מִשָּׁם׃ 28 וַיִּקַּח בָּלָק
אֶת־בִּלְעָם רֹאשׁ הַפְּעוֹר הַנִּשְׁקָף עַל־פְּנֵי
הַיְשִׁימֹן׃ 29 וַיֹּאמֶר בִּלְעָם אֶל־בָּלָק בְּנֵה־
לִי בָזֶה שִׁבְעָה מִזְבְּחֹת וְהָכֵן לִי בָּזֶה
שִׁבְעָה פָרִים וְשִׁבְעָה אֵילִים׃ 30 וַיַּעַשׂ
בָּלָק כַּאֲשֶׁר אָמַר בִּלְעָם וַיַּעַל פָּר וָאַיִל
בַּמִּזְבֵּחַ׃ **24** וַיַּרְא בִּלְעָם כִּי טוֹב בְּעֵינֵי
יְהוָה לְבָרֵךְ אֶת־יִשְׂרָאֵל וְלֹא־הָלַךְ
כְּפַעַם־בְּפַעַם לִקְרַאת נְחָשִׁים וַיָּשֶׁת אֶל־
הַמִּדְבָּר פָּנָיו׃ 2 וַיִּשָּׂא בִלְעָם אֶת־עֵינָיו
וַיַּרְא אֶת־יִשְׂרָאֵל שֹׁכֵן לִשְׁבָטָיו וַתְּהִי
עָלָיו רוּחַ אֱלֹהִים׃ 3 וַיִּשָּׂא מְשָׁלוֹ וַיֹּאמַר
נְאֻם בִּלְעָם בְּנוֹ בְעֹר וּנְאֻם הַגֶּבֶר שְׁתֻם
הָעָיִן׃ 4 נְאֻם שֹׁמֵעַ אִמְרֵי־אֵל אֲשֶׁר מַחֲזֵה
שַׁדַּי יֶחֱזֶה נֹפֵל וּגְלוּי עֵינָיִם׃ 5 מַה־טֹּבוּ
אֹהָלֶיךָ יַעֲקֹב מִשְׁכְּנֹתֶיךָ יִשְׂרָאֵל׃
6 כִּנְחָלִים נִטָּיוּ כְּגַנֹּת עֲלֵי נָהָר כַּאֲהָלִים
נָטַע יְהוָה כַּאֲרָזִים עֲלֵי־מָיִם׃ 7 יִזַּל־מַיִם
מִדָּלְיָו וְזַרְעוֹ בְּמַיִם רַבִּים וְיָרֹם מֵאֲגַג
מַלְכּוֹ וְתִנַּשֵּׂא מַלְכֻתוֹ׃ 8 אֵל מוֹצִיאוֹ
מִמִּצְרַיִם כְּתוֹעֲפֹת רְאֵם לוֹ יֹאכַל גּוֹיִם
צָרָיו וְעַצְמֹתֵיהֶם יְגָרֵם וְחִצָּיו יִמְחָץ׃

9 כָּרַע שָׁכַב כַּאֲרִי וּכְלָבִיא מִי יְקִימֶנּוּ
מְבָרְכֶיךָ בָרוּךְ וְאֹרְרֶיךָ אָרוּר׃ 10 וַיִּחַר־אַף
בָּלָק אֶל־בִּלְעָם וַיִּסְפֹּק אֶת־כַּפָּיו וַיֹּאמֶר
בָּלָק אֶל־בִּלְעָם לָקֹב אֹיְבַי קְרָאתִיךָ וְהִנֵּה
בֵּרַכְתָּ בָרֵךְ זֶה שָׁלֹשׁ פְּעָמִים׃ 11 וְעַתָּה
בְּרַח־לְךָ אֶל־מְקוֹמֶךָ אָמַרְתִּי כַּבֵּד אֲכַבֶּדְךָ
וְהִנֵּה מְנָעֲךָ יְהוָה מִכָּבוֹד׃ 12 וַיֹּאמֶר
בִּלְעָם אֶל־בָּלָק הֲלֹא גַּם אֶל־מַלְאָכֶיךָ
אֲשֶׁר־שָׁלַחְתָּ אֵלַי דִּבַּרְתִּי לֵאמֹר׃ 13 אִם־
יִתֶּן־לִי בָלָק מְלֹא בֵיתוֹ כֶּסֶף וְזָהָב לֹא
אוּכַל לַעֲבֹר אֶת־פִּי יְהוָה לַעֲשׂוֹת טוֹבָה
אוֹ רָעָה מִלִּבִּי אֲשֶׁר־יְדַבֵּר יְהוָה אֹתוֹ
אֲדַבֵּר׃ 14 וְעַתָּה הִנְנִי הוֹלֵךְ לְעַמִּי לְכָה
אִיעָצְךָ אֲשֶׁר יַעֲשֶׂה הָעָם הַזֶּה לְעַמְּךָ
בְּאַחֲרִית הַיָּמִים׃ 15 וַיִּשָּׂא מְשָׁלוֹ וַיֹּאמַר
נְאֻם בִּלְעָם בְּנוֹ בְעֹר וּנְאֻם הַגֶּבֶר שְׁתֻם
הָעָיִן׃ 16 נְאֻם שֹׁמֵעַ אִמְרֵי־אֵל וְיֹדֵעַ דַּעַת
עֶלְיוֹן מַחֲזֵה שַׁדַּי יֶחֱזֶה נֹפֵל וּגְלוּי עֵינָיִם׃
17 אֶרְאֶנּוּ וְלֹא עַתָּה אֲשׁוּרֶנּוּ וְלֹא קָרוֹב
דָּרַךְ כּוֹכָב מִיַּעֲקֹב וְקָם שֵׁבֶט מִיִּשְׂרָאֵל
וּמָחַץ פַּאֲתֵי מוֹאָב וְקַרְקַר כָּל־בְּנֵי־שֵׁת׃
18 וְהָיָה אֱדוֹם יְרֵשָׁה וְהָיָה יְרֵשָׁה שֵׂעִיר
אֹיְבָיו וְיִשְׂרָאֵל עֹשֶׂה חָיִל׃ 19 וְיֵרְדְּ מִיַּעֲקֹב
וְהֶאֱבִיד שָׂרִיד מֵעִיר׃ 20 וַיַּרְא אֶת־עֲמָלֵק
וַיִּשָּׂא מְשָׁלוֹ וַיֹּאמַר רֵאשִׁית גּוֹיִם עֲמָלֵק
וְאַחֲרִיתוֹ עֲדֵי אֹבֵד׃ 21 וַיַּרְא אֶת־הַקֵּינִי
וַיִּשָּׂא מְשָׁלוֹ וַיֹּאמַר אֵיתָן מוֹשָׁבֶךָ וְשִׂים
בַּסֶּלַע קִנֶּךָ׃ 22 כִּי אִם־יִהְיֶה לְבָעֵר קָיִן
עַד־מָה אַשּׁוּר תִּשְׁבֶּךָּ׃ 23 וַיִּשָּׂא מְשָׁלוֹ
וַיֹּאמַר אוֹי מִי יִחְיֶה מִשֻּׂמוֹ אֵל׃ 24 וְצִים
מִיַּד כִּתִּים וְעִנּוּ אַשּׁוּר וְעִנּוּ־עֵבֶר וְגַם־הוּא
עֲדֵי אֹבֵד׃ 25 וַיָּקָם בִּלְעָם וַיֵּלֶךְ וַיָּשָׁב
לִמְקֹמוֹ וְגַם־בָּלָק הָלַךְ לְדַרְכּוֹ׃ פ

pierce them through with his arrows. / [9] He couched, he lay down as a lion, / And as a lioness; who shall rouse him up? / Blessed be every one that blesseth thee, / And cursed be every one that curseth thee. [10] And Balak's anger was kindled against Balaam, and he smote his hands together; and Balak said unto Balaam: 'I called thee to curse mine enemies, and, behold, thou hast altogether blessed them these three times. [11] Therefore now flee thou to thy place; I thought to promote thee unto great honour; but, lo, the LORD hath kept thee back from honour.' [2] And Balaam said unto Balak: 'Spoke I not also to thy messengers that thou didst send unto me, saying: [13] If Balak would give me his house full of silver and gold, I cannot go beyond the word of the LORD, to do either good or bad of mine own mind; what the LORD speaketh, that will I speak? [14] And now, behold, I go unto my people; come, and I will announce to thee what this people shall do to thy people in the end of days.' [15] And he took up his parable, and said: The saying of Balaam the son of Beor, / And the saying of the man whose eye is opened; / [16] The saying of him who heareth the words of God, / And knoweth the knowledge of the Most High, / Who seeth the vision of the Almighty, / Fallen down, yet with opened eyes: / [17] I see him, but not now; / I behold him, but not nigh; / There shall step forth a star out of Jacob, / And a sceptre shall rise out of Israel, / And shall smite through the corners of Moab, / And break down all the sons of Seth. / [18] And Edom shall be a possession, / Seir also, even his enemies, shall be a possession; / While Israel doeth valiantly. / [19] And out of Jacob shall one have dominion, / And shall destroy the remnant from the city. [20] And he looked on Amalek, and took up his parable, and said: Amalek was the first of the nations; / But his end shall come to destruction. [21] And he looked on the Kenite, and took up his parable, and said: Though firm be thy dwelling-place. / And though thy nest be set in the rock; / [22] Nevertheless Kain shall be wasted; / How long? Asshur shall carry thee away captive. [23] And he took up his parable, and said: Alas, who shall live after God hath appointed him? / [24] But ships shall come from the coast of Kittim, / And they shall afflict Asshur, and shall afflict Eber, / And he also shall come to destruction. [25] And Balaam rose up, and went and returned to his place; and Balak also went his way.

25 And Israel abode in Shittim, and the people began to commit harlotry with the daughters of Moab. [2] And they called the people unto the sacrifices of their gods; and the people did eat, and bowed down to their gods. [3] And Israel joined himself unto the Baal of Peor; and the anger of the LORD was kindled against Israel. [4] And the LORD said unto Moses: 'Take all the chiefs of the people, and hang them up unto the LORD in face of the sun, that the fierce anger of the LORD may turn away from Israel.' [5] And Moses said unto the judges of Israel: 'Slay ye every one his men that have joined themselves unto the Baal of Peor.' [6] And, behold, one of the children of Israel came and brought unto his brethren a Midianitish woman in the sight of Moses, and in the sight of all the congregation of the children of Israel, while they were weeping at the door of the tent of meeting. [7] And when Phinehas, the son of Eleazar, the son of Aaron the priest, saw it, he rose up from the midst of the congregation, and took a spear in his hand. [8] And he went after the man of Israel into the chamber, and thrust both of them through, the man of Israel, and the woman through her belly. So the plague was stayed from the children of Israel. [9] And those that died by the plague were twenty and four thousand.

25 וַיֵּשֶׁב יִשְׂרָאֵל בַּשִּׁטִּים וַיָּחֶל הָעָם
לִזְנוֹת אֶל־בְּנוֹת מוֹאָב׃ 2 וַתִּקְרֶאןָ לָעָם
לְזִבְחֵי אֱלֹהֵיהֶן וַיֹּאכַל הָעָם וַיִּשְׁתַּחֲווּ
לֵאלֹהֵיהֶן׃ 3 וַיִּצָּמֶד יִשְׂרָאֵל לְבַעַל פְּעוֹר
וַיִּחַר־אַף יְהוָה בְּיִשְׂרָאֵל׃ 4 וַיֹּאמֶר יְהוָה
אֶל־מֹשֶׁה קַח אֶת־כָּל־רָאשֵׁי הָעָם וְהוֹקַע
אוֹתָם לַיהוָה נֶגֶד הַשָּׁמֶשׁ וְיָשֹׁב חֲרוֹן
אַף־יְהוָה מִיִּשְׂרָאֵל׃ 5 וַיֹּאמֶר מֹשֶׁה אֶל־
שֹׁפְטֵי יִשְׂרָאֵל הִרְגוּ אִישׁ אֲנָשָׁיו
הַנִּצְמָדִים לְבַעַל פְּעוֹר׃ 6 וְהִנֵּה אִישׁ מִבְּנֵי
יִשְׂרָאֵל בָּא וַיַּקְרֵב אֶל־אֶחָיו אֶת־
הַמִּדְיָנִית לְעֵינֵי מֹשֶׁה וּלְעֵינֵי כָּל־עֲדַת
בְּנֵי־יִשְׂרָאֵל וְהֵמָּה בֹכִים פֶּתַח אֹהֶל
מוֹעֵד׃ 7 וַיַּרְא פִּינְחָס בֶּן־אֶלְעָזָר בֶּן־אַהֲרֹן
הַכֹּהֵן וַיָּקָם מִתּוֹךְ הָעֵדָה וַיִּקַּח רֹמַח בְּיָדוֹ׃
8 וַיָּבֹא אַחַר אִישׁ־יִשְׂרָאֵל אֶל־הַקֻּבָּה
וַיִּדְקֹר אֶת־שְׁנֵיהֶם אֵת אִישׁ יִשְׂרָאֵל וְאֶת־
הָאִשָּׁה אֶל־קֳבָתָהּ וַתֵּעָצַר הַמַּגֵּפָה מֵעַל
בְּנֵי יִשְׂרָאֵל׃ 9 וַיִּהְיוּ הַמֵּתִים בַּמַּגֵּפָה
אַרְבָּעָה וְעֶשְׂרִים אָלֶף׃ פ

PINKHAS

[10] And the LORD spoke unto Moses, saying: [11] 'Phinehas, the son of Eleazar, the son of Aaron the priest, hath turned My wrath away from the children of Israel, in that he was very jealous for My sake among them, so that I consumed not the children of Israel in My jealousy. [12] Wherefore say: Behold, I give unto him My covenant of peace; [13] and it shall be unto him, and to his seed after him, the covenant of an everlasting priesthood; because he was jealous for his God, and made atonement for the children of Israel.' [14] Now the name of the man of Israel that was slain, who was slain with the Midianitish woman, was Zimri, the son of Salu, a prince of a fathers' house among the Simeonites. [15] And the name of the Midianitish woman

פינחס

10 וַיְדַבֵּר יְהוָה אֶל־מֹשֶׁה לֵּאמֹר׃ 11 פִּינְחָס
בֶּן־אֶלְעָזָר בֶּן־אַהֲרֹן הַכֹּהֵן הֵשִׁיב אֶת־
חֲמָתִי מֵעַל בְּנֵי־יִשְׂרָאֵל בְּקַנְאוֹ אֶת־
קִנְאָתִי בְּתוֹכָם וְלֹא־כִלִּיתִי אֶת־בְּנֵי־
יִשְׂרָאֵל בְּקִנְאָתִי׃ 12 לָכֵן אֱמֹר הִנְנִי נֹתֵן
לוֹ אֶת־בְּרִיתִי שָׁלוֹם׃ 13 וְהָיְתָה לּוֹ וּלְזַרְעוֹ
אַחֲרָיו בְּרִית כְּהֻנַּת עוֹלָם תַּחַת אֲשֶׁר
קִנֵּא לֵאלֹהָיו וַיְכַפֵּר עַל־בְּנֵי יִשְׂרָאֵל׃
14 וְשֵׁם אִישׁ יִשְׂרָאֵל הַמֻּכֶּה אֲשֶׁר הֻכָּה
אֶת־הַמִּדְיָנִית זִמְרִי בֶּן־סָלוּא נְשִׂיא בֵית־
אָב לַשִּׁמְעֹנִי׃ 15 וְשֵׁם הָאִשָּׁה הַמֻּכָּה

that was slain was Cozbi, the daughter of Zur; he was head of the people of a fathers' house in Midian.

[16] And the LORD spoke unto Moses, saying: [17] 'Harass the Midianites, and smite them; [18] for they harass you, by their wiles wherewith they have beguiled you in the matter of Peor, and in the matter of Cozbi, the daughter of the prince of Midian, their sister, who was slain on the day of the plague in the matter of Peor.'

[19] And it came to pass after the plague,

26

[1] that the LORD spoke unto Moses and unto Eleazar the son of Aaron the priest, saying: [2] 'Take the sum of all the congregation of the children of Israel, from twenty years old and upward, by their fathers' houses, all that are able to go forth to war in Israel.' [3] And Moses and Eleazar the priest spoke with them in the plains of Moab by the Jordan at Jericho, saying: [4] '[Take the sum of the people,] from twenty years old and upward, as the LORD commanded Moses and the children of Israel, that came forth out of the land of Egypt.'

[5] Reuben, the first-born of Israel the sons of Reuben: of Hanoch, the family of the Hanochites; of Pallu, the family of the Palluites; [6] of Hezron, the family of the Hezronites; of Carmi, the family of the Carmites. [7] These are the families of the Reubenites; and they that were numbered of them were forty and three thousand and seven hundred and thirty. [8] And the sons of Pallu: Eliab. [9] And the sons of Eliab: Nemuel, and Dathan, and Abiram. These are that Dathan and Abiram, the elect of the congregation, who strove against Moses and against Aaron in the company of Korah, when they strove against the LORD; [10] and the earth opened her mouth, and swallowed them up together with Korah, when that company died; what time the fire devoured two hundred and fifty men, and they became a sign. [11] Notwithstanding the sons of Korah died not.

[12] The sons of Simeon after their families: of Nemuel, the family of the Nemuelites; of Jamin, the family of the Jaminites; of Jachin, the family of the Jachinites; [13] of Zerah, the

הַמִּדְיָנִית כָּזְבִּי בַת־צוּר רֹאשׁ אֻמּוֹת בֵּית־
אָב בְּמִדְיָן הוּא׃ פ
16 וַיְדַבֵּר יְהוָה אֶל־מֹשֶׁה לֵּאמֹר׃ 17 צָרוֹר
אֶת־הַמִּדְיָנִים וְהִכִּיתֶם אוֹתָם׃ 18 כִּי
צֹרְרִים הֵם לָכֶם בְּנִכְלֵיהֶם אֲשֶׁר־נִכְּלוּ
לָכֶם עַל־דְּבַר־פְּעוֹר וְעַל־דְּבַר כָּזְבִּי בַת־
נְשִׂיא מִדְיָן אֲחֹתָם הַמֻּכָּה בְיוֹם־הַמַּגֵּפָה
עַל־דְּבַר־פְּעוֹר׃ 19 וַיְהִי אַחֲרֵי הַמַּגֵּפָה פ
26 וַיֹּאמֶר יְהוָה אֶל־מֹשֶׁה וְאֶל אֶלְעָזָר
בֶּן־אַהֲרֹן הַכֹּהֵן לֵאמֹר׃ 2 שְׂאוּ אֶת־רֹאשׁ ׀
כָּל־עֲדַת בְּנֵי־יִשְׂרָאֵל מִבֶּן עֶשְׂרִים שָׁנָה
וָמַעְלָה לְבֵית אֲבֹתָם כָּל־יֹצֵא צָבָא
בְּיִשְׂרָאֵל׃ 3 וַיְדַבֵּר מֹשֶׁה וְאֶלְעָזָר הַכֹּהֵן
אֹתָם בְּעַרְבֹת מוֹאָב עַל־יַרְדֵּן יְרֵחוֹ
לֵאמֹר׃ 4 מִבֶּן עֶשְׂרִים שָׁנָה וָמָעְלָה כַּאֲשֶׁר
צִוָּה יְהוָה אֶת־מֹשֶׁה וּבְנֵי יִשְׂרָאֵל
הַיֹּצְאִים מֵאֶרֶץ מִצְרָיִם׃ 5 רְאוּבֵן בְּכוֹר
יִשְׂרָאֵל בְּנֵי רְאוּבֵן חֲנוֹךְ מִשְׁפַּחַת הַחֲנֹכִי
לְפַלּוּא מִשְׁפַּחַת הַפַּלֻּאִי׃ 6 לְחֶצְרֹן
מִשְׁפַּחַת הַחֶצְרוֹנִי לְכַרְמִי מִשְׁפַּחַת
הַכַּרְמִי׃ 7 אֵלֶּה מִשְׁפְּחֹת הָרְאוּבֵנִי וַיִּהְיוּ
פְקֻדֵיהֶם שְׁלֹשָׁה וְאַרְבָּעִים אֶלֶף וּשְׁבַע
מֵאוֹת וּשְׁלֹשִׁים׃ 8 וּבְנֵי פַלּוּא אֱלִיאָב׃
9 וּבְנֵי אֱלִיאָב נְמוּאֵל וְדָתָן וַאֲבִירָם הוּא־
דָתָן וַאֲבִירָם קרואי קְרִיאֵי הָעֵדָה אֲשֶׁר
הִצּוּ עַל־מֹשֶׁה וְעַל־אַהֲרֹן בַּעֲדַת־קֹרַח
בְּהַצֹּתָם עַל־יְהוָה׃ 10 וַתִּפְתַּח הָאָרֶץ
אֶת־פִּיהָ וַתִּבְלַע אֹתָם וְאֶת־קֹרַח בְּמוֹת
הָעֵדָה בַּאֲכֹל הָאֵשׁ אֵת חֲמִשִּׁים וּמָאתַיִם
אִישׁ וַיִּהְיוּ לְנֵס׃ 11 וּבְנֵי־קֹרַח
לֹא־מֵתוּ׃ ס 12 בְּנֵי שִׁמְעוֹן
לְמִשְׁפְּחֹתָם לִנְמוּאֵל מִשְׁפַּחַת הַנְּמוּאֵלִי
לְיָמִין מִשְׁפַּחַת הַיָּמִינִי לְיָכִין מִשְׁפַּחַת

family of the Zerahites; of Shaul, the family of the Shaulites. [14] These are the families of the Simeonites, twenty and two thousand and two hundred.

[15] The sons of Gad after their families: of Zephon, the family of the Zephonites; of Haggi, the family of the Haggites; of Shuni, the family of the Shunites; [16] of Ozni, the family of the Oznites; of Eri, the family of the Erites; [17] of Arod, the family of the Arodites; of Areli, the family of the Arelites. [18] These are the families of the sons of Gad according to those that were numbered of them, forty thousand and five hundred.

[19] The sons of Judah: Er and Onan; and Er and Onan died in the land of Canaan. [20] And the sons of Judah after their families were: of Shelah, the family of the Shelanites; of Perez, the family of the Perezites; of Zerah, the family of the Zerahites. [21] And the sons of Perez were: of Hezron, the family of the Hezronites; of Hamul, the family of the Hamulites. [22] These are the families of Judah according to those that were numbered of them, threescore and sixteen thousand and five hundred.

[23] The sons of Issachar after their families: of Tola, the family of the Tolaites; of Puvah, the family of the Punites; [24] of Jashub, the family of the Jashubites; of Shimron, the family of the Shimronites. [25] These are the families of Issachar according to those that were numbered of them, threescore and four thousand and three hundred.

[26] The sons of Zebulun after their families: of Sered, the family of the Seredites; of Elon, the family of the Elonites; of Jahleel, the family of the Jahleelites. [27] These are the families of the Zebulunites according to those that were numbered of them, threescore thousand and five hundred.

[28] The sons of Joseph after their families: Manasseh and Ephraim. [29] The sons of Manasseh of Machir, the family of the Machirites—and Machir begot Gilead; of Gilead, the family of the Gileadites. [30] These are the

הַיָּכִינִי: 13 לְזֶרַח מִשְׁפַּחַת הַזַּרְחִי לְשָׁאוּל
מִשְׁפַּחַת הַשָּׁאוּלִי: 14 אֵלֶּה מִשְׁפְּחֹת
הַשִּׁמְעֹנִי שְׁנַיִם וְעֶשְׂרִים אֶלֶף
וּמָאתָיִם: ס 15 בְּנֵי גָד לְמִשְׁפְּחֹתָם
לִצְפוֹן מִשְׁפַּחַת הַצְּפוֹנִי לְחַגִּי מִשְׁפַּחַת
הַחַגִּי לְשׁוּנִי מִשְׁפַּחַת הַשּׁוּנִי: 16 לְאָזְנִי
מִשְׁפַּחַת הָאָזְנִי לְעֵרִי מִשְׁפַּחַת הָעֵרִי:
17 לַאֲרוֹד מִשְׁפַּחַת הָאֲרוֹדִי לְאַרְאֵלִי
מִשְׁפַּחַת הָאַרְאֵלִי: 18 אֵלֶּה מִשְׁפְּחֹת בְּנֵי־
גָד לִפְקֻדֵיהֶם אַרְבָּעִים אֶלֶף וַחֲמֵשׁ
מֵאוֹת: ס 19 בְּנֵי יְהוּדָה עֵר וְאוֹנָן
וַיָּמָת עֵר וְאוֹנָן בְּאֶרֶץ כְּנָעַן: 20 וַיִּהְיוּ
בְנֵי־יְהוּדָה לְמִשְׁפְּחֹתָם לְשֵׁלָה מִשְׁפַּחַת
הַשֵּׁלָנִי לְפֶרֶץ מִשְׁפַּחַת הַפַּרְצִי לְזֶרַח
מִשְׁפַּחַת הַזַּרְחִי: 21 וַיִּהְיוּ בְנֵי־פֶרֶץ
לְחֶצְרֹן מִשְׁפַּחַת הַחֶצְרֹנִי לְחָמוּל
מִשְׁפַּחַת הֶחָמוּלִי: 22 אֵלֶּה מִשְׁפְּחֹת
יְהוּדָה לִפְקֻדֵיהֶם שִׁשָּׁה וְשִׁבְעִים אֶלֶף
וַחֲמֵשׁ מֵאוֹת: ס 23 בְּנֵי יִשָּׂשכָר
לְמִשְׁפְּחֹתָם תּוֹלָע מִשְׁפַּחַת הַתּוֹלָעִי
לְפֻוָה מִשְׁפַּחַת הַפּוּנִי: 24 לְיָשׁוּב מִשְׁפַּחַת
הַיָּשֻׁבִי לְשִׁמְרֹן מִשְׁפַּחַת הַשִּׁמְרֹנִי:
25 אֵלֶּה מִשְׁפְּחֹת יִשָּׂשכָר לִפְקֻדֵיהֶם
אַרְבָּעָה וְשִׁשִּׁים אֶלֶף וּשְׁלֹשׁ מֵאוֹת: ס
26 בְּנֵי זְבוּלֻן לְמִשְׁפְּחֹתָם לְסֶרֶד
מִשְׁפַּחַת הַסַּרְדִּי לְאֵלוֹן מִשְׁפַּחַת הָאֵלֹנִי
לְיַחְלְאֵל מִשְׁפַּחַת הַיַּחְלְאֵלִי: 27 אֵלֶּה
מִשְׁפְּחֹת הַזְּבוּלֹנִי לִפְקֻדֵיהֶם שִׁשִּׁים אֶלֶף
וַחֲמֵשׁ מֵאוֹת: ס 28 בְּנֵי יוֹסֵף
לְמִשְׁפְּחֹתָם מְנַשֶּׁה וְאֶפְרָיִם: 29 בְּנֵי מְנַשֶּׁה
לְמָכִיר מִשְׁפַּחַת הַמָּכִירִי וּמָכִיר הוֹלִיד
אֶת־גִּלְעָד לְגִלְעָד מִשְׁפַּחַת הַגִּלְעָדִי:
30 אֵלֶּה בְּנֵי גִלְעָד אִיעֶזֶר מִשְׁפַּחַת

sons of Gilead: of Iezer, the family of the Iezerites; of Helek, the family of the Helekites; [31] and of Asriel, the family of the Asrielites; and of Shechem, the family of the Shechemites; [32] and of Shemida, the family of the Shemidaites; and of Hepher, the family of the Hepherites. [33] And Zelophehad the son of Hepher had no sons, but daughters; and the names of the daughters of Zelophehad were Mahlah, and Noah, Hoglah, Milcah, and Tirzah. [34] These are the families of Manasseh; and they that were numbered of them were fifty and two thousand and seven hundred.

[35] These are the sons of Ephraim after their families: of Shuthelah, the family of the Shuthelahites; of Becher, the family of the Becherites; of Tahan, the family of the Tahanites. [36] And these are the sons of Shuthelah: of Eran, the family of the Eranites. [37] These are the families of the sons of Ephraim according to those that were numbered of them, thirty and two thousand and five hundred. These are the sons of Joseph after their families.

[38] The sons of Benjamin after their families: of Bela, the family of the Belaites; of Ashbel, the family of the Ashbelites; of Ahiram, the family of the Ahiramites; [39] of Shephupham, the family of the Shuphamites; of Hupham, the family of the Huphamites. [40] And the sons of Bela were Ard and Naaman; [of Ard,] the family of the Ardites; of Naaman, the family of the Naamites. [41] These are the sons of Benjamin after their families; and they that were numbered of them were forty and five thousand and six hundred.

[42] These are the sons of Dan after their families: of Shuham, the family of the Shuhamites. These are the families of Dan after their families. [43] All the families of the Shuhamites, according to those that were numbered of them, were threescore and four thousand and four hundred.

[44] The sons of Asher after their families: of Imnah, the family of the Imnites; of Ishvi, the family of the Ishvites; of Beriah, the family of the Beriites. [45] Of the sons of Beriah: of Heber, the family of the Heberites; of Malchiel, the family of the Malchielites. [46] And the name of the

הָאִיעֶזְרִי לְחֵלֶק מִשְׁפַּחַת הַחֶלְקִי׃
31 וְאַשְׂרִיאֵל מִשְׁפַּחַת הָאַשְׂרְאֵלִי וְשֶׁכֶם
מִשְׁפַּחַת הַשִּׁכְמִי׃ 32 וּשְׁמִידָע מִשְׁפַּחַת
הַשְּׁמִידָעִי וְחֵפֶר מִשְׁפַּחַת הַחֶפְרִי׃
33 וּצְלָפְחָד בֶּן־חֵפֶר לֹא־הָיוּ לוֹ בָּנִים כִּי
אִם־בָּנוֹת וְשֵׁם בְּנוֹת צְלָפְחָד מַחְלָה וְנֹעָה
חָגְלָה מִלְכָּה וְתִרְצָה׃ 34 אֵלֶּה מִשְׁפְּחֹת
מְנַשֶּׁה וּפְקֻדֵיהֶם שְׁנַיִם וַחֲמִשִּׁים אֶלֶף
וּשְׁבַע מֵאוֹת׃ ס 35 אֵלֶּה בְנֵי־אֶפְרַיִם
לְמִשְׁפְּחֹתָם לְשׁוּתֶלַח מִשְׁפַּחַת הַשֻּׁתַלְחִי
לְבֶכֶר מִשְׁפַּחַת הַבַּכְרִי לְתַחַן מִשְׁפַּחַת
הַתַּחֲנִי׃ 36 וְאֵלֶּה בְּנֵי שׁוּתָלַח לְעֵרָן
מִשְׁפַּחַת הָעֵרָנִי׃ 37 אֵלֶּה מִשְׁפְּחֹת בְּנֵי־
אֶפְרַיִם לִפְקֻדֵיהֶם שְׁנַיִם וּשְׁלֹשִׁים אֶלֶף
וַחֲמֵשׁ מֵאוֹת אֵלֶּה בְנֵי־יוֹסֵף
לְמִשְׁפְּחֹתָם׃ ס 38 בְּנֵי בִנְיָמִן
לְמִשְׁפְּחֹתָם לְבֶלַע מִשְׁפַּחַת הַבַּלְעִי
לְאַשְׁבֵּל מִשְׁפַּחַת הָאַשְׁבֵּלִי לַאֲחִירָם
מִשְׁפַּחַת הָאֲחִירָמִי׃ 39 לִשְׁפוּפָם מִשְׁפַּחַת
הַשּׁוּפָמִי לְחוּפָם מִשְׁפַּחַת הַחוּפָמִי׃
40 וַיִּהְיוּ בְנֵי־בֶלַע אַרְדְּ וְנַעֲמָן מִשְׁפַּחַת
הָאַרְדִּי לְנַעֲמָן מִשְׁפַּחַת הַנַּעֲמִי׃ 41 אֵלֶּה
בְנֵי־בִנְיָמִן לְמִשְׁפְּחֹתָם וּפְקֻדֵיהֶם חֲמִשָּׁה
וְאַרְבָּעִים אֶלֶף וְשֵׁשׁ מֵאוֹת׃ ס
42 אֵלֶּה בְנֵי־דָן לְמִשְׁפְּחֹתָם לְשׁוּחָם
מִשְׁפַּחַת הַשּׁוּחָמִי אֵלֶּה מִשְׁפְּחֹת דָּן
לְמִשְׁפְּחֹתָם׃ 43 כָּל־מִשְׁפְּחֹת הַשּׁוּחָמִי
לִפְקֻדֵיהֶם אַרְבָּעָה וְשִׁשִּׁים אֶלֶף וְאַרְבַּע
מֵאוֹת׃ ס 44 בְּנֵי אָשֵׁר לְמִשְׁפְּחֹתָם
לְיִמְנָה מִשְׁפַּחַת הַיִּמְנָה לְיִשְׁוִי מִשְׁפַּחַת
הַיִּשְׁוִי לִבְרִיעָה מִשְׁפַּחַת הַבְּרִיעִי׃ 45 לִבְנֵי
בְרִיעָה לְחֶבֶר מִשְׁפַּחַת הַחֶבְרִי לְמַלְכִּיאֵל
מִשְׁפַּחַת הַמַּלְכִּיאֵלִי׃ 46 וְשֵׁם בַּת־אָשֵׁר

daughter of Asher was Serah. [47] These are the families of the sons of Asher according to those that were numbered of them, fifty and three thousand and four hundred.

[48] The sons of Naphtali after their families: of Jahzeel, the family of the Jahzeelites; of Guni, the family of the Gunites; [49] of Jezer, the family of the Jezerites; of Shillem, the family of the Shillemites. [50] These are the families of Naphtali according to their families; and they that were numbered of them were forty and five thousand and four hundred.

[51] These are they that were numbered of the children of Israel, six hundred thousand and a thousand and seven hundred and thirty.

[52] And the LORD spoke unto Moses, saying: [53] 'Unto these the land shall be divided for an inheritance according to the number of names. [54] To the more thou shalt give the more inheritance, and to the fewer thou shalt give the less inheritance; to each one according to those that were numbered of it shall its inheritance be given. [55] Notwithstanding the land shall be divided by lot; according to the names of the tribes of their fathers they shall inherit. [56] According to the lot shall their inheritance be divided between the more and the fewer.'

[57] And these are they that were numbered of the Levites after their families: of Gershon, the family of the Gershonites; of Kohath, the family of the Kohathites; of Merari, the family of the Merarites. [58] These are the families of Levi: the family of the Libnites, the family of the Hebronites, the family of the Mahlites, the family of the Mushites, the family of the Korahites. And Kohath begot Amram. [59] And the name of Amram's wife was Jochebed, the daughter of Levi, who was born to Levi in Egypt; and she bore unto Amram Aaron and Moses, and Miriam their sister. [60] And unto Aaron were born Nadab and Abihu, Eleazar and Ithamar. [61] And Nadab and Abihu died, when they offered strange fire before the LORD. [62] And they that were numbered of them were twenty and three thousand, every male from a month old and upward; for they were not numbered among the children of Israel, because there was no inheritance given them among the children of Israel.

שָׂרַח׃ 47 אֵלֶּה מִשְׁפְּחֹת בְּנֵי־אָשֵׁר
לִפְקֻדֵיהֶם שְׁלֹשָׁה וַחֲמִשִּׁים אֶלֶף וְאַרְבַּע
מֵאוֹת׃ ס 48 בְּנֵי נַפְתָּלִי לְמִשְׁפְּחֹתָם
לְיַחְצְאֵל מִשְׁפַּחַת הַיַּחְצְאֵלִי לְגוּנִי
מִשְׁפַּחַת הַגּוּנִי׃ 49 לְיֵצֶר מִשְׁפַּחַת הַיִּצְרִי
לְשִׁלֵּם מִשְׁפַּחַת הַשִּׁלֵּמִי׃ 50 אֵלֶּה
מִשְׁפְּחֹת נַפְתָּלִי לְמִשְׁפְּחֹתָם וּפְקֻדֵיהֶם
חֲמִשָּׁה וְאַרְבָּעִים אֶלֶף וְאַרְבַּע מֵאוֹת׃
51 אֵלֶּה פְּקוּדֵי בְּנֵי יִשְׂרָאֵל שֵׁשׁ־מֵאוֹת אֶלֶף
וָאָלֶף שְׁבַע מֵאוֹת וּשְׁלֹשִׁים׃ פ
52 וַיְדַבֵּר יְהוָה אֶל־מֹשֶׁה לֵּאמֹר׃ 53 לָאֵלֶּה
תֵּחָלֵק הָאָרֶץ בְּנַחֲלָה בְּמִסְפַּר שֵׁמוֹת׃
54 לָרַב תַּרְבֶּה נַחֲלָתוֹ וְלַמְעַט תַּמְעִיט
נַחֲלָתוֹ אִישׁ לְפִי פְקֻדָיו יֻתַּן נַחֲלָתוֹ׃
55 אַךְ־בְּגוֹרָל יֵחָלֵק אֶת־הָאָרֶץ לִשְׁמוֹת
מַטּוֹת־אֲבֹתָם יִנְחָלוּ׃ 56 עַל־פִּי הַגּוֹרָל
תֵּחָלֵק נַחֲלָתוֹ בֵּין רַב לִמְעָט׃ ס
57 וְאֵלֶּה פְקוּדֵי הַלֵּוִי לְמִשְׁפְּחֹתָם
לְגֵרְשׁוֹן מִשְׁפַּחַת הַגֵּרְשֻׁנִּי לִקְהָת
מִשְׁפַּחַת הַקְּהָתִי לִמְרָרִי מִשְׁפַּחַת
הַמְּרָרִי׃ 58 אֵלֶּה ׀ מִשְׁפְּחֹת לֵוִי מִשְׁפַּחַת
הַלִּבְנִי מִשְׁפַּחַת הַחֶבְרֹנִי מִשְׁפַּחַת
הַמַּחְלִי מִשְׁפַּחַת הַמּוּשִׁי מִשְׁפַּחַת הַקָּרְחִי
וּקְהָת הוֹלִד אֶת־עַמְרָם׃ 59 וְשֵׁם ׀ אֵשֶׁת
עַמְרָם יוֹכֶבֶד בַּת־לֵוִי אֲשֶׁר יָלְדָה אֹתָהּ
לְלֵוִי בְּמִצְרָיִם וַתֵּלֶד לְעַמְרָם אֶת־אַהֲרֹן
וְאֶת־מֹשֶׁה וְאֵת מִרְיָם אֲחֹתָם׃ 60 וַיִּוָּלֵד
לְאַהֲרֹן אֶת־נָדָב וְאֶת־אֲבִיהוּא אֶת־
אֶלְעָזָר וְאֶת־אִיתָמָר׃ 61 וַיָּמָת נָדָב
וַאֲבִיהוּא בְּהַקְרִיבָם אֵשׁ־זָרָה לִפְנֵי יְהוָה׃
62 וַיִּהְיוּ פְקֻדֵיהֶם שְׁלֹשָׁה וְעֶשְׂרִים אֶלֶף
כָּל־זָכָר מִבֶּן־חֹדֶשׁ וָמָעְלָה כִּי ׀ לֹא
הָתְפָּקְדוּ בְּתוֹךְ בְּנֵי יִשְׂרָאֵל כִּי לֹא־נִתַּן

[63] These are they that were numbered by Moses and Eleazar the priest, who numbered the children of Israel in the plains of Moab by the Jordan at Jericho. [64] But among these there was not a man of them that were numbered by Moses and Aaron the priest, who numbered the children of Israel in the wilderness of Sinai. [65] For the LORD had said of them: 'They shall surely die in the wilderness.' And there was not left a man of them, save Caleb the son of Jephunneh, and Joshua the son of Nun.

27 Then drew near the daughters of Zelophehad, the son of Hepher, the son of Gilead, the son of Machir, the son of Manasseh, of the families of Manasseh the son of Joseph; and these are the names of his daughters: Mahlah, Noah, and Hoglah, and Milcah, and Tirzah. [2] And they stood before Moses, and before Eleazar the priest, and before the princes and all the congregation, at the door of the tent of meeting, saying: [3] 'Our father died in the wilderness, and he was not among the company of them that gathered themselves together against the LORD in the company of Korah, but he died in his own sin; and he had no sons. [4] Why should the name of our father be done away from among his family, because he had no son? Give unto us a possession among the brethren of our father.' [5] And Moses brought their cause before the LORD. [6] And the LORD spoke unto Moses, saying: [7] 'The daughters of Zelophehad speak right: thou shalt surely give them a possession of an inheritance among their father's brethren; and thou shalt cause the inheritance of their father to pass unto them. [8] And thou shalt speak unto the children of Israel, saying: If a man die, and have no son, then ye shall cause his inheritance to pass unto his daughter. [9] And if he have no daughter, then ye shall give his inheritance unto his brethren. [10] And if he have no brethren, then ye shall give his inheritance unto his father's brethren. [11] And if his father have no brethren, then ye shall give his inheritance unto his kinsman that is next to him of his family, and he shall possess it. And it shall be unto the children of Israel a statute of judgment, as the LORD commanded Moses.'

לָהֶם֙ נַחֲלָ֔ה בְּת֖וֹךְ בְּנֵ֥י יִשְׂרָאֵֽל׃ 63 אֵ֚לֶּה
פְּקוּדֵ֣י מֹשֶׁ֔ה וְאֶלְעָזָ֖ר הַכֹּהֵ֑ן אֲשֶׁ֨ר פָּֽקְד֜וּ
אֶת־בְּנֵ֤י יִשְׂרָאֵל֙ בְּעַֽרְבֹ֣ת מוֹאָ֔ב עַ֖ל יַרְדֵּ֥ן
יְרֵחֽוֹ׃ 64 וּבְאֵ֙לֶּה֙ לֹא־הָ֣יָה אִ֔ישׁ מִפְּקוּדֵ֔י
מֹשֶׁ֖ה וְאַהֲרֹ֣ן הַכֹּהֵ֑ן אֲשֶׁ֥ר פָּֽקְד֛וּ אֶת־בְּנֵ֥י
יִשְׂרָאֵ֖ל בְּמִדְבַּ֥ר סִינָֽי׃ 65 כִּֽי־אָמַ֤ר יְהוָה֙
לָהֶ֔ם מ֥וֹת יָמֻ֖תוּ בַּמִּדְבָּ֑ר וְלֹֽא־נוֹתַ֤ר מֵהֶם֙
אִ֔ישׁ כִּ֚י אִם־כָּלֵ֣ב בֶּן־יְפֻנֶּ֔ה וִיהוֹשֻׁ֖עַ
בִּן־נֽוּן׃ ס **27** וַתִּקְרַ֜בְנָה בְּנ֣וֹת
צְלָפְחָ֗ד בֶּן־חֵ֙פֶר֙ בֶּן־גִּלְעָ֔ד בֶּן־מָכִ֣יר בֶּן־
מְנַשֶּׁ֔ה לְמִשְׁפְּחֹ֖ת מְנַשֶּׁ֣ה בֶן־יוֹסֵ֑ף וְאֵ֙לֶּה֙
שְׁמ֣וֹת בְּנֹתָ֔יו מַחְלָ֣ה נֹעָ֔ה וְחָגְלָ֥ה וּמִלְכָּ֖ה
וְתִרְצָֽה׃ 2 וַתַּעֲמֹ֜דְנָה לִפְנֵ֣י מֹשֶׁ֗ה וְלִפְנֵי֙
אֶלְעָזָ֣ר הַכֹּהֵ֔ן וְלִפְנֵ֥י הַנְּשִׂיאִ֖ם וְכָל־הָעֵדָ֑ה
פֶּ֥תַח אֹֽהֶל־מוֹעֵ֖ד לֵאמֹֽר׃ 3 אָבִ֘ינוּ֮ מֵ֣ת
בַּמִּדְבָּר֒ וְה֨וּא לֹא־הָיָ֜ה בְּת֣וֹךְ הָעֵדָ֗ה
הַנּוֹעָדִ֛ים עַל־יְהוָ֖ה בַּעֲדַת־קֹ֑רַח כִּֽי־
בְחֶטְא֣וֹ מֵ֔ת וּבָנִ֖ים לֹא־הָ֥יוּ לֽוֹ׃ 4 לָ֣מָּה
יִגָּרַ֤ע שֵׁם־אָבִ֙ינוּ֙ מִתּ֣וֹךְ מִשְׁפַּחְתּ֔וֹ כִּ֛י אֵ֥ין
ל֖וֹ בֵּ֑ן תְּנָה־לָּ֣נוּ אֲחֻזָּ֔ה בְּת֖וֹךְ אֲחֵ֥י אָבִֽינוּ׃
5 וַיַּקְרֵ֥ב מֹשֶׁ֛ה אֶת־מִשְׁפָּטָ֖ן לִפְנֵ֥י
יְהוָֽה׃ ס 6 וַיֹּ֥אמֶר יְהוָ֖ה אֶל־מֹשֶׁ֥ה
לֵּאמֹֽר׃ 7 כֵּ֗ן בְּנ֣וֹת צְלָפְחָד֮ דֹּבְרֹת֒ נָתֹ֨ן תִּתֵּ֤ן
לָהֶם֙ אֲחֻזַּ֣ת נַחֲלָ֔ה בְּת֖וֹךְ אֲחֵ֣י אֲבִיהֶ֑ם
וְהַעֲבַרְתָּ֛ אֶת־נַחֲלַ֥ת אֲבִיהֶ֖ן לָהֶֽן׃ 8 וְאֶל־
בְּנֵ֥י יִשְׂרָאֵ֖ל תְּדַבֵּ֣ר לֵאמֹ֑ר אִ֣ישׁ כִּֽי־יָמ֗וּת
וּבֵן֙ אֵ֣ין ל֔וֹ וְהַעֲבַרְתֶּ֥ם אֶת־נַחֲלָת֖וֹ לְבִתּֽוֹ׃
9 וְאִם־אֵ֥ין ל֖וֹ בַּ֑ת וּנְתַתֶּ֥ם אֶת־נַחֲלָת֖וֹ
לְאֶחָֽיו׃ 10 וְאִם־אֵ֥ין ל֖וֹ אַחִ֑ים וּנְתַתֶּ֥ם
אֶת־נַחֲלָת֖וֹ לַאֲחֵ֥י אָבִֽיו׃ 11 וְאִם־אֵ֨ין
אַחִ֜ים לְאָבִ֗יו וּנְתַתֶּ֣ם אֶת־נַחֲלָתוֹ֩ לִשְׁאֵר֙וֹ
הַקָּרֹ֥ב אֵלָ֛יו מִמִּשְׁפַּחְתּ֖וֹ וְיָרַ֣שׁ אֹתָ֑הּ
וְֽהָיְתָ֞ה לִבְנֵ֤י יִשְׂרָאֵל֙ לְחֻקַּ֣ת מִשְׁפָּ֔ט כַּאֲשֶׁ֛ר

[12] And the LORD said unto Moses: 'Get thee up into this mountain of Abarim, and behold the land which I have given unto the children of Israel. [13] And when thou hast seen it, thou also shalt be gathered unto thy people, as Aaron thy brother was gathered; [14] because ye rebelled against My commandment in the wilderness of Zin, in the strife of the congregation, to sanctify Me at the waters before their eyes.'—These are the waters of Meribath-kadesh in the wilderness of Zin.—

[15] And Moses spoke unto the LORD, saying: [16] 'Let the LORD, the God of the spirits of all flesh, set a man over the congregation, [17] who may go out before them, and who may come in before them, and who may lead them out, and who may bring them in; that the congregation of the LORD be not as sheep which have no shepherd.' [18] And the LORD said unto Moses: 'Take thee Joshua the son of Nun, a man in whom is spirit, and lay thy hand upon him; [19] and set him before Eleazar the priest, and before all the congregation; and give him a charge in their sight. [20] And thou shalt put of thy honour upon him, that all the congregation of the children of Israel may hearken. [21] And he shall stand before Eleazar the priest, who shall inquire for him by the judgment of the Urim before the LORD; at his word shall they go out, and at his word they shall come in, both he, and all the children of Israel with him, even all the congregation.' [22] And Moses did as the LORD commanded him; and he took Joshua, and set him before Eleazar the priest, and before all the congregation. [23] And he laid his hands upon him, and gave him a charge, as the LORD spoke by the hand of Moses.

28 And the LORD spoke unto Moses, saying: [2] Command the children of Israel, and say unto them:

My food which is presented unto Me for offerings made by fire, of a sweet savour unto Me, shall ye observe to offer unto Me in its due season. [3] And thou shalt say unto them: This is the offering made by fire which ye shall bring unto the LORD: he-lambs of the first year without

צִוָּה יְהוָה אֶת־מֹשֶׁה׃ ס 12 וַיֹּאמֶר
יְהוָה אֶל־מֹשֶׁה עֲלֵה אֶל־הַר הָעֲבָרִים
הַזֶּה וּרְאֵה אֶת־הָאָרֶץ אֲשֶׁר נָתַתִּי לִבְנֵי
יִשְׂרָאֵל׃ 13 וְרָאִיתָה אֹתָהּ וְנֶאֱסַפְתָּ אֶל־
עַמֶּיךָ גַּם־אָתָּה כַּאֲשֶׁר נֶאֱסַף אַהֲרֹן
אָחִיךָ׃ 14 כַּאֲשֶׁר מְרִיתֶם פִּי בְּמִדְבַּר־צִן
בִּמְרִיבַת הָעֵדָה לְהַקְדִּישֵׁנִי בַמַּיִם
לְעֵינֵיהֶם הֵם מֵי־מְרִיבַת קָדֵשׁ מִדְבַּר־צִן׃
פ
15 וַיְדַבֵּר מֹשֶׁה אֶל־יְהוָה לֵאמֹר׃ 16 יִפְקֹד
יְהוָה אֱלֹהֵי הָרוּחֹת לְכָל־בָּשָׂר אִישׁ עַל־
הָעֵדָה׃ 17 אֲשֶׁר־יֵצֵא לִפְנֵיהֶם וַאֲשֶׁר יָבֹא
לִפְנֵיהֶם וַאֲשֶׁר יוֹצִיאֵם וַאֲשֶׁר יְבִיאֵם וְלֹא
תִהְיֶה עֲדַת יְהוָה כַּצֹּאן אֲשֶׁר אֵין־לָהֶם
רֹעֶה׃ 18 וַיֹּאמֶר יְהוָה אֶל־מֹשֶׁה קַח־לְךָ
אֶת־יְהוֹשֻׁעַ בִּן־נוּן אִישׁ אֲשֶׁר־רוּחַ בּוֹ
וְסָמַכְתָּ אֶת־יָדְךָ עָלָיו׃ 19 וְהַעֲמַדְתָּ אֹתוֹ
לִפְנֵי אֶלְעָזָר הַכֹּהֵן וְלִפְנֵי כָּל־הָעֵדָה
וְצִוִּיתָה אֹתוֹ לְעֵינֵיהֶם׃ 20 וְנָתַתָּה מֵהוֹדְךָ
עָלָיו לְמַעַן יִשְׁמְעוּ כָּל־עֲדַת בְּנֵי יִשְׂרָאֵל׃
21 וְלִפְנֵי אֶלְעָזָר הַכֹּהֵן יַעֲמֹד וְשָׁאַל לוֹ
בְּמִשְׁפַּט הָאוּרִים לִפְנֵי יְהוָה עַל־פִּיו יֵצְאוּ
וְעַל־פִּיו יָבֹאוּ הוּא וְכָל־בְּנֵי־יִשְׂרָאֵל אִתּוֹ
וְכָל־הָעֵדָה׃ 22 וַיַּעַשׂ מֹשֶׁה כַּאֲשֶׁר צִוָּה
יְהוָה אֹתוֹ וַיִּקַּח אֶת־יְהוֹשֻׁעַ וַיַּעֲמִדֵהוּ
לִפְנֵי אֶלְעָזָר הַכֹּהֵן וְלִפְנֵי כָּל־הָעֵדָה׃
23 וַיִּסְמֹךְ אֶת־יָדָיו עָלָיו וַיְצַוֵּהוּ כַּאֲשֶׁר
דִּבֶּר יְהוָה בְּיַד־מֹשֶׁה׃ פ
28 וַיְדַבֵּר יְהוָה אֶל־מֹשֶׁה לֵּאמֹר׃ 2 צַו
אֶת־בְּנֵי יִשְׂרָאֵל וְאָמַרְתָּ אֲלֵהֶם אֶת־
קָרְבָּנִי לַחְמִי לְאִשַּׁי רֵיחַ נִיחֹחִי תִּשְׁמְרוּ
לְהַקְרִיב לִי בְּמוֹעֲדוֹ׃ 3 וְאָמַרְתָּ לָהֶם זֶה
הָאִשֶּׁה אֲשֶׁר תַּקְרִיבוּ לַיהוָה כְּבָשִׂים

בְּנֵי־שָׁנָה תְמִימִם שְׁנַיִם לַיּוֹם עֹלָה תָמִיד׃
4 אֶת־הַכֶּבֶשׂ אֶחָד תַּעֲשֶׂה בַבֹּקֶר וְאֵת
הַכֶּבֶשׂ הַשֵּׁנִי תַּעֲשֶׂה בֵּין הָעַרְבָּיִם׃
5 וַעֲשִׂירִית הָאֵיפָה סֹלֶת לְמִנְחָה בְּלוּלָה
בְּשֶׁמֶן כָּתִית רְבִיעִת הַהִין׃ 6 עֹלַת תָּמִיד
הָעֲשֻׂיָה בְּהַר סִינַי לְרֵיחַ נִיחֹחַ אִשֶּׁה
לַיהוָה׃ 7 וְנִסְכּוֹ רְבִיעִת הַהִין לַכֶּבֶשׂ
הָאֶחָד בַּקֹּדֶשׁ הַסֵּךְ נֶסֶךְ שֵׁכָר לַיהוָה׃
8 וְאֵת הַכֶּבֶשׂ הַשֵּׁנִי תַּעֲשֶׂה בֵּין הָעַרְבָּיִם
כְּמִנְחַת הַבֹּקֶר וּכְנִסְכּוֹ תַּעֲשֶׂה אִשֵּׁה רֵיחַ
נִיחֹחַ לַיהוָה׃ פ
9 וּבְיוֹם הַשַּׁבָּת שְׁנֵי־כְבָשִׂים בְּנֵי־שָׁנָה
תְּמִימִם וּשְׁנֵי עֶשְׂרֹנִים סֹלֶת מִנְחָה
בְּלוּלָה בַשֶּׁמֶן וְנִסְכּוֹ׃ 10 עֹלַת שַׁבַּת
בְּשַׁבַּתּוֹ עַל־עֹלַת הַתָּמִיד וְנִסְכָּהּ׃ ס
11 וּבְרָאשֵׁי חָדְשֵׁיכֶם תַּקְרִיבוּ עֹלָה
לַיהוָה פָּרִים בְּנֵי־בָקָר שְׁנַיִם וְאַיִל אֶחָד
כְּבָשִׂים בְּנֵי־שָׁנָה שִׁבְעָה תְּמִימִם׃
12 וּשְׁלֹשָׁה עֶשְׂרֹנִים סֹלֶת מִנְחָה בְּלוּלָה
בַשֶּׁמֶן לַפָּר הָאֶחָד וּשְׁנֵי עֶשְׂרֹנִים סֹלֶת
מִנְחָה בְּלוּלָה בַשֶּׁמֶן לָאַיִל הָאֶחָד׃
13 וְעִשָּׂרֹן עִשָּׂרוֹן סֹלֶת מִנְחָה בְּלוּלָה
בַשֶּׁמֶן לַכֶּבֶשׂ הָאֶחָד עֹלָה רֵיחַ נִיחֹחַ
אִשֶּׁה לַיהוָה׃ 14 וְנִסְכֵּיהֶם חֲצִי הַהִין
יִהְיֶה לַפָּר וּשְׁלִישִׁת הַהִין לָאַיִל וּרְבִיעִת
הַהִין לַכֶּבֶשׂ יָיִן זֹאת עֹלַת חֹדֶשׁ בְּחָדְשׁוֹ
לְחָדְשֵׁי הַשָּׁנָה׃ 15 וּשְׂעִיר עִזִּים אֶחָד
לְחַטָּאת לַיהוָה עַל־עֹלַת הַתָּמִיד יֵעָשֶׂה
וְנִסְכּוֹ׃ ס 16 וּבַחֹדֶשׁ הָרִאשׁוֹן
בְּאַרְבָּעָה עָשָׂר יוֹם לַחֹדֶשׁ פֶּסַח לַיהוָה׃
17 וּבַחֲמִשָּׁה עָשָׂר יוֹם לַחֹדֶשׁ הַזֶּה חָג
שִׁבְעַת יָמִים מַצּוֹת יֵאָכֵל׃ 18 בַּיּוֹם
הָרִאשׁוֹן מִקְרָא־קֹדֶשׁ כָּל־מְלֶאכֶת עֲבֹדָה

blemish, two day by day, for a continual burnt-offering. [4] The one lamb shalt thou offer in the morning, and the other lamb shalt thou offer at dusk; [5] and the tenth part of an ephah of fine flour for a meal-offering, mingled with the fourth part of a hin of beaten oil. [6] It is a continual burnt-offering, which was offered in mount Sinai, for a sweet savour, an offering made by fire unto the LORD. [7] And the drink-offering thereof shall be the fourth part of a hin for the one lamb; in the holy place shalt thou pour out a drink-offering of strong drink unto the LORD. [8] And the other lamb shalt thou present at dusk; as the meal-offering of the morning, and as the drink-offering thereof, thou shalt present it, an offering made by fire, of a sweet savour unto the LORD.

[9] And on the sabbath day two he-lambs of the first year without blemish, and two tenth parts of an ephah of fine flour for a meal-offering, mingled with oil, and the drink-offering thereof. [10] This is the burnt-offering of every sabbath, beside the continual burnt-offering, and the drink-offering thereof.

[11] And in your new moons ye shall present a burnt-offering unto the LORD: two young bullocks, and one ram, seven he-lambs of the first year without blemish; [12] and three tenth parts of an ephah of fine flour for a meal-offering, mingled with oil, for each bullock; and two tenth parts of fine flour for a meal-offering, mingled with oil, for the one ram; [13] and a several tenth part of fine flour mingled with oil for a meal-offering unto every lamb; for a burnt-offering of a sweet savour, an offering made by fire unto the LORD. [14] And their drink-offerings shall be half a hin of wine for a bullock, and the third part of a hin for the ram, and the fourth part of a hin for a lamb. This is the burnt-offering of every new moon throughout the months of the year. [15] And one he-goat for a sin-offering unto the LORD; it shall be offered beside the continual burnt-offering, and the drink-offering thereof.

[16] And in the first month, on the fourteenth day of the month, is the LORD's passover. [17] And on the fifteenth day of this month shall be a feast; seven days shall unleavened bread be eaten. [18] In the first day shall be a holy convocation;

ye shall do no manner of servile work; [19] but ye shall present an offering made by fire, a burnt-offering unto the LORD: two young bullocks, and one ram, and seven he-lambs of the first year; they shall be unto you without blemish; [20] and their meal-offering, fine flour mingled with oil; three tenth parts shall ye offer for a bullock, and two tenth parts for the ram; [21] a several tenth part shalt thou offer for every lamb of the seven lambs; [22] and one he-goat for a sin-offering, to make atonement for you. [23] Ye shall offer these beside the burnt-offering of the morning, which is for a continual burnt-offering. [24] After this manner ye shall offer daily, for seven days, the food of the offering made by fire, of a sweet savour unto the LORD; it shall be offered beside the continual burnt-offering, and the drink-offering thereof. [25] And on the seventh day ye shall have a holy convocation; ye shall do no manner of servile work.

[26] Also in the day of the first-fruits, when ye bring a new meal-offering unto the LORD in your feast of weeks, ye shall have a holy convocation: ye shall do no manner of servile work; [27] but ye shall present a burnt-offering for a sweet savour unto the LORD: two young bullocks, one ram, seven he-lambs of the first year; [28] and their meal-offering, fine flour mingled with oil, three tenth parts for each bullock, two tenth parts for the one ram, [29] a several tenth part for every lamb of the seven lambs; [30] one he-goat, to make atonement for you. [31] Beside the continual burnt-offering, and the meal-offering thereof, ye shall offer them—they shall be unto you without blemish—and their drink-offerings.

29 And in the seventh month, on the first day of the month, ye shall have a holy convocation: ye shall do no manner of servile work; it is a day of blowing the horn unto you. [2] And ye shall prepare a burnt-offering for a sweet savour unto the LORD, one young bullock, one ram, seven he-lambs of the first year without blemish; [3] and their meal-offering, fine flour mingled with oil, three tenth parts for the

לֹא תַעֲשׂוּ׃ 19 וְהִקְרַבְתֶּם אִשֶּׁה עֹלָה
לַיהוָה פָּרִים בְּנֵי־בָקָר שְׁנַיִם וְאַיִל אֶחָד
וְשִׁבְעָה כְבָשִׂים בְּנֵי שָׁנָה תְּמִימִם יִהְיוּ
לָכֶם׃ 20 וּמִנְחָתָם סֹלֶת בְּלוּלָה בַשָּׁמֶן
שְׁלֹשָׁה עֶשְׂרֹנִים לַפָּר וּשְׁנֵי עֶשְׂרֹנִים לָאַיִל
תַּעֲשׂוּ׃ 21 עִשָּׂרוֹן עִשָּׂרוֹן תַּעֲשֶׂה לַכֶּבֶשׂ
הָאֶחָד לְשִׁבְעַת הַכְּבָשִׂים׃ 22 וּשְׂעִיר
חַטָּאת אֶחָד לְכַפֵּר עֲלֵיכֶם׃ 23 מִלְּבַד עֹלַת
הַבֹּקֶר אֲשֶׁר לְעֹלַת הַתָּמִיד תַּעֲשׂוּ אֶת־
אֵלֶּה׃ 24 כָּאֵלֶּה תַּעֲשׂוּ לַיּוֹם שִׁבְעַת יָמִים
לֶחֶם אִשֵּׁה רֵיחַ־נִיחֹחַ לַיהוָה עַל־עוֹלַת
הַתָּמִיד יֵעָשֶׂה וְנִסְכּוֹ׃ 25 וּבַיּוֹם הַשְּׁבִיעִי
מִקְרָא־קֹדֶשׁ יִהְיֶה לָכֶם כָּל־מְלֶאכֶת
עֲבֹדָה לֹא תַעֲשׂוּ׃ ס 26 וּבְיוֹם
הַבִּכּוּרִים בְּהַקְרִיבְכֶם מִנְחָה חֲדָשָׁה
לַיהוָה בְּשָׁבֻעֹתֵיכֶם מִקְרָא־קֹדֶשׁ יִהְיֶה
לָכֶם כָּל־מְלֶאכֶת עֲבֹדָה לֹא תַעֲשׂוּ׃
27 וְהִקְרַבְתֶּם עוֹלָה לְרֵיחַ נִיחֹחַ לַיהוָה
פָּרִים בְּנֵי־בָקָר שְׁנַיִם אַיִל אֶחָד שִׁבְעָה
כְבָשִׂים בְּנֵי שָׁנָה׃ 28 וּמִנְחָתָם סֹלֶת
בְּלוּלָה בַשָּׁמֶן שְׁלֹשָׁה עֶשְׂרֹנִים לַפָּר
הָאֶחָד שְׁנֵי עֶשְׂרֹנִים לָאַיִל הָאֶחָד׃
29 עִשָּׂרוֹן עִשָּׂרוֹן לַכֶּבֶשׂ הָאֶחָד לְשִׁבְעַת
הַכְּבָשִׂים׃ 30 שְׂעִיר עִזִּים אֶחָד לְכַפֵּר
עֲלֵיכֶם׃ 31 מִלְּבַד עֹלַת הַתָּמִיד וּמִנְחָתוֹ
תַּעֲשׂוּ תְּמִימִם יִהְיוּ־לָכֶם וְנִסְכֵּיהֶם׃ פ
29 וּבַחֹדֶשׁ הַשְּׁבִיעִי בְּאֶחָד לַחֹדֶשׁ
מִקְרָא־קֹדֶשׁ יִהְיֶה לָכֶם כָּל־מְלֶאכֶת
עֲבֹדָה לֹא תַעֲשׂוּ יוֹם תְּרוּעָה יִהְיֶה לָכֶם׃
2 וַעֲשִׂיתֶם עֹלָה לְרֵיחַ נִיחֹחַ לַיהוָה פַּר
בֶּן־בָּקָר אֶחָד אַיִל אֶחָד כְּבָשִׂים בְּנֵי־שָׁנָה
שִׁבְעָה תְּמִימִם׃ 3 וּמִנְחָתָם סֹלֶת בְּלוּלָה
בַשָּׁמֶן שְׁלֹשָׁה עֶשְׂרֹנִים לַפָּר שְׁנֵי עֶשְׂרֹנִים

bullock, two tenth parts for the ram, [4] and one tenth part for every lamb of the seven lambs; [5] and one he-goat for a sin-offering, to make atonement for you; [6] beside the burnt-offering of the new moon, and the meal-offering thereof, and the continual burnt-offering and the meal-offering thereof, and their drink-offerings, according unto their ordinance, for a sweet savour, an offering made by fire unto the LORD.

[7] And on the tenth day of this seventh month ye shall have a holy convocation; and ye shall afflict your souls; ye shall do no manner of work; [8] but ye shall present a burnt-offering unto the LORD for a sweet savour: one young bullock, one ram, seven he-lambs of the first year; they shall be unto you without blemish; [9] and their meal-offering, fine flour mingled with oil, three tenth parts for the bullock, two tenth parts for the one ram, [10] a several tenth part for every lamb of the seven lambs; [11] one he-goat for a sin-offering; beside the sin-offering of atonement, and the continual burnt-offering, and the meal-offering thereof, and their drink-offerings.

[12] And on the fifteenth day of the seventh month ye shall have a holy convocation, ye shall do no manner of servile work, and ye shall keep a feast unto the LORD seven days; [13] and ye shall present a burnt-offering, an offering made by fire, of a sweet savour unto the LORD: thirteen young bullocks, two rams, fourteen he-lambs of the first year; they shall be without blemish; [14] and their meal-offering, fine flour mingled with oil, three tenth parts for every bullock of the thirteen bullocks, two tenth parts for each ram of the two rams, [15] and a several tenth part for every lamb of the fourteen lambs [16] and one he-goat for a sin-offering; beside the continual burnt-offering, the meal-offering thereof, and the drink-offering thereof.

[17] And on the second day ye shall present twelve young bullocks, two rams, fourteen he-lambs of the first year without blemish; [18] and their meal-offering and their drink-offerings for the bullocks, for the rams, and for the lambs,

לָאָיִל: 4 וְעִשָּׂרוֹן אֶחָד לַכֶּבֶשׂ הָאֶחָד
לְשִׁבְעַת הַכְּבָשִׂים: 5 וּשְׂעִיר־עִזִּים אֶחָד
חַטָּאת לְכַפֵּר עֲלֵיכֶם: 6 מִלְּבַד עֹלַת
הַחֹדֶשׁ וּמִנְחָתָהּ וְעֹלַת הַתָּמִיד וּמִנְחָתָהּ
וְנִסְכֵּיהֶם כְּמִשְׁפָּטָם לְרֵיחַ נִיחֹחַ אִשֶּׁה
לַיהוָה: ס 7 וּבֶעָשׂוֹר לַחֹדֶשׁ הַשְּׁבִיעִי
הַזֶּה מִקְרָא־קֹדֶשׁ יִהְיֶה לָכֶם וְעִנִּיתֶם
אֶת־נַפְשֹׁתֵיכֶם כָּל־מְלָאכָה לֹא תַעֲשׂוּ:
8 וְהִקְרַבְתֶּם עֹלָה לַיהוָה רֵיחַ נִיחֹחַ פַּר
בֶּן־בָּקָר אֶחָד אַיִל אֶחָד כְּבָשִׂים בְּנֵי־שָׁנָה
שִׁבְעָה תְּמִימִם יִהְיוּ לָכֶם: 9 וּמִנְחָתָם
סֹלֶת בְּלוּלָה בַשָּׁמֶן שְׁלֹשָׁה עֶשְׂרֹנִים לַפָּר
שְׁנֵי עֶשְׂרֹנִים לָאַיִל הָאֶחָד: 10 עִשָּׂרוֹן
עִשָּׂרוֹן לַכֶּבֶשׂ הָאֶחָד לְשִׁבְעַת הַכְּבָשִׂים:
11 שְׂעִיר־עִזִּים אֶחָד חַטָּאת מִלְּבַד חַטַּאת
הַכִּפֻּרִים וְעֹלַת הַתָּמִיד וּמִנְחָתָהּ
וְנִסְכֵּיהֶם: פ
12 וּבַחֲמִשָּׁה עָשָׂר יוֹם לַחֹדֶשׁ הַשְּׁבִיעִי
מִקְרָא־קֹדֶשׁ יִהְיֶה לָכֶם כָּל־מְלֶאכֶת
עֲבֹדָה לֹא תַעֲשׂוּ וְחַגֹּתֶם חַג לַיהוָה
שִׁבְעַת יָמִים: 13 וְהִקְרַבְתֶּם עֹלָה אִשֵּׁה
רֵיחַ נִיחֹחַ לַיהוָה פָּרִים בְּנֵי־בָקָר שְׁלֹשָׁה
עָשָׂר אֵילִם שְׁנָיִם כְּבָשִׂים בְּנֵי־שָׁנָה
אַרְבָּעָה עָשָׂר תְּמִימִם יִהְיוּ: 14 וּמִנְחָתָם
סֹלֶת בְּלוּלָה בַשָּׁמֶן שְׁלֹשָׁה עֶשְׂרֹנִים לַפָּר
הָאֶחָד לִשְׁלֹשָׁה עָשָׂר פָּרִים שְׁנֵי עֶשְׂרֹנִים
לָאַיִל הָאֶחָד לִשְׁנֵי הָאֵילִם: 15 וְעִשָּׂרוֹן
עִשָּׂרוֹן לַכֶּבֶשׂ הָאֶחָד לְאַרְבָּעָה עָשָׂר
כְּבָשִׂים: 16 וּשְׂעִיר־עִזִּים אֶחָד חַטָּאת
מִלְּבַד עֹלַת הַתָּמִיד מִנְחָתָהּ וְנִסְכָּהּ: ס
17 וּבַיּוֹם הַשֵּׁנִי פָּרִים בְּנֵי־בָקָר שְׁנֵים
עָשָׂר אֵילִם שְׁנָיִם כְּבָשִׂים בְּנֵי־שָׁנָה
אַרְבָּעָה עָשָׂר תְּמִימִם: 18 וּמִנְחָתָם

according to their number, after the ordinance; [19] and one he-goat for a sin-offering; beside the continual burnt-offering, and the meal-offering thereof, and their drink-offerings.

[20] And on the third day eleven bullocks, two rams, fourteen he-lambs of the first year without blemish; [21] and their meal-offering and their drink-offerings for the bullocks, for the rams, and for the lambs, according to their number, after the ordinance; [22] and one he-goat for a sin-offering; beside the continual burnt-offering, and the meal-offering thereof, and the drink-offering thereof.

[23] And on the fourth day ten bullocks, two rams, fourteen he-lambs of the first year without blemish; [24] their meal-offering and their drink-offerings for the bullocks, for the rams, and for the lambs, according to their number, after the ordinance; [25] and one he-goat for a sin-offering; beside the continual burnt-offering, the meal-offering thereof, and the drink-offering thereof.

[26] And on the fifth day nine bullocks, two rams, fourteen he-lambs of the first year without blemish; [27] and their meal-offering and their drink-offerings for the bullocks, for the rams, and for the lambs, according to their number, after the ordinance; [28] and one he-goat for a sin-offering; beside the continual burnt-offering, and the meal-offering thereof, and the drink-offering thereof.

[29] And on the sixth day eight bullocks, two rams, fourteen he-lambs of the first year without blemish; [30] and their meal-offering and their drink-offerings for the bullocks, for the rams, and for the lambs, according to their number, after the ordinance; [31] and one he-goat for a sin-offering; beside the continual burnt-offering, the meal-offering thereof, and the drink-offerings thereof.

[32] And on the seventh day seven bullocks, two rams, fourteen he-lambs of the first year without blemish; [33] and their meal-offering and their drink-offerings for the bullocks, for the rams, and for the lambs, according to their number, after the ordinance; [34] and one he-goat for a sin-offering; beside the continual burnt-offering, the meal-offering thereof, and the drink-offering thereof.

וְנִסְכֵּיהֶם לַפָּרִים לָאֵילִם וְלַכְּבָשִׂים
בְּמִסְפָּרָם כַּמִּשְׁפָּט׃ 19 וּשְׂעִיר־עִזִּים אֶחָד
חַטָּאת מִלְּבַד עֹלַת הַתָּמִיד וּמִנְחָתָהּ
וְנִסְכֵּיהֶם׃ ס 20 וּבַיּוֹם הַשְּׁלִישִׁי
פָּרִים עַשְׁתֵּי־עָשָׂר אֵילִם שְׁנָיִם כְּבָשִׂים
בְּנֵי־שָׁנָה אַרְבָּעָה עָשָׂר תְּמִימִם׃
21 וּמִנְחָתָם וְנִסְכֵּיהֶם לַפָּרִים לָאֵילִם
וְלַכְּבָשִׂים בְּמִסְפָּרָם כַּמִּשְׁפָּט׃ 22 וּשְׂעִיר
חַטָּאת אֶחָד מִלְּבַד עֹלַת הַתָּמִיד וּמִנְחָתָהּ
וְנִסְכָּהּ׃ ס 23 וּבַיּוֹם הָרְבִיעִי פָּרִים
עֲשָׂרָה אֵילִם שְׁנָיִם כְּבָשִׂים בְּנֵי־שָׁנָה
אַרְבָּעָה עָשָׂר תְּמִימִם׃ 24 מִנְחָתָם
וְנִסְכֵּיהֶם לַפָּרִים לָאֵילִם וְלַכְּבָשִׂים
בְּמִסְפָּרָם כַּמִּשְׁפָּט׃ 25 וּשְׂעִיר־עִזִּים אֶחָד
חַטָּאת מִלְּבַד עֹלַת הַתָּמִיד מִנְחָתָהּ
וְנִסְכָּהּ׃ ס 26 וּבַיּוֹם הַחֲמִישִׁי פָּרִים
תִּשְׁעָה אֵילִם שְׁנָיִם כְּבָשִׂים בְּנֵי־שָׁנָה
אַרְבָּעָה עָשָׂר תְּמִימִם׃ 27 וּמִנְחָתָם
וְנִסְכֵּיהֶם לַפָּרִים לָאֵילִם וְלַכְּבָשִׂים
בְּמִסְפָּרָם כַּמִּשְׁפָּט׃ 28 וּשְׂעִיר חַטָּאת אֶחָד
מִלְּבַד עֹלַת הַתָּמִיד וּמִנְחָתָהּ
וְנִסְכָּהּ׃ ס 29 וּבַיּוֹם הַשִּׁשִּׁי פָּרִים
שְׁמֹנָה אֵילִם שְׁנָיִם כְּבָשִׂים בְּנֵי־שָׁנָה
אַרְבָּעָה עָשָׂר תְּמִימִם׃ 30 וּמִנְחָתָם
וְנִסְכֵּיהֶם לַפָּרִים לָאֵילִם וְלַכְּבָשִׂים
בְּמִסְפָּרָם כַּמִּשְׁפָּט׃ 31 וּשְׂעִיר חַטָּאת אֶחָד
מִלְּבַד עֹלַת הַתָּמִיד מִנְחָתָהּ וּנְסָכֶיהָ׃ פ
32 וּבַיּוֹם הַשְּׁבִיעִי פָּרִים שִׁבְעָה אֵילִם
שְׁנָיִם כְּבָשִׂים בְּנֵי־שָׁנָה אַרְבָּעָה עָשָׂר
תְּמִימִם׃ 33 וּמִנְחָתָם וְנִסְכֵּהֶם לַפָּרִים
לָאֵילִם וְלַכְּבָשִׂים בְּמִסְפָּרָם כְּמִשְׁפָּטָם׃
34 וּשְׂעִיר חַטָּאת אֶחָד מִלְּבַד עֹלַת
הַתָּמִיד מִנְחָתָהּ וְנִסְכָּהּ׃ פ

[35] On the eighth day ye shall have a solemn assembly: ye shall do no manner of servile work; [36] but ye shall present a burnt-offering, an offering made by fire, of a sweet savour unto the LORD: one bullock, one ram, seven he-lambs of the first year without blemish; [37] their meal-offering and their drink-offerings for the bullock, for the ram, and for the lambs, shall be according to their number, after the ordinance; [38] and one he-goat for a sin-offering; beside the continual burnt-offering, and the meal-offering thereof, and the drink-offering thereof.

[39] These ye shall offer unto the LORD in your appointed seasons, beside your vows, and your freewill-offerings, whether they be your burnt-offerings, or your meal-offerings, or your drink-offerings, or your peace-offerings.

30 And Moses told the children of Israel according to all that the LORD commanded Moses.

MATTOT

[2] And Moses spoke unto the heads of the tribes of the children of Israel, saying: This is the thing which the LORD hath commanded. [3] When a man voweth a vow unto the LORD, or sweareth an oath to bind his soul with a bond, he shall not break his word; he shall do according to all that proceedeth out of his mouth. [4] Also when a woman voweth a vow unto the LORD, and bindeth herself by a bond, being in her father's house, in her youth, [5] and her father heareth her vow, or her bond wherewith she hath bound her soul, and her father holdeth his peace at her, then all her vows shall stand, and every bond wherewith she hath bound her soul shall stand. [6] But if her father disallow her in the day that he heareth, none of her vows, or of her bonds wherewith she hath bound her soul, shall stand; and the LORD will forgive her, because her father disallowed her. [7] And if she be married to a husband, while her vows are upon her, or the clear utterance of her lips, wherewith she hath bound her soul; [8] and her husband hear it, whatsoever day it be that he heareth it, and hold his peace at her; then her vows shall stand, and her bonds wherewith she hath bound her soul shall stand. [9] But if her husband disallow her in the day that he heareth it, then he shall make void her vow which is upon her, and the clear utterance of her lips, wherewith she hath

35 בַּיּוֹם הַשְּׁמִינִי עֲצֶרֶת תִּהְיֶה לָכֶם כָּל־
מְלֶאכֶת עֲבֹדָה לֹא תַעֲשׂוּ׃ 36 וְהִקְרַבְתֶּם
עֹלָה אִשֵּׁה רֵיחַ נִיחֹחַ לַיהוָה פַּר אֶחָד
אַיִל אֶחָד כְּבָשִׂים בְּנֵי־שָׁנָה שִׁבְעָה
תְּמִימִם׃ 37 מִנְחָתָם וְנִסְכֵּיהֶם לַפָּר לָאַיִל
וְלַכְּבָשִׂים בְּמִסְפָּרָם כַּמִּשְׁפָּט׃ 38 וּשְׂעִיר
חַטָּאת אֶחָד מִלְּבַד עֹלַת הַתָּמִיד וּמִנְחָתָהּ
וְנִסְכָּהּ׃ 39 אֵלֶּה תַּעֲשׂוּ לַיהוָה בְּמוֹעֲדֵיכֶם
לְבַד מִנִּדְרֵיכֶם וְנִדְבֹתֵיכֶם לְעֹלֹתֵיכֶם
וּלְמִנְחֹתֵיכֶם וּלְנִסְכֵּיכֶם וּלְשַׁלְמֵיכֶם׃
30 וַיֹּאמֶר מֹשֶׁה אֶל־בְּנֵי יִשְׂרָאֵל כְּכֹל
אֲשֶׁר־צִוָּה יְהוָה אֶת־מֹשֶׁה׃ פ

מטות

2 וַיְדַבֵּר מֹשֶׁה אֶל־רָאשֵׁי הַמַּטּוֹת לִבְנֵי
יִשְׂרָאֵל לֵאמֹר זֶה הַדָּבָר אֲשֶׁר צִוָּה יְהוָה׃
3 אִישׁ כִּי־יִדֹּר נֶדֶר לַיהוָה אוֹ־הִשָּׁבַע
שְׁבֻעָה לֶאְסֹר אִסָּר עַל־נַפְשׁוֹ לֹא יַחֵל
דְּבָרוֹ כְּכָל־הַיֹּצֵא מִפִּיו יַעֲשֶׂה׃ 4 וְאִשָּׁה
כִּי־תִדֹּר נֶדֶר לַיהוָה וְאָסְרָה אִסָּר בְּבֵית
אָבִיהָ בִּנְעֻרֶיהָ׃ 5 וְשָׁמַע אָבִיהָ אֶת־נִדְרָהּ
וֶאֱסָרָהּ אֲשֶׁר אָסְרָה עַל־נַפְשָׁהּ וְהֶחֱרִישׁ
לָהּ אָבִיהָ וְקָמוּ כָּל־נְדָרֶיהָ וְכָל־אִסָּר
אֲשֶׁר־אָסְרָה עַל־נַפְשָׁהּ יָקוּם׃ 6 וְאִם־
הֵנִיא אָבִיהָ אֹתָהּ בְּיוֹם שָׁמְעוֹ כָּל־נְדָרֶיהָ
וֶאֱסָרֶיהָ אֲשֶׁר־אָסְרָה עַל־נַפְשָׁהּ לֹא יָקוּם
וַיהוָה יִסְלַח־לָהּ כִּי־הֵנִיא אָבִיהָ אֹתָהּ׃
7 וְאִם־הָיוֹ תִהְיֶה לְאִישׁ וּנְדָרֶיהָ עָלֶיהָ אוֹ
מִבְטָא שְׂפָתֶיהָ אֲשֶׁר אָסְרָה עַל־נַפְשָׁהּ׃
8 וְשָׁמַע אִישָׁהּ בְּיוֹם שָׁמְעוֹ וְהֶחֱרִישׁ לָהּ
וְקָמוּ נְדָרֶיהָ וֶאֱסָרֶהָ אֲשֶׁר־אָסְרָה עַל־
נַפְשָׁהּ יָקֻמוּ׃ 9 וְאִם בְּיוֹם שְׁמֹעַ אִישָׁהּ
יָנִיא אוֹתָהּ וְהֵפֵר אֶת־נִדְרָהּ אֲשֶׁר עָלֶיהָ

bound her soul; and the LORD will forgive her. [10] But the vow of a widow, or of her that is divorced, even every thing wherewith she hath bound her soul, shall stand against her. [11] And if a woman vowed in her husband's house, or bound her soul by a bond with an oath, [12] and her husband heard it, and held his peace at her, and disallowed her not, then all her vows shall stand, and every bond wherewith she bound her soul shall stand. [13] But if her husband make them null and void in the day that he heareth them, then whatsoever proceeded out of her lips, whether it were her vows, or the bond of her soul, shall not stand: her husband hath made them void; and the LORD will forgive her. [14] Every vow, and every binding oath to afflict the soul, her husband may let it stand, or her husband may make it void. [15] But if her husband altogether hold his peace at her from day to day, then he causeth all her vows to stand, or all her bonds, which are upon her; he hath let them stand, because he held his peace at her in the day that he heard them. [16] But if he shall make them null and void after that he hath heard them, then he shall bear her iniquity. [17] These are the statutes, which the LORD commanded Moses, between a man and his wife, between a father and his daughter, being in her youth, in her father's house.

31

And the LORD spoke unto Moses, saying: [2] 'Avenge the children of Israel of the Midianites; afterward shalt thou be gathered unto thy people.' [3] And Moses spoke unto the people, saying: 'Arm ye men from among you for the war, that they may go against Midian, to execute the LORD's vengeance on Midian. [4] Of every tribe a thousand, throughout all the tribes of Israel, shall ye send to the war.' [5] So there were delivered, out of the thousands of Israel, a thousand of every tribe, twelve thousand armed for war. [6] And Moses sent them, a thousand of every tribe, to the war, them and Phinehas the son of Eleazar the priest, to the war, with the holy vessels and the trumpets for the alarm in his hand. [7] And they warred against Midian, as the LORD commanded Moses;

וְאֵת מִבְטָא שְׂפָתֶיהָ אֲשֶׁר אָסְרָה עַל־
נַפְשָׁהּ וַיהוָה יִסְלַח־לָהּ׃ 10 וְנֵדֶר אַלְמָנָה
וּגְרוּשָׁה כֹּל אֲשֶׁר־אָסְרָה עַל־נַפְשָׁהּ יָקוּם
עָלֶיהָ׃ 11 וְאִם־בֵּית אִישָׁהּ נָדָרָה אוֹ־
אָסְרָה אִסָּר עַל־נַפְשָׁהּ בִּשְׁבֻעָה׃ 12 וְשָׁמַע
אִישָׁהּ וְהֶחֱרִשׁ לָהּ לֹא הֵנִיא אֹתָהּ וְקָמוּ
כָּל־נְדָרֶיהָ וְכָל־אִסָּר אֲשֶׁר־אָסְרָה עַל־
נַפְשָׁהּ יָקוּם׃ 13 וְאִם־הָפֵר יָפֵר אֹתָם ׀
אִישָׁהּ בְּיוֹם שָׁמְעוֹ כָּל־מוֹצָא שְׂפָתֶיהָ
לִנְדָרֶיהָ וּלְאִסַּר נַפְשָׁהּ לֹא יָקוּם אִישָׁהּ
הֲפֵרָם וַיהוָה יִסְלַח־לָהּ׃ 14 כָּל־נֵדֶר וְכָל־
שְׁבֻעַת אִסָּר לְעַנֹּת נָפֶשׁ אִישָׁהּ יְקִימֶנּוּ
וְאִישָׁהּ יְפֵרֶנּוּ׃ 15 וְאִם־הַחֲרֵשׁ יַחֲרִישׁ לָהּ
אִישָׁהּ מִיּוֹם אֶל־יוֹם וְהֵקִים אֶת־כָּל־
נְדָרֶיהָ אוֹ אֶת־כָּל־אֱסָרֶיהָ אֲשֶׁר עָלֶיהָ
הֵקִים אֹתָם כִּי־הֶחֱרִשׁ לָהּ בְּיוֹם שָׁמְעוֹ׃
16 וְאִם־הָפֵר יָפֵר אֹתָם אַחֲרֵי שָׁמְעוֹ וְנָשָׂא
אֶת־עֲוֺנָהּ׃ 17 אֵלֶּה הַחֻקִּים אֲשֶׁר צִוָּה
יְהוָה אֶת־מֹשֶׁה בֵּין אִישׁ לְאִשְׁתּוֹ בֵּין־אָב
לְבִתּוֹ בִּנְעֻרֶיהָ בֵּית אָבִיהָ׃ פ

31 וַיְדַבֵּר יְהוָה אֶל־מֹשֶׁה לֵּאמֹר׃
2 נְקֹם נִקְמַת בְּנֵי יִשְׂרָאֵל מֵאֵת הַמִּדְיָנִים
אַחַר תֵּאָסֵף אֶל־עַמֶּיךָ׃ 3 וַיְדַבֵּר מֹשֶׁה
אֶל־הָעָם לֵאמֹר הֵחָלְצוּ מֵאִתְּכֶם אֲנָשִׁים
לַצָּבָא וְיִהְיוּ עַל־מִדְיָן לָתֵת נִקְמַת־יְהוָה
בְּמִדְיָן׃ 4 אֶלֶף לַמַּטֶּה אֶלֶף לַמַּטֶּה לְכֹל
מַטּוֹת יִשְׂרָאֵל תִּשְׁלְחוּ לַצָּבָא׃ 5 וַיִּמָּסְרוּ
מֵאַלְפֵי יִשְׂרָאֵל אֶלֶף לַמַּטֶּה שְׁנֵים־עָשָׂר
אֶלֶף חֲלוּצֵי צָבָא׃ 6 וַיִּשְׁלַח אֹתָם מֹשֶׁה
אֶלֶף לַמַּטֶּה לַצָּבָא אֹתָם וְאֶת־פִּינְחָס
בֶּן־אֶלְעָזָר הַכֹּהֵן לַצָּבָא וּכְלֵי הַקֹּדֶשׁ
וַחֲצֹצְרוֹת הַתְּרוּעָה בְּיָדוֹ׃ 7 וַיִּצְבְּאוּ עַל־
מִדְיָן כַּאֲשֶׁר צִוָּה יְהוָה אֶת־מֹשֶׁה וַיַּהַרְגוּ

and they slew every male. [8] And they slew the kings of Midian with the rest of their slain: Evi, and Rekem, and Zur, and Hur, and Reba, the five kings of Midian; Balaam also the son of Beor they slew with the sword. [9] And the children of Israel took captive the women of Midian and their little ones; and all their cattle, and all their flocks, and all their goods, they took for a prey. [10] And all their cities in the places wherein they dwelt, and all their encampments, they burnt with fire. [11] And they took all the spoil, and all the prey, both of man and of beast. [12] And they brought the captives, and the prey, and the spoil, unto Moses, and unto Eleazar the priest, and unto the congregation of the children of Israel, unto the camp, unto the plains of Moab, which are by the Jordan at Jericho.

[13] And Moses, and Eleazar the priest, and all the princes of the congregation, went forth to meet them without the camp. [14] And Moses was wroth with the officers of the host, the captains of thousands and the captains of hundreds, who came from the service of the war. [15] And Moses said unto them: 'Have ye saved all the women alive? [16] Behold, these caused the children of Israel, through the counsel of Balaam, to revolt so as to break faith with the LORD in the matter of Peor, and so the plague was among the congregation of the LORD. [17] Now therefore kill every male among the little ones, and kill every woman that hath known man by lying with him. [18] But all the women children, that have not known man by lying with him, keep alive for yourselves. [19] And encamp ye without the camp seven days; whosoever hath killed any person, and whosoever hath touched any slain, purify yourselves on the third day and on the seventh day, ye and your captives. [20] And as to every garment, and all that is made of skin, and all work of goats' hair, and all things made of wood, ye shall purify.'

[21] And Eleazar the priest said unto the men of war that went to the battle: 'This is the statute of the law which the LORD hath commanded Moses: [22] Howbeit the gold, and

כָּל־זָכָר׃ 8 וְאֶת־מַלְכֵי מִדְיָן הָרְגוּ עַל־
חַלְלֵיהֶם אֶת־אֱוִי וְאֶת־רֶקֶם וְאֶת־צוּר
וְאֶת־חוּר וְאֶת־רֶבַע חֲמֵשֶׁת מַלְכֵי מִדְיָן
וְאֵת בִּלְעָם בֶּן־בְּעוֹר הָרְגוּ בֶּחָרֶב׃ 9 וַיִּשְׁבּוּ
בְנֵי־יִשְׂרָאֵל אֶת־נְשֵׁי מִדְיָן וְאֶת־טַפָּם וְאֵת
כָּל־בְּהֶמְתָּם וְאֶת־כָּל־מִקְנֵהֶם וְאֶת־כָּל־
חֵילָם בָּזָזוּ׃ 10 וְאֵת כָּל־עָרֵיהֶם
בְּמוֹשְׁבֹתָם וְאֵת כָּל־טִירֹתָם שָׂרְפוּ בָּאֵשׁ׃
11 וַיִּקְחוּ אֶת־כָּל־הַשָּׁלָל וְאֵת כָּל־
הַמַּלְקוֹחַ בָּאָדָם וּבַבְּהֵמָה׃ 12 וַיָּבִאוּ אֶל־
מֹשֶׁה וְאֶל־אֶלְעָזָר הַכֹּהֵן וְאֶל־עֲדַת בְּנֵי־
יִשְׂרָאֵל אֶת־הַשְּׁבִי וְאֶת־הַמַּלְקוֹחַ וְאֶת־
הַשָּׁלָל אֶל־הַמַּחֲנֶה אֶל־עַרְבֹת מוֹאָב
אֲשֶׁר עַל־יַרְדֵּן יְרֵחוֹ׃ ס 13 וַיֵּצְאוּ
מֹשֶׁה וְאֶלְעָזָר הַכֹּהֵן וְכָל־נְשִׂיאֵי הָעֵדָה
לִקְרָאתָם אֶל־מִחוּץ לַמַּחֲנֶה׃ 14 וַיִּקְצֹף
מֹשֶׁה עַל פְּקוּדֵי הֶחָיִל שָׂרֵי הָאֲלָפִים
וְשָׂרֵי הַמֵּאוֹת הַבָּאִים מִצְּבָא הַמִּלְחָמָה׃
15 וַיֹּאמֶר אֲלֵיהֶם מֹשֶׁה הַחִיִּיתֶם כָּל־
נְקֵבָה׃ 16 הֵן הֵנָּה הָיוּ לִבְנֵי יִשְׂרָאֵל בִּדְבַר
בִּלְעָם לִמְסָר־מַעַל בַּיהוָה עַל־דְּבַר־פְּעוֹר
וַתְּהִי הַמַּגֵּפָה בַּעֲדַת יְהוָה׃ 17 וְעַתָּה הִרְגוּ
כָל־זָכָר בַּטָּף וְכָל־אִשָּׁה יֹדַעַת אִישׁ
לְמִשְׁכַּב זָכָר הֲרֹגוּ׃ 18 וְכֹל הַטַּף בַּנָּשִׁים
אֲשֶׁר לֹא־יָדְעוּ מִשְׁכַּב זָכָר הַחֲיוּ לָכֶם׃
19 וְאַתֶּם חֲנוּ מִחוּץ לַמַּחֲנֶה שִׁבְעַת יָמִים
כֹּל הֹרֵג נֶפֶשׁ וְכֹל ׀ נֹגֵעַ בֶּחָלָל תִּתְחַטְּאוּ
בַּיּוֹם הַשְּׁלִישִׁי וּבַיּוֹם הַשְּׁבִיעִי אַתֶּם
וּשְׁבִיכֶם׃ 20 וְכָל־בֶּגֶד וְכָל־כְּלִי־עוֹר וְכָל־
מַעֲשֵׂה עִזִּים וְכָל־כְּלִי־עֵץ תִּתְחַטָּאוּ׃ ס
21 וַיֹּאמֶר אֶלְעָזָר הַכֹּהֵן אֶל־אַנְשֵׁי
הַצָּבָא הַבָּאִים לַמִּלְחָמָה זֹאת חֻקַּת
הַתּוֹרָה אֲשֶׁר־צִוָּה יְהוָה אֶת־מֹשֶׁה׃ 22 אַךְ

the silver, the brass, the iron, the tin, and the lead, [23] every thing that may abide the fire, ye shall make to go through the fire, and it shall be clean; nevertheless it shall be purified with the water of sprinkling; and all that abideth not the fire ye shall make to go through the water. [24] And ye shall wash your clothes on the seventh day, and ye shall be clean, and afterward ye may come into the camp.'

[25] And the LORD spoke unto Moses, saying: [26] 'Take the sum of the prey that was taken, both of man and of beast, thou, and Eleazar the priest, and the heads of the fathers' houses of the congregation; [27] and divide the prey into two parts: between the men skilled in war, that went out to battle, and all the congregation; [28] and levy a tribute unto the LORD of the men of war that went out to battle: one soul of five hundred, both of the persons, and of the beeves, and of the asses, and of the flocks; [29] take it of their half, and give it unto Eleazar the priest, as a portion set apart for the LORD. [30] And of the children of Israel's half, thou shalt take one drawn out of every fifty, of the persons, of the beeves, of the asses, and of the flocks, even of all the cattle, and give them unto the Levites, that keep the charge of the tabernacle of the LORD.' [31] And Moses and Eleazar the priest did as the LORD commanded Moses. [32] Now the prey, over and above the booty which the men of war took, was six hundred thousand and seventy thousand and five thousand sheep, [33] and threescore and twelve thousand beeves, [34] and threescore and one thousand asses, [35] and thirty and two thousand persons in all, of the women that had not known man by lying with him. [36] And the half, which was the portion of them that went out to war, was in number three hundred thousand and thirty thousand and seven thousand and five hundred sheep. [37] And the LORD's tribute

אֶת־הַזָּהָב וְאֶת־הַכָּסֶף אֶת־הַנְּחֹשֶׁת אֶת־
הַבַּרְזֶל אֶת־הַבְּדִיל וְאֶת־הָעֹפָרֶת׃ 23 כָּל־
דָּבָר אֲשֶׁר־יָבֹא בָאֵשׁ תַּעֲבִירוּ בָאֵשׁ וְטָהֵר
אַךְ בְּמֵי נִדָּה יִתְחַטָּא וְכֹל אֲשֶׁר לֹא־יָבֹא
בָּאֵשׁ תַּעֲבִירוּ בַמָּיִם׃ 24 וְכִבַּסְתֶּם בִּגְדֵיכֶם
בַּיּוֹם הַשְּׁבִיעִי וּטְהַרְתֶּם וְאַחַר תָּבֹאוּ
אֶל־הַמַּחֲנֶה׃ פ
25 וַיֹּאמֶר יְהוָה אֶל־מֹשֶׁה לֵּאמֹר׃ 26 שָׂא
אֵת רֹאשׁ מַלְקוֹחַ הַשְּׁבִי בָּאָדָם וּבַבְּהֵמָה
אַתָּה וְאֶלְעָזָר הַכֹּהֵן וְרָאשֵׁי אֲבוֹת הָעֵדָה׃
27 וְחָצִיתָ אֶת־הַמַּלְקוֹחַ בֵּין תֹּפְשֵׂי
הַמִּלְחָמָה הַיֹּצְאִים לַצָּבָא וּבֵין כָּל־
הָעֵדָה׃ 28 וַהֲרֵמֹתָ מֶכֶס לַיהוָה מֵאֵת
אַנְשֵׁי הַמִּלְחָמָה הַיֹּצְאִים לַצָּבָא אֶחָד
נֶפֶשׁ מֵחֲמֵשׁ הַמֵּאוֹת מִן־הָאָדָם וּמִן־
הַבָּקָר וּמִן־הַחֲמֹרִים וּמִן־הַצֹּאן׃
29 מִמַּחֲצִיתָם תִּקָּחוּ וְנָתַתָּה לְאֶלְעָזָר
הַכֹּהֵן תְּרוּמַת יְהוָה׃ 30 וּמִמַּחֲצִת בְּנֵי־
יִשְׂרָאֵל תִּקַּח ׀ אֶחָד ׀ אָחֻז מִן־הַחֲמִשִּׁים
מִן־הָאָדָם מִן־הַבָּקָר מִן־הַחֲמֹרִים וּמִן־
הַצֹּאן מִכָּל־הַבְּהֵמָה וְנָתַתָּה אֹתָם לַלְוִיִּם
שֹׁמְרֵי מִשְׁמֶרֶת מִשְׁכַּן יְהוָה׃ 31 וַיַּעַשׂ
מֹשֶׁה וְאֶלְעָזָר הַכֹּהֵן כַּאֲשֶׁר צִוָּה יְהוָה
אֶת־מֹשֶׁה׃ 32 וַיְהִי הַמַּלְקוֹחַ יֶתֶר הַבָּז
אֲשֶׁר בָּזְזוּ עַם הַצָּבָא צֹאן שֵׁשׁ־מֵאוֹת
אֶלֶף וְשִׁבְעִים אֶלֶף וַחֲמֵשֶׁת־אֲלָפִים׃
33 וּבָקָר שְׁנַיִם וְשִׁבְעִים אָלֶף׃ 34 וַחֲמֹרִים
אֶחָד וְשִׁשִּׁים אָלֶף׃ 35 וְנֶפֶשׁ אָדָם מִן־
הַנָּשִׁים אֲשֶׁר לֹא־יָדְעוּ מִשְׁכַּב זָכָר כָּל־
נֶפֶשׁ שְׁנַיִם וּשְׁלֹשִׁים אָלֶף׃ 36 וַתְּהִי
הַמֶּחֱצָה חֵלֶק הַיֹּצְאִים בַּצָּבָא מִסְפַּר
הַצֹּאן שְׁלֹשׁ־מֵאוֹת אֶלֶף וּשְׁלֹשִׁים אֶלֶף
וְשִׁבְעַת אֲלָפִים וַחֲמֵשׁ מֵאוֹת׃ 37 וַיְהִי

of the sheep was six hundred and threescore and fifteen. [38] And the beeves were thirty and six thousand, of which the LORD's tribute was threescore and twelve. [39] And the asses were thirty thousand and five hundred, of which the LORD's tribute was threescore and one. [40] And the persons were sixteen thousand, of whom the LORD's tribute was thirty and two persons. [41] And Moses gave the tribute, which was set apart for the LORD, unto Eleazar the priest, as the LORD commanded Moses. [42] And of the children of Israel's half, which Moses divided off from the men that warred—[43] now the congregation's half was three hundred thousand and thirty thousand and seven thousand and five hundred sheep, [44] and thirty and six thousand beeves, [45] and thirty thousand and five hundred asses, [46] and sixteen thousand persons—[47] even of the children of Israel's half, Moses took one drawn out of every fifty, both of man and of beast, and gave them unto the Levites, that kept the charge of the tabernacle of the LORD; as the LORD commanded Moses.

[48] And the officers that were over the thousands of the host, the captains of thousands, and the captains of hundreds, came near unto Moses; [49] and they said unto Moses: 'Thy servants have taken the sum of the men of war that are under our charge, and there lacketh not one man of us. [50] And we have brought the LORD's offering, what every man hath gotten, of jewels of gold, armlets, and bracelets, signet-rings, ear-rings, and girdles, to make atonement for our souls before the LORD.' [51] And Moses and Eleazar the priest took the gold of them, even all wrought jewels. [52] And all the gold of the gift that they set apart for the LORD, of the captains of thousands, and of the captains of hundreds, was sixteen thousand seven hundred and fifty shekels.—[53] For the men of war had

הַמֶּכֶס לַיהוָה מִן־הַצֹּאן שֵׁשׁ מֵאוֹת חָמֵשׁ
וְשִׁבְעִים׃ 38 וְהַבָּקָר שִׁשָּׁה וּשְׁלֹשִׁים אָלֶף
וּמִכְסָם לַיהוָה שְׁנַיִם וְשִׁבְעִים׃
39 וַחֲמֹרִים שְׁלֹשִׁים אֶלֶף וַחֲמֵשׁ מֵאוֹת
וּמִכְסָם לַיהוָה אֶחָד וְשִׁשִּׁים׃ 40 וְנֶפֶשׁ
אָדָם שִׁשָּׁה עָשָׂר אָלֶף וּמִכְסָם לַיהוָה
שְׁנַיִם וּשְׁלֹשִׁים נָפֶשׁ׃ 41 וַיִּתֵּן מֹשֶׁה אֶת־
מֶכֶס תְּרוּמַת יְהוָה לְאֶלְעָזָר הַכֹּהֵן כַּאֲשֶׁר
צִוָּה יְהוָה אֶת־מֹשֶׁה׃ 42 וּמִמַּחֲצִית בְּנֵי
יִשְׂרָאֵל אֲשֶׁר חָצָה מֹשֶׁה מִן־הָאֲנָשִׁים
הַצֹּבְאִים׃ 43 וַתְּהִי מֶחֱצַת הָעֵדָה מִן־
הַצֹּאן שְׁלֹשׁ־מֵאוֹת אֶלֶף וּשְׁלֹשִׁים אֶלֶף
שִׁבְעַת אֲלָפִים וַחֲמֵשׁ מֵאוֹת׃ 44 וּבָקָר
שִׁשָּׁה וּשְׁלֹשִׁים אָלֶף׃ 45 וַחֲמֹרִים שְׁלֹשִׁים
אֶלֶף וַחֲמֵשׁ מֵאוֹת׃ 46 וְנֶפֶשׁ אָדָם שִׁשָּׁה
עָשָׂר אָלֶף׃ 47 וַיִּקַּח מֹשֶׁה מִמַּחֲצִת בְּנֵי־
יִשְׂרָאֵל אֶת־הָאָחֻז אֶחָד מִן־הַחֲמִשִּׁים
מִן־הָאָדָם וּמִן־הַבְּהֵמָה וַיִּתֵּן אֹתָם לַלְוִיִּם
שֹׁמְרֵי מִשְׁמֶרֶת מִשְׁכַּן יְהוָה כַּאֲשֶׁר צִוָּה
יְהוָה אֶת־מֹשֶׁה׃ 48 וַיִּקְרְבוּ אֶל־מֹשֶׁה
הַפְּקֻדִים אֲשֶׁר לְאַלְפֵי הַצָּבָא שָׂרֵי
הָאֲלָפִים וְשָׂרֵי הַמֵּאוֹת׃ 49 וַיֹּאמְרוּ אֶל־
מֹשֶׁה עֲבָדֶיךָ נָשְׂאוּ אֶת־רֹאשׁ אַנְשֵׁי
הַמִּלְחָמָה אֲשֶׁר בְּיָדֵנוּ וְלֹא־נִפְקַד מִמֶּנּוּ
אִישׁ׃ 50 וַנַּקְרֵב אֶת־קָרְבַּן יְהוָה אִישׁ אֲשֶׁר
מָצָא כְלִי־זָהָב אֶצְעָדָה וְצָמִיד טַבַּעַת
עָגִיל וְכוּמָז לְכַפֵּר עַל־נַפְשֹׁתֵינוּ לִפְנֵי
יְהוָה׃ 51 וַיִּקַּח מֹשֶׁה וְאֶלְעָזָר הַכֹּהֵן אֶת־
הַזָּהָב מֵאִתָּם כֹּל כְּלִי מַעֲשֶׂה׃ 52 וַיְהִי ׀
כָּל־זְהַב הַתְּרוּמָה אֲשֶׁר הֵרִימוּ לַיהוָה
שִׁשָּׁה עָשָׂר אֶלֶף שְׁבַע־מֵאוֹת וַחֲמִשִּׁים
שָׁקֶל מֵאֵת שָׂרֵי הָאֲלָפִים וּמֵאֵת שָׂרֵי
הַמֵּאוֹת׃ 53 אַנְשֵׁי הַצָּבָא בָּזְזוּ אִישׁ לוֹ׃

54 וַיִּקַּח מֹשֶׁה וְאֶלְעָזָר הַכֹּהֵן אֶת־הַזָּהָב
מֵאֵת שָׂרֵי הָאֲלָפִים וְהַמֵּאוֹת וַיָּבִאוּ אֹתוֹ
אֶל־אֹהֶל מוֹעֵד זִכָּרוֹן לִבְנֵי־יִשְׂרָאֵל לִפְנֵי
יְהוָה׃ פ
32 וּמִקְנֶה ׀ רַב הָיָה לִבְנֵי רְאוּבֵן
וְלִבְנֵי־גָד עָצוּם מְאֹד וַיִּרְאוּ אֶת־אֶרֶץ
יַעְזֵר וְאֶת־אֶרֶץ גִּלְעָד וְהִנֵּה הַמָּקוֹם מְקוֹם
מִקְנֶה׃ 2 וַיָּבֹאוּ בְנֵי־גָד וּבְנֵי רְאוּבֵן וַיֹּאמְרוּ
אֶל־מֹשֶׁה וְאֶל־אֶלְעָזָר הַכֹּהֵן וְאֶל־נְשִׂיאֵי
הָעֵדָה לֵאמֹר׃ 3 עֲטָרוֹת וְדִיבֹן וְיַעְזֵר
וְנִמְרָה וְחֶשְׁבּוֹן וְאֶלְעָלֵה וּשְׂבָם וּנְבוֹ
וּבְעֹן׃ 4 הָאָרֶץ אֲשֶׁר הִכָּה יְהוָה לִפְנֵי עֲדַת
יִשְׂרָאֵל אֶרֶץ מִקְנֶה הִוא וְלַעֲבָדֶיךָ
מִקְנֶה׃ ס 5 וַיֹּאמְרוּ אִם־מָצָאנוּ חֵן
בְּעֵינֶיךָ יֻתַּן אֶת־הָאָרֶץ הַזֹּאת לַעֲבָדֶיךָ
לַאֲחֻזָּה אַל־תַּעֲבִרֵנוּ אֶת־הַיַּרְדֵּן׃ 6 וַיֹּאמֶר
מֹשֶׁה לִבְנֵי־גָד וְלִבְנֵי רְאוּבֵן הַאַחֵיכֶם
יָבֹאוּ לַמִּלְחָמָה וְאַתֶּם תֵּשְׁבוּ פֹה׃ 7 וְלָמָּה
תנואון תְנִיאוּן אֶת־לֵב בְּנֵי יִשְׂרָאֵל מֵעֲבֹר
אֶל־הָאָרֶץ אֲשֶׁר־נָתַן לָהֶם יְהוָה׃ 8 כֹּה
עָשׂוּ אֲבֹתֵיכֶם בְּשָׁלְחִי אֹתָם מִקָּדֵשׁ בַּרְנֵעַ
לִרְאוֹת אֶת־הָאָרֶץ׃ 9 וַיַּעֲלוּ עַד־נַחַל
אֶשְׁכּוֹל וַיִּרְאוּ אֶת־הָאָרֶץ וַיָּנִיאוּ אֶת־לֵב
בְּנֵי יִשְׂרָאֵל לְבִלְתִּי־בֹא אֶל־הָאָרֶץ אֲשֶׁר־
נָתַן לָהֶם יְהוָה׃ 10 וַיִּחַר־אַף יְהוָה בַּיּוֹם
הַהוּא וַיִּשָּׁבַע לֵאמֹר׃ 11 אִם־יִרְאוּ
הָאֲנָשִׁים הָעֹלִים מִמִּצְרַיִם מִבֶּן עֶשְׂרִים
שָׁנָה וָמַעְלָה אֵת הָאֲדָמָה אֲשֶׁר נִשְׁבַּעְתִּי
לְאַבְרָהָם לְיִצְחָק וּלְיַעֲקֹב כִּי לֹא־מִלְאוּ
אַחֲרָי׃ 12 בִּלְתִּי כָּלֵב בֶּן־יְפֻנֶּה הַקְּנִזִּי
וִיהוֹשֻׁעַ בִּן־נוּן כִּי מִלְאוּ אַחֲרֵי יְהוָה׃
13 וַיִּחַר־אַף יְהוָה בְּיִשְׂרָאֵל וַיְנִעֵם בַּמִּדְבָּר
אַרְבָּעִים שָׁנָה עַד־תֹּם כָּל־הַדּוֹר הָעֹשֶׂה

taken booty, every man for himself.—[54] And Moses and Eleazar the priest took the gold of the captains of thousands and of hundreds, and brought it into the tent of meeting, for a memorial for the children of Israel before the LORD.

32 Now the children of Reuben and the children of Gad had a very great multitude of cattle; and when they saw the land of Jazer, and the land of Gilead, that, behold, the place was a place for cattle, [2] the children of Gad and the children of Reuben came and spoke unto Moses, and to Eleazar the priest, and unto the princes of the congregation, saying: [3] 'Ataroth, and Dibon, and Jazer, and Nimrah, and Heshbon, and Elealeh, and Sebam, and Nebo, and Beon, [4] the land which the LORD smote before the congregation of Israel, is a land for cattle, and thy servants have cattle.' [5] And they said: 'If we have found favour in thy sight, let this land be given unto thy servants for a possession, bring us not over the Jordan.' [6] And Moses said unto the children of Gad and to the children of Reuben: 'Shall your brethren go to the war, and shall ye sit here? [7] And wherefore will ye turn away the heart of the children of Israel from going over into the land which the LORD hath given them? [8] Thus did your fathers, when I sent them from Kadesh-barnea to see the land. [9] For when they went up unto the valley of Eshcol, and saw the land, they turned away the heart of the children of Israel, that they should not go into the land which the LORD had given them. [10] And the LORD's anger was kindled in that day, and He swore, saying: [11] Surely none of the men that came up out of Egypt, from twenty years old and upward, shall see the land which I swore unto Abraham, unto Isaac, and unto Jacob; because they have not wholly followed Me; [12] save Caleb the son of Jephunneh the Kenizzite, and Joshua the son of Nun; because they have wholly followed the LORD. [13] And the LORD's anger was kindled against Israel, and He made them wander to and fro in the wilderness forty years, until all the generation, that had done evil in

the sight of the LORD, was consumed. [14] And,
behold, ye are risen up in your fathers' stead, a
brood of sinful men, to augment yet the fierce
anger of the LORD toward Israel. [15] For if ye
turn away from after Him, He will yet again leave
them in the wilderness; and so ye will destroy all
this people.'

[16] And they came near unto him, and
said: 'We will build sheepfolds here for our cattle,
and cities for our little ones; [17] but we ourselves
will be ready armed to go before the children
of Israel, until we have brought them unto
their place; and our little ones shall dwell in the
fortified cities because of the inhabitants of the
land. [18] We will not return unto our houses,
until the children of Israel have inherited every
man his inheritance. [19] For we will not inherit
with them on the other side of the Jordan, and
forward, because our inheritance is fallen to us
on this side of the Jordan eastward.'

[20] And Moses said unto them: 'If ye will
do this thing: if ye will arm yourselves to go
before the LORD to the war, [21] and every armed
man of you will pass over the Jordan before the
LORD, until He hath driven out His enemies from
before Him, [22] and the land be subdued before
the LORD, and ye return afterward; then ye shall
be clear before the LORD, and before Israel, and
this land shall be unto you for a possession before
the LORD. [23] But if ye will not do so, behold, ye
have sinned against the LORD; and know ye your
sin which will find you. [24] Build you cities for
your little ones, and folds for your sheep; and do
that which hath proceeded out of your mouth.'

[25] And the children of Gad and the
children of Reuben spoke unto Moses, saying:
'Thy servants will do as my lord commandeth.
[26] Our little ones, our wives, our flocks, and all
our cattle, shall be there in the cities of Gilead;
[27] but thy servants will pass over, every man
that is armed for war, before the LORD to battle,
as my lord saith.'

[28] So Moses gave charge concerning
them to Eleazar the priest, and to Joshua the son
of Nun, and to the heads of the fathers' houses

הָרַע בְּעֵינֵי יְהוָה׃ 14 וְהִנֵּה קַמְתֶּם תַּחַת
אֲבֹתֵיכֶם תַּרְבּוּת אֲנָשִׁים חַטָּאִים לִסְפּוֹת
עוֹד עַל חֲרוֹן אַף־יְהוָה אֶל־יִשְׂרָאֵל׃ 15 כִּי
תְשׁוּבֻן מֵאַחֲרָיו וְיָסַף עוֹד לְהַנִּיחוֹ בַּמִּדְבָּר
וְשִׁחַתֶּם לְכָל־הָעָם הַזֶּה׃ ס 16 וַיִּגְּשׁוּ
אֵלָיו וַיֹּאמְרוּ גִּדְרֹת צֹאן נִבְנֶה לְמִקְנֵנוּ
פֹּה וְעָרִים לְטַפֵּנוּ׃ 17 וַאֲנַחְנוּ נֵחָלֵץ חֻשִׁים
לִפְנֵי בְּנֵי יִשְׂרָאֵל עַד אֲשֶׁר אִם־הֲבִיאֹנֻם
אֶל־מְקוֹמָם וְיָשַׁב טַפֵּנוּ בְּעָרֵי הַמִּבְצָר
מִפְּנֵי יֹשְׁבֵי הָאָרֶץ׃ 18 לֹא נָשׁוּב אֶל־בָּתֵּינוּ
עַד הִתְנַחֵל בְּנֵי יִשְׂרָאֵל אִישׁ נַחֲלָתוֹ׃
19 כִּי לֹא נִנְחַל אִתָּם מֵעֵבֶר לַיַּרְדֵּן וָהָלְאָה
כִּי בָאָה נַחֲלָתֵנוּ אֵלֵינוּ מֵעֵבֶר הַיַּרְדֵּן
מִזְרָחָה׃ פ
20 וַיֹּאמֶר אֲלֵיהֶם מֹשֶׁה אִם־תַּעֲשׂוּן אֶת־
הַדָּבָר הַזֶּה אִם־תֵּחָלְצוּ לִפְנֵי יְהוָה
לַמִּלְחָמָה׃ 21 וְעָבַר לָכֶם כָּל־חָלוּץ אֶת־
הַיַּרְדֵּן לִפְנֵי יְהוָה עַד הוֹרִישׁוֹ אֶת־אֹיְבָיו
מִפָּנָיו׃ 22 וְנִכְבְּשָׁה הָאָרֶץ לִפְנֵי יְהוָה
וְאַחַר תָּשֻׁבוּ וִהְיִיתֶם נְקִיִּם מֵיְהוָה
וּמִיִּשְׂרָאֵל וְהָיְתָה הָאָרֶץ הַזֹּאת לָכֶם
לַאֲחֻזָּה לִפְנֵי יְהוָה׃ 23 וְאִם־לֹא תַעֲשׂוּן
כֵּן הִנֵּה חֲטָאתֶם לַיהוָה וּדְעוּ חַטַּאתְכֶם
אֲשֶׁר תִּמְצָא אֶתְכֶם׃ 24 בְּנוּ־לָכֶם עָרִים
לְטַפְּכֶם וּגְדֵרֹת לְצֹנַאֲכֶם וְהַיֹּצֵא מִפִּיכֶם
תַּעֲשׂוּ׃ 25 וַיֹּאמֶר בְּנֵי־גָד וּבְנֵי רְאוּבֵן אֶל־
מֹשֶׁה לֵאמֹר עֲבָדֶיךָ יַעֲשׂוּ כַּאֲשֶׁר אֲדֹנִי
מְצַוֶּה׃ 26 טַפֵּנוּ נָשֵׁינוּ מִקְנֵנוּ וְכָל־בְּהֶמְתֵּנוּ
יִהְיוּ־שָׁם בְּעָרֵי הַגִּלְעָד׃ 27 וַעֲבָדֶיךָ יַעַבְרוּ
כָּל־חֲלוּץ צָבָא לִפְנֵי יְהוָה לַמִּלְחָמָה
כַּאֲשֶׁר אֲדֹנִי דֹּבֵר׃ 28 וַיְצַו לָהֶם מֹשֶׁה אֵת
אֶלְעָזָר הַכֹּהֵן וְאֵת יְהוֹשֻׁעַ בִּן־נוּן וְאֶת־
רָאשֵׁי אֲבוֹת הַמַּטּוֹת לִבְנֵי יִשְׂרָאֵל׃

29 וַיֹּאמֶר מֹשֶׁה אֲלֵהֶם אִם־יַעַבְרוּ בְנֵי־גָד
וּבְנֵי־רְאוּבֵן ׀ אִתְּכֶם אֶת־הַיַּרְדֵּן כָּל־חָלוּץ
לַמִּלְחָמָה לִפְנֵי יְהוָה וְנִכְבְּשָׁה הָאָרֶץ
לִפְנֵיכֶם וּנְתַתֶּם לָהֶם אֶת־אֶרֶץ הַגִּלְעָד
לַאֲחֻזָּה׃ 30 וְאִם־לֹא יַעַבְרוּ חֲלוּצִים
אִתְּכֶם וְנֹאחֲזוּ בְתֹכְכֶם בְּאֶרֶץ כְּנָעַן׃
31 וַיַּעֲנוּ בְנֵי־גָד וּבְנֵי רְאוּבֵן לֵאמֹר אֵת
אֲשֶׁר דִּבֶּר יְהוָה אֶל־עֲבָדֶיךָ כֵּן נַעֲשֶׂה׃
32 נַחְנוּ נַעֲבֹר חֲלוּצִים לִפְנֵי יְהוָה אֶרֶץ
כְּנָעַן וְאִתָּנוּ אֲחֻזַּת נַחֲלָתֵנוּ מֵעֵבֶר לַיַּרְדֵּן׃
33 וַיִּתֵּן לָהֶם ׀ מֹשֶׁה לִבְנֵי־גָד וְלִבְנֵי רְאוּבֵן
וְלַחֲצִי ׀ שֵׁבֶט ׀ מְנַשֶּׁה בֶן־יוֹסֵף אֶת־
מַמְלֶכֶת סִיחֹן מֶלֶךְ הָאֱמֹרִי וְאֶת־מַמְלֶכֶת
עוֹג מֶלֶךְ הַבָּשָׁן הָאָרֶץ לְעָרֶיהָ בִּגְבֻלֹת
עָרֵי הָאָרֶץ סָבִיב׃ 34 וַיִּבְנוּ בְנֵי־גָד אֶת־
דִּיבֹן וְאֶת־עֲטָרֹת וְאֵת עֲרֹעֵר׃ 35 וְאֶת־
עַטְרֹת שׁוֹפָן וְאֶת־יַעְזֵר וְיָגְבְּהָה׃ 36 וְאֶת־
בֵּית נִמְרָה וְאֶת־בֵּית הָרָן עָרֵי מִבְצָר
וְגִדְרֹת צֹאן׃ 37 וּבְנֵי רְאוּבֵן בָּנוּ אֶת־
חֶשְׁבּוֹן וְאֶת־אֶלְעָלֵא וְאֵת קִרְיָתָיִם׃
38 וְאֶת־נְבוֹ וְאֶת־בַּעַל מְעוֹן מוּסַבֹּת שֵׁם
וְאֶת־שִׂבְמָה וַיִּקְרְאוּ בְשֵׁמֹת אֶת־שְׁמוֹת
הֶעָרִים אֲשֶׁר בָּנוּ׃ 39 וַיֵּלְכוּ בְּנֵי מָכִיר
בֶּן־מְנַשֶּׁה גִּלְעָדָה וַיִּלְכְּדֻהָ וַיּוֹרֶשׁ אֶת־
הָאֱמֹרִי אֲשֶׁר־בָּהּ׃ 40 וַיִּתֵּן מֹשֶׁה אֶת־
הַגִּלְעָד לְמָכִיר בֶּן־מְנַשֶּׁה וַיֵּשֶׁב בָּהּ׃
41 וְיָאִיר בֶּן־מְנַשֶּׁה הָלַךְ וַיִּלְכֹּד אֶת־
חַוֹּתֵיהֶם וַיִּקְרָא אֶתְהֶן חַוֹּת יָאִיר׃ 42 וְנֹבַח
הָלַךְ וַיִּלְכֹּד אֶת־קְנָת וְאֶת־בְּנֹתֶיהָ וַיִּקְרָא
לָה נֹבַח בִּשְׁמוֹ׃ פ

of the tribes of the children of Israel. [29] And Moses said unto them: 'If the children of Gad and the children of Reuben will pass with you over the Jordan, every man that is armed to battle, before the LORD, and the land shall be subdued before you, then ye shall give them the land of Gilead for a possession; [30] but if they will not pass over with you armed, they shall have possessions among you in the land of Canaan.' [31] And the children of Gad and the children of Reuben answered, saying: 'As the LORD hath said unto thy servants, so will we do. [32] We will pass over armed before the LORD into the land of Canaan, and the possession of our inheritance shall remain with us beyond the Jordan.'

[33] And Moses gave unto them, even to the children of Gad, and to the children of Reuben, and unto the half-tribe of Manasseh the son of Joseph, the kingdom of Sihon king of the Amorites, and the kingdom of Og king of Bashan, the land, according to the cities thereof with their borders, even the cities of the land round about. [34] And the children of Gad built Dibon, and Ataroth, and Aroer; [35] and Atroth-shophan, and Jazer, and Jogbehah; [36] and Beth-nimrah, and Beth-haran; fortified cities, and folds for sheep. [37] And the children of Reuben built Heshbon, and Elealeh, and Kiriathaim; [38] and Nebo, and Baal-meon—their names being changed—and Sibmah; and gave their names unto the cities which they builded. [39] And the children of Machir the son of Manasseh went to Gilead, and took it, and dispossessed the Amorites that were therein. [40] And Moses gave Gilead unto Machir the son of Manasseh; and he dwelt therein. [41] And Jair the son of Manasseh went and took the villages thereof, and called them [a]Havvoth-jair. [42] And Nobah went and took Kenath, and the villages thereof, and called it Nobah, after his own name.

מסעי

33 אֵלֶּה מַסְעֵי בְנֵי־יִשְׂרָאֵל אֲשֶׁר יָצְאוּ
מֵאֶרֶץ מִצְרַיִם לְצִבְאֹתָם בְּיַד־מֹשֶׁה

MASE'EI

33 These are the stages of the children of Israel, by which they went forth out of the land of Egypt by their hosts under

a That is, *The villages of Jair*.

the hand of Moses and Aaron. [2] And Moses wrote their goings forth, stage by stage, by the commandment of the LORD; and these are their stages at their goings forth. [3] And they journeyed from Rameses in the first month, on the fifteenth day of the first month; on the morrow after the passover the children of Israel went out with a high hand in the sight of all the Egyptians, [4] while the Egyptians were burying them that the LORD had smitten among them, even all their first-born; upon their gods also the LORD executed judgments. [5] And the children of Israel journeyed from Rameses, and pitched in Succoth. [6] And they journeyed from Succoth, and pitched in Etham, which is in the edge of the wilderness. [7] And they journeyed from Etham, and turned back unto Pi-hahiroth, which is before Baal-zephon; and they pitched before Migdol. [8] And they journeyed from Pene-hahiroth, and passed through the midst of the sea into the wilderness; and they went three days' journey in the wilderness of Etham, and pitched in Marah. [9] And they journeyed from Marah, and came unto Elim; and in Elim were twelve springs of water, and threescore and ten palm-trees; and they pitched there. [10] And they journeyed from Elim, and pitched by the Red Sea. [11] And they journeyed from the Red Sea, and pitched in the wilderness of Sin. [12] And they journeyed from the wilderness of Sin, and pitched in Dophkah. [13] And they journeyed from Dophkah, and pitched in Alush. [14] And they journeyed from Alush, and pitched in Rephidim, where was no water for the people to drink. [15] And they journeyed from Rephidim, and pitched in the wilderness of Sinai. [16] And they journeyed from the wilderness of Sinai, and pitched in Kibroth-hattaavah. [17] And they journeyed from Kibroth-hattaavah, and pitched in Hazeroth. [18] And they journeyed from Hazeroth, and pitched in Rithmah. [19] And they journeyed from Rithmah, and pitched in Rimmon-perez. [20] And they journeyed from Rimmon-perez, and pitched in Libnah. [21] And they journeyed from Libnah, and pitched in Rissah. [22] And they journeyed from Rissah, and pitched in Kehelah. [23] And they journeyed from Kehelah, and pitched in mount Shepher. [24] And they journeyed from mount Shepher,

וְאַהֲרֹֽן׃ 2 וַיִּכְתֹּ֨ב מֹשֶׁ֜ה אֶת־מוֹצָאֵיהֶ֛ם
לְמַסְעֵיהֶ֖ם עַל־פִּ֣י יְהוָ֑ה וְאֵ֥לֶּה מַסְעֵיהֶ֖ם
לְמוֹצָאֵיהֶֽם׃ 3 וַיִּסְע֤וּ מֵֽרַעְמְסֵס֙ בַּחֹ֣דֶשׁ
הָֽרִאשׁ֔וֹן בַּחֲמִשָּׁ֥ה עָשָׂ֛ר י֖וֹם לַחֹ֣דֶשׁ
הָרִאשׁ֑וֹן מִֽמָּחֳרַ֣ת הַפֶּ֗סַח יָצְא֤וּ בְנֵֽי־
יִשְׂרָאֵל֙ בְּיָ֣ד רָמָ֔ה לְעֵינֵ֖י כָּל־מִצְרָֽיִם׃
4 וּמִצְרַ֣יִם מְקַבְּרִ֗ים אֵת֩ אֲשֶׁ֨ר הִכָּ֧ה יְהוָ֛ה
בָּהֶ֖ם כָּל־בְּכ֑וֹר וּבֵאלֹ֣הֵיהֶ֔ם עָשָׂ֥ה יְהוָ֖ה
שְׁפָטִֽים׃ 5 וַיִּסְע֥וּ בְנֵֽי־יִשְׂרָאֵ֖ל מֵֽרַעְמְסֵ֑ס
וַֽיַּחֲנ֖וּ בְּסֻכֹּֽת׃ 6 וַיִּסְע֖וּ מִסֻּכֹּ֑ת וַיַּחֲנ֣וּ בְאֵתָ֔ם
אֲשֶׁ֖ר בִּקְצֵ֥ה הַמִּדְבָּֽר׃ 7 וַיִּסְעוּ֙ מֵֽאֵתָ֔ם
וַיָּ֙שָׁב֙ עַל־פִּ֣י הַחִירֹ֔ת אֲשֶׁ֥ר עַל־פְּנֵ֖י בַּ֣עַל
צְפ֑וֹן וַֽיַּחֲנ֖וּ לִפְנֵ֥י מִגְדֹּֽל׃ 8 וַיִּסְעוּ֙ מִפְּנֵ֣י
הַחִירֹ֔ת וַיַּֽעַבְר֥וּ בְתוֹךְ־הַיָּ֖ם הַמִּדְבָּ֑רָה
וַ֨יֵּלְכ֜וּ דֶּ֣רֶךְ שְׁלֹ֤שֶׁת יָמִים֙ בְּמִדְבַּ֣ר אֵתָ֔ם
וַֽיַּחֲנ֖וּ בְּמָרָֽה׃ 9 וַיִּסְעוּ֙ מִמָּרָ֔ה וַיָּבֹ֖אוּ
אֵילִ֑מָה וּ֠בְאֵילִם שְׁתֵּ֨ים עֶשְׂרֵ֜ה עֵינֹ֥ת מַ֛יִם
וְשִׁבְעִ֥ים תְּמָרִ֖ים וַיַּחֲנוּ־שָֽׁם׃ 10 וַיִּסְע֖וּ
מֵאֵילִ֑ם וַֽיַּחֲנ֖וּ עַל־יַם־סֽוּף׃ 11 וַיִּסְע֖וּ מִיַּם־
ס֑וּף וַֽיַּחֲנ֖וּ בְּמִדְבַּר־סִֽין׃ 12 וַיִּסְע֖וּ מִמִּדְבַּר־
סִ֑ין וַֽיַּחֲנ֖וּ בְּדָפְקָֽה׃ 13 וַיִּסְע֖וּ מִדָּפְקָ֑ה וַֽיַּחֲנ֖וּ
בְּאָלֽוּשׁ׃ 14 וַיִּסְע֖וּ מֵאָל֑וּשׁ וַֽיַּחֲנוּ֙ בִּרְפִידִ֔ם
וְלֹא־הָ֨יָה שָׁ֥ם מַ֛יִם לָעָ֖ם לִשְׁתּֽוֹת׃
15 וַיִּסְע֖וּ מֵרְפִידִ֑ם וַֽיַּחֲנ֖וּ בְּמִדְבַּ֥ר סִינָֽי׃
16 וַיִּסְע֖וּ מִמִּדְבַּ֣ר סִינָ֑י וַֽיַּחֲנ֖וּ בְּקִבְרֹ֥ת
הַֽתַּאֲוָֽה׃ 17 וַיִּסְע֖וּ מִקִּבְרֹ֣ת הַֽתַּאֲוָ֑ה וַֽיַּחֲנ֖וּ
בַּחֲצֵרֹֽת׃ 18 וַיִּסְע֖וּ מֵחֲצֵרֹ֑ת וַֽיַּחֲנ֖וּ
בְּרִתְמָֽה׃ 19 וַיִּסְע֖וּ מֵרִתְמָ֑ה וַֽיַּחֲנ֖וּ בְּרִמֹּ֥ן
פָּֽרֶץ׃ 20 וַיִּסְע֖וּ מֵרִמֹּ֣ן פָּ֑רֶץ וַֽיַּחֲנ֖וּ בְּלִבְנָֽה׃
21 וַיִּסְע֖וּ מִלִּבְנָ֑ה וַֽיַּחֲנ֖וּ בְּרִסָּֽה׃ 22 וַיִּסְע֖וּ
מֵרִסָּ֑ה וַֽיַּחֲנ֖וּ בִּקְהֵלָֽתָה׃ 23 וַיִּסְע֖וּ
מִקְּהֵלָ֑תָה וַֽיַּחֲנ֖וּ בְּהַר־שָֽׁפֶר׃ 24 וַיִּסְע֖וּ

and pitched in Haradah. [25] And they journeyed from Haradah, and pitched in Makheloth. [26] And they journeyed from Makheloth, and pitched in Tahath. [27] And they journeyed from Tahath, and pitched in Terah. [28] And they journeyed from Terah, and pitched in Mithkah. [29] And they journeyed from Mithkah, and pitched in Hashmonah. [30] And they journeyed from Hashmonah, and pitched in Moseroth. [31] And they journeyed from Moseroth, and pitched in Bene-jaakan. [32] And they journeyed from Bene-jaakan, and pitched in Hor-haggidgad. [33] And they journeyed from Hor-haggidgad, and pitched in Jotbah. [34] And they journeyed from Jotbah, and pitched in Abronah. [35] And they journeyed from Abronah, and pitched in Ezion-geber. [36] And they journeyed from Ezion-geber, and pitched in the wilderness of Zin—the same is Kadesh. [37] And they journeyed from Kadesh, and pitched in mount Hor, in the edge of the land of Edom.—[38] And Aaron the priest went up into mount Hor at the commandment of the LORD, and died there, in the fortieth year after the children of Israel were come out of the land of Egypt, in the fifth month, on the first day of the month. [39] And Aaron was a hundred and twenty and three years old when he died in mount Hor. [40] And the Canaanite, the king of Arad, who dwelt in the South in the land of Canaan, heard of the coming of the children of Israel.—[41] And they journeyed from mount Hor, and pitched in Zalmonah. [42] And they journeyed from Zalmonah, and pitched in Punon. [43] And they journeyed from Punon, and pitched in Oboth. [44] And they journeyed from Oboth, and pitched in Ije-abarim, in the border of Moab. [45] And they journeyed from Ijim, and pitched in Dibon-gad. [46] And they journeyed from Dibon-gad, and pitched in Almon-diblathaim. [47] And they journeyed from Almon-diblathaim, and pitched in the mountains of Abarim, in front of Nebo. [48] And they journeyed from the mountains of Abarim, and pitched in the plains of Moab by the Jordan at Jericho. [49] And they pitched by the Jordan, from Beth-jeshimoth even unto Abel-shittim in the plains of Moab.

[50] And the LORD spoke unto Moses in the plains of Moab by the Jordan at Jericho, saying:

מֵהַר־שָׁפֶר וַיַּחֲנוּ בַּחֲרָדָה׃ 25 וַיִּסְעוּ
מֵחֲרָדָה וַיַּחֲנוּ בְּמַקְהֵלֹת׃ 26 וַיִּסְעוּ
מִמַּקְהֵלֹת וַיַּחֲנוּ בְּתָחַת׃ 27 וַיִּסְעוּ מִתָּחַת
וַיַּחֲנוּ בְּתָרַח׃ 28 וַיִּסְעוּ מִתָּרַח וַיַּחֲנוּ
בְּמִתְקָה׃ 29 וַיִּסְעוּ מִמִּתְקָה וַיַּחֲנוּ
בְּחַשְׁמֹנָה׃ 30 וַיִּסְעוּ מֵחַשְׁמֹנָה וַיַּחֲנוּ
בְּמֹסֵרוֹת׃ 31 וַיִּסְעוּ מִמֹּסֵרוֹת וַיַּחֲנוּ בִּבְנֵי
יַעֲקָן׃ 32 וַיִּסְעוּ מִבְּנֵי יַעֲקָן וַיַּחֲנוּ בְּחֹר
הַגִּדְגָּד׃ 33 וַיִּסְעוּ מֵחֹר הַגִּדְגָּד וַיַּחֲנוּ
בְּיָטְבָתָה׃ 34 וַיִּסְעוּ מִיָּטְבָתָה וַיַּחֲנוּ
בְּעַבְרֹנָה׃ 35 וַיִּסְעוּ מֵעַבְרֹנָה וַיַּחֲנוּ בְּעֶצְיֹן
גָּבֶר׃ 36 וַיִּסְעוּ מֵעֶצְיֹן גָּבֶר וַיַּחֲנוּ בְמִדְבַּר־
צִן הִוא קָדֵשׁ׃ 37 וַיִּסְעוּ מִקָּדֵשׁ וַיַּחֲנוּ בְּהֹר
הָהָר בִּקְצֵה אֶרֶץ אֱדוֹם׃ 38 וַיַּעַל אַהֲרֹן
הַכֹּהֵן אֶל־הֹר הָהָר עַל־פִּי יְהוָה וַיָּמָת
שָׁם בִּשְׁנַת הָאַרְבָּעִים לְצֵאת בְּנֵי־יִשְׂרָאֵל
מֵאֶרֶץ מִצְרַיִם בַּחֹדֶשׁ הַחֲמִישִׁי בְּאֶחָד
לַחֹדֶשׁ׃ 39 וְאַהֲרֹן בֶּן־שָׁלֹשׁ וְעֶשְׂרִים
וּמְאַת שָׁנָה בְּמֹתוֹ בְּהֹר הָהָר׃ ס
40 וַיִּשְׁמַע הַכְּנַעֲנִי מֶלֶךְ עֲרָד וְהוּא־יֹשֵׁב
בַּנֶּגֶב בְּאֶרֶץ כְּנָעַן בְּבֹא בְּנֵי יִשְׂרָאֵל׃
41 וַיִּסְעוּ מֵהֹר הָהָר וַיַּחֲנוּ בְּצַלְמֹנָה׃
42 וַיִּסְעוּ מִצַּלְמֹנָה וַיַּחֲנוּ בְּפוּנֹן׃ 43 וַיִּסְעוּ
מִפּוּנֹן וַיַּחֲנוּ בְּאֹבֹת׃ 44 וַיִּסְעוּ מֵאֹבֹת וַיַּחֲנוּ
בְּעִיֵּי הָעֲבָרִים בִּגְבוּל מוֹאָב׃ 45 וַיִּסְעוּ
מֵעִיִּים וַיַּחֲנוּ בְּדִיבֹן גָּד׃ 46 וַיִּסְעוּ מִדִּיבֹן
גָּד וַיַּחֲנוּ בְּעַלְמֹן דִּבְלָתָיְמָה׃ 47 וַיִּסְעוּ
מֵעַלְמֹן דִּבְלָתָיְמָה וַיַּחֲנוּ בְּהָרֵי הָעֲבָרִים
לִפְנֵי נְבוֹ׃ 48 וַיִּסְעוּ מֵהָרֵי הָעֲבָרִים וַיַּחֲנוּ
בְּעַרְבֹת מוֹאָב עַל יַרְדֵּן יְרֵחוֹ׃ 49 וַיַּחֲנוּ
עַל־הַיַּרְדֵּן מִבֵּית הַיְשִׁמֹת עַד אָבֵל
הַשִּׁטִּים בְּעַרְבֹת מוֹאָב׃ ס 50 וַיְדַבֵּר
יְהוָה אֶל־מֹשֶׁה בְּעַרְבֹת מוֹאָב עַל־יַרְדֵּן

[51] 'Speak unto the children of Israel, and say unto them: When ye pass over the Jordan into the land of Canaan, [52] then ye shall drive out all the inhabitants of the land from before you, and destroy all their figured stones, and destroy all their molten images, and demolish all their high places. [53] And ye shall drive out the inhabitants of the land, and dwell therein; for unto you have I given the land to possess it. [54] And ye shall inherit the land by lot according to your families—to the more ye shall give the more inheritance, and to the fewer thou shalt give the less inheritance; wheresoever the lot falleth to any man, that shall be his; according to the tribes of your fathers shall ye inherit. [55] But if ye will not drive out the inhabitants of the land from before you, then shall those that ye let remain of them be as thorns in your eyes, and as pricks in your sides, and they shall harass you in the land wherein ye dwell. [56] And it shall come to pass, that as I thought to do unto them, so will I do unto you.'

34 And the LORD spoke unto Moses, saying: [2] 'Command the children of Israel, and say unto them: When ye come into the land of Canaan, this shall be the land that shall fall unto you for an inheritance, even the land of Canaan according to the borders thereof. [3] Thus your south side shall be from the wilderness of Zin close by the side of Edom, and your south border shall begin at the end of the Salt Sea eastward; [4] and your border shall turn about southward of the ascent of Akrabbim, and pass along to Zin; and the goings out thereof shall be southward of Kadesh-barnea; and it shall go forth to Hazar-addar, and pass along to Azmon; [5] and the border shall turn about from Azmon unto the Brook of Egypt, and the goings out thereof shall be at the Sea. [6] And for the western border, ye shall have the Great Sea for a border; this shall be your west border. [7] And this shall be your north border: from the Great Sea ye shall mark out your line unto mount Hor; [8] from mount Hor ye shall mark out a line unto the entrance to Hamath; and the goings

יְרֵחוֹ לֵאמֹר׃ 51 דַּבֵּר אֶל־בְּנֵי יִשְׂרָאֵל
וְאָמַרְתָּ אֲלֵהֶם כִּי אַתֶּם עֹבְרִים אֶת־
הַיַּרְדֵּן אֶל־אֶרֶץ כְּנָעַן׃ 52 וְהוֹרַשְׁתֶּם אֶת־
כָּל־יֹשְׁבֵי הָאָרֶץ מִפְּנֵיכֶם וְאִבַּדְתֶּם אֵת
כָּל־מַשְׂכִּיֹּתָם וְאֵת כָּל־צַלְמֵי מַסֵּכֹתָם
תְּאַבֵּדוּ וְאֵת כָּל־בָּמוֹתָם תַּשְׁמִידוּ׃
53 וְהוֹרַשְׁתֶּם אֶת־הָאָרֶץ וִישַׁבְתֶּם־בָּהּ כִּי
לָכֶם נָתַתִּי אֶת־הָאָרֶץ לָרֶשֶׁת אֹתָהּ׃
54 וְהִתְנַחַלְתֶּם אֶת־הָאָרֶץ בְּגוֹרָל
לְמִשְׁפְּחֹתֵיכֶם לָרַב תַּרְבּוּ אֶת־נַחֲלָתוֹ
וְלַמְעַט תַּמְעִיט אֶת־נַחֲלָתוֹ אֶל אֲשֶׁר־יֵצֵא
לוֹ שָׁמָּה הַגּוֹרָל לוֹ יִהְיֶה לְמַטּוֹת אֲבֹתֵיכֶם
תִּתְנֶחָלוּ׃ 55 וְאִם־לֹא תוֹרִישׁוּ אֶת־יֹשְׁבֵי
הָאָרֶץ מִפְּנֵיכֶם וְהָיָה אֲשֶׁר תּוֹתִירוּ מֵהֶם
לְשִׂכִּים בְּעֵינֵיכֶם וְלִצְנִינִם בְּצִדֵּיכֶם וְצָרְרוּ
אֶתְכֶם עַל־הָאָרֶץ אֲשֶׁר אַתֶּם יֹשְׁבִים בָּהּ׃
56 וְהָיָה כַּאֲשֶׁר דִּמִּיתִי לַעֲשׂוֹת לָהֶם
אֶעֱשֶׂה לָכֶם׃ פ

34 וַיְדַבֵּר יְהוָה אֶל־מֹשֶׁה לֵּאמֹר׃ 2 צַו
אֶת־בְּנֵי יִשְׂרָאֵל וְאָמַרְתָּ אֲלֵהֶם כִּי־אַתֶּם
בָּאִים אֶל־הָאָרֶץ כְּנָעַן זֹאת הָאָרֶץ אֲשֶׁר
תִּפֹּל לָכֶם בְּנַחֲלָה אֶרֶץ כְּנַעַן לִגְבֻלֹתֶיהָ׃
3 וְהָיָה לָכֶם פְּאַת־נֶגֶב מִמִּדְבַּר־צִן עַל־יְדֵי
אֱדוֹם וְהָיָה לָכֶם גְּבוּל נֶגֶב מִקְצֵה יָם־
הַמֶּלַח קֵדְמָה׃ 4 וְנָסַב לָכֶם הַגְּבוּל מִנֶּגֶב
לְמַעֲלֵה עַקְרַבִּים וְעָבַר צִנָה והיה וְהָיוּ
תּוֹצְאֹתָיו מִנֶּגֶב לְקָדֵשׁ בַּרְנֵעַ וְיָצָא חֲצַר־
אַדָּר וְעָבַר עַצְמֹנָה׃ 5 וְנָסַב הַגְּבוּל
מֵעַצְמוֹן נַחְלָה מִצְרָיִם וְהָיוּ תוֹצְאֹתָיו
הַיָּמָּה׃ 6 וּגְבוּל יָם וְהָיָה לָכֶם הַיָּם הַגָּדוֹל
וּגְבוּל זֶה־יִהְיֶה לָכֶם גְּבוּל יָם׃ 7 וְזֶה־יִהְיֶה
לָכֶם גְּבוּל צָפוֹן מִן־הַיָּם הַגָּדֹל תְּתָאוּ
לָכֶם הֹר הָהָר׃ 8 מֵהֹר הָהָר תְּתָאוּ לְבֹא

out of the border shall be at Zedad; [9] and the border shall go forth to Ziphron, and the goings out thereof shall be at Hazar-enan; this shall be your north border. [10] And ye shall mark out your line for the east border from Hazar-enan to Shepham; [11] and the border shall go down from Shepham to Riblah, on the east side of Ain; and the border shall go down, and shall strike upon the slope of the sea of Chinnereth eastward; [12] and the border shall go down to the Jordan, and the goings out thereof shall be at the Salt Sea; this shall be your land according to the borders thereof round about.’

[13] And Moses commanded the children of Israel, saying: ‘This is the land wherein ye shall receive inheritance by lot, which the LORD hath commanded to give unto the nine tribes, and to the half-tribe; [14] for the tribe of the children of Reuben according to their fathers’ houses, and the tribe of the children of Gad according to their fathers’ houses, have received, and the half-tribe of Manasseh have received, their inheritance; [15] the two tribes and the half-tribe have received their inheritance beyond the Jordan at Jericho eastward, toward the sunrising.’

[16] And the LORD spoke unto Moses, saying: [17] ‘These are the names of the men that shall take possession of the land for you: Eleazar the priest, and Joshua the son of Nun. [18] And ye shall take one prince of every tribe, to take possession of the land. [19] And these are the names of the men: of the tribe of Judah, Caleb the son of Jephunneh. [20] And of the tribe of the children of Simeon, Shemuel the son of Ammihud. [21] Of the tribe of Benjamin, Elidad the son of Chislon. [22] And of the tribe of the children of Dan a prince, Bukki the son of Jogh. [23] Of the children of Joseph: of the tribe of the children of Manasseh a prince, Hanniel the son of Ephod; [24] and of the tribe of the children of Ephraim a prince, Kemuel the son of Shiphtan. [25] And of the tribe of the children of Zebulun a prince, Elizaphan the son of Parnach. [26] And of the tribe of the children of Issachar a prince, Paltiel the son of Azzan. [27] And of the tribe of the children of Asher a prince, Ahihud the son of Shelomi. [28] And of the tribe of the children of Naphtali a prince, Pedahel the son of Ammihud.

חֲמָת וְהָיוּ תּוֹצְאֹת הַגְּבֻל צְדָדָה׃ 9 וְיָצָא
הַגְּבֻל זִפְרֹנָה וְהָיוּ תוֹצְאֹתָיו חֲצַר עֵינָן
זֶה־יִהְיֶה לָכֶם גְּבוּל צָפוֹן׃ 10 וְהִתְאַוִּיתֶם
לָכֶם לִגְבוּל קֵדְמָה מֵחֲצַר עֵינָן שְׁפָמָה׃
11 וְיָרַד הַגְּבֻל מִשְּׁפָם הָרִבְלָה מִקֶּדֶם לָעָיִן
וְיָרַד הַגְּבֻל וּמָחָה עַל־כֶּתֶף יָם־כִּנֶּרֶת
קֵדְמָה׃ 12 וְיָרַד הַגְּבוּל הַיַּרְדֵּנָה וְהָיוּ
תוֹצְאֹתָיו יָם הַמֶּלַח זֹאת תִּהְיֶה לָכֶם
הָאָרֶץ לִגְבֻלֹתֶיהָ סָבִיב׃ 13 וַיְצַו מֹשֶׁה
אֶת־בְּנֵי יִשְׂרָאֵל לֵאמֹר זֹאת הָאָרֶץ אֲשֶׁר
תִּתְנַחֲלוּ אֹתָהּ בְּגוֹרָל אֲשֶׁר צִוָּה יְהוָה
לָתֵת לְתִשְׁעַת הַמַּטּוֹת וַחֲצִי הַמַּטֶּה׃ 14 כִּי
לָקְחוּ מַטֵּה בְנֵי הָראוּבֵנִי לְבֵית אֲבֹתָם
וּמַטֵּה בְנֵי־הַגָּדִי לְבֵית אֲבֹתָם וַחֲצִי מַטֵּה
מְנַשֶּׁה לָקְחוּ נַחֲלָתָם׃ 15 שְׁנֵי הַמַּטּוֹת
וַחֲצִי הַמַּטֶּה לָקְחוּ נַחֲלָתָם מֵעֵבֶר לְיַרְדֵּן
יְרֵחוֹ קֵדְמָה מִזְרָחָה׃ פ
16 וַיְדַבֵּר יְהוָה אֶל־מֹשֶׁה לֵּאמֹר׃ 17 אֵלֶּה
שְׁמוֹת הָאֲנָשִׁים אֲשֶׁר־יִנְחֲלוּ לָכֶם אֶת־
הָאָרֶץ אֶלְעָזָר הַכֹּהֵן וִיהוֹשֻׁעַ בִּן־נוּן׃
18 וְנָשִׂיא אֶחָד נָשִׂיא אֶחָד מִמַּטֶּה תִּקְחוּ
לִנְחֹל אֶת־הָאָרֶץ׃ 19 וְאֵלֶּה שְׁמוֹת
הָאֲנָשִׁים לְמַטֵּה יְהוּדָה כָּלֵב בֶּן־יְפֻנֶּה׃
20 וּלְמַטֵּה בְּנֵי שִׁמְעוֹן שְׁמוּאֵל בֶּן־
עַמִּיהוּד׃ 21 לְמַטֵּה בִנְיָמִן אֱלִידָד בֶּן־
כִּסְלוֹן׃ 22 וּלְמַטֵּה בְנֵי־דָן נָשִׂיא בֻּקִּי בֶּן־
יָגְלִי׃ 23 לִבְנֵי יוֹסֵף לְמַטֵּה בְנֵי־מְנַשֶּׁה
נָשִׂיא חַנִּיאֵל בֶּן־אֵפֹד׃ 24 וּלְמַטֵּה בְנֵי־
אֶפְרַיִם נָשִׂיא קְמוּאֵל בֶּן־שִׁפְטָן׃
25 וּלְמַטֵּה בְנֵי־זְבוּלֻן נָשִׂיא אֱלִיצָפָן בֶּן־
פַּרְנָךְ׃ 26 וּלְמַטֵּה בְנֵי־יִשָּׂשכָר נָשִׂיא
פַּלְטִיאֵל בֶּן־עַזָּן׃ 27 וּלְמַטֵּה בְנֵי־אָשֵׁר
נָשִׂיא אֲחִיהוּד בֶּן־שְׁלֹמִי׃ 28 וּלְמַטֵּה בְנֵי־

[29] These are they whom the LORD commanded to divide the inheritance unto the children of Israel in the land of Canaan.'

35 And the LORD spoke unto Moses in the plains of Moab by the Jordan at Jericho, saying: [2] Command the children of Israel, that they give unto the Levites of the inheritance of their possession cities to dwell in; and open land round about the cities shall ye give unto the Levites. [3] And the cities shall they have to dwell in; and their open land shall be for their cattle, and for their substance, and for all their beasts. [4] And the open land about the cities, which ye shall give unto the Levites, shall be from the wall of the city and outward a thousand cubits round about. [5] And ye shall measure without the city for the east side two thousand cubits, and for the south side two thousand cubits, and for the west side two thousand cubits, and for the north side two thousand cubits, the city being in the midst. This shall be to them the open land about the cities. [6] And the cities which ye shall give unto the Levites, they shall be the six cities of refuge, which ye shall give for the manslayer to flee thither; and beside them ye shall give forty and two cities. [7] All the cities which ye shall give to the Levites shall be forty and eight cities: them shall ye give with the open land about them. [8] And concerning the cities which ye shall give of the possession of the children of Israel, from the many ye shall take many, and from the few ye shall take few; each tribe according to its inheritance which it inheriteth shall give of its cities unto the Levites.'

[9] And the LORD spoke unto Moses, saying: [10] 'Speak unto the children of Israel, and say unto them: When ye pass over the Jordan into the land of Canaan, [11] then ye shall appoint you cities to be cities of refuge for you, that the manslayer that killeth any person through error may flee thither [12] And the cities shall be unto you for refuge from the avenger, that the manslayer die not, until he stand before the congregation for judgment. [13] And as to the cities which ye shall give, there shall be for

נַפְתָּלִי נָשִׂיא פְּדַהְאֵל בֶּן־עַמִּיהוּד׃ 29 אֵלֶּה
אֲשֶׁר צִוָּה יְהוָה לְנַחֵל אֶת־בְּנֵי־יִשְׂרָאֵל
בְּאֶרֶץ כְּנָעַן׃ פ
35 וַיְדַבֵּר יְהוָה אֶל־מֹשֶׁה בְּעַרְבֹת
מוֹאָב עַל־יַרְדֵּן יְרֵחוֹ לֵאמֹר׃ 2 צַו אֶת־בְּנֵי
יִשְׂרָאֵל וְנָתְנוּ לַלְוִיִּם מִנַּחֲלַת אֲחֻזָּתָם
עָרִים לָשָׁבֶת וּמִגְרָשׁ לֶעָרִים סְבִיבֹתֵיהֶם
תִּתְּנוּ לַלְוִיִּם׃ 3 וְהָיוּ הֶעָרִים לָהֶם לָשָׁבֶת
וּמִגְרְשֵׁיהֶם יִהְיוּ לִבְהֶמְתָּם וְלִרְכֻשָׁם
וּלְכֹל חַיָּתָם׃ 4 וּמִגְרְשֵׁי הֶעָרִים אֲשֶׁר
תִּתְּנוּ לַלְוִיִּם מִקִּיר הָעִיר וָחוּצָה אֶלֶף
אַמָּה סָבִיב׃ 5 וּמַדֹּתֶם מִחוּץ לָעִיר אֶת־
פְּאַת־קֵדְמָה אַלְפַּיִם בָּאַמָּה וְאֶת־פְּאַת־
נֶגֶב אַלְפַּיִם בָּאַמָּה וְאֶת־פְּאַת־יָם ׀
אַלְפַּיִם בָּאַמָּה וְאֵת פְּאַת צָפוֹן אַלְפַּיִם
בָּאַמָּה וְהָעִיר בַּתָּוֶךְ זֶה יִהְיֶה לָהֶם מִגְרְשֵׁי
הֶעָרִים׃ 6 וְאֵת הֶעָרִים אֲשֶׁר תִּתְּנוּ לַלְוִיִּם
אֵת שֵׁשׁ־עָרֵי הַמִּקְלָט אֲשֶׁר תִּתְּנוּ לָנֻס
שָׁמָּה הָרֹצֵחַ וַעֲלֵיהֶם תִּתְּנוּ אַרְבָּעִים
וּשְׁתַּיִם עִיר׃ 7 כָּל־הֶעָרִים אֲשֶׁר תִּתְּנוּ
לַלְוִיִּם אַרְבָּעִים וּשְׁמֹנֶה עִיר אֶתְהֶן וְאֶת־
מִגְרְשֵׁיהֶן׃ 8 וְהֶעָרִים אֲשֶׁר תִּתְּנוּ מֵאֲחֻזַּת
בְּנֵי־יִשְׂרָאֵל מֵאֵת הָרַב תַּרְבּוּ וּמֵאֵת
הַמְעַט תַּמְעִיטוּ אִישׁ כְּפִי נַחֲלָתוֹ אֲשֶׁר
יִנְחָלוּ יִתֵּן מֵעָרָיו לַלְוִיִּם׃ פ
9 וַיְדַבֵּר יְהוָה אֶל־מֹשֶׁה לֵּאמֹר׃ 10 דַּבֵּר
אֶל־בְּנֵי יִשְׂרָאֵל וְאָמַרְתָּ אֲלֵהֶם כִּי אַתֶּם
עֹבְרִים אֶת־הַיַּרְדֵּן אַרְצָה כְּנָעַן׃
11 וְהִקְרִיתֶם לָכֶם עָרִים עָרֵי מִקְלָט
תִּהְיֶינָה לָכֶם וְנָס שָׁמָּה רֹצֵחַ מַכֵּה־נֶפֶשׁ
בִּשְׁגָגָה׃ 12 וְהָיוּ לָכֶם הֶעָרִים לְמִקְלָט
מִגֹּאֵל וְלֹא יָמוּת הָרֹצֵחַ עַד־עָמְדוֹ לִפְנֵי
הָעֵדָה לַמִּשְׁפָּט׃ 13 וְהֶעָרִים אֲשֶׁר תִּתֵּנוּ

you six cities of refuge. [14] Ye shall give three cities beyond the Jordan, and three cities shall ye give in the land of Canaan; they shall be cities of refuge. [15] For the children of Israel, and for the stranger and for the settler among them, shall these six cities be for refuge, that every one that killeth any person through error may flee thither. [16] But if he smote him with an instrument of iron, so that he died, he is a murderer; the murderer shall surely be put to death. [17] And if he smote him with a stone in the hand, whereby a man may die, and he died, he is a murderer, the murderer shall surely be put to death. [18] Or if he smote him with a weapon of wood in the hand, whereby a man may die, and he died, he is a murderer; the murderer shall surely be put to death. [19] The avenger of blood shall himself put the murderer to death; when he meeteth him, he shall put him to death. [20] And if he thrust him of hatred, or hurled at him any thing, lying in wait, so that he died; [21] or in enmity smote him with his hand, that he died; he that smote him shall surely be put to death: he is a murderer; the avenger of blood shall put the murderer to death when he meeteth him. [22] But if he thrust him suddenly without enmity, or hurled upon him any thing without lying in wait, [23] or with any stone, whereby a man may die, seeing him not, and cast it upon him, so that he died, and he was not his enemy, neither sought his harm; [24] then the congregation shall judge between the smiter and the avenger of blood according to these ordinances; [25] and the congregation shall deliver the manslayer out of the hand of the avenger of blood, and the congregation shall restore him to his city of refuge, whither he was fled; and he shall dwell therein until the death of the high priest, who was anointed with the holy oil. [26] But if the manslayer shall at any time go beyond the border of his city of refuge, whither he fleeth; [27] and the avenger of blood find him without the border of his city of refuge, and the avenger of blood slay the manslayer; there shall be no bloodguiltiness for him; [28] because he must remain in his city of refuge until the death of the high priest; but after the death of the high priest the manslayer may return into the land of

שֵׁשׁ־עָרֵי מִקְלָט תִּהְיֶינָה לָכֶם׃ 14 אֵת ׀
שְׁלֹשׁ הֶעָרִים תִּתְּנוּ מֵעֵבֶר לַיַּרְדֵּן וְאֵת
שְׁלֹשׁ הֶעָרִים תִּתְּנוּ בְּאֶרֶץ כְּנָעַן עָרֵי
מִקְלָט תִּהְיֶינָה׃ 15 לִבְנֵי יִשְׂרָאֵל וְלַגֵּר
וְלַתּוֹשָׁב בְּתוֹכָם תִּהְיֶינָה שֵׁשׁ־הֶעָרִים
הָאֵלֶּה לְמִקְלָט לָנוּס שָׁמָּה כָּל־מַכֵּה־נֶפֶשׁ
בִּשְׁגָגָה׃ 16 וְאִם־בִּכְלִי בַרְזֶל ׀ הִכָּהוּ וַיָּמֹת
רֹצֵחַ הוּא מוֹת יוּמַת הָרֹצֵחַ׃ 17 וְאִם בְּאֶבֶן
יָד אֲשֶׁר־יָמוּת בָּהּ הִכָּהוּ וַיָּמֹת רֹצֵחַ הוּא
מוֹת יוּמַת הָרֹצֵחַ׃ 18 אוֹ בִּכְלִי עֵץ־יָד
אֲשֶׁר־יָמוּת בּוֹ הִכָּהוּ וַיָּמֹת רֹצֵחַ הוּא מוֹת
יוּמַת הָרֹצֵחַ׃ 19 גֹּאֵל הַדָּם הוּא יָמִית
אֶת־הָרֹצֵחַ בְּפִגְעוֹ־בוֹ הוּא יְמִתֶנּוּ׃
20 וְאִם־בְּשִׂנְאָה יֶהְדָּפֶנּוּ אוֹ־הִשְׁלִיךְ עָלָיו
בִּצְדִיָּה וַיָּמֹת׃ 21 אוֹ בְאֵיבָה הִכָּהוּ בְיָדוֹ
וַיָּמֹת מוֹת־יוּמַת הַמַּכֶּה רֹצֵחַ הוּא גֹּאֵל
הַדָּם יָמִית אֶת־הָרֹצֵחַ בְּפִגְעוֹ־בוֹ׃ 22 וְאִם־
בְּפֶתַע בְּלֹא־אֵיבָה הֲדָפוֹ אוֹ־הִשְׁלִיךְ עָלָיו
כָּל־כְּלִי בְּלֹא צְדִיָּה׃ 23 אוֹ בְכָל־אֶבֶן
אֲשֶׁר־יָמוּת בָּהּ בְּלֹא רְאוֹת וַיַּפֵּל עָלָיו
וַיָּמֹת וְהוּא לֹא־אוֹיֵב לוֹ וְלֹא מְבַקֵּשׁ
רָעָתוֹ׃ 24 וְשָׁפְטוּ הָעֵדָה בֵּין הַמַּכֶּה וּבֵין
גֹּאֵל הַדָּם עַל הַמִּשְׁפָּטִים הָאֵלֶּה׃
25 וְהִצִּילוּ הָעֵדָה אֶת־הָרֹצֵחַ מִיַּד גֹּאֵל
הַדָּם וְהֵשִׁיבוּ אֹתוֹ הָעֵדָה אֶל־עִיר מִקְלָטוֹ
אֲשֶׁר־נָס שָׁמָּה וְיָשַׁב בָּהּ עַד־מוֹת הַכֹּהֵן
הַגָּדֹל אֲשֶׁר־מָשַׁח אֹתוֹ בְּשֶׁמֶן הַקֹּדֶשׁ׃
26 וְאִם־יָצֹא יֵצֵא הָרֹצֵחַ אֶת־גְּבוּל עִיר
מִקְלָטוֹ אֲשֶׁר יָנוּס שָׁמָּה׃ 27 וּמָצָא אֹתוֹ
גֹּאֵל הַדָּם מִחוּץ לִגְבוּל עִיר מִקְלָטוֹ וְרָצַח
גֹּאֵל הַדָּם אֶת־הָרֹצֵחַ אֵין לוֹ דָּם׃ 28 כִּי
בְעִיר מִקְלָטוֹ יֵשֵׁב עַד־מוֹת הַכֹּהֵן הַגָּדֹל
וְאַחֲרֵי מוֹת הַכֹּהֵן הַגָּדֹל יָשׁוּב הָרֹצֵחַ

his possession. [29] And these things shall be for a statute of judgment unto you throughout your generations in all your dwellings. [30] Whoso killeth any person, the murderer shall be slain at the mouth of witnesses; but one witness shall not testify against any person that he die. [31] Moreover ye shall take no ransom for the life of a murderer, that is guilty of death; but he shall surely be put to death. [32] And ye shall take no ransom for him that is fled to his city of refuge, that he should come again to dwell in the land, until the death of the priest. [33] So ye shall not pollute the land wherein ye are; for blood, it polluteth the land; and no expiation can be made for the land for the blood that is shed therein, but by the blood of him that shed it. [34] And thou shalt not defile the land which ye inhabit, in the midst of which I dwell; for I the LORD dwell in the midst of the children of Israel.'

36 And the heads of the fathers' houses of the family of the children of Gilead, the son of Machir, the son of Manasseh, of the families of the sons of Joseph, came near, and spoke before Moses, and before the princes, the heads of the fathers' houses of the children of Israel; [2] and they said: 'The LORD commanded my lord to give the land for inheritance by lot to the children of Israel; and my lord was commanded by the LORD to give the inheritance of Zelophehad our brother unto his daughters. [3] And if they be married to any of the sons of the other tribes of the children of Israel, then will their inheritance be taken away from the inheritance of our fathers, and will be added to the inheritance of the tribe whereunto they shall belong; so will it be taken away from the lot of our inheritance. [4] And when the jubilee of the children of Israel shall be, then will their inheritance be added unto the inheritance of the tribe whereunto they shall belong; so will their inheritance be taken away from the inheritance of the tribe of our fathers.' [5] And Moses commanded the children of Israel according to the word of the LORD, saying: 'The tribe of the sons of Joseph speaketh right. [6] This is the thing which the LORD hath commanded concerning the daughters of Zelophehad, saying: Let them be married to whom they think best; only into

אֶל־אֶרֶץ אֲחֻזָּתוֹ׃ 29 וְהָיוּ אֵלֶּה לָכֶם
לְחֻקַּת מִשְׁפָּט לְדֹרֹתֵיכֶם בְּכֹל
מוֹשְׁבֹתֵיכֶם׃ 30 כָּל־מַכֵּה־נֶפֶשׁ לְפִי עֵדִים
יִרְצַח אֶת־הָרֹצֵחַ וְעֵד אֶחָד לֹא־יַעֲנֶה
בְנֶפֶשׁ לָמוּת׃ 31 וְלֹא־תִקְחוּ כֹפֶר לְנֶפֶשׁ
רֹצֵחַ אֲשֶׁר־הוּא רָשָׁע לָמוּת כִּי־מוֹת
יוּמָת׃ 32 וְלֹא־תִקְחוּ כֹפֶר לָנוּס אֶל־עִיר
מִקְלָטוֹ לָשׁוּב לָשֶׁבֶת בָּאָרֶץ עַד־מוֹת
הַכֹּהֵן׃ 33 וְלֹא־תַחֲנִיפוּ אֶת־הָאָרֶץ אֲשֶׁר
אַתֶּם בָּהּ כִּי הַדָּם הוּא יַחֲנִיף אֶת־הָאָרֶץ
וְלָאָרֶץ לֹא־יְכֻפַּר לַדָּם אֲשֶׁר שֻׁפַּךְ־בָּהּ
כִּי־אִם בְּדַם שֹׁפְכוֹ׃ 34 וְלֹא תְטַמֵּא אֶת־
הָאָרֶץ אֲשֶׁר אַתֶּם יֹשְׁבִים בָּהּ אֲשֶׁר אֲנִי
שֹׁכֵן בְּתוֹכָהּ כִּי אֲנִי יְהוָה שֹׁכֵן בְּתוֹךְ בְּנֵי
יִשְׂרָאֵל׃ פ

36 וַיִּקְרְבוּ רָאשֵׁי הָאָבוֹת לְמִשְׁפַּחַת
בְנֵי־גִלְעָד בֶּן־מָכִיר בֶּן־מְנַשֶּׁה מִמִּשְׁפְּחֹת
בְּנֵי יוֹסֵף וַיְדַבְּרוּ לִפְנֵי מֹשֶׁה וְלִפְנֵי
הַנְּשִׂאִים רָאשֵׁי אָבוֹת לִבְנֵי יִשְׂרָאֵל׃
2 וַיֹּאמְרוּ אֶת־אֲדֹנִי צִוָּה יְהוָה לָתֵת אֶת־
הָאָרֶץ בְּנַחֲלָה בְּגוֹרָל לִבְנֵי יִשְׂרָאֵל וַאדֹנִי
צֻוָּה בַיהוָה לָתֵת אֶת־נַחֲלַת צְלָפְחָד
אָחִינוּ לִבְנֹתָיו׃ 3 וְהָיוּ לְאֶחָד מִבְּנֵי שִׁבְטֵי
בְנֵי־יִשְׂרָאֵל לְנָשִׁים וְנִגְרְעָה נַחֲלָתָן
מִנַּחֲלַת אֲבֹתֵינוּ וְנוֹסַף עַל נַחֲלַת הַמַּטֶּה
אֲשֶׁר תִּהְיֶינָה לָהֶם וּמִגֹּרַל נַחֲלָתֵנוּ יִגָּרֵעַ׃
4 וְאִם־יִהְיֶה הַיֹּבֵל לִבְנֵי יִשְׂרָאֵל וְנוֹסְפָה
נַחֲלָתָן עַל נַחֲלַת הַמַּטֶּה אֲשֶׁר תִּהְיֶינָה
לָהֶם וּמִנַּחֲלַת מַטֵּה אֲבֹתֵינוּ יִגָּרַע נַחֲלָתָן׃
5 וַיְצַו מֹשֶׁה אֶת־בְּנֵי יִשְׂרָאֵל עַל־פִּי יְהוָה
לֵאמֹר כֵּן מַטֵּה בְנֵי־יוֹסֵף דֹּבְרִים׃ 6 זֶה
הַדָּבָר אֲשֶׁר־צִוָּה יְהוָה לִבְנוֹת צְלָפְחָד
לֵאמֹר לַטּוֹב בְּעֵינֵיהֶם תִּהְיֶינָה לְנָשִׁים

the family of the tribe of their father shall they be married. [7] So shall no inheritance of the children of Israel remove from tribe to tribe; for the children of Israel shall cleave every one to the inheritance of the tribe of his father. [8] And every daughter, that possesseth an inheritance in any tribe of the children of Israel, shall be wife unto one of the family of the tribe of her father, that the children of Israel may possess every man the inheritance of his fathers. [9] So shall no inheritance remove from one tribe to another tribe; for the tribes of the children of Israel shall cleave each one to its own inheritance.' [10] Even as the LORD commanded Moses, so did the daughters of Zelophehad. [11] For Mahlah, Tirzah, and Hoglah, and Milcah, and Noah, the daughters of Zelophehad, were married unto their father's brothers' sons. [12] They were married into the families of the sons of Manasseh the son of Joseph, and their inheritance remained in the tribe of the family of their father.

[13] These are the commandments and the ordinances, which the LORD commanded by the hand of Moses unto the children of Israel in the plains of Moab by the Jordan at Jericho.

אַךְ לְמִשְׁפַּחַת מַטֵּה אֲבִיהֶם תִּהְיֶינָה
לְנָשִׁים׃ 7 וְלֹא־תִסֹּב נַחֲלָה לִבְנֵי יִשְׂרָאֵל
מִמַּטֶּה אֶל־מַטֶּה כִּי אִישׁ בְּנַחֲלַת מַטֵּה
אֲבֹתָיו יִדְבְּקוּ בְּנֵי יִשְׂרָאֵל׃ 8 וְכָל־בַּת
יֹרֶשֶׁת נַחֲלָה מִמַּטּוֹת בְּנֵי יִשְׂרָאֵל לְאֶחָד
מִמִּשְׁפַּחַת מַטֵּה אָבִיהָ תִּהְיֶה לְאִשָּׁה
לְמַעַן יִירְשׁוּ בְּנֵי יִשְׂרָאֵל אִישׁ נַחֲלַת
אֲבֹתָיו׃ 9 וְלֹא־תִסֹּב נַחֲלָה מִמַּטֶּה לְמַטֶּה
אַחֵר כִּי־אִישׁ בְּנַחֲלָתוֹ יִדְבְּקוּ מַטּוֹת בְּנֵי
יִשְׂרָאֵל׃ 10 כַּאֲשֶׁר צִוָּה יְהוָה אֶת־מֹשֶׁה
כֵּן עָשׂוּ בְּנוֹת צְלָפְחָד׃ 11 וַתִּהְיֶינָה מַחְלָה
תִרְצָה וְחָגְלָה וּמִלְכָּה וְנֹעָה בְּנוֹת צְלָפְחָד
לִבְנֵי דֹדֵיהֶן לְנָשִׁים׃ 12 מִמִּשְׁפְּחֹת בְּנֵי־
מְנַשֶּׁה בֶן־יוֹסֵף הָיוּ לְנָשִׁים וַתְּהִי נַחֲלָתָן
עַל־מַטֵּה מִשְׁפַּחַת אֲבִיהֶן׃ 13 אֵלֶּה
הַמִּצְוֹת וְהַמִּשְׁפָּטִים אֲשֶׁר צִוָּה יְהוָה
בְּיַד־מֹשֶׁה אֶל־בְּנֵי יִשְׂרָאֵל בְּעַרְבֹת מוֹאָב
עַל יַרְדֵּן יְרֵחוֹ׃

DEUTERONOMY

דברים

1 These are the words which Moses spoke unto all Israel beyond the Jordan; in the wilderness, in the Arabah, over against Suph, between Paran and Tophel, and Laban, and Hazeroth, and Di-zahab. [2] It is eleven days' journey from Horeb unto Ka-desh-barnea by the way of mount Seir. [3] And it came to pass in the fortieth year, in the eleventh month, on the first day of the month, that Moses spoke unto the children of Israel, according unto all that the Lord had given him in commandment unto them; [4] after he had smitten Sihon the king of the Amorites, who dwelt in Heshbon, and Og the king of Bashan, who dwelt in Ashtaroth, at Edrei; [5] beyond the Jordan, in the land of Moab, took Moses upon him to expound this law, saying:

[6] The Lord our God spoke unto us in Horeb, saying: 'Ye have dwelt long enough in this mountain; [7] turn you, and take your journey, and go to the hill-country of the Amorites and unto all the places nigh thereunto, in the Arabah, in the hill-country, and in the Lowland, and in the South, and by the sea-shore; the land of the Canaanites, and Lebanon, as far as the great river, the river Euphrates. [8] Behold, I have set the land before you: go in and possess the land which the Lord swore unto your fathers, to Abraham, to Isaac, and to Jacob, to give unto them and to their seed after them.'

[9] And I spoke unto you at that time, saying: 'I am not able to bear you myself alone; [10] the Lord your God hath multiplied you, and, behold, ye are this day as the stars of heaven for multitude.—[11] The Lord, the God of your fathers, make you a thousand times so many more as ye are, and bless you, as He hath promised you—[12] How can I myself alone bear your cumbrance, and your burden, and your strife?

1 אֵלֶּה הַדְּבָרִים אֲשֶׁר דִּבֶּר מֹשֶׁה
אֶל־כָּל־יִשְׂרָאֵל בְּעֵבֶר הַיַּרְדֵּן בַּמִּדְבָּר
בָּעֲרָבָה מוֹל סוּף בֵּין־פָּארָן וּבֵין־תֹּפֶל
וְלָבָן וַחֲצֵרֹת וְדִי זָהָב׃ 2 אַחַד עָשָׂר יוֹם
מֵחֹרֵב דֶּרֶךְ הַר־שֵׂעִיר עַד קָדֵשׁ בַּרְנֵעַ׃
3 וַיְהִי בְּאַרְבָּעִים שָׁנָה בְּעַשְׁתֵּי־עָשָׂר חֹדֶשׁ
בְּאֶחָד לַחֹדֶשׁ דִּבֶּר מֹשֶׁה אֶל־בְּנֵי יִשְׂרָאֵל
כְּכֹל אֲשֶׁר צִוָּה יְהוָה אֹתוֹ אֲלֵהֶם׃ 4 אַחֲרֵי
הַכֹּתוֹ אֵת סִיחֹן מֶלֶךְ הָאֱמֹרִי אֲשֶׁר יוֹשֵׁב
בְּחֶשְׁבּוֹן וְאֵת עוֹג מֶלֶךְ הַבָּשָׁן אֲשֶׁר־יוֹשֵׁב
בְּעַשְׁתָּרֹת בְּאֶדְרֶעִי׃ 5 בְּעֵבֶר הַיַּרְדֵּן בְּאֶרֶץ
מוֹאָב הוֹאִיל מֹשֶׁה בֵּאֵר אֶת־הַתּוֹרָה
הַזֹּאת לֵאמֹר׃ 6 יְהוָה אֱלֹהֵינוּ דִּבֶּר אֵלֵינוּ
בְּחֹרֵב לֵאמֹר רַב־לָכֶם שֶׁבֶת בָּהָר הַזֶּה׃
7 פְּנוּ ׀ וּסְעוּ לָכֶם וּבֹאוּ הַר הָאֱמֹרִי
וְאֶל־כָּל־שְׁכֵנָיו בָּעֲרָבָה בָהָר וּבַשְּׁפֵלָה
וּבַנֶּגֶב וּבְחוֹף הַיָּם אֶרֶץ הַכְּנַעֲנִי וְהַלְּבָנוֹן
עַד־הַנָּהָר הַגָּדֹל נְהַר־פְּרָת׃ 8 רְאֵה נָתַתִּי
לִפְנֵיכֶם אֶת־הָאָרֶץ בֹּאוּ וּרְשׁוּ אֶת־הָאָרֶץ
אֲשֶׁר נִשְׁבַּע יְהוָה לַאֲבֹתֵיכֶם לְאַבְרָהָם
לְיִצְחָק וּלְיַעֲקֹב לָתֵת לָהֶם וּלְזַרְעָם
אַחֲרֵיהֶם׃ 9 וָאֹמַר אֲלֵכֶם בָּעֵת הַהִוא
לֵאמֹר לֹא־אוּכַל לְבַדִּי שְׂאֵת אֶתְכֶם׃
10 יְהוָה אֱלֹהֵיכֶם הִרְבָּה אֶתְכֶם וְהִנְּכֶם
הַיּוֹם כְּכוֹכְבֵי הַשָּׁמַיִם לָרֹב׃ 11 יְהוָה
אֱלֹהֵי אֲבוֹתֵכֶם יֹסֵף עֲלֵיכֶם כָּכֶם אֶלֶף
פְּעָמִים וִיבָרֵךְ אֶתְכֶם כַּאֲשֶׁר דִּבֶּר לָכֶם׃
12 אֵיכָה אֶשָּׂא לְבַדִּי טָרְחֲכֶם וּמַשַּׂאֲכֶם

[13] Get you, from each one of your tribes, wise men, and understanding, and full of knowledge, and I will make them head over you.' [14] And ye answered me, and said: 'The thing which thou hast spoken is good for us to do.' [15] So I took the heads of your tribes, wise men, and full of knowledge, and made them heads over you, captains of thousands, and captains of hundreds, and captains of fifties, and captains of tens, and officers, tribe by tribe. [16] And I charged your judges at that time, saying: 'Hear the causes between your brethren, and judge righteously between a man and his brother, and the stranger that is with him. [17] Ye shall not respect persons in judgment; ye shall hear the small and the great alike; ye shall not be afraid of the face of any man; for the judgment is God's; and the cause that is too hard for you ye shall bring unto me, and I will hear it.' [18] And I commanded you at that time all the things which ye should do.

[19] And we journeyed from Horeb, and went through all that great and dreadful wilderness which ye saw, by the way to the hill-country of the Amorites, as the Lord our God commanded us; and we came to Kadesh-barnea. [20] And I said unto you: 'Ye are come unto the hill-country of the Amorites, which the Lord our God giveth unto us. [21] Behold, the Lord thy God hath set the land before thee; go up, take possession, as the Lord, the God of thy fathers, hath spoken unto thee; fear not, neither be dismayed.' [22] And ye came near unto me every one of you, and said: 'Let us send men before us, that they may search the land for us, and bring us back word of the way by which we must go up, and the cities unto which we shall come.' [23] And the thing pleased me well; and I took twelve men of you, one man for every tribe; [24] and they turned and went up into the mountains, and came unto the valley of Eshcol, and spied it out. [25] And they took of the fruit of the land in their hands, and brought it down unto us, and brought us back word, and

וְרִיבְכֶם׃ 13 הָבוּ לָכֶם אֲנָשִׁים חֲכָמִים
וּנְבֹנִים וִידֻעִים לְשִׁבְטֵיכֶם וַאֲשִׂימֵם
בְּרָאשֵׁיכֶם׃ 14 וַתַּעֲנוּ אֹתִי וַתֹּאמְרוּ טוֹב־
הַדָּבָר אֲשֶׁר־דִּבַּרְתָּ לַעֲשׂוֹת׃ 15 וָאֶקַּח אֶת־
רָאשֵׁי שִׁבְטֵיכֶם אֲנָשִׁים חֲכָמִים וִידֻעִים
וָאֶתֵּן אוֹתָם רָאשִׁים עֲלֵיכֶם שָׂרֵי אֲלָפִים
וְשָׂרֵי מֵאוֹת וְשָׂרֵי חֲמִשִּׁים וְשָׂרֵי עֲשָׂרֹת
וְשֹׁטְרִים לְשִׁבְטֵיכֶם׃ 16 וָאֲצַוֶּה אֶת־
שֹׁפְטֵיכֶם בָּעֵת הַהִוא לֵאמֹר שָׁמֹעַ בֵּין־
אֲחֵיכֶם וּשְׁפַטְתֶּם צֶדֶק בֵּין־אִישׁ וּבֵין־
אָחִיו וּבֵין גֵּרוֹ׃ 17 לֹא־תַכִּירוּ פָנִים
בַּמִּשְׁפָּט כַּקָּטֹן כַּגָּדֹל תִּשְׁמָעוּן לֹא תָגוּרוּ
מִפְּנֵי־אִישׁ כִּי הַמִּשְׁפָּט לֵאלֹהִים הוּא
וְהַדָּבָר אֲשֶׁר יִקְשֶׁה מִכֶּם תַּקְרִבוּן אֵלַי
וּשְׁמַעְתִּיו׃ 18 וָאֲצַוֶּה אֶתְכֶם בָּעֵת הַהִוא
אֵת כָּל־הַדְּבָרִים אֲשֶׁר תַּעֲשׂוּן׃ 19 וַנִּסַּע
מֵחֹרֵב וַנֵּלֶךְ אֵת כָּל־הַמִּדְבָּר הַגָּדוֹל
וְהַנּוֹרָא הַהוּא אֲשֶׁר רְאִיתֶם דֶּרֶךְ הַר
הָאֱמֹרִי כַּאֲשֶׁר צִוָּה יְהוָה אֱלֹהֵינוּ אֹתָנוּ
וַנָּבֹא עַד קָדֵשׁ בַּרְנֵעַ׃ 20 וָאֹמַר אֲלֵכֶם
בָּאתֶם עַד־הַר הָאֱמֹרִי אֲשֶׁר־יְהוָה
אֱלֹהֵינוּ נֹתֵן לָנוּ׃ 21 רְאֵה נָתַן יְהוָה אֱלֹהֶיךָ
לְפָנֶיךָ אֶת־הָאָרֶץ עֲלֵה רֵשׁ כַּאֲשֶׁר דִּבֶּר
יְהוָה אֱלֹהֵי אֲבֹתֶיךָ לָךְ אַל־תִּירָא וְאַל־
תֵּחָת׃ 22 וַתִּקְרְבוּן אֵלַי כֻּלְּכֶם וַתֹּאמְרוּ
נִשְׁלְחָה אֲנָשִׁים לְפָנֵינוּ וְיַחְפְּרוּ־לָנוּ אֶת־
הָאָרֶץ וְיָשִׁבוּ אֹתָנוּ דָּבָר אֶת־הַדֶּרֶךְ אֲשֶׁר
נַעֲלֶה־בָּהּ וְאֵת הֶעָרִים אֲשֶׁר נָבֹא אֲלֵיהֶן׃
23 וַיִּיטַב בְּעֵינַי הַדָּבָר וָאֶקַּח מִכֶּם שְׁנֵים
עָשָׂר אֲנָשִׁים אִישׁ אֶחָד לַשָּׁבֶט׃ 24 וַיִּפְנוּ
וַיַּעֲלוּ הָהָרָה וַיָּבֹאוּ עַד־נַחַל אֶשְׁכֹּל
וַיְרַגְּלוּ אֹתָהּ׃ 25 וַיִּקְחוּ בְיָדָם מִפְּרִי הָאָרֶץ
וַיּוֹרִדוּ אֵלֵינוּ וַיָּשִׁבוּ אֹתָנוּ דָבָר וַיֹּאמְרוּ

said: 'Good is the land which the LORD our God giveth unto us.' [26] Yet ye would not go up, but rebelled against the commandment of the LORD your God; [27] and ye murmured in your tents, and said: 'Because the LORD hated us, He hath brought us forth out of the land of Egypt, to deliver us into the hand of the Amorites, to destroy us. [28] Whither are we going up? our brethren have made our heart to melt, saying: The people is greater and taller than we; the cities are great and fortified up to heaven; and moreover we have seen the sons of the Anakim there.' [29] Then I said unto you: 'Dread not, neither be afraid of them. [30] The LORD your God who goeth before you, He shall fight for you, according to all that He did for you in Egypt before your eyes; [31] and in the wilderness, where thou hast seen how that the LORD thy God bore thee, as a man doth bear his son, in all the way that ye went, until ye came unto this place. [32] Yet in this thing ye do not believe the LORD your God, [33] who went before you in the way, to seek you out a place to pitch your tents in: in fire by night, to show you by what way ye should go, and in the cloud by day.'

[34] And the LORD heard the voice of your words, and was wroth, and swore, saying: [35] 'Surely there shall not one of these men, even this evil generation, see the good land, which I swore to give unto your fathers, [36] save Caleb the son of Jephunneh, he shall see it; and to him will I give the land that he hath trodden upon, and to his children; because he hath wholly followed the LORD.' [37] Also the LORD was angry with me for your sakes, saying: 'Thou also shalt not go in thither; [38] Joshua the son of Nun, who standeth before thee, he shall go in thither; encourage thou him, for he shall cause Israel to inherit it. [39] Moreover your little ones, that ye said should be a prey, and your children, that this day have no knowledge of good or evil, they shall go in thither, and unto them will I give it, and

טוֹבָה הָאָרֶץ אֲשֶׁר־יְהוָה אֱלֹהֵינוּ נֹתֵן לָנוּ׃
26 וְלֹא אֲבִיתֶם לַעֲלֹת וַתַּמְרוּ אֶת־פִּי
יְהוָה אֱלֹהֵיכֶם׃ 27 וַתֵּרָגְנוּ בְאָהֳלֵיכֶם
וַתֹּאמְרוּ בְּשִׂנְאַת יְהוָה אֹתָנוּ הוֹצִיאָנוּ
מֵאֶרֶץ מִצְרָיִם לָתֵת אֹתָנוּ בְּיַד הָאֱמֹרִי
לְהַשְׁמִידֵנוּ׃ 28 אָנָה ׀ אֲנַחְנוּ עֹלִים אַחֵינוּ
הֵמַסּוּ אֶת־לְבָבֵנוּ לֵאמֹר עַם גָּדוֹל וָרָם
מִמֶּנּוּ עָרִים גְּדֹלֹת וּבְצוּרֹת בַּשָּׁמָיִם וְגַם־
בְּנֵי עֲנָקִים רָאִינוּ שָׁם׃ 29 וָאֹמַר אֲלֵכֶם
לֹא־תַעַרְצוּן וְלֹא־תִירְאוּן מֵהֶם׃ 30 יְהוָה
אֱלֹהֵיכֶם הַהֹלֵךְ לִפְנֵיכֶם הוּא יִלָּחֵם לָכֶם
כְּכֹל אֲשֶׁר עָשָׂה אִתְּכֶם בְּמִצְרַיִם
לְעֵינֵיכֶם׃ 31 וּבַמִּדְבָּר אֲשֶׁר רָאִיתָ אֲשֶׁר
נְשָׂאֲךָ יְהוָה אֱלֹהֶיךָ כַּאֲשֶׁר יִשָּׂא־אִישׁ
אֶת־בְּנוֹ בְּכָל־הַדֶּרֶךְ אֲשֶׁר הֲלַכְתֶּם עַד־
בֹּאֲכֶם עַד־הַמָּקוֹם הַזֶּה׃ 32 וּבַדָּבָר הַזֶּה
אֵינְכֶם מַאֲמִינִם בַּיהוָה אֱלֹהֵיכֶם׃
33 הַהֹלֵךְ לִפְנֵיכֶם בַּדֶּרֶךְ לָתוּר לָכֶם מָקוֹם
לַחֲנֹתְכֶם בָּאֵשׁ ׀ לַיְלָה לַרְאֹתְכֶם בַּדֶּרֶךְ
אֲשֶׁר תֵּלְכוּ־בָהּ וּבֶעָנָן יוֹמָם׃ 34 וַיִּשְׁמַע
יְהוָה אֶת־קוֹל דִּבְרֵיכֶם וַיִּקְצֹף וַיִּשָּׁבַע
לֵאמֹר׃ 35 אִם־יִרְאֶה אִישׁ בָּאֲנָשִׁים
הָאֵלֶּה הַדּוֹר הָרָע הַזֶּה אֵת הָאָרֶץ הַטּוֹבָה
אֲשֶׁר נִשְׁבַּעְתִּי לָתֵת לַאֲבֹתֵיכֶם׃ 36 זוּלָתִי
כָּלֵב בֶּן־יְפֻנֶּה הוּא יִרְאֶנָּה וְלוֹ־אֶתֵּן אֶת־
הָאָרֶץ אֲשֶׁר דָּרַךְ־בָּהּ וּלְבָנָיו יַעַן אֲשֶׁר
מִלֵּא אַחֲרֵי יְהוָה׃ 37 גַּם־בִּי הִתְאַנַּף יְהוָה
בִּגְלַלְכֶם לֵאמֹר גַּם־אַתָּה לֹא־תָבֹא שָׁם׃
38 יְהוֹשֻׁעַ בִּן־נוּן הָעֹמֵד לְפָנֶיךָ הוּא יָבֹא
שָׁמָּה אֹתוֹ חַזֵּק כִּי־הוּא יַנְחִלֶנָּה אֶת־
יִשְׂרָאֵל׃ 39 וְטַפְּכֶם אֲשֶׁר אֲמַרְתֶּם לָבַז
יִהְיֶה וּבְנֵיכֶם אֲשֶׁר לֹא־יָדְעוּ הַיּוֹם טוֹב
וָרָע הֵמָּה יָבֹאוּ שָׁמָּה וְלָהֶם אֶתְּנֶנָּה וְהֵם

they shall possess it. [40] But as for you, turn you, and take your journey into the wilderness by the way to the Red Sea.' [41] Then ye answered and said unto me: 'We have sinned against the LORD, we will go up and fight, according to all that the LORD our God commanded us.' And ye girded on every man his weapons of war, and deemed it a light thing to go up into the hill-country. [42] And the LORD said unto me: 'Say unto them: Go not up, neither fight; for I am not among you; lest ye be smitten before your enemies.' [43] So I spoke unto you, and ye hearkened not; but ye rebelled against the commandment of the LORD, and were presumptuous, and went up into the hill-country. [44] And the Amorites, that dwell in that hill-country, came out against you, and chased you, as bees do, and beat you down in Seir, even unto Hormah. [45] And ye returned and wept before the LORD; but the LORD hearkened not to your voice, nor gave ear unto you. [46] So ye abode in Kadesh many days, according unto the days that ye abode there.

2 Then we turned, and took our journey into the wilderness by the way to the Red Sea, as the LORD spoke unto me; and we compassed mount Seir many days.

[2] And the LORD spoke unto me, saying: [3] 'Ye have compassed this mountain long enough; turn you northward. [4] And command thou the people, saying: Ye are to pass through the border of your brethren the children of Esau, that dwell in Seir; and they will be afraid of you; take ye good heed unto yourselves therefore; [5] contend not with them; for I will not give you of their land, no, not so much as for the sole of the foot to tread on: because I have given mount Seir unto Esau for a possession. [6] Ye shall purchase food of them for money, that ye may eat; and ye shall also buy water of them for money, that ye may drink. [7] For the LORD thy God hath blessed thee in all the work of thy hand; He hath known thy walking through this great wilderness; these forty years the LORD thy God hath been with thee; thou hast lacked nothing.' [8] So we passed by from our brethren the children of Esau, that

יִירָשֽׁוּהָ׃ 40 וְאַתֶּם פְּנוּ לָכֶם וּסְעוּ
הַמִּדְבָּרָה דֶּרֶךְ יַם־סֽוּף׃ 41 וַתַּעֲנוּ ׀
וַתֹּאמְרוּ אֵלַי חָטָאנוּ לַיהוָה אֲנַחְנוּ נַעֲלֶה
וְנִלְחַמְנוּ כְּכֹל אֲשֶׁר־צִוָּנוּ יְהוָה אֱלֹהֵינוּ
וַתַּחְגְּרוּ אִישׁ אֶת־כְּלֵי מִלְחַמְתּוֹ וַתָּהִינוּ
לַעֲלֹת הָהָֽרָה׃ 42 וַיֹּאמֶר יְהוָה אֵלַי אֱמֹר
לָהֶם לֹא תַעֲלוּ וְלֹא־תִלָּחֲמוּ כִּי אֵינֶנִּי
בְּקִרְבְּכֶם וְלֹא תִּנָּגְפוּ לִפְנֵי אֹיְבֵיכֶֽם׃
43 וָאֲדַבֵּר אֲלֵיכֶם וְלֹא שְׁמַעְתֶּם וַתַּמְרוּ
אֶת־פִּי יְהוָה וַתָּזִדוּ וַתַּעֲלוּ הָהָֽרָה׃
44 וַיֵּצֵא הָאֱמֹרִי הַיֹּשֵׁב בָּהָר הַהוּא
לִקְרַאתְכֶם וַיִּרְדְּפוּ אֶתְכֶם כַּאֲשֶׁר
תַּעֲשֶׂינָה הַדְּבֹרִים וַיַּכְּתוּ אֶתְכֶם בְּשֵׂעִיר
עַד־חָרְמָֽה׃ 45 וַתָּשֻׁבוּ וַתִּבְכּוּ לִפְנֵי יְהוָה
וְלֹא־שָׁמַע יְהוָה בְּקֹלְכֶם וְלֹא הֶאֱזִין
אֲלֵיכֶֽם׃ 46 וַתֵּשְׁבוּ בְקָדֵשׁ יָמִים רַבִּים
כַּיָּמִים אֲשֶׁר יְשַׁבְתֶּֽם׃ 2 וַנֵּפֶן וַנִּסַּע
הַמִּדְבָּרָה דֶּרֶךְ יַם־סוּף כַּאֲשֶׁר דִּבֶּר יְהוָה
אֵלָי וַנָּסָב אֶת־הַר־שֵׂעִיר יָמִים
רַבִּֽים׃ ס 2 וַיֹּאמֶר יְהוָה אֵלַי לֵּאמֹֽר׃
3 רַב־לָכֶם סֹב אֶת־הָהָר הַזֶּה פְּנוּ לָכֶם
צָפֹֽנָה׃ 4 וְאֶת־הָעָם צַו לֵאמֹר אַתֶּם
עֹבְרִים בִּגְבוּל אֲחֵיכֶם בְּנֵי־עֵשָׂו הַיֹּשְׁבִים
בְּשֵׂעִיר וְיִירְאוּ מִכֶּם וְנִשְׁמַרְתֶּם מְאֹֽד׃
5 אַל־תִּתְגָּרוּ בָם כִּי לֹא־אֶתֵּן לָכֶם
מֵאַרְצָם עַד מִדְרַךְ כַּף־רָגֶל כִּי־יְרֻשָּׁה
לְעֵשָׂו נָתַתִּי אֶת־הַר שֵׂעִֽיר׃ 6 אֹכֶל
תִּשְׁבְּרוּ מֵאִתָּם בַּכֶּסֶף וַאֲכַלְתֶּם וְגַם־מַיִם
תִּכְרוּ מֵאִתָּם בַּכֶּסֶף וּשְׁתִיתֶֽם׃ 7 כִּי יְהוָה
אֱלֹהֶיךָ בֵּרַכְךָ בְּכֹל מַעֲשֵׂה יָדֶךָ יָדַע לֶכְתְּךָ
אֶת־הַמִּדְבָּר הַגָּדֹל הַזֶּה זֶה ׀ אַרְבָּעִים
שָׁנָה יְהוָה אֱלֹהֶיךָ עִמָּךְ לֹא חָסַרְתָּ דָּבָֽר׃
8 וַנַּעֲבֹר מֵאֵת אַחֵינוּ בְנֵי־עֵשָׂו הַיֹּשְׁבִים

dwell in Seir, from the way of the Arabah, from Elath and from Ezion-geber.

And we turned and passed by the way of the wilderness of Moab. [9] And the LORD said unto me: 'Be not at enmity with Moab, neither contend with them in battle; for I will not give thee of his land for a possession; because I have given Ar unto the children of Lot for a possession.—[10] The Emim dwelt therein aforetime, a people great, and many, and tall, as the Anakim; [11] these also are accounted Rephaim, as the Anakim; but the Moabites call them Emim. [12] And in Seir dwelt the Horites aforetime, but the children of Esau succeeded them; and they destroyed them from before them, and dwelt in their stead; as Israel did unto the land of his possession, which the LORD gave unto them.—[13] Now rise up, and get you over the brook Zered.' And we went over the brook Zered. [14] And the days in which we came from Kadesh-barnea, until we were come over the brook Zered, were thirty and eight years; until all the generation, even the men of war, were consumed from the midst of the camp, as the LORD swore unto them. [15] Moreover the hand of the LORD was against them, to discomfit them from the midst of the camp, until they were consumed.

[16] So it came to pass, when all the men of war were consumed and dead from among the people, [17] that the LORD spoke unto me, saying: [18] 'Thou art this day to pass over the border of Moab, even Ar; [19] and when thou comest nigh over against the children of Ammon, harass them not, nor contend with them; for I will not give thee of the land of the children of Ammon for a possession; because I have given it unto the children of Lot for a possession.—[20] That also is accounted a land of Rephaim: Rephaim dwelt therein aforetime; but the Ammonites call them Zamzummim, [21] a people great, and many, and tall, as the Anakim; but the LORD destroyed them before them; and they succeeded them, and dwelt in their stead; [22] as He did for the children of Esau, that dwell in Seir, when He destroyed the Horites from before them; and they succeeded them, and dwelt in their stead

בְּשֵׂעִיר מִדֶּרֶךְ הָעֲרָבָה מֵאֵילַת וּמֵעֶצְיֹן
גָּבֶר ס וַנֵּפֶן וַנַּעֲבֹר דֶּרֶךְ מִדְבַּר מוֹאָב׃
9 וַיֹּאמֶר יְהוָה אֵלַי אַל־תָּצַר אֶת־מוֹאָב
וְאַל־תִּתְגָּר בָּם מִלְחָמָה כִּי לֹא־אֶתֵּן לְךָ
מֵאַרְצוֹ יְרֻשָּׁה כִּי לִבְנֵי־לוֹט נָתַתִּי אֶת־עָר
יְרֻשָּׁה׃ 10 הָאֵמִים לְפָנִים יָשְׁבוּ בָהּ עַם
גָּדוֹל וְרַב וָרָם כָּעֲנָקִים׃ 11 רְפָאִים יֵחָשְׁבוּ
אַף־הֵם כָּעֲנָקִים וְהַמֹּאָבִים יִקְרְאוּ לָהֶם
אֵמִים׃ 12 וּבְשֵׂעִיר יָשְׁבוּ הַחֹרִים לְפָנִים
וּבְנֵי עֵשָׂו יִירָשׁוּם וַיַּשְׁמִידוּם מִפְּנֵיהֶם
וַיֵּשְׁבוּ תַּחְתָּם כַּאֲשֶׁר עָשָׂה יִשְׂרָאֵל לְאֶרֶץ
יְרֻשָּׁתוֹ אֲשֶׁר־נָתַן יְהוָה לָהֶם׃ 13 עַתָּה
קֻמוּ וְעִבְרוּ לָכֶם אֶת־נַחַל זָרֶד וַנַּעֲבֹר
אֶת־נַחַל זָרֶד׃ 14 וְהַיָּמִים אֲשֶׁר־הָלַכְנוּ ׀
מִקָּדֵשׁ בַּרְנֵעַ עַד אֲשֶׁר־עָבַרְנוּ אֶת־נַחַל
זֶרֶד שְׁלֹשִׁים וּשְׁמֹנֶה שָׁנָה עַד־תֹּם כָּל־
הַדּוֹר אַנְשֵׁי הַמִּלְחָמָה מִקֶּרֶב הַמַּחֲנֶה
כַּאֲשֶׁר נִשְׁבַּע יְהוָה לָהֶם׃ 15 וְגַם יַד־יְהוָה
הָיְתָה בָּם לְהֻמָּם מִקֶּרֶב הַמַּחֲנֶה עַד
תֻּמָּם׃ 16 וַיְהִי כַאֲשֶׁר־תַּמּוּ כָּל־אַנְשֵׁי
הַמִּלְחָמָה לָמוּת מִקֶּרֶב הָעָם׃ ס
17 וַיְדַבֵּר יְהוָה אֵלַי לֵאמֹר׃ 18 אַתָּה
עֹבֵר הַיּוֹם אֶת־גְּבוּל מוֹאָב אֶת־עָר׃
19 וְקָרַבְתָּ מוּל בְּנֵי עַמּוֹן אַל־תְּצֻרֵם וְאַל־
תִּתְגָּר בָּם כִּי לֹא־אֶתֵּן מֵאֶרֶץ בְּנֵי־עַמּוֹן
לְךָ יְרֻשָּׁה כִּי לִבְנֵי־לוֹט נְתַתִּיהָ יְרֻשָּׁה׃
20 אֶרֶץ־רְפָאִים תֵּחָשֵׁב אַף־הִוא רְפָאִים
יָשְׁבוּ־בָהּ לְפָנִים וְהָעַמֹּנִים יִקְרְאוּ לָהֶם
זַמְזֻמִּים׃ 21 עַם גָּדוֹל וְרַב וָרָם כָּעֲנָקִים
וַיַּשְׁמִידֵם יְהוָה מִפְּנֵיהֶם וַיִּירָשֻׁם וַיֵּשְׁבוּ
תַחְתָּם׃ 22 כַּאֲשֶׁר עָשָׂה לִבְנֵי עֵשָׂו
הַיֹּשְׁבִים בְּשֵׂעִיר אֲשֶׁר הִשְׁמִיד אֶת־הַחֹרִי
מִפְּנֵיהֶם וַיִּירָשֻׁם וַיֵּשְׁבוּ תַחְתָּם עַד הַיּוֹם

even unto this day; [23] and the Avvim, that dwelt in villages as far as Gaza, the Caphtorim, that came forth out of Caphtor, destroyed them, and dwelt in their stead.—[24] Rise ye up, take your journey, and pass over the valley of Arnon; behold, I have given into thy hand Sihon the Amorite, king of Heshbon, and his land; begin to possess it, and contend with him in battle. [25] This day will I begin to put the dread of thee and the fear of thee upon the peoples that are under the whole heaven, who, when they hear the report of thee, shall tremble, and be in anguish because of thee.'

[26] And I sent messengers out of the wilderness of Kedemoth unto Sihon king of Heshbon with words of peace, saying: [27] 'Let me pass through thy land; I will go along by the highway, I will neither turn unto the right hand nor to the left. [28] Thou shalt sell me food for money, that I may eat; and give me water for money, that I may drink; only let me pass through on my feet; [29] as the children of Esau that dwell in Seir, and the Moabites that dwell in Ar, did unto me; until I shall pass over the Jordan into the land which the LORD our God giveth us.' [30] But Sihon king of Heshbon would not let us pass by him; for the LORD thy God hardened his spirit, and made his heart obstinate, that He might deliver him into thy hand, as appeareth this day.

[31] And the LORD said unto me: 'Behold, I have begun to deliver up Sihon and his land before thee; begin to possess his land.' [32] Then Sihon came out against us, he and all his people, unto battle at Jahaz. [33] And the LORD our God delivered him up before us; and we smote him, and his sons, and all his people. [34] And we took all his cities at that time, and utterly destroyed every city, the men, and the women, and the little ones; we left none remaining; [35] only the cattle we took for a prey unto ourselves, with the spoil of the cities which we had taken. [36] From Aroer, which is on the edge of the valley of Arnon, and from the city that is in the valley, even unto Gilead, there was not a city too

הַזֶּה׃ 23 וְהָעַוִּים הַיֹּשְׁבִים בַּחֲצֵרִים עַד־
עַזָּה כַּפְתֹּרִים הַיֹּצְאִים מִכַּפְתֹּור
הִשְׁמִידֻם וַיֵּשְׁבוּ תַחְתָּם׃ 24 קוּמוּ סְּעוּ
וְעִבְרוּ אֶת־נַחַל אַרְנֹן רְאֵה נָתַתִּי בְיָדְךָ
אֶת־סִיחֹן מֶלֶךְ־חֶשְׁבּוֹן הָאֱמֹרִי וְאֶת־
אַרְצוֹ הָחֵל רָשׁ וְהִתְגָּר בּוֹ מִלְחָמָה׃
25 הַיּוֹם הַזֶּה אָחֵל תֵּת פַּחְדְּךָ וְיִרְאָתְךָ
עַל־פְּנֵי הָעַמִּים תַּחַת כָּל־הַשָּׁמָיִם אֲשֶׁר
יִשְׁמְעוּן שִׁמְעֲךָ וְרָגְזוּ וְחָלוּ מִפָּנֶיךָ׃
26 וָאֶשְׁלַח מַלְאָכִים מִמִּדְבַּר קְדֵמוֹת אֶל־
סִיחוֹן מֶלֶךְ חֶשְׁבּוֹן דִּבְרֵי שָׁלוֹם לֵאמֹר׃
27 אֶעְבְּרָה בְאַרְצֶךָ בַּדֶּרֶךְ בַּדֶּרֶךְ אֵלֵךְ לֹא
אָסוּר יָמִין וּשְׂמֹאול׃ 28 אֹכֶל בַּכֶּסֶף
תַּשְׁבִּרֵנִי וְאָכַלְתִּי וּמַיִם בַּכֶּסֶף תִּתֶּן־לִי
וְשָׁתִיתִי רַק אֶעְבְּרָה בְרַגְלָי׃ 29 כַּאֲשֶׁר
עָשׂוּ־לִי בְּנֵי עֵשָׂו הַיֹּשְׁבִים בְּשֵׂעִיר
וְהַמּוֹאָבִים הַיֹּשְׁבִים בְּעָר עַד אֲשֶׁר־אֶעֱבֹר
אֶת־הַיַּרְדֵּן אֶל־הָאָרֶץ אֲשֶׁר־יְהוָה אֱלֹהֵינוּ
נֹתֵן לָנוּ׃ 30 וְלֹא אָבָה סִיחֹן מֶלֶךְ חֶשְׁבּוֹן
הַעֲבִרֵנוּ בּוֹ כִּי־הִקְשָׁה יְהוָה אֱלֹהֶיךָ אֶת־
רוּחוֹ וְאִמֵּץ אֶת־לְבָבוֹ לְמַעַן תִּתּוֹ בְיָדְךָ
כַּיּוֹם הַזֶּה׃ ס 31 וַיֹּאמֶר יְהוָה אֵלַי
רְאֵה הַחִלֹּתִי תֵּת לְפָנֶיךָ אֶת־סִיחֹן וְאֶת־
אַרְצוֹ הָחֵל רָשׁ לָרֶשֶׁת אֶת־אַרְצוֹ׃ 32 וַיֵּצֵא
סִיחֹן לִקְרָאתֵנוּ הוּא וְכָל־עַמּוֹ לַמִּלְחָמָה
יָהְצָה׃ 33 וַיִּתְּנֵהוּ יְהוָה אֱלֹהֵינוּ לְפָנֵינוּ
וַנַּךְ אֹתוֹ וְאֶת־בנו בָּנָיו וְאֶת־כָּל־עַמּוֹ׃
34 וַנִּלְכֹּד אֶת־כָּל־עָרָיו בָּעֵת הַהִוא וַנַּחֲרֵם
אֶת־כָּל־עִיר מְתִם וְהַנָּשִׁים וְהַטָּף לֹא
הִשְׁאַרְנוּ שָׂרִיד׃ 35 רַק הַבְּהֵמָה בָּזַזְנוּ לָנוּ
וּשְׁלַל הֶעָרִים אֲשֶׁר לָכָדְנוּ׃ 36 מֵעֲרֹעֵר
אֲשֶׁר עַל־שְׂפַת־נַחַל אַרְנֹן וְהָעִיר אֲשֶׁר
בַּנַּחַל וְעַד־הַגִּלְעָד לֹא הָיְתָה קִרְיָה אֲשֶׁר

high for us: the LORD our God delivered up all before us. [37] Only to the land of the children of Ammon thou camest not near; all the side of the river Jabbok, and the cities of the hill-country, and wheresoever the LORD our God forbade us.

3 Then we turned, and went up the way to Bashan; and Og the king of Bashan came out against us, he and all his people, unto battle at Edrei. [2] And the LORD said unto me: 'Fear him not; for I have delivered him, and all his people, and his land, into thy hand; and thou shalt do unto him as thou didst unto Sihon king of the Amorites, who dwelt at Heshbon.' [3] So the LORD our God delivered into our hand Og also, the king of Bashan, and all his people; and we smote him until none was left to him remaining. [4] And we took all his cities at that time; there was not a city which we took not from them; threescore cities, all the region of Argob, the kingdom of Og in Bashan. [5] All these were fortified cities, with high walls, gates, and bars; beside the unwalled towns a great many. [6] And we utterly destroyed them, as we did unto Sihon king of Heshbon, utterly destroying every city, the men, and the women, and the little ones. [7] But all the cattle, and the spoil of the cities, we took for a prey unto ourselves.

[8] And we took the land at that time out of the hand of the two kings of the Amorites that were beyond the Jordan, from the valley of Arnon unto mount Hermon—[9] which Hermon the Sidonians call Sirion, and the Amorites call it Senir—[10] all the cities of the plain, and all Gilead, and all Bashan, unto Salcah and Edrei, cities of the kingdom of Og in Bashan.—[11] For only Og king of Bashan remained of the remnant of the Rephaim; behold, his bedstead was a bedstead of iron; is it not in Rabbah of the children of Ammon? nine cubits was the length thereof, and four cubits the breadth of it, after the cubit of a man.—[12] And this land we took in possession at that time; from Aroer, which is by the valley of Arnon, and half the hill-country of Gilead, and the cities thereof,

שָׂגְבָה מִמֶּנּוּ אֶת־הַכֹּל נָתַן יְהוָה אֱלֹהֵינוּ
לְפָנֵינוּ׃ 37 רַק אֶל־אֶרֶץ בְּנֵי־עַמּוֹן לֹא
קָרָבְתָּ כָּל־יַד נַחַל יַבֹּק וְעָרֵי הָהָר וְכֹל
אֲשֶׁר־צִוָּה יְהוָה אֱלֹהֵינוּ׃ **3** וַנֵּפֶן וַנַּעַל
דֶּרֶךְ הַבָּשָׁן וַיֵּצֵא עוֹג מֶלֶךְ־הַבָּשָׁן
לִקְרָאתֵנוּ הוּא וְכָל־עַמּוֹ לַמִּלְחָמָה
אֶדְרֶעִי׃ 2 וַיֹּאמֶר יְהוָה אֵלַי אַל־תִּירָא
אֹתוֹ כִּי בְיָדְךָ נָתַתִּי אֹתוֹ וְאֶת־כָּל־עַמּוֹ
וְאֶת־אַרְצוֹ וְעָשִׂיתָ לּוֹ כַּאֲשֶׁר עָשִׂיתָ
לְסִיחֹן מֶלֶךְ הָאֱמֹרִי אֲשֶׁר יוֹשֵׁב בְּחֶשְׁבּוֹן׃
3 וַיִּתֵּן יְהוָה אֱלֹהֵינוּ בְּיָדֵנוּ גַּם אֶת־עוֹג
מֶלֶךְ־הַבָּשָׁן וְאֶת־כָּל־עַמּוֹ וַנַּכֵּהוּ עַד־
בִּלְתִּי הִשְׁאִיר־לוֹ שָׂרִיד׃ 4 וַנִּלְכֹּד אֶת־
כָּל־עָרָיו בָּעֵת הַהִוא לֹא הָיְתָה קִרְיָה
אֲשֶׁר לֹא־לָקַחְנוּ מֵאִתָּם שִׁשִּׁים עִיר כָּל־
חֶבֶל אַרְגֹּב מַמְלֶכֶת עוֹג בַּבָּשָׁן׃ 5 כָּל־אֵלֶּה
עָרִים בְּצֻרֹת חוֹמָה גְבֹהָה דְּלָתַיִם וּבְרִיחַ
לְבַד מֵעָרֵי הַפְּרָזִי הַרְבֵּה מְאֹד׃ 6 וַנַּחֲרֵם
אוֹתָם כַּאֲשֶׁר עָשִׂינוּ לְסִיחֹן מֶלֶךְ חֶשְׁבּוֹן
הַחֲרֵם כָּל־עִיר מְתִם הַנָּשִׁים וְהַטָּף׃
7 וְכָל־הַבְּהֵמָה וּשְׁלַל הֶעָרִים בַּזּוֹנוּ לָנוּ׃
8 וַנִּקַּח בָּעֵת הַהִוא אֶת־הָאָרֶץ מִיַּד שְׁנֵי
מַלְכֵי הָאֱמֹרִי אֲשֶׁר בְּעֵבֶר הַיַּרְדֵּן מִנַּחַל
אַרְנֹן עַד־הַר חֶרְמוֹן׃ 9 צִידֹנִים יִקְרְאוּ
לְחֶרְמוֹן שִׂרְיֹן וְהָאֱמֹרִי יִקְרְאוּ־לוֹ שְׂנִיר׃
10 כֹּל ׀ עָרֵי הַמִּישֹׁר וְכָל־הַגִּלְעָד וְכָל־
הַבָּשָׁן עַד־סַלְכָה וְאֶדְרֶעִי עָרֵי מַמְלֶכֶת
עוֹג בַּבָּשָׁן׃ 11 כִּי רַק־עוֹג מֶלֶךְ הַבָּשָׁן
נִשְׁאַר מִיֶּתֶר הָרְפָאִים הִנֵּה עַרְשׂוֹ עֶרֶשׂ
בַּרְזֶל הֲלֹה הִוא בְּרַבַּת בְּנֵי עַמּוֹן תֵּשַׁע
אַמּוֹת אָרְכָּהּ וְאַרְבַּע אַמּוֹת רָחְבָּהּ
בְּאַמַּת־אִישׁ׃ 12 וְאֶת־הָאָרֶץ הַזֹּאת יָרַשְׁנוּ
בָּעֵת הַהִוא מֵעֲרֹעֵר אֲשֶׁר־עַל־נַחַל אַרְנֹן

gave I unto the Reubenites and to the Gadites; [13] and the rest of Gilead, and all Bashan, the kingdom of Og, gave I unto the half-tribe of Manasseh; all the region of Argob—all that Bashan is called the land of Rephaim. [14] Jair the son of Manasseh took all the region of Argob, unto the border of the Geshurites and the Maacathites, and called them, even Bashan, after his own name, Havvoth-jair, unto this day.—[15] And I gave Gilead unto Machir. [16] And unto the Reubenites and unto the Gadites I gave from Gilead even unto the valley of Arnon, the middle of the valley for a border; even unto the river Jabbok, which is the border of the children of Ammon; [17] the Arabah also, the Jordan being the border thereof, from Chin-nereth even unto the sea of the Arabah, the Salt Sea, under the slopes of Pisgah eastward.

[18] And I commanded you at that time, saying: 'The LORD your God hath given you this land to possess it; ye shall pass over armed before your brethren the children of Israel, all the men of valour. [19] But your wives, and your little ones, and your cattle—I know that ye have much cattle—shall abide in your cities which I have given you; [20] until the LORD give rest unto your brethren, as unto you, and they also possess the land which the LORD your God giveth them beyond the Jordan; then shall ye return every man unto his possession, which I have given you.' [21] And I commanded Joshua at that time, saying. 'Thine eyes have seen all that the LORD your God hath done unto these two kings; so shall the LORD do unto all the kingdoms whither thou goest over. [22] Ye shall not fear them; for the LORD your God, He it is that fighteth for you.'

וַחֲצִי הַר־הַגִּלְעָד וְעָרָיו נָתַתִּי לָרְאוּבֵנִי
וְלַגָּדִי׃ 13 וְיֶתֶר הַגִּלְעָד וְכָל־הַבָּשָׁן
מַמְלֶכֶת עוֹג נָתַתִּי לַחֲצִי שֵׁבֶט הַמְנַשֶּׁה
כֹּל חֶבֶל הָאַרְגֹּב לְכָל־הַבָּשָׁן הַהוּא יִקָּרֵא
אֶרֶץ רְפָאִים׃ 14 יָאִיר בֶּן־מְנַשֶּׁה לָקַח
אֶת־כָּל־חֶבֶל אַרְגֹּב עַד־גְּבוּל הַגְּשׁוּרִי
וְהַמַּעֲכָתִי וַיִּקְרָא אֹתָם עַל־שְׁמוֹ אֶת־
הַבָּשָׁן חַוֺּת יָאִיר עַד הַיּוֹם הַזֶּה׃
15 וּלְמָכִיר נָתַתִּי אֶת־הַגִּלְעָד׃
16 וְלָראוּבֵנִי וְלַגָּדִי נָתַתִּי מִן־הַגִּלְעָד וְעַד־
נַחַל אַרְנֹן תּוֹךְ הַנַּחַל וּגְבֻל וְעַד יַבֹּק הַנַּחַל
גְּבוּל בְּנֵי עַמּוֹן׃ 17 וְהָעֲרָבָה וְהַיַּרְדֵּן וּגְבֻל
מִכִּנֶּרֶת וְעַד יָם הָעֲרָבָה יָם הַמֶּלַח תַּחַת
אַשְׁדֹּת הַפִּסְגָּה מִזְרָחָה׃ 18 וָאֲצַו אֶתְכֶם
בָּעֵת הַהִוא לֵאמֹר יְהוָה אֱלֹהֵיכֶם נָתַן
לָכֶם אֶת־הָאָרֶץ הַזֹּאת לְרִשְׁתָּהּ חֲלוּצִים
תַּעַבְרוּ לִפְנֵי אֲחֵיכֶם בְּנֵי־יִשְׂרָאֵל כָּל־בְּנֵי־
חָיִל׃ 19 רַק נְשֵׁיכֶם וְטַפְּכֶם וּמִקְנֵכֶם יָדַעְתִּי
כִּי־מִקְנֶה רַב לָכֶם יֵשְׁבוּ בְּעָרֵיכֶם אֲשֶׁר
נָתַתִּי לָכֶם׃ 20 עַד אֲשֶׁר־יָנִיחַ יְהוָה ׀
לַאֲחֵיכֶם כָּכֶם וְיָרְשׁוּ גַם־הֵם אֶת־הָאָרֶץ
אֲשֶׁר יְהוָה אֱלֹהֵיכֶם נֹתֵן לָהֶם בְּעֵבֶר
הַיַּרְדֵּן וְשַׁבְתֶּם אִישׁ לִירֻשָּׁתוֹ אֲשֶׁר נָתַתִּי
לָכֶם׃ 21 וְאֶת־יְהוֹשׁוּעַ צִוֵּיתִי בָּעֵת הַהִוא
לֵאמֹר עֵינֶיךָ הָרֹאֹת אֵת כָּל־אֲשֶׁר עָשָׂה
יְהוָה אֱלֹהֵיכֶם לִשְׁנֵי הַמְּלָכִים הָאֵלֶּה
כֵּן־יַעֲשֶׂה יְהוָה לְכָל־הַמַּמְלָכוֹת אֲשֶׁר
אַתָּה עֹבֵר שָׁמָּה׃ 22 לֹא תִּירָאוּם כִּי יְהוָה
אֱלֹהֵיכֶם הוּא הַנִּלְחָם לָכֶם׃ ס

VA-'ETKHANNAN

[23] And I besought the LORD at that time, saying: [24] 'O Lord GOD, Thou hast begun to

ואתחנן

23 וָאֶתְחַנַּן אֶל־יְהוָה בָּעֵת הַהִוא
לֵאמֹר׃ 24 אֲדֹנָי יְהוִה אַתָּה הַחִלּוֹתָ

show Thy servant Thy greatness, and Thy strong hand; for what god is there in heaven or on earth, that can do according to Thy works, and according to Thy mighty acts? [25] Let me go over, I pray Thee, and see the good land that is beyond the Jordan, that goodly hill-country, and Lebanon.' [26] But the LORD was wroth with me for your sakes, and hearkened not unto me; and the LORD said unto me: 'Let it suffice thee; speak no more unto Me of this matter. [27] Get thee up into the top of Pisgah, and lift up thine eyes westward, and northward, and southward, and eastward, and behold with thine eyes; for thou shalt not go over this Jordan. [28] But charge Joshua, and encourage him, and strengthen him; for he shall go over before this people, and he shall cause them to inherit the land which thou shalt see.' [29] So we abode in the valley over against Beth-peor.

4 And now, O Israel, hearken unto the statutes and unto the ordinances, which I teach you, to do them; that ye may live, and go in and possess the land which the LORD, the God of your fathers, giveth you. [2] Ye shall not add unto the word which I command you, neither shall ye diminish from it, that ye may keep the commandments of the LORD your God which I command you. [3] Your eyes have seen what the LORD did in Baal-peor; for all the men that followed the Baal of Peor, the LORD thy God hath destroyed them from the midst of thee. [4] But ye that did cleave unto the LORD your God are alive every one of you this day. [5] Behold, I have taught you statutes and ordinances, even as the LORD my God commanded me, that ye should do so in the midst of the land whither ye go in to possess it. [6] Observe therefore and do them; for this is your wisdom and your understanding in the sight of the peoples, that, when they hear all

לְהַרְאוֹת אֶת־עַבְדְּךָ אֶת־גָּדְלְךָ וְאֶת־יָדְךָ
הַחֲזָקָה אֲשֶׁר מִי־אֵל בַּשָּׁמַיִם וּבָאָרֶץ
אֲשֶׁר־יַעֲשֶׂה כְמַעֲשֶׂיךָ וְכִגְבוּרֹתֶךָ׃
25 אֶעְבְּרָה־נָּא וְאֶרְאֶה אֶת־הָאָרֶץ הַטּוֹבָה
אֲשֶׁר בְּעֵבֶר הַיַּרְדֵּן הָהָר הַטּוֹב הַזֶּה
וְהַלְּבָנֹן׃ 26 וַיִּתְעַבֵּר יְהוָה בִּי לְמַעַנְכֶם
וְלֹא שָׁמַע אֵלָי וַיֹּאמֶר יְהוָה אֵלַי רַב־לָךְ
אַל־תּוֹסֶף דַּבֵּר אֵלַי עוֹד בַּדָּבָר הַזֶּה׃
27 עֲלֵה ׀ רֹאשׁ הַפִּסְגָּה וְשָׂא עֵינֶיךָ יָמָּה
וְצָפֹנָה וְתֵימָנָה וּמִזְרָחָה וּרְאֵה בְעֵינֶיךָ
כִּי־לֹא תַעֲבֹר אֶת־הַיַּרְדֵּן הַזֶּה׃ 28 וְצַו
אֶת־יְהוֹשֻׁעַ וְחַזְּקֵהוּ וְאַמְּצֵהוּ כִּי־הוּא
יַעֲבֹר לִפְנֵי הָעָם הַזֶּה וְהוּא יַנְחִיל אוֹתָם
אֶת־הָאָרֶץ אֲשֶׁר תִּרְאֶה׃ 29 וַנֵּשֶׁב בַּגָּיְא
מוּל בֵּית פְּעוֹר׃ פ

4 וְעַתָּה יִשְׂרָאֵל שְׁמַע אֶל־הַחֻקִּים
וְאֶל־הַמִּשְׁפָּטִים אֲשֶׁר אָנֹכִי מְלַמֵּד אֶתְכֶם
לַעֲשׂוֹת לְמַעַן תִּחְיוּ וּבָאתֶם וִירִשְׁתֶּם
אֶת־הָאָרֶץ אֲשֶׁר יְהוָה אֱלֹהֵי אֲבֹתֵיכֶם
נֹתֵן לָכֶם׃ 2 לֹא תֹסִפוּ עַל־הַדָּבָר אֲשֶׁר
אָנֹכִי מְצַוֶּה אֶתְכֶם וְלֹא תִגְרְעוּ מִמֶּנּוּ
לִשְׁמֹר אֶת־מִצְוֹת יְהוָה אֱלֹהֵיכֶם אֲשֶׁר
אָנֹכִי מְצַוֶּה אֶתְכֶם׃ 3 עֵינֵיכֶם הָרֹאֹת אֵת
אֲשֶׁר־עָשָׂה יְהוָה בְּבַעַל פְּעוֹר כִּי כָל־
הָאִישׁ אֲשֶׁר הָלַךְ אַחֲרֵי בַעַל־פְּעוֹר
הִשְׁמִידוֹ יְהוָה אֱלֹהֶיךָ מִקִּרְבֶּךָ׃ 4 וְאַתֶּם
הַדְּבֵקִים בַּיהוָה אֱלֹהֵיכֶם חַיִּים כֻּלְּכֶם
הַיּוֹם׃ 5 רְאֵה ׀ לִמַּדְתִּי אֶתְכֶם חֻקִּים
וּמִשְׁפָּטִים כַּאֲשֶׁר צִוַּנִי יְהוָה אֱלֹהָי
לַעֲשׂוֹת כֵּן בְּקֶרֶב הָאָרֶץ אֲשֶׁר אַתֶּם בָּאִים
שָׁמָּה לְרִשְׁתָּהּ׃ 6 וּשְׁמַרְתֶּם וַעֲשִׂיתֶם כִּי
הִוא חָכְמַתְכֶם וּבִינַתְכֶם לְעֵינֵי הָעַמִּים
אֲשֶׁר יִשְׁמְעוּן אֵת כָּל־הַחֻקִּים הָאֵלֶּה

these statutes, shall say: 'Surely this great nation is a wise and understanding people.' [7] For what great nation is there, that hath God so nigh unto them, as the LORD our God is whensoever we call upon Him? [8] And what great nation is there, that hath statutes and ordinances so righteous as all this law, which I set before you this day? [9] Only take heed to thyself, and keep thy soul diligently, lest thou forget the things which thine eyes saw, and lest they depart from thy heart all the days of thy life; but make them known unto thy children and thy children's children; [10] the day that thou stoodest before the LORD thy God in Horeb, when the LORD said unto me: 'Assemble Me the people, and I will make them hear My words, that they may learn to fear Me all the days that they live upon the earth, and that they may teach their children.' [11] And ye came near and stood under the mountain; and the mountain burned with fire unto the heart of heaven, with darkness, cloud, and thick darkness. [12] And the LORD spoke unto you out of the midst of the fire; ye heard the voice of words, but ye saw no form; only a voice. [13] And He declared unto you His covenant, which He commanded you to perform, even the ten words; and He wrote them upon two tables of stone. [14] And the LORD commanded me at that time to teach you statutes and ordinances, that ye might do them in the land whither ye go over to possess it. [15] Take ye therefore good heed unto yourselves—for ye saw no manner of form on the day that the LORD spoke unto you in Horeb out of the midst of the fire—[16] lest ye deal corruptly, and make you a graven image, even the form of any figure, the likeness of male or female, [17] the likeness of any beast that is on the earth, the likeness of any winged fowl that flieth in the heaven, [18] the likeness of any thing that creepeth on the ground, the likeness of any fish that is in the water under the earth; [19] and lest thou lift up thine eyes unto heaven, and when

וְאָמְרוּ רַק עַם־חָכָם וְנָבוֹן הַגּוֹי הַגָּדוֹל
הַזֶּה׃ 7 כִּי מִי־גוֹי גָּדוֹל אֲשֶׁר־לוֹ אֱלֹהִים
קְרֹבִים אֵלָיו כַּיהוָה אֱלֹהֵינוּ בְּכָל־קָרְאֵנוּ
אֵלָיו׃ 8 וּמִי גּוֹי גָּדוֹל אֲשֶׁר־לוֹ חֻקִּים
וּמִשְׁפָּטִים צַדִּיקִם כְּכֹל הַתּוֹרָה הַזֹּאת
אֲשֶׁר אָנֹכִי נֹתֵן לִפְנֵיכֶם הַיּוֹם׃ 9 רַק
הִשָּׁמֶר לְךָ וּשְׁמֹר נַפְשְׁךָ מְאֹד פֶּן־תִּשְׁכַּח
אֶת־הַדְּבָרִים אֲשֶׁר־רָאוּ עֵינֶיךָ וּפֶן־יָסוּרוּ
מִלְּבָבְךָ כֹּל יְמֵי חַיֶּיךָ וְהוֹדַעְתָּם לְבָנֶיךָ
וְלִבְנֵי בָנֶיךָ׃ 10 יוֹם אֲשֶׁר עָמַדְתָּ לִפְנֵי יְהוָה
אֱלֹהֶיךָ בְּחֹרֵב בֶּאֱמֹר יְהוָה אֵלַי הַקְהֶל־לִי
אֶת־הָעָם וְאַשְׁמִעֵם אֶת־דְּבָרָי אֲשֶׁר
יִלְמְדוּן לְיִרְאָה אֹתִי כָּל־הַיָּמִים אֲשֶׁר הֵם
חַיִּים עַל־הָאֲדָמָה וְאֶת־בְּנֵיהֶם יְלַמֵּדוּן׃
11 וַתִּקְרְבוּן וַתַּעַמְדוּן תַּחַת הָהָר וְהָהָר
בֹּעֵר בָּאֵשׁ עַד־לֵב הַשָּׁמַיִם חֹשֶׁךְ עָנָן
וַעֲרָפֶל׃ 12 וַיְדַבֵּר יְהוָה אֲלֵיכֶם מִתּוֹךְ
הָאֵשׁ קוֹל דְּבָרִים אַתֶּם שֹׁמְעִים וּתְמוּנָה
אֵינְכֶם רֹאִים זוּלָתִי קוֹל׃ 13 וַיַּגֵּד לָכֶם
אֶת־בְּרִיתוֹ אֲשֶׁר צִוָּה אֶתְכֶם לַעֲשׂוֹת
עֲשֶׂרֶת הַדְּבָרִים וַיִּכְתְּבֵם עַל־שְׁנֵי לֻחוֹת
אֲבָנִים׃ 14 וְאֹתִי צִוָּה יְהוָה בָּעֵת הַהִוא
לְלַמֵּד אֶתְכֶם חֻקִּים וּמִשְׁפָּטִים לַעֲשֹׂתְכֶם
אֹתָם בָּאָרֶץ אֲשֶׁר אַתֶּם עֹבְרִים שָׁמָּה
לְרִשְׁתָּהּ׃ 15 וְנִשְׁמַרְתֶּם מְאֹד לְנַפְשֹׁתֵיכֶם
כִּי לֹא רְאִיתֶם כָּל־תְּמוּנָה בְּיוֹם דִּבֶּר
יְהוָה אֲלֵיכֶם בְּחֹרֵב מִתּוֹךְ הָאֵשׁ׃ 16 פֶּן־
תַּשְׁחִתוּן וַעֲשִׂיתֶם לָכֶם פֶּסֶל תְּמוּנַת
כָּל־סָמֶל תַּבְנִית זָכָר אוֹ נְקֵבָה׃ 17 תַּבְנִית
כָּל־בְּהֵמָה אֲשֶׁר בָּאָרֶץ תַּבְנִית כָּל־צִפּוֹר
כָּנָף אֲשֶׁר תָּעוּף בַּשָּׁמָיִם׃ 18 תַּבְנִית כָּל־
רֹמֵשׂ בָּאֲדָמָה תַּבְנִית כָּל־דָּגָה אֲשֶׁר־
בַּמַּיִם מִתַּחַת לָאָרֶץ׃ 19 וּפֶן־תִּשָּׂא עֵינֶיךָ

thou seest the sun and the moon and the stars,
even all the host of heaven, thou be drawn away
and worship them, and serve them, which the
LORD thy God hath allotted unto all the peoples
under the whole heaven. [20] But you hath the
LORD taken and brought forth out of the iron
furnace, out of Egypt, to be unto Him a people of
inheritance, as ye are this day. [21] Now the LORD
was angered with me for your sakes, and swore
that I should not go over the Jordan, and that I
should not go in unto that good land, which the
LORD thy God giveth thee for an inheritance;
[22] but I must die in this land, I must not go over
the Jordan; but ye are to go over, and possess
that good land. [23] Take heed unto yourselves,
lest ye forget the covenant of the LORD your
God, which He made with you, and make you
a graven image, even the likeness of any thing
which the LORD thy God hath forbidden thee.
[24] For the LORD thy God is a devouring fire, a
jealous God.

[25] When thou shalt beget children, and
children's children, and ye shall have been long
in the land, and shall deal corruptly, and make
a graven image, even the form of any thing, and
shall do that which is evil in the sight of the LORD
thy God, to provoke Him; [26] I call heaven and
earth to witness against you this day, that ye shall
soon utterly perish from off the land whereunto
ye go over the Jordan to possess it; ye shall not
prolong your days upon it, but shall utterly be
destroyed. [27] And the LORD shall scatter you
among the peoples, and ye shall be left few in
number among the nations, whither the LORD
shall lead you away. [28] And there ye shall serve
gods, the work of men's hands, wood and stone,
which neither see, nor hear, nor eat, nor smell.
[29] But from thence ye will seek the LORD thy
God; and thou shalt find Him, if thou search
after Him with all thy heart and with all thy soul.

הַשָּׁמַיְמָה וְרָאִיתָ אֶת־הַשֶּׁמֶשׁ וְאֶת־הַיָּרֵחַ
וְאֶת־הַכּוֹכָבִים כֹּל צְבָא הַשָּׁמַיִם וְנִדַּחְתָּ
וְהִשְׁתַּחֲוִיתָ לָהֶם וַעֲבַדְתָּם אֲשֶׁר חָלַק
יְהוָה אֱלֹהֶיךָ אֹתָם לְכֹל הָעַמִּים תַּחַת
כָּל־הַשָּׁמָיִם׃ 20 וְאֶתְכֶם לָקַח יְהוָה וַיּוֹצִא
אֶתְכֶם מִכּוּר הַבַּרְזֶל מִמִּצְרָיִם לִהְיוֹת לוֹ
לְעַם נַחֲלָה כַּיּוֹם הַזֶּה׃ 21 וַיהוָה הִתְאַנַּף־
בִּי עַל־דִּבְרֵיכֶם וַיִּשָּׁבַע לְבִלְתִּי עָבְרִי
אֶת־הַיַּרְדֵּן וּלְבִלְתִּי־בֹא אֶל־הָאָרֶץ
הַטּוֹבָה אֲשֶׁר יְהוָה אֱלֹהֶיךָ נֹתֵן לְךָ נַחֲלָה׃
22 כִּי אָנֹכִי מֵת בָּאָרֶץ הַזֹּאת אֵינֶנִּי עֹבֵר
אֶת־הַיַּרְדֵּן וְאַתֶּם עֹבְרִים וִירִשְׁתֶּם אֶת־
הָאָרֶץ הַטּוֹבָה הַזֹּאת׃ 23 הִשָּׁמְרוּ לָכֶם
פֶּן־תִּשְׁכְּחוּ אֶת־בְּרִית יְהוָה אֱלֹהֵיכֶם
אֲשֶׁר כָּרַת עִמָּכֶם וַעֲשִׂיתֶם לָכֶם פֶּסֶל
תְּמוּנַת כֹּל אֲשֶׁר צִוְּךָ יְהוָה אֱלֹהֶיךָ׃ 24 כִּי
יְהוָה אֱלֹהֶיךָ אֵשׁ אֹכְלָה הוּא אֵל
קַנָּא׃ פ
25 כִּי־תוֹלִיד בָּנִים וּבְנֵי בָנִים וְנוֹשַׁנְתֶּם
בָּאָרֶץ וְהִשְׁחַתֶּם וַעֲשִׂיתֶם פֶּסֶל תְּמוּנַת
כֹּל וַעֲשִׂיתֶם הָרַע בְּעֵינֵי יְהוָה־אֱלֹהֶיךָ
לְהַכְעִיסוֹ׃ 26 הַעִידֹתִי בָכֶם הַיּוֹם אֶת־
הַשָּׁמַיִם וְאֶת־הָאָרֶץ כִּי־אָבֹד תֹּאבֵדוּן
מַהֵר מֵעַל הָאָרֶץ אֲשֶׁר אַתֶּם עֹבְרִים
אֶת־הַיַּרְדֵּן שָׁמָּה לְרִשְׁתָּהּ לֹא־תַאֲרִיכֻן
יָמִים עָלֶיהָ כִּי הִשָּׁמֵד תִּשָּׁמֵדוּן׃ 27 וְהֵפִיץ
יְהוָה אֶתְכֶם בָּעַמִּים וְנִשְׁאַרְתֶּם מְתֵי
מִסְפָּר בַּגּוֹיִם אֲשֶׁר יְנַהֵג יְהוָה אֶתְכֶם
שָׁמָּה׃ 28 וַעֲבַדְתֶּם־שָׁם אֱלֹהִים מַעֲשֵׂה
יְדֵי אָדָם עֵץ וָאֶבֶן אֲשֶׁר לֹא־יִרְאוּן וְלֹא
יִשְׁמְעוּן וְלֹא יֹאכְלוּן וְלֹא יְרִיחֻן׃
29 וּבִקַּשְׁתֶּם מִשָּׁם אֶת־יְהוָה אֱלֹהֶיךָ
וּמָצָאתָ כִּי תִדְרְשֶׁנּוּ בְּכָל־לְבָבְךָ וּבְכָל־

[30] In thy distress, when all these things are come upon thee, in the end of days, thou wilt return to the LORD thy God, and hearken unto His voice; [31] for the LORD thy God is a merciful God; He will not fail thee, neither destroy thee, nor forget the covenant of thy fathers which He swore unto them. [32] For ask now of the days past, which were before thee, since the day that God created man upon the earth, and from the one end of heaven unto the other, whether there hath been any such thing as this great thing is, or hath been heard like it? [33] Did ever a people hear the voice of God speaking out of the midst of the fire, as thou hast heard, and live? [34] Or hath God assayed to go and take Him a nation from the midst of another nation, by trials, by signs, and by wonders, and by war, and by a mighty hand, and by an outstretched arm, and by great terrors, according to all that the LORD your God did for you in Egypt before thine eyes? [35] Unto thee it was shown, that thou mightest know that the LORD, He is God; there is none else beside Him. [36] Out of heaven He made thee to hear His voice, that He might instruct thee; and upon earth He made thee to see His great fire; and thou didst hear His words out of the midst of the fire. [37] And because He loved thy fathers, and chose their seed after them, and brought thee out with His presence, with His great power, out of Egypt, [38] to drive out nations from before thee greater and mightier than thou, to bring thee in, to give thee their land for an inheritance, as it is this day; [39] know this day, and lay it to thy heart, that the LORD, He is God in heaven above and upon the earth beneath; there is none else. [40] And thou shalt keep His statutes, and His commandments, which I command thee this day, that it may go well with thee, and with thy children after thee, and that thou mayest prolong thy days upon the land, which the LORD thy God giveth thee, for ever.

נַפְשֶׁךָ׃ 30 בַּצַּר לְךָ וּמְצָאוּךָ כֹּל הַדְּבָרִים
הָאֵלֶּה בְּאַחֲרִית הַיָּמִים וְשַׁבְתָּ עַד־יְהוָה
אֱלֹהֶיךָ וְשָׁמַעְתָּ בְּקֹלוֹ׃ 31 כִּי אֵל רַחוּם
יְהוָה אֱלֹהֶיךָ לֹא יַרְפְּךָ וְלֹא יַשְׁחִיתֶךָ וְלֹא
יִשְׁכַּח אֶת־בְּרִית אֲבֹתֶיךָ אֲשֶׁר נִשְׁבַּע
לָהֶם׃ 32 כִּי שְׁאַל־נָא לְיָמִים רִאשֹׁנִים
אֲשֶׁר־הָיוּ לְפָנֶיךָ לְמִן־הַיּוֹם אֲשֶׁר בָּרָא
אֱלֹהִים ׀ אָדָם עַל־הָאָרֶץ וּלְמִקְצֵה
הַשָּׁמַיִם וְעַד־קְצֵה הַשָּׁמָיִם הֲנִהְיָה כַּדָּבָר
הַגָּדוֹל הַזֶּה אוֹ הֲנִשְׁמַע כָּמֹהוּ׃ 33 הֲשָׁמַע
עָם קוֹל אֱלֹהִים מְדַבֵּר מִתּוֹךְ־הָאֵשׁ
כַּאֲשֶׁר־שָׁמַעְתָּ אַתָּה וַיֶּחִי׃ 34 אוֹ ׀ הֲנִסָּה
אֱלֹהִים לָבוֹא לָקַחַת לוֹ גוֹי מִקֶּרֶב גּוֹי
בְּמַסֹּת בְּאֹתֹת וּבְמוֹפְתִים וּבְמִלְחָמָה
וּבְיָד חֲזָקָה וּבִזְרוֹעַ נְטוּיָה וּבְמוֹרָאִים
גְּדֹלִים כְּכֹל אֲשֶׁר־עָשָׂה לָכֶם יְהוָה
אֱלֹהֵיכֶם בְּמִצְרַיִם לְעֵינֶיךָ׃ 35 אַתָּה
הָרְאֵתָ לָדַעַת כִּי יְהוָה הוּא הָאֱלֹהִים אֵין
עוֹד מִלְבַדּוֹ׃ 36 מִן־הַשָּׁמַיִם הִשְׁמִיעֲךָ
אֶת־קֹלוֹ לְיַסְּרֶךָּ וְעַל־הָאָרֶץ הֶרְאֲךָ אֶת־
אִשּׁוֹ הַגְּדוֹלָה וּדְבָרָיו שָׁמַעְתָּ מִתּוֹךְ הָאֵשׁ׃
37 וְתַחַת כִּי אָהַב אֶת־אֲבֹתֶיךָ וַיִּבְחַר
בְּזַרְעוֹ אַחֲרָיו וַיּוֹצִאֲךָ בְּפָנָיו בְּכֹחוֹ הַגָּדֹל
מִמִּצְרָיִם׃ 38 לְהוֹרִישׁ גּוֹיִם גְּדֹלִים
וַעֲצֻמִים מִמְּךָ מִפָּנֶיךָ לַהֲבִיאֲךָ לָתֶת־לְךָ
אֶת־אַרְצָם נַחֲלָה כַּיּוֹם הַזֶּה׃ 39 וְיָדַעְתָּ
הַיּוֹם וַהֲשֵׁבֹתָ אֶל־לְבָבֶךָ כִּי יְהוָה הוּא
הָאֱלֹהִים בַּשָּׁמַיִם מִמַּעַל וְעַל־הָאָרֶץ
מִתָּחַת אֵין עוֹד׃ 40 וְשָׁמַרְתָּ אֶת־חֻקָּיו
וְאֶת־מִצְוֹתָיו אֲשֶׁר אָנֹכִי מְצַוְּךָ הַיּוֹם אֲשֶׁר
יִיטַב לְךָ וּלְבָנֶיךָ אַחֲרֶיךָ וּלְמַעַן תַּאֲרִיךְ
יָמִים עַל־הָאֲדָמָה אֲשֶׁר יְהוָה אֱלֹהֶיךָ נֹתֵן
לְךָ כָּל־הַיָּמִים׃ פ

[41] Then Moses separated three cities beyond the Jordan toward the sun-rising; [42] that the manslayer might flee thither, that slayeth his neighbour unawares, and hated him not in time past; and that fleeing unto one of these cities he might live: [43] Bezer in the wilderness, in the table-land, for the Reubenites; and Ramoth in Gilead, for the Gadites; and Golan in Bashan, for the Manassites.

[44] And this is the law which Moses set before the children of Israel; [45] these are the testimonies, and the statutes, and the ordinances, which Moses spoke unto the children of Israel, when they came forth out of Egypt; [46] beyond the Jordan, in the valley over against Beth-peor, in the land of Sihon king of the Amorites, who dwelt at Heshbon, whom Moses and the children of Israel smote, when they came forth out of Egypt; [47] and they took his land in possession, and the land of Og king of Bashan, the two kings of the Amorites, who were beyond the Jordan toward the sun-rising; [48] from Aroer, which is on the edge of the valley of Arnon, even unto mount Sion—the same is Hermon—[49] and all the Arabah beyond the Jordan eastward, even unto the sea of the Arabah, under the slopes of Pisgah.

5 And Moses called unto all Israel, and said unto them: Hear, O Israel, the statutes and the ordinances which I speak in your ears this day, that ye may learn them, and observe to do them. [2] The LORD our God made a covenant with us in Horeb. [3] The LORD made not this covenant with our fathers, but with us, even us, who are all of us here alive this day. [4] The LORD spoke with you face to face in the mount out of the midst of the fire—[5] I stood between the LORD and you at that time, to declare unto you the word of the LORD; for ye were afraid because of the fire, and went not up into the mount—saying:

41 אָז יַבְדִּיל מֹשֶׁה שָׁלֹשׁ עָרִים בְּעֵבֶר
הַיַּרְדֵּן מִזְרְחָה שָׁמֶשׁ׃ 42 לָנֻס שָׁמָּה רוֹצֵחַ
אֲשֶׁר יִרְצַח אֶת־רֵעֵהוּ בִּבְלִי־דַעַת וְהוּא
לֹא־שֹׂנֵא לוֹ מִתְּמֹל שִׁלְשׁוֹם וְנָס אֶל־אַחַת
מִן־הֶעָרִים הָאֵל וָחָי׃ 43 אֶת־בֶּצֶר בַּמִּדְבָּר
בְּאֶרֶץ הַמִּישֹׁר לָראוּבֵנִי וְאֶת־רָאמֹת
בַּגִּלְעָד לַגָּדִי וְאֶת־גּוֹלָן בַּבָּשָׁן לַמְנַשִּׁי׃
44 וְזֹאת הַתּוֹרָה אֲשֶׁר־שָׂם מֹשֶׁה לִפְנֵי בְּנֵי
יִשְׂרָאֵל׃ 45 אֵלֶּה הָעֵדֹת וְהַחֻקִּים
וְהַמִּשְׁפָּטִים אֲשֶׁר דִּבֶּר מֹשֶׁה אֶל־בְּנֵי
יִשְׂרָאֵל בְּצֵאתָם מִמִּצְרָיִם׃ 46 בְּעֵבֶר
הַיַּרְדֵּן בַּגַּיְא מוּל בֵּית פְּעוֹר בְּאֶרֶץ סִיחֹן
מֶלֶךְ הָאֱמֹרִי אֲשֶׁר יוֹשֵׁב בְּחֶשְׁבּוֹן אֲשֶׁר
הִכָּה מֹשֶׁה וּבְנֵי יִשְׂרָאֵל בְּצֵאתָם
מִמִּצְרָיִם׃ 47 וַיִּירְשׁוּ אֶת־אַרְצוֹ
וְאֶת־אֶרֶץ ׀ עוֹג מֶלֶךְ־הַבָּשָׁן שְׁנֵי מַלְכֵי
הָאֱמֹרִי אֲשֶׁר בְּעֵבֶר הַיַּרְדֵּן מִזְרַח שָׁמֶשׁ׃
48 מֵעֲרֹעֵר אֲשֶׁר עַל־שְׂפַת־נַחַל אַרְנֹן וְעַד־
הַר שִׂיאֹן הוּא חֶרְמוֹן׃ 49 וְכָל־הָעֲרָבָה
עֵבֶר הַיַּרְדֵּן מִזְרָחָה וְעַד יָם הָעֲרָבָה תַּחַת
אַשְׁדֹּת הַפִּסְגָּה׃ פ
5 וַיִּקְרָא מֹשֶׁה אֶל־כָּל־יִשְׂרָאֵל וַיֹּאמֶר
אֲלֵהֶם שְׁמַע יִשְׂרָאֵל אֶת־הַחֻקִּים וְאֶת־
הַמִּשְׁפָּטִים אֲשֶׁר אָנֹכִי דֹּבֵר בְּאָזְנֵיכֶם הַיּוֹם
וּלְמַדְתֶּם אֹתָם וּשְׁמַרְתֶּם לַעֲשֹׂתָם׃ 2 יְהוָה
אֱלֹהֵינוּ כָּרַת עִמָּנוּ בְּרִית בְּחֹרֵב׃ 3 לֹא
אֶת־אֲבֹתֵינוּ כָּרַת יְהוָה אֶת־הַבְּרִית
הַזֹּאת כִּי אִתָּנוּ אֲנַחְנוּ אֵלֶּה פֹה הַיּוֹם
כֻּלָּנוּ חַיִּים׃ 4 פָּנִים ׀ בְּפָנִים דִּבֶּר יְהוָה
עִמָּכֶם בָּהָר מִתּוֹךְ הָאֵשׁ׃ 5 אָנֹכִי עֹמֵד
בֵּין־יְהוָה וּבֵינֵיכֶם בָּעֵת הַהִוא לְהַגִּיד
לָכֶם אֶת־דְּבַר יְהוָה כִּי יְרֵאתֶם מִפְּנֵי
הָאֵשׁ וְלֹא־עֲלִיתֶם בָּהָר לֵאמֹר׃ ס

[6] I am the LORD thy God, who brought thee out of the land of Egypt, out of the house of bondage.

[7] Thou shalt have no other gods before Me. [8] Thou shalt not make unto thee a graven image, even any manner of likeness, of any thing that is in heaven above, or that is in the earth beneath, or that is in the water under the earth. [9] Thou shalt not bow down unto them, nor serve them; for I the LORD thy God am a jealous God, visiting the iniquity of the fathers upon the children, and upon the third and upon the fourth generation of them that hate Me, [10] and showing mercy unto the thousandth generation of them that love Me and keep My commandments.

[11] Thou shalt not take the name of the LORD thy God in vain; for the LORD will not hold him guiltless that taketh His name in vain.

[12] Observe the sabbath day, to keep it holy, as the LORD thy God commanded thee. [13] Six days shalt thou labour, and do all thy work; [14] but the seventh day is a sabbath unto the LORD thy God, in it thou shalt not do any manner of work, thou, nor thy son, nor thy daughter nor thy man-servant, nor thy maid-servant, nor thine ox, nor thine ass nor any of thy cattle, nor thy stranger that is within thy gates; that thy man-servant and thy maid-servant may rest as well as thou. [15] And thou shalt remember that thou wast a servant in the land of Egypt, and the LORD thy God brought thee out thence by a mighty hand and by an outstretched arm; therefore the LORD thy God commanded thee to keep the sabbath day.

[16] Honour thy father and thy mother, as the LORD thy God commanded thee; that thy days may be long, and that it may go well with thee, upon the land which the LORD thy God giveth thee.

[17] Thou shalt not murder.

Neither shalt thou commit adultery.

Neither shalt thou steal.

Neither shalt thou bear false witness against thy neighbour.

[18] Neither shalt thou covet thy neighbour's wife; neither shalt thou desire thy neighbour's house, his field, or his man-servant, or his maid-servant, his ox, or his ass, or any thing that is thy neighbour's.

6 אָנֹכִי יְהוָה אֱלֹהֶיךָ אֲשֶׁר הוֹצֵאתִיךָ
מֵאֶרֶץ מִצְרַיִם מִבֵּית עֲבָדִים 7 לֹא יִהְיֶה
לְךָ אֱלֹהִים אֲחֵרִים עַל־פָּנָי׃ 8 לֹא־
תַעֲשֶׂה־לְךָ פֶסֶל ׀ כָּל־תְּמוּנָה אֲשֶׁר
בַּשָּׁמַיִם ׀ מִמַּעַל וַאֲשֶׁר בָּאָרֶץ מִתָּחַת
וַאֲשֶׁר בַּמַּיִם ׀ מִתַּחַת לָאָרֶץ׃ 9 לֹא־
תִשְׁתַּחֲוֶה לָהֶם וְלֹא תָעָבְדֵם כִּי אָנֹכִי
יְהוָה אֱלֹהֶיךָ אֵל קַנָּא פֹּקֵד עֲוֺן אָבוֹת
עַל־בָּנִים וְעַל־שִׁלֵּשִׁים וְעַל־רִבֵּעִים
לְשֹׂנְאָי׃ 10 וְעֹשֶׂה חֶסֶד לַאֲלָפִים לְאֹהֲבַי
וּלְשֹׁמְרֵי מצותו מִצְוֺתָי׃ ס 11 לֹא
תִשָּׂא אֶת־שֵׁם־יְהוָה אֱלֹהֶיךָ לַשָּׁוְא כִּי
לֹא יְנַקֶּה יְהוָה אֵת אֲשֶׁר־יִשָּׂא אֶת־שְׁמוֹ
לַשָּׁוְא׃ ס 12 שָׁמוֹר אֶת־יוֹם הַשַּׁבָּת
לְקַדְּשׁוֹ כַּאֲשֶׁר צִוְּךָ ׀ יְהוָה אֱלֹהֶיךָ׃
13 שֵׁשֶׁת יָמִים תַּעֲבֹד וְעָשִׂיתָ כָּל־
מְלַאכְתֶּךָ׃ 14 וְיוֹם הַשְּׁבִיעִי שַׁבָּת לַיהוָה
אֱלֹהֶיךָ לֹא תַעֲשֶׂה כָל־מְלָאכָה אַתָּה
וּבִנְךָ־וּבִתֶּךָ וְעַבְדְּךָ־וַאֲמָתֶךָ וְשׁוֹרְךָ
וַחֲמֹרְךָ וְכָל־בְּהֶמְתֶּךָ וְגֵרְךָ אֲשֶׁר בִּשְׁעָרֶיךָ
לְמַעַן יָנוּחַ עַבְדְּךָ וַאֲמָתְךָ כָּמוֹךָ׃ 15 וְזָכַרְתָּ
כִּי עֶבֶד הָיִיתָ בְּאֶרֶץ מִצְרַיִם וַיֹּצִאֲךָ יְהוָה
אֱלֹהֶיךָ מִשָּׁם בְּיָד חֲזָקָה וּבִזְרֹעַ נְטוּיָה
עַל־כֵּן צִוְּךָ יְהוָה אֱלֹהֶיךָ לַעֲשׂוֹת אֶת־יוֹם
הַשַּׁבָּת׃ ס 16 כַּבֵּד אֶת־אָבִיךָ וְאֶת־
אִמֶּךָ כַּאֲשֶׁר צִוְּךָ יְהוָה אֱלֹהֶיךָ לְמַעַן ׀
יַאֲרִיכֻן יָמֶיךָ וּלְמַעַן יִיטַב לָךְ עַל הָאֲדָמָה
אֲשֶׁר־יְהוָה אֱלֹהֶיךָ נֹתֵן לָךְ׃ ס 17 לֹא
תִּרְצָח ס וְלֹא תִנְאָף ס וְלֹא
תִּגְנֹב ס וְלֹא־תַעֲנֶה בְרֵעֲךָ עֵד
שָׁוְא׃ ס 18 וְלֹא תַחְמֹד אֵשֶׁת
רֵעֶךָ ס וְלֹא תִתְאַוֶּה בֵּית רֵעֶךָ שָׂדֵהוּ
וְעַבְדּוֹ וַאֲמָתוֹ שׁוֹרוֹ וַחֲמֹרוֹ וְכֹל אֲשֶׁר

[19] These words the LORD spoke unto all your assembly in the mount out of the midst of the fire, of the cloud, and of the thick darkness, with a great voice, and it went on no more. And He wrote them upon two tables of stone, and gave them unto me. [20] And it came to pass, when ye heard the voice out of the midst of the darkness, while the mountain did burn with fire, that ye came near unto me, even all the heads of your tribes, and your elders; [21] and ye said: 'Behold, the LORD our God hath shown us His glory and His greatness, and we have heard His voice out of the midst of the fire; we have seen this day that God doth speak with man, and he liveth. [22] Now therefore why should we die? For this great fire will consume us; if we hear the voice of the LORD our God any more, then we shall die. [23] For who is there of all flesh, that hath heard the voice of the living God speaking out of the midst of the fire, as we have, and lived? [24] Go thou near, and hear all that the LORD our God may say; and thou shalt speak unto us all that the LORD our God may speak unto thee; and we will hear it, and do it.' [25] And the LORD heard the voice of your words, when ye spoke unto me; and the LORD said unto me: 'I have heard the voice of the words of this people, which they have spoken unto thee; they have well said all that they have spoken. [26] Oh that they had such a heart as this alway, to fear Me, and keep all My commandments, that it might be well with them, and with their children for ever! [27] Go say to them: Return ye to your tents. [28] But as for thee, stand thou here by Me, and I will speak unto thee all the commandment, and the statutes, and the ordinances, which thou shalt teach them, that they may do them in the land which I give them to possess it.' [29] Ye shall observe to do therefore as the LORD your God hath commanded you; ye shall not turn aside to the right hand or to the left. [30] Ye shall walk in all the way which the LORD your God hath commanded you, that ye may live, and that it

לְרֵעֶךָ׃ ס 19 אֶת־הַדְּבָרִים הָאֵלֶּה
דִּבֶּר יְהוָה אֶל־כָּל־קְהַלְכֶם בָּהָר מִתּוֹךְ
הָאֵשׁ הֶעָנָן וְהָעֲרָפֶל קוֹל גָּדוֹל וְלֹא יָסָף
וַיִּכְתְּבֵם עַל־שְׁנֵי לֻחֹת אֲבָנִים וַיִּתְּנֵם
אֵלָי׃ 20 וַיְהִי כְּשָׁמְעֲכֶם אֶת־הַקּוֹל מִתּוֹךְ
הַחֹשֶׁךְ וְהָהָר בֹּעֵר בָּאֵשׁ וַתִּקְרְבוּן אֵלַי
כָּל־רָאשֵׁי שִׁבְטֵיכֶם וְזִקְנֵיכֶם׃ 21 וַתֹּאמְרוּ
הֵן הֶרְאָנוּ יְהוָה אֱלֹהֵינוּ אֶת־כְּבֹדוֹ וְאֶת־
גָּדְלוֹ וְאֶת־קֹלוֹ שָׁמַעְנוּ מִתּוֹךְ הָאֵשׁ הַיּוֹם
הַזֶּה רָאִינוּ כִּי־יְדַבֵּר אֱלֹהִים אֶת־הָאָדָם
וָחָי׃ 22 וְעַתָּה לָמָּה נָמוּת כִּי תֹאכְלֵנוּ
הָאֵשׁ הַגְּדֹלָה הַזֹּאת אִם־יֹסְפִים ׀ אֲנַחְנוּ
לִשְׁמֹעַ אֶת־קוֹל יְהוָה אֱלֹהֵינוּ עוֹד וָמָתְנוּ׃
23 כִּי מִי כָל־בָּשָׂר אֲשֶׁר שָׁמַע קוֹל אֱלֹהִים
חַיִּים מְדַבֵּר מִתּוֹךְ־הָאֵשׁ כָּמֹנוּ וַיֶּחִי׃
24 קְרַב אַתָּה וּשְׁמָע אֵת כָּל־אֲשֶׁר יֹאמַר
יְהוָה אֱלֹהֵינוּ וְאַתְּ ׀ תְּדַבֵּר אֵלֵינוּ אֵת
כָּל־אֲשֶׁר יְדַבֵּר יְהוָה אֱלֹהֵינוּ אֵלֶיךָ
וְשָׁמַעְנוּ וְעָשִׂינוּ׃ 25 וַיִּשְׁמַע יְהוָה אֶת־קוֹל
דִּבְרֵיכֶם בְּדַבֶּרְכֶם אֵלָי וַיֹּאמֶר יְהוָה אֵלַי
שָׁמַעְתִּי אֶת־קוֹל דִּבְרֵי הָעָם הַזֶּה אֲשֶׁר
דִּבְּרוּ אֵלֶיךָ הֵיטִיבוּ כָּל־אֲשֶׁר דִּבֵּרוּ׃ 26 מִי־
יִתֵּן וְהָיָה לְבָבָם זֶה לָהֶם לְיִרְאָה אֹתִי
וְלִשְׁמֹר אֶת־כָּל־מִצְוֺתַי כָּל־הַיָּמִים לְמַעַן
יִיטַב לָהֶם וְלִבְנֵיהֶם לְעֹלָם׃ 27 לֵךְ אֱמֹר
לָהֶם שׁוּבוּ לָכֶם לְאָהֳלֵיכֶם׃ 28 וְאַתָּה פֹּה
עֲמֹד עִמָּדִי וַאֲדַבְּרָה אֵלֶיךָ אֵת כָּל־
הַמִּצְוָה וְהַחֻקִּים וְהַמִּשְׁפָּטִים אֲשֶׁר
תְּלַמְּדֵם וְעָשׂוּ בָאָרֶץ אֲשֶׁר אָנֹכִי נֹתֵן לָהֶם
לְרִשְׁתָּהּ׃ 29 וּשְׁמַרְתֶּם לַעֲשׂוֹת כַּאֲשֶׁר צִוָּה
יְהוָה אֱלֹהֵיכֶם אֶתְכֶם לֹא תָסֻרוּ יָמִין
וּשְׂמֹאל׃ 30 בְּכָל־הַדֶּרֶךְ אֲשֶׁר צִוָּה יְהוָה
אֱלֹהֵיכֶם אֶתְכֶם תֵּלֵכוּ לְמַעַן תִּחְיוּן וְטוֹב

may be well with you, and that ye may prolong your days in the land which ye shall possess.

6 Now this is the commandment, the statutes, and the ordinances, which the LORD your God commanded to teach you, that ye might do them in the land whither ye go over to possess it—[2] that thou mightest fear the LORD thy God, to keep all His statutes and His commandments, which I command thee, thou, and thy son, and thy son's son, all the days of thy life; and that thy days may be prolonged. [3] Hear therefore, O Israel, and observe to do it; that it may be well with thee, and that ye may increase mightily, as the LORD, the God of thy fathers, hath promised unto thee—a land flowing with milk and honey.

[4] HEAR, O ISRAEL: THE LORD OUR GOD, THE LORD IS ONE. [5] And thou shalt love the LORD thy God with all thy heart, and with all thy soul, and with all thy might. [6] And these words, which I command thee this day, shall be upon thy heart; [7] and thou shalt teach them diligently unto thy children, and shalt talk of them when thou sittest in thy house, and when thou walkest by the way, and when thou liest down, and when thou risest up. [8] And thou shalt bind them for a sign upon thy hand, and they shall be for frontlets between thine eyes. [9] And thou shalt write them upon the door-posts of thy house, and upon thy gates.

[10] And it shall be, when the LORD thy God shall bring thee into the land which He swore unto thy fathers, to Abraham, to Isaac, and to Jacob, to give thee—great and goodly cities, which thou didst not build, [11] and houses full of all good things, which thou didst not fill, and cisterns hewn out, which thou didst not hew, vineyards and olive-trees, which thou didst not plant, and thou shalt eat and be satisfied—[12] then beware lest thou forget the LORD, who brought thee forth out of the land of Egypt, out of the house of bondage. [13] Thou shalt fear the LORD thy God; and Him shalt thou serve, and by His name shalt thou swear. [14] Ye shall not go after other gods, of the gods of the peoples that are round about you; [15] for a jealous God, even the LORD thy God, is in the midst of thee; lest the

לָכֶם וְהַאֲרַכְתֶּם יָמִים בָּאָרֶץ אֲשֶׁר
תִּירָשׁוּן׃ **6** וְזֹאת הַמִּצְוָה הַחֻקִּים
וְהַמִּשְׁפָּטִים אֲשֶׁר צִוָּה יְהוָה אֱלֹהֵיכֶם
לְלַמֵּד אֶתְכֶם לַעֲשׂוֹת בָּאָרֶץ אֲשֶׁר אַתֶּם
עֹבְרִים שָׁמָּה לְרִשְׁתָּהּ׃ 2 לְמַעַן תִּירָא
אֶת־יְהוָה אֱלֹהֶיךָ לִשְׁמֹר אֶת־כָּל־חֻקֹּתָיו
וּמִצְוֹתָיו אֲשֶׁר אָנֹכִי מְצַוֶּךָ אַתָּה וּבִנְךָ
וּבֶן־בִּנְךָ כֹּל יְמֵי חַיֶּיךָ וּלְמַעַן יַאֲרִכֻן יָמֶיךָ׃
3 וְשָׁמַעְתָּ יִשְׂרָאֵל וְשָׁמַרְתָּ לַעֲשׂוֹת אֲשֶׁר
יִיטַב לְךָ וַאֲשֶׁר תִּרְבּוּן מְאֹד כַּאֲשֶׁר דִּבֶּר
יְהוָה אֱלֹהֵי אֲבֹתֶיךָ לָךְ אֶרֶץ זָבַת חָלָב
וּדְבָשׁ׃ פ
4 שְׁמַע יִשְׂרָאֵל יְהוָה אֱלֹהֵינוּ יְהוָה ׀
אֶחָד׃ 5 וְאָהַבְתָּ אֵת יְהוָה אֱלֹהֶיךָ בְּכָל־
לְבָבְךָ וּבְכָל־נַפְשְׁךָ וּבְכָל־מְאֹדֶךָ׃ 6 וְהָיוּ
הַדְּבָרִים הָאֵלֶּה אֲשֶׁר אָנֹכִי מְצַוְּךָ הַיּוֹם
עַל־לְבָבֶךָ׃ 7 וְשִׁנַּנְתָּם לְבָנֶיךָ וְדִבַּרְתָּ בָּם
בְּשִׁבְתְּךָ בְּבֵיתֶךָ וּבְלֶכְתְּךָ בַדֶּרֶךְ וּבְשָׁכְבְּךָ
וּבְקוּמֶךָ׃ 8 וּקְשַׁרְתָּם לְאוֹת עַל־יָדֶךָ וְהָיוּ
לְטֹטָפֹת בֵּין עֵינֶיךָ׃ 9 וּכְתַבְתָּם עַל־מְזוּזֹת
בֵּיתֶךָ וּבִשְׁעָרֶיךָ׃ ס 10 וְהָיָה כִּי
יְבִיאֲךָ ׀ יְהוָה אֱלֹהֶיךָ אֶל־הָאָרֶץ אֲשֶׁר
נִשְׁבַּע לַאֲבֹתֶיךָ לְאַבְרָהָם לְיִצְחָק וּלְיַעֲקֹב
לָתֶת לָךְ עָרִים גְּדֹלֹת וְטֹבֹת אֲשֶׁר לֹא־
בָנִיתָ׃ 11 וּבָתִּים מְלֵאִים כָּל־טוּב אֲשֶׁר
לֹא־מִלֵּאתָ וּבֹרֹת חֲצוּבִים אֲשֶׁר לֹא־
חָצַבְתָּ כְּרָמִים וְזֵיתִים אֲשֶׁר לֹא־נָטָעְתָּ
וְאָכַלְתָּ וְשָׂבָעְתָּ׃ 12 הִשָּׁמֶר לְךָ פֶּן־תִּשְׁכַּח
אֶת־יְהוָה אֲשֶׁר הוֹצִיאֲךָ מֵאֶרֶץ מִצְרַיִם
מִבֵּית עֲבָדִים׃ 13 אֶת־יְהוָה אֱלֹהֶיךָ תִּירָא
וְאֹתוֹ תַעֲבֹד וּבִשְׁמוֹ תִּשָּׁבֵעַ׃ 14 לֹא תֵלְכוּן
אַחֲרֵי אֱלֹהִים אֲחֵרִים מֵאֱלֹהֵי הָעַמִּים
אֲשֶׁר סְבִיבוֹתֵיכֶם׃ 15 כִּי אֵל קַנָּא יְהוָה

anger of the LORD thy God be kindled against thee, and He destroy thee from off the face of the earth.

[16] Ye shall not try the LORD your God, as ye tried Him in Massah. [17] Ye shall diligently keep the commandments of the LORD your God, and His testimonies, and His statutes, which He hath commanded thee. [18] And thou shalt do that which is right and good in the sight of the LORD; that it may be well with thee, and that thou mayest go in and possess the good land which the LORD swore unto thy fathers, [19] to thrust out all thine enemies from before thee, as the LORD hath spoken.

[20] When thy son asketh thee in time to come, saying: 'What mean the testimonies, and the statutes, and the ordinances, which the LORD our God hath commanded you?' [21] then thou shalt say unto thy son: 'We were Pharaoh's bondmen in Egypt; and the LORD brought us out of Egypt with a mighty hand. [22] And the LORD showed signs and wonders, great and sore, upon Egypt, upon Pharaoh, and upon all his house, before our eyes. [23] And He brought us out from thence, that He might bring us in, to give us the land which He swore unto our fathers. [24] And the LORD commanded us to do all these statutes, to fear the LORD our God, for our good always, that He might preserve us alive, as it is at this day. [25] And it shall be righteousness unto us, if we observe to do all this commandment before the LORD our God, as He hath commanded us.'

7 When the LORD thy God shall bring thee into the land whither thou goest to possess it, and shall cast out many nations before thee, the Hittite, and the Girgashite, and the Amorite, and the Canaanite, and the Perizzite, and the Hivite, and the Jebusite, seven nations greater and mightier than thou; [2] and when the LORD thy God shall deliver them up before thee, and thou shalt smite them; then thou shalt utterly destroy them; thou shalt make no covenant with them, nor show mercy unto them; [3] neither shalt thou make marriages with them: thy daughter thou shalt not give unto his son, nor

אֱלֹהֶיךָ בְּקִרְבֶּךָ פֶּן־יֶחֱרֶה אַף־יְהוָה
אֱלֹהֶיךָ בָּךְ וְהִשְׁמִידְךָ מֵעַל פְּנֵי
הָאֲדָמָה׃ ס 16 לֹא תְנַסּוּ אֶת־יְהוָה
אֱלֹהֵיכֶם כַּאֲשֶׁר נִסִּיתֶם בַּמַּסָּה׃ 17 שָׁמוֹר
תִּשְׁמְרוּן אֶת־מִצְוֹת יְהוָה אֱלֹהֵיכֶם
וְעֵדֹתָיו וְחֻקָּיו אֲשֶׁר צִוָּךְ׃ 18 וְעָשִׂיתָ הַיָּשָׁר
וְהַטּוֹב בְּעֵינֵי יְהוָה לְמַעַן יִיטַב לָךְ וּבָאתָ
וְיָרַשְׁתָּ אֶת־הָאָרֶץ הַטֹּבָה אֲשֶׁר־נִשְׁבַּע
יְהוָה לַאֲבֹתֶיךָ׃ 19 לַהֲדֹף אֶת־כָּל־אֹיְבֶיךָ
מִפָּנֶיךָ כַּאֲשֶׁר דִּבֶּר יְהוָה׃ ס 20 כִּי־
יִשְׁאָלְךָ בִנְךָ מָחָר לֵאמֹר מָה הָעֵדֹת
וְהַחֻקִּים וְהַמִּשְׁפָּטִים אֲשֶׁר צִוָּה יְהוָה
אֱלֹהֵינוּ אֶתְכֶם׃ 21 וְאָמַרְתָּ לְבִנְךָ עֲבָדִים
הָיִינוּ לְפַרְעֹה בְּמִצְרָיִם וַיּוֹצִיאֵנוּ יְהוָה
מִמִּצְרַיִם בְּיָד חֲזָקָה׃ 22 וַיִּתֵּן יְהוָה אוֹתֹת
וּמֹפְתִים גְּדֹלִים וְרָעִים ׀ בְּמִצְרַיִם בְּפַרְעֹה
וּבְכָל־בֵּיתוֹ לְעֵינֵינוּ׃ 23 וְאוֹתָנוּ הוֹצִיא
מִשָּׁם לְמַעַן הָבִיא אֹתָנוּ לָתֶת לָנוּ אֶת־
הָאָרֶץ אֲשֶׁר נִשְׁבַּע לַאֲבֹתֵינוּ׃ 24 וַיְצַוֵּנוּ
יְהוָה לַעֲשׂוֹת אֶת־כָּל־הַחֻקִּים הָאֵלֶּה
לְיִרְאָה אֶת־יְהוָה אֱלֹהֵינוּ לְטוֹב לָנוּ כָּל־
הַיָּמִים לְחַיֹּתֵנוּ כְּהַיּוֹם הַזֶּה׃ 25 וּצְדָקָה
תִּהְיֶה־לָּנוּ כִּי־נִשְׁמֹר לַעֲשׂוֹת אֶת־כָּל־
הַמִּצְוָה הַזֹּאת לִפְנֵי יְהוָה אֱלֹהֵינוּ כַּאֲשֶׁר
צִוָּנוּ׃ ס 7 כִּי יְבִיאֲךָ יְהוָה אֱלֹהֶיךָ
אֶל־הָאָרֶץ אֲשֶׁר־אַתָּה בָא־שָׁמָּה לְרִשְׁתָּהּ
וְנָשַׁל גּוֹיִם־רַבִּים ׀ מִפָּנֶיךָ הַחִתִּי וְהַגִּרְגָּשִׁי
וְהָאֱמֹרִי וְהַכְּנַעֲנִי וְהַפְּרִזִּי וְהַחִוִּי וְהַיְבוּסִי
שִׁבְעָה גוֹיִם רַבִּים וַעֲצוּמִים מִמֶּךָּ׃
2 וּנְתָנָם יְהוָה אֱלֹהֶיךָ לְפָנֶיךָ וְהִכִּיתָם
הַחֲרֵם תַּחֲרִים אֹתָם לֹא־תִכְרֹת לָהֶם
בְּרִית וְלֹא תְחָנֵּם׃ 3 וְלֹא תִתְחַתֵּן בָּם בִּתְּךָ
לֹא־תִתֵּן לִבְנוֹ וּבִתּוֹ לֹא־תִקַּח לִבְנֶךָ׃

4 כִּי־יָסִיר אֶת־בִּנְךָ מֵאַחֲרַי וְעָבְדוּ אֱלֹהִים
אֲחֵרִים וְחָרָה אַף־יְהוָה בָּכֶם וְהִשְׁמִידְךָ
מַהֵר׃ 5 כִּי־אִם־כֹּה תַעֲשׂוּ לָהֶם
מִזְבְּחֹתֵיהֶם תִּתֹּצוּ וּמַצֵּבֹתָם תְּשַׁבֵּרוּ
וַאֲשֵׁירֵהֶם תְּגַדֵּעוּן וּפְסִילֵיהֶם תִּשְׂרְפוּן
בָּאֵשׁ׃ 6 כִּי עַם קָדוֹשׁ אַתָּה לַיהוָה אֱלֹהֶיךָ
בְּךָ בָּחַר ׀ יְהוָה אֱלֹהֶיךָ לִהְיוֹת לוֹ לְעַם
סְגֻלָּה מִכֹּל הָעַמִּים אֲשֶׁר עַל־פְּנֵי
הָאֲדָמָה׃ ס 7 לֹא מֵרֻבְּכֶם מִכָּל־
הָעַמִּים חָשַׁק יְהוָה בָּכֶם וַיִּבְחַר בָּכֶם
כִּי־אַתֶּם הַמְעַט מִכָּל־הָעַמִּים׃ 8 כִּי
מֵאַהֲבַת יְהוָה אֶתְכֶם וּמִשָּׁמְרוֹ אֶת־
הַשְּׁבֻעָה אֲשֶׁר נִשְׁבַּע לַאֲבֹתֵיכֶם הוֹצִיא
יְהוָה אֶתְכֶם בְּיָד חֲזָקָה וַיִּפְדְּךָ מִבֵּית
עֲבָדִים מִיַּד פַּרְעֹה מֶלֶךְ־מִצְרָיִם׃ 9 וְיָדַעְתָּ
כִּי־יְהוָה אֱלֹהֶיךָ הוּא הָאֱלֹהִים הָאֵל
הַנֶּאֱמָן שֹׁמֵר הַבְּרִית וְהַחֶסֶד לְאֹהֲבָיו
וּלְשֹׁמְרֵי מצותו מִצְוֺתָיו לְאֶלֶף דּוֹר׃
10 וּמְשַׁלֵּם לְשֹׂנְאָיו אֶל־פָּנָיו לְהַאֲבִידוֹ לֹא
יְאַחֵר לְשֹׂנְאוֹ אֶל־פָּנָיו יְשַׁלֶּם־לוֹ׃
11 וְשָׁמַרְתָּ אֶת־הַמִּצְוָה וְאֶת־הַחֻקִּים
וְאֶת־הַמִּשְׁפָּטִים אֲשֶׁר אָנֹכִי מְצַוְּךָ הַיּוֹם
לַעֲשׂוֹתָם׃ פ

his daughter shalt thou take unto thy son. [4] For he will turn away thy son from following Me, that they may serve other gods; so will the anger of the Lord be kindled against you, and He will destroy thee quickly. [5] But thus shall ye deal with them: ye shall break down their altars, and dash in pieces their pillars, and hew down their Asherim, and burn their graven images with fire. [6] For thou art a holy people unto the Lord thy God: the Lord thy God hath chosen thee to be His own treasure, out of all peoples that are upon the face of the earth. [7] The Lord did not set His love upon you, nor choose you, because ye were more in number than any people—for ye were the fewest of all peoples—[8] but because the Lord loved you, and because He would keep the oath which He swore unto your fathers, hath the Lord brought you out with a mighty hand, and redeemed you out of the house of bondage, from the hand of Pharaoh king of Egypt. [9] Know therefore that the Lord thy God, He is God; the faithful God, who keepeth covenant and mercy with them that love Him and keep His commandments to a thousand generations; [10] and repayeth them that hate Him to their face, to destroy them; He will not be slack to him that hateth Him, He will repay him to his face. [11] Thou shalt therefore keep the commandment, and the statutes, and the ordinances, which I command thee this day, to do them.

עקב

12 וְהָיָה ׀ עֵקֶב תִּשְׁמְעוּן אֵת הַמִּשְׁפָּטִים
הָאֵלֶּה וּשְׁמַרְתֶּם וַעֲשִׂיתֶם אֹתָם וְשָׁמַר
יְהוָה אֱלֹהֶיךָ לְךָ אֶת־הַבְּרִית וְאֶת־הַחֶסֶד
אֲשֶׁר נִשְׁבַּע לַאֲבֹתֶיךָ׃ 13 וַאֲהֵבְךָ וּבֵרַכְךָ
וְהִרְבֶּךָ וּבֵרַךְ פְּרִי־בִטְנְךָ וּפְרִי־אַדְמָתֶךָ
דְּגָנְךָ וְתִירֹשְׁךָ וְיִצְהָרֶךָ שְׁגַר־אֲלָפֶיךָ
וְעַשְׁתְּרֹת צֹאנֶךָ עַל הָאֲדָמָה אֲשֶׁר־נִשְׁבַּע
לַאֲבֹתֶיךָ לָתֶת לָךְ׃ 14 בָּרוּךְ תִּהְיֶה מִכָּל־

'EKEV

[12] And it shall come to pass, because ye hearken to these ordinances, and keep, and do them, that the Lord thy God shall keep with thee the covenant and the mercy which He swore unto thy fathers, [13] and He will love thee, and bless thee, and multiply thee; He will also bless the fruit of thy body and the fruit of thy land, thy corn and thy wine and thine oil, the increase of thy kine and the young of thy flock, in the land which He swore unto thy fathers to give thee. [14] Thou shalt be blessed above all peoples; there

shall not be male or female barren among you, or among your cattle. [15] And the Lord will take away from thee all sickness; and He will put none of the evil diseases of Egypt, which thou knowest, upon thee, but will lay them upon all them that hate thee. [16] And thou shalt consume all the peoples that the Lord thy God shall deliver unto thee; thine eye shall not pity them; neither shalt thou serve their gods; for that will be a snare unto thee.

[17] If thou shalt say in thy heart: 'These nations are more than I; how can I dispossess them?' [18] thou shalt not be afraid of them; thou shalt well remember what the Lord thy God did unto Pharaoh, and unto all Egypt: [19] the great trials which thine eyes saw, and the signs, and the wonders, and the mighty hand, and the outstretched arm, whereby the Lord thy God brought thee out; so shall the Lord thy God do unto all the peoples of whom thou art afraid. [20] Moreover the Lord thy God will send the hornet among them, until they that are left, and they that hide themselves, perish from before thee. [21] Thou shalt not be affrighted at them; for the Lord thy God is in the midst of thee, a God great and awful. [22] And the Lord thy God will cast out those nations before thee by little and little; thou mayest not consume them quickly, lest the beasts of the field increase upon thee. [23] But the Lord thy God shall deliver them up before thee, and shall discomfit them with a great discomfiture, until they be destroyed. [24] And He shall deliver their kings into thy hand, and thou shalt make their name to perish from under heaven; there shall no man be able to stand against thee, until thou have destroyed them. [25] The graven images of their gods shall ye burn with fire; thou shalt not covet the silver or the gold that is on them, nor take it unto thee, lest thou be snared therein; for it is an abomination to the Lord thy God. [26] And thou shalt not bring an abomination into thy house, and be accursed like unto it; thou shalt utterly detest it, and thou shalt utterly abhor it; for it is a devoted thing.

הָעַמִּים לֹא־יִהְיֶה בְךָ עָקָר וַעֲקָרָה
וּבִבְהֶמְתֶּךָ׃ 15 וְהֵסִיר יְהוָה מִמְּךָ כָּל־חֹלִי
וְכָל־מַדְוֵי מִצְרַיִם הָרָעִים אֲשֶׁר יָדַעְתָּ לֹא
יְשִׂימָם בָּךְ וּנְתָנָם בְּכָל־שֹׂנְאֶיךָ׃ 16 וְאָכַלְתָּ
אֶת־כָּל־הָעַמִּים אֲשֶׁר יְהוָה אֱלֹהֶיךָ נֹתֵן
לָךְ לֹא־תָחֹס עֵינְךָ עֲלֵיהֶם וְלֹא תַעֲבֹד
אֶת־אֱלֹהֵיהֶם כִּי־מוֹקֵשׁ הוּא לָךְ׃ ס
17 כִּי תֹאמַר בִּלְבָבְךָ רַבִּים הַגּוֹיִם
הָאֵלֶּה מִמֶּנִּי אֵיכָה אוּכַל לְהוֹרִישָׁם׃
18 לֹא תִירָא מֵהֶם זָכֹר תִּזְכֹּר אֵת אֲשֶׁר־
עָשָׂה יְהוָה אֱלֹהֶיךָ לְפַרְעֹה וּלְכָל־
מִצְרָיִם׃ 19 הַמַּסֹּת הַגְּדֹלֹת אֲשֶׁר־רָאוּ
עֵינֶיךָ וְהָאֹתֹת וְהַמֹּפְתִים וְהַיָּד הַחֲזָקָה
וְהַזְּרֹעַ הַנְּטוּיָה אֲשֶׁר הוֹצִאֲךָ יְהוָה אֱלֹהֶיךָ
כֵּן־יַעֲשֶׂה יְהוָה אֱלֹהֶיךָ לְכָל־הָעַמִּים
אֲשֶׁר־אַתָּה יָרֵא מִפְּנֵיהֶם׃ 20 וְגַם אֶת־
הַצִּרְעָה יְשַׁלַּח יְהוָה אֱלֹהֶיךָ בָּם עַד־אֲבֹד
הַנִּשְׁאָרִים וְהַנִּסְתָּרִים מִפָּנֶיךָ׃ 21 לֹא
תַעֲרֹץ מִפְּנֵיהֶם כִּי־יְהוָה אֱלֹהֶיךָ בְּקִרְבֶּךָ
אֵל גָּדוֹל וְנוֹרָא׃ 22 וְנָשַׁל יְהוָה אֱלֹהֶיךָ
אֶת־הַגּוֹיִם הָאֵל מִפָּנֶיךָ מְעַט מְעָט לֹא
תוּכַל כַּלֹּתָם מַהֵר פֶּן־תִּרְבֶּה עָלֶיךָ חַיַּת
הַשָּׂדֶה׃ 23 וּנְתָנָם יְהוָה אֱלֹהֶיךָ לְפָנֶיךָ
וְהָמָם מְהוּמָה גְדֹלָה עַד הִשָּׁמְדָם׃ 24 וְנָתַן
מַלְכֵיהֶם בְּיָדֶךָ וְהַאֲבַדְתָּ אֶת־שְׁמָם
מִתַּחַת הַשָּׁמָיִם לֹא־יִתְיַצֵּב אִישׁ בְּפָנֶיךָ
עַד הִשְׁמִדְךָ אֹתָם׃ 25 פְּסִילֵי אֱלֹהֵיהֶם
תִּשְׂרְפוּן בָּאֵשׁ לֹא־תַחְמֹד כֶּסֶף וְזָהָב
עֲלֵיהֶם וְלָקַחְתָּ לָךְ פֶּן תִּוָּקֵשׁ בּוֹ כִּי
תוֹעֲבַת יְהוָה אֱלֹהֶיךָ הוּא׃ 26 וְלֹא־תָבִיא
תוֹעֵבָה אֶל־בֵּיתֶךָ וְהָיִיתָ חֵרֶם כָּמֹהוּ
שַׁקֵּץ | תְּשַׁקְּצֶנּוּ וְתַעֵב | תְּתַעֲבֶנּוּ כִּי־חֵרֶם
הוּא׃ פ

8 All the commandment which I command thee this day shall ye observe to do, that ye may live, and multiply, and go in and possess the land which the LORD swore unto your fathers. [2] And thou shalt remember all the way which the LORD thy God hath led thee these forty years in the wilderness, that He might afflict thee, to prove thee, to know what was in thy heart, whether thou wouldest keep His commandments, or no. [3] And He afflicted thee, and suffered thee to hunger, and fed thee with manna, which thou knewest not, neither did thy fathers know; that He might make thee know that man doth not live by bread only, but by every thing that proceedeth out of the mouth of the LORD doth man live. [4] Thy raiment waxed not old upon thee, neither did thy foot swell, these forty years. [5] And thou shalt consider in thy heart, that, as a man chasteneth his son, so the LORD thy God chasteneth thee. [6] And thou shalt keep the commandments of the LORD thy God, to walk in His ways, and to fear Him. [7] For the LORD thy God bringeth thee into a good land, a land of brooks of water, of fountains and depths, springing forth in valleys and hills; [8] a land of wheat and barley, and vines and fig-trees and pomegranates; a land of olive-trees and honey; [9] a land wherein thou shalt eat bread without scarceness, thou shalt not lack any thing in it; a land whose stones are iron, and out of whose hills thou mayest dig brass. [10] And thou shalt eat and be satisfied, and bless the LORD thy God for the good land which He hath given thee. [11] Beware lest thou forget the LORD thy God, in not keeping His commandments, and His ordinances, and His statutes, which I command thee this day; [12] lest when thou hast eaten and art satisfied, and hast built goodly houses, and dwelt therein; [13] and when thy herds and thy flocks multiply, and thy silver and thy gold is multiplied, and all that thou hast is multiplied; [14] then thy heart be lifted up, and thou forget the LORD thy God, who brought thee forth out of the land of Egypt, out of the house of bondage;

8 כָּל־הַמִּצְוָה אֲשֶׁר אָנֹכִי מְצַוְּךָ הַיּוֹם
תִּשְׁמְרוּן לַעֲשׂוֹת לְמַעַן תִּחְיוּן וּרְבִיתֶם
וּבָאתֶם וִירִשְׁתֶּם אֶת־הָאָרֶץ אֲשֶׁר־נִשְׁבַּע
יְהוָה לַאֲבֹתֵיכֶם׃ 2 וְזָכַרְתָּ אֶת־כָּל־הַדֶּרֶךְ
אֲשֶׁר הֹלִיכֲךָ יְהוָה אֱלֹהֶיךָ זֶה אַרְבָּעִים
שָׁנָה בַּמִּדְבָּר לְמַעַן עַנֹּתְךָ לְנַסֹּתְךָ לָדַעַת
אֶת־אֲשֶׁר בִּלְבָבְךָ הֲתִשְׁמֹר מצותו מִצְוֹתָיו
אִם־לֹא׃ 3 וַיְעַנְּךָ וַיַּרְעִבֶךָ וַיַּאֲכִלְךָ אֶת־
הַמָּן אֲשֶׁר לֹא־יָדַעְתָּ וְלֹא יָדְעוּן אֲבֹתֶיךָ
לְמַעַן הוֹדִיעֲךָ כִּי לֹא עַל־הַלֶּחֶם לְבַדּוֹ
יִחְיֶה הָאָדָם כִּי עַל־כָּל־מוֹצָא פִי־יְהוָה
יִחְיֶה הָאָדָם׃ 4 שִׂמְלָתְךָ לֹא בָלְתָה
מֵעָלֶיךָ וְרַגְלְךָ לֹא בָצֵקָה זֶה אַרְבָּעִים
שָׁנָה׃ 5 וְיָדַעְתָּ עִם־לְבָבֶךָ כִּי כַּאֲשֶׁר יְיַסֵּר
אִישׁ אֶת־בְּנוֹ יְהוָה אֱלֹהֶיךָ מְיַסְּרֶךָּ׃
6 וְשָׁמַרְתָּ אֶת־מִצְוֹת יְהוָה אֱלֹהֶיךָ לָלֶכֶת
בִּדְרָכָיו וּלְיִרְאָה אֹתוֹ׃ 7 כִּי יְהוָה אֱלֹהֶיךָ
מְבִיאֲךָ אֶל־אֶרֶץ טוֹבָה אֶרֶץ נַחֲלֵי מָיִם
עֲיָנֹת וּתְהֹמֹת יֹצְאִים בַּבִּקְעָה וּבָהָר׃
8 אֶרֶץ חִטָּה וּשְׂעֹרָה וְגֶפֶן וּתְאֵנָה וְרִמּוֹן
אֶרֶץ־זֵית שֶׁמֶן וּדְבָשׁ׃ 9 אֶרֶץ אֲשֶׁר לֹא
בְמִסְכֵּנֻת תֹּאכַל־בָּהּ לֶחֶם לֹא־תֶחְסַר כֹּל
בָּהּ אֶרֶץ אֲשֶׁר אֲבָנֶיהָ בַרְזֶל וּמֵהֲרָרֶיהָ
תַּחְצֹב נְחֹשֶׁת׃ 10 וְאָכַלְתָּ וְשָׂבָעְתָּ וּבֵרַכְתָּ
אֶת־יְהוָה אֱלֹהֶיךָ עַל־הָאָרֶץ הַטֹּבָה אֲשֶׁר
נָתַן־לָךְ׃ 11 הִשָּׁמֶר לְךָ פֶּן־תִּשְׁכַּח אֶת־
יְהוָה אֱלֹהֶיךָ לְבִלְתִּי שְׁמֹר מִצְוֹתָיו
וּמִשְׁפָּטָיו וְחֻקֹּתָיו אֲשֶׁר אָנֹכִי מְצַוְּךָ הַיּוֹם׃
12 פֶּן־תֹּאכַל וְשָׂבָעְתָּ וּבָתִּים טֹבִים תִּבְנֶה
וְיָשָׁבְתָּ׃ 13 וּבְקָרְךָ וְצֹאנְךָ יִרְבְּיֻן וְכֶסֶף
וְזָהָב יִרְבֶּה־לָּךְ וְכֹל אֲשֶׁר־לְךָ יִרְבֶּה׃
14 וְרָם לְבָבֶךָ וְשָׁכַחְתָּ אֶת־יְהוָה אֱלֹהֶיךָ
הַמּוֹצִיאֲךָ מֵאֶרֶץ מִצְרַיִם מִבֵּית עֲבָדִים׃

[15] who led thee through the great and dreadful wilderness, wherein were serpents, fiery serpents, and scorpions, and thirsty ground where was no water; who brought thee forth water out of the rock of flint; [16] who fed thee in the wilderness with manna, which thy fathers knew not; that He might afflict thee, and that He might prove thee, to do thee good at thy latter end; [17] and thou say in thy heart: 'My power and the might of my hand hath gotten me this wealth.' [18] But thou shalt remember the LORD thy God, for it is He that giveth thee power to get wealth; that He may establish His covenant which He swore unto thy fathers, as it is this day.

[19] And it shall be, if thou shalt forget the LORD thy God, and walk after other gods, and serve them, and worship them, I forewarn you this day that ye shall surely perish. [20] As the nations that the LORD maketh to perish before you, so shall ye perish; because ye would not hearken unto the voice of the LORD your God.

9 Hear, O Israel: thou art to pass over the Jordan this day, to go in to dispossess nations greater and mightier than thyself, cities great and fortified up to heaven, [2] a people great and tall, the sons of the Anakim, whom thou knowest, and of whom thou hast heard say: 'Who can stand before the sons of Anak?' [3] Know therefore this day, that the LORD thy God is He who goeth over before thee as a devouring fire; He will destroy them, and He will bring them down before thee; so shalt thou drive them out, and make them to perish quickly, as the LORD hath spoken unto thee. [4] Speak not thou in thy heart, after that the LORD thy God hath thrust them out from before thee, saying: 'For my righteousness the LORD hath brought me in to possess this land'; whereas for the wickedness of these nations the LORD doth drive them out from before thee. [5] Not for thy righteousness, or for the uprightness of thy heart, dost thou go in to possess their land; but for the wickedness of these nations the LORD thy God doth drive them

15 הַמּוֹלִיכְךָ בַּמִּדְבָּר ׀ הַגָּדֹל וְהַנּוֹרָא נָחָשׁ ׀
שָׂרָף וְעַקְרָב וְצִמָּאוֹן אֲשֶׁר אֵין־מָיִם
הַמּוֹצִיא לְךָ מַיִם מִצּוּר הַחַלָּמִישׁ׃
16 הַמַּאֲכִלְךָ מָן בַּמִּדְבָּר אֲשֶׁר לֹא־יָדְעוּן
אֲבֹתֶיךָ לְמַעַן עַנֹּתְךָ וּלְמַעַן נַסֹּתֶךָ
לְהֵיטִבְךָ בְּאַחֲרִיתֶךָ׃ 17 וְאָמַרְתָּ בִּלְבָבֶךָ
כֹּחִי וְעֹצֶם יָדִי עָשָׂה לִי אֶת־הַחַיִל הַזֶּה׃
18 וְזָכַרְתָּ אֶת־יְהוָה אֱלֹהֶיךָ כִּי הוּא הַנֹּתֵן
לְךָ כֹּחַ לַעֲשׂוֹת חָיִל לְמַעַן הָקִים אֶת־
בְּרִיתוֹ אֲשֶׁר־נִשְׁבַּע לַאֲבֹתֶיךָ כַּיּוֹם
הַזֶּה׃ פ
19 וְהָיָה אִם־שָׁכֹחַ תִּשְׁכַּח אֶת־יְהוָה
אֱלֹהֶיךָ וְהָלַכְתָּ אַחֲרֵי אֱלֹהִים אֲחֵרִים
וַעֲבַדְתָּם וְהִשְׁתַּחֲוִיתָ לָהֶם הַעִדֹתִי בָכֶם
הַיּוֹם כִּי אָבֹד תֹּאבֵדוּן׃ 20 כַּגּוֹיִם אֲשֶׁר
יְהוָה מַאֲבִיד מִפְּנֵיכֶם כֵּן תֹּאבֵדוּן עֵקֶב
לֹא תִשְׁמְעוּן בְּקוֹל יְהוָה אֱלֹהֵיכֶם׃ פ
9 שְׁמַע יִשְׂרָאֵל אַתָּה עֹבֵר הַיּוֹם
אֶת־הַיַּרְדֵּן לָבֹא לָרֶשֶׁת גּוֹיִם גְּדֹלִים
וַעֲצֻמִים מִמֶּךָּ עָרִים גְּדֹלֹת וּבְצֻרֹת
בַּשָּׁמָיִם׃ 2 עַם־גָּדוֹל וָרָם בְּנֵי עֲנָקִים אֲשֶׁר
אַתָּה יָדַעְתָּ וְאַתָּה שָׁמַעְתָּ מִי יִתְיַצֵּב לִפְנֵי
בְּנֵי עֲנָק׃ 3 וְיָדַעְתָּ הַיּוֹם כִּי יְהוָה אֱלֹהֶיךָ
הוּא־הָעֹבֵר לְפָנֶיךָ אֵשׁ אֹכְלָה הוּא
יַשְׁמִידֵם וְהוּא יַכְנִיעֵם לְפָנֶיךָ וְהוֹרַשְׁתָּם
וְהַאֲבַדְתָּם מַהֵר כַּאֲשֶׁר דִּבֶּר יְהוָה לָךְ׃
4 אַל־תֹּאמַר בִּלְבָבְךָ בַּהֲדֹף יְהוָה אֱלֹהֶיךָ
אֹתָם ׀ מִלְּפָנֶיךָ לֵאמֹר בְּצִדְקָתִי הֱבִיאַנִי
יְהוָה לָרֶשֶׁת אֶת־הָאָרֶץ הַזֹּאת וּבְרִשְׁעַת
הַגּוֹיִם הָאֵלֶּה יְהוָה מוֹרִישָׁם מִפָּנֶיךָ׃ 5 לֹא
בְצִדְקָתְךָ וּבְיֹשֶׁר לְבָבְךָ אַתָּה בָא לָרֶשֶׁת
אֶת־אַרְצָם כִּי בְּרִשְׁעַת ׀ הַגּוֹיִם הָאֵלֶּה
יְהוָה אֱלֹהֶיךָ מוֹרִישָׁם מִפָּנֶיךָ וּלְמַעַן

out from before thee, and that He may establish the word which the LORD swore unto thy fathers, to Abraham, to Isaac, and to Jacob. [6] Know therefore that it is not for thy righteousness that the LORD thy God giveth thee this good land to possess it; for thou art a stiffnecked people.

[7] Remember, forget thou not, how thou didst make the LORD thy God wroth in the wilderness; from the day that thou didst go forth out of the land of Egypt, until ye came unto this place, ye have been rebellious against the LORD. [8] Also in Horeb ye made the LORD wroth, and the LORD was angered with you to have destroyed you. [9] When I was gone up into the mount to receive the tables of stone, even the tables of the covenant which the LORD made with you, then I abode in the mount forty days and forty nights; I did neither eat bread nor drink water. [10] And the LORD delivered unto me the two tables of stone written with the finger of God; and on them was written according to all the words, which the LORD spoke with you in the mount out of the midst of the fire in the day of the assembly. [11] And it came to pass at the end of forty days and forty nights, that the LORD gave me the two tables of stone, even the tables of the covenant. [12] And the LORD said unto me: 'Arise, get thee down quickly from hence; for thy people that thou hast brought forth out of Egypt have dealt corruptly; they are quickly turned aside out of the way which I commanded them; they have made them a molten image.' [13] Furthermore the LORD spoke unto me, saying: 'I have seen this people, and, behold, it is a stiffnecked people; [14] let Me alone, that I may destroy them, and blot out their name from under heaven; and I will make of thee a nation mightier and greater than they.' [15] So I turned and came down from the mount, and the mount burned with fire; and the two tables of the covenant were in my two hands. [16] And I looked, and, behold, ye had sinned against the LORD your God; ye had made you a molten calf; ye had turned aside quickly out of the way which the LORD had commanded you. [17] And I took hold of the two tables, and cast them out of my

הָקִים אֶת־הַדָּבָר אֲשֶׁר נִשְׁבַּע יְהוָה
לַאֲבֹתֶיךָ לְאַבְרָהָם לְיִצְחָק וּלְיַעֲקֹב׃
6 וְיָדַעְתָּ כִּי לֹא בְצִדְקָתְךָ יְהוָה אֱלֹהֶיךָ
נֹתֵן לְךָ אֶת־הָאָרֶץ הַטּוֹבָה הַזֹּאת
לְרִשְׁתָּהּ כִּי עַם־קְשֵׁה־עֹרֶף אָתָּה׃ 7 זְכֹר
אַל־תִּשְׁכַּח אֵת אֲשֶׁר־הִקְצַפְתָּ אֶת־יְהוָה
אֱלֹהֶיךָ בַּמִּדְבָּר לְמִן־הַיּוֹם אֲשֶׁר־יָצָאתָ ׀
מֵאֶרֶץ מִצְרַיִם עַד־בֹּאֲכֶם עַד־הַמָּקוֹם
הַזֶּה מַמְרִים הֱיִיתֶם עִם־יְהוָה׃ 8 וּבְחֹרֵב
הִקְצַפְתֶּם אֶת־יְהוָה וַיִּתְאַנַּף יְהוָה בָּכֶם
לְהַשְׁמִיד אֶתְכֶם׃ 9 בַּעֲלֹתִי הָהָרָה לָקַחַת
לוּחֹת הָאֲבָנִים לוּחֹת הַבְּרִית אֲשֶׁר־כָּרַת
יְהוָה עִמָּכֶם וָאֵשֵׁב בָּהָר אַרְבָּעִים יוֹם
וְאַרְבָּעִים לַיְלָה לֶחֶם לֹא אָכַלְתִּי וּמַיִם
לֹא שָׁתִיתִי׃ 10 וַיִּתֵּן יְהוָה אֵלַי אֶת־שְׁנֵי
לוּחֹת הָאֲבָנִים כְּתֻבִים בְּאֶצְבַּע אֱלֹהִים
וַעֲלֵיהֶם כְּכָל־הַדְּבָרִים אֲשֶׁר דִּבֶּר יְהוָה
עִמָּכֶם בָּהָר מִתּוֹךְ הָאֵשׁ בְּיוֹם הַקָּהָל׃
11 וַיְהִי מִקֵּץ אַרְבָּעִים יוֹם וְאַרְבָּעִים לָיְלָה
נָתַן יְהוָה אֵלַי אֶת־שְׁנֵי לֻחֹת הָאֲבָנִים
לֻחוֹת הַבְּרִית׃ 12 וַיֹּאמֶר יְהוָה אֵלַי קוּם
רֵד מַהֵר מִזֶּה כִּי שִׁחֵת עַמְּךָ אֲשֶׁר הוֹצֵאתָ
מִמִּצְרָיִם סָרוּ מַהֵר מִן־הַדֶּרֶךְ אֲשֶׁר צִוִּיתִם
עָשׂוּ לָהֶם מַסֵּכָה׃ 13 וַיֹּאמֶר יְהוָה אֵלַי
לֵאמֹר רָאִיתִי אֶת־הָעָם הַזֶּה וְהִנֵּה עַם־
קְשֵׁה־עֹרֶף הוּא׃ 14 הֶרֶף מִמֶּנִּי וְאַשְׁמִידֵם
וְאֶמְחֶה אֶת־שְׁמָם מִתַּחַת הַשָּׁמָיִם
וְאֶעֱשֶׂה אוֹתְךָ לְגוֹי־עָצוּם וָרָב מִמֶּנּוּ׃
15 וָאֵפֶן וָאֵרֵד מִן־הָהָר וְהָהָר בֹּעֵר בָּאֵשׁ
וּשְׁנֵי לוּחֹת הַבְּרִית עַל שְׁתֵּי יָדָי׃ 16 וָאֵרֶא
וְהִנֵּה חֲטָאתֶם לַיהוָה אֱלֹהֵיכֶם עֲשִׂיתֶם
לָכֶם עֵגֶל מַסֵּכָה סַרְתֶּם מַהֵר מִן־הַדֶּרֶךְ
אֲשֶׁר־צִוָּה יְהוָה אֶתְכֶם׃ 17 וָאֶתְפֹּשׂ בִּשְׁנֵי

two hands, and broke them before your eyes.
[18] And I fell down before the LORD, as at the first, forty days and forty nights; I did neither eat bread nor drink water; because of all your sin which ye sinned, in doing that which was evil in the sight of the LORD, to provoke Him.
[19] For I was in dread of the anger and hot displeasure, wherewith the LORD was wroth against you to destroy you. But the LORD hearkened unto me that time also.
[20] Moreover the LORD was very angry with Aaron to have destroyed him; and I prayed for Aaron also the same time.
[21] And I took your sin, the calf which ye had made, and burnt it with fire, and beat it in pieces, grinding it very small, until it was as fine as dust; and I cast the dust thereof into the brook that descended out of the mount.—
[22] And at Taberah, and at Masah, and at Kibroth-hattaavah, ye made the LORD wroth.
[23] And when the LORD sent you from Kadesh-barnea, saying: 'Go up and possess the land which I have given you'; then ye rebelled against the commandment of the LORD your God, and ye believed Him not, nor hearkened to His voice.
[24] Ye have been rebellious against the LORD from the day that I knew you.—
[25] So I fell down before the LORD the forty days and forty nights that I fell down; because the LORD had said He would destroy you.
[26] And I prayed unto the LORD, and said: 'O Lord GOD, destroy not Thy people and Thine inheritance, that Thou hast redeemed through Thy greatness, that Thou hast brought-forth out of Egypt with a mighty hand.
[27] Remember Thy servants, Abraham, Isaac, and Jacob; look not unto the stubbornness of this people, nor to their wickedness, nor to their sin;
[28] lest the land whence Thou broughtest us out say: Because the LORD was not able to bring them into the land which He promised unto them, and

הַלֻּחֹת וָאַשְׁלִכֵם מֵעַל שְׁתֵּי יָדָי וָאֲשַׁבְּרֵם
לְעֵינֵיכֶם׃ 18 וָאֶתְנַפַּל לִפְנֵי יְהוָה כָּרִאשֹׁנָה
אַרְבָּעִים יוֹם וְאַרְבָּעִים לַיְלָה לֶחֶם לֹא
אָכַלְתִּי וּמַיִם לֹא שָׁתִיתִי עַל כָּל־
חַטַּאתְכֶם אֲשֶׁר חֲטָאתֶם לַעֲשׂוֹת הָרַע
בְּעֵינֵי יְהוָה לְהַכְעִיסוֹ׃ 19 כִּי יָגֹרְתִּי מִפְּנֵי
הָאַף וְהַחֵמָה אֲשֶׁר קָצַף יְהוָה עֲלֵיכֶם
לְהַשְׁמִיד אֶתְכֶם וַיִּשְׁמַע יְהוָה אֵלַי גַּם
בַּפַּעַם הַהִוא׃ 20 וּבְאַהֲרֹן הִתְאַנַּף יְהוָה
מְאֹד לְהַשְׁמִידוֹ וָאֶתְפַּלֵּל גַּם־בְּעַד אַהֲרֹן
בָּעֵת הַהִוא׃ 21 וְאֶת־חַטַּאתְכֶם אֲשֶׁר־
עֲשִׂיתֶם אֶת־הָעֵגֶל לָקַחְתִּי וָאֶשְׂרֹף אֹתוֹ ׀
בָּאֵשׁ וָאֶכֹּת אֹתוֹ טָחוֹן הֵיטֵב עַד אֲשֶׁר־דַּק
לְעָפָר וָאַשְׁלִךְ אֶת־עֲפָרוֹ אֶל־הַנַּחַל הַיֹּרֵד
מִן־הָהָר׃ 22 וּבְתַבְעֵרָה וּבְמַסָּה וּבְקִבְרֹת
הַתַּאֲוָה מַקְצִפִים הֱיִיתֶם אֶת־יְהוָה׃
23 וּבִשְׁלֹחַ יְהוָה אֶתְכֶם מִקָּדֵשׁ בַּרְנֵעַ
לֵאמֹר עֲלוּ וּרְשׁוּ אֶת־הָאָרֶץ אֲשֶׁר נָתַתִּי
לָכֶם וַתַּמְרוּ אֶת־פִּי יְהוָה אֱלֹהֵיכֶם וְלֹא
הֶאֱמַנְתֶּם לוֹ וְלֹא שְׁמַעְתֶּם בְּקֹלוֹ׃
24 מַמְרִים הֱיִיתֶם עִם־יְהוָה מִיּוֹם דַּעְתִּי
אֶתְכֶם׃ 25 וָאֶתְנַפַּל לִפְנֵי יְהוָה אֵת
אַרְבָּעִים הַיּוֹם וְאֶת־אַרְבָּעִים הַלַּיְלָה
אֲשֶׁר הִתְנַפָּלְתִּי כִּי־אָמַר יְהוָה לְהַשְׁמִיד
אֶתְכֶם׃ 26 וָאֶתְפַּלֵּל אֶל־יְהוָה וָאֹמַר אֲדֹנָי
יְהוִה אַל־תַּשְׁחֵת עַמְּךָ וְנַחֲלָתְךָ אֲשֶׁר
פָּדִיתָ בְּגָדְלֶךָ אֲשֶׁר־הוֹצֵאתָ מִמִּצְרַיִם בְּיָד
חֲזָקָה׃ 27 זְכֹר לַעֲבָדֶיךָ לְאַבְרָהָם לְיִצְחָק
וּלְיַעֲקֹב אַל־תֵּפֶן אֶל־קְשִׁי הָעָם הַזֶּה
וְאֶל־רִשְׁעוֹ וְאֶל־חַטָּאתוֹ׃ 28 פֶּן־יֹאמְרוּ
הָאָרֶץ אֲשֶׁר הוֹצֵאתָנוּ מִשָּׁם מִבְּלִי יְכֹלֶת
יְהוָה לַהֲבִיאָם אֶל־הָאָרֶץ אֲשֶׁר־דִּבֶּר
לָהֶם וּמִשִּׂנְאָתוֹ אוֹתָם הוֹצִיאָם לַהֲמִתָם

בַּמִּדְבָּר׃ 29 וְהֵם עַמְּךָ וְנַחֲלָתֶךָ אֲשֶׁר
הוֹצֵאתָ בְּכֹחֲךָ הַגָּדֹל וּבִזְרֹעֲךָ
הַנְּטוּיָה׃ פ

10 בָּעֵת הַהִוא אָמַר יְהוָה אֵלַי
פְּסָל־לְךָ שְׁנֵי־לוּחֹת אֲבָנִים כָּרִאשֹׁנִים
וַעֲלֵה אֵלַי הָהָרָה וְעָשִׂיתָ לְּךָ אֲרוֹן עֵץ׃
2 וְאֶכְתֹּב עַל־הַלֻּחֹת אֶת־הַדְּבָרִים אֲשֶׁר
הָיוּ עַל־הַלֻּחֹת הָרִאשֹׁנִים אֲשֶׁר שִׁבַּרְתָּ
וְשַׂמְתָּם בָּאָרוֹן׃ 3 וָאַעַשׂ אֲרוֹן עֲצֵי שִׁטִּים
וָאֶפְסֹל שְׁנֵי־לֻחֹת אֲבָנִים כָּרִאשֹׁנִים וָאַעַל
הָהָרָה וּשְׁנֵי הַלֻּחֹת בְּיָדִי׃ 4 וַיִּכְתֹּב עַל־
הַלֻּחֹת כַּמִּכְתָּב הָרִאשׁוֹן אֵת עֲשֶׂרֶת
הַדְּבָרִים אֲשֶׁר דִּבֶּר יְהוָה אֲלֵיכֶם בָּהָר
מִתּוֹךְ הָאֵשׁ בְּיוֹם הַקָּהָל וַיִּתְּנֵם יְהוָה
אֵלָי׃ 5 וָאֵפֶן וָאֵרֵד מִן־הָהָר וָאָשִׂם אֶת־
הַלֻּחֹת בָּאָרוֹן אֲשֶׁר עָשִׂיתִי וַיִּהְיוּ שָׁם
כַּאֲשֶׁר צִוַּנִי יְהוָה׃ 6 וּבְנֵי יִשְׂרָאֵל נָסְעוּ
מִבְּאֵרֹת בְּנֵי־יַעֲקָן מוֹסֵרָה שָׁם מֵת אַהֲרֹן
וַיִּקָּבֵר שָׁם וַיְכַהֵן אֶלְעָזָר בְּנוֹ תַּחְתָּיו׃
7 מִשָּׁם נָסְעוּ הַגֻּדְגֹּדָה וּמִן־הַגֻּדְגֹּדָה
יָטְבָתָה אֶרֶץ נַחֲלֵי מָיִם׃ 8 בָּעֵת הַהִוא
הִבְדִּיל יְהוָה אֶת־שֵׁבֶט הַלֵּוִי לָשֵׂאת
אֶת־אֲרוֹן בְּרִית־יְהוָה לַעֲמֹד לִפְנֵי יְהוָה
לְשָׁרְתוֹ וּלְבָרֵךְ בִּשְׁמוֹ עַד הַיּוֹם הַזֶּה׃
9 עַל־כֵּן לֹא־הָיָה לְלֵוִי חֵלֶק וְנַחֲלָה עִם־
אֶחָיו יְהוָה הוּא נַחֲלָתוֹ כַּאֲשֶׁר דִּבֶּר יְהוָה
אֱלֹהֶיךָ לוֹ׃ 10 וְאָנֹכִי עָמַדְתִּי בָהָר כַּיָּמִים
הָרִאשֹׁנִים אַרְבָּעִים יוֹם וְאַרְבָּעִים לָיְלָה
וַיִּשְׁמַע יְהוָה אֵלַי גַּם בַּפַּעַם הַהִוא לֹא־
אָבָה יְהוָה הַשְׁחִיתֶךָ׃ 11 וַיֹּאמֶר יְהוָה אֵלַי
קוּם לֵךְ לְמַסַּע לִפְנֵי הָעָם וְיָבֹאוּ וְיִירְשׁוּ
אֶת־הָאָרֶץ אֲשֶׁר־נִשְׁבַּעְתִּי לַאֲבֹתָם לָתֵת
לָהֶם׃ פ

because He hated them, He hath brought them out to slay them in the wilderness. [29] Yet they are Thy people and Thine inheritance, that Thou didst bring out by Thy great power and by Thy outstretched arm.’

10 At that time the LORD said unto me: ‘Hew thee two tables of stone like unto the first, and come up unto Me into the mount; and make thee an ark of wood. [2] And I will write on the tables the words that were on the first tables which thou didst break, and thou shalt put them in the ark.’ [3] So I made an ark of acacia-wood, and hewed two tables of stone like unto the first, and went up into the mount, having the two tables in my hand. [4] And He wrote on the tables, according to the first writing, the ten words, which the LORD spoke unto you in the mount out of the midst of the fire in the day of the assembly; and the LORD gave them unto me. [5] And I turned and came down from the mount, and put the tables in the ark which I had made; and there they are, as the LORD commanded me.—[6] And the children of Israel journeyed from Beeroth-bene-jaakan to Moserah; there Aaron died, and there he was buried; and Eleazar his son ministered in the priest’s office in his stead. [7] From thence they journeyed unto Gudgod; and from Gudgod to Jotbah, a land of brooks of water.—[8] At that time the LORD separated the tribe of Levi, to bear the ark of the covenant of the LORD, to stand before the LORD to minister unto Him, and to bless in His name, unto this day. [9] Wherefore Levi hath no portion nor inheritance with his brethren; the LORD is his inheritance, according as the LORD thy God spoke unto him.—[10] Now I stayed in the mount, as at the first time, forty days and forty nights; and the LORD hearkened unto me that time also; the LORD would not destroy thee. [11] And the LORD said unto me: ‘Arise, go before the people, causing them to set forward, that they may go in and possess the land, which I swore unto their fathers to give unto them.’

[12] And now, Israel, what doth the LORD thy God require of thee, but to fear the LORD thy God, to walk in all His ways, and to love Him, and to serve the LORD thy God with all thy heart and with all thy soul; [13] to keep for thy good the commandments of the LORD, and His statutes, which I command thee this day? [14] Behold, unto the LORD thy God belongeth the heaven, and the heaven of heavens, the earth, with all that therein is. [15] Only the LORD had a delight in thy fathers to love them, and He chose their seed after them, even you, above all peoples, as it is this day. [16] Circumcise therefore the foreskin of your heart, and be no more stiffnecked. [17] For the LORD your God, He is God of gods, and Lord of lords, the great God, the mighty, and the awful, who regardeth not persons, nor taketh reward. [18] He doth execute justice for the fatherless and widow, and loveth the stranger, in giving him food and raiment. [19] Love ye therefore the stranger; for ye were strangers in the land of Egypt. [20] Thou shalt fear the LORD thy God; Him shalt thou serve; and to Him shalt thou cleave, and by His name shalt thou swear. [21] He is thy glory, and He is thy God, that hath done for thee these great and tremendous things, which thine eyes have seen. [22] Thy fathers went down into Egypt with threescore and ten persons; and now the LORD thy God hath made thee as the stars of heaven for multitude.

11 Therefore thou shalt love the LORD thy God, and keep His charge, and His statutes, and His ordinances, and His commandments, alway. [2] And know ye this day; for I speak not with your children that have not known, and that have not seen the chastisement of the LORD your God, His greatness, His mighty hand, and His outstretched arm, [3] and His signs, and His works, which He did in the midst of Egypt unto Pharaoh the king of Egypt, and

12 וְעַתָּה יִשְׂרָאֵל מָה יְהוָה אֱלֹהֶיךָ שֹׁאֵל
מֵעִמָּךְ כִּי אִם־לְיִרְאָה אֶת־יְהוָה אֱלֹהֶיךָ
לָלֶכֶת בְּכָל־דְּרָכָיו וּלְאַהֲבָה אֹתוֹ וְלַעֲבֹד
אֶת־יְהוָה אֱלֹהֶיךָ בְּכָל־לְבָבְךָ וּבְכָל־
נַפְשֶׁךָ׃ 13 לִשְׁמֹר אֶת־מִצְוֹת יְהוָה וְאֶת־
חֻקֹּתָיו אֲשֶׁר אָנֹכִי מְצַוְּךָ הַיּוֹם לְטוֹב לָךְ׃
14 הֵן לַיהוָה אֱלֹהֶיךָ הַשָּׁמַיִם וּשְׁמֵי
הַשָּׁמָיִם הָאָרֶץ וְכָל־אֲשֶׁר־בָּהּ׃ 15 רַק
בַּאֲבֹתֶיךָ חָשַׁק יְהוָה לְאַהֲבָה אוֹתָם
וַיִּבְחַר בְּזַרְעָם אַחֲרֵיהֶם בָּכֶם מִכָּל־
הָעַמִּים כַּיּוֹם הַזֶּה׃ 16 וּמַלְתֶּם אֵת עָרְלַת
לְבַבְכֶם וְעָרְפְּכֶם לֹא תַקְשׁוּ עוֹד׃ 17 כִּי
יְהוָה אֱלֹהֵיכֶם הוּא אֱלֹהֵי הָאֱלֹהִים וַאֲדֹנֵי
הָאֲדֹנִים הָאֵל הַגָּדֹל הַגִּבֹּר וְהַנּוֹרָא אֲשֶׁר
לֹא־יִשָּׂא פָנִים וְלֹא יִקַּח שֹׁחַד׃ 18 עֹשֶׂה
מִשְׁפַּט יָתוֹם וְאַלְמָנָה וְאֹהֵב גֵּר לָתֶת לוֹ
לֶחֶם וְשִׂמְלָה׃ 19 וַאֲהַבְתֶּם אֶת־הַגֵּר כִּי־
גֵרִים הֱיִיתֶם בְּאֶרֶץ מִצְרָיִם׃ 20 אֶת־יְהוָה
אֱלֹהֶיךָ תִּירָא אֹתוֹ תַעֲבֹד וּבוֹ תִדְבָּק
וּבִשְׁמוֹ תִּשָּׁבֵעַ׃ 21 הוּא תְהִלָּתְךָ וְהוּא
אֱלֹהֶיךָ אֲשֶׁר־עָשָׂה אִתְּךָ אֶת־הַגְּדֹלֹת
וְאֶת־הַנּוֹרָאֹת הָאֵלֶּה אֲשֶׁר רָאוּ עֵינֶיךָ׃
22 בְּשִׁבְעִים נֶפֶשׁ יָרְדוּ אֲבֹתֶיךָ מִצְרָיְמָה
וְעַתָּה שָׂמְךָ יְהוָה אֱלֹהֶיךָ כְּכוֹכְבֵי הַשָּׁמַיִם
לָרֹב׃ **11** וְאָהַבְתָּ אֵת יְהוָה אֱלֹהֶיךָ
וְשָׁמַרְתָּ מִשְׁמַרְתּוֹ וְחֻקֹּתָיו וּמִשְׁפָּטָיו
וּמִצְוֹתָיו כָּל־הַיָּמִים׃ 2 וִידַעְתֶּם הַיּוֹם כִּי ׀
לֹא אֶת־בְּנֵיכֶם אֲשֶׁר לֹא־יָדְעוּ וַאֲשֶׁר
לֹא־רָאוּ אֶת־מוּסַר יְהוָה אֱלֹהֵיכֶם אֶת־
גָּדְלוֹ אֶת־יָדוֹ הַחֲזָקָה וּזְרֹעוֹ הַנְּטוּיָה׃
3 וְאֶת־אֹתֹתָיו וְאֶת־מַעֲשָׂיו אֲשֶׁר עָשָׂה
בְּתוֹךְ מִצְרָיִם לְפַרְעֹה מֶלֶךְ־מִצְרַיִם וּלְכָל־

unto all his land; [4] and what He did unto the army of Egypt, unto their horses, and to their chariots; how He made the water of the Red Sea to overflow them as they pursued after you, and how the LORD hath destroyed them unto this day; [5] and what He did unto you in the wilderness, until ye came unto this place; [6] and what He did unto Dathan and Abiram, the sons of Eliab, the son of Reuben; how the earth opened her mouth, and swallowed them up, and their households, and their tents, and every living substance that followed them, in the midst of all Israel; [7] but your eyes have seen all the great work of the LORD which He did. [8] Therefore shall ye keep all the commandment which I command thee this day, that ye may be strong, and go in and possess the land, whither ye go over to possess it; [9] and that ye may prolong your days upon the land, which the LORD swore unto your fathers to give unto them and to their seed, a land flowing with milk and honey.

[10] For the land, whither thou goest in to possess it, is not as the land of Egypt, from whence ye came out, where thou didst sow thy seed, and didst water it with thy foot, as a garden of herbs; [11] but the land, whither ye go over to possess it, is a land of hills and valleys, and drinketh water as the rain of heaven cometh down; [12] a land which the LORD thy God careth for; the eyes of the LORD thy God are always upon it, from the beginning of the year even unto the end of the year.

[13] And it shall come to pass, if ye shall hearken diligently unto My commandments which I command you this day, to love the LORD your God, and to serve Him with all your heart and with all your soul, [14] that I will give the rain of your land in its season, the former rain and the latter rain, that thou mayest gather in thy corn, and thy wine, and thine oil. [15] And I will give grass in thy fields for thy cattle, and thou shalt eat

אַרְצוֹ׃ 4 וַאֲשֶׁר עָשָׂה לְחֵיל מִצְרַיִם לְסוּסָיו
וּלְרִכְבּוֹ אֲשֶׁר הֵצִיף אֶת־מֵי יַם־סוּף עַל־
פְּנֵיהֶם בְּרָדְפָם אַחֲרֵיכֶם וַיְאַבְּדֵם יְהוָה
עַד הַיּוֹם הַזֶּה׃ 5 וַאֲשֶׁר עָשָׂה לָכֶם בַּמִּדְבָּר
עַד־בֹּאֲכֶם עַד־הַמָּקוֹם הַזֶּה׃ 6 וַאֲשֶׁר עָשָׂה
לְדָתָן וְלַאֲבִירָם בְּנֵי אֱלִיאָב בֶּן־רְאוּבֵן
אֲשֶׁר פָּצְתָה הָאָרֶץ אֶת־פִּיהָ וַתִּבְלָעֵם
וְאֶת־בָּתֵּיהֶם וְאֶת־אָהֳלֵיהֶם וְאֵת כָּל־
הַיְקוּם אֲשֶׁר בְּרַגְלֵיהֶם בְּקֶרֶב כָּל־יִשְׂרָאֵל׃
7 כִּי עֵינֵיכֶם הָרֹאֹת אֶת־כָּל־מַעֲשֵׂה יְהוָה
הַגָּדֹל אֲשֶׁר עָשָׂה׃ 8 וּשְׁמַרְתֶּם אֶת־כָּל־
הַמִּצְוָה אֲשֶׁר אָנֹכִי מְצַוְּךָ הַיּוֹם לְמַעַן
תֶּחֶזְקוּ וּבָאתֶם וִירִשְׁתֶּם אֶת־הָאָרֶץ אֲשֶׁר
אַתֶּם עֹבְרִים שָׁמָּה לְרִשְׁתָּהּ׃ 9 וּלְמַעַן
תַּאֲרִיכוּ יָמִים עַל־הָאֲדָמָה אֲשֶׁר נִשְׁבַּע
יְהוָה לַאֲבֹתֵיכֶם לָתֵת לָהֶם וּלְזַרְעָם אֶרֶץ
זָבַת חָלָב וּדְבָשׁ׃ ס 10 כִּי הָאָרֶץ
אֲשֶׁר אַתָּה בָא־שָׁמָּה לְרִשְׁתָּהּ לֹא כְאֶרֶץ
מִצְרַיִם הִוא אֲשֶׁר יְצָאתֶם מִשָּׁם אֲשֶׁר
תִּזְרַע אֶת־זַרְעֲךָ וְהִשְׁקִיתָ בְרַגְלְךָ כְּגַן
הַיָּרָק׃ 11 וְהָאָרֶץ אֲשֶׁר אַתֶּם עֹבְרִים שָׁמָּה
לְרִשְׁתָּהּ אֶרֶץ הָרִים וּבְקָעֹת לִמְטַר
הַשָּׁמַיִם תִּשְׁתֶּה־מָּיִם׃ 12 אֶרֶץ אֲשֶׁר־יְהוָה
אֱלֹהֶיךָ דֹּרֵשׁ אֹתָהּ תָּמִיד עֵינֵי יְהוָה
אֱלֹהֶיךָ בָּהּ מֵרֵשִׁית הַשָּׁנָה וְעַד אַחֲרִית
שָׁנָה׃ ס 13 וְהָיָה אִם־שָׁמֹעַ תִּשְׁמְעוּ
אֶל־מִצְוֹתַי אֲשֶׁר אָנֹכִי מְצַוֶּה אֶתְכֶם הַיּוֹם
לְאַהֲבָה אֶת־יְהוָה אֱלֹהֵיכֶם וּלְעָבְדוֹ
בְּכָל־לְבַבְכֶם וּבְכָל־נַפְשְׁכֶם׃ 14 וְנָתַתִּי
מְטַר־אַרְצְכֶם בְּעִתּוֹ יוֹרֶה וּמַלְקוֹשׁ
וְאָסַפְתָּ דְגָנֶךָ וְתִירֹשְׁךָ וְיִצְהָרֶךָ׃ 15 וְנָתַתִּי
עֵשֶׂב בְּשָׂדְךָ לִבְהֶמְתֶּךָ וְאָכַלְתָּ וְשָׂבָעְתָּ׃

and be satisfied. [16] Take heed to yourselves, lest your heart be deceived, and ye turn aside, and serve other gods, and worship them; [17] and the anger of the LORD be kindled against you, and He shut up the heaven, so that there shall be no rain, and the ground shall not yield her fruit; and ye perish quickly from off the good land which the LORD giveth you. [18] Therefore shall ye lay up these My words in your heart and in your soul; and ye shall bind them for a sign upon your hand, and they shall be for frontlets between your eyes. [19] And ye shall teach them your children, talking of them, when thou sittest in thy house, and when thou walkest by the way, and when thou liest down, and when thou risest up. [20] And thou shalt write them upon the door-posts of thy house, and upon thy gates; [21] that your days may be multiplied, and the days of your children, upon the land which the LORD swore unto your fathers to give them, as the days of the heavens above the earth.

[22] For if ye shall diligently keep all this commandment which I command you, to do it, to love the LORD your God, to walk in all His ways, and to cleave unto Him, [23] then will the LORD drive out all these nations from before you, and ye shall dispossess nations greater and mightier than yourselves. [24] Every place whereon the sole of your foot shall tread shall be yours: from the wilderness, and Lebanon, from the river, the river Euphrates, even unto the hinder sea shall be your border. [25] There shall no man be able to stand against you: the LORD your God shall lay the fear of you and the dread of you upon all the land that ye shall tread upon, as He hath spoken unto you.

16 הִשָּׁמְרוּ לָכֶם פֶּן יִפְתֶּה לְבַבְכֶם וְסַרְתֶּם
וַעֲבַדְתֶּם אֱלֹהִים אֲחֵרִים וְהִשְׁתַּחֲוִיתֶם
לָהֶם׃ 17 וְחָרָה אַף־יְהוָה בָּכֶם וְעָצַר אֶת־
הַשָּׁמַיִם וְלֹא־יִהְיֶה מָטָר וְהָאֲדָמָה לֹא
תִתֵּן אֶת־יְבוּלָהּ וַאֲבַדְתֶּם מְהֵרָה מֵעַל
הָאָרֶץ הַטֹּבָה אֲשֶׁר יְהוָה נֹתֵן לָכֶם׃
18 וְשַׂמְתֶּם אֶת־דְּבָרַי אֵלֶּה עַל־לְבַבְכֶם
וְעַל־נַפְשְׁכֶם וּקְשַׁרְתֶּם אֹתָם לְאוֹת עַל־
יֶדְכֶם וְהָיוּ לְטוֹטָפֹת בֵּין עֵינֵיכֶם׃
19 וְלִמַּדְתֶּם אֹתָם אֶת־בְּנֵיכֶם לְדַבֵּר בָּם
בְּשִׁבְתְּךָ בְּבֵיתֶךָ וּבְלֶכְתְּךָ בַדֶּרֶךְ וּבְשָׁכְבְּךָ
וּבְקוּמֶךָ׃ 20 וּכְתַבְתָּם עַל־מְזוּזוֹת בֵּיתֶךָ
וּבִשְׁעָרֶיךָ׃ 21 לְמַעַן יִרְבּוּ יְמֵיכֶם וִימֵי
בְנֵיכֶם עַל הָאֲדָמָה אֲשֶׁר נִשְׁבַּע יְהוָה
לַאֲבֹתֵיכֶם לָתֵת לָהֶם כִּימֵי הַשָּׁמַיִם
עַל־הָאָרֶץ׃ ס 22 כִּי אִם־שָׁמֹר
תִּשְׁמְרוּן אֶת־כָּל־הַמִּצְוָה הַזֹּאת אֲשֶׁר
אָנֹכִי מְצַוֶּה אֶתְכֶם לַעֲשֹׂתָהּ לְאַהֲבָה
אֶת־יְהוָה אֱלֹהֵיכֶם לָלֶכֶת בְּכָל־דְּרָכָיו
וּלְדָבְקָה־בוֹ׃ 23 וְהוֹרִישׁ יְהוָה אֶת־כָּל־
הַגּוֹיִם הָאֵלֶּה מִלִּפְנֵיכֶם וִירִשְׁתֶּם גּוֹיִם
גְּדֹלִים וַעֲצֻמִים מִכֶּם׃ 24 כָּל־הַמָּקוֹם אֲשֶׁר
תִּדְרֹךְ כַּף־רַגְלְכֶם בּוֹ לָכֶם יִהְיֶה מִן־
הַמִּדְבָּר וְהַלְּבָנוֹן מִן־הַנָּהָר נְהַר־פְּרָת וְעַד
הַיָּם הָאַחֲרוֹן יִהְיֶה גְּבֻלְכֶם׃ 25 לֹא־יִתְיַצֵּב
אִישׁ בִּפְנֵיכֶם פַּחְדְּכֶם וּמוֹרַאֲכֶם יִתֵּן ׀
יְהוָה אֱלֹהֵיכֶם עַל־פְּנֵי כָל־הָאָרֶץ אֲשֶׁר
תִּדְרְכוּ־בָהּ כַּאֲשֶׁר דִּבֶּר לָכֶם׃ ס

RE'EH

[26] Behold, I set before you this day a blessing and a curse: [27] the blessing, if ye shall hearken unto the commandments of the LORD your God, which I command you this day;

ראה

26 רְאֵה אָנֹכִי נֹתֵן לִפְנֵיכֶם הַיּוֹם בְּרָכָה
וּקְלָלָה׃ 27 אֶת־הַבְּרָכָה אֲשֶׁר תִּשְׁמְעוּ
אֶל־מִצְוֹת יְהוָה אֱלֹהֵיכֶם אֲשֶׁר אָנֹכִי

[28] and the curse, if ye shall not hearken unto the commandments of the LORD your God, but turn aside out of the way which I command you this day, to go after other gods, which ye have not known.

[29] And it shall come to pass, when the LORD thy God shall bring thee into the land whither thou goest to possess it, that thou shalt set the blessing upon mount Gerizim, and the curse upon mount Ebal. [30] Are they not beyond the Jordan, behind the way of the going down of the sun, in the land of the Canaanites that dwell in the Arabah, over against Gilgal, beside the terebinths of Moreh? [31] For ye are to pass over the Jordan to go in to possess the land which the LORD your God giveth you, and ye shall possess it, and dwell therein. [32] And ye shall observe to do all the statutes and the ordinances which I set before you this day.

12 These are the statutes and the ordinances, which ye shall observe to do in the land which the LORD, the God of thy fathers, hath given thee to possess it, all the days that ye live upon the earth. [2] Ye shall surely destroy all the places, wherein the nations that ye are to dispossess served their gods, upon the high mountains, and upon the hills, and under every leafy tree. [3] And ye shall break down their altars, and dash in pieces their pillars, and burn their Asherim with fire; and ye shall hew down the graven images of their gods; and ye shall destroy their name out of that place. [4] Ye shall not do so unto the LORD your God. [5] But unto the place which the LORD your God shall choose out of all your tribes to put His name there, even unto His habitation shall ye seek, and thither thou shalt come; [6] and thither ye shall bring your burnt-offerings, and your sacrifices, and your tithes, and the offering of your hand, and

מִצְוֶה אֶתְכֶם הַיּוֹם׃ 28 וְהַקְּלָלָה אִם־לֹא
תִשְׁמְעוּ אֶל־מִצְוֺת יְהוָה אֱלֹהֵיכֶם וְסַרְתֶּם
מִן־הַדֶּרֶךְ אֲשֶׁר אָנֹכִי מְצַוֶּה אֶתְכֶם הַיּוֹם
לָלֶכֶת אַחֲרֵי אֱלֹהִים אֲחֵרִים אֲשֶׁר
לֹא־יְדַעְתֶּם׃ ס 29 וְהָיָה כִּי יְבִיאֲךָ
יְהוָה אֱלֹהֶיךָ אֶל־הָאָרֶץ אֲשֶׁר־אַתָּה בָא־
שָׁמָּה לְרִשְׁתָּהּ וְנָתַתָּה אֶת־הַבְּרָכָה עַל־
הַר גְּרִזִים וְאֶת־הַקְּלָלָה עַל־הַר עֵיבָל׃
30 הֲלֹא־הֵמָּה בְּעֵבֶר הַיַּרְדֵּן אַחֲרֵי דֶּרֶךְ
מְבוֹא הַשֶּׁמֶשׁ בְּאֶרֶץ הַכְּנַעֲנִי הַיֹּשֵׁב
בָּעֲרָבָה מוּל הַגִּלְגָּל אֵצֶל אֵלוֹנֵי מֹרֶה׃
31 כִּי אַתֶּם עֹבְרִים אֶת־הַיַּרְדֵּן לָבֹא
לָרֶשֶׁת אֶת־הָאָרֶץ אֲשֶׁר־יְהוָה אֱלֹהֵיכֶם
נֹתֵן לָכֶם וִירִשְׁתֶּם אֹתָהּ וִישַׁבְתֶּם־בָּהּ׃
32 וּשְׁמַרְתֶּם לַעֲשׂוֹת אֵת כָּל־הַחֻקִּים
וְאֶת־הַמִּשְׁפָּטִים אֲשֶׁר אָנֹכִי נֹתֵן לִפְנֵיכֶם
הַיּוֹם׃ **12** אֵלֶּה הַחֻקִּים וְהַמִּשְׁפָּטִים
אֲשֶׁר תִּשְׁמְרוּן לַעֲשׂוֹת בָּאָרֶץ אֲשֶׁר נָתַן
יְהוָה אֱלֹהֵי אֲבֹתֶיךָ לְךָ לְרִשְׁתָּהּ כָּל־
הַיָּמִים אֲשֶׁר־אַתֶּם חַיִּים עַל־הָאֲדָמָה׃
2 אַבֵּד תְּאַבְּדוּן אֶת־כָּל־הַמְּקֹמוֹת אֲשֶׁר
עָבְדוּ־שָׁם הַגּוֹיִם אֲשֶׁר אַתֶּם יֹרְשִׁים אֹתָם
אֶת־אֱלֹהֵיהֶם עַל־הֶהָרִים הָרָמִים וְעַל־
הַגְּבָעוֹת וְתַחַת כָּל־עֵץ רַעֲנָן׃ 3 וְנִתַּצְתֶּם
אֶת־מִזְבְּחֹתָם וְשִׁבַּרְתֶּם אֶת־מַצֵּבֹתָם
וַאֲשֵׁרֵיהֶם תִּשְׂרְפוּן בָּאֵשׁ וּפְסִילֵי
אֱלֹהֵיהֶם תְּגַדֵּעוּן וְאִבַּדְתֶּם אֶת־שְׁמָם
מִן־הַמָּקוֹם הַהוּא׃ 4 לֹא־תַעֲשׂוּן כֵּן
לַיהוָה אֱלֹהֵיכֶם׃ 5 כִּי אִם־אֶל־הַמָּקוֹם
אֲשֶׁר־יִבְחַר יְהוָה אֱלֹהֵיכֶם מִכָּל־
שִׁבְטֵיכֶם לָשׂוּם אֶת־שְׁמוֹ שָׁם לְשִׁכְנוֹ
תִדְרְשׁוּ וּבָאתָ שָׁמָּה׃ 6 וַהֲבֵאתֶם שָׁמָּה
עֹלֹתֵיכֶם וְזִבְחֵיכֶם וְאֵת מַעְשְׂרֹתֵיכֶם וְאֵת

your vows, and your freewill-offerings, and the firstlings of your herd and of your flock; [7] and there ye shall eat before the LORD your God, and ye shall rejoice in all that ye put your hand unto, ye and your households, wherein the LORD thy God hath blessed thee. [8] Ye shall not do after all that we do here this day, every man whatsoever is right in his own eyes; [9] for ye are not as yet come to the rest and to the inheritance, which the LORD your God giveth thee. [10] But when ye go over the Jordan, and dwell in the land which the LORD your God causeth you to inherit, and He giveth you rest from all your enemies round about, so that ye dwell in safety; [11] then it shall come to pass that the place which the LORD your God shall choose to cause His name to dwell there, thither shall ye bring all that I command you: your burnt-offerings, and your sacrifices, your tithes, and the offering of your hand, and all your choice vows which ye vow unto the LORD. [12] And ye shall rejoice before the LORD your God, ye, and your sons, and your daughters, and your men-servants, and your maid-servants, and the Levite that is within your gates, forasmuch as he hath no portion nor inheritance with you. [13] Take heed to thyself that thou offer not thy burnt-offerings in every place that thou seest; [14] but in the place which the LORD shall choose in one of thy tribes, there thou shalt offer thy burnt-offerings, and there thou shalt do all that I command thee.

[15] Notwithstanding thou mayest kill and eat flesh within all thy gates, after all the desire of thy soul, according to the blessing of the LORD thy God which He hath given thee; the unclean and the clean may eat thereof, as of the gazelle, and as of the hart. [16] Only ye shall not eat the blood; thou shalt pour it out upon the earth as water. [17] Thou mayest not eat within thy gates the tithe of thy corn, or of thy wine, or of thine oil, or the firstlings of thy herd or of thy flock, nor any of thy vows which thou vowest, nor thy freewill—offerings, nor the offering of thy hand; [18] but thou shalt eat them before the LORD thy God in the place which the LORD thy God shall choose, thou, and thy son, and thy daughter, and

תְּרוּמַ֣ת יֶדְכֶ֔ם וְנִדְרֵיכֶם֙ וְנִדְבֹ֣תֵיכֶ֔ם וּבְכֹרֹ֥ת
בְּקַרְכֶ֖ם וְצֹאנְכֶֽם׃ 7 וַאֲכַלְתֶּם־שָׁ֗ם לִפְנֵי֙
יְהוָ֣ה אֱלֹהֵיכֶ֔ם וּשְׂמַחְתֶּ֗ם בְּכֹל֙ מִשְׁלַ֣ח
יֶדְכֶ֔ם אַתֶּ֖ם וּבָתֵּיכֶ֑ם אֲשֶׁ֥ר בֵּרַכְךָ֖ יְהוָ֥ה
אֱלֹהֶֽיךָ׃ 8 לֹ֣א תַעֲשׂ֔וּן כְּ֠כֹל אֲשֶׁ֨ר אֲנַ֧חְנוּ
עֹשִׂ֛ים פֹּ֖ה הַיּ֑וֹם אִ֖ישׁ כָּל־הַיָּשָׁ֥ר בְּעֵינָֽיו׃
9 כִּ֥י לֹא־בָאתֶ֖ם עַד־עָ֑תָּה אֶל־הַמְּנוּחָה֙
וְאֶל־הַֽנַּחֲלָ֔ה אֲשֶׁר־יְהוָ֥ה אֱלֹהֶ֖יךָ נֹתֵ֥ן לָֽךְ׃
10 וַעֲבַרְתֶּם֮ אֶת־הַיַּרְדֵּן֒ וִישַׁבְתֶּ֣ם בָּאָ֔רֶץ
אֲשֶׁר־יְהוָ֥ה אֱלֹהֵיכֶ֖ם מַנְחִ֣יל אֶתְכֶ֑ם
וְהֵנִ֨יחַ לָכֶ֧ם מִכָּל־אֹיְבֵיכֶ֛ם מִסָּבִ֖יב
וִישַׁבְתֶּם־בֶּֽטַח׃ 11 וְהָיָ֣ה הַמָּק֗וֹם אֲשֶׁר־
יִבְחַר֩ יְהוָ֨ה אֱלֹהֵיכֶ֥ם בּוֹ֙ לְשַׁכֵּ֤ן שְׁמוֹ֙ שָׁ֔ם
שָׁ֥מָּה תָבִ֖יאוּ אֵ֣ת כָּל־אֲשֶׁ֣ר אָנֹכִ֑י מְצַוֶּ֖ה
אֶתְכֶ֑ם עוֹלֹתֵיכֶ֣ם וְזִבְחֵיכֶ֗ם מַעְשְׂרֹֽתֵיכֶם֙
וּתְרֻמַ֣ת יֶדְכֶ֔ם וְכֹל֙ מִבְחַ֣ר נִדְרֵיכֶ֔ם אֲשֶׁ֥ר
תִּדְּר֖וּ לַיהוָֽה׃ 12 וּשְׂמַחְתֶּ֗ם לִפְנֵי֮ יְהוָ֣ה
אֱלֹהֵיכֶם֒ אַתֶּ֕ם וּבְנֵיכֶם֙ וּבְנֹ֣תֵיכֶ֔ם
וְעַבְדֵיכֶ֖ם וְאַמְהֹֽתֵיכֶ֑ם וְהַלֵּוִי֙ אֲשֶׁ֣ר
בְּשַׁ֣עֲרֵיכֶ֔ם כִּ֣י אֵ֥ין ל֛וֹ חֵ֥לֶק וְנַחֲלָ֖ה אִתְּכֶֽם׃
13 הִשָּׁ֣מֶר לְךָ֔ פֶּֽן־תַּעֲלֶ֖ה עֹלֹתֶ֑יךָ בְּכָל־
מָק֖וֹם אֲשֶׁ֥ר תִּרְאֶֽה׃ 14 כִּ֣י אִם־בַּמָּק֞וֹם
אֲשֶׁר־יִבְחַ֤ר יְהוָה֙ בְּאַחַ֣ד שְׁבָטֶ֔יךָ שָׁ֖ם
תַּעֲלֶ֣ה עֹלֹתֶ֑יךָ וְשָׁ֣ם תַּעֲשֶׂ֔ה כֹּ֛ל אֲשֶׁ֥ר אָנֹכִ֖י
מְצַוֶּֽךָּ׃ 15 רַק֩ בְּכָל־אַוַּ֨ת נַפְשְׁךָ֜ תִּזְבַּ֣ח ׀
וְאָכַלְתָּ֣ בָשָׂ֗ר כְּבִרְכַּ֨ת יְהוָ֧ה אֱלֹהֶ֛יךָ אֲשֶׁ֥ר
נָֽתַן־לְךָ֖ בְּכָל־שְׁעָרֶ֑יךָ הַטָּמֵ֤א וְהַטָּהוֹר֙
יֹאכְלֶ֔נּוּ כַּצְּבִ֖י וְכָאַיָּֽל׃ 16 רַ֥ק הַדָּ֖ם לֹ֣א
תֹאכֵ֑לוּ עַל־הָאָ֥רֶץ תִּשְׁפְּכֶ֖נּוּ כַּמָּֽיִם׃
17 לֹא־תוּכַ֞ל לֶאֱכֹ֣ל בִּשְׁעָרֶ֗יךָ מַעְשַׂ֤ר דְּגָֽנְךָ֙
וְתִירֹשְׁךָ֣ וְיִצְהָרֶ֔ךָ וּבְכֹרֹ֥ת בְּקָרְךָ֖ וְצֹאנֶ֑ךָ
וְכָל־נְדָרֶ֙יךָ֙ אֲשֶׁ֣ר תִּדֹּ֔ר וְנִדְבֹתֶ֖יךָ וּתְרוּמַ֥ת
יָדֶֽךָ׃ 18 כִּ֣י אִם־לִפְנֵי֩ יְהוָ֨ה אֱלֹהֶ֜יךָ תֹּאכְלֶ֗נּוּ

thy man-servant, and thy maid-servant, and the Levite that is within thy gates, and thou shalt rejoice before the Lord thy God in all that thou puttest thy hand unto. [19] Take heed to thyself that thou forsake not the Levite as long as thou livest upon thy land.

[20] When the Lord thy God shall enlarge thy border, as He hath promised thee, and thou shalt say: 'I will eat flesh', because thy soul desireth to eat flesh; thou mayest eat flesh, after all the desire of thy soul. [21] If the place which the Lord thy God shall choose to put His name there be too far from thee, then thou shalt kill of thy herd and of thy flock, which the Lord hath given thee, as I have commanded thee, and thou shalt eat within thy gates, after all the desire of thy soul. [22] Howbeit as the gazelle and as the hart is eaten, so thou shalt eat thereof; the unclean and the clean may eat thereof alike. [23] Only be stedfast in not eating the blood; for the blood is the life; and thou shalt not eat the life with the flesh. [24] Thou shalt not eat it; thou shalt pour it out upon the earth as water. [25] Thou shalt not eat it; that it may go well with thee, and with thy children after thee, when thou shalt do that which is right in the eyes of the Lord. [26] Only thy holy things which thou hast, and thy vows, thou shalt take, and go unto the place which the Lord shall choose; [27] and thou shalt offer thy burnt-offerings, the flesh and the blood, upon the altar of the Lord thy God; and the blood of thy sacrifices shall be poured out against the altar of the Lord thy God, and thou shalt eat the flesh. [28] Observe and hear all these words which I command thee, that it may go well with thee, and with thy children after thee for ever, when thou doest that which is good and right in the eyes of the Lord thy God.

[29] When the Lord thy God shall cut off the nations from before thee, whither thou goest in to dispossess them, and thou dispossessest them, and dwellest in their land; [30] take heed to thyself that thou be not ensnared to follow them, after that they are destroyed from before thee;

בַּמָּקוֹם אֲשֶׁר יִבְחַר יְהוָה אֱלֹהֶיךָ בּוֹ אַתָּה
וּבִנְךָ וּבִתֶּךָ וְעַבְדְּךָ וַאֲמָתֶךָ וְהַלֵּוִי אֲשֶׁר
בִּשְׁעָרֶיךָ וְשָׂמַחְתָּ לִפְנֵי יְהוָה אֱלֹהֶיךָ בְּכֹל
מִשְׁלַח יָדֶךָ׃ 19 הִשָּׁמֶר לְךָ פֶּן־תַּעֲזֹב אֶת־
הַלֵּוִי כָּל־יָמֶיךָ עַל־אַדְמָתֶךָ׃ ס 20 כִּי־
יַרְחִיב יְהוָה אֱלֹהֶיךָ אֶת־גְּבוּלְךָ כַּאֲשֶׁר
דִּבֶּר־לָךְ וְאָמַרְתָּ אֹכְלָה בָשָׂר כִּי־תְאַוֶּה
נַפְשְׁךָ לֶאֱכֹל בָּשָׂר בְּכָל־אַוַּת נַפְשְׁךָ תֹּאכַל
בָּשָׂר׃ 21 כִּי־יִרְחַק מִמְּךָ הַמָּקוֹם אֲשֶׁר
יִבְחַר יְהוָה אֱלֹהֶיךָ לָשׂוּם שְׁמוֹ שָׁם
וְזָבַחְתָּ מִבְּקָרְךָ וּמִצֹּאנְךָ אֲשֶׁר נָתַן יְהוָה
לְךָ כַּאֲשֶׁר צִוִּיתִךָ וְאָכַלְתָּ בִּשְׁעָרֶיךָ בְּכֹל
אַוַּת נַפְשֶׁךָ׃ 22 אַךְ כַּאֲשֶׁר יֵאָכֵל אֶת־הַצְּבִי
וְאֶת־הָאַיָּל כֵּן תֹּאכְלֶנּוּ הַטָּמֵא וְהַטָּהוֹר
יַחְדָּו יֹאכְלֶנּוּ׃ 23 רַק חֲזַק לְבִלְתִּי אֲכֹל
הַדָּם כִּי הַדָּם הוּא הַנָּפֶשׁ וְלֹא־תֹאכַל
הַנֶּפֶשׁ עִם־הַבָּשָׂר׃ 24 לֹא תֹּאכְלֶנּוּ עַל־
הָאָרֶץ תִּשְׁפְּכֶנּוּ כַּמָּיִם׃ 25 לֹא תֹּאכְלֶנּוּ
לְמַעַן יִיטַב לְךָ וּלְבָנֶיךָ אַחֲרֶיךָ כִּי־תַעֲשֶׂה
הַיָּשָׁר בְּעֵינֵי יְהוָה׃ 26 רַק קָדָשֶׁיךָ אֲשֶׁר־
יִהְיוּ לְךָ וּנְדָרֶיךָ תִּשָּׂא וּבָאתָ אֶל־הַמָּקוֹם
אֲשֶׁר־יִבְחַר יְהוָה׃ 27 וְעָשִׂיתָ עֹלֹתֶיךָ
הַבָּשָׂר וְהַדָּם עַל־מִזְבַּח יְהוָה אֱלֹהֶיךָ
וְדַם־זְבָחֶיךָ יִשָּׁפֵךְ עַל־מִזְבַּח יְהוָה אֱלֹהֶיךָ
וְהַבָּשָׂר תֹּאכֵל׃ 28 שְׁמֹר וְשָׁמַעְתָּ אֵת
כָּל־הַדְּבָרִים הָאֵלֶּה אֲשֶׁר אָנֹכִי מְצַוֶּךָּ
לְמַעַן יִיטַב לְךָ וּלְבָנֶיךָ אַחֲרֶיךָ עַד־עוֹלָם
כִּי תַעֲשֶׂה הַטּוֹב וְהַיָּשָׁר בְּעֵינֵי יְהוָה
אֱלֹהֶיךָ׃ ס 29 כִּי־יַכְרִית יְהוָה אֱלֹהֶיךָ
אֶת־הַגּוֹיִם אֲשֶׁר אַתָּה בָא־שָׁמָּה לָרֶשֶׁת
אוֹתָם מִפָּנֶיךָ וְיָרַשְׁתָּ אֹתָם וְיָשַׁבְתָּ
בְּאַרְצָם׃ 30 הִשָּׁמֶר לְךָ פֶּן־תִּנָּקֵשׁ
אַחֲרֵיהֶם אַחֲרֵי הִשָּׁמְדָם מִפָּנֶיךָ וּפֶן־

and that thou inquire not after their gods, saying: 'How used these nations to serve their gods? even so will I do likewise.' [31] Thou shalt not do so unto the LORD thy God; for every abomination to the LORD, which He hateth, have they done unto their gods; for even their sons and their daughters do they burn in the fire to their gods.

13 All this word which I command you, that shall ye observe to do; thou shalt not add thereto, nor diminish from it.

[2] If there arise in the midst of thee a prophet, or a dreamer of dreams—and he give thee a sign or a wonder, [3] and the sign or the wonder come to pass, whereof he spoke unto thee—saying: 'Let us go after other gods, which thou hast not known, and let us serve them'; [4] thou shalt not hearken unto the words of that prophet, or unto that dreamer of dreams; for the LORD your God putteth you to proof, to know whether ye do love the LORD your God with all your heart and with all your soul. [5] After the LORD your God shall ye walk, and Him shall ye fear, and His commandments shall ye keep, and unto His voice shall ye hearken, and Him shall ye serve, and unto Him shall ye cleave. [6] And that prophet, or that dreamer of dreams, shall be put to death; because he hath spoken perversion against the LORD your God, who brought you out of the land of Egypt, and redeemed thee out of the house of bondage, to draw thee aside out of the way which the LORD thy God commanded thee to walk in. So shalt thou put away the evil from the midst of thee.

[7] If thy brother, the son of thy mother, or thy son, or thy daughter, or the wife of thy bosom, or thy friend, that is as thine own soul, entice thee secretly, saying: 'Let us go and serve other gods', which thou hast not known, thou, nor thy fathers; [8] of the gods of the peoples that are round about you, nigh unto thee, or far off from thee, from the one end of the earth even unto the other end of the earth; [9] thou shalt not consent unto him, nor hearken unto him; neither

תִּדְרֹשׁ לֵאלֹהֵיהֶם לֵאמֹר אֵיכָה יַעַבְדוּ
הַגּוֹיִם הָאֵלֶּה אֶת־אֱלֹהֵיהֶם וְאֶעֱשֶׂה־כֵּן
גַּם־אָנִי׃ 31 לֹא־תַעֲשֶׂה כֵן לַיהוָה אֱלֹהֶיךָ
כִּי כָל־תּוֹעֲבַת יְהוָה אֲשֶׁר שָׂנֵא עָשׂוּ
לֵאלֹהֵיהֶם כִּי גַם אֶת־בְּנֵיהֶם וְאֶת־
בְּנֹתֵיהֶם יִשְׂרְפוּ בָאֵשׁ לֵאלֹהֵיהֶם׃
13 אֵת כָּל־הַדָּבָר אֲשֶׁר אָנֹכִי מְצַוֶּה
אֶתְכֶם אֹתוֹ תִשְׁמְרוּ לַעֲשׂוֹת לֹא־תֹסֵף
עָלָיו וְלֹא תִגְרַע מִמֶּנּוּ׃ פ
2 כִּי־יָקוּם בְּקִרְבְּךָ נָבִיא אוֹ חֹלֵם חֲלוֹם
וְנָתַן אֵלֶיךָ אוֹת אוֹ מוֹפֵת׃ 3 וּבָא הָאוֹת
וְהַמּוֹפֵת אֲשֶׁר־דִּבֶּר אֵלֶיךָ לֵאמֹר נֵלְכָה
אַחֲרֵי אֱלֹהִים אֲחֵרִים אֲשֶׁר לֹא־יְדַעְתָּם
וְנָעָבְדֵם׃ 4 לֹא תִשְׁמַע אֶל־דִּבְרֵי הַנָּבִיא
הַהוּא אוֹ אֶל־חוֹלֵם הַחֲלוֹם הַהוּא כִּי
מְנַסֶּה יְהוָה אֱלֹהֵיכֶם אֶתְכֶם לָדַעַת
הֲיִשְׁכֶם אֹהֲבִים אֶת־יְהוָה אֱלֹהֵיכֶם בְּכָל־
לְבַבְכֶם וּבְכָל־נַפְשְׁכֶם׃ 5 אַחֲרֵי יְהוָה
אֱלֹהֵיכֶם תֵּלֵכוּ וְאֹתוֹ תִירָאוּ וְאֶת־מִצְוֺתָיו
תִּשְׁמֹרוּ וּבְקֹלוֹ תִשְׁמָעוּ וְאֹתוֹ תַעֲבֹדוּ וּבוֹ
תִדְבָּקוּן׃ 6 וְהַנָּבִיא הַהוּא אוֹ חֹלֵם
הַחֲלוֹם הַהוּא יוּמָת כִּי דִבֶּר־סָרָה עַל־
יְהוָה אֱלֹהֵיכֶם הַמּוֹצִיא אֶתְכֶם ׀ מֵאֶרֶץ
מִצְרַיִם וְהַפֹּדְךָ מִבֵּית עֲבָדִים לְהַדִּיחֲךָ
מִן־הַדֶּרֶךְ אֲשֶׁר צִוְּךָ יְהוָה אֱלֹהֶיךָ לָלֶכֶת
בָּהּ וּבִעַרְתָּ הָרָע מִקִּרְבֶּךָ׃ 7 כִּי יְסִיתְךָ
אָחִיךָ בֶן־אִמֶּךָ אוֹ־בִנְךָ אוֹ־בִתְּךָ אוֹ ׀ אֵשֶׁת
חֵיקֶךָ אוֹ רֵעֲךָ אֲשֶׁר כְּנַפְשְׁךָ בַּסֵּתֶר לֵאמֹר
נֵלְכָה וְנַעַבְדָה אֱלֹהִים אֲחֵרִים אֲשֶׁר לֹא
יָדַעְתָּ אַתָּה וַאֲבֹתֶיךָ׃ 8 מֵאֱלֹהֵי הָעַמִּים
אֲשֶׁר סְבִיבֹתֵיכֶם הַקְּרֹבִים אֵלֶיךָ אוֹ
הָרְחֹקִים מִמֶּךָּ מִקְצֵה הָאָרֶץ וְעַד־קְצֵה
הָאָרֶץ׃ 9 לֹא־תֹאבֶה לוֹ וְלֹא תִשְׁמַע אֵלָיו

shall thine eye pity him, neither shalt thou spare,
neither shalt thou conceal him; [10] but thou
shalt surely kill him; thy hand shall be first upon
him to put him to death, and afterwards the
hand of all the people. [11] And thou shalt stone
him with stones, that he die; because he hath
sought to draw thee away from the LORD thy
God, who brought thee out of the land of Egypt,
out of the house of bondage. [12] And all Israel
shall hear, and fear, and shall do no more any
such wickedness as this is in the midst of thee.

[13] If thou shalt hear tell concerning one of
thy cities, which the LORD thy God giveth thee to
dwell there, saying: [14] 'Certain base fellows are
gone out from the midst of thee, and have drawn
away the inhabitants of their city, saying: Let us go
and serve other gods, which ye have not known';
[15] then shalt thou inquire, and make search,
and ask diligently; and, behold, if it be truth,
and the thing certain, that such abomination
is wrought in the midst of thee; [16] thou shalt
surely smite the inhabitants of that city with the
edge of the sword, destroying it utterly, and all
that is therein and the cattle thereof, with the
edge of the sword. [17] And thou shalt gather all
the spoil of it into the midst of the broad place
thereof, and shalt burn with fire the city, and all
the spoil thereof every whit, unto the LORD thy
God; and it shall be a heap for ever; it shall not be
built again. [18] And there shall cleave nought of
the devoted thing to thy hand, that the LORD may
turn from the fierceness of His anger, and show
thee mercy, and have compassion upon thee, and
multiply thee, as He hath sworn unto thy fathers;
[19] when thou shalt hearken to the voice of the
LORD thy God, to keep all His commandments
which I command thee this day, to do that which
is right in the eyes of the LORD thy God.

14 Ye are the children of the LORD your
God: ye shall not cut yourselves, nor
make any baldness between your eyes for the
dead. [2] For thou art a holy people unto the
LORD thy God, and the LORD hath chosen thee
to be His own treasure out of all peoples that are
upon the face of the earth.

וְלֹא־תָחוֹס עֵינְךָ עָלָיו וְלֹא־תַחְמֹל וְלֹא־
תְכַסֶּה עָלָיו׃ 10 כִּי הָרֹג תַּהַרְגֶנּוּ יָדְךָ
תִּהְיֶה־בּוֹ בָרִאשׁוֹנָה לַהֲמִיתוֹ וְיַד כָּל־
הָעָם בָּאַחֲרֹנָה׃ 11 וּסְקַלְתּוֹ בָאֲבָנִים וָמֵת
כִּי בִקֵּשׁ לְהַדִּיחֲךָ מֵעַל יְהוָה אֱלֹהֶיךָ
הַמּוֹצִיאֲךָ מֵאֶרֶץ מִצְרַיִם מִבֵּית עֲבָדִים׃
12 וְכָל־יִשְׂרָאֵל יִשְׁמְעוּ וְיִרָאוּן וְלֹא־יוֹסִפוּ
לַעֲשׂוֹת כַּדָּבָר הָרָע הַזֶּה בְּקִרְבֶּךָ׃ ס
13 כִּי־תִשְׁמַע בְּאַחַת עָרֶיךָ אֲשֶׁר יְהוָה
אֱלֹהֶיךָ נֹתֵן לְךָ לָשֶׁבֶת שָׁם לֵאמֹר׃
14 יָצְאוּ אֲנָשִׁים בְּנֵי־בְלִיַּעַל מִקִּרְבֶּךָ וַיַּדִּיחוּ
אֶת־יֹשְׁבֵי עִירָם לֵאמֹר נֵלְכָה וְנַעַבְדָה
אֱלֹהִים אֲחֵרִים אֲשֶׁר לֹא־יְדַעְתֶּם׃
15 וְדָרַשְׁתָּ וְחָקַרְתָּ וְשָׁאַלְתָּ הֵיטֵב וְהִנֵּה
אֱמֶת נָכוֹן הַדָּבָר נֶעֶשְׂתָה הַתּוֹעֵבָה הַזֹּאת
בְּקִרְבֶּךָ׃ 16 הַכֵּה תַכֶּה אֶת־יֹשְׁבֵי הָעִיר
ההוא הַהִיא לְפִי־חָרֶב הַחֲרֵם אֹתָהּ וְאֶת־
כָּל־אֲשֶׁר־בָּהּ וְאֶת־בְּהֶמְתָּהּ לְפִי־חָרֶב׃
17 וְאֶת־כָּל־שְׁלָלָהּ תִּקְבֹּץ אֶל־תּוֹךְ רְחֹבָהּ
וְשָׂרַפְתָּ בָאֵשׁ אֶת־הָעִיר וְאֶת־כָּל־שְׁלָלָהּ
כָּלִיל לַיהוָה אֱלֹהֶיךָ וְהָיְתָה תֵּל עוֹלָם
לֹא תִבָּנֶה עוֹד׃ 18 וְלֹא־יִדְבַּק בְּיָדְךָ
מְאוּמָה מִן־הַחֵרֶם לְמַעַן יָשׁוּב יְהוָה
מֵחֲרוֹן אַפּוֹ וְנָתַן־לְךָ רַחֲמִים וְרִחַמְךָ
וְהִרְבֶּךָ כַּאֲשֶׁר נִשְׁבַּע לַאֲבֹתֶיךָ׃ 19 כִּי
תִשְׁמַע בְּקוֹל יְהוָה אֱלֹהֶיךָ לִשְׁמֹר אֶת־
כָּל־מִצְוֺתָיו אֲשֶׁר אָנֹכִי מְצַוְּךָ הַיּוֹם
לַעֲשׂוֹת הַיָּשָׁר בְּעֵינֵי יְהוָה אֱלֹהֶיךָ׃ ס
14 בָּנִים אַתֶּם לַיהוָה אֱלֹהֵיכֶם לֹא
תִתְגֹּדְדוּ וְלֹא־תָשִׂימוּ קָרְחָה בֵּין עֵינֵיכֶם
לָמֵת׃ 2 כִּי עַם קָדוֹשׁ אַתָּה לַיהוָה אֱלֹהֶיךָ
וּבְךָ בָּחַר יְהוָה לִהְיוֹת לוֹ לְעַם סְגֻלָּה
מִכֹּל הָעַמִּים אֲשֶׁר עַל־פְּנֵי הָאֲדָמָה׃ ס

[3] Thou shalt not eat any abominable thing. [4] These are the beasts which ye may eat: the ox, the sheep, and the goat, [5] the hart, and the gazelle, and the roebuck, and the wild goat, and the pygarg, and the antelope, and the mountain-sheep. [6] And every beast that parteth the hoof, and hath the hoof wholly cloven in two, and cheweth the cud, among the beasts, that ye may eat. [7] Nevertheless these ye shall not eat of them that only chew the cud, or of them that only have the hoof cloven: the camel, and the hare, and the rock-badger, because they chew the cud but part not the hoof, they are unclean unto you; [8] and the swine, because he parteth the hoof but cheweth not the cud, he is unclean unto you; of their flesh ye shall not eat, and their carcasses ye shall not touch.

[9] These ye may eat of all that are in the waters: whatsoever hath fins and scales may ye eat; [10] and whatsoever hath not fins and scales ye shall not eat; it is unclean unto you.

[11] Of all clean birds ye may eat. [12] But these are they of which ye shall not eat: the great vulture, and the bearded vulture, and the ospray; [13] and the glede, and the falcon, and the kite after its kinds; [14] and every raven after its kinds; [15] and the ostrich, and the night-hawk, and the sea-mew, and the hawk after its kinds; [16] the little owl, and the great owl, and the horned owl; [17] and the pelican, and the carrion-vulture, and the cormorant; [18] and the stork, and the heron after its kinds, and the hoopoe, and the bat. [19] And all winged swarming things are unclean unto you; they shall not be eaten. [20] Of all clean winged things ye may eat.

[21] Ye shall not eat of any thing that dieth of itself; thou mayest give it unto the stranger that is within thy gates, that he may eat it; or thou mayest sell it unto a foreigner; for thou art a holy people unto the LORD thy God. Thou shalt not seethe a kid in its mother's milk.

[22] Thou shalt surely tithe all the increase of thy seed, that which is brought forth in the field year by year. [23] And thou shalt eat before the LORD thy God, in the place which He shall choose to cause His name to dwell there, the

3 לֹא תֹאכַל כָּל־תּוֹעֵבָה׃ 4 זֹאת
הַבְּהֵמָה אֲשֶׁר תֹּאכֵלוּ שׁוֹר שֵׂה כְשָׂבִים
וְשֵׂה עִזִּים׃ 5 אַיָּל וּצְבִי וְיַחְמוּר וְאַקּוֹ
וְדִישֹׁן וּתְאוֹ וָזָמֶר׃ 6 וְכָל־בְּהֵמָה מַפְרֶסֶת
פַּרְסָה וְשֹׁסַעַת שֶׁסַע שְׁתֵּי פְרָסוֹת מַעֲלַת
גֵּרָה בַּבְּהֵמָה אֹתָהּ תֹּאכֵלוּ׃ 7 אַךְ אֶת־זֶה
לֹא תֹאכְלוּ מִמַּעֲלֵי הַגֵּרָה וּמִמַּפְרִיסֵי
הַפַּרְסָה הַשְּׁסוּעָה אֶת־הַגָּמָל וְאֶת־
הָאַרְנֶבֶת וְאֶת־הַשָּׁפָן כִּי־מַעֲלֵה גֵרָה
הֵמָּה וּפַרְסָה לֹא הִפְרִיסוּ טְמֵאִים הֵם
לָכֶם׃ 8 וְאֶת־הַחֲזִיר כִּי־מַפְרִיס פַּרְסָה
הוּא וְלֹא גֵרָה טָמֵא הוּא לָכֶם מִבְּשָׂרָם
לֹא תֹאכֵלוּ וּבְנִבְלָתָם לֹא תִגָּעוּ׃ ס
9 אֶת־זֶה תֹּאכְלוּ מִכֹּל אֲשֶׁר בַּמָּיִם כֹּל
אֲשֶׁר־לוֹ סְנַפִּיר וְקַשְׂקֶשֶׂת תֹּאכֵלוּ׃ 10 וְכֹל
אֲשֶׁר אֵין־לוֹ סְנַפִּיר וְקַשְׂקֶשֶׂת לֹא תֹאכֵלוּ
טָמֵא הוּא לָכֶם׃ ס 11 כָּל־צִפּוֹר
טְהֹרָה תֹּאכֵלוּ׃ 12 וְזֶה אֲשֶׁר לֹא־תֹאכְלוּ
מֵהֶם הַנֶּשֶׁר וְהַפֶּרֶס וְהָעָזְנִיָּה׃ 13 וְהָרָאָה
וְאֶת־הָאַיָּה וְהַדַּיָּה לְמִינָהּ׃ 14 וְאֵת כָּל־
עֹרֵב לְמִינוֹ׃ 15 וְאֵת בַּת הַיַּעֲנָה וְאֶת־
הַתַּחְמָס וְאֶת־הַשָּׁחַף וְאֶת־הַנֵּץ לְמִינֵהוּ׃
16 אֶת־הַכּוֹס וְאֶת־הַיַּנְשׁוּף וְהַתִּנְשָׁמֶת׃
17 וְהַקָּאָת וְאֶת־הָרָחָמָה וְאֶת־הַשָּׁלָךְ׃
18 וְהַחֲסִידָה וְהָאֲנָפָה לְמִינָהּ וְהַדּוּכִיפַת
וְהָעֲטַלֵּף׃ 19 וְכֹל שֶׁרֶץ הָעוֹף טָמֵא הוּא
לָכֶם לֹא יֵאָכֵלוּ׃ 20 כָּל־עוֹף טָהוֹר
תֹּאכֵלוּ׃ 21 לֹא תֹאכְלוּ כָל־נְבֵלָה לַגֵּר
אֲשֶׁר־בִּשְׁעָרֶיךָ תִּתְּנֶנָּה וַאֲכָלָהּ אוֹ מָכֹר
לְנָכְרִי כִּי עַם קָדוֹשׁ אַתָּה לַיהוָה אֱלֹהֶיךָ
לֹא־תְבַשֵּׁל גְּדִי בַּחֲלֵב אִמּוֹ׃ פ
22 עַשֵּׂר תְּעַשֵּׂר אֵת כָּל־תְּבוּאַת זַרְעֶךָ
הַיֹּצֵא הַשָּׂדֶה שָׁנָה שָׁנָה׃ 23 וְאָכַלְתָּ לִפְנֵי ׀

tithe of thy corn, of thy wine, and of thine oil, and the firstlings of thy herd and of thy flock; that thou mayest learn to fear the LORD thy God always. [24] And if the way be too long for thee, so that thou art not able to carry it, because the place is too far from thee, which the LORD thy God shall choose to set His name there, when the LORD thy God shall bless thee; [25] then shalt thou turn it into money, and bind up the money in thy hand, and shalt go unto the place which the LORD thy God shall choose. [26] And thou shalt bestow the money for whatsoever thy soul desireth, for oxen, or for sheep, or for wine, or for strong drink, or for whatsoever thy soul asketh of thee; and thou shalt eat there before the LORD thy God, and thou shalt rejoice, thou and thy household. [27] And the Levite that is within thy gates, thou shalt not forsake him; for he hath no portion nor inheritance with thee.

[28] At the end of every three years, even in the same year, thou shalt bring forth all the tithe of thine increase, and shalt lay it up within thy gates. [29] And the Levite, because he hath no portion nor inheritance with thee, and the stranger, and the fatherless, and the widow, that are within thy gates, shall come, and shall eat and be satisfied; that the LORD thy God may bless thee in all the work of thy hand which thou doest.

15 At the end of every seven years thou shalt make a release. [2] And this is the manner of the release: every creditor shall release that which he hath lent unto his neighbour; he shall not exact it of his neighbour and his brother; because the LORD's release hath been proclaimed. [3] Of a foreigner thou mayest exact it; but whatsoever of thine is with thy brother thy hand shall release. [4] Howbeit there shall be no needy among you—for the LORD will surely bless thee in the land which the LORD thy God giveth thee for an inheritance to possess it—[5] if only thou diligently hearken unto the voice of the LORD thy God, to observe to do all this commandment which I command thee this day. [6] For the LORD thy God will bless thee, as He promised thee; and thou shalt lend unto many

יְהוָה אֱלֹהֶיךָ בַּמָּקוֹם אֲשֶׁר־יִבְחַר לְשַׁכֵּן
שְׁמוֹ שָׁם מַעְשַׂר דְּגָנְךָ תִּירֹשְׁךָ וְיִצְהָרֶךָ
וּבְכֹרֹת בְּקָרְךָ וְצֹאנֶךָ לְמַעַן תִּלְמַד לְיִרְאָה
אֶת־יְהוָה אֱלֹהֶיךָ כָּל־הַיָּמִים׃ 24 וְכִי־
יִרְבֶּה מִמְּךָ הַדֶּרֶךְ כִּי לֹא תוּכַל שְׂאֵתוֹ
כִּי־יִרְחַק מִמְּךָ הַמָּקוֹם אֲשֶׁר יִבְחַר יְהוָה
אֱלֹהֶיךָ לָשׂוּם שְׁמוֹ שָׁם כִּי יְבָרֶכְךָ יְהוָה
אֱלֹהֶיךָ׃ 25 וְנָתַתָּה בַּכָּסֶף וְצַרְתָּ הַכֶּסֶף
בְּיָדְךָ וְהָלַכְתָּ אֶל־הַמָּקוֹם אֲשֶׁר יִבְחַר
יְהוָה אֱלֹהֶיךָ בּוֹ׃ 26 וְנָתַתָּה הַכֶּסֶף בְּכֹל
אֲשֶׁר־תְּאַוֶּה נַפְשְׁךָ בַּבָּקָר וּבַצֹּאן וּבַיַּיִן
וּבַשֵּׁכָר וּבְכֹל אֲשֶׁר תִּשְׁאָלְךָ נַפְשֶׁךָ וְאָכַלְתָּ
שָּׁם לִפְנֵי יְהוָה אֱלֹהֶיךָ וְשָׂמַחְתָּ אַתָּה
וּבֵיתֶךָ׃ 27 וְהַלֵּוִי אֲשֶׁר־בִּשְׁעָרֶיךָ לֹא
תַעַזְבֶנּוּ כִּי אֵין לוֹ חֵלֶק וְנַחֲלָה עִמָּךְ׃ ס
28 מִקְצֵה ׀ שָׁלֹשׁ שָׁנִים תּוֹצִיא אֶת־כָּל־
מַעְשַׂר תְּבוּאָתְךָ בַּשָּׁנָה הַהִוא וְהִנַּחְתָּ
בִּשְׁעָרֶיךָ׃ 29 וּבָא הַלֵּוִי כִּי אֵין־לוֹ חֵלֶק
וְנַחֲלָה עִמָּךְ וְהַגֵּר וְהַיָּתוֹם וְהָאַלְמָנָה
אֲשֶׁר בִּשְׁעָרֶיךָ וְאָכְלוּ וְשָׂבֵעוּ לְמַעַן יְבָרֶכְךָ
יְהוָה אֱלֹהֶיךָ בְּכָל־מַעֲשֵׂה יָדְךָ אֲשֶׁר
תַּעֲשֶׂה׃ ס **15** מִקֵּץ שֶׁבַע־שָׁנִים
תַּעֲשֶׂה שְׁמִטָּה׃ 2 וְזֶה דְּבַר הַשְּׁמִטָּה
שָׁמוֹט כָּל־בַּעַל מַשֵּׁה יָדוֹ אֲשֶׁר יַשֶּׁה
בְּרֵעֵהוּ לֹא־יִגֹּשׂ אֶת־רֵעֵהוּ וְאֶת־אָחִיו
כִּי־קָרָא שְׁמִטָּה לַיהוָה׃ 3 אֶת־הַנָּכְרִי
תִּגֹּשׂ וַאֲשֶׁר יִהְיֶה לְךָ אֶת־אָחִיךָ תַּשְׁמֵט
יָדֶךָ׃ 4 אֶפֶס כִּי לֹא יִהְיֶה־בְּךָ אֶבְיוֹן כִּי־בָרֵךְ
יְבָרֶכְךָ יְהוָה בָּאָרֶץ אֲשֶׁר יְהוָה אֱלֹהֶיךָ
נֹתֵן־לְךָ נַחֲלָה לְרִשְׁתָּהּ׃ 5 רַק אִם־שָׁמוֹעַ
תִּשְׁמַע בְּקוֹל יְהוָה אֱלֹהֶיךָ לִשְׁמֹר לַעֲשׂוֹת
אֶת־כָּל־הַמִּצְוָה הַזֹּאת אֲשֶׁר אָנֹכִי מְצַוְּךָ
הַיּוֹם׃ 6 כִּי־יְהוָה אֱלֹהֶיךָ בֵּרַכְךָ כַּאֲשֶׁר

nations, but thou shalt not borrow; and thou shalt rule over many nations, but they shall not rule over thee.

[7] If there be among you a needy man, one of thy brethren, within any of thy gates, in thy land which the LORD thy God giveth thee, thou shalt not harden thy heart, nor shut thy hand from thy needy brother; [8] but thou shalt surely open thy hand unto him, and shalt surely lend him sufficient for his need in that which he wanteth. [9] Beware that there be not a base thought in thy heart, saying: 'The seventh year, the year of release, is at hand'; and thine eye be evil against thy needy brother, and thou give him nought; and he cry unto the LORD against thee, and it be sin in thee. [10] Thou shalt surely give him, and thy heart shall not be grieved when thou givest unto him; because that for this thing the LORD thy God will bless thee in all thy work, and in all that thou puttest thy hand unto. [11] For the poor shall never cease out of the land; therefore I command thee, saying: 'Thou shalt surely open thy hand unto thy poor and needy brother, in thy land.'

[12] If thy brother, a Hebrew man, or a Hebrew woman, be sold unto thee, he shall serve thee six years; and in the seventh year thou shalt let him go free from thee. [13] And when thou lettest him go free from thee, thou shalt not let him go empty; [14] thou shalt furnish him liberally out of thy flock, and out of thy threshing-floor, and out of thy winepress; of that wherewith the LORD thy God hath blessed thee thou shalt give unto him. [15] And thou shalt remember that thou wast a bondman in the land of Egypt, and the LORD thy God redeemed thee; therefore I command thee this thing to-day. [16] And it shall be, if he say unto thee: 'I will not go out from thee'; because he loveth thee and thy house, because he fareth well with thee; [17] then thou shalt take an awl, and thrust it through his ear and into the door, and he shall be thy bondman for ever. And also unto thy bondwoman thou shalt do likewise. [18] It shall not seem hard unto thee, when thou lettest him go free from thee;

דִּבֶּר־לָ֑ךְ וְהַֽעֲבַטְתָּ֞ גּוֹיִ֣ם רַבִּ֗ים וְאַתָּה֙ לֹ֣א
תַֽעֲבֹ֔ט וּמָֽשַׁלְתָּ֙ בְּגוֹיִ֣ם רַבִּ֔ים וּבְךָ֖ לֹ֥א
יִמְשֹֽׁלוּ׃ ס 7 כִּֽי־יִהְיֶ֨ה בְךָ֜ אֶבְי֗וֹן
מֵאַחַ֤ד אַחֶ֙יךָ֙ בְּאַחַ֣ד שְׁעָרֶ֔יךָ בְּאַ֨רְצְךָ֔
אֲשֶׁר־יְהוָ֥ה אֱלֹהֶ֖יךָ נֹתֵ֣ן לָ֑ךְ לֹ֧א תְאַמֵּ֣ץ
אֶת־לְבָבְךָ֗ וְלֹ֤א תִקְפֹּץ֙ אֶת־יָ֣דְךָ֔ מֵאָחִ֖יךָ
הָאֶבְיֽוֹן׃ 8 כִּֽי־פָתֹ֧חַ תִּפְתַּ֛ח אֶת־יָדְךָ֖ ל֑וֹ
וְהַעֲבֵט֙ תַּעֲבִיטֶ֔נּוּ דֵּ֚י מַחְסֹר֔וֹ אֲשֶׁ֥ר יֶחְסַ֖ר
לֽוֹ׃ 9 הִשָּׁ֣מֶר לְ֠ךָ פֶּן־יִהְיֶ֨ה דָבָ֜ר עִם־לְבָבְךָ֣
בְלִיַּ֗עַל לֵאמֹר֮ קָֽרְבָ֣ה שְׁנַֽת־הַשֶּׁבַע֒ שְׁנַ֣ת
הַשְּׁמִטָּ֗ה וְרָעָ֣ה עֵֽינְךָ֗ בְּאָחִ֙יךָ֙ הָֽאֶבְי֔וֹן וְלֹ֥א
תִתֵּ֖ן ל֑וֹ וְקָרָ֤א עָלֶ֙יךָ֙ אֶל־יְהוָ֔ה וְהָיָ֥ה בְךָ֖
חֵֽטְא׃ 10 נָת֤וֹן תִּתֵּן֙ ל֔וֹ וְלֹא־יֵרַ֥ע לְבָבְךָ֖
בְּתִתְּךָ֣ ל֑וֹ כִּ֞י בִּגְלַ֣ל ׀ הַדָּבָ֣ר הַזֶּ֗ה יְבָרֶכְךָ֙
יְהוָ֣ה אֱלֹהֶ֔יךָ בְּכָֽל־מַעֲשֶׂ֔ךָ וּבְכֹ֖ל מִשְׁלַ֥ח
יָדֶֽךָ׃ 11 כִּ֛י לֹא־יֶחְדַּ֥ל אֶבְי֖וֹן מִקֶּ֣רֶב הָאָ֑רֶץ
עַל־כֵּ֞ן אָנֹכִ֤י מְצַוְּךָ֙ לֵאמֹ֔ר פָּ֠תֹחַ תִּפְתַּ֨ח
אֶת־יָדְךָ֜ לְאָחִ֧יךָ לַעֲנִיֶּ֛ךָ וּלְאֶבְיֹנְךָ֖
בְּאַרְצֶֽךָ׃ ס 12 כִּֽי־יִמָּכֵ֨ר לְךָ֜ אָחִ֣יךָ
הָֽעִבְרִ֗י א֚וֹ הָֽעִבְרִיָּ֔ה וַעֲבָֽדְךָ֖ שֵׁ֣שׁ שָׁנִ֑ים
וּבַשָּׁנָה֙ הַשְּׁבִיעִ֔ת תְּשַׁלְּחֶ֥נּוּ חָפְשִׁ֖י מֵעִמָּֽךְ׃
13 וְכִֽי־תְשַׁלְּחֶ֥נּוּ חָפְשִׁ֖י מֵעִמָּ֑ךְ לֹ֥א
תְשַׁלְּחֶ֖נּוּ רֵיקָֽם׃ 14 הַעֲנֵ֤יק תַּעֲנִיק֙ ל֔וֹ
מִצֹּ֣אנְךָ֔ וּמִגָּרְנְךָ֖ וּמִיִּקְבֶ֑ךָ אֲשֶׁ֧ר בֵּרַכְךָ֛ יְהוָ֥ה
אֱלֹהֶ֖יךָ תִּתֶּן־לֽוֹ׃ 15 וְזָכַרְתָּ֗ כִּ֣י עֶ֤בֶד הָיִ֙יתָ֙
בְּאֶ֣רֶץ מִצְרַ֔יִם וַֽיִּפְדְּךָ֖ יְהוָ֣ה אֱלֹהֶ֑יךָ עַל־כֵּ֞ן
אָנֹכִ֧י מְצַוְּךָ֛ אֶת־הַדָּבָ֥ר הַזֶּ֖ה הַיּֽוֹם׃
16 וְהָיָה֙ כִּֽי־יֹאמַ֣ר אֵלֶ֔יךָ לֹ֥א אֵצֵ֖א מֵעִמָּ֑ךְ
כִּ֤י אֲהֵֽבְךָ֙ וְאֶת־בֵּיתֶ֔ךָ כִּי־ט֥וֹב ל֖וֹ עִמָּֽךְ׃
17 וְלָקַחְתָּ֣ אֶת־הַמַּרְצֵ֗עַ וְנָתַתָּ֤ה בְאָזְנוֹ֙
וּבַדֶּ֔לֶת וְהָיָ֥ה לְךָ֖ עֶ֣בֶד עוֹלָ֑ם וְאַ֥ף לַאֲמָתְךָ֖
תַּעֲשֶׂה־כֵּֽן׃ 18 לֹא־יִקְשֶׁ֣ה בְעֵינֶ֗ךָ בְּשַׁלֵּחֲךָ֨
אֹת֤וֹ חָפְשִׁי֙ מֵֽעִמָּ֔ךְ כִּ֗י מִשְׁנֶה֙ שְׂכַ֣ר שָׂכִ֔יר

for to the double of the hire of a hireling hath he
served thee six years; and the LORD thy God will
bless thee in all that thou doest.

[19] All the firstling males that are born of
thy herd and of thy flock thou shalt sanctify unto
the LORD thy God; thou shalt do no work with
the firstling of thine ox, nor shear the firstling of
thy flock. [20] Thou shalt eat it before the LORD
thy God year by year in the place which the LORD
shall choose, thou and thy household. [21] And
if there be any blemish therein, lameness, or
blindness, any ill blemish whatsoever, thou shalt
not sacrifice it unto the LORD thy God. [22] Thou
shalt eat it within thy gates; the unclean and
the clean may eat it alike, as the gazelle, and as
the hart. [23] Only thou shalt not eat the blood
thereof; thou shalt pour it out upon the ground
as water.

16 Observe the month of Abib, and keep
the passover unto the LORD thy God;
for in the month of Abib the LORD thy God
brought thee forth out of Egypt by night. [2] And
thou shalt sacrifice the passover-offering unto
the LORD thy God, of the flock and the herd, in
the place which the LORD shall choose to cause
His name to dwell there. [3] Thou shalt eat no
leavened bread with it; seven days shalt thou eat
unleavened bread therewith, even the bread of
affliction; for in haste didst thou come forth out
of the land of Egypt; that thou mayest remember
the day when thou camest forth out of the land
of Egypt all the days of thy life. [4] And there shall
be no leaven seen with thee in all thy borders
seven days; neither shall any of the flesh, which
thou sacrificest the first day at even, remain all
night until the morning. [5] Thou mayest not
sacrifice the passover-offering within any of
thy gates, which the LORD thy God giveth thee;
[6] but at the place which the LORD thy God shall
choose to cause His name to dwell in, there thou
shalt sacrifice the passover-offering at even, at
the going down of the sun, at the season that
thou camest forth out of Egypt. [7] And thou
shalt roast and eat it in the place which the LORD
thy God shall choose; and thou shalt turn in the
morning, and go unto thy tents. [8] Six days thou
shalt eat unleavened bread; and on the seventh
day shall be a solemn assembly to the LORD thy

עֲבָדְךָ֖ שֵׁ֣שׁ שָׁנִ֑ים וּבֵֽרַכְךָ֙ יְהוָ֣ה אֱלֹהֶ֔יךָ
בְּכֹ֖ל אֲשֶׁ֥ר תַּעֲשֶֽׂה׃ פ
19 כָּֽל־הַבְּכ֡וֹר אֲשֶׁ֣ר יִוָּלֵ֩ד בִּבְקָרְךָ֙ וּבְצֹ֣אנְךָ֔
הַזָּכָ֕ר תַּקְדִּ֖ישׁ לַיהוָ֣ה אֱלֹהֶ֑יךָ לֹ֤א תַעֲבֹד֙
בִּבְכֹ֣ר שׁוֹרֶ֔ךָ וְלֹ֥א תָגֹ֖ז בְּכ֥וֹר צֹאנֶֽךָ׃ 20 לִפְנֵי֩
יְהוָ֨ה אֱלֹהֶ֤יךָ תֹֽאכְלֶ֙נּוּ֙ שָׁנָ֣ה בְשָׁנָ֔ה בַּמָּק֖וֹם
אֲשֶׁר־יִבְחַ֣ר יְהוָ֑ה אַתָּ֖ה וּבֵיתֶֽךָ׃ 21 וְכִֽי־
יִהְיֶ֨ה ב֜וֹ מ֗וּם פִּסֵּ֙חַ֙ א֣וֹ עִוֵּ֔ר כֹּ֖ל מ֣וּם רָ֑ע
לֹ֣א תִזְבָּחֶ֔נּוּ לַיהוָ֖ה אֱלֹהֶֽיךָ׃ 22 בִּשְׁעָרֶ֖יךָ
תֹּאכְלֶ֑נּוּ הַטָּמֵ֤א וְהַטָּהוֹר֙ יַחְדָּ֔ו כַּצְּבִ֖י
וְכָאַיָּֽל׃ 23 רַ֥ק אֶת־דָּמ֖וֹ לֹ֣א תֹאכֵ֑ל עַל־
הָאָ֛רֶץ תִּשְׁפְּכֶ֖נּוּ כַּמָּֽיִם׃ פ
16 שָׁמוֹר֙ אֶת־חֹ֣דֶשׁ הָֽאָבִ֔יב וְעָשִׂ֣יתָ
פֶּ֔סַח לַיהוָ֖ה אֱלֹהֶ֑יךָ כִּ֞י בְּחֹ֣דֶשׁ הָֽאָבִ֗יב
הוֹצִ֨יאֲךָ֜ יְהוָ֧ה אֱלֹהֶ֛יךָ מִמִּצְרַ֖יִם לָֽיְלָה׃
2 וְזָבַ֥חְתָּ פֶּ֛סַח לַיהוָ֥ה אֱלֹהֶ֖יךָ צֹ֣אן וּבָקָ֑ר
בַּמָּקוֹם֙ אֲשֶׁר־יִבְחַ֣ר יְהוָ֔ה לְשַׁכֵּ֥ן שְׁמ֖וֹ
שָֽׁם׃ 3 לֹא־תֹאכַ֤ל עָלָיו֙ חָמֵ֔ץ שִׁבְעַ֥ת יָמִ֛ים
תֹּֽאכַל־עָלָ֥יו מַצּ֖וֹת לֶ֣חֶם עֹ֑נִי כִּ֣י בְחִפָּז֗וֹן
יָצָ֙אתָ֙ מֵאֶ֣רֶץ מִצְרַ֔יִם לְמַ֣עַן תִּזְכֹּ֗ר אֶת־י֤וֹם
צֵֽאתְךָ֙ מֵאֶ֣רֶץ מִצְרַ֔יִם כֹּ֖ל יְמֵ֥י חַיֶּֽיךָ׃
4 וְלֹֽא־יֵרָאֶ֨ה לְךָ֥ שְׂאֹ֛ר בְּכָל־גְּבֻלְךָ֖ שִׁבְעַ֣ת
יָמִ֑ים וְלֹא־יָלִ֣ין מִן־הַבָּשָׂ֗ר אֲשֶׁ֨ר תִּזְבַּ֥ח
בָּעֶ֛רֶב בַּיּ֥וֹם הָרִאשׁ֖וֹן לַבֹּֽקֶר׃ 5 לֹ֥א תוּכַ֖ל
לִזְבֹּ֣חַ אֶת־הַפָּ֑סַח בְּאַחַ֣ד שְׁעָרֶ֔יךָ אֲשֶׁר־
יְהוָ֥ה אֱלֹהֶ֖יךָ נֹתֵ֥ן לָֽךְ׃ 6 כִּ֠י אִֽם־אֶל־
הַמָּק֞וֹם אֲשֶׁר־יִבְחַ֨ר יְהוָ֤ה אֱלֹהֶ֙יךָ֙ לְשַׁכֵּ֣ן
שְׁמ֔וֹ שָׁ֛ם תִּזְבַּ֥ח אֶת־הַפֶּ֖סַח בָּעָ֑רֶב כְּב֣וֹא
הַשֶּׁ֔מֶשׁ מוֹעֵ֖ד צֵאתְךָ֥ מִמִּצְרָֽיִם׃ 7 וּבִשַּׁלְתָּ֙
וְאָ֣כַלְתָּ֔ בַּמָּק֕וֹם אֲשֶׁ֥ר יִבְחַ֛ר יְהוָ֥ה אֱלֹהֶ֖יךָ
בּ֑וֹ וּפָנִ֣יתָ בַבֹּ֔קֶר וְהָלַכְתָּ֖ לְאֹהָלֶֽיךָ׃ 8 שֵׁ֤שֶׁת
יָמִים֙ תֹּאכַ֣ל מַצּ֔וֹת וּבַיּ֣וֹם הַשְּׁבִיעִ֗י עֲצֶ֙רֶת֙
לַיהוָ֣ה אֱלֹהֶ֔יךָ לֹ֥א תַעֲשֶׂ֖ה מְלָאכָֽה׃ ס

God; thou shalt do no work therein. [9] Seven weeks shalt thou number unto thee; from the time the sickle is first put to the standing corn shalt thou begin to number seven weeks. [10] And thou shalt keep the feast of weeks unto the LORD thy God after the measure of the freewill-offering of thy hand, which thou shalt give, according as the LORD thy God blesseth thee. [11] And thou shalt rejoice before the LORD thy God, thou, and thy son, and thy daughter, and thy man-servant, and thy maid-servant, and the Levite that is within thy gates, and the stranger, and the fatherless, and the widow, that are in the midst of thee, in the place which the LORD thy God shall choose to cause His name to dwell there. [12] And thou shalt remember that thou wast a bondman in Egypt; and thou shalt observe and do these statutes.

[13] Thou shalt keep the feast of tabernacles seven days, after that thou hast gathered in from thy threshing-floor and from thy winepress. [14] And thou shalt rejoice in thy feast, thou, and thy son, and thy daughter, and thy man-servant, and thy maid-servant, and the Levite, and the stranger, and the fatherless, and the widow, that are within thy gates. [15] Seven days shalt thou keep a feast unto the LORD thy God in the place which the LORD shall choose; because the LORD thy God shall bless thee in all thine increase, and in all the work of thy hands, and thou shalt be altogether joyful. [16] Three times in a year shall all thy males appear before the LORD thy God in the place which He shall choose on the feast of unleavened bread, and on the feast of weeks, and on the feast of tabernacles; and they shall not appear before the LORD empty; [17] every man shall give as he is able, according to the blessing of the LORD thy God which He hath given thee.

SHOFETIM

[18] Judges and officers shalt thou make thee in all thy gates, which the LORD thy God giveth thee, tribe by tribe; and they shall judge the people with righteous judgment. [19] Thou shalt not wrest judgment; thou shalt not respect persons; neither shalt thou take a gift; for a gift doth blind the eyes of the wise, and pervert the words of the righteous. [20] Justice, justice shalt thou follow, that thou mayest live, and inherit the land which the LORD thy God giveth thee.

9 שִׁבְעָה שָׁבֻעֹת תִּסְפָּר־לָךְ מֵהָחֵל
חֶרְמֵשׁ בַּקָּמָה תָּחֵל לִסְפֹּר שִׁבְעָה
שָׁבֻעוֹת׃ 10 וְעָשִׂיתָ חַג שָׁבֻעוֹת לַיהוָה
אֱלֹהֶיךָ מִסַּת נִדְבַת יָדְךָ אֲשֶׁר תִּתֵּן כַּאֲשֶׁר
יְבָרֶכְךָ יְהוָה אֱלֹהֶיךָ׃ 11 וְשָׂמַחְתָּ לִפְנֵי ׀
יְהוָה אֱלֹהֶיךָ אַתָּה וּבִנְךָ וּבִתֶּךָ וְעַבְדְּךָ
וַאֲמָתֶךָ וְהַלֵּוִי אֲשֶׁר בִּשְׁעָרֶיךָ וְהַגֵּר
וְהַיָּתוֹם וְהָאַלְמָנָה אֲשֶׁר בְּקִרְבֶּךָ בַּמָּקוֹם
אֲשֶׁר יִבְחַר יְהוָה אֱלֹהֶיךָ לְשַׁכֵּן שְׁמוֹ שָׁם׃
12 וְזָכַרְתָּ כִּי־עֶבֶד הָיִיתָ בְּמִצְרָיִם וְשָׁמַרְתָּ
וְעָשִׂיתָ אֶת־הַחֻקִּים הָאֵלֶּה׃ פ
13 חַג הַסֻּכֹּת תַּעֲשֶׂה לְךָ שִׁבְעַת יָמִים
בְּאָסְפְּךָ מִגָּרְנְךָ וּמִיִּקְבֶךָ׃ 14 וְשָׂמַחְתָּ בְּחַגֶּךָ
אַתָּה וּבִנְךָ וּבִתֶּךָ וְעַבְדְּךָ וַאֲמָתֶךָ וְהַלֵּוִי
וְהַגֵּר וְהַיָּתוֹם וְהָאַלְמָנָה אֲשֶׁר בִּשְׁעָרֶיךָ׃
15 שִׁבְעַת יָמִים תָּחֹג לַיהוָה אֱלֹהֶיךָ
בַּמָּקוֹם אֲשֶׁר־יִבְחַר יְהוָה כִּי יְבָרֶכְךָ יְהוָה
אֱלֹהֶיךָ בְּכֹל תְּבוּאָתְךָ וּבְכֹל מַעֲשֵׂה יָדֶיךָ
וְהָיִיתָ אַךְ שָׂמֵחַ׃ 16 שָׁלוֹשׁ פְּעָמִים ׀ בַּשָּׁנָה
יֵרָאֶה כָל־זְכוּרְךָ אֶת־פְּנֵי ׀ יְהוָה אֱלֹהֶיךָ
בַּמָּקוֹם אֲשֶׁר יִבְחָר בְּחַג הַמַּצּוֹת וּבְחַג
הַשָּׁבֻעוֹת וּבְחַג הַסֻּכּוֹת וְלֹא יֵרָאֶה אֶת־
פְּנֵי יְהוָה רֵיקָם׃ 17 אִישׁ כְּמַתְּנַת יָדוֹ
כְּבִרְכַּת יְהוָה אֱלֹהֶיךָ אֲשֶׁר נָתַן־לָךְ׃ ס

שופטים

18 שֹׁפְטִים וְשֹׁטְרִים תִּתֶּן־לְךָ בְּכָל־
שְׁעָרֶיךָ אֲשֶׁר יְהוָה אֱלֹהֶיךָ נֹתֵן לְךָ
לִשְׁבָטֶיךָ וְשָׁפְטוּ אֶת־הָעָם מִשְׁפַּט־צֶדֶק׃
19 לֹא־תַטֶּה מִשְׁפָּט לֹא תַכִּיר פָּנִים וְלֹא־
תִקַּח שֹׁחַד כִּי הַשֹּׁחַד יְעַוֵּר עֵינֵי חֲכָמִים
וִיסַלֵּף דִּבְרֵי צַדִּיקִם׃ 20 צֶדֶק צֶדֶק תִּרְדֹּף
לְמַעַן תִּחְיֶה וְיָרַשְׁתָּ אֶת־הָאָרֶץ אֲשֶׁר־

[21] Thou shalt not plant thee an Asherah of any kind of tree beside the altar of the LORD thy God, which thou shalt make thee. [22] Neither shalt thou set thee up a pillar, which the LORD thy God hateth.

17 Thou shalt not sacrifice unto the LORD thy God an ox, or a sheep, wherein is a blemish, even any evil thing; for that is an abomination unto the LORD thy God.

[2] If there be found in the midst of thee, within any of thy gates which the LORD thy God giveth thee, man or woman, that doeth that which is evil in the sight of the LORD thy God, in transgressing His covenant, [3] and hath gone and served other gods, and worshipped them, or the sun, or the moon, or any of the host of heaven, which I have commanded not; [4] and it be told thee, and thou hear it, then shalt thou inquire diligently, and, behold, if it be true, and the thing certain, that such abomination is wrought in Israel; [5] then shalt thou bring forth that man or that woman, who have done this evil thing, unto thy gates, even the man or the woman; and thou shalt stone them with stones, that they die. [6] At the mouth of two witnesses, or three witnesses, shall he that is to die be put to death; at the mouth of one witness he shall not be put to death. [7] The hand of the witnesses shall be first upon him to put him to death, and afterward the hand of all the people. So thou shalt put away the evil from the midst of thee.

[8] If there arise a matter too hard for thee in judgment, between blood and blood, between plea and plea, and between stroke and stroke, even matters of controversy within thy gates; then shalt thou arise, and get thee up unto the place which the LORD thy God shall choose. [9] And thou shalt come unto the priests the Levites, and unto the judge that shall be in those days; and thou shalt inquire; and they shall declare unto thee the sentence of judgment. [10] And thou shalt do according to the tenor of the sentence, which they shall declare unto thee from that place which the LORD shall choose; and thou shalt observe to do according to all that

יְהוָה אֱלֹהֶיךָ נֹתֵן לָךְ׃ ס 21 לֹא־תִטַּע
לְךָ אֲשֵׁרָה כָּל־עֵץ אֵצֶל מִזְבַּח יְהוָה
אֱלֹהֶיךָ אֲשֶׁר תַּעֲשֶׂה־לָּךְ׃ ס 22 וְלֹא־
תָקִים לְךָ מַצֵּבָה אֲשֶׁר שָׂנֵא יְהוָה
אֱלֹהֶיךָ׃ ס **17** לֹא־תִזְבַּח לַיהוָה
אֱלֹהֶיךָ שׁוֹר וָשֶׂה אֲשֶׁר יִהְיֶה בוֹ מוּם כֹּל
דָּבָר רָע כִּי תוֹעֲבַת יְהוָה אֱלֹהֶיךָ
הוּא׃ ס 2 כִּי־יִמָּצֵא בְקִרְבְּךָ בְּאַחַד
שְׁעָרֶיךָ אֲשֶׁר־יְהוָה אֱלֹהֶיךָ נֹתֵן לָךְ אִישׁ
אוֹ־אִשָּׁה אֲשֶׁר יַעֲשֶׂה אֶת־הָרַע בְּעֵינֵי
יְהוָה־אֱלֹהֶיךָ לַעֲבֹר בְּרִיתוֹ׃ 3 וַיֵּלֶךְ וַיַּעֲבֹד
אֱלֹהִים אֲחֵרִים וַיִּשְׁתַּחוּ לָהֶם וְלַשֶּׁמֶשׁ ׀
אוֹ לַיָּרֵחַ אוֹ לְכָל־צְבָא הַשָּׁמַיִם אֲשֶׁר
לֹא־צִוִּיתִי׃ 4 וְהֻגַּד־לְךָ וְשָׁמָעְתָּ וְדָרַשְׁתָּ
הֵיטֵב וְהִנֵּה אֱמֶת נָכוֹן הַדָּבָר נֶעֶשְׂתָה
הַתּוֹעֵבָה הַזֹּאת בְּיִשְׂרָאֵל׃ 5 וְהוֹצֵאתָ
אֶת־הָאִישׁ הַהוּא אוֹ אֶת־הָאִשָּׁה הַהִוא
אֲשֶׁר עָשׂוּ אֶת־הַדָּבָר הָרָע הַזֶּה אֶל־
שְׁעָרֶיךָ אֶת־הָאִישׁ אוֹ אֶת־הָאִשָּׁה
וּסְקַלְתָּם בָּאֲבָנִים וָמֵתוּ׃ 6 עַל־פִּי ׀ שְׁנַיִם
עֵדִים אוֹ שְׁלֹשָׁה עֵדִים יוּמַת הַמֵּת לֹא
יוּמַת עַל־פִּי עֵד אֶחָד׃ 7 יַד הָעֵדִים
תִּהְיֶה־בּוֹ בָרִאשֹׁנָה לַהֲמִיתוֹ וְיַד כָּל־הָעָם
בָּאַחֲרֹנָה וּבִעַרְתָּ הָרָע מִקִּרְבֶּךָ׃ פ
8 כִּי יִפָּלֵא מִמְּךָ דָבָר לַמִּשְׁפָּט בֵּין־דָּם ׀
לְדָם בֵּין־דִּין לְדִין וּבֵין נֶגַע לָנֶגַע דִּבְרֵי
רִיבֹת בִּשְׁעָרֶיךָ וְקַמְתָּ וְעָלִיתָ אֶל־הַמָּקוֹם
אֲשֶׁר יִבְחַר יְהוָה אֱלֹהֶיךָ בּוֹ׃ 9 וּבָאתָ
אֶל־הַכֹּהֲנִים הַלְוִיִּם וְאֶל־הַשֹּׁפֵט אֲשֶׁר
יִהְיֶה בַּיָּמִים הָהֵם וְדָרַשְׁתָּ וְהִגִּידוּ לְךָ אֵת
דְּבַר הַמִּשְׁפָּט׃ 10 וְעָשִׂיתָ עַל־פִּי הַדָּבָר
אֲשֶׁר יַגִּידוּ לְךָ מִן־הַמָּקוֹם הַהוּא אֲשֶׁר
יִבְחַר יְהוָה וְשָׁמַרְתָּ לַעֲשׂוֹת כְּכֹל אֲשֶׁר

they shall teach thee. [11] According to the law which they shall teach thee, and according to the judgment which they shall tell thee, thou shalt do; thou shalt not turn aside from the sentence which they shall declare unto thee, to the right hand, nor to the left. [12] And the man that doeth presumptuously, in not hearkening unto the priest that standeth to minister there before the LORD thy God, or unto the judge, even that man shall die; and thou shalt exterminate the evil from Israel. [13] And all the people shall hear, and fear, and do no more presumptuously.

[14] When thou art come unto the land which the LORD thy God giveth thee, and shalt possess it, and shalt dwell therein; and shalt say: 'I will set a king over me, like all the nations that are round about me'; [15] thou shalt in any wise set him king over thee, whom the LORD thy God shall choose; one from among thy brethren shalt thou set king over thee; thou mayest not put a foreigner over thee, who is not thy brother. [16] Only he shall not multiply horses to himself, nor cause the people to return to Egypt, to the end that he should multiply horses; forasmuch as the LORD hath said unto you: 'Ye shall henceforth return no more that way.' [17] Neither shall he multiply wives to himself, that his heart turn not away; neither shall he greatly multiply to himself silver and gold. [18] And it shall be, when he sitteth upon the throne of his kingdom, that he shall write him a copy of this law in a book, out of that which is before the priests the Levites. [19] And it shall be with him, and he shall read therein all the days of his life; that he may learn to fear the LORD his God, to keep all the words of this law and these statutes, to do them; [20] that his heart be not lifted up above his brethren, and that he turn not aside from the commandment, to the right hand, or to the left; to the end that he may prolong his days in his kingdom, he and his children, in the midst of Israel.

18 The priests the Levites, even all the tribe of Levi, shall have no portion nor inheritance with Israel; they shall eat the offerings of the LORD made by fire, and His inheritance. [2] And they shall have no inheritance among their brethren; the LORD is their inheritance, as He hath spoken unto them.

יוֹרוּךָ׃ 11 עַל־פִּי הַתּוֹרָה אֲשֶׁר יוֹרוּךָ וְעַל־
הַמִּשְׁפָּט אֲשֶׁר־יֹאמְרוּ לְךָ תַּעֲשֶׂה לֹא
תָסוּר מִן־הַדָּבָר אֲשֶׁר־יַגִּידוּ לְךָ יָמִין
וּשְׂמֹאל׃ 12 וְהָאִישׁ אֲשֶׁר־יַעֲשֶׂה בְזָדוֹן
לְבִלְתִּי שְׁמֹעַ אֶל־הַכֹּהֵן הָעֹמֵד לְשָׁרֶת
שָׁם אֶת־יְהוָה אֱלֹהֶיךָ אוֹ אֶל־הַשֹּׁפֵט וּמֵת
הָאִישׁ הַהוּא וּבִעַרְתָּ הָרָע מִיִּשְׂרָאֵל׃
13 וְכָל־הָעָם יִשְׁמְעוּ וְיִרָאוּ וְלֹא יְזִידוּן
עוֹד׃ ס 14 כִּי־תָבֹא אֶל־הָאָרֶץ אֲשֶׁר
יְהוָה אֱלֹהֶיךָ נֹתֵן לָךְ וִירִשְׁתָּהּ וְיָשַׁבְתָּה
בָּהּ וְאָמַרְתָּ אָשִׂימָה עָלַי מֶלֶךְ כְּכָל־הַגּוֹיִם
אֲשֶׁר סְבִיבֹתָי׃ 15 שׂוֹם תָּשִׂים עָלֶיךָ מֶלֶךְ
אֲשֶׁר יִבְחַר יְהוָה אֱלֹהֶיךָ בּוֹ מִקֶּרֶב אַחֶיךָ
תָּשִׂים עָלֶיךָ מֶלֶךְ לֹא תוּכַל לָתֵת עָלֶיךָ
אִישׁ נָכְרִי אֲשֶׁר לֹא־אָחִיךָ הוּא׃ 16 רַק
לֹא־יַרְבֶּה־לּוֹ סוּסִים וְלֹא־יָשִׁיב אֶת־הָעָם
מִצְרַיְמָה לְמַעַן הַרְבּוֹת סוּס וַיהוָה אָמַר
לָכֶם לֹא תֹסִפוּן לָשׁוּב בַּדֶּרֶךְ הַזֶּה עוֹד׃
17 וְלֹא יַרְבֶּה־לּוֹ נָשִׁים וְלֹא יָסוּר לְבָבוֹ
וְכֶסֶף וְזָהָב לֹא יַרְבֶּה־לּוֹ מְאֹד׃ 18 וְהָיָה
כְשִׁבְתּוֹ עַל כִּסֵּא מַמְלַכְתּוֹ וְכָתַב לוֹ
אֶת־מִשְׁנֵה הַתּוֹרָה הַזֹּאת עַל־סֵפֶר מִלִּפְנֵי
הַכֹּהֲנִים הַלְוִיִּם׃ 19 וְהָיְתָה עִמּוֹ וְקָרָא בוֹ
כָּל־יְמֵי חַיָּיו לְמַעַן יִלְמַד לְיִרְאָה אֶת־
יְהוָה אֱלֹהָיו לִשְׁמֹר אֶת־כָּל־דִּבְרֵי הַתּוֹרָה
הַזֹּאת וְאֶת־הַחֻקִּים הָאֵלֶּה לַעֲשֹׂתָם׃
20 לְבִלְתִּי רוּם־לְבָבוֹ מֵאֶחָיו וּלְבִלְתִּי סוּר
מִן־הַמִּצְוָה יָמִין וּשְׂמֹאול לְמַעַן יַאֲרִיךְ
יָמִים עַל־מַמְלַכְתּוֹ הוּא וּבָנָיו בְּקֶרֶב
יִשְׂרָאֵל׃ ס **18** לֹא־יִהְיֶה לַכֹּהֲנִים
הַלְוִיִּם כָּל־שֵׁבֶט לֵוִי חֵלֶק וְנַחֲלָה עִם־
יִשְׂרָאֵל אִשֵּׁי יְהוָה וְנַחֲלָתוֹ יֹאכֵלוּן׃
2 וְנַחֲלָה לֹא־יִהְיֶה־לּוֹ בְּקֶרֶב אֶחָיו יְהוָה

[3] And this shall be the priests' due from the people, from them that offer a sacrifice, whether it be ox or sheep, that they shall give unto the priest the shoulder, and the two cheeks, and the maw. [4] The first-fruits of thy corn, of thy wine, and of thine oil, and the first of the fleece of thy sheep, shalt thou give him. [5] For the LORD thy God hath chosen him out of all thy tribes, to stand to minister in the name of the LORD, him and his sons for ever.

[6] And if a Levite come from any of thy gates out of all Israel, where he sojourneth, and come with all the desire of his soul unto the place which the LORD shall choose; [7] then he shall minister in the name of the LORD his God, as all his brethren the Levites do, who stand there before the LORD. [8] They shall have like portions to eat, beside that which is his due according to the fathers' houses.

[9] When thou art come into the land which the LORD thy God giveth thee, thou shalt not learn to do after the abominations of those nations. [10] There shall not be found among you any one that maketh his son or his daughter to pass through the fire, one that useth divination, a soothsayer, or an enchanter, or a sorcerer, [11] or a charmer, or one that consulteth a ghost or a familiar spirit, or a necromancer. [12] For whosoever doeth these things is an abomination unto the LORD; and because of these abominations the LORD thy God is driving them out from before thee. [13] Thou shalt be whole-hearted with the LORD thy God. [14] For these nations, that thou art to dispossess, hearken unto soothsayers, and unto diviners; but as for thee, the LORD thy God hath not suffered thee so to do. [15] A prophet will the LORD thy God raise up unto thee, from the midst of thee, of thy brethren, like unto me; unto him ye shall hearken; [16] according to all that thou didst desire of the LORD thy God in Horeb in the day of the assembly, saying: 'Let me not hear again the voice of the LORD my God, neither let me see this great fire any more, that I die not.' [17] And the LORD said unto me: 'They have well said that which they have spoken. [18] I will raise them up a prophet from among their

הוּא נַחֲלָתוֹ כַּאֲשֶׁר דִּבֶּר־לוֹ׃ ס 3 וְזֶה
יִהְיֶה מִשְׁפַּט הַכֹּהֲנִים מֵאֵת הָעָם מֵאֵת
זֹבְחֵי הַזֶּבַח אִם־שׁוֹר אִם־שֶׂה וְנָתַן לַכֹּהֵן
הַזְּרֹעַ וְהַלְּחָיַיִם וְהַקֵּבָה׃ 4 רֵאשִׁית דְּגָנְךָ
תִּירֹשְׁךָ וְיִצְהָרֶךָ וְרֵאשִׁית גֵּז צֹאנְךָ תִּתֶּן־
לוֹ׃ 5 כִּי בוֹ בָּחַר יְהוָה אֱלֹהֶיךָ מִכָּל־
שְׁבָטֶיךָ לַעֲמֹד לְשָׁרֵת בְּשֵׁם־יְהוָה הוּא
וּבָנָיו כָּל־הַיָּמִים׃ ס 6 וְכִי־יָבֹא הַלֵּוִי
מֵאַחַד שְׁעָרֶיךָ מִכָּל־יִשְׂרָאֵל אֲשֶׁר־הוּא
גָּר שָׁם וּבָא בְּכָל־אַוַּת נַפְשׁוֹ אֶל־הַמָּקוֹם
אֲשֶׁר־יִבְחַר יְהוָה׃ 7 וְשֵׁרֵת בְּשֵׁם יְהוָה
אֱלֹהָיו כְּכָל־אֶחָיו הַלְוִיִּם הָעֹמְדִים שָׁם
לִפְנֵי יְהוָה׃ 8 חֵלֶק כְּחֵלֶק יֹאכֵלוּ לְבַד
מִמְכָּרָיו עַל־הָאָבוֹת׃ ס 9 כִּי אַתָּה
בָּא אֶל־הָאָרֶץ אֲשֶׁר־יְהוָה אֱלֹהֶיךָ נֹתֵן לָךְ
לֹא־תִלְמַד לַעֲשׂוֹת כְּתוֹעֲבֹת הַגּוֹיִם
הָהֵם׃ 10 לֹא־יִמָּצֵא בְךָ מַעֲבִיר בְּנוֹ־וּבִתּוֹ
בָּאֵשׁ קֹסֵם קְסָמִים מְעוֹנֵן וּמְנַחֵשׁ וּמְכַשֵּׁף׃
11 וְחֹבֵר חָבֶר וְשֹׁאֵל אוֹב וְיִדְּעֹנִי וְדֹרֵשׁ
אֶל־הַמֵּתִים׃ 12 כִּי־תוֹעֲבַת יְהוָה כָּל־
עֹשֵׂה אֵלֶּה וּבִגְלַל הַתּוֹעֵבֹת הָאֵלֶּה יְהוָה
אֱלֹהֶיךָ מוֹרִישׁ אוֹתָם מִפָּנֶיךָ׃ 13 תָּמִים
תִּהְיֶה עִם יְהוָה אֱלֹהֶיךָ׃ ס 14 כִּי ׀
הַגּוֹיִם הָאֵלֶּה אֲשֶׁר אַתָּה יוֹרֵשׁ אוֹתָם
אֶל־מְעֹנְנִים וְאֶל־קֹסְמִים יִשְׁמָעוּ וְאַתָּה
לֹא כֵן נָתַן לְךָ יְהוָה אֱלֹהֶיךָ׃ 15 נָבִיא
מִקִּרְבְּךָ מֵאַחֶיךָ כָּמֹנִי יָקִים לְךָ יְהוָה
אֱלֹהֶיךָ אֵלָיו תִּשְׁמָעוּן׃ 16 כְּכֹל אֲשֶׁר־
שָׁאַלְתָּ מֵעִם יְהוָה אֱלֹהֶיךָ בְּחֹרֵב בְּיוֹם
הַקָּהָל לֵאמֹר לֹא אֹסֵף לִשְׁמֹעַ אֶת־קוֹל
יְהוָה אֱלֹהָי וְאֶת־הָאֵשׁ הַגְּדֹלָה הַזֹּאת
לֹא־אֶרְאֶה עוֹד וְלֹא אָמוּת׃ 17 וַיֹּאמֶר
יְהוָה אֵלַי הֵיטִיבוּ אֲשֶׁר דִּבֵּרוּ׃ 18 נָבִיא

brethren, like unto thee; and I will put My words in his mouth, and he shall speak unto them all that I shall command him. [19] And it shall come to pass, that whosoever will not hearken unto My words which he shall speak in My name, I will require it of him. [20] But the prophet, that shall speak a word presumptuously in My name, which I have not commanded him to speak, or that shall speak in the name of other gods, that same prophet shall die.' [21] And if thou say in thy heart: 'How shall we know the word which the LORD hath not spoken?' [22] When a prophet speaketh in the name of the LORD, if the thing follow not, nor come to pass, that is the thing which the LORD hath not spoken; the prophet hath spoken it presumptuously, thou shalt not be afraid of him.

19

When the LORD thy God shall cut off the nations, whose land the LORD thy God giveth thee, and thou dost succeed them, and dwell in their cities, and in their houses; [2] thou shalt separate three cities for thee in the midst of thy land, which the LORD thy God giveth thee to possess it. [3] Thou shalt prepare thee the way, and divide the borders of thy land, which the LORD thy God causeth thee to inherit, into three parts, that every manslayer may flee thither. [4] And this is the case of the manslayer, that shall flee thither and live: whoso killeth his neighbour unawares, and hated him not in time past; [5] as when a man goeth into the forest with his neighbour to hew wood, and his hand fetcheth a stroke with the axe to cut down the tree, and the head slippeth from the helve, and lighteth upon his neighbour, that he die; he shall flee unto one of these cities and live; [6] lest the avenger of blood pursue the manslayer, while his heart is hot, and overtake him, because the way is long, and smite him mortally; whereas he was not deserving of death, inasmuch as he hated him not in time past. [7] Wherefore I command thee, saying: 'Thou shalt separate three cities for thee.' [8] And if the LORD thy God enlarge thy border, as He hath sworn unto thy fathers, and

אָקִים לָהֶם מִקֶּרֶב אֲחֵיהֶם כָּמוֹךָ וְנָתַתִּי
דְבָרַי בְּפִיו וְדִבֶּר אֲלֵיהֶם אֵת כָּל־אֲשֶׁר
אֲצַוֶּנּוּ׃ 19 וְהָיָה הָאִישׁ אֲשֶׁר לֹא־יִשְׁמַע
אֶל־דְּבָרַי אֲשֶׁר יְדַבֵּר בִּשְׁמִי אָנֹכִי אֶדְרֹשׁ
מֵעִמּוֹ׃ 20 אַךְ הַנָּבִיא אֲשֶׁר יָזִיד לְדַבֵּר דָּבָר
בִּשְׁמִי אֵת אֲשֶׁר לֹא־צִוִּיתִיו לְדַבֵּר וַאֲשֶׁר
יְדַבֵּר בְּשֵׁם אֱלֹהִים אֲחֵרִים וּמֵת הַנָּבִיא
הַהוּא׃ 21 וְכִי תֹאמַר בִּלְבָבֶךָ אֵיכָה נֵדַע
אֶת־הַדָּבָר אֲשֶׁר לֹא־דִבְּרוֹ יְהוָה׃ 22 אֲשֶׁר
יְדַבֵּר הַנָּבִיא בְּשֵׁם יְהוָה וְלֹא־יִהְיֶה הַדָּבָר
וְלֹא יָבֹא הוּא הַדָּבָר אֲשֶׁר לֹא־דִבְּרוֹ
יְהוָה בְּזָדוֹן דִּבְּרוֹ הַנָּבִיא לֹא תָגוּר
מִמֶּנּוּ׃ ס 19 כִּי־יַכְרִית יְהוָה
אֱלֹהֶיךָ אֶת־הַגּוֹיִם אֲשֶׁר יְהוָה אֱלֹהֶיךָ נֹתֵן
לְךָ אֶת־אַרְצָם וִירִשְׁתָּם וְיָשַׁבְתָּ בְעָרֵיהֶם
וּבְבָתֵּיהֶם׃ 2 שָׁלוֹשׁ עָרִים תַּבְדִּיל לָךְ
בְּתוֹךְ אַרְצְךָ אֲשֶׁר יְהוָה אֱלֹהֶיךָ נֹתֵן לְךָ
לְרִשְׁתָּהּ׃ 3 תָּכִין לְךָ הַדֶּרֶךְ וְשִׁלַּשְׁתָּ אֶת־
גְּבוּל אַרְצְךָ אֲשֶׁר יַנְחִילְךָ יְהוָה אֱלֹהֶיךָ
וְהָיָה לָנוּס שָׁמָּה כָּל־רֹצֵחַ׃ 4 וְזֶה דְּבַר
הָרֹצֵחַ אֲשֶׁר־יָנוּס שָׁמָּה וָחָי אֲשֶׁר יַכֶּה
אֶת־רֵעֵהוּ בִּבְלִי־דַעַת וְהוּא לֹא־שֹׂנֵא לוֹ
מִתְּמֹל שִׁלְשֹׁם׃ 5 וַאֲשֶׁר יָבֹא אֶת־רֵעֵהוּ
בַיַּעַר לַחְטֹב עֵצִים וְנִדְּחָה יָדוֹ בַגַּרְזֶן
לִכְרֹת הָעֵץ וְנָשַׁל הַבַּרְזֶל מִן־הָעֵץ וּמָצָא
אֶת־רֵעֵהוּ וָמֵת הוּא יָנוּס אֶל־אַחַת
הֶעָרִים־הָאֵלֶּה וָחָי׃ 6 פֶּן־יִרְדֹּף גֹּאֵל הַדָּם
אַחֲרֵי הָרֹצֵחַ כִּי־יֵחַם לְבָבוֹ וְהִשִּׂיגוֹ כִּי־
יִרְבֶּה הַדֶּרֶךְ וְהִכָּהוּ נָפֶשׁ וְלוֹ אֵין מִשְׁפַּט־
מָוֶת כִּי לֹא שֹׂנֵא הוּא לוֹ מִתְּמוֹל
שִׁלְשׁוֹם׃ 7 עַל־כֵּן אָנֹכִי מְצַוְּךָ לֵאמֹר שָׁלֹשׁ
עָרִים תַּבְדִּיל לָךְ׃ ס 8 וְאִם־יַרְחִיב
יְהוָה אֱלֹהֶיךָ אֶת־גְּבֻלְךָ כַּאֲשֶׁר נִשְׁבַּע

give thee all the land which He promised to give unto thy fathers—[9] if thou shalt keep all this commandment to do it, which I command thee this day, to love the LORD thy God, and to walk ever in His ways—then shalt thou add three cities more for thee, beside these three, [10] that innocent blood be not shed in the midst of thy land, which the LORD thy God giveth thee for an inheritance, and so blood be upon thee.

[11] But if any man hate his neighbour, and lie in wait for him, and rise up against him, and smite him mortally that he die; and he flee into one of these cities; [12] then the elders of his city shall send and fetch him thence, and deliver him into the hand of the avenger of blood, that he may die. [13] Thine eye shall not pity him, but thou shalt put away the blood of the innocent from Israel, that it may go well with thee.

[14] Thou shalt not remove thy neighbour's landmark, which they of old time have set, in thine inheritance which thou shalt inherit, in the land that the LORD thy God giveth thee to possess it.

[15] One witness shall not rise up against a man for any iniquity, or for any sin, in any sin that he sinneth; at the mouth of two witnesses, or at the mouth of three witnesses, shall a matter be established. [16] If an unrighteous witness rise up against any man to bear perverted witness against him; [17] then both the men, between whom the controversy is, shall stand before the LORD, before the priests and the judges that shall be in those days. [18] And the judges shall inquire diligently; and, behold, if the witness be a false witness, and hath testified falsely against his brother; [19] then shall ye do unto him, as he had purposed to do unto his brother; so shalt thou put away the evil from the midst of thee. [20] And those that remain shall hear, and fear, and shall henceforth commit no more any such evil in the midst of thee. [21] And thine eye shall not pity life for life, eye for eye, tooth for tooth, hand for hand, foot for foot.

20 When thou goest forth to battle against thine enemies, and seest horses, and chariots, and a people more than thou, thou shalt

לַאֲבֹתֶיךָ וְנָתַן לְךָ אֶת־כָּל־הָאָרֶץ אֲשֶׁר
דִּבֶּר לָתֵת לַאֲבֹתֶיךָ׃ 9 כִּי־תִשְׁמֹר אֶת־כָּל־
הַמִּצְוָה הַזֹּאת לַעֲשֹׂתָהּ אֲשֶׁר אָנֹכִי מְצַוְּךָ
הַיּוֹם לְאַהֲבָה אֶת־יְהוָה אֱלֹהֶיךָ וְלָלֶכֶת
בִּדְרָכָיו כָּל־הַיָּמִים וְיָסַפְתָּ לְךָ עוֹד שָׁלֹשׁ
עָרִים עַל הַשָּׁלֹשׁ הָאֵלֶּה׃ 10 וְלֹא יִשָּׁפֵךְ
דָּם נָקִי בְּקֶרֶב אַרְצְךָ אֲשֶׁר יְהוָה אֱלֹהֶיךָ
נֹתֵן לְךָ נַחֲלָה וְהָיָה עָלֶיךָ דָּמִים׃ ס
11 וְכִי־יִהְיֶה אִישׁ שֹׂנֵא לְרֵעֵהוּ וְאָרַב
לוֹ וְקָם עָלָיו וְהִכָּהוּ נֶפֶשׁ וָמֵת וְנָס
אֶל־אַחַת הֶעָרִים הָאֵל׃ 12 וְשָׁלְחוּ זִקְנֵי
עִירוֹ וְלָקְחוּ אֹתוֹ מִשָּׁם וְנָתְנוּ אֹתוֹ בְּיַד
גֹּאֵל הַדָּם וָמֵת׃ 13 לֹא־תָחוֹס עֵינְךָ עָלָיו
וּבִעַרְתָּ דַם־הַנָּקִי מִיִּשְׂרָאֵל וְטוֹב לָךְ׃ ס
14 לֹא תַסִּיג גְּבוּל רֵעֲךָ אֲשֶׁר גָּבְלוּ
רִאשֹׁנִים בְּנַחֲלָתְךָ אֲשֶׁר תִּנְחַל בָּאָרֶץ
אֲשֶׁר יְהוָה אֱלֹהֶיךָ נֹתֵן לְךָ לְרִשְׁתָּהּ׃ ס
15 לֹא־יָקוּם עֵד אֶחָד בְּאִישׁ לְכָל־עָוֹן
וּלְכָל־חַטָּאת בְּכָל־חֵטְא אֲשֶׁר יֶחֱטָא
עַל־פִּי ׀ שְׁנֵי עֵדִים אוֹ עַל־פִּי שְׁלֹשָׁה־
עֵדִים יָקוּם דָּבָר׃ 16 כִּי־יָקוּם עֵד־חָמָס
בְּאִישׁ לַעֲנוֹת בּוֹ סָרָה׃ 17 וְעָמְדוּ שְׁנֵי־
הָאֲנָשִׁים אֲשֶׁר־לָהֶם הָרִיב לִפְנֵי יְהוָה
לִפְנֵי הַכֹּהֲנִים וְהַשֹּׁפְטִים אֲשֶׁר יִהְיוּ
בַּיָּמִים הָהֵם׃ 18 וְדָרְשׁוּ הַשֹּׁפְטִים הֵיטֵב
וְהִנֵּה עֵד־שֶׁקֶר הָעֵד שֶׁקֶר עָנָה בְאָחִיו׃
19 וַעֲשִׂיתֶם לוֹ כַּאֲשֶׁר זָמַם לַעֲשׂוֹת לְאָחִיו
וּבִעַרְתָּ הָרָע מִקִּרְבֶּךָ׃ 20 וְהַנִּשְׁאָרִים
יִשְׁמְעוּ וְיִרָאוּ וְלֹא־יֹסִפוּ לַעֲשׂוֹת עוֹד
כַּדָּבָר הָרָע הַזֶּה בְּקִרְבֶּךָ׃ 21 וְלֹא תָחוֹס
עֵינֶךָ נֶפֶשׁ בְּנֶפֶשׁ עַיִן בְּעַיִן שֵׁן בְּשֵׁן יָד
בְּיָד רֶגֶל בְּרָגֶל׃ ס **20** כִּי־תֵצֵא
לַמִּלְחָמָה עַל־אֹיְבֶךָ וְרָאִיתָ סוּס וָרֶכֶב

not be afraid of them; for the LORD thy God is with thee, who brought thee up out of the land of Egypt. [2] And it shall be, when ye draw nigh unto the battle, that the priest shall approach and speak unto the people, [3] and shall say unto them: 'Hear, O Israel, ye draw nigh this day unto battle against your enemies; let not your heart faint; fear not, nor be alarmed, neither be ye affrighted at them; [4] for the LORD your God is He that goeth with you, to fight for you against your enemies, to save you.' [5] And the officers shall speak unto the people, saying: 'What man is there that hath built a new house, and hath not dedicated it? let him go and return to his house, lest he die in the battle, and another man dedicate it. [6] And what man is there that hath planted a vineyard, and hath not used the fruit thereof? let him go and return unto his house, lest he die in the battle, and another man use the fruit thereof. [7] And what man is there that hath betrothed a wife and hath not taken her? let him go and return unto his house, lest he die in the battle, and another man take her.' [8] And the officers shall speak further unto the people, and they shall say: 'What man is there that is fearful and faint-hearted? let him go and return unto his house, lest his brethren's heart melt as his heart.' [9] And it shall be, when the officers have made an end of speaking unto the people, that captains of hosts shall be appointed at the head of the people.

[10] When thou drawest nigh unto a city to fight against it, then proclaim peace unto it. [11] And it shall be, if it make thee answer of peace, and open unto thee, then it shall be, that all the people that are found therein shall become tributary unto thee, and shall serve thee. [12] And if it will make no peace with thee, but will make war against thee, then thou shalt besiege it. [13] And when the LORD thy God delivereth it into thy hand, thou shalt smite every male thereof with the edge of the sword; [14] but the women, and the little ones, and the cattle, and all that is in the city, even all the spoil thereof, shalt thou take for a prey unto thyself; and thou shalt eat the spoil of thine enemies, which the LORD thy God

עַם רַב מִמְּךָ לֹא תִירָא מֵהֶם כִּי־יְהוָה
אֱלֹהֶיךָ עִמָּךְ הַמַּעַלְךָ מֵאֶרֶץ מִצְרָיִם׃
2 וְהָיָה כְּקָרָבְכֶם אֶל־הַמִּלְחָמָה וְנִגַּשׁ
הַכֹּהֵן וְדִבֶּר אֶל־הָעָם׃ 3 וְאָמַר אֲלֵהֶם
שְׁמַע יִשְׂרָאֵל אַתֶּם קְרֵבִים הַיּוֹם
לַמִּלְחָמָה עַל־אֹיְבֵיכֶם אַל־יֵרַךְ לְבַבְכֶם
אַל־תִּירְאוּ וְאַל־תַּחְפְּזוּ וְאַל־תַּעַרְצוּ
מִפְּנֵיהֶם׃ 4 כִּי יְהוָה אֱלֹהֵיכֶם הַהֹלֵךְ
עִמָּכֶם לְהִלָּחֵם לָכֶם עִם־אֹיְבֵיכֶם
לְהוֹשִׁיעַ אֶתְכֶם׃ 5 וְדִבְּרוּ הַשֹּׁטְרִים אֶל־
הָעָם לֵאמֹר מִי־הָאִישׁ אֲשֶׁר בָּנָה בַיִת־
חָדָשׁ וְלֹא חֲנָכוֹ יֵלֵךְ וְיָשֹׁב לְבֵיתוֹ פֶּן־יָמוּת
בַּמִּלְחָמָה וְאִישׁ אַחֵר יַחְנְכֶנּוּ׃ 6 וּמִי־
הָאִישׁ אֲשֶׁר־נָטַע כֶּרֶם וְלֹא חִלְּלוֹ יֵלֵךְ
וְיָשֹׁב לְבֵיתוֹ פֶּן־יָמוּת בַּמִּלְחָמָה וְאִישׁ
אַחֵר יְחַלְּלֶנּוּ׃ 7 וּמִי־הָאִישׁ אֲשֶׁר־אֵרַשׂ
אִשָּׁה וְלֹא לְקָחָהּ יֵלֵךְ וְיָשֹׁב לְבֵיתוֹ
פֶּן־יָמוּת בַּמִּלְחָמָה וְאִישׁ אַחֵר יִקָּחֶנָּה׃
8 וְיָסְפוּ הַשֹּׁטְרִים לְדַבֵּר אֶל־הָעָם וְאָמְרוּ
מִי־הָאִישׁ הַיָּרֵא וְרַךְ הַלֵּבָב יֵלֵךְ וְיָשֹׁב
לְבֵיתוֹ וְלֹא יִמַּס אֶת־לְבַב אֶחָיו כִּלְבָבוֹ׃
9 וְהָיָה כְּכַלֹּת הַשֹּׁטְרִים לְדַבֵּר אֶל־הָעָם
וּפָקְדוּ שָׂרֵי צְבָאוֹת בְּרֹאשׁ הָעָם׃ ס
10 כִּי־תִקְרַב אֶל־עִיר לְהִלָּחֵם עָלֶיהָ
וְקָרָאתָ אֵלֶיהָ לְשָׁלוֹם׃ 11 וְהָיָה אִם־שָׁלוֹם
תַּעַנְךָ וּפָתְחָה לָךְ וְהָיָה כָּל־הָעָם
הַנִּמְצָא־בָהּ יִהְיוּ לְךָ לָמַס וַעֲבָדוּךָ׃
12 וְאִם־לֹא תַשְׁלִים עִמָּךְ וְעָשְׂתָה עִמְּךָ
מִלְחָמָה וְצַרְתָּ עָלֶיהָ׃ 13 וּנְתָנָהּ יְהוָה
אֱלֹהֶיךָ בְּיָדֶךָ וְהִכִּיתָ אֶת־כָּל־זְכוּרָהּ לְפִי־
חָרֶב׃ 14 רַק הַנָּשִׁים וְהַטַּף וְהַבְּהֵמָה וְכֹל
אֲשֶׁר יִהְיֶה בָעִיר כָּל־שְׁלָלָהּ תָּבֹז לָךְ
וְאָכַלְתָּ אֶת־שְׁלַל אֹיְבֶיךָ אֲשֶׁר נָתַן יְהוָה

hath given thee. [15] Thus shalt thou do unto all the cities which are very far off from thee, which are not of the cities of these nations. [16] Howbeit of the cities of these peoples, that the LORD thy God giveth thee for an inheritance, thou shalt save alive nothing that breatheth, [17] but thou shalt utterly destroy them: the Hittite, and the Amorite, the Canaanite, and the Perizzite, the Hivite, and the Jebusite; as the LORD thy God hath commanded thee; [18] that they teach you not to do after all their abominations, which they have done unto their gods, and so ye sin against the LORD your God.

[19] When thou shalt besiege a city a long time, in making war against it to take it, thou shalt not destroy the trees thereof by wielding an axe against them; for thou mayest eat of them, but thou shalt not cut them down; for is the tree of the field man, that it should be besieged of thee? [20] Only the trees of which thou knowest that they are not trees for food, them thou mayest destroy and cut down, that thou mayest build bulwarks against the city that maketh war with thee, until it fall.

21 If one be found slain in the land which the LORD thy God giveth thee to possess it, lying in the field, and it be not known who hath smitten him; [2] then thy elders and thy judges shall come forth, and they shall measure unto the cities which are round about him that is slain. [3] And it shall be, that the city which is nearest unto the slain man, even the elders of that city shall take a heifer of the herd, which hath not been wrought with, and which hath not drawn in the yoke. [4] And the elders of that city shall bring down the heifer unto a rough valley, which may neither be plowed nor sown, and shall break the heifer's neck there in the valley. [5] And the priests the sons of Levi shall come near—for them the LORD thy God hath chosen to minister unto Him, and to bless in the name of the LORD; and according to their word shall every controversy and every stroke be. [6] And all the elders of that city, who are nearest unto the slain man, shall wash their hands over the heifer whose neck was broken in the valley. [7] And they shall speak and say: 'Our hands have not

אֱלֹהֶ֖יךָ לָֽךְ׃ 15 כֵּ֤ן תַּעֲשֶׂה֙ לְכָל־הֶ֣עָרִ֔ים
הָרְחֹקֹ֥ת מִמְּךָ֖ מְאֹ֑ד אֲשֶׁ֛ר לֹא־מֵעָרֵ֥י
הַגּוֹיִֽם־הָאֵ֖לֶּה הֵֽנָּה׃ 16 רַ֗ק מֵעָרֵ֤י הָֽעַמִּים֙
הָאֵ֔לֶּה אֲשֶׁר֙ יְהוָ֣ה אֱלֹהֶ֔יךָ נֹתֵ֥ן לְךָ֖ נַחֲלָ֑ה
לֹ֥א תְחַיֶּ֖ה כָּל־נְשָׁמָֽה׃ 17 כִּֽי־הַחֲרֵ֣ם
תַּחֲרִימֵ֗ם הַחִתִּ֤י וְהָֽאֱמֹרִי֙ הַכְּנַעֲנִ֣י וְהַפְּרִזִּ֔י
הַחִוִּ֖י וְהַיְבוּסִ֑י כַּאֲשֶׁ֥ר צִוְּךָ֖ יְהוָ֥ה אֱלֹהֶֽיךָ׃
18 לְמַ֗עַן אֲשֶׁ֤ר לֹֽא־יְלַמְּד֤וּ אֶתְכֶם֙ לַעֲשׂ֔וֹת
כְּכֹל֙ תּֽוֹעֲבֹתָ֔ם אֲשֶׁ֥ר עָשׂ֖וּ לֵאלֹהֵיהֶ֑ם
וַחֲטָאתֶ֖ם לַיהוָ֥ה אֱלֹהֵיכֶֽם׃ ס 19 כִּֽי־
תָצ֣וּר אֶל־עִיר֩ יָמִ֨ים רַבִּ֜ים לְהִלָּחֵ֧ם עָלֶ֣יהָ
לְתָפְשָׂ֗הּ לֹֽא־תַשְׁחִ֤ית אֶת־עֵצָהּ֙ לִנְדֹּ֤חַ
עָלָיו֙ גַּרְזֶ֔ן כִּ֚י מִמֶּ֣נּוּ תֹאכֵ֔ל וְאֹת֖וֹ לֹ֣א
תִכְרֹ֑ת כִּ֤י הָֽאָדָם֙ עֵ֣ץ הַשָּׂדֶ֔ה לָבֹ֥א מִפָּנֶ֖יךָ
בַּמָּצֽוֹר׃ 20 רַ֞ק עֵ֣ץ אֲשֶׁר־תֵּדַ֗ע כִּֽי־לֹא־עֵ֤ץ
מַאֲכָל֙ ה֔וּא אֹת֥וֹ תַשְׁחִ֖ית וְכָרָ֑תָּ וּבָנִ֣יתָ
מָצ֗וֹר עַל־הָעִיר֙ אֲשֶׁר־הִ֨וא עֹשָׂ֧ה עִמְּךָ֛
מִלְחָמָ֖ה עַ֥ד רִדְתָּֽהּ׃ פ
21 כִּֽי־יִמָּצֵ֣א חָלָ֗ל בָּֽאֲדָמָה֙ אֲשֶׁר֩ יְהוָ֨ה
אֱלֹהֶ֜יךָ נֹתֵ֤ן לְךָ֙ לְרִשְׁתָּ֔הּ נֹפֵ֖ל בַּשָּׂדֶ֑ה לֹ֥א
נוֹדַ֖ע מִ֥י הִכָּֽהוּ׃ 2 וְיָצְא֥וּ זְקֵנֶ֖יךָ וְשֹׁפְטֶ֑יךָ
וּמָדְדוּ֙ אֶל־הֶ֣עָרִ֔ים אֲשֶׁ֖ר סְבִיבֹ֥ת הֶחָלָֽל׃
3 וְהָיָ֣ה הָעִ֔יר הַקְּרֹבָ֖ה אֶל־הֶחָלָ֑ל וְלָֽקְח֡וּ
זִקְנֵי֩ הָעִ֨יר הַהִ֜וא עֶגְלַ֣ת בָּקָ֗ר אֲשֶׁ֤ר לֹֽא־
עֻבַּד֙ בָּ֔הּ אֲשֶׁ֥ר לֹא־מָשְׁכָ֖ה בְּעֹֽל׃ 4 וְהוֹרִ֡דוּ
זִקְנֵי֩ הָעִ֨יר הַהִ֤וא אֶת־הָֽעֶגְלָה֙ אֶל־נַ֣חַל
אֵיתָ֔ן אֲשֶׁ֛ר לֹא־יֵעָבֵ֥ד בּ֖וֹ וְלֹ֣א יִזָּרֵ֑עַ וְעָֽרְפוּ־
שָׁ֥ם אֶת־הָעֶגְלָ֖ה בַּנָּֽחַל׃ 5 וְנִגְּשׁ֣וּ הַכֹּהֲנִים֮
בְּנֵ֣י לֵוִי֒ כִּ֣י בָ֗ם בָּחַ֞ר יְהוָ֤ה אֱלֹהֶ֙יךָ֙ לְשָׁ֣רְת֔וֹ
וּלְבָרֵ֖ךְ בְּשֵׁ֣ם יְהוָ֑ה וְעַל־פִּיהֶ֥ם יִהְיֶ֖ה כָּל־
רִ֥יב וְכָל־נָֽגַע׃ 6 וְכֹ֗ל זִקְנֵי֙ הָעִ֣יר הַהִ֔וא
הַקְּרֹבִ֖ים אֶל־הֶחָלָ֑ל יִרְחֲצוּ֙ אֶת־יְדֵיהֶ֔ם
עַל־הָעֶגְלָ֖ה הָעֲרוּפָ֥ה בַנָּֽחַל׃ 7 וְעָנ֖וּ וְאָמְר֑וּ

יָדֵינוּ לֹא שפכה שָׁפְכוּ אֶת־הַדָּם הַזֶּה
וְעֵינֵינוּ לֹא רָאוּ׃ 8 כַּפֵּר לְעַמְּךָ יִשְׂרָאֵל
אֲשֶׁר־פָּדִיתָ יְהוָה וְאַל־תִּתֵּן דָּם נָקִי בְּקֶרֶב
עַמְּךָ יִשְׂרָאֵל וְנִכַּפֵּר לָהֶם הַדָּם׃ 9 וְאַתָּה
תְּבַעֵר הַדָּם הַנָּקִי מִקִּרְבֶּךָ כִּי־תַעֲשֶׂה
הַיָּשָׁר בְּעֵינֵי יְהוָה׃ ס

shed this blood, neither have our eyes seen it.
[8] Forgive, O LORD, Thy people Israel, whom
Thou hast redeemed, and suffer not innocent
blood to remain in the midst of Thy people
Israel.' And the blood shall be forgiven them.
[9] So shalt thou put away the innocent blood
from the midst of thee, when thou shalt do that
which is right in the eyes of the LORD.

כי תצא

10 כִּי־תֵצֵא לַמִּלְחָמָה עַל־אֹיְבֶיךָ וּנְתָנוֹ
יְהוָה אֱלֹהֶיךָ בְּיָדֶךָ וְשָׁבִיתָ שִׁבְיוֹ׃
11 וְרָאִיתָ בַּשִּׁבְיָה אֵשֶׁת יְפַת־תֹּאַר
וְחָשַׁקְתָּ בָהּ וְלָקַחְתָּ לְךָ לְאִשָּׁה׃
12 וַהֲבֵאתָהּ אֶל־תּוֹךְ בֵּיתֶךָ וְגִלְּחָה אֶת־
רֹאשָׁהּ וְעָשְׂתָה אֶת־צִפָּרְנֶיהָ׃ 13 וְהֵסִירָה
אֶת־שִׂמְלַת שִׁבְיָהּ מֵעָלֶיהָ וְיָשְׁבָה בְּבֵיתֶךָ
וּבָכְתָה אֶת־אָבִיהָ וְאֶת־אִמָּהּ יֶרַח יָמִים
וְאַחַר כֵּן תָּבוֹא אֵלֶיהָ וּבְעַלְתָּהּ וְהָיְתָה
לְךָ לְאִשָּׁה׃ 14 וְהָיָה אִם־לֹא חָפַצְתָּ בָּהּ
וְשִׁלַּחְתָּהּ לְנַפְשָׁהּ וּמָכֹר לֹא־תִמְכְּרֶנָּה
בַּכָּסֶף לֹא־תִתְעַמֵּר בָּהּ תַּחַת אֲשֶׁר
עִנִּיתָהּ׃ ס 15 כִּי־תִהְיֶיןָ לְאִישׁ שְׁתֵּי
נָשִׁים הָאַחַת אֲהוּבָה וְהָאַחַת שְׂנוּאָה
וְיָלְדוּ־לוֹ בָנִים הָאֲהוּבָה וְהַשְּׂנוּאָה וְהָיָה
הַבֵּן הַבְּכוֹר לַשְּׂנִיאָה׃ 16 וְהָיָה בְּיוֹם
הַנְחִילוֹ אֶת־בָּנָיו אֵת אֲשֶׁר־יִהְיֶה לוֹ לֹא
יוּכַל לְבַכֵּר אֶת־בֶּן־הָאֲהוּבָה עַל־פְּנֵי בֶן־
הַשְּׂנוּאָה הַבְּכֹר׃ 17 כִּי אֶת־הַבְּכֹר בֶּן־
הַשְּׂנוּאָה יַכִּיר לָתֶת לוֹ פִּי שְׁנַיִם בְּכֹל
אֲשֶׁר־יִמָּצֵא לוֹ כִּי־הוּא רֵאשִׁית אֹנוֹ לוֹ
מִשְׁפַּט הַבְּכֹרָה׃ ס 18 כִּי־יִהְיֶה לְאִישׁ
בֵּן סוֹרֵר וּמוֹרֶה אֵינֶנּוּ שֹׁמֵעַ בְּקוֹל אָבִיו
וּבְקוֹל אִמּוֹ וְיִסְּרוּ אֹתוֹ וְלֹא יִשְׁמַע
אֲלֵיהֶם׃ 19 וְתָפְשׂוּ בוֹ אָבִיו וְאִמּוֹ וְהוֹצִיאוּ

KI TETSE'

[10] When thou goest forth to battle against
thine enemies, and the LORD thy God delivereth
them into thy hands, and thou carriest them
away captive, [11] and seest among the captives
a woman of goodly form, and thou hast a desire
unto her, and wouldest take her to thee to wife;
[12] then thou shalt bring her home to thy house;
and she shall shave her head, and pare her nails;
[13] and she shall put the raiment of her captivity
from off her, and shall remain in thy house, and
bewail her father and her mother a full month;
and after that thou mayest go in unto her, and be
her husband, and she shall be thy wife. [14] And
it shall be, if thou have no delight in her, then
thou shalt let her go whither she will; but thou
shalt not sell her at all for money, thou shalt
not deal with her as a slave, because thou hast
humbled her.

[15] If a man have two wives, the one
beloved, and the other hated, and they have borne
him children, both the beloved and the hated;
and if the first-born son be hers that was hated;
[16] then it shall be, in the day that he causeth his
sons to inherit that which he hath, that he may
not make the son of the beloved the first-born
before the son of the hated, who is the firstborn;
[17] but he shall acknowledge the first-born, the
son of the hated, by giving him a double portion
of all that he hath; for he is the first—fruits of his
strength; the right of the first-born is his.

[18] If a man have a stubborn and rebellious
son, that will not hearken to the voice of his
father, or the voice of his mother, and though
they chasten him, will not hearken unto them;
[19] then shall his father and his mother lay hold

on him, and bring him out unto the elders of his city, and unto the gate of his place; [20] and they shall say unto the elders of his city. 'This our son is stubborn and rebellious, he doth not hearken to our voice; he is a glutton, and a drunkard.' [21] And all the men of his city shall stone him with stones, that he die; so shalt thou put away the evil from the midst of thee; and all Israel shall hear, and fear.

[22] And if a man have committed a sin worthy of death, and he be put to death, and thou hang him on a tree; [23] his body shall not remain all night upon the tree, but thou shalt surely bury him the same day; for he that is hanged is a reproach unto God; that thou defile not thy land which the LORD thy God giveth thee for an inheritance.

22 Thou shalt not see thy brother's ox or his sheep driven away, and hide thyself from them; thou shalt surely bring them back unto thy brother. [2] And if thy brother be not nigh unto thee, and thou know him not, then thou shalt bring it home to thy house, and it shall be with thee until thy brother require it, and thou shalt restore it to him. [3] And so shalt thou do with his ass; and so shalt thou do with his garment; and so shalt thou do with every lost thing of thy brother's, which he hath lost, and thou hast found; thou mayest not hide thyself.

[4] Thou shalt not see thy brother's ass or his ox fallen down by the way, and hide thyself from them; thou shalt surely help him to lift them up again.

[5] A woman shall not wear that which pertaineth unto a man, neither shall a man put on a woman's garment; for whosoever doeth these things is an abomination unto the LORD thy God.

[6] If a bird's nest chance to be before thee in the way, in any tree or on the ground, with young ones or eggs, and the dam sitting upon the young, or upon the eggs, thou shalt not take the dam with the young; [7] thou shalt in any wise let the dam go, but the young thou mayest take unto thyself; that it may be well with thee, and that thou mayest prolong thy days.

[8] When thou buildest a new house, then thou shalt make a parapet for thy roof, that thou bring not blood upon thy house, if any man fall from thence.

אֹתוֹ אֶל־זִקְנֵי עִירוֹ וְאֶל־שַׁעַר מְקֹמוֹ׃
20 וְאָמְרוּ אֶל־זִקְנֵי עִירוֹ בְּנֵנוּ זֶה סוֹרֵר
וּמֹרֶה אֵינֶנּוּ שֹׁמֵעַ בְּקֹלֵנוּ זוֹלֵל וְסֹבֵא׃
21 וּרְגָמֻהוּ כָּל־אַנְשֵׁי עִירוֹ בָאֲבָנִים וָמֵת
וּבִעַרְתָּ הָרָע מִקִּרְבֶּךָ וְכָל־יִשְׂרָאֵל יִשְׁמְעוּ
וְיִרָאוּ׃ ס 22 וְכִי־יִהְיֶה בְאִישׁ חֵטְא
מִשְׁפַּט־מָוֶת וְהוּמָת וְתָלִיתָ אֹתוֹ עַל־עֵץ׃
23 לֹא־תָלִין נִבְלָתוֹ עַל־הָעֵץ כִּי־קָבוֹר
תִּקְבְּרֶנּוּ בַּיּוֹם הַהוּא כִּי־קִלְלַת אֱלֹהִים
תָּלוּי וְלֹא תְטַמֵּא אֶת־אַדְמָתְךָ אֲשֶׁר יְהוָה
אֱלֹהֶיךָ נֹתֵן לְךָ נַחֲלָה׃ ס **22** לֹא־
תִרְאֶה אֶת־שׁוֹר אָחִיךָ אוֹ אֶת־שֵׂיוֹ נִדָּחִים
וְהִתְעַלַּמְתָּ מֵהֶם הָשֵׁב תְּשִׁיבֵם לְאָחִיךָ׃
2 וְאִם־לֹא קָרוֹב אָחִיךָ אֵלֶיךָ וְלֹא יְדַעְתּוֹ
וַאֲסַפְתּוֹ אֶל־תּוֹךְ בֵּיתֶךָ וְהָיָה עִמְּךָ עַד
דְּרֹשׁ אָחִיךָ אֹתוֹ וַהֲשֵׁבֹתוֹ לוֹ׃ 3 וְכֵן
תַּעֲשֶׂה לַחֲמֹרוֹ וְכֵן תַּעֲשֶׂה לְשִׂמְלָתוֹ וְכֵן
תַּעֲשֶׂה לְכָל־אֲבֵדַת אָחִיךָ אֲשֶׁר־תֹּאבַד
מִמֶּנּוּ וּמְצָאתָהּ לֹא תוּכַל לְהִתְעַלֵּם׃ ס
4 לֹא־תִרְאֶה אֶת־חֲמוֹר אָחִיךָ אוֹ שׁוֹרוֹ
נֹפְלִים בַּדֶּרֶךְ וְהִתְעַלַּמְתָּ מֵהֶם הָקֵם
תָּקִים עִמּוֹ׃ ס 5 לֹא־יִהְיֶה כְלִי־גֶבֶר
עַל־אִשָּׁה וְלֹא־יִלְבַּשׁ גֶּבֶר שִׂמְלַת אִשָּׁה
כִּי תוֹעֲבַת יְהוָה אֱלֹהֶיךָ כָּל־עֹשֵׂה
אֵלֶּה׃ פ
6 כִּי יִקָּרֵא קַן־צִפּוֹר ׀ לְפָנֶיךָ בַּדֶּרֶךְ
בְּכָל־עֵץ ׀ אוֹ עַל־הָאָרֶץ אֶפְרֹחִים אוֹ
בֵיצִים וְהָאֵם רֹבֶצֶת עַל־הָאֶפְרֹחִים אוֹ
עַל־הַבֵּיצִים לֹא־תִקַּח הָאֵם עַל־הַבָּנִים׃
7 שַׁלֵּחַ תְּשַׁלַּח אֶת־הָאֵם וְאֶת־הַבָּנִים
תִּקַּח־לָךְ לְמַעַן יִיטַב לָךְ וְהַאַרַכְתָּ
יָמִים׃ ס 8 כִּי תִבְנֶה בַּיִת חָדָשׁ
וְעָשִׂיתָ מַעֲקֶה לְגַגֶּךָ וְלֹא־תָשִׂים דָּמִים

[9] Thou shalt not sow thy vineyard with two kinds of seed; lest the fulness of the seed which thou hast sown be forfeited together with the increase of the vineyard.

[10] Thou shalt not plow with an ox and an ass together. [11] Thou shalt not wear a mingled stuff, wool and linen together.

[12] Thou shalt make thee twisted cords upon the four corners of thy covering, wherewith thou coverest thyself.

[13] If any man take a wife, and go in unto her, and hate her, [14] and lay wanton charges against her, and bring up an evil name upon her, and say: 'I took this woman, and when I came nigh to her, I found not in her the tokens of virginity'; [15] then shall the father of the damsel, and her mother, take and bring forth the tokens of the damsel's virginity unto the elders of the city in the gate. [16] And the damsel's father shall say unto the elders: 'I gave my daughter unto this man to wife, and he hateth her; [17] and, lo, he hath laid wanton charges, saying: I found not in thy daughter the tokens of virginity; and yet these are the tokens of my daughter's virginity.' And they shall spread the garment before the elders of the city. [18] And the elders of that city shall take the man and chastise him. [19] And they shall fine him a hundred shekels of silver, and give them unto the father of the damsel, because he hath brought up an evil name upon a virgin of Israel; and she shall be his wife; he may not put her away all his days.

[20] But if this thing be true, that the tokens of virginity were not found in the damsel; [21] then they shall bring out the damsel to the door of her father's house, and the men of her city shall stone her with stones that she die; because she hath wrought a wanton deed in Israel, to play the harlot in her father's house; so shalt thou put away the evil from the midst of thee.

[22] If a man be found lying with a woman married to a husband, then they shall both of them die, the man that lay with the woman, and the woman; so shalt thou put away the evil from Israel.

בְּבֵיתֶךָ כִּי־יִפֹּל הַנֹּפֵל מִמֶּנּוּ׃ ס 9 לֹא־
תִזְרַע כַּרְמְךָ כִּלְאָיִם פֶּן־תִּקְדַּשׁ הַמְלֵאָה
הַזֶּרַע אֲשֶׁר תִּזְרָע וּתְבוּאַת הַכָּרֶם׃ ס
10 לֹא־תַחֲרֹשׁ בְּשׁוֹר־וּבַחֲמֹר
יַחְדָּו׃ ס 11 לֹא תִלְבַּשׁ שַׁעַטְנֵז צֶמֶר
וּפִשְׁתִּים יַחְדָּו׃ ס 12 גְּדִלִים תַּעֲשֶׂה־
לָּךְ עַל־אַרְבַּע כַּנְפוֹת כְּסוּתְךָ אֲשֶׁר
תְּכַסֶּה־בָּהּ׃ ס 13 כִּי־יִקַּח אִישׁ אִשָּׁה
וּבָא אֵלֶיהָ וּשְׂנֵאָהּ׃ 14 וְשָׂם לָהּ עֲלִילֹת
דְּבָרִים וְהוֹצִיא עָלֶיהָ שֵׁם רָע וְאָמַר
אֶת־הָאִשָּׁה הַזֹּאת לָקַחְתִּי וָאֶקְרַב אֵלֶיהָ
וְלֹא־מָצָאתִי לָהּ בְּתוּלִים׃ 15 וְלָקַח אֲבִי
הנער הַנַּעֲרָה וְאִמָּהּ וְהוֹצִיאוּ אֶת־בְּתוּלֵי
הנער הַנַּעֲרָה אֶל־זִקְנֵי הָעִיר הַשָּׁעְרָה׃
16 וְאָמַר אֲבִי הנער הַנַּעֲרָה אֶל־הַזְּקֵנִים
אֶת־בִּתִּי נָתַתִּי לָאִישׁ הַזֶּה לְאִשָּׁה
וַיִּשְׂנָאֶהָ׃ 17 וְהִנֵּה־הוּא שָׂם עֲלִילֹת
דְּבָרִים לֵאמֹר לֹא־מָצָאתִי לְבִתְּךָ בְּתוּלִים
וְאֵלֶּה בְּתוּלֵי בִתִּי וּפָרְשׂוּ הַשִּׂמְלָה לִפְנֵי
זִקְנֵי הָעִיר׃ 18 וְלָקְחוּ זִקְנֵי הָעִיר־הַהִוא
אֶת־הָאִישׁ וְיִסְּרוּ אֹתוֹ׃ 19 וְעָנְשׁוּ אֹתוֹ
מֵאָה כֶסֶף וְנָתְנוּ לַאֲבִי הַנַּעֲרָה כִּי הוֹצִיא
שֵׁם רָע עַל בְּתוּלַת יִשְׂרָאֵל וְלוֹ־תִהְיֶה
לְאִשָּׁה לֹא־יוּכַל לְשַׁלְּחָהּ כָּל־יָמָיו׃ ס
20 וְאִם־אֱמֶת הָיָה הַדָּבָר הַזֶּה לֹא־
נִמְצְאוּ בְתוּלִים לנער לַנַּעֲרָה׃ 21 וְהוֹצִיאוּ
אֶת־הנער הַנַּעֲרָה אֶל־פֶּתַח בֵּית־אָבִיהָ
וּסְקָלוּהָ אַנְשֵׁי עִירָהּ בָּאֲבָנִים וָמֵתָה
כִּי־עָשְׂתָה נְבָלָה בְּיִשְׂרָאֵל לִזְנוֹת בֵּית
אָבִיהָ וּבִעַרְתָּ הָרָע מִקִּרְבֶּךָ׃ ס 22 כִּי־
יִמָּצֵא אִישׁ שֹׁכֵב ׀ עִם־אִשָּׁה בְעֻלַת־בַּעַל
וּמֵתוּ גַּם־שְׁנֵיהֶם הָאִישׁ הַשֹּׁכֵב עִם־
הָאִשָּׁה וְהָאִשָּׁה וּבִעַרְתָּ הָרָע

[23] If there be a damsel that is a virgin betrothed unto a man, and a man find her in the city, and lie with her; [24] then ye shall bring them both out unto the gate of that city, and ye shall stone them with stones that they die: the damsel, because she cried not, being in the city; and the man because he hath humbled his neighbour's wife; so thou shalt put away the evil from the midst of thee.

[25] But if the man find the damsel that is betrothed in the field, and the man take hold of her, and lie with her then the man only that lay with her shall die. [26] But unto the damsel thou shalt do nothing; there is in the damsel no sin worthy of death; for as when a man riseth against his neighbour, and slayeth him, even so is this matter. [27] For he found her in the field; the betrothed damsel cried, and there was none to save her.

[28] If a man find a damsel that is a virgin, that is not betrothed, and lay hold on her, and lie with her, and they be found, [29] then the man that lay with her shall give unto the damsel's father fifty shekels of silver, and she shall be his wife, because he hath humbled her; he may not put her away all his days.

23

A man shall not take his father's wife, and shall not uncover his father's skirt.

[2] He that is crushed or maimed in his privy parts shall not enter into the assembly of the LORD.

[3] A bastard shall not enter into the assembly of the LORD; even to the tenth generation shall none of his enter into the assembly of the LORD.

[4] An Ammonite or a Moabite shall not enter into the assembly of the LORD; even to the tenth generation shall none of them enter into the assembly of the LORD for ever; [5] because they met you not with bread and with water in the way, when ye came forth out of Egypt; and because they hired against thee Balaam the son of Beor from Pethor of Aram-naharaim, to curse thee. [6] Nevertheless the LORD thy God would

מִיִּשְׂרָאֵל׃ ס 23 כִּי יִהְיֶה נער נַעֲרָה
בְתוּלָה מְאֹרָשָׂה לְאִישׁ וּמְצָאָהּ אִישׁ
בָּעִיר וְשָׁכַב עִמָּהּ׃ 24 וְהוֹצֵאתֶם אֶת־
שְׁנֵיהֶם אֶל־שַׁעַר ׀ הָעִיר הַהִוא וּסְקַלְתֶּם
אֹתָם בָּאֲבָנִים וָמֵתוּ אֶת־הנער הַנַּעֲרָה
עַל־דְּבַר אֲשֶׁר לֹא־צָעֲקָה בָעִיר וְאֶת־
הָאִישׁ עַל־דְּבַר אֲשֶׁר־עִנָּה אֶת־אֵשֶׁת
רֵעֵהוּ וּבִעַרְתָּ הָרָע מִקִּרְבֶּךָ׃ ס
25 וְאִם־בַּשָּׂדֶה יִמְצָא הָאִישׁ אֶת־הנער
הַנַּעֲרָה הַמְאֹרָשָׂה וְהֶחֱזִיק־בָּהּ הָאִישׁ
וְשָׁכַב עִמָּהּ וּמֵת הָאִישׁ אֲשֶׁר־שָׁכַב עִמָּהּ
לְבַדּוֹ׃ 26 ולנער וְלַנַּעֲרָה לֹא־תַעֲשֶׂה דָבָר
אֵין לנער לַנַּעֲרָה חֵטְא מָוֶת כִּי כַּאֲשֶׁר
יָקוּם אִישׁ עַל־רֵעֵהוּ וּרְצָחוֹ נֶפֶשׁ כֵּן הַדָּבָר
הַזֶּה׃ 27 כִּי בַשָּׂדֶה מְצָאָהּ צָעֲקָה הנער
הַנַּעֲרָה הַמְאֹרָשָׂה וְאֵין מוֹשִׁיעַ לָהּ׃ ס
28 כִּי־יִמְצָא אִישׁ נער נַעֲרָה בְתוּלָה
אֲשֶׁר לֹא־אֹרָשָׂה וּתְפָשָׂהּ וְשָׁכַב עִמָּהּ
וְנִמְצָאוּ׃ 29 וְנָתַן הָאִישׁ הַשֹּׁכֵב עִמָּהּ לַאֲבִי
הנער הַנַּעֲרָה חֲמִשִּׁים כָּסֶף וְלוֹ־תִהְיֶה
לְאִשָּׁה תַּחַת אֲשֶׁר עִנָּהּ לֹא־יוּכַל שַׁלְּחָהּ
כָּל־יָמָיו׃ ס 23 לֹא־יִקַּח אִישׁ
אֶת־אֵשֶׁת אָבִיו וְלֹא יְגַלֶּה כְּנַף אָבִיו׃ ס
2 לֹא־יָבֹא פְצוּעַ־דַּכָּא וּכְרוּת שָׁפְכָה
בִּקְהַל יְהוָה׃ ס 3 לֹא־יָבֹא מַמְזֵר
בִּקְהַל יְהוָה גַּם דּוֹר עֲשִׂירִי לֹא־יָבֹא לוֹ
בִּקְהַל יְהוָה׃ ס 4 לֹא־יָבֹא עַמּוֹנִי
וּמוֹאָבִי בִּקְהַל יְהוָה גַּם דּוֹר עֲשִׂירִי
לֹא־יָבֹא לָהֶם בִּקְהַל יְהוָה עַד־עוֹלָם׃
5 עַל־דְּבַר אֲשֶׁר לֹא־קִדְּמוּ אֶתְכֶם בַּלֶּחֶם
וּבַמַּיִם בַּדֶּרֶךְ בְּצֵאתְכֶם מִמִּצְרָיִם וַאֲשֶׁר
שָׂכַר עָלֶיךָ אֶת־בִּלְעָם בֶּן־בְּעוֹר מִפְּתוֹר
אֲרַם נַהֲרַיִם לְקַלְלֶךָּ׃ 6 וְלֹא־אָבָה יְהוָה

not hearken unto Balaam; but the LORD thy God turned the curse into a blessing unto thee, because the LORD thy God loved thee. [7] Thou shalt not seek their peace nor their prosperity all thy days for ever.

[8] Thou shalt not abhor an Edomite, for he is thy brother; thou shalt not abhor an Egyptian, because thou wast a stranger in his land. [9] The children of the third generation that are born unto them may enter into the assembly of the LORD.

[10] When thou goest forth in camp against thine enemies, then thou shalt keep thee from every evil thing. [11] If there be among you any man, that is not clean by reason of that which chanceth him by night, then shall he go abroad out of the camp, he shall not come within the camp. [12] But it shall be, when evening cometh on, he shall bathe himself in water; and when the sun is down, he may come within the camp. [13] Thou shalt have a place also without the camp, whither thou shalt go forth abroad. [14] And thou shalt have a paddle among thy weapons; and it shall be, when thou sittest down abroad, thou shalt dig therewith, and shalt turn back and cover that which cometh from thee. [15] For the LORD thy God walketh in the midst of thy camp, to deliver thee, and to give up thine enemies before thee; therefore shall thy camp be holy; that He see no unseemly thing in thee, and turn away from thee.

[16] Thou shalt not deliver unto his master a bondman that is escaped from his master unto thee; [17] he shall dwell with thee, in the midst of thee, in the place which he shall choose within one of thy gates, where it liketh him best; thou shalt not wrong him.

[18] There shall be no harlot of the daughters of Israel, neither shall there be a sodomite of the sons of Israel. [19] Thou shalt not bring the hire of a harlot, or the price of a dog, into the house of the LORD thy God for any vow; for even both these are an abomination unto the LORD thy God.

[20] Thou shalt not lend upon interest to thy brother: interest of money, interest of victuals, interest of any thing that is lent upon interest. [21] Unto a foreigner thou mayest lend upon interest; but unto thy brother thou shalt not lend upon interest; that the LORD thy God may bless thee in all that thou puttest thy hand unto, in the land whither thou goest in to possess it.

אֱלֹהֶיךָ לִשְׁמֹעַ אֶל־בִּלְעָם וַיַּהֲפֹךְ יְהוָה
אֱלֹהֶיךָ לְּךָ אֶת־הַקְּלָלָה לִבְרָכָה כִּי אֲהֵבְךָ
יְהוָה אֱלֹהֶיךָ׃ 7 לֹא־תִדְרֹשׁ שְׁלֹמָם
וְטֹבָתָם כָּל־יָמֶיךָ לְעוֹלָם׃ ס 8 לֹא־
תְתַעֵב אֲדֹמִי כִּי אָחִיךָ הוּא ס לֹא־
תְתַעֵב מִצְרִי כִּי־גֵר הָיִיתָ בְאַרְצוֹ׃ 9 בָּנִים
אֲשֶׁר־יִוָּלְדוּ לָהֶם דּוֹר שְׁלִישִׁי יָבֹא לָהֶם
בִּקְהַל יְהוָה׃ ס 10 כִּי־תֵצֵא מַחֲנֶה
עַל־אֹיְבֶיךָ וְנִשְׁמַרְתָּ מִכֹּל דָּבָר רָע׃ 11 כִּי־
יִהְיֶה בְךָ אִישׁ אֲשֶׁר לֹא־יִהְיֶה טָהוֹר
מִקְּרֵה־לָיְלָה וְיָצָא אֶל־מִחוּץ לַמַּחֲנֶה לֹא
יָבֹא אֶל־תּוֹךְ הַמַּחֲנֶה׃ 12 וְהָיָה לִפְנוֹת־
עֶרֶב יִרְחַץ בַּמָּיִם וּכְבֹא הַשֶּׁמֶשׁ יָבֹא
אֶל־תּוֹךְ הַמַּחֲנֶה׃ 13 וְיָד תִּהְיֶה לְךָ מִחוּץ
לַמַּחֲנֶה וְיָצָאתָ שָׁמָּה חוּץ׃ 14 וְיָתֵד תִּהְיֶה
לְךָ עַל־אֲזֵנֶךָ וְהָיָה בְּשִׁבְתְּךָ חוּץ וְחָפַרְתָּה
בָהּ וְשַׁבְתָּ וְכִסִּיתָ אֶת־צֵאָתֶךָ׃ 15 כִּי יְהוָה
אֱלֹהֶיךָ מִתְהַלֵּךְ ׀ בְּקֶרֶב מַחֲנֶךָ לְהַצִּילְךָ
וְלָתֵת אֹיְבֶיךָ לְפָנֶיךָ וְהָיָה מַחֲנֶיךָ קָדוֹשׁ
וְלֹא־יִרְאֶה בְךָ עֶרְוַת דָּבָר וְשָׁב
מֵאַחֲרֶיךָ׃ ס 16 לֹא־תַסְגִּיר עֶבֶד אֶל־
אֲדֹנָיו אֲשֶׁר־יִנָּצֵל אֵלֶיךָ מֵעִם אֲדֹנָיו׃
17 עִמְּךָ יֵשֵׁב בְּקִרְבְּךָ בַּמָּקוֹם אֲשֶׁר־יִבְחַר
בְּאַחַד שְׁעָרֶיךָ בַּטּוֹב לוֹ לֹא תּוֹנֶנּוּ׃ ס
18 לֹא־תִהְיֶה קְדֵשָׁה מִבְּנוֹת יִשְׂרָאֵל
וְלֹא־יִהְיֶה קָדֵשׁ מִבְּנֵי יִשְׂרָאֵל׃ 19 לֹא־
תָבִיא אֶתְנַן זוֹנָה וּמְחִיר כֶּלֶב בֵּית יְהוָה
אֱלֹהֶיךָ לְכָל־נֶדֶר כִּי תוֹעֲבַת יְהוָה אֱלֹהֶיךָ
גַּם־שְׁנֵיהֶם׃ 20 לֹא־תַשִּׁיךְ לְאָחִיךָ נֶשֶׁךְ
כֶּסֶף נֶשֶׁךְ אֹכֶל נֶשֶׁךְ כָּל־דָּבָר אֲשֶׁר יִשָּׁךְ׃
21 לַנָּכְרִי תַשִּׁיךְ וּלְאָחִיךָ לֹא תַשִּׁיךְ לְמַעַן
יְבָרֶכְךָ יְהוָה אֱלֹהֶיךָ בְּכֹל מִשְׁלַח יָדֶךָ
עַל־הָאָרֶץ אֲשֶׁר־אַתָּה בָא־שָׁמָּה

[22] When thou shalt vow a vow unto the LORD thy God, thou shalt not be slack to pay it; for the LORD thy God will surely require it of thee; and it will be sin in thee. [23] But if thou shalt forbear to vow, it shall be no sin in thee. [24] That which is gone out of thy lips thou shalt observe and do; according as thou hast vowed freely unto the LORD thy God, even that which thou hast promised with thy mouth.

[25] When thou comest into thy neighbour's vineyard, then thou mayest eat grapes until thou have enough at thine own pleasure; but thou shalt not put any in thy vessel.

[26] When thou comest into thy neighbour's standing corn, then thou mayest pluck ears with thy hand; but thou shalt not move a sickle unto thy neighbour's standing corn.

24

When a man taketh a wife, and marrieth her, then it cometh to pass, if she find no favour in his eyes, because he hath found some unseemly thing in her, that he writeth her a bill of divorcement, and giveth it in her hand, and sendeth her out of his house, [2] and she departeth out of his house, and goeth and becometh another man's wife, [3] and the latter husband hateth her, and writeth her a bill of divorcement, and giveth it in her hand, and sendeth her out of his house; or if the latter husband die, who took her to be his wife; [4] her former husband, who sent her away, may not take her again to be his wife, after that she is defiled; for that is abomination before the LORD; and thou shalt not cause the land to sin, which the LORD thy God giveth thee for an inheritance.

[5] When a man taketh a new wife, he shall not go out in the host, neither shall he be charged with any business; he shall be free for his house one year, and shall cheer his wife whom he hath taken.

[6] No man shall take the mill or the upper millstone to pledge; for he taketh a man's life to pledge.

[7] If a man be found stealing any of his brethren of the children of Israel, and he deal with him as a slave, and sell him; then that thief shall die; so shalt thou put away the evil from the midst of thee.

[8] Take heed in the plague of leprosy, that thou observe diligently, and do according to all that the priests the Levites shall teach you,

לְרִשְׁתָּהּ׃ ס 22 כִּי־תִדֹּר נֶדֶר לַיהוָה
אֱלֹהֶיךָ לֹא תְאַחֵר לְשַׁלְּמוֹ כִּי־דָרֹשׁ
יִדְרְשֶׁנּוּ יְהוָה אֱלֹהֶיךָ מֵעִמָּךְ וְהָיָה בְךָ
חֵטְא׃ 23 וְכִי תֶחְדַּל לִנְדֹּר לֹא־יִהְיֶה בְךָ
חֵטְא׃ 24 מוֹצָא שְׂפָתֶיךָ תִּשְׁמֹר וְעָשִׂיתָ
כַּאֲשֶׁר נָדַרְתָּ לַיהוָה אֱלֹהֶיךָ נְדָבָה אֲשֶׁר
דִּבַּרְתָּ בְּפִיךָ׃ ס 25 כִּי תָבֹא בְּכֶרֶם
רֵעֶךָ וְאָכַלְתָּ עֲנָבִים כְּנַפְשְׁךָ שָׂבְעֶךָ וְאֶל־
כֶּלְיְךָ לֹא תִתֵּן׃ ס 26 כִּי תָבֹא בְּקָמַת
רֵעֶךָ וְקָטַפְתָּ מְלִילֹת בְּיָדֶךָ וְחֶרְמֵשׁ לֹא
תָנִיף עַל קָמַת רֵעֶךָ׃ ס **24** כִּי־
יִקַּח אִישׁ אִשָּׁה וּבְעָלָהּ וְהָיָה אִם־לֹא
תִמְצָא־חֵן בְּעֵינָיו כִּי־מָצָא בָהּ עֶרְוַת דָּבָר
וְכָתַב לָהּ סֵפֶר כְּרִיתֻת וְנָתַן בְּיָדָהּ וְשִׁלְּחָהּ
מִבֵּיתוֹ׃ 2 וְיָצְאָה מִבֵּיתוֹ וְהָלְכָה וְהָיְתָה
לְאִישׁ־אַחֵר׃ 3 וּשְׂנֵאָהּ הָאִישׁ הָאַחֲרוֹן
וְכָתַב לָהּ סֵפֶר כְּרִיתֻת וְנָתַן בְּיָדָהּ וְשִׁלְּחָהּ
מִבֵּיתוֹ אוֹ כִי יָמוּת הָאִישׁ הָאַחֲרוֹן
אֲשֶׁר־לְקָחָהּ לוֹ לְאִשָּׁה׃ 4 לֹא־יוּכַל בַּעְלָהּ
הָרִאשׁוֹן אֲשֶׁר־שִׁלְּחָהּ לָשׁוּב לְקַחְתָּהּ
לִהְיוֹת לוֹ לְאִשָּׁה אַחֲרֵי אֲשֶׁר הֻטַּמָּאָה
כִּי־תוֹעֵבָה הִוא לִפְנֵי יְהוָה וְלֹא תַחֲטִיא
אֶת־הָאָרֶץ אֲשֶׁר יְהוָה אֱלֹהֶיךָ נֹתֵן לְךָ
נַחֲלָה׃ ס 5 כִּי־יִקַּח אִישׁ אִשָּׁה
חֲדָשָׁה לֹא יֵצֵא בַּצָּבָא וְלֹא־יַעֲבֹר עָלָיו
לְכָל־דָּבָר נָקִי יִהְיֶה לְבֵיתוֹ שָׁנָה אֶחָת
וְשִׂמַּח אֶת־אִשְׁתּוֹ אֲשֶׁר־לָקָח׃ ס
6 לֹא־יַחֲבֹל רֵחַיִם וָרָכֶב כִּי־נֶפֶשׁ הוּא
חֹבֵל׃ ס 7 כִּי־יִמָּצֵא אִישׁ גֹּנֵב נֶפֶשׁ
מֵאֶחָיו מִבְּנֵי יִשְׂרָאֵל וְהִתְעַמֶּר־בּוֹ וּמְכָרוֹ
וּמֵת הַגַּנָּב הַהוּא וּבִעַרְתָּ הָרָע מִקִּרְבֶּךָ׃
8 הִשָּׁמֶר בְּנֶגַע־הַצָּרַעַת לִשְׁמֹר מְאֹד
וְלַעֲשׂוֹת כְּכֹל אֲשֶׁר־יוֹרוּ אֶתְכֶם הַכֹּהֲנִים

as I commanded them, so ye shall observe to do. [9] Remember what the LORD thy God did unto Miriam, by the way as ye came forth out of Egypt.

[10] When thou dost lend thy neighbour any manner of loan, thou shalt not go into his house to fetch his pledge. [11] Thou shalt stand without, and the man to whom thou dost lend shall bring forth the pledge without unto thee. [12] And if he be a poor man, thou shalt not sleep with his pledge; [13] thou shalt surely restore to him the pledge when the sun goeth down, that he may sleep in his garment, and bless thee; and it shall be righteousness unto thee before the LORD thy God.

[14] Thou shalt not oppress a hired servant that is poor and needy, whether he be of thy brethren, or of thy strangers that are in thy land within thy gates. [15] In the same day thou shalt give him his hire, neither shall the sun go down upon it; for he is poor, and setteth his heart upon it; lest he cry against thee unto the LORD, and it be sin in thee.

[16] The fathers shall not be put to death for the children, neither shall the children be put to death for the fathers; every man shall be put to death for his own sin.

[17] Thou shalt not pervert the justice due to the stranger, or to the fatherless; nor take the widow's raiment to pledge. [18] But thou shalt remember that thou wast a bondman in Egypt, and the LORD thy God redeemed thee thence; therefore I command thee to do this thing.

[19] When thou reapest thy harvest in thy field, and hast forgot a sheaf in the field, thou shalt not go back to fetch it; it shall be for the stranger, for the fatherless, and for the widow; that the LORD thy God may bless thee in all the work of thy hands.

[20] When thou beatest thine olive-tree, thou shalt not go over the boughs again; it shall be for the stranger, for the fatherless, and for the widow. [21] When thou gatherest the grapes of thy vineyard, thou shalt not glean it after thee; it shall be for the stranger, for the fatherless, and for the widow. [22] And thou shalt remember that thou wast a bondman in the land of Egypt; therefore I command thee to do this thing.

25 If there be a controversy between men, and they come unto judgment, and the judges judge them, by justifying the righteous,

הַלְוִיִּם כַּאֲשֶׁר צִוִּיתִם תִּשְׁמְרוּ
לַעֲשׂוֹת׃ ס 9 זָכוֹר אֵת אֲשֶׁר־עָשָׂה
יְהוָה אֱלֹהֶיךָ לְמִרְיָם בַּדֶּרֶךְ בְּצֵאתְכֶם
מִמִּצְרָיִם׃ ס 10 כִּי־תַשֶּׁה בְרֵעֲךָ
מַשַּׁאת מְאוּמָה לֹא־תָבֹא אֶל־בֵּיתוֹ לַעֲבֹט
עֲבֹטוֹ׃ 11 בַּחוּץ תַּעֲמֹד וְהָאִישׁ אֲשֶׁר אַתָּה
נֹשֶׁה בוֹ יוֹצִיא אֵלֶיךָ אֶת־הַעֲבוֹט הַחוּצָה׃
12 וְאִם־אִישׁ עָנִי הוּא לֹא תִשְׁכַּב בַּעֲבֹטוֹ׃
13 הָשֵׁב תָּשִׁיב לוֹ אֶת־הַעֲבוֹט כְּבֹא
הַשֶּׁמֶשׁ וְשָׁכַב בְּשַׂלְמָתוֹ וּבֵרְכֶךָּ וּלְךָ
תִּהְיֶה צְדָקָה לִפְנֵי יְהוָה אֱלֹהֶיךָ׃ ס
14 לֹא־תַעֲשֹׁק שָׂכִיר עָנִי וְאֶבְיוֹן מֵאַחֶיךָ
אוֹ מִגֵּרְךָ אֲשֶׁר בְּאַרְצְךָ בִּשְׁעָרֶיךָ׃ 15 בְּיוֹמוֹ
תִתֵּן שְׂכָרוֹ וְלֹא־תָבוֹא עָלָיו הַשֶּׁמֶשׁ כִּי
עָנִי הוּא וְאֵלָיו הוּא נֹשֵׂא אֶת־נַפְשׁוֹ
וְלֹא־יִקְרָא עָלֶיךָ אֶל־יְהוָה וְהָיָה בְךָ
חֵטְא׃ ס 16 לֹא־יוּמְתוּ אָבוֹת עַל־
בָּנִים וּבָנִים לֹא־יוּמְתוּ עַל־אָבוֹת אִישׁ
בְּחֶטְאוֹ יוּמָתוּ׃ ס 17 לֹא תַטֶּה מִשְׁפַּט
גֵּר יָתוֹם וְלֹא תַחֲבֹל בֶּגֶד אַלְמָנָה׃
18 וְזָכַרְתָּ כִּי עֶבֶד הָיִיתָ בְּמִצְרַיִם וַיִּפְדְּךָ
יְהוָה אֱלֹהֶיךָ מִשָּׁם עַל־כֵּן אָנֹכִי מְצַוְּךָ
לַעֲשׂוֹת אֶת־הַדָּבָר הַזֶּה׃ ס 19 כִּי
תִקְצֹר קְצִירְךָ בְשָׂדֶךָ וְשָׁכַחְתָּ עֹמֶר בַּשָּׂדֶה
לֹא תָשׁוּב לְקַחְתּוֹ לַגֵּר לַיָּתוֹם וְלָאַלְמָנָה
יִהְיֶה לְמַעַן יְבָרֶכְךָ יְהוָה אֱלֹהֶיךָ בְּכֹל
מַעֲשֵׂה יָדֶיךָ׃ 20 כִּי תַחְבֹּט זֵיתְךָ לֹא תְפָאֵר
אַחֲרֶיךָ לַגֵּר לַיָּתוֹם וְלָאַלְמָנָה יִהְיֶה׃ ס
21 כִּי תִבְצֹר כַּרְמְךָ לֹא תְעוֹלֵל אַחֲרֶיךָ
לַגֵּר לַיָּתוֹם וְלָאַלְמָנָה יִהְיֶה׃ 22 וְזָכַרְתָּ
כִּי־עֶבֶד הָיִיתָ בְּאֶרֶץ מִצְרָיִם עַל־כֵּן אָנֹכִי
מְצַוְּךָ לַעֲשׂוֹת אֶת־הַדָּבָר הַזֶּה׃ ס
25 כִּי־יִהְיֶה רִיב בֵּין אֲנָשִׁים וְנִגְּשׁוּ
אֶל־הַמִּשְׁפָּט וּשְׁפָטוּם וְהִצְדִּיקוּ אֶת־

and condemning the wicked, [2] then it shall be, if the wicked man deserve to be beaten, that the judge shall cause him to lie down, and to be beaten before his face, according to the measure of his wickedness, by number. [3] Forty stripes he may give him, he shall not exceed; lest, if he should exceed, and beat him above these with many stripes, then thy brother should be dishonoured before thine eyes.

[4] Thou shalt not muzzle the ox when he treadeth out the corn.

[5] If brethren dwell together, and one of them die, and have no child, the wife of the dead shall not be married abroad unto one not of his kin; her husband's brother shall go in unto her, and take her to him to wife, and perform the duty of a husband's brother unto her. [6] And it shall be, that the first-born that she beareth shall succeed in the name of his brother that is dead, that his name be not blotted out of Israel. [7] And if the man like not to take his brother's wife, then his brother's wife shall go up to the gate unto the elders, and say: My husband's brother refuseth to raise up unto his brother a name in Israel; he will not perform the duty of a husband's brother unto me.' [8] Then the elders of his city shall call him, and speak unto him; and if he stand, and say: 'I like not to take her'; [9] then shall his brother's wife draw nigh unto him in the presence of the elders, and loose his shoe from off his foot, and spit in his face; and she shall answer and say: 'So shall it be done unto the man that doth not build up his brother's house.' [10] And his name shall be called in Israel The house of him that had his shoe loosed.

[11] When men strive together one with another, and the wife of the one draweth near to deliver her husband out of the hand of him that smiteth him, and putteth forth her hand, and taketh him by the secrets; [12] then thou shalt cut off her hand, thine eye shall have no pity.

[13] Thou shalt not have in thy bag diverse weights, a great and a small. [14] Thou shalt not have in thy house diverse measures, a great and a small. [15] A perfect and just weight shalt thou have; a perfect and just measure shalt thou have; that thy days may be long upon the land which

הַצַּדִּיק וְהִרְשִׁיעוּ אֶת־הָרָשָׁע׃ 2 וְהָיָה
אִם־בִּן הַכּוֹת הָרָשָׁע וְהִפִּילוֹ הַשֹּׁפֵט
וְהִכָּהוּ לְפָנָיו כְּדֵי רִשְׁעָתוֹ בְּמִסְפָּר׃
3 אַרְבָּעִים יַכֶּנּוּ לֹא יֹסִיף פֶּן־יֹסִיף לְהַכֹּתוֹ
עַל־אֵלֶּה מַכָּה רַבָּה וְנִקְלָה אָחִיךָ
לְעֵינֶיךָ׃ ס 4 לֹא־תַחְסֹם שׁוֹר
בְּדִישׁוֹ׃ ס 5 כִּי־יֵשְׁבוּ אַחִים יַחְדָּו
וּמֵת אַחַד מֵהֶם וּבֵן אֵין־לוֹ לֹא־תִהְיֶה
אֵשֶׁת־הַמֵּת הַחוּצָה לְאִישׁ זָר יְבָמָהּ יָבֹא
עָלֶיהָ וּלְקָחָהּ לוֹ לְאִשָּׁה וְיִבְּמָהּ׃ 6 וְהָיָה
הַבְּכוֹר אֲשֶׁר תֵּלֵד יָקוּם עַל־שֵׁם אָחִיו
הַמֵּת וְלֹא־יִמָּחֶה שְׁמוֹ מִיִּשְׂרָאֵל׃ 7 וְאִם־
לֹא יַחְפֹּץ הָאִישׁ לָקַחַת אֶת־יְבִמְתּוֹ
וְעָלְתָה יְבִמְתּוֹ הַשַּׁעְרָה אֶל־הַזְּקֵנִים
וְאָמְרָה מֵאֵין יְבָמִי לְהָקִים לְאָחִיו שֵׁם
בְּיִשְׂרָאֵל לֹא אָבָה יַבְּמִי׃ 8 וְקָרְאוּ־לוֹ
זִקְנֵי־עִירוֹ וְדִבְּרוּ אֵלָיו וְעָמַד וְאָמַר לֹא
חָפַצְתִּי לְקַחְתָּהּ׃ 9 וְנִגְּשָׁה יְבִמְתּוֹ אֵלָיו
לְעֵינֵי הַזְּקֵנִים וְחָלְצָה נַעֲלוֹ מֵעַל רַגְלוֹ
וְיָרְקָה בְּפָנָיו וְעָנְתָה וְאָמְרָה כָּכָה יֵעָשֶׂה
לָאִישׁ אֲשֶׁר לֹא־יִבְנֶה אֶת־בֵּית אָחִיו׃
10 וְנִקְרָא שְׁמוֹ בְּיִשְׂרָאֵל בֵּית חֲלוּץ
הַנָּעַל׃ ס 11 כִּי־יִנָּצוּ אֲנָשִׁים יַחְדָּו
אִישׁ וְאָחִיו וְקָרְבָה אֵשֶׁת הָאֶחָד לְהַצִּיל
אֶת־אִישָׁהּ מִיַּד מַכֵּהוּ וְשָׁלְחָה יָדָהּ
וְהֶחֱזִיקָה בִּמְבֻשָׁיו׃ 12 וְקַצֹּתָה אֶת־כַּפָּהּ
לֹא תָחוֹס עֵינֶךָ׃ ס 13 לֹא־יִהְיֶה לְךָ
בְּכִיסְךָ אֶבֶן וָאָבֶן גְּדוֹלָה וּקְטַנָּה׃ ס
14 לֹא־יִהְיֶה לְךָ בְּבֵיתְךָ אֵיפָה וְאֵיפָה
גְּדוֹלָה וּקְטַנָּה׃ 15 אֶבֶן שְׁלֵמָה וָצֶדֶק יִהְיֶה־
לָּךְ אֵיפָה שְׁלֵמָה וָצֶדֶק יִהְיֶה־לָּךְ לְמַעַן
יַאֲרִיכוּ יָמֶיךָ עַל הָאֲדָמָה אֲשֶׁר־יְהוָה

אֱלֹהֶיךָ נֹתֵן לָךְ׃ 16 כִּי תוֹעֲבַת יְהוָה
אֱלֹהֶיךָ כָּל־עֹשֵׂה אֵלֶּה כֹּל עֹשֵׂה עָוֶל׃ פ
17 זָכוֹר אֵת אֲשֶׁר־עָשָׂה לְךָ עֲמָלֵק בַּדֶּרֶךְ
בְּצֵאתְכֶם מִמִּצְרָיִם׃ 18 אֲשֶׁר קָרְךָ בַּדֶּרֶךְ
וַיְזַנֵּב בְּךָ כָּל־הַנֶּחֱשָׁלִים אַחֲרֶיךָ וְאַתָּה
עָיֵף וְיָגֵעַ וְלֹא יָרֵא אֱלֹהִים׃ 19 וְהָיָה
בְּהָנִיחַ יְהוָה אֱלֹהֶיךָ ׀ לְךָ מִכָּל־אֹיְבֶיךָ
מִסָּבִיב בָּאָרֶץ אֲשֶׁר יְהוָה־אֱלֹהֶיךָ נֹתֵן לְךָ
נַחֲלָה לְרִשְׁתָּהּ תִּמְחֶה אֶת־זֵכֶר עֲמָלֵק
מִתַּחַת הַשָּׁמָיִם לֹא תִּשְׁכָּח׃ פ

the LORD thy God giveth thee. [16] For all that do such things, even all that do unrighteously, are an abomination unto the LORD thy God.

[17] Remember what Amalek did unto thee by the way as ye came forth out of Egypt; [18] how he met thee by the way, and smote the hindmost of thee, all that were enfeebled in thy rear, when thou wast faint and weary; and he feared not God. [19] Therefore it shall be, when the LORD thy God hath given thee rest from all thine enemies round about, in the land which the LORD thy God giveth thee for an inheritance to possess it, that thou shalt blot out the remembrance of Amalek from under heaven; thou shalt not forget.

כי תבוא

26 וְהָיָה כִּי־תָבוֹא אֶל־הָאָרֶץ אֲשֶׁר
יְהוָה אֱלֹהֶיךָ נֹתֵן לְךָ נַחֲלָה וִירִשְׁתָּהּ
וְיָשַׁבְתָּ בָּהּ׃ 2 וְלָקַחְתָּ מֵרֵאשִׁית ׀ כָּל־פְּרִי
הָאֲדָמָה אֲשֶׁר תָּבִיא מֵאַרְצְךָ אֲשֶׁר יְהוָה
אֱלֹהֶיךָ נֹתֵן לָךְ וְשַׂמְתָּ בַטֶּנֶא וְהָלַכְתָּ
אֶל־הַמָּקוֹם אֲשֶׁר יִבְחַר יְהוָה אֱלֹהֶיךָ
לְשַׁכֵּן שְׁמוֹ שָׁם׃ 3 וּבָאתָ אֶל־הַכֹּהֵן אֲשֶׁר
יִהְיֶה בַּיָּמִים הָהֵם וְאָמַרְתָּ אֵלָיו הִגַּדְתִּי
הַיּוֹם לַיהוָה אֱלֹהֶיךָ כִּי־בָאתִי אֶל־הָאָרֶץ
אֲשֶׁר נִשְׁבַּע יְהוָה לַאֲבֹתֵינוּ לָתֶת לָנוּ׃
4 וְלָקַח הַכֹּהֵן הַטֶּנֶא מִיָּדֶךָ וְהִנִּיחוֹ לִפְנֵי
מִזְבַּח יְהוָה אֱלֹהֶיךָ׃ 5 וְעָנִיתָ וְאָמַרְתָּ
לִפְנֵי ׀ יְהוָה אֱלֹהֶיךָ אֲרַמִּי אֹבֵד אָבִי וַיֵּרֶד
מִצְרַיְמָה וַיָּגָר שָׁם בִּמְתֵי מְעָט וַיְהִי־שָׁם
לְגוֹי גָּדוֹל עָצוּם וָרָב׃ 6 וַיָּרֵעוּ אֹתָנוּ
הַמִּצְרִים וַיְעַנּוּנוּ וַיִּתְּנוּ עָלֵינוּ עֲבֹדָה
קָשָׁה׃ 7 וַנִּצְעַק אֶל־יְהוָה אֱלֹהֵי אֲבֹתֵינוּ
וַיִּשְׁמַע יְהוָה אֶת־קֹלֵנוּ וַיַּרְא אֶת־עָנְיֵנוּ
וְאֶת־עֲמָלֵנוּ וְאֶת־לַחֲצֵנוּ׃ 8 וַיּוֹצִאֵנוּ יְהוָה
מִמִּצְרַיִם בְּיָד חֲזָקָה וּבִזְרֹעַ נְטוּיָה וּבְמֹרָא
גָּדֹל וּבְאֹתוֹת וּבְמֹפְתִים׃ 9 וַיְבִאֵנוּ אֶל־

KI TAVO'

26 And it shall be, when thou art come in unto the land which the LORD thy God giveth thee for an inheritance, and dost possess it, and dwell therein; [2] that thou shalt take of the first of all the fruit of the ground, which thou shalt bring in from thy land that the LORD thy God giveth thee; and thou shalt put it in a basket, and shalt go unto the place which the LORD thy God shall choose to cause His name to dwell there. [3] And thou shalt come unto the priest that shall be in those days, and say unto him. 'I profess this day unto the LORD thy God, that I am come unto the land which the LORD swore unto our fathers to give us.' [4] And the priest shall take the basket out of thy hand, and set it down before the altar of the LORD thy God. [5] And thou shalt speak and say before the LORD thy God: 'A wandering Aramean was my father, and he went down into Egypt, and sojourned there, few in number; and he became there a nation, great, mighty, and populous. [6] And the Egyptians dealt ill with us, and afflicted us, and laid upon us hard bondage [7] And we cried unto the LORD, the God of our fathers, and the LORD heard our voice, and saw our affliction, and our toil, and our oppression. [8] And the LORD brought us forth out of Egypt with a mighty hand, and with an outstretched arm, and with great terribleness, and with signs, and with wonders. [9] And He hath brought us into this place, and hath given

us this land, a land flowing with milk and honey. [10] And now, behold, I have brought the first of the fruit of the land, which Thou, O LORD, hast given me.' And thou shalt set it down before the LORD thy God, and worship before the LORD thy God. [11] And thou shalt rejoice in all the good which the LORD thy God hath given unto thee, and unto thy house, thou, and the Levite, and the stranger that is in the midst of thee.

[12] When thou hast made an end of tithing all the tithe of thine increase in the third year, which is the year of tithing, and hast given it unto the Levite, to the stranger, to the fatherless, and to the widow, that they may eat within thy gates, and be satisfied, [13] then thou shalt say before the LORD thy God: 'I have put away the hallowed things out of my house, and also have given them unto the Levite, and unto the stranger, to the fatherless, and to the widow, according to all Thy commandment which Thou hast commanded me; I have not transgressed any of Thy commandments, neither have I forgotten them. [14] I have not eaten thereof in my mourning, neither have I put away thereof, being unclean, nor given thereof for the dead; I have hearkened to the voice of the LORD my God, I have done according to all that Thou hast commanded me. [15] Look forth from Thy holy habitation, from heaven, and bless Thy people Israel, and the land which Thou hast given us, as Thou didst swear unto our fathers, a land flowing with milk and honey.'

[16] This day the LORD thy God commandeth thee to do these statutes and ordinances; thou shalt therefore observe and do them with all thy heart, and with all thy soul. [17] Thou hast avouched the LORD this day to be thy God, and that thou wouldest walk in His ways, and keep His statutes, and His commandments, and His ordinances, and hearken unto His voice. [18] And the LORD hath avouched thee this day to be His own treasure, as He hath promised thee, and that thou shouldest keep all His commandments; [19] and to make thee high above all nations that He hath made, in praise, and in name, and in glory; and that thou mayest be a holy people unto the LORD thy God, as He hath spoken.

הַמָּקוֹם הַזֶּה וַיִּתֶּן־לָנוּ אֶת־הָאָרֶץ הַזֹּאת
אֶרֶץ זָבַת חָלָב וּדְבָשׁ׃ 10 וְעַתָּה הִנֵּה
הֵבֵאתִי אֶת־רֵאשִׁית פְּרִי הָאֲדָמָה אֲשֶׁר־
נָתַתָּה לִּי יְהוָה וְהִנַּחְתּוֹ לִפְנֵי יְהוָה
אֱלֹהֶיךָ וְהִשְׁתַּחֲוִיתָ לִפְנֵי יְהוָה אֱלֹהֶיךָ׃
11 וְשָׂמַחְתָּ בְכָל־הַטּוֹב אֲשֶׁר נָתַן־לְךָ יְהוָה
אֱלֹהֶיךָ וּלְבֵיתֶךָ אַתָּה וְהַלֵּוִי וְהַגֵּר אֲשֶׁר
בְּקִרְבֶּךָ׃ ס 12 כִּי תְכַלֶּה לַעְשֵׂר
אֶת־כָּל־מַעְשַׂר תְּבוּאָתְךָ בַּשָּׁנָה הַשְּׁלִישִׁת
שְׁנַת הַמַּעֲשֵׂר וְנָתַתָּה לַלֵּוִי לַגֵּר לַיָּתוֹם
וְלָאַלְמָנָה וְאָכְלוּ בִשְׁעָרֶיךָ וְשָׂבֵעוּ׃
13 וְאָמַרְתָּ לִפְנֵי יְהוָה אֱלֹהֶיךָ בִּעַרְתִּי
הַקֹּדֶשׁ מִן־הַבַּיִת וְגַם נְתַתִּיו לַלֵּוִי וְלַגֵּר
לַיָּתוֹם וְלָאַלְמָנָה כְּכָל־מִצְוָתְךָ אֲשֶׁר
צִוִּיתָנִי לֹא־עָבַרְתִּי מִמִּצְוֺתֶיךָ וְלֹא
שָׁכָחְתִּי׃ 14 לֹא־אָכַלְתִּי בְאֹנִי מִמֶּנּוּ וְלֹא־
בִעַרְתִּי מִמֶּנּוּ בְּטָמֵא וְלֹא־נָתַתִּי מִמֶּנּוּ
לְמֵת שָׁמַעְתִּי בְּקוֹל יְהוָה אֱלֹהָי עָשִׂיתִי
כְּכֹל אֲשֶׁר צִוִּיתָנִי׃ 15 הַשְׁקִיפָה מִמְּעוֹן
קָדְשְׁךָ מִן־הַשָּׁמַיִם וּבָרֵךְ אֶת־עַמְּךָ אֶת־
יִשְׂרָאֵל וְאֵת הָאֲדָמָה אֲשֶׁר נָתַתָּה לָנוּ
כַּאֲשֶׁר נִשְׁבַּעְתָּ לַאֲבֹתֵינוּ אֶרֶץ זָבַת חָלָב
וּדְבָשׁ׃ ס 16 הַיּוֹם הַזֶּה יְהוָה אֱלֹהֶיךָ
מְצַוְּךָ לַעֲשׂוֹת אֶת־הַחֻקִּים הָאֵלֶּה וְאֶת־
הַמִּשְׁפָּטִים וְשָׁמַרְתָּ וְעָשִׂיתָ אוֹתָם בְּכָל־
לְבָבְךָ וּבְכָל־נַפְשֶׁךָ׃ 17 אֶת־יְהוָה הֶאֱמַרְתָּ
הַיּוֹם לִהְיוֹת לְךָ לֵאלֹהִים וְלָלֶכֶת בִּדְרָכָיו
וְלִשְׁמֹר חֻקָּיו וּמִצְוֺתָיו וּמִשְׁפָּטָיו וְלִשְׁמֹעַ
בְּקֹלוֹ׃ 18 וַיהוָה הֶאֱמִירְךָ הַיּוֹם לִהְיוֹת לוֹ
לְעַם סְגֻלָּה כַּאֲשֶׁר דִּבֶּר־לָךְ וְלִשְׁמֹר כָּל־
מִצְוֺתָיו׃ 19 וּלְתִתְּךָ עֶלְיוֹן עַל כָּל־הַגּוֹיִם
אֲשֶׁר עָשָׂה לִתְהִלָּה וּלְשֵׁם וּלְתִפְאָרֶת
וְלִהְיֹתְךָ עַם־קָדֹשׁ לַיהוָה אֱלֹהֶיךָ כַּאֲשֶׁר

27 And Moses and the elders of Israel commanded the people, saying: 'Keep all the commandment which I command you this day. [2] And it shall be on the day when ye shall pass over the Jordan unto the land which the LORD thy God giveth thee, that thou shalt set thee up great stones, and plaster them with plaster. [3] And thou shalt write upon them all the words of this law, when thou art passed over; that thou mayest go in unto the land which the LORD thy God giveth thee, a land flowing with milk and honey, as the LORD, the God of thy fathers, hath promised thee. [4] And it shall be when ye are passed over the Jordan, that ye shall set up these stones, which I command you this day, in mount Ebal, and thou shalt plaster them with plaster. [5] And there shalt thou build an altar unto the LORD thy God, an altar of stones; thou shalt lift up no iron tool upon them. [6] Thou shalt build the altar of the LORD thy God of unhewn stones; and thou shalt offer burnt-offerings thereon unto the LORD thy God. [7] And thou shalt sacrifice peace-offerings, and shalt eat there; and thou shalt rejoice before the LORD thy God. [8] And thou shalt write upon the stones all the words of this law very plainly.'

[9] And Moses and the priests the Levites spoke unto all Israel, saying: 'Keep silence, and hear, O Israel; this day thou art become a people unto the LORD thy God. [10] Thou shalt therefore hearken to the voice of the LORD thy God, and do His commandments and His statutes, which I command thee this day.'

[11] And Moses charged the people the same day, saying: [12] 'These shall stand upon mount Gerizim to bless the people, when ye are passed over the Jordan: Simeon, and Levi, and Judah, and Issachar, and Joseph, and Benjamin; [13] and these shall stand upon mount Ebal for the curse: Reuben, Gad, and Asher, and Zebulun, Dan, and Naphtali. [14] And the Levites shall speak, and say unto all the men of Israel with a loud voice:

דִּבֵּר׃ ס **27** וַיְצַו מֹשֶׁה וְזִקְנֵי
יִשְׂרָאֵל אֶת־הָעָם לֵאמֹר שָׁמֹר אֶת־כָּל־
הַמִּצְוָה אֲשֶׁר אָנֹכִי מְצַוֶּה אֶתְכֶם הַיּוֹם׃
2 וְהָיָה בַּיּוֹם אֲשֶׁר תַּעַבְרוּ אֶת־הַיַּרְדֵּן
אֶל־הָאָרֶץ אֲשֶׁר־יְהוָה אֱלֹהֶיךָ נֹתֵן לָךְ
וַהֲקֵמֹתָ לְךָ אֲבָנִים גְּדֹלוֹת וְשַׂדְתָּ אֹתָם
בַּשִּׂיד׃ 3 וְכָתַבְתָּ עֲלֵיהֶן אֶת־כָּל־דִּבְרֵי
הַתּוֹרָה הַזֹּאת בְּעָבְרֶךָ לְמַעַן אֲשֶׁר תָּבֹא
אֶל־הָאָרֶץ אֲשֶׁר־יְהוָה אֱלֹהֶיךָ | נֹתֵן לְךָ
אֶרֶץ זָבַת חָלָב וּדְבַשׁ כַּאֲשֶׁר דִּבֶּר יְהוָה
אֱלֹהֵי־אֲבֹתֶיךָ לָךְ׃ 4 וְהָיָה בְּעָבְרְכֶם אֶת־
הַיַּרְדֵּן תָּקִימוּ אֶת־הָאֲבָנִים הָאֵלֶּה אֲשֶׁר
אָנֹכִי מְצַוֶּה אֶתְכֶם הַיּוֹם בְּהַר עֵיבָל
וְשַׂדְתָּ אוֹתָם בַּשִּׂיד׃ 5 וּבָנִיתָ שָּׁם מִזְבֵּחַ
לַיהוָה אֱלֹהֶיךָ מִזְבַּח אֲבָנִים לֹא־תָנִיף
עֲלֵיהֶם בַּרְזֶל׃ 6 אֲבָנִים שְׁלֵמוֹת תִּבְנֶה
אֶת־מִזְבַּח יְהוָה אֱלֹהֶיךָ וְהַעֲלִיתָ עָלָיו
עוֹלֹת לַיהוָה אֱלֹהֶיךָ׃ 7 וְזָבַחְתָּ שְׁלָמִים
וְאָכַלְתָּ שָּׁם וְשָׂמַחְתָּ לִפְנֵי יְהוָה אֱלֹהֶיךָ׃
8 וְכָתַבְתָּ עַל־הָאֲבָנִים אֶת־כָּל־דִּבְרֵי
הַתּוֹרָה הַזֹּאת בַּאֵר הֵיטֵב׃ ס
9 וַיְדַבֵּר מֹשֶׁה וְהַכֹּהֲנִים הַלְוִיִּם אֶל
כָּל־יִשְׂרָאֵל לֵאמֹר הַסְכֵּת | וּשְׁמַע יִשְׂרָאֵל
הַיּוֹם הַזֶּה נִהְיֵיתָ לְעָם לַיהוָה אֱלֹהֶיךָ׃
10 וְשָׁמַעְתָּ בְּקוֹל יְהוָה אֱלֹהֶיךָ וְעָשִׂיתָ
אֶת־מצותו מִצְוֹתָיו וְאֶת־חֻקָּיו אֲשֶׁר אָנֹכִי
מְצַוְּךָ הַיּוֹם׃ ס 11 וַיְצַו מֹשֶׁה אֶת־
הָעָם בַּיּוֹם הַהוּא לֵאמֹר׃ 12 אֵלֶּה יַעַמְדוּ
לְבָרֵךְ אֶת־הָעָם עַל־הַר גְּרִזִּים בְּעָבְרְכֶם
אֶת־הַיַּרְדֵּן שִׁמְעוֹן וְלֵוִי וִיהוּדָה וְיִשָּׂשכָר
וְיוֹסֵף וּבִנְיָמִן׃ 13 וְאֵלֶּה יַעַמְדוּ עַל־הַקְּלָלָה
בְּהַר עֵיבָל רְאוּבֵן גָּד וְאָשֵׁר וּזְבוּלֻן דָּן
וְנַפְתָּלִי׃ 14 וְעָנוּ הַלְוִיִּם וְאָמְרוּ אֶל־כָּל־

[15] Cursed be the man that maketh a graven or molten image, an abomination unto the LORD, the work of the hands of the craftsman, and setteth it up in secret. And all the people shall answer and say: Amen.

[16] Cursed be he that dishonoureth his father or his mother. And all the people shall say: Amen.

[17] Cursed be he that removeth his neighbour's landmark. And all the people shall say: Amen.

[18] Cursed be he that maketh the blind to go astray in the way. And all the people shall say: Amen.

[19] Cursed be he that perverteth the justice due to the stranger, fatherless, and widow. And all the people shall say: Amen.

[20] Cursed be he that lieth with his father's wife; because he hath uncovered his father's skirt. And all the people shall say: Amen.

[21] Cursed be he that lieth with any manner of beast. And all the people shall say: Amen.

[22] Cursed be he that lieth with his sister, the daughter of his father, or the daughter of his mother. And all the people shall say: Amen.

[23] Cursed be he that lieth with his mother-in-law. And all the people shall say: Amen.

[24] Cursed be he that smiteth his neighbour in secret. And all the people shall say: Amen.

[25] Cursed be he that taketh a bribe to slay an innocent person. And all the people shall say: Amen.

[26] Cursed be he that confirmeth not the words of this law to do them. And all the people shall say: Amen.'

28 And it shall come to pass, if thou shalt hearken diligently unto the voice of the LORD thy God, to observe to do all His commandments which I command thee this day, that the LORD thy God will set thee on high above all the nations of the earth. [2] And all these blessings shall come upon thee, and overtake thee, if thou shalt hearken unto the voice of the LORD thy God. [3] Blessed shalt thou be in the city, and blessed shalt thou be in the field. [4] Blessed shall be the fruit of thy body, and the fruit of thy land, and the fruit of thy cattle, the increase of thy kine, and the young of thy flock. [5] Blessed shall be thy basket and thy kneading-trough. [6] Blessed shalt thou be when thou comest in, and blessed

אִישׁ יִשְׂרָאֵל קוֹל רָם׃ ס 15 אָרוּר
הָאִישׁ אֲשֶׁר יַעֲשֶׂה פֶסֶל וּמַסֵּכָה תּוֹעֲבַת
יְהוָה מַעֲשֵׂה יְדֵי חָרָשׁ וְשָׂם בַּסָּתֶר וְעָנוּ
כָל־הָעָם וְאָמְרוּ אָמֵן׃ ס 16 אָרוּר
מַקְלֶה אָבִיו וְאִמּוֹ וְאָמַר כָּל־הָעָם
אָמֵן׃ ס 17 אָרוּר מַסִּיג גְּבוּל רֵעֵהוּ
וְאָמַר כָּל־הָעָם אָמֵן׃ ס 18 אָרוּר
מַשְׁגֶּה עִוֵּר בַּדָּרֶךְ וְאָמַר כָּל־הָעָם
אָמֵן׃ ס 19 אָרוּר מַטֶּה מִשְׁפַּט גֵּר־
יָתוֹם וְאַלְמָנָה וְאָמַר כָּל־הָעָם אָמֵן׃ ס
20 אָרוּר שֹׁכֵב עִם־אֵשֶׁת אָבִיו כִּי גִלָּה
כְּנַף אָבִיו וְאָמַר כָּל־הָעָם אָמֵן׃ ס
21 אָרוּר שֹׁכֵב עִם־כָּל־בְּהֵמָה וְאָמַר
כָּל־הָעָם אָמֵן׃ ס 22 אָרוּר שֹׁכֵב
עִם־אֲחֹתוֹ בַּת־אָבִיו אוֹ בַת־אִמּוֹ וְאָמַר
כָּל־הָעָם אָמֵן׃ ס 23 אָרוּר שֹׁכֵב
עִם־חֹתַנְתּוֹ וְאָמַר כָּל־הָעָם אָמֵן׃ ס
24 אָרוּר מַכֵּה רֵעֵהוּ בַּסָּתֶר וְאָמַר כָּל־
הָעָם אָמֵן׃ ס 25 אָרוּר לֹקֵחַ שֹׁחַד
לְהַכּוֹת נֶפֶשׁ דָּם נָקִי וְאָמַר כָּל־הָעָם
אָמֵן׃ ס 26 אָרוּר אֲשֶׁר לֹא־יָקִים
אֶת־דִּבְרֵי הַתּוֹרָה־הַזֹּאת לַעֲשׂוֹת אוֹתָם
וְאָמַר כָּל־הָעָם אָמֵן׃ פ
28 וְהָיָה אִם־שָׁמוֹעַ תִּשְׁמַע בְּקוֹל
יְהוָה אֱלֹהֶיךָ לִשְׁמֹר לַעֲשׂוֹת אֶת־כָּל־
מִצְוֹתָיו אֲשֶׁר אָנֹכִי מְצַוְּךָ הַיּוֹם וּנְתָנְךָ
יְהוָה אֱלֹהֶיךָ עֶלְיוֹן עַל כָּל־גּוֹיֵי הָאָרֶץ׃
2 וּבָאוּ עָלֶיךָ כָּל־הַבְּרָכוֹת הָאֵלֶּה וְהִשִּׂיגֻךָ
כִּי תִשְׁמַע בְּקוֹל יְהוָה אֱלֹהֶיךָ׃ 3 בָּרוּךְ
אַתָּה בָּעִיר וּבָרוּךְ אַתָּה בַּשָּׂדֶה׃ 4 בָּרוּךְ
פְּרִי־בִטְנְךָ וּפְרִי אַדְמָתְךָ וּפְרִי בְהֶמְתֶּךָ
שְׁגַר אֲלָפֶיךָ וְעַשְׁתְּרוֹת צֹאנֶךָ׃ 5 בָּרוּךְ
טַנְאֲךָ וּמִשְׁאַרְתֶּךָ׃ 6 בָּרוּךְ אַתָּה בְּבֹאֶךָ

shalt thou be when thou goest out. [7] The LORD will cause thine enemies that rise up against thee to be smitten before thee; they shall come out against thee one way, and shall flee before thee seven ways. [8] The LORD will command the blessing with thee in thy barns, and in all that thou puttest thy hand unto; and He will bless thee in the land which the LORD thy God giveth thee. [9] The LORD will establish thee for a holy people unto Himself, as He hath sworn unto thee; if thou shalt keep the commandments of the LORD thy God, and walk in His ways. [10] And all the peoples of the earth shall see that the name of the LORD is called upon thee; and they shall be afraid of thee. [11] And the LORD will make thee overabundant for good, in the fruit of thy body, and in the fruit of thy cattle, and in the fruit of thy land, in the land which the LORD swore unto thy fathers to give thee. [12] The LORD will open unto thee His good treasure the heaven to give the rain of thy land in its season, and to bless all the work of thy hand; and thou shalt lend unto many nations, but thou shalt not borrow. [13] And the LORD will make thee the head, and not the tail; and thou shalt be above only, and thou shalt not be beneath if thou shalt hearken unto the commandments of the LORD thy God, which I command thee this day, to observe and to do them; [14] and shalt not turn aside from any of the words which I command you this day, to the right hand, or to the left, to go after other gods to serve them.

[15] But it shall come to pass, if thou wilt not hearken unto the voice of the LORD thy God, to observe to do all His commandments and His statutes which I command thee this day; that all these curses shall come upon thee, and overtake thee. [16] Cursed shalt thou be in the city, and cursed shalt thou be in the field. [17] Cursed shall be thy basket and thy kneading-trough. [18] Cursed shall be the fruit of thy body, and the fruit of thy land, the increase of thy kine, and the young of thy flock. [19] Cursed shalt thou be when thou comest in, and cursed shalt thou be when thou goest out. [20] The LORD will send upon thee cursing, discomfiture, and rebuke, in all that thou puttest thy hand unto to do, until thou be destroyed, and until thou perish quickly;

וּבָרוּךְ אַתָּה בְּצֵאתֶךָ׃ 7 יִתֵּן יְהוָה אֶת־
אֹיְבֶיךָ הַקָּמִים עָלֶיךָ נִגָּפִים לְפָנֶיךָ בְּדֶרֶךְ
אֶחָד יֵצְאוּ אֵלֶיךָ וּבְשִׁבְעָה דְרָכִים יָנוּסוּ
לְפָנֶיךָ׃ 8 יְצַו יְהוָה אִתְּךָ אֶת־הַבְּרָכָה
בַּאֲסָמֶיךָ וּבְכֹל מִשְׁלַח יָדֶךָ וּבֵרַכְךָ בָּאָרֶץ
אֲשֶׁר־יְהוָה אֱלֹהֶיךָ נֹתֵן לָךְ׃ 9 יְקִימְךָ יְהוָה
לוֹ לְעַם קָדוֹשׁ כַּאֲשֶׁר נִשְׁבַּע־לָךְ כִּי תִשְׁמֹר
אֶת־מִצְוֺת יְהוָה אֱלֹהֶיךָ וְהָלַכְתָּ בִּדְרָכָיו׃
10 וְרָאוּ כָּל־עַמֵּי הָאָרֶץ כִּי שֵׁם יְהוָה נִקְרָא
עָלֶיךָ וְיָרְאוּ מִמֶּךָּ׃ 11 וְהוֹתִרְךָ יְהוָה
לְטוֹבָה בִּפְרִי בִטְנְךָ וּבִפְרִי בְהֶמְתְּךָ וּבִפְרִי
אַדְמָתֶךָ עַל הָאֲדָמָה אֲשֶׁר נִשְׁבַּע יְהוָה
לַאֲבֹתֶיךָ לָתֶת לָךְ׃ 12 יִפְתַּח יְהוָה ׀ לְךָ
אֶת־אוֹצָרוֹ הַטּוֹב אֶת־הַשָּׁמַיִם לָתֵת
מְטַר־אַרְצְךָ בְּעִתּוֹ וּלְבָרֵךְ אֵת כָּל־מַעֲשֵׂה
יָדֶךָ וְהִלְוִיתָ גּוֹיִם רַבִּים וְאַתָּה לֹא תִלְוֶה׃
13 וּנְתָנְךָ יְהוָה לְרֹאשׁ וְלֹא לְזָנָב וְהָיִיתָ
רַק לְמַעְלָה וְלֹא תִהְיֶה לְמָטָּה כִּי־תִשְׁמַע
אֶל־מִצְוֺת ׀ יְהוָה אֱלֹהֶיךָ אֲשֶׁר אָנֹכִי מְצַוְּךָ
הַיּוֹם לִשְׁמֹר וְלַעֲשׂוֹת׃ 14 וְלֹא תָסוּר
מִכָּל־הַדְּבָרִים אֲשֶׁר אָנֹכִי מְצַוֶּה אֶתְכֶם
הַיּוֹם יָמִין וּשְׂמֹאול לָלֶכֶת אַחֲרֵי אֱלֹהִים
אֲחֵרִים לְעָבְדָם׃ ס 15 וְהָיָה אִם־לֹא
תִשְׁמַע בְּקוֹל יְהוָה אֱלֹהֶיךָ לִשְׁמֹר לַעֲשׂוֹת
אֶת־כָּל־מִצְוֺתָיו וְחֻקֹּתָיו אֲשֶׁר אָנֹכִי מְצַוְּךָ
הַיּוֹם וּבָאוּ עָלֶיךָ כָּל־הַקְּלָלוֹת הָאֵלֶּה
וְהִשִּׂיגוּךָ׃ 16 אָרוּר אַתָּה בָּעִיר וְאָרוּר
אַתָּה בַּשָּׂדֶה׃ 17 אָרוּר טַנְאֲךָ וּמִשְׁאַרְתֶּךָ׃
18 אָרוּר פְּרִי־בִטְנְךָ וּפְרִי אַדְמָתֶךָ שְׁגַר
אֲלָפֶיךָ וְעַשְׁתְּרוֹת צֹאנֶךָ׃ 19 אָרוּר אַתָּה
בְּבֹאֶךָ וְאָרוּר אַתָּה בְּצֵאתֶךָ׃ 20 יְשַׁלַּח
יְהוָה ׀ בְּךָ אֶת־הַמְּאֵרָה אֶת־הַמְּהוּמָה
וְאֶת־הַמִּגְעֶרֶת בְּכָל־מִשְׁלַח יָדְךָ אֲשֶׁר

תַּעֲשֶׂ֑ה עַ֣ד הִשָּֽׁמֶדְךָ֞ וְעַד־אֲבָדְךָ֙ מַהֵ֔ר מִפְּנֵ֛י
רֹ֥עַ מַֽעֲלָלֶ֖יךָ אֲשֶׁ֥ר עֲזַבְתָּֽנִי׃ 21 יַדְבֵּ֧ק יְהוָ֛ה
בְּךָ֖ אֶת־הַדָּ֑בֶר עַ֚ד כַּלֹּת֣וֹ אֹֽתְךָ֔ מֵעַל֙
הָֽאֲדָמָ֔ה אֲשֶׁר־אַתָּ֥ה בָא־שָׁ֖מָּה לְרִשְׁתָּֽהּ׃
22 יַכְּכָ֣ה יְ֠הוָה בַּשַּׁחֶ֨פֶת וּבַקַּדַּ֜חַת וּבַדַּלֶּ֗קֶת
וּבַֽחַרְחֻר֙ וּבַחֶ֔רֶב וּבַשִּׁדָּפ֖וֹן וּבַיֵּרָק֑וֹן
וּרְדָפ֖וּךָ עַ֥ד אָבְדֶֽךָ׃ 23 וְהָי֥וּ שָׁמֶ֛יךָ אֲשֶׁ֥ר
עַל־רֹאשְׁךָ֖ נְחֹ֑שֶׁת וְהָאָ֥רֶץ אֲשֶׁר־תַּחְתֶּ֖יךָ
בַּרְזֶֽל׃ 24 יִתֵּ֧ן יְהוָ֛ה אֶת־מְטַ֥ר אַרְצְךָ֖ אָבָ֣ק
וְעָפָ֑ר מִן־הַשָּׁמַ֙יִם֙ יֵרֵ֣ד עָלֶ֔יךָ עַ֖ד הִשָּׁמְדָֽךְ׃
25 יִתֶּנְךָ֨ יְהוָ֥ה ׀ נִגָּף֮ לִפְנֵ֣י אֹיְבֶ֒יךָ֒ בְּדֶ֤רֶךְ
אֶחָד֙ תֵּצֵ֣א אֵלָ֔יו וּבְשִׁבְעָ֥ה דְרָכִ֖ים תָּנ֣וּס
לְפָנָ֑יו וְהָיִ֣יתָ לְזַעֲוָ֔ה לְכֹ֖ל מַמְלְכ֥וֹת
הָאָֽרֶץ׃ 26 וְהָיְתָ֤ה נִבְלָֽתְךָ֙ לְמַאֲכָ֔ל לְכָל־
ע֥וֹף הַשָּׁמַ֖יִם וּלְבֶהֱמַ֣ת הָאָ֑רֶץ וְאֵ֖ין
מַחֲרִֽיד׃ 27 יַכְּכָ֨ה יְהוָ֜ה בִּשְׁחִ֤ין מִצְרַ֙יִם֙
ובעפלים וּבַטְּחֹרִ֔ים וּבַגָּרָ֖ב וּבֶחָ֑רֶס אֲשֶׁ֥ר
לֹא־תוּכַ֖ל לְהֵרָפֵֽא׃ 28 יַכְּכָ֣ה יְהוָ֔ה בְּשִׁגָּע֖וֹן
וּבְעִוָּר֑וֹן וּבְתִמְה֖וֹן לֵבָֽב׃ 29 וְהָיִ֜יתָ מְמַשֵּׁ֣שׁ
בַּֽצָּהֳרַ֗יִם כַּאֲשֶׁ֨ר יְמַשֵּׁ֤שׁ הָֽעִוֵּר֙ בָּאֲפֵלָ֔ה
וְלֹ֥א תַצְלִ֖יחַ אֶת־דְּרָכֶ֑יךָ וְהָיִ֨יתָ אַ֜ךְ עָשׁ֧וּק
וְגָז֛וּל כָּל־הַיָּמִ֖ים וְאֵ֥ין מוֹשִֽׁיעַ׃ 30 אִשָּׁ֣ה
תְאָרֵ֗שׂ וְאִ֤ישׁ אַחֵר֙ ישגלנה יִשְׁכָּבֶ֔נָּה בַּ֥יִת
תִּבְנֶ֖ה וְלֹא־תֵשֵׁ֣ב בּ֑וֹ כֶּ֥רֶם תִּטַּ֖ע וְלֹ֥א
תְחַלְּלֶֽנּוּ׃ 31 שֽׁוֹרְךָ֞ טָב֣וּחַ לְעֵינֶ֗יךָ וְלֹ֣א
תֹאכַל֮ מִמֶּנּוּ֒ חֲמֹֽרְךָ֙ גָּז֣וּל מִלְּפָנֶ֔יךָ וְלֹ֥א
יָשׁ֖וּב לָ֑ךְ צֹֽאנְךָ֙ נְתֻנ֣וֹת לְאֹיְבֶ֔יךָ וְאֵ֥ין לְךָ֖
מוֹשִֽׁיעַ׃ 32 בָּנֶ֨יךָ וּבְנֹתֶ֜יךָ נְתֻנִ֨ים לְעַ֤ם אַחֵר֙
וְעֵינֶ֣יךָ רֹא֔וֹת וְכָל֥וֹת אֲלֵיהֶ֖ם כָּל־הַיּ֑וֹם
וְאֵ֥ין לְאֵ֖ל יָדֶֽךָ׃ 33 פְּרִ֤י אַדְמָֽתְךָ֙ וְכָל־יְגִ֣יעֲךָ֔
יֹאכַ֥ל עַ֖ם אֲשֶׁ֣ר לֹא־יָדָ֑עְתָּ וְהָיִ֗יתָ רַ֛ק
עָשׁ֥וּק וְרָצ֖וּץ כָּל־הַיָּמִֽים׃ 34 וְהָיִ֖יתָ מְשֻׁגָּ֑ע
מִמַּרְאֵ֥ה עֵינֶ֖יךָ אֲשֶׁ֥ר תִּרְאֶֽה׃ 35 יַכְּכָ֨ה

because of the evil of thy doings, whereby thou hast forsaken Me. [21] The LORD will make the pestilence cleave unto thee, until He have consumed thee from off the land, whither thou goest in to possess it. [22] The LORD will smite thee with consumption, and with fever, and with inflammation, and with fiery heat, and with drought, and with blasting, and with mildew; and they shall pursue thee until thou perish. [23] And thy heaven that is over thy head shall be brass, and the earth that is under thee shall be iron. [24] The LORD will make the rain of thy land powder and dust; from heaven shall it come down upon thee, until thou be destroyed. [25] The LORD will cause thee to be smitten before thine enemies; thou shalt go out one way against them, and shalt flee seven ways before them; and thou shalt be a horror unto all the kingdoms of the earth. [26] And thy carcasses shall be food unto all fowls of the air, and unto the beasts of the earth, and there shall be none to frighten them away.

[27] The LORD will smite thee with the boil of Egypt, and with the emerods, and with the scab, and with the itch, whereof thou canst not be healed. [28] The LORD will smite thee with madness, and with blindness, and with astonishment of heart. [29] And thou shalt grope at noonday, as the blind gropeth in darkness, and thou shalt not make thy ways prosperous; and thou shalt be only oppressed and robbed alway, and there shall be none to save thee. [30] Thou shalt betroth a wife, and another man shall lie with her; thou shalt build a house, and thou shalt not dwell therein; thou shalt plant a vineyard, and shalt not use the fruit thereof. [31] Thine ox shall be slain before thine eyes, and thou shalt not eat thereof; thine ass shall be violently taken away from before thy face, and shall not be restored to thee; thy sheep shall be given unto thine enemies; and thou shalt have none to save thee. [32] Thy sons and thy daughters shall be given unto another people, and thine eyes shall look, and fail with longing for them all the day; and there shall be nought in the power of thy hand. [33] The fruit of thy land, and all thy labours, shall a nation which thou knowest not eat up; and thou shalt be only oppressed and crushed alway; [34] so that thou shalt be mad for the sight of thine eyes which thou shalt see. [35] The LORD will smite thee in the knees, and

in the legs, with a sore boil, whereof thou canst not be healed, from the sole of thy foot unto the crown of thy head. [36] The LORD will bring thee, and thy king whom thou shalt set over thee, unto a nation that thou hast not known, thou nor thy fathers; and there shalt thou serve other gods, wood and stone. [37] And thou shalt become an astonishment, a proverb, and a byword, among all the peoples whither the LORD shall lead thee away.

[38] Thou shalt carry much seed out into the field, and shalt gather little in; for the locust shall consume it. [39] Thou shalt plant vineyards and dress them, but thou shalt neither drink of the wine, nor gather the grapes; for the worm shall eat them. [40] Thou shalt have olive-trees throughout all thy borders, but thou shalt not anoint thyself with the oil; for thine olives shall drop off. [41] Thou shalt beget sons and daughters, but they shall not be thine; for they shall go into captivity. [42] All thy trees and the fruit of thy land shall the locust possess.

[43] The stranger that is in the midst of thee shall mount up above thee higher and higher; and thou shalt come down lower and lower. [44] He shall lend to thee, and thou shalt not lend to him; he shall be the head, and thou shalt be the tail. [45] And all these curses shall come upon thee, and shall pursue thee, and overtake thee, till thou be destroyed; because thou didst not hearken unto the voice of the LORD thy God, to keep His commandments and His statutes which He commanded thee. [46] And they shall be upon thee for a sign and for a wonder, and upon thy seed for ever; [47] because thou didst not serve the LORD thy God with joyfulness, and with gladness of heart, by reason of the abundance of all things; [48] therefore shalt thou serve thine enemy whom the LORD shall send against thee, in hunger, and in thirst, and in nakedness, and in want of all things; and he shall put a yoke of iron upon thy neck, until he have destroyed thee.

[49] The LORD will bring a nation against thee from far, from the end of the earth, as the vulture swoopeth down; a nation whose tongue thou shalt not understand; [50] a nation of fierce countenance, that shall not regard the person of the old, nor show favour to the young. [51] And he shall eat the fruit of thy cattle, and the fruit

יְהֹוָה בִּשְׁחִין רָע עַל־הַבִּרְכַּיִם וְעַל־
הַשֹּׁקַיִם אֲשֶׁר לֹא־תוּכַל לְהֵרָפֵא מִכַּף
רַגְלְךָ וְעַד קָדְקֳדֶךָ׃ 36 יוֹלֵךְ יְהֹוָה אֹתְךָ
וְאֶת־מַלְכְּךָ אֲשֶׁר תָּקִים עָלֶיךָ אֶל־גּוֹי
אֲשֶׁר לֹא־יָדַעְתָּ אַתָּה וַאֲבֹתֶיךָ וְעָבַדְתָּ
שָּׁם אֱלֹהִים אֲחֵרִים עֵץ וָאָבֶן׃ 37 וְהָיִיתָ
לְשַׁמָּה לְמָשָׁל וְלִשְׁנִינָה בְּכֹל הָעַמִּים
אֲשֶׁר־יְנַהֶגְךָ יְהֹוָה שָׁמָּה׃ 38 זֶרַע רַב
תּוֹצִיא הַשָּׂדֶה וּמְעַט תֶּאֱסֹף כִּי יַחְסְלֶנּוּ
הָאַרְבֶּה׃ 39 כְּרָמִים תִּטַּע וְעָבָדְתָּ וְיַיִן
לֹא־תִשְׁתֶּה וְלֹא תֶאֱגֹר כִּי תֹאכְלֶנּוּ
הַתֹּלָעַת׃ 40 זֵיתִים יִהְיוּ לְךָ בְּכָל־גְּבוּלֶךָ
וְשֶׁמֶן לֹא תָסוּךְ כִּי יִשַּׁל זֵיתֶךָ׃ 41 בָּנִים
וּבָנוֹת תּוֹלִיד וְלֹא־יִהְיוּ לָךְ כִּי יֵלְכוּ
בַּשֶּׁבִי׃ 42 כָּל־עֵצְךָ וּפְרִי אַדְמָתֶךָ יְיָרֵשׁ
הַצְּלָצַל׃ 43 הַגֵּר אֲשֶׁר בְּקִרְבְּךָ יַעֲלֶה עָלֶיךָ
מַעְלָה מָּעְלָה וְאַתָּה תֵרֵד מַטָּה מָּטָּה׃
44 הוּא יַלְוְךָ וְאַתָּה לֹא תַלְוֶנּוּ הוּא יִהְיֶה
לְרֹאשׁ וְאַתָּה תִּהְיֶה לְזָנָב׃ 45 וּבָאוּ עָלֶיךָ
כָּל־הַקְּלָלוֹת הָאֵלֶּה וּרְדָפוּךָ וְהִשִּׂיגוּךָ עַד
הִשָּׁמְדָךְ כִּי־לֹא שָׁמַעְתָּ בְּקוֹל יְהֹוָה
אֱלֹהֶיךָ לִשְׁמֹר מִצְוֺתָיו וְחֻקֹּתָיו אֲשֶׁר צִוָּךְ׃
46 וְהָיוּ בְךָ לְאוֹת וּלְמוֹפֵת וּבְזַרְעֲךָ עַד־
עוֹלָם׃ 47 תַּחַת אֲשֶׁר לֹא־עָבַדְתָּ אֶת־יְהֹוָה
אֱלֹהֶיךָ בְּשִׂמְחָה וּבְטוּב לֵבָב מֵרֹב כֹּל׃
48 וְעָבַדְתָּ אֶת־אֹיְבֶיךָ אֲשֶׁר יְשַׁלְּחֶנּוּ יְהֹוָה
בָּךְ בְּרָעָב וּבְצָמָא וּבְעֵירֹם וּבְחֹסֶר כֹּל
וְנָתַן עֹל בַּרְזֶל עַל־צַוָּארֶךָ עַד הִשְׁמִידוֹ
אֹתָךְ׃ 49 יִשָּׂא יְהֹוָה עָלֶיךָ גּוֹי מֵרָחֹק
מִקְצֵה הָאָרֶץ כַּאֲשֶׁר יִדְאֶה הַנָּשֶׁר גּוֹי
אֲשֶׁר לֹא־תִשְׁמַע לְשֹׁנוֹ׃ 50 גּוֹי עַז פָּנִים
אֲשֶׁר לֹא־יִשָּׂא פָנִים לְזָקֵן וְנַעַר לֹא יָחֹן׃
51 וְאָכַל פְּרִי בְהֶמְתְּךָ וּפְרִי־אַדְמָתְךָ עַד

הַשְׁמִדָךְ אֲשֶׁר לֹא־יַשְׁאִיר לְךָ דָּגָן תִּירוֹשׁ
וְיִצְהָר שְׁגַר אֲלָפֶיךָ וְעַשְׁתְּרֹת צֹאנֶךָ עַד
הַאֲבִידוֹ אֹתָךְ׃ 52 וְהֵצַר לְךָ בְּכָל־שְׁעָרֶיךָ
עַד רֶדֶת חֹמֹתֶיךָ הַגְּבֹהוֹת וְהַבְּצֻרוֹת אֲשֶׁר
אַתָּה בֹּטֵחַ בָּהֵן בְּכָל־אַרְצֶךָ וְהֵצַר לְךָ
בְּכָל־שְׁעָרֶיךָ בְּכָל־אַרְצְךָ אֲשֶׁר נָתַן יְהוָה
אֱלֹהֶיךָ לָךְ׃ 53 וְאָכַלְתָּ פְרִי־בִטְנְךָ בְּשַׂר
בָּנֶיךָ וּבְנֹתֶיךָ אֲשֶׁר נָתַן־לְךָ יְהוָה אֱלֹהֶיךָ
בְּמָצוֹר וּבְמָצוֹק אֲשֶׁר־יָצִיק לְךָ אֹיְבֶךָ׃
54 הָאִישׁ הָרַךְ בְּךָ וְהֶעָנֹג מְאֹד תֵּרַע עֵינוֹ
בְאָחִיו וּבְאֵשֶׁת חֵיקוֹ וּבְיֶתֶר בָּנָיו אֲשֶׁר
יוֹתִיר׃ 55 מִתֵּת ׀ לְאַחַד מֵהֶם מִבְּשַׂר בָּנָיו
אֲשֶׁר יֹאכֵל מִבְּלִי הִשְׁאִיר־לוֹ כֹּל בְּמָצוֹר
וּבְמָצוֹק אֲשֶׁר יָצִיק לְךָ אֹיִבְךָ בְּכָל־
שְׁעָרֶיךָ׃ 56 הָרַכָּה בְךָ וְהָעֲנֻגָּה אֲשֶׁר לֹא־
נִסְּתָה כַף־רַגְלָהּ הַצֵּג עַל־הָאָרֶץ מֵהִתְעַנֵּג
וּמֵרֹךְ תֵּרַע עֵינָהּ בְּאִישׁ חֵיקָהּ וּבִבְנָהּ
וּבְבִתָּהּ׃ 57 וּבְשִׁלְיָתָהּ הַיּוֹצֵת ׀ מִבֵּין
רַגְלֶיהָ וּבְבָנֶיהָ אֲשֶׁר תֵּלֵד כִּי־תֹאכְלֵם
בְּחֹסֶר־כֹּל בַּסָּתֶר בְּמָצוֹר וּבְמָצוֹק אֲשֶׁר
יָצִיק לְךָ אֹיִבְךָ בִּשְׁעָרֶיךָ׃ 58 אִם־לֹא
תִשְׁמֹר לַעֲשׂוֹת אֶת־כָּל־דִּבְרֵי הַתּוֹרָה
הַזֹּאת הַכְּתוּבִים בַּסֵּפֶר הַזֶּה לְיִרְאָה
אֶת־הַשֵּׁם הַנִּכְבָּד וְהַנּוֹרָא הַזֶּה אֵת יְהוָה
אֱלֹהֶיךָ׃ 59 וְהִפְלָא יְהוָה אֶת־מַכֹּתְךָ וְאֵת
מַכּוֹת זַרְעֶךָ מַכּוֹת גְּדֹלֹת וְנֶאֱמָנוֹת
וָחֳלָיִם רָעִים וְנֶאֱמָנִים׃ 60 וְהֵשִׁיב בְּךָ אֵת
כָּל־מַדְוֵה מִצְרַיִם אֲשֶׁר יָגֹרְתָּ מִפְּנֵיהֶם
וְדָבְקוּ בָּךְ׃ 61 גַּם כָּל־חֳלִי וְכָל־מַכָּה אֲשֶׁר
לֹא כָתוּב בְּסֵפֶר הַתּוֹרָה הַזֹּאת יַעְלֵם
יְהוָה עָלֶיךָ עַד הִשָּׁמְדָךְ׃ 62 וְנִשְׁאַרְתֶּם
בִּמְתֵי מְעָט תַּחַת אֲשֶׁר הֱיִיתֶם כְּכוֹכְבֵי
הַשָּׁמַיִם לָרֹב כִּי־לֹא שָׁמַעְתָּ בְּקוֹל יְהוָה

of thy ground, until thou be destroyed; that also shall not leave thee corn, wine, or oil, the increase of thy kine, or the young of thy flock, until he have caused thee to perish. [52] And he shall besiege thee in all thy gates, until thy high and fortified walls come down, wherein thou didst trust, throughout all thy land; and he shall besiege thee in all thy gates throughout all thy land, which the LORD thy God hath given thee. [53] And thou shalt eat the fruit of thine own body, the flesh of thy sons and of thy daughters whom the LORD thy God hath given thee; in the siege and in the straitness, wherewith thine enemies shall straiten thee. [54] The man that is tender among you, and very delicate, his eye shall be evil against his brother, and against the wife of his bosom, and against the remnant of his children whom he hath remaining; [55] so that he will not give to any of them of the flesh of his children whom he shall eat, because he hath nothing left him; in the siege and in the straitness, wherewith thine enemy shall straiten thee in all thy gates. [56] The tender and delicate woman among you, who would not adventure to set the sole of her foot upon the ground for delicateness and tenderness, her eye shall be evil against the husband of her bosom, and against her son, and against her daughter; [57] and against her afterbirth that cometh out from between her feet, and against her children whom she shall bear; for she shall eat them for want of all things secretly; in the siege and in the straitness, wherewith thine enemy shall straiten thee in thy gates.

[58] If thou wilt not observe to do all the words of this law that are written in this book, that thou mayest fear this glorious and awful Name, the LORD thy God; [59] then the LORD will make thy plagues wonderful, and the plagues of thy seed, even great plagues, and of long continuance, and sore sicknesses, and of long continuance. [60] And He will bring back upon thee all the diseases of Egypt, which thou wast in dread of; and they shall cleave unto thee. [61] Also every sickness, and every plague, which is not written in the book of this law, them will the LORD bring upon thee, until thou be destroyed. [62] And ye shall be left few in number, whereas ye were as the stars of heaven for multitude; because thou didst not hearken unto the voice

of the LORD thy God. [63] And it shall come to pass, that as the LORD rejoiced over you to do you good, and to multiply you; so the LORD will rejoice over you to cause you to perish, and to destroy you; and ye shall be plucked from off the land whither thou goest in to possess it. [64] And the LORD shall scatter thee among all peoples, from the one end of the earth even unto the other end of the earth; and there thou shalt serve other gods, which, thou hast not known, thou nor thy fathers, even wood and stone. [65] And among these nations shalt thou have no repose, and there shall be no rest for the sole of thy foot; but the LORD shall give thee there a trembling heart, and failing of eyes, and languishing of soul. [66] And thy life shall hang in doubt before thee; and thou shalt fear night and day, and shalt have no assurance of thy life. [67] In the morning thou shalt say: 'Would it were even!' and at even thou shalt say: 'Would it were morning!' for the fear of thy heart which thou shalt fear, and for the sight of thine eyes which thou shalt see. [68] And the LORD shall bring thee back into Egypt in ships, by the way whereof I said unto thee: 'Thou shalt see it no more again'; and there ye shall sell yourselves unto your enemies for bondmen and for bondwomen, and no man shall buy you.

[69] These are the words of the covenant which the LORD commanded Moses to make with the children of Israel in the land of Moab, beside the covenant which He made with them in Horeb.

29 And Moses called unto all Israel, and said unto them: Ye have seen all that the LORD did before your eyes in the land of Egypt unto Pharaoh, and unto all his servants, and unto all his land; [2] the great trials which thine eyes saw, the signs and those great wonders; [3] but the LORD hath not given you a heart to know, and eyes to see, and ears to hear, unto this day. [4] And I have led you forty years in the wilderness; your clothes are not waxen old upon you, and thy shoe is not waxen old upon thy

אֱלֹהֶיךָ׃ 63 וְהָיָה כַּאֲשֶׁר־שָׂשׂ יְהוָה עֲלֵיכֶם
לְהֵיטִיב אֶתְכֶם וּלְהַרְבּוֹת אֶתְכֶם כֵּן
יָשִׂישׂ יְהוָה עֲלֵיכֶם לְהַאֲבִיד אֶתְכֶם
וּלְהַשְׁמִיד אֶתְכֶם וְנִסַּחְתֶּם מֵעַל הָאֲדָמָה
אֲשֶׁר־אַתָּה בָא־שָׁמָּה לְרִשְׁתָּהּ׃
64 וֶהֱפִיצְךָ יְהוָה בְּכָל־הָעַמִּים מִקְצֵה
הָאָרֶץ וְעַד־קְצֵה הָאָרֶץ וְעָבַדְתָּ שָּׁם
אֱלֹהִים אֲחֵרִים אֲשֶׁר לֹא־יָדַעְתָּ אַתָּה
וַאֲבֹתֶיךָ עֵץ וָאָבֶן׃ 65 וּבַגּוֹיִם הָהֵם לֹא
תַרְגִּיעַ וְלֹא־יִהְיֶה מָנוֹחַ לְכַף־רַגְלֶךָ וְנָתַן
יְהוָה לְךָ שָׁם לֵב רַגָּז וְכִלְיוֹן עֵינַיִם וְדַאֲבוֹן
נָפֶשׁ׃ 66 וְהָיוּ חַיֶּיךָ תְּלֻאִים לְךָ מִנֶּגֶד
וּפָחַדְתָּ לַיְלָה וְיוֹמָם וְלֹא תַאֲמִין בְּחַיֶּיךָ׃
67 בַּבֹּקֶר תֹּאמַר מִי־יִתֵּן עֶרֶב וּבָעֶרֶב
תֹּאמַר מִי־יִתֵּן בֹּקֶר מִפַּחַד לְבָבְךָ אֲשֶׁר
תִּפְחָד וּמִמַּרְאֵה עֵינֶיךָ אֲשֶׁר תִּרְאֶה׃
68 וֶהֱשִׁיבְךָ יְהוָה ׀ מִצְרַיִם בָּאֳנִיּוֹת בַּדֶּרֶךְ
אֲשֶׁר אָמַרְתִּי לְךָ לֹא־תֹסִיף עוֹד לִרְאֹתָהּ
וְהִתְמַכַּרְתֶּם שָׁם לְאֹיְבֶיךָ לַעֲבָדִים
וְלִשְׁפָחוֹת וְאֵין קֹנֶה׃ ס 69 אֵלֶּה דִבְרֵי
הַבְּרִית אֲשֶׁר־צִוָּה יְהוָה אֶת־מֹשֶׁה לִכְרֹת
אֶת־בְּנֵי יִשְׂרָאֵל בְּאֶרֶץ מוֹאָב מִלְּבַד
הַבְּרִית אֲשֶׁר־כָּרַת אִתָּם בְּחֹרֵב׃ פ
29 וַיִּקְרָא מֹשֶׁה אֶל־כָּל־יִשְׂרָאֵל
וַיֹּאמֶר אֲלֵהֶם אַתֶּם רְאִיתֶם אֵת כָּל־אֲשֶׁר
עָשָׂה יְהוָה לְעֵינֵיכֶם בְּאֶרֶץ מִצְרַיִם
לְפַרְעֹה וּלְכָל־עֲבָדָיו וּלְכָל־אַרְצוֹ׃
2 הַמַּסּוֹת הַגְּדֹלֹת אֲשֶׁר רָאוּ עֵינֶיךָ הָאֹתֹת
וְהַמֹּפְתִים הַגְּדֹלִים הָהֵם׃ 3 וְלֹא־נָתַן
יְהוָה לָכֶם לֵב לָדַעַת וְעֵינַיִם לִרְאוֹת
וְאָזְנַיִם לִשְׁמֹעַ עַד הַיּוֹם הַזֶּה׃ 4 וָאוֹלֵךְ
אֶתְכֶם אַרְבָּעִים שָׁנָה בַּמִּדְבָּר לֹא־בָלוּ
שַׂלְמֹתֵיכֶם מֵעֲלֵיכֶם וְנַעַלְךָ לֹא־בָלְתָה

מֵעַל רַגְלֶךָ׃ 5 לֶחֶם לֹא אֲכַלְתֶּם וְיַיִן וְשֵׁכָר
לֹא שְׁתִיתֶם לְמַעַן תֵּדְעוּ כִּי אֲנִי יְהוָה
אֱלֹהֵיכֶם׃ 6 וַתָּבֹאוּ אֶל־הַמָּקוֹם הַזֶּה וַיֵּצֵא
סִיחֹן מֶלֶךְ־חֶשְׁבּוֹן וְעוֹג מֶלֶךְ־הַבָּשָׁן
לִקְרָאתֵנוּ לַמִּלְחָמָה וַנַּכֵּם׃ 7 וַנִּקַּח אֶת־
אַרְצָם וַנִּתְּנָהּ לְנַחֲלָה לָרְאוּבֵנִי וְלַגָּדִי
וְלַחֲצִי שֵׁבֶט הַמְנַשִּׁי׃ 8 וּשְׁמַרְתֶּם אֶת־
דִּבְרֵי הַבְּרִית הַזֹּאת וַעֲשִׂיתֶם אֹתָם לְמַעַן
תַּשְׂכִּילוּ אֵת כָּל־אֲשֶׁר תַּעֲשׂוּן׃ פ

foot. [5] Ye have not eaten bread, neither have ye drunk wine or strong drink; that ye might know that I am the LORD your God. [6] And when ye came unto this place, Sihon the king of Heshbon, and Og the king of Bashan, came out against us unto battle, and we smote them. [7] And we took their land, and gave it for an inheritance unto the Reubenites, and to the Gadites, and to the half-tribe of the Manassites. [8] Observe therefore the words of this covenant, and do them, that ye may make all that ye do to prosper.

נצבים

9 אַתֶּם נִצָּבִים הַיּוֹם כֻּלְּכֶם לִפְנֵי יְהוָה
אֱלֹהֵיכֶם רָאשֵׁיכֶם שִׁבְטֵיכֶם זִקְנֵיכֶם
וְשֹׁטְרֵיכֶם כֹּל אִישׁ יִשְׂרָאֵל׃ 10 טַפְּכֶם
נְשֵׁיכֶם וְגֵרְךָ אֲשֶׁר בְּקֶרֶב מַחֲנֶיךָ מֵחֹטֵב
עֵצֶיךָ עַד שֹׁאֵב מֵימֶיךָ׃ 11 לְעָבְרְךָ בִּבְרִית
יְהוָה אֱלֹהֶיךָ וּבְאָלָתוֹ אֲשֶׁר יְהוָה אֱלֹהֶיךָ
כֹּרֵת עִמְּךָ הַיּוֹם׃ 12 לְמַעַן הָקִים־אֹתְךָ
הַיּוֹם ׀ לוֹ לְעָם וְהוּא יִהְיֶה־לְּךָ לֵאלֹהִים
כַּאֲשֶׁר דִּבֶּר־לָךְ וְכַאֲשֶׁר נִשְׁבַּע לַאֲבֹתֶיךָ
לְאַבְרָהָם לְיִצְחָק וּלְיַעֲקֹב׃ 13 וְלֹא אִתְּכֶם
לְבַדְּכֶם אָנֹכִי כֹּרֵת אֶת־הַבְּרִית הַזֹּאת
וְאֶת־הָאָלָה הַזֹּאת׃ 14 כִּי אֶת־אֲשֶׁר יֶשְׁנוֹ
פֹּה עִמָּנוּ עֹמֵד הַיּוֹם לִפְנֵי יְהוָה אֱלֹהֵינוּ
וְאֵת אֲשֶׁר אֵינֶנּוּ פֹּה עִמָּנוּ הַיּוֹם׃ 15 כִּי־
אַתֶּם יְדַעְתֶּם אֵת אֲשֶׁר־יָשַׁבְנוּ בְּאֶרֶץ
מִצְרָיִם וְאֵת אֲשֶׁר־עָבַרְנוּ בְּקֶרֶב הַגּוֹיִם
אֲשֶׁר עֲבַרְתֶּם׃ 16 וַתִּרְאוּ אֶת־שִׁקּוּצֵיהֶם
וְאֵת גִּלֻּלֵיהֶם עֵץ וָאֶבֶן כֶּסֶף וְזָהָב אֲשֶׁר
עִמָּהֶם׃ 17 פֶּן־יֵשׁ בָּכֶם אִישׁ אוֹ־אִשָּׁה אוֹ
מִשְׁפָּחָה אוֹ־שֵׁבֶט אֲשֶׁר לְבָבוֹ פֹנֶה הַיּוֹם
מֵעִם יְהוָה אֱלֹהֵינוּ לָלֶכֶת לַעֲבֹד אֶת־
אֱלֹהֵי הַגּוֹיִם הָהֵם פֶּן־יֵשׁ בָּכֶם שֹׁרֶשׁ פֹּרֶה

NITSAVIM

[9] Ye are standing this day all of you before the LORD your God: your heads, your tribes, your elders, and your officers, even all the men of Israel, [10] your little ones, your wives, and thy stranger that is in the midst of thy camp, from the hewer of thy wood unto the drawer of thy water; [11] that thou shouldest enter into the covenant of the LORD thy God—and into His oath—which the LORD thy God maketh with thee this day; [12] that He may establish thee this day unto Himself for a people, and that He may be unto thee a God, as He spoke unto thee, and as He swore unto thy fathers, to Abraham, to Isaac, and to Jacob. [13] Neither with you only do I make this covenant and this oath; [14] but with him that standeth here with us this day before the LORD our God, and also with him that is not here with us this day—[15] for ye know how we dwelt in the land of Egypt; and how we came through the midst of the nations through which ye passed; [16] and ye have seen their detestable things, and their idols, wood and stone, silver and gold, which were with them—[17] lest there should be among you man, or woman, or family, or tribe, whose heart turneth away this day from the LORD our God, to go to serve the gods of those nations; lest there should be among you a

root that beareth gall and wormwood; [18] and it come to pass, when he heareth the words of this curse, that he bless himself in his heart, saying: 'I shall have peace, though I walk in the stubbornness of my heart—that the watered be swept away with the dry'; [19] the LORD will not be willing to pardon him, but then the anger of the LORD and His jealousy shall be kindled against that man, and all the curse that is written in this book shall lie upon him, and the LORD shall blot out his name from under heaven; [20] and the LORD shall separate him unto evil out of all the tribes of Israel, according to all the curses of the covenant that is written in this book of the law. [21] And the generation to come, your children that shall rise up after you, and the foreigner that shall come from a far land, shall say, when they see the plagues of that land, and the sicknesses wherewith the LORD hath made it sick; [22] and that the whole land thereof is brimstone, and salt, and a burning, that it is not sown, nor beareth, nor any grass groweth therein, like the overthrow of Sodom and Gomorrah, Admah and Zeboiim, which the LORD overthrew in His anger, and in His wrath; [23] even all the nations shall say: 'Wherefore hath the LORD done thus unto this land? what meaneth the heat of this great anger?' [24] then men shall say: 'Because they forsook the covenant of the LORD, the God of their fathers, which He made with them when He brought them forth out of the land of Egypt; [25] and went and served other gods, and worshipped them, gods that they knew not, and that He had not allotted unto them; [26] therefore the anger of the LORD was kindled against this land, to bring upon it all the curse that is written in this book; [27] and the LORD rooted them out of their land in anger, and in wrath, and in great indignation, and cast them into another land, as it is this day'.—[28] The secret things belong unto the LORD our God; but the things that are revealed belong unto us and to our children for ever, that we may do all the words of this law.

30

And it shall come to pass, when all these things are come upon thee, the blessing and the curse, which I have set before

רֹאשׁ וְלַעֲנָה׃ 18 וְהָיָה בְּשָׁמְעוֹ אֶת־דִּבְרֵי
הָאָלָה הַזֹּאת וְהִתְבָּרֵךְ בִּלְבָבוֹ לֵאמֹר
שָׁלוֹם יִהְיֶה־לִּי כִּי בִּשְׁרִרוּת לִבִּי אֵלֵךְ
לְמַעַן סְפוֹת הָרָוָה אֶת־הַצְּמֵאָה׃ 19 לֹא־
יֹאבֶה יְהוָה סְלֹחַ לוֹ כִּי אָז יֶעְשַׁן אַף־יְהוָה
וְקִנְאָתוֹ בָּאִישׁ הַהוּא וְרָבְצָה בּוֹ כָּל־
הָאָלָה הַכְּתוּבָה בַּסֵּפֶר הַזֶּה וּמָחָה יְהוָה
אֶת־שְׁמוֹ מִתַּחַת הַשָּׁמָיִם׃ 20 וְהִבְדִּילוֹ
יְהוָה לְרָעָה מִכֹּל שִׁבְטֵי יִשְׂרָאֵל כְּכֹל
אָלוֹת הַבְּרִית הַכְּתוּבָה בְּסֵפֶר הַתּוֹרָה
הַזֶּה׃ 21 וְאָמַר הַדּוֹר הָאַחֲרוֹן בְּנֵיכֶם אֲשֶׁר
יָקוּמוּ מֵאַחֲרֵיכֶם וְהַנָּכְרִי אֲשֶׁר יָבֹא
מֵאֶרֶץ רְחוֹקָה וְרָאוּ אֶת־מַכּוֹת הָאָרֶץ
הַהִוא וְאֶת־תַּחֲלֻאֶיהָ אֲשֶׁר־חִלָּה יְהוָה
בָּהּ׃ 22 גָּפְרִית וָמֶלַח שְׂרֵפָה כָל־אַרְצָהּ
לֹא תִזָּרַע וְלֹא תַצְמִחַ וְלֹא־יַעֲלֶה בָהּ
כָּל־עֵשֶׂב כְּמַהְפֵּכַת סְדֹם וַעֲמֹרָה אַדְמָה
וצביים וּצְבוֹיִם אֲשֶׁר הָפַךְ יְהוָה בְּאַפּוֹ
וּבַחֲמָתוֹ׃ 23 וְאָמְרוּ כָּל־הַגּוֹיִם עַל־מֶה
עָשָׂה יְהוָה כָּכָה לָאָרֶץ הַזֹּאת מֶה חֳרִי
הָאַף הַגָּדוֹל הַזֶּה׃ 24 וְאָמְרוּ עַל אֲשֶׁר עָזְבוּ
אֶת־בְּרִית יְהוָה אֱלֹהֵי אֲבֹתָם אֲשֶׁר כָּרַת
עִמָּם בְּהוֹצִיאוֹ אֹתָם מֵאֶרֶץ מִצְרָיִם׃
25 וַיֵּלְכוּ וַיַּעַבְדוּ אֱלֹהִים אֲחֵרִים וַיִּשְׁתַּחֲווּ
לָהֶם אֱלֹהִים אֲשֶׁר לֹא־יְדָעוּם וְלֹא חָלַק
לָהֶם׃ 26 וַיִּחַר־אַף יְהוָה בָּאָרֶץ הַהִוא
לְהָבִיא עָלֶיהָ אֶת־כָּל־הַקְּלָלָה הַכְּתוּבָה
בַּסֵּפֶר הַזֶּה׃ 27 וַיִּתְּשֵׁם יְהוָה מֵעַל
אַדְמָתָם בְּאַף וּבְחֵמָה וּבְקֶצֶף גָּדוֹל
וַיַּשְׁלִכֵם אֶל־אֶרֶץ אַחֶרֶת כַּיּוֹם הַזֶּה׃
28 הַנִּסְתָּרֹת לַיהוָה אֱלֹהֵינוּ וְהַנִּגְלֹת לָנוּ
וּלְבָנֵינוּ עַד־עוֹלָם לַעֲשׂוֹת אֶת־כָּל־דִּבְרֵי
הַתּוֹרָה הַזֹּאת׃ ס **30** וְהָיָה
כִי־יָבֹאוּ עָלֶיךָ כָל־הַדְּבָרִים הָאֵלֶּה

thee, and thou shalt bethink thyself among all the nations, whither the LORD thy God hath driven thee, [2] and shalt return unto the LORD thy God, and hearken to His voice according to all that I command thee this day, thou and thy children, with all thy heart, and with all thy soul; [3] that then the LORD thy God will turn thy captivity, and have compassion upon thee, and will return and gather thee from all the peoples, whither the LORD thy God hath scattered thee. [4] If any of thine that are dispersed be in the uttermost parts of heaven, from thence will the LORD thy God gather thee, and from thence will He fetch thee. [5] And the LORD thy God will bring thee into the land which thy fathers possessed, and thou shalt possess it; and He will do thee good, and multiply thee above thy fathers. [6] And the LORD thy God will circumcise thy heart, and the heart of thy seed, to love the LORD thy God with all thy heart, and with all thy soul, that thou mayest live. [7] And the LORD thy God will put all these curses upon thine enemies, and on them that hate thee, that persecuted thee. [8] And thou shalt return and hearken to the voice of the LORD, and do all His commandments which I command thee this day. [9] And the LORD thy God will make thee over-abundant in all the work of thy hand, in the fruit of thy body, and in the fruit of thy cattle, and in the fruit of thy land, for good; for the LORD will again rejoice over thee for good, as He rejoiced over thy fathers; [10] if thou shalt hearken to the voice of the LORD thy God, to keep His commandments and His statutes which are written in this book of the law; if thou turn unto the LORD thy God with all thy heart, and with all thy soul.

[11] For this commandment which I command thee this day, it is not too hard for thee, neither is it far off. [12] It is not in heaven, that thou shouldest say: 'Who shall go up for us to heaven, and bring it unto us, and make us to hear it, that we may do it?' [13] Neither is it beyond the sea, that thou shouldest say: 'Who shall go over the sea for us, and bring it unto

הַבְּרָכָה וְהַקְּלָלָה אֲשֶׁר נָתַתִּי לְפָנֶיךָ
וַהֲשֵׁבֹתָ אֶל־לְבָבֶךָ בְּכָל־הַגּוֹיִם אֲשֶׁר
הִדִּיחֲךָ יְהוָה אֱלֹהֶיךָ שָׁמָּה׃ 2 וְשַׁבְתָּ עַד־
יְהוָה אֱלֹהֶיךָ וְשָׁמַעְתָּ בְקֹלוֹ כְּכֹל אֲשֶׁר־
אָנֹכִי מְצַוְּךָ הַיּוֹם אַתָּה וּבָנֶיךָ בְּכָל־לְבָבְךָ
וּבְכָל־נַפְשֶׁךָ׃ 3 וְשָׁב יְהוָה אֱלֹהֶיךָ אֶת־
שְׁבוּתְךָ וְרִחֲמֶךָ וְשָׁב וְקִבֶּצְךָ מִכָּל־הָעַמִּים
אֲשֶׁר הֱפִיצְךָ יְהוָה אֱלֹהֶיךָ שָׁמָּה׃ 4 אִם־
יִהְיֶה נִדַּחֲךָ בִּקְצֵה הַשָּׁמָיִם מִשָּׁם יְקַבֶּצְךָ
יְהוָה אֱלֹהֶיךָ וּמִשָּׁם יִקָּחֶךָ׃ 5 וֶהֱבִיאֲךָ
יְהוָה אֱלֹהֶיךָ אֶל־הָאָרֶץ אֲשֶׁר־יָרְשׁוּ
אֲבֹתֶיךָ וִירִשְׁתָּהּ וְהֵיטִבְךָ וְהִרְבְּךָ
מֵאֲבֹתֶיךָ׃ 6 וּמָל יְהוָה אֱלֹהֶיךָ אֶת־לְבָבְךָ
וְאֶת־לְבַב זַרְעֶךָ לְאַהֲבָה אֶת־יְהוָה
אֱלֹהֶיךָ בְּכָל־לְבָבְךָ וּבְכָל־נַפְשְׁךָ לְמַעַן
חַיֶּיךָ׃ 7 וְנָתַן יְהוָה אֱלֹהֶיךָ אֵת כָּל־הָאָלוֹת
הָאֵלֶּה עַל־אֹיְבֶיךָ וְעַל־שֹׂנְאֶיךָ אֲשֶׁר
רְדָפוּךָ׃ 8 וְאַתָּה תָשׁוּב וְשָׁמַעְתָּ בְּקוֹל
יְהוָה וְעָשִׂיתָ אֶת־כָּל־מִצְוֺתָיו אֲשֶׁר אָנֹכִי
מְצַוְּךָ הַיּוֹם׃ 9 וְהוֹתִירְךָ יְהוָה אֱלֹהֶיךָ
בְּכֹל ׀ מַעֲשֵׂה יָדֶךָ בִּפְרִי בִטְנְךָ וּבִפְרִי
בְהֶמְתְּךָ וּבִפְרִי אַדְמָתְךָ לְטֹבָה כִּי ׀ יָשׁוּב
יְהוָה לָשׂוּשׂ עָלֶיךָ לְטוֹב כַּאֲשֶׁר־שָׂשׂ
עַל־אֲבֹתֶיךָ׃ 10 כִּי תִשְׁמַע בְּקוֹל יְהוָה
אֱלֹהֶיךָ לִשְׁמֹר מִצְוֺתָיו וְחֻקֹּתָיו הַכְּתוּבָה
בְּסֵפֶר הַתּוֹרָה הַזֶּה כִּי תָשׁוּב אֶל־יְהוָה
אֱלֹהֶיךָ בְּכָל־לְבָבְךָ וּבְכָל־נַפְשֶׁךָ׃ פ
11 כִּי הַמִּצְוָה הַזֹּאת אֲשֶׁר אָנֹכִי מְצַוְּךָ
הַיּוֹם לֹא־נִפְלֵאת הִוא מִמְּךָ וְלֹא רְחֹקָה
הִוא׃ 12 לֹא בַשָּׁמַיִם הִוא לֵאמֹר מִי
יַעֲלֶה־לָּנוּ הַשָּׁמַיְמָה וְיִקָּחֶהָ לָּנוּ וְיַשְׁמִעֵנוּ
אֹתָהּ וְנַעֲשֶׂנָּה׃ 13 וְלֹא־מֵעֵבֶר לַיָּם הִוא

us, and make us to hear it, that we may do it?' [14] But the word is very nigh unto thee, in thy mouth, and in thy heart, that thou mayest do it.

[15] See, I have set before thee this day life and good, and death and evil, [16] in that I command thee this day to love the LORD thy God, to walk in His ways, and to keep His commandments and His statutes and His ordinances; then thou shalt live and multiply, and the LORD thy God shall bless thee in the land whither thou goest in to possess it. [17] But if thy heart turn away, and thou wilt not hear, but shalt be drawn away, and worship other gods, and serve them; [18] I declare unto you this day, that ye shall surely perish; ye shall not prolong your days upon the land, whither thou passest over the Jordan to go in to possess it. [19] I call heaven and earth to witness against you this day, that I have set before thee life and death, the blessing and the curse; therefore choose life, that thou mayest live, thou and thy seed; [20] to love the LORD thy God, to hearken to His voice, and to cleave unto Him; for that is thy life, and the length of thy days; that thou mayest dwell in the land which the LORD swore unto thy fathers, to Abraham, to Isaac, and to Jacob, to give them.

לֵאמֹר מִי יַעֲבׇר־לָנוּ אֶל־עֵבֶר הַיָּם וְיִקָּחֶהָ
לָּנוּ וְיַשְׁמִעֵנוּ אֹתָהּ וְנַעֲשֶׂנָּה׃ 14 כִּי־קָרוֹב
אֵלֶיךָ הַדָּבָר מְאֹד בְּפִיךָ וּבִלְבָבְךָ
לַעֲשֹׂתוֹ׃ ס 15 רְאֵה נָתַתִּי לְפָנֶיךָ
הַיּוֹם אֶת־הַחַיִּים וְאֶת־הַטּוֹב וְאֶת־הַמָּוֶת
וְאֶת־הָרָע׃ 16 אֲשֶׁר אָנֹכִי מְצַוְּךָ הַיּוֹם
לְאַהֲבָה אֶת־יְהוָה אֱלֹהֶיךָ לָלֶכֶת בִּדְרָכָיו
וְלִשְׁמֹר מִצְוֺתָיו וְחֻקֹּתָיו וּמִשְׁפָּטָיו וְחָיִיתָ
וְרָבִיתָ וּבֵרַכְךָ יְהוָה אֱלֹהֶיךָ בָּאָרֶץ אֲשֶׁר־
אַתָּה בָא־שָׁמָּה לְרִשְׁתָּהּ׃ 17 וְאִם־יִפְנֶה
לְבָבְךָ וְלֹא תִשְׁמָע וְנִדַּחְתָּ וְהִשְׁתַּחֲוִיתָ
לֵאלֹהִים אֲחֵרִים וַעֲבַדְתָּם׃ 18 הִגַּדְתִּי
לָכֶם הַיּוֹם כִּי אָבֹד תֹּאבֵדוּן לֹא־תַאֲרִיכֻן
יָמִים עַל־הָאֲדָמָה אֲשֶׁר אַתָּה עֹבֵר אֶת־
הַיַּרְדֵּן לָבֹא שָׁמָּה לְרִשְׁתָּהּ׃ 19 הַעִידֹתִי
בָכֶם הַיּוֹם אֶת־הַשָּׁמַיִם וְאֶת־הָאָרֶץ
הַחַיִּים וְהַמָּוֶת נָתַתִּי לְפָנֶיךָ הַבְּרָכָה
וְהַקְּלָלָה וּבָחַרְתָּ בַּחַיִּים לְמַעַן תִּחְיֶה
אַתָּה וְזַרְעֶךָ׃ 20 לְאַהֲבָה אֶת־יְהוָה אֱלֹהֶיךָ
לִשְׁמֹעַ בְּקֹלוֹ וּלְדָבְקָה־בוֹ כִּי הוּא חַיֶּיךָ
וְאֹרֶךְ יָמֶיךָ לָשֶׁבֶת עַל־הָאֲדָמָה אֲשֶׁר
נִשְׁבַּע יְהוָה לַאֲבֹתֶיךָ לְאַבְרָהָם לְיִצְחָק
וּלְיַעֲקֹב לָתֵת לָהֶם׃ פ

VA-YELEKH

31 And Moses went and spoke these words unto all Israel. [2] And he said unto them: 'I am a hundred and twenty years old this day; I can no more go out and come in; and the LORD hath said unto me: Thou shalt not go over this Jordan. [3] The LORD thy God, He will go over before thee; He will destroy these nations from before thee, and thou shalt dispossess them; and Joshua, he shall go over before thee,

וילך

31 וַיֵּלֶךְ מֹשֶׁה וַיְדַבֵּר אֶת־הַדְּבָרִים
הָאֵלֶּה אֶל־כׇּל־יִשְׂרָאֵל׃ 2 וַיֹּאמֶר אֲלֵהֶם
בֶּן־מֵאָה וְעֶשְׂרִים שָׁנָה אָנֹכִי הַיּוֹם לֹא־
אוּכַל עוֹד לָצֵאת וְלָבוֹא וַיהוָה אָמַר אֵלַי
לֹא תַעֲבֹר אֶת־הַיַּרְדֵּן הַזֶּה׃ 3 יְהוָה
אֱלֹהֶיךָ הוּא ׀ עֹבֵר לְפָנֶיךָ הוּא־יַשְׁמִיד
אֶת־הַגּוֹיִם הָאֵלֶּה מִלְּפָנֶיךָ וִירִשְׁתָּם
יְהוֹשֻׁעַ הוּא עֹבֵר לְפָנֶיךָ כַּאֲשֶׁר דִּבֶּר

יְהוָה׃ 4 וְעָשָׂה יְהוָה לָהֶם כַּאֲשֶׁר עָשָׂה
לְסִיחוֹן וּלְעוֹג מַלְכֵי הָאֱמֹרִי וּלְאַרְצָם
אֲשֶׁר הִשְׁמִיד אֹתָם׃ 5 וּנְתָנָם יְהוָה
לִפְנֵיכֶם וַעֲשִׂיתֶם לָהֶם כְּכָל־הַמִּצְוָה
אֲשֶׁר צִוִּיתִי אֶתְכֶם׃ 6 חִזְקוּ וְאִמְצוּ אַל־
תִּירְאוּ וְאַל־תַּעַרְצוּ מִפְּנֵיהֶם כִּי ׀ יְהוָה
אֱלֹהֶיךָ הוּא הַהֹלֵךְ עִמָּךְ לֹא יַרְפְּךָ וְלֹא
יַעַזְבֶךָּ׃ פ
7 וַיִּקְרָא מֹשֶׁה לִיהוֹשֻׁעַ וַיֹּאמֶר אֵלָיו לְעֵינֵי
כָל־יִשְׂרָאֵל חֲזַק וֶאֱמָץ כִּי אַתָּה תָּבוֹא
אֶת־הָעָם הַזֶּה אֶל־הָאָרֶץ אֲשֶׁר נִשְׁבַּע
יְהוָה לַאֲבֹתָם לָתֵת לָהֶם וְאַתָּה
תַּנְחִילֶנָּה אוֹתָם׃ 8 וַיהוָה הוּא ׀ הַהֹלֵךְ
לְפָנֶיךָ הוּא יִהְיֶה עִמָּךְ לֹא יַרְפְּךָ וְלֹא
יַעַזְבֶךָּ לֹא תִירָא וְלֹא תֵחָת׃ 9 וַיִּכְתֹּב
מֹשֶׁה אֶת־הַתּוֹרָה הַזֹּאת וַיִּתְּנָהּ אֶל־
הַכֹּהֲנִים בְּנֵי לֵוִי הַנֹּשְׂאִים אֶת־אֲרוֹן בְּרִית
יְהוָה וְאֶל־כָּל־זִקְנֵי יִשְׂרָאֵל׃ 10 וַיְצַו מֹשֶׁה
אוֹתָם לֵאמֹר מִקֵּץ ׀ שֶׁבַע שָׁנִים בְּמֹעֵד
שְׁנַת הַשְּׁמִטָּה בְּחַג הַסֻּכּוֹת׃ 11 בְּבוֹא
כָל־יִשְׂרָאֵל לֵרָאוֹת אֶת־פְּנֵי יְהוָה אֱלֹהֶיךָ
בַּמָּקוֹם אֲשֶׁר יִבְחָר תִּקְרָא אֶת־הַתּוֹרָה
הַזֹּאת נֶגֶד כָּל־יִשְׂרָאֵל בְּאָזְנֵיהֶם׃
12 הַקְהֵל אֶת־הָעָם הָאֲנָשִׁים וְהַנָּשִׁים
וְהַטַּף וְגֵרְךָ אֲשֶׁר בִּשְׁעָרֶיךָ לְמַעַן יִשְׁמְעוּ
וּלְמַעַן יִלְמְדוּ וְיָרְאוּ אֶת־יְהוָה אֱלֹהֵיכֶם
וְשָׁמְרוּ לַעֲשׂוֹת אֶת־כָּל־דִּבְרֵי הַתּוֹרָה
הַזֹּאת׃ 13 וּבְנֵיהֶם אֲשֶׁר לֹא־יָדְעוּ יִשְׁמְעוּ
וְלָמְדוּ לְיִרְאָה אֶת־יְהוָה אֱלֹהֵיכֶם כָּל־
הַיָּמִים אֲשֶׁר אַתֶּם חַיִּים עַל־הָאֲדָמָה
אֲשֶׁר אַתֶּם עֹבְרִים אֶת־הַיַּרְדֵּן שָׁמָּה
לְרִשְׁתָּהּ׃ פ

as the LORD hath spoken. [4] And the LORD will do unto them as He did to Sihon and to Og, the kings of the Amorites, and unto their land; whom He destroyed. [5] And the LORD will deliver them up before you, and ye shall do unto them according unto all the commandment which I have commanded you. [6] Be strong and of good courage, fear not, nor be affrighted at them; for the LORD thy God, He it is that doth go with thee; He will not fail thee, nor forsake thee.'

[7] And Moses called unto Joshua, and said unto him in the sight of all Israel: 'Be strong and of good courage; for thou shalt go with this people into the land which the LORD hath sworn unto their fathers to give them; and thou shalt cause them to inherit it. [8] And the LORD, He it is that doth go before thee; He will be with thee, He will not fail thee, neither forsake thee; fear not, neither be dismayed.'

[9] And Moses wrote this law, and delivered it unto the priests the sons of Levi, that bore the ark of the covenant of the LORD, and unto all the elders of Israel. [10] And Moses commanded them, saying: 'At the end of every seven years, in the set time of the year of release, in the feast of tabernacles, [11] when all Israel is come to appear before the LORD thy God in the place which He shall choose, thou shalt read this law before all Israel in their hearing. [12] Assemble the people, the men and the women and the little ones, and thy stranger that is within thy gates, that they may hear, and that they may learn, and fear the LORD your God, and observe to do all the words of this law; [13] and that their children, who have not known, may hear, and learn to fear the LORD your God, as long as ye live in the land whither ye go over the Jordan to possess it.'

[14] And the LORD said unto Moses: 'Behold, thy days approach that thou must die; call Joshua, and present yourselves in the tent of meeting, that I may give him a charge.' And Moses and Joshua went, and presented themselves in the tent of meeting. [15] And the LORD appeared in the Tent in a pillar of cloud; and the pillar of cloud stood over the door of the Tent. [16] And the LORD said unto Moses: 'Behold, thou art about to sleep with thy fathers; and this people will rise up, and go astray after the foreign gods of the land, whither they go to be among them, and will forsaken Me, and break My covenant which I have made with them. [17] Then My anger shall be kindled against them in that day, and I will forsake them, and I will hide My face from them, and they shall be devoured, and many evils and troubles shall come upon them; so that they will say in that day: Are not these evils come upon us because our God is not among us? [18] And I will surely hide My face in that day for all the evil which they shall have wrought, in that they are turned unto other gods. [19] Now therefore write ye this song for you, and teach thou it the children of Israel; put it in their mouths, that this song may be a witness' for Me against the children of Israel. [20] For when I shall have brought them into the land which I swore unto their fathers, flowing with milk and honey; and they shall have eaten their fill, and waxen fat; and turned unto other gods, and served them, and despised Me, and broken My covenant; [21] then it shall come to pass, when many evils and troubles are come upon them, that this song shall testify before them as a witness; for it shall not be forgotten out of the mouths of their seed; for I know their imagination how they do even now, before I have brought them into the land which I swore.' [22] So Moses wrote this song the same day, and taught it the children of Israel. [23] And he gave Joshua the son of Nun a charge, and said: 'Be strong and of good courage; for thou shalt bring the children of Israel into the land which I swore unto them; and I will be with thee.'

14 וַיֹּאמֶר יְהוָה אֶל־מֹשֶׁה הֵן קָרְבוּ יָמֶיךָ
לָמוּת קְרָא אֶת־יְהוֹשֻׁעַ וְהִתְיַצְּבוּ בְּאֹהֶל
מוֹעֵד וַאֲצַוֶּנּוּ וַיֵּלֶךְ מֹשֶׁה וִיהוֹשֻׁעַ וַיִּתְיַצְּבוּ
בְּאֹהֶל מוֹעֵד׃ 15 וַיֵּרָא יְהוָה בָּאֹהֶל בְּעַמּוּד
עָנָן וַיַּעֲמֹד עַמּוּד הֶעָנָן עַל־פֶּתַח
הָאֹהֶל׃ ס 16 וַיֹּאמֶר יְהוָה אֶל־מֹשֶׁה
הִנְּךָ שֹׁכֵב עִם־אֲבֹתֶיךָ וְקָם הָעָם הַזֶּה
וְזָנָה ׀ אַחֲרֵי ׀ אֱלֹהֵי נֵכַר־הָאָרֶץ אֲשֶׁר
הוּא בָא־שָׁמָּה בְּקִרְבּוֹ וַעֲזָבַנִי וְהֵפֵר אֶת־
בְּרִיתִי אֲשֶׁר כָּרַתִּי אִתּוֹ׃ 17 וְחָרָה אַפִּי בוֹ
בַיּוֹם־הַהוּא וַעֲזַבְתִּים וְהִסְתַּרְתִּי פָנַי
מֵהֶם וְהָיָה לֶאֱכֹל וּמְצָאֻהוּ רָעוֹת רַבּוֹת
וְצָרוֹת וְאָמַר בַּיּוֹם הַהוּא הֲלֹא עַל כִּי־אֵין
אֱלֹהַי בְּקִרְבִּי מְצָאוּנִי הָרָעוֹת הָאֵלֶּה׃
18 וְאָנֹכִי הַסְתֵּר אַסְתִּיר פָּנַי בַּיּוֹם הַהוּא
עַל כָּל־הָרָעָה אֲשֶׁר עָשָׂה כִּי פָנָה אֶל־
אֱלֹהִים אֲחֵרִים׃ 19 וְעַתָּה כִּתְבוּ לָכֶם
אֶת־הַשִּׁירָה הַזֹּאת וְלַמְּדָהּ אֶת־בְּנֵי־
יִשְׂרָאֵל שִׂימָהּ בְּפִיהֶם לְמַעַן תִּהְיֶה־לִּי
הַשִּׁירָה הַזֹּאת לְעֵד בִּבְנֵי יִשְׂרָאֵל׃ 20 כִּי־
אֲבִיאֶנּוּ אֶל־הָאֲדָמָה ׀ אֲשֶׁר־נִשְׁבַּעְתִּי
לַאֲבֹתָיו זָבַת חָלָב וּדְבַשׁ וְאָכַל וְשָׂבַע
וְדָשֵׁן וּפָנָה אֶל־אֱלֹהִים אֲחֵרִים וַעֲבָדוּם
וְנִאֲצוּנִי וְהֵפֵר אֶת־בְּרִיתִי׃ 21 וְהָיָה כִּי־
תִמְצֶאןָ אֹתוֹ רָעוֹת רַבּוֹת וְצָרוֹת וְעָנְתָה
הַשִּׁירָה הַזֹּאת לְפָנָיו לְעֵד כִּי לֹא תִשָּׁכַח
מִפִּי זַרְעוֹ כִּי יָדַעְתִּי אֶת־יִצְרוֹ אֲשֶׁר הוּא
עֹשֶׂה הַיּוֹם בְּטֶרֶם אֲבִיאֶנּוּ אֶל־הָאָרֶץ
אֲשֶׁר נִשְׁבָּעְתִּי׃ 22 וַיִּכְתֹּב מֹשֶׁה אֶת־
הַשִּׁירָה הַזֹּאת בַּיּוֹם הַהוּא וַיְלַמְּדָהּ אֶת־
בְּנֵי יִשְׂרָאֵל׃ 23 וַיְצַו אֶת־יְהוֹשֻׁעַ בִּן־נוּן
וַיֹּאמֶר חֲזַק וֶאֱמָץ כִּי אַתָּה תָּבִיא אֶת־בְּנֵי
יִשְׂרָאֵל אֶל־הָאָרֶץ אֲשֶׁר־נִשְׁבַּעְתִּי לָהֶם

[24] And it came to pass, when Moses had made an end of writing the words of this law in a book, until they were finished, [25] that Moses commanded the Levites, that bore the ark of the covenant of the LORD, saying: [26] 'Take this book of the law, and put it by the side of the ark of the covenant of the LORD your God, that it may be there for a witness against thee. [27] For I know thy rebellion, and thy stiff neck; behold, while I am yet alive with you this day, ye have been rebellious against the LORD; and how much more after my death? [28] Assemble unto me all the elders of your tribes, and your officers, that I may speak these words in their ears, and call heaven and earth to witness against them. [29] For I know that after my death ye will in any wise deal corruptly, and turn aside from the way which I have commanded you; and evil will befall you in the end of days; because ye will do that which is evil in the sight of the LORD, to provoke Him through the work of your hands.' [30] And Moses spoke in the ears of all the assembly of Israel the words of this song, until they were finished:

וְאָנֹכִי אֶהְיֶה עִמָּךְ׃ 24 וַיְהִי | כְּכַלּוֹת מֹשֶׁה
לִכְתֹּב אֶת־דִּבְרֵי הַתּוֹרָה־הַזֹּאת עַל־סֵפֶר
עַד תֻּמָּם׃ 25 וַיְצַו מֹשֶׁה אֶת־הַלְוִיִּם נֹשְׂאֵי
אֲרוֹן בְּרִית־יְהוָה לֵאמֹר׃ 26 לָקֹחַ אֵת סֵפֶר
הַתּוֹרָה הַזֶּה וְשַׂמְתֶּם אֹתוֹ מִצַּד אֲרוֹן
בְּרִית־יְהוָה אֱלֹהֵיכֶם וְהָיָה־שָׁם בְּךָ לְעֵד׃
27 כִּי אָנֹכִי יָדַעְתִּי אֶת־מֶרְיְךָ וְאֶת־עָרְפְּךָ
הַקָּשֶׁה הֵן בְּעוֹדֶנִּי חַי עִמָּכֶם הַיּוֹם מַמְרִים
הֱיִתֶם עִם־יְהוָה וְאַף כִּי־אַחֲרֵי מוֹתִי׃
28 הַקְהִילוּ אֵלַי אֶת־כָּל־זִקְנֵי שִׁבְטֵיכֶם
וְשֹׁטְרֵיכֶם וַאֲדַבְּרָה בְאָזְנֵיהֶם אֵת
הַדְּבָרִים הָאֵלֶּה וְאָעִידָה בָּם אֶת־הַשָּׁמַיִם
וְאֶת־הָאָרֶץ׃ 29 כִּי יָדַעְתִּי אַחֲרֵי מוֹתִי
כִּי־הַשְׁחֵת תַּשְׁחִתוּן וְסַרְתֶּם מִן־הַדֶּרֶךְ
אֲשֶׁר צִוִּיתִי אֶתְכֶם וְקָרָאת אֶתְכֶם הָרָעָה
בְּאַחֲרִית הַיָּמִים כִּי־תַעֲשׂוּ אֶת־הָרַע
בְּעֵינֵי יְהוָה לְהַכְעִיסוֹ בְּמַעֲשֵׂה יְדֵיכֶם׃
30 וַיְדַבֵּר מֹשֶׁה בְּאָזְנֵי כָּל־קְהַל יִשְׂרָאֵל
אֶת־דִּבְרֵי הַשִּׁירָה הַזֹּאת עַד תֻּמָּם׃ פ

HA'AZINU

32 Give ear, ye heavens, and I will speak; / And let the earth hear the words of my mouth. / [2] My doctrine shall drop as the rain, / My speech shall distil as the dew; / As the small rain upon the tender grass, / And as the showers upon the herb. / [3] For I will proclaim the name of the Lord; / Ascribe ye greatness unto our God. / [4] The Rock, His work is perfect; / For all His ways are justice; / A God of faithfulness and without iniquity, / Just and right is He. / [5] Is corruption His? No; His children's is, the blemish; / A generation crooked and perverse. / [6] Do ye thus requite the Lord, / O foolish people and unwise? / Is not He thy father that hath gotten thee? / Hath He not made thee, and established thee? / [7] Remember the days of old, / Consider the years of many generations; / Ask thy father, and he will declare unto thee, / Thine elders, and they will tell thee. / [8] When the Most High gave to the nations their inheritance, / When He separated the children of men, / He set the borders of the peoples / According to the number of the children of Israel. / [9] For the portion of the Lord is His people, / Jacob the lot of His inheritance. / [10] He found him in a desert land, / And in the waste, a howling wilderness; / He compassed him about, He cared for him, / He kept him as the apple of His eye. / [11] As an eagle that stirreth up her nest, / Hovereth over her young, / Spreadeth abroad her wings, taketh them, / Beareth them on her pinions— / [12] The Lord alone did lead him, / And there was no strange god with Him. / [13] He made him ride on the high places of the earth, / And he did eat the fruitage of the field; / And He

האזינו

32 הַאֲזִינוּ הַשָּׁמַיִם וַאֲדַבֵּרָה
וְתִשְׁמַע הָאָרֶץ אִמְרֵי־פִי׃ 2 יַעֲרֹף כַּמָּטָר
לִקְחִי תִּזַּל כַּטַּל אִמְרָתִי
כִּשְׂעִירִם עֲלֵי־דֶשֶׁא וְכִרְבִיבִים
עֲלֵי־עֵשֶׂב׃ 3 כִּי שֵׁם יְהוָה אֶקְרָא הָבוּ
גֹדֶל לֵאלֹהֵינוּ׃ 4 הַצּוּר תָּמִים פָּעֳלוֹ
כִּי כָל־דְּרָכָיו מִשְׁפָּט אֵל אֱמוּנָה וְאֵין
עָוֶל צַדִּיק וְיָשָׁר הוּא׃ 5 שִׁחֵת לוֹ לֹא
בָּנָיו מוּמָם דּוֹר עִקֵּשׁ וּפְתַלְתֹּל׃
6 הֲ־לַיהוָה תִּגְמְלוּ־זֹאת עַם נָבָל
וְלֹא חָכָם הֲלוֹא־הוּא אָבִיךָ קָּנֶךָ
הוּא עָשְׂךָ וַיְכֹנְנֶךָ׃ 7 זְכֹר יְמוֹת עוֹלָם
בִּינוּ שְׁנוֹת דּוֹר־וָדוֹר שְׁאַל אָבִיךָ
וְיַגֵּדְךָ זְקֵנֶיךָ וְיֹאמְרוּ לָךְ׃
8 בְּהַנְחֵל עֶלְיוֹן גּוֹיִם בְּהַפְרִידוֹ
בְּנֵי אָדָם יַצֵּב גְּבֻלֹת עַמִּים לְמִסְפַּר
בְּנֵי יִשְׂרָאֵל׃ 9 כִּי חֵלֶק יְהוָה עַמּוֹ
יַעֲקֹב חֶבֶל נַחֲלָתוֹ׃ 10 יִמְצָאֵהוּ בְּאֶרֶץ
מִדְבָּר וּבְתֹהוּ יְלֵל יְשִׁמֹן יְסֹבְבֶנְהוּ
יְבוֹנְנֵהוּ יִצְּרֶנְהוּ כְּאִישׁוֹן עֵינוֹ׃
11 כְּנֶשֶׁר יָעִיר קִנּוֹ עַל־גּוֹזָלָיו
יְרַחֵף יִפְרֹשׂ כְּנָפָיו יִקָּחֵהוּ יִשָּׂאֵהוּ
עַל־אֶבְרָתוֹ׃ 12 יְהוָה בָּדָד יַנְחֶנּוּ
וְאֵין עִמּוֹ אֵל נֵכָר׃ 13 יַרְכִּבֵהוּ עַל־במותי
בָּמֳתֵי אָרֶץ וַיֹּאכַל תְּנוּבֹת שָׂדָי

made him to suck honey out of the crag, / And oil out of the flinty rock; / [14] Curd of kine, and milk of sheep. / With fat of lambs, / And rams of the breed of Bashan, and he-goats, / With the kidney-fat of wheat; / And of the blood of the grape thou drankest foaming wine. / [15] But Jeshurun waxed fat, and kicked— / Thou didst wax fat, thou didst grow thick, thou didst become gross— / And he forsook God who made him, / And contemned the Rock of his salvation. / [16] They roused Him to jealousy with strange gods, / With abominations did they provoke Him. / [17] They sacrificed unto demons, no-gods, / Gods that they knew not, / New gods that came up of late, / Which your fathers dreaded not. / [18] Of the Rock that begot thee thou wast unmindful, / And didst forget God that bore thee. / [19] And the Lord saw, and spurned, / Because of the provoking of His sons and His daughters. / [20] And He said: 'I will hide My face from them, / I will see what their end shall be; / For they are a very froward generation, / Children in whom is no faithfulness. / [21] They have roused Me to jealousy with a no-god; / They have provoked Me with their vanities; / And I will rouse them to jealousy with a no-people; / I will provoke them with a vile nation. / [22] For a fire is kindled in My nostril, / And burneth unto the depths of the nether-world, / And devoureth the earth with her produce, / And setteth ablaze the foundations of the mountains. / [23] I will heap evils upon them; / I will spend Mine arrows upon them; / [24] The wasting of hunger, and the devouring of the fiery bolt, / And bitter destruction; / And the teeth of beasts will I send upon them, / With the venom of crawling things of the dust. / [25] Without shall the sword bereave, / And in the chambers terror; / Slaying both young man and virgin, / The suckling with

וַיֵּנִקֵהוּ דְבַשׁ מִסֶּלַע וְשֶׁמֶן
מֵחַלְמִישׁ צוּר׃ 14 חֶמְאַת בָּקָר וַחֲלֵב
צֹאן עִם־חֵלֶב כָּרִים וְאֵילִים
בְּנֵי־בָשָׁן וְעַתּוּדִים עִם־חֵלֶב
כִּלְיוֹת חִטָּה וְדַם־עֵנָב תִּשְׁתֶּה־חָמֶר׃
15 וַיִּשְׁמַן יְשֻׁרוּן וַיִּבְעָט שָׁמַנְתָּ עָבִיתָ
כָּשִׂיתָ וַיִּטֹּשׁ אֱלוֹהַּ עָשָׂהוּ
וַיְנַבֵּל צוּר יְשֻׁעָתוֹ׃ 16 יַקְנִאֻהוּ בְּזָרִים
בְּתוֹעֵבֹת יַכְעִיסֻהוּ׃ 17 יִזְבְּחוּ לַשֵּׁדִים
לֹא אֱלֹהַּ אֱלֹהִים לֹא יְדָעוּם חֲדָשִׁים
מִקָּרֹב בָּאוּ לֹא שְׂעָרוּם אֲבֹתֵיכֶם׃
18 צוּר יְלָדְךָ תֶּשִׁי וַתִּשְׁכַּח אֵל מְחֹלְלֶךָ׃
19 וַיַּרְא יְהוָה וַיִּנְאָץ מִכַּעַס בָּנָיו
וּבְנֹתָיו׃ 20 וַיֹּאמֶר אַסְתִּירָה פָנַי
מֵהֶם אֶרְאֶה מָה אַחֲרִיתָם כִּי דוֹר
תַּהְפֻּכֹת הֵמָּה בָּנִים לֹא־אֵמֻן בָּם׃ 21 הֵם
קִנְאוּנִי בְלֹא־אֵל כִּעֲסוּנִי בְּהַבְלֵיהֶם וַאֲנִי
אַקְנִיאֵם בְּלֹא־עָם בְּגוֹי נָבָל אַכְעִיסֵם׃
22 כִּי־אֵשׁ קָדְחָה בְאַפִּי וַתִּיקַד עַד־שְׁאוֹל
תַּחְתִּית וַתֹּאכַל אֶרֶץ וִיבֻלָהּ
וַתְּלַהֵט מוֹסְדֵי הָרִים׃ 23 אַסְפֶּה עָלֵימוֹ
רָעוֹת חִצַּי אֲכַלֶּה־בָּם׃ 24 מְזֵי רָעָב
וּלְחֻמֵי רֶשֶׁף וְקֶטֶב מְרִירִי וְשֶׁן־בְּהֵמוֹת
אֲשַׁלַּח־בָּם עִם־חֲמַת זֹחֲלֵי עָפָר׃
25 מִחוּץ תְּשַׁכֶּל־חֶרֶב וּמֵחֲדָרִים
אֵימָה גַּם־בָּחוּר גַּם־בְּתוּלָה

the man of gray hairs. / [26] I thought I would make an end of them, / I would make their memory cease from among men; / [27] Were it not that I dreaded the enemy's provocation, / Lest their adversaries should misdeem, / Lest they should say: Our hand is exalted, / And not the LORD hath wrought all this.' / [28] For they are a nation void of counsel, / And there is no understanding in them. / [29] If they were wise, they would understand this, / They would discern their latter end. / [30] How should one chase a thousand, / And two put ten thousand to flight, / Except their Rock had given them over, / And the LORD had delivered them up? / [31] For their rock is not as our Rock, / Even our enemies themselves being judges. / [32] For their vine is of the vine of Sodom, / And of the fields of Gomorrah; / Their grapes are grapes of gall, / Their clusters are bitter; / [33] Their wine is the venom of serpents, / And the cruel poison of asps. / [34] 'Is not this laid up in store with Me, / Sealed up in My treasuries? / [35] Vengeance is Mine, and recompense, / Against the time when their foot shall slip; / For the day of their calamity is at hand, / And the things that are to come upon them shall make haste. / [36] For the LORD will judge His people, / And repent Himself for His servants; / When He seeth that their stay is gone, / And there is none remaining, shut up or left at large. / [37] And it is said: Where are their gods, / The rock in whom they trusted; / [38] Who did eat the fat of their sacrifices, / And drank the wine of their drink-offering? / Let him rise up and help you, / Let him be your protection. / [39] See now that I, even I, am He, / And there is no god with Me; / I kill, and I make alive; / I have wounded, and I heal; / And there is

יוֹנֵק עִם־אִישׁ שֵׂיבָה׃ 26 אָמַרְתִּי
אַפְאֵיהֶם אַשְׁבִּיתָה מֵאֱנוֹשׁ זִכְרָם׃
27 לוּלֵי כַּעַס אוֹיֵב אָגוּר פֶּן־יְנַכְּרוּ
צָרֵימוֹ פֶּן־יֹאמְרוּ יָדֵנוּ רָמָה
וְלֹא יְהוָה פָּעַל כָּל־זֹאת׃ 28 כִּי־גוֹי
אֹבַד עֵצוֹת הֵמָּה וְאֵין בָּהֶם תְּבוּנָה׃
29 לוּ חָכְמוּ יַשְׂכִּילוּ זֹאת יָבִינוּ
לְאַחֲרִיתָם׃ 30 אֵיכָה יִרְדֹּף אֶחָד
אֶלֶף וּשְׁנַיִם יָנִיסוּ רְבָבָה אִם־לֹא
כִּי־צוּרָם מְכָרָם וַיהוָה הִסְגִּירָם׃ 31 כִּי
לֹא כְצוּרֵנוּ צוּרָם וְאֹיְבֵינוּ פְּלִילִים׃
32 כִּי־מִגֶּפֶן סְדֹם גַּפְנָם וּמִשַּׁדְמֹת
עֲמֹרָה עֲנָבֵמוֹ עִנְּבֵי־רוֹשׁ
אַשְׁכְּלֹת מְרֹרֹת לָמוֹ׃ 33 חֲמַת תַּנִּינִם יֵינָם
וְרֹאשׁ פְּתָנִים אַכְזָר׃ 34 הֲלֹא־הוּא כָּמֻס
עִמָּדִי חָתֻם בְּאוֹצְרֹתָי׃ 35 לִי נָקָם וְשִׁלֵּם
לְעֵת תָּמוּט רַגְלָם כִּי קָרוֹב
יוֹם אֵידָם וְחָשׁ עֲתִדֹת לָמוֹ׃ 36 כִּי־יָדִין
יְהוָה עַמּוֹ וְעַל־עֲבָדָיו יִתְנֶחָם כִּי
יִרְאֶה כִּי־אָזְלַת יָד וְאֶפֶס עָצוּר וְעָזוּב׃
37 וְאָמַר אֵי אֱלֹהֵימוֹ צוּר חָסָיוּ בוֹ׃
38 אֲשֶׁר חֵלֶב זְבָחֵימוֹ יֹאכֵלוּ יִשְׁתּוּ יֵין
נְסִיכָם יָקוּמוּ וְיַעְזְרֻכֶם יְהִי עֲלֵיכֶם
סִתְרָה׃ 39 רְאוּ ׀ עַתָּה כִּי אֲנִי אֲנִי
הוּא וְאֵין אֱלֹהִים עִמָּדִי אֲנִי אָמִית
וַאֲחַיֶּה מָחַצְתִּי וַאֲנִי אֶרְפָּא וְאֵין

none that can deliver out of My hand. / [40] For I lift up My hand to heaven, / And say: As I live for ever, / [41] If I whet My glittering sword, / And My hand take hold on judgment; / I will render vengeance to Mine adversaries, / And will recompense them that hate Me. / [42] I will make Mine arrows drunk with blood, / And My sword shall devour flesh; / With the blood of the slain and the captives, / From the long-haired heads of the enemy.' / [43] Sing aloud, O ye nations, of His people; / For He doth avenge the blood of His servants, / And doth render vengeance to His adversaries, / And doth make expiation for the land of His people.

מִיָּדִי מַצִּיל׃ 40 כִּי־אֶשָּׂא אֶל־שָׁמַיִם יָדִי
וְאָמַרְתִּי חַי אָנֹכִי לְעֹלָם׃ 41 אִם־שַׁנּוֹתִי
בְּרַק חַרְבִּי וְתֹאחֵז בְּמִשְׁפָּט יָדִי
אָשִׁיב נָקָם לְצָרָי וְלִמְשַׂנְאַי אֲשַׁלֵּם׃
42 אַשְׁכִּיר חִצַּי מִדָּם וְחַרְבִּי תֹּאכַל בָּשָׂר
מִדַּם חָלָל וְשִׁבְיָה מֵרֹאשׁ
פַּרְעוֹת אוֹיֵב׃ 43 הַרְנִינוּ גוֹיִם עַמּוֹ
כִּי דַם־עֲבָדָיו יִקּוֹם וְנָקָם יָשִׁיב
לְצָרָיו וְכִפֶּר אַדְמָתוֹ עַמּוֹ׃

פ

[44] And Moses came and spoke all the words of this song in the ears of the people, he, and Hoshea the son of Nun. [45] And when Moses made an end of speaking all these words to all Israel, [46] he said unto them: 'Set your heart unto all the words wherewith I testify against you this day; that ye may charge your children therewith to observe to do all the words of this law. [47] For it is no vain thing for you; because it is your life, and through this thing ye shall prolong your days upon the land, whither ye go over the Jordan to possess it.'

[48] And the Lord spoke unto Moses that selfsame day, saying: [49] 'Get thee up into this mountain of Abarim, unto mount Nebo, which is in the land of Moab, that is over against Jericho; and behold the land of Canaan, which I give unto the children of Israel for a possession; [50] and die in the mount whither thou goest up, and be gathered unto thy people; as Aaron thy brother died in mount Hor, and was gathered unto his people. [51] Because ye trespassed against Me in the midst of the children of Israel at the waters of Meribath-kadesh, in the wilderness of Zin; because ye sanctified Me not in the midst of the children of Israel. [52] For thou shalt see the land afar off; but thou shalt not go thither into the land which I give the children of Israel.'

VEZOT HABRAKHA

33 And this is the blessing, wherewith Moses the man of God blessed the children of Israel before his death. [2] And he said:

The Lord came from Sinai, / And rose from Seir unto them; / He shined forth from mount Paran, / And He came from the myriads holy, / At His right hand was a fiery law unto them. / [3] Yea, He loveth the peoples, / All His holy ones—they are in Thy hand; / And they sit down at Thy feet, / Receiving of Thy words. / [4] Moses commanded us a law, / An inheritance

44 וַיָּבֹא מֹשֶׁה וַיְדַבֵּר אֶת־כָּל־דִּבְרֵי
הַשִּׁירָה־הַזֹּאת בְּאָזְנֵי הָעָם הוּא וְהוֹשֵׁעַ
בִּן־נוּן׃ 45 וַיְכַל מֹשֶׁה לְדַבֵּר אֶת־כָּל־
הַדְּבָרִים הָאֵלֶּה אֶל־כָּל־יִשְׂרָאֵל׃ 46 וַיֹּאמֶר
אֲלֵהֶם שִׂימוּ לְבַבְכֶם לְכָל־הַדְּבָרִים אֲשֶׁר
אָנֹכִי מֵעִיד בָּכֶם הַיּוֹם אֲשֶׁר תְּצַוֻּם
אֶת־בְּנֵיכֶם לִשְׁמֹר לַעֲשׂוֹת אֶת־כָּל־דִּבְרֵי
הַתּוֹרָה הַזֹּאת׃ 47 כִּי לֹא־דָבָר רֵק הוּא
מִכֶּם כִּי־הוּא חַיֵּיכֶם וּבַדָּבָר הַזֶּה תַּאֲרִיכוּ
יָמִים עַל־הָאֲדָמָה אֲשֶׁר אַתֶּם עֹבְרִים
אֶת־הַיַּרְדֵּן שָׁמָּה לְרִשְׁתָּהּ׃ פ
48 וַיְדַבֵּר יְהוָה אֶל־מֹשֶׁה בְּעֶצֶם הַיּוֹם הַזֶּה
לֵאמֹר׃ 49 עֲלֵה אֶל־הַר הָעֲבָרִים הַזֶּה
הַר־נְבוֹ אֲשֶׁר בְּאֶרֶץ מוֹאָב אֲשֶׁר עַל־פְּנֵי
יְרֵחוֹ וּרְאֵה אֶת־אֶרֶץ כְּנַעַן אֲשֶׁר אֲנִי נֹתֵן
לִבְנֵי יִשְׂרָאֵל לַאֲחֻזָּה׃ 50 וּמֻת בָּהָר אֲשֶׁר
אַתָּה עֹלֶה שָׁמָּה וְהֵאָסֵף אֶל־עַמֶּיךָ
כַּאֲשֶׁר־מֵת אַהֲרֹן אָחִיךָ בְּהֹר הָהָר וַיֵּאָסֶף
אֶל־עַמָּיו׃ 51 עַל אֲשֶׁר מְעַלְתֶּם בִּי בְּתוֹךְ
בְּנֵי יִשְׂרָאֵל בְּמֵי־מְרִיבַת קָדֵשׁ מִדְבַּר־צִן
עַל אֲשֶׁר לֹא־קִדַּשְׁתֶּם אוֹתִי בְּתוֹךְ בְּנֵי
יִשְׂרָאֵל׃ 52 כִּי מִנֶּגֶד תִּרְאֶה אֶת־הָאָרֶץ
וְשָׁמָּה לֹא תָבוֹא אֶל־הָאָרֶץ אֲשֶׁר־אֲנִי
נֹתֵן לִבְנֵי יִשְׂרָאֵל׃ פ

וזאת הברכה

33 וְזֹאת הַבְּרָכָה אֲשֶׁר בֵּרַךְ מֹשֶׁה
אִישׁ הָאֱלֹהִים אֶת־בְּנֵי יִשְׂרָאֵל לִפְנֵי
מוֹתוֹ׃ 2 וַיֹּאמַר יְהוָה מִסִּינַי בָּא וְזָרַח
מִשֵּׂעִיר לָמוֹ הוֹפִיעַ מֵהַר פָּארָן וְאָתָה
מֵרִבְבֹת קֹדֶשׁ מִימִינוֹ אשדת אֵשׁ דָּת לָמוֹ׃
3 אַף חֹבֵב עַמִּים כָּל־קְדֹשָׁיו בְּיָדֶךָ וְהֵם
תֻּכּוּ לְרַגְלֶךָ יִשָּׂא מִדַּבְּרֹתֶיךָ׃ 4 תּוֹרָה

of the congregation of Jacob. / [5] And there was a king in Jeshurun, / When the heads of the people were gathered, / All the tribes of Israel together. / [6] Let Reuben live, and not die / In that his men become few. / [7] And this for Judah, and he said: / Hear, LORD, the voice of Judah, / And bring him in unto his people; / His hands shall contend for him, / And Thou shalt be a help against his adversaries. / [8] And of Levi he said: / Thy Thummim and Thy Urim be with Thy holy one, / Whom Thou didst prove at Massah, / With whom Thou didst strive at the waters of Meribah; / [9] Who said of his father, and of his mother: 'I have not seen him', / Neither did he acknowledge his brethren, / Nor knew he his own children; / For they have observed Thy word, / And keep Thy covenant. / [10] They shall teach Jacob Thine ordinances, / And Israel Thy law; / They shall put incense before Thee, / And whole burnt-offering upon Thine altar. / [11] Bless, LORD, his substance, / And accept the work of his hands; / Smite through the loins of them that rise up against him, / And of them that hate him, that they rise not again. / [12] Of Benjamin he said: / The beloved of the LORD shall dwell in safety by Him; / He covereth him all the day, / And He dwelleth between his shoulders. / [13] And of Joseph he said: / Blessed of the LORD be his land; / For the precious things of heaven, for the dew, / And for the deep that coucheth beneath, / [14] And for the precious things of the fruits of the sun, / And for the precious things of the yield of the moons, / [15] And for the tops of the ancient mountains, / And for the precious things of the everlasting hills, / [16] And for the precious things of the earth and the fulness thereof, / And the good will of Him that dwelt in the bush; / Let the blessing come upon the head of Joseph, / And upon the crown of the head of him that is prince among his brethren. / [17] His firstling bullock, majesty is his, / And his horns are the horns of the wild-ox; / With them he shall gore the peoples all of them, even the ends of the earth; / And they are the ten thousands of Ephraim, / And they are the thousands of Manasseh. / [18] And of Zebulun he said: / Rejoice, Zebulun, in thy going out, / And, Issachar, in thy tents. / [19] They shall call peoples unto the mountain; / There shall they offer sacrifices of righteousness; / For they shall suck the abundance of the seas, / And the hidden treasures of the sand. / [20] And of Gad he said: / Blessed be He that enlargeth Gad, /

צִוָּה־לָנוּ מֹשֶׁה מוֹרָשָׁה קְהִלַּת יַעֲקֹב׃
5 וַיְהִי בִישֻׁרוּן מֶלֶךְ בְּהִתְאַסֵּף רָאשֵׁי עָם
יַחַד שִׁבְטֵי יִשְׂרָאֵל׃ 6 יְחִי רְאוּבֵן וְאַל־יָמֹת
וִיהִי מְתָיו מִסְפָּר׃ ס 7 וְזֹאת לִיהוּדָה
וַיֹּאמַר שְׁמַע יְהוָה קוֹל יְהוּדָה וְאֶל־עַמּוֹ
תְּבִיאֶנּוּ יָדָיו רָב לוֹ וְעֵזֶר מִצָּרָיו
תִּהְיֶה׃ ס 8 וּלְלֵוִי אָמַר תֻּמֶּיךָ וְאוּרֶיךָ
לְאִישׁ חֲסִידֶךָ אֲשֶׁר נִסִּיתוֹ בְּמַסָּה תְּרִיבֵהוּ
עַל־מֵי מְרִיבָה׃ 9 הָאֹמֵר לְאָבִיו וּלְאִמּוֹ
לֹא רְאִיתִיו וְאֶת־אֶחָיו לֹא הִכִּיר וְאֶת־בנו
בָּנָיו לֹא יָדָע כִּי שָׁמְרוּ אִמְרָתֶךָ וּבְרִיתְךָ
יִנְצֹרוּ׃ 10 יוֹרוּ מִשְׁפָּטֶיךָ לְיַעֲקֹב וְתוֹרָתְךָ
לְיִשְׂרָאֵל יָשִׂימוּ קְטוֹרָה בְּאַפֶּךָ וְכָלִיל
עַל־מִזְבְּחֶךָ׃ 11 בָּרֵךְ יְהוָה חֵילוֹ וּפֹעַל יָדָיו
תִּרְצֶה מְחַץ מָתְנַיִם קָמָיו וּמְשַׂנְאָיו
מִן־יְקוּמוּן׃ ס 12 לְבִנְיָמִן אָמַר יְדִיד
יְהוָה יִשְׁכֹּן לָבֶטַח עָלָיו חֹפֵף עָלָיו כָּל־
הַיּוֹם וּבֵין כְּתֵפָיו שָׁכֵן׃ ס 13 וּלְיוֹסֵף
אָמַר מְבֹרֶכֶת יְהוָה אַרְצוֹ מִמֶּגֶד שָׁמַיִם
מִטָּל וּמִתְּהוֹם רֹבֶצֶת תָּחַת׃ 14 וּמִמֶּגֶד
תְּבוּאֹת שָׁמֶשׁ וּמִמֶּגֶד גֶּרֶשׁ יְרָחִים׃
15 וּמֵרֹאשׁ הַרְרֵי־קֶדֶם וּמִמֶּגֶד גִּבְעוֹת
עוֹלָם׃ 16 וּמִמֶּגֶד אֶרֶץ וּמְלֹאָהּ וּרְצוֹן שֹׁכְנִי
סְנֶה תָּבוֹאתָה לְרֹאשׁ יוֹסֵף וּלְקָדְקֹד נְזִיר
אֶחָיו׃ 17 בְּכוֹר שׁוֹרוֹ הָדָר לוֹ וְקַרְנֵי רְאֵם
קַרְנָיו בָּהֶם עַמִּים יְנַגַּח יַחְדָּו אַפְסֵי־אָרֶץ
וְהֵם רִבְבוֹת אֶפְרַיִם וְהֵם אַלְפֵי
מְנַשֶּׁה׃ ס 18 וְלִזְבוּלֻן אָמַר שְׂמַח
זְבוּלֻן בְּצֵאתֶךָ וְיִשָּׂשכָר בְּאֹהָלֶיךָ׃
19 עַמִּים הַר־יִקְרָאוּ שָׁם יִזְבְּחוּ זִבְחֵי־צֶדֶק
כִּי שֶׁפַע יַמִּים יִינָקוּ וּשְׂפֻנֵי טְמוּנֵי
חוֹל׃ ס 20 וּלְגָד אָמַר בָּרוּךְ מַרְחִיב
גָּד כְּלָבִיא שָׁכֵן וְטָרַף זְרוֹעַ אַף־קָדְקֹד׃

He dwelleth as a lioness, / And teareth the arm, yea, the crown of the head. / [21] And he chose a first part for himself, / For there a portion of a ruler was reserved; / And there came the heads of the people, / He executed the righteousness of the LORD, / And His ordinances with Israel. / [22] And of Dan he said: / Dan is a lion's whelp, / That leapeth forth from Bashan. / [23] And of Naphtali he said: / O Naphtali, satisfied with favour, / And full with the blessing of the Lord: / Possess thou the sea and the south. / [24] And of Asher he said: / Blessed be Asher above sons; / Let him be the favoured of his brethren, / And let him dip his foot in oil. / [25] Iron and brass shall be thy bars; / And as thy days, so shall thy strength be. / [26] There is none like unto God, O Jeshurun, / Who rideth upon the heaven as thy help, / And in His excellency on the skies. / [27] The eternal God is a dwelling-place, / And underneath are the everlasting arms; / And He thrust out the enemy from before thee, / And said: 'Destroy.' / [28] And Israel dwelleth in safety, / The fountain of Jacob alone, / In a land of corn and wine; / Yea, his heavens drop down dew. / [29] Happy art thou, O Israel, who is like unto thee? / A people saved by the LORD, / The shield of thy help, / And that is the sword of thy excellency! / And thine enemies shall dwindle away before thee; / And thou shalt tread upon their high places.

34 And Moses went up from the plains of Moab unto mount Nebo, to the top of Pisgah, that is over against Jericho. And the LORD showed him all the land, even Gilead as far as Dan; [2] and all Naphtali, and the land of Ephraim and Manasseh, and all the land of Judah as far as the hinder sea; [3] and the South, and the Plain, even the valley of Jericho the city of palm-trees, as far as Zoar. [4] And the LORD said unto him: 'This is the land which I swore unto Abraham, unto Isaac, and unto Jacob, saying: I will give it unto thy seed; I have caused thee to see it with thine eyes, but thou shalt not go over thither.' [5] So Moses the servant of the LORD died there in the land of Moab, according to the word of the LORD. [6] And he was buried in the valley in the land of Moab over against Beth-peor; and no man knoweth of his sepulchre unto this day. [7] And Moses was a hundred and twenty years old when he died; his eye was not

21 וַיַּרְא רֵאשִׁית לוֹ כִּי־שָׁם חֶלְקַת מְחֹקֵק
סָפוּן וַיֵּתֵא רָאשֵׁי עָם צִדְקַת יְהוָה עָשָׂה
וּמִשְׁפָּטָיו עִם־יִשְׂרָאֵל׃ ס 22 וּלְדָן
אָמַר דָּן גּוּר אַרְיֵה יְזַנֵּק מִן־הַבָּשָׁן׃
23 וּלְנַפְתָּלִי אָמַר נַפְתָּלִי שְׂבַע רָצוֹן וּמָלֵא
בִּרְכַּת יְהוָה יָם וְדָרוֹם יְרָשָׁה׃ ס
24 וּלְאָשֵׁר אָמַר בָּרוּךְ מִבָּנִים אָשֵׁר יְהִי
רְצוּי אֶחָיו וְטֹבֵל בַּשֶּׁמֶן רַגְלוֹ׃ 25 בַּרְזֶל
וּנְחֹשֶׁת מִנְעָלֶךָ וּכְיָמֶיךָ דָּבְאֶךָ׃ 26 אֵין
כָּאֵל יְשֻׁרוּן רֹכֵב שָׁמַיִם בְּעֶזְרֶךָ וּבְגַאֲוָתוֹ
שְׁחָקִים׃ 27 מְעֹנָה אֱלֹהֵי קֶדֶם וּמִתַּחַת
זְרֹעֹת עוֹלָם וַיְגָרֶשׁ מִפָּנֶיךָ אוֹיֵב וַיֹּאמֶר
הַשְׁמֵד׃ 28 וַיִּשְׁכֹּן יִשְׂרָאֵל בֶּטַח בָּדָד עֵין
יַעֲקֹב אֶל־אֶרֶץ דָּגָן וְתִירוֹשׁ אַף־שָׁמָיו
יַעַרְפוּ טָל׃ 29 אַשְׁרֶיךָ יִשְׂרָאֵל מִי כָמוֹךָ
עַם נוֹשַׁע בַּיהוָה מָגֵן עֶזְרֶךָ וַאֲשֶׁר־חֶרֶב
גַּאֲוָתֶךָ וְיִכָּחֲשׁוּ אֹיְבֶיךָ לָךְ וְאַתָּה עַל־
בָּמוֹתֵימוֹ תִדְרֹךְ׃ ס **34** וַיַּעַל
מֹשֶׁה מֵעַרְבֹת מוֹאָב אֶל־הַר נְבוֹ רֹאשׁ
הַפִּסְגָּה אֲשֶׁר עַל־פְּנֵי יְרֵחוֹ וַיַּרְאֵהוּ יְהוָה
אֶת־כָּל־הָאָרֶץ אֶת־הַגִּלְעָד עַד־דָּן׃ 2 וְאֵת
כָּל־נַפְתָּלִי וְאֶת־אֶרֶץ אֶפְרַיִם וּמְנַשֶּׁה
וְאֵת כָּל־אֶרֶץ יְהוּדָה עַד הַיָּם הָאַחֲרוֹן׃
3 וְאֶת־הַנֶּגֶב וְאֶת־הַכִּכָּר בִּקְעַת יְרֵחוֹ עִיר
הַתְּמָרִים עַד־צֹעַר׃ 4 וַיֹּאמֶר יְהוָה אֵלָיו
זֹאת הָאָרֶץ אֲשֶׁר נִשְׁבַּעְתִּי לְאַבְרָהָם
לְיִצְחָק וּלְיַעֲקֹב לֵאמֹר לְזַרְעֲךָ אֶתְּנֶנָּה
הֶרְאִיתִיךָ בְעֵינֶיךָ וְשָׁמָּה לֹא תַעֲבֹר׃
5 וַיָּמָת שָׁם מֹשֶׁה עֶבֶד־יְהוָה בְּאֶרֶץ מוֹאָב
עַל־פִּי יְהוָה׃ 6 וַיִּקְבֹּר אֹתוֹ בַגַּי בְּאֶרֶץ
מוֹאָב מוּל בֵּית פְּעוֹר וְלֹא־יָדַע אִישׁ
אֶת־קְבֻרָתוֹ עַד הַיּוֹם הַזֶּה׃ 7 וּמֹשֶׁה בֶּן־
מֵאָה וְעֶשְׂרִים שָׁנָה בְּמֹתוֹ לֹא־כָהֲתָה

עֵינוֹ וְלֹא־נָס לֵחֹה׃ 8 וַיִּבְכּוּ בְנֵי יִשְׂרָאֵל
אֶת־מֹשֶׁה בְּעַרְבֹת מוֹאָב שְׁלֹשִׁים יוֹם
וַיִּתְּמוּ יְמֵי בְכִי אֵבֶל מֹשֶׁה׃ 9 וִיהוֹשֻׁעַ
בִּן־נוּן מָלֵא רוּחַ חָכְמָה כִּי־סָמַךְ מֹשֶׁה
אֶת־יָדָיו עָלָיו וַיִּשְׁמְעוּ אֵלָיו בְּנֵי־יִשְׂרָאֵל
וַיַּעֲשׂוּ כַּאֲשֶׁר צִוָּה יְהוָה אֶת־מֹשֶׁה׃
10 וְלֹא־קָם נָבִיא עוֹד בְּיִשְׂרָאֵל כְּמֹשֶׁה
אֲשֶׁר יְדָעוֹ יְהוָה פָּנִים אֶל־פָּנִים׃ 11 לְכָל־
הָאֹתוֹת וְהַמּוֹפְתִים אֲשֶׁר שְׁלָחוֹ יְהוָה
לַעֲשׂוֹת בְּאֶרֶץ מִצְרָיִם לְפַרְעֹה וּלְכָל־
עֲבָדָיו וּלְכָל־אַרְצוֹ׃ 12 וּלְכֹל הַיָּד הַחֲזָקָה
וּלְכֹל הַמּוֹרָא הַגָּדוֹל אֲשֶׁר עָשָׂה מֹשֶׁה
לְעֵינֵי כָּל־יִשְׂרָאֵל׃

dim, nor his natural force abated. [8] And the children of Israel wept for Moses in the plains of Moab thirty days; so the days of weeping in the mourning for Moses were ended. [9] And Joshua the son of Nun was full of the spirit of wisdom; for Moses had laid his hands upon him; and the children of Israel hearkened unto him, and did as the LORD commanded Moses. [10] And there hath not arisen a prophet since in Israel like unto Moses, whom the LORD knew face to face; [11] in all the signs and the wonders, which the LORD sent him to do in the land of Egypt, to Pharaoh, and to all his servants, and to all his land; [12] and in all the mighty hand, and in all the great terror, which Moses wrought in the sight of all Israel.

תם ונשלם תהילה לאל בורא עולם